涉外涉港澳台
民商事审判业务手册

最高人民法院民事审判第四庭·编

人民法院出版社

图书在版编目（CIP）数据

涉外涉港澳台民商事审判业务手册 / 最高人民法院民事审判第四庭编. -- 北京：人民法院出版社，2024.1
ISBN 978-7-5109-4083-5

Ⅰ.①涉… Ⅱ.①最… Ⅲ.①涉外案件—民事诉讼—审判—中国—手册 Ⅳ.①D925.118-62

中国国家版本馆CIP数据核字(2024)第020031号

涉外涉港澳台民商事审判业务手册
最高人民法院民事审判第四庭　编

责任编辑	刘晓宁
封面设计	尹苗苗
出版发行	人民法院出版社
地　　址	北京市东城区东交民巷 27 号（100745）
电　　话	（010）67550572（责任编辑）　67550558（发行部查询） 　　　　65223677（读者服务部）
客 服 QQ	2092078039
网　　址	http://www.courtbook.com.cn
E－mail	courtpress@sohu.com
印　　刷	三河市国英印务有限公司
经　　销	新华书店
开　　本	787 毫米×1092 毫米　1/16
字　　数	1498 千字
印　　张	58.75
版　　次	2024 年 1 月第 1 版　2024 年 3 月第 3 次印刷
书　　号	ISBN 978-7-5109-4083-5
定　　价	218.00 元

版权所有　侵权必究

《涉外涉港澳台民商事审判业务手册》编辑委员会

主　　任：王淑梅

副 主 任：沈红雨　胡　方　王海峰　刘慧卓

委　　员（按姓氏笔画排序）：

　　　　马东旭　龙　飞　李　伟　张树明　杨兴业
　　　　杨弘磊　杨　蕾　陈宏宇　奚向阳　郭载宇
　　　　黄西武

执行编委：申　蕾

前　言

党的二十大提出，要营造市场化、法治化、国际化一流营商环境，推动共建"一带一路"高质量发展。习近平总书记在2023年11月27日加强涉外法制建设第十次集体学习时强调，"加强涉外法治建设既是以中国式现代化全面推进强国建设、民族复兴伟业的长远所需，也是推进高水平对外开放、应对外部风险挑战的当务之急""深刻认识做好涉外法治工作的重要性和紧迫性，建设同高质量发展、高水平开放要求相适应的涉外法治体系和能力。"[①]

为贯彻落实习党的二十大和习近平总书记重要讲话精神，更好履行涉外审判工作肩负的法治护航共建"一带一路"、服务高水平对外开放、公平高效化解跨境商事纠纷的职责使命，人民法院必须紧紧围绕"公正与效率"主题，不断健全涉外民商事审判机制，深化司法交流合作，提升审判质效，以涉外民商事审判现代化更好支撑和服务中国式现代化。应广大一线法官办案实践的迫切需求，最高人民法院民四庭遴选涉外涉港澳台民商事审判中常用的法律法规、指导性文件及国际条约等文献150余件，以期为广大法官、相关仲裁员和律师等法律工作者提供参考便利。

本手册分为七章：综合、程序、冲突法、实体、外国判决的承认和执行、仲裁司法审查及涉港澳台。其中，第一章"综合"主要收录了全国法院涉外商事海事审判工作会议纪要、通知等。第二章"程序"分为基本程序、管辖与归口办理、送达和调查取证，主要包括《中华人民共和国民事诉讼法》及其司法解释，最高人民法院关于涉外民商事案件管辖及归口办理的规定、通知，以及《取消外国公文书认证要求的公约》等相关国际条

[①] 习近平：《加强涉外法制建设　营造有利法治条件和外部环境》，载《人民日报》2023年11月29日，第1版。

约。第三章"冲突法"主要收录了《中华人民共和国涉外民事关系法律适用法》及其司法解释（一）、（二）。第四章"实体"按综合类、外商投资、国际贸易、国际金融、国际运输五个专题，分别摘录了《中华人民共和国民法典》及相关司法解释，收录了《中华人民共和国外商投资法》及其实施条例和司法解释，《中华人民共和国对外贸易法》《中华人民共和国保险法》《中华人民共和国票据法》等常用法律和《最高人民法院关于审理信用证纠纷案件若干问题的规定》《最高人民法院关于审理独立保函纠纷案件若干问题的规定》《最高人民法院关于审理涉外民商事案件适用国际条约和国际惯例若干问题的解释》等司法解释，以及《联合国国际货物销售合同公约》等常用国际条约。第五章"外国判决的承认和执行"主要收录了最高人民法院关于离婚判决案件的相关规定。第六章"仲裁司法审查"分为法律及国际条约、司法解释及规范性文件，主要收录了《中华人民共和国仲裁法》《承认及执行外国仲裁裁决公约》等法律和国际条约，最高人民法院关于审理仲裁司法审查案件的重要规定和相关批复、通知。为提升涉港澳台案件审判质效，专设第七章"涉港澳台"，按送达和调查取证、判决和仲裁裁决的认可和执行等五个专题，收录了内地与港澳地区关于委托送达，相互认可和执行民商事判决、仲裁裁决，仲裁程序协助保全等方面的安排及相关通知。

为进一步规范涉外民商事裁判文书的写作，本书附录一收录了《最高人民法院关于裁判文书引用法律、法规等规范性法律文件的规定》《最高人民法院关于印发〈涉外商事海事裁判文书写作规范〉的通知》，以确保涉外民商事裁判文书的格式统一和表述规范。

此外，因我国与外国签订的双边民商事司法协助条约中也经常涉及判决承认、执行等内容，本书附录二收录了《中华人民共和国和阿尔及利亚民主人民共和国关于民事和商事司法协助的条约》等39个双边民商事司法协助条约，并按中文国名音序排列，以便检索。

最高人民法院民事审判第四庭
2024年1月29日

目　　录

第一章　综　　合

全国法院涉外商事海事审判工作座谈会会议纪要
　　（2021 年 12 月 31 日）……………………………………………………（ 3 ）
最高人民法院
　　关于印发《全国法院民商事审判工作会议纪要》的通知
　　（2019 年 11 月 8 日）………………………………………………………（ 18 ）
　　附：全国法院民商事审判工作会议纪要 …………………………………（ 19 ）
最高人民法院
　　关于印发《第二次全国涉外商事海事审判工作会议纪要》的通知
　　（2005 年 12 月 26 日）……………………………………………………（ 50 ）
　　附：第二次全国涉外商事海事审判工作会议纪要 ………………………（ 50 ）
最高人民法院
　　关于进一步做好边境地区涉外民商事案件审判工作的指导意见
　　（2010 年 12 月 8 日）………………………………………………………（ 64 ）
最高人民法院
　　关于审理和执行涉外民商事案件应当注意的几个问题的通知
　　（2000 年 4 月 17 日）………………………………………………………（ 66 ）
最高人民法院
　　关于印发《全国沿海地区涉外涉港澳经济审判工作座谈会纪要》的通知
　　（1989 年 6 月 12 日）………………………………………………………（ 67 ）
　　附：全国沿海地区涉外涉港澳经济审判工作座谈会纪要 ………………（ 67 ）
最高人民法院
　　关于修改《最高人民法院关于设立国际商事法庭若干问题的规定》的决定
　　（2023 年 12 月 5 日）………………………………………………………（ 71 ）
　　附：最高人民法院关于设立国际商事法庭若干问题的规定 ……………（ 72 ）
最高人民法院办公厅
　　关于印发《最高人民法院国际商事法庭程序规则（试行）》的通知
　　（2018 年 11 月 21 日）……………………………………………………（ 74 ）
　　附：最高人民法院国际商事法庭程序规则（试行）………………………（ 74 ）

最高人民法院办公厅
关于印发《最高人民法院国际商事专家委员会工作规则（试行）》的通知
（2018年11月21日） ……………………………………………………（ 78 ）
附：最高人民法院国际商事专家委员会工作规则（试行） ……………（ 78 ）
最高人民法院办公厅
关于确定首批纳入"一站式"国际商事纠纷多元化解决机制的
国际商事仲裁及调解机构的通知
（2018年11月13日） ……………………………………………………（ 81 ）
最高人民法院办公厅
关于确定第二批纳入"一站式"国际商事纠纷多元化解决机制的
国际商事仲裁机构的通知
（2022年6月22日） ……………………………………………………（ 82 ）

第二章　程　序

一、基本程序

中华人民共和国民事诉讼法
　　（2023年9月1日修正） ………………………………………………（ 85 ）
最高人民法院
　　关于适用《中华人民共和国民事诉讼法》的解释
　　（2022年3月22日修正） ………………………………………………（ 114 ）
最高人民法院
　　关于修改《关于民事诉讼证据的若干规定》的决定
　　（2019年10月14日） ……………………………………………………（ 161 ）
　　附：最高人民法院关于民事诉讼证据的若干规定 ……………………（ 172 ）
最高人民法院
　　关于适用《中华人民共和国民事诉讼法》审判监督程序若干问题的解释
　　（2020年12月23日修正） ………………………………………………（ 182 ）
人民法院在线诉讼规则
　　（2021年6月16日） ……………………………………………………（ 185 ）
最高人民法院
　　印发《关于为跨境诉讼当事人提供网上立案服务的若干规定》的通知
　　（2021年1月22日） ……………………………………………………（ 191 ）
　　附：最高人民法院关于为跨境诉讼当事人提供网上立案服务的若干规定 ………（ 191 ）
中华人民共和国外国国家豁免法
　　（2023年9月1日） ……………………………………………………（ 193 ）
中华人民共和国外国中央银行财产司法强制措施豁免法
　　（2005年10月25日） ……………………………………………………（ 196 ）

中华人民共和国出境入境管理法
　　（2012年6月30日） ……………………………………………………（197）
中华人民共和国外国人入境出境管理条例
　　（2013年7月12日） ……………………………………………………（207）
最高人民法院
　　关于人民法院做好《取消外国公文书认证要求的公约》对我国生效后
　　相关工作的通知
　　（2023年10月28日） ……………………………………………………（212）
　　　　附件1：取消外国公文书认证要求的公约 ……………………………（213）
　　　　附件2：缔约国名单（截至2023年10月23日） ……………………（213）
取消外国公文书认证要求的公约
　　（1961年10月5日） ……………………………………………………（214）

二、管辖与归口办理

最高人民法院
　　关于涉外民商事案件管辖若干问题的规定
　　（2022年11月14日） ……………………………………………………（217）
最高人民法院
　　关于审理民事级别管辖异议案件若干问题的规定
　　（2020年12月23日修正） ………………………………………………（218）
最高人民法院
　　关于明确第一审涉外民商事案件级别管辖标准以及归口办理有关问题的通知
　　（2017年12月7日） ……………………………………………………（219）
最高人民法院
　　关于调整部分高级人民法院和中级人民法院管辖第一审民商事案件标准的通知
　　（2018年7月17日） ……………………………………………………（220）

三、送达和调查取证

最高人民法院
　　关于依据国际公约和双边司法协助条约办理民商事案件司法文书送达和
　　调查取证司法协助请求的规定
　　（2020年12月23日修正） ………………………………………………（222）
最高人民法院
　　印发《关于依据国际公约和双边司法协助条约办理民商事案件司法
　　文书送达和调查取证司法协助请求的规定实施细则（试行）》的通知
　　（2013年4月7日） ……………………………………………………（223）
　　　　附：关于依据国际公约和双边司法协助条约办理民商事案件司法文书送达
　　　　　　和调查取证司法协助请求的规定实施细则（试行） ………………（223）

最高人民法院
  关于指定北京市、上海市、广东省、浙江省、江苏省高级人民法院依据海牙送达公约
  和海牙取证公约直接向外国中央机关提出和转递司法协助请求和相关材料的通知
    （2003 年 9 月 23 日） ……………………………………………………………（231）
最高人民法院
  关于涉外民事或商事案件司法文书送达问题若干规定
    （2020 年 12 月 23 日修正） ……………………………………………………（232）
全国人大常委会
  关于批准加入《关于向国外送达民事或商事司法文书和司法外文书公约》的决定
    （1991 年 3 月 2 日） ……………………………………………………………（233）
关于向国外送达民事或商事司法文书和司法外文书公约
    （1965 年 11 月 15 日） …………………………………………………………（234）
最高人民法院　外交部　司法部
  关于执行《关于向国外送达民事或商事司法文书和司法外文书公约》有关程序的通知
    （1992 年 3 月 4 日） ……………………………………………………………（238）
最高人民法院　外交部　司法部
  关于我国法院和外国法院通过外交途径相互委托送达法律文书若干问题的通知
    （1986 年 8 月 14 日） …………………………………………………………（239）
最高人民法院
  关于依据原告起诉时提供的被告住址无法送达应如何处理问题的批复
    （2004 年 11 月 25 日） …………………………………………………………（240）
最高人民法院
  关于向居住在外国的我国公民送达司法文书问题的复函
    （1993 年 11 月 19 日） …………………………………………………………（241）
全国人民代表大会常务委员会
  关于我国加入《关于从国外调取民事或商事证据的公约》的决定
    （1997 年 7 月 3 日） ……………………………………………………………（242）
关于从国外调取民事或商事证据的公约
    （1970 年 3 月 18 日） …………………………………………………………（242）

第三章　冲　突　法

中华人民共和国涉外民事关系法律适用法
    （2010 年 10 月 28 日） …………………………………………………………（251）
最高人民法院
  关于适用《中华人民共和国涉外民事关系法律适用法》若干问题的解释（一）
    （2020 年 12 月 23 日修正） ……………………………………………………（254）
最高人民法院
  关于适用《中华人民共和国涉外民事关系法律适用法》若干问题的解释（二）
    （2023 年 11 月 30 日） …………………………………………………………（256）

第四章 实 体

一、综 合 类

中华人民共和国民法典（节录）
  （2020年5月28日）………………………………………………………（261）
最高人民法院
  关于适用《中华人民共和国民法典》总则编若干问题的解释
  （2022年2月24日）………………………………………………………（302）
最高人民法院
  关于适用《中华人民共和国民法典》物权编的解释（一）
  （2020年12月29日）……………………………………………………（306）
最高人民法院
  关于适用《中华人民共和国民法典》有关担保制度的解释
  （2020年12月31日）……………………………………………………（308）
最高人民法院
  关于适用《中华人民共和国民法典》合同编通则若干问题的解释
  （2023年12月4日）………………………………………………………（320）
最高人民法院
  关于适用《中华人民共和国民法典》时间效力的若干规定
  （2020年12月29日）……………………………………………………（332）
最高人民法院
  关于审理民事案件适用诉讼时效制度若干问题的规定
  （2020年12月23日修正）………………………………………………（335）
最高人民法院
  关于审理涉外民商事案件适用国际条约和国际惯例若干问题的解释
  （2023年12月28日）……………………………………………………（337）
中华人民共和国对外关系法
  （2023年6月28日）………………………………………………………（338）
中华人民共和国反外国制裁法
  （2021年6月10日）………………………………………………………（342）
阻断外国法律与措施不当域外适用办法
  （2021年1月9日）………………………………………………………（343）

二、外商投资

中华人民共和国外商投资法
  （2019年3月15日）………………………………………………………（345）
中华人民共和国外商投资法实施条例
  （2019年12月26日）……………………………………………………（349）

最高人民法院
关于适用《中华人民共和国外商投资法》若干问题的解释
（2019年12月26日） ………………………………………（354）
最高人民法院
关于审理外商投资企业纠纷案件若干问题的规定（一）
（2020年12月23日修正） ………………………………（355）

三、国际贸易

中华人民共和国对外贸易法
（2022年12月30日修正） ………………………………（359）
中华人民共和国出口管制法
（2020年10月17日） ……………………………………（365）
中华人民共和国海关法
（2021年4月29日修正） ………………………………（370）
中华人民共和国电子签名法
（2019年4月23日修正） ………………………………（380）
中华人民共和国货物进出口管理条例
（2001年12月10日） ……………………………………（384）
最高人民法院
关于审理买卖合同纠纷案件适用法律问题的解释
（2020年12月23日修正） ………………………………（390）
对外经济贸易部
关于执行联合国国际货物销售合同公约应注意的几个问题
（1987年12月4日） ……………………………………（394）
最高人民法院
转发对外经济贸易部《关于执行联合国国际货物销售合同公约应
注意的几个问题》的通知
（1987年12月10日） ……………………………………（395）
联合国国际货物销售合同公约
（1980年4月11日） ……………………………………（395）
国际商事合同通则2010 ……………………………………（409）
国际贸易术语解释通则（2010）
（2011年1月1日） ………………………………………（429）

四、国际金融

中华人民共和国保险法
（2015年4月24日修正） ………………………………（462）
中华人民共和国票据法
（2004年8月28日修正） ………………………………（479）

中华人民共和国外汇管理条例
　　（2008年8月1日修订） ·················· （487）
国家外汇管理局
　关于发布《跨境担保外汇管理规定》的通知
　　（2014年5月12日） ··················· （491）
　　　附件1：跨境担保外汇管理规定 ············· （492）
　　　附件2：跨境担保外汇管理操作指引 ··········· （495）
　　　附件3：废止法规目录 ·················· （501）
外债管理暂行办法
　　（2022年7月26日修正） ················· （502）
国家外汇管理局
　关于发布《外债登记管理办法》的通知
　　（2013年4月28日） ··················· （505）
　　　附件1：外债登记管理办法 ················ （505）
　　　附件2：外债登记管理操作指引 ············· （508）
　　　附件3：废止法规目录 ·················· （525）
最高人民法院
　关于审理信用证纠纷案件若干问题的规定
　　（2020年12月23日修正） ················ （525）
最高人民法院
　关于人民法院能否对信用证开证保证金采取冻结和扣划措施问题的规定
　　（2020年12月23日修正） ················ （527）
最高人民法院
　关于严禁随意止付信用证项下款项的通知
　　（2003年7月16日） ··················· （528）
国际商会跟单信用证统一惯例
　　（2007年7月1日） ···················· （529）
最高人民法院
　关于审理独立保函纠纷案件若干问题的规定
　　（2020年12月23日修正） ················ （540）
国际商会见索即付保函统一规则（URDG758）
　　（2010年7月1日） ···················· （543）
国际备用证惯例（ISP98）
　　（1998年4月6日） ···················· （551）
最高人民法院
　关于适用《中华人民共和国保险法》若干问题的解释（一）
　　（2009年9月21日） ··················· （566）
最高人民法院
　关于适用《中华人民共和国保险法》若干问题的解释（二）
　　（2020年12月23日修正） ················ （567）

最高人民法院
　关于适用《中华人民共和国保险法》若干问题的解释（三）
　　（2020年12月23日修正） ……………………………………………（569）
最高人民法院
　关于适用《中华人民共和国保险法》若干问题的解释（四）
　　（2020年12月23日修正） ……………………………………………（572）
最高人民法院
　关于审理票据纠纷案件若干问题的规定
　　（2020年12月23日修正） ……………………………………………（574）
最高人民法院
　关于审理融资租赁合同纠纷案件适用法律问题的解释
　　（2020年12月23日修正） ……………………………………………（580）
最高人民法院
　关于审理民间借贷案件适用法律若干问题的规定
　　（2020年12月23日修正） ……………………………………………（582）
最高人民法院
　关于审理出口信用保险合同纠纷案件适用相关法律问题的批复
　　（2013年5月2日） ……………………………………………………（586）
最高人民法院
　关于保证保险合同纠纷案件法律适用问题的答复
　　（2010年6月24日） ……………………………………………………（586）

五、国际运输

中华人民共和国民用航空法
　　（2021年4月29日修正） ……………………………………………（588）
全国人民代表大会常务委员会
　关于加入1929年在华沙签订的"统一国际航空运输某些规则的公约"的决定
　　（1958年6月5日） ……………………………………………………（607）
统一国际航空运输某些规则的公约
　　（1929年10月12日） …………………………………………………（608）
修订1929年华沙公约的议定书
　　（1955年9月28日） ……………………………………………………（613）
全国人民代表大会常务委员会
　关于批准《统一国际航空运输某些规则的公约》的决定
　　（2005年2月28日） ……………………………………………………（617）
国务院
　关于决定《统一国际航空运输某些规则的公约》适用于香港特别行政区的批复
　　（2006年9月7日） ……………………………………………………（618）
统一国际航空运输某些规则的公约
　　（1999年5月28日） ……………………………………………………（618）

第五章 外国判决的承认和执行

最高人民法院
　关于人民法院受理申请承认外国法院离婚判决案件有关问题的规定
　　（2020年12月23日修正） ……………………………………………（631）
最高人民法院
　关于中国公民申请承认外国法院离婚判决程序问题的规定
　　（2020年12月23日修正） ……………………………………………（631）
最高人民法院
　关于外国法院的离婚判决未经我人民法院确认，当事人能否向我婚姻登记
　机关登记结婚的复函
　　（1993年1月22日） ……………………………………………………（633）

第六章 仲裁司法审查

一、法律及国际条约

中华人民共和国仲裁法
　　（2017年9月1日修正） ………………………………………………（637）
全国人民代表大会常务委员会
　关于我国加入《承认及执行外国仲裁裁决公约》的决定
　　（1986年12月2日） ……………………………………………………（642）
最高人民法院
　关于执行我国加入的《承认及执行外国仲裁裁决公约》的通知
　　（1987年4月10日） ……………………………………………………（643）
　　附件1：本通知引用的《承认及执行外国仲裁裁决公约》有关条款 ……（644）
　　附件2：本通知引用的《中华人民共和国民事诉讼法（试行）》有关条款 ……（644）
承认及执行外国仲裁裁决公约
　　（1958年6月10日） ……………………………………………………（645）
全国人民代表大会常务委员会
　关于批准《关于解决国家和他国国民之间投资争端公约》的决定
　　（1992年7月1日） ……………………………………………………（647）
对外经济贸易部
　关于认真做好执行《华盛顿公约》工作的通知
　　（1992年8月1日） ……………………………………………………（648）
关于解决国家和他国国民之间投资争端公约
　　（1966年10月14日） …………………………………………………（648）

二、司法解释及规范性文件

最高人民法院
关于适用《中华人民共和国仲裁法》若干问题的解释
（2006 年 8 月 23 日）……………………………………………………（658）

最高人民法院
关于审理仲裁司法审查案件若干问题的规定
（2017 年 12 月 26 日）…………………………………………………（660）

最高人民法院
关于人民法院办理仲裁裁决执行案件若干问题的规定
（2018 年 2 月 22 日）……………………………………………………（663）

最高人民法院
关于修改《最高人民法院关于仲裁司法审查案件报核问题的有关规定》的决定
（2021 年 12 月 24 日）…………………………………………………（666）
  附：最高人民法院关于仲裁司法审查案件报核问题的有关规定 ………（667）

最高人民法院
关于仲裁机构"先予仲裁"裁决或者调解书立案、执行等法律适用问题的批复
（2018 年 6 月 5 日）……………………………………………………（668）

最高人民法院
关于人民检察院对不撤销仲裁裁决的民事裁定提出抗诉人民法院应
否受理问题的批复
（2000 年 12 月 13 日）…………………………………………………（669）

最高人民法院
关于人民检察院对撤销仲裁裁决的民事裁定提起抗诉，人民法院应
如何处理问题的批复
（2000 年 7 月 10 日）……………………………………………………（669）

最高人民法院
关于当事人对驳回其申请撤销仲裁裁决的裁定不服而申请再审，人民法院
不予受理问题的批复
（2004 年 7 月 26 日）……………………………………………………（670）

最高人民法院
关于未被续聘的仲裁员在原参加审理的案件裁决书上签名人民法院应当执行
该仲裁裁决书的批复
（1998 年 8 月 31 日）……………………………………………………（670）

最高人民法院
关于确认仲裁协议效力几个问题的批复
（1998 年 10 月 26 日）…………………………………………………（671）

最高人民法院
关于审理当事人申请撤销仲裁裁决案件几个具体问题的批复
（1998 年 7 月 21 日）……………………………………………………（672）

最高人民法院
　　对仲裁条款中所选仲裁机构的名称漏字，但不影响仲裁条款效力的
　　一个案例的批复意见
　　　　（1998 年 4 月 2 日） ……………………………………………………（672）
最高人民法院
　　关于仲裁协议无效是否可以裁定不予执行的处理意见
　　　　（2002 年 6 月 20 日） ………………………………………………（673）
最高人民法院
　　关于仲裁司法审查案件归口办理有关问题的通知
　　　　（2017 年 5 月 22 日） ………………………………………………（674）
最高人民法院
　　关于正确审理仲裁司法审查案件有关问题的通知
　　　　（2013 年 9 月 4 日） …………………………………………………（675）
最高人民法院
　　关于人民法院撤销涉外仲裁裁决有关事项的通知
　　　　（1998 年 4 月 23 日） ………………………………………………（675）
最高人民法院
　　关于人民法院处理与涉外仲裁及外国仲裁事项有关问题的通知
　　　　（1995 年 8 月 28 日） ………………………………………………（676）
最高人民法院
　　关于不得以裁决书送达超过期限而裁定撤销仲裁裁决的通知
　　　　（1994 年 4 月 6 日） …………………………………………………（677）
国务院办公厅
　　关于贯彻实施《中华人民共和国仲裁法》需要明确的几个问题的通知
　　　　（1996 年 6 月 8 日） …………………………………………………（677）
国务院办公厅
　　关于印发《重新组建仲裁机构方案》《仲裁委员会登记暂行办法》
　　《仲裁委员会仲裁收费办法》的通知
　　　　（1995 年 7 月 28 日） ………………………………………………（678）
　　　　附件 1：重新组建仲裁机构方案 …………………………………（679）
　　　　附件 2：仲裁委员会登记暂行办法 ………………………………（680）
　　　　附件 3：仲裁委员会仲裁收费办法 ………………………………（681）

第七章　涉港澳台

一、综　合　类

最高人民法院
　　关于审理涉台民商事案件法律适用问题的规定
　　　　（2020 年 12 月 23 日修正） …………………………………………（685）

最高人民法院
　　关于印发《全国法院涉港澳商事审判工作座谈会纪要》的通知
　　　　（2008年1月21日） ·· （685）
　　　　附：全国法院涉港澳商事审判工作座谈会纪要 ······················ （686）
海峡两岸共同打击犯罪及司法互助协议
　　　　（2009年4月26日） ·· （689）

二、送达和调查取证

最高人民法院
　　关于涉港澳民商事案件司法文书送达问题若干规定
　　　　（2009年3月9日） ··· （693）
最高人民法院
　　关于内地与香港特别行政区法院相互委托送达民商事司法文书的安排
　　　　（1999年3月29日） ·· （694）
最高人民法院
　　关于内地与香港特别行政区法院就民商事案件相互委托提取证据的安排
　　　　（2017年2月27日） ·· （695）
最高人民法院
　　关于修改《关于内地与澳门特别行政区法院就民商事案件相互委托送达司法
　　文书和调取证据的安排》的决定
　　　　（2020年1月14日） ·· （697）
　　　　附：最高人民法院关于内地与澳门特别行政区法院就民商事案件相互委托
　　　　　　送达司法文书和调取证据的安排 ···································· （699）
最高人民法院
　　关于涉台民事诉讼文书送达的若干规定
　　　　（2008年4月17日） ·· （702）
最高人民法院
　　关于人民法院办理海峡两岸送达文书和调查取证司法互助案件的规定
　　　　（2011年6月14日） ·· （703）
最高人民法院
　　关于进一步规范人民法院涉港调查取证司法协助工作的通知
　　　　（2013年2月4日） ··· （708）
最高人民法院
　　关于进一步规范人民法院涉港澳台调查取证工作的通知
　　　　（2011年8月7日） ··· （708）
最高人民法院
　　关于如何确定涉港澳台当事人公告送达期限和答辩、上诉期限的
　　请示的复函
　　　　（2001年8月7日） ··· （709）

最高人民法院
　　关于香港特别行政区企业在国内开办全资独资企业法律文书送达
　　问题的请示的复函
　　　　（2011年10月27日） ································· （710）

三、判决的认可和执行

最高人民法院
　　关于内地与香港特别行政区法院相互认可和执行民商事案件判决的安排
　　　　（2024年1月25日） ·································· （711）
最高人民法院
　　关于内地与香港特别行政区法院相互认可和执行当事人协议管辖的
　　民商事案件判决的安排
　　　　（2008年7月3日） ···································· （715）
最高人民法院
　　关于内地与香港特别行政区法院相互认可和执行婚姻家庭民事案件判决的安排
　　　　（2022年2月14日） ·································· （717）
最高人民法院
　　关于内地与澳门特别行政区关于相互认可和执行民商事判决的安排
　　　　（2006年3月21日） ·································· （720）
最高人民法院
　　关于认可和执行台湾地区法院民事判决的规定
　　　　（2015年6月29日） ·································· （723）
最高人民法院
　　关于当事人持台湾地区法院公证处认证的离婚协议书向人民法院申请认可
　　人民法院应否受理的答复
　　　　（2002年8月23日） ·································· （725）

四、仲裁裁决的认可和执行

最高人民法院
　　关于内地与香港特别行政区相互执行仲裁裁决的安排
　　　　（2000年1月24日） ·································· （726）
最高人民法院
　　关于内地与香港特别行政区相互执行仲裁裁决的补充安排
　　　　（2021年5月18日） ·································· （728）
最高人民法院
　　关于内地与澳门特别行政区相互认可和执行仲裁裁决的安排
　　　　（2007年12月12日） ································· （729）
最高人民法院
　　关于认可和执行台湾地区仲裁裁决的规定
　　　　（2015年6月29日） ·································· （731）

五、仲裁协助保全

最高人民法院
关于内地与香港特别行政区法院就仲裁程序相互协助保全的安排
（2019年9月26日） ……………………………………………………（734）
最高人民法院
关于内地与澳门特别行政区就仲裁程序相互协助保全的安排
（2022年2月24日） ……………………………………………………（736）

附录一　关于文书写作的相关规定

最高人民法院
关于裁判文书引用法律、法规等规范性法律文件的规定
（2009年10月26日） …………………………………………………（741）
最高人民法院
关于印发《涉外商事海事裁判文书写作规范》的通知
（2015年3月16日） ……………………………………………………（742）
　　附：涉外商事海事裁判文书写作规范 …………………………………（742）

附录二　双边民事司法协助条约

A

中华人民共和国和阿尔及利亚民主人民共和国关于民事和商事司法协助的条约 ……（751）
中华人民共和国和阿根廷共和国关于民事和商事司法协助的条约 ………………（755）
中华人民共和国和阿拉伯联合酋长国关于民事和商事司法协助的协定 ……………（758）
中华人民共和国和阿拉伯埃及共和国关于民事、商事和刑事司法协助的协定 ………（762）
中华人民共和国和埃塞俄比亚联邦民主共和国关于民事和商事司法协助的条约 ……（767）

B

中华人民共和国和巴西联邦共和国关于民事和商事司法协助的条约 ………………（773）
中华人民共和国和保加利亚共和国关于民事司法协助的协定 ………………………（777）
中华人民共和国和白俄罗斯共和国关于民事和刑事司法协助的条约 ………………（780）
中华人民共和国和波斯尼亚和黑塞哥维那关于民事和商事司法协助的条约 ………（784）
中华人民共和国和波兰人民共和国关于民事和刑事司法协助的协定 ………………（789）
中华人民共和国和比利时王国关于民事司法协助的协定 ………………………………（792）

C

中华人民共和国和朝鲜民主主义人民共和国关于民事和刑事司法协助的条约 ………（795）

D

中华人民共和国和大韩民国关于民事和商事司法协助的条约 …………………………（800）

E

中华人民共和国和俄罗斯联邦关于民事和刑事司法协助的条约 ………………………（804）

F

中华人民共和国和法兰西共和国关于民事、商事司法协助的协定 …………………（809）

G

中华人民共和国和古巴共和国关于民事和刑事司法协助的协定 ……………………（813）

H

中华人民共和国和哈萨克斯坦共和国关于民事和刑事司法协助的条约 ……………（818）

J

中华人民共和国和吉尔吉斯共和国关于民事和刑事司法协助的条约 ………………（822）

K

中华人民共和国和科威特国关于民事和商事司法协助的协定 ………………………（827）

L

中华人民共和国和老挝人民民主共和国关于民事和刑事司法协助的条约 …………（831）
中华人民共和国和立陶宛共和国关于民事和刑事司法协助的条约 …………………（835）
中华人民共和国和罗马尼亚关于民事和刑事司法协助的条约 ………………………（840）

M

中华人民共和国和蒙古人民共和国关于民事和刑事司法协助的条约 ………………（844）
中华人民共和国和秘鲁共和国关于民事和商事司法协助的条约 ……………………（847）
中华人民共和国和摩洛哥王国关于民事和商事司法协助的协定 ……………………（852）

S

中华人民共和国和塞浦路斯共和国关于民事、商事和刑事司法协助的条约 ………（856）

T

中华人民共和国和泰王国关于民商事司法协助和仲裁合作的协定 …………………（862）
中华人民共和国和突尼斯共和国关于民事和商事司法协助的条约 …………………（865）
中华人民共和国和土耳其共和国关于民事、商事和刑事司法协助的协定 …………（869）
中华人民共和国和塔吉克斯坦共和国关于民事和刑事司法协助的条约 ……………（873）

W

中华人民共和国和乌兹别克斯坦共和国关于民事和刑事司法协助的条约 …………（878）
中华人民共和国和乌克兰关于民事和刑事司法协助的条约 …………………………（882）

X

中华人民共和国和新加坡共和国关于民事和商事司法协助的条约 …………………（886）
中华人民共和国和匈牙利共和国关于民事和商事司法协助的条约 …………………（889）
中华人民共和国和希腊共和国关于民事和刑事司法协助的协定 ……………………（892）
中华人民共和国和西班牙王国关于民事、商事司法协助的条约 ……………………（897）

Y

中华人民共和国和伊朗伊斯兰共和国关于民事和商事司法协助的条约 ……………（902）
中华人民共和国和越南社会主义共和国关于民事和刑事司法协助的条约 …………（907）
中华人民共和国和意大利共和国关于民事司法协助的条约 …………………………（911）

第一章 综合

全国法院涉外商事海事审判工作座谈会会议纪要

2021年12月31日　　　　法（民四）明传（2021）60号

目　录

涉外商事部分
　一、关于案件管辖
　二、关于诉讼当事人
　三、关于涉外送达
　四、关于涉外诉讼证据
　五、关于涉外民事关系的法律适用
　六、关于域外法查明
　七、关于涉公司纠纷案件的审理
　八、关于涉金融纠纷案件的审理
　九、关于申请承认和执行外国法院判决案件的审理
　十、关于限制出境
海事部分
　十一、关于运输合同纠纷案件的审理
　十二、关于保险合同纠纷案件的审理
　十三、关于船舶物权纠纷案件的审理
　十四、关于海事侵权纠纷案件的审理
　十五、关于其他海事案件的审理
仲裁司法审查部分
　十六、关于申请确认仲裁协议效力案件的审查
　十七、关于申请撤销或不予执行仲裁裁决案件的审查
　十八、关于申请承认和执行外国仲裁裁决案件的审查
　十九、关于仲裁司法审查程序的其他问题
　二十、关于涉港澳台商事案件的参照适用

涉外商事部分

一、关于案件管辖

1.【排他性管辖协议的推定】涉外合同或者其他财产权益纠纷的当事人签订的管辖协议明确约定由一国法院管辖，但未约定该管辖协议为非排他性管辖协议的，应推定该管辖协议为排他性管辖协议。

2.【非对称管辖协议的效力认定】涉外合同或者其他财产权益纠纷的当事人签订的管辖协议明确约定一方当事人可以从一个以上国家的法院中选择某国法院提起诉讼，而另一方当事人仅能向一个特定国家的法院提起诉讼，当事人以显失公平为由主张该管辖协议无效的，人民法院不予支持；但管辖协议涉及消费者、劳动者权益或者违反民事诉讼法专属管辖规定的除外。

3.【跨境消费者网购合同管辖协议的效力】网络电商平台使用格式条款与消费者订立跨境网购合同，未采取合理方式提示消费者注意合同中包含的管辖条款，消费者根据民法典第四百九十六条的规定主张该管辖条款不成为合同内容的，人民法院应予支持。

网络电商平台虽已尽到合理提示消费者注意的义务，但该管辖条款约定在消费者住所地国以外的国家法院诉讼，不合理加重消费者寻求救济的成本，消费者根据民法典第四百九十七条的规定主张该管辖条款无效的，人民法院应予支持。

4.【主从合同约定不同管辖法院的处

理】主合同和担保合同分别约定不同国家或者地区的法院管辖，且约定不违反民事诉讼法专属管辖规定的，应当依据管辖协议的约定分别确定管辖法院。当事人主张根据《最高人民法院关于适用〈中华人民共和国民法典〉有关担保制度的解释》第二十一条第二款的规定，根据主合同确定管辖法院的，人民法院不予支持。

二、关于诉讼当事人

5.【"有明确被告"的认定】原告对住所地在中华人民共和国领域外的被告提起诉讼，能够提供该被告存在的证明的，即符合民事诉讼法第一百二十二条第二项规定的"有明确的被告"。被告存在的证明可以是处于有效期内的被告商业登记证、身份证明、合同书等文件材料，不应强制要求原告就上述证明办理公证认证手续。

6.【境外公司的诉讼代表人资格认定】在中华人民共和国领域外登记设立的公司因出现公司僵局、解散、重整、破产等原因，已经由登记地国法院指定司法管理人、清算管理人、破产管理人的，该管理人可以代表该公司参加诉讼。

管理人应当提交登记地国法院作出的判决、裁定及其公证认证手续等相关文件证明其诉讼代表资格。人民法院应当对上述证据组织质证，另一方当事人仅以登记地国法院作出的判决、裁定未经我国法院承认为由，否认管理人诉讼代表资格的，人民法院不予支持。

7.【外籍当事人委托公民代理的手续审查】根据民事诉讼法司法解释第五百二十八条、第五百二十九条的规定，涉外民事诉讼中的外籍当事人委托本国人为诉讼代理人或者委托本国律师以非律师身份担任诉讼代理人、外国驻华使领馆官员受本国公民委托担任诉讼代理人的，不适用民事诉讼法第六十一条第二款第三项的规定，无须提交当事人所在社区、单位或者有关社会团体的推荐函。

8.【外国当事人一次性授权的手续审查】外国当事人一次性授权诉讼代理人代理多个案件或者一个案件的多个程序，该授权办理了公证认证或者司法协助协定规定的相关证明手续，诉讼代理人有权在授权委托书的授权范围和有效期内从事诉讼代理行为。对方当事人以该诉讼代理人的授权未就单个案件或者程序办理公证认证或者证明手续为由提出异议的，人民法院不予支持。

9.【境外寄交管辖权异议申请的审查】当事人从中华人民共和国领域外寄交或者托交管辖权异议申请的，应当提交其主体资格证明以及有效联系方式；未提交的，人民法院对其提出的管辖权异议不予审查。

三、关于涉外送达

10.【邮寄送达退件的处理】人民法院向在中华人民共和国领域内没有住所的受送达人邮寄送达司法文书，如邮件被退回，且注明原因为"该地址查无此人""该地址无人居住"等情形的，视为不能用邮寄方式送达。

11.【电子送达】人民法院向在中华人民共和国领域内没有住所的受送达人送达司法文书，如受送达人所在国法律未禁止电子送达方式的，人民法院可以依据民事诉讼法第二百七十四条的规定采用电子送达方式，但违反我国缔结或参加的国际条约规定的除外。

受送达人所在国系《海牙送达公约》成员国，并在公约项下声明反对邮寄方式送达的，应推定其不允许电子送达方式，人民法院不能采用电子送达方式。

12.【外国自然人的境内送达】人民法院对外国自然人采用下列方式送达，能够确认受送达人收悉的，为有效送达：

（一）向其在境内设立的外商独资企业转交送达；

（二）向其在境内担任法定代表人、公

司董事、监事和高级管理人员的企业转交送达；

（三）向其同住成年家属转交送达；

（四）通过能够确认受送达人收悉的其他方式送达。

13.【送达地址的认定】在中华人民共和国领域内没有住所的当事人未填写送达地址确认书，但在诉讼过程中提交的书面材料明确载明地址的，可以认定该地址为送达地址。

14.【管辖权异议文书的送达】对涉外商事案件管辖权异议程序的管辖权异议申请书、答辩书等司法文书，人民法院可以仅在相对方当事人之间进行送达，但管辖权异议裁定书应当列明并送达所有当事人。

四、关于涉外诉讼证据

15.【外国法院判决、仲裁裁决等作为证据的认定】一方当事人将外国法院作出的发生法律效力的判决、裁定或者外国仲裁机构作出的仲裁裁决作为证据提交，人民法院应当组织双方当事人质证后进行审查认定，但该判决、裁定或者仲裁裁决认定的事实，不属于民事诉讼法司法解释第九十三条第一款规定的当事人无须举证证明的事实。一方当事人仅以该判决、裁定或者仲裁裁决未经人民法院承认为由主张不能作为证据使用的，人民法院不予支持。

16.【域外公文书证】《最高人民法院关于民事诉讼证据的若干规定》第十六条规定的公文书证包括外国法院作出的判决、裁定，外国行政机关出具的文件，外国公共机构出具的商事登记、出生及死亡证明、婚姻状况证明等文件，但不包括外国鉴定机构等私人机构出具的文件。

公文书证在中华人民共和国领域外形成的，应当经所在国公证机关证明，或者履行相应的证明手续，但是可以通过互联网方式核查公文书证的真实性或者双方当事人对公文书证的真实性均无异议的除外。

17.【庭审中翻译费用的承担】诉讼过程中翻译人员出庭产生的翻译费用，根据《诉讼费用交纳办法》第十二条第一款的规定，由主张翻译或者负有翻译义务的一方当事人直接预付给翻译机构，人民法院不得代收代付。

人民法院应当在裁判文书中载明翻译费用，并根据《诉讼费用交纳办法》第二十九条的规定确定由败诉方负担。部分胜诉、部分败诉的，人民法院根据案件的具体情况决定当事人各自负担的数额。

五、关于涉外民事关系的法律适用

18.【国际条约未规定事项和保留事项的法律适用】中华人民共和国缔结或者参加的国际条约对涉外民商事案件中的具体争议没有规定，或者案件的具体争议涉及保留事项的，人民法院根据涉外民事关系法律适用法等法律的规定确定应当适用的法律。

19.【《联合国国际货物销售合同公约》的适用】营业地位于《联合国国际货物销售合同公约》不同缔约国的当事人缔结的国际货物销售合同应当自动适用该公约的规定，但当事人明确约定排除适用该公约的除外。人民法院应当在法庭辩论终结前向当事人询问关于适用该公约的具体意见。

20.【法律与国际条约的一致解释】人民法院审理涉外商事案件所适用的中华人民共和国法律、行政法规的规定存在两种以上合理解释的，人民法院应当选择与中华人民共和国缔结或者参加的国际条约相一致的解释，但中华人民共和国声明保留的条款除外。

六、关于域外法查明

21.【查明域外法的途径】人民法院审理案件应当适用域外法律时，可以通过下列途径查明：

（1）由当事人提供；

（2）由中外法律专家提供；

（3）由法律查明服务机构提供；
（4）由最高人民法院国际商事专家委员提供；
（5）由与我国订立司法协助协定的缔约相对方的中央机关提供；
（6）由我国驻该国使领馆提供；
（7）由该国驻我国使领馆提供；
（8）其他合理途径。

通过上述途径提供的域外法律资料以及专家意见，应当在法庭上出示，并充分听取各方当事人的意见。

22.【委托国际商事专家委员提供咨询意见】人民法院委托最高人民法院国际商事专家委员就审理案件涉及的国际条约、国际商事规则、域外法律的查明和适用等法律问题提供咨询意见的，应当通过高级人民法院向最高人民法院国际商事法庭协调指导办公室办理寄交书面委托函，写明需提供意见的法律所属国别、法律部门、法律争议等内容，并附相关材料。

23.【域外法专家出庭】当事人可以依据民事诉讼法第八十二条的规定申请域外法专家出庭。

人民法院可以就专家意见书所涉域外法的理解，对出庭的专家进行询问。经法庭准许，当事人可以对出庭的专家进行询问。专家不得参与域外法查明事项之外的法庭审理活动。专家不能现场到庭的，人民法院可以根据案件审理需要采用视频方式询问。

24.【域外法内容的确定】双方当事人提交的域外法内容相同或者当事人对相对方提交的域外法内容无异议的，人民法院可以作为域外法依据予以确定。当事人对相对方提交的域外法内容有异议的，人民法院应当结合质证认证情况进行审查认定。人民法院不得仅以当事人对域外法内容存在争议为由认定不能查明域外法。

25.【域外法查明不能的认定】当事人应当提供域外法的，人民法院可以根据案件具体情况指定查明域外法的期限并可依据当事人申请适当延长期限。当事人在延长期限内仍不能提供的，视为域外法查明不能。

26.【域外法查明费用】对于应当适用的域外法，根据涉外民事关系法律适用法第十条第一款的规定由当事人提供的，查明费用由当事人直接支付给查明方，人民法院不得代收代付。人民法院可以根据当事人的诉讼请求和具体案情，对当事人因查明域外法而发生的合理费用予以支持。

七、关于涉公司纠纷案件的审理

27.【境外公司内部决议效力的法律适用】在中华人民共和国领域外登记设立的公司作出的内部决议的效力，人民法院应当适用登记地国的法律并结合公司章程的相关规定予以审查认定。

28.【境外公司意思表示的认定】在中华人民共和国领域外登记设立的公司的董事代表公司在合同书、信件、数据电文等载体上签字订立合同的行为，可以视为该公司作出的意思表示，未加盖该公司的印章不影响代表行为的效力，但当事人另有约定或者登记地国法律另有规定的除外。

公司章程或者公司权力机构对董事代表权的限制，不得对抗善意相对人，但登记地国法律另有规定的除外。

29.【外商投资企业隐名投资协议纠纷】因外商投资企业隐名投资协议产生的纠纷，实际投资者请求确认其在外商投资企业中的股东身份或者请求变更股东身份，并提供证据证明其已实际投资且名义股东以外的其他股东认可实际投资者的股东身份的，对其诉讼请求按照以下方式处理：

（1）外商投资企业属于外商投资准入负面清单禁止投资领域的，人民法院不予支持；

（2）外商投资企业属于外商投资准入负面清单以外投资领域的，人民法院应当判决由名义股东履行将所持股权转移登记至实际投资者名下的义务，外商投资企业负有协助办理股权转移登记手续的义务；

(3) 外商投资企业属于外商投资准入负面清单限制投资领域的，人民法院应当判决由名义股东履行将所持股权转移登记至实际投资者名下的义务，并协助外商投资企业办理报批手续。判决可以同时载明，不履行报批手续的，实际投资者可自行报批。

因相对人已从名义股东处善意取得外商投资企业股权，或者实际投资者依据前款第3项报批后未获外商投资企业主管机关批准，导致股权变更事实上无法实现的，实际投资者可就隐名投资协议另行提起合同损害赔偿之诉。

八、关于涉金融纠纷案件的审理

30.【独立保函止付申请的初步实体审查】人民法院审理独立保函欺诈纠纷案件时，对当事人提出的独立保函止付申请，应当根据《最高人民法院关于审理独立保函纠纷案件若干问题的规定》第十四条的规定进行审查，并根据第十二条的规定就是否存在欺诈的止付事由进行初步实体审查；应当根据第十六条的规定在裁定中列明初步查明的事实和是否准许止付申请的理由。

31.【信用证通知行过错及责任认定】通知行在信用证项下的义务为审核确认信用证的表面真实性并予以准确通知。通知行履行通知义务存在过错并致受益人损失的，应当承担相应的侵权责任，但赔偿数额不应超过信用证项下未付款金额及利息。受益人主张通知行赔偿其在基础合同项下所受损失的，人民法院不予支持。

32.【外币逾期付款利息】外币逾期付款情形下，当事人就逾期付款主张利息损失时，当事人有约定的，按当事人约定处理；当事人未约定的，可以参照中国银行同期同类外币贷款利率计算。

九、关于申请承认和执行外国法院判决案件的审理

33.【审查标准及适用范围】人民法院在审理申请承认和执行外国法院判决、裁定案件时，应当根据民事诉讼法第二百八十九条以及民事诉讼法司法解释第五百四十四条第一款的规定，首先审查该国与我国是否缔结或者共同参加了国际条约。有国际条约的，依照国际条约办理；没有国际条约，或者虽然有国际条约但国际条约对相关事项未作规定的，具体审查标准可以适用本纪要。

破产案件、知识产权案件、不正当竞争案件以及垄断案件因具有较强的地域性、特殊性，相关判决的承认和执行不适用本纪要。

34.【申请人住所地法院管辖的情形】申请人申请承认外国法院判决、裁定，但被申请人在我国境内没有住所地，且其财产也不在我国境内的，可以由申请人住所地的中级人民法院管辖。

35.【申请材料】申请人申请承认和执行外国法院判决、裁定，应当提交申请书并附下列文件：

（1）判决书正本或者经证明无误的副本；

（2）证明判决已经发生法律效力的文件；

（3）缺席判决的，证明外国法院合法传唤缺席方的文件。

判决、裁定对前款第2项、第3项的情形已经予以说明的，无需提交其他证明文件。

申请人提交的判决及其他文件为外文的，应当附有加盖翻译机构印章的中文译本。

申请人提交的文件如果是在我国领域外形成的，应当办理公证认证手续，或者履行中华人民共和国与该所在国订立的有关国际条约规定的证明手续。

36.【申请书】申请书应当载明下列事项：

（1）申请人、被申请人。申请人或者被申请人为自然人的，应当载明其姓名、性别、出生年月、国籍、住所及身份证件号

码；为法人或者非法人组织的，应当载明其名称、住所地，以及法定代表人或者代表人的姓名和职务；

（2）作出判决的外国法院名称、裁判文书案号、诉讼程序开始日期和判决日期；

（3）具体的请求和理由；

（4）申请执行判决的，应当提供被申请人的财产状况和财产所在地，并说明该判决在我国领域外的执行情况；

（5）其他需要说明的情况。

37.【送达被申请人】当事人申请承认和执行外国法院判决、裁定，人民法院应当在裁判文书中将对方当事人列为被申请人。双方当事人都提出申请的，均列为申请人。

人民法院应当将申请书副本送达被申请人。被申请人应当在收到申请书副本之日起十五日内提交意见；被申请人在中华人民共和国领域内没有住所的，应当在收到申请书副本之日起三十日内提交意见。被申请人在上述期限内不提交意见的，不影响人民法院审查。

38.【管辖权异议的处理】人民法院受理申请承认和执行外国法院判决、裁定案件后，被申请人对管辖权有异议的，应当自收到申请书副本之日起十五日内提出；被申请人在中华人民共和国领域内没有住所的，应当自收到申请书副本之日起三十日内提出。

人民法院对被申请人提出的管辖权异议，应当审查并作出裁定。当事人对管辖权异议裁定不服的，可以提起上诉。

39.【保全措施】当事人向人民法院申请承认和执行外国法院判决、裁定，人民法院受理申请后，当事人申请财产保全的，人民法院可以参照民事诉讼法及相关司法解释的规定执行。申请人应当提供担保，不提供担保的，裁定驳回申请。

40.【立案审查】申请人的申请不符合立案条件的，人民法院应当裁定不予受理，同时说明不予受理的理由。已经受理的，裁定驳回申请。当事人不服的，可以提起上诉。人民法院裁定不予受理或者驳回申请后，申请人再次申请且符合受理条件的，人民法院应予受理。

41.【外国法院判决的认定标准】人民法院应当根据外国法院判决、裁定的实质内容，审查认定该判决、裁定是否属于民事诉讼法第二百八十九条规定的"判决、裁定"。

外国法院对民商事案件实体争议作出的判决、裁定、决定、命令等法律文书，以及在刑事案件中就民事损害赔偿作出的法律文书，应认定属于民事诉讼法第二百八十九条规定的"判决、裁定"，但不包括外国法院作出的保全裁定以及其他程序性法律文书。

42.【判决生效的认定】人民法院应当根据判决作出国的法律审查该判决、裁定是否已经发生法律效力。有待上诉或者处于上诉过程中的判决、裁定不属于民事诉讼法第二百八十九条规定的"发生法律效力的判决、裁定"。

43.【不能确认判决真实性和终局性的情形】人民法院在审理申请承认和执行外国法院判决、裁定案件时，经审查，不能够确认外国法院判决、裁定的真实性，或者该判决、裁定尚未发生法律效力的，应当裁定驳回申请。驳回申请后，申请人再次申请且符合受理条件的，人民法院应予受理。

44.【互惠关系的认定】人民法院在审理申请承认和执行外国法院判决、裁定案件时，有下列情形之一的，可以认定存在互惠关系：

（1）根据该法院所在国的法律，人民法院作出的民商事判决可以得到该国法院的承认和执行；

（2）我国与该法院所在国达成了互惠的谅解或者共识；

（3）该法院所在国通过外交途径对我国作出互惠承诺或者我国通过外交途径对该法院所在国作出互惠承诺，且没有证据证明该法院所在国曾以不存在互惠关系为由拒绝承认和执行人民法院作出的判决、裁定。

人民法院对于是否存在互惠关系应当逐案审查确定。

45. 【惩罚性赔偿判决】外国法院判决的判项为损害赔偿金且明显超出实际损失的,人民法院可以对超出部分裁定不予承认和执行。

46. 【不予承认和执行的事由】对外国法院作出的发生法律效力的判决、裁定,人民法院按照互惠原则进行审查后,认定有下列情形之一的,裁定不予承认和执行:

(一) 根据中华人民共和国法律,判决作出国法院对案件无管辖权;

(二) 被申请人未得到合法传唤或者虽经合法传唤但未获得合理的陈述、辩论机会,或者无诉讼能力的当事人未得到适当代理;

(三) 判决通过欺诈方式取得;

(四) 人民法院已对同一纠纷作出判决,或者已经承认和执行第三国就同一纠纷做出的判决或者仲裁裁决。

外国法院作出的发生法律效力的判决、裁定违反中华人民共和国法律的基本原则或者国家主权、安全、社会公共利益的,不予承认和执行。

47. 【违反仲裁协议作出的外国判决的承认】外国法院作出缺席判决后,当事人向人民法院申请承认和执行该判决,人民法院经审查发现纠纷当事人存在有效仲裁协议,且缺席当事人未明示放弃仲裁协议的,应当裁定不予承认和执行该外国法院判决。

48. 【对申请人撤回申请的处理】人民法院受理申请承认和执行外国法院判决、裁定案件后,作出裁定前,申请人请求撤回申请的,可以裁定准许。

人民法院裁定准许撤回申请后,申请人再次申请且符合受理条件的,人民法院应予受理。

申请人无正当理由拒不参加询问程序的,按申请人自动撤回申请处理。

49. 【承认和执行外国法院判决的报备及通报机制】各级人民法院审结当事人申请承认和执行外国法院判决案件的,应当在作出裁定后十五日内逐级报至最高人民法院备案。备案材料包括申请人提交的申请书、外国法院判决及其中文译本、人民法院作出的裁定。

人民法院根据互惠原则进行审查的案件,在作出裁定前,应当将拟处理意见报本辖区所属高级人民法院进行审查;高级人民法院同意拟处理意见的,应将其审查意见报最高人民法院审核。待最高人民法院答复后,方可作出裁定。

十、关于限制出境

50. 【限制出境的适用条件】《第二次全国涉外商事海事审判工作会议纪要》第93条规定的"逃避诉讼或者逃避履行法定义务的可能"是指申请人提起的民事诉讼有较高的胜诉可能性,而被申请人存在利用出境逃避诉讼、逃避履行法定义务的可能。申请人提出限制出境申请的,人民法院可以要求申请人提供担保,担保数额一般应当相当于诉讼请求的数额。

被申请人在中华人民共和国领域内有足额可供扣押的财产的,不得对其采取限制出境措施。被限制出境的被申请人或其法定代表人、负责人提供有效担保或者履行法定义务的,人民法院应当立即作出解除限制的决定并通知公安机关。

海事部分

十一、关于运输合同纠纷案件的审理

(一) 海上货物运输合同

51. 【托运人的识别】提单或者其他运输单证记载的托运人与向承运人或其代理人订舱的人不一致的,提单或者其他运输单证的记载对于承托双方仅具有初步的证明效力,人民法院应当结合运输合同的订立及履行情况准确认定托运人;有证据证明订舱人系接受他人委托并以他人名义或者为他人订舱的，人民法院应当根据海商法第四十二条第三项第1点的规定，认定该"他人"为托运人。

52.【实际承运人责任的法律适用】海商法是调整海上运输关系的特别法律规定，应当优先于一般法律规定适用。就海上货物运输合同所涉及的货物灭失或者损坏，提单持有人选择仅向实际承运人主张赔偿的，人民法院应当优先适用海商法有关实际承运人的规定；海商法没有规定的，适用其他法律规定。

53.【承运人提供集装箱的适货义务】根据海商法第四十七条有关适货义务的规定，承运人提供的集装箱应符合安全收受、载运和保管所装载货物的要求。

因集装箱存在缺陷造成箱内货物灭失或者损坏的，承运人应当承担相应赔偿责任。承运人的前述义务不因海上货物运输合同中的不同约定而免除。

54.【"货物的自然特性或者固有缺陷"的认定】海商法第五十一条第一款第九项规定的"货物的自然特性或者固有缺陷"是指货物具有的本质的、固有的特性或者缺陷，表现为同类货物在同等正常运输条件下，即使承运人已经尽到海商法第四十八条规定的管货义务，采取了合理的谨慎措施仍无法防止损坏的发生。

55.【货损发生期间的举证】根据海商法第四十六条的规定，承运人对其责任期间发生的货物灭失或者损坏负赔偿责任。请求人在货物交付时没有根据海商法第八十一条的规定提出异议，之后又向承运人主张货损赔偿，如果可能发生货损的原因和区间存在多个，请求人仅举证证明货损可能发生在承运人责任期间，而不能排除货损发生于非承运人责任期间的，人民法院不予支持。

56.【承运人对大宗散装货物短少的责任承担】根据航运实践和航运惯例，大宗散装货物运输过程中，因自然损耗、装卸过程中的散落残漏以及水尺计重等的计量允差等原因，往往会造成合理范围内的短少。如果卸货后货物出现短少，承运人主张免责并举证证明该短少属于合理损耗、计量允差以及相关行业标准或惯例的，人民法院原则上应当予以支持，除非有证据证明承运人对货物短少有不能免责的过失；如果卸货后货物短少超出相关行业标准或惯例，承运人又不能举证区分合理因素与不合理因素各自造成的损失，请求人要求承运人承担全部货物短少赔偿责任的，人民法院原则上应当予以支持。

57.【"不知条款"的适用规则】提单是承运人保证据以交付货物的单证，承运人应当在提单上如实记载货物状况，并按照记载向提单持有人交付货物。根据海商法第七十五条的规定，承运人或者代其签发提单的人，在签发已装船提单的情况下没有适当方法核对提单记载的，可以在提单上批注，说明无法核对。运输货物发生损坏，承运人依据提单记载的"不知条款"主张免除赔偿责任的，应当对其批注符合海商法第七十五条规定情形承担举证责任；有证据证明货物损坏原因是承运人违反海商法第四十七、第四十八条规定的义务，承运人援引"不知条款"主张免除其赔偿责任的，人民法院不予支持。

58.【承运人交付货物的依据】承运人没有签发正本提单，或者虽签发正本提单但已收回正本提单并约定采用电放交付货物的，承运人应当根据运输合同约定、托运人电放指示或者托运人以其他方式作出的指示交付货物。收货人仅凭提单样稿、提单副本等要求承运人交付货物的，人民法院不予支持。

59.【承运人凭指示提单交付时应合理谨慎审单】正本指示提单的持有人请求承运人向其交付货物，承运人应当合理谨慎地审查提单。承运人凭背书不连续的正本指示提单交付货物，请求人要求承运人承担因此造成损失的，人民法院应予支持，但承运人举证证明提单持有人通过背书之外其他合法方式取得提单权利的除外。

60.【承运人对货物留置权的行使】提单或者运输合同载明"运费预付"或者类似性质说明，承运人以运费尚未支付为由，根据海商法第八十七条对提单持有人的货物主张留置权的，人民法院不予支持，提单持有人与托运人相同的除外。

61.【目的港无人提货的费用承担】提单持有人在目的港没有向承运人主张提货或者行使其他权利的，因无人提取货物而产生的费用和风险由托运人承担。承运人依据运输合同关系向托运人主张运费、堆存费、集装箱超期使用费或者其他因无人提取货物而产生费用的，人民法院应予支持。

62.【无单放货纠纷的举证责任】托运人或者提单持有人向承运人主张无单放货损失赔偿的，应当提供初步证据证明其为合法的正本提单持有人、承运人未凭正本提单交付货物以及因此遭受的损失。承运人抗辩货物并未被交付的，应当举证证明货物仍然在其控制之下。

63.【承运人免除无单放货责任的举证】承运人援引《最高人民法院关于审理无正本提单交付货物案件适用法律若干问题的规定》第七条规定，主张不承担无单放货的民事责任的，应当提供该条规定的卸货港所在地法律，并举证证明其按照卸货港所在地法律规定，将承运到港的货物交付给当地海关或者港口当局后已经丧失对货物的控制权。

64.【无单放货诉讼时效的起算点】根据《最高人民法院关于审理无正本提单交付货物案件适用法律若干问题的规定》第十四条第一款的规定，正本提单持有人以无单放货为由向承运人提起的诉讼，时效期间为一年，从承运人应当向提单持有人交付之日起计算，即从该航次将货物运抵目的港并具备交付条件的合理日期起算。

65.【集装箱超期使用费标准的认定】承运人依据海上货物运输合同主张集装箱超期使用费，运输合同对集装箱超期使用费有约定标准的，人民法院可以按照该约定确定费用；没有约定标准，但承运人举证证明集装箱提供者网站公布的标准或者同类集装箱经营者网站公布的同期同地的市场标准的，人民法院可以予以采信。

根据民法典第五百八十四条规定的可合理预见规则和第五百九十一条规定的减损规则，承运人应当及时采取措施减少因集装箱超期使用对其造成的损失，故集装箱超期使用费赔偿额应在合理限度之内。人民法院原则上以同类新集装箱市价1倍为基准确定赔偿额，同时可以根据具体案情适当浮动或者调整。

66.【请求集装箱超期使用费的诉讼时效】承运人在履行海上货物运输合同过程中将集装箱作为运输工具提供给货方使用的，应当根据海上货物运输合同法律关系确定诉讼时效；承运人请求集装箱超期使用费的诉讼时效期间为一年，自集装箱免费使用期届满次日起开始计算。

67.【港口经营人不能主张承运人的免责或者责任限制抗辩】根据海商法第五十八条、第六十一条的规定，就海上货物运输合同所涉及的货物灭失、损坏或者迟延交付提起的诉讼，有权适用关于承运人的抗辩理由和限制赔偿责任规定的为承运人、实际承运人、承运人和实际承运人的受雇人或者代理人。在现有法律规定下，港口经营人并不属于上述范围，其在港口作业中造成货物损失，托运人或者收货人直接以侵权起诉港口经营人，港口经营人援用海商法第五十八条、第六十一条的规定主张免责或者限制赔偿责任的，人民法院不予支持。

(二) 多式联运合同

68.【涉外多式联运合同经营人的"网状责任制"】具有涉外因素的多式联运合同，当事人可以协议选择多式联运合同适用的法律；当事人没有选择的，适用最密切联系原则确定适用法律。

当事人就多式联运合同协议选择适用或者根据最密切联系原则适用中华人民共和国

法律，但货物灭失或者损坏发生在国外某一运输区段的，人民法院应当根据海商法第一百零五条的规定，适用该国调整该区段运输方式的有关法律规定，确定多式联运经营人的赔偿责任和责任限额，不能直接根据中华人民共和国有关调整该区段运输方式的法律予以确定；有关诉讼时效的认定，仍应当适用中华人民共和国相关法律规定。

（三）国内水路货物运输合同

69.【收货人的诉权】运输合同当事人约定收货人可直接向承运人请求交付货物，承运人未向收货人交付货物或者交付货物不符合合同约定，收货人请求承运人承担赔偿责任的，人民法院应予受理；承运人对托运人的抗辩，可以向收货人主张。

70.【合同无效的后果】没有取得国内水路运输经营资质的承运人签订的国内水路货物运输合同无效，承运人请求托运人或者收货人参照合同约定支付违约金的，人民法院不予支持。

没有取得国内水路运输经营资质的出租人签订的航次租船合同无效，出租人请求承租人或者收货人参照合同约定支付滞期费的，人民法院不予支持。

71.【内河船舶不得享受海事赔偿责任限制】海商法第十一章关于海事赔偿责任限制规定适用的船舶应当为海商法第三条规定的海船，不适用于内河船舶。海船的认定应当根据船舶检验证书记载的航行能力和准予航行航区予以确认，内河船舶的船舶性质及其准予航行航区不因船舶实际航行区域而改变。

十二、关于保险合同纠纷案件的审理

72.【不定值保险的认定及保险价值的举证责任】海上保险合同仅约定保险金额，未约定保险价值的，为不定值保险。保险事故发生后，应当根据海商法第二百一十九条第二款的规定确定保险价值。

海上保险合同没有约定保险价值，被保险人请求保险人按照损失金额或者保险金额承担保险赔偿责任，保险人以保险价值高于保险合同约定的保险金额为由，主张根据海商法第二百三十八条的规定承担比例赔偿责任的，应当就保险价值承担举证责任。保险人举证不能的，人民法院可以认定保险金额与保险价值一致。

73.【超额保险的认定及举证责任】海上保险合同明确约定了保险价值，保险事故发生后，保险人以保险合同中约定的保险金额明显高于保险标的的实际价值为由，主张根据海商法第二百一十九条第二款的规定确定保险价值，就超出该保险价值部分免除赔偿责任的，人民法院不予支持；但保险人提供证据证明，被保险人在签订保险合同时存在故意隐瞒或者虚报保险价值的除外。

海上保险合同没有约定保险价值，保险事故发生后，保险人主张根据海商法第二百一十九条第二款的规定确定保险价值，并以保险合同中约定的保险金额明显高于保险价值为由，主张对超过保险价值部分免除保险赔偿责任的，人民法院应予支持。但被保险人提供证据证明，保险人在签订保险合同时明知保险金额明显超过根据海商法第二百一十九条第二款确定的保险价值的除外。

74.【与共同海损分摊相关的海上保险赔偿请求权的诉讼时效】因分摊共同海损而遭受损失的被保险人依据保险合同向保险人请求赔偿的诉讼时效，应当适用海商法第二百六十四条的规定，诉讼时效的起算点为保险事故（共同海损事故）发生之日。

涉及海上保险合同的共同海损分摊，被保险人已经申请进行共同海损理算，但是在诉讼时效期间的最后六个月内，因理算报告尚未作出，被保险人无法向保险人主张权利，属于被保险人主观意志不能控制的客观情形，可以认定构成诉讼时效中止。中止时效的原因消除之日，即理算报告作出之日起，时效期间继续计算。

75.【沿海、内河保险合同保险人代位

求偿权诉讼时效起算点】沿海、内河保险合同保险人代位求偿权的诉讼时效起算日应当根据法释〔2001〕18号《最高人民法院关于如何确定沿海、内河货物运输赔偿请求权时效期间问题的批复》规定的诉讼时效起算时间确定。

十三、关于船舶物权纠纷案件的审理

76.【就海上货物运输合同产生的财产损失主张船舶优先权的法律适用】承运人履行海上货物运输合同过程中，造成货物灭失或者损坏的，船载货物权利人对本船提起的财产赔偿请求不具有船舶优先权。碰撞船舶互有过失造成船载货物灭失或者损坏的，船载货物权利人可以根据海商法第二十二条第一款第五项的规定向对方船舶主张船舶优先权。

77.【就海上旅客运输合同产生的财产损失主张船舶优先权的法律适用】承运人履行海上旅客运输合同过程中，造成旅客行李灭失或者损坏的，旅客对本船提起的财产赔偿请求不具有船舶优先权。碰撞船舶互有过失造成旅客行李灭失或者损坏的，旅客可以根据海商法第二十二条第一款第五项的规定向对方船舶主张船舶优先权。

78.【挂靠船舶的扣押】挂靠船舶登记所有人的一般债权人，不属于民法典第二百二十五条规定的"善意第三人"，其债权请求权不能对抗挂靠船舶实际所有人的物权。一般债权人申请扣押挂靠船舶后，挂靠船舶实际所有人主张解除扣押的，人民法院应予支持。

对挂靠船舶享有抵押权、留置权和船舶优先权等担保物权的债权人申请扣押挂靠船舶，挂靠船舶实际所有人主张解除扣押的，人民法院不予支持，有证据证明债权人非善意第三人的除外。

十四、关于海事侵权纠纷案件的审理

79.【同一事故中当事船舶适用同一赔偿限额】同一事故中的当事船舶的海事赔偿限额，有适用海商法第二百一十条第一款规定的，无论其是否申请设立海事赔偿责任限制基金或者主张海事赔偿责任限制，其他从事中华人民共和国港口之间货物运输或者沿海作业的当事船舶的海事赔偿责任限额也应适用该条规定。

80.【单一责任限制制度的适用规则】海商法第二百一十五条关于"先抵销，后限制"的规定适用于同类海事请求。若双方存在非人身伤亡和人身伤亡的两类赔偿请求，不同性质的赔偿请求应当分别抵销，分别限制。

81.【养殖损害赔偿的责任承担】因船舶碰撞或者触碰、环境污染造成海上及通海可航水域养殖设施、养殖物受到损害的，被侵权人可以请求侵权人赔偿其由此造成的养殖设施损失、养殖物损失、恢复生产期间减少的收入损失，以及为排除妨害、消除危险、确定损失支出的合理费用。养殖设施损失和收入损失的计算标准可以依照或者参照《最高人民法院关于审理船舶油污损害赔偿纠纷案件若干问题的规定》的相关规定。

被侵权人就养殖损害主张赔偿时，应当提交证据证明其在事故发生时已经依法取得海域使用权证和养殖许可证；养殖未经相关行政主管部门许可的，人民法院对收入损失请求不予支持，但被侵权人举证证明其无需取得使用权及养殖许可的除外。

被侵权人擅自在港区、航道进行养殖，或者未依法采取安全措施，对养殖损害的发生有过错的，可以减轻或者免除侵权人的赔偿责任。

十五、关于其他海事案件的审理

82.【清污单位就清污费用提起民事诉讼的诉权】清污单位受海事行政机关指派完成清污作业后，清污单位就清污费用直接向污染责任人提起民事诉讼的，人民法院应予受理。

83.【用人单位为船员购买工伤保险的法定义务】与船员具有劳动合同关系的用人单位为船员购买商业保险的，并不因此免除其为船员购买工伤保险的法定义务。船员获得用人单位为其购买的商业保险赔付后，仍然可以依法请求工伤保险待遇。

84.【同一船舶所有人的船舶相互救助情况下的救助款项请求权】同一船舶所有人的船舶之间进行救助，救助方的救助款项不应被取消或者减少，除非其存在海商法第一百八十七条规定的情形。

85.【船员劳务纠纷的举证责任】船员因劳务受到损害，向船舶所有人主张赔偿责任，船舶所有人不能举证证明船员自身存在过错，人民法院对船员关于损害赔偿责任的诉讼请求应予支持；船舶所有人举证证明船员自身存在过错，并请求判令船员自担相应责任的，人民法院对船舶所有人的抗辩予以支持。

86.【基金设立程序中的管辖权异议】利害关系人对受理设立海事赔偿责任限制基金申请法院的管辖权有异议的，应当适用海事诉讼特别程序法第一百零六条有关期间的规定。

87.【光船承租人因经营光租船舶产生债务在光船承租人或者船舶所有人破产时的受偿问题】因光船承租人而非船舶所有人应负责任的海事请求，对光租船舶申请扣押、拍卖，如果光船承租人进入破产程序，虽然该海事请求属于破产债权，但光租船舶并非光船承租人的财产，不属于破产财产，债权人可以通过海事诉讼程序而非破产程序清偿债务。

因光船承租人应负责任的海事请求而对光租船舶申请扣押、拍卖，且该海事请求具有船舶优先权、抵押权、留置权时，如果船舶所有人进入破产程序，请求人在破产程序开始后可直接向破产管理人请求从船舶价款中行使优先受偿权，并在无担保的破产债权人按照破产财产方案受偿之前进行清偿。

88.【船舶所有人破产程序对船舶扣押与拍卖的影响】海事法院无论基于海事请求保全还是执行生效裁判文书等原因扣押、拍卖船舶，均应当在知悉针对船舶所有人的破产申请被受理后及时解除扣押、中止拍卖程序。

破产程序之前当事人已经申请扣押船舶，后又基于破产程序而解除扣押的，有关船舶优先权已经行使的法律效果不受影响。船舶所有人进入破产程序后，当事人不能申请扣押船舶，属于法定不能通过扣押行使船舶优先权的情形，该类期间可以不计入法定行使船舶优先权的一年期间内。船舶优先权人在船舶所有人进入破产程序后直接申报要求从产生优先权船舶的拍卖价款中优先受偿，且该申报没有超过法定行使船舶优先权一年期间的，该船舶优先权所担保的债权应当在一般破产债权之前优先清偿。

因扣押、拍卖船舶产生的评估、看管费用等支出，根据法发〔2017〕2号《最高人民法院关于执行案件移送破产审查若干问题的指导意见》第15条的规定，可以从债务人财产中随时清偿。

89.【海上交通事故责任认定书的不可诉性】根据《中华人民共和国海上交通安全法》第八十五条第二款"海事管理机构应当自收到海上交通事故调查报告之日起十五个工作日内作出事故责任认定书，作为处理海上交通事故的证据"的规定，海上交通事故责任认定行为不属于行政行为，海上交通事故责任认定书不宜纳入行政诉讼受案范围。海上交通事故责任认定书可以作为船舶碰撞纠纷等海事案件的证据，人民法院通过举证、质证程序对该责任认定书的证明力进行认定。

仲裁司法审查部分

十六、关于申请确认仲裁协议效力案件的审查

90.【申请确认仲裁协议效力之诉案件

的范围】当事人之间就仲裁协议是否成立、生效、失效以及是否约束特定当事人等产生争议，当事人申请人民法院予以确认，人民法院应当作为申请确认仲裁协议效力案件予以受理，并针对当事人的请求作出裁定。

91.【申请确认仲裁协议效力之诉与仲裁管辖权决定的冲突】根据《最高人民法院关于确认仲裁协议效力几个问题的批复》第三条的规定，仲裁机构先于人民法院受理当事人请求确认仲裁协议效力的申请并已经作出决定，当事人向人民法院提起申请确认仲裁协议效力之诉的，人民法院不予受理。

92.【放弃仲裁协议的认定】原告向人民法院起诉时未声明有仲裁协议，被告在首次开庭前未以存在仲裁协议为由提出异议的，视为其放弃仲裁协议。原告其后撤回起诉，不影响人民法院认定双方当事人已经通过诉讼行为放弃了仲裁协议。

被告未应诉答辩且缺席审理的，不应视为其放弃仲裁协议。人民法院在审理过程中发现存在有效仲裁协议的，应当裁定驳回原告起诉。

93.【仲裁协议效力的认定】根据仲裁法司法解释第三条的规定，人民法院在审查仲裁协议是否约定了明确的仲裁机构时，应当按照有利于仲裁协议有效的原则予以认定。

94.【"先裁后诉"争议解决条款的效力认定】当事人在仲裁协议中约定争议发生后"先仲裁、后诉讼"的，不属于仲裁法司法解释第七条规定的仲裁协议无效的情形。根据仲裁法第九条第一款关于仲裁裁决作出后当事人不得就同一纠纷向人民法院起诉的规定，"先仲裁、后诉讼"关于诉讼的约定无效，但不影响仲裁协议的效力。

95.【仅约定仲裁规则时仲裁协议效力的认定】当事人在仲裁协议中未约定明确的仲裁机构，但约定了适用某仲裁机构的仲裁规则，视为当事人约定该仲裁机构仲裁，但仲裁规则有相反规定的除外。

96.【约定的仲裁机构和仲裁规则不一致时的仲裁协议效力认定】当事人在仲裁协议中约定内地仲裁机构适用《联合国国际贸易法委员会仲裁规则》仲裁的，一方当事人以该约定系关于临时仲裁的约定为由主张仲裁协议无效的，人民法院不予支持。

97.【主合同与从合同争议解决方式的认定】当事人在主合同和从合同中分别约定诉讼和仲裁两种不同的争议解决方式，应当分别按照主从合同的约定确定争议解决方式。

当事人在主合同中约定争议解决方式为仲裁，从合同未约定争议解决方式的，主合同中的仲裁协议不能约束从合同的当事人，但主从合同当事人相同的除外。

十七、关于申请撤销或不予执行仲裁裁决案件的审查

98.【申请执行仲裁裁决案件的审查依据】人民法院对申请执行我国内地仲裁机构作出的非涉外仲裁裁决案件的审查，适用民事诉讼法第二百四十四条的规定。人民法院对申请执行我国内地仲裁机构作出的涉外仲裁裁决案件的审查，适用民事诉讼法第二百八十一条的规定。

人民法院根据前款规定，对被申请人主张的不予执行仲裁裁决事由进行审查。对被申请人未主张的事由或其主张事由超出民事诉讼法第二百四十四条第二款、第二百八十一条第一款规定的法定事由范围的，人民法院不予审查。

人民法院应当根据民事诉讼法第二百四十四条第三款、第二百八十一条第二款的规定，依职权审查执行裁决是否违反社会公共利益。

99.【申请撤销仲裁调解书】仲裁调解书与仲裁裁决书具有同等法律效力。当事人申请撤销仲裁调解书的，人民法院应予受理。人民法院应当根据仲裁法第五十八条的规定，对当事人提出的撤销仲裁调解书的申请进行审查。当事人申请撤销涉外仲裁调解

书的，根据仲裁法第七十条的规定进行审查。

100. 【境外仲裁机构在我国内地作出的裁决的执行】境外仲裁机构以我国内地为仲裁地作出的仲裁裁决，应当视为我国内地的涉外仲裁裁决。当事人向仲裁地中级人民法院申请撤销仲裁裁决的，人民法院应当根据仲裁法第七十条的规定进行审查；当事人申请执行的，根据民事诉讼法第二百八十一条的规定进行审查。

101. 【违反法定程序的认定】违反仲裁法规定的仲裁程序、当事人选择的仲裁规则或者当事人对仲裁程序的特别约定，可能影响案件公正裁决，经人民法院审查属实的，应当认定为仲裁法第五十八条第一款第三项规定的情形。

102. 【超裁的认定】仲裁裁决的事项超出当事人仲裁请求或者仲裁协议约定的范围，经人民法院审查属实的，应当认定构成仲裁法第五十八条第一款第二项、民事诉讼法第二百四十四条第二款第二项规定的"裁决的事项不属于仲裁协议的范围"的情形。

仲裁裁决在查明事实和说理部分涉及仲裁请求或者仲裁协议约定的仲裁事项范围以外的内容，但裁决项未超出仲裁请求或者仲裁协议约定的仲裁事项范围，当事人以构成仲裁法第五十八条第一款第二项、民事诉讼法第二百四十四条第二款第二项规定的情形为由，请求撤销或者不予执行仲裁裁决的，人民法院不予支持。

103. 【无权仲裁的认定】作出仲裁裁决的仲裁机构非仲裁协议约定的仲裁机构、裁决事项系法律规定或者当事人选择的仲裁规则规定的不可仲裁事项，经人民法院审查属实的，应当认定构成仲裁法第五十八条第一款第二项、民事诉讼法第二百四十四条第二款第二项规定的"仲裁机构无权仲裁"的情形。

104. 【重新仲裁的适用】申请人申请撤销仲裁裁决，人民法院经审查认为存在应予撤销的情形，但可以通过重新仲裁予以弥补的，人民法院可以通知仲裁庭重新仲裁。

人民法院决定由仲裁庭重新仲裁的，通知仲裁庭在一定期限内重新仲裁并在通知中说明要求重新仲裁的具体理由，同时裁定中止撤销程序。仲裁庭在人民法院指定的期限内开始重新仲裁的，人民法院应当裁定终结撤销程序。

仲裁庭拒绝重新仲裁或者在人民法院指定期限内未开始重新仲裁的，人民法院应当裁定恢复撤销程序。

十八、关于申请承认和执行外国仲裁裁决案件的审查

105. 【《纽约公约》第四条的理解】申请人向人民法院申请承认和执行外国仲裁裁决，应当根据《纽约公约》第四条的规定提交相应的材料，提交的材料不符合《纽约公约》第四条规定的，人民法院应当认定其申请不符合受理条件，裁定不予受理。已经受理的，裁定驳回申请。

106. 【《纽约公约》第五条的理解】人民法院适用《纽约公约》审理申请承认和执行外国仲裁裁决案件时，应当根据《纽约公约》第五条的规定，对被申请人主张的不予承认和执行仲裁裁决事由进行审查。对被申请人未主张的事由或者其主张事由超出《纽约公约》第五条第一款规定的法定事由范围的，人民法院不予审查。

人民法院应当根据《纽约公约》第五条第二款的规定，依职权审查仲裁裁决是否存在裁决事项依我国法律不可仲裁，以及承认和执行仲裁裁决是否违反我国公共政策。

107. 【未履行协商前置程序不违反约定程序】人民法院适用《纽约公约》审理申请承认和执行外国仲裁裁决案件时，当事人在仲裁协议中约定"先协商解决，协商不成再提请仲裁"的，一方当事人未经协商即申请仲裁，另一方当事人以对方违反协商前置程序的行为构成《纽约公约》第五条第一款丁项规定的仲裁程序与各方之间的协议不符为

由主张不予承认和执行仲裁裁决的,人民法院不予支持。

108.【违反公共政策的情形】人民法院根据《纽约公约》审理承认和执行外国仲裁裁决案件时,如人民法院生效裁定已经认定当事人之间的仲裁协议不成立、无效、失效或者不可执行,承认和执行该裁决将与人民法院生效裁定相冲突的,应当认定构成《纽约公约》第五条第二款乙项规定的违反我国公共政策的情形。

109.【承认和执行程序中的仲裁保全】当事人向人民法院申请承认和执行外国仲裁裁决,人民法院受理申请后,当事人申请财产保全的,人民法院可以参照民事诉讼法及相关司法解释的规定执行。申请人应当提供担保,不提供担保的,裁定驳回申请。

十九、仲裁司法审查程序的其他问题

110.【仲裁司法审查裁定的上诉和再审申请】人民法院根据《最高人民法院关于仲裁司法审查若干问题的规定》第七条、第八条、第十条的规定,因申请人的申请不符合受理条件作出的不予受理裁定、立案后发现不符合受理条件作出的驳回申请裁定、对管辖权异议作出的裁定,当事人不服的,可以提出上诉。对不予受理、驳回起诉的裁定,当事人可以依法申请再审。

除上述三类裁定外,人民法院在审理仲裁司法审查案件中作出的其他裁定,一经送达即发生法律效力。当事人申请复议、提出上诉或者申请再审的,人民法院不予受理,但法律、司法解释另有规定的除外。

二十、关于涉港澳台商事海事案件的参照适用

111.【涉港澳台案件参照适用本纪要】涉及香港特别行政区、澳门特别行政区和台湾地区的商事海事纠纷案件,相关司法解释未作规定的,参照本纪要关于涉外商事海事纠纷案件的规定处理。

凡例:

1. 法律文件名称中的"中华人民共和国"省略,如《中华人民共和国民法典》简称民法典;

2.《中华人民共和国仲裁法》,简称仲裁法;

3.《中华人民共和国海商法》,简称海商法;

4.《中华人民共和国涉外民事关系法律适用法》,简称涉外民事关系法律适用法;

5.《关于向国外送达民事或商事诉讼文书和非诉讼文书海牙公约》,简称《海牙送达公约》;

6.《承认及执行外国仲裁裁决公约》,简称《纽约公约》;

7.《中华人民共和国民事诉讼法》(2021修正),简称民事诉讼法;

8.《中华人民共和国海事诉讼特别程序法》,简称海事诉讼特别程序法;

9.《最高人民法院关于适用〈中华人民共和国民事诉讼法〉的解释》,简称民事诉讼法司法解释;

10.《最高人民法院关于适用〈中华人民共和国仲裁法〉若干问题的解释》,简称仲裁法司法解释。

最高人民法院
关于印发《全国法院民商事审判工作会议纪要》的通知

2019 年 11 月 8 日　　　　　　　　法〔2019〕254 号

各省、自治区、直辖市高级人民法院，解放军军事法院，新疆维吾尔自治区高级人民法院生产建设兵团分院：

《全国法院民商事审判工作会议纪要》（以下简称《会议纪要》）已于 2019 年 9 月 11 日经最高人民法院审判委员会民事行政专业委员会第 319 次会议原则通过。为便于进一步学习领会和正确适用《会议纪要》，特作如下通知：

一、充分认识《会议纪要》出台的意义

《会议纪要》针对民商事审判中的前沿疑难争议问题，在广泛征求各方面意见的基础上，经最高人民法院审判委员会民事行政专业委员会讨论决定。《会议纪要》的出台，对统一裁判思路，规范法官自由裁量权，增强民商事审判的公开性、透明度以及可预期性，提高司法公信力具有重要意义。各级人民法院要正确把握和理解适用《会议纪要》的精神实质和基本内容。

二、及时组织学习培训

为使各级人民法院尽快准确理解掌握《会议纪要》的内涵，在案件审理中正确理解适用，各级人民法院要在妥善处理好工学关系的前提下，通过多种形式组织学习培训，做好宣传工作。

三、准确把握《会议纪要》的应用范围

纪要不是司法解释，不能作为裁判依据进行援引。《会议纪要》发布后，人民法院尚未审结的一审、二审案件，在裁判文书"本院认为"部分具体分析法律适用的理由时，可以根据《会议纪要》的相关规定进行说理。

对于适用中存在的问题，请层报最高人民法院。

附：

全国法院民商事审判工作会议纪要

目 录

引 言
一、关于民法总则适用的法律衔接
二、关于公司纠纷案件的审理
三、关于合同纠纷案件的审理
四、关于担保纠纷案件的审理
五、关于金融消费者权益保护纠纷案件的审理
六、关于证券纠纷案件的审理
七、关于营业信托纠纷案件的审理
八、关于财产保险合同纠纷案件的审理
九、关于票据纠纷案件的审理
十、关于破产纠纷案件的审理
十一、关于案外人救济案件的审理
十二、关于民刑交叉案件的程序处理

引 言

为全面贯彻党的十九大和十九届二中、三中全会以及中央经济工作会议、中央政法工作会议、全国金融工作会议精神，研究当前形势下如何进一步加强人民法院民商事审判工作，着力提升民商事审判工作能力和水平，为我国经济高质量发展提供更加有力的司法服务和保障，最高人民法院于2019年7月3日至4日在黑龙江省哈尔滨市召开了全国法院民商事审判工作会议。最高人民法院党组书记、院长周强同志出席会议并讲话。各省、自治区、直辖市高级人民法院分管民商事审判工作的副院长、承担民商事案件审判任务的审判庭庭长、解放军军事法院的代表、最高人民法院有关部门负责人在主会场出席会议，地方各级人民法院的其他负责同志和民商事审判法官在各地分会场通过视频参加会议。中央政法委、全国人大常委会法工委的代表、部分全国人大代表、全国政协委员、最高人民法院特约监督员、专家学者应邀参加会议。

会议认为，民商事审判工作必须坚持正确的政治方向，必须以习近平新时代中国特色社会主义思想武装头脑、指导实践、推动工作。一要坚持党的绝对领导。这是中国特色社会主义司法制度的本质特征和根本要求，是人民法院永远不变的根和魂。在民商事审判工作中，要切实增强"四个意识"、坚定"四个自信"、做到"两个维护"，坚定不移走中国特色社会主义法治道路。二要坚持服务党和国家大局。认清形势，高度关注中国特色社会主义进入新时代背景下经济社会的重大变化、社会主要矛盾的历史性变化、各类风险隐患的多元多变，提高服务大局的自觉性、针对性，主动作为，勇于担当，处理好依法办案和服务大局的辩证关系，着眼于贯彻落实党中央的重大决策部署、维护人民群众的根本利益、维护法治的统一。三要坚持司法为民。牢固树立以人民为中心的发展思想，始终坚守人民立场，胸怀人民群众，满足人民需求，带着对人民群众的深厚感情和强烈责任感去做好民商事审判工作。在民商事审判工作中要弘扬社会主义核心价值观，注意情理法的交融平衡，做到以法为据、以理服人、以情感人，既要义正辞严讲清法理，又要循循善诱讲明事理，还要感同身受讲透情理，争取广大人民群众和社会的理解与支持。要建立健全方便人民群众诉讼的民商事审判工作机制。四要坚持公正司法。公平正义是中国特色社会主义制度的内在要求，也是我党治国理政的一贯主张。司法是维护社会公平正义的最后一道防线，必须把公平正义作为生命线，必须把公

平正义作为镌刻在心中的价值坐标，必须把"努力让人民群众在每一个司法案件中感受到公平正义"作为矢志不渝的奋斗目标。

会议指出，民商事审判工作要树立正确的审判理念。注意辩证理解并准确把握契约自由、平等保护、诚实信用、公序良俗等民商事审判基本原则；注意树立请求权基础思维、逻辑和价值相一致思维、同案同判思维，通过检索类案、参考指导案例等方式统一裁判尺度，有效防止滥用自由裁量权；注意处理好民商事审判与行政监管的关系，通过穿透式审判思维，查明当事人的真实意思，探求真实法律关系；特别注意外观主义系民商法上的学理概括，并非现行法律规定的原则，现行法律只是规定了体现外观主义的具体规则，如《物权法》第106条规定的善意取得，《合同法》第49条、《民法总则》第172条规定的表见代理，《合同法》第50条规定的越权代表，审判实务中应当依据有关具体法律规则进行判断，类推适用亦应当以法律规则设定的情形、条件为基础。从现行法律规则看，外观主义是为保护交易安全设置的例外规定，一般适用于因合理信赖权利外观或意思表示外观的交易行为。实际权利人与名义权利人的关系，应注重财产的实质归属，而不单纯地取决于公示外观。总之，审判实务中要准确把握外观主义的适用边界，避免泛化和滥用。

会议对当前民商事审判工作中的一些疑难法律问题取得了基本一致的看法，现纪要如下：

一、关于民法总则适用的法律衔接

会议认为，民法总则施行后至民法典施行前，拟编入民法典但尚未完成修订的物权法、合同法等民商事基本法，以及不编入民法典的公司法、证券法、信托法、保险法、票据法等民商事特别法，均可能存在与民法总则规定不一致的情形。人民法院应当依照《立法法》第92条、《民法总则》第11条等规定，综合考虑新的规定优于旧的规定、特别规定优于一般规定等法律适用规则，依法处理好民法总则与相关法律的衔接问题，主要是处理好与民法通则、合同法、公司法的关系。

1.【民法总则与民法通则的关系及其适用】民法通则既规定了民法的一些基本制度和一般性规则，也规定了合同、所有权及其他财产权、知识产权、民事责任、涉外民事法律关系适用等具体内容。民法总则基本吸收了民法通则规定的基本制度和一般性规则，同时作了补充、完善和发展。民法通则规定的合同、所有权及其他财产权、民事责任等具体内容还需要在编撰民法典各分编时作进一步统筹，系统整合。因民法总则施行后暂不废止民法通则，在此之前，民法总则与民法通则规定不一致的，根据新的规定优于旧的规定的法律适用规则，适用民法总则的规定。最高人民法院已依据民法总则制定了关于诉讼时效问题的司法解释，而原依据民法通则制定的关于诉讼时效的司法解释，只要与民法总则不冲突，仍可适用。

2.【民法总则与合同法的关系及其适用】根据民法典编撰工作"两步走"的安排，民法总则施行后，目前正在进行民法典的合同编、物权编等各分编的编撰工作。民法典施行后，合同法不再保留。在这之前，因民法总则施行前成立的合同发生的纠纷，原则上适用合同法的有关规定处理。因民法总则施行后成立的合同发生的纠纷，如果合同法"总则"对此的规定与民法总则的规定不一致的，根据新的规定优于旧的规定的法律适用规则，适用民法总则的规定。例如，关于欺诈、胁迫问题，根据合同法的规定，只有合同当事人之间存在欺诈、胁迫行为的，被欺诈、胁迫一方才享有撤销合同的权利。而依民法总则的规定，第三人实施的欺诈、胁迫行为，被欺诈、胁迫一方也有撤销合同的权利。另外，合同法视欺诈、胁迫行为所损害利益的不同，对合同效力作出了不同规定：损害合同当事人利益的，属于可撤销或者可变更合同；损害国家利益的，则属于无效合同。民法总则则未加区别，规定一律按可撤销合同对待。再如，关于显失公平问题，合同法将显失公平与乘人之危作为两类不同的可撤销或者可变更合同事由，而民法总则则将二者合并为一类可撤销合同事由。

民法总则施行后发生的纠纷，在民法典施行前，如果合同法"分则"对此的规定与民法总则不一致的，根据特别规定优于一般规定的法律适用规则，适用合同法"分则"的规定。例如，民法总则仅规定了显名代理，没有规定《合同法》第402条的隐名代理和第403条的间接代理。在民法典施行前，这两条规定应当继续适用。

3.【民法总则与公司法的关系及其适用】民法总则与公司法的关系，是一般法与商事特别法的关系。民法总则第三章"法人"第一节"一般规定"和第二节"营利法人"基本上是根据公司法的有关规定提炼的，二者的精神大体一致。因此，涉及民法总则这一部分的内容，规定一致的，适用民法总则或者公司法皆可；规定不一致的，根据《民法总则》第11条有关"其他法律对民事关系有特别规定的，依照其规定"的规定，原则上应当适用公司法的规定。但应当注意也有例外情况，主要表现在两个方面：一是就同一事项，民法总则制定时有意修正公司法有关条款的，应当适用民法总则的规定。例如，《公司法》第32条第3款规定："公司应当将股东的姓名或者名称及其出资额向公司登记机关登记；登记事项发生变更的，应当办理变更登记。未经登记或者变更登记的，不得对抗第三人。"而《民法总则》第65条的规定则把"不得对抗第三人"修正为"不得对抗善意相对人"。经查询有关立法理由，可以认为，此种情况应当适用民法总则的规定。二是民法总则在公司法规定基础上增加了新内容的，如《公司法》第22条第2款就公司决议的撤销问题进行了规定，《民法总则》第85条在该条基础上增加规定："但是营利法人依据该决议与善意相对人形成的民事法律关系不受影响。"此时，也应当适用民法总则的规定。

4.【民法总则的时间效力】根据"法不溯及既往"的原则，民法总则原则上没有溯及力，故只能适用于施行后发生的法律事实；民法总则施行前发生的法律事实，适用当时的法律；某一法律事实发生在民法总则施行前，其行为延续至民法总则施行后的，适用民法总则的规定。但要注意有例外情形，如虽然法律事实发生在民法总则施行前，但当时的法律对此没有规定而民法总则有规定的，例如，对于虚伪意思表示、第三人实施欺诈行为，合同法均无规定，发生纠纷后，基于"法官不得拒绝裁判"规则，可以将民法总则的相关规定作为裁判依据。又如，民法总则施行前成立的合同，根据当时的法律应当认定无效，而根据民法总则应当认定有效或者可撤销的，应当适用民法总则的规定。

在民法总则无溯及力的场合，人民法院应当依据法律事实发生时的法律进行裁判，但如果法律事实发生时的法律虽有规定，但内容不具体、不明确的，如关于无权代理在被代理人不予追认时的法律后果，民法通则和合同法均规定由行为人承担民事责任，但对民事责任的性质和方式没有规定，而民法总则对此有明确且详细的规定，人民法院在审理案件时，就可以在裁判文书的说理部分将民法总则规定的内容作为解释法律事实发生时法律规定的参考。

二、关于公司纠纷案件的审理

会议认为，审理好公司纠纷案件，对于保护交易安全和投资安全，激发经济活力，增强投资创业信心，具有重要意义。要依法协调好公司债权人、股东、公司等各种利益主体之间的关系，处理好公司外部与内部的关系，解决好公司自治与司法介入的关系。

（一）关于"对赌协议"的效力及履行

实践中俗称的"对赌协议"，又称估值调整协议，是指投资方与融资方在达成股权性融资协议时，为解决交易双方对目标公司未来发展的不确定性、信息不对称以及代理成本而设计的包含了股权回购、金钱补偿等对未来目标公司的估值进行调整的协议。从订立"对赌协议"的主体来看，有投资方与目标公司的股东或者实际控制人"对赌"、投资方与目标公司"对赌"、投资方与目标公司的股东、目标公司"对赌"等形式。人民法院在审理"对赌协议"纠纷案件时，不仅应当适用合同法的相关规定，还应当适用公司法的相关规定；既要坚持鼓励投资方对实体企业特别是科技创新企业投资原则，从而在一定程度上缓解企业融资难问题，又要贯彻资本维持原则和保护债权人合法权益原则，依法平衡投资方、公司债权人、公司之间的利益。对于投资方与目标公司的股东或者实际控制人订立的"对赌协议"，如无其他无效事由，认定有效并支持实际履行，实践中并无争议。但投资方与目标公司订立的"对赌协议"是否有效以及能否实际履行，存在争议。对此，应当把握如下处理规则：

5.【与目标公司"对赌"】投资方与目标公司订立的"对赌协议"在不存在法定无效事由的情况下，目标公司仅以存在股权回购或者金钱补偿约定为由，主张"对赌协议"无效，人民法院不予支持，但投资方主张实际履行的，人民法院应当审查是否符合公司法关于"股东不得抽逃出资"及股份回购的强制性规定，判决是否支持其诉讼请求。

投资方请求目标公司回购股权的，人民法院应当依据《公司法》第35条关于"股东不得抽逃出资"或者第142条关于股份回购的强制性规定进行审查。经审查，目标公司未完成减资程序的，人民法院应当驳回其诉讼请求。

投资方请求目标公司承担金钱补偿义务的，人民法院应当依据《公司法》第35条关于"股东不得抽逃出资"和第166条关于利润分配的强制性规定进行审查。经审查，目标公司没有利润或者虽有利润但不足以补偿投资方的，人民法院应当驳回或者部分支持其诉讼请求。今后目标公司有利润时，投资方还可以依据该事实另行提起诉讼。

（二）关于股东出资加速到期及表决权

6.【股东出资应否加速到期】在注册资本认缴制下，股东依法享有期限利益。债权人以公司不能清偿到期债务为由，请求未届出资期限的股东在未出资范围内对公司不能清偿的债务承担补充赔偿责任的，人民法院不予支持。但是，下列情形除外：

（1）公司作为被执行人的案件，人民法院穷尽执行措施无财产可供执行，已具备破产原因，但不申请破产的；

（2）在公司债务产生后，公司股东（大）会决议或以其他方式延长股东出资期限的。

7.【表决权能否受限】股东认缴的出资未届履行期限，对未缴纳部分的出资是否享有以及如何行使表决权等问题，应当根据公司章程来确定。公司章程没有规定的，应当按照认缴出资的比例确定。如果股东（大）会作出不按认缴出资比例而按实际出资比例或者其他标准确定表决权的决议，股东请求确认决议无效的，人民法院应当审查该决议是否符合修改公司章程所要求的表决程序，即必须经代表三分之二以上表决权的股东通过。符合的，人民法院不予支持；反之，则依法予以支持。

（三）关于股权转让

8.【有限责任公司的股权变动】当事人之间转让有限责任公司股权，受让人以其姓名或者名称已记载于股东名册为由主张其已经取得股权的，人民法院依法予以支持，但法律、行政法规规定应当办理批准手续生效的股权转让除外。未向公司登记机关办理股权变更登记的，不得对抗善意相对人。

9.【侵犯优先购买权的股权转让合同的效力】审判实践中，部分人民法院对公司法司法解释（四）第21条规定的理解存在偏差，往往以保护其他股东的优先购买权为由认定股权转让合同无效。准确理解该条规定，既要注意保护其他股东的优先购买权，也要注意保护股东以外的股权受让人的合法权益，正确认定有限责任公司的股东与股东以外的股权受让人订立的股权转让合同的效力。一方面，其他股东依法享有优先购买权，在其主张按照股权转让合同约定的同等条件购买股权的情况下，应当支持其诉讼请求，除非出现该条第1款规定的情形。另一方面，为保护股东以外的股权受让人的合法权益，股权转让合同如无其他影响合同效力的事由，应当认定有效。其他股东行使优先购买权的，虽然股东以外的股权受让人关于继续履行股权转让合同的请求不能得到支持，但不影响其依约请求转让股东承担相应的违约责任。

（四）关于公司人格否认

公司人格独立和股东有限责任是公司法的基本原则。否认公司独立人格，由滥用公司法人独立地位和股东有限责任的股东对公司债务承担连带责任，是股东有限责任的例外情形，旨在矫正有限责任制度在特定法律事实发生时对债权人保护的失衡现象。在审判实践中，要准确把握《公司法》第20条第3款规定的精神。一是只有在股东实施了滥用公司法人独立地位及股东有限责任的行为，且该行为严重损害了公司债权人利益的情况下，才能适用。损害债权人利益，主要是指股东滥用权利使公司财产不足以清偿公司债权人的债权。二是只有实施了滥用法人独立地位和股东有限责任行为的股东才对公司债务承担连带清偿责任，而其他股东不应承担此责任。三是公司人格否认不是全面、彻底、永久地否定公司的法人资格，而只是

在具体案件中依据特定的法律事实、法律关系，突破股东对公司债务不承担责任的一般规则，例外地判令其承担连带责任。人民法院在个案中否认公司人格的判决的既判力仅仅约束该诉讼的各方当事人，不当然适用于涉及该公司的其他诉讼，不影响公司独立法人资格的存续。如果其他债权人提起公司人格否认诉讼，已生效判决认定的事实可以作为证据使用。四是《公司法》第20条第3款规定的滥用行为，实践中常见的情形有人格混同、过度支配与控制、资本显著不足等。在审理案件时，需要根据查明的案件事实进行综合判断，既审慎适用，又当用则用。实践中存在标准把握不严而滥用这一例外制度的现象，同时也存在因法律规定较为原则、抽象，适用难度大，而不善于适用、不敢于适用的现象，均应当引起高度重视。

10.【人格混同】认定公司人格与股东人格是否存在混同，最根本的判断标准是公司是否具有独立意思和独立财产，最主要的表现是公司的财产与股东的财产是否混同且无法区分。在认定是否构成人格混同时，应当综合考虑以下因素：

（1）股东无偿使用公司资金或者财产，不作财务记载的；

（2）股东用公司的资金偿还股东的债务，或者将公司的资金供关联公司无偿使用，不作财务记载的；

（3）公司账簿与股东账簿不分，致使公司财产与股东财产无法区分的；

（4）股东自身收益与公司盈利不加区分，致使双方利益不清的；

（5）公司的财产记载于股东名下，由股东占有、使用的；

（6）人格混同的其他情形。

在出现人格混同的情况下，往往同时出现以下混同：公司业务和股东业务混同；公司员工与股东员工混同，特别是财务人员混同；公司住所与股东住所混同。人民法院在审理案件时，关键要审查是否构成人格混同，而不要求同时具备其他方面的混同，其

他方面的混同往往只是人格混同的补强。

11.【过度支配与控制】公司控制股东对公司过度支配与控制，操纵公司的决策过程，使公司完全丧失独立性，沦为控制股东的工具或躯壳，严重损害公司债权人利益，应当否认公司人格，由滥用控制权的股东对公司债务承担连带责任。实践中常见的情形包括：

（1）母子公司之间或者子公司之间进行利益输送的；

（2）母子公司或者子公司之间进行交易，收益归一方，损失却由另一方承担的；

（3）先从原公司抽走资金，然后再成立经营目的相同或者类似的公司，逃避原公司债务的；

（4）先解散公司，再以原公司场所、设备、人员及相同或者相似的经营目的另设公司，逃避原公司债务的；

（5）过度支配与控制的其他情形。

控制股东或实际控制人控制多个子公司或者关联公司，滥用控制权使多个子公司或者关联公司财产边界不清、财务混同，利益相互输送，丧失人格独立性，沦为控制股东逃避债务、非法经营，甚至违法犯罪工具的，可以综合案件事实，否认子公司或者关联公司法人人格，判令承担连带责任。

12.【资本显著不足】资本显著不足指的是，公司设立后在经营过程中，股东实际投入公司的资本数额与公司经营所隐含的风险相比明显不匹配。股东利用较少资本从事力所不及的经营，表明其没有从事公司经营的诚意，实质是恶意利用公司独立人格和股东有限责任把投资风险转嫁给债权人。由于资本显著不足的判断标准有很大的模糊性，特别是要与公司采取"以小博大"的正常经营方式相区分，因此在适用时要十分谨慎，应当与其他因素结合起来综合判断。

13.【诉讼地位】人民法院在审理公司人格否认纠纷案件时，应当根据不同情形确定当事人的诉讼地位：

（1）债权人对债务人公司享有的债权已经由生效裁判确认，其另行提起公司人格否认诉讼，请求股东对公司债务承担连带责任的，列股东为被告，公司为第三人；

（2）债权人对债务人公司享有的债权提起诉讼的同时，一并提起公司人格否认诉讼，请求股东对公司债务承担连带责任的，列公司和股东为共同被告；

（3）债权人对债务人公司享有的债权尚未经生效裁判确认，直接提起公司人格否认诉讼，请求公司股东对公司债务承担连带责任的，人民法院应当向债权人释明，告知其追加公司为共同被告。债权人拒绝追加的，人民法院应当裁定驳回起诉。

（五）关于有限责任公司清算义务人的责任

关于有限责任公司股东清算责任的认定，一些案件的处理结果不适当地扩大了股东的清算责任。特别是实践中出现了一些职业债权人，从其他债权人处大批量超低价收购僵尸企业的"陈年旧账"后，对批量僵尸企业提起强制清算之诉，在获得人民法院对公司主要财产、账册、重要文件等灭失的认定后，根据公司法司法解释（二）第18条第2款的规定，请求有限责任公司的股东对公司债务承担连带清偿责任。有的人民法院没有准确把握上述规定的适用条件，判决没有"怠于履行义务"的小股东或者虽"怠于履行义务"但与公司主要财产、账册、重要文件等灭失没有因果关系的小股东对公司债务承担远远超过其出资数额的责任，导致出现利益明显失衡的现象。需要明确的是，上述司法解释关于有限责任公司股东清算责任的规定，其性质是因股东怠于履行清算义务致使公司无法清算所应当承担的侵权责任。在认定有限责任公司股东是否应当对债权人承担侵权赔偿责任时，应当注意以下问题：

14.【怠于履行清算义务的认定】公司法司法解释（二）第18条第2款规定的"怠于履行义务"，是指有限责任公司的股东在法定清算事由出现后，在能够履行清算义务的情况下，故意拖延、拒绝履行清算义务，或者因过失导致无法进行清算的消极行为。股东举证证明其已经为履行清算义务采取了积极措施，或者小股东举证证明其既不是公司董事会或者监事会成员，也没有选派人员担任该机关成员，且从未参与公司经营管理，以不构成"怠于履行义务"为由，主张其不应当对公司债务承担连带清偿责任的，人民法院依法予以支持。

15.【因果关系抗辩】有限责任公司的股东举证证明其"怠于履行义务"的消极不作为与"公司主要财产、账册、重要文件等灭失，无法进行清算"的结果之间没有因果关系，主张其不应对公司债务承担连带清偿责任的，人民法院依法予以支持。

16.【诉讼时效期间】公司债权人请求股东对公司债务承担连带清偿责任，股东以公司债权人对公司的债权已经超过诉讼时效期间为由抗辩，经查证属实的，人民法院依法予以支持。

公司债权人以公司法司法解释（二）第18条第2款为依据，请求有限责任公司的股东对公司债务承担连带清偿责任的，诉讼时效期间自公司债权人知道或者应当知道公司无法进行清算之日起计算。

（六）关于公司为他人提供担保

关于公司为他人提供担保的合同效力问题，审判实践中裁判尺度不统一，严重影响了司法公信力，有必要予以规范。对此，应当把握以下几点：

17.【违反《公司法》第16条构成越权代表】为防止法定代表人随意代表公司为他人提供担保给公司造成损失，损害中小股东利益，《公司法》第16条对法定代表人的代表权进行了限制。根据该条规定，担保行为不是法定代表人所能单独决定的事项，而必须以公司股东（大）会、董事会等公司机关的决议作为授权的基础和来源。法定代表人未经授权擅自为他人提供担保的，构成越权代表，人民法院应当根据《合同法》第50条关于法定代表人越权代表的规定，区分订立合同时债权人是否善意分别认定合同效力：债权人善意的，合同有效；反之，合同无效。

18.【善意的认定】前条所称的善意，是指债权人不知道或者不应当知道法定代表人超越权限订立担保合同。《公司法》第16条对关联担保和非关联担保的决议机关作出了区别规定，相应地，在善意的判断标准上也应当有所区别。一种情形是，为公司股东或者实际控制人提供关联担保，《公司法》第16条明确规定必须由股东（大）会决议，未经股东（大）会决议，构成越权代表。在此情况下，债权人主张担保合同有效，应当提供证据证明其在订立合同时对股东（大）会决议进行了审查，决议的表决程序符合《公司法》第16条的规定，即在排除被担保股东表决权的情况下，该项表决由出席会议的其他股东所持表决权的过半数通过，签字人员也符合公司章程的规定。另一种情形是，公司为公司股东或者实际控制人以外的人提供非关联担保，根据《公司法》第16条的规定，此时由公司章程规定是由董事会决议还是股东（大）会决议。无论章程是否对决议机关作出规定，也无论章程规定决议机关为董事会还是股东（大）会，根据《民法总则》第61条第3款关于"法人章程或者法人权力机构对法定代表人代表权的限制，不得对抗善意相对人"的规定，只要债权人能够证明其在订立担保合同时对董事会决议或者股东（大）会决议进行了审查，同意决议的人数及签字人员符合公司章程的规定，就应当认定其构成善意，但公司能够证明债权人明知公司章程对决议机关有明确规定的除外。

债权人对公司机关决议内容的审查一般限于形式审查，只要求尽到必要的注意义务即可，标准不宜太过严苛。公司以机关决议系法定代表人伪造或者变造、决议程序违法、签章（名）不实、担保金额超过法定限额等事由抗辩债权人非善意的，人民法院一般不予支持。但是，公司有证据证明债权人明知决议系伪造或者变造的除外。

19.【无须机关决议的例外情况】存在下列情形的，即便债权人知道或者应当知道没有公司机关决议，也应当认定担保合同符合公司的真实意思表示，合同有效：

（1）公司是以为他人提供担保为主营业务的担保公司，或者是开展保函业务的银行或者非银行金融机构；

（2）公司为其直接或者间接控制的公司开展经营活动向债权人提供担保；

（3）公司与主债务人之间存在相互担保等商业合作关系；

（4）担保合同系由单独或者共同持有公司三分之二以上有表决权的股东签字同意。

20.【越权担保的民事责任】依据前述3条规定，担保合同有效，债权人请求公司承担担保责任的，人民法院依法予以支持；担保合同无效，债权人请求公司承担担保责任的，人民法院不予支持，但可以按照担保法及有关司法解释关于担保无效的规定处理。公司举证证明债权人明知法定代表人超越权限或者机关决议系伪造或者变造，债权人请求公司承担合同无效后的民事责任的，人民法院不予支持。

21.【权利救济】法定代表人的越权担保行为给公司造成损失，公司请求法定代表人承担赔偿责任的，人民法院依法予以支持。公司没有提起诉讼，股东依据《公司法》第151条的规定请求法定代表人承担赔偿责任的，人民法院依法予以支持。

22.【上市公司为他人提供担保】债权人根据上市公司公开披露的关于担保事项已经董事会或者股东大会决议通过的信息订立的担保合同，人民法院应当认定有效。

23.【债务加入准用担保规则】法定代表人以公司名义与债务人约定加入债务并通知债权人或者向债权人表示愿意加入债务，该约定的效力问题，参照本纪要关于公司为他人提供担保的有关规则处理。

（七）关于股东代表诉讼

24.【何时成为股东不影响起诉】股东提起股东代表诉讼，被告以行为发生时原告尚未成为公司股东为由抗辩该股东不是适格原告的，人民法院不予支持。

25.【正确适用前置程序】根据《公司法》第151条的规定，股东提起代表诉讼的前置程序之一是，股东必须先书面请求公司有关机关向人民法院提起诉讼。一般情况下，股东没有履行该前置程序的，应当驳回起诉。但是，该项前置程序针对的是公司治理的一般情况，即在股东向公司有关机关提出书面申请之时，存在公司有关机关提起诉讼的可能性。如果查明的相关事实表明，根本不存在该种可能性的，人民法院不应当以原告未履行前置程序为由驳回起诉。

26.【股东代表诉讼的反诉】股东依据《公司法》第151条第3款的规定提起股东代表诉讼后，被告以原告股东恶意起诉侵犯其合法权益为由提起反诉的，人民法院应予受理。被告以公司在案涉纠纷中应当承担侵权或者违约等责任为由对公司提出的反诉，因不符合反诉的要件，人民法院应当裁定不予受理；已经受理的，裁定驳回起诉。

27.【股东代表诉讼的调解】公司是股东代表诉讼的最终受益人，为避免因原告股东与被告通过调解损害公司利益，人民法院应当审查调解协议是否为公司的意思。只有在调解协议经公司股东（大）会、董事会决议通过后，人民法院才能出具调解书予以确认。至于具体决议机关，取决于公司章程的规定。公司章程没有规定的，人民法院应当认定公司股东（大）会为决议机关。

（八）其他问题

28.【实际出资人显名的条件】实际出资人能够提供证据证明有限责任公司过半数的其他股东知道其实际出资的事实，且对其实际行使股东权利未曾提出异议的，对实际出资人提出的登记为公司股东的请求，人民法院依法予以支持。公司以实际出资人的请求不符合公司法司法解释（三）第 24 条的规定为由抗辩的，人民法院不予支持。

29.【请求召开股东（大）会不可诉】公司召开股东（大）会本质上属于公司内部治理范围。股东请求判令公司召开股东（大）会的，人民法院应当告知其按照《公司法》第 40 条或者第 101 条规定的程序自行召开。股东坚持起诉的，人民法院应当裁定不予受理；已经受理的，裁定驳回起诉。

三、关于合同纠纷案件的审理

会议认为，合同是市场化配置资源的主要方式，合同纠纷也是民商事纠纷的主要类型。人民法院在审理合同纠纷案件时，要坚持鼓励交易原则，充分尊重当事人的意思自治。要依法审慎认定合同效力。要根据诚实信用原则，合理解释合同条款、确定履行内容，合理确定当事人的权利义务关系，审慎适用合同解除制度，依法调整过高的违约金，强化对守约者诚信行为的保护力度，提高违法违约成本，促进诚信社会构建。

（一）关于合同效力

人民法院在审理合同纠纷案件过程中，要依职权审查合同是否存在无效的情形，注意无效与可撤销、未生效、效力待定等合同效力形态之间的区别，准确认定合同效力，并根据效力的不同情形，结合当事人的诉讼请求，确定相应的民事责任。

30.【强制性规定的识别】合同法施行后，针对一些人民法院动辄以违反法律、行政法规的强制性规定为由认定合同无效，不当扩大无效合同范围的情形，合同法司法解释（二）第 14 条将《合同法》第 52 条第 5 项规定的"强制性规定"明确限于"效力性强制性规定"。此后，《最高人民法院关于当前形势下审理民商事合同纠纷案件若干问题的指导意见》进一步提出了"管理性强制性规定"的概念，指出违反管理性强制性规定的，人民法院应当根据具体情形认定合同效力。随着这一概念的提出，审判实践中又出现了另一种倾向，有的人民法院认为凡是行政管理性质的强制性规定都属于"管理性强制性规定"，不影响合同效力。这种望文生义的认定方法，应予纠正。

人民法院在审理合同纠纷案件时，要依据《民法总则》第 153 条第 1 款和合同法司法解释（二）第 14 条的规定慎重判断"强制性规定"的性质，特别是要在考量强制性规定所保护的法益类型、违法行为的法律后果以及交易安全保护等因素的基础上认定其性质，并在裁判文书中充分说明理由。下列强制性规定，应当认定为"效力性强制性规定"：强制性规定涉及金融安全、市场秩序、国家宏观政策等公序良俗的；交易标的禁止买卖的，如禁止人体器官、毒品、枪支等买卖；违反特许经营规定的，如场外配资合同；交易方式严重违法的，如违反招投标等竞争性缔约方式订立的合同；交易场所违法的，如在批准的交易场所之外进行期货交易。关于经营范围、交易时间、交易数量等行政管理性质的强制性规定，一般应当认定为"管理性强制性规定"。

31.【违反规章的合同效力】违反规章一般情况下不影响合同效力，但该规章的内容涉及金融安全、市场秩序、国家宏观政策等公序良俗的，应当认定合同无效。人民法院在认定规章是否涉及公序良俗时，要在考察规范对象基础上，兼顾监管强度、交易安全保护以及社会影响等方面进行慎重考量，并在裁判文书中进行充分说理。

32.【合同不成立、无效或者被撤销的法律后果】《合同法》第 58 条就合同无效或者被撤销时的财产返还责任和损害赔偿责任作了规定，但未规定合同不成立的法律后果。考虑到合同不成立时也可能发生财产返还和损害赔偿责任问题，故应当参照适用该条的规定。

在确定合同不成立、无效或者被撤销后财产返还或者折价补偿范围时，要根据诚实信用原则的要求，在当事人之间合理分配，不能使不诚信的当事人因合同不成立、无效或者被撤销而获益。合同不成立、无效或者被撤销情况下，当事人所承担的缔约过失责任不应超过合同履行利益。比如，依据《最高人民法院关于审理建设工程施工合同纠纷案件适用法律问题的解释》第2条规定，建设工程施工合同无效，在建设工程经竣工验收合格情况下，可以参照合同约定支付工程款，但除非增加了合同约定之外新的工程项目，一般不应超出合同约定支付工程款。

33.【财产返还与折价补偿】合同不成立、无效或者被撤销后，在确定财产返还时，要充分考虑财产增值或者贬值的因素。双务合同不成立、无效或者被撤销后，双方因该合同取得财产的，应当相互返还。应予返还的股权、房屋等财产相对于合同约定价款出现增值或者贬值的，人民法院要综合考虑市场因素、受让人的经营或者添附等行为与财产增值或者贬值之间的关联性，在当事人之间合理分配或者分担，避免一方因合同不成立、无效或者被撤销而获益。在标的物已经灭失、转售他人或者其他无法返还的情况下，当事人主张返还原物的，人民法院不予支持，但其主张折价补偿的，人民法院依法予以支持。折价时，应当以当事人交易时约定的价款为基础，同时考虑当事人在标的物灭失或者转售时的获益情况综合确定补偿标准。标的物灭失时当事人获得的保险金或者其他赔偿金，转售时取得的对价，均属于当事人因标的物而获得的利益。对获益高于或者低于价款的部分，也应当在当事人之间合理分配或者分担。

34.【价款返还】双务合同不成立、无效或者被撤销时，标的物返还与价款返还互为对待给付，双方应当同时返还。关于应否支付利息问题，只要一方对标的物有使用情形的，一般应当支付使用费，该费用可与占有价款一方应当支付的资金占用费相互抵销，故在一方返还原物前，另一方仅须支付本金，而无须支付利息。

35.【损害赔偿】合同不成立、无效或者被撤销时，仅返还财产或者折价补偿不足以弥补损失，一方还可以向有过错的另一方请求损害赔偿。在确定损害赔偿范围时，既要根据当事人的过错程度合理确定责任，又要考虑在确定财产返还范围时已经考虑过的财产增值或者贬值因素，避免双重获利或者双重受损的现象发生。

36.【合同无效时的释明问题】在双务合同中，原告起诉请求确认合同有效并请求继续履行合同，被告主张合同无效的，或者原告起诉请求确认合同无效并返还财产，而被告主张合同有效的，都要防止机械适用"不告不理"原则，仅就当事人的诉讼请求进行审理，而应向原告释明变更或者增加诉讼请求，或者向被告释明提出同时履行抗辩，尽可能一次性解决纠纷。例如，基于合同有给付行为的原告请求确认合同无效，但并未提出返还原物或者折价补偿、赔偿损失等请求的，人民法院应当向其释明，告知其一并提出相应诉讼请求；原告请求确认合同无效并要求被告返还原物或者赔偿损失，被告基于合同也有给付行为的，人民法院同样应当向被告释明，告知其也可以提出返还请求；人民法院经审理认定合同无效的，除了要在判决书"本院认为"部分对同时返还作出认定外，还应当在判项中作出明确表述，避免因判令单方返还而出现不公平的结果。

第一审人民法院未予释明，第二审人民法院认为应当对合同不成立、无效或者被撤销的法律后果作出判决的，可以直接释明并改判。当然，如果返还财产或者赔偿损失的范围确实难以确定或者双方争议较大的，也可以告知当事人通过另行起诉等方式解决，并在裁判文书中予以明确。

当事人按照释明变更诉讼请求或者提出抗辩的，人民法院应当将其归纳为案件争议焦点，组织当事人充分举证、质证、辩论。

37.【未经批准合同的效力】法律、行政法规规定某类合同应当办理批准手续生效的，如商业银行法、证券法、保险法等法律规定购买商业银行、证券公司、保险公司5%以上股权须经相关主管部门批准，依据

《合同法》第44条第2款的规定，批准是合同的法定生效条件，未经批准的合同因欠缺法律规定的特别生效条件而未生效。实践中的一个突出问题是，把未生效合同认定为无效合同，或者虽认定为未生效，却按无效合同处理。无效合同从本质上来说是欠缺合同的有效要件，或者具有合同无效的法定事由，自始不发生法律效力。而未生效合同已具备合同的有效要件，对双方具有一定的拘束力，任何一方不得擅自撤回、解除、变更，但因欠缺法律、行政法规规定或当事人约定的特别生效条件，在该生效条件成就前，不能产生请求对方履行合同主要权利义务的法律效力。

38.【报批义务及相关违约条款独立生效】须经行政机关批准生效的合同，对报批义务及未履行报批义务的违约责任等相关内容作出专门约定的，该约定独立生效。一方因另一方不履行报批义务，请求解除合同并请求其承担合同约定的相应违约责任的，人民法院依法予以支持。

39.【报批义务的释明】须经行政机关批准生效的合同，一方请求另一方履行合同主要权利义务的，人民法院应当向其释明，将诉讼请求变更为请求履行报批义务。一方变更诉讼请求的，人民法院依法予以支持；经释明后当事人拒绝变更的，应当驳回其诉讼请求，但不影响其另行提起诉讼。

40.【判决履行报批义务后的处理】人民法院判决一方履行报批义务后，该当事人拒绝履行，经人民法院强制执行仍未履行，对方请求其承担合同违约责任的，人民法院依法予以支持。一方依据判决履行报批义务，行政机关予以批准，合同发生完全的法律效力，其请求对方履行合同的，人民法院依法予以支持；行政机关没有批准，合同不具有法律上的可履行性，一方请求解除合同的，人民法院依法予以支持。

41.【盖章行为的法律效力】司法实践中，有些公司有意刻制两套甚至多套公章，有的法定代表人或者代理人甚至私刻公章，订立合同时恶意加盖非备案的公章或者假公章，发生纠纷后法人以加盖的是假公章为由否定合同效力的情形并不鲜见。人民法院在审理案件时，应当主要审查签约人于盖章之时有无代表权或者代理权，从而根据代表或者代理的相关规则来确定合同的效力。

法定代表人或者其授权之人在合同上加盖法人公章的行为，表明其是以法人名义签订合同，除《公司法》第16条等法律对其职权有特别规定的情形外，应当由法人承担相应的法律后果。法人以法定代表人事后已无代表权、加盖的是假章、所盖之章与备案公章不一致等为由否定合同效力的，人民法院不予支持。

代理人以被代理人名义签订合同，要取得合法授权。代理人取得合法授权后，以被代理人名义签订的合同，应当由被代理人承担责任。被代理人以代理人事后已无代理权、加盖的是假章、所盖之章与备案公章不一致等为由否定合同效力的，人民法院不予支持。

42.【撤销权的行使】撤销权应当由当事人行使。当事人未请求撤销的，人民法院不应当依职权撤销合同。一方请求另一方履行合同，另一方以合同具有可撤销事由提出抗辩的，人民法院应当在审查合同是否具有可撤销事由以及是否超过法定期间等事实的基础上，对合同是否可撤销作出判断，不能仅以当事人未提起诉讼或者反诉为由不予审查或者不予支持。一方主张合同无效，依据的却是可撤销事由，此时人民法院应当全面审查合同是否具有无效事由以及当事人主张的可撤销事由。当事人关于合同无效的事由成立的，人民法院应当认定合同无效。当事人主张合同无效的理由不成立，而可撤销的事由成立的，因合同无效和可撤销的后果相同，人民法院也可以结合当事人的诉讼请求，直接判决撤销合同。

（二）关于合同履行与救济

在认定以物抵债协议的性质和效力时，

要根据订立协议时履行期限是否已经届满予以区别对待。合同解除、违约责任都是非违约方寻求救济的主要方式，人民法院在认定合同应否解除时，要根据当事人有无解除权、是约定解除还是法定解除等不同情形，分别予以处理。在确定违约责任时，尤其要注意依法适用违约金调整的相关规则，避免简单地以民间借贷利率的司法保护上限作为调整依据。

43. 【抵销】抵销权既可以通知的方式行使，也可以提出抗辩或者提起反诉的方式行使。抵销的意思表示自到达对方时生效，抵销一经生效，其效力溯及自抵销条件成就之时，双方互负的债务在同等数额内消灭。双方互负的债务数额，是截至抵销条件成就之时各自负有的包括主债务、利息、违约金、赔偿金等在内的全部债务数额。行使抵销权一方享有的债权不足以抵销全部债务数额，当事人对抵销顺序又没有特别约定的，应当根据实现债权的费用、利息、主债务的顺序进行抵销。

44. 【履行期届满后达成的以物抵债协议】当事人在债务履行期限届满后达成以物抵债协议，抵债物尚未交付债权人，债权人请求债务人交付的，人民法院要着重审查以物抵债协议是否存在恶意损害第三人合法权益等情形，避免虚假诉讼的发生。经审查，不存在以上情况，且无其他无效事由的，人民法院依法予以支持。

当事人在一审程序中因达成以物抵债协议申请撤回起诉的，人民法院可予准许。当事人在二审程序中申请撤回上诉的，人民法院应当告知其申请撤回起诉。当事人申请撤回起诉，经审查不损害国家利益、社会公共利益、他人合法权益的，人民法院可予准许。当事人不申请撤回起诉，请求人民法院出具调解书对以物抵债协议予以确认的，因债务人完全可以立即履行该协议，没有必要由人民法院出具调解书，故人民法院不应准许，同时应当继续对原债权债务关系进行审理。

45. 【履行期届满前达成的以物抵债协议】当事人在债务履行期届满前达成以物抵债协议，抵债物尚未交付债权人，债权人请求债务人交付的，因此种情况不同于本纪要第71条规定的让与担保，人民法院应当向其释明，其应当根据原债权债务关系提起诉讼。经释明后当事人仍拒绝变更诉讼请求的，应当驳回其诉讼请求，但不影响其根据原债权债务关系另行提起诉讼。

46. 【通知解除的条件】审判实践中，部分人民法院对合同法司法解释（二）第24条的理解存在偏差，认为不论发出解除通知的一方有无解除权，只要另一方未在异议期限内以起诉方式提出异议，就判令解除合同，这不符合合同法关于合同解除权行使的有关规定。对该条的准确理解是，只有享有法定或者约定解除权的当事人才能以通知方式解除合同。不享有解除权的一方向另一方发出解除通知，另一方即便未在异议期限内提起诉讼，也不发生合同解除的效果。人民法院在审理案件时，应当审查发出解除通知的一方是否享有约定或者法定的解除权来决定合同应否解除，不能仅以受通知一方在约定或者法定的异议期限届满内未起诉这一事实就认定合同已经解除。

47. 【约定解除条件】合同约定的解除条件成就时，守约方以此为由请求解除合同的，人民法院应当审查违约方的违约程度是否显著轻微，是否影响守约方合同目的实现，根据诚实信用原则，确定合同应否解除。违约方的违约程度显著轻微，不影响守约方合同目的的实现，守约方请求解除合同的，人民法院不予支持；反之，则依法予以支持。

48. 【违约方起诉解除】违约方不享有单方解除合同的权利。但是，在一些长期性合同如房屋租赁合同履行过程中，双方形成合同僵局，一概不允许违约方通过起诉的方式解除合同，有时对双方都不利。在此前提下，符合下列条件，违约方起诉请求解除合同的，人民法院依法予以支持：

（1）违约方不存在恶意违约的情形；

（2）违约方继续履行合同，对其显失公平；

（3）守约方拒绝解除合同，违反诚实信用原则。

人民法院判决解除合同的，违约方本应当承担的违约责任不能因解除合同而减少或者免除。

49.【合同解除的法律后果】合同解除时，一方依据合同中有关违约金、约定损害赔偿的计算方法、定金责任等违约责任条款的约定，请求另一方承担违约责任的，人民法院依法予以支持。

双务合同解除时人民法院的释明问题，参照本纪要第36条的相关规定处理。

50.【违约金过高标准及举证责任】认定约定违约金是否过高，一般应当以《合同法》第113条规定的损失为基础进行判断，这里的损失包括合同履行后可以获得的利益。除借款合同外的双务合同，作为对价的价款或者报酬给付之债，并非借款合同项下的还款义务，不能以受法律保护的民间借贷利率上限作为判断违约金是否过高的标准，而应当兼顾合同履行情况、当事人过错程度以及预期利益等因素综合确定。主张违约金过高的违约方应当对违约金是否过高承担举证责任。

（三）关于借款合同

人民法院在审理借款合同纠纷案件过程中，要根据防范化解重大金融风险、金融服务实体经济、降低融资成本的精神，区别对待金融借贷与民间借贷，并适用不同规则与利率标准。要依法否定高利转贷行为、职业放贷行为的效力，充分发挥司法的示范、引导作用，促进金融服务实体经济。要注意到，为深化利率市场化改革，推动降低实体利率水平，自2019年8月20日起，中国人民银行已经授权全国银行间同业拆借中心于每月20日（遇节假日顺延）9时30分公布贷款市场报价利率（LPR），中国人民银行贷款基准利率这一标准已经取消。因此，自此之后人民法院裁判贷款利息的基本标准应改为全国银行间同业拆借中心公布的贷款市场报价利率。应予注意的是，贷款利率标准尽管发生了变化，但存款基准利率并未发生相应变化，相关标准仍可适用。

51.【变相利息的认定】金融借款合同纠纷中，借款人认为金融机构以服务费、咨询费、顾问费、管理费等为名变相收取利息，金融机构或者由其指定的人收取的相关费用不合理的，人民法院可以根据提供服务的实际情况确定借款人应否支付或者酌减相关费用。

52.【高利转贷】民间借贷中，出借人的资金必须是自有资金。出借人套取金融机构信贷资金又高利转贷给借款人的民间借贷行为，既增加了融资成本，又扰乱了信贷秩序，根据民间借贷司法解释第14条第1项的规定，应当认定此类民间借贷行为无效。人民法院在适用该条规定时，应当注意把握以下几点：一是要审查出借人的资金来源。借款人能够举证证明在签订借款合同时出借人尚欠银行贷款未还的，一般可以推定为出借人套取信贷资金，但出借人能够举反证予以推翻的除外；二是从宽认定"高利"转贷行为的标准，只要出借人通过转贷行为牟利的，就可以认定为是"高利"转贷行为；三是对该条规定的"借款人事先知道或者应当知道的"要件，不宜把握过苛。实践中，只要出借人在签订借款合同时存在尚欠银行贷款未还事实的，一般可以认为满足了该条规定的"借款人事先知道或者应当知道"这一要件。

53.【职业放贷人】未依法取得放贷资格的以民间借贷为业的法人，以及以民间借贷为业的非法人组织或者自然人从事的民间借贷行为，应当依法认定无效。同一出借人在一定期间内多次反复从事有偿民间借贷行为的，一般可以认定为是职业放贷人。民间借贷比较活跃的地方的高级人民法院或者经其授权的中级人民法院，可以根据本地区的

四、关于担保纠纷案件的审理

会议认为,要注意担保法及其司法解释与物权法对独立担保、混合担保、担保期间等有关制度的不同规定,根据新的规定优于旧的规定的法律适用规则,优先适用物权法的规定。从属性是担保的基本属性,要慎重认定独立担保行为的效力,将其严格限定在法律或者司法解释明确规定的情形。要根据区分原则,准确认定担保合同效力。要坚持物权法定、公示公信原则,区分不动产与动产担保物权在物权变动、效力规则等方面的异同,准确适用法律。要充分发挥担保对缓解融资难融资贵问题的积极作用,不轻易否定新类型担保、非典型担保的合同效力及担保功能。

(一)关于担保的一般规则

54.【独立担保】从属性是担保的基本属性,但由银行或者非银行金融机构开立的独立保函除外。独立保函纠纷案件依据《最高人民法院关于审理独立保函纠纷案件若干问题的规定》处理。需要进一步明确的是:凡是由银行或者非银行金融机构开立的符合该司法解释第1条、第3条规定情形的保函,无论是用于国际商事交易还是用于国内商事交易,均不影响保函的效力。银行或者非银行金融机构之外的当事人开立的独立保函,以及当事人有关排除担保从属性的约定,应当认定无效。但是,根据"无效法律行为的转换"原理,在否定其独立担保效力的同时,应当将其认定为从属性担保。此时,如果主合同有效,则担保合同有效,担保人与主债务人承担连带保证责任。主合同无效,则该所谓的独立担保也随之无效,担保人无过错的,不承担责任;担保人有过错的,其承担民事责任的部分,不应超过债务人不能清偿部分的三分之一。

55.【担保责任的范围】担保人承担的担保责任范围不应当大于主债务,是担保从属性的必然要求。当事人约定的担保责任的范围大于主债务的,如针对担保责任约定专门的违约责任、担保责任的数额高于主债务、担保责任约定的利息高于主债务利息、担保责任的履行期先于主债务履行期届满,等等,均应当认定大于主债务部分的约定无效,从而使担保责任缩减至主债务的范围。

56.【混合担保中担保人之间的追偿问题】被担保的债权既有保证又有第三人提供的物的担保的,担保法司法解释第38条明确规定,承担了担保责任的担保人可以要求其他担保人清偿其应当分担的份额。但《物权法》第176条并未作出类似规定,根据《物权法》第178条关于"担保法与本法的规定不一致的,适用本法"的规定,承担了担保责任的担保人向其他担保人追偿的,人民法院不予支持,但担保人在担保合同中约定可以相互追偿的除外。

57.【借新还旧的担保物权】贷款到期后,借款人与贷款人订立新的借款合同,将新贷用于归还旧贷,旧贷因清偿而消灭,为旧贷设立的担保物权也随之消灭。贷款人以旧贷上的担保物权尚未进行涂销登记为由,主张对新贷行使担保物权的,人民法院不予支持,但当事人约定继续为新贷提供担保的除外。

58.【担保债权的范围】以登记作为公示方式的不动产担保物权的担保范围,一般应当以登记的范围为准。但是,我国目前不动产担保物权登记,不同地区的系统设置及登记规则并不一致,人民法院在审理案件时应当充分注意制度设计上的差别,作出符合实际的判断:一是多数省区市的登记系统未设置"担保范围"栏目,仅有"被担保主债权数额(最高债权数额)"的表述,且只能填写固定数字。而当事人在合同中又往往约定担保物权的担保范围包括主债权及其利息、违约金等附属债权,致使合同约定的担保范围与登记不一致。显然,这种不一致是由于该地区登记系统设置及登记规则造成的该地区的普遍现象。人民法院以合同约定认定担保物权的担保范围，是符合实际的妥当选择。二是一些省区市不动产登记系统设置与登记规则比较规范，担保物权登记范围与合同约定一致在该地区是常态或者普遍现象，人民法院在审理案件时，应当以登记的担保范围为准。

59.【主债权诉讼时效届满的法律后果】抵押权人应当在主债权的诉讼时效期间内行使抵押权。抵押权人在主债权诉讼时效届满前未行使抵押权，抵押人在主债权诉讼时效届满后请求涂销抵押权登记的，人民法院依法予以支持。

以登记作为公示方法的权利质权，参照适用前款规定。

（二）关于不动产担保物权

60.【未办理登记的不动产抵押合同的效力】不动产抵押合同依法成立，但未办理抵押登记手续，债权人请求抵押人办理抵押登记手续的，人民法院依法予以支持。因抵押物灭失以及抵押物转让他人等原因不能办理抵押登记，债权人请求抵押人以抵押物的价值为限承担责任的，人民法院依法予以支持，但其范围不得超过抵押权有效设立时抵押人所应当承担的责任。

61.【房地分别抵押】根据《物权法》第182条之规定，仅以建筑物设定抵押的，抵押权的效力及于占用范围内的土地；仅以建设用地使用权抵押的，抵押权的效力亦及于其上的建筑物。在房地分别抵押，即建设用地使用权抵押给一个债权人，而其上的建筑物又抵押给另一个人的情况下，可能产生两个抵押权的冲突问题。基于"房地一体"规则，此时应当将建筑物和建设用地使用权视为同一财产，从而依照《物权法》第199条的规定确定清偿顺序：登记在先的先清偿；同时登记的，按照债权比例清偿。同一天登记的，视为同时登记。应予注意的是，根据《物权法》第200条的规定，建设用地使用权抵押后，该土地上新增的建筑物不属于抵押财产。

62.【抵押权随主债权转让】抵押权是从属于主合同的从权利，根据"从随主"规则，债权转让的，除法律另有规定或者当事人另有约定外，担保该债权的抵押权一并转让。受让人向抵押人主张行使抵押权，抵押人以受让人不是抵押合同的当事人、未办理变更登记等为由提出抗辩的，人民法院不予支持。

（三）关于动产担保物权

63.【流动质押的设立与监管人的责任】在流动质押中，经常由债权人、出质人与监管人订立三方监管协议，此时应当查明监管人究竟是受债权人的委托还是受出质人的委托监管质物，确定质物是否已经交付债权人，从而判断质权是否有效设立。如果监管人系受债权人的委托监管质物，则其是债权人的直接占有人，应当认定完成了质物交付，质权有效设立。监管人违反监管协议约定，违规向出质人放货、因保管不善导致质物毁损灭失，债权人请求监管人承担违约责任的，人民法院依法予以支持。

如果监管人系受出质人委托监管质物，表明质物并未交付债权人，应当认定质权未有效设立。尽管监管协议约定监管人系受债权人的委托监管质物，但有证据证明其并未履行监管职责，质物实际上仍由出质人管领控制的，也应当认定质物并未实际交付，质权未有效设立。此时，债权人可以基于质押合同的约定请求质押人承担违约责任，但其范围不得超过质权有效设立时质押人所应当承担的责任。监管人未履行监管职责的，债权人也可以请求监管人承担违约责任。

64.【浮动抵押的效力】企业将其现有的以及将有的生产设备、原材料、半成品及产品等财产设定浮动抵押后，又将其中的生产设备等部分财产设定了动产抵押，并都办理了抵押登记的，根据《物权法》第199条的规定，登记在先的浮动抵押优先于登记在后的动产抵押。

65.【动产抵押权与质权竞存】同一动

产上同时设立质权和抵押权的,应当参照适用《物权法》第199条的规定,根据是否完成公示以及公示先后情况来确定清偿顺序：质权有效设立、抵押权办理了抵押登记的,按照公示先后确定清偿顺序；顺序相同的,按照债权比例清偿；质权有效设立,抵押权未办理抵押登记的,质权优先于抵押权；质权未有效设立,抵押权未办理抵押登记的,因此时抵押权已经有效设立,故抵押权优先受偿。

根据《物权法》第178条规定的精神,担保法司法解释第79条第1款不再适用。

（四）关于非典型担保

66.【担保关系的认定】当事人订立的具有担保功能的合同,不存在法定无效情形的,应当认定有效。虽然合同约定的权利义务关系不属于物权法规定的典型担保类型,但是其担保功能应予肯定。

67.【约定担保物权的效力】债权人与担保人订立担保合同,约定以法律、行政法规未禁止抵押或者质押的财产设定以登记作为公示方法的担保,因无法定的登记机构而未能进行登记的,不具有物权效力。当事人请求按照担保合同的约定就该财产折价、变卖或者拍卖所得价款等方式清偿债务的,人民法院依法予以支持,但对其他权利人不具有对抗效力和优先性。

68.【保兑仓交易】保兑仓交易作为一种新类型融资担保方式,其基本交易模式是,以银行信用为载体、以银行承兑汇票为结算工具、由银行控制货权、卖方（或者仓储方）受托保管货物并以承兑汇票与保证金之间的差额作为担保。其基本的交易流程是：卖方、买方和银行订立三方合作协议,其中买方向银行缴存一定比例的承兑保证金,银行向买方签发以卖方为收款人的银行承兑汇票,买方将银行承兑汇票交付卖方作为货款,银行根据买方缴纳的保证金的一定比例向卖方签发提货单,卖方根据提货单向买方交付对应金额的货物,买方销售货物后,将货款再缴存为保证金。

在三方协议中,一般来说,银行的主要义务是及时签发承兑汇票并按约定方式将其交给卖方,卖方的主要义务是根据银行签发的提货单发货,并在买方未及时销售或者回赎货物时,就保证金与承兑汇票之间的差额部分承担责任。银行为保障自身利益,往往还会约定卖方要将货物交给由其指定的当事人监管,并设定质押,从而涉及监管协议以及流动质押等问题。实践中,当事人还可能在前述基本交易模式基础上另行作出其他约定,只要不违反法律、行政法规的效力性强制性规定,这些约定应当认定有效。

一方当事人因保兑仓交易纠纷提起诉讼的,人民法院应当以保兑仓交易合同作为审理案件的基本依据,但买卖双方没有真实买卖关系的除外。

69.【无真实贸易背景的保兑仓交易】保兑仓交易以买卖双方有真实买卖关系为前提。双方无真实买卖关系的,该交易属于名为保兑仓交易实为借款合同,保兑仓交易因构成虚伪意思表示而无效,被隐藏的借款合同是当事人的真实意思表示,如不存在其他合同无效情形,应当认定有效。保兑仓交易认定为借款合同关系的,不影响卖方和银行之间担保关系的效力,卖方仍应当承担担保责任。

70.【保兑仓交易的合并审理】当事人就保兑仓交易中的不同法律关系的相对方分别或者同时向同一人民法院起诉的,人民法院可以根据民事诉讼法司法解释第221条的规定,合并审理。当事人未起诉某一方当事人的,人民法院可以依职权追加未参加诉讼的当事人为第三人,以便查明相关事实,正确认定责任。

71.【让与担保】债务人或者第三人与债权人订立合同,约定将财产形式上转让至债权人名下,债务人到期清偿债务,债权人将该财产返还给债务人或第三人,债务人到期没有清偿债务,债权人可以对财产拍卖、变卖、折价偿还债权的,人民法院应当认定合同有效。合同如果约定债务人到期没有清偿债务，财产归债权人所有的，人民法院应当认定该部分约定无效，但不影响合同其他部分的效力。

当事人根据上述合同约定，已经完成财产权利变动的公示方式转让至债权人名下，债务人到期没有清偿债务，债权人请求确认财产归其所有的，人民法院不予支持，但债权人请求参照法律关于担保物权的规定对财产拍卖、变卖、折价优先偿还其债权的，人民法院依法予以支持。债务人因到期没有清偿债务，请求对该财产拍卖、变卖、折价偿还所欠债权人合同项下债务的，人民法院亦应依法予以支持。

五、关于金融消费者权益保护纠纷案件的审理

会议认为，在审理金融产品发行人、销售者以及金融服务提供者（以下简称卖方机构）与金融消费者之间因销售各类高风险等级金融产品和为金融消费者参与高风险等级投资活动提供服务而引发的民商事案件中，必须坚持"卖者尽责、买者自负"原则，将金融消费者是否充分了解相关金融产品、投资活动的性质及风险并在此基础上作出自主决定作为应当查明的案件基本事实，依法保护金融消费者的合法权益，规范卖方机构的经营行为，推动形成公开、公平、公正的市场环境和市场秩序。

72.【适当性义务】适当性义务是指卖方机构在向金融消费者推介、销售银行理财产品、保险投资产品、信托理财产品、券商集合理财计划、杠杆基金份额、期权及其他场外衍生品等高风险等级金融产品，以及为金融消费者参与融资融券、新三板、创业板、科创板、期货等高风险等级投资活动提供服务的过程中，必须履行的了解客户、了解产品、将适当的产品（或者服务）销售（或者提供）给适合的金融消费者等义务。卖方机构承担适当性义务的目的是为了确保金融消费者能够在充分了解相关金融产品、投资活动的性质及风险的基础上作出自主决定，并承受由此产生的收益和风险。在推介、销售高风险等级金融产品和提供高风险等级金融服务领域，适当性义务的履行是"卖者尽责"的主要内容，也是"买者自负"的前提和基础。

73.【法律适用规则】在确定卖方机构适当性义务的内容时，应当以合同法、证券法、证券投资基金法、信托法等法律规定的基本原则和国务院发布的规范性文件作为主要依据。相关部门在部门规章、规范性文件中对高风险等级金融产品的推介、销售，以及为金融消费者参与高风险等级投资活动提供服务作出的监管规定，与法律和国务院发布的规范性文件的规定不相抵触的，可以参照适用。

74.【责任主体】金融产品发行人、销售者未尽适当性义务，导致金融消费者在购买金融产品过程中遭受损失的，金融消费者既可以请求金融产品的发行人承担赔偿责任，也可以请求金融产品的销售者承担赔偿责任，还可以根据《民法总则》第167条的规定，请求金融产品的发行人、销售者共同承担连带赔偿责任。发行人、销售者请求人民法院明确各自的责任份额的，人民法院可以在判决发行人、销售者对金融消费者承担连带赔偿责任的同时，明确发行人、销售者在实际承担了赔偿责任后，有权向责任方追偿其应当承担的赔偿份额。

金融服务提供者未尽适当性义务，导致金融消费者在接受金融服务后参与高风险等级投资活动遭受损失的，金融消费者可以请求金融服务提供者承担赔偿责任。

75.【举证责任分配】在案件审理过程中，金融消费者应当对购买产品（或者接受服务）、遭受的损失等事实承担举证责任。卖方机构对其是否履行了适当性义务承担举证责任。卖方机构不能提供其已经建立了金融产品（或服务）的风险评估及相应管理制度、对金融消费者的风险认知、风险偏好和风险承受能力进行了测试、向金融消费者告知产品（或者服务）的收益和主要风险因素等相关证据的，应当承担举证不能的法律后果。

76.【告知说明义务】告知说明义务的履行是金融消费者能够真正了解各类高风险等级金融产品或者高风险等级投资活动的投资风险和收益的关键，人民法院应当根据产品、投资活动的风险和金融消费者的实际情况，综合理性人能够理解的客观标准和金融消费者能够理解的主观标准来确定卖方机构是否已经履行了告知说明义务。卖方机构简单地以金融消费者手写了诸如"本人明确知悉可能存在本金损失风险"等内容主张其已经履行了告知说明义务，不能提供其他相关证据的，人民法院对其抗辩理由不予支持。

77.【损失赔偿数额】卖方机构未尽适当性义务导致金融消费者损失的，应当赔偿金融消费者所受的实际损失。实际损失为损失的本金和利息，利息按照中国人民银行发布的同期同类存款基准利率计算。

金融消费者因购买高风险等级金融产品或者为参与高风险投资活动接受服务，以卖方机构存在欺诈行为为由，主张卖方机构应当根据《消费者权益保护法》第55条的规定承担惩罚性赔偿责任的，人民法院不予支持。卖方机构的行为构成欺诈的，对金融消费者提出赔偿其支付金钱总额的利息损失请求，应当注意区分不同情况进行处理：

（1）金融产品的合同文本中载明了预期收益率、业绩比较基准或者类似约定的，可以将其作为计算利息损失的标准；

（2）合同文本以浮动区间的方式对预期收益率或者业绩比较基准等进行约定，金融消费者请求按照约定的上限作为利息损失计算标准的，人民法院依法予以支持；

（3）合同文本虽然没有关于预期收益率、业绩比较基准或者类似约定，但金融消费者能够提供证据证明产品发行的广告宣传资料中载明了预期收益率、业绩比较基准或者类似表述的，应当将宣传资料作为合同文本的组成部分；

（4）合同文本及广告宣传资料中未载明预期收益率、业绩比较基准或者类似表述的，按照全国银行间同业拆借中心公布的贷款市场报价利率计算。

78.【免责事由】因金融消费者故意提供虚假信息、拒绝听取卖方机构的建议等自身原因导致其购买产品或者接受服务不适当，卖方机构请求免除相应责任的，人民法院依法予以支持，但金融消费者能够证明该虚假信息的出具系卖方机构误导的除外。卖方机构能够举证证明根据金融消费者的既往投资经验、受教育程度等事实，适当性义务的违反并未影响金融消费者作出自主决定的，对其关于应当由金融消费者自负投资风险的抗辩理由，人民法院依法予以支持。

六、关于证券纠纷案件的审理

（一）关于证券虚假陈述

会议认为，《最高人民法院关于审理证券市场因虚假陈述引发的民事赔偿案件的若干规定》施行以来，证券市场的发展出现了新的情况，证券虚假陈述纠纷案件的审理对司法能力提出了更高的要求。在案件审理过程中，对于需要借助其他学科领域的专业知识进行职业判断的问题，要充分发挥专家证人的作用，使得案件的事实认定符合证券市场的基本常识和普遍认知或者认可的经验法则，责任承担与侵权行为及其主观过错程度相匹配，在切实维护投资者合法权益的同时，通过民事责任追究实现震慑违法的功能，维护公开、公平、公正的资本市场秩序。

79.【共同管辖的案件移送】原告以发行人、上市公司以外的虚假陈述行为人为被告提起诉讼，被告申请追加发行人或者上市公司为共同被告的，人民法院应予准许。人民法院在追加后发现其他有管辖权的人民法院已先行受理因同一虚假陈述引发的民事赔偿案件的，应当按照民事诉讼法司法解释第

36 条的规定，将案件移送给先立案的人民法院。

80.【案件审理方式】案件审理方式方面，在传统的"一案一立、分别审理"的方式之外，一些人民法院已经进行了将部分案件合并审理、在示范判决基础上委托调解等改革，初步实现了案件审理的集约化和诉讼经济。在认真总结审判实践经验的基础上，有条件的地方人民法院可以选择个案以《民事诉讼法》第 54 条规定的代表人诉讼方式进行审理，逐步展开试点工作。就案件审理中涉及的适格原告范围认定、公告通知方式、投资者权利登记、代表人推选、执行款项的发放等具体工作，积极协调相关部门和有关方面，推动信息技术审判辅助平台和常态化、可持续的工作机制建设，保障投资者能够便捷、高效、透明和低成本地维护自身合法权益，为构建符合中国国情的证券民事诉讼制度积累审判经验，培养审判队伍。

81.【立案登记】多个投资者就同一虚假陈述向人民法院提起诉讼，可以采用代表人诉讼方式对案件进行审理的，人民法院在登记立案时可以根据原告起诉状中所描述的虚假陈述的数量、性质及其实施日、揭露日或者更正日等时间节点，将投资者作为共同原告统一立案登记。原告主张被告实施了多个虚假陈述的，可以分别立案登记。

82.【案件甄别及程序决定】人民法院决定采用《民事诉讼法》第 54 条规定的方式审理案件的，在发出公告前，应当先行就被告的行为是否构成虚假陈述，投资者的交易方向与诱多、诱空的虚假陈述是否一致，以及虚假陈述的实施日、揭露日或者更正日等案件基本事实进行审查。

83.【选定代表人】权利登记的期间届满后，人民法院应当通知当事人在指定期间内完成代表人的推选工作。推选不出代表人的，人民法院可以与当事人商定代表人。人民法院在提出人选时，应当将当事人诉讼请求的典型性和利益诉求的份额等作为考量因素，确保代表行为能够充分、公正地表达投资者的诉讼主张。国家设立的投资者保护机构以自己的名义提起诉讼，或者接受投资者的委托指派工作人员或者委托诉讼代理人参与案件审理活动的，人民法院可以商定该机构或者其代理的当事人作为代表人。

84.【揭露日和更正日的认定】虚假陈述的揭露和更正，是指虚假陈述被市场所知悉、了解，其精确程度并不以"镜像规则"为必要，不要求达到全面、完整、准确的程度。原则上，只要交易市场对监管部门立案调查、权威媒体刊载的揭露文章等信息存在着明显的反应，对一方主张市场已经知悉虚假陈述的抗辩，人民法院依法予以支持。

85.【重大性要件的认定】审判实践中，部分人民法院对重大性要件和信赖要件存在着混淆认识，以行政处罚认定的信息披露违法行为对投资者的交易决定没有影响为由否定违法行为的重大性，应当引起注意。重大性是指可能对投资者进行投资决策具有重要影响的信息，虚假陈述已经被监管部门行政处罚的，应当认为是具有重大性的违法行为。在案件审理过程中，对于一方提出的监管部门作出处罚决定的行为不具有重大性的抗辩，人民法院不予支持，同时应当向其释明，该抗辩并非民商事案件的审理范围，应当通过行政复议、行政诉讼加以解决。

(二) 关于场外配资

会议认为，将证券市场的信用交易纳入国家统一监管的范围，是维护金融市场透明度和金融稳定的重要内容。不受监管的场外配资业务，不仅盲目扩张了资本市场信用交易的规模，也容易冲击资本市场的交易秩序。融资融券作为证券市场的主要信用交易方式和证券经营机构的核心业务之一，依法属于国家特许经营的金融业务，未经依法批准，任何单位和个人不得非法从事配资业务。

86.【场外配资合同的效力】从审判实践看，场外配资业务主要是指一些 P2P 公司或者私募类配资公司利用互联网信息技术，搭建起游离于监管体系之外的融资业务平台，将资金融出方、资金融入方即用资人和券商营业部三方连接起来，配资公司利用计算机软件系统的二级分仓功能将其自有资金或者以较低成本融入的资金出借给用资人，赚取利息收入的行为。这些场外配资公司所开展的经营活动，本质上属于只有证券公司才能依法开展的融资活动，不仅规避了监管部门对融资融券业务中资金来源、投资标的、杠杆比例等诸多方面的限制，也加剧了市场的非理性波动。在案件审理过程中，除依法取得融资融券资格的证券公司与客户开展的融资融券业务外，对其他任何单位或者个人与用资人的场外配资合同，人民法院应当根据《证券法》第142条、合同法司法解释（一）第10条的规定，认定为无效。

87.【合同无效的责任承担】场外配资合同被确认无效后，配资方依场外配资合同的约定，请求用资人向其支付约定的利息和费用的，人民法院不予支持。

配资方依场外配资合同的约定，请求分享用资人因使用配资所产生的收益的，人民法院不予支持。

用资人以其因使用配资导致投资损失为由请求配资方予以赔偿的，人民法院不予支持。用资人能够证明因配资方采取更改密码等方式控制账户使得用资人无法及时平仓止损，并据此请求配资方赔偿其因此遭受的损失的，人民法院依法予以支持。

用资人能够证明配资合同是因配资方招揽、劝诱而订立，请求配资方赔偿其全部或者部分损失的，人民法院应当综合考虑配资方招揽、劝诱行为的方式、对用资人的实际影响、用资人自身的投资经历、风险判断和承受能力等因素，判决配资方承担与其过错相适应的赔偿责任。

七、关于营业信托纠纷案件的审理

会议认为，从审判实践看，营业信托纠纷主要表现为事务管理信托纠纷和主动管理信托纠纷两种类型。在事务管理信托纠纷案件中，对信托公司开展和参与的多层嵌套、通道业务、回购承诺等融资活动，要以其实际构成的法律关系确定其效力，并在此基础上依法确定各方的权利义务。在主动管理信托纠纷案件中，应当重点审查受托人在"受人之托，忠人之事"的财产管理过程中，是否恪尽职守，履行了谨慎、有效管理等法定或者约定义务。

88.【营业信托纠纷的认定】信托公司根据法律法规以及金融监督管理部门的监管规定，以取得信托报酬为目的接受委托人的委托，以受托人身份处理信托事务的经营行为，属于营业信托。由此产生的信托当事人之间的纠纷，为营业信托纠纷。

根据《关于规范金融机构资产管理业务的指导意见》的规定，其他金融机构开展的资产管理业务构成信托关系的，当事人之间的纠纷适用信托法及其他有关规定处理。

89.【资产或者资产收益权转让及回购】信托公司在资金信托成立后，以募集的信托资金受让特定资产或者特定资产收益权，属于信托公司在资金依法募集后的资金运用行为，由此引发的纠纷不应当认定为营业信托纠纷。如果合同中约定由转让方或者其指定的第三方在一定期间后以交易本金加上溢价款等固定价款无条件回购的，无论转让方所转让的标的物是否真实存在、是否实际交付或者过户，只要合同不存在法定无效事由，对信托公司提出的由转让方或者其指定的第三方按约定承担责任的诉讼请求，人民法院依法予以支持。

当事人在相关合同中同时约定采用信托公司受让目标公司股权、向目标公司增资方式并以相应股权担保债权实现的，应当认定在当事人之间成立让与担保法律关系。当事人之间的具体权利义务，根据本纪要第71条的规定加以确定。

90.【劣后级受益人的责任承担】信托文件及相关合同将受益人区分为优先级受益人和劣后级受益人等不同类别，约定优先级受益人以其财产认购信托计划份额，在信托到期后，劣后级受益人负有对优先级受益人从信托财产获得利益与其投资本金及约定收益之间的差额承担补足义务，优先级受益人请求劣后级受益人按照约定承担责任的，人民法院依法予以支持。

信托文件中关于不同类型受益人权利义务关系的约定，不影响受益人与受托人之间信托法律关系的认定。

91.【增信文件的性质】信托合同之外的当事人提供第三方差额补足、代为履行到期回购义务、流动性支持等类似承诺文件作为增信措施，其内容符合法律关于保证的规定的，人民法院应当认定当事人之间成立保证合同关系。其内容不符合法律关于保证的规定的，依据承诺文件的具体内容确定相应的权利义务关系，并根据案件事实情况确定相应的民事责任。

92.【保底或者刚兑条款无效】信托公司、商业银行等金融机构作为资产管理产品的受托人与受益人订立的含有保证本息固定回报、保证本金不受损失等保底或者刚兑条款的合同，人民法院应当认定该条款无效。受益人请求受托人对其损失承担与其过错相适应的赔偿责任的，人民法院依法予以支持。

实践中，保底或者刚兑条款通常不在资产管理产品合同中明确约定，而是以"抽屉协议"或者其他方式约定，不管形式如何，均应认定无效。

93.【通道业务的效力】当事人在信托文件中约定，委托人自主决定信托设立、信托财产运用对象、信托财产管理运用处分方式等事宜，自行承担信托资产的风险管理责任和相应风险损失，受托人仅提供必要的事务协助或者服务，不承担主动管理职责的，应当认定为通道业务。《中国人民银行、中国银行保险监督管理委员会、中国证券监督管理委员会、国家外汇管理局关于规范金融机构资产管理业务的指导意见》第22条在规定"金融机构不得为其他金融机构的资产管理产品提供规避投资范围、杠杆约束等监管要求的通道服务"的同时，也在第29条明确按照"新老划断"原则，将过渡期设置为截止2020年底，确保平稳过渡。在过渡期内，对通道业务中存在的利用信托通道掩盖风险，规避资金投向、资产分类、拨备计提和资本占用等监管规定，或者通过信托通道将表内资产虚假出表等信托业务，如果不存在其他无效事由，一方以信托目的违法违规为由请求确认无效的，人民法院不予支持。至于委托人和受托人之间的权利义务关系，应当依据信托文件的约定加以确定。

94.【受托人的举证责任】资产管理产品的委托人以受托人未履行勤勉尽责、公平对待客户等义务损害其合法权益为由，请求受托人承担损害赔偿责任的，应当由受托人举证证明其已经履行了义务。受托人不能举证证明，委托人请求其承担相应赔偿责任的，人民法院依法予以支持。

95.【信托财产的诉讼保全】信托财产在信托存续期间独立于委托人、受托人、受益人各自的固有财产。委托人将其财产委托给受托人进行管理，在信托依法设立后，该信托财产即独立于委托人未设立信托的其他固有财产。受托人因承诺信托而取得的信托财产，以及通过对信托财产的管理、运用、处分等方式取得的财产，均独立于受托人的固有财产。受益人对信托财产享有的权利表现为信托受益权，信托财产并非受益人的责任财产。因此，当事人因其与委托人、受托人或者受益人之间的纠纷申请对存管银行或者信托公司专门账户中的信托资金采取保全措施的，除符合《信托法》第17条规定的情形外，人民法院不应当准许。已经采取保全措施的，存管银行或者信托公司能够提供证据证明该账户为信托账户的，应当立即解除保全措施。对信托公司管理的其他信托财产的保全，也应当根据前述规则办理。

当事人申请对受益人的受益权采取保全措施的，人民法院应当根据《信托法》第47条的规定进行审查，决定是否采取保全措施。决定采取保全措施的，应当将保全裁定送达受托人和受益人。

96.【信托公司固有财产的诉讼保全】除信托公司作为被告外，原告申请对信托公司固有资金账户的资金采取保全措施的，人民法院不应准许。信托公司作为被告，确有必要对其固有财产采取诉讼保全措施的，必须强化善意执行理念，防范发生金融风险。要严格遵守相应的适用条件与法定程序，坚决杜绝超标的执行。在采取具体保全措施时，要尽量寻求依法平等保护各方利益的平衡点，优先采取方便执行且对信托公司正常经营影响最小的执行措施，能采取"活封""活扣"措施的，尽量不进行"死封""死扣"。在条件允许的情况下，可以为信托公司预留必要的流动资金和往来账户，最大限度降低对信托公司正常经营活动的不利影响。信托公司申请解除财产保全符合法律、司法解释规定情形的，应当在法定期限内及时解除保全措施。

八、关于财产保险合同纠纷案件的审理

会议认为，妥善审理财产保险合同纠纷案件，对于充分发挥保险的风险管理和保障功能，依法保护各方当事人合法权益，实现保险业持续健康发展和服务实体经济，具有重大意义。

97.【未依约支付保险费的合同效力】当事人在财产保险合同中约定以投保人支付保险费作为合同生效条件，但对该生效条件是否为全额支付保险费约定不明，已经支付了部分保险费的投保人主张保险合同已经生效的，人民法院依法予以支持。

98.【仲裁协议对保险人的效力】被保险人和第三者在保险事故发生前达成的仲裁协议，对行使保险代位求偿权的保险人是否具有约束力，实务中存在争议。保险代位偿权是一种法定债权转让，保险人在向被保险人赔偿保险金后，有权行使被保险人对第三者请求赔偿的权利。被保险人和第三者在保险事故发生前达成的仲裁协议，对保险人具有约束力。考虑到涉外民商事案件的处理常常涉及国际条约、国际惯例的适用，相关问题具有特殊性，故具有涉外因素的民商事纠纷案件中该问题的处理，不纳入本条规范的范围。

99.【直接索赔的诉讼时效】商业责任保险的被保险人给第三者造成损害，被保险人对第三者应当承担的赔偿责任确定后，保险人应当根据被保险人的请求，直接向第三者赔偿保险金。被保险人怠于提出请求的，第三者有权依据《保险法》第 65 条第 2 款的规定，就其应获赔偿部分直接向保险人请求赔偿保险金。保险人拒绝赔偿的，第三者请求保险人直接赔偿保险金的诉讼时效期间的起算时间如何认定，实务中存在争议。根据诉讼时效制度的基本原理，第三者请求保险人直接赔偿保险金的诉讼时效期间，自其知道或者应当知道向保险人的保险金赔偿请求权行使条件成就之日起计算。

九、关于票据纠纷案件的审理

会议认为，人民法院在审理票据纠纷案件时，应当注意区分票据的种类和功能，正确理解票据行为无因性的立法目的，在维护票据流通性功能的同时，依法认定票据行为的效力，依法确认当事人之间的权利义务关系以及保护合法持票人的权益，防范和化解票据融资市场风险，维护票据市场的交易安全。

100.【合谋伪造贴现申请材料的后果】贴现行的负责人或者有权从事该业务的工作人员与贴现申请人合谋，伪造贴现申请人与其前手之间具有真实的商品交易关系的合同、增值税专用发票等材料申请贴现，贴现行主张其享有票据权利的，人民法院不予支持。对贴现行因支付资金而产生的损失，按照基础关系处理。

101.【民间贴现行为的效力】票据贴现

属于国家特许经营业务，合法持票人向不具有法定贴现资质的当事人进行"贴现"的，该行为应当认定无效，贴现款和票据应当相互返还。当事人不能返还票据的，原合法持票人可以拒绝返还贴现款。人民法院在民商事案件审理过程中，发现不具有法定资质的当事人以"贴现"为业的，因该行为涉嫌犯罪，应当将有关材料移送公安机关。民商事案件的审理必须以相关刑事案件的审理结果为依据的，应当中止诉讼，待刑事案件审结后，再恢复案件的审理。案件的基本事实无须以相关刑事案件的审理结果为依据的，人民法院应当继续审理。

根据票据行为无因性原理，在合法持票人向不具有贴现资质的主体进行"贴现"，该"贴现"人给付贴现款后直接将票据交付其后手，其后手支付对价并记载自己为被背书人后，又基于真实的交易关系和债权债务关系将票据进行背书转让的情形下，应当认定最后持票人为合法持票人。

102.【转贴现协议】转贴现是通过票据贴现持有票据的商业银行为了融通资金，在票据到期日之前将票据权利转让给其他商业银行，由转贴现行在收取一定的利息后，将转贴现款支付给持票人的票据转让行为。转贴现行提示付款被拒付后，依据转贴现协议的约定，请求未在票据上背书的转贴现申请人按照合同法律关系返还转贴现款并赔偿损失的，案由应当确定为合同纠纷。转贴现合同法律关系有效成立的，对于原告的诉讼请求，人民法院依法予以支持。当事人虚构转贴现事实，或者当事人之间不存在真实的转贴现合同法律关系的，人民法院应当向当事人释明按照真实交易关系提出诉讼请求，并按照真实交易关系和当事人约定本意依法确定当事人的责任。

103.【票据清单交易、封包交易案件中的票据权利】审判实践中，以票据贴现为手段的多链条融资模式引发的案件应当引起重视。这种交易俗称票据清单交易、封包交易，是指商业银行之间就案涉票据订立转贴现或者回购协议，附以票据清单，或者将票据封包作为质押，双方约定按照票据清单中列明的基本信息进行票据转贴现或者回购，但往往并不进行票据交付和背书。实务中，双方还往往再订立一份代保管协议，约定由原票据持有人代对方继续持有票据，从而实现合法、合规的形式要求。

出资银行仅以参与交易的单个或者部分银行为被告提起诉讼行使票据追索权，被告能够举证证明票据交易存在诸如不符合正常转贴现交易顺序的倒打款、未进行背书转让、票据未实际交付等相关证据，并据此主张相关金融机构之间并无转贴现的真实意思表示，抗辩出资银行不享有票据权利的，人民法院依法予以支持。

出资银行在取得商业承兑汇票后又将票据转贴现给其他商业银行，持票人向其前手主张票据权利的，人民法院依法予以支持。

104.【票据清单交易、封包交易案件的处理原则】在村镇银行、农信社等作为直贴行，农信社、农商行、城商行、股份制银行等多家金融机构共同开展以商业承兑汇票为基础的票据清单交易、封包交易引发的纠纷案件中，在商业承兑汇票的出票人等实际用资人不能归还票款的情况下，为实现纠纷的一次性解决，出资银行以实际用资人和参与交易的其他金融机构为共同被告，请求实际用资人归还本息、参与交易的其他金融机构承担与其过错相适应的赔偿责任的，人民法院依法予以支持。

出资银行仅以整个交易链条的部分当事人为被告提起诉讼的，人民法院应当向其释明，其应当申请追加参与交易的其他当事人作为共同被告。出资银行拒绝追加实际用资人为被告的，人民法院应当驳回其诉讼请求；出资银行拒绝追加参与交易的其他金融机构为被告的，人民法院在确定其他金融机构的过错责任范围时，应当将未参加诉讼的当事人应当承担的相应份额作为考量因素，相应减轻本案当事人的责任。在确定参与交易的其他金融机构的过错责任范围时，可以参照其收取的"通道费""过桥费"等费用的比例以及案件的其他情况综合加以确定。

105.【票据清单交易、封包交易案件中的民刑交叉问题】人民法院在案件审理过程中，如果发现公安机关已经就实际用资人、直贴行、出资银行的工作人员涉嫌骗取票据承兑罪、伪造印章罪等立案侦查，一方当事人根据《最高人民法院关于在审理经济纠纷案件中涉及经济犯罪嫌疑若干问题的规定》第11条的规定申请将案件移送公安机关的，因该节事实对于查明出资银行是否为正当持票人，以及参与交易的其他金融机构的抗辩理由能否成立存在重要关联，人民法院应当将有关材料移送公安机关。民商事案件的审理必须以相关刑事案件的审理结果为依据的，应当中止诉讼，待刑事案件审结后，再恢复案件的审理。案件的基本事实无须以相关刑事案件的审理结果为依据的，人民法院应当继续案件的审理。

参与交易的其他商业银行以公安机关已经对其工作人员涉嫌受贿、伪造印章等犯罪立案侦查为由请求将案件移送公安机关的，因该节事实并不影响相关当事人民事责任的承担，人民法院应当根据《最高人民法院关于在审理经济纠纷案件中涉及经济犯罪嫌疑若干问题的规定》第10条的规定继续审理。

106.【恶意申请公示催告的救济】公示催告程序本为对合法持票人进行失票救济所设，但实践中却沦为部分票据出卖方在未获得票款情形下，通过伪报票据丧失事实申请公示催告、阻止合法持票人行使票据权利的工具。对此，民事诉讼法司法解释已经作出了相应规定。适用时，应当区别付款人是否已经付款等情形，作出不同认定：

（1）在除权判决作出后，付款人尚未付款的情况下，最后合法持票人可以根据《民事诉讼法》第223条的规定，在法定期限内请求撤销除权判决，待票据恢复效力后再依法行使票据权利。最后合法持票人也可以基于基础法律关系向其直接前手退票并请求其直接前手另行给付基础法律关系项下的对价。

（2）除权判决作出后，付款人已经付款的，因恶意申请公示催告并持除权判决获得票款的行为损害了最后合法持票人的权利，最后合法持票人请求申请人承担侵权损害赔偿责任的，人民法院依法予以支持。

十、关于破产纠纷案件的审理

会议认为，审理好破产案件对于推动高质量发展、深化供给侧结构性改革、营造稳定公平透明可预期的营商环境，具有十分重要的意义。要继续深入推进破产审判工作的市场化、法治化、专业化、信息化，充分发挥破产审判公平清理债权债务、促进优胜劣汰、优化资源配置、维护市场经济秩序等重要功能。一是要继续加大对破产保护理念的宣传和落实，及时发挥破产重整制度的积极拯救功能，通过平衡债权人、债务人、出资人、员工等利害关系人的利益，实现社会整体价值最大化；注重发挥和解程序简便快速清理债权债务关系的功能，鼓励当事人通过和解程序或者达成自行和解的方式实现各方利益共赢；积极推进清算程序中的企业整体处置方式，有效维护企业营运价值和职工就业。二是要推进不符合国家产业政策、丧失经营价值的企业主体尽快从市场退出，通过依法简化破产清算程序流程加快对"僵尸企业"的清理。三是要注重提升破产制度实施的经济效益，降低破产程序运行的时间和成本，有效维护企业营运价值，最大程度发挥各类要素和资源潜力，减少企业破产给社会经济造成的损害。四是要积极稳妥进行实践探索，加强理论研究，分步骤、有重点地推进建立自然人破产制度，进一步推动健全市场主体退出制度。

107.【继续推动破产案件的及时受理】充分发挥破产重整案件信息网的线上预约登记功能，提高破产案件的受理效率。当事人提出破产申请的，人民法院不得以非法定理由拒绝接收破产申请材料。如果可能影响社会稳定的，要加强府院协调，制定相应预案，但不应当以"影响社会稳定"之名，行消极不作为之实。破产申请材料不完备的，立案部门应当告知当事人在指定期限内补充材料，待材料齐备后以"破申"作为案件类型代字编制案号登记立案，并及时将案件移送破产审判部门进行破产审查。

注重发挥破产和解制度简便快速清理债权债务关系的功能，债务人根据《企业破产法》第95条的规定，直接提出和解申请，或者在破产申请受理后宣告破产前申请和解的，人民法院应当依法受理并及时作出是否批准的裁定。

108.【破产申请的不予受理和撤回】人民法院裁定受理破产申请前，提出破产申请的债权人的债权因清偿或者其他原因消灭的，因申请人不再具备申请资格，人民法院应当裁定不予受理。但该裁定不影响其他符合条件的主体再次提出破产申请。破产申请受理后，管理人以上述清偿符合《企业破产法》第31条、第32条为由请求撤销的，人民法院查实后应当予以支持。

人民法院裁定受理破产申请系对债务人具有破产原因的初步认可，破产申请受理后，申请人请求撤回破产申请的，人民法院不予准许。除非存在《企业破产法》第12条第2款规定的情形，人民法院不得裁定驳回破产申请。

109.【受理后债务人财产保全措施的处理】要切实落实破产案件受理后相关保全措施应予解除、相关执行措施应当中止、债务人财产应当及时交付管理人等规定，充分运用信息化技术手段，通过信息共享与整合，维护债务人财产的完整性。相关人民法院拒不解除保全措施或者拒不中止执行的，破产受理人民法院可以请求该法院的上级人民法院依法予以纠正。对债务人财产采取保全措施或者执行措施的人民法院未依法及时解除保全措施、移交处置权，或者中止执行程序并移交有关财产的，上级人民法院应当依法予以纠正。相关人员违反上述规定造成严重后果的，破产受理人民法院可以向人民法院纪检监察部门移送其违法审判责任线索。

人民法院审理企业破产案件时，有关债务人财产被其他具有强制执行权力的国家行政机关，包括税务机关、公安机关、海关等采取保全措施或者执行程序的，人民法院应当积极与上述机关进行协调和沟通，取得有关机关的配合，参照上述具体操作规程，解除有关保全措施，中止有关执行程序，以便保障破产程序顺利进行。

110.【受理后有关债务人诉讼的处理】人民法院受理破产申请后，已经开始而尚未终结的有关债务人的民事诉讼，在管理人接管债务人财产和诉讼事务后继续进行。债权人已经对债务人提起的给付之诉，破产申请受理后，人民法院应当继续审理，但是在判定相关当事人实体权利义务时，应当注意与企业破产法及其司法解释的规定相协调。

上述裁判作出并生效前，债权人可以同时向管理人申报债权，但其作为债权尚未确定的债权人，原则上不得行使表决权，除非人民法院临时确定其债权额。上述裁判生效后，债权人应当根据裁判认定的债权数额在破产程序中依法统一受偿，其对债务人享有的债权利息应当按照《企业破产法》第46条第2款的规定停止计算。

人民法院受理破产申请后，债权人新提起的要求债务人清偿的民事诉讼，人民法院不予受理，同时告知债权人应当向管理人申报债权。债权人申报债权后，对管理人编制的债权表记载有异议的，可以根据《企业破产法》第58条的规定提起债权确认之诉。

111.【债务人自行管理的条件】重整期间，债务人同时符合下列条件的，经申请，人民法院可以批准债务人在管理人的监督下自行管理财产和营业事务：

（1）债务人的内部治理机制仍正常运转；

（2）债务人自行管理有利于债务人继续经营；

（3）债务人不存在隐匿、转移财产的

行为；

（4）债务人不存在其他严重损害债权人利益的行为。

债务人提出重整申请时可以一并提出自行管理的申请。经人民法院批准由债务人自行管理财产和营业事务的，企业破产法规定的管理人职权中有关财产管理和营业经营的职权应当由债务人行使。

管理人应当对债务人的自行管理行为进行监督。管理人发现债务人存在严重损害债权人利益的行为或者有其他不适宜自行管理情形的，可以申请人民法院作出终止债务人自行管理的决定。人民法院决定终止的，应当通知管理人接管债务人财产和营业事务。债务人有上述行为而管理人未申请人民法院作出终止决定的，债权人等利害关系人可以向人民法院提出申请。

112.【重整中担保物权的恢复行使】重整程序中，要依法平衡保护担保物权人的合法权益和企业重整价值。重整申请受理后，管理人或者自行管理的债务人应当及时确定设定有担保物权的债务人财产是否为重整所必需。如果认为担保物不是重整所必需，管理人或者自行管理的债务人应当及时对担保物进行拍卖或者变卖，拍卖或者变卖担保物所得价款在支付拍卖、变卖费用后优先清偿担保物权人的债权。

在担保物权暂停行使期间，担保物权人根据《企业破产法》第75条的规定向人民法院请求恢复行使担保物权的，人民法院应当自收到恢复行使担保物权申请之日起三十日内作出裁定。经审查，担保物权人的申请不符合第75条的规定，或者虽然符合该条规定但管理人或者自行管理的债务人有证据证明担保物是重整所必需，并且提供与减少价值相应担保或者补偿的，人民法院应当裁定不予批准恢复行使担保物权。担保物权人不服该裁定的，可以自收到裁定书之日起十日内，向作出裁定的人民法院申请复议。人民法院裁定批准行使担保物权的，管理人或者自行管理的债务人应当自收到裁定书之日起十五日内启动对担保物的拍卖或者变卖，拍卖或者变卖担保物所得价款在支付拍卖、变卖费用后优先清偿担保物权人的债权。

113.【重整计划监督期间的管理人报酬及诉讼管辖】要依法确保重整计划的执行和有效监督。重整计划的执行期间和监督期间原则上应当一致。二者不一致的，人民法院在确定和调整重整程序中的管理人报酬方案时，应当根据重整期间和重整计划监督期间管理人工作量的不同予以区别对待。其中，重整期间的管理人报酬应当根据管理人对重整发挥的实际作用等因素予以确定和支付；重整计划监督期间管理人报酬的支付比例和支付时间，应当根据管理人监督职责的履行情况，与债权人按照重整计划实际受偿比例和受偿时间相匹配。

重整计划执行期间，因重整程序终止后新发生的事实或者事件引发的有关债务人的民事诉讼，不适用《企业破产法》第21条有关集中管辖的规定。除重整计划有明确约定外，上述纠纷引发的诉讼，不再由管理人代表债务人进行。

114.【重整程序与破产清算程序的衔接】重整期间或者重整计划执行期间，债务人因法定事由被宣告破产的，人民法院不再另立新的案号，原重整程序的管理人原则上应当继续履行破产清算程序中的职责。原重整程序的管理人不能继续履行职责或者不适宜继续担任管理人的，人民法院应当依法重新指定管理人。

重整程序转破产清算案件中的管理人报酬，应当综合管理人为重整工作和清算工作分别发挥的实际作用等因素合理确定。重整期间因法定事由转入破产清算程序的，应当按照破产清算案件确定管理人报酬。重整计划执行期间因法定事由转入破产清算程序的，后续破产清算阶段的管理人报酬应当根据管理人实际工作量予以确定，不能简单根据债务人最终清偿的财产价值总额计算。

重整程序因人民法院裁定批准重整计划草案而终止的，重整案件可作结案处理。重整计划执行完毕后,人民法院可以根据管理人等利害关系人申请,作出重整程序终结的裁定。

115.【庭外重组协议效力在重整程序中的延伸】继续完善庭外重组与庭内重整的衔接机制,降低制度性成本,提高破产制度效率。人民法院受理重整申请前,债务人和部分债权人已经达成的有关协议与重整程序中制作的重整计划草案内容一致的,有关债权人对该协议的同意视为对该重整计划草案表决的同意。但重整计划草案对协议内容进行了修改并对有关债权人有不利影响,或者与有关债权人重大利益相关的,受到影响的债权人有权按照企业破产法的规定对重整计划草案重新进行表决。

116.【审计、评估等中介机构的确定及责任】要合理区分人民法院和管理人在委托审计、评估等财产管理工作中的职责。破产程序中确实需要聘请中介机构对债务人财产进行审计、评估的,根据《企业破产法》第28条的规定,经人民法院许可后,管理人可以自行公开聘请,但是应当对其聘请的中介机构的相关行为进行监督。上述中介机构因不当履行职责给债务人、债权人或者第三人造成损害的,应当承担赔偿责任。管理人在聘用过程中存在过错的,应当在其过错范围内承担相应的补充赔偿责任。

117.【公司解散清算与破产清算的衔接】要依法区分公司解散清算与破产清算的不同功能和不同适用条件。债务人同时符合破产清算条件和强制清算条件的,应当及时适用破产清算程序实现对债权人利益的公平保护。债权人对符合破产清算条件的债务人提起公司强制清算申请,经人民法院释明,债权人仍然坚持申请对债务人强制清算的,人民法院应当裁定不予受理。

118.【无法清算案件的审理与责任承担】人民法院在审理债务人相关人员下落不明或者财产状况不清的破产案件时,应当充分贯彻债权人利益保护原则,避免债务人通过破产程序不当损害债权人利益,同时也要避免不当突破股东有限责任原则。

人民法院在适用《最高人民法院关于债权人对人员下落不明或者财产状况不清的债务人申请破产清算案件如何处理的批复》第3款的规定,判定债务人相关人员承担责任时,应当依照企业破产法的相关规定来确定相关主体的义务内容和责任范围,不得根据公司法司法解释(二)第18条第2款的规定来判定相关主体的责任。

上述批复第3款规定的"债务人的有关人员不履行法定义务,人民法院可依据有关法律规定追究其相应法律责任",系指债务人的法定代表人、财务管理人员和其他经营管理人员不履行《企业破产法》第15条规定的配合清算义务,人民法院可以根据《企业破产法》第126条、第127条追究其相应法律责任,或者参照《民事诉讼法》第111条的规定,依法拘留,构成犯罪的,依法追究刑事责任;债务人的法定代表人或者实际控制人不配合清算的,人民法院可以依据《出境入境管理法》第12条的规定,对其作出不准出境的决定,以确保破产程序顺利进行。

上述批复第3款规定的"其行为导致无法清算或者造成损失",系指债务人的有关人员不配合清算的行为导致债务人财产状况不明,或者依法负有清算责任的人未依照《企业破产法》第7条第3款的规定及时履行破产申请义务,导致债务人主要财产、账册、重要文件等灭失,致使管理人无法执行清算职务,给债权人利益造成损害。"有关权利人起诉请求其承担相应民事责任",系指管理人请求上述主体承担相应损害赔偿责任并将因此获得的赔偿归入债务人财产。管理人未主张上述赔偿,个别债权人可以代表全体债权人提起上述诉讼。

上述破产清算案件被裁定终结后,相关主体以债务人主要财产、账册、重要文件等重新出现为由,申请对破产清算程序启动审判监督的,人民法院不予受理,但符合《企业破产法》第123条规定的,债权人可以请求人民法院追加分配。

十一、关于案外人救济案件的审理

案外人救济案件包括案外人申请再审、案外人执行异议之诉和第三人撤销之诉三种类型。修改后的民事诉讼法在保留案外人执行异议之诉及案外人申请再审的基础上，新设立第三人撤销之诉制度，在为案外人权利保障提供更多救济渠道的同时，因彼此之间错综复杂的关系也容易导致认识上的偏差，有必要厘清其相互之间的关系，以便正确适用不同程序，依法充分保护各方主体合法权益。

119.【案外人执行异议之诉的审理】案外人执行异议之诉以排除对特定标的物的执行为目的，从程序上而言，案外人依据《民事诉讼法》第227条提出执行异议被驳回的，即可向执行人民法院提起执行异议之诉。人民法院对执行异议之诉的审理，一般应当就案外人对执行标的物是否享有权利、享有什么样的权利、权利是否足以排除强制执行进行判断。至于是否作出具体的确权判项，视案外人的诉讼请求而定。案外人未提出确权或者给付诉讼请求的，不作出确权判项，仅在裁判理由中进行分析判断并作出是否排除执行的判项即可。但案外人既提出确权、给付请求，又提出排除执行请求的，人民法院对该请求是否支持、是否排除执行，均应当在具体判项中予以明确。执行异议之诉不以否定作为执行依据的生效裁判为目的，案外人如认为裁判确有错误的，只能通过申请再审或者提起第三人撤销之诉的方式进行救济。

120.【债权人能否提起第三人撤销之诉】第三人撤销之诉中的第三人仅局限于《民事诉讼法》第56条规定的有独立请求权及无独立请求权的第三人，而且一般不包括债权人。但是，设立第三人撤销之诉的目的在于，救济第三人享有的因不能归责于本人的事由未参加诉讼但因生效裁判文书内容错误受到损害的民事权益，因此，债权人在下列情况下可以提起第三人撤销之诉：

（1）该债权是法律明确给予特殊保护的债权，如《合同法》第286条规定的建设工程价款优先受偿权，《海商法》第22条规定的船舶优先权；

（2）因债务人与他人的权利义务被生效裁判文书确定，导致债权人本来可以对《合同法》第74条和《企业破产法》第31条规定的债务人的行为享有撤销权而不能行使的；

（3）债权人有证据证明，裁判文书主文确定的债权内容部分或者全部虚假的。

债权人提起第三人撤销之诉还要符合法律和司法解释规定的其他条件。对于除此之外的其他债权，债权人原则上不得提起第三人撤销之诉。

121.【必要共同诉讼漏列的当事人申请再审】民事诉讼法司法解释对必要共同诉讼漏列的当事人申请再审规定了两种不同的程序，二者在管辖法院及申请再审期限的起算点上存在明显差别，人民法院在审理相关案件时应予注意：

（1）该当事人在执行程序中以案外人身份提出异议，异议被驳回的，根据民事诉讼法司法解释第423条的规定，其可以在驳回异议裁定送达之日起6个月内向原审人民法院申请再审；

（2）该当事人未在执行程序中以案外人身份提出异议的，根据民事诉讼法司法解释第422条的规定，其可以根据《民事诉讼法》第200条第8项的规定，自知道或者应当知道生效裁判之日起6个月内向上一级人民法院申请再审。当事人一方人数众多或者当事人双方为公民的案件，也可以向原审人民法院申请再审。

122.【程序启动后案外人不享有程序选择权】案外人申请再审与第三人撤销之诉功能上近似，如果案外人既有申请再审的权利，又符合第三人撤销之诉的条件，对于案外人是否可以行使选择权，民事诉讼法司法解释采取了限制的司法态度，即依据民事诉讼法司法解释第 303 条的规定，按照启动程序的先后，案外人只能选择相应的救济程序：案外人先启动执行异议程序的，对执行异议裁定不服，认为原裁判内容错误损害其合法权益的，只能向作出原裁判的人民法院申请再审，而不能提起第三人撤销之诉；案外人先启动了第三人撤销之诉，即便在执行程序中又提出执行异议，也只能继续进行第三人撤销之诉，而不能依《民事诉讼法》第 227 条申请再审。

123.【案外人依据另案生效裁判对非金钱债权的执行提起执行异议之诉】审判实践中，案外人有时依据另案生效裁判所认定的与执行标的物有关的权利提起执行异议之诉，请求排除对标的物的执行。此时，鉴于作为执行依据的生效裁判与作为案外人提出执行异议依据的生效裁判，均涉及对同一标的物权属或给付的认定，性质上属于两个生效裁判所认定的权利之间可能产生的冲突，人民法院在审理执行异议之诉时，需区别不同情况作出判断：如果作为执行依据的生效裁判是确权裁判，不论作为执行异议依据的裁判是确权裁判还是给付裁判，一般不应据此排除执行，但人民法院应当告知案外人对作为执行依据的确权裁判申请再审；如果作为执行依据的生效裁判是给付标的物的裁判，而作为提出异议之诉依据的裁判是确权裁判，一般应据此排除执行，此时人民法院应告知其对该确权裁判申请再审；如果两个裁判均属给付标的物的裁判，人民法院需依法判断哪个裁判所认定的给付权利具有优先性，进而判断是否可以排除执行。

124.【案外人依据另案生效裁判对金钱债权的执行提起执行异议之诉】作为执行依据的生效裁判并未涉及执行标的物，只是执行中为实现金钱债权对特定标的物采取了执行措施。对此种情形，《最高人民法院关于人民法院办理执行异议和复议案件若干问题的规定》第 26 条规定了解决案外人执行异议的规则，在审理执行异议之诉时可以参考适用。依据该条规定，作为案外人提起执行异议之诉依据的裁判将执行标的物确权给案外人，可以排除执行；作为案外人提起执行异议之诉依据的裁判，未将执行标的物确权给案外人，而是基于不以转移所有权为目的的有效合同（如租赁、借用、保管合同），判令向案外人返还执行标的物的，其性质属于物权请求权，亦可以排除执行；基于以转移所有权为目的的有效合同（如买卖合同），判令向案外人交付标的物的，其性质属于债权请求权，不能排除执行。

应予注意的是，在金钱债权执行中，如果案外人提出执行异议之诉依据的生效裁判认定以转移所有权为目的的合同（如买卖合同）无效或应当解除，进而判令向案外人返还执行标的物的，此时案外人享有的是物权性质的返还请求权，本可排除金钱债权的执行，但在双务合同无效的情况下，双方互负返还义务，在案外人未返还价款的情况下，如果允许其排除金钱债权的执行，将会使申请执行人既执行不到被执行人名下的财产，又执行不到本应返还给被执行人的价款，显然有失公允。为平衡各方当事人的利益，只有在案外人已经返还价款的情况下，才能排除普通债权人的执行。反之，案外人未返还价款的，不能排除执行。

125.【案外人系商品房消费者】实践中，商品房消费者向房地产开发企业购买商品房，往往没有及时办理房地产过户手续。房地产开发企业因欠债而被强制执行，人民法院在对尚登记在房地产开发企业名下但已出卖给消费者的商品房采取执行措施时，商品房消费者往往会提出执行异议，以排除强制执行。对此，《最高人民法院关于人民法院办理执行异议和复议案件若干问题的规定》第 29 条规定，符合下列情形的，应当支持商品房消费者的诉讼请求：一是在人民法院查封之前已签订合法有效的书面买卖合同；二是所购商品房系用于居住且买受人名下无其他用于居住的房屋；三是已支付的价款超过合同约定总价款的百分之五十。人民法院在审理执行异议之诉案件时，可参照适用此条款。

问题是，对于其中"所购商品房系用于居住且买受人名下无其他用于居住的房屋"如何理解，审判实践中掌握的标准不一。"买受人名下无其他用于居住的房屋"，可以理解为在案涉房屋同一设区的市或者县级市范围内商品房消费者名下没有用于居住的房屋。商品房消费者名下虽然已有1套房屋，但购买的房屋在面积上仍然属于满足基本居住需要的，可以理解为符合该规定的精神。

对于其中"已支付的价款超过合同约定总价款的百分之五十"如何理解，审判实践中掌握的标准也不一致。如果商品房消费者支付的价款接近于百分之五十，且已按照合同约定将剩余价款支付给申请执行人或者按照人民法院的要求交付执行的，可以理解为符合该规定的精神。

126.【商品房消费者的权利与抵押权的关系】根据《最高人民法院关于建设工程价款优先受偿权问题的批复》第1条、第2条的规定，交付全部或者大部分款项的商品房消费者的权利优先于抵押权人的抵押权，故抵押权人申请执行登记在房地产开发企业名下但已销售给消费者的商品房，消费者提出执行异议的，人民法院依法予以支持。但应当特别注意的是，此情况是针对实践中存在的商品房预售不规范现象为保护消费者生存权而作出的例外规定，必须严格把握条件，避免扩大范围，以免动摇抵押权具有优先性的基本原则。因此，这里的商品房消费者应当仅限于符合本纪要第125条规定的商品房消费者。买受人不是本纪要第125条规定的商品房消费者，而是一般的房屋买卖合同的买受人，不适用上述处理规则。

127.【案外人系商品房消费者之外的一般买受人】金钱债权执行中，商品房消费者之外的一般买受人对登记在被执行人名下的不动产提出异议，请求排除执行的，《最高人民法院关于人民法院办理执行异议和复议案件若干问题的规定》第28条规定，符合下列情形的依法予以支持：一是在人民法院查封之前已签订合法有效的书面买卖合同；二是在人民法院查封之前已合法占有该不动产；三是已支付全部价款，或者已按照合同约定支付部分价款且将剩余价款按照人民法院的要求交付执行；四是非因买受人自身原因未办理过户登记。人民法院在审理执行异议之诉案件时，可参照适用此条款。

实践中，对于该规定的前3个条件，理解并无分歧。对于其中的第4个条件，理解不一致。一般而言，买受人只要有向房屋登记机构递交过户登记材料，或向出卖人提出了办理过户登记的请求等积极行为的，可以认为符合该条件。买受人无上述积极行为，其未办理过户登记有合理的客观理由的，亦可认定符合该条件。

十二、关于民刑交叉案件的程序处理

会议认为，近年来，在民间借贷、P2P等融资活动中，与涉嫌诈骗、合同诈骗、票据诈骗、集资诈骗、非法吸收公众存款等犯罪有关的民商事案件的数量有所增加，出现了一些新情况和新问题。在审理案件时，应当依照《最高人民法院关于在审理经济纠纷案件中涉及经济犯罪嫌疑若干问题的规定》《最高人民法院关于审理非法集资刑事案件具体应用法律若干问题的解释》《最高人民法院最高人民检察院公安部关于办理非法集资刑事案件适用法律若干问题的意见》以及民间借贷司法解释等规定，处理好民刑交叉案件之间的程序关系。

128.【分别审理】同一当事人因不同事实分别发生民商事纠纷和涉嫌刑事犯罪，民商事案件与刑事案件应当分别审理，主要有下列情形：

（1）主合同的债务人涉嫌刑事犯罪或者刑事裁判认定其构成犯罪，债权人请求担保人承担民事责任的；

（2）行为人以法人、非法人组织或者他

人名义订立合同的行为涉嫌刑事犯罪或者刑事裁判认定其构成犯罪，合同相对人请求该法人、非法人组织或者他人承担民事责任的；

（3）法人或者非法人组织的法定代表人、负责人或者其他工作人员的职务行为涉嫌刑事犯罪或者刑事裁判认定其构成犯罪，受害人请求该法人或者非法人组织承担民事责任的；

（4）侵权行为人涉嫌刑事犯罪或者刑事裁判认定其构成犯罪，被保险人、受益人或者其他赔偿权利人请求保险人支付保险金的；

（5）受害人请求涉嫌刑事犯罪的行为人之外的其他主体承担民事责任的。

审判实践中出现的问题是，在上述情形下，有的人民法院仍然以民商事案件涉嫌刑事犯罪为由不予受理，已经受理的，裁定驳回起诉。对此，应予纠正。

129.【涉众型经济犯罪与民商事案件的程序处理】2014年颁布实施的《最高人民法院最高人民检察院公安部关于办理非法集资刑事案件适用法律若干问题的意见》和2019年1月颁布实施的《最高人民法院最高人民检察院公安部关于办理非法集资刑事案件若干问题的意见》规定的涉嫌集资诈骗、非法吸收公众存款等涉众型经济犯罪，所涉人数众多、当事人分布地域广、标的额特别巨大、影响范围广，严重影响社会稳定，对于受害人就同一事实提起的以犯罪嫌疑人或者刑事被告人为被告的民事诉讼，人民法院应当裁定不予受理，并将有关材料移送侦查机关、检察机关或者正在审理该刑事案件的人民法院。受害人的民事权利保护应当通过刑事追赃、退赔的方式解决。正在审理民商事案件的人民法院发现有上述涉众型经济犯罪线索的，应当及时将犯罪线索和有关材料移送侦查机关。侦查机关作出立案决定前，人民法院应当中止审理；作出立案决定后，应当裁定驳回起诉；侦查机关未及时立案的，人民法院必要时可以将案件报请党委政法委协调处理。除上述情形人民法院不予受理外，要防止通过刑事手段干预民商事审判，搞地方保护，影响营商环境。

当事人因租赁、买卖、金融借款等与上述涉众型经济犯罪无关的民事纠纷，请求上述主体承担民事责任的，人民法院应予受理。

130.【民刑交叉案件中民商事案件中止审理的条件】人民法院在审理民商事案件时，如果民商事案件必须以相关刑事案件的审理结果为依据，而刑事案件尚未审结的，应当根据《民事诉讼法》第150条第5项的规定裁定中止诉讼。待刑事案件审结后，再恢复民商事案件的审理。如果民商事案件不是必须以相关的刑事案件的审理结果为依据，则民商事案件应当继续审理。

最高人民法院
关于印发《第二次全国涉外商事海事审判工作会议纪要》的通知

2005 年 12 月 26 日　　　　　　　　法发〔2005〕26 号

各省、自治区、直辖市高级人民法院，新疆维吾尔自治区高级人民法院生产建设兵团分院：

现将《第二次全国涉外商事海事审判工作会议纪要》印发给你们，请遵照执行。执行中有何问题，望及时报告我院。

附：

第二次全国涉外商事海事审判工作会议纪要

为进一步贯彻"公正司法，一心为民"的方针，落实"公正与效率"工作主题，规范涉外商事海事司法行为，增强司法能力，提高司法水平，开创涉外商事海事审判工作新局面，最高人民法院于 2005 年 11 月 15 日至 16 日在江苏省南京市召开了第二次全国涉外商事海事审判工作会议。各高级人民法院的分管院长、涉外商事海事审判部门的庭长、具有涉外商事审判管辖权的中级人民法院的分管院长、海事法院院长以及中央有关部门的代表共 200 人参加了会议。最高人民法院院长肖扬发表了书面讲话，副院长万鄂湘到会讲话。

会议总结交流了 2001 年来涉外商事海事审判工作的经验，研究了审判实践中亟待解决的问题，讨论了进一步规范涉外商事海事审判工作，为改革开放和经贸、航运事业提供司法保障的措施。会议达成以下共识，并形成纪要：

一、关于案件管辖

1. 人民法院在审理国内商事纠纷案件过程中，因追加当事人而使得案件具有涉外因素的，属于涉外商事纠纷案件，应当按照《最高人民法院关于涉外民商事案件诉讼管辖若干问题的规定》确定案件的管辖。当事人协议管辖不得违反前述规定。

无管辖权的人民法院不得受理涉外商事纠纷案件；已经受理的，应将案件移送有管辖权的人民法院审理。

2. 涉及外资金融机构（包括外国独资银行、独资财务公司、合资银行、合资财务公司、外国银行分行）的商事纠纷案件，其诉讼管辖按照《最高人民法院关于涉外民商事案件诉讼管辖若干问题的规定》办理。

3. 一方当事人以外国当事人为被告向人民法院提起诉讼，该外国当事人在我国境内设有来料加工、来样加工、来件装配或者补偿贸易企业（以下简称"三来一补"企业）

的,应认定其在我国境内有可供扣押的财产,该"三来一补"企业所在地有涉外商事案件管辖权的人民法院可以对纠纷行使管辖权。

4. 人民法院在认定涉外商事纠纷案件当事人协议选择的法院是否属于《中华人民共和国民事诉讼法》第二百四十四条规定的"与争议有实际联系的地点的法院"时,应该考虑当事人住所地、登记地、营业地、合同签订地、合同履行地、标的物所在地等因素。

5. 中外合资经营企业合同、中外合作经营企业合同,合资、合作企业的注册登记地为合同履行地;涉及转让在我国境内依法设立的中外合资经营企业、中外合作经营企业、外商独资企业股份的合同,上述外商投资企业的注册登记地为合同履行地。根据《中华人民共和国民事诉讼法》的规定,合同履行地的人民法院对上述合同纠纷享有管辖权。

6. 当事人申请确认涉外仲裁协议效力的案件,由申请人住所地、被申请人住所地或者仲裁协议签订地有权受理涉外商事案件的中级人民法院管辖;申请执行我国涉外仲裁裁决的案件,由被申请人住所地、财产所在地有权受理涉外商事案件的中级人民法院管辖;申请撤销我国涉外仲裁裁决的案件,由仲裁机构所在地有权受理涉外商事案件的中级人民法院管辖;申请承认与执行外国仲裁裁决的案件,由被申请人住所地或者财产所在地有权受理涉外商事案件的中级人民法院管辖。

7. 涉外商事合同的当事人之间签订的有效仲裁协议约定了因合同发生的或与合同有关的一切争议均应通过仲裁方式解决,原告就当事人在签订和履行合同过程中发生的纠纷以侵权为由向人民法院提起诉讼的,人民法院不享有管辖权。

8. 人民法院根据《中华人民共和国民事诉讼法》的规定仅对主合同纠纷或者担保合同纠纷享有管辖权,原告以主债务人和担保人为共同被告向人民法院提起诉讼的,人民法院可以对主合同纠纷和担保合同纠纷一并管辖,但主合同或者担保合同当事人订有仲裁协议或者管辖协议,约定纠纷由仲裁机构仲裁或者外国法院排他性管辖的,人民法院对订有此类协议的主合同纠纷或者担保合同纠纷不享有管辖权。

9. 担保合同的主债务人在我国境外,债权人在我国仅起诉担保人的,人民法院应根据《中华人民共和国民事诉讼法》的相关规定行使管辖权。在审理过程中,如发现依据担保合同的准据法,担保人享有先诉抗辩权或者该案需要先确定主合同债权额的,可以根据不同情况分别作如下处理:(1)人民法院对主合同纠纷享有管辖权的,可以要求原告在一定期限内追加主债务人为共同被告;(2)人民法院对主合同纠纷不享有管辖权的,应裁定中止审理,并指定一定的期限,告知债权人对主债务人提起诉讼或仲裁,或者以其他方式确定主债权额。债权人在指定的期限内对主债务人提起诉讼或仲裁,或者经其他方式可以明确主债权额的,人民法院应在债权人提交相应的生效裁判文书或者其他证明文件后恢复审理。

债权人在指定的期限内拒绝申请追加主债务人为共同被告,或者未对主债务人提起诉讼或仲裁,或者经其他方式仍未能明确主债权额,且人民法院调解不成的,裁定驳回债权人的起诉。

10. 我国法院和外国法院都享有管辖权的涉外商事纠纷案件,一方当事人向外国法院起诉且被受理后又就同一争议向我国法院提起诉讼,或者对方当事人就同一争议向我国法院提起诉讼的,外国法院是否已经受理案件或者作出判决,不影响我国法院行使管辖权,但是否受理,由我国法院根据案件具体情况决定。外国法院判决已经被我国法院承认和执行的,人民法院不应受理。我国缔结或者参加的国际条约另有规定的,按规定办理。

11. 我国法院在审理涉外商事纠纷案件

过程中，如发现案件存在不方便管辖的因素，可以根据"不方便法院原则"裁定驳回原告的起诉。"不方便法院原则"的适用应符合下列条件：（1）被告提出适用"不方便法院原则"的请求，或者提出管辖异议而受诉法院认为可以考虑适用"不方便法院原则"；（2）受理案件的我国法院对案件享有管辖权；（3）当事人之间不存在选择我国法院管辖的协议；（4）案件不属于我国法院专属管辖；（5）案件不涉及我国公民、法人或者其他组织的利益；（6）案件争议发生的主要事实不在我国境内且不适用我国法律，我国法院若受理案件在认定事实和适用法律方面存在重大困难；（7）外国法院对案件享有管辖权且审理该案件更加方便。

12. 涉外商事纠纷案件的当事人协议约定外国法院对其争议享有非排他性管辖权时，可以认定该协议并没有排除其他国家有管辖权法院的管辖权。如果一方当事人向我国法院提起诉讼，我国法院依照《中华人民共和国民事诉讼法》的有关规定对案件享有管辖权的，可以受理。

二、关于诉讼当事人

13. 外国企业在我国境内依法设立并领取营业执照的分支机构，具有民事诉讼主体资格，可以作为当事人参加诉讼。因分支机构不能独立承担民事责任，其作为被告时，人民法院可以根据原告的申请追加设立该分支机构的外国企业为共同被告。

外国企业在我国境内设立的代表机构不具有诉讼主体资格的，涉及代表机构的纠纷案件应由外国企业作为当事人参加诉讼。

14. 根据《中华人民共和国民事诉讼法》第四十九条和《最高人民法院关于适用〈中华人民共和国民事诉讼法〉若干问题的意见》第40条的规定，外国企业、自然人在我国境内设立的"三来一补"企业具有民事诉讼主体资格，可以作为当事人参加诉讼。因"三来一补"企业不能独立承担民事责任，其作为被告时，人民法院可以根据原告的申请追加设立该"三来一补"企业的外国企业、自然人为共同被告。

15. 人民法院在审理案件过程中查明外国当事人被宣告破产或者进入清算程序的，应通知外国当事人的破产财产管理人或者清算人参加诉讼。

16. 外国当事人作为原告时，应根据《中华人民共和国民事诉讼法》第一百一十条第（一）项的规定，向人民法院提供身份证明，证明材料应符合我国法律要求的形式。拒不提供的，应裁定不予受理。案件已经受理的，可要求原告在指定期限内补充提供相关资料，期满无正当理由仍未提供的，可以裁定驳回起诉。

17. 外国当事人作为被告时，应针对不同情况分别作如下处理：（1）原告起诉时提供了被告存在的证明，但未提供被告的明确住址或者依据原告所提供的被告住址无法送达（公告送达除外）的，应要求原告补充提供被告的明确住址。依据原告补充的材料仍不能确定被告住址的，应依法向被告公告送达相关司法文书；（2）原告起诉时没有提供被告存在的证明，但根据起诉状所列明的被告的姓名、名称、住所、法定代表人的姓名等情况对被告按照法定的送达途径（公告送达除外）能够送达的，送达后被告不在法定的期限内应诉答辩，又拒不到庭的，可以依法缺席审判；（3）原告在起诉时没有提供被告存在的证明，根据起诉状所列明的情况对被告按照法定的送达途径（公告送达除外）无法送达的，应要求原告补充提供被告存在的证明，原告拒不提供或者补充提供后仍无法确定被告真实存在的，可以认定为没有明确的被告，应根据《中华人民共和国民事诉讼法》第一百零八条第（二）项的规定裁定驳回原告的起诉。

18. 外国当事人在我国境外出具的授权委托书，应当履行相关的公证、认证或者其他证明手续。对于未履行相关手续的诉讼代理人，人民法院对其代理资格不予认可。

19. 外国自然人在人民法院办案人员面前签署的授权委托书无需办理公证、认证或者其他证明手续，但在签署授权委托书时应出示身份证明和入境证明，人民法院办案人员应在授权委托书上注明相关情况并要求该外国自然人予以确认。

20. 外国自然人在我国境内签署的授权委托书，经我国公证机关公证，证明该委托书是在我国境内签署的，无需在其所在国再办理公证、认证或者其他证明手续。

21. 外国法人、其他组织的法定代表人或者负责人代表该法人、其他组织在人民法院办案人员面前签署的授权委托书，无需办理公证、认证或者其他证明手续，但在签署授权委托书时，外国法人、其他组织的法定代表人或者负责人除了向人民法院办案人员出示自然人身份证明和入境证明外，还必须提供该法人或者其他组织出具的能够证明其有权签署授权委托书的证明文件，且该证明文件必须办理公证、认证或者其他证明手续。人民法院办案人员应在授权委托书上注明相关情况并要求该法定代表人或者负责人予以确认。

22. 外国法人、其他组织的法定代表人或者负责人代表该法人、其他组织在我国境内签署的授权委托书，经我国公证机关公证，证明该委托书是在我国境内签署，且该法定代表人或者负责人向人民法院提供了外国法人、其他组织出具的办理了公证、认证或者其他证明手续的能够证明其有权签署授权委托书的证明文件，该授权委托书无需在外国当事人的所在国办理公证、认证或者其他证明手续。

23. 外国当事人将其在特定时期内发生的或者将特定范围的案件一次性委托他人代理，人民法院经审查可以予以认可。该一次性委托在一审程序中已办理公证、认证或者其他证明手续的，二审或者再审程序中无需再办理公证、认证或者其他证明手续。

三、关于司法文书送达

（一）涉外商事纠纷案件司法文书的送达

24. 人民法院向在我国境内没有住所的当事人送达司法文书，可以直接送达给其在我国境内委托的诉讼代理人或者其在我国境内设立的代表机构。外国人、无国籍人或者外国公司、企业、其他组织的法定代表人或者负责人在我国境内的，人民法院可直接向其送达。当事人在我国境内有分支机构或者业务代办人的，经该当事人授权，人民法院可以向其分支机构或者业务代办人送达相关司法文书。人民法院向当事人的诉讼代理人、法定代表人或者负责人、代表机构以及有权接受的分支机构、业务代办人送达司法文书，适用留置送达。

25. 外国当事人如果在我国境内没有可以代其接受送达的代理人或者相关机构，若该当事人所在国与我国签订有司法协助协定或者其所在国是1965年海牙《关于向国外送达民事或商事司法文书和司法外文书公约》（以下简称《海牙送达公约》）的成员国，向该当事人送达司法文书依照司法协助协定或者公约的规定执行。具体程序可以分别按照最高人民法院发布的法（办）发［1988］3号《关于执行中外司法协助协定的通知》，最高人民法院、外交部、司法部联合发布的外发［1992］8号《关于执行〈关于向国外送达民事或商事司法文书和司法外文书公约〉有关程序的通知》、司发通［1992］093号《关于执行海牙送达公约的实施办法》的规定办理。如果当事人所在国既与我国签订有司法协助协定，又是《海牙送达公约》的成员国，送达司法文书依照司法协助协定的规定办理。

对在我国境内没有住所的当事人，如果不能适用前述方式送达，可以通过外交途径送达。具体程序可以按照最高人民法院、外交部、司法部联合发布的外发［1986］47号

《关于我国法院和外国法院通过外交途径相互委托送达法律文书若干问题的通知》的规定办理。

26. 按照司法协助协定、《海牙送达公约》或者外交途径送达司法文书，自我国有关机关将司法文书转递受送达当事人所在国有关机关之日起满六个月，如果未能收到送达与否的证明文件，且根据其他情况也不足以认定已经送达的，视为不能适用该种方式送达。

27. 在我国境内没有住所的当事人，其所在国允许邮寄送达的，可以邮寄送达。邮寄送达时应附有送达回证，如果当事人未在送达回证上签收，但在邮件回执上签收，视为已经送达。自邮寄之日起满六个月，如无法得到送达与否的证明文件，且根据其他情况也不足以认定已经送达的，视为不能适用邮寄方式送达。

28. 人民法院通过公告方式送达司法文书，公告内容应该在国内外公开发行的报纸上刊登，同时可以在中国涉外商事海事审判网（http：//www.ccmt.org.cn）上公布。

29. 传真、电子邮件等送达方式，如果不违反受送达人住所地法律禁止性规定，人民法院在送达司法文书时可以采用。通过传真，电子邮件方式送达的，应当要求当事人在收到后七日内予以回复，当事人回复时确认收到的时间为送达的时间；若当事人回复时未确认收到的时间，其回复的时间为送达的时间。当事人未回复的，视为未送达。

30. 除公告送达方式外，人民法院可以同时采取多种方式对当事人进行送达，但应根据最先实现送达的送达方式确定送达时间。

31. 人民法院送达司法文书，根据有关规定须通过上级人民法院转递的，应附申请转递函。上级人民法院收到下级人民法院申请转递的司法文书，应当在七个工作日内予以转递。上级人民法院认为下级人民法院申请转递的司法文书不符合有关规定需要补正的，亦应在七个工作日内退回申请转递的人民法院。

32. 人民法院送达司法文书，根据有关规定需提供翻译件的，应由受理案件的人民法院委托我国境内的翻译机构进行翻译。翻译件不加盖人民法院印章，但应由翻译机构或翻译人员签名或盖章证明译文与原文一致。

33. 当事人虽未对人民法院送达的司法文书履行签收手续，但存在以下情形的，视为已经送达：（1）当事人通过口头或者书面形式向人民法院提及了所送达的司法文书的内容；（2）当事人已经按照所送达司法文书的内容履行。

（二）涉港澳台案件司法文书的送达

34. 住所地在香港特别行政区、澳门特别行政区的当事人如果在内地没有可以代其接受送达的代理人或者相关机构，需要向其送达司法文书时，分别按照《最高人民法院关于内地与香港特别行政区法院相互委托送达民商事司法文书的安排》或者《最高人民法院关于内地与澳门特别行政区法院就民商事案件相互委托送达司法文书和调查取证的安排》办理。按照上述两个安排送达司法文书，自内地的高级人民法院或者最高人民法院将有关司法文书递送香港特别行政区高等法院或者澳门特别行政区终审法院之日起满三个月，如未收到送达与否的证明文件，且根据其他情况不足以认定已经送达的，视为不能适用上述安排中规定的方式送达。

35. 人民法院向住所地在香港特别行政区、澳门特别行政区、台湾地区的当事人送达司法文书，可以邮寄送达。邮寄送达时应附有送达回证，如果当事人未在送达回证上签收，但在邮件回执上签收，视为已经送达。自邮寄之日起满二个月，虽未得到送达与否的证明文件，但根据其他情况足以认定已经送达的，期间届满之日视为送达。自邮寄之日起满二个月，未得到送达与否的证明文件，且根据其他情况不足以认定已经送达的，视为不能适用邮寄方式送达。

36. 住所地在香港特别行政区、澳门特别行政区的当事人如果在内地没有可以代其接受送达的代理人或者相关机构，人民法院也不能通过两个安排规定的方式或者邮寄方式送达的，可以通过公告方式送达。

37. 住所地在台湾地区的当事人如果在大陆没有可以代其接受送达的代理人或者相关机构，人民法院也不能通过邮寄方式送达的，可以通过公告方式送达。

38. 通过公告方式向住所地在香港特别行政区、澳门特别行政区、台湾地区的当事人送达司法文书，自公告之日起满六十日，即视为送达。

四、关于诉讼证据

39. 对当事人提供的在我国境外形成的证据，人民法院应根据不同情况分别作如下处理：（1）对证明诉讼主体资格的证据，应履行相关的公证、认证或者其他证明手续；（2）对其他证据，由提供证据的一方当事人选择是否办理相关的公证、认证或者其他证明手续，但人民法院认为确需办理的除外。

对在我国境外形成的证据，不论是否已办理公证、认证或者其他证明手续，人民法院均应组织当事人进行质证，并结合当事人的质证意见进行审核认定。

40. 对当事人提供的在我国境外形成的应履行相关公证、认证或者其他证明手续的证据，应当经所在国公证机关公证，并经我国驻该国使领馆认证，或者履行我国与该所在国订立的有关条约中规定的证明手续。如果其所在国与我国没有外交关系，则该证据应经与我国有外交关系的第三国驻该国使领馆认证，再转由我国驻该第三国使领馆认证。

41. 当事人向人民法院提供外文视听资料的，应附有视听资料中所用语言的记录文本及中文译本。

42. 当事人提交的证据材料不属于新的证据，人民法院经审查认为该证据可能影响裁判结果的，应予以质证。

43. 当事人在一审时未申请鉴定，或者申请鉴定后无正当理由不预交鉴定费用或拒不提交相关材料致使无法鉴定，而在二审或者再审期间申请鉴定的，视下列情况分别处理：（1）人民法院经审查认为，不鉴定不会影响裁判结果的，对当事人的申请不予准许；（2）人民法院经审查认为，不鉴定可能导致案件的主要事实不清的，对当事人的申请应予准许。

44. 当事人在一审时申请人民法院调取证据未获准许，而在二审或者再审期间申请调取证据的，视下列情况分别处理：（1）人民法院经审查认为，不调取证据不会影响裁判结果的，对当事人的申请不予准许；（2）人民法院经审查认为，不调取证据可能导致案件的主要事实不清的，对当事人的申请应予准许。

45. 对经合法传唤的被告未到庭而进行缺席审判的案件，不能免除原告对其诉讼请求的证明责任，人民法院仍应对原告所提交的证据材料进行审查。

五、关于涉外商事合同法律适用

46. 涉外商事合同的当事人可以在订立合同时或者订立合同后，经过协商一致，以明示方式选择合同争议所适用的法律。合同争议包括合同是否成立、成立的时间、效力、内容的解释、履行、违约责任，以及合同的解除、变更、中止、转让、终止等争议。

47. 涉外商事合同的当事人可以在订立合同后至一审法庭辩论终结前通过协商一致改变订立合同时选择的法律，但不得损害第三人的合法利益。

48. 当事人协议选择的法律，是指有关国家及地区的实体法规范，不包括冲突规范和程序法规范。

49. 人民法院按照最密切联系原则确定的涉外商事合同应适用的法律，是指有关国家及地区的实体法规范，不包括冲突规范和程序法规范。

50. 当事人规避中华人民共和国法律、行政法规的强制性或禁止性规定的行为，不发生适用外国法律的效力，人民法院应适用中华人民共和国法律。

51. 涉外商事纠纷案件应当适用的法律为外国法律时，由当事人提供或者证明该外国法律的相关内容。当事人可以通过法律专家、法律服务机构、行业自律性组织、国际组织、互联网等途径提供相关外国法律的成文法或者判例，亦可同时提供相关的法律著述、法律介绍资料、专家意见书等。

当事人对提供外国法律确有困难的，可以申请人民法院依职权查明相关外国法律。

52. 当事人提供的外国法律经质证后无异议的，人民法院应予确认。对当事人有异议的部分或者当事人提供的专家意见不一致的，由人民法院审查认定。

53. 外国法律的内容无法查明时，人民法院可以适用中华人民共和国法律。

54. 适用外国法律违反中华人民共和国法律的基本原则和社会公共利益的，该外国法律不予适用，而应适用中华人民共和国的法律。

55. 涉外商事合同的当事人没有选择合同所适用的法律的，人民法院受理案件后，当事人可以在一审法庭辩论终结前作出选择。如果当事人不能协商一致作出选择，适用与合同有最密切联系地的法律。

56. 人民法院根据最密切联系原则确定合同应适用的法律时，应根据合同的特殊性质，以及当事人履行的义务最能体现合同的本质特性等因素，确定与合同有最密切联系国家的法律作为合同的准据法。在通常情况下，下列合同的最密切联系地的法律是：（1）国际货物买卖合同，适用合同订立时卖方住所地法；如果合同是在买方住所地谈判并订立的，或者合同主要是依买方确定的条件并应买方发出的招标订立的，或者合同明确规定卖方须在买方住所地履行交货义务

的，适用买方住所地法。（2）来料加工、来件装配以及其他各种加工承揽合同，适用加工承揽人住所地法。（3）成套设备供应合同，适用设备安装运转地法。（4）不动产买卖、租赁或者抵押合同，适用不动产所在地法。（5）动产租赁合同，适用出租人住所地法。（6）动产质押合同，适用质权人住所地法。（7）借款合同，适用贷款人住所地法。（8）赠与合同，适用赠与人住所地法。（9）保险合同，适用保险人住所地法。（10）融资租赁合同，适用承租人住所地法。（11）建设工程合同，适用建设工程所在地法。（12）仓储、保管合同，适用仓储、保管人住所地法。（13）保证合同，适用保证人住所地法。（14）委托合同，适用受托人住所地法。（15）债券的发行、销售和转让合同，分别适用债券发行地法、债券销售地法和债券登记地法。（16）拍卖合同，适用拍卖举行地法。（17）行纪合同，适用行纪人住所地法。（18）居间合同，适用居间人住所地法。

上述合同明显与另一国家或者地区有更密切联系的，适用该国或者地区的法律。

57. 具有中华人民共和国国籍的自然人、法人或者其他组织与外国的自然人、法人或者其他组织订立的在我国境内履行的下列合同，适用中华人民共和国法律：（1）中外合资经营企业合同；（2）中外合作经营企业合同；（3）中外合作勘探、开发自然资源合同；（4）转让中外合资经营企业、中外合作经营企业、外商独资企业股份的合同；（5）外国自然人、法人或者其他组织承包经营在我国境内设立的企业的合同。

六、关于国际商事海事仲裁的司法审查

（一）涉外仲裁协议效力的审查

58. 当事人在合同中约定的适用于解决合同争议的准据法，不能用来确定涉外仲裁条款的效力。当事人在合同中明确约定了仲

裁条款效力的准据法的，应当适用当事人明确约定的法律；未约定仲裁条款效力的准据法但约定了仲裁地的，应当适用仲裁地国家或者地区的法律。只有在当事人未约定仲裁条款效力的准据法亦未约定仲裁地或者仲裁地约定不明的情况下，才能适用法院地法即我国法律作为确认仲裁条款效力的准据法。

59. 当事人达成的仲裁协议对仲裁事项或者仲裁机构没有约定或者约定不明，应认定仲裁协议无效，但当事人达成补充协议的除外。

60. 当事人在订立仲裁协议后合并、分立或者死亡的，该仲裁协议对承受仲裁事项所涉权利义务的人具有约束力，但当事人在订立仲裁协议时另有约定的除外。

61. 当事人在订立仲裁协议后转让全部或部分债权债务的，仲裁协议对受让人有效，但当事人另有约定、明确反对或者受让人在受让债权债务时不知有单独仲裁协议的除外。

62. 仲裁协议仅约定纠纷适用的仲裁规则的，视为未约定仲裁机构，但当事人达成补充协议或者按照约定的仲裁规则能够确定仲裁机构的除外。

63. 仲裁协议明确约定两个以上仲裁机构的，当事人可以协议选择其中的一个仲裁机构申请仲裁；当事人无法就仲裁机构达成一致的，仲裁协议无效。

64. 仲裁协议约定由某地的仲裁机构仲裁且该地仅有一个仲裁机构的，该仲裁机构为约定的仲裁机构。该地有两个以上仲裁机构的，当事人可以协议选择其中的一个仲裁机构申请仲裁；当事人无法就仲裁机构达成一致的，仲裁协议无效。

65. 仲裁条款独立于合同中的其他条款。当事人在订立合同时就争议达成仲裁协议的，合同未成立不影响仲裁协议的效力；合同成立后未生效以及生效后变更、解除、终止或者被撤销、被认定无效的，不影响合同中仲裁条款的效力。

66. 仲裁协议应当采用书面形式。是否具有书面形式，按照《中华人民共和国合同法》第十一条的规定办理。当事人在订立的涉外合同中援引适用其他合同、文件中的有效仲裁条款的，是书面形式的仲裁协议。

67. 一方当事人向仲裁机构或者仲裁庭申请仲裁，对方当事人未提出管辖异议且按照仲裁规则的要求指定仲裁员并进行实体答辩的，视为当事人同意接受仲裁。

68. 当事人约定争议可以向仲裁机构申请仲裁也可以向人民法院起诉的，仲裁协议无效。但一方向仲裁机构申请仲裁，另一方未在《中华人民共和国仲裁法》第二十条第二款规定的期间内提出异议的除外。

69. 仲裁协议中约定的仲裁机构名称不准确，但能够确定受理纠纷的具体仲裁机构的，应当认定选定了仲裁机构。

70. 涉外合同应当适用的有关国际条约中有仲裁规定的，发生合同争议时，当事人应当按照国际条约中的仲裁规定提请仲裁。

（二）涉外仲裁裁决的审查

71. 对在我国境内依法成立的仲裁委员会作出的仲裁裁决，人民法院应当根据案件是否具有涉外因素而适用不同的法律条款进行审查。上述仲裁委员会作出的不具有涉外因素的仲裁裁决，按照《中华人民共和国仲裁法》第五章、第六章和《中华人民共和国民事诉讼法》第二百一十七条的规定审查；上述仲裁委员会作出的具有涉外因素的仲裁裁决，按照《中华人民共和国仲裁法》第七章和《中华人民共和国民事诉讼法》第二十八章的规定进行审查。是否具有涉外因素，应按照《最高人民法院关于贯彻执行〈中华人民共和国民法通则〉若干问题的意见（试行）》第178条的规定确定。

72. 人民法院对在香港特别行政区作出的仲裁裁决或者台湾地区仲裁机构作出的仲裁裁决，应当按照《最高人民法院关于内地与香港特别行政区相互执行仲裁裁决的安排》或《最高人民法院关于人民法院认可台湾地区有关法院民事判决的规定》办理。

73. 涉及执行香港特别行政区、澳门特别行政区、台湾地区仲裁裁决的收费及审查期限问题，参照法释〔1998〕28号《最高人民法院关于承认和执行外国仲裁裁决收费及审查期限问题的规定》办理。

74. 人民法院受理当事人撤销涉外仲裁裁决的申请后，另一方当事人又申请执行同一仲裁裁决的，受理申请执行仲裁裁决案件的人民法院应在受理后裁定中止执行。

75. 当事人在仲裁程序中未对仲裁庭的管辖权提出异议，在仲裁裁决作出后以仲裁庭无管辖权为由主张撤销或者提出不予执行抗辩的，人民法院不予支持。

76. 当事人向人民法院申请撤销仲裁裁决被驳回后，又在执行程序中提出不予执行抗辩的，人民法院不予支持。

77. 当事人主张不予执行仲裁调解书或者根据当事人之间的和解协议作出的仲裁裁决书的，人民法院不予支持。

78. 涉外仲裁裁决超出仲裁协议范围的，可以撤销超裁部分的裁决；超裁部分与其他裁项不可分的，应撤销该仲裁裁决。

79. 对存在《中华人民共和国民事诉讼法》第二百六十条规定情形的涉外仲裁裁决，人民法院可以视情况通知仲裁庭在一定期限内重新仲裁。通知仲裁庭重新仲裁的，应裁定中止撤销程序；仲裁庭在指定的期限内开始重新仲裁的，应裁定终止撤销程序；仲裁庭拒绝重新仲裁或者未在指定的期限内重新仲裁的，应通知或裁定恢复撤销程序。对仲裁庭重新仲裁作出的裁决有异议的，有关当事人可以依法申请撤销。

80. 人民法院根据案件的实际情况，可以向相关仲裁机构调阅案件卷宗或者要求仲裁机构作出说明，人民法院作出的有关裁定也可以抄送相关的仲裁机构。

（三）外国仲裁裁决的审查

81. 外国仲裁机构或者临时仲裁庭在我国境外作出的仲裁裁决，一方当事人向人民法院申请承认与执行的，人民法院应当依照《中华人民共和国民事诉讼法》第二百六十九条的规定办理。

82. 对具有执行内容的外国仲裁裁决，当事人仅申请承认而未同时申请执行的，人民法院仅对应否承认进行审查。承认后当事人申请执行的，人民法院应予受理并对是否执行进行审查。

83. 经当事人提供证据证明外国仲裁裁决尚未生效、被撤销或者停止执行的，人民法院应当拒绝承认与执行。外国仲裁裁决在国外被提起撤销或者停止执行程序尚未结案的，人民法院可以中止承认与执行程序；外国法院在相同情况下不中止承认与执行程序的，人民法院采取对等原则。

84. 外国仲裁裁决裁决当事人向仲裁员支付仲裁员费用的，因仲裁员不是仲裁裁决的当事人，其无权申请承认与执行该裁决中有关仲裁员费用的部分，但有关仲裁员可以单独就仲裁员费用以仲裁裁决为依据向有管辖权的人民法院提起诉讼。

七、关于外商投资企业纠纷案件

（一）中外合资经营企业合同、中外合作经营企业合同纠纷

85. 中外合资经营企业合同、中外合作经营企业合同应当报经有关审查批准机关审查批准，在一审法庭辩论终结前当事人未能办理批准手续的，人民法院应当认定该合同未生效。由于合同未生效造成的损失，应当判令有过错的一方向另一方承担损害赔偿责任；双方都有过错的，应当根据过错大小判令双方承担相应的民事责任。

86. 在中外合资经营企业合同、中外合作经营企业合同有效的前提下，中外合资经营企业、中外合作经营企业的投资者应当根据合同约定的方式、数额、期限等全面履行各自的出资义务或者提供合作条件的义务，否则应当承担相应的违约责任。对于中外合资经营企业合同、中外合作经营企业合同中约定以土地使用权、厂房、机器设备等需要

办理过户手续的方式出资或者提供合作条件的，应当区分已交付合资、合作企业使用但未办理过户手续的情形和未交付使用且未办理过户手续的情形，判令负有履行该义务的一方当事人承担相应的违约责任。

（二）外商投资企业的股权纠纷

87. 外商投资企业股东及其股权份额应当根据有关审查批准机关批准证书记载的股东名称及股权份额确定。外商投资企业批准证书记载的股东以外的自然人、法人或者其他组织向人民法院提起民事诉讼，请求确认其在该外商投资企业中的股东地位和股权份额的，人民法院应当告知该自然人、法人或者其他组织通过行政复议或者行政诉讼解决；该自然人、法人或者其他组织坚持向人民法院提起民事诉讼的，人民法院在受理后应当判决驳回其诉讼请求。

外商投资企业批准证书记载的股东以外的自然人、法人或者其他组织根据其与外商投资企业的股东之间的协议，向人民法院提起民事诉讼，请求外商投资企业的股东向其支付约定利益的，人民法院应予受理。

88. 外商投资企业的股权转让合同，应当报经有关审查批准机关审查批准，在一审法庭辩论终结前当事人未能办理批准手续的，人民法院应当认定该合同未生效。由于合同未生效造成的损失，应当判令有过错的一方向另一方承担损害赔偿责任；双方都有过错的，应当根据过错大小判令双方承担相应的民事责任。

（三）外商投资企业的经营管理纠纷

89. 中外合资经营企业、中外合作经营企业的承包经营合同应当报经有关审查批准机关审查批准，在一审法庭辩论终结前当事人未能办理批准手续的，人民法院应当认定该合同未生效。由于合同未生效造成的损失，应当判令有过错的一方向另一方承担损害赔偿责任；双方都有过错的，应当根据过错大小判令双方承担相应的民事责任。

90. 外商投资企业的股东以该外商投资企业为被告向人民法院提起诉讼，请求分配利润的，人民法院应予受理。

91. 外商投资企业以持有该外商投资企业公章的自然人、法人或者其他组织为被告向人民法院提起诉讼，请求返还公章的，人民法院应予受理。

（四）外商投资企业的清算

92. 外商投资企业终止之前，必须根据《外商投资企业清算办法》的规定进行清算。外商投资企业不能进行普通清算而进行特别清算的，由企业审批机关或其委托的部门责组织。人民法院对清算过程中发生享有管辖权的，应予受理。

在清算终结前，外商投资企业诉讼主体资格依然存在，已经成立清算组织的，在清算期间，清算组织代表企业参与民事诉讼活动。

八、关于限制当事人出境

93. 人民法院在审理涉外商事纠纷案件中，对同时具备下列条件的有关人员，可以采取措施限制其出境：（1）在我国确有未了结的涉外商事纠纷案件；（2）被限制出境人员是未了结案件中的当事人或者当事人的法定代表人、负责人；（3）有逃避诉讼或者逃避履行法定义务的可能；（4）其出境可能造成案件难以审理、无法执行的。

采取限制出境措施必须严格依照最高人民法院、最高人民检察院、公安部、国家安全部［87］公发16号《关于依法限制外国人和中国公民出境问题的若干规定》审查办理，从严掌握。

94. 限制出境措施在案件一方当事人提出申请后采取。人民法院在必要时，可以责令申请人提供有效的担保。

95. 限制出境采取扣留有效出境证件方式的，被扣证人或者其担保人向人民法院提供有效担保（提供担保的数额应相当于诉讼请求的数额）或者履行了法定义务后，人民法院应立即口头通知被扣证人解除限制，收回扣留证件证明，发还所扣留的证件，由被扣证人签收，限制其出境的扣证决定自行撤销。作出扣证决定的人民法院应将解除出境限制的有关情况书面通知公安、边检部门。

96. 人民法院采取限制出境措施过程中产生的费用，由申请人预交，最终应判令由败诉一方当事人负担。

九、关于海上货物运输无正本提单放货纠纷案件

（一）承运人交付货物

97. 根据《中华人民共和国海商法》第……的规定，承运人应当向持有记名提单的……人交付货物。

98. 实际承运人应当凭承运人签发的正本提单向正本提单持有人交付货物。

99. 无船承运人作为承运人，应当凭其本人签发的正本提单交付货物。实际承运人应无船承运人请求，为履行海上运输合同签发本人提单的，根据本人签发提单的记载，应当在目的港或者中转港向无船承运人或其代理人交付货物。

100. 承运人依据《中华人民共和国海商法》第八十六条的规定，将货物在卸货港卸在港务公司或者仓储公司的，不构成无正本提单放货。

（二）赔偿责任

101. 承运人因无正本提单放货给正本提单持有人造成损失的，应当承担违约责任；提货人因无正本提单提货或者其他责任人因无正本提单放货给正本提单持有人造成损失的，无正本提单提货人或者其他责任人应当承担侵权责任。

102. 承运人承担无正本提单放货责任，不得援引《中华人民共和国海商法》第五十六条关于限制赔偿责任的规定。

103. 承运人与实际承运人对无正本提单放货均负有赔偿责任的，依据《中华人民共和国海商法》第六十三条的规定，应当承担连带责任。

104. 承运人倒签提单或者预借提单，不影响正本提单持有人向承运人主张无正本提单放货的权利。

105. 承运人凭伪造的正本提单放货，应当承担无正本提单放货的赔偿责任。

106. 承运人的代理人根据承运人的指示无正本提单放货，或者承运人的代理人超越代理权无正本提单放货后得到承运人追认的，由承运人承担无正本提单放货的赔偿责任。

（三）赔偿范围

107. 承运人承担的无正本提单放货违约赔偿责任，应当相当于承运人本人违反运输合同所造成的损失。赔偿范围可以包括：（1）货物装船时的价值。货物装船时的价值可以依据贸易合同约定的价格、结算单据或者核销单据确定，数额不一致的，依实际支付的货款额确定；（2）实际支付货款的利息损失；（3）实际支付的运费和保险费。

108. 无正本提单放货后，正本提单持有人虽然占有货物，但仍有损失的，承运人应当予以赔偿。

109. 提货人因无正本提单提货或者其他责任人因无正本提单放货承担的侵权赔偿责任，应当相当于权利人因此所遭受的实际损失。赔偿范围可以包括：（1）货物装船时的价值。货物装船时的价值可以依据贸易合同约定的价格、结算单据或者核销单据确定，数额不一致的，依实际支付的货款额确定；（2）实际支付的运费和保险费；（3）实际发生的其他损失。

（四）赔偿责任的免除

110. 有下列情况之一的，承运人不承担无正本提单放货的赔偿责任：（1）承运人有充分证据证明正本提单持有人认可无正本提单放货；（2）提单载明的卸货港所在地法律强制性规定到港的货物必须交付给当地海关或港口当局；（3）目的港无人提货，承运人按照托运人的指示交付货物。

无正本提单放货后，正本提单持有人已

经占有货物但没有发生损失的,或者虽有损失但已经挽回,正本提单持有人向人民法院提起诉讼,请求承运人承担赔偿责任的,人民法院不予支持。

（五）举证责任、索赔请求人、诉讼时效

111. 正本提单持有人以承运人无正本提单放货为由提起诉讼,应当提交正本提单,并提供初步证据,证明凭正本提单在卸货港无法提取货物的事实或者承运人凭无正本提单放货的事实。

112. 根据《中华人民共和国海商法》第二百五十七条的规定,正本提单持有人以无正本提单放货为由向承运人提起的诉讼,时效期间为一年,从承运人应当交付货物之日起计算。

113. 根据《中华人民共和国民法通则》第九十二条、第一百三十五条的规定,正本提单持有人以提货人无正本提单提货或者其他责任人无正本提单放货为由提起侵权诉讼的,时效期间为二年,从正本提单持有人知道或者应当知道货物被提取或者权利被侵害之日起计算。

114. 正本提单持有人向承运人主张权利的,诉讼时效期间中断适用《中华人民共和国海商法》第二百六十七条的规定；正本提单持有人向无正本提单提货人或者承运人以外的其他责任人主张权利的,诉讼时效期间中断适用《中华人民共和国民法通则》第一百四十条的规定。

十、关于海上保险合同纠纷案件

（一）法律适用

115. 审理海上保险合同纠纷案件,适用《中华人民共和国海商法》的有关规定；《中华人民共和国海商法》没有规定的,适用《中华人民共和国保险法》等其他法律规定。

116. 港口设施及码头等作为保险标的的保险事故,不属于海上事故,亦不属于与海上航行有关的发生于内河或者陆上的事故,海事法院审理港口设施及码头等作为保险标的的保险合同纠纷案件,应当适用《中华人民共和国保险法》的规定。

发生船舶碰撞码头保险事故时,码头保险人行使代位请求赔偿权利向船舶所有人追偿的,适用《中华人民共和国海商法》的规定。

（二）海上保险合同的订立、解除和转让

117. 保险人知道或者应当知道被保险人故意不履行《中华人民共和国海商法》第二百二十二条第一款规定的如实告知义务,仍继续收取保险费或者支付保险赔款的,不得再以被保险人未如实告知重要情况为由行使《中华人民共和国海商法》第二百二十三条规定的解除合同的权利。

118. 被保险人违反合同约定的保证条款但未立即书面通知保险人的,从违反保证条款之日起,保险人有权解除合同,但对于被保险人违反保证条款之前发生的保险事故造成的损失,保险人应负赔偿责任。合同解除前被保险人尚未支付保险费的,保险人有权按照比例收取合同解除前的保险费。保险人已经全部收取保险费的,不予退还。

119. 保险人收到被保险人违反合同约定的保证条款通知后,仍收取保险费或者支付保险赔偿的,不得再以被保险人违反合同约定的保证条款为由,行使《中华人民共和国海商法》第二百三十五条规定的解除合同的权利。

保险人根据《中华人民共和国海商法》第二百三十五条的规定要求修改承保条件、增加保险费,被保险人不同意的,保险人可以以书面形式解除合同。

120. 船舶航次保险中,保险船舶应保证开航时适航。被保险人违反此项规定的,从违反之日起,保险人不负赔偿责任。

在船舶定期保险中,被保险人明知船舶不适航而同意开航的,保险人对此种不适航造成的损失,不负赔偿责任。

121. 船舶转让发生在航次之中的，船舶保险合同至航次终了时解除。船舶转让时起至航次终了时止的船舶保险合同的权利、义务转让给船舶受让人。

船舶受让人根据前款规定向保险人请求保险赔偿时，应当提交有效的保险单证。

122. 被保险人已经知道依据预约保险合同分批装运的货物发生保险事故仍以正常情况通知保险人签发保险单证的，保险人可以免除保险赔偿责任。合同另有约定的除外。

（三）保险利益

123. 订立保险合同时被保险人对保险标的不具有保险利益但发生保险事故时被保险人对保险标的具有保险利益的，保险人应当对被保险人承担保险赔偿责任；订立保险合同时被保险人对保险标的具有保险利益但保险事故发生时不具有保险利益的，保险人对被保险人不承担保险赔偿责任。

（四）委付

124. 保险人根据《中华人民共和国海商法》第二百四十九条的规定不接受委付的，不影响被保险人要求保险人按照全部损失赔偿的权利。

（五）保险人行使代位请求赔偿权利

125. 受理保险人行使代位请求赔偿权纠纷的法院应当仅就第三者与被保险人之间的法律关系进行审理，第三者对保险人行使代位请求赔偿权利依据的保险合同效力提出异议的，海事法院不予审查。

126. 保险人向被保险人支付保险赔偿前，被保险人向第三者提起诉讼、提交仲裁或者第三者同意履行义务导致诉讼时效中断时，效力及于保险人。

127. 保险人向被保险人实际赔付保险赔偿取得代位请求赔偿权利后，被保险人与第三者之间就解决纠纷达成的管辖协议以及仲裁协议对保险人不具有约束力。

十一、关于船舶碰撞纠纷案件

（一）法律适用

128. 《中华人民共和国海商法》第八章的规定不适用于内河船舶之间发生的碰撞；军事船舶、政府公务船舶在从事商业活动时与《中华人民共和国海商法》第一百六十五条第二款所称的船舶发生碰撞产生纠纷的，适用《中华人民共和国海商法》的有关规定。

129. 船舶触碰造成损害引起的侵权纠纷案件，适用《中华人民共和国民法通则》确定各方当事人的权利义务，适用《最高人民法院关于审理船舶碰撞和触碰案件财产损害赔偿的规定》确定损害赔偿责任范围。

（二）责任主体

130. 船舶所有人对船舶碰撞负有责任，船舶被光船租赁且依法登记的除外。船舶经营人或者管理人对船舶碰撞有过失的，与船舶所有人或者光船承租人承担连带责任，但不影响责任主体之间的追偿。

船舶所有人是指依法登记为船舶所有人的人；船舶没有依法登记的，指实际占有船舶的人。

（三）第三人

131. 《中华人民共和国海商法》第一百六十九条第二款规定的第三人财产损失，是指除互有过失的船舶上所载货物或船员、旅客或船上其他人员的物品外，由于船舶碰撞事故所直接造成的其他财产损失。

132. 《中华人民共和国海商法》第一百六十九条第三款规定的第三人的人身伤亡，包括碰撞当事船舶上的船员、旅客和其他人员的人身伤亡。

133. 船舶碰撞纠纷的当事人之间已经就船舶碰撞纠纷提起诉讼的，海事法院对船舶碰撞造成第三人财产损失赔偿纠纷案件应当中止审理，待船舶碰撞纠纷案件审理终结后恢复审理。

（四）举证责任和证据认定

134. 第三人因船舶碰撞造成的财产损失提出赔偿请求的，船舶碰撞纠纷的当事人对有关船舶碰撞中的过失程度比例承担举证责任。无法举证的，应承担举证不能的后果。

135. 船舶碰撞纠纷的当事人之间就过失程度比例达成协议的，可以按照约定的比例对第三人的财产损失承担相应的赔偿责任，但不得损害第三人的合法利益。

船舶碰撞纠纷的当事人之间仅就相互赔偿数额达成协议，而未明确相互过失程度比例的，按照赔偿数额确定的比例对第三人的财产损失承担相应的赔偿责任，但不得损害第三人的合法利益。

136. 海事法院根据当事人的申请向有关部门调查收集的证据，在当事人完成举证并出具完成举证说明书后出示。

137. 若无相反证据，船舶碰撞事故发生后，主管机关进行事故调查过程中由海事事故当事人确认的海事调查材料，可以作为海事法院认定案件事实的证据。

（五）强制打捞清除沉船沉物

138. 强制打捞清除沉船沉物而产生的费用，由沉船沉物的所有人或者经营人承担。

139. 就沉船沉物强制打捞清除费用提出的请求为海事赔偿请求，责任人不能依照《中华人民共和国海商法》第十一章的规定享受海事赔偿责任限制。

140. 清除搁浅或者沉没船舶所产生的费用，可以在行使船舶优先权所拍卖船舶的价款中先行拨付。

十二、关于船舶油污损害赔偿纠纷案件

（一）法律适用

141. 我国加入的《1992年国际油污损害民事责任公约》（以下简称1992年油污公约）适用于具有涉外因素的缔约国船舶油污损害赔偿纠纷，包括航行于国际航线的我国船舶在我国海域造成的油污损害赔偿纠纷。非航行于国际航线的我国船舶在我国海域造成的油污损害赔偿纠纷不适用该公约的规定。

142. 对于不受1992年油污公约调整的船舶油污损害赔偿纠纷，适用《中华人民共和国海商法》《中华人民共和国海洋环境保护法》以及相关行政法规的规定确定当事人的责任；油污责任人亦可以依据《中华人民共和国海商法》第十一章的规定享有海事赔偿责任限制。

143. 对于受1992年油污公约调整的船舶油污损害赔偿纠纷，船舶所有人及其责任保险人或者提供财务保证的其他人为取得公约规定的责任限制的权利，向海事法院申请设立油污损害赔偿责任限制基金的，适用《中华人民共和国海事诉讼特别程序法》第九章的规定。

（二）索赔主体

144. 因船舶油污直接遭受财产损失的公民、法人或其他组织，有权向油污责任人提起索赔诉讼。

145. 国家海事行政主管部门或其他企事业单位为防止或减轻油污损害而支出的费用，包括清污费用，可直接向油污责任人提起诉讼。

146. 《中华人民共和国海洋环境保护法》授权的海洋环境监督管理部门，有权在授权范围内代表国家，就船舶油污造成的海洋环境损失向油污责任人提起诉讼。

（三）举证责任

147. 国家海事行政主管部门作出的调查报告，若无相反证据，可以作为海事法院审理案件的依据。

148. 因船舶油污引起的损害赔偿诉讼，受损害人应对油污损害承担举证责任，责任人应对法律规定的免责事由及船舶油污与损害之间不存在因果关系承担举证责任。

（四）油污责任

149. 对于受1992年油污公约调整的船

舶油污损害赔偿纠纷，因船舶油污造成损害的，由漏油船舶所有人承担赔偿责任。

对于不受1992年油污公约调整的油污损害赔偿纠纷，因船舶碰撞造成油污损害的，由碰撞船舶所有人承担连带赔偿责任，但不影响油污损害赔偿责任人之间的追偿。

（五）油污损害赔偿范围

150. 油污损害赔偿范围包括：（1）船舶油污造成的公民、法人或其他组织的财产损失；（2）为防止或减轻污染支出的清污费用损失。清污费用的计算，应当结合污染范围、污染程度、溢油数量、清污人员和设备的费用以及有关证据合理认定；（3）因船舶油污造成的渔业资源和海洋资源损失，此种损失应限于已实际采取或将要采取的合理恢复措施的费用。

（六）清污费用的清偿

151. 在船舶油污损害赔偿纠纷中，权利人就清污费用的请求与其他污染损害赔偿的请求按照法院所确定的债权数额比例受偿。

十三、其他

152. 涉外海事纠纷案件，本纪要没有特别规定的，适用本纪要关于涉外商事纠纷案件的有关规定。

153. 涉及香港特别行政区、澳门特别行政区以及台湾地区的商事海事纠纷案件，本纪要没有特别规定的，参照适用本纪要关于涉外商事海事纠纷案件的有关规定。

最高人民法院
关于进一步做好边境地区涉外民商事案件审判工作的指导意见

2010年12月8日　　　　　　　　　　　法发〔2010〕57号

各省、自治区、直辖市高级人民法院：

随着我国边境地区经贸及人员往来的日益频繁，边境地区涉外民商事案件逐渐增多，并呈现出新的特点。为充分发挥人民法院的审判职能，进一步提高我国边境地区涉外民商事纠纷案件的审判效率，切实做好边境地区涉外民商事审判工作，特提出如下意见：

一、发生在边境地区的涉外民商事案件，争议标的额较小、事实清楚、权利义务关系明确的，可以由边境地区的基层人民法院管辖。

二、为更有效地向各方当事人送达司法文书和与诉讼相关的材料，切实保护当事人诉讼程序上的各项权利，保障当事人参与诉讼活动，人民法院可以根据边境地区的特点，进一步探索行之有效的送达方式。采用公告方式送达的，除人身关系案件外，可以采取在边境口岸张贴公告的形式。采用公告方式送达时，其他送达方式可以同时采用。

三、境外当事人到我国参加诉讼，人民法院应当要求其提供经过公证、认证的有效身份证明。境外当事人是法人时，对其法定代表人或者有权代表该法人参加诉讼的人的身份证明，亦应当要求办理公证、认证手续。如果境外当事人是自然人，其亲自到人民法院法官面前，出示护照等有效身份证明及入境证明，并提交上述材料的复印件的，可不再要求办理公证、认证手续。

四、境外当事人在我国境外出具授权委

托书，委托代理人参加诉讼，人民法院应当要求其就授权委托书办理公证、认证手续。如果境外当事人在我国境内出具授权委托书，经我国的公证机关公证后，则不再要求办理认证手续。境外当事人是自然人或法人时，该自然人或者有权代表该法人出具授权委托书的人亲自到人民法院法官面前签署授权委托书的，无需办理公证、认证手续。

五、当事人提供境外形成的用于证明案件事实的证据时，可以自行决定是否办理相关证据的公证、认证手续。对于当事人提供的证据，不论是否办理了公证、认证手续，人民法院均应当进行质证并决定是否采信。

六、边境地区受理案件的人民法院应当及时、准确地掌握我国缔结或者参加的民商事司法协助国际条约，在涉外民商事审判工作中更好地履行国际条约义务，充分运用已经生效的国际条约，特别是我国与周边国家缔结的双边民商事司法协助条约，必要时，根据条约的相关规定请求该周边国家协助送达司法文书、协助调查取证或者提供相关的法律资料。

七、人民法院在审理案件过程中，对外国人采取限制出境措施，应当从严掌握，必须同时具备以下条件：（一）被采取限制出境措施的人只能是在我国有未了结民商事案件的当事人或当事人的法定代表人、负责人；（二）当事人有逃避诉讼或者逃避履行法定义务的可能；（三）不采取限制出境措施可能造成案件难以审理或者无法执行。

八、人民法院审理边境地区的涉外民商事纠纷案件，也应当充分发挥调解的功能和作用，调解过程中，应当注意发挥当地边检、海关、公安等政府部门以及行业协会的作用。

九、人民法院应当支持和鼓励当事人通过仲裁等非诉讼途径解决边境地区发生的涉外民商事纠纷。当事人之间就纠纷的解决达成了有效的仲裁协议，或者在无协议时根据相关国际条约的规定当事人之间的争议应当通过仲裁解决的，人民法院应当告知当事人通过仲裁方式解决纠纷。

十、人民法院在审理边境地区涉外民商事纠纷案件的过程中，应当加强对当事人的诉讼指导。对在我国没有住所又没有可供执行的财产的被告提起诉讼，人民法院应当给予原告必要的诉讼指导，充分告知其诉讼风险，特别是无法有效送达的风险和生效判决在我国境内无法执行的风险。

败诉一方当事人在我国境内没有财产或者其财产不足以执行生效判决时，人民法院应当告知胜诉一方当事人可以根据我国与其他国家缔结的民商事司法协助国际条约的相关规定，向可供执行财产所在地国家的法院申请承认和执行我国法院的民商事判决。

十一、各相关省、自治区高级人民法院可以根据各自辖区内边境地区涉外民商事纠纷案件的不同情况和特点，制定相应的具体执行办法，并报最高人民法院备案。

最高人民法院
关于审理和执行涉外民商事案件应当注意的几个问题的通知

2000 年 4 月 17 日　　　　　　　　法〔2000〕51 号

各省、自治区、直辖市高级人民法院：

　　为了依法及时、公正地处理好涉外民商事案件，促进我国对外经济贸易和招商引资等重大经济活动，适应即将加入世贸组织的新形势，现就审理和执行涉外民商事案件中应当注意的问题通知如下：

　　一、严格执行涉外民商事案件审查程序，切实保护各方当事人的诉讼权利。各级人民法院要严格遵守《中华人民共和国民事诉讼法》和最高人民法院及其批准的高级人民法院有关案件管辖的规定，对诉至法院的涉外民商事案件认真进行审查。对属于人民法院受理范围、符合级别管辖、地域管辖和专属管辖规定并符合法律规定的起诉条件的，应当在法定期限内及时立案，不得拖延、推诿；对不属于人民法院受理范围的要及时告知当事人采取其他救济方式，不得违法滥用管辖权或无故放弃管辖权。对涉外合同中订有仲裁条款或者当事人事后达成书面仲裁协议的，人民法院不予受理；根据当事人的申请，依照法律规定，拟裁定涉外合同仲裁协议无效的，应先逐级呈报最高人民法院，待最高人民法院答复同意后才可以确认仲裁协议无效。涉外民商事案件法律文书的送达手续必须合法；如用公告方式送达，必须严格按照《中华人民共和国民事诉讼法》第八十四条规定办理，并应当在《人民法院报》或省级以上对外公开发行的报纸上和在受案法院公告栏内同时刊登。

　　二、严格依照冲突规范适用处理案件的民商事法律，切实做到依法公开、公正、及时、平等地保护国内外当事人的合法权益。各级人民法院审理涉外民商事案件时，要坚持国家主权原则和依法独立审判原则，保证案件处理的程序公正和实体公正。涉外民商事案件除法律另有规定的以外一律公开审理，允许新闻媒体自负其责地进行报道。审理案件必须做到认定事实客观、全面，适用法律准确、适当，实体处理公正、合法，除《中华人民共和国合同法》第一百二十六条第二款规定的三类合同必须适用中国法律外，均应依照有关规定或者当事人约定，准确选用准据法；对我国参加的国际公约，除我国声明保留的条款外，应予优先适用，同时可以参照国际惯例。制作涉外法律文书应文字通畅，逻辑严密，格式规范，说理透彻。

　　三、严格遵守涉外民商事案件生效法律文书的执行规定，切实维护国家司法权威。各级人民法院在强化执行工作过程中，应从维护国家司法形象和法制尊严的高度认识涉外执行工作的重要性，进一步加强涉外案件的执行，要注意执行方法，提高执行效率，注重执行效果。对涉外仲裁裁决和国外仲裁裁决的审查与执行，要严格按照有关国际公约和《中华人民共和国民事诉讼法》、最高人民法院《关于适用〈中华人民共和国民事诉讼法〉若干问题的意见》、《最高人民法院关于人民法院执行工作若干问题的规定（试行）》中有关涉外执行的规定和最高人民法院（法）经发〔1987〕5号通知、法发〔1995〕18号通知、法释〔1998〕28号规定及法〔1998〕40号通知办理。各级人民法院凡拟适用《中华人民共和国民事诉讼法》第二百六十条和有关国际公约规定，不予执行涉外仲裁裁决、撤销涉外仲裁裁决或拒绝承认和执行外国仲裁机构的裁决的，均应按规定逐级呈报最高人民法院审查，在最高人民法院答复前，不得制发裁定。

四、各级人民法院要加强对国际条约、国际惯例等国际经贸规范的学习，不断提高审查涉外民商事案件的水平。对在适用法律上有重大争议的，应按最高人民法院《关于建立经济纠纷大案要案报告制度的通知》（法经函〔1989〕第4号）执行。审判人员要严格遵守审判纪律，不得私自接待国外当事人或其他有关人员；严格执行回避制度，不得单独接触一方当事人及其关系人；对于涉外案件外国当事人所在国家外交机构代表的正式询问，应由受案法院负责接待，有关情况应及时报告上级法院。

最高人民法院
关于印发《全国沿海地区涉外涉港澳经济审判工作座谈会纪要》的通知

1989年6月12日　　　　法（经）发〔1989〕12号

各省、自治区、直辖市高级人民法院、中级人民法院、各海事法院：

现将《全国沿海地区涉外、涉港澳经济审判工作座谈会纪要》印发给你们，望遵照执行。

附：

全国沿海地区涉外涉港澳经济审判工作座谈会纪要

全国沿海地区涉外、涉港澳经济审判工作座谈会于一九八八年十二月十二日至十六日在广东省佛山市召开。参加这次座谈会的有沿海和边疆开放地区部分高、中级人民法院经济庭有关同志。会议期间，最高人民法院院长任建新同志到会作了讲话。

会议总结交流了涉外、涉港澳经济审判工作的经验，研究了审判实践中急需明确的一些问题，讨论了加强涉外、涉港澳经济审判工作，为搞好治理整顿和扩大对外开放服务的具体措施。现纪要如下：

一

会议认为，党的十三届三中全会提出的"治理经济环境，整顿经济秩序，全面深化改革"的方针，对我国今后的改革、开放具有重要的意义。治理经济环境、整顿经济秩序的目的在于为发展我国的社会主义商品经济和扩大对外开放创造良好的条件和提供必要的保证。人民法院的涉外、涉港澳经济审判工作要紧紧围绕治理整顿，依法保护和支持有利于改革开放、有利于发展对外经济贸易和技术合作的活动；依法限制和制裁不利于改革开放、不利于发展对外经济贸易和技术合作的行为，为全国的改革开放创造一个良好的环境。

近十年来，人民法院的涉外、涉港澳经济审判工作有了初步开展，也积累了一些经验，但是同我国对外经济贸易和技术合作交流的发展情况相比，仍然很不相称，离对外开放的要求还有很大差距。今后，在改革开放的新形势下，涉外、涉港澳经济审判工作的任务将越来越繁重，各级人民法院对这种发展趋势应有足够的思想准备，要注意研究新情况，解决新问题，不断总结经验，把涉外、涉港澳经济审判工作向前推进一步。

二

根据我国民事诉讼法和民法通则的规定和各地的经验，涉外、涉港澳经济审判工作应当坚持以下三项基本原则：

（一）维护国家主权的原则。根据我国法律和国际条约的规定，凡是应当由我国法院管辖的案件，人民法院都必须行使司法管辖权。人民法院在审理涉外经济纠纷案件时，应当适用我国的程序法，按照《中华人民共和国民事诉讼法（试行）》第五编关于涉外民事诉讼程序的特别规定审理；第五编中未作规定的，根据该法第一百八十五条的规定，适用该法其他编的有关规定。在实体法方面，如果当事人协议选择适用的法律或者人民法院确定适用的法律为外国法时，不得违反我国的社会公共利益，否则不予适用。外国法院作出的生效判决，需要在中国境内执行的，须经我国人民法院裁定认可，才能执行。

（二）平等互惠的原则。外国人、外国企业和组织在我国人民法院起诉、应诉，同中国公民、企业和组织有同等的诉讼权利和义务。但是，如果某一外国法院对中国公民、企业和组织的民事诉讼权利加以限制，我国人民法院实行对等原则，对该国公民、企业和组织的民事诉讼权利给予相应的限制。人民法院在审判工作中对中外当事人一律依法办事，公正审判，绝不偏袒任何一方。

（三）遵守国际条约，尊重国际惯例。凡是我国缔结或者参加并已对我国生效的国际条约，与我国法律就同一事项有不同规定时，优先适应国际条约的规定。但是，我国声明保留的条款除外。涉外、涉港澳经济纠纷案件的双方当事人在合同中选择适用的国际惯例，只要不违背我国的社会公共利益，就应当作为解决当事人间纠纷的依据。

三

会议就涉外、涉港澳经济审判工作中遇到的亟待解决的一些问题进行了探讨，并提出了以下意见：

（一）管辖问题

1. 涉外、涉港澳经济诉讼，主要有三类：因经济合同纠纷提起的诉讼，因物权纠纷提起的诉讼和因侵权行为提起的诉讼。凡是合同履行地或合同签订地在我国境内的，或者双方争议的财产在我国境内的，或者侵权行为发生地或侵权结果发生地在我国境内的，我国人民法院有管辖权。此外，根据审判实践，凡是被告在我国境内有住所、营业所或设有常驻代表机构的，或者被告在我国境内有非争议财产的，我国人民法院亦可管辖。

对于发生在境外的我国法院没有管辖权的经济纠纷案件，除涉及不动产物权的纠纷外，只要双方当事人有书面协议，约定到中国法院进行诉讼的，我国人民法院依据当事人提交的书面协议，取得对该项诉讼的管辖权。在没有协议的情况下，一方当事人向我国人民法院起诉，另一方当事人应诉并就实体问题进行答辩的,视为双方当事人承认我国人民法院对该项诉讼的管辖权。

涉外、涉港澳经济合同的当事人书面协议提交仲裁的,如果该仲裁协议无效,或者内容不明确以致无法执行,一方当事人向我国人民法院起诉的,只要中国法院对该项诉讼具有管辖权,人民法院应予受理。

凡是中国法院享有管辖权的涉外、涉港澳经济纠纷案件,外国法院或者港澳地区法院对该案的受理,并不影响当事人就同一案件在我国人民法院起诉,但是否受理,应当根据案件的具体情况决定。

2. 凡是我国民事诉讼法和其他法律规定由中国法院专属管辖的经济纠纷案件,包括因不动产提起的诉讼,港口作业中发生的诉讼,因登记发生的诉讼,以及在我国境内履行的中外合资经营企业合同纠纷,中外合作经营企业合同纠纷和中外合作勘探开发自然资源合同纠纷引起的诉讼,外国法院或者港澳地区法院无权管辖,当事人也不得约定由我国境外的法院管辖。但是根据我国民事诉讼法第一百九十二条和涉外经济合同法第三十七条、第三十八条的规定,如果涉外经济合同中订有仲裁条款或者当事人另有仲裁协议,约定将合同争议提交中国涉外仲裁机构或者其他国家的仲裁机构仲裁的,只要该仲裁条款或仲裁协议合法有效,当事人因合同争议向我国法院提起诉讼时,我国人民法院应不予受理,当事人坚持起诉的,应当依法裁定驳回起诉,不能以属于我国法院专属管辖为由对抗或者否定当事人间仲裁条款或仲裁协议的效力。

3. 涉外经济纠纷案件,由中级人民法院作第一审,省、自治区、直辖市高级人民法院作第二审。涉港澳经济纠纷案件,当前一般仍应由中级人民法院作第一审,在有条件的地方,中级人民法院可以将案情比较简单、争讼标的较小的案件交由基层人民法院受理。

(二) 案件受理问题

1. 两个诉因并存的案件的受理问题。一个法律事实或法律行为有时可以同时产生两个法律关系,最常见的是债权关系与物权关系并存,或者被告的行为同时构成破坏合同和民事侵害。原告可以选择两者之中有利于自己的一种诉因提起诉讼,有管辖权的受诉法院不应以存在其他诉因为由拒绝受理。但当事人不得就同一法律事实或法律行为,分别以不同的诉因提起两个诉讼。

2. 无效合同中解决争议条款的效力的问题。涉外、涉港澳经济合同中解决争议条款,包括仲裁条款、司法管辖条款和法律适用条款等,不因合同本身无效而失去效力。我国参加的《联合国国际货物销售合同公约》第八十一条就规定,宣告合同无效,解除了双方在合同中的义务,但不影响合同中关于解决争端的任何规定。在合同宣告无效后,当事人之间需要解决的善后问题,例如损害赔偿,返还价款或货物等,仍应按照当事人在合同中约定的解决争议条款加以处理。

(三) 诉讼主体和诉讼代理问题

1. 外国和港澳地区非法人企业的诉讼主体的确定问题。非法人企业(包括个体企业和合伙企业)的实体权利和义务最终是由个体业主或合伙人享有和承担,其诉讼权利和义务也相应地应由他们享有和承担。法律文书上应将个体企业的业主和合伙企业的合伙人作为诉讼主体并列为:某某人,某某企业业主;某某人,某某企业合伙人。合伙企业有负责人的,可将其列为诉讼代表人。遇到个体企业、合伙企业关闭或合伙人退伙的情况,则分别写为:某某人,某某企业前业主或某某企业前合伙人。

2. 港澳律师能否代理诉讼问题。我国民事诉讼法规定:"外国人、无国籍人、外国企业和组织在人民法院起诉、应诉,委托律师代理诉讼的,必须委托中华人民共和国律师。"司法部、铁道部和外国专家局《关于外国律师不得在我国开业的联合通知》也明确规定,外国律师不得以律师的名义在我国代理诉讼和出庭。目前，香港、澳门地区的律师尚不具有中华人民共和国的律师资格，所以他们不能作为当事人的诉讼代理人到内地参与诉讼。

（四）诉讼保全问题

诉讼保全的目的在于能使以后的生效判决得到执行。但是，采取诉讼保全措施既不能违反我国法律规定，也不能违反我国缔结或参加的国际条约和国际上通行的惯例。

1. 诉讼保全的适用范围问题。实行诉讼保全的财物价值不应超过诉讼请求的数额，而且必须是被申请人的财物或者债权，对于被申请人租赁使用的他人财物，不得实行诉讼保全。被申请人财物已为第三人设置抵押权的，不得就抵押物价值已设置抵押部分实行诉讼保全。

在涉外、涉港澳经济纠纷案件审理过程中，需对外国或港澳地区当事人在我国境内的财产实行诉讼保全而涉及到中国的合资企业时，一般只能对其在合资企业中分得的利润进行冻结，而不能对其在合资企业中的股金进行冻结，以免影响合资企业的正常活动。但是，如果外国或港澳地区当事人在诉讼期间转让其在合资企业的股权时，法院可以应他方当事人的申请，冻结其股权。

2. 关于冻结信用证项下货款的问题。根据在国际上长期广泛适用的《跟单信用证统一惯例》的规定，银行信用证是银行以自身信誉向卖方提供付款保证的一种凭证，是国际货物买卖中常用的付款方式，也是我国对外贸易中常用的付款方式。信用证是独立于买卖合同的单据交易，只要卖方所提交的单据表面上符合信用证的要求，开证银行就负有在规定的期限内付款的义务。如果单证不符，开证银行有权拒付，无需由法院采取诉讼保全措施。信用证交易和买卖合同属于两个不同的法律关系，在一般情况下不要因为涉外买卖合同发生纠纷，轻易冻结中国银行所开信用证项下货款，否则，会影响中国银行的信誉。根据国际国内的实践经验，如有充分证据证明卖方是利用签订合同进行欺诈，且中国银行在合理的时间内尚未对外付款，在这种情况下，人民法院可以根据买方的请求，冻结信用证项下货款。在远期信用证情况下，如中国银行已承兑了汇票，中国银行在信用证上的责任已变为票据上的无条件付款责任，人民法院就不应加以冻结。所以，采用这项保全措施一定要慎重，要事先与中国银行取得联系，必要时应向上级人民法院请示。对于中国涉外仲裁机构提交的冻结信用证项下货款的申请，人民法院也应照此办理。

（五）法律适用问题

审理涉外、涉港澳经济纠纷案件，必须按照民法通则、民事诉讼法和涉外经济合同法的规定，正确地解决法律适用问题。当前，需要明确以下各点：

1. 在程序法方面，包括司法管辖权、诉讼过程中的文书送达、调查取证，以及判决的承认和执行等，应当按照我国民事诉讼法和其他法律中的程序规定办理。但是我国缔结或者参加的国际条约（例如《承认和执行外国仲裁裁决公约》和中外司法协助协定）与我国法律有不同规定的，除我国声明保留的条款外，应当优先适用国际条约的规定。

2. 在实体法方面，首先，鉴于我国已加入1980年《联合国国际货物销售合同公约》，承担了执行该公约的义务，自1988年1月1日起，我国公司同该公约的其他批准国（如美国、法国、意大利、南斯拉夫、埃及、叙利亚、阿根廷、赞比亚、莱索托等国）的公司订立的合同，如未另行选择所适用的法律，将自动直接适用该公约的有关规定。法院应当按该公约规定处理它们之间的合同纠纷。其次，凡是当事人在合同中引用的国际惯例，例如离岸价格（F.O.B）、成本加运费价格（C&F）、到岸价格（C.I.F）等国际贸易价格条件，以及托收、信用证付款等国际贸易支付方式，对当事人有约束力，法院应当尊重当事人的这种选择，予以适用。第三，对于外国或者港澳地区的公司、企业或其他经济组织是否具有法人资格，是承担有限责任还是无限责任的问题，应当根据该公司、企业或者其它经济组织成立地的法律确定。它们在中国境内进行经营活动的能力，还应当根据中国的法律予以确定。外国或港澳地区的公司、企业、其他经济组织或者个人之间在中国境外设立代理关系的，代理合同是否成立及其效力如何。应依代理人住所地或其营业所所在地的法律确定。

（六）缺席判决问题

作为被告或者无独立请求权的第三人的外国或者港澳地区的当事人及其委托代理人既不答辩，又经两次合法传唤，无正当理由拒不到庭的，应视为自动放弃抗辩的权利，人民法院可以根据原告的诉讼请求、查明的事实和经过审查的证据。作出公正的缺席判决。

（七）公告送达、答辩和上诉期限的问题

对于在港澳地区的当事人公告送达的期限可以适用民事诉讼法第七十五条的规定。港澳地区的被告提出答辩状的期限适用民事诉讼法第八十六条的规定；向第二审法院上诉或提交答辩状的期限分别适用民事诉讼法（试行）第一百四十五条和第一百四十八条的规定。

四

会议要求各地高、中级人民法院把搞好涉外、涉港澳经济审判工作放到应有的位置，提高思想认识，克服畏难情绪，增强主动精神，密切同对外经济贸易、审计、监察等有关部门的联系，在加强调查研究的基础上，高质量地办好几个涉外、涉港澳经济纠纷案件，以取得经验。上级法院要加强对下级法院的指导，要建立涉外、涉港澳经济纠纷案件的大案、要案登记制度。

各地高、中级人民法院要从长远考虑，根据需要选择和配备适当的力量专门从事涉外、涉港澳经济审判工作，人员要相对稳定。要加强对他们的培养，不断提高他们的业务素质。

有条件的高、中级人民法院可以逐步开展对某些外国和港澳地区经济法律的研究，做到分工各有侧重，材料综合利用，这对于提高我国涉外、涉港澳经济审判工作的水平是十分有益的。

最高人民法院
关于修改《最高人民法院关于设立国际商事法庭若干问题的规定》的决定

法释〔2023〕14号

(2023年12月5日最高人民法院审判委员会第1908次会议通过 自2024年1月1日起施行)

根据第十四届全国人民代表大会常务委员会第五次会议审议通过的《全国人民代表大会常务委员会〈关于修改中华人民共和国民事诉讼法〉的决定》的相关规定，对《最高人民法院关于设立国际商事法庭若干问题的规定》作如下修改：

一、将第二条第一项修改为:"(一)当事人依照民事诉讼法第二百七十七条的规定协议选择最高人民法院管辖且标的额为人民币 3 亿元以上的第一审国际商事案件;"

二、将第八条第一款修改为:"国际商事法庭审理案件应当适用域外法律时,可以通过下列途径查明:

(一)由当事人提供;

(二)通过司法协助渠道由对方的中央机关或者主管机关提供;

(三)通过最高人民法院请求我国驻该国使领馆或者该国驻我国使领馆提供;

(四)由最高人民法院建立或者参与的法律查明合作机制参与方提供;

(五)由最高人民法院国际商事专家委员会专家提供;

(六)由法律查明服务机构或者中外法律专家提供;

(七)其他适当途径。"

本决定自 2024 年 1 月 1 日起施行。

《最高人民法院关于设立国际商事法庭若干问题的规定》根据本决定作相应修改后重新公布。

附:

最高人民法院关于设立国际商事法庭若干问题的规定

(2018 年 6 月 25 日最高人民法院审判委员会第 1743 次会议通过 根据 2023 年 12 月 5 日最高人民法院审判委员会第 1908 次会议通过的《最高人民法院关于修改〈最高人民法院关于设立国际商事法庭若干问题的规定〉的决定》修正 该修正自 2024 年 1 月 1 日起施行)

为依法公正及时审理国际商事案件,平等保护中外当事人合法权益,营造稳定、公平、透明、便捷的法治化国际营商环境,服务和保障"一带一路"建设,依据《中华人民共和国人民法院组织法》《中华人民共和国民事诉讼法》等法律,结合审判工作实际,就设立最高人民法院国际商事法庭相关问题规定如下。

第一条 最高人民法院设立国际商事法庭。国际商事法庭是最高人民法院的常设审判机构。

第二条 国际商事法庭受理下列案件:

(一)当事人依照民事诉讼法第二百七十七条的规定协议选择最高人民法院管辖且标的额为人民币 3 亿元以上的第一审国际商事案件;

(二)高级人民法院对其所管辖的第一审国际商事案件,认为需要由最高人民法院审理并获准许的;

(三)在全国有重大影响的第一审国际商事案件;

(四)依照本规定第十四条申请仲裁保全、申请撤销或者执行国际商事仲裁裁决的;

(五)最高人民法院认为应当由国际商事法庭审理的其他国际商事案件。

第三条 具有下列情形之一的商事案件,可以认定为本规定所称的国际商事案件:

(一)当事人一方或者双方是外国人、无国籍人、外国企业或者组织的;

(二)当事人一方或者双方的经常居所地在中华人民共和国领域外的;

(三)标的物在中华人民共和国领域外的;

(四)产生、变更或者消灭商事关系的法律事实发生在中华人民共和国领域外的。

第四条 国际商事法庭法官由最高人民

法院在具有丰富审判工作经验，熟悉国际条约、国际惯例以及国际贸易投资实务，能够同时熟练运用中文和英文作为工作语言的资深法官中选任。

第五条 国际商事法庭审理案件，由三名或者三名以上法官组成合议庭。

合议庭评议案件，实行少数服从多数的原则。少数意见可以在裁判文书中载明。

第六条 国际商事法庭作出的保全裁定，可以指定下级人民法院执行。

第七条 国际商事法庭审理案件，依照《中华人民共和国涉外民事关系法律适用法》的规定确定争议适用的实体法律。

当事人依照法律规定选择适用法律的，应当适用当事人选择的法律。

第八条 国际商事法庭审理案件应当适用域外法律时，可以通过下列途径查明：

（一）由当事人提供；

（二）通过司法协助渠道由对方的中央机关或者主管机关提供；

（三）通过最高人民法院请求我国驻该国使领馆或者该国驻我国使领馆提供；

（四）由最高人民法院建立或者参与的法律查明合作机制参与方提供；

（五）由最高人民法院国际商事专家委员会专家提供；

（六）由法律查明服务机构或者中外法律专家提供；

（七）其他适当途径。

通过上述途径提供的域外法律资料以及专家意见，应当依照法律规定在法庭上出示，并充分听取各方当事人的意见。

第九条 当事人向国际商事法庭提交的证据材料系在中华人民共和国领域外形成的，不论是否已办理公证、认证或者其他证明手续，均应当在法庭上质证。

当事人提交的证据材料系英文且经对方当事人同意的，可以不提交中文翻译件。

第十条 国际商事法庭调查收集证据以及组织质证，可以采用视听传输技术及其他信息网络方式。

第十一条 最高人民法院组建国际商事专家委员会，并选定符合条件的国际商事调解机构、国际商事仲裁机构与国际商事法庭共同构建调解、仲裁、诉讼有机衔接的纠纷解决平台，形成"一站式"国际商事纠纷解决机制。

国际商事法庭支持当事人通过调解、仲裁、诉讼有机衔接的纠纷解决平台，选择其认为适宜的方式解决国际商事纠纷。

第十二条 国际商事法庭在受理案件后七日内，经当事人同意，可以委托国际商事专家委员会成员或者国际商事调解机构调解。

第十三条 经国际商事专家委员会成员或者国际商事调解机构主持调解，当事人达成调解协议的，国际商事法庭可以依照法律规定制发调解书；当事人要求发给判决书的，可以依协议的内容制作判决书送达当事人。

第十四条 当事人协议选择本规定第十一条第一款规定的国际商事仲裁机构仲裁的，可以在申请仲裁前或者仲裁程序开始后，向国际商事法庭申请证据、财产或者行为保全。

当事人向国际商事法庭申请撤销或者执行本规定第十一条第一款规定的国际商事仲裁机构作出的仲裁裁决的，国际商事法庭依照民事诉讼法等相关法律规定进行审查。

第十五条 国际商事法庭作出的判决、裁定，是发生法律效力的判决、裁定。

国际商事法庭作出的调解书，经双方当事人签收后，即具有与判决同等的法律效力。

第十六条 当事人对国际商事法庭作出的已经发生法律效力的判决、裁定和调解书，可以依照民事诉讼法的规定向最高人民法院本部申请再审。

最高人民法院本部受理前款规定的申请再审案件以及再审案件，均应当另行组成合议庭。

第十七条 国际商事法庭作出的发生法

律效力的判决、裁定和调解书，当事人可以向国际商事法庭申请执行。

第十八条 国际商事法庭通过电子诉讼服务平台、审判流程信息公开平台以及其他诉讼服务平台为诉讼参与人提供诉讼便利，并支持通过网络方式立案、缴费、阅卷、证据交换、送达、开庭等。

第十九条 本规定自2018年7月1日起施行。

最高人民法院办公厅
关于印发《最高人民法院国际商事法庭程序规则（试行）》的通知

2018年11月21日　　　　　　　　法办发〔2018〕13号

各省、自治区、直辖市高级人民法院，解放军军事法院，新疆维吾尔自治区高级人民法院生产建设兵团分院；本院各单位：

为方便当事人通过最高人民法院国际商事法庭解决纠纷，最高人民法院审判委员会第1751次会议2018年10月29日审议通过了《最高人民法院国际商事法庭程序规则（试行）》，现予以印发。

附：

最高人民法院国际商事法庭程序规则（试行）

为方便当事人通过最高人民法院国际商事法庭（以下简称国际商事法庭）解决纠纷，根据《中华人民共和国民事诉讼法》《最高人民法院关于设立国际商事法庭若干问题的规定》（以下简称《规定》）等法律和司法解释的规定，制定本规则。

第一章　一般规定

第一条 国际商事法庭为当事人提供诉讼、调解、仲裁有机衔接的国际商事纠纷解决机制，公正、高效、便捷、低成本地解决纠纷。

第二条 国际商事法庭依法尊重当事人意思自治，充分尊重当事人解决纠纷方式的选择。

第三条 国际商事法庭平等保护中外当事人的合法权益，保障中外当事人充分行使诉讼权利。

第四条 国际商事法庭支持通过网络方式受理、缴费、送达、调解、阅卷、证据交换、庭前准备、开庭等，为诉讼参加人提供便利。

第五条 当事人可以通过国际商事法庭官方网站（cicc.court.gov.cn）上的诉讼平台向国际商事法庭提交材料。如确有困难，当事人可以采取以下方式提交材料：

（一）电子邮件；

（二）邮寄；

（三）现场提交；

（四）国际商事法庭许可的其他方式。

通过前款第二项、第三项方式提交的，应提供纸质文件并按对方当事人人数提供副本，附光盘或其他可携带的储存设备。

第六条 国际商事法庭根据当事人的申请，为当事人提供翻译服务，费用由当事人负担。

第七条 国际商事法庭设立案件管理办公室，负责接待当事人，受理和管理案件，协调诉讼与调解、仲裁等诉讼外纠纷解决方式的衔接，统筹管理翻译、域外法律查明等事务。

第二章 受 理

第八条 原告根据《规定》第二条第一项向国际商事法庭提起诉讼，应当提交以下材料：

（一）起诉状；

（二）选择最高人民法院或第一国际商事法庭、第二国际商事法庭管辖的书面协议；

（三）原告是自然人的，应当提交身份证明。原告是法人或者非法人组织的，应当提交营业执照或者其他登记证明、法定代表人或者负责人身份证明；

（四）委托律师或者其他人代理诉讼的，应当提交授权委托书、代理人身份证明；

（五）支持诉讼请求的相关证据材料；

（六）填妥的《送达地址确认书》；

（七）填妥的《审前分流程序征询意见表》。

前款第三项、第四项规定的证明文件，在中华人民共和国领域外形成的，应当办理公证、认证等证明手续。

第九条 国际商事法庭在接收原告根据第八条提交的材料后，出具电子或纸质凭证，并注明收到日期。

第十条 高级人民法院根据《规定》第二条第二项报请最高人民法院审理的，在报请时，应当说明具体理由并附有关材料。最高人民法院批准的，由国际商事法庭受理。

第十一条 最高人民法院根据《规定》第二条第三项、第五项决定由国际商事法庭审理的案件，国际商事法庭应予受理。

第十二条 国际商事法庭对符合民事诉讼法第一百一十九条规定条件的起诉，且原告在填妥的《审前分流程序征询意见表》中表示同意审前调解的，予以登记、编号，暂不收取案件受理费；原告不同意审前调解的，予以正式立案。

第三章 送 达

第十三条 国际商事法庭应向被告及其他当事人送达原告提交的起诉状副本、证据材料、《审前分流程序征询意见表》和《送达地址确认书》。

第十四条 当事人在《送达地址确认书》中同意接收他方当事人向其送达诉讼材料，他方当事人向其直接送达、邮寄送达、电子方式送达等，能够确认受送达人收悉的，国际商事法庭予以认可。

第十五条 当事人在《送达地址确认书》中填写的送达地址变更的，应当及时告知国际商事法庭。

第十六条 因受送达人拒不提供送达地址、提供的送达地址不准确、送达地址变更未告知国际商事法庭，导致相关诉讼文书未能被实际接收的，视为送达。

第四章 审前调解

第十七条 案件管理办公室在起诉材料送达被告之日起七个工作日内（有多名被告的，自最后送达之日起算）召集当事人和/或委托代理人举行案件管理会议，讨论、确定审前调解方式，并应当商定调解期限，一般不超过二十个工作日；当事人不同意审前调解的，确定诉讼程序时间表。

当事人同意由最高人民法院国际商事专家委员会成员（以下简称专家委员）进行审前调解的，可以共同选择一至三名专家委员担任调解员；不能达成一致的，由国际商事法庭指定一至三名专家委员担任调解员。

当事人同意由国际商事调解机构进行审前调解的，可以在最高人民法院公布的国际商事调解机构名单中共同选择调解机构。

第十八条 案件管理会议以在线视频方式召开。不适宜以在线视频方式召开的，通知当事人和/或委托代理人到场召开。

第十九条 案件管理会议结束后，案件管理办公室应当形成《案件管理备忘录》并送达当事人。

当事人应当遵循《案件管理备忘录》确定的事项安排。

第二十条 专家委员主持调解，应当依照相关法律法规，遵守本规则以及《最高人民法院国际商事专家委员会工作规则（试行）》对调解的有关规定，在各方自愿的基础上，促成和解。

第二十一条 专家委员主持调解不公开进行。调解应当记录调解情况，当事人和调解员应当签署。

第二十二条 专家委员主持调解过程中，有下列情形之一的，应当终止调解：

（一）各方或者任何一方当事人书面要求终止调解程序；

（二）当事人在商定的调解期限内未能达成调解协议，但当事人一致同意延期的除外；

（三）专家委员无法履行、无法继续履行或者不适合履行调解职责且不能另行选定或者指定专家委员；

（四）其他情形。

第二十三条 国际商事调解机构主持调解，应当依照相关法律法规，遵守该机构的调解规则或者当事人协商确定的规则。

第二十四条 经专家委员或者国际商事调解机构主持调解，当事人达成调解协议的，国际商事专家委员会办公室或者国际商事调解机构应在三个工作日内将调解协议及案件相关材料送交案件管理办公室，由国际商事法庭依法审查后制发调解书；当事人要求发给判决书的，国际商事法庭可以制发判决书。

第二十五条 当事人未能达成调解协议或者因其他原因终止调解的，国际商事专家委员会办公室或者国际商事调解机构应在三个工作日内将《调解情况表》及案件相关材料送交案件管理办公室。

案件管理办公室收到材料后，应当正式立案并确定诉讼程序时间表。

第二十六条 调解记录及当事人为达成调解协议作出妥协而认可的事实，不得在诉讼程序中作为对其不利的根据，但是当事人均同意的除外。

第五章 审 理

第二十七条 国际商事法庭在答辩期届满后召开庭前会议，做好审理前的准备。有特殊情况的，在征得当事人同意后，可在答辩期届满前召开。

庭前会议包括下列内容：

（一）明确原告的诉讼请求和被告的答辩意见；

（二）审查处理当事人增加、变更诉讼请求的申请和提出的反诉，以及第三人提出的与本案有关的诉讼请求；

（三）听取对合并审理、追加当事人等事项的意见；

（四）听取回避申请；

（五）确定是否公开开庭审理；

（六）根据当事人的申请决定证人出庭、调查收集证据、委托鉴定、要求当事人提供证据、进行勘验、进行证据保全；

（七）组织证据交换；

（八）明确域外法律的查明途径；

（九）确定是否准许专家委员出庭做辅助说明；

（十）归纳案件争议焦点；

（十一）进行调解；

（十二）安排翻译；

（十三）当事人申请通过在线视频方式

开庭的，由国际商事法庭根据情况确定；

（十四）其他程序性事项。

第二十八条 庭前会议可以采取在线视频、现场或国际商事法庭认为合适的其他方式进行。

第二十九条 庭前会议可以由合议庭全体法官共同主持，也可以由合议庭委派一名法官主持。

第三十条 通过在线视频方式开庭，除经查明属网络故障、设备损坏、电力中断或者不可抗力等原因外，当事人不按时参加在线庭审的，视为拒不到庭；庭审中擅自退出的，视为中途退庭。

第三十一条 在案件审理过程中，合议庭认为需要就国际条约、国际商事规则以及域外法律等专门性法律问题向专家委员咨询意见的，应当根据《最高人民法院国际商事专家委员会工作规则（试行）》向国际商事专家委员会办公室提出，并指定合理的答复期限，附送有关材料。

第六章 执 行

第三十二条 国际商事法庭作出的发生法律效力的判决、裁定和调解书，当事人可以向国际商事法庭申请执行。国际商事法庭可以交相关执行机构执行。

第三十三条 国际商事法庭作出的发生法律效力的判决、裁定和调解书，如果被执行人或者其财产不在中华人民共和国领域内，当事人请求执行的，依照民事诉讼法第二百八十条第一款的规定办理。

第七章 支持仲裁解决纠纷

第三十四条 当事人依照《规定》第十四条第一款的规定，就标的额人民币三亿元以上或其他有重大影响的国际商事案件申请保全的，应当由国际商事仲裁机构将当事人的申请依照民事诉讼法、仲裁法等法律规定提交国际商事法庭。国际商事法庭应当立案审查，并依法作出裁定。

第三十五条 当事人依照《规定》第十四条第二款的规定，对国际商事仲裁机构就标的额人民币三亿元以上或其他有重大影响的国际商事案件作出的仲裁裁决向国际商事法庭申请撤销或者执行的，应当提交申请书，同时提交仲裁裁决书或者调解书原件。国际商事法庭应当立案审查，并依法作出裁定。

第八章 费用承担

第三十六条 对国际商事法庭立案审理的案件，当事人应当按照《诉讼费用交纳办法》的规定交纳案件受理费和其他诉讼费用。

第三十七条 由专家委员调解的案件，专家委员为调解支出的必要费用，由当事人协商解决；协商不成的，由当事人共同承担。

第三十八条 由国际商事调解机构调解的案件，调解费用适用该调解机构的收费办法。

第九章 附 则

第三十九条 本规则自2018年12月5日起施行。

第四十条 本规则由最高人民法院负责解释。

最高人民法院办公厅
关于印发《最高人民法院国际商事专家委员会工作规则（试行）》的通知

2018年11月21日　　　　　　　法办发〔2018〕14号

各省、自治区、直辖市高级人民法院，解放军军事法院，新疆维吾尔自治区高级人民法院生产建设兵团分院；本院各单位：

为规范最高人民法院国际商事专家委员会的工作，为最高人民法院国际商事法庭构建调解、仲裁、诉讼有机衔接的多元化纠纷解决平台提供支持与保障，最高人民法院审判委员会第1751次会议2018年10月29日审议通过了《最高人民法院国际商事专家委员会工作规则（试行）》，现予以印发。

附：

最高人民法院国际商事专家委员会工作规则（试行）

为规范最高人民法院国际商事专家委员会（以下简称国际商事专家委员会）的工作，根据《最高人民法院关于设立国际商事法庭若干问题的规定》，制定本规则。

第一条 最高人民法院设立国际商事专家委员会，为最高人民法院国际商事法庭（以下简称国际商事法庭）构建调解、仲裁、诉讼有机衔接的多元化纠纷解决机制提供支持与保障。

第二条 国际商事专家委员会由最高人民法院聘任的中外专家组成。

国际商事专家委员会成员（以下简称专家委员）应符合下列条件：

（一）在国际贸易、投资等国际商事法律领域具有精深造诣并在国际上具有较高影响力；

（二）品行高尚、公道正派；

（三）能够按照本规则认真履职尽责。

第三条 专家委员可以根据国际商事法庭的委托，承担下列职责：

（一）主持调解国际商事案件；

（二）就国际商事法庭以及各级人民法院审理案件所涉及的国际条约、国际商事规则、域外法律的查明和适用等专门性法律问题提供咨询意见；

（三）就国际商事法庭的发展规划提供意见和建议；

（四）就最高人民法院制定相关司法解释及司法政策提供意见和建议；

（五）国际商事法庭委托的其他事项。

第四条 专家委员应遵守下列规定：

（一）结合专业特长，以个人身份独立、客观、公正地提供咨询意见及建议；

（二）中立、公正调解国际商事案件，平等对待当事人；

（三）遵守专家委员行为守则规定的其

他事项。

第五条 专家委员由最高人民法院根据工作需要择优聘任。

专家委员每届聘期四年，期满可以续聘。

聘期内因个人意愿、身体健康等原因无法继续担任专家委员，或因其他原因不适合继续担任专家委员的，最高人民法院可以决定终止聘任。

第六条 最高人民法院设立国际商事专家委员会办公室，作为国际商事专家委员会的日常办事机构，并承担下列职责：

（一）为专家委员与国际商事法庭之间的沟通协调和联络提供服务与保障；

（二）为专家委员从事调解、咨询、意见和建议工作提供服务与保障；

（三）登记、备案案件材料及裁判文书；

（四）筹备、组织国际商事专家委员会研讨会及咨询会，制作简报，汇编、存档会议资料；

（五）定期向专家委员发送国际商事法庭运行情况以及中国法治发展信息；

（六）其他日常管理事务。

第七条 国际商事专家委员会办公室可以根据工作需要在专家委员中指定一人担任国际商事专家委员会会议召集人，并受国际商事专家委员会办公室委托处理有关事宜。

第八条 最高人民法院可以根据工作需要决定召开国际商事专家委员会研讨会或组织部分专家委员召开咨询会，由召集人或者国际商事专家委员会办公室主任负责召集。

召集人至迟应于会议召开三个月前通过国际商事专家委员会办公室向专家委员发送会议通知，专家委员应在收到通知后七个工作日内答复是否参加。

确有紧急情况，需要召开临时会议的，在取得专家委员同意的情况下，可不限于第二款规定的期限。

会议可以采用在线视频方式或者现场会议方式进行。

第九条 国际商事法庭根据《最高人民法院国际商事法庭程序规则（试行）》第十七条委托专家委员调解的，应在受理案件后七个工作日内将《委托调解征询意见函》、选定或指定的专家委员名单报送国际商事专家委员会办公室，并附《审前分流程序征询意见表》及案件相关材料副本。

国际商事专家委员会办公室应在收到上述材料后七个工作日内联络专家委员，征询其意见。

专家委员应在收到《委托调解征询意见函》后七个工作日内予以回复。

国际商事专家委员会办公室应在收到专家委员回复后三个工作日内书面告知国际商事法庭。

第十条 专家委员同意主持调解的，应签署无利益冲突的书面声明，明确其不存在可能影响调解独立性、公正性的情形。

专家委员同意接受选定或者指定的，国际商事法庭应于三个工作日内出具《委托调解书》，并通知当事人。

第十一条 专家委员主持调解，应当依照相关法律法规，遵守本规则以及《最高人民法院国际商事法庭程序规则（试行）》对调解的有关规定，参照国际惯例、交易习惯，在各方自愿的基础上，根据公平、合理、保密的原则进行，促进当事人互谅互让，达成和解。

调解可以通过在线视频方式或者现场方式进行。

第十二条 根据《最高人民法院国际商事法庭程序规则（试行）》第二十二条终止调解时，专家委员应于终止调解后七个工作日内填妥《调解情况表》，连同案件相关材料，送交国际商事专家委员会办公室。国际商事专家委员会办公室应于收到后三个工作日内将《调解情况表》及案件相关材料，送交国际商事法庭，并保留副本。

第十三条 经专家委员主持达成调解协议，并由国际商事法庭依照法律规定制发调解书或判决书的，国际商事法庭应在作出调解书或者判决书后三个工作日内，将调解书或者判决书副本送交国际商事专家委员会办公室备存。

国际商事专家委员会办公室应于收到调解书或者判决书后三个工作日内，向专家委员发送副本。

第十四条 受理案件的国际商事法庭或者其他人民法院根据本规则第三条第二项的规定向专家委员进行咨询的，应以咨询函的形式向国际商事专家委员会办公室提出，并附相关材料。

咨询函应列明被咨询的专家委员姓名、所咨询的法律问题以及答复期限，答复期限一般不少于二十个工作日。

国际商事专家委员会办公室应于收到咨询函后三个工作日内联系专家委员，征询其意见。

专家委员同意接受咨询的，应按期制作书面答复意见，签字确认后送交国际商事专家委员会办公室。必要时，可以由若干名专家委员召开专家咨询会，形成书面答复意见并共同签字确认。

第十五条 对于专家委员受国际商事法庭委托出具的关于国际条约、国际商事规则以及域外法律等专门性法律问题的咨询意见，案件当事人申请专家委员出庭作辅助说明的，国际商事法庭应在收到申请后七个工作日内通过国际商事专家委员会办公室征询专家委员的意见。专家委员同意的，可以出庭作辅助说明。

第十六条 国际商事法庭根据本规则第三条第三项、第四项的规定委托专家委员提出意见和建议等事项的，应以委托函的方式向国际商事专家委员会办公室提出，并附相关材料。

委托函应当列明受委托的专家委员姓名、委托事项以及答复期限，答复期限一般不少于二十个工作日。

国际商事专家委员会办公室应于收到委托函后三个工作日内联系专家委员，征询其意见。

专家委员同意接受委托的，应按期制作书面答复意见，签字确认后送交国际商事专家委员会办公室。必要时，可以由若干名专家委员召开专家咨询会，形成书面答复意见并共同签字确认。

第十七条 最高人民法院为专家委员履行职责提供相应的保障。

第十八条 最高人民法院支持专家委员通过国际商事专家委员会办公室，对国际商事专家委员会及国际商事法庭的运行及发展提出意见和建议，并为专家委员和国际商事法庭之间、专家委员之间开展调研活动、信息交流以及各种形式的法律合作提供相应的便利条件。

第十九条 本规则自 2018 年 12 月 5 日起施行。

第二十条 本规则由最高人民法院负责解释。

最高人民法院办公厅
关于确定首批纳入"一站式"国际商事纠纷多元化解决机制的国际商事仲裁及调解机构的通知

2018 年 11 月 13 日　　　　　　　　法办〔2018〕212 号

各省、自治区、直辖市高级人民法院，解放军军事法院，新疆维吾尔自治区高级人民法院生产建设兵团分院；本院各单位：

为深入贯彻落实中共中央办公厅、国务院办公厅《关于建立"一带一路"国际商事争端解决机制和机构的意见》，建立诉讼与调解、仲裁有机衔接的国际商事纠纷解决平台，形成便利、快捷、低成本的"一站式"国际商事纠纷多元化解决机制，《最高人民法院关于设立国际商事法庭若干问题的规定》（法释〔2018〕11 号）明确规定，最高人民法院国际商事法庭（以下简称国际商事法庭）支持当事人通过调解、仲裁、诉讼有机衔接的纠纷解决平台，选择其认为适宜的方式解决国际商事纠纷。

根据相关机构申报，经综合考虑各机构前期受理国际商事纠纷案件的数量、国际影响力、信息化建设等因素，现确定中国国际经济贸易仲裁委员会、上海国际经济贸易仲裁委员会、深圳国际仲裁院、北京仲裁委员会、中国海事仲裁委员会以及中国国际贸易促进委员会调解中心、上海经贸商事调解中心，作为首批纳入"一站式"国际商事纠纷多元化解决机制的仲裁和调解机构。

对诉至国际商事法庭的国际商事纠纷案件，当事人可以根据《最高人民法院关于设立国际商事法庭若干问题的规定》以及《最高人民法院国际商事法庭程序规则（试行）》（法办发〔2018〕13 号）的规定，协议选择纳入机制的调解机构调解。经调解机构主持调解，当事人达成调解协议的，国际商事法庭可以依照法律规定制发调解书；当事人要求发给判决书的，可以依协议的内容制作判决书送达当事人。

对纳入机制的仲裁机构所受理的国际商事纠纷案件，当事人可以依据《最高人民法院关于设立国际商事法庭若干问题的规定》以及《最高人民法院国际商事法庭程序规则（试行）》的规定，在申请仲裁前或者仲裁程序开始后，向国际商事法庭申请证据、财产或者行为保全；在仲裁裁决作出后，可以向国际商事法庭申请撤销或者执行仲裁裁决。

根据"智慧法院"建设总体布局，最高人民法院将继续加强"一站式"国际商事纠纷多元化解决机制的信息化建设，优化纠纷解决平台的在线功能，切实推进调解、仲裁、诉讼的有机衔接，公正高效便利地解决国际商事纠纷。

本通知自 2018 年 12 月 5 日起执行。

最高人民法院办公厅
关于确定第二批纳入"一站式"国际商事纠纷多元化解决机制的国际商事仲裁机构的通知

2022 年 6 月 22 日　　　　　　　　法办〔2022〕326 号

各省、自治区、直辖市高级人民法院，解放军军事法院，新疆维吾尔自治区高级人民法院生产建设兵团分院；本院各单位：

2018 年，最高人民法院根据中央办公厅、国务院办公厅《关于建立"一带一路"国际商事争端解决机制和机构的意见》有关精神，建立了诉讼与调解、仲裁有机衔接的"一站式"国际商事纠纷多元化解决机制。为进一步落实中央关于推进共建"一带一路"高质量发展的决策部署，更好发挥"一站式"国际商事纠纷多元化解决机制的作用，根据相关机构自主申报，经综合考虑各机构受理国际商事纠纷案件的数量、国际影响力、信息化建设、服务"一带一路"建设工作实效等因素，最高人民法院研究，确定广州仲裁委员会、上海仲裁委员会、厦门仲裁委员会、海南国际仲裁院（海南仲裁委员会）、香港国际仲裁中心作为第二批纳入"一站式"国际商事纠纷多元化解决机制的仲裁机构。

第二章　程　序

一、基本程序

中华人民共和国民事诉讼法

(1991年4月9日第七届全国人民代表大会第四次会议通过 根据2007年10月28日第十届全国人民代表大会常务委员会第三十次会议《关于修改〈中华人民共和国民事诉讼法〉的决定》第一次修正 根据2012年8月31日第十一届全国人民代表大会常务委员会第二十八次会议《关于修改〈中华人民共和国民事诉讼法〉的决定》第二次修正 根据2017年6月27日第十二届全国人民代表大会常务委员会第二十八次会议《关于修改〈中华人民共和国民事诉讼法〉和〈中华人民共和国行政诉讼法〉的决定》第三次修正 根据2021年12月24日第十三届全国人民代表大会常务委员会第三十二次会议《关于修改〈中华人民共和国民事诉讼法〉的决定》第四次修正 根据2023年9月1日第十四届全国人民代表大会常务委员会第五次会议《关于修改〈中华人民共和国民事诉讼法〉的决定》第五次修正)

目 录

第一编 总 则
 第一章 任务、适用范围和基本原则
 第二章 管 辖
  第一节 级别管辖
  第二节 地域管辖
  第三节 移送管辖和指定管辖
 第三章 审判组织
 第四章 回 避
 第五章 诉讼参加人
  第一节 当事人
  第二节 诉讼代理人
 第六章 证 据
 第七章 期间、送达
  第一节 期 间
  第二节 送 达
 第八章 调 解
 第九章 保全和先予执行
 第十章 对妨害民事诉讼的强制措施
 第十一章 诉讼费用
第二编 审判程序
 第十二章 第一审普通程序
  第一节 起诉和受理
  第二节 审理前的准备
  第三节 开庭审理
  第四节 诉讼中止和终结
  第五节 判决和裁定
 第十三章 简易程序
 第十四章 第二审程序
 第十五章 特别程序
  第一节 一般规定
  第二节 选民资格案件
  第三节 宣告失踪、宣告死亡案件
  第四节 指定遗产管理人案件
  第五节 认定公民无民事行为能力、限制民事行为能力案件
  第六节 认定财产无主案件

第七节　确认调解协议案件
第八节　实现担保物权案件
第十六章　审判监督程序
第十七章　督促程序
第十八章　公示催告程序
第三编　执行程序
第十九章　一般规定
第二十章　执行的申请和移送
第二十一章　执行措施
第二十二章　执行中止和终结
第四编　涉外民事诉讼程序的特别规定
第二十三章　一般原则
第二十四章　管　辖
第二十五章　送达、调查取证、期间
第二十六章　仲　裁
第二十七章　司法协助

第一编　总　则

第一章　任务、适用范围和基本原则

第一条　中华人民共和国民事诉讼法以宪法为根据，结合我国民事审判工作的经验和实际情况制定。

第二条　中华人民共和国民事诉讼法的任务，是保护当事人行使诉讼权利，保证人民法院查明事实，分清是非，正确适用法律，及时审理民事案件，确认民事权利义务关系，制裁民事违法行为，保护当事人的合法权益，教育公民自觉遵守法律，维护社会秩序、经济秩序，保障社会主义建设事业顺利进行。

第三条　人民法院受理公民之间、法人之间、其他组织之间以及他们相互之间因财产关系和人身关系提起的民事诉讼，适用本法的规定。

第四条　凡在中华人民共和国领域内进行民事诉讼，必须遵守本法。

第五条　外国人、无国籍人、外国企业和组织在人民法院起诉、应诉，同中华人民共和国公民、法人和其他组织有同等的诉讼权利义务。

外国法院对中华人民共和国公民、法人和其他组织的民事诉讼权利加以限制的，中华人民共和国人民法院对该国公民、企业和组织的民事诉讼权利，实行对等原则。

第六条　民事案件的审判权由人民法院行使。

人民法院依照法律规定对民事案件独立进行审判，不受行政机关、社会团体和个人的干涉。

第七条　人民法院审理民事案件，必须以事实为根据，以法律为准绳。

第八条　民事诉讼当事人有平等的诉讼权利。人民法院审理民事案件，应当保障和便利当事人行使诉讼权利，对当事人在适用法律上一律平等。

第九条　人民法院审理民事案件，应当根据自愿和合法的原则进行调解；调解不成的，应当及时判决。

第十条　人民法院审理民事案件，依照法律规定实行合议、回避、公开审判和两审终审制度。

第十一条　各民族公民都有用本民族语言、文字进行民事诉讼的权利。

在少数民族聚居或者多民族共同居住的地区，人民法院应当用当地民族通用的语言、文字进行审理和发布法律文书。

人民法院应当对不通晓当地民族通用的语言、文字的诉讼参与人提供翻译。

第十二条　人民法院审理民事案件时，当事人有权进行辩论。

第十三条　民事诉讼应当遵循诚信原则。

当事人有权在法律规定的范围内处分自己的民事权利和诉讼权利。

第十四条　人民检察院有权对民事诉讼实行法律监督。

第十五条　机关、社会团体、企业事业单位对损害国家、集体或者个人民事权益的行为，可以支持受损害的单位或者个人向人民法院起诉。

第十六条 经当事人同意，民事诉讼活动可以通过信息网络平台在线进行。

民事诉讼活动通过信息网络平台在线进行的，与线下诉讼活动具有同等法律效力。

第十七条 民族自治地方的人民代表大会根据宪法和本法的原则，结合当地民族的具体情况，可以制定变通或者补充的规定。自治区的规定，报全国人民代表大会常务委员会批准。自治州、自治县的规定，报省或者自治区的人民代表大会常务委员会批准，并报全国人民代表大会常务委员会备案。

第二章 管 辖

第一节 级别管辖

第十八条 基层人民法院管辖第一审民事案件，但本法另有规定的除外。

第十九条 中级人民法院管辖下列第一审民事案件：

（一）重大涉外案件；

（二）在本辖区有重大影响的案件；

（三）最高人民法院确定由中级人民法院管辖的案件。

第二十条 高级人民法院管辖在本辖区有重大影响的第一审民事案件。

第二十一条 最高人民法院管辖下列第一审民事案件：

（一）在全国有重大影响的案件；

（二）认为应当由本院审理的案件。

第二节 地域管辖

第二十二条 对公民提起的民事诉讼，由被告住所地人民法院管辖；被告住所地与经常居住地不一致的，由经常居住地人民法院管辖。

对法人或者其他组织提起的民事诉讼，由被告住所地人民法院管辖。

同一诉讼的几个被告住所地、经常居住地在两个以上人民法院辖区的，各该人民法院都有管辖权。

第二十三条 下列民事诉讼，由原告住所地人民法院管辖；原告住所地与经常居住地不一致的，由原告经常居住地人民法院管辖：

（一）对不在中华人民共和国领域内居住的人提起的有关身份关系的诉讼；

（二）对下落不明或者宣告失踪的人提起的有关身份关系的诉讼；

（三）对被采取强制性教育措施的人提起的诉讼；

（四）对被监禁的人提起的诉讼。

第二十四条 因合同纠纷提起的诉讼，由被告住所地或者合同履行地人民法院管辖。

第二十五条 因保险合同纠纷提起的诉讼，由被告住所地或者保险标的物所在地人民法院管辖。

第二十六条 因票据纠纷提起的诉讼，由票据支付地或者被告住所地人民法院管辖。

第二十七条 因公司设立、确认股东资格、分配利润、解散等纠纷提起的诉讼，由公司住所地人民法院管辖。

第二十八条 因铁路、公路、水上、航空运输和联合运输合同纠纷提起的诉讼，由运输始发地、目的地或者被告住所地人民法院管辖。

第二十九条 因侵权行为提起的诉讼，由侵权行为地或者被告住所地人民法院管辖。

第三十条 因铁路、公路、水上和航空事故请求损害赔偿提起的诉讼，由事故发生地或者车辆、船舶最先到达地、航空器最先降落地或者被告住所地人民法院管辖。

第三十一条 因船舶碰撞或者其他海事损害事故请求损害赔偿提起的诉讼，由碰撞发生地、碰撞船舶最先到达地、加害船舶被扣留地或者被告住所地人民法院管辖。

第三十二条 因海难救助费用提起的诉讼，由救助地或者被救助船舶最先到达地人民法院管辖。

第三十三条　因共同海损提起的诉讼，由船舶最先到达地、共同海损理算地或者航程终止地的人民法院管辖。

第三十四条　下列案件，由本条规定的人民法院专属管辖：

（一）因不动产纠纷提起的诉讼，由不动产所在地人民法院管辖；

（二）因港口作业中发生纠纷提起的诉讼，由港口所在地人民法院管辖；

（三）因继承遗产纠纷提起的诉讼，由被继承人死亡时住所地或者主要遗产所在地人民法院管辖。

第三十五条　合同或者其他财产权益纠纷的当事人可以书面协议选择被告住所地、合同履行地、合同签订地、原告住所地、标的物所在地等与争议有实际联系的地点的人民法院管辖，但不得违反本法对级别管辖和专属管辖的规定。

第三十六条　两个以上人民法院都有管辖权的诉讼，原告可以向其中一个人民法院起诉；原告向两个以上有管辖权的人民法院起诉的，由最先立案的人民法院管辖。

第三节　移送管辖和指定管辖

第三十七条　人民法院发现受理的案件不属于本院管辖的，应当移送有管辖权的人民法院，受移送的人民法院应当受理。受移送的人民法院认为受移送的案件依照规定不属于本院管辖的，应当报请上级人民法院指定管辖，不得再自行移送。

第三十八条　有管辖权的人民法院由于特殊原因，不能行使管辖权的，由上级人民法院指定管辖。

人民法院之间因管辖权发生争议，由争议双方协商解决；协商解决不了的，报请它们的共同上级人民法院指定管辖。

第三十九条　上级人民法院有权审理下级人民法院管辖的第一审民事案件；确有必要将本院管辖的第一审民事案件交下级人民法院审理的，应当报请其上级人民法院批准。

下级人民法院对它所管辖的第一审民事案件，认为需要由上级人民法院审理的，可以报请上级人民法院审理。

第三章　审判组织

第四十条　人民法院审理第一审民事案件，由审判员、人民陪审员共同组成合议庭或者由审判员组成合议庭。合议庭的成员人数，必须是单数。

适用简易程序审理的民事案件，由审判员一人独任审理。基层人民法院审理的基本事实清楚、权利义务关系明确的第一审民事案件，可以由审判员一人适用普通程序独任审理。

人民陪审员在参加审判活动时，除法律另有规定外，与审判员有同等的权利义务。

第四十一条　人民法院审理第二审民事案件，由审判员组成合议庭。合议庭的成员人数，必须是单数。

中级人民法院对第一审适用简易程序审结或者不服裁定提起上诉的第二审民事案件，事实清楚、权利义务关系明确的，经双方当事人同意，可以由审判员一人独任审理。

发回重审的案件，原审人民法院应当按照第一审程序另行组成合议庭。

审理再审案件，原来是第一审的，按照第一审程序另行组成合议庭；原来是第二审的或者是上级人民法院提审的，按照第二审程序另行组成合议庭。

第四十二条　人民法院审理下列民事案件，不得由审判员一人独任审理：

（一）涉及国家利益、社会公共利益的案件；

（二）涉及群体性纠纷，可能影响社会稳定的案件；

（三）人民群众广泛关注或者其他社会影响较大的案件；

（四）属于新类型或者疑难复杂的案件；

（五）法律规定应当组成合议庭审理的案件；

（六）其他不宜由审判员一人独任审理的案件。

第四十三条 人民法院在审理过程中，发现案件不宜由审判员一人独任审理的，应当裁定转由合议庭审理。

当事人认为案件由审判员一人独任审理违反法律规定的，可以向人民法院提出异议。人民法院对当事人提出的异议应当审查，异议成立的，裁定转由合议庭审理；异议不成立的，裁定驳回。

第四十四条 合议庭的审判长由院长或者庭长指定审判员一人担任；院长或者庭长参加审判的，由院长或者庭长担任。

第四十五条 合议庭评议案件，实行少数服从多数的原则。评议应当制作笔录，由合议庭成员签名。评议中的不同意见，必须如实记入笔录。

第四十六条 审判人员应当依法秉公办案。

审判人员不得接受当事人及其诉讼代理人请客送礼。

审判人员有贪污受贿，徇私舞弊，枉法裁判行为的，应当追究法律责任；构成犯罪的，依法追究刑事责任。

第四章　回　　避

第四十七条 审判人员有下列情形之一的，应当自行回避，当事人有权用口头或者书面方式申请他们回避：

（一）是本案当事人或者当事人、诉讼代理人近亲属的；

（二）与本案有利害关系的；

（三）与本案当事人、诉讼代理人有其他关系，可能影响对案件公正审理的。

审判人员接受当事人、诉讼代理人请客送礼，或者违反规定会见当事人、诉讼代理人的，当事人有权要求他们回避。

审判人员有前款规定的行为的，应当依法追究法律责任。

前三款规定，适用于法官助理、书记员、司法技术人员、翻译人员、鉴定人、勘验人。

第四十八条 当事人提出回避申请，应当说明理由，在案件开始审理时提出；回避事由在案件开始审理后知道的，也可以在法庭辩论终结前提出。

被申请回避的人员在人民法院作出是否回避的决定前，应当暂停参与本案的工作，但案件需要采取紧急措施的除外。

第四十九条 院长担任审判长或者独任审判员时的回避，由审判委员会决定；审判人员的回避，由院长决定；其他人员的回避，由审判长或者独任审判员决定。

第五十条 人民法院对当事人提出的回避申请，应当在申请提出的三日内，以口头或者书面形式作出决定。申请人对决定不服的，可以在接到决定时申请复议一次。复议期间，被申请回避的人员，不停止参与本案的工作。人民法院对复议申请，应当在三日内作出复议决定，并通知复议申请人。

第五章　诉讼参加人

第一节　当　事　人

第五十一条 公民、法人和其他组织可以作为民事诉讼的当事人。

法人由其法定代表人进行诉讼。其他组织由其主要负责人进行诉讼。

第五十二条 当事人有权委托代理人，提出回避申请，收集、提供证据，进行辩论，请求调解，提起上诉，申请执行。

当事人可以查阅本案有关材料，并可以复制本案有关材料和法律文书。查阅、复制本案有关材料的范围和办法由最高人民法院规定。

当事人必须依法行使诉讼权利，遵守诉讼秩序，履行发生法律效力的判决书、裁定书和调解书。

第五十三条 双方当事人可以自行和解。

第五十四条 原告可以放弃或者变更诉讼请求。被告可以承认或者反驳诉讼请求，有权提起反诉。

第五十五条 当事人一方或者双方为二人以上，其诉讼标的是共同的，或者诉讼标的是同一种类、人民法院认为可以合并审理并经当事人同意的，为共同诉讼。

共同诉讼的一方当事人对诉讼标的有共同权利义务的，其中一人的诉讼行为经其他共同诉讼人承认，对其他共同诉讼人发生效力；对诉讼标的没有共同权利义务的，其中一人的诉讼行为对其他共同诉讼人不发生效力。

第五十六条 当事人一方人数众多的共同诉讼，可以由当事人推选代表人进行诉讼。代表人的诉讼行为对其所代表的当事人发生效力，但代表人变更、放弃诉讼请求或者承认对方当事人的诉讼请求，进行和解，必须经被代表的当事人同意。

第五十七条 诉讼标的是同一种类、当事人一方人数众多在起诉时人数尚未确定的，人民法院可以发出公告，说明案件情况和诉讼请求，通知权利人在一定期间向人民法院登记。

向人民法院登记的权利人可以推选代表人进行诉讼；推选不出代表人的，人民法院可以与参加登记的权利人商定代表人。

代表人的诉讼行为对其所代表的当事人发生效力，但代表人变更、放弃诉讼请求或者承认对方当事人的诉讼请求，进行和解，必须经被代表的当事人同意。

人民法院作出的判决、裁定，对参加登记的全体权利人发生效力。未参加登记的权利人在诉讼时效期间提起诉讼的，适用该判决、裁定。

第五十八条 对污染环境、侵害众多消费者合法权益等损害社会公共利益的行为，法律规定的机关和有关组织可以向人民法院提起诉讼。

人民检察院在履行职责中发现破坏生态环境和资源保护、食品药品安全领域侵害众多消费者合法权益等损害社会公共利益的行为，在没有前款规定的机关和组织或者前款规定的机关和组织不提起诉讼的情况下，可以向人民法院提起诉讼。前款规定的机关或者组织提起诉讼的，人民检察院可以支持起诉。

第五十九条 对当事人双方的诉讼标的，第三人认为有独立请求权的，有权提起诉讼。

对当事人双方的诉讼标的，第三人虽然没有独立请求权，但案件处理结果同他有法律上的利害关系的，可以申请参加诉讼，或者由人民法院通知他参加诉讼。人民法院判决承担民事责任的第三人，有当事人的诉讼权利义务。

前两款规定的第三人，因不能归责于本人的事由未参加诉讼，但有证据证明发生法律效力的判决、裁定、调解书的部分或者全部内容错误，损害其民事权益的，可以自知道或者应当知道其民事权益受到损害之日起六个月内，向作出该判决、裁定、调解书的人民法院提起诉讼。人民法院经审理，诉讼请求成立的，应当改变或者撤销原判决、裁定、调解书；诉讼请求不成立的，驳回诉讼请求。

第二节　诉讼代理人

第六十条 无诉讼行为能力人由他的监护人作为法定代理人代为诉讼。法定代理人之间互相推诿代理责任的，由人民法院指定其中一人代为诉讼。

第六十一条 当事人、法定代理人可以委托一至二人作为诉讼代理人。

下列人员可以被委托为诉讼代理人：

（一）律师、基层法律服务工作者；

（二）当事人的近亲属或者工作人员；

（三）当事人所在社区、单位以及有关社会团体推荐的公民。

第六十二条 委托他人代为诉讼，必须向人民法院提交由委托人签名或者盖章的授权委托书。

授权委托书必须记明委托事项和权限。诉讼代理人代为承认、放弃、变更诉讼请求，进行和解，提起反诉或者上诉，必须有委托人的特别授权。

侨居在国外的中华人民共和国公民从国外寄交或者托交的授权委托书，必须经中华人民共和国驻该国的使领馆证明；没有使领馆的，由与中华人民共和国有外交关系的第三国驻该国的使领馆证明，再转由中华人民共和国驻该第三国使领馆证明，或者由当地的爱国华侨团体证明。

第六十三条 诉讼代理人的权限如果变更或者解除，当事人应当书面告知人民法院，并由人民法院通知对方当事人。

第六十四条 代理诉讼的律师和其他诉讼代理人有权调查收集证据，可以查阅本案有关材料。查阅本案有关材料的范围和办法由最高人民法院规定。

第六十五条 离婚案件有诉讼代理人的，本人除不能表达意思的以外，仍应出庭；确因特殊情况无法出庭的，必须向人民法院提交书面意见。

第六章 证 据

第六十六条 证据包括：
（一）当事人的陈述；
（二）书证；
（三）物证；
（四）视听资料；
（五）电子数据；
（六）证人证言；
（七）鉴定意见；
（八）勘验笔录。

证据必须查证属实，才能作为认定事实的根据。

第六十七条 当事人对自己提出的主张，有责任提供证据。

当事人及其诉讼代理人因客观原因不能自行收集的证据，或者人民法院认为审理案件需要的证据，人民法院应当调查收集。

人民法院应当按照法定程序，全面地、客观地审查核实证据。

第六十八条 当事人对自己提出的主张应当及时提供证据。

人民法院根据当事人的主张和案件审理情况，确定当事人应当提供的证据及其期限。当事人在该期限内提供证据确有困难的，可以向人民法院申请延长期限，人民法院根据当事人的申请适当延长。当事人逾期提供证据的，人民法院应当责令其说明理由；拒不说明理由或者理由不成立的，人民法院根据不同情形可以不予采纳该证据，或者采纳该证据但予以训诫、罚款。

第六十九条 人民法院收到当事人提交的证据材料，应当出具收据，写明证据名称、页数、份数、原件或者复印件以及收到时间等，并由经办人员签名或者盖章。

第七十条 人民法院有权向有关单位和个人调查取证，有关单位和个人不得拒绝。

人民法院对有关单位和个人提出的证明文书，应当辨别真伪，审查确定其效力。

第七十一条 证据应当在法庭上出示，并由当事人互相质证。对涉及国家秘密、商业秘密和个人隐私的证据应当保密，需要在法庭出示的，不得在公开开庭时出示。

第七十二条 经过法定程序公证证明的法律事实和文书，人民法院应当作为认定事实的根据，但有相反证据足以推翻公证证明的除外。

第七十三条 书证应当提交原件。物证应当提交原物。提交原件或者原物确有困难的，可以提交复制品、照片、副本、节录本。

提交外文书证，必须附有中文译本。

第七十四条 人民法院对视听资料，应当辨别真伪，并结合本案的其他证据，审查确定能否作为认定事实的根据。

第七十五条 凡是知道案件情况的单位和个人，都有义务出庭作证。有关单位的负责人应当支持证人作证。

不能正确表达意思的人，不能作证。

第七十六条　经人民法院通知，证人应当出庭作证。有下列情形之一的，经人民法院许可，可以通过书面证言、视听传输技术或者视听资料等方式作证：

（一）因健康原因不能出庭的；

（二）因路途遥远，交通不便不能出庭的；

（三）因自然灾害等不可抗力不能出庭的；

（四）其他有正当理由不能出庭的。

第七十七条　证人因履行出庭作证义务而支出的交通、住宿、就餐等必要费用以及误工损失，由败诉一方当事人负担。当事人申请证人作证的，由该当事人先行垫付；当事人没有申请，人民法院通知证人作证的，由人民法院先行垫付。

第七十八条　人民法院对当事人的陈述，应当结合本案的其他证据，审查确定能否作为认定事实的根据。

当事人拒绝陈述的，不影响人民法院根据证据认定案件事实。

第七十九条　当事人可以就查明事实的专门性问题向人民法院申请鉴定。当事人申请鉴定的，由双方当事人协商确定具备资格的鉴定人；协商不成的，由人民法院指定。

当事人未申请鉴定，人民法院对专门性问题认为需要鉴定的，应当委托具备资格的鉴定人进行鉴定。

第八十条　鉴定人有权了解进行鉴定所需要的案件材料，必要时可以询问当事人、证人。

鉴定人应当提出书面鉴定意见，在鉴定书上签名或者盖章。

第八十一条　当事人对鉴定意见有异议或者人民法院认为鉴定人有必要出庭的，鉴定人应当出庭作证。经人民法院通知，鉴定人拒不出庭作证的，鉴定意见不得作为认定事实的根据；支付鉴定费用的当事人可以要求返还鉴定费用。

第八十二条　当事人可以申请人民法院通知有专门知识的人出庭，就鉴定人作出的鉴定意见或者专业问题提出意见。

第八十三条　勘验物证或者现场，勘验人必须出示人民法院的证件，并邀请当地基层组织或者当事人所在单位派人参加。当事人或者当事人的成年家属应当到场，拒不到场的，不影响勘验的进行。

有关单位和个人根据人民法院的通知，有义务保护现场，协助勘验工作。

勘验人应当将勘验情况和结果制作笔录，由勘验人、当事人和被邀参加人签名或者盖章。

第八十四条　在证据可能灭失或者以后难以取得的情况下，当事人可以在诉讼过程中向人民法院申请保全证据，人民法院也可以主动采取保全措施。

因情况紧急，在证据可能灭失或者以后难以取得的情况下，利害关系人可以在提起诉讼或者申请仲裁前向证据所在地、被申请人住所地或者对案件有管辖权的人民法院申请保全证据。

证据保全的其他程序，参照适用本法第九章保全的有关规定。

第七章　期间、送达

第一节　期　间

第八十五条　期间包括法定期间和人民法院指定的期间。

期间以时、日、月、年计算。期间开始的时和日，不计算在期间内。

期间届满的最后一日是法定休假日的，以法定休假日后的第一日为期间届满的日期。

期间不包括在途时间，诉讼文书在期满前交邮的，不算过期。

第八十六条　当事人因不可抗拒的事由或者其他正当理由耽误期限的，在障碍消除后的十日内，可以申请顺延期限，是否准许，由人民法院决定。

第二节 送 达

第八十七条 送达诉讼文书必须有送达回证，由受送达人在送达回证上记明收到日期，签名或者盖章。

受送达人在送达回证上的签收日期为送达日期。

第八十八条 送达诉讼文书，应当直接送交受送达人。受送达人是公民的，本人不在交他的同住成年家属签收；受送达人是法人或者其他组织的，应当由法人的法定代表人、其他组织的主要负责人或者该法人、组织负责收件的人签收；受送达人有诉讼代理人的，可以送交其代理人签收；受送达人已向人民法院指定代收人的，送交代收人签收。

受送达人的同住成年家属，法人或者其他组织的负责收件的人，诉讼代理人或者代收人在送达回证上签收的日期为送达日期。

第八十九条 受送达人或者他的同住成年家属拒绝接收诉讼文书的，送达人可以邀请有关基层组织或者所在单位的代表到场，说明情况，在送达回证上记明拒收事由和日期，由送达人、见证人签名或者盖章，把诉讼文书留在受送达人的住所；也可以把诉讼文书留在受送达人的住所，并采用拍照、录像等方式记录送达过程，即视为送达。

第九十条 经受送达人同意，人民法院可以采用能够确认其收悉的电子方式送达诉讼文书。通过电子方式送达的判决书、裁定书、调解书，受送达人提出需要纸质文书的，人民法院应当提供。

采用前款方式送达的，以送达信息到达受送达人特定系统的日期为送达日期。

第九十一条 直接送达诉讼文书有困难的，可以委托其他人民法院代为送达，或者邮寄送达。邮寄送达的，以回执上注明的收件日期为送达日期。

第九十二条 受送达人是军人的，通过其所在部队团以上单位的政治机关转交。

第九十三条 受送达人被监禁的，通过其所在监所转交。

受送达人被采取强制性教育措施的，通过其所在强制性教育机构转交。

第九十四条 代为转交的机关、单位收到诉讼文书后，必须立即交受送达人签收，以在送达回证上的签收日期，为送达日期。

第九十五条 受送达人下落不明，或者用本节规定的其他方式无法送达的，公告送达。自发出公告之日起，经过三十日，即视为送达。

公告送达，应当在案卷中记明原因和经过。

第八章 调 解

第九十六条 人民法院审理民事案件，根据当事人自愿的原则，在事实清楚的基础上，分清是非，进行调解。

第九十七条 人民法院进行调解，可以由审判员一人主持，也可以由合议庭主持，并尽可能就地进行。

人民法院进行调解，可以用简便方式通知当事人、证人到庭。

第九十八条 人民法院进行调解，可以邀请有关单位和个人协助。被邀请的单位和个人，应当协助人民法院进行调解。

第九十九条 调解达成协议，必须双方自愿，不得强迫。调解协议的内容不得违反法律规定。

第一百条 调解达成协议，人民法院应当制作调解书。调解书应当写明诉讼请求、案件的事实和调解结果。

调解书由审判人员、书记员署名，加盖人民法院印章，送达双方当事人。

调解书经双方当事人签收后，即具有法律效力。

第一百零一条 下列案件调解达成协议，人民法院可以不制作调解书：

（一）调解和好的离婚案件；

（二）调解维持收养关系的案件；

（三）能够即时履行的案件；

（四）其他不需要制作调解书的案件。

对不需要制作调解书的协议，应当记入笔录，由双方当事人、审判人员、书记员签名或者盖章后，即具有法律效力。

第一百零二条 调解未达成协议或者调解书送达前一方反悔的，人民法院应当及时判决。

第九章 保全和先予执行

第一百零三条 人民法院对于可能因当事人一方的行为或者其他原因，使判决难以执行或者造成当事人其他损害的案件，根据对方当事人的申请，可以裁定对其财产进行保全、责令其作出一定行为或者禁止其作出一定行为；当事人没有提出申请的，人民法院在必要时也可以裁定采取保全措施。

人民法院采取保全措施，可以责令申请人提供担保，申请人不提供担保的，裁定驳回申请。

人民法院接受申请后，对情况紧急的，必须在四十八小时内作出裁定；裁定采取保全措施的，应当立即开始执行。

第一百零四条 利害关系人因情况紧急，不立即申请保全将会使其合法权益受到难以弥补的损害的，可以在提起诉讼或者申请仲裁前向被保全财产所在地、被申请人住所地或者对案件有管辖权的人民法院申请采取保全措施。申请人应当提供担保，不提供担保的，裁定驳回申请。

人民法院接受申请后，必须在四十八小时内作出裁定；裁定采取保全措施的，应当立即开始执行。

申请人在人民法院采取保全措施后三十日内不依法提起诉讼或者申请仲裁的，人民法院应当解除保全。

第一百零五条 保全限于请求的范围，或者与本案有关的财物。

第一百零六条 财产保全采取查封、扣押、冻结或者法律规定的其他方法。人民法院保全财产后，应当立即通知被保全财产的人。

财产已被查封、冻结的，不得重复查封、冻结。

第一百零七条 财产纠纷案件，被申请人提供担保的，人民法院应当裁定解除保全。

第一百零八条 申请有错误的，申请人应当赔偿被申请人因保全所遭受的损失。

第一百零九条 人民法院对下列案件，根据当事人的申请，可以裁定先予执行：

（一）追索赡养费、扶养费、抚养费、抚恤金、医疗费用的；

（二）追索劳动报酬的；

（三）因情况紧急需要先予执行的。

第一百一十条 人民法院裁定先予执行的，应当符合下列条件：

（一）当事人之间权利义务关系明确，不先予执行将严重影响申请人的生活或者生产经营的；

（二）被申请人有履行能力。

人民法院可以责令申请人提供担保，申请人不提供担保的，驳回申请。申请人败诉的，应当赔偿被申请人因先予执行遭受的财产损失。

第一百一十一条 当事人对保全或者先予执行的裁定不服的，可以申请复议一次。复议期间不停止裁定的执行。

第十章 对妨害民事诉讼的强制措施

第一百一十二条 人民法院对必须到庭的被告，经两次传票传唤，无正当理由拒不到庭的，可以拘传。

第一百一十三条 诉讼参与人和其他人应当遵守法庭规则。

人民法院对违反法庭规则的人，可以予以训诫，责令退出法庭或者予以罚款、拘留。

人民法院对哄闹、冲击法庭，侮辱、诽谤、威胁、殴打审判人员，严重扰乱法庭秩序的人，依法追究刑事责任；情节较轻的，予以罚款、拘留。

第一百一十四条 诉讼参与人或者其他人有下列行为之一的，人民法院可以根据情节轻重予以罚款、拘留；构成犯罪的，依法追究刑事责任：

（一）伪造、毁灭重要证据，妨碍人民法院审理案件的；

（二）以暴力、威胁、贿买方法阻止证人作证或者指使、贿买、胁迫他人作伪证的；

（三）隐藏、转移、变卖、毁损已被查封、扣押的财产，或者已被清点并责令其保管的财产，转移已被冻结的财产的；

（四）对司法工作人员、诉讼参加人、证人、翻译人员、鉴定人、勘验人、协助执行的人，进行侮辱、诽谤、诬陷、殴打或者打击报复的；

（五）以暴力、威胁或者其他方法阻碍司法工作人员执行职务的；

（六）拒不履行人民法院已经发生法律效力的判决、裁定的。

人民法院对有前款规定的行为之一的单位，可以对其主要负责人或者直接责任人员予以罚款、拘留；构成犯罪的，依法追究刑事责任。

第一百一十五条 当事人之间恶意串通，企图通过诉讼、调解等方式侵害国家利益、社会公共利益或者他人合法权益的，人民法院应当驳回其请求，并根据情节轻重予以罚款、拘留；构成犯罪的，依法追究刑事责任。

当事人单方捏造民事案件基本事实，向人民法院提起诉讼，企图侵害国家利益、社会公共利益或者他人合法权益的，适用前款规定。

第一百一十六条 被执行人与他人恶意串通，通过诉讼、仲裁、调解等方式逃避履行法律文书确定的义务的，人民法院应当根据情节轻重予以罚款、拘留；构成犯罪的，依法追究刑事责任。

第一百一十七条 有义务协助调查、执行的单位有下列行为之一的，人民法院除责令其履行协助义务外，并可以予以罚款：

（一）有关单位拒绝或者妨碍人民法院调查取证的；

（二）有关单位接到人民法院协助执行通知书后，拒不协助查询、扣押、冻结、划拨、变价财产的；

（三）有关单位接到人民法院协助执行通知书后，拒不协助扣留被执行人的收入、办理有关财产权证照转移手续、转交有关票证、证照或者其他财产的；

（四）其他拒绝协助执行的。

人民法院对有前款规定的行为之一的单位，可以对其主要负责人或者直接责任人员予以罚款；对仍不履行协助义务的，可以予以拘留；并可以向监察机关或者有关机关提出予以纪律处分的司法建议。

第一百一十八条 对个人的罚款金额，为人民币十万元以下。对单位的罚款金额，为人民币五万元以上一百万元以下。

拘留的期限，为十五日以下。

被拘留的人，由人民法院交公安机关看管。在拘留期间，被拘留人承认并改正错误的，人民法院可以决定提前解除拘留。

第一百一十九条 拘传、罚款、拘留必须经院长批准。

拘传应当发拘传票。

罚款、拘留应当用决定书。对决定不服的，可以向上一级人民法院申请复议一次。复议期间不停止执行。

第一百二十条 采取对妨害民事诉讼的强制措施必须由人民法院决定。任何单位和个人采取非法拘禁他人或者非法私自扣押他人财产追索债务的，应当依法追究刑事责任，或者予以拘留、罚款。

第十一章 诉讼费用

第一百二十一条 当事人进行民事诉讼，应当按照规定交纳案件受理费。财产案件除交纳案件受理费外,并按照规定交纳其他诉讼费用。

当事人交纳诉讼费用确有困难的,可以按照规定向人民法院申请缓交、减交或者免交。

收取诉讼费用的办法另行制定。

第二编　审判程序

第十二章　第一审普通程序

第一节　起诉和受理

第一百二十二条　起诉必须符合下列条件:

(一)原告是与本案有直接利害关系的公民、法人和其他组织;

(二)有明确的被告;

(三)有具体的诉讼请求和事实、理由;

(四)属于人民法院受理民事诉讼的范围和受诉人民法院管辖。

第一百二十三条　起诉应当向人民法院递交起诉状,并按照被告人数提出副本。

书写起诉状确有困难的,可以口头起诉,由人民法院记入笔录,并告知对方当事人。

第一百二十四条　起诉状应当记明下列事项:

(一)原告的姓名、性别、年龄、民族、职业、工作单位、住所、联系方式,法人或者其他组织的名称、住所和法定代表人或者主要负责人的姓名、职务、联系方式;

(二)被告的姓名、性别、工作单位、住所等信息,法人或者其他组织的名称、住所等信息;

(三)诉讼请求和所根据的事实与理由;

(四)证据和证据来源,证人姓名和住所。

第一百二十五条　当事人起诉到人民法院的民事纠纷,适宜调解的,先行调解,但当事人拒绝调解的除外。

第一百二十六条　人民法院应当保障当事人依照法律规定享有的起诉权利。对符合本法第一百二十二条的起诉,必须受理。符合起诉条件的,应当在七日内立案,并通知当事人;不符合起诉条件的,应当在七日内作出裁定书,不予受理;原告对裁定不服的,可以提起上诉。

第一百二十七条　人民法院对下列起诉,分别情形,予以处理:

(一)依照行政诉讼法的规定,属于行政诉讼受案范围的,告知原告提起行政诉讼;

(二)依照法律规定,双方当事人达成书面仲裁协议申请仲裁、不得向人民法院起诉的,告知原告向仲裁机构申请仲裁;

(三)依照法律规定,应当由其他机关处理的争议,告知原告向有关机关申请解决;

(四)对不属于本院管辖的案件,告知原告向有管辖权的人民法院起诉;

(五)对判决、裁定、调解书已经发生法律效力的案件,当事人又起诉的,告知原告申请再审,但人民法院准许撤诉的裁定除外;

(六)依照法律规定,在一定期限内不得起诉的案件,在不得起诉的期限内起诉的,不予受理;

(七)判决不准离婚和调解和好的离婚案件,判决、调解维持收养关系的案件,没有新情况、新理由,原告在六个月内又起诉的,不予受理。

第二节　审理前的准备

第一百二十八条　人民法院应当在立案之日起五日内将起诉状副本发送被告,被告应当在收到之日起十五日内提出答辩状。答辩状应当记明被告的姓名、性别、年龄、民族、职业、工作单位、住所、联系方式;法人或者其他组织的名称、住所和法定代表人或者主要负责人的姓名、职务、联系方式。

人民法院应当在收到答辩状之日起五日内将答辩状副本发送原告。

被告不提出答辩状的，不影响人民法院审理。

第一百二十九条　人民法院对决定受理的案件，应当在受理案件通知书和应诉通知书中向当事人告知有关的诉讼权利义务，或者口头告知。

第一百三十条　人民法院受理案件后，当事人对管辖权有异议的，应当在提交答辩状期间提出。人民法院对当事人提出的异议，应当审查。异议成立的，裁定将案件移送有管辖权的人民法院；异议不成立的，裁定驳回。

当事人未提出管辖异议，并应诉答辩或者提出反诉的，视为受诉人民法院有管辖权，但违反级别管辖和专属管辖规定的除外。

第一百三十一条　审判人员确定后，应当在三日内告知当事人。

第一百三十二条　审判人员必须认真审核诉讼材料，调查收集必要的证据。

第一百三十三条　人民法院派出人员进行调查时，应当向被调查人出示证件。

调查笔录经被调查人校阅后，由被调查人、调查人签名或者盖章。

第一百三十四条　人民法院在必要时可以委托外地人民法院调查。

委托调查，必须提出明确的项目和要求。受委托人民法院可以主动补充调查。

受委托人民法院收到委托书后，应当在三十日内完成调查。因故不能完成的，应当在上述期限内函告委托人民法院。

第一百三十五条　必须共同进行诉讼的当事人没有参加诉讼的，人民法院应当通知其参加诉讼。

第一百三十六条　人民法院对受理的案件，分别情形，予以处理：

（一）当事人没有争议，符合督促程序规定条件的，可以转入督促程序；

（二）开庭前可以调解的，采取调解方式及时解决纠纷；

（三）根据案件情况，确定适用简易程序或者普通程序；

（四）需要开庭审理的，通过要求当事人交换证据等方式，明确争议焦点。

第三节　开庭审理

第一百三十七条　人民法院审理民事案件，除涉及国家秘密、个人隐私或者法律另有规定的以外，应当公开进行。

离婚案件，涉及商业秘密的案件，当事人申请不公开审理的，可以不公开审理。

第一百三十八条　人民法院审理民事案件，根据需要进行巡回审理，就地办案。

第一百三十九条　人民法院审理民事案件，应当在开庭三日前通知当事人和其他诉讼参与人。公开审理的，应当公告当事人姓名、案由和开庭的时间、地点。

第一百四十条　开庭审理前，书记员应当查明当事人和其他诉讼参与人是否到庭，宣布法庭纪律。

开庭审理时，由审判长或者独任审判员核对当事人，宣布案由，宣布审判人员、法官助理、书记员等的名单，告知当事人有关的诉讼权利义务，询问当事人是否提出回避申请。

第一百四十一条　法庭调查按照下列顺序进行：

（一）当事人陈述；

（二）告知证人的权利义务，证人作证，宣读未到庭的证人证言；

（三）出示书证、物证、视听资料和电子数据；

（四）宣读鉴定意见；

（五）宣读勘验笔录。

第一百四十二条　当事人在法庭上可以提出新的证据。

当事人经法庭许可，可以向证人、鉴定人、勘验人发问。

当事人要求重新进行调查、鉴定或者勘验的，是否准许，由人民法院决定。

第一百四十三条　原告增加诉讼请求，被告提出反诉，第三人提出与本案有关的诉讼请求，可以合并审理。

第一百四十四条　法庭辩论按照下列顺序进行：

（一）原告及其诉讼代理人发言；

（二）被告及其诉讼代理人答辩；

（三）第三人及其诉讼代理人发言或者答辩；

（四）互相辩论。

法庭辩论终结，由审判长或者独任审判员按照原告、被告、第三人的先后顺序征询各方最后意见。

第一百四十五条　法庭辩论终结，应当依法作出判决。判决前能够调解的，还可以进行调解，调解不成的，应当及时判决。

第一百四十六条　原告经传票传唤，无正当理由拒不到庭的，或者未经法庭许可中途退庭的，可以按撤诉处理；被告反诉的，可以缺席判决。

第一百四十七条　被告经传票传唤，无正当理由拒不到庭的，或者未经法庭许可中途退庭的，可以缺席判决。

第一百四十八条　宣判前，原告申请撤诉的，是否准许，由人民法院裁定。

人民法院裁定不准许撤诉的，原告经传票传唤，无正当理由拒不到庭的，可以缺席判决。

第一百四十九条　有下列情形之一的，可以延期开庭审理：

（一）必须到庭的当事人和其他诉讼参与人有正当理由没有到庭的；

（二）当事人临时提出回避申请的；

（三）需要通知新的证人到庭，调取新的证据，重新鉴定、勘验，或者需要补充调查的；

（四）其他应当延期的情形。

第一百五十条　书记员应当将法庭审理的全部活动记入笔录，由审判人员和书记员签名。

法庭笔录应当当庭宣读，也可以告知当事人和其他诉讼参与人当庭或者在五日内阅读。当事人和其他诉讼参与人认为对自己的陈述记录有遗漏或者差错的，有权申请补正。如果不予补正，应当将申请记录在案。

法庭笔录由当事人和其他诉讼参与人签名或者盖章。拒绝签名盖章的，记明情况附卷。

第一百五十一条　人民法院对公开审理或者不公开审理的案件，一律公开宣告判决。

当庭宣判的，应当在十日内发送判决书；定期宣判的，宣判后立即发给判决书。

宣告判决时，必须告知当事人上诉权利、上诉期限和上诉的法院。

宣告离婚判决，必须告知当事人在判决发生法律效力前不得另行结婚。

第一百五十二条　人民法院适用普通程序审理的案件，应当在立案之日起六个月内审结。有特殊情况需要延长的，经本院院长批准，可以延长六个月；还需要延长的，报请上级人民法院批准。

第四节　诉讼中止和终结

第一百五十三条　有下列情形之一的，中止诉讼：

（一）一方当事人死亡，需要等待继承人表明是否参加诉讼的；

（二）一方当事人丧失诉讼行为能力，尚未确定法定代理人的；

（三）作为一方当事人的法人或者其他组织终止，尚未确定权利义务承受人的；

（四）一方当事人因不可抗拒的事由，不能参加诉讼的；

（五）本案必须以另一案的审理结果为依据，而另一案尚未审结的；

（六）其他应当中止诉讼的情形。

中止诉讼的原因消除后，恢复诉讼。

第一百五十四条　有下列情形之一的，终结诉讼：

（一）原告死亡，没有继承人，或者继承人放弃诉讼权利的；

（二）被告死亡，没有遗产，也没有应当承担义务的人的；

（三）离婚案件一方当事人死亡的；

（四）追索赡养费、扶养费、抚养费以及解除收养关系案件的一方当事人死亡的。

第五节　判决和裁定

第一百五十五条　判决书应当写明判决结果和作出该判决的理由。判决书内容包括：

（一）案由、诉讼请求、争议的事实和理由；

（二）判决认定的事实和理由、适用的法律和理由；

（三）判决结果和诉讼费用的负担；

（四）上诉期间和上诉的法院。

判决书由审判人员、书记员署名，加盖人民法院印章。

第一百五十六条　人民法院审理案件，其中一部分事实已经清楚，可以就该部分先行判决。

第一百五十七条　裁定适用于下列范围：

（一）不予受理；

（二）对管辖权有异议的；

（三）驳回起诉；

（四）保全和先予执行；

（五）准许或者不准许撤诉；

（六）中止或者终结诉讼；

（七）补正判决书中的笔误；

（八）中止或者终结执行；

（九）撤销或者不予执行仲裁裁决；

（十）不予执行公证机关赋予强制执行效力的债权文书；

（十一）其他需要裁定解决的事项。

对前款第一项至第三项裁定，可以上诉。

裁定书应当写明裁定结果和作出该裁定的理由。裁定书由审判人员、书记员署名，加盖人民法院印章。口头裁定的，记入笔录。

第一百五十八条　最高人民法院的判决、裁定，以及依法不准上诉或者超过上诉期没有上诉的判决、裁定，是发生法律效力的判决、裁定。

第一百五十九条　公众可以查阅发生法律效力的判决书、裁定书，但涉及国家秘密、商业秘密和个人隐私的内容除外。

第十三章　简易程序

第一百六十条　基层人民法院和它派出的法庭审理事实清楚、权利义务关系明确、争议不大的简单的民事案件，适用本章规定。

基层人民法院和它派出的法庭审理前款规定以外的民事案件，当事人双方也可以约定适用简易程序。

第一百六十一条　对简单的民事案件，原告可以口头起诉。

当事人双方可以同时到基层人民法院或者它派出的法庭，请求解决纠纷。基层人民法院或者它派出的法庭可以当即审理，也可以另定日期审理。

第一百六十二条　基层人民法院和它派出的法庭审理简单的民事案件，可以用简便方式传唤当事人和证人、送达诉讼文书、审理案件，但应当保障当事人陈述意见的权利。

第一百六十三条　简单的民事案件由审判员一人独任审理，并不受本法第一百三十九条、第一百四十一条、第一百四十四条规定的限制。

第一百六十四条　人民法院适用简易程序审理案件，应当在立案之日起三个月内审结。有特殊情况需要延长的，经本院院长批准，可以延长一个月。

第一百六十五条　基层人民法院和它派出的法庭审理事实清楚、权利义务关系明确、争议不大的简单金钱给付民事案件，标的额为各省、自治区、直辖市上年度就业人员年平均工资百分之五十以下的，适用小额诉讼的程序审理，实行一审终审。

基层人民法院和它派出的法庭审理前款规定的民事案件，标的额超过各省、自治区、直辖市上年度就业人员年平均工资百分之五十但在二倍以下的，当事人双方也可以约定适用小额诉讼的程序。

第一百六十六条 人民法院审理下列民事案件，不适用小额诉讼的程序：

（一）人身关系、财产确权案件；

（二）涉外案件；

（三）需要评估、鉴定或者对诉前评估、鉴定结果有异议的案件；

（四）一方当事人下落不明的案件；

（五）当事人提出反诉的案件；

（六）其他不宜适用小额诉讼的程序审理的案件。

第一百六十七条 人民法院适用小额诉讼的程序审理案件，可以一次开庭审结并且当庭宣判。

第一百六十八条 人民法院适用小额诉讼的程序审理案件，应当在立案之日起两个月内审结。有特殊情况需要延长的，经本院院长批准，可以延长一个月。

第一百六十九条 人民法院在审理过程中，发现案件不宜适用小额诉讼的程序的，应当适用简易程序的其他规定审理或者裁定转为普通程序。

当事人认为案件适用小额诉讼的程序审理违反法律规定的，可以向人民法院提出异议。人民法院对当事人提出的异议应当审查，异议成立的，应当适用简易程序的其他规定审理或者裁定转为普通程序；异议不成立的，裁定驳回。

第一百七十条 人民法院在审理过程中，发现案件不宜适用简易程序的，裁定转为普通程序。

第十四章 第二审程序

第一百七十一条 当事人不服地方人民法院第一审判决的，有权在判决书送达之日起十五日内向上一级人民法院提起上诉。

当事人不服地方人民法院第一审裁定的，有权在裁定书送达之日起十日内向上一级人民法院提起上诉。

第一百七十二条 上诉应当递交上诉状。上诉状的内容，应当包括当事人的姓名，法人的名称及其法定代表人的姓名或者其他组织的名称及其主要负责人的姓名；原审人民法院名称、案件的编号和案由；上诉的请求和理由。

第一百七十三条 上诉状应当通过原审人民法院提出，并按照对方当事人或者代表人的人数提出副本。

当事人直接向第二审人民法院上诉的，第二审人民法院应当在五日内将上诉状移交原审人民法院。

第一百七十四条 原审人民法院收到上诉状，应当在五日内将上诉状副本送达对方当事人，对方当事人在收到之日起十五日内提出答辩状。人民法院应当在收到答辩状之日起五日内将副本送达上诉人。对方当事人不提出答辩状的，不影响人民法院审理。

原审人民法院收到上诉状、答辩状，应当在五日内连同全部案卷和证据，报送第二审人民法院。

第一百七十五条 第二审人民法院应当对上诉请求的有关事实和适用法律进行审查。

第一百七十六条 第二审人民法院对上诉案件应当开庭审理。经过阅卷、调查和询问当事人，对没有提出新的事实、证据或者理由，人民法院认为不需要开庭审理的，可以不开庭审理。

第二审人民法院审理上诉案件，可以在本院进行，也可以到案件发生地或者原审人民法院所在地进行。

第一百七十七条 第二审人民法院对上诉案件，经过审理，按照下列情形，分别处理：

（一）原判决、裁定认定事实清楚，适用法律正确的，以判决、裁定方式驳回上诉，维持原判决、裁定；

（二）原判决、裁定认定事实错误或者适用法律错误的，以判决、裁定方式依法改判、撤销或者变更；

（三）原判决认定基本事实不清的，裁定撤销原判决，发回原审人民法院重审，或者查清事实后改判；

（四）原判决遗漏当事人或者违法缺席判决等严重违反法定程序的，裁定撤销原判决，发回原审人民法院重审。

原审人民法院对发回重审的案件作出判决后，当事人提起上诉的，第二审人民法院不得再次发回重审。

第一百七十八条 第二审人民法院对不服第一审人民法院裁定的上诉案件的处理，一律使用裁定。

第一百七十九条 第二审人民法院审理上诉案件，可以进行调解。调解达成协议，应当制作调解书，由审判人员、书记员署名，加盖人民法院印章。调解书送达后，原审人民法院的判决即视为撤销。

第一百八十条 第二审人民法院判决宣告前，上诉人申请撤回上诉的，是否准许，由第二审人民法院裁定。

第一百八十一条 第二审人民法院审理上诉案件，除依照本章规定外，适用第一审普通程序。

第一百八十二条 第二审人民法院的判决、裁定，是终审的判决、裁定。

第一百八十三条 人民法院审理对判决的上诉案件，应当在第二审立案之日起三个月内审结。有特殊情况需要延长的，由本院院长批准。

人民法院审理对裁定的上诉案件，应当在第二审立案之日起三十日内作出终审裁定。

第十五章　特别程序

第一节　一般规定

第一百八十四条 人民法院审理选民资格案件、宣告失踪或者宣告死亡案件、指定遗产管理人案件、认定公民无民事行为能力或者限制民事行为能力案件、认定财产无主案件、确认调解协议案件和实现担保物权案件，适用本章规定。本章没有规定的，适用本法和其他法律的有关规定。

第一百八十五条 依照本章程序审理的案件，实行一审终审。选民资格案件或者重大、疑难的案件，由审判员组成合议庭审理；其他案件由审判员一人独任审理。

第一百八十六条 人民法院在依照本章程序审理案件的过程中，发现本案属于民事权益争议的，应当裁定终结特别程序，并告知利害关系人可以另行起诉。

第一百八十七条 人民法院适用特别程序审理的案件，应当在立案之日起三十日内或者公告期满后三十日内审结。有特殊情况需要延长的，由本院院长批准。但审理选民资格的案件除外。

第二节　选民资格案件

第一百八十八条 公民不服选举委员会对选民资格的申诉所作的处理决定，可以在选举日的五日以前向选区所在地基层人民法院起诉。

第一百八十九条 人民法院受理选民资格案件后，必须在选举日前审结。

审理时，起诉人、选举委员会的代表和有关公民必须参加。

人民法院的判决书，应当在选举日前送达选举委员会和起诉人，并通知有关公民。

第三节　宣告失踪、宣告死亡案件

第一百九十条 公民下落不明满二年，利害关系人申请宣告其失踪的，向下落不明人住所地基层人民法院提出。

申请书应当写明失踪的事实、时间和请求，并附有公安机关或者其他有关机关关于该公民下落不明的书面证明。

第一百九十一条 公民下落不明满四年，或者因意外事件下落不明满二年，或者因意外事件下落不明，经有关机关证明该公民不可能生存，利害关系人申请宣告其死亡的，向下落不明人住所地基层人民法院提出。

申请书应当写明下落不明的事实、时间和请求，并附有公安机关或者其他有关机关关于该公民下落不明的书面证明。

第一百九十二条 人民法院受理宣告失踪、宣告死亡案件后，应当发出寻找下落不明人的公告。宣告失踪的公告期间为三个月，宣告死亡的公告期间为一年。因意外事件下落不明，经有关机关证明该公民不可能生存的，宣告死亡的公告期间为三个月。

公告期间届满，人民法院应当根据被宣告失踪、宣告死亡的事实是否得到确认，作出宣告失踪、宣告死亡的判决或者驳回申请的判决。

第一百九十三条 被宣告失踪、宣告死亡的公民重新出现，经本人或者利害关系人申请，人民法院应当作出新判决，撤销原判决。

第四节 指定遗产管理人案件

第一百九十四条 对遗产管理人的确定有争议，利害关系人申请指定遗产管理人的，向被继承人死亡时住所地或者主要遗产所在地基层人民法院提出。

申请书应当写明被继承人死亡的时间、申请事由和具体请求，并附有被继承人死亡的相关证据。

第一百九十五条 人民法院受理申请后，应当审查核实，并按照有利于遗产管理的原则，判决指定遗产管理人。

第一百九十六条 被指定的遗产管理人死亡、终止、丧失民事行为能力或者存在其他无法继续履行遗产管理职责情形的，人民法院可以根据利害关系人或者本人的申请另行指定遗产管理人。

第一百九十七条 遗产管理人违反遗产管理职责，严重侵害继承人、受遗赠人或者债权人合法权益的，人民法院可以根据利害关系人的申请，撤销其遗产管理人资格，并依法指定新的遗产管理人。

第五节 认定公民无民事行为能力、限制民事行为能力案件

第一百九十八条 申请认定公民无民事行为能力或者限制民事行为能力，由利害关系人或者有关组织向该公民住所地基层人民法院提出。

申请书应当写明该公民无民事行为能力或者限制民事行为能力的事实和根据。

第一百九十九条 人民法院受理申请后，必要时应当对被请求认定为无民事行为能力或者限制民事行为能力的公民进行鉴定。申请人已提供鉴定意见的，应当对鉴定意见进行审查。

第二百条 人民法院审理认定公民无民事行为能力或者限制民事行为能力的案件，应当由该公民的近亲属为代理人，但申请人除外。近亲属互相推诿的，由人民法院指定其中一人为代理人。该公民健康情况许可的，还应当询问本人的意见。

人民法院经审理认定申请有事实根据的，判决该公民为无民事行为能力或者限制民事行为能力人；认定申请没有事实根据的，应当判决予以驳回。

第二百零一条 人民法院根据被认定为无民事行为能力人、限制民事行为能力人本人、利害关系人或者有关组织的申请，证实该公民无民事行为能力或者限制民事行为能力的原因已经消除的，应当作出新判决，撤销原判决。

第六节 认定财产无主案件

第二百零二条 申请认定财产无主，由公民、法人或者其他组织向财产所在地基层人民法院提出。

申请书应当写明财产的种类、数量以及要求认定财产无主的根据。

第二百零三条 人民法院受理申请后，经审查核实，应当发出财产认领公告。公告

满一年无人认领的，判决认定财产无主，收归国家或者集体所有。

第二百零四条 判决认定财产无主后，原财产所有人或者继承人出现，在民法典规定的诉讼时效期间可以对财产提出请求，人民法院审查属实后，应当作出新判决，撤销原判决。

第七节 确认调解协议案件

第二百零五条 经依法设立的调解组织调解达成调解协议，申请司法确认的，由双方当事人自调解协议生效之日起三十日内，共同向下列人民法院提出：

（一）人民法院邀请调解组织开展先行调解的，向作出邀请的人民法院提出；

（二）调解组织自行开展调解的，向当事人住所地、标的物所在地、调解组织所在地的基层人民法院提出；调解协议所涉纠纷应当由中级人民法院管辖的，向相应的中级人民法院提出。

第二百零六条 人民法院受理申请后，经审查，符合法律规定的，裁定调解协议有效，一方当事人拒绝履行或者未全部履行的，对方当事人可以向人民法院申请执行；不符合法律规定的，裁定驳回申请，当事人可以通过调解方式变更原调解协议或者达成新的调解协议，也可以向人民法院提起诉讼。

第八节 实现担保物权案件

第二百零七条 申请实现担保物权，由担保物权人以及其他有权请求实现担保物权的人依照民法典等法律，向担保财产所在地或者担保物权登记地基层人民法院提出。

第二百零八条 人民法院受理申请后，经审查，符合法律规定的，裁定拍卖、变卖担保财产，当事人依据该裁定可以向人民法院申请执行；不符合法律规定的，裁定驳回申请，当事人可以向人民法院提起诉讼。

第十六章 审判监督程序

第二百零九条 各级人民法院院长对本院已经发生法律效力的判决、裁定、调解书，发现确有错误，认为需要再审的，应当提交审判委员会讨论决定。

最高人民法院对地方各级人民法院已经发生法律效力的判决、裁定、调解书，上级人民法院对下级人民法院已经发生法律效力的判决、裁定、调解书，发现确有错误的，有权提审或者指令下级人民法院再审。

第二百一十条 当事人对已经发生法律效力的判决、裁定，认为有错误的，可以向上一级人民法院申请再审；当事人一方人数众多或者当事人双方为公民的案件，也可以向原审人民法院申请再审。当事人申请再审的，不停止判决、裁定的执行。

第二百一十一条 当事人的申请符合下列情形之一的，人民法院应当再审：

（一）有新的证据，足以推翻原判决、裁定的；

（二）原判决、裁定认定的基本事实缺乏证据证明的；

（三）原判决、裁定认定事实的主要证据是伪造的；

（四）原判决、裁定认定事实的主要证据未经质证的；

（五）对审理案件需要的主要证据，当事人因客观原因不能自行收集，书面申请人民法院调查收集，人民法院未调查收集的；

（六）原判决、裁定适用法律确有错误的；

（七）审判组织的组成不合法或者依法应当回避的审判人员没有回避的；

（八）无诉讼行为能力人未经法定代理人代为诉讼或者应当参加诉讼的当事人，因不能归责于本人或者其诉讼代理人的事由，未参加诉讼的；

（九）违反法律规定，剥夺当事人辩论权利的；

（十）未经传票传唤，缺席判决的；

（十一）原判决、裁定遗漏或者超出诉讼请求的；

（十二）据以作出原判决、裁定的法律

文书被撤销或者变更的；

（十三）审判人员审理该案件时有贪污受贿，徇私舞弊，枉法裁判行为的。

第二百一十二条 当事人对已经发生法律效力的调解书，提出证据证明调解违反自愿原则或者调解协议的内容违反法律的，可以申请再审。经人民法院审查属实的，应当再审。

第二百一十三条 当事人对已经发生法律效力的解除婚姻关系的判决、调解书，不得申请再审。

第二百一十四条 当事人申请再审的，应当提交再审申请书等材料。人民法院应当自收到再审申请书之日起五日内将再审申请书副本发送对方当事人。对方当事人应当自收到再审申请书副本之日起十五日内提交书面意见；不提交书面意见的，不影响人民法院审查。人民法院可以要求申请人和对方当事人补充有关材料，询问有关事项。

第二百一十五条 人民法院应当自收到再审申请书之日起三个月内审查，符合本法规定的，裁定再审；不符合本法规定的，裁定驳回申请。有特殊情况需要延长的，由本院院长批准。

因当事人申请裁定再审的案件由中级人民法院以上的人民法院审理，但当事人依照本法第二百一十条的规定选择向基层人民法院申请再审的除外。最高人民法院、高级人民法院裁定再审的案件，由本院再审或者交其他人民法院再审，也可以交原审人民法院再审。

第二百一十六条 当事人申请再审，应当在判决、裁定发生法律效力后六个月内提出；有本法第二百一十一条第一项、第三项、第十二项、第十三项规定情形的，自知道或者应当知道之日起六个月内提出。

第二百一十七条 按照审判监督程序决定再审的案件，裁定中止原判决、裁定、调解书的执行，但追索赡养费、扶养费、抚养费、抚恤金、医疗费用、劳动报酬等案件，可以不中止执行。

第二百一十八条 人民法院按照审判监督程序再审的案件，发生法律效力的判决、裁定是由第一审法院作出的，按照第一审程序审理，所作的判决、裁定，当事人可以上诉；发生法律效力的判决、裁定是由第二审法院作出的，按照第二审程序审理，所作的判决、裁定，是发生法律效力的判决、裁定；上级人民法院按照审判监督程序提审的，按照第二审程序审理，所作的判决、裁定是发生法律效力的判决、裁定。

人民法院审理再审案件，应当另行组成合议庭。

第二百一十九条 最高人民检察院对各级人民法院已经发生法律效力的判决、裁定，上级人民检察院对下级人民法院已经发生法律效力的判决、裁定，发现有本法第二百一十一条规定情形之一的，或者发现调解书损害国家利益、社会公共利益的，应当提出抗诉。

地方各级人民检察院对同级人民法院已经发生法律效力的判决、裁定，发现有本法第二百一十一条规定情形之一的，或者发现调解书损害国家利益、社会公共利益的，可以向同级人民法院提出检察建议，并报上级人民检察院备案；也可以提请上级人民检察院向同级人民法院提出抗诉。

各级人民检察院对审判监督程序以外的其他审判程序中审判人员的违法行为，有权向同级人民法院提出检察建议。

第二百二十条 有下列情形之一的，当事人可以向人民检察院申请检察建议或者抗诉：

（一）人民法院驳回再审申请的；

（二）人民法院逾期未对再审申请作出裁定的；

（三）再审判决、裁定有明显错误的。

人民检察院对当事人的申请应当在三个月内进行审查，作出提出或者不予提出检察建议或者抗诉的决定。当事人不得再次向人民检察院申请检察建议或者抗诉。

第二百二十一条 人民检察院因履行法

律监督职责提出检察建议或者抗诉的需要,可以向当事人或者案外人调查核实有关情况。

第二百二十二条 人民检察院提出抗诉的案件,接受抗诉的人民法院应当自收到抗诉书之日起三十日内作出再审的裁定;有本法第二百一十一条第一项至第五项规定情形之一的,可以交下一级人民法院再审,但经该下一级人民法院再审的除外。

第二百二十三条 人民检察院决定对人民法院的判决、裁定、调解书提出抗诉的,应当制作抗诉书。

第二百二十四条 人民检察院提出抗诉的案件,人民法院再审时,应当通知人民检察院派员出席法庭。

第十七章　督促程序

第二百二十五条 债权人请求债务人给付金钱、有价证券,符合下列条件的,可以向有管辖权的基层人民法院申请支付令:

(一)债权人与债务人没有其他债务纠纷的;

(二)支付令能够送达债务人的。

申请书应当写明请求给付金钱或者有价证券的数量和所根据的事实、证据。

第二百二十六条 债权人提出申请后,人民法院应当在五日内通知债权人是否受理。

第二百二十七条 人民法院受理申请后,经审查债权人提供的事实、证据,对债权债务关系明确、合法的,应当在受理之日起十五日内向债务人发出支付令;申请不成立的,裁定予以驳回。

债务人应当自收到支付令之日起十五日内清偿债务,或者向人民法院提出书面异议。

债务人在前款规定的期间不提出异议又不履行支付令的,债权人可以向人民法院申请执行。

第二百二十八条 人民法院收到债务人提出的书面异议后,经审查,异议成立的,应当裁定终结督促程序,支付令自行失效。

支付令失效的,转入诉讼程序,但申请支付令的一方当事人不同意提起诉讼的除外。

第十八章　公示催告程序

第二百二十九条 按照规定可以背书转让的票据持有人,因票据被盗、遗失或者灭失,可以向票据支付地的基层人民法院申请公示催告。依照法律规定可以申请公示催告的其他事项,适用本章规定。

申请人应当向人民法院递交申请书,写明票面金额、发票人、持票人、背书人等票据主要内容和申请的理由、事实。

第二百三十条 人民法院决定受理申请,应当同时通知支付人停止支付,并在三日内发出公告,催促利害关系人申报权利。公示催告的期间,由人民法院根据情况决定,但不得少于六十日。

第二百三十一条 支付人收到人民法院停止支付的通知,应当停止支付,至公示催告程序终结。

公示催告期间,转让票据权利的行为无效。

第二百三十二条 利害关系人应当在公示催告期间向人民法院申报。

人民法院收到利害关系人的申报后,应当裁定终结公示催告程序,并通知申请人和支付人。

申请人或者申报人可以向人民法院起诉。

第二百三十三条 没有人申报的,人民法院应当根据申请人的申请,作出判决,宣告票据无效。判决应当公告,并通知支付人。自判决公告之日起,申请人有权向支付人请求支付。

第二百三十四条 利害关系人因正当理由不能在判决前向人民法院申报的,自知道或者应当知道判决公告之日起一年内,可以向作出判决的人民法院起诉。

第三编　执行程序

第十九章　一般规定

第二百三十五条　发生法律效力的民事判决、裁定，以及刑事判决、裁定中的财产部分，由第一审人民法院或者与第一审人民法院同级的被执行的财产所在地人民法院执行。

法律规定由人民法院执行的其他法律文书，由被执行人住所地或者被执行的财产所在地人民法院执行。

第二百三十六条　当事人、利害关系人认为执行行为违反法律规定的，可以向负责执行的人民法院提出书面异议。当事人、利害关系人提出书面异议的，人民法院应当自收到书面异议之日起十五日内审查，理由成立的，裁定撤销或者改正；理由不成立的，裁定驳回。当事人、利害关系人对裁定不服的，可以自裁定送达之日起十日内向上一级人民法院申请复议。

第二百三十七条　人民法院自收到申请执行书之日起超过六个月未执行的，申请执行人可以向上一级人民法院申请执行。上一级人民法院经审查，可以责令原人民法院在一定期限内执行，也可以决定由本院执行或者指令其他人民法院执行。

第二百三十八条　执行过程中，案外人对执行标的提出书面异议的，人民法院应当自收到书面异议之日起十五日内审查，理由成立的，裁定中止对该标的的执行；理由不成立的，裁定驳回。案外人、当事人对裁定不服，认为原判决、裁定错误的，依照审判监督程序办理；与原判决、裁定无关的，可以自裁定送达之日起十五日内向人民法院提起诉讼。

第二百三十九条　执行工作由执行员进行。

采取强制执行措施时，执行员应当出示证件。执行完毕后，应当将执行情况制作笔录，由在场的有关人员签名或者盖章。

人民法院根据需要可以设立执行机构。

第二百四十条　被执行人或者被执行的财产在外地的，可以委托当地人民法院代为执行。受委托人民法院收到委托函件后，必须在十五日内开始执行，不得拒绝。执行完毕后，应当将执行结果及时函复委托人民法院；在三十日内如果还未执行完毕，也应当将执行情况函告委托人民法院。

受委托人民法院自收到委托函件之日起十五日内不执行的，委托人民法院可以请求受委托人民法院的上级人民法院指令受委托人民法院执行。

第二百四十一条　在执行中，双方当事人自行和解达成协议的，执行员应当将协议内容记入笔录，由双方当事人签名或者盖章。

申请执行人因受欺诈、胁迫与被执行人达成和解协议，或者当事人不履行和解协议的，人民法院可以根据当事人的申请，恢复对原生效法律文书的执行。

第二百四十二条　在执行中，被执行人向人民法院提供担保，并经申请执行人同意的，人民法院可以决定暂缓执行及暂缓执行的期限。被执行人逾期仍不履行的，人民法院有权执行被执行人的担保财产或者担保人的财产。

第二百四十三条　作为被执行人的公民死亡的，以其遗产偿还债务。作为被执行人的法人或者其他组织终止的，由其权利义务承受人履行义务。

第二百四十四条　执行完毕后，据以执行的判决、裁定和其他法律文书确有错误，被人民法院撤销的，对已被执行的财产，人民法院应当作出裁定，责令取得财产的人返还；拒不返还的，强制执行。

第二百四十五条　人民法院制作的调解书的执行，适用本编的规定。

第二百四十六条　人民检察院有权对民

事执行活动实行法律监督。

第二十章 执行的申请和移送

第二百四十七条 发生法律效力的民事判决、裁定，当事人必须履行。一方拒绝履行的，对方当事人可以向人民法院申请执行，也可以由审判员移送执行员执行。

调解书和其他应当由人民法院执行的法律文书，当事人必须履行。一方拒绝履行的，对方当事人可以向人民法院申请执行。

第二百四十八条 对依法设立的仲裁机构的裁决，一方当事人不履行的，对方当事人可以向有管辖权的人民法院申请执行。受申请的人民法院应当执行。

被申请人提出证据证明仲裁裁决有下列情形之一的，经人民法院组成合议庭审查核实，裁定不予执行：

（一）当事人在合同中没有订有仲裁条款或者事后没有达成书面仲裁协议的；

（二）裁决的事项不属于仲裁协议的范围或者仲裁机构无权仲裁的；

（三）仲裁庭的组成或者仲裁的程序违反法定程序的；

（四）裁决所根据的证据是伪造的；

（五）对方当事人向仲裁机构隐瞒了足以影响公正裁决的证据的；

（六）仲裁员在仲裁该案时有贪污受贿，徇私舞弊，枉法裁决行为的。

人民法院认定执行该裁决违背社会公共利益的，裁定不予执行。

裁定书应当送达双方当事人和仲裁机构。

仲裁裁决被人民法院裁定不予执行的，当事人可以根据双方达成的书面仲裁协议重新申请仲裁，也可以向人民法院起诉。

第二百四十九条 对公证机关依法赋予强制执行效力的债权文书，一方当事人不履行的，对方当事人可以向有管辖权的人民法院申请执行，受申请的人民法院应当执行。

公证债权文书确有错误的，人民法院裁定不予执行，并将裁定书送达双方当事人和公证机关。

第二百五十条 申请执行的期间为二年。申请执行时效的中止、中断，适用法律有关诉讼时效中止、中断的规定。

前款规定的期间，从法律文书规定履行期间的最后一日起计算；法律文书规定分期履行的，从最后一期履行期限届满之日起计算；法律文书未规定履行期间的，从法律文书生效之日起计算。

第二百五十一条 执行员接到申请执行书或者移交执行书，应当向被执行人发出执行通知，并可以立即采取强制执行措施。

第二十一章 执行措施

第二百五十二条 被执行人未按执行通知履行法律文书确定的义务，应当报告当前以及收到执行通知之日前一年的财产情况。被执行人拒绝报告或者虚假报告的，人民法院可以根据情节轻重对被执行人或者其法定代理人、有关单位的主要负责人或者直接责任人员予以罚款、拘留。

第二百五十三条 被执行人未按执行通知履行法律文书确定的义务，人民法院有权向有关单位查询被执行人的存款、债券、股票、基金份额等财产情况。人民法院有权根据不同情形扣押、冻结、划拨、变价被执行人的财产。人民法院查询、扣押、冻结、划拨、变价的财产不得超出被执行人应当履行义务的范围。

人民法院决定扣押、冻结、划拨、变价财产，应当作出裁定，并发出协助执行通知书，有关单位必须办理。

第二百五十四条 被执行人未按执行通知履行法律文书确定的义务，人民法院有权扣留、提取被执行人应当履行义务部分的收入。但应当保留被执行人及其所扶养家属的生活必需费用。

人民法院扣留、提取收入时，应当作出裁定，并发出协助执行通知书，被执行人所在单位、银行、信用合作社和其他有储蓄业务的单位必须办理。

第二百五十五条 被执行人未按执行通知履行法律文书确定的义务，人民法院有权查封、扣押、冻结、拍卖、变卖被执行人应当履行义务部分的财产。但应当保留被执行人及其所扶养家属的生活必需品。

采取前款措施，人民法院应当作出裁定。

第二百五十六条 人民法院查封、扣押财产时，被执行人是公民的，应当通知被执行人或者他的成年家属到场；被执行人是法人或者其他组织的，应当通知其法定代表人或者主要负责人到场。拒不到场的，不影响执行。被执行人是公民的，其工作单位或者财产所在地的基层组织应当派人参加。

对被查封、扣押的财产，执行员必须造具清单，由在场人签名或者盖章后，交被执行人一份。被执行人是公民的，也可以交他的成年家属一份。

第二百五十七条 被查封的财产，执行员可以指定被执行人负责保管。因被执行人的过错造成的损失，由被执行人承担。

第二百五十八条 财产被查封、扣押后，执行员应当责令被执行人在指定期间履行法律文书确定的义务。被执行人逾期不履行的，人民法院应当拍卖被查封、扣押的财产；不适于拍卖或者当事人双方同意不进行拍卖的，人民法院可以委托有关单位变卖或者自行变卖。国家禁止自由买卖的物品，交有关单位按照国家规定的价格收购。

第二百五十九条 被执行人不履行法律文书确定的义务，并隐匿财产的，人民法院有权发出搜查令，对被执行人及其住所或者财产隐匿地进行搜查。

采取前款措施，由院长签发搜查令。

第二百六十条 法律文书指定交付的财产或者票证，由执行员传唤双方当事人当面交付，或者由执行员转交，并由被交付人签收。

有关单位持有该项财物或者票证的，应当根据人民法院的协助执行通知书转交，并由被交付人签收。

有关公民持有该项财物或者票证的，人民法院通知其交出。拒不交出的，强制执行。

第二百六十一条 强制迁出房屋或者强制退出土地，由院长签发公告，责令被执行人在指定期间履行。被执行人逾期不履行的，由执行员强制执行。

强制执行时，被执行人是公民的，应当通知被执行人或者他的成年家属到场；被执行人是法人或者其他组织的，应当通知其法定代表人或者主要负责人到场。拒不到场的，不影响执行。被执行人是公民的，其工作单位或者房屋、土地所在地的基层组织应当派人参加。执行员应当将强制执行情况记入笔录，由在场人签名或者盖章。

强制迁出房屋被搬出的财物，由人民法院派人运至指定处所，交给被执行人。被执行人是公民的，也可以交给他的成年家属。因拒绝接收而造成的损失，由被执行人承担。

第二百六十二条 在执行中，需要办理有关财产权证照转移手续的，人民法院可以向有关单位发出协助执行通知书，有关单位必须办理。

第二百六十三条 对判决、裁定和其他法律文书指定的行为，被执行人未按执行通知履行的，人民法院可以强制执行或者委托有关单位或者其他人完成，费用由被执行人承担。

第二百六十四条 被执行人未按判决、裁定和其他法律文书指定的期间履行给付金钱义务的，应当加倍支付迟延履行期间的债务利息。被执行人未按判决、裁定和其他法律文书指定的期间履行其他义务的，应当支付迟延履行金。

第二百六十五条 人民法院采取本法第二百五十三条、第二百五十四条、第二百五十五条规定的执行措施后，被执行人仍不能偿还债务的，应当继续履行义务。债权人发现被执行人有其他财产的，可以随时请求人民法院执行。

第二百六十六条 被执行人不履行法律

文书确定的义务的，人民法院可以对其采取或者通知有关单位协助采取限制出境，在征信系统记录、通过媒体公布不履行义务信息以及法律规定的其他措施。

第二十二章　执行中止和终结

第二百六十七条　有下列情形之一的，人民法院应当裁定中止执行：

（一）申请人表示可以延期执行的；

（二）案外人对执行标的提出确有理由的异议的；

（三）作为一方当事人的公民死亡，需要等待继承人继承权利或者承担义务的；

（四）作为一方当事人的法人或者其他组织终止，尚未确定权利义务承受人的；

（五）人民法院认为应当中止执行的其他情形。

中止的情形消失后，恢复执行。

第二百六十八条　有下列情形之一的，人民法院裁定终结执行：

（一）申请人撤销申请的；

（二）据以执行的法律文书被撤销的；

（三）作为被执行人的公民死亡，无遗产可供执行，又无义务承担人的；

（四）追索赡养费、扶养费、抚养费案件的权利人死亡的；

（五）作为被执行人的公民因生活困难无力偿还借款，无收入来源，又丧失劳动能力的；

（六）人民法院认为应当终结执行的其他情形。

第二百六十九条　中止和终结执行的裁定，送达当事人后立即生效。

第四编　涉外民事诉讼程序的特别规定

第二十三章　一般原则

第二百七十条　在中华人民共和国领域内进行涉外民事诉讼，适用本编规定。本编没有规定的，适用本法其他有关规定。

第二百七十一条　中华人民共和国缔结或者参加的国际条约同本法有不同规定的，适用该国际条约的规定，但中华人民共和国声明保留的条款除外。

第二百七十二条　对享有外交特权与豁免的外国人、外国组织或者国际组织提起的民事诉讼，应当依照中华人民共和国有关法律和中华人民共和国缔结或者参加的国际条约的规定办理。

第二百七十三条　人民法院审理涉外民事案件，应当使用中华人民共和国通用的语言、文字。当事人要求提供翻译的，可以提供，费用由当事人承担。

第二百七十四条　外国人、无国籍人、外国企业和组织在人民法院起诉、应诉，需要委托律师代理诉讼的，必须委托中华人民共和国的律师。

第二百七十五条　在中华人民共和国领域内没有住所的外国人、无国籍人、外国企业和组织委托中华人民共和国律师或者其他人代理诉讼，从中华人民共和国领域外寄交或者托交的授权委托书，应当经所在国公证机关证明，并经中华人民共和国驻该国使领馆认证，或者履行中华人民共和国与该所在国订立的有关条约中规定的证明手续后，才具有效力。

第二十四章　管　辖

第二百七十六条　因涉外民事纠纷，对在中华人民共和国领域内没有住所的被告提起除身份关系以外的诉讼，如果合同签订地、合同履行地、诉讼标的物所在地、可供扣押财产所在地、侵权行为地、代表机构住所地位于中华人民共和国领域内的，可以由合同签订地、合同履行地、诉讼标的物所在地、可供扣押财产所在地、侵权行为地、代表机构住所地人民法院管辖。

除前款规定外，涉外民事纠纷与中华人

民共和国存在其他适当联系的，可以由人民法院管辖。

第二百七十七条 涉外民事纠纷的当事人书面协议选择人民法院管辖的，可以由人民法院管辖。

第二百七十八条 当事人未提出管辖异议，并应诉答辩或者提出反诉的，视为人民法院有管辖权。

第二百七十九条 下列民事案件，由人民法院专属管辖：

（一）因在中华人民共和国领域内设立的法人或者其他组织的设立、解散、清算，以及该法人或者其他组织作出的决议的效力等纠纷提起的诉讼；

（二）因与在中华人民共和国领域内审查授予的知识产权的有效性有关的纠纷提起的诉讼；

（三）因在中华人民共和国领域内履行中外合资经营企业合同、中外合作经营企业合同、中外合作勘探开发自然资源合同发生纠纷提起的诉讼。

第二百八十条 当事人之间的同一纠纷，一方当事人向外国法院起诉，另一方当事人向人民法院起诉，或者一方当事人既向外国法院起诉，又向人民法院起诉，人民法院依照本法有管辖权的，可以受理。当事人订立排他性管辖协议选择外国法院管辖且不违反本法对专属管辖的规定，不涉及中华人民共和国主权、安全或者社会公共利益的，人民法院可以裁定不予受理；已经受理的，裁定驳回起诉。

第二百八十一条 人民法院依据前条规定受理案件后，当事人以外国法院已经先于人民法院受理为由，书面申请人民法院中止诉讼的，人民法院可以裁定中止诉讼，但是存在下列情形之一的除外：

（一）当事人协议选择人民法院管辖，或者纠纷属于人民法院专属管辖；

（二）由人民法院审理明显更为方便。

外国法院未采取必要措施审理案件，或者未在合理期限内审结的，依当事人的书面申请，人民法院应当恢复诉讼。

外国法院作出的发生法律效力的判决、裁定，已经被人民法院全部或者部分承认，当事人对已经获得承认的部分又向人民法院起诉的，裁定不予受理；已经受理的，裁定驳回起诉。

第二百八十二条 人民法院受理的涉外民事案件，被告提出管辖异议，且同时有下列情形的，可以裁定驳回起诉，告知原告向更为方便的外国法院提起诉讼：

（一）案件争议的基本事实不是发生在中华人民共和国领域内，人民法院审理案件和当事人参加诉讼均明显不方便；

（二）当事人之间不存在选择人民法院管辖的协议；

（三）案件不属于人民法院专属管辖；

（四）案件不涉及中华人民共和国主权、安全或者社会公共利益；

（五）外国法院审理案件更为方便。

裁定驳回起诉后，外国法院对纠纷拒绝行使管辖权，或者未采取必要措施审理案件，或者未在合理期限内审结，当事人又向人民法院起诉的，人民法院应当受理。

第二十五章 送达、调查取证、期间

第二百八十三条 人民法院对在中华人民共和国领域内没有住所的当事人送达诉讼文书，可以采用下列方式：

（一）依照受送达人所在国与中华人民共和国缔结或者共同参加的国际条约中规定的方式送达；

（二）通过外交途径送达；

（三）对具有中华人民共和国国籍的受送达人，可以委托中华人民共和国驻受送达人所在国的使领馆代为送达；

（四）向受送达人在本案中委托的诉讼代理人送达；

（五）向受送达人在中华人民共和国领域内设立的独资企业、代表机构、分支机构或者有权接受送达的业务代办人送达；

（六）受送达人为外国人、无国籍人，其在中华人民共和国领域内设立的法人或者其他组织担任法定代表人或者主要负责人，且与该法人或者其他组织为共同被告的，向该法人或者其他组织送达；

（七）受送达人为外国法人或者其他组织，其法定代表人或者主要负责人在中华人民共和国领域内的，向其法定代表人或者主要负责人送达；

（八）受送达人所在国的法律允许邮寄送达的，可以邮寄送达，自邮寄之日起满三个月，送达回证没有退回，但根据各种情况足以认定已经送达的，期间届满之日视为送达；

（九）采用能够确认受送达人收悉的电子方式送达，但是受送达人所在国法律禁止的除外；

（十）以受送达人同意的其他方式送达，但是受送达人所在国法律禁止的除外。

不能用上述方式送达的，公告送达，自发出公告之日起，经过六十日，即视为送达。

第二百八十四条 当事人申请人民法院调查收集的证据位于中华人民共和国领域外，人民法院可以依照证据所在国与中华人民共和国缔结或者共同参加的国际条约中规定的方式，或者通过外交途径调查收集。

在所在国法律不禁止的情况下，人民法院可以采用下列方式调查收集：

（一）对具有中华人民共和国国籍的当事人、证人，可以委托中华人民共和国驻当事人、证人所在国的使领馆代为取证；

（二）经双方当事人同意，通过即时通讯工具取证；

（三）以双方当事人同意的其他方式取证。

第二百八十五条 被告在中华人民共和国领域内没有住所的，人民法院应当将起诉状副本送达被告，并通知被告在收到起诉状副本后三十日内提出答辩状。被告申请延期的，是否准许，由人民法院决定。

第二百八十六条 在中华人民共和国领域内没有住所的当事人，不服第一审人民法院判决、裁定的，有权在判决书、裁定书送达之日起三十日内提起上诉。被上诉人在收到上诉状副本后，应当在三十日内提出答辩状。当事人不能在法定期间提起上诉或者提出答辩状，申请延期的，是否准许，由人民法院决定。

第二百八十七条 人民法院审理涉外民事案件的期间，不受本法第一百五十二条、第一百八十三条规定的限制。

第二十六章 仲　　裁

第二百八十八条 涉外经济贸易、运输和海事中发生的纠纷，当事人在合同中订有仲裁条款或者事后达成书面仲裁协议，提交中华人民共和国涉外仲裁机构或者其他仲裁机构仲裁的，当事人不得向人民法院起诉。

当事人在合同中没有订有仲裁条款或者事后没有达成书面仲裁协议的，可以向人民法院起诉。

第二百八十九条 当事人申请采取保全的，中华人民共和国的涉外仲裁机构应当将当事人的申请，提交被申请人住所地或者财产所在地的中级人民法院裁定。

第二百九十条 经中华人民共和国涉外仲裁机构裁决的，当事人不得向人民法院起诉。一方当事人不履行仲裁裁决的，对方当事人可以向被申请人住所地或者财产所在地的中级人民法院申请执行。

第二百九十一条 对中华人民共和国涉外仲裁机构作出的裁决，被申请人提出证据证明仲裁裁决有下列情形之一的，经人民法院组成合议庭审查核实，裁定不予执行：

（一）当事人在合同中没有订有仲裁条款或者事后没有达成书面仲裁协议的；

（二）被申请人没有得到指定仲裁员或者进行仲裁程序的通知，或者由于其他不属于被申请人负责的原因未能陈述意见的；

（三）仲裁庭的组成或者仲裁的程序与

仲裁规则不符的；

（四）裁决的事项不属于仲裁协议的范围或者仲裁机构无权仲裁的。

人民法院认定执行该裁决违背社会公共利益的，裁定不予执行。

第二百九十二条 仲裁裁决被人民法院裁定不予执行的，当事人可以根据双方达成的书面仲裁协议重新申请仲裁，也可以向人民法院起诉。

第二十七章 司法协助

第二百九十三条 根据中华人民共和国缔结或者参加的国际条约，或者按照互惠原则，人民法院和外国法院可以相互请求，代为送达文书、调查取证以及进行其他诉讼行为。

外国法院请求协助的事项有损于中华人民共和国的主权、安全或者社会公共利益的，人民法院不予执行。

第二百九十四条 请求和提供司法协助，应当依照中华人民共和国缔结或者参加的国际条约所规定的途径进行；没有条约关系的，通过外交途径进行。

外国驻中华人民共和国的使领馆可以向该国公民送达文书和调查取证，但不得违反中华人民共和国的法律，并不得采取强制措施。

除前款规定的情况外，未经中华人民共和国主管机关准许，任何外国机关或者个人不得在中华人民共和国领域内送达文书、调查取证。

第二百九十五条 外国法院请求人民法院提供司法协助的请求书及其所附文件，应当附有中文译本或者国际条约规定的其他文字文本。

人民法院请求外国法院提供司法协助的请求书及其所附文件，应当附有该国文字译本或者国际条约规定的其他文字文本。

第二百九十六条 人民法院提供司法协助，依照中华人民共和国法律规定的程序进行。外国法院请求采用特殊方式的，也可以按照其请求的特殊方式进行，但请求采用的特殊方式不得违反中华人民共和国法律。

第二百九十七条 人民法院作出的发生法律效力的判决、裁定，如果被执行人或者其财产不在中华人民共和国领域内，当事人请求执行的，可以由当事人直接向有管辖权的外国法院申请承认和执行，也可以由人民法院依照中华人民共和国缔结或者参加的国际条约的规定，或者按照互惠原则，请求外国法院承认和执行。

在中华人民共和国领域内依法作出的发生法律效力的仲裁裁决，当事人请求执行的，如果被执行人或者其财产不在中华人民共和国领域内，当事人可以直接向有管辖权的外国法院申请承认和执行。

第二百九十八条 外国法院作出的发生法律效力的判决、裁定，需要人民法院承认和执行的，可以由当事人直接向有管辖权的中级人民法院申请承认和执行，也可以由外国法院依照该国与中华人民共和国缔结或者参加的国际条约的规定，或者按照互惠原则，请求人民法院承认和执行。

第二百九十九条 人民法院对申请或者请求承认和执行的外国法院作出的发生法律效力的判决、裁定，依照中华人民共和国缔结或者参加的国际条约，或者按照互惠原则进行审查后，认为不违反中华人民共和国法律的基本原则且不损害国家主权、安全、社会公共利益的，裁定承认其效力；需要执行的，发出执行令，依照本法的有关规定执行。

第三百条 对申请或者请求承认和执行的外国法院作出的发生法律效力的判决、裁定，人民法院经审查，有下列情形之一的，裁定不予承认和执行：

（一）依据本法第三百零一条的规定，外国法院对案件无管辖权；

（二）被申请人未得到合法传唤或者虽经合法传唤但未获得合理的陈述、辩论机会，或者无诉讼行为能力的当事人未得到适当代理；

（三）判决、裁定是通过欺诈方式取得；

（四）人民法院已对同一纠纷作出判决、裁定，或者已经承认第三国法院对同一纠纷作出的判决、裁定；

（五）违反中华人民共和国法律的基本原则或者损害国家主权、安全、社会公共利益。

第三百零一条 有下列情形之一的，人民法院应当认定该外国法院对案件无管辖权：

（一）外国法院依照其法律对案件没有管辖权，或者虽然依照其法律有管辖权但与案件所涉纠纷无适当联系；

（二）违反本法对专属管辖的规定；

（三）违反当事人排他性选择法院管辖的协议。

第三百零二条 当事人向人民法院申请承认和执行外国法院作出的发生法律效力的判决、裁定，该判决、裁定涉及的纠纷与人民法院正在审理的纠纷属于同一纠纷的，人民法院可以裁定中止诉讼。

外国法院作出的发生法律效力的判决、裁定不符合本法规定的承认条件的，人民法院裁定不予承认和执行，并恢复已经中止的诉讼；符合本法规定的承认条件的，人民法院裁定承认其效力；需要执行的，发出执行令，依照本法的有关规定执行；对已经中止的诉讼，裁定驳回起诉。

第三百零三条 当事人对承认和执行或者不予承认和执行的裁定不服的，可以自裁定送达之日起十日内向上一级人民法院申请复议。

第三百零四条 在中华人民共和国领域外作出的发生法律效力的仲裁裁决，需要人民法院承认和执行的，当事人可以直接向被执行人住所地或者其财产所在地的中级人民法院申请。被执行人住所地或者其财产不在中华人民共和国领域内的，当事人可以向申请人住所地或者与裁决的纠纷有适当联系的地点的中级人民法院申请。人民法院应当依照中华人民共和国缔结或者参加的国际条约，或者按照互惠原则办理。

第三百零五条 涉及外国国家的民事诉讼，适用中华人民共和国有关外国国家豁免的法律规定；有关法律没有规定的，适用本法。

第三百零六条 本法自公布之日起施行，《中华人民共和国民事诉讼法（试行）》同时废止。

最高人民法院
关于适用《中华人民共和国民事诉讼法》的解释

（2014年12月18日最高人民法院审判委员会第1636次会议通过 根据2020年12月23日最高人民法院审判委员会第1823次会议通过的《最高人民法院关于修改〈最高人民法院关于人民法院民事调解工作若干问题的规定〉等十九件民事诉讼类司法解释的决定》第一次修正 根据2022年3月22日最高人民法院审判委员会第1866次会议通过的《最高人民法院关于修改〈最高人民法院关于适用《中华人民共和国民事诉讼法》的解释〉的决定》第二次修正 该修正自2022年4月10日起施行）

目 录

一、管辖
二、回避
三、诉讼参加人
四、证据
五、期间和送达
六、调解
七、保全和先予执行
八、对妨害民事诉讼的强制措施
九、诉讼费用
十、第一审普通程序
十一、简易程序
十二、简易程序中的小额诉讼
十三、公益诉讼
十四、第三人撤销之诉
十五、执行异议之诉
十六、第二审程序
十七、特别程序
十八、审判监督程序
十九、督促程序
二十、公示催告程序
二十一、执行程序
二十二、涉外民事诉讼程序的特别规定
二十三、附则

2012年8月31日，第十一届全国人民代表大会常务委员会第二十八次会议审议通过了《关于修改〈中华人民共和国民事诉讼法〉的决定》。根据修改后的民事诉讼法，结合人民法院民事审判和执行工作实际，制定本解释。

一、管辖

第一条 民事诉讼法第十九条第一项规定的重大涉外案件，包括争议标的额大的案件、案情复杂的案件，或者一方当事人人数众多等具有重大影响的案件。

第二条 专利纠纷案件由知识产权法院、最高人民法院确定的中级人民法院和基层人民法院管辖。

海事、海商案件由海事法院管辖。

第三条 公民的住所地是指公民的户籍所在地，法人或者其他组织的住所地是指法人或者其他组织的主要办事机构所在地。

法人或者其他组织的主要办事机构所在地不能确定的，法人或者其他组织的注册地或者登记地为住所地。

第四条 公民的经常居住地是指公民离开住所地至起诉时已连续居住一年以上的地方，但公民住院就医的地方除外。

第五条 对没有办事机构的个人合伙、合伙型联营体提起的诉讼，由被告注册登记地人民法院管辖。没有注册登记，几个被告又不在同一辖区的，被告住所地的人民法院都有管辖权。

第六条　被告被注销户籍的，依照民事诉讼法第二十三条规定确定管辖；原告、被告均被注销户籍的，由被告居住地人民法院管辖。

第七条　当事人的户籍迁出后尚未落户，有经常居住地的，由该地人民法院管辖；没有经常居住地的，由其原户籍所在地人民法院管辖。

第八条　双方当事人都被监禁或者被采取强制性教育措施的，由被告原住所地人民法院管辖。被告被监禁或者被采取强制性教育措施一年以上的，由被告被监禁地或者被采取强制性教育措施地人民法院管辖。

第九条　追索赡养费、扶养费、抚养费案件的几个被告住所地不在同一辖区的，可以由原告住所地人民法院管辖。

第十条　不服指定监护或者变更监护关系的案件，可以由被监护人住所地人民法院管辖。

第十一条　双方当事人均为军人或者军队单位的民事案件由军事法院管辖。

第十二条　夫妻一方离开住所地超过一年，另一方起诉离婚的案件，可以由原告住所地人民法院管辖。

夫妻双方离开住所地超过一年，一方诉离婚的案件，由被告经常居住地人民法院管辖；没有经常居住地的，由原告起诉时被告居住地人民法院管辖。

第十三条　在国内结婚并定居国外的华侨，如定居国法院以离婚诉讼须由婚姻缔结地法院管辖为由不予受理，当事人向人民法院提出离婚诉讼的，由婚姻缔结地或者一方在国内的最后居住地人民法院管辖。

第十四条　在国外结婚并定居国外的华侨，如定居国法院以离婚诉讼须由国籍所属国法院管辖为由不予受理，当事人向人民法院提出离婚诉讼的，由一方原住所地或者在国内的最后居住地人民法院管辖。

第十五条　中国公民一方居住在国外，一方居住在国内，不论哪一方向人民法院提起离婚诉讼，国内一方住所地人民法院都有权管辖。国外一方在居住国法院起诉，国内一方向人民法院起诉的，受诉人民法院有权管辖。

第十六条　中国公民双方在国外但未定居，一方向人民法院起诉离婚的，应由原告或者被告原住所地人民法院管辖。

第十七条　已经离婚的中国公民，双方均定居国外，仅就国内财产分割提起诉讼的，由主要财产所在地人民法院管辖。

第十八条　合同约定履行地点的，以约定的履行地点为合同履行地。

合同对履行地点没有约定或者约定不明确，争议标的为给付货币的，接收货币一方所在地为合同履行地；交付不动产的，不动产所在地为合同履行地；其他标的，履行义务一方所在地为合同履行地。即时结清的合同，交易行为地为合同履行地。

合同没有实际履行，当事人双方住所地都不在合同约定的履行地的，由被告住所地人民法院管辖。

第十九条　财产租赁合同、融资租赁合同以租赁物使用地为合同履行地。合同对履行地有约定的，从其约定。

第二十条　以信息网络方式订立的买卖合同，通过信息网络交付标的的，以买受人住所地为合同履行地；通过其他方式交付标的的，收货地为合同履行地。合同对履行地有约定的，从其约定。

第二十一条　因财产保险合同纠纷提起的诉讼，如果保险标的物是运输工具或者运输中的货物，可以由运输工具登记注册地、运输目的地、保险事故发生地人民法院管辖。

因人身保险合同纠纷提起的诉讼，可以由被保险人住所地人民法院管辖。

第二十二条　因股东名册记载、请求变更公司登记、股东知情权、公司决议、公司合并、公司分立、公司减资、公司增资等纠纷提起的诉讼，依照民事诉讼法第二十七条规定确定管辖。

第二十三条 债权人申请支付令，适用民事诉讼法第二十二条规定，由债务人住所地基层人民法院管辖。

第二十四条 民事诉讼法第二十九条规定的侵权行为地，包括侵权行为实施地、侵权结果发生地。

第二十五条 信息网络侵权行为实施地包括实施被诉侵权行为的计算机等信息设备所在地，侵权结果发生地包括被侵权人住所地。

第二十六条 因产品、服务质量不合格造成他人财产、人身损害提起的诉讼，产品制造地、产品销售地、服务提供地、侵权行为地和被告住所地人民法院都有管辖权。

第二十七条 当事人申请诉前保全后没有在法定期间起诉或者申请仲裁，给被申请人、利害关系人造成损失引起的诉讼，由采取保全措施的人民法院管辖。

当事人申请诉前保全后在法定期间内起诉或者申请仲裁，被申请人、利害关系人因保全受到损失提起的诉讼，由受理起诉的人民法院或者采取保全措施的人民法院管辖。

第二十八条 民事诉讼法第三十四条第一项规定的不动产纠纷是指因不动产的权利确认、分割、相邻关系等引起的物权纠纷。

农村土地承包经营合同纠纷、房屋租赁合同纠纷、建设工程施工合同纠纷、政策性房屋买卖合同纠纷，按照不动产纠纷确定管辖。

不动产已登记的，以不动产登记簿记载的所在地为不动产所在地；不动产未登记的，以不动产实际所在地为不动产所在地。

第二十九条 民事诉讼法第三十五条规定的书面协议，包括书面合同中的协议管辖条款或者诉讼前以书面形式达成的选择管辖的协议。

第三十条 根据管辖协议，起诉时能够确定管辖法院的，从其约定；不能确定的，依照民事诉讼法的相关规定确定管辖。

管辖协议约定两个以上与争议有实际联系的地点的人民法院管辖，原告可以向其中一个人民法院起诉。

第三十一条 经营者使用格式条款与消费者订立管辖协议，未采取合理方式提请消费者注意，消费者主张管辖协议无效的，人民法院应予支持。

第三十二条 管辖协议约定由一方当事人住所地人民法院管辖，协议签订后当事人住所地变更的，由签订管辖协议时的住所地人民法院管辖，但当事人另有约定的除外。

第三十三条 合同转让的，合同的管辖协议对合同受让人有效，但转让时受让人不知道有管辖协议，或者转让协议另有约定且原合同相对人同意的除外。

第三十四条 当事人因同居或者在解除婚姻、收养关系后发生财产争议，约定管辖的，可以适用民事诉讼法第三十五条规定确定管辖。

第三十五条 当事人在答辩期间届满后未应诉答辩，人民法院在一审开庭前，发现案件不属于本院管辖的，应当裁定移送有管辖权的人民法院。

第三十六条 两个以上人民法院都有管辖权的诉讼，先立案的人民法院不得将案件移送给另一个有管辖权的人民法院。人民法院在立案前发现其他有管辖权的人民法院已先立案的，不得重复立案；立案后发现其他有管辖权的人民法院已先立案的，裁定将案件移送给先立案的人民法院。

第三十七条 案件受理后，受诉人民法院的管辖权不受当事人住所地、经常居住地变更的影响。

第三十八条 有管辖权的人民法院受理案件后，不得以行政区域变更为由，将案件移送给变更后有管辖权的人民法院。判决后的上诉案件和依审判监督程序提审的案件，由原审人民法院的上级人民法院进行审判；上级人民法院指令再审、发回重审的案件，由原审人民法院再审或者重审。

第三十九条 人民法院对管辖异议审查后确定有管辖权的，不因当事人提起反诉、增加或者变更诉讼请求等改变管辖，但违反级别管辖、专属管辖规定的除外。

人民法院发回重审或者按第一审程序再审的案件，当事人提出管辖异议的，人民法院不予审查。

第四十条 依照民事诉讼法第三十八条第二款规定，发生管辖权争议的两个人民法院因协商不成报请它们的共同上级人民法院指定管辖时，双方为同属一个地、市辖区的基层人民法院的，由该地、市的中级人民法院及时指定管辖；同属一个省、自治区、直辖市的两个人民法院的，由该省、自治区、直辖市的高级人民法院及时指定管辖；双方为跨省、自治区、直辖市的人民法院，高级人民法院协商不成的，由最高人民法院及时指定管辖。

依照前款规定报请上级人民法院指定管辖时，应当逐级进行。

第四十一条 人民法院依照民事诉讼法第三十八条第二款规定指定管辖的，应当作出裁定。

对报请上级人民法院指定管辖的案件，下级人民法院应当中止审理。指定管辖裁定作出前，下级人民法院对案件作出判决、裁定的，上级人民法院应当在裁定指定管辖的同时，一并撤销下级人民法院的判决、裁定。

第四十二条 下列第一审民事案件，人民法院依照民事诉讼法第三十九条第一款规定，可以在开庭前交下级人民法院审理：

（一）破产程序中有关债务人的诉讼案件；

（二）当事人人数众多且不方便诉讼的案件；

（三）最高人民法院确定的其他类型案件。

人民法院交下级人民法院审理前，应当报请其上级人民法院批准。上级人民法院批准后，人民法院应当裁定将案件交下级人民法院审理。

二、回避

第四十三条 审判人员有下列情形之一的，应当自行回避，当事人有权申请其回避：

（一）是本案当事人或者当事人近亲属的；

（二）本人或者其近亲属与本案有利害关系的；

（三）担任过本案的证人、鉴定人、辩护人、诉讼代理人、翻译人员的；

（四）是本案诉讼代理人近亲属的；

（五）本人或者其近亲属持有本案非上市公司当事人的股份或者股权的；

（六）与本案当事人或者诉讼代理人有其他利害关系，可能影响公正审理的。

第四十四条 审判人员有下列情形之一的，当事人有权申请其回避：

（一）接受本案当事人及其受托人宴请，或者参加由其支付费用的活动的；

（二）索取、接受本案当事人及其受托人财物或者其他利益的；

（三）违反规定会见本案当事人、诉讼代理人的；

（四）为本案当事人推荐、介绍诉讼代理人，或者为律师、其他人员介绍代理本案的；

（五）向本案当事人及其受托人借用款物的；

（六）有其他不正当行为，可能影响公正审理的。

第四十五条 在一个审判程序中参与过本案审判工作的审判人员，不得再参与该案其他程序的审判。

发回重审的案件，在一审法院作出裁判后又进入第二审程序的，原第二审程序中审判人员不受前款规定的限制。

第四十六条 审判人员有应当回避的情形，没有自行回避，当事人也没有申请其回避的，由院长或者审判委员会决定其回避。

第四十七条　人民法院应当依法告知当事人对合议庭组成人员、独任审判员和书记员等人员有申请回避的权利。

第四十八条　民事诉讼法第四十七条所称的审判人员，包括参与本案审理的人民法院院长、副院长、审判委员会委员、庭长、副庭长、审判员和人民陪审员。

第四十九条　书记员和执行员适用审判人员回避的有关规定。

三、诉讼参加人

第五十条　法人的法定代表人以依法登记的为准，但法律另有规定的除外。依法不需要办理登记的法人，以其正职负责人为法定代表人；没有正职负责人的，以其主持工作的副职负责人为法定代表人。

法定代表人已经变更，但未完成登记，变更后的法定代表人要求代表法人参加诉讼的，人民法院可以准许。

其他组织，以其主要负责人为代表人。

第五十一条　在诉讼中，法人的法定代表人变更的，由新的法定代表人继续进行诉讼，并应向人民法院提交新的法定代表人身份证明书。原法定代表人进行的诉讼行为有效。

前款规定，适用于其他组织参加的诉讼。

第五十二条　民事诉讼法第五十一条规定的其他组织是指合法成立、有一定的组织机构和财产，但又不具备法人资格的组织，包括：

（一）依法登记领取营业执照的个人独资企业；

（二）依法登记领取营业执照的合伙企业；

（三）依法登记领取我国营业执照的中外合作经营企业、外资企业；

（四）依法成立的社会团体的分支机构、代表机构；

（五）依法设立并领取营业执照的法人的分支机构；

（六）依法设立并领取营业执照的商业银行、政策性银行和非银行金融机构的分支机构；

（七）经依法登记领取营业执照的乡镇企业、街道企业；

（八）其他符合本条规定条件的组织。

第五十三条　法人非依法设立的分支机构，或者虽依法设立，但没有领取营业执照的分支机构，以设立该分支机构的法人为当事人。

第五十四条　以挂靠形式从事民事活动，当事人请求由挂靠人和被挂靠人依法承担民事责任的，该挂靠人和被挂靠人为共同诉讼人。

第五十五条　在诉讼中，一方当事人死亡，需要等待继承人表明是否参加诉讼的，裁定中止诉讼。人民法院应当及时通知继承人作为当事人承担诉讼，被继承人已经进行的诉讼行为对承担诉讼的继承人有效。

第五十六条　法人或者其他组织的工作人员执行工作任务造成他人损害的，该法人或者其他组织为当事人。

第五十七条　提供劳务一方因劳务造成他人损害，受害人提起诉讼的，以接受劳务一方为被告。

第五十八条　在劳务派遣期间，被派遣的工作人员因执行工作任务造成他人损害的，以接受劳务派遣的用工单位为当事人。当事人主张劳务派遣单位承担责任的，该劳务派遣单位为共同被告。

第五十九条　在诉讼中，个体工商户以营业执照上登记的经营者为当事人。有字号的，以营业执照上登记的字号为当事人，但应同时注明该字号经营者的基本信息。

营业执照上登记的经营者与实际经营者不一致的，以登记的经营者和实际经营者为共同诉讼人。

第六十条　在诉讼中，未依法登记领取营业执照的个人合伙的全体合伙人为共同诉讼人。个人合伙有依法核准登记的字号的，应在法律文书中注明登记的字号。全体合伙人可以推选代表人；被推选的代表人，应由全体合伙人出具推选书。

第六十一条 当事人之间的纠纷经人民调解委员会或者其他依法设立的调解组织调解达成协议后，一方当事人不履行调解协议，另一方当事人向人民法院提起诉讼的，应以对方当事人为被告。

第六十二条 下列情形，以行为人为当事人：

（一）法人或者其他组织应登记而未登记，行为人即以该法人或者其他组织名义进行民事活动的；

（二）行为人没有代理权、超越代理权或者代理权终止后以被代理人名义进行民事活动的，但相对人有理由相信行为人有代理权的除外；

（三）法人或者其他组织依法终止后，行为人仍以其名义进行民事活动的。

第六十三条 企业法人合并的，因合并前的民事活动发生的纠纷，以合并后的企业为当事人；企业法人分立的，因分立前的民事活动发生的纠纷，以分立后的企业为共同诉讼人。

第六十四条 企业法人解散的，依法清算并注销前，以该企业法人为当事人；未依法清算即被注销的，以该企业法人的股东、发起人或者出资人为当事人。

第六十五条 借用业务介绍信、合同专用章、盖章的空白合同书或者银行账户的，出借单位和借用人为共同诉讼人。

第六十六条 因保证合同纠纷提起的诉讼，债权人向保证人和被保证人一并主张权利的，人民法院应当将保证人和被保证人列为共同被告。保证合同约定为一般保证，债权人仅起诉保证人的，人民法院应当通知被保证人作为共同被告参加诉讼；债权人仅起诉被保证人的，可以只列被保证人为被告。

第六十七条 无民事行为能力人、限制民事行为能力人造成他人损害的，无民事行为能力人、限制民事行为能力人和其监护人为共同被告。

第六十八条 居民委员会、村民委员会或者村民小组与他人发生民事纠纷的，居民委员会、村民委员会或者有独立财产的村民小组为当事人。

第六十九条 对侵害死者遗体、遗骨以及姓名、肖像、名誉、荣誉、隐私等行为提起诉讼的，死者的近亲属为当事人。

第七十条 在继承遗产的诉讼中，部分继承人起诉的，人民法院应通知其他继承人作为共同原告参加诉讼；被通知的继承人不愿意参加诉讼又未明确表示放弃实体权利的，人民法院仍应将其列为共同原告。

第七十一条 原告起诉被代理人和代理人，要求承担连带责任的，被代理人和代理人为共同被告。

原告起诉代理人和相对人，要求承担连带责任的，代理人和相对人为共同被告。

第七十二条 共有财产权受到他人侵害，部分共有权人起诉的，其他共有权人为共同诉讼人。

第七十三条 必须共同进行诉讼的当事人没有参加诉讼的，人民法院应当依照民事诉讼法第一百三十五条的规定，通知其参加；当事人也可以向人民法院申请追加。人民法院对当事人提出的申请，应当进行审查，申请理由不成立的，裁定驳回；申请理由成立的，书面通知被追加的当事人参加诉讼。

第七十四条 人民法院追加共同诉讼的当事人时，应当通知其他当事人。应当追加的原告，已明确表示放弃实体权利的，可不予追加；既不愿意参加诉讼，又不放弃实体权利的，仍应追加为共同原告，其不参加诉讼，不影响人民法院对案件的审理和依法作出判决。

第七十五条 民事诉讼法第五十六条、第五十七条和第二百零六条规定的人数众多，一般指十人以上。

第七十六条 依照民事诉讼法第五十六条规定，当事人一方人数众多在起诉时确定的，可以由全体当事人推选共同的代表人，也可以由部分当事人推选自己的代表人；推选不出代表人的当事人，在必要的共同诉讼中可以自己参加诉讼，在普通的共同诉讼中可以另行起诉。

第七十七条　根据民事诉讼法第五十七条规定，当事人一方人数众多在起诉时不确定的，由当事人推选代表人。当事人推选不出的，可以由人民法院提出人选与当事人协商；协商不成的，也可以由人民法院在起诉的当事人中指定代表人。

第七十八条　民事诉讼法第五十六条和第五十七条规定的代表人为二至五人，每位代表人可以委托一至二人作为诉讼代理人。

第七十九条　依照民事诉讼法第五十七条规定受理的案件，人民法院可以发出公告，通知权利人向人民法院登记。公告期间根据案件的具体情况确定，但不得少于三十日。

第八十条　根据民事诉讼法第五十七条规定向人民法院登记的权利人，应当证明其与对方当事人的法律关系和所受到的损害。证明不了的，不予登记，权利人可以另行起诉。人民法院的裁判在登记的范围内执行。未参加登记的权利人提起诉讼，人民法院认定其请求成立的，裁定适用人民法院已作出的判决、裁定。

第八十一条　根据民事诉讼法第五十九条的规定，有独立请求权的第三人有权向人民法院提出诉讼请求和事实、理由，成为当事人；无独立请求权的第三人，可以申请或者由人民法院通知参加诉讼。

第一审程序中未参加诉讼的第三人，申请参加第二审程序的，人民法院可以准许。

第八十二条　在一审诉讼中，无独立请求权的第三人无权提出管辖异议，无权放弃、变更诉讼请求或者申请撤诉，被判决承担民事责任的，有权提起上诉。

第八十三条　在诉讼中，无民事行为能力人、限制民事行为能力人的监护人是他的法定代理人。事先没有确定监护人的，可以由有监护资格的人协商确定；协商不成的，由人民法院在他们之中指定诉讼中的法定代理人。当事人没有民法典第二十七条、第二十八条规定的监护人的，可以指定民法典第三十二条规定的有关组织担任诉讼中的法定代理人。

第八十四条　无民事行为能力人、限制民事行为能力人以及其他依法不能作为诉讼代理人的，当事人不得委托其作为诉讼代理人。

第八十五条　根据民事诉讼法第六十一条第二款第二项规定，与当事人有夫妻、直系血亲、三代以内旁系血亲、近姻亲关系以及其他有抚养、赡养关系的亲属，可以当事人近亲属的名义作为诉讼代理人。

第八十六条　根据民事诉讼法第六十一条第二款第二项规定，与当事人有合法劳动人事关系的职工，可以当事人工作人员的名义作为诉讼代理人。

第八十七条　根据民事诉讼法第六十一条第二款第三项规定，有关社会团体推荐公民担任诉讼代理人的，应当符合下列条件：

（一）社会团体属于依法登记设立或者依法免予登记设立的非营利性法人组织；

（二）被代理人属于该社会团体的成员，或者当事人一方住所地位于该社会团体的活动地域；

（三）代理事务属于该社会团体章程载明的业务范围；

（四）被推荐的公民是该社会团体的负责人或者与该社会团体有合法劳动人事关系的工作人员。

专利代理人经中华全国专利代理人协会推荐，可以在专利纠纷案件中担任诉讼代理人。

第八十八条　诉讼代理人除根据民事诉讼法第六十二条规定提交授权委托书外，还应当按照下列规定向人民法院提交相关材料：

（一）律师应当提交律师执业证、律师事务所证明材料；

（二）基层法律服务工作者应当提交法律服务工作者执业证、基层法律服务所出具的介绍信以及当事人一方位于本辖区内的证明材料；

（三）当事人的近亲属应当提交身份证件和与委托人有近亲属关系的证明材料；

（四）当事人的工作人员应当提交身份证件和与当事人有合法劳动人事关系的证明材料；

（五）当事人所在社区、单位推荐的公民应当提交身份证件、推荐材料和当事人属于该社区、单位的证明材料；

（六）有关社会团体推荐的公民应当提交身份证件和符合本解释第八十七条规定条件的证明材料。

第八十九条　当事人向人民法院提交的授权委托书，应当在开庭审理前送交人民法院。授权委托书仅写"全权代理"而无具体授权的，诉讼代理人无权代为承认、放弃、变更诉讼请求，进行和解，提出反诉或者提起上诉。

适用简易程序审理的案件，双方当事人同时到庭并径行开庭审理的，可以当场口头委托诉讼代理人，由人民法院记入笔录。

四、证据

第九十条　当事人对自己提出的诉讼请求所依据的事实或者反驳对方诉讼请求所依据的事实，应当提供证据加以证明，但法律另有规定的除外。

在作出判决前，当事人未能提供证据或者证据不足以证明其事实主张的，由负有举证证明责任的当事人承担不利的后果。

第九十一条　人民法院应当依照下列原则确定举证证明责任的承担，但法律另有规定的除外：

（一）主张法律关系存在的当事人，应当对产生该法律关系的基本事实承担举证证明责任；

（二）主张法律关系变更、消灭或者权利受到妨害的当事人，应当对该法律关系变更、消灭或者权利受到妨害的基本事实承担举证证明责任。

第九十二条　一方当事人在法庭审理中，或者在起诉状、答辩状、代理词等书面材料中，对于己不利的事实明确表示承认的，另一方当事人无需举证证明。

对于涉及身份关系、国家利益、社会公共利益等应当由人民法院依职权调查的事实，不适用前款自认的规定。

自认的事实与查明的事实不符的，人民法院不予确认。

第九十三条　下列事实，当事人无须举证证明：

（一）自然规律以及定理、定律；

（二）众所周知的事实；

（三）根据法律规定推定的事实；

（四）根据已知的事实和日常生活经验法则推定出的另一事实；

（五）已为人民法院发生法律效力的裁判所确认的事实；

（六）已为仲裁机构生效裁决所确认的事实；

（七）已为有效公证文书所证明的事实。

前款第二项至第四项规定的事实，当事人有相反证据足以反驳的除外；第五项至第七项规定的事实，当事人有相反证据足以推翻的除外。

第九十四条　民事诉讼法第六十七条第二款规定的当事人及其诉讼代理人因客观原因不能自行收集的证据包括：

（一）证据由国家有关部门保存，当事人及其诉讼代理人无权查阅调取的；

（二）涉及国家秘密、商业秘密或者个人隐私的；

（三）当事人及其诉讼代理人因客观原因不能自行收集的其他证据。

当事人及其诉讼代理人因客观原因不能自行收集的证据，可以在举证期限届满前书面申请人民法院调查收集。

第九十五条　当事人申请调查收集的证

据，与待证事实无关联、对证明待证事实无意义或者其他无调查收集必要的，人民法院不予准许。

第九十六条　民事诉讼法第六十七条第二款规定的人民法院认为审理案件需要的证据包括：

（一）涉及可能损害国家利益、社会公共利益的；

（二）涉及身份关系的；

（三）涉及民事诉讼法第五十八条规定诉讼的；

（四）当事人有恶意串通损害他人合法权益可能的；

（五）涉及依职权追加当事人、中止诉讼、终结诉讼、回避等程序性事项的。

除前款规定外，人民法院调查收集证据，应当依照当事人的申请进行。

第九十七条　人民法院调查收集证据，应当由两人以上共同进行。调查材料要由调查人、被调查人、记录人签名、捺印或者盖章。

第九十八条　当事人根据民事诉讼法第八十四条第一款规定申请证据保全的，可以在举证期限届满前书面提出。

证据保全可能对他人造成损失的，人民法院应当责令申请人提供相应的担保。

第九十九条　人民法院应当在审理前的准备阶段确定当事人的举证期限。举证期限可以由当事人协商，并经人民法院准许。

人民法院确定举证期限，第一审普通程序案件不得少于十五日，当事人提供新的证据的第二审案件不得少于十日。

举证期限届满后，当事人对已经提供的证据，申请提供反驳证据或者对证据来源、形式等方面的瑕疵进行补正的，人民法院可以酌情再次确定举证期限，该期限不受前款规定的限制。

第一百条　当事人申请延长举证期限的，应当在举证期限届满前向人民法院提出书面申请。

申请理由成立的，人民法院应当准许，适当延长举证期限，并通知其他当事人。延长的举证期限适用于其他当事人。

申请理由不成立的，人民法院不予准许，并通知申请人。

第一百零一条　当事人逾期提供证据的，人民法院应当责令其说明理由，必要时可以要求其提供相应的证据。

当事人因客观原因逾期提供证据，或者对方当事人对逾期提供证据未提出异议的，视为未逾期。

第一百零二条　当事人因故意或者重大过失逾期提供的证据，人民法院不予采纳。但该证据与案件基本事实有关的，人民法院应当采纳，并依照民事诉讼法第六十八条、第一百一十八条第一款的规定予以训诫、罚款。

当事人非因故意或者重大过失逾期提供的证据，人民法院应当采纳，并对当事人予以训诫。

当事人一方要求另一方赔偿因逾期提供证据致使其增加的交通、住宿、就餐、误工、证人出庭作证等必要费用的，人民法院可予支持。

第一百零三条　证据应当在法庭上出示，由当事人互相质证。未经当事人质证的证据，不得作为认定案件事实的根据。

当事人在审理前的准备阶段认可的证据，经审判人员在庭审中说明后，视为质证过的证据。

涉及国家秘密、商业秘密、个人隐私或者法律规定应当保密的证据，不得公开质证。

第一百零四条　人民法院应当组织当事人围绕证据的真实性、合法性以及与待证事实的关联性进行质证，并针对证据有无证明力和证明力大小进行说明和辩论。

能够反映案件真实情况、与待证事实相关联、来源和形式符合法律规定的证据，应当作为认定案件事实的根据。

第一百零五条　人民法院应当按照法定程序，全面、客观地审核证据，依照法律规定，运用逻辑推理和日常生活经验法则，对证据有无证明力和证明力大小进行判断，并公开判断的理由和结果。

第一百零六条 对以严重侵害他人合法权益、违反法律禁止性规定或者严重违背公序良俗的方法形成或者获取的证据，不得作为认定案件事实的根据。

第一百零七条 在诉讼中，当事人为达成调解协议或者和解协议作出妥协而认可的事实，不得在后续的诉讼中作为对其不利的根据，但法律另有规定或者当事人均同意的除外。

第一百零八条 对负有举证证明责任的当事人提供的证据，人民法院经审查并结合相关事实，确信待证事实的存在具有高度可能性的，应当认定该事实存在。

对一方当事人为反驳负有举证证明责任的当事人所主张事实而提供的证据，人民法院经审查并结合相关事实，认为待证事实真伪不明的，应当认定该事实不存在。

法律对于待证事实所应达到的证明标准另有规定的，从其规定。

第一百零九条 当事人对欺诈、胁迫、恶意串通事实的证明，以及对口头遗嘱或者赠与事实的证明，人民法院确信该待证事实存在的可能性能够排除合理怀疑的，应当认定该事实存在。

第一百一十条 人民法院认为有必要的，可以要求当事人本人到庭，就案件有关事实接受询问。在询问当事人之前，可以要求其签署保证书。

保证书应当载明据实陈述、如有虚假陈述愿意接受处罚等内容。当事人应当在保证书上签名或者捺印。

负有举证证明责任的当事人拒绝到庭、拒绝接受询问或者拒绝签署保证书，待证事实又欠缺其他证据证明的，人民法院对其主张的事实不予认定。

第一百一十一条 民事诉讼法第七十三条规定的提交书证原件确有困难，包括下列情形：

（一）书证原件遗失、灭失或者毁损的；

（二）原件在对方当事人控制之下，经合法通知提交而拒不提交的；

（三）原件在他人控制之下，而其有权不提交的；

（四）原件因篇幅或者体积过大而不便提交的；

（五）承担举证证明责任的当事人通过申请人民法院调查收集或者其他方式无法获得书证原件的。

前款规定情形，人民法院应当结合其他证据和案件具体情况，审查判断书证复制品等能否作为认定案件事实的根据。

第一百一十二条 书证在对方当事人控制之下的，承担举证证明责任的当事人可以在举证期限届满前书面申请人民法院责令对方当事人提交。

申请理由成立的，人民法院应当责令对方当事人提交，因提交书证所产生的费用，由申请人负担。对方当事人无正当理由拒不提交的，人民法院可以认定申请人所主张的书证内容为真实。

第一百一十三条 持有书证的当事人以妨碍对方当事人使用为目的，毁灭有关书证或者实施其他致使书证不能使用行为的，人民法院可以依照民事诉讼法第一百一十四条规定，对其处以罚款、拘留。

第一百一十四条 国家机关或者其他依法具有社会管理职能的组织，在其职权范围内制作的文书所记载的事项推定为真实，但有相反证据足以推翻的除外。必要时，人民法院可以要求制作文书的机关或者组织对文书的真实性予以说明。

第一百一十五条 单位向人民法院提出的证明材料，应当由单位负责人及制作证明材料的人员签名或者盖章，并加盖单位印章。人民法院就单位出具的证明材料，可以向单位及制作证明材料的人员进行调查核实。必要时，可以要求制作证明材料的人员出庭作证。

单位及制作证明材料的人员拒绝人民法

院调查核实，或者制作证明材料的人员无正当理由拒绝出庭作证的，该证明材料不得作为认定案件事实的根据。

第一百一十六条 视听资料包括录音资料和影像资料。

电子数据是指通过电子邮件、电子数据交换、网上聊天记录、博客、微博客、手机短信、电子签名、域名等形成或者存储在电子介质中的信息。

存储在电子介质中的录音资料和影像资料，适用电子数据的规定。

第一百一十七条 当事人申请证人出庭作证的，应当在举证期限届满前提出。

符合本解释第九十六条第一款规定情形的，人民法院可以依职权通知证人出庭作证。

未经人民法院通知，证人不得出庭作证，但双方当事人同意并经人民法院准许的除外。

第一百一十八条 民事诉讼法第七十七条规定的证人因履行出庭作证义务而支出的交通、住宿、就餐等必要费用，按照机关事业单位工作人员差旅费用和补贴标准计算；误工损失按照国家上年度职工日平均工资标准计算。

人民法院准许证人出庭作证申请的，应当通知申请人预缴证人出庭作证费用。

第一百一十九条 人民法院在证人出庭作证前应当告知其如实作证的义务以及作伪证的法律后果，并责令其签署保证书，但无民事行为能力人和限制民事行为能力人除外。

证人签署保证书适用本解释关于当事人签署保证书的规定。

第一百二十条 证人拒绝签署保证书的，不得作证，并自行承担相关费用。

第一百二十一条 当事人申请鉴定，可以在举证期限届满前提出。申请鉴定的事项与待证事实无关联，或者对证明待证事实无意义的，人民法院不予准许。

人民法院准许当事人鉴定申请的，应当组织双方当事人协商确定具备相应资格的鉴定人。当事人协商不成的，由人民法院指定。

符合依职权调查收集证据条件的，人民法院应当依职权委托鉴定，在询问当事人的意见后，指定具备相应资格的鉴定人。

第一百二十二条 当事人可以依照民事诉讼法第八十二条的规定，在举证期限届满前申请一至二名具有专门知识的人出庭，代表当事人对鉴定意见进行质证，或者对案件事实所涉及的专业问题提出意见。

具有专门知识的人在法庭上就专业问题提出的意见，视为当事人的陈述。

人民法院准许当事人申请的，相关费用由提出申请的当事人负担。

第一百二十三条 人民法院可以对出庭的具有专门知识的人进行询问。经法庭准许，当事人可以对出庭的具有专门知识的人进行询问，当事人各自申请的具有专门知识的人可以就案件中的有关问题进行对质。

具有专门知识的人不得参与专业问题之外的法庭审理活动。

第一百二十四条 人民法院认为有必要的，可以根据当事人的申请或者依职权对物证或者现场进行勘验。勘验时应当保护他人的隐私和尊严。

人民法院可以要求鉴定人参与勘验。必要时，可以要求鉴定人在勘验中进行鉴定。

五、期间和送达

第一百二十五条 依照民事诉讼法第八十五条第二款规定，民事诉讼中以时起算的期间从次时起算；以日、月、年计算的期间从次日起算。

第一百二十六条 民事诉讼法第一百二十六条规定的立案期限，因起诉状内容欠缺通知原告补正的，从补正后交人民法院的次日起算。由上级人民法院转交下级人民法院立案的案件，从受诉人民法院收到起诉状的次日起算。

第一百二十七条 民事诉讼法第五十九条第三款、第二百一十二条以及本解释第三百七十二条、第三百八十二条、第三百九十九条、第四百二十条、第四百二十一条规定的六个月，民事诉讼法第二百三十条规定的一年，为不变期间，不适用诉讼时效中止、中断、延长的规定。

第一百二十八条 再审案件按照第一审程序或者第二审程序审理的，适用民事诉讼法第一百五十二条、第一百八十三条规定的审限。审限自再审立案的次日起算。

第一百二十九条 对申请再审案件，人民法院应当自受理之日起三个月内审查完毕，但公告期间、当事人和解期间等不计入审查期限。有特殊情况需要延长的，由本院院长批准。

第一百三十条 向法人或者其他组织送达诉讼文书，应当由法人的法定代表人、该组织的主要负责人或者办公室、收发室、值班室等负责收件的人签收或者盖章，拒绝签收或者盖章的，适用留置送达。

民事诉讼法第八十九条规定的有关基层组织和所在单位的代表，可以是受送达人住所地的居民委员会、村民委员会的工作人员以及受送达人所在单位的工作人员。

第一百三十一条 人民法院直接送达诉讼文书的，可以通知当事人到人民法院领取。当事人到达人民法院，拒绝签署送达回证的，视为送达。审判人员、书记员应当在送达回证上注明送达情况并签名。

人民法院可以在当事人住所地以外向当事人直接送达诉讼文书。当事人拒绝签署送达回证的，采用拍照、录像等方式记录送达过程即视为送达。审判人员、书记员应当在送达回证上注明送达情况并签名。

第一百三十二条 受送达人有诉讼代理人的，人民法院既可以向受送达人送达，也可以向其诉讼代理人送达。受送达人指定诉讼代理人为代收人的，向诉讼代理人送达时，适用留置送达。

第一百三十三条 调解书应当直接送达当事人本人，不适用留置送达。当事人本人因故不能签收的，可由其指定的代收人签收。

第一百三十四条 依照民事诉讼法第九十一条规定，委托其他人民法院代为送达的，委托法院应当出具委托函，并附需要送达的诉讼文书和送达回证，以受送达人在送达回证上签收的日期为送达日期。

委托送达的，受委托人民法院应当自收到委托函及相关诉讼文书之日起十日内代为送达。

第一百三十五条 电子送达可以采用传真、电子邮件、移动通信等即时收悉的特定系统作为送达媒介。

民事诉讼法第九十条第二款规定的到达受送达人特定系统的日期，为人民法院对应系统显示发送成功的日期，但受送达人证明到达其特定系统的日期与人民法院对应系统显示发送成功的日期不一致的，以受送达人证明到达其特定系统的日期为准。

第一百三十六条 受送达人同意采用电子方式送达的，应当在送达地址确认书中予以确认。

第一百三十七条 当事人在提起上诉、申请再审、申请执行时未书面变更送达地址的，其在第一审程序中确认的送达地址可以作为第二审程序、审判监督程序、执行程序的送达地址。

第一百三十八条 公告送达可以在法院的公告栏和受送达人住所地张贴公告，也可以在报纸、信息网络等媒体上刊登公告，发出公告日期以最后张贴或者刊登的日期为准。对公告送达方式有特殊要求的，应当按要求的方式进行。公告期满，即视为送达。

人民法院在受送达人住所地张贴公告的，应当采取拍照、录像等方式记录张贴过程。

第一百三十九条 公告送达应当说明公告送达的原因；公告送达起诉状或者上诉状副本的，应当说明起诉或者上诉要点，受送达人答辩期限及逾期不答辩的法律后果；公告送达传票,应当说明出庭的时间和地点及逾期不出庭的法律后果;公告送达判决书、裁定书的,应当说明裁判主要内容,当事人有权上诉的,还应当说明上诉权利、上诉期限和上诉的人民法院。

第一百四十条　适用简易程序的案件,不适用公告送达。

第一百四十一条　人民法院在定期宣判时,当事人拒不签收判决书、裁定书的,应视为送达,并在宣判笔录中记明。

六、调解

第一百四十二条　人民法院受理案件后,经审查,认为法律关系明确、事实清楚,在征得当事人双方同意后,可以径行调解。

第一百四十三条　适用特别程序、督促程序、公示催告程序的案件,婚姻等身份关系确认案件以及其他根据案件性质不能进行调解的案件,不得调解。

第一百四十四条　人民法院审理民事案件,发现当事人之间恶意串通,企图通过和解、调解方式侵害他人合法权益的,应当依照民事诉讼法第一百一十五条的规定处理。

第一百四十五条　人民法院审理民事案件,应当根据自愿、合法的原则进行调解。当事人一方或者双方坚持不愿调解的,应当及时裁判。

人民法院审理离婚案件,应当进行调解,但不应久调不决。

第一百四十六条　人民法院审理民事案件,调解过程不公开,但当事人同意公开的除外。

调解协议内容不公开,但为保护国家利益、社会公共利益、他人合法权益,人民法院认为确有必要公开的除外。

主持调解以及参与调解的人员,对调解过程以及调解过程中获悉的国家秘密、商业秘密、个人隐私和其他不宜公开的信息,应当保守秘密,但为保护国家利益、社会公共利益、他人合法权益的除外。

第一百四十七条　人民法院调解案件时,当事人不能出庭的,经其特别授权,可由其委托代理人参加调解,达成的调解协议,可由委托代理人签名。

离婚案件当事人确因特殊情况无法出庭参加调解的,除本人不能表达意志以外,应当出具书面意见。

第一百四十八条　当事人自行和解或者调解达成协议后,请求人民法院按照和解协议或者调解协议的内容制作判决书的,人民法院不予准许。

无民事行为能力人的离婚案件,由其法定代理人进行诉讼。法定代理人与对方达成协议要求发给判决书的,可根据协议内容制作判决书。

第一百四十九条　调解书需经当事人签收后才发生法律效力的,应当以最后收到调解书的当事人签收的日期为调解书生效日期。

第一百五十条　人民法院调解民事案件,需由无独立请求权的第三人承担责任的,应当经其同意。该第三人在调解书送达前反悔的,人民法院应当及时裁判。

第一百五十一条　根据民事诉讼法第一百零一条第一款第四项规定,当事人各方同意在调解协议上签名或者盖章后即发生法律效力的,经人民法院审查确认后,应当记入笔录或者将调解协议附卷,并由当事人、审判人员、书记员签名或者盖章后即具有法律效力。

前款规定情形,当事人请求制作调解书的,人民法院审查确认后可以制作调解书送交当事人。当事人拒收调解书的,不影响调解协议的效力。

七、保全和先予执行

第一百五十二条　人民法院依照民事诉讼法第一百零三条、第一百零四条规定,在采取诉前保全、诉讼保全措施时,责令利害关系人或者当事人提供担保的，应当书面通知。

利害关系人申请诉前保全的，应当提供担保。申请诉前财产保全的，应当提供相当于请求保全数额的担保；情况特殊的，人民法院可以酌情处理。申请诉前行为保全的，担保的数额由人民法院根据案件的具体情况决定。

在诉讼中，人民法院依申请或者依职权采取保全措施的，应当根据案件的具体情况，决定当事人是否应当提供担保以及担保的数额。

第一百五十三条 人民法院对季节性商品、鲜活、易腐烂变质以及其他不宜长期保存的物品采取保全措施时，可以责令当事人及时处理，由人民法院保存价款；必要时，人民法院可予以变卖，保存价款。

第一百五十四条 人民法院在财产保全中采取查封、扣押、冻结财产措施时，应当妥善保管被查封、扣押、冻结的财产。不宜由人民法院保管的，人民法院可以指定被保全人负责保管；不宜由被保全人保管的，可以委托他人或者申请保全人保管。

查封、扣押、冻结担保物权人占有的担保财产，一般由担保物权人保管；由人民法院保管的，质权、留置权不因采取保全措施而消灭。

第一百五十五条 由人民法院指定被保全人保管的财产，如果继续使用对该财产的价值无重大影响，可以允许被保全人继续使用；由人民法院保管或者委托他人、申请保全人保管的财产，人民法院和其他保管人不得使用。

第一百五十六条 人民法院采取财产保全的方法和措施，依照执行程序相关规定办理。

第一百五十七条 人民法院对抵押物、质押物、留置物可以采取财产保全措施，但不影响抵押权人、质权人、留置权人的优先受偿权。

第一百五十八条 人民法院对债务人到期应得的收益，可以采取财产保全措施，限制其支取，通知有关单位协助执行。

第一百五十九条 债务人的财产不能满足保全请求，但对他人有到期债权的，人民法院可以依债权人的申请裁定该他人不得对本案债务人清偿。该他人要求偿付的，由人民法院提存财物或者价款。

第一百六十条 当事人向采取诉前保全措施以外的其他有管辖权的人民法院起诉的，采取诉前保全措施的人民法院应当将保全手续移送受理案件的人民法院。诉前保全的裁定视为受移送人民法院作出的裁定。

第一百六十一条 对当事人不服一审判决提起上诉的案件，在第二审人民法院接到报送的案件之前，当事人有转移、隐匿、出卖或者毁损财产等行为，必须采取保全措施的，由第一审人民法院依当事人申请或者依职权采取。第一审人民法院的保全裁定，应当及时报送第二审人民法院。

第一百六十二条 第二审人民法院裁定对第一审人民法院采取的保全措施予以续保或者采取新的保全措施的，可以自行实施，也可以委托第一审人民法院实施。

再审人民法院裁定对原保全措施予以续保或者采取新的保全措施的，可以自行实施，也可以委托原审人民法院或者执行法院实施。

第一百六十三条 法律文书生效后，进入执行程序前，债权人因对方当事人转移财产等紧急情况，不申请保全将可能导致生效法律文书不能执行或者难以执行的，可以向执行法院申请采取保全措施。债权人在法律文书指定的履行期间届满后五日内不申请执行的，人民法院应当解除保全。

第一百六十四条 对申请保全人或者他人提供的担保财产，人民法院应当依法办理查封、扣押、冻结等手续。

第一百六十五条 人民法院裁定采取保全措施后，除作出保全裁定的人民法院自行解除或者其上级人民法院决定解除外，在保全期限内，任何单位不得解除保全措施。

第一百六十六条 裁定采取保全措施后,有下列情形之一的,人民法院应当作出解除保全裁定:

(一)保全错误的;

(二)申请人撤回保全申请的;

(三)申请人的起诉或者诉讼请求被生效裁判驳回的;

(四)人民法院认为应当解除保全的其他情形。

解除以登记方式实施的保全措施的,应当向登记机关发出协助执行通知书。

第一百六十七条 财产保全的被保全人提供其他等值担保财产且有利于执行的,人民法院可以裁定变更保全标的物为被保全人提供的担保财产。

第一百六十八条 保全裁定未经人民法院依法撤销或者解除,进入执行程序后,自动转为执行中的查封、扣押、冻结措施,期限连续计算,执行法院无需重新制作裁定书,但查封、扣押、冻结期限届满的除外。

第一百六十九条 民事诉讼法规定的先予执行,人民法院应当在受理案件后终审判决作出前采取。先予执行应当限于当事人诉讼请求的范围,并以当事人的生活、生产经营的急需为限。

第一百七十条 民事诉讼法第一百零九条第三项规定的情况紧急,包括:

(一)需要立即停止侵害、排除妨碍的;

(二)需要立即制止某项行为的;

(三)追索恢复生产、经营急需的保险理赔费的;

(四)需要立即返还社会保险金、社会救助资金的;

(五)不立即返还款项,将严重影响权利人生活和生产经营的。

第一百七十一条 当事人对保全或者先予执行裁定不服的,可以自收到裁定书之日起五日内向作出裁定的人民法院申请复议。人民法院应当在收到复议申请后十日内审查。裁定正确的,驳回当事人的申请;裁定不当的,变更或者撤销原裁定。

第一百七十二条 利害关系人对保全或者先予执行的裁定不服申请复议的,由作出裁定的人民法院依照民事诉讼法第一百一十一条规定处理。

第一百七十三条 人民法院先予执行后,根据发生法律效力的判决,申请人应当返还因先予执行所取得的利益的,适用民事诉讼法第二百四十条的规定。

八、对妨害民事诉讼的强制措施

第一百七十四条 民事诉讼法第一百一十二条规定的必须到庭的被告,是指负有赡养、抚育、扶养义务和不到庭就无法查清案情的被告。

人民法院对必须到庭才能查清案件基本事实的原告,经两次传票传唤,无正当理由拒不到庭的,可以拘传。

第一百七十五条 拘传必须用拘传票,并直接送达被拘传人;在拘传前,应当向被拘传人说明拒不到庭的后果,经批评教育仍拒不到庭的,可以拘传其到庭。

第一百七十六条 诉讼参与人或者其他人有下列行为之一的,人民法院可以适用民事诉讼法第一百一十三条规定处理:

(一)未经准许进行录音、录像、摄影的;

(二)未经准许以移动通信等方式现场传播审判活动的;

(三)其他扰乱法庭秩序,妨害审判活动进行的。

有前款规定情形的,人民法院可以暂扣诉讼参与人或者其他人进行录音、录像、摄影、传播审判活动的器材,并责令其删除有关内容;拒不删除的,人民法院可以采取必要手段强制删除。

第一百七十七条 训诫、责令退出法庭由合议庭或者独任审判员决定。训诫的内容、被责令退出法庭者的违法事实应当记入庭审笔录。

第一百七十八条 人民法院依照民事诉

讼法第一百一十三条至第一百一十七条的规定采取拘留措施的，应经院长批准，作出拘留决定书，由司法警察将被拘留人送交当地公安机关看管。

第一百七十九条 被拘留人不在本辖区的，作出拘留决定的人民法院应当派员到被拘留人所在地的人民法院，请该院协助执行，受委托的人民法院应当及时派员协助执行。被拘留人申请复议或者在拘留期间承认并改正错误，需要提前解除拘留的，受委托人民法院应当向委托人民法院转达或者提出建议，由委托人民法院审查决定。

第一百八十条 人民法院对被拘留人采取拘留措施后，应当在二十四小时内通知其家属；确实无法按时通知或者通知不到的，应当记录在案。

第一百八十一条 因哄闹、冲击法庭，用暴力、威胁等方法抗拒执行公务等紧急情况，必须立即采取拘留措施的，可在拘留后，立即报告院长补办批准手续。院长认为拘留不当的，应当解除拘留。

第一百八十二条 被拘留人在拘留期间认错悔改的，可以责令其具结悔过，提前解除拘留。提前解除拘留，应报经院长批准，并作出提前解除拘留决定书，交负责看管的公安机关执行。

第一百八十三条 民事诉讼法第一百一十三条至第一百一十六条规定的罚款、拘留可以单独适用，也可以合并适用。

第一百八十四条 对同一妨害民事诉讼行为的罚款、拘留不得连续适用。发生新的妨害民事诉讼行为的，人民法院可以重新予以罚款、拘留。

第一百八十五条 被罚款、拘留的人不服罚款、拘留决定申请复议的，应当自收到决定书之日起三日内提出。上级人民法院应当在收到复议申请后五日内作出决定，并将复议结果通知下级人民法院和当事人。

第一百八十六条 上级人民法院复议时认为强制措施不当的，应当制作决定书，撤销或者变更下级人民法院作出的拘留、罚款决定。情况紧急的，可以在口头通知后三日内发出决定书。

第一百八十七条 民事诉讼法第一百一十四条第一款第五项规定的以暴力、威胁或者其他方法阻碍司法工作人员执行职务的行为，包括：

（一）在人民法院哄闹、滞留，不听从司法工作人员劝阻的；

（二）故意毁损、抢夺人民法院法律文书、查封标志的；

（三）哄闹、冲击执行公务现场，围困、扣押执行或者协助执行公务人员的；

（四）毁损、抢夺、扣留案件材料、执行公务车辆、其他执行公务器械、执行公务人员服装和执行公务证件的；

（五）以暴力、威胁或者其他方法阻碍司法工作人员查询、查封、扣押、冻结、划拨、拍卖、变卖财产的；

（六）以暴力、威胁或者其他方法阻碍司法工作人员执行职务的其他行为。

第一百八十八条 民事诉讼法第一百一十四条第一款第六项规定的拒不履行人民法院已经发生法律效力的判决、裁定的行为，包括：

（一）在法律文书发生法律效力后隐藏、转移、变卖、毁损财产或者无偿转让财产、以明显不合理的价格交易财产、放弃到期债权、无偿为他人提供担保等，致使人民法院无法执行的；

（二）隐藏、转移、毁损或者未经人民法院允许处分已向人民法院提供担保的财产的；

（三）违反人民法院限制高消费令进行消费的；

（四）有履行能力而拒不按照人民法院执行通知履行生效法律文书确定的义务的；

（五）有义务协助执行的个人接到人民法院协助执行通知书后，拒不协助执行的。

第一百八十九条 诉讼参与人或者其他人有下列行为之一的，人民法院可以适用民事诉讼法第一百一十四条的规定处理：

（一）冒充他人提起诉讼或者参加诉讼的；

（二）证人签署保证书后作虚假证言，妨碍人民法院审理案件的；

（三）伪造、隐藏、毁灭或者拒绝交出有关被执行人履行能力的重要证据，妨碍人民法院查明被执行人财产状况的；

（四）擅自解冻已被人民法院冻结的财产的；

（五）接到人民法院协助执行通知书后，给当事人通风报信，协助其转移、隐匿财产的。

第一百九十条 民事诉讼法第一百一十五条规定的他人合法权益，包括案外人的合法权益、国家利益、社会公共利益。

第三人根据民事诉讼法第五十九条第三款规定提起撤销之诉，经审查，原案当事人之间恶意串通进行虚假诉讼的，适用民事诉讼法第一百一十五条规定处理。

第一百九十一条 单位有民事诉讼法第一百一十五条或者第一百一十六条规定行为的，人民法院应当对该单位进行罚款，并可以对其主要负责人或者直接责任人员予以罚款、拘留；构成犯罪的，依法追究刑事责任。

第一百九十二条 有关单位接到人民法院协助执行通知书后，有下列行为之一的，人民法院可以适用民事诉讼法第一百一十七条规定处理：

（一）允许被执行人高消费的；

（二）允许被执行人出境的；

（三）拒不停止办理有关财产权证照转移手续、权属变更登记、规划审批等手续的；

（四）以需要内部请示、内部审批，有内部规定等为由拖延办理的。

第一百九十三条 人民法院对个人或者单位采取罚款措施时，应当根据其实施妨害民事诉讼行为的性质、情节、后果、当地的经济发展水平，以及诉讼标的额等因素，在民事诉讼法第一百一十八条第一款规定的限额内确定相应的罚款金额。

九、诉讼费用

第一百九十四条 依照民事诉讼法第五十七条审理的案件不预交案件受理费，结案后按照诉讼标的额由败诉方交纳。

第一百九十五条 支付令失效后转入诉讼程序的，债权人应当按照《诉讼费用交纳办法》补交案件受理费。

支付令被撤销后，债权人另行起诉的，按照《诉讼费用交纳办法》交纳诉讼费用。

第一百九十六条 人民法院改变原判决、裁定、调解结果的，应当在裁判文书中对原审诉讼费用的负担一并作出处理。

第一百九十七条 诉讼标的物是证券的，按照证券交易规则并根据当事人起诉之日前最后一个交易日的收盘价、当日的市场价或者其载明的金额计算诉讼标的金额。

第一百九十八条 诉讼标的物是房屋、土地、林木、车辆、船舶、文物等特定物或者知识产权，起诉时价值难以确定的，人民法院应当向原告释明主张过高或者过低的诉讼风险，以原告主张的价值确定诉讼标的金额。

第一百九十九条 适用简易程序审理的案件转为普通程序的，原告自接到人民法院交纳诉讼费用通知之日起七日内补交案件受理费。

原告无正当理由未按期足额补交的，按撤诉处理，已经收取的诉讼费用退还一半。

第二百条 破产程序中有关债务人的民事诉讼案件，按照财产案件标准交纳诉讼费，但劳动争议案件除外。

第二百零一条 既有财产性诉讼请求，又有非财产性诉讼请求的，按照财产性诉讼请求的标准交纳诉讼费。

有多个财产性诉讼请求的，合并计算交纳诉讼费；诉讼请求中有多个非财产性诉讼请求的，按一件交纳诉讼费。

第二百零二条 原告、被告、第三人分别上诉的，按照上诉请求分别预交二审案件受理费。

同一方多人共同上诉的，只预交一份二审案件受理费；分别上诉的，按照上诉请求分别预交二审案件受理费。

第二百零三条 承担连带责任的当事人败诉的，应当共同负担诉讼费用。

第二百零四条 实现担保物权案件，人民法院裁定拍卖、变卖担保财产的，申请费由债务人、担保人负担；人民法院裁定驳回申请的，申请费由申请人负担。

申请人另行起诉的，其已经交纳的申请费可以从案件受理费中扣除。

第二百零五条 拍卖、变卖担保财产的裁定作出后，人民法院强制执行的，按照执行金额收取执行申请费。

第二百零六条 人民法院决定减半收取案件受理费的，只能减半一次。

第二百零七条 判决生效后，胜诉方预交但不应负担的诉讼费用，人民法院应当退还，由败诉方向人民法院交纳，但胜诉方自愿承担或者同意败诉方直接向其支付的除外。

当事人拒不交纳诉讼费用的，人民法院可以强制执行。

十、第一审普通程序

第二百零八条 人民法院接到当事人提交的民事起诉状时，对符合民事诉讼法第一百二十二条的规定，且不属于第一百二十七条规定情形的，应当登记立案；对当场不能判定是否符合起诉条件的，应当接收起诉材料，并出具注明收到日期的书面凭证。

需要补充必要相关材料的，人民法院应当及时告知当事人。在补齐相关材料后，应当在七日内决定是否立案。

立案后发现不符合起诉条件或者属于民事诉讼法第一百二十七条规定情形的，裁定驳回起诉。

第二百零九条 原告提供被告的姓名或者名称、住所等信息具体明确，足以使被告与他人相区别的，可以认定为有明确的被告。

起诉状列写被告信息不足以认定明确的被告的，人民法院可以告知原告补正。原告补正后仍不能确定明确的被告的，人民法院裁定不予受理。

第二百一十条 原告在起诉状中有谩骂和人身攻击之辞的，人民法院应当告知其修改后提起诉讼。

第二百一十一条 对本院没有管辖权的案件，告知原告向有管辖权的人民法院起诉；原告坚持起诉的，裁定不予受理；立案后发现本院没有管辖权的，应当将案件移送有管辖权的人民法院。

第二百一十二条 裁定不予受理、驳回起诉的案件，原告再次起诉，符合起诉条件且不属于民事诉讼法第一百二十七条规定情形的，人民法院应予受理。

第二百一十三条 原告应当预交而未预交案件受理费，人民法院应当通知其预交，通知后仍不预交或者申请减、缓、免未获批准而仍不预交的，裁定按撤诉处理。

第二百一十四条 原告撤诉或者人民法院按撤诉处理后，原告以同一诉讼请求再次起诉的，人民法院应予受理。

原告撤诉或者按撤诉处理的离婚案件，没有新情况、新理由，六个月内又起诉的，比照民事诉讼法第一百二十七条第七项的规定不予受理。

第二百一十五条 依照民事诉讼法第一百二十七条第二项的规定，当事人在书面合同中订有仲裁条款，或者在发生纠纷后达成书面仲裁协议，一方向人民法院起诉的，人民法院应当告知原告向仲裁机构申请仲裁，其坚持起诉的，裁定不予受理，但仲裁条款或者仲裁协议不成立、无效、失效、内容不明确无法执行的除外。

第二百一十六条 在人民法院首次开庭前，被告以有书面仲裁协议为由对受理民事案件提出异议的，人民法院应当进行审查。

经审查符合下列情形之一的，人民法院应当裁定驳回起诉：

（一）仲裁机构或者人民法院已经确认仲裁协议有效的；

（二）当事人没有在仲裁庭首次开庭前对仲裁协议的效力提出异议的；

（三）仲裁协议符合仲裁法第十六条规定且不具有仲裁法第十七条规定情形的。

第二百一十七条　夫妻一方下落不明，另一方诉至人民法院，只要求离婚，不申请宣告下落不明人失踪或者死亡的案件，人民法院应当受理，对下落不明人公告送达诉讼文书。

第二百一十八条　赡养费、扶养费、抚养费案件，裁判发生法律效力后，因新情况、新理由，一方当事人再行起诉要求增加或者减少费用的，人民法院应作为新案受理。

第二百一十九条　当事人超过诉讼时效期间起诉的，人民法院应予受理。受理后对方当事人提出诉讼时效抗辩，人民法院经审理认为抗辩事由成立的，判决驳回原告的诉讼请求。

第二百二十条　民事诉讼法第七十一条、第一百三十七条、第一百五十九条规定的商业秘密，是指生产工艺、配方、贸易联系、购销渠道等当事人不愿公开的技术秘密、商业情报及信息。

第二百二十一条　基于同一事实发生的纠纷，当事人分别向同一人民法院起诉的，人民法院可以合并审理。

第二百二十二条　原告在起诉状中直接列写第三人的，视为其申请人民法院追加该第三人参加诉讼。是否通知第三人参加诉讼，由人民法院审查决定。

第二百二十三条　当事人在提交答辩状期间提出管辖异议，又针对起诉状的内容进行答辩的，人民法院应当依照民事诉讼法第一百三十条第一款的规定，对管辖异议进行审查。

当事人未提出管辖异议，就案件实体内容进行答辩、陈述或者反诉的，可以认定为民事诉讼法第一百三十条第二款规定的应诉答辩。

第二百二十四条　依照民事诉讼法第一百三十六条第四项规定，人民法院可以在答辩期届满后，通过组织证据交换、召集庭前会议等方式，作好审理前的准备。

第二百二十五条　根据案件具体情况，庭前会议可以包括下列内容：

（一）明确原告的诉讼请求和被告的答辩意见；

（二）审查处理当事人增加、变更诉讼请求的申请和提出的反诉，以及第三人提出的与本案有关的诉讼请求；

（三）根据当事人的申请决定调查收集证据，委托鉴定，要求当事人提供证据，进行勘验，进行证据保全；

（四）组织交换证据；

（五）归纳争议焦点；

（六）进行调解。

第二百二十六条　人民法院应当根据当事人的诉讼请求、答辩意见以及证据交换的情况，归纳争议焦点，并就归纳的争议焦点征求当事人的意见。

第二百二十七条　人民法院适用普通程序审理案件，应当在开庭三日前用传票传唤当事人。对诉讼代理人、证人、鉴定人、勘验人、翻译人员应当用通知书通知其到庭。当事人或者其他诉讼参与人在外地的，应当留有必要的在途时间。

第二百二十八条　法庭审理应当围绕当事人争议的事实、证据和法律适用等焦点问题进行。

第二百二十九条　当事人在庭审中对其在审理前的准备阶段认可的事实和证据提出不同意见的，人民法院应当责令其说明理由。必要时，可以责令其提供相应证据。人民法院应当结合当事人的诉讼能力、证据和案件的具体情况进行审查。理由成立的，可以列入争议焦点进行审理。

第二百三十条　人民法院根据案件具体

情况并征得当事人同意，可以将法庭调查和法庭辩论合并进行。

第二百三十一条 当事人在法庭上提出新的证据的，人民法院应当依照民事诉讼法第六十八条第二款规定和本解释相关规定处理。

第二百三十二条 在案件受理后，法庭辩论结束前，原告增加诉讼请求，被告提出反诉，第三人提出与本案有关的诉讼请求，可以合并审理的，人民法院应当合并审理。

第二百三十三条 反诉的当事人应当限于本诉的当事人的范围。

反诉与本诉的诉讼请求基于相同法律关系、诉讼请求之间具有因果关系，或者反诉与本诉的诉讼请求基于相同事实的，人民法院应当合并审理。

反诉应由其他人民法院专属管辖，或者与本诉的诉讼标的及诉讼请求所依据的事实、理由无关联的，裁定不予受理，告知另行起诉。

第二百三十四条 无民事行为能力人的离婚诉讼，当事人的法定代理人应当到庭；法定代理人不能到庭的，人民法院应当在查清事实的基础上，依法作出判决。

第二百三十五条 无民事行为能力的当事人的法定代理人，经传票传唤无正当理由拒不到庭，属于原告方的，比照民事诉讼法第一百四十六条的规定，按撤诉处理；属于被告方的，比照民事诉讼法第一百四十七条的规定，缺席判决。必要时，人民法院可以拘传其到庭。

第二百三十六条 有独立请求权的第三人经人民法院传票传唤，无正当理由拒不到庭的，或者未经法庭许可中途退庭的，比照民事诉讼法第一百四十六条的规定，按撤诉处理。

第二百三十七条 有独立请求权的第三人参加诉讼后，原告申请撤诉，人民法院在准许原告撤诉后，有独立请求权的第三人作为另案原告，原案原告、被告作为另案被告，诉讼继续进行。

第二百三十八条 当事人申请撤诉或者依法可以按撤诉处理的案件，如果当事人有违反法律的行为需要依法处理的，人民法院可以不准许撤诉或者不按撤诉处理。

法庭辩论终结后原告申请撤诉，被告不同意的，人民法院可以不予准许。

第二百三十九条 人民法院准许本诉原告撤诉的，应当对反诉继续审理；被告申请撤回反诉的，人民法院应予准许。

第二百四十条 无独立请求权的第三人经人民法院传票传唤，无正当理由拒不到庭，或者未经法庭许可中途退庭的，不影响案件的审理。

第二百四十一条 被告经传票传唤无正当理由拒不到庭，或者未经法庭许可中途退庭的，人民法院应当按期开庭或者继续开庭审理，对到庭的当事人诉讼请求、双方的诉辩理由以及已经提交的证据及其他诉讼材料进行审理后，可以依法缺席判决。

第二百四十二条 一审宣判后，原审人民法院发现判决有错误，当事人在上诉期内提出上诉的，原审人民法院可以提出原判决有错误的意见，报送第二审人民法院，由第二审人民法院按照第二审程序进行审理；当事人不上诉的，按照审判监督程序处理。

第二百四十三条 民事诉讼法第一百五十二条规定的审限，是指从立案之日起至裁判宣告、调解书送达之日止的期间，但公告期间、鉴定期间、双方当事人和解期间、审理当事人提出的管辖异议以及处理人民法院之间的管辖争议期间不应计算在内。

第二百四十四条 可以上诉的判决书、裁定书不能同时送达双方当事人的，上诉期从各自收到判决书、裁定书之日计算。

第二百四十五条 民事诉讼法第一百五十七条第一款第七项规定的笔误是指法律文书误写、误算，诉讼费用漏写、误算和其他笔误。

第二百四十六条 裁定中止诉讼的原因消除，恢复诉讼程序时，不必撤销原裁定，从人民法院通知或者准许当事人双方继续进行诉讼时起，中止诉讼的裁定即失去效力。

第二百四十七条 当事人就已经提起诉讼的事项在诉讼过程中或者裁判生效后再次起诉，同时符合下列条件的，构成重复起诉：

（一）后诉与前诉的当事人相同；

（二）后诉与前诉的诉讼标的相同；

（三）后诉与前诉的诉讼请求相同，或者后诉的诉讼请求实质上否定前诉裁判结果。

当事人重复起诉的，裁定不予受理；已经受理的，裁定驳回起诉，但法律、司法解释另有规定的除外。

第二百四十八条 裁判发生法律效力后，发生新的事实，当事人再次提起诉讼的，人民法院应当依法受理。

第二百四十九条 在诉讼中，争议的民事权利义务转移的，不影响当事人的诉讼主体资格和诉讼地位。人民法院作出的发生法律效力的判决、裁定对受让人具有拘束力。

受让人申请以无独立请求权的第三人身份参加诉讼的，人民法院可予准许。受让人申请替代当事人承担诉讼的，人民法院可以根据案件的具体情况决定是否准许；不予准许的，可以追加其为无独立请求权的第三人。

第二百五十条 依照本解释第二百四十九条规定，人民法院准许受让人替代当事人承担诉讼的，裁定变更当事人。

变更当事人后，诉讼程序以受让人为当事人继续进行，原当事人应当退出诉讼。原当事人已经完成的诉讼行为对受让人具有拘束力。

第二百五十一条 二审裁定撤销一审判决发回重审的案件，当事人申请变更、增加诉讼请求或者提出反诉，第三人提出与本案有关的诉讼请求的，依照民事诉讼法第一百四十三条规定处理。

第二百五十二条 再审裁定撤销原判决、裁定发回重审的案件，当事人申请变更、增加诉讼请求或者提出反诉，符合下列情形之一的，人民法院应当准许：

（一）原审未合法传唤缺席判决，影响当事人行使诉讼权利的；

（二）追加新的诉讼当事人的；

（三）诉讼标的物灭失或者发生变化致使原诉讼请求无法实现的；

（四）当事人申请变更、增加的诉讼请求或者提出的反诉，无法通过另诉解决的。

第二百五十三条 当庭宣判的案件，除当事人当庭要求邮寄发送裁判文书的外，人民法院应当告知当事人或者诉讼代理人领取裁判文书的时间和地点以及逾期不领取的法律后果。上述情况，应当记入笔录。

第二百五十四条 公民、法人或者其他组织申请查阅发生法律效力的判决书、裁定书的，应当向作出该生效裁判的人民法院提出。申请应当以书面形式提出，并提供具体的案号或者当事人姓名、名称。

第二百五十五条 对于查阅判决书、裁定书的申请，人民法院根据下列情形分别处理：

（一）判决书、裁定书已经通过信息网络向社会公开的，应当引导申请人自行查阅；

（二）判决书、裁定书未通过信息网络向社会公开，且申请符合要求的，应当及时提供便捷的查阅服务；

（三）判决书、裁定书尚未发生法律效力，或者已失去法律效力的，不提供查阅并告知申请人；

（四）发生法律效力的判决书、裁定书不是本院作出的，应当告知申请人向作出生效裁判的人民法院申请查阅；

（五）申请查阅的内容涉及国家秘密、商业秘密、个人隐私的，不予准许并告知申请人。

十一、简易程序

第二百五十六条 民事诉讼法第一百六十条规定的简单民事案件中的事实清楚，是指当事人对争议的事实陈述基本一致，并能提供相应的证据，无须人民法院调查收集证据即可查明事实；权利义务关系明确是指能明确区分谁是责任的承担者，谁是权利的享有者；争议不大是指当事人对案件的是非、责任承担以及诉讼标的争执无原则分歧。

第二百五十七条 下列案件，不适用简易程序：

（一）起诉时被告下落不明的；

（二）发回重审的；

（三）当事人一方人数众多的；

（四）适用审判监督程序的；

（五）涉及国家利益、社会公共利益的；

（六）第三人起诉请求改变或者撤销生效判决、裁定、调解书的；

（七）其他不宜适用简易程序的案件。

第二百五十八条 适用简易程序审理的案件，审理期限到期后，有特殊情况需要延长的，经本院院长批准，可以延长审理期限。延长后的审理期限累计不得超过四个月。

人民法院发现案件不宜适用简易程序，需要转为普通程序审理的，应当在审理期限届满前作出裁定并将审判人员及相关事项书面通知双方当事人。

案件转为普通程序审理的，审理期限自人民法院立案之日计算。

第二百五十九条 当事人双方可就开庭方式向人民法院提出申请，由人民法院决定是否准许。经当事人双方同意，可以采用视听传输技术等方式开庭。

第二百六十条 已经按照普通程序审理的案件，在开庭后不得转为简易程序审理。

第二百六十一条 适用简易程序审理案件，人民法院可以依照民事诉讼法第九十条、第一百六十二条的规定采取捎口信、电话、短信、传真、电子邮件等简便方式传唤双方当事人、通知证人和送达诉讼文书。

以简便方式送达的开庭通知，未经当事人确认或者没有其他证据证明当事人已经收到的，人民法院不得缺席判决。

适用简易程序审理案件，由审判员独任审判，书记员担任记录。

第二百六十二条 人民法庭制作的判决书、裁定书、调解书，必须加盖基层人民法院印章，不得用人民法庭的印章代替基层人民法院的印章。

第二百六十三条 适用简易程序审理案件，卷宗中应当具备以下材料：

（一）起诉状或者口头起诉笔录；

（二）答辩状或者口头答辩笔录；

（三）当事人身份证明材料；

（四）委托他人代理诉讼的授权委托书或者口头委托笔录；

（五）证据；

（六）询问当事人笔录；

（七）审理（包括调解）笔录；

（八）判决书、裁定书、调解书或者调解协议；

（九）送达和宣判笔录；

（十）执行情况；

（十一）诉讼费收据；

（十二）适用民事诉讼法第一百六十五条规定审理的，有关程序适用的书面告知。

第二百六十四条 当事人双方根据民事诉讼法第一百六十条第二款规定约定适用简易程序的，应当在开庭前提出。口头提出的，记入笔录，由双方当事人签名或者捺印确认。

本解释第二百五十七条规定的案件，当事人约定适用简易程序的，人民法院不予准许。

第二百六十五条 原告口头起诉的，人民法院应当将当事人的姓名、性别、工作单位、住所、联系方式等基本信息，诉讼请求，事实及理由等准确记入笔录，由原告核对无误后签名或者捺印。对当事人提交的证据材料，应当出具收据。

第二百六十六条 适用简易程序案件的举证期限由人民法院确定，也可以由当事人协商一致并经人民法院准许，但不得超过十五日。被告要求书面答辩的，人民法院可在征得其同意的基础上，合理确定答辩期间。

人民法院应当将举证期限和开庭日期告知双方当事人，并向当事人说明逾期举证以及拒不到庭的法律后果，由双方当事人在笔录和开庭传票的送达回证上签名或者捺印。

当事人双方均表示不需要举证期限、答辩期间的，人民法院可以立即开庭审理或者确定开庭日期。

第二百六十七条 适用简易程序审理案件，可以简便方式进行审理前的准备。

第二百六十八条 对没有委托律师、基层法律服务工作者代理诉讼的当事人，人民法院在庭审过程中可以对回避、自认、举证证明责任等相关内容向其作必要的解释或者说明，并在庭审过程中适当提示当事人正确行使诉讼权利、履行诉讼义务。

第二百六十九条 当事人就案件适用简易程序提出异议，人民法院经审查，异议成立的，裁定转为普通程序；异议不成立的，裁定驳回。裁定以口头方式作出的，应当记入笔录。

转为普通程序的，人民法院应当将审判人员及相关事项以书面形式通知双方当事人。

转为普通程序前，双方当事人已确认的事实，可以不再进行举证、质证。

第二百七十条 适用简易程序审理的案件，有下列情形之一的，人民法院在制作判决书、裁定书、调解书时，对认定事实或者裁判理由部分可以适当简化：

（一）当事人达成调解协议并需要制作民事调解书的；

（二）一方当事人明确表示承认对方全部或者部分诉讼请求的；

（三）涉及商业秘密、个人隐私的案件，当事人一方要求简化裁判文书中的相关内容，人民法院认为理由正当的；

（四）当事人双方同意简化的。

十二、简易程序中的小额诉讼

第二百七十一条 人民法院审理小额诉讼案件，适用民事诉讼法第一百六十五条的规定，实行一审终审。

第二百七十二条 民事诉讼法第一百六十五条规定的各省、自治区、直辖市上年度就业人员年平均工资，是指已经公布的各省、自治区、直辖市上一年度就业人员年平均工资。在上一年度就业人员年平均工资公布前，以已经公布的最近年度就业人员年平均工资为准。

第二百七十三条 海事法院可以适用小额诉讼的程序审理海事、海商案件。案件标的额应当以实际受理案件的海事法院或者其派出法庭所在的省、自治区、直辖市上年度就业人员年平均工资为基数计算。

第二百七十四条 人民法院受理小额诉讼案件，应当向当事人告知该类案件的审判组织、一审终审、审理期限、诉讼费用交纳标准等相关事项。

第二百七十五条 小额诉讼案件的举证期限由人民法院确定，也可以由当事人协商一致并经人民法院准许，但一般不超过七日。

被告要求书面答辩的，人民法院可以在征得其同意的基础上合理确定答辩期间，但最长不得超过十五日。

当事人到庭后表示不需要举证期限和答辩期间的，人民法院可立即开庭审理。

第二百七十六条 当事人对小额诉讼案件提出管辖异议的，人民法院应当作出裁定。裁定一经作出即生效。

第二百七十七条 人民法院受理小额诉讼案件后，发现起诉不符合民事诉讼法第一百二十二条规定的起诉条件的，裁定驳回起诉。裁定一经作出即生效。

第二百七十八条 因当事人申请增加或者变更诉讼请求、提出反诉、追加当事人等，致使案件不符合小额诉讼案件条件的，应当适用简易程序的其他规定审理。

前款规定案件，应当适用普通程序审理的，裁定转为普通程序。

适用简易程序的其他规定或者普通程序

审理前，双方当事人已确认的事实，可以不再进行举证、质证。

第二百七十九条 当事人对按照小额诉讼案件审理有异议的，应当在开庭前提出。人民法院经审查，异议成立的，适用简易程序的其他规定审理或者裁定转为普通程序；异议不成立的，裁定驳回。裁定以口头方式作出的，应当记入笔录。

第二百八十条 小额诉讼案件的裁判文书可以简化，主要记载当事人基本信息、诉讼请求、裁判主文等内容。

第二百八十一条 人民法院审理小额诉讼案件，本解释没有规定的，适用简易程序的其他规定。

十三、公益诉讼

第二百八十二条 环境保护法、消费者权益保护法等法律规定的机关和有关组织对污染环境、侵害众多消费者合法权益等损害社会公共利益的行为，根据民事诉讼法第五十八条规定提起公益诉讼，符合下列条件的，人民法院应当受理：

（一）有明确的被告；

（二）有具体的诉讼请求；

（三）有社会公共利益受到损害的初步证据；

（四）属于人民法院受理民事诉讼的范围和受诉人民法院管辖。

第二百八十三条 公益诉讼案件由侵权行为地或者被告住所地中级人民法院管辖，但法律、司法解释另有规定的除外。

因污染海洋环境提起的公益诉讼，由污染发生地、损害结果地或者采取预防污染措施地海事法院管辖。

对同一侵权行为分别向两个以上人民法院提起公益诉讼的，由最先立案的人民法院管辖，必要时由它们的共同上级人民法院指定管辖。

第二百八十四条 人民法院受理公益诉讼案件后，应当在十日内书面告知相关行政主管部门。

第二百八十五条 人民法院受理公益诉讼案件后，依法可以提起诉讼的其他机关和有关组织，可以在开庭前向人民法院申请参加诉讼。人民法院准许参加诉讼的，列为共同原告。

第二百八十六条 人民法院受理公益诉讼案件，不影响同一侵权行为的受害人根据民事诉讼法第一百二十二条规定提起诉讼。

第二百八十七条 对公益诉讼案件，当事人可以和解，人民法院可以调解。

当事人达成和解或者调解协议后，人民法院应当将和解或者调解协议进行公告。公告期间不得少于三十日。

公告期满后，人民法院经审查，和解或者调解协议不违反社会公共利益的，应当出具调解书；和解或者调解协议违反社会公共利益的，不予出具调解书，继续对案件进行审理并依法作出裁判。

第二百八十八条 公益诉讼案件的原告在法庭辩论终结后申请撤诉的，人民法院不予准许。

第二百八十九条 公益诉讼案件的裁判发生法律效力后，其他依法具有原告资格的机关和有关组织就同一侵权行为另行提起公益诉讼的，人民法院裁定不予受理，但法律、司法解释另有规定的除外。

十四、第三人撤销之诉

第二百九十条 第三人对已经发生法律效力的判决、裁定、调解书提起撤销之诉的，应当自知道或者应当知道其民事权益受到损害之日起六个月内，向作出生效判决、裁定、调解书的人民法院提出，并应当提供存在下列情形的证据材料：

（一）因不能归责于本人的事由未参加诉讼；

（二）发生法律效力的判决、裁定、调解书的全部或者部分内容错误；

（三）发生法律效力的判决、裁定、调

解书内容错误损害其民事权益。

第二百九十一条 人民法院应当在收到起诉状和证据材料之日起五日内送交对方当事人，对方当事人可以自收到起诉状之日起十日内提出书面意见。

人民法院应当对第三人提交的起诉状、证据材料以及对方当事人的书面意见进行审查。必要时，可以询问双方当事人。

经审查，符合起诉条件的，人民法院应当在收到起诉状之日起三十日内立案。不符合起诉条件的，应当在收到起诉状之日起三十日内裁定不予受理。

第二百九十二条 人民法院对第三人撤销之诉案件，应当组成合议庭开庭审理。

第二百九十三条 民事诉讼法第五十九条第三款规定的因不能归责于本人的事由未参加诉讼，是指没有被列为生效判决、裁定、调解书当事人，且无过错或者无明显过错的情形。包括：

（一）不知道诉讼而未参加的；

（二）申请参加未获准许的；

（三）知道诉讼，但因客观原因无法参加的；

（四）因其他不能归责于本人的事由未参加诉讼的。

第二百九十四条 民事诉讼法第五十九条第三款规定的判决、裁定、调解书的部分或者全部内容，是指判决、裁定的主文，调解书中处理当事人民事权利义务的结果。

第二百九十五条 对下列情形提起第三人撤销之诉的，人民法院不予受理：

（一）适用特别程序、督促程序、公示催告程序、破产程序等非讼程序处理的案件；

（二）婚姻无效、撤销或者解除婚姻关系等判决、裁定、调解书中涉及身份关系的内容；

（三）民事诉讼法第五十七条规定的未参加登记的权利人对代表人诉讼案件的生效裁判；

（四）民事诉讼法第五十八条规定的损害社会公共利益行为的受害人对公益诉讼案件的生效裁判。

第二百九十六条 第三人提起撤销之诉，人民法院应当将该第三人列为原告，生效判决、裁定、调解书的当事人列为被告，但生效判决、裁定、调解书中没有承担责任的无独立请求权的第三人列为第三人。

第二百九十七条 受理第三人撤销之诉案件后，原告提供相应担保，请求中止执行的，人民法院可以准许。

第二百九十八条 对第三人撤销或者部分撤销发生法律效力的判决、裁定、调解书内容的请求，人民法院经审理，按下列情形分别处理：

（一）请求成立且确认其民事权利的主张全部或部分成立的，改变原判决、裁定、调解书内容的错误部分；

（二）请求成立，但确认其全部或部分民事权利的主张不成立，或者未提出确认其民事权利请求的，撤销原判决、裁定、调解书内容的错误部分；

（三）请求不成立的，驳回诉讼请求。

对前款规定裁判不服的，当事人可以上诉。

原判决、裁定、调解书的内容未改变或者未撤销的部分继续有效。

第二百九十九条 第三人撤销之诉案件审理期间，人民法院对生效判决、裁定、调解书裁定再审的，受理第三人撤销之诉的人民法院应当裁定将第三人的诉讼请求并入再审程序。但有证据证明原审当事人之间恶意串通损害第三人合法权益的，人民法院应当先行审理第三人撤销之诉案件，裁定中止再审诉讼。

第三百条 第三人诉讼请求并入再审程序审理的，按照下列情形分别处理：

（一）按照第一审程序审理的，人民法院应当对第三人的诉讼请求一并审理，所作的判决可以上诉；

（二）按照第二审程序审理的，人民法院可以调解，调解达不成协议的，应当裁定撤销原判决、裁定、调解书，发回一审法院重审，重审时应当列明第三人。

第三百零一条　第三人提起撤销之诉后，未中止生效判决、裁定、调解书执行的，执行法院对第三人依照民事诉讼法第二百三十四条规定提出的执行异议，应予审查。第三人不服驳回执行异议裁定，申请对原判决、裁定、调解书再审的，人民法院不予受理。

案外人对人民法院驳回其执行异议裁定不服，认为原判决、裁定、调解书内容错误损害其合法权益的，应当根据民事诉讼法第二百三十四条规定申请再审，提起第三人撤销之诉的，人民法院不予受理。

十五、执行异议之诉

第三百零二条　根据民事诉讼法第二百三十四条规定，案外人、当事人对执行异议裁定不服，自裁定送达之日起十五日内向人民法院提起执行异议之诉的，由执行法院管辖。

第三百零三条　案外人提起执行异议之诉，除符合民事诉讼法第一百二十二条规定外，还应当具备下列条件：

（一）案外人的执行异议申请已经被人民法院裁定驳回；

（二）有明确的排除对执行标的执行的诉讼请求，且诉讼请求与原判决、裁定无关；

（三）自执行异议裁定送达之日起十五日内提起。

人民法院应当在收到起诉状之日起十五日内决定是否立案。

第三百零四条　申请执行人提起执行异议之诉，除符合民事诉讼法第一百二十二条规定外，还应当具备下列条件：

（一）依案外人执行异议申请，人民法院裁定中止执行；

（二）有明确的对执行标的继续执行的诉讼请求，且诉讼请求与原判决、裁定无关；

（三）自执行异议裁定送达之日起十五日内提起。

人民法院应当在收到起诉状之日起十五日内决定是否立案。

第三百零五条　案外人提起执行异议之诉的，以申请执行人为被告。被执行人反对案外人异议的，被执行人为共同被告；被执行人不反对案外人异议的，可以列被执行人为第三人。

第三百零六条　申请执行人提起执行异议之诉的，以案外人为被告。被执行人反对申请执行人主张的，以案外人和被执行人为共同被告；被执行人不反对申请执行人主张的，可以列被执行人为第三人。

第三百零七条　申请执行人对中止执行裁定未提起执行异议之诉，被执行人提起执行异议之诉的，人民法院告知其另行起诉。

第三百零八条　人民法院审理执行异议之诉案件，适用普通程序。

第三百零九条　案外人或者申请执行人提起执行异议之诉的，案外人应当就其对执行标的享有足以排除强制执行的民事权益承担举证证明责任。

第三百一十条　对案外人提起的执行异议之诉，人民法院经审理，按照下列情形分别处理：

（一）案外人就执行标的享有足以排除强制执行的民事权益的，判决不得执行该执行标的；

（二）案外人就执行标的不享有足以排除强制执行的民事权益的，判决驳回诉讼请求。

案外人同时提出确认其权利的诉讼请求的，人民法院可以在判决中一并作出裁判。

第三百一十一条　对申请执行人提起的执行异议之诉，人民法院经审理，按照下列情形分别处理：

（一）案外人就执行标的不享有足以排除强制执行的民事权益的，判决准许执行该执行标的；

（二）案外人就执行标的享有足以排除强制执行的民事权益的，判决驳回诉讼请求。

第三百一十二条　对案外人执行异议之诉，人民法院判决不得对执行标的执行的，执行异议裁定失效。

对申请执行人执行异议之诉，人民法院判决准许对该执行标的执行的，执行异议裁定失效，执行法院可以根据申请执行人的申请或者依职权恢复执行。

第三百一十三条　案外人执行异议之诉审理期间，人民法院不得对执行标的进行处分。申请执行人请求人民法院继续执行并提供相应担保的，人民法院可以准许。

被执行人与案外人恶意串通，通过执行异议、执行异议之诉妨害执行的，人民法院应当依照民事诉讼法第一百一十六条规定处理。申请执行人因此受到损害的，可以提起诉讼要求被执行人、案外人赔偿。

第三百一十四条　人民法院对执行标的裁定中止执行后，申请执行人在法律规定的期间内未提起执行异议之诉的，人民法院应当自起诉期限届满之日起七日内解除对该执行标的采取的执行措施。

十六、第二审程序

第三百一十五条　双方当事人和第三人都提起上诉的，均列为上诉人。人民法院可以依职权确定第二审程序中当事人的诉讼地位。

第三百一十六条　民事诉讼法第一百七十三条、第一百七十四条规定的对方当事人包括被上诉人和原审其他当事人。

第三百一十七条　必要共同诉讼人的一人或者部分人提起上诉的，按下列情形分别处理：

（一）上诉仅对与对方当事人之间权利义务分担有意见，不涉及其他共同诉讼人利益的，对方当事人为被上诉人，未上诉的同一方当事人依原审诉讼地位列明；

（二）上诉仅对共同诉讼人之间权利义务分担有意见，不涉及对方当事人利益的，未上诉的同一方当事人为被上诉人，对方当事人依原审诉讼地位列明；

（三）上诉对双方当事人之间以及共同诉讼人之间权利义务承担有意见的，未提起上诉的其他当事人均为被上诉人。

第三百一十八条　一审宣判时或者判决书、裁定书送达时，当事人口头表示上诉的，人民法院应告知其必须在法定上诉期间内递交上诉状。未在法定上诉期间内递交上诉状的，视为未提起上诉。虽递交上诉状，但未在指定的期限内交纳上诉费的，按自动撤回上诉处理。

第三百一十九条　无民事行为能力人、限制民事行为能力人的法定代理人，可以代理当事人提起上诉。

第三百二十条　上诉案件的当事人死亡或者终止的，人民法院依法通知其权利义务承继者参加诉讼。

需要终结诉讼的，适用民事诉讼法第一百五十四条规定。

第三百二十一条　第二审人民法院应当围绕当事人的上诉请求进行审理。

当事人没有提出请求的，不予审理，但一审判决违反法律禁止性规定，或者损害国家利益、社会公共利益、他人合法权益的除外。

第三百二十二条　开庭审理的上诉案件，第二审人民法院可以依照民事诉讼法第一百三十六条第四项规定进行审理前的准备。

第三百二十三条　下列情形，可以认定为民事诉讼法第一百七十七条第一款第四项规定的严重违反法定程序：

（一）审判组织的组成不合法的；

（二）应当回避的审判人员未回避的；

（三）无诉讼行为能力人未经法定代理人代为诉讼的；

（四）违法剥夺当事人辩论权利的。

第三百二十四条　对当事人在第一审程

序中已经提出的诉讼请求，原审人民法院未作审理、判决的，第二审人民法院可以根据当事人自愿的原则进行调解；调解不成的，发回重审。

第三百二十五条　必须参加诉讼的当事人或者有独立请求权的第三人，在第一审程序中未参加诉讼，第二审人民法院可以根据当事人自愿的原则予以调解；调解不成的，发回重审。

第三百二十六条　在第二审程序中，原审原告增加独立的诉讼请求或者原审被告提出反诉的，第二审人民法院可以根据当事人自愿的原则就新增加的诉讼请求或者反诉进行调解；调解不成的，告知当事人另行起诉。

双方当事人同意由第二审人民法院一并审理的，第二审人民法院可以一并裁判。

第三百二十七条　一审判决不准离婚的案件，上诉后，第二审人民法院认为应当判决离婚的，可以根据当事人自愿的原则，与子女抚养、财产问题一并调解；调解不成的，发回重审。

双方当事人同意由第二审人民法院一并审理的，第二审人民法院可以一并裁判。

第三百二十八条　人民法院依照第二审程序审理案件，认为依法不应由人民法院受理的，可以由第二审人民法院直接裁定撤销原裁判，驳回起诉。

第三百二十九条　人民法院依照第二审程序审理案件，认为第一审人民法院受理案件违反专属管辖规定的，应当裁定撤销原裁判并移送有管辖权的人民法院。

第三百三十条　第二审人民法院查明第一审人民法院作出的不予受理裁定有错误的，应当在撤销原裁定的同时，指令第一审人民法院立案受理；查明第一审人民法院作出的驳回起诉裁定有错误的，应当在撤销原裁定的同时，指令第一审人民法院审理。

第三百三十一条　第二审人民法院对下列上诉案件，依照民事诉讼法第一百七十六条规定可以不开庭审理：

（一）不服不予受理、管辖权异议和驳回起诉裁定的；

（二）当事人提出的上诉请求明显不能成立的；

（三）原判决、裁定认定事实清楚，但适用法律错误的；

（四）原判决严重违反法定程序，需要发回重审的。

第三百三十二条　原判决、裁定认定事实或者适用法律虽有瑕疵，但裁判结果正确的，第二审人民法院可以在判决、裁定中纠正瑕疵后，依照民事诉讼法第一百七十七条第一款第一项规定予以维持。

第三百三十三条　民事诉讼法第一百七十七条第一款第三项规定的基本事实，是指用以确定当事人主体资格、案件性质、民事权利义务等对原判决、裁定的结果有实质性影响的事实。

第三百三十四条　在第二审程序中，作为当事人的法人或者其他组织分立的，人民法院可以直接将分立后的法人或者其他组织列为共同诉讼人；合并的，将合并后的法人或者其他组织列为当事人。

第三百三十五条　在第二审程序中，当事人申请撤回上诉，人民法院经审查认为一审判决确有错误，或者当事人之间恶意串通损害国家利益、社会公共利益、他人合法权益的，不应准许。

第三百三十六条　在第二审程序中，原审原告申请撤回起诉，经其他当事人同意，且不损害国家利益、社会公共利益、他人合法权益的，人民法院可以准许。准许撤诉的，应当一并裁定撤销一审裁判。

原审原告在第二审程序中撤回起诉后重复起诉的，人民法院不予受理。

第三百三十七条　当事人在第二审程序中达成和解协议的，人民法院可以根据当事人的请求，对双方达成的和解协议进行审查并制作调解书送达当事人；因和解而申请撤诉，经审查符合撤诉条件的，人民法院应予准许。

第三百三十八条　第二审人民法院宣告判决可以自行宣判，也可以委托原审人民法院或者当事人所在地人民法院代行宣判。

第三百三十九条　人民法院审理对裁定的上诉案件，应当在第二审立案之日起三十日内作出终审裁定。有特殊情况需要延长审限的，由本院院长批准。

第三百四十条　当事人在第一审程序中实施的诉讼行为，在第二审程序中对该当事人仍具有拘束力。

当事人推翻其在第一审程序中实施的诉讼行为时，人民法院应当责令其说明理由。理由不成立的，不予支持。

十七、特别程序

第三百四十一条　宣告失踪或者宣告死亡案件，人民法院可以根据申请人的请求，清理下落不明人的财产，并指定案件审理期间的财产管理人。公告期满后，人民法院判决宣告失踪的，应当同时依照民法典第四十二条的规定指定失踪人的财产代管人。

第三百四十二条　失踪人的财产代管人经人民法院指定后，代管人申请变更代管的，比照民事诉讼法特别程序的有关规定进行审理。申请理由成立的，裁定撤销申请人的代管人身份，同时另行指定财产代管人；申请理由不成立的，裁定驳回申请。

失踪人的其他利害关系人申请变更代管的，人民法院应当告知其以原指定的代管人为被告起诉，并按普通程序进行审理。

第三百四十三条　人民法院判决宣告公民失踪后，利害关系人向人民法院申请宣告失踪人死亡，自失踪之日起满四年的，人民法院应当受理，宣告失踪的判决即是该公民失踪的证明，审理中仍应依照民事诉讼法第一百九十二条规定进行公告。

第三百四十四条　符合法律规定的多个利害关系人提出宣告失踪、宣告死亡申请的，列为共同申请人。

第三百四十五条　寻找下落不明人的公告应当记载下列内容：

（一）被申请人应当在规定期间内向受理法院申报其具体地址及其联系方式。否则，被申请人将被宣告失踪、宣告死亡；

（二）凡知悉被申请人生存现状的人，应当在公告期间内将其所知道情况向受理法院报告。

第三百四十六条　人民法院受理宣告失踪、宣告死亡案件后，作出判决前，申请人撤回申请的，人民法院应当裁定终结案件，但其他符合法律规定的利害关系人加入程序要求继续审理的除外。

第三百四十七条　在诉讼中，当事人的利害关系人或者有关组织提出该当事人不能辨认或者不能完全辨认自己的行为，要求宣告该当事人无民事行为能力或者限制民事行为能力的，应由利害关系人或者有关组织向人民法院提出申请，由受诉人民法院按照特别程序立案审理，原诉讼中止。

第三百四十八条　认定财产无主案件，公告期间有人对财产提出请求的，人民法院应当裁定终结特别程序，告知申请人另行起诉，适用普通程序审理。

第三百四十九条　被指定的监护人不服居民委员会、村民委员会或者民政部门指定，应当自接到通知之日起三十日内向人民法院提出异议。经审理，认为指定并无不当的，裁定驳回异议；指定不当的，判决撤销指定，同时另行指定监护人。判决书应当送达异议人、原指定单位及判决指定的监护人。

有关当事人依照民法典第三十一条第一款规定直接向人民法院申请指定监护人的，适用特别程序审理，判决指定监护人。判决书应当送达申请人、判决指定的监护人。

第三百五十条　申请认定公民无民事行为能力或者限制民事行为能力的案件，被申请人没有近亲属的，人民法院可以指定经被申请人住所地的居民委员会、村民委员会或者民政部门同意，且愿意担任代理人的个人或者组织为代理人。

没有前款规定的代理人的，由被申请人住所地的居民委员会、村民委员会或者民政部门担任代理人。

代理人可以是一人，也可以是同一顺序中的两人。

第三百五十一条 申请司法确认调解协议的，双方当事人应当本人或者由符合民事诉讼法第六十一条规定的代理人依照民事诉讼法第二百零一条的规定提出申请。

第三百五十二条 调解组织自行开展的调解，有两个以上调解组织参与的，符合民事诉讼法第二百零一条规定的各调解组织所在地人民法院均有管辖权。

双方当事人可以共同向符合民事诉讼法第二百零一条规定的其中一个有管辖权的人民法院提出申请；双方当事人共同向两个以上有管辖权的人民法院提出申请的，由最先立案的人民法院管辖。

第三百五十三条 当事人申请司法确认调解协议，可以采用书面形式或者口头形式。当事人口头申请的，人民法院应当记入笔录，并由当事人签名、捺印或者盖章。

第三百五十四条 当事人申请司法确认调解协议，应当向人民法院提交调解协议、调解组织主持调解的证明，以及与调解协议相关的财产权利证明等材料，并提供双方当事人的身份、住所、联系方式等基本信息。

当事人未提交上述材料的，人民法院应当要求当事人限期补交。

第三百五十五条 当事人申请司法确认调解协议，有下列情形之一的，人民法院裁定不予受理：

（一）不属于人民法院受理范围的；

（二）不属于收到申请的人民法院管辖的；

（三）申请确认婚姻关系、亲子关系、收养关系等身份关系无效、有效或者解除的；

（四）涉及适用其他特别程序、公示催告程序、破产程序审理的；

（五）调解协议内容涉及物权、知识产权确权的。

人民法院受理申请后，发现有上述不予受理情形的，应当裁定驳回当事人的申请。

第三百五十六条 人民法院审查相关情况时，应当通知双方当事人共同到场对案件进行核实。

人民法院经审查，认为当事人的陈述或者提供的证明材料不充分、不完备或者有疑义的，可以要求当事人限期补充陈述或者补充证明材料。必要时，人民法院可以向调解组织核实有关情况。

第三百五十七条 确认调解协议的裁定作出前，当事人撤回申请的，人民法院可以裁定准许。

当事人无正当理由未在限期内补充陈述、补充证明材料或者拒不接受询问的，人民法院可以按撤回申请处理。

第三百五十八条 经审查，调解协议有下列情形之一的，人民法院应当裁定驳回申请：

（一）违反法律强制性规定的；

（二）损害国家利益、社会公共利益、他人合法权益的；

（三）违背公序良俗的；

（四）违反自愿原则的；

（五）内容不明确的；

（六）其他不能进行司法确认的情形。

第三百五十九条 民事诉讼法第二百零三条规定的担保物权人，包括抵押权人、质权人、留置权人；其他有权请求实现担保物权的人，包括抵押人、出质人、财产被留置的债务人或者所有权人等。

第三百六十条 实现票据、仓单、提单等有权利凭证的权利质权案件，可以由权利凭证持有人住所地人民法院管辖；无权利凭证的权利质权，由出质登记地人民法院管辖。

第三百六十一条 实现担保物权案件属于海事法院等专门人民法院管辖的，由专门人民法院管辖。

第三百六十二条 同一债权的担保物有

多个且所在地不同，申请人分别向有管辖权的人民法院申请实现担保物权的，人民法院应当依法受理。

第三百六十三条 依照民法典第三百九十二条的规定，被担保的债权既有物的担保又有人的担保，当事人对实现担保物权的顺序有约定，实现担保物权的申请违反该约定的，人民法院裁定不予受理；没有约定或者约定不明的，人民法院应当受理。

第三百六十四条 同一财产上设立多个担保物权，登记在先的担保物权尚未实现的，不影响后顺位的担保物权人向人民法院申请实现担保物权。

第三百六十五条 申请实现担保物权，应当提交下列材料：

（一）申请书。申请书应当记明申请人、被申请人的姓名或者名称、联系方式等基本信息，具体的请求和事实、理由；

（二）证明担保物权存在的材料，包括主合同、担保合同、抵押登记证明或者他项权利证书，权利质权的权利凭证或者质权出质登记证明等；

（三）证明实现担保物权条件成就的材料；

（四）担保财产现状的说明；

（五）人民法院认为需要提交的其他材料。

第三百六十六条 人民法院受理申请后，应当在五日内向被申请人送达申请书副本、异议权利告知书等文书。

被申请人有异议的，应当在收到人民法院通知后的五日内向人民法院提出，同时说明理由并提供相应的证据材料。

第三百六十七条 实现担保物权案件可以由审判员一人独任审查。担保财产标的额超过基层人民法院管辖范围的，应当组成合议庭进行审查。

第三百六十八条 人民法院审查实现担保物权案件，可以询问申请人、被申请人、利害关系人，必要时可以依职权调查相关事实。

第三百六十九条 人民法院应当就主合同的效力、期限、履行情况，担保物权是否有效设立、担保财产的范围、被担保的债权范围、被担保的债权是否已届清偿期等担保物权实现的条件，以及是否损害他人合法权益等内容进行审查。

被申请人或者利害关系人提出异议的，人民法院应当一并审查。

第三百七十条 人民法院审查后，按下列情形分别处理：

（一）当事人对实现担保物权无实质性争议且实现担保物权条件成就的，裁定准许拍卖、变卖担保财产；

（二）当事人对实现担保物权有部分实质性争议的，可以就无争议部分裁定准许拍卖、变卖担保财产；

（三）当事人对实现担保物权有实质性争议的，裁定驳回申请，并告知申请人向人民法院提起诉讼。

第三百七十一条 人民法院受理申请后，申请人对担保财产提出保全申请的，可以按照民事诉讼法关于诉讼保全的规定办理。

第三百七十二条 适用特别程序作出的判决、裁定，当事人、利害关系人认为有错误的，可以向作出该判决、裁定的人民法院提出异议。人民法院经审查，异议成立或者部分成立的，作出新的判决、裁定撤销或者改变原判决、裁定；异议不成立的，裁定驳回。

对人民法院作出的确认调解协议、准许实现担保物权的裁定，当事人有异议的，应当自收到裁定之日起十五日内提出；利害关系人有异议的，自知道或者应当知道其民事权益受到侵害之日起六个月内提出。

十八、审判监督程序

第三百七十三条 当事人死亡或者终止的，其权利义务承继者可以根据民事诉讼法第二百零六条、第二百零八条的规定申请再审。

判决、调解书生效后，当事人将判决、调解书确认的债权转让，债权受让人对该判决、调解书不服申请再审的，人民法院不予受理。

第三百七十四条 民事诉讼法第二百零六条规定的人数众多的一方当事人，包括公民、法人和其他组织。

民事诉讼法第二百零六条规定的当事人双方为公民的案件，是指原告和被告均为公民的案件。

第三百七十五条 当事人申请再审，应当提交下列材料：

（一）再审申请书，并按照被申请人和原审其他当事人的人数提交副本；

（二）再审申请人是自然人的，应当提交身份证明；再审申请人是法人或者其他组织的，应当提交营业执照、组织机构代码证书、法定代表人或者主要负责人身份证明书。委托他人代为申请的，应当提交授权委托书和代理人身份证明；

（三）原审判决书、裁定书、调解书；

（四）反映案件基本事实的主要证据及其他材料。

前款第二项、第三项、第四项规定的材料可以是与原件核对无异的复印件。

第三百七十六条 再审申请书应当记明下列事项：

（一）再审申请人与被申请人及原审其他当事人的基本信息；

（二）原审人民法院的名称，原审裁判文书案号；

（三）具体的再审请求；

（四）申请再审的法定情形及具体事实、理由。

再审申请书应当明确申请再审的人民法院，并由再审申请人签名、捺印或者盖章。

第三百七十七条 当事人一方人数众多或者当事人双方为公民的案件，当事人分别向原审人民法院和上一级人民法院申请再审且不能协商一致的，由原审人民法院受理。

第三百七十八条 适用特别程序、督促程序、公示催告程序、破产程序等非讼程序审理的案件，当事人不得申请再审。

第三百七十九条 当事人认为发生法律效力的不予受理、驳回起诉的裁定错误的，可以申请再审。

第三百八十条 当事人就离婚案件中的财产分割问题申请再审，如涉及判决中已分割的财产，人民法院应当依照民事诉讼法第二百零七条的规定进行审查，符合再审条件的，应当裁定再审；如涉及判决中未作处理的夫妻共同财产，应当告知当事人另行起诉。

第三百八十一条 当事人申请再审，有下列情形之一的，人民法院不予受理：

（一）再审申请被驳回后再次提出申请的；

（二）对再审判决、裁定提出申请的；

（三）在人民检察院对当事人的申请作出不予提出再审检察建议或者抗诉决定后又提出申请的。

前款第一项、第二项规定情形，人民法院应当告知当事人可以向人民检察院申请再审检察建议或者抗诉，但因人民检察院提出再审检察建议或者抗诉而再审作出的判决、裁定除外。

第三百八十二条 当事人对已经发生法律效力的调解书申请再审，应当在调解书发生法律效力后六个月内提出。

第三百八十三条 人民法院应当自收到符合条件的再审申请书等材料之日起五日内向再审申请人发送受理通知书，并向被申请人及原审其他当事人发送应诉通知书、再审申请书副本等材料。

第三百八十四条 人民法院受理申请再审案件后，应当依照民事诉讼法第二百零七条、第二百零八条、第二百一十一条等规定，对当事人主张的再审事由进行审查。

第三百八十五条 再审申请人提供的新的证据，能够证明原判决、裁定认定基本事实或者裁判结果错误的，应当认定为民事诉讼法第二百零七条第一项规定的情形。

对于符合前款规定的证据,人民法院应当责令再审申请人说明其逾期提供该证据的理由;拒不说明理由或者理由不成立,依照民事诉讼法第六十八条第二款和本解释第一百零二条的规定处理。

第三百八十六条 再审申请人证明其提交的新的证据符合下列情形之一的,可以认定逾期提供证据的理由成立:

(一)在原审庭审结束前已经存在,因客观原因于庭审结束后才发现的;

(二)在原审庭审结束前已经发现,但因客观原因无法取得或者在规定的期限内不能提供的;

(三)在原审庭审结束后形成,无法据此另行提起诉讼的。

再审申请人提交的证据在原审中已经提供,原审人民法院未组织质证且未作为裁判根据的,视为逾期提供证据的理由成立,但原审人民法院依照民事诉讼法第六十八条规定不予采纳的除外。

第三百八十七条 当事人对原判决、裁定认定事实的主要证据在原审中拒绝发表质证意见或者质证中未对证据发表质证意见的,不属于民事诉讼法第二百零七条第四项规定的未经质证的情形。

第三百八十八条 有下列情形之一,导致判决、裁定结果错误的,应当认定为民事诉讼法第二百零七条第六项规定的原判决、裁定适用法律确有错误:

(一)适用的法律与案件性质明显不符的;

(二)确定民事责任明显违背当事人约定或者法律规定的;

(三)适用已经失效或者尚未施行的法律的;

(四)违反法律溯及力规定的;

(五)违反法律适用规则的;

(六)明显违背立法原意的。

第三百八十九条 原审开庭过程中有下列情形之一的,应当认定为民事诉讼法第二百零七条第九项规定的剥夺当事人辩论权利:

(一)不允许当事人发表辩论意见的;

(二)应当开庭审理而未开庭审理的;

(三)违反法律规定送达起诉状副本或者上诉状副本,致使当事人无法行使辩论权利的;

(四)违法剥夺当事人辩论权利的其他情形。

第三百九十条 民事诉讼法第二百零七条第十一项规定的诉讼请求,包括一审诉讼请求、二审上诉请求,但当事人未对一审判决、裁定遗漏或者超出诉讼请求提起上诉的除外。

第三百九十一条 民事诉讼法第二百零七条第十二项规定的法律文书包括:

(一)发生法律效力的判决书、裁定书、调解书;

(二)发生法律效力的仲裁裁决书;

(三)具有强制执行效力的公证债权文书。

第三百九十二条 民事诉讼法第二百零七条第十三项规定的审判人员审理该案件时有贪污受贿、徇私舞弊、枉法裁判行为,是指已经由生效刑事法律文书或者纪律处分决定所确认的行为。

第三百九十三条 当事人主张的再审事由成立,且符合民事诉讼法和本解释规定的申请再审条件的,人民法院应当裁定再审。

当事人主张的再审事由不成立,或者当事人申请再审超过法定申请再审期限、超出法定再审事由范围等不符合民事诉讼法和本解释规定的申请再审条件的,人民法院应当裁定驳回再审申请。

第三百九十四条 人民法院对已经发生法律效力的判决、裁定、调解书依法决定再审,依照民事诉讼法第二百一十三条规定,需要中止执行的,应当在再审裁定中同时写明中止原判决、裁定、调解书的执行;情况紧急的,可以将中止执行裁定口头通知负责执行的人民法院,并在通知后十日内发出裁定书。

第三百九十五条 人民法院根据审查案件的需要决定是否询问当事人。新的证据可能推翻原判决、裁定的，人民法院应当询问当事人。

第三百九十六条 审查再审申请期间，被申请人及原审其他当事人依法提出再审申请的，人民法院应当将其列为再审申请人，对其再审事由一并审查，审查期限重新计算。经审查，其中一方再审申请人主张的再审事由成立的，应当裁定再审。各方再审申请人主张的再审事由均不成立的，一并裁定驳回再审申请。

第三百九十七条 审查再审申请期间，再审申请人申请人民法院委托鉴定、勘验的，人民法院不予准许。

第三百九十八条 审查再审申请期间，再审申请人撤回再审申请的，是否准许，由人民法院裁定。

再审申请人经传票传唤，无正当理由拒不接受询问的，可以按撤回再审申请处理。

第三百九十九条 人民法院准许撤回再审申请或者按撤回再审申请处理后，再审申请人再次申请再审的，不予受理，但有民事诉讼法第二百零七条第一项、第三项、第十二项、第十三项规定情形，自知道或者应当知道之日起六个月内提出的除外。

第四百条 再审申请审查期间，有下列情形之一的，裁定终结审查：

（一）再审申请人死亡或者终止，无权利义务承继者或者权利义务承继者声明放弃再审申请的；

（二）在给付之诉中，负有给付义务的被申请人死亡或者终止，无可供执行的财产，也没有应当承担义务的人的；

（三）当事人达成和解协议且已履行完毕的，但当事人在和解协议中声明不放弃申请再审权利的除外；

（四）他人未经授权以当事人名义申请再审的；

（五）原审或者上一级人民法院已经裁定再审的；

（六）有本解释第三百八十一条第一款规定情形的。

第四百零一条 人民法院审理再审案件应当组成合议庭开庭审理，但按照第二审程序审理，有特殊情况或者双方当事人已经通过其他方式充分表达意见，且书面同意不开庭审理的除外。

符合缺席判决条件的，可以缺席判决。

第四百零二条 人民法院开庭审理再审案件，应当按照下列情形分别进行：

（一）因当事人申请再审的，先由再审申请人陈述再审请求及理由，后由被申请人答辩、其他原审当事人发表意见；

（二）因抗诉再审的，先由抗诉机关宣读抗诉书，再由申请抗诉的当事人陈述，后由被申请人答辩、其他原审当事人发表意见；

（三）人民法院依职权再审，有申诉人的，先由申诉人陈述再审请求及理由，后由被申诉人答辩、其他原审当事人发表意见；

（四）人民法院依职权再审，没有申诉人的，先由原审原告或者原审上诉人陈述，后由原审其他当事人发表意见。

对前款第一项至第三项规定的情形，人民法院应当要求当事人明确其再审请求。

第四百零三条 人民法院审理再审案件应当围绕再审请求进行。当事人的再审请求超出原审诉讼请求的，不予审理；符合另案诉讼条件的，告知当事人可以另行起诉。

被申请人及原审其他当事人在庭审辩论结束前提出的再审请求，符合民事诉讼法第二百一十二条规定的，人民法院应当一并审理。

人民法院经再审，发现已经发生法律效力的判决、裁定损害国家利益、社会公共利益、他人合法权益的，应当一并审理。

第四百零四条 再审审理期间，有下列情形之一的，可以裁定终结再审程序：

（一）再审申请人在再审期间撤回再审请求，人民法院准许的；

（二）再审申请人经传票传唤，无正当理由拒不到庭的，或者未经法庭许可中途退庭，按撤回再审请求处理的；

（三）人民检察院撤回抗诉的；

（四）有本解释第四百条第一项至第四项规定情形的。

因人民检察院提出抗诉裁定再审的案件，申请抗诉的当事人有前款规定的情形，且不损害国家利益、社会公共利益或者他人合法权益的，人民法院应当裁定终结再审程序。

再审程序终结后，人民法院裁定中止执行的原生效判决自动恢复执行。

第四百零五条 人民法院经再审审理认为，原判决、裁定认定事实清楚、适用法律正确的，应予维持；原判决、裁定认定事实、适用法律虽有瑕疵，但裁判结果正确的，应当在再审判决、裁定中纠正瑕疵后予以维持。

原判决、裁定认定事实、适用法律错误，导致裁判结果错误的，应当依法改判、撤销或者变更。

第四百零六条 按照第二审程序再审的案件，人民法院经审理认为不符合民事诉讼法规定的起诉条件或者符合民事诉讼法第一百二十七条规定不予受理情形的，应当裁定撤销一、二审判决，驳回起诉。

第四百零七条 人民法院对调解书裁定再审后，按照下列情形分别处理：

（一）当事人提出的调解违反自愿原则的事由不成立，且调解书的内容不违反法律强制性规定的，裁定驳回再审申请；

（二）人民检察院抗诉或者再审检察建议所主张的损害国家利益、社会公共利益的理由不成立的，裁定终结再审程序。

前款规定情形，人民法院裁定中止执行的调解书需要继续执行的，自动恢复执行。

第四百零八条 一审原告在再审审理程序中申请撤回起诉，经其他当事人同意，且不损害国家利益、社会公共利益、他人合法权益的，人民法院可以准许。裁定准许撤诉的，应当一并撤销原判决。

一审原告在再审审理程序中撤回起诉后重复起诉的，人民法院不予受理。

第四百零九条 当事人提交新的证据致使再审改判，因再审申请人或者申请检察监督当事人的过错未能在原审程序中及时举证，被申请人等当事人请求补偿其增加的交通、住宿、就餐、误工等必要费用的，人民法院应予支持。

第四百一十条 部分当事人到庭并达成调解协议，其他当事人未作出书面表示的，人民法院应当在判决中对该事实作出表述；调解协议内容不违反法律规定，且不损害其他当事人合法权益的，可以在判决主文中予以确认。

第四百一十一条 人民检察院依法对损害国家利益、社会公共利益的发生法律效力的判决、裁定、调解书提出抗诉，或者经人民检察院检察委员会讨论决定提出再审检察建议的，人民法院应予受理。

第四百一十二条 人民检察院对已经发生法律效力的判决以及不予受理、驳回起诉的裁定依法提出抗诉的，人民法院应予受理，但适用特别程序、督促程序、公示催告程序、破产程序以及解除婚姻关系的判决、裁定等不适用审判监督程序的判决、裁定除外。

第四百一十三条 人民检察院依照民事诉讼法第二百一十六条第一款第三项规定对有明显错误的再审判决、裁定提出抗诉或者再审检察建议的，人民法院应予受理。

第四百一十四条 地方各级人民检察院依当事人的申请对生效判决、裁定向同级人民法院提出再审检察建议，符合下列条件的，应予受理：

（一）再审检察建议书和原审当事人申请书及相关证据材料已经提交；

（二）建议再审的对象为依照民事诉讼法和本解释规定可以进行再审的判决、裁定；

（三）再审检察建议书列明该判决、裁

定有民事诉讼法第二百一十五条第二款规定情形；

（四）符合民事诉讼法第二百一十六条第一款第一项、第二项规定情形；

（五）再审检察建议经该人民检察院检察委员会讨论决定。

不符合前款规定的，人民法院可以建议人民检察院予以补正或者撤回；不予补正或者撤回的，应当函告人民检察院不予受理。

第四百一十五条 人民检察院依当事人的申请对生效判决、裁定提出抗诉，符合下列条件的，人民法院应当在三十日内裁定再审：

（一）抗诉书和原审当事人申请书及相关证据材料已经提交；

（二）抗诉对象为依照民事诉讼法和本解释规定可以进行再审的判决、裁定；

（三）抗诉书列明该判决、裁定有民事诉讼法第二百一十五条第一款规定情形；

（四）符合民事诉讼法第二百一十六条第一款第一项、第二项规定情形。

不符合前款规定的，人民法院可以建议人民检察院予以补正或者撤回；不予补正或者撤回的，人民法院可以裁定不予受理。

第四百一十六条 当事人的再审申请被上级人民法院裁定驳回后，人民检察院对原判决、裁定、调解书提出抗诉，抗诉事由符合民事诉讼法第二百零七条第一项至第五项规定情形之一的，受理抗诉的人民法院可以交由下一级人民法院再审。

第四百一十七条 人民法院收到再审检察建议后，应当组成合议庭，在三个月内进行审查，发现原判决、裁定、调解书确有错误，需要再审的，依照民事诉讼法第二百零五条规定裁定再审，并通知当事人；经审查，决定不予再审的，应当书面回复人民检察院。

第四百一十八条 人民法院审理因人民检察院抗诉或者检察建议裁定再审的案件，不受此前已经作出的驳回当事人再审申请裁定的影响。

第四百一十九条 人民法院开庭审理抗诉案件，应当在开庭三日前通知人民检察院、当事人和其他诉讼参与人。同级人民检察院或者提出抗诉的人民检察院应当派员出庭。

人民检察院因履行法律监督职责向当事人或者案外人调查核实的情况，应当向法庭提交并予以说明，由双方当事人进行质证。

第四百二十条 必须共同进行诉讼的当事人因不能归责于本人或者其诉讼代理人的事由未参加诉讼的，可以根据民事诉讼法第二百零七条第八项规定，自知道或者应当知道之日起六个月内申请再审，但符合本解释第四百二十一条规定情形的除外。

人民法院因前款规定的当事人申请而裁定再审，按照第一审程序再审的，应当追加其为当事人，作出新的判决、裁定；按照第二审程序再审，经调解不能达成协议的，应当撤销原判决、裁定，发回重审，重审时应追加其为当事人。

第四百二十一条 根据民事诉讼法第二百三十四条规定，案外人对驳回其执行异议的裁定不服，认为原判决、裁定、调解书内容错误损害其民事权益的，可以自执行异议裁定送达之日起六个月内，向作出原判决、裁定、调解书的人民法院申请再审。

第四百二十二条 根据民事诉讼法第二百三十四条规定，人民法院裁定再审后，案外人属于必要的共同诉讼当事人的，依照本解释第四百二十条第二款规定处理。

案外人不是必要的共同诉讼当事人的，人民法院仅审理原判决、裁定、调解书对其民事权益造成损害的内容。经审理，再审请求成立的，撤销或者改变原判决、裁定、调解书；再审请求不成立的，维持原判决、裁定、调解书。

第四百二十三条 本解释第三百三十八条规定适用于审判监督程序。

第四百二十四条 对小额诉讼案件的判决、裁定，当事人以民事诉讼法第二百零七条规定的事由向原审人民法院申请再审的，人民法院应当受理。申请再审事由成立的，应当裁定再审，组成合议庭进行审理。作出的再审判决、裁定，当事人不得上诉。

当事人以不应按小额诉讼案件审理为由向原审人民法院申请再审的，人民法院应当受理。理由成立的，应当裁定再审，组成合议庭审理。作出的再审判决、裁定，当事人可以上诉。

十九、督促程序

第四百二十五条 两个以上人民法院都有管辖权的，债权人可以向其中一个基层人民法院申请支付令。

债权人向两个以上有管辖权的基层人民法院申请支付令的，由最先立案的人民法院管辖。

第四百二十六条 人民法院收到债权人的支付令申请书后，认为申请书不符合要求的，可以通知债权人限期补正。人民法院应当自收到补正材料之日起五日内通知债权人是否受理。

第四百二十七条 债权人申请支付令，符合下列条件的，基层人民法院应当受理，并在收到支付令申请书后五日内通知债权人：

（一）请求给付金钱或者汇票、本票、支票、股票、债券、国库券、可转让的存款单等有价证券；

（二）请求给付的金钱或者有价证券已到期且数额确定，并写明了请求所根据的事实、证据；

（三）债权人没有对待给付义务；

（四）债务人在我国境内且未下落不明；

（五）支付令能够送达债务人；

（六）收到申请书的人民法院有管辖权；

（七）债权人未向人民法院申请诉前保全。

不符合前款规定的，人民法院应当在收到支付令申请书后五日内通知债权人不予受理。

基层人民法院受理申请支付令案件，不受债权金额的限制。

第四百二十八条 人民法院受理申请后，由审判员一人进行审查。经审查，有下列情形之一的，裁定驳回申请：

（一）申请人不具备当事人资格的；

（二）给付金钱或者有价证券的证明文件没有约定逾期给付利息或者违约金、赔偿金，债权人坚持要求给付利息或者违约金、赔偿金的；

（三）要求给付的金钱或者有价证券属于违法所得的；

（四）要求给付的金钱或者有价证券尚未到期或者数额不确定的。

人民法院受理支付令申请后，发现不符合本解释规定的受理条件的，应当在受理之日起十五日内裁定驳回申请。

第四百二十九条 向债务人本人送达支付令，债务人拒绝接收的，人民法院可以留置送达。

第四百三十条 有下列情形之一的，人民法院应当裁定终结督促程序，已发出支付令的，支付令自行失效：

（一）人民法院受理支付令申请后，债权人就同一债权债务关系又提起诉讼的；

（二）人民法院发出支付令之日起三十日内无法送达债务人的；

（三）债务人收到支付令前，债权人撤回申请的。

第四百三十一条 债务人在收到支付令后，未在法定期间提出书面异议，而向其他人民法院起诉的，不影响支付令的效力。

债务人超过法定期间提出异议的，视为未提出异议。

第四百三十二条 债权人基于同一债权债务关系，在同一支付令申请中向债务人提出多项支付请求，债务人仅就其中一项或者几项请求提出异议的，不影响其他各项请求的效力。

第四百三十三条 债权人基于同一债权债务关系，就可分之债向多个债务人提出支付请求，多个债务人中的一人或者几人提出异议的，不影响其他请求的效力。

第四百三十四条 对设有担保的债务的主债务人发出的支付令，对担保人没有拘束力。

债权人就担保关系单独提起诉讼的，支付令自人民法院受理案件之日起失效。

第四百三十五条 经形式审查，债务人提出的书面异议有下列情形之一的，应当认定异议成立，裁定终结督促程序，支付令自行失效：

（一）本解释规定的不予受理申请情形的；

（二）本解释规定的裁定驳回申请情形的；

（三）本解释规定的应当裁定终结督促程序情形的；

（四）人民法院对是否符合发出支付令条件产生合理怀疑的。

第四百三十六条 债务人对债务本身没有异议，只是提出缺乏清偿能力、延缓债务清偿期限、变更债务清偿方式等异议的，不影响支付令的效力。

人民法院经审查认为异议不成立，裁定驳回。

债务人的口头异议无效。

第四百三十七条 人民法院作出终结督促程序或者驳回异议裁定前，债务人请求撤回异议的，应当裁定准许。

债务人对撤回异议反悔的，人民法院不予支持。

第四百三十八条 支付令失效后，申请支付令的一方当事人不同意提起诉讼的，应当自收到终结督促程序裁定之日起七日内向受理申请的人民法院提出。

申请支付令的一方当事人不同意提起诉讼的，不影响其向其他有管辖权的人民法院提起诉讼。

第四百三十九条 支付令失效后，申请支付令的一方当事人自收到终结督促程序裁定之日起七日内未向受理申请的人民法院表明不同意提起诉讼的，视为向受理申请的人民法院起诉。

债权人提出支付令申请的时间，即为向人民法院起诉的时间。

第四百四十条 债权人向人民法院申请执行支付令的期间，适用民事诉讼法第二百四十六条的规定。

第四百四十一条 人民法院院长发现本院已经发生法律效力的支付令确有错误，认为需要撤销的，应当提交本院审判委员会讨论决定后，裁定撤销支付令，驳回债权人的申请。

二十、公示催告程序

第四百四十二条 民事诉讼法第二百二十五条规定的票据持有人，是指票据被盗、遗失或者灭失前的最后持有人。

第四百四十三条 人民法院收到公示催告的申请后，应当立即审查，并决定是否受理。经审查认为符合受理条件的，通知予以受理，并同时通知支付人停止支付；认为不符合受理条件的，七日内裁定驳回申请。

第四百四十四条 因票据丧失，申请公示催告的，人民法院应结合票据存根、丧失票据的复印件、出票人关于签发票据的证明、申请人合法取得票据的证明、银行挂失止付通知书、报案证明等证据，决定是否受理。

第四百四十五条 人民法院依照民事诉讼法第二百二十六条规定发出的受理申请的公告，应当写明下列内容：

（一）公示催告申请人的姓名或者名称；

（二）票据的种类、号码、票面金额、出票人、背书人、持票人、付款期限等事项以及其他可以申请公示催告的权利凭证的种类、号码、权利范围、权利人、义务人、行权日期等事项；

（三）申报权利的期间；

（四）在公示催告期间转让票据等权利凭证，利害关系人不申报的法律后果。

第四百四十六条　公告应当在有关报纸或者其他媒体上刊登，并于同日公布于人民法院公告栏内。人民法院所在地有证券交易所的，还应当同日在该交易所公布。

第四百四十七条　公告期间不得少于六十日，且公示催告期间届满日不得早于票据付款日后十五日。

第四百四十八条　在申报期届满后、判决作出之前，利害关系人申报权利的，应当适用民事诉讼法第二百二十八条第二款、第三款规定处理。

第四百四十九条　利害关系人申报权利，人民法院应当通知其向法院出示票据，并通知公示催告申请人在指定的期间查看该票据。公示催告申请人申请公示催告的票据与利害关系人出示的票据不一致的，应当裁定驳回利害关系人的申报。

第四百五十条　在申报权利的期间无人申报权利，或者申报被驳回的，申请人应当自公示催告期间届满之日起一个月内申请作出判决。逾期不申请判决的，终结公示催告程序。

裁定终结公示催告程序的，应当通知申请人和支付人。

第四百五十一条　判决公告之日起，公示催告申请人有权依据判决向付款人请求付款。

付款人拒绝付款，申请人向人民法院起诉，符合民事诉讼法第一百二十二条规定的起诉条件的，人民法院应予受理。

第四百五十二条　适用公示催告程序审理案件，可由审判员一人独任审理；判决宣告票据无效的，应当组成合议庭审理。

第四百五十三条　公示催告申请人撤回申请，应在公示催告前提出；公示催告期间申请撤回的，人民法院可以径行裁定终结公示催告程序。

第四百五十四条　人民法院依照民事诉讼法第二百二十七条规定通知支付人停止支付，应当符合有关财产保全的规定。支付人收到停止支付通知后拒不止付的，除可依照民事诉讼法第一百一十四条、第一百一十七条规定采取强制措施外，在判决后，支付人仍应承担付款义务。

第四百五十五条　人民法院依照民事诉讼法第二百二十八条规定终结公示催告程序后，公示催告申请人或者申报人向人民法院提起诉讼，因票据权利纠纷提起的，由票据支付地或者被告住所地人民法院管辖；因非票据权利纠纷提起的，由被告住所地人民法院管辖。

第四百五十六条　依照民事诉讼法第二百二十八条规定制作的终结公示催告程序的裁定书，由审判员、书记员署名，加盖人民法院印章。

第四百五十七条　依照民事诉讼法第二百三十条的规定，利害关系人向人民法院起诉的，人民法院可按票据纠纷适用普通程序审理。

第四百五十八条　民事诉讼法第二百三十条规定的正当理由，包括：

（一）因发生意外事件或者不可抗力致使利害关系人无法知道公告事实的；

（二）利害关系人因被限制人身自由而无法知道公告事实，或者虽然知道公告事实，但无法自己或者委托他人代为申报权利的；

（三）不属于法定申请公示催告情形的；

（四）未予公告或者未按法定方式公告的；

（五）其他导致利害关系人在判决作出前未能向人民法院申报权利的客观事由。

第四百五十九条　根据民事诉讼法第二百三十条的规定，利害关系人请求人民法院撤销除权判决的，应当将申请人列为被告。

利害关系人仅诉请确认其为合法持票人的，人民法院应当在裁判文书中写明，确认利害关系人为票据权利人的判决作出后，除权判决即被撤销。

二十一、执行程序

第四百六十条　发生法律效力的实现担

保物权裁定、确认调解协议裁定、支付令，由作出裁定、支付令的人民法院或者与其同级的被执行财产所在地的人民法院执行。

认定财产无主的判决，由作出判决的人民法院将无主财产收归国家或者集体所有。

第四百六十一条 当事人申请人民法院执行的生效法律文书应当具备下列条件：

（一）权利义务主体明确；

（二）给付内容明确。

法律文书确定继续履行合同的，应当明确继续履行的具体内容。

第四百六十二条 根据民事诉讼法第二百三十四条规定，案外人对执行标的提出异议的，应当在该执行标的执行程序终结前提出。

第四百六十三条 案外人对执行标的提出的异议，经审查，按照下列情形分别处理：

（一）案外人对执行标的不享有足以排除强制执行的权益的，裁定驳回其异议；

（二）案外人对执行标的享有足以排除强制执行的权益的，裁定中止执行。

驳回案外人执行异议裁定送达案外人之日起十五日内，人民法院不得对执行标的进行处分。

第四百六十四条 申请执行人与被执行人达成和解协议后请求中止执行或者撤回执行申请的，人民法院可以裁定中止执行或者终结执行。

第四百六十五条 一方当事人不履行或者不完全履行在执行中双方自愿达成的和解协议，对方当事人申请执行原生效法律文书的，人民法院应当恢复执行，但和解协议已履行的部分应当扣除。和解协议已经履行完毕的，人民法院不予恢复执行。

第四百六十六条 申请恢复执行原生效法律文书，适用民事诉讼法第二百四十六条申请执行期间的规定。申请执行期间因达成执行中的和解协议而中断，其期间自和解协议约定履行期限的最后一日起重新计算。

第四百六十七条 人民法院依照民事诉讼法第二百三十八条规定决定暂缓执行的，如果担保是有期限的，暂缓执行的期限应当与担保期限一致，但最长不得超过一年。被执行人或者担保人对担保的财产在暂缓执行期间有转移、隐藏、变卖、毁损等行为的，人民法院可以恢复强制执行。

第四百六十八条 根据民事诉讼法第二百三十八条规定向人民法院提供执行担保的，可以由被执行人或者他人提供财产担保，也可以由他人提供保证。担保人应当具有代为履行或者代为承担赔偿责任的能力。

他人提供执行保证的，应当向执行法院出具保证书，并将保证书副本送交申请执行人。被执行人或者他人提供财产担保的，应当参照民法典的有关规定办理相应手续。

第四百六十九条 被执行人在人民法院决定暂缓执行的期限届满后仍不履行义务的，人民法院可以直接执行担保财产，或者裁定执行担保人的财产，但执行担保人的财产以担保人应当履行义务部分的财产为限。

第四百七十条 依照民事诉讼法第二百三十九条规定，执行中作为被执行人的法人或者其他组织分立、合并的，人民法院可以裁定变更后的法人或者其他组织为被执行人；被注销的，如果依照有关实体法的规定有权利义务承受人的，可以裁定该权利义务承受人为被执行人。

第四百七十一条 其他组织在执行中不能履行法律文书确定的义务的，人民法院可以裁定执行对该其他组织依法承担义务的法人或者公民个人的财产。

第四百七十二条 在执行中，作为被执行人的法人或者其他组织名称变更的，人民法院可以裁定变更后的法人或者其他组织为被执行人。

第四百七十三条 作为被执行人的公民死亡，其遗产继承人没有放弃继承的，人民法院可以裁定变更被执行人，由该继承人在遗产的范围内偿还债务。继承人放弃继承的，人民法院可以直接执行被执行人的遗产。

第四百七十四条 法律规定由人民法院执行的其他法律文书执行完毕后，该法律文书被有关机关或者组织依法撤销的，经当事人申请，适用民事诉讼法第二百四十条规定。

第四百七十五条 仲裁机构裁决的事项，部分有民事诉讼法第二百四十四条第二款、第三款规定情形的，人民法院应当裁定对该部分不予执行。

应当不予执行部分与其他部分不可分的，人民法院应当裁定不予执行仲裁裁决。

第四百七十六条 依照民事诉讼法第二百四十四条第二款、第三款规定，人民法院裁定不予执行仲裁裁决后，当事人对该裁定提出执行异议或者复议的，人民法院不予受理。当事人可以就该民事纠纷重新达成书面仲裁协议申请仲裁，也可以向人民法院起诉。

第四百七十七条 在执行中，被执行人通过仲裁程序将人民法院查封、扣押、冻结的财产确权或者分割给案外人的，不影响人民法院执行程序的进行。

案外人不服的，可以根据民事诉讼法第二百三十四条规定提出异议。

第四百七十八条 有下列情形之一的，可以认定为民事诉讼法第二百四十五条第二款规定的公证债权文书确有错误：

（一）公证债权文书属于不得赋予强制执行效力的债权文书的；

（二）被执行人一方未亲自或者未委托代理人到场公证等严重违反法律规定的公证程序的；

（三）公证债权文书的内容与事实不符或者违反法律强制性规定的；

（四）公证债权文书未载明被执行人不履行义务或者不完全履行义务时同意接受强制执行的。

人民法院认定执行该公证债权文书违背社会公共利益的，裁定不予执行。

公证债权文书被裁定不予执行后，当事人、公证事项的利害关系人可以就债权争议提起诉讼。

第四百七十九条 当事人请求不予执行仲裁裁决或者公证债权文书的，应当在执行终结前向执行法院提出。

第四百八十条 人民法院应当在收到申请执行书或者移交执行书后十日内发出执行通知。

执行通知中除应责令被执行人履行法律文书确定的义务外，还应通知其承担民事诉讼法第二百六十条规定的迟延履行利息或者迟延履行金。

第四百八十一条 申请执行人超过申请执行时效期间向人民法院申请强制执行的，人民法院应予受理。被执行人对申请执行时效期间提出异议，人民法院经审查异议成立的，裁定不予执行。

被执行人履行全部或者部分义务后，又以不知道申请执行时效期间届满为由请求执行回转的，人民法院不予支持。

第四百八十二条 对必须接受调查询问的被执行人、被执行人的法定代表人、负责人或者实际控制人，经依法传唤无正当理由拒不到场的，人民法院可以拘传其到场。

人民法院应当及时对被拘传人进行调查询问，调查询问的时间不得超过八小时；情况复杂，依法可能采取拘留措施的，调查询问的时间不得超过二十四小时。

人民法院在本辖区以外采取拘传措施时，可以将被拘传人拘传到当地人民法院，当地人民法院应予协助。

第四百八十三条 人民法院有权查询被执行人的身份信息与财产信息，掌握相关信息的单位和个人必须按照协助执行通知书办理。

第四百八十四条 对被执行的财产，人民法院非经查封、扣押、冻结不得处分。对银行存款等各类可以直接扣划的财产，人民法院的扣划裁定同时具有冻结的法律效力。

第四百八十五条 人民法院冻结被执行人的银行存款的期限不得超过一年，查封、扣押动产的期限不得超过两年，查封不动产、冻结其他财产权的期限不得超过三年。

申请执行人申请延长期限的，人民法院应当在查封、扣押、冻结期限届满前办理续行查封、扣押、冻结手续，续行期限不得超过前款规定的期限。

人民法院也可以依职权办理续行查封、扣押、冻结手续。

第四百八十六条 依照民事诉讼法第二百五十四条规定，人民法院在执行中需要拍卖被执行人财产的，可以由人民法院自行组织拍卖，也可以交由具备相应资质的拍卖机构拍卖。

交拍卖机构拍卖的，人民法院应当对拍卖活动进行监督。

第四百八十七条 拍卖评估需要对现场进行检查、勘验的，人民法院应当责令被执行人、协助义务人予以配合。被执行人、协助义务人不予配合的，人民法院可以强制进行。

第四百八十八条 人民法院在执行中需要变卖被执行人财产的，可以交有关单位变卖，也可以由人民法院直接变卖。

对变卖的财产，人民法院或者其工作人员不得买受。

第四百八十九条 经申请执行人和被执行人同意，且不损害其他债权人合法权益和社会公共利益的，人民法院可以不经拍卖、变卖，直接将被执行人的财产作价交申请执行人抵偿债务。对剩余债务，被执行人应当继续清偿。

第四百九十条 被执行人的财产无法拍卖或者变卖的，经申请执行人同意，且不损害其他债权人合法权益和社会公共利益的，人民法院可以将该项财产作价后交付申请执行人抵偿债务，或者交付申请执行人管理；申请执行人拒绝接收或者管理的，退回被执行人。

第四百九十一条 拍卖成交或者依法定程序裁定以物抵债的，标的物所有权自拍卖成交裁定或者抵债裁定送达买受人或者接受抵债物的债权人时转移。

第四百九十二条 执行标的物为特定物的，应当执行原物。原物确已毁损或者灭失的，经双方当事人同意，可以折价赔偿。

双方当事人对折价赔偿不能协商一致的，人民法院应当终结执行程序。申请执行人可以另行起诉。

第四百九十三条 他人持有法律文书指定交付的财物或者票证，人民法院依照民事诉讼法第二百五十六条第二款、第三款规定发出协助执行通知后，拒不转交的，可以强制执行，并可依照民事诉讼法第一百一十七条、第一百一十八条规定处理。

他人持有期间财物或者票证毁损、灭失的，参照本解释第四百九十二条规定处理。

他人主张合法持有财物或者票证的，可以根据民事诉讼法第二百三十四条规定提出执行异议。

第四百九十四条 在执行中，被执行人隐匿财产、会计账簿等资料的，人民法院除可依照民事诉讼法第一百一十四条第一款第六项规定对其处理外，还应责令被执行人交出隐匿的财产、会计账簿等资料。被执行人拒不交出的，人民法院可以采取搜查措施。

第四百九十五条 搜查人员应当按规定着装并出示搜查令和工作证件。

第四百九十六条 人民法院搜查时禁止无关人员进入搜查现场；搜查对象是公民的，应当通知被执行人或者他的成年家属以及基层组织派员到场；搜查对象是法人或者其他组织的，应当通知法定代表人或者主要负责人到场。拒不到场的，不影响搜查。

搜查妇女身体，应当由女执行人员进行。

第四百九十七条 搜查中发现应当依法采取查封、扣押措施的财产，依照民事诉讼法第二百五十二条第二款和第二百五十四条规定办理。

第四百九十八条 搜查应当制作搜查笔录，由搜查人员、被搜查人及其他在场人签名、捺印或者盖章。拒绝签名、捺印或者盖章的，应当记入搜查笔录。

第四百九十九条 人民法院执行被执行人对他人的到期债权,可以作出冻结债权的裁定,并通知该他人向申请执行人履行。

该他人对到期债权有异议,申请执行人请求对异议部分强制执行的,人民法院不予支持。利害关系人对到期债权有异议的,人民法院应当按照民事诉讼法第二百三十四条规定处理。

对生效法律文书确定的到期债权,该他人予以否认的,人民法院不予支持。

第五百条 人民法院在执行中需要办理房产证、土地证、林权证、专利证书、商标证书、车船执照等有关财产权证照转移手续的,可以依照民事诉讼法第二百五十八条规定办理。

第五百零一条 被执行人不履行生效法律文书确定的行为义务,该义务可由他人完成的,人民法院可以选定代履行人;法律、行政法规对履行该行为义务有资格限制的,应当从有资格的人中选定。必要时,可以通过招标的方式确定代履行人。

申请执行人可以在符合条件的人中推荐代履行人,也可以申请自己代为履行,是否准许,由人民法院决定。

第五百零二条 代履行费用的数额由人民法院根据案件具体情况确定,并由被执行人在指定期限内预先支付。被执行人未预付的,人民法院可以对该费用强制执行。

代履行结束后,被执行人可以查阅、复制费用清单以及主要凭证。

第五百零三条 被执行人不履行法律文书指定的行为,且该项行为只能由被执行人完成的,人民法院可以依照民事诉讼法第一百一十四条第一款第六项规定处理。

被执行人在人民法院确定的履行期间内仍不履行的,人民法院可以依照民事诉讼法第一百一十四条第一款第六项规定再次处理。

第五百零四条 被执行人迟延履行的,迟延履行期间的利息或者迟延履行金自判决、裁定和其他法律文书指定的履行期间届满之日起计算。

第五百零五条 被执行人未按判决、裁定和其他法律文书指定的期间履行非金钱给付义务的,无论是否已给申请执行人造成损失,都应当支付迟延履行金。已经造成损失的,双倍补偿申请执行人已经受到的损失;没有造成损失的,迟延履行金可以由人民法院根据具体案件情况决定。

第五百零六条 被执行人为公民或者其他组织,在执行程序开始后,被执行人的其他已经取得执行依据的债权人发现被执行人的财产不能清偿所有债权的,可以向人民法院申请参与分配。

对人民法院查封、扣押、冻结的财产有优先权、担保物权的债权人,可以直接申请参与分配,主张优先受偿权。

第五百零七条 申请参与分配,申请人应当提交申请书。申请书应当写明参与分配和被执行人不能清偿所有债权的事实、理由,并附有执行依据。

参与分配申请应当在执行程序开始后,被执行人的财产执行终结前提出。

第五百零八条 参与分配执行中,执行所得价款扣除执行费用,并清偿应当优先受偿的债权后,对于普通债权,原则上按照其占全部申请参与分配债权数额的比例受偿。清偿后的剩余债务,被执行人应当继续清偿。债权人发现被执行人有其他财产的,可以随时请求人民法院执行。

第五百零九条 多个债权人对执行财产申请参与分配的,执行法院应当制作财产分配方案,并送达各债权人和被执行人。债权人或者被执行人对分配方案有异议的,应当自收到分配方案之日起十五日内向执行法院提出书面异议。

第五百一十条 债权人或者被执行人对分配方案提出书面异议的,执行法院应当通知未提出异议的债权人、被执行人。

未提出异议的债权人、被执行人自收到通知之日起十五日内未提出反对意见的,执行法院依异议人的意见对分配方案审查修正后进行分配；提出反对意见的，应当通知异议人。异议人可以自收到通知之日起十五日内，以提出反对意见的债权人、被执行人为被告，向执行法院提起诉讼；异议人逾期未提起诉讼的，执行法院按照原分配方案进行分配。

诉讼期间进行分配的，执行法院应当提存与争议债权数额相应的款项。

第五百一十一条　在执行中，作为被执行人的企业法人符合企业破产法第二条第一款规定情形的，执行法院经申请执行人之一或者被执行人同意，应当裁定中止对该被执行人的执行，将执行案件相关材料移送被执行人住所地人民法院。

第五百一十二条　被执行人住所地人民法院应当自收到执行案件相关材料之日起三十日内，将是否受理破产案件的裁定告知执行法院。不予受理的，应当将相关案件材料退回执行法院。

第五百一十三条　被执行人住所地人民法院裁定受理破产案件的，执行法院应当解除对被执行人财产的保全措施。被执行人住所地人民法院裁定宣告被执行人破产的，执行法院应当裁定终结对该被执行人的执行。

被执行人住所地人民法院不受理破产案件的，执行法院应当恢复执行。

第五百一十四条　当事人不同意移送破产或者被执行人住所地人民法院不受理破产案件的，执行法院就执行变价所得财产，在扣除执行费用及清偿优先受偿的债权后，对于普通债权，按照财产保全和执行中查封、扣押、冻结财产的先后顺序清偿。

第五百一十五条　债权人根据民事诉讼法第二百六十一条规定请求人民法院继续执行的，不受民事诉讼法第二百四十六条规定申请执行时效期间的限制。

第五百一十六条　被执行人不履行法律文书确定的义务的，人民法院除对被执行人予以处罚外，还可以根据情节将其纳入失信被执行人名单，将被执行人不履行或者不完全履行义务的信息向其所在单位、征信机构以及其他相关机构通报。

第五百一十七条　经过财产调查未发现可供执行的财产，在申请执行人签字确认或者执行法院组成合议庭审查核实并经院长批准后，可以裁定终结本次执行程序。

依照前款规定终结执行后，申请执行人发现被执行人有可供执行财产的，可以再次申请执行。再次申请不受申请执行时效期间的限制。

第五百一十八条　因撤销申请而终结执行后，当事人在民事诉讼法第二百四十六条规定的申请执行时效期间内再次申请执行的，人民法院应当受理。

第五百一十九条　在执行终结六个月内，被执行人或者其他人对已执行的标的有妨害行为的，人民法院可以依申请排除妨害，并可以依照民事诉讼法第一百一十四条规定进行处罚。因妨害行为给执行债权人或者其他人造成损失的，受害人可以另行起诉。

二十二、涉外民事诉讼程序的特别规定

第五百二十条　有下列情形之一，人民法院可以认定为涉外民事案件：

（一）当事人一方或者双方是外国人、无国籍人、外国企业或者组织的；

（二）当事人一方或者双方的经常居所地在中华人民共和国领域外的；

（三）标的物在中华人民共和国领域外的；

（四）产生、变更或者消灭民事关系的法律事实发生在中华人民共和国领域外的；

（五）可以认定为涉外民事案件的其他情形。

第五百二十一条　外国人参加诉讼，应当向人民法院提交护照等用以证明自己身份的证件。

外国企业或者组织参加诉讼，向人民法院提交的身份证明文件，应当经所在国公证

机关公证，并经中华人民共和国驻该国使领馆认证，或者履行中华人民共和国与该所在国订立的有关条约中规定的证明手续。

代表外国企业或者组织参加诉讼的人，应当向人民法院提交其有权作为代表人参加诉讼的证明，该证明应当经所在国公证机关公证，并经中华人民共和国驻该国使领馆认证，或者履行中华人民共和国与该所在国订立的有关条约中规定的证明手续。

本条所称的"所在国"，是指外国企业或者组织的设立登记地国，也可以是办理了营业登记手续的第三国。

第五百二十二条 依照民事诉讼法第二百七十一条以及本解释第五百二十一条规定，需要办理公证、认证手续，而外国当事人所在国与中华人民共和国没有建立外交关系的，可以经该国公证机关公证，经与中华人民共和国有外交关系的第三国驻该国使领馆认证，再转由中华人民共和国驻该第三国使领馆认证。

第五百二十三条 外国人、外国企业或者组织的代表人在人民法院法官的见证下签署授权委托书，委托代理人进行民事诉讼的，人民法院应予认可。

第五百二十四条 外国人、外国企业或者组织的代表人在中华人民共和国境内签署授权委托书，委托代理人进行民事诉讼，经中华人民共和国公证机构公证的，人民法院应予认可。

第五百二十五条 当事人向人民法院提交的书面材料是外文的，应当同时向人民法院提交中文翻译件。

当事人对中文翻译件有异议的，应当共同委托翻译机构提供翻译文本；当事人对翻译机构的选择不能达成一致的，由人民法院确定。

第五百二十六条 涉外民事诉讼中的外籍当事人，可以委托本国人为诉讼代理人，也可以委托本国律师以非律师身份担任诉讼代理人；外国驻华使领馆官员，受本国公民的委托，可以以个人名义担任诉讼代理人，但在诉讼中不享有外交或者领事特权和豁免。

第五百二十七条 涉外民事诉讼中，外国驻华使领馆授权其本馆官员，在作为当事人的本国国民不在中华人民共和国领域内的情况下，可以以外交代表身份为其本国国民在中华人民共和国聘请中华人民共和国律师或者中华人民共和国公民代理民事诉讼。

第五百二十八条 涉外民事诉讼中，经调解双方达成协议，应当制发调解书。当事人要求发给判决书的，可以依协议的内容制作判决书送达当事人。

第五百二十九条 涉外合同或者其他财产权益纠纷的当事人，可以书面协议选择被告住所地、合同履行地、合同签订地、原告住所地、标的物所在地、侵权行为地等与争议有实际联系地点的外国法院管辖。

根据民事诉讼法第三十四条和第二百七十三条规定，属于中华人民共和国法院专属管辖的案件，当事人不得协议选择外国法院管辖，但协议选择仲裁的除外。

第五百三十条 涉外民事案件同时符合下列情形的，人民法院可以裁定驳回原告的起诉，告知其向更方便的外国法院提起诉讼：

（一）被告提出案件应由更方便外国法院管辖的请求，或者提出管辖异议；

（二）当事人之间不存在选择中华人民共和国法院管辖的协议；

（三）案件不属于中华人民共和国法院专属管辖；

（四）案件不涉及中华人民共和国国家、公民、法人或者其他组织的利益；

（五）案件争议的主要事实不是发生在中华人民共和国境内，且案件不适用中华人民共和国法律，人民法院审理案件在认定事实和适用法律方面存在重大困难；

（六）外国法院对案件享有管辖权，且审理该案件更加方便。

第五百三十一条 中华人民共和国法院和外国法院都有管辖权的案件，一方当事人向外国法院起诉，而另一方当事人向中华人民共和国法院起诉的，人民法院可予受理。判决后，外国法院申请或者当事人请求人民法院承认和执行外国法院对本案作出的判决、裁定的，不予准许；但双方共同缔结或者参加的国际条约另有规定的除外。

外国法院判决、裁定已经被人民法院承认，当事人就同一争议向人民法院起诉的，人民法院不予受理。

第五百三十二条　对在中华人民共和国领域内没有住所的当事人，经用公告方式送达诉讼文书，公告期满不应诉，人民法院缺席判决后，仍应当将裁判文书依照民事诉讼法第二百七十四条第八项规定公告送达。自公告送达裁判文书满三个月之日起，经过三十日的上诉期当事人没有上诉的，一审判决即发生法律效力。

第五百三十三条　外国人或者外国企业、组织的代表人、主要负责人在中华人民共和国领域内的，人民法院可以向该自然人或者外国企业、组织的代表人、主要负责人送达。

外国企业、组织的主要负责人包括该企业、组织的董事、监事、高级管理人员等。

第五百三十四条　受送达人所在国允许邮寄送达的，人民法院可以邮寄送达。

邮寄送达时应当附有送达回证。受送达人未在送达回证上签收但在邮件回执上签收的，视为送达，签收日期为送达日期。

自邮寄之日起满三个月，如果未收到送达的证明文件，且根据各种情况不足以认定已经送达的，视为不能用邮寄方式送达。

第五百三十五条　人民法院一审时采取公告方式向当事人送达诉讼文书的，二审时可径行采取公告方式向其送达诉讼文书，但人民法院能够采取公告方式之外的其他方式送达的除外。

第五百三十六条　不服第一审人民法院判决、裁定的上诉期，对在中华人民共和国领域内有住所的当事人，适用民事诉讼法第一百七十一条规定的期限；对在中华人民共和国领域内没有住所的当事人，适用民事诉讼法第二百七十六条规定的期限。当事人的上诉期均已届满没有上诉的，第一审人民法院的判决、裁定即发生法律效力。

第五百三十七条　人民法院对涉外民事案件的当事人申请再审进行审查的期间，不受民事诉讼法第二百一十一条规定的限制。

第五百三十八条　申请人向人民法院申请执行中华人民共和国涉外仲裁机构的裁决，应当提出书面申请，并附裁决书正本。如申请人为外国当事人，其申请书应当用中文文本提出。

第五百三十九条　人民法院强制执行涉外仲裁机构的仲裁裁决时，被执行人以有民事诉讼法第二百八十一条第一款规定的情形为由提出抗辩的，人民法院应当对被执行人的抗辩进行审查，并根据审查结果裁定执行或者不予执行。

第五百四十条　依照民事诉讼法第二百七十九条规定，中华人民共和国涉外仲裁机构将当事人的保全申请提交人民法院裁定的，人民法院可以进行审查，裁定是否进行保全。裁定保全的，应当责令申请人提供担保，申请人不提供担保的，裁定驳回申请。

当事人申请证据保全，人民法院经审查认为无需提供担保的，申请人可以不提供担保。

第五百四十一条　申请人向人民法院申请承认和执行外国法院作出的发生法律效力的判决、裁定，应当提交申请书，并附外国法院作出的发生法律效力的判决、裁定正本或者经证明无误的副本以及中文译本。外国法院判决、裁定为缺席判决、裁定的，申请人应当同时提交该外国法院已经合法传唤的证明文件，但判决、裁定已经对此予以明确说明的除外。

中华人民共和国缔结或者参加的国际条约对提交文件有规定的，按照规定办理。

第五百四十二条　当事人向中华人民共和国有管辖权的中级人民法院申请承认和执行外国法院作出的发生法律效力的判决、裁定的，如果该法院所在国与中华人民共和国没有缔结或者共同参加国际条约，也没有互惠关系的，裁定驳回申请，但当事人向人民法院申请承认外国法院作出的发生法律效力的离婚判决的除外。

承认和执行申请被裁定驳回的，当事人可以向人民法院起诉。

第五百四十三条 对临时仲裁庭在中华人民共和国领域外作出的仲裁裁决，一方当事人向人民法院申请承认和执行的，人民法院应当依照民事诉讼法第二百九十条规定处理。

第五百四十四条 对外国法院作出的发生法律效力的判决、裁定或者外国仲裁裁决，需要中华人民共和国法院执行的，当事人应当先向人民法院申请承认。人民法院经审查，裁定承认后，再根据民事诉讼法第三编的规定予以执行。

当事人仅申请承认而未同时申请执行的，人民法院仅对应否承认进行审查并作出裁定。

第五百四十五条 当事人申请承认和执行外国法院作出的发生法律效力的判决、裁定或者外国仲裁裁决的期间，适用民事诉讼法第二百四十六条的规定。

当事人仅申请承认而未同时申请执行的，申请执行的期间自人民法院对承认申请作出的裁定生效之日起重新计算。

第五百四十六条 承认和执行外国法院作出的发生法律效力的判决、裁定或者外国仲裁裁决的案件，人民法院应当组成合议庭进行审查。

人民法院应当将申请书送达被申请人。被申请人可以陈述意见。

人民法院经审查作出的裁定，一经送达即发生法律效力。

第五百四十七条 与中华人民共和国没有司法协助条约又无互惠关系的国家的法院，未通过外交途径，直接请求人民法院提供司法协助的，人民法院应予退回，并说明理由。

第五百四十八条 当事人在中华人民共和国领域外使用中华人民共和国法院的判决书、裁定书，要求中华人民共和国法院证明其法律效力的，或者外国法院要求中华人民共和国法院证明判决书、裁定书的法律效力的，作出判决、裁定的中华人民共和国法院，可以本法院的名义出具证明。

第五百四十九条 人民法院审理涉及香港、澳门特别行政区和台湾地区的民事诉讼案件，可以参照适用涉外民事诉讼程序的特别规定。

二十三、附则

第五百五十条 本解释公布施行后，最高人民法院于 1992 年 7 月 14 日发布的《关于适用〈中华人民共和国民事诉讼法〉若干问题的意见》同时废止；最高人民法院以前发布的司法解释与本解释不一致的，不再适用。

最高人民法院
关于修改《关于民事诉讼证据的若干规定》的决定

法释〔2019〕19号

(2019年10月14日最高人民法院审判委员会第1777次会议通过)

根据《中华人民共和国民事诉讼法》,最高人民法院审判委员会第1777次会议决定,对《关于民事诉讼证据的若干规定》作如下修改:

一、将第一条修改为:

"原告向人民法院起诉或者被告提出反诉,应当提供符合起诉条件的相应的证据。"

二、将第三条修改为第二条。

三、删去第二条、第四条、第五条、第六条、第七条。

四、将第八条第一款、第七十四条改为第三条,修改为:

"在诉讼过程中,一方当事人陈述的于己不利的事实,或者对于己不利的事实明确表示承认的,另一方当事人无需举证证明。

在证据交换、询问、调查过程中,或者在起诉状、答辩状、代理词等书面材料中,当事人明确承认于己不利的事实的,适用前款规定。"

五、将第八条第二款改为第四条,修改为:

"一方当事人对于另一方当事人主张的于己不利的事实既不承认也不否认,经审判人员说明并询问后,其仍然不明确表示肯定或者否定,视为对该事实的承认。"

六、将第八条第三款改为第五条,修改为:

"当事人委托诉讼代理人参加诉讼的,除授权委托书明确排除的事项外,诉讼代理人的自认视为当事人的自认。

当事人在场对诉讼代理人的自认明确否认的,不视为自认。"

七、增加一条作为第六条:

"普通共同诉讼中,共同诉讼人中一人或者数人作出的自认,对作出自认的当事人发生效力。

必要共同诉讼中,共同诉讼人中一人或者数人作出自认而其他共同诉讼人予以否认的,不发生自认的效力。其他共同诉讼人既不承认也不否认,经审判人员说明并询问后仍然不明确表示意见的,视为全体共同诉讼人的自认。"

八、增加一条作为第七条:

"一方当事人对于另一方当事人主张的于己不利的事实有所限制或者附加条件予以承认的,由人民法院综合案件情况决定是否构成自认。"

九、增加一条作为第八条:

"《最高人民法院关于适用〈中华人民共和国民事诉讼法〉的解释》第九十六条第一款规定的事实,不适用有关自认的规定。

自认的事实与已经查明的事实不符的,人民法院不予确认。"

十、将第八条第四款改为第九条,修改为:

"有下列情形之一,当事人在法庭辩论终结前撤销自认的,人民法院应当准许:

(一)经对方当事人同意的;

(二)自认是在受胁迫或者重大误解情况下作出的。"

人民法院准许当事人撤销自认的，应当作出口头或者书面裁定"。

十一、将第九条改为第十条，修改为：

"下列事实，当事人无须举证证明：

（一）自然规律以及定理、定律；

（二）众所周知的事实；

（三）根据法律规定推定的事实；

（四）根据已知的事实和日常生活经验法则推定出的另一事实；

（五）已为仲裁机构的生效裁决所确认的事实；

（六）已为人民法院发生法律效力的裁判所确认的基本事实；

（七）已为有效公证文书所证明的事实。

前款第二项至第五项事实，当事人有相反证据足以反驳的除外；第六项、第七项事实，当事人有相反证据足以推翻的除外"。

十二、将第十条修改为第十一条。

十三、增加一条作为第十二条：

"以动产作为证据的，应当将原物提交人民法院。原物不宜搬移或者不宜保存的，当事人可以提供复制品、影像资料或者其他替代品。

人民法院在收到当事人提交的动产或者替代品后，应当及时通知双方当事人到人民法院或者保存现场查验"。

十四、增加一条作为第十三条：

"当事人以不动产作为证据的，应当向人民法院提供该不动产的影像资料。

人民法院认为有必要的，应当通知双方当事人到场进行查验"。

十五、增加一条作为第十四条：

"电子数据包括下列信息、电子文件：

（一）网页、博客、微博客等网络平台发布的信息；

（二）手机短信、电子邮件、即时通信、通讯群组等网络应用服务的通信信息；

（三）用户注册信息、身份认证信息、电子交易记录、通信记录、登录日志等信息；

（四）文档、图片、音频、视频、数字证书、计算机程序等电子文件；

（五）其他以数字化形式存储、处理、传输的能够证明案件事实的信息"。

十六、增加一条作为第十五条：

"当事人以视听资料作为证据的，应当提供存储该视听资料的原始载体。

当事人以电子数据作为证据的，应当提供原件。电子数据的制作者制作的与原件一致的副本，或者直接来源于电子数据的打印件或其他可以显示、识别的输出介质，视为电子数据的原件"。

十七、将第十一条改为第十六条，修改为：

"当事人提供的公文书证系在中华人民共和国领域外形成的，该证据应当经所在国公证机关证明，或者履行中华人民共和国与该所在国订立的有关条约中规定的证明手续。

中华人民共和国领域外形成的涉及身份关系的证据，应当经所在国公证机关证明并经中华人民共和国驻该国使领馆认证，或者履行中华人民共和国与该所在国订立的有关条约中规定的证明手续。

当事人向人民法院提供的证据是在香港、澳门、台湾地区形成的，应当履行相关的证明手续"。

十八、将第十二条修改为第十七条。

十九、将第十三条改为第十八条，修改为：

"双方当事人无争议的事实符合《最高人民法院关于适用〈中华人民共和国民事诉讼法〉的解释》第九十六条第一款规定情形的，人民法院可以责令当事人提供有关证据"。

二十、将第十四条修改为第十九条。

二十一、删去第十五条、第十六条、第十七条。

二十二、删去第十九条第二款，将第十八条、第十九条第一款改为第二十条，修改为：

"当事人及其诉讼代理人申请人民法院

调查收集证据，应当在举证期限届满前提交书面申请。

申请书应当载明被调查人的姓名或者单位名称、住所地等基本情况、所要调查收集的证据名称或者内容、需要由人民法院调查收集证据的原因及其要证明的事实以及明确的线索"。

二十三、将第二十条改为第二十一条，修改为：

"人民法院调查收集的书证，可以是原件，也可以是经核对无误的副本或者复制件。是副本或者复制件的，应当在调查笔录中说明来源和取证情况"。

二十四、将第二十一条改为第二十二条，修改为：

"人民法院调查收集的物证应当是原物。被调查人提供原物确有困难的，可以提供复制品或者影像资料。提供复制品或者影像资料的，应当在调查笔录中说明取证情况"。

二十五、将第二十二条改为第二十三条，修改为：

"人民法院调查收集视听资料、电子数据，应当要求被调查人提供原始载体。

提供原始载体确有困难的，可以提供复制件。提供复制件的，人民法院应当在调查笔录中说明其来源和制作经过。

人民法院对视听资料、电子数据采取证据保全措施的，适用前款规定"。

二十六、增加一条作为第二十四条：

"人民法院调查收集可能需要鉴定的证据，应当遵守相关技术规范，确保证据不被污染"。

二十七、将第二十三条改为第二十五条，修改为：

"当事人或者利害关系人根据民事诉讼法第八十一条的规定申请证据保全的，申请书应当载明需要保全的证据的基本情况、申请保全的理由以及采取何种保全措施等内容。

当事人根据民事诉讼法第八十一条第一款的规定申请证据保全的，应当在举证期限届满前向人民法院提出。

法律、司法解释对诉前证据保全有规定的，依照其规定办理"。

二十八、增加一条作为第二十六条：

"当事人或者利害关系人申请采取查封、扣押等限制保全标的物使用、流通等保全措施，或者保全可能对证据持有人造成损失的，人民法院应当责令申请人提供相应的担保。

担保方式或者数额由人民法院根据保全措施对证据持有人的影响、保全标的物的价值、当事人或者利害关系人争议的诉讼标的金额等因素综合确定"。

二十九、将第二十四条改为第二十七条，修改为：

"人民法院进行证据保全，可以要求当事人或者诉讼代理人到场。

根据当事人的申请和具体情况，人民法院可以采取查封、扣押、录音、录像、复制、鉴定、勘验等方法进行证据保全，并制作笔录。

在符合证据保全目的的情况下，人民法院应当选择对证据持有人利益影响最小的保全措施"。

三十、增加一条作为第二十八条：

"申请证据保全错误造成财产损失，当事人请求申请人承担赔偿责任的，人民法院应予支持"。

三十一、增加一条作为第二十九条：

"人民法院采取诉前证据保全措施后，当事人向其他有管辖权的人民法院提起诉讼的，采取保全措施的人民法院应当根据当事人的申请，将保全的证据及时移交受理案件的人民法院"。

三十二、增加一条作为第三十条：

"人民法院在审理案件过程中认为待证事实需要通过鉴定意见证明的，应当向当事人释明，并指定提出鉴定申请的期间。

符合《最高人民法院关于适用〈中华人民共和国民事诉讼法〉的解释》第九十六条第一款规定情形的，人民法院应当依职权委托鉴定"。

三十三、将第二十五条改为第三十一条，修改为：

"当事人申请鉴定，应当在人民法院指定期间内提出，并预交鉴定费用。逾期不提出申请或者不预交鉴定费用的，视为放弃申请。

对需要鉴定的待证事实负有举证责任的当事人，在人民法院指定期间内无正当理由不提出鉴定申请或者不预交鉴定费用，或者拒不提供相关材料，致使待证事实无法查明的，应当承担举证不能的法律后果"。

三十四、将第二十六条改为第三十二条，修改为：

"人民法院准许鉴定申请的，应当组织双方当事人协商确定具备相应资格的鉴定人。当事人协商不成的，由人民法院指定。

人民法院依职权委托鉴定的，可以在询问当事人的意见后，指定具备相应资格的鉴定人。

人民法院在确定鉴定人后应当出具委托书，委托书中应当载明鉴定事项、鉴定范围、鉴定目的和鉴定期限"。

三十五、增加一条作为第三十三条：

"鉴定开始之前，人民法院应当要求鉴定人签署承诺书。承诺书中应当载明鉴定人保证客观、公正、诚实地进行鉴定，保证出庭作证，如作虚假鉴定应当承担法律责任等内容。

鉴定人故意作虚假鉴定的，人民法院应当责令其退还鉴定费用，并根据情节，依照民事诉讼法第一百一十一条的规定进行处罚"。

三十六、增加一条作为第三十四条：

"人民法院应当组织当事人对鉴定材料进行质证。未经质证的材料，不得作为鉴定的根据。

经人民法院准许，鉴定人可以调取证据、勘验物证和现场、询问当事人或者证人"。

三十七、增加一条作为第三十五条：

"鉴定人应当在人民法院确定的期限内完成鉴定，并提交鉴定书。

鉴定人无正当理由未按期提交鉴定书的，当事人可以申请人民法院另行委托鉴定人进行鉴定。人民法院准许的，原鉴定人已经收取的鉴定费用应当退还；拒不退还的，依照本规定第八十一条第二款的规定处理"。

三十八、将第二十九条改为第三十六条，修改为：

"人民法院对鉴定人出具的鉴定书，应当审查是否具有下列内容：

（一）委托法院的名称；

（二）委托鉴定的内容、要求；

（三）鉴定材料；

（四）鉴定所依据的原理、方法；

（五）对鉴定过程的说明；

（六）鉴定意见；

（七）承诺书。

鉴定书应当由鉴定人签名或者盖章，并附鉴定人的相应资格证明。委托机构鉴定的，鉴定书应当由鉴定机构盖章，并由从事鉴定的人员签名"。

三十九、增加一条作为第三十七条：

"人民法院收到鉴定书后，应当及时将副本送交当事人。

当事人对鉴定书的内容有异议的，应当在人民法院指定期间内以书面方式提出。

对于当事人的异议，人民法院应当要求鉴定人作出解释、说明或者补充。人民法院认为有必要的，可以要求鉴定人对当事人未提出异议的内容进行解释、说明或者补充"。

四十、增加一条作为第三十八条：

"当事人在收到鉴定人的书面答复后仍有异议的，人民法院应当根据《诉讼费用交纳办法》第十一条的规定，通知有异议的当事人预交鉴定人出庭费用，并通知鉴定人出庭。有异议的当事人不预交鉴定人出庭费用的，视为放弃异议。

双方当事人对鉴定意见均有异议的，分摊预交鉴定人出庭费用"。

四十一、增加一条作为第三十九条：

"鉴定人出庭费用按照证人出庭作证费用的标准计算,由败诉的当事人负担。因鉴定意见不明确或者有瑕疵需要鉴定人出庭的,出庭费用由其自行负担。

人民法院委托鉴定时已经确定鉴定人出庭费用包含在鉴定费用中的,不再通知当事人预交"。

四十二、将第二十七条改为第四十条,修改为:

"当事人申请重新鉴定,存在下列情形之一的,人民法院应当准许:

(一)鉴定人不具备相应资格的;

(二)鉴定程序严重违法的;

(三)鉴定意见明显依据不足的;

(四)鉴定意见不能作为证据使用的其他情形。

存在前款第一项至第三项情形的,鉴定人已经收取的鉴定费用应当退还。拒不退还的,依照本规定第八十一条第二款的规定处理。

对鉴定意见的瑕疵,可以通过补正、补充鉴定或者补充质证、重新质证等方法解决的,人民法院不予准许重新鉴定的申请。

重新鉴定的,原鉴定意见不得作为认定案件事实的根据"。

四十三、将第二十八条改为第四十一条,修改为:

"对于一方当事人就专门性问题自行委托有关机构或者人员出具的意见,另一方当事人有证据或者理由足以反驳并申请鉴定的,人民法院应予准许"。

四十四、增加一条作为第四十二条:

"鉴定意见被采信后,鉴定人无正当理由撤销鉴定意见的,人民法院应当责令其退还鉴定费用,并可以根据情节,依照民事诉讼法第一百一十一条的规定对鉴定人进行处罚。当事人主张鉴定人负担由此增加的合理费用的,人民法院应予支持。

人民法院采信鉴定意见后准许鉴定人撤销的,应当责令其退还鉴定费用"。

四十五、将第三十条改为第四十三条,修改为:

"人民法院应当在勘验前将勘验的时间和地点通知当事人。当事人不参加的,不影响勘验进行。

当事人可以就勘验事项向人民法院进行解释和说明,可以请求人民法院注意勘验中的重要事项。

人民法院勘验物证或者现场,应当制作笔录,记录勘验的时间、地点、勘验人、在场人、勘验的经过、结果,由勘验人、在场人签名或者盖章。对于绘制的现场图应当注明绘制的时间、方位、测绘人姓名、身份等内容"。

四十六、将第三十一条改为第四十四条,修改为:

"摘录有关单位制作的与案件事实相关的文件、材料,应当注明出处,并加盖制作单位或者保管单位的印章,摘录人和其他调查人员应当在摘录件上签名或者盖章。

摘录文件、材料应当保持内容相应的完整性"。

四十七、增加一条作为第四十五条:

"当事人根据《最高人民法院关于适用〈中华人民共和国民事诉讼法〉的解释》第一百一十二条的规定申请人民法院责令对方当事人提交书证的,申请书应当载明所申请提交的书证名称或者内容、需要以该书证证明的事实及事实的重要性、对方当事人控制该书证的根据以及应当提交该书证的理由。

对方当事人否认控制书证的,人民法院应当根据法律规定、习惯等因素,结合案件的事实、证据,对于书证是否在对方当事人控制之下的事实作出综合判断"。

四十八、增加一条作为第四十六条:

"人民法院对当事人提交书证的申请进行审查时,应当听取对方当事人的意见,必要时可以要求双方当事人提供证据、进行辩论。

当事人申请提交的书证不明确、书证对于待证事实的证明无必要、待证事实对于裁判结果无实质性影响、书证未在对方当事人控制之下或者不符合本规定第四十七条情形的,人民法院不予准许。

当事人申请理由成立的,人民法院应当作出裁定,责令对方当事人提交书证;理由不成立的,通知申请人"。

四十九、增加一条作为第四十七条:

"下列情形,控制书证的当事人应当提交书证:

(一)控制书证的当事人在诉讼中曾经引用过的书证;

(二)为对方当事人的利益制作的书证;

(三)对方当事人依照法律规定有权查阅、获取的书证;

(四)账簿、记账原始凭证;

(五)人民法院认为应当提交书证的其他情形。

前款所列书证,涉及国家秘密、商业秘密、当事人或第三人的隐私,或者存在法律规定应当保密的情形的,提交后不得公开质证"。

五十、增加一条作为第四十八条:

"控制书证的当事人无正当理由拒不提交书证的,人民法院可以认定对方当事人所主张的书证内容为真实。

控制书证的当事人存在《最高人民法院关于适用〈中华人民共和国民事诉讼法〉的解释》第一百一十三条规定情形的,人民法院可以认定对方当事人主张以该书证证明的事实为真实"。

五十一、将第三十二条修改为第四十九条。

五十二、将第三十三条第一款改为第五十条,修改为:

"人民法院应当在审理前的准备阶段向当事人送达举证通知书。

举证通知书应当载明举证责任的分配原则和要求、可以向人民法院申请调查收集证据的情形、人民法院根据案件情况指定的举证期限以及逾期提供证据的法律后果等内容"。

五十三、将第三十三条第二款、第三款改为第五十一条,修改为:

"举证期限可以由当事人协商,并经人民法院准许。

人民法院指定举证期限的,适用第一审普通程序审理的案件不得少于十五日,当事人提供新的证据的第二审案件不得少于十日。适用简易程序审理的案件不得超过十五日,小额诉讼案件的举证期限一般不得超过七日。

举证期限届满后,当事人提供反驳证据或者对已经提供的证据的来源、形式等方面的瑕疵进行补正的,人民法院可以酌情再次确定举证期限,该期限不受前款规定的期间限制"。

五十四、删去第三十四条。

五十五、增加一条作为第五十二条:

"当事人在举证期限内提供证据存在客观障碍,属于民事诉讼法第六十五条第二款规定的'当事人在该期限内提供证据确有困难'的情形。

前款情形,人民法院应当根据当事人的举证能力、不能在举证期限内提供证据的原因等因素综合判断。必要时,可以听取对方当事人的意见"。

五十六、将第三十五条改为第五十三条,修改为:

"诉讼过程中,当事人主张的法律关系性质或者民事行为效力与人民法院根据案件事实作出的认定不一致的,人民法院应当将法律关系性质或者民事行为效力作为焦点问题进行审理。但法律关系性质对裁判理由及结果没有影响,或者有关问题已经当事人充分辩论的除外。

存在前款情形,当事人根据法庭审理情况变更诉讼请求的,人民法院应当准许并可以根据案件的具体情况重新指定举证期限"。

五十七、将第三十六条改为第五十四条,修改为:

"当事人申请延长举证期限的,应当在举证期限届满前向人民法院提出书面申请。

申请理由成立的,人民法院应当准许,

适当延长举证期限,并通知其他当事人。延长的举证期限适用于其他当事人。

申请理由不成立的,人民法院不予准许,并通知申请人"。

五十八、增加一条作为第五十五条:

"存在下列情形的,举证期限按照如下方式确定:

(一)当事人依照民事诉讼法第一百二十七条规定提出管辖权异议的,举证期限中止,自驳回管辖权异议的裁定生效之日起恢复计算;

(二)追加当事人、有独立请求权的第三人参加诉讼或者无独立请求权的第三人经人民法院通知参加诉讼的,人民法院应当依照本规定第五十一条的规定为新参加诉讼的当事人确定举证期限,该举证期限适用于其他当事人;

(三)发回重审的案件,第一审人民法院可以结合案件具体情况和发回重审的原因,酌情确定举证期限;

(四)当事人增加、变更诉讼请求或者提出反诉的,人民法院应当根据案件具体情况重新确定举证期限;

(五)公告送达的,举证期限自公告期届满之次日起计算"。

五十九、删去第三十七条。

六十、将第三十八条改为第五十六条,修改为:

"人民法院依照民事诉讼法第一百三十三条第四项的规定,通过组织证据交换进行审理前准备的,证据交换之日举证期限届满。

证据交换的时间可以由当事人协商一致并经人民法院认可,也可以由人民法院指定。当事人申请延期举证经人民法院准许的,证据交换日相应顺延"。

六十一、将第三十九条修改为第五十七条。

六十二、将第四十条改为第五十八条,修改为:

"当事人收到对方的证据后有反驳证据需要提交的,人民法院应当再次组织证据交换"。

六十三、删去第四十一条、第四十二条、第四十三条、第四十四条、第四十五条、第四十六条。

六十四、增加一条作为第五十九条:

"人民法院对逾期提供证据的当事人处以罚款的,可以结合当事人逾期提供证据的主观过错程度、导致诉讼迟延的情况、诉讼标的金额等因素,确定罚款数额"。

六十五、将第四十七条改为第六十条,修改为:

"当事人在审理前的准备阶段或者人民法院调查、询问过程中发表过质证意见的证据,视为质证过的证据。

当事人要求以书面方式发表质证意见,人民法院在听取对方当事人意见后认为有必要的,可以准许。人民法院应当及时将书面质证意见送交对方当事人"。

六十六、删去第四十八条。

六十七、将第四十九条改为第六十一条,修改为:

"对书证、物证、视听资料进行质证时,当事人应当出示证据的原件或者原物。但有下列情形之一的除外:

(一)出示原件或者原物确有困难并经人民法院准许出示复制件或者复制品的;

(二)原件或者原物已不存在,但有证据证明复制件、复制品与原件或者原物一致的"。

六十八、删去第五十条。

六十九、将第五十一条改为第六十二条,修改为:

"质证一般按下列顺序进行:

(一)原告出示证据,被告、第三人与原告进行质证;

(二)被告出示证据,原告、第三人与被告进行质证;

(三)第三人出示证据,原告、被告与第三人进行质证。

人民法院根据当事人申请调查收集的证

据，审判人员对调查收集证据的情况进行说明后，由提出申请的当事人与对方当事人、第三人进行质证。

人民法院依职权调查收集的证据，由审判人员对调查收集证据的情况进行说明后，听取当事人的意见"。

七十、删去第五十二条。

七十一、增加一条作为第六十三条：

"当事人应当就案件事实作真实、完整的陈述。

当事人的陈述与此前陈述不一致的，人民法院应当责令其说明理由，并结合当事人的诉讼能力、证据和案件具体情况进行审查认定。

当事人故意作虚假陈述妨碍人民法院审理的，人民法院应当根据情节，依照民事诉讼法第一百一十一条规定进行处罚"。

七十二、增加一条作为第六十四条：

"人民法院认为有必要的，可以要求当事人本人到场，就案件的有关事实接受询问。

人民法院要求当事人到场接受询问的，应当通知当事人询问的时间、地点、拒不到场的后果等内容"。

七十三、增加一条作为第六十五条：

"人民法院应当在询问前责令当事人签署保证书并宣读保证书的内容。

保证书应当载明保证据实陈述，绝无隐瞒、歪曲、增减，如有虚假陈述应当接受处罚等内容。当事人应当在保证书上签名、捺印。

当事人有正当理由不能宣读保证书的，由书记员宣读并进行说明"。

七十四、增加一条作为第六十六条：

"当事人无正当理由拒不到场、拒不签署或宣读保证书或者拒不接受询问的，人民法院应当综合案件情况，判断待证事实的真伪。待证事实无其他证据证明的，人民法院应当作出不利于该当事人的认定"。

七十五、将第五十三条改为第六十七条，修改为：

"不能正确表达意思的人，不能作为证人。

待证事实与其年龄、智力状况或者精神健康状况相适应的无民事行为能力人和限制民事行为能力人，可以作为证人"。

七十六、将第五十五条改为第六十八条，修改为：

"人民法院应当要求证人出庭作证，接受审判人员和当事人的询问。证人在审理前的准备阶段或者人民法院调查、询问等双方当事人在场时陈述证言的，视为出庭作证。

双方当事人同意证人以其他方式作证并经人民法院准许的，证人可以不出庭作证。

无正当理由未出庭的证人以书面等方式提供的证言，不得作为认定案件事实的根据"。

七十七、增加一条作为第六十九条：

"当事人申请证人出庭作证的，应当在举证期限届满前向人民法院提交申请书。

申请书应当载明证人的姓名、职业、住所、联系方式，作证的主要内容，作证内容与待证事实的关联性，以及证人出庭作证的必要性。

符合《最高人民法院关于适用〈中华人民共和国民事诉讼法〉的解释》第九十六条第一款规定情形的，人民法院应当依职权通知证人出庭作证"。

七十八、将第五十四条改为第七十条，修改为：

"人民法院准许证人出庭作证申请的，应当向证人送达通知书并告知双方当事人。通知书中应当载明证人作证的时间、地点，作证的事项、要求以及作伪证的法律后果等内容。

当事人申请证人出庭作证的事项与待证事实无关，或者没有通知证人出庭作证必要的，人民法院不予准许当事人的申请"。

七十九、增加一条作为第七十一条：

"人民法院应当要求证人在作证之前签署保证书，并在法庭上宣读保证书的内容。但无民事行为能力人和限制民事行为能力人作为证人的除外。

证人确有正当理由不能宣读保证书的，由书记员代为宣读并进行说明。

证人拒绝签署或者宣读保证书的，不得作证，并自行承担相关费用。

证人保证书的内容适用当事人保证书的规定"。

八十、删去第五十六条。

八十一、将第五十七条改为第七十二条，修改为：

"证人应当客观陈述其亲身感知的事实，作证时不得使用猜测、推断或者评论性语言。

证人作证前不得旁听法庭审理，作证时不得以宣读事先准备的书面材料的方式陈述证言。

证人言辞表达有障碍的，可以通过其他表达方式作证"。

八十二、增加一条作为第七十三条：

"证人应当就其作证的事项进行连续陈述。

当事人及其法定代理人、诉讼代理人或者旁听人员干扰证人陈述的，人民法院应当及时制止，必要时可以依照民事诉讼法第一百一十条的规定进行处罚"。

八十三、将第五十八条改为第七十四条，修改为：

"审判人员可以对证人进行询问。当事人及其诉讼代理人经审判人员许可后可以询问证人。

询问证人时其他证人不得在场。

人民法院认为有必要的，可以要求证人之间进行对质"。

八十四、增加一条作为第七十五条：

"证人出庭作证后，可以向人民法院申请支付证人出庭作证费用。证人有困难需要预先支取出庭作证费用的，人民法院可以根据证人的申请在出庭作证前支付"。

八十五、增加一条作为第七十六条：

"证人确有困难不能出庭作证，申请以书面证言、视听传输技术或者视听资料等方式作证的，应当向人民法院提交申请书。申请书中应当载明不能出庭的具体原因。

符合民事诉讼法第七十三条规定情形的，人民法院应当准许"。

八十六、增加一条作为第七十七条：

"证人经人民法院准许，以书面证言方式作证的，应当签署保证书；以视听传输技术或者视听资料方式作证的，应当签署保证书并宣读保证书的内容"。

八十七、增加一条作为第七十八条：

"当事人及其诉讼代理人对证人的询问与待证事实无关，或者存在威胁、侮辱证人或不适当引导等情形的，审判人员应当及时制止。必要时可以依照民事诉讼法第一百一十条、第一百一十一条的规定进行处罚。

证人故意作虚假陈述，诉讼参与人或者其他人以暴力、威胁、贿买等方法妨碍证人作证，或者在证人作证后以侮辱、诽谤、诬陷、恐吓、殴打等方式对证人打击报复的，人民法院应当根据情节，依照民事诉讼法第一百一十一条的规定，对行为人进行处罚"。

八十八、增加一条作为第七十九条：

"鉴定人依照民事诉讼法第七十八条的规定出庭作证的，人民法院应当在开庭审理三日前将出庭的时间、地点及要求通知鉴定人。

委托机构鉴定的，应当由从事鉴定的人员代表机构出庭"。

八十九、将第五十九条改为第八十条，修改为：

"鉴定人应当就鉴定事项如实答复当事人的异议和审判人员的询问。当庭答复确有困难的，经人民法院准许，可以在庭审结束后书面答复。

人民法院应当及时将书面答复送交当事人，并听取当事人的意见。必要时，可以再次组织质证"。

九十、增加一条作为第八十一条：

"鉴定人拒不出庭作证的，鉴定意见不得作为认定案件事实的根据。人民法院应当建议有关主管部门或者组织对拒不出庭作证的鉴定人予以处罚。

当事人要求退还鉴定费用的，人民法院应当在三日内作出裁定，责令鉴定人退还；拒不退还的，由人民法院依法执行。

当事人因鉴定人拒不出庭作证申请重新鉴定的，人民法院应当准许"。

九十一、将第六十条改为第八十二条，修改为：

"经法庭许可，当事人可以询问鉴定人、勘验人。

询问鉴定人、勘验人不得使用威胁、侮辱等不适当的言语和方式"。

九十二、删去第六十一条。

九十三、增加一条作为第八十三条：

"当事人依照民事诉讼法第七十九条和《最高人民法院关于适用〈中华人民共和国民事诉讼法〉的解释》第一百二十二条的规定，申请有专门知识的人出庭的，申请书中应当载明有专门知识的人的基本情况和申请的目的。

人民法院准许当事人申请的，应当通知双方当事人"。

九十四、增加一条作为第八十四条：

"审判人员可以对有专门知识的人进行询问。经法庭准许，当事人可以对有专门知识的人进行询问，当事人各自申请的有专门知识的人可以就案件中的有关问题进行对质。

有专门知识的人不得参与对鉴定意见质证或者就专业问题发表意见之外的法庭审理活动"。

九十五、删去第六十二条。

九十六、将第六十三条、第六十四条改为第八十五条，修改为：

"人民法院应当以证据能够证明的案件事实为根据依法作出裁判。

审判人员应当依照法定程序，全面、客观地审核证据，依据法律的规定，遵循法官职业道德，运用逻辑推理和日常生活经验，对证据有无证明力和证明力大小独立进行判断，并公开判断的理由和结果"。

九十七、增加一条作为第八十六条：

"当事人对于欺诈、胁迫、恶意串通事实的证明，以及对于口头遗嘱或赠与事实的证明，人民法院确信该待证事实存在的可能性能够排除合理怀疑的，应当认定该事实存在。

与诉讼保全、回避等程序事项有关的事实，人民法院结合当事人的说明及相关证据，认为有关事实存在的可能性较大的，可以认定该事实存在"。

九十八、将第六十五条改为第八十七条，修改为：

"审判人员对单一证据可以从下列方面进行审核认定：

（一）证据是否为原件、原物，复制件、复制品与原件、原物是否相符；

（二）证据与本案事实是否相关；

（三）证据的形式、来源是否符合法律规定；

（四）证据的内容是否真实；

（五）证人或者提供证据的人与当事人有无利害关系"。

九十九、将第六十六条修改为第八十八条。

一百、增加一条作为第八十九条：

"当事人在诉讼过程中认可的证据，人民法院应当予以确认。但法律、司法解释另有规定的除外。

当事人对认可的证据反悔的，参照《最高人民法院关于适用〈中华人民共和国民事诉讼法〉的解释》第二百二十九条的规定处理"。

一百零一、删去第六十七条、第六十八条。

一百零二、将第六十九条改为第九十条，修改为：

"下列证据不能单独作为认定案件事实的根据：

（一）当事人的陈述；

（二）无民事行为能力人或者限制民事行为能力人所作的与其年龄、智力状况或者精神健康状况不相当的证言；

（三）与一方当事人或者其代理人有利害关系的证人陈述的证言；

（四）存有疑点的视听资料、电子数据；

（五）无法与原件、原物核对的复制件、复制品"。

一百零三、增加一条作为第九十一条：

"公文书证的制作者根据文书原件制作的载有部分或者全部内容的副本，与正本具有相同的证明力。

在国家机关存档的文件，其复制件、副本、节录本经档案部门或者制作原本的机关证明其内容与原本一致的，该复制件、副本、节录本具有与原本相同的证明力"。

一百零四、增加一条作为第九十二条：

"私文书证的真实性，由主张以私文书证证明案件事实的当事人承担举证责任。

私文书证由制作者或者其代理人签名、盖章或捺印的，推定为真实。

私文书证上有删除、涂改、增添或者其他形式瑕疵的，人民法院应当综合案件的具体情况判断其证明力"。

一百零五、增加一条作为第九十三条：

"人民法院对于电子数据的真实性，应当结合下列因素综合判断：

（一）电子数据的生成、存储、传输所依赖的计算机系统的硬件、软件环境是否完整、可靠；

（二）电子数据的生成、存储、传输所依赖的计算机系统的硬件、软件环境是否处于正常运行状态，或者不处于正常运行状态时对电子数据的生成、存储、传输是否有影响；

（三）电子数据的生成、存储、传输所依赖的计算机系统的硬件、软件环境是否具备有效的防止出错的监测、核查手段；

（四）电子数据是否被完整地保存、传输、提取，保存、传输、提取的方法是否可靠；

（五）电子数据是否在正常的往来活动中形成和存储；

（六）保存、传输、提取电子数据的主体是否适当；

（七）影响电子数据完整性和可靠性的其他因素。

人民法院认为有必要的，可以通过鉴定或者勘验等方法，审查判断电子数据的真实性"。

一百零六、增加一条作为第九十四条：

"电子数据存在下列情形的，人民法院可以确认其真实性，但有足以反驳的相反证据的除外：

（一）由当事人提交或者保管的于己不利的电子数据；

（二）由记录和保存电子数据的中立第三方平台提供或者确认的；

（三）在正常业务活动中形成的；

（四）以档案管理方式保管的；

（五）以当事人约定的方式保存、传输、提取的。

电子数据的内容经公证机关公证的，人民法院应当确认其真实性，但有相反证据足以推翻的除外"。

一百零七、删去第七十条、第七十一条、第七十二条、第七十三条、第七十四条。

一百零八、将第七十五条改为第九十五条，修改为：

"一方当事人控制证据无正当理由拒不提交，对待证事实负有举证责任的当事人主张该证据的内容不利于控制人的，人民法院可以认定该主张成立"。

一百零九、删去第七十六条、第七十七条。

一百一十、将第七十八条修改为第九十六条。

一百一十一、将第七十九条修改为第九十七条。

一百一十二、将第八十条改为第九十八条，修改为：

"对证人、鉴定人、勘验人的合法权益依法予以保护。

当事人或者其他诉讼参与人伪造、毁灭证据，提供虚假证据，阻止证人作证，指使、贿买、胁迫他人作伪证，或者对证人、鉴定人、勘验人打击报复的，依照民事诉讼法第一百一十条、第一百一十一条的规定进行处罚"。

一百一十三、增加一条作为第九十九条：

"本规定对证据保全没有规定的，参照适用法律、司法解释关于财产保全的规定。

除法律、司法解释另有规定外，对当事人、鉴定人、有专门知识的人的询问参照适用本规定中关于询问证人的规定；关于书证的规定适用于视听资料、电子数据；存储在电子计算机等电子介质中的视听资料，适用电子数据的规定"。

一百一十四、删去第八十一条、第八十二条。

一百一十五、将第八十三条改为第一百条，修改为：

"本规定自2020年5月1日起施行。

本规定公布施行后，最高人民法院以前发布的司法解释与本规定不一致的，不再适用"。

附：

最高人民法院关于民事诉讼证据的若干规定

（2001年12月6日最高人民法院审判委员会第1201次会议通过　根据2019年10月14日最高人民法院审判委员会第1777次会议《关于修改〈关于民事诉讼证据的若干规定〉的决定》修正）

为保证人民法院正确认定案件事实，公正、及时审理民事案件，保障和便利当事人依法行使诉讼权利，根据《中华人民共和国民事诉讼法》（以下简称民事诉讼法）等有关法律的规定，结合民事审判经验和实际情况，制定本规定。

一、当事人举证

第一条　原告向人民法院起诉或者被告提出反诉，应当提供符合起诉条件的相应的证据。

第二条　人民法院应当向当事人说明举证的要求及法律后果，促使当事人在合理期限内积极、全面、正确、诚实地完成举证。

当事人因客观原因不能自行收集的证据，可申请人民法院调查收集。

第三条　在诉讼过程中，一方当事人陈述的于己不利的事实，或者对于己不利的事实明确表示承认的，另一方当事人无需举证证明。

在证据交换、询问、调查过程中，或者在起诉状、答辩状、代理词等书面材料中，当事人明确承认于己不利的事实的，适用前款规定。

第四条　一方当事人对于另一方当事人主张的于己不利的事实既不承认也不否认，经审判人员说明并询问后，其仍然不明确表示肯定或者否定的，视为对该事实的承认。

第五条　当事人委托诉讼代理人参加诉讼的，除授权委托书明确排除的事项外，诉讼代理人的自认视为当事人的自认。

当事人在场对诉讼代理人的自认明确否认的，不视为自认。

第六条　普通共同诉讼中，共同诉讼人中一人或者数人作出的自认，对作出自认的当事人发生效力。

必要共同诉讼中，共同诉讼人中一人或者数人作出自认而其他共同诉讼人予以否认的，不发生自认的效力。其他共同诉讼人既不承认也不否认，经审判人员说明并询问后仍然不明确表示意见的，视为全体共同诉讼人的自认。

第七条　一方当事人对于另一方当事人主张的于己不利的事实有所限制或者附加条件予以承认的，由人民法院综合案件情况决定是否构成自认。

第八条　《最高人民法院关于适用〈中华人民共和国民事诉讼法〉的解释》第九十六条第一款规定的事实，不适用有关自认的规定。

自认的事实与已经查明的事实不符的，人民法院不予确认。

第九条　有下列情形之一，当事人在法庭辩论终结前撤销自认的，人民法院应当准许：

（一）经对方当事人同意的；

（二）自认是在受胁迫或者重大误解情况下作出的。

人民法院准许当事人撤销自认的，应当作出口头或者书面裁定。

第十条　下列事实，当事人无须举证证明：

（一）自然规律以及定理、定律；

（二）众所周知的事实；

（三）根据法律规定推定的事实；

（四）根据已知的事实和日常生活经验法则推定出的另一事实；

（五）已为仲裁机构的生效裁决所确认的事实；

（六）已为人民法院发生法律效力的裁判所确认的基本事实；

（七）已为有效公证文书所证明的事实。

前款第二项至第五项事实，当事人有相反证据足以反驳的除外；第六项、第七项事实，当事人有相反证据足以推翻的除外。

第十一条　当事人向人民法院提供证据，应当提供原件或者原物。如需自己保存证据原件、原物或者提供原件、原物确有困难的，可以提交经人民法院核对无异的复制件或者复制品。

第十二条　以动产作为证据的，应当将原物提交人民法院。原物不宜搬移或者不宜保存的，当事人可以提供复制品、影像资料或者其他替代品。

人民法院在收到当事人提交的动产或者替代品后，应当及时通知双方当事人到人民法院或者保存现场查验。

第十三条　当事人以不动产作为证据的，应当向人民法院提供该不动产的影像资料。

人民法院认为有必要的，应当通知双方当事人到场进行查验。

第十四条　电子数据包括下列信息、电子文件：

（一）网页、博客、微博客等网络平台发布的信息；

（二）手机短信、电子邮件、即时通信、通讯群组等网络应用服务的通信信息；

（三）用户注册信息、身份认证信息、电子交易记录、通信记录、登录日志等信息；

（四）文档、图片、音频、视频、数字证书、计算机程序等电子文件；

（五）其他以数字化形式存储、处理、传输的能够证明案件事实的信息。

第十五条　当事人以视听资料作为证据的，应当提供存储该视听资料的原始载体。

当事人以电子数据作为证据的，应当提供原件。电子数据的制作者制作的与原件一致的副本，或者直接来源于电子数据的打印件或其他可以显示、识别的输出介质，视为电子数据的原件。

第十六条　当事人提供的公文书证系在中华人民共和国领域外形成的，该证据应当经所在国公证机关证明，或者履行中华人民共和国与该所在国订立的有关条约中规定的证明手续。

中华人民共和国领域外形成的涉及身份关系的证据，应当经所在国公证机关证明并经中华人民共和国驻该国使领馆认证，或者履行中华人民共和国与该所在国订立的有关条约中规定的证明手续。

当事人向人民法院提供的证据是在香港、澳门、台湾地区形成的，应当履行相关的证明手续。

第十七条　当事人向人民法院提供外文书证或者外文说明资料，应当附有中文译本。

第十八条　双方当事人无争议的事实符合《最高人民法院关于适用〈中华人民共和国民事诉讼法〉的解释》第九十六条第一款规定情形的，人民法院可以责令当事人提供有关证据。

第十九条　当事人应当对其提交的证据材料逐一分类编号，对证据材料的来源、证明对象和内容作简要说明，签名盖章，注明提交日期，并依照对方当事人人数提出副本。

人民法院收到当事人提交的证据材料，应当出具收据，注明证据的名称、份数和页数以及收到的时间，由经办人员签名或者盖章。

二、证据的调查收集和保全

第二十条　当事人及其诉讼代理人申请人民法院调查收集证据，应当在举证期限届满前提交书面申请。

申请书应当载明被调查人的姓名或者单位名称、住所地等基本情况、所要调查收集的证据名称或者内容、需要由人民法院调查收集证据的原因及其要证明的事实以及明确的线索。

第二十一条　人民法院调查收集的书证，可以是原件，也可以是经核对无误的副本或者复制件。是副本或者复制件的，应当在调查笔录中说明来源和取证情况。

第二十二条　人民法院调查收集的物证应当是原物。被调查人提供原物确有困难的，可以提供复制品或者影像资料。提供复制品或者影像资料的，应当在调查笔录中说明取证情况。

第二十三条　人民法院调查收集视听资料、电子数据，应当要求被调查人提供原始载体。

提供原始载体确有困难的，可以提供复制件。提供复制件的，人民法院应当在调查笔录中说明其来源和制作经过。

人民法院对视听资料、电子数据采取证据保全措施的，适用前款规定。

第二十四条　人民法院调查收集可能需要鉴定的证据，应当遵守相关技术规范，确保证据不被污染。

第二十五条　当事人或者利害关系人根据民事诉讼法第八十一条的规定申请证据保全的，申请书应当载明需要保全的证据的基本情况、申请保全的理由以及采取何种保全措施等内容。

当事人根据民事诉讼法第八十一条第一款的规定申请证据保全的，应当在举证期限届满前向人民法院提出。

法律、司法解释对诉前证据保全有规定的，依照其规定办理。

第二十六条　当事人或者利害关系人申请采取查封、扣押等限制保全标的物使用、流通等保全措施，或者保全可能对证据持有人造成损失的，人民法院应当责令申请人提供相应的担保。

担保方式或者数额由人民法院根据保全措施对证据持有人的影响、保全标的物的价值、当事人或者利害关系人争议的诉讼标的金额等因素综合确定。

第二十七条　人民法院进行证据保全，可以要求当事人或者诉讼代理人到场。

根据当事人的申请和具体情况，人民法院可以采取查封、扣押、录音、录像、复制、鉴定、勘验等方法进行证据保全，并制作笔录。

在符合证据保全目的的情况下，人民法院应当选择对证据持有人利益影响最小的保全措施。

第二十八条　申请证据保全错误造成财产损失，当事人请求申请人承担赔偿责任的，人民法院应予支持。

第二十九条 人民法院采取诉前证据保全措施后，当事人向其他有管辖权的人民法院提起诉讼的，采取保全措施的人民法院应当根据当事人的申请，将保全的证据及时移交受理案件的人民法院。

第三十条 人民法院在审理案件过程中认为待证事实需要通过鉴定意见证明的，应当向当事人释明，并指定提出鉴定申请的期间。

符合《最高人民法院关于适用〈中华人民共和国民事诉讼法〉的解释》第九十六条第一款规定情形的，人民法院应当依职权委托鉴定。

第三十一条 当事人申请鉴定，应当在人民法院指定期间内提出，并预交鉴定费用。逾期不提出申请或者不预交鉴定费用的，视为放弃申请。

对需要鉴定的待证事实负有举证责任的当事人，在人民法院指定期间内无正当理由不提出鉴定申请或者不预交鉴定费用，或者拒不提供相关材料，致使待证事实无法查明的，应当承担举证不能的法律后果。

第三十二条 人民法院准许鉴定申请的，应当组织双方当事人协商确定具备相应资格的鉴定人。当事人协商不成的，由人民法院指定。

人民法院依职权委托鉴定的，可以在询问当事人的意见后，指定具备相应资格的鉴定人。

人民法院在确定鉴定人后应当出具委托书，委托书中应当载明鉴定事项、鉴定范围、鉴定目的和鉴定期限。

第三十三条 鉴定开始之前，人民法院应当要求鉴定人签署承诺书。承诺书中应当载明鉴定人保证客观、公正、诚实地进行鉴定，保证出庭作证，如作虚假鉴定应当承担法律责任等内容。

鉴定人故意作虚假鉴定的，人民法院应当责令其退还鉴定费用，并根据情节，依照民事诉讼法第一百一十一条的规定进行处罚。

第三十四条 人民法院应当组织当事人对鉴定材料进行质证。未经质证的材料，不得作为鉴定的根据。

经人民法院准许，鉴定人可以调取证据、勘验物证和现场、询问当事人或者证人。

第三十五条 鉴定人应当在人民法院确定的期限内完成鉴定，并提交鉴定书。

鉴定人无正当理由未按期提交鉴定书的，当事人可以申请人民法院另行委托鉴定人进行鉴定。人民法院准许的，原鉴定人已经收取的鉴定费用应当退还；拒不退还的，依照本规定第八十一条第二款的规定处理。

第三十六条 人民法院对鉴定人出具的鉴定书，应当审查是否具有下列内容：

（一）委托法院的名称；

（二）委托鉴定的内容、要求；

（三）鉴定材料；

（四）鉴定所依据的原理、方法；

（五）对鉴定过程的说明；

（六）鉴定意见；

（七）承诺书。

鉴定书应当由鉴定人签名或者盖章，并附鉴定人的相应资格证明。委托机构鉴定的，鉴定书应当由鉴定机构盖章，并由从事鉴定的人员签名。

第三十七条 人民法院收到鉴定书后，应当及时将副本送交当事人。

当事人对鉴定书的内容有异议的，应当在人民法院指定期间内以书面方式提出。

对于当事人的异议，人民法院应当要求鉴定人作出解释、说明或者补充。人民法院认为有必要的，可以要求鉴定人对当事人未提出异议的内容进行解释、说明或者补充。

第三十八条 当事人在收到鉴定人的书面答复后仍有异议的，人民法院应当根据《诉讼费用交纳办法》第十一条的规定，通知有异议的当事人预交鉴定人出庭费用，并通知鉴定人出庭。有异议的当事人不预交鉴定人出庭费用的，视为放弃异议。

双方当事人对鉴定意见均有异议的，分

摊预交鉴定人出庭费用。

第三十九条　鉴定人出庭费用按照证人出庭作证费用的标准计算，由败诉的当事人负担。因鉴定意见不明确或者有瑕疵需要鉴定人出庭的，出庭费用由其自行负担。

人民法院委托鉴定时已经确定鉴定人出庭费用包含在鉴定费用中的，不再通知当事人预交。

第四十条　当事人申请重新鉴定，存在下列情形之一的，人民法院应当准许：

（一）鉴定人不具备相应资格的；

（二）鉴定程序严重违法的；

（三）鉴定意见明显依据不足的；

（四）鉴定意见不能作为证据使用的其他情形。

存在前款第一项至第三项情形的，鉴定人已经收取的鉴定费用应当退还。拒不退还的，依照本规定第八十一条第二款的规定处理。

对鉴定意见的瑕疵，可以通过补正、补充鉴定或者补充质证、重新质证等方法解决的，人民法院不予准许重新鉴定的申请。

重新鉴定的，原鉴定意见不得作为认定案件事实的根据。

第四十一条　对于一方当事人就专门性问题自行委托有关机构或者人员出具的意见，另一方当事人有证据或者理由足以反驳并申请鉴定的，人民法院应予准许。

第四十二条　鉴定意见被采信后，鉴定人无正当理由撤销鉴定意见的，人民法院应当责令其退还鉴定费用，并可以根据情节，依照民事诉讼法第一百一十一条的规定对鉴定人进行处罚。当事人主张鉴定人负担由此增加的合理费用的，人民法院应予支持。

人民法院采信鉴定意见后准许鉴定人撤销的，应当责令其退还鉴定费用。

第四十三条　人民法院应当在勘验前将勘验的时间和地点通知当事人。当事人不参加的，不影响勘验进行。

当事人可以就勘验事项向人民法院进行解释和说明，可以请求人民法院注意勘验中的重要事项。

人民法院勘验物证或者现场，应当制作笔录，记录勘验的时间、地点、勘验人、在场人、勘验的经过、结果，由勘验人、在场人签名或者盖章。对于绘制的现场图应当注明绘制的时间、方位、测绘人姓名、身份等内容。

第四十四条　摘录有关单位制作的与案件事实相关的文件、材料，应当注明出处，并加盖制作单位或者保管单位的印章，摘录人和其他调查人员应当在摘录件上签名或者盖章。

摘录文件、材料应当保持内容相应的完整性。

第四十五条　当事人根据《最高人民法院关于适用〈中华人民共和国民事诉讼法〉的解释》第一百一十二条的规定申请人民法院责令对方当事人提交书证的，申请书应当载明所申请提交的书证名称或者内容、需要以该书证证明的事实及事实的重要性、对方当事人控制该书证的根据以及应当提交该书证的理由。

对方当事人否认控制书证的，人民法院应当根据法律规定、习惯等因素，结合案件的事实、证据，对于书证是否在对方当事人控制之下的事实作出综合判断。

第四十六条　人民法院对当事人提交书证的申请进行审查时，应当听取对方当事人的意见，必要时可以要求双方当事人提供证据、进行辩论。

当事人申请提交的书证不明确、书证对于待证事实的证明无必要、待证事实对于裁判结果无实质性影响、书证未在对方当事人控制之下或者不符合本规定第四十七条情形的，人民法院不予准许。

当事人申请理由成立的，人民法院应当作出裁定，责令对方当事人提交书证；理由不成立的，通知申请人。

第四十七条　下列情形，控制书证的当事人应当提交书证：

（一）控制书证的当事人在诉讼中曾经

引用过的书证；

（二）为对方当事人的利益制作的书证；

（三）对方当事人依照法律规定有权查阅、获取的书证；

（四）账簿、记账原始凭证；

（五）人民法院认为应当提交书证的其他情形。

前款所列书证，涉及国家秘密、商业秘密、当事人或第三人的隐私，或者存在法律规定应当保密的情形的，提交后不得公开质证。

第四十八条 控制书证的当事人无正当理由拒不提交书证的，人民法院可以认定对方当事人所主张的书证内容为真实。

控制书证的当事人存在《最高人民法院关于适用〈中华人民共和国民事诉讼法〉的解释》第一百一十三条规定情形的，人民法院可以认定对方当事人主张以该书证证明的事实为真实。

三、举证时限与证据交换

第四十九条 被告应当在答辩期届满前提出书面答辩，阐明其对原告诉讼请求及所依据的事实和理由的意见。

第五十条 人民法院应当在审理前的准备阶段向当事人送达举证通知书。

举证通知书应当载明举证责任的分配原则和要求、可以向人民法院申请调查收集证据的情形、人民法院根据案件情况指定的举证期限以及逾期提供证据的法律后果等内容。

第五十一条 举证期限可以由当事人协商，并经人民法院准许。

人民法院指定举证期限的，适用第一审普通程序审理的案件不得少于十五日，当事人提供新的证据的第二审案件不得少于十日。适用简易程序审理的案件不得超过十五日，小额诉讼案件的举证期限一般不得超过七日。

举证期限届满后，当事人提供反驳证据或者对已经提供的证据的来源、形式等方面的瑕疵进行补正的，人民法院可以酌情再次确定举证期限，该期限不受前款规定的期间限制。

第五十二条 当事人在举证期限内提供证据存在客观障碍，属于民事诉讼法第六十五条第二款规定的"当事人在该期限内提供证据确有困难"的情形。

前款情形，人民法院应当根据当事人的举证能力、不能在举证期限内提供证据的原因等因素综合判断。必要时，可以听取对方当事人的意见。

第五十三条 诉讼过程中，当事人主张的法律关系性质或者民事行为效力与人民法院根据案件事实作出的认定不一致的，人民法院应当将法律关系性质或者民事行为效力作为焦点问题进行审理。但法律关系性质对裁判理由及结果没有影响，或者有关问题已经当事人充分辩论的除外。

存在前款情形，当事人根据法庭审理情况变更诉讼请求的，人民法院应当准许并可以根据案件的具体情况重新指定举证期限。

第五十四条 当事人申请延长举证期限的，应当在举证期限届满前向人民法院提出书面申请。

申请理由成立的，人民法院应当准许，适当延长举证期限，并通知其他当事人。延长的举证期限适用于其他当事人。

申请理由不成立的，人民法院不予准许，并通知申请人。

第五十五条 存在下列情形的，举证期限按照如下方式确定：

（一）当事人依照民事诉讼法第一百二十七条规定提出管辖权异议的，举证期限中止，自驳回管辖权异议的裁定生效之日起恢复计算；

（二）追加当事人、有独立请求权的第三人参加诉讼或者无独立请求权的第三人经人民法院通知参加诉讼的，人民法院应当依照本规定第五十一条的规定为新参加诉讼的当事人确定举证期限，该举证期限适用于其他当事人；

（三）发回重审的案件，第一审人民法院可以结合案件具体情况和发回重审的原因，酌情确定举证期限；

（四）当事人增加、变更诉讼请求或者提出反诉的，人民法院应当根据案件具体情况重新确定举证期限；

（五）公告送达的，举证期限自公告期届满之次日起计算。

第五十六条 人民法院依照民事诉讼法第一百三十三条第四项的规定，通过组织证据交换进行审理前准备的，证据交换之日举证期限届满。

证据交换的时间可以由当事人协商一致并经人民法院认可，也可以由人民法院指定。当事人申请延期举证经人民法院准许的，证据交换日相应顺延。

第五十七条 证据交换应当在审判人员的主持下进行。

在证据交换的过程中，审判人员对当事人无异议的事实、证据应当记录在卷；对有异议的证据，按照需要证明的事实分类记录在卷，并记载异议的理由。通过证据交换，确定双方当事人争议的主要问题。

第五十八条 当事人收到对方的证据后有反驳证据需要提交的，人民法院应当再次组织证据交换。

第五十九条 人民法院对逾期提供证据的当事人处以罚款的，可以结合当事人逾期提供证据的主观过错程度、导致诉讼迟延的情况、诉讼标的金额等因素，确定罚款数额。

四、质证

第六十条 当事人在审理前的准备阶段或者人民法院调查、询问过程中发表过质证意见的证据，视为质证过的证据。

当事人要求以书面方式发表质证意见，人民法院在听取对方当事人意见后认为有必要的，可以准许。人民法院应当及时将书面质证意见送交对方当事人。

第六十一条 对书证、物证、视听资料进行质证时，当事人应当出示证据的原件或者原物。但有下列情形之一的除外：

（一）出示原件或者原物确有困难并经人民法院准许出示复制件或者复制品的；

（二）原件或者原物已不存在，但有证据证明复制件、复制品与原件或者原物一致的。

第六十二条 质证一般按下列顺序进行：

（一）原告出示证据，被告、第三人与原告进行质证；

（二）被告出示证据，原告、第三人与被告进行质证；

（三）第三人出示证据，原告、被告与第三人进行质证。

人民法院根据当事人申请调查收集的证据，审判人员对调查收集证据的情况进行说明后，由提出申请的当事人与对方当事人、第三人进行质证。

人民法院依职权调查收集的证据，由审判人员对调查收集证据的情况进行说明后，听取当事人的意见。

第六十三条 当事人应当就案件事实作真实、完整的陈述。

当事人的陈述与此前陈述不一致的，人民法院应当责令其说明理由，并结合当事人的诉讼能力、证据和案件具体情况进行审查认定。

当事人故意作虚假陈述妨碍人民法院审理的，人民法院应当根据情节，依照民事诉讼法第一百一十一条的规定进行处罚。

第六十四条 人民法院认为有必要的，可以要求当事人本人到场，就案件的有关事实接受询问。

人民法院要求当事人到场接受询问的，应当通知当事人询问的时间、地点、拒不到场的后果等内容。

第六十五条 人民法院应当在询问前责令当事人签署保证书并宣读保证书的内容。

保证书应当载明保证据实陈述，绝无隐瞒、歪曲、增减，如有虚假陈述应当接受处罚等内容。当事人应当在保证书上签名、捺印。

当事人有正当理由不能宣读保证书的，由书记员宣读并进行说明。

第六十六条 当事人无正当理由拒不到场、拒不签署或宣读保证书或者拒不接受询问的，人民法院应当综合案件情况，判断待证事实的真伪。待证事实无其他证据证明的，人民法院应当作出不利于该当事人的认定。

第六十七条 不能正确表达意思的人，不能作为证人。

待证事实与其年龄、智力状况或者精神健康状况相适应的无民事行为能力人和限制民事行为能力人，可以作为证人。

第六十八条 人民法院应当要求证人出庭作证，接受审判人员和当事人的询问。证人在审理前的准备阶段或者人民法院调查、询问等双方当事人在场时陈述证言的，视为出庭作证。

双方当事人同意证人以其他方式作证并经人民法院准许的，证人可以不出庭作证。

无正当理由未出庭的证人以书面等方式提供的证言，不得作为认定案件事实的根据。

第六十九条 当事人申请证人出庭作证的，应当在举证期限届满前向人民法院提交申请书。

申请书应当载明证人的姓名、职业、住所、联系方式，作证的主要内容，作证内容与待证事实的关联性，以及证人出庭作证的必要性。

符合《最高人民法院关于适用〈中华人民共和国民事诉讼法〉的解释》第九十六条第一款规定情形的，人民法院应当依职权通知证人出庭作证。

第七十条 人民法院准许证人出庭作证申请的，应当向证人送达通知书并告知双方当事人。通知书中应当载明证人作证的时间、地点，作证的事项、要求以及作伪证的法律后果等内容。

当事人申请证人出庭作证的事项与待证事实无关，或者没有通知证人出庭作证必要的，人民法院不予准许当事人的申请。

第七十一条 人民法院应当要求证人在作证之前签署保证书，并在法庭上宣读保证书的内容。但无民事行为能力人和限制民事行为能力人作为证人的除外。

证人确有正当理由不能宣读保证书的，由书记员代为宣读并进行说明。

证人拒绝签署或者宣读保证书的，不得作证，并自行承担相关费用。

证人保证书的内容适用当事人保证书的规定。

第七十二条 证人应当客观陈述其亲身感知的事实，作证时不得使用猜测、推断或者评论性语言。

证人作证前不得旁听法庭审理，作证时不得以宣读事先准备的书面材料的方式陈述证言。

证人言辞表达有障碍的，可以通过其他表达方式作证。

第七十三条 证人应当就其作证的事项进行连续陈述。

当事人及其法定代理人、诉讼代理人或者旁听人员干扰证人陈述的，人民法院应当及时制止，必要时可以依照民事诉讼法第一百一十条的规定进行处罚。

第七十四条 审判人员可以对证人进行询问。当事人及其诉讼代理人经审判人员许可后可以询问证人。

询问证人时其他证人不得在场。

人民法院认为有必要的，可以要求证人之间进行对质。

第七十五条 证人出庭作证后，可以向人民法院申请支付证人出庭作证费用。证人有困难需要预先支取出庭作证费用的，人民法院可以根据证人的申请在出庭作证前支付。

第七十六条 证人确有困难不能出庭作

证，申请以书面证言、视听传输技术或者视听资料等方式作证的，应当向人民法院提交申请书。申请书中应当载明不能出庭的具体原因。

符合民事诉讼法第七十三条规定情形的，人民法院应当准许。

第七十七条 证人经人民法院准许，以书面证言方式作证的，应当签署保证书；以视听传输技术或者视听资料方式作证的，应当签署保证书并宣读保证书的内容。

第七十八条 当事人及其诉讼代理人对证人的询问与待证事实无关，或者存在威胁、侮辱证人或不适当引导等情形的，审判人员应当及时制止。必要时可以依照民事诉讼法第一百一十条、第一百一十一条的规定进行处罚。

证人故意作虚假陈述，诉讼参与人或者其他人以暴力、威胁、贿买等方法妨碍证人作证，或者在证人作证后以侮辱、诽谤、诬陷、恐吓、殴打等方式对证人打击报复的，人民法院应当根据情节，依照民事诉讼法第一百一十一条的规定，对行为人进行处罚。

第七十九条 鉴定人依照民事诉讼法第七十八条的规定出庭作证的，人民法院应当在开庭审理三日前将出庭的时间、地点及要求通知鉴定人。

委托机构鉴定的，应当由从事鉴定的人员代表机构出庭。

第八十条 鉴定人应当就鉴定事项如实答复当事人的异议和审判人员的询问。当庭答复确有困难的，经人民法院准许，可以在庭审结束后书面答复。

人民法院应当及时将书面答复送交当事人，并听取当事人的意见。必要时，可以再次组织质证。

第八十一条 鉴定人拒不出庭作证的，鉴定意见不得作为认定案件事实的根据。人民法院应当建议有关主管部门或者组织对拒不出庭作证的鉴定人予以处罚。

当事人要求退还鉴定费用的，人民法院应当在三日内作出裁定，责令鉴定人退还；拒不退还的，由人民法院依法执行。

当事人因鉴定人拒不出庭作证申请重新鉴定的，人民法院应当准许。

第八十二条 经法庭许可，当事人可以询问鉴定人、勘验人。

询问鉴定人、勘验人不得使用威胁、侮辱等不适当的言语和方式。

第八十三条 当事人依照民事诉讼法第七十九条和《最高人民法院关于适用〈中华人民共和国民事诉讼法〉的解释》第一百二十二条的规定，申请有专门知识的人出庭的，申请书中应当载明有专门知识的人的基本情况和申请的目的。

人民法院准许当事人申请的，应当通知双方当事人。

第八十四条 审判人员可以对有专门知识的人进行询问。经法庭准许，当事人可以对有专门知识的人进行询问，当事人各自申请的有专门知识的人可以就案件中的有关问题进行对质。

有专门知识的人不得参与对鉴定意见质证或者就专业问题发表意见之外的法庭审理活动。

五、证据的审核认定

第八十五条 人民法院应当以证据能够证明的案件事实为根据依法作出裁判。

审判人员应当依照法定程序，全面、客观地审核证据，依据法律的规定，遵循法官职业道德，运用逻辑推理和日常生活经验，对证据有无证明力和证明力大小独立进行判断，并公开判断的理由和结果。

第八十六条 当事人对于欺诈、胁迫、恶意串通事实的证明，以及对于口头遗嘱或赠与事实的证明，人民法院确信该待证事实存在的可能性能够排除合理怀疑的，应当认定该事实存在。

与诉讼保全、回避等程序事项有关的事实，人民法院结合当事人的说明及相关证据，认为有关事实存在的可能性较大的，可以认定该事实存在。

第八十七条 审判人员对单一证据可以从下列方面进行审核认定：

（一）证据是否为原件、原物，复制件、复制品与原件、原物是否相符；

（二）证据与本案事实是否相关；

（三）证据的形式、来源是否符合法律规定；

（四）证据的内容是否真实；

（五）证人或者提供证据的人与当事人有无利害关系。

第八十八条 审判人员对案件的全部证据，应当从各证据与案件事实的关联程度、各证据之间的联系等方面进行综合审查判断。

第八十九条 当事人在诉讼过程中认可的证据，人民法院应当予以确认。但法律、司法解释另有规定的除外。

当事人对认可的证据反悔的，参照《最高人民法院关于适用〈中华人民共和国民事诉讼法〉的解释》第二百二十九条的规定处理。

第九十条 下列证据不能单独作为认定案件事实的根据：

（一）当事人的陈述；

（二）无民事行为能力人或者限制民事行为能力人所作的与其年龄、智力状况或者精神健康状况不相当的证言；

（三）与一方当事人或者其代理人有利害关系的证人陈述的证言；

（四）存有疑点的视听资料、电子数据；

（五）无法与原件、原物核对的复制件、复制品。

第九十一条 公文书证的制作者根据文书原件制作的载有部分或者全部内容的副本，与正本具有相同的证明力。

在国家机关存档的文件，其复制件、副本、节录本经档案部门或者制作原本的机关证明其内容与原本一致的，该复制件、副本、节录本具有与原本相同的证明力。

第九十二条 私文书证的真实性，由主张以私文书证证明案件事实的当事人承担举证责任。

私文书证由制作者或者其代理人签名、盖章或捺印的，推定为真实。

私文书证上有删除、涂改、增添或者其他形式瑕疵的，人民法院应当综合案件的具体情况判断其证明力。

第九十三条 人民法院对于电子数据的真实性，应当结合下列因素综合判断：

（一）电子数据的生成、存储、传输所依赖的计算机系统的硬件、软件环境是否完整、可靠；

（二）电子数据的生成、存储、传输所依赖的计算机系统的硬件、软件环境是否处于正常运行状态，或者不处于正常运行状态时对电子数据的生成、存储、传输是否有影响；

（三）电子数据的生成、存储、传输所依赖的计算机系统的硬件、软件环境是否具备有效的防止出错的监测、核查手段；

（四）电子数据是否被完整地保存、传输、提取，保存、传输、提取的方法是否可靠；

（五）电子数据是否在正常的往来活动中形成和存储；

（六）保存、传输、提取电子数据的主体是否适当；

（七）影响电子数据完整性和可靠性的其他因素。

人民法院认为有必要的，可以通过鉴定或者勘验等方法，审查判断电子数据的真实性。

第九十四条 电子数据存在下列情形的，人民法院可以确认其真实性，但有足以反驳的相反证据的除外：

（一）由当事人提交或者保管的于己不利的电子数据；

（二）由记录和保存电子数据的中立第三方平台提供或者确认的；

（三）在正常业务活动中形成的；

（四）以档案管理方式保管的；

（五）以当事人约定的方式保存、传输、提取的。

电子数据的内容经公证机关公证的，人民法院应当确认其真实性，但有相反证据足以推翻的除外。

第九十五条 一方当事人控制证据无正当理由拒不提交，对待证事实负有举证责任的当事人主张该证据的内容不利于控制人的，人民法院可以认定该主张成立。

第九十六条 人民法院认定证人证言，可以通过对证人的智力状况、品德、知识、经验、法律意识和专业技能等的综合分析作出判断。

第九十七条 人民法院应当在裁判文书中阐明证据是否采纳的理由。

对当事人无争议的证据，是否采纳的理由可以不在裁判文书中表述。

六、其他

第九十八条 对证人、鉴定人、勘验人的合法权益依法予以保护。

当事人或者其他诉讼参与人伪造、毁灭证据，提供虚假证据，阻止证人作证，指使、贿买、胁迫他人作伪证，或者对证人、鉴定人、勘验人打击报复的，依照民事诉讼法第一百一十条、第一百一十一条的规定进行处罚。

第九十九条 本规定对证据保全没有规定的，参照适用法律、司法解释关于财产保全的规定。

除法律、司法解释另有规定外，对当事人、鉴定人、有专门知识的人的询问参照适用本规定中关于询问证人的规定；关于书证的规定适用于视听资料、电子数据；存储在电子计算机等电子介质中的视听资料，适用电子数据的规定。

第一百条 本规定自2020年5月1日起施行。

本规定公布施行后，最高人民法院以前发布的司法解释与本规定不一致的，不再适用。

最高人民法院
关于适用《中华人民共和国民事诉讼法》审判监督程序若干问题的解释

（2008年11月10日最高人民法院审判委员会第1453次会议通过 根据2020年12月23日最高人民法院审判委员会第1823次会议通过的《最高人民法院关于修改〈最高人民法院关于人民法院民事调解工作若干问题的规定〉等十九件民事诉讼类司法解释的决定》修正）

为了保障当事人申请再审权利，规范审判监督程序，维护各方当事人的合法权益，根据《中华人民共和国民事诉讼法》，结合审判实践，对审判监督程序中适用法律的若干问题作出如下解释：

第一条 当事人在民事诉讼法第二百零五条规定的期限内，以民事诉讼法第二百条所列明的再审事由，向原审人民法院的上一级人民法院申请再审的，上一级人民法院应当依法受理。

第二条 民事诉讼法第二百零五条规定的申请再审期间不适用中止、中断和延长的规定。

第三条 当事人申请再审，应当向人民法院提交再审申请书，并按照对方当事人人数提出副本。

人民法院应当审查再审申请书是否载明下列事项：

（一）申请再审人与对方当事人的姓名、住所及有效联系方式等基本情况；法人或其他组织的名称、住所和法定代表人或主要负责人的姓名、职务及有效联系方式等基本情况；

（二）原审人民法院的名称，原判决、裁定、调解文书案号；

（三）申请再审的法定情形及具体事实、理由；

（四）具体的再审请求。

第四条 当事人申请再审，应当向人民法院提交已经发生法律效力的判决书、裁定书、调解书，身份证明及相关证据材料。

第五条 申请再审人提交的再审申请书或者其他材料不符合本解释第三条、第四条的规定，或者有人身攻击等内容，可能引起矛盾激化的，人民法院应当要求申请再审人补充或改正。

第六条 人民法院应当自收到符合条件的再审申请书等材料后五日内完成向申请再审人发送受理通知书等受理登记手续，并向对方当事人发送受理通知书及再审申请书副本。

第七条 人民法院受理再审申请后，应当组成合议庭予以审查。

第八条 人民法院对再审申请的审查，应当围绕再审事由是否成立进行。

第九条 民事诉讼法第二百条第（五）项规定的"对审理案件需要的主要证据"，是指人民法院认定案件基本事实所必需的证据。

第十条 原判决、裁定对基本事实和案件性质的认定系根据其他法律文书作出，而上述其他法律文书被撤销或变更的，人民法院可以认定为民事诉讼法第二百条第（十二）项规定的情形。

第十一条 人民法院经审查再审申请书等材料，认为申请再审事由成立的，应当径行裁定再审。

当事人申请再审超过民事诉讼法第二百零五条规定的期限，或者超出民事诉讼法第二百条所列明的再审事由范围的，人民法院应当裁定驳回再审申请。

第十二条 人民法院认为仅审查再审申请书等材料难以作出裁定的，应当调阅原审卷宗予以审查。

第十三条 人民法院可以根据案情需要决定是否询问当事人。

以有新的证据足以推翻原判决、裁定为由申请再审的，人民法院应当询问当事人。

第十四条 在审查再审申请过程中，对方当事人也申请再审的，人民法院应当将其列为申请再审人，对其提出的再审申请一并审查。

第十五条 申请再审人在案件审查期间申请撤回再审申请的，是否准许，由人民法院裁定。

申请再审人经传票传唤，无正当理由拒不接受询问，可以裁定按撤回再审申请处理。

第十六条 人民法院经审查认为申请再审事由不成立的，应当裁定驳回再审申请。

驳回再审申请的裁定一经送达，即发生法律效力。

第十七条 人民法院审查再审申请期间，人民检察院对该案提出抗诉的，人民法院应依照民事诉讼法第二百一十一条的规定裁定再审。申请再审人提出的具体再审请求应纳入审理范围。

第十八条 上一级人民法院经审查认为申请再审事由成立的，一般由本院提审。最高人民法院、高级人民法院也可以指定与原审人民法院同级的其他人民法院再审，或者指令原审人民法院再审。

第十九条 上一级人民法院可以根据案件的影响程度以及案件参与人等情况，决定是否指定再审。需要指定再审的，应当考虑便利当事人行使诉讼权利以及便利人民法院审理等因素。

接受指定再审的人民法院，应当按照民事诉讼法第二百零七条第一款规定的程序审理。

第二十条 有下列情形之一的，不得指令原审人民法院再审：

（一）原审人民法院对该案无管辖权的；

（二）审判人员在审理该案件时有贪污受贿，徇私舞弊，枉法裁判行为的；

（三）原判决、裁定系经原审人民法院审判委员会讨论作出的；

（四）其他不宜指令原审人民法院再审的。

第二十一条 当事人未申请再审、人民检察院未抗诉的案件，人民法院发现原判决、裁定、调解协议有损害国家利益、社会公共利益等确有错误情形的，应当依照民事诉讼法第一百九十八条的规定提起再审。

第二十二条 人民法院应当依照民事诉讼法第二百零七条的规定，按照第一审程序或者第二审程序审理再审案件。

人民法院审理再审案件应当开庭审理。但按照第二审程序审理的，双方当事人已经其他方式充分表达意见，且书面同意不开庭审理的除外。

第二十三条 申请再审人在再审期间撤回再审申请的，是否准许由人民法院裁定。裁定准许的，应终结再审程序。申请再审人经传票传唤，无正当理由拒不到庭的，或者未经法庭许可中途退庭的，可以裁定按自动撤回再审申请处理。

人民检察院抗诉再审的案件，申请抗诉的当事人有前款规定的情形，且不损害国家利益、社会公共利益或第三人利益的，人民法院应当裁定终结再审程序；人民检察院撤回抗诉的，应当准予。

终结再审程序的，恢复原判决的执行。

第二十四条 按照第一审程序审理再审案件时，一审原告申请撤回起诉的，是否准许由人民法院裁定。裁定准许的，应当同时裁定撤销原判决、裁定、调解书。

第二十五条 当事人在再审审理中经调解达成协议的，人民法院应当制作调解书。调解书经各方当事人签收后，即具有法律效力，原判决、裁定视为被撤销。

第二十六条 人民法院经再审审理认为，原判决、裁定认定事实清楚、适用法律正确的，应予维持；原判决、裁定在认定事实、适用法律、阐述理由方面虽有瑕疵，但裁判结果正确的，人民法院应在再审判决、裁定中纠正上述瑕疵后予以维持。

第二十七条 人民法院按照第二审程序审理再审案件，发现原判决认定事实错误或者认定事实不清的，应当在查清事实后改判。但原审人民法院便于查清事实，化解纠纷的，可以裁定撤销原判决，发回重审；原审程序遗漏必须参加诉讼的当事人且无法达成调解协议，以及其他违反法定程序不宜在再审程序中直接作出实体处理的，应当裁定撤销原判决，发回重审。

第二十八条 人民法院以调解方式审结的案件裁定再审后，经审理发现申请再审人提出的调解违反自愿原则的事由不成立，且调解协议的内容不违反法律强制性规定的，应当裁定驳回再审申请，并恢复原调解书的执行。

第二十九条 民事再审案件的当事人应为原审案件的当事人。原审案件当事人死亡或者终止的，其权利义务承受人可以申请再审并参加再审诉讼。

第三十条 本院以前发布的司法解释与本解释不一致的，以本解释为准。本解释未作规定的，按照以前的规定执行。

人民法院在线诉讼规则

法释〔2021〕12 号

(2021 年 5 月 18 日最高人民法院审判委员会第 1838 次会议通过
2021 年 6 月 16 日最高人民法院公告公布 自 2021 年 8 月 1 日起施行)

为推进和规范在线诉讼活动，完善在线诉讼规则，依法保障当事人及其他诉讼参与人等诉讼主体的合法权利，确保公正高效审理案件，根据《中华人民共和国刑事诉讼法》《中华人民共和国民事诉讼法》《中华人民共和国行政诉讼法》等相关法律规定，结合人民法院工作实际，制定本规则。

第一条 人民法院、当事人及其他诉讼参与人等可以依托电子诉讼平台（以下简称"诉讼平台"），通过互联网或者专用网络在线完成立案、调解、证据交换、询问、庭审、送达等全部或者部分诉讼环节。

在线诉讼活动与线下诉讼活动具有同等法律效力。

第二条 人民法院开展在线诉讼应当遵循以下原则：

（一）公正高效原则。严格依法开展在线诉讼活动，完善审判流程，健全工作机制，加强技术保障，提高司法效率，保障司法公正。

（二）合法自愿原则。尊重和保障当事人及其他诉讼参与人对诉讼方式的选择权，未经当事人及其他诉讼参与人同意，人民法院不得强制或者变相强制适用在线诉讼。

（三）权利保障原则。充分保障当事人各项诉讼权利，强化提示、说明、告知义务，不得随意减少诉讼环节和减损当事人诉讼权益。

（四）便民利民原则。优化在线诉讼服务，完善诉讼平台功能，加强信息技术应用，降低当事人诉讼成本，提升纠纷解决效率。统筹兼顾不同群体司法需求，对未成年人、老年人、残障人士等特殊群体加强诉讼引导，提供相应司法便利。

（五）安全可靠原则。依法维护国家安全，保护国家秘密、商业秘密、个人隐私和个人信息，有效保障在线诉讼数据信息安全。规范技术应用，确保技术中立和平台中立。

第三条 人民法院综合考虑案件情况、当事人意愿和技术条件等因素，可以对以下案件适用在线诉讼：

（一）民事、行政诉讼案件；

（二）刑事速裁程序案件，减刑、假释案件，以及因其他特殊原因不宜线下审理的刑事案件；

（三）民事特别程序、督促程序、破产程序和非诉执行审查案件；

（四）民事、行政执行案件和刑事附带民事诉讼执行案件；

（五）其他适宜采取在线方式审理的案件。

第四条 人民法院开展在线诉讼，应当征得当事人同意，并告知适用在线诉讼的具体环节、主要形式、权利义务、法律后果和操作方法等。

人民法院应当根据当事人对在线诉讼的相应意思表示，作出以下处理：

（一）当事人主动选择适用在线诉讼的，人民法院可以不再另行征得其同意，相应诉讼环节可以直接在线进行；

（二）各方当事人均同意适用在线诉讼的，相应诉讼环节可以在线进行；

（三）部分当事人同意适用在线诉讼，部分当事人不同意的，相应诉讼环节可以采取同意方当事人线上、不同意方当事人线下的方式进行；

（四）当事人仅主动选择或者同意对部分诉讼环节适用在线诉讼的，人民法院不得推定其对其他诉讼环节均同意适用在线诉讼。

对人民检察院参与的案件适用在线诉讼的，应当征得人民检察院同意。

第五条 在诉讼过程中，如存在当事人欠缺在线诉讼能力、不具备在线诉讼条件或者相应诉讼环节不宜在线办理等情形之一的，人民法院应当将相应诉讼环节转为线下进行。

当事人已同意对相应诉讼环节适用在线诉讼，但诉讼过程中又反悔的，应当在开展相应诉讼活动前的合理期限内提出。经审查，人民法院认为不存在故意拖延诉讼等不当情形的，相应诉讼环节可以转为线下进行。

在调解、证据交换、询问、听证、庭审等诉讼环节中，一方当事人要求其他当事人及诉讼参与人在线下参与诉讼的，应当提出具体理由。经审查，人民法院认为案件存在案情疑难复杂、需证人现场作证、有必要线下举证质证、陈述辩论等情形之一的，相应诉讼环节可以转为线下进行。

第六条 当事人已同意适用在线诉讼，但无正当理由不参与在线诉讼活动或者不作出相应诉讼行为，也未在合理期限内申请提出转为线下进行的，应当依照法律和司法解释的相关规定承担相应法律后果。

第七条 参与在线诉讼的诉讼主体应当先行在诉讼平台完成实名注册。人民法院应当通过证件证照在线比对、身份认证平台认证等方式，核实诉讼主体的实名手机号码、居民身份证件号码、护照号码、统一社会信用代码等信息，确认诉讼主体身份真实性。诉讼主体在线完成身份认证后，取得登录诉讼平台的专用账号。

参与在线诉讼的诉讼主体应当妥善保管诉讼平台专用账号和密码。除有证据证明存在账号被盗用或者系统错误的情形外，使用专用账号登录诉讼平台所作出的行为，视为被认证人本人行为。

人民法院在线开展调解、证据交换、庭审等诉讼活动，应当再次验证诉讼主体的身份；确有必要的，应当在线下进一步核实身份。

第八条 人民法院、特邀调解组织、特邀调解员可以通过诉讼平台、人民法院调解平台等开展在线调解活动。在线调解应当按照法律和司法解释相关规定进行，依法保护国家秘密、商业秘密、个人隐私和其他不宜公开的信息。

第九条 当事人采取在线方式提交起诉材料的，人民法院应当在收到材料后的法定期限内，在线作出以下处理：

（一）符合起诉条件的，登记立案并送达案件受理通知书、交纳诉讼费用通知书、举证通知书等诉讼文书；

（二）提交材料不符合要求的，及时通知其补正，并一次性告知补正内容和期限，案件受理时间自收到补正材料后次日重新起算；

（三）不符合起诉条件或者起诉材料经补正仍不符合要求，原告坚持起诉的，依法裁定不予受理或者不予立案；

当事人已在线提交符合要求的起诉状等材料的，人民法院不得要求当事人再提供纸质件。

上诉、申请再审、特别程序、执行等案件的在线受理规则，参照本条第一款、第二款规定办理。

第十条 案件适用在线诉讼的，人民法院应当通知被告、被上诉人或者其他诉讼参与人，询问其是否同意以在线方式参与诉讼。被通知人同意采用在线方式的，应当在收到通知的三日内通过诉讼平台验证身份、关联案件,并在后续诉讼活动中通过诉讼平台了解案件信息、接收和提交诉讼材料,以及实施其他诉讼行为。

被通知人未明确表示同意采用在线方式,且未在人民法院指定期限内注册登录诉讼平台的,针对被通知人的相关诉讼活动在线下进行。

第十一条 当事人可以在诉讼平台直接填写录入起诉状、答辩状、反诉状、代理意见等诉讼文书材料。

当事人可以通过扫描、翻拍、转录等方式,将线下的诉讼文书材料或者证据材料作电子化处理后上传至诉讼平台。诉讼材料为电子数据,且诉讼平台与存储该电子数据的平台已实现对接的,当事人可以将电子数据直接提交至诉讼平台。

当事人提交电子化材料确有困难的,人民法院可以辅助当事人将线下材料作电子化处理后导入诉讼平台。

第十二条 当事人提交的电子化材料,经人民法院审核通过后,可以直接在诉讼中使用。诉讼中存在下列情形之一的,人民法院应当要求当事人提供原件、原物:

(一)对方当事人认为电子化材料与原件、原物不一致,并提出合理理由和依据的;

(二)电子化材料呈现不完整、内容不清晰、格式不规范的;

(三)人民法院卷宗、档案管理相关规定要求提供原件、原物的;

(四)人民法院认为有必要提交原件、原物的。

第十三条 当事人提交的电子化材料,符合下列情形之一的,人民法院可以认定符合原件、原物形式要求:

(一)对方当事人对电子化材料与原件、原物的一致性未提出异议的;

(二)电子化材料形成过程已经过公证机构公证的;

(三)电子化材料已在之前诉讼中提交并经人民法院确认的;

(四)电子化材料已通过在线或者线下方式与原件、原物比对一致的;

(五)有其他证据证明电子化材料与原件、原物一致的。

第十四条 人民法院根据当事人选择和案件情况,可以组织当事人开展在线证据交换,通过同步或者非同步方式在线举证、质证。

各方当事人选择同步在线交换证据的,应当在人民法院指定的时间登录诉讼平台,通过在线视频或者其他方式,对已经导入诉讼平台的证据材料或者线下送达的证据材料副本,集中发表质证意见。

各方当事人选择非同步在线交换证据的,应当在人民法院确定的合理期限内,分别登录诉讼平台,查看已经导入诉讼平台的证据材料,并发表质证意见。

各方当事人均同意在线证据交换,但对具体方式无法达成一致意见的,适用同步在线证据交换。

第十五条 当事人作为证据提交的电子化材料和电子数据,人民法院应当按照法律和司法解释的相关规定,经当事人举证质证后,依法认定其真实性、合法性和关联性。未经人民法院查证属实的证据,不得作为认定案件事实的根据。

第十六条 当事人作为证据提交的电子数据系通过区块链技术存储,并经技术核验一致的,人民法院可以认定该电子数据上链后未经篡改,但有相反证据足以推翻的除外。

第十七条 当事人对区块链技术存储的电子数据上链后的真实性提出异议,并有合理理由的,人民法院应当结合下列因素作出判断:

(一)存证平台是否符合国家有关部门关于提供区块链存证服务的相关规定;

(二)当事人与存证平台是否存在利害关系,并利用技术手段不当干预取证、存证过程;

（三）存证平台的信息系统是否符合清洁性、安全性、可靠性、可用性的国家标准或者行业标准；

（四）存证技术和过程是否符合相关国家标准或者行业标准中关于系统环境、技术安全、加密方式、数据传输、信息验证等方面的要求。

第十八条 当事人提出电子数据上链存储前已不具备真实性，并提供证据证明或者说明理由的，人民法院应当予以审查。

人民法院根据案件情况，可以要求提交区块链技术存储电子数据的一方当事人，提供证据证明上链存储前数据的真实性，并结合上链存储前数据的具体来源、生成机制、存储过程、公证机构公证、第三方见证、关联印证数据等情况作出综合判断。当事人不能提供证据证明或者作出合理说明，该电子数据也无法与其他证据相互印证的，人民法院不予确认其真实性。

第十九条 当事人可以申请具有专门知识的人就区块链技术存储电子数据相关技术问题提出意见。人民法院可以根据当事人申请或者依职权，委托鉴定区块链技术存储电子数据的真实性，或者调取其他相关证据进行核对。

第二十条 经各方当事人同意，人民法院可以指定当事人在一定期限内，分别登录诉讼平台，以非同步的方式开展调解、证据交换、调查询问、庭审等诉讼活动。

适用小额诉讼程序或者民事、行政简易程序审理的案件，同时符合下列情形的，人民法院和当事人可以在指定期限内，按照庭审程序环节分别录制参与庭审视频并上传至诉讼平台，非同步完成庭审活动：

（一）各方当事人同时在线参与庭审确有困难；

（二）一方当事人提出书面申请，各方当事人均表示同意；

（三）案件经过在线证据交换或者调查询问，各方当事人对案件主要事实和证据不存在争议。

第二十一条 人民法院开庭审理的案件，应当根据当事人意愿、案件情况、社会影响、技术条件等因素，决定是否采取视频方式在线庭审，但具有下列情形之一的，不得适用在线庭审：

（一）各方当事人均明确表示不同意，或者一方当事人表示不同意且有正当理由的；

（二）各方当事人均不具备参与在线庭审的技术条件和能力的；

（三）需要通过庭审现场查明身份、核对原件、查验实物的；

（四）案件疑难复杂、证据繁多，适用在线庭审不利于查明事实和适用法律的；

（五）案件涉及国家安全、国家秘密的；

（六）案件具有重大社会影响，受到广泛关注的；

（七）人民法院认为存在其他不宜适用在线庭审情形的。

采取在线庭审方式审理的案件，审理过程中发现存在上述情形之一的，人民法院应当及时转为线下庭审。已完成的在线庭审活动具有法律效力。

在线询问的适用范围和条件参照在线庭审的相关规则。

第二十二条 适用在线庭审的案件，应当按照法律和司法解释的相关规定开展庭前准备、法庭调查、法庭辩论等庭审活动，保障当事人申请回避、举证、质证、陈述、辩论等诉讼权利。

第二十三条 需要公告送达的案件，人民法院可以在公告中明确线上或者线下参与庭审的具体方式，告知当事人选择在线庭审的权利。被公告方当事人未在开庭前向人民法院表示同意在线庭审的，被公告方当事人适用线下庭审。其他同意适用在线庭审的当事人，可以在线参与庭审。

第二十四条 在线开展庭审活动，人民法院应当设置环境要素齐全的在线法庭。在线法庭应当保持国徽在显著位置，审判人员及席位名称等在视频画面合理区域。因存在特殊情形，确需在在线法庭之外的其他场所组织在线庭审的，应当报请本院院长同意。

出庭人员参加在线庭审，应当选择安静、无干扰、光线适宜、网络信号良好、相对封闭的场所，不得在可能影响庭审音频视频效果或者有损庭审严肃性的场所参加庭审。必要时，人民法院可以要求出庭人员到指定场所参加在线庭审。

第二十五条　出庭人员参加在线庭审应当尊重司法礼仪，遵守法庭纪律。人民法院根据在线庭审的特点，适用《中华人民共和国人民法院法庭规则》相关规定。

除确属网络故障、设备损坏、电力中断或者不可抗力等原因外，当事人无正当理由不参加在线庭审，视为"拒不到庭"；在庭审中擅自退出，经提示、警告后仍不改正的，视为"中途退庭"，分别按照相关法律和司法解释的规定处理。

第二十六条　证人通过在线方式出庭的，人民法院应当通过指定在线出庭场所、设置在线作证室等方式，保证其不旁听案件审理和不受他人干扰。当事人对证人在线出庭提出异议且有合理理由的，或者人民法院认为确有必要的，应当要求证人线下出庭作证。

鉴定人、勘验人、具有专门知识的人在线出庭的，参照前款规定执行。

第二十七条　适用在线庭审的案件，应当按照法律和司法解释的相关规定公开庭审活动。

对涉及国家安全、国家秘密、个人隐私的案件，庭审过程不得在互联网上公开。对涉及未成年人、商业秘密、离婚等民事案件，当事人申请不公开审理的，在线庭审过程可以不在互联网上公开。

未经人民法院同意，任何人不得违法违规录制、截取、传播涉及在线庭审过程的音频视频、图文资料。

第二十八条　在线诉讼参与人故意违反本规则第八条、第二十四条、第二十五条、第二十六条、第二十七条的规定，实施妨害在线诉讼秩序行为的，人民法院可以根据法律和司法解释关于妨害诉讼的相关规定作出处理。

第二十九条　经受送达人同意，人民法院可以通过送达平台，向受送达人的电子邮箱、即时通讯账号、诉讼平台专用账号等电子地址，按照法律和司法解释的相关规定送达诉讼文书和证据材料。

具备下列情形之一的，人民法院可以确定受送达人同意电子送达：

（一）受送达人明确表示同意的；

（二）受送达人在诉讼前对适用电子送达已作出约定或者承诺的；

（三）受送达人在提交的起诉状、上诉状、申请书、答辩状中主动提供用于接收送达的电子地址的；

（四）受送达人通过回复收悉、参加诉讼等方式接受已经完成的电子送达，并且未明确表示不同意电子送达的。

第三十条　人民法院可以通过电话确认、诉讼平台在线确认、线下发送电子送达确认书等方式，确认受送达人是否同意电子送达，以及受送达人接收电子送达的具体方式和地址，并告知电子送达的适用范围、效力、送达地址变更方式以及其他需告知的送达事项。

第三十一条　人民法院向受送达人主动提供或者确认的电子地址送达的，送达信息到达电子地址所在系统时，即为送达。

受送达人未提供或者未确认有效电子送达地址，人民法院向能够确认为受送达人本人的电子地址送达的，根据下列情形确定送达是否生效：

（一）受送达人回复已收悉，或者根据送达内容已作出相应诉讼行为的，即为完成有效送达；

（二）受送达人的电子地址所在系统反馈受送达人已阅知，或者有其他证据可以证明受送达人已经收悉的，推定完成有效送达，但受送达人能够证明存在系统错误、送达地址非本人使用或者非本人阅知等未收悉送达内容的情形除外。

人民法院开展电子送达，应当在系统中全程留痕，并制作电子送达凭证。电子送达凭证具有送达回证效力。

对同一内容的送达材料采取多种电子方式发送受送达人的，以最先完成的有效送达时间作为送达生效时间。

第三十二条　人民法院适用电子送达，可以同步通过短信、即时通讯工具、诉讼平台提示等方式，通知受送达人查阅、接收、下载相关送达材料。

第三十三条　适用在线诉讼的案件，各方诉讼主体可以通过在线确认、电子签章等方式，确认和签收调解协议、笔录、电子送达凭证及其他诉讼材料。

第三十四条　适用在线诉讼的案件，人民法院应当在调解、证据交换、庭审、合议等诉讼环节同步形成电子笔录。电子笔录以在线方式核对确认后，与书面笔录具有同等法律效力。

第三十五条　适用在线诉讼的案件，人民法院应当利用技术手段随案同步生成电子卷宗，形成电子档案。电子档案的立卷、归档、存储、利用等，按照档案管理相关法律法规的规定执行。

案件无纸质材料或者纸质材料已经全部转化为电子材料的，第一审人民法院可以采用电子卷宗代替纸质卷宗进行上诉移送。

适用在线诉讼的案件存在纸质卷宗材料的，应当按照档案管理相关法律法规立卷、归档和保存。

第三十六条　执行裁决案件的在线立案、电子材料提交、执行和解、询问当事人、电子送达等环节，适用本规则的相关规定办理。

人民法院可以通过财产查控系统、网络询价评估平台、网络拍卖平台、信用惩戒系统等，在线完成财产查明、查封、扣押、冻结、划扣、变价和惩戒等执行实施环节。

第三十七条　符合本规定第三条第二项规定的刑事案件，经公诉人、当事人、辩护人同意，可以根据案件情况，采取在线方式讯问被告人、开庭审理、宣判等。

案件采取在线方式审理的，按照以下情形分别处理：

（一）被告人、罪犯被羁押的，可以在看守所、监狱等羁押场所在线出庭；

（二）被告人、罪犯未被羁押的，因特殊原因确实无法到庭的，可以在人民法院指定的场所在线出庭；

（三）证人、鉴定人一般应当在线下出庭，但法律和司法解释另有规定的除外。

第三十八条　参与在线诉讼的相关主体应当遵守数据安全和个人信息保护的相关法律法规，履行数据安全和个人信息保护义务。除人民法院依法公开的以外，任何人不得违法违规披露、传播和使用在线诉讼数据信息。出现上述情形的，人民法院可以根据具体情况，依照法律和司法解释关于数据安全、个人信息保护以及妨害诉讼的规定追究相关单位和人员法律责任，构成犯罪的，依法追究刑事责任。

第三十九条　本规则自 2021 年 8 月 1 日起施行。最高人民法院之前发布的司法解释涉及在线诉讼的规定与本规则不一致的，以本规则为准。

最高人民法院
印发《关于为跨境诉讼当事人提供网上立案服务的若干规定》的通知

2021年1月22日　　　　　　　　　　法发〔2021〕7号

各省、自治区、直辖市高级人民法院，解放军军事法院，新疆维吾尔自治区高级人民法院生产建设兵团分院；本院各单位：

现将《最高人民法院关于为跨境诉讼当事人提供网上立案服务的若干规定》印发给你们，请认真贯彻执行。

附：

最高人民法院关于为跨境诉讼当事人提供网上立案服务的若干规定

为让中外当事人享受到同等便捷高效的立案服务，根据《中华人民共和国民事诉讼法》《最高人民法院关于人民法院登记立案若干问题的规定》等法律和司法解释，结合人民法院工作实际，制定本规定。

第一条 人民法院为跨境诉讼当事人提供网上立案指引、查询、委托代理视频见证、登记立案服务。

本规定所称跨境诉讼当事人，包括外国人、香港特别行政区、澳门特别行政区（以下简称港澳特区）和台湾地区居民、经常居所地位于国外或者港澳台地区的我国内地公民以及在国外或者港澳台地区登记注册的企业和组织。

第二条 为跨境诉讼当事人提供网上立案服务的案件范围包括第一审民事、商事起诉。

第三条 人民法院通过中国移动微法院为跨境诉讼当事人提供网上立案服务。

第四条 跨境诉讼当事人首次申请网上立案的，应当由受诉法院先行开展身份验证。身份验证主要依托国家移民管理局出入境证件身份认证平台等进行线上验证；无法线上验证的，由受诉法院在线对当事人身份证件以及公证、认证、转递、寄送核验等身份证明材料进行人工验证。

身份验证结果应当在3个工作日内在线告知跨境诉讼当事人。

第五条 跨境诉讼当事人进行身份验证应当向受诉法院在线提交以下材料：

（一）外国人应当提交护照等用以证明自己身份的证件；企业和组织应当提交身份证明文件和代表该企业和组织参加诉讼的人有权作为代表人参加诉讼的证明文件，证明文件应当经所在国公证机关公证，并经我国驻该国使领馆认证。外国人、外国企业和组织所在国与我国没有建立外交关系的，可以经过该国公证机关公证，经与我国有外交关系的第三国驻该国使领馆认证，再转由我国驻第三国使领馆认证。如我国与外国人、外国企业和组织所在国订立、缔结或者参加的国际条约、公约中对证明手续有具体规定，从其规定，但我国声明保留的条款除外；

（二）港澳特区居民应当提交港澳特区身份证件或者港澳居民居住证、港澳居民来往内地通行证等用以证明自己身份的证件；企业和组织应当提交身份证明文件和代表该企业和组织参加诉讼的人有权作为代表人参加诉讼的证明文件，证明文件应当经过内地认可的公证人公证，并经中国法律服务（香港）有限公司或者中国法律服务（澳门）有限公司加章转递；

（三）台湾地区居民应当提交台湾地区身份证件或者台湾居民居住证、台湾居民来往大陆通行证等用以证明自己身份的证件；企业和组织应当提交身份证明文件和代表该企业和组织参加诉讼的人有权作为代表人参加诉讼的证明。证明文件应当通过两岸公证书使用查证渠道办理；

（四）经常居所地位于国外或者港澳台地区的我国内地公民应当提交我国公安机关制发的居民身份证、户口簿或者普通护照等用以证明自己身份的证件，并提供工作签证、常居证等证明其在国外或者港澳台地区合法连续居住超过一年的证明材料。

第六条 通过身份验证的跨境诉讼当事人委托我国内地律师代理诉讼，可以向受诉法院申请线上视频见证。

线上视频见证由法官在线发起，法官、跨境诉讼当事人和受委托律师三方同时视频在线。跨境诉讼当事人应当使用中华人民共和国通用语言或者配备翻译人员，法官应当确认受委托律师和其所在律师事务所以及委托行为是否确为跨境诉讼当事人真实意思表示。在法官视频见证下，跨境诉讼当事人、受委托律师签署有关委托代理文件，无需再办理公证、认证、转递等手续。线上视频见证后，受委托律师可以代为开展网上立案、网上交费等事项。

线上视频见证的过程将由系统自动保存。

第七条 跨境诉讼当事人申请网上立案应当在线提交以下材料：

（一）起诉状；

（二）当事人的身份证明及相应的公证、认证、转递、寄送核验等材料；

（三）证据材料。

上述材料应当使用中华人民共和国通用文字或者有相应资质翻译公司翻译的译本。

第八条 跨境诉讼当事人委托代理人进行诉讼的授权委托材料包括：

（一）外国人、外国企业和组织的代表人在我国境外签署授权委托书，应当经所在国公证机关公证，并经我国驻该国使领馆认证；所在国与我国没有建立外交关系的，可以经过该国公证机关公证，经与我国有外交关系的第三国驻该国使领馆认证，再转由我国驻第三国使领馆认证；在我国境内签署授权委托书，应当在法官见证下签署或者经内地公证机构公证；如我国与外国人、外国企业和组织所在国订立、缔结或者参加的国际条约、公约中对证明手续有具体规定，从其规定，但我国声明保留的条款除外；

（二）港澳特区居民、港澳特区企业和组织的代表人在我国内地以外签署授权委托书，应当经过内地认可的公证人公证，并经中国法律服务（香港）有限公司或者中国法律服务（澳门）有限公司加章转递；在我国内地签署授权委托书，应当在法官见证下签署或者经内地公证机构公证；

（三）台湾地区居民在我国大陆以外签署授权委托书，应当通过两岸公证书使用查证渠道办理；在我国大陆签署授权委托书，应当在法官见证下签署或者经大陆公证机构公证；

（四）经常居所地位于国外的我国内地公民从国外寄交或者托交授权委托书，必须经我国驻该国的使领馆证明；没有使领馆的，由与我国有外交关系的第三国驻该国的使领馆证明，再转由我国驻该第三国使领馆证明，或者由当地爱国华侨团体证明。

第九条 受诉法院收到网上立案申请

后，应当作出以下处理：

（一）符合法律规定的，及时登记立案；

（二）提交诉状和材料不符合要求的，应当一次性告知当事人在15日内补正。当事人难以在15日内补正材料，可以向受诉法院申请延长补正期限至30日。当事人未在指定期限内按照要求补正，又未申请延长补正期限的，立案材料作退回处理；

（三）不符合法律规定的，可在线退回材料并释明具体理由；

（四）无法即时判定是否符合法律规定的，应当在7个工作日内决定是否立案。

跨境诉讼当事人可以在线查询处理进展以及立案结果。

第十条 跨境诉讼当事人提交的立案材料中包含以下内容的，受诉法院不予登记立案：

（一）危害国家主权、领土完整和安全；

（二）破坏国家统一、民族团结和宗教政策；

（三）违反法律法规，泄露国家秘密，损害国家利益；

（四）侮辱诽谤他人，进行人身攻击、谩骂、诋毁，经法院告知仍拒不修改；

（五）所诉事项不属于人民法院管辖范围；

（六）其他不符合法律规定的起诉。

第十一条 其他诉讼事项，依据《中华人民共和国民事诉讼法》的规定办理。

第十二条 本规定自2021年2月3日起施行。

中华人民共和国外国国家豁免法

(2023年9月1日第十四届全国人民代表大会常务委员会第五次会议通过 中华人民共和国主席令第十号公布 自2024年1月1日起施行)

第一条 为了健全外国国家豁免制度，明确中华人民共和国的法院对涉及外国国家及其财产民事案件的管辖，保护当事人合法权益，维护国家主权平等，促进对外友好交往，根据宪法，制定本法。

第二条 本法所称的外国国家包括：

（一）外国主权国家；

（二）外国主权国家的国家机关或者组成部分；

（三）外国主权国家授权行使主权权力且基于该项授权从事活动的组织或者个人。

第三条 外国国家及其财产在中华人民共和国的法院享有管辖豁免，本法另有规定的除外。

第四条 外国国家通过下列方式之一明示就特定事项或者案件接受中华人民共和国的法院管辖的，对于就该事项或者案件提起的诉讼，该外国国家在中华人民共和国的法院不享有管辖豁免：

（一）国际条约；

（二）书面协议；

（三）向处理案件的中华人民共和国的法院提交书面文件；

（四）通过外交渠道等方式向中华人民共和国提交书面文件；

（五）其他明示接受中华人民共和国的法院管辖的方式。

第五条 外国国家有下列情形之一的，视为就特定事项或者案件接受中华人民共和国的法院管辖：

（一）作为原告向中华人民共和国的法院提起诉讼；

（二）作为被告参加中华人民共和国的法院受理的诉讼，并就案件实体问题答辩或者提出反诉；

（三）作为第三人参加中华人民共和国的法院受理的诉讼；

（四）在中华人民共和国的法院作为原告提起诉讼或者作为第三人提出诉讼请求时，由于与该起诉或者该诉讼请求相同的法律关系或者事实被提起反诉。

外国国家有前款第二项规定的情形，但能够证明其作出上述答辩之前不可能知道有可主张豁免的事实的，可以在知道或者应当知道该事实后的合理时间内主张管辖豁免。

第六条 外国国家有下列情形之一的，不视为接受中华人民共和国的法院管辖：

（一）仅为主张豁免而应诉答辩；

（二）外国国家的代表在中华人民共和国的法院出庭作证；

（三）同意在特定事项或者案件中适用中华人民共和国的法律。

第七条 外国国家与包括中华人民共和国在内的其他国家的组织或者个人进行的商业活动，在中华人民共和国领域内发生，或者虽然发生在中华人民共和国领域外但在中华人民共和国领域内产生直接影响的，对于该商业活动引起的诉讼，该外国国家在中华人民共和国的法院不享有管辖豁免。

本法所称商业活动是指非行使主权权力的关于货物或者服务的交易、投资、借贷以及其他商业性质的行为。中华人民共和国的法院在认定一项行为是否属于商业活动时，应当综合考虑该行为的性质和目的。

第八条 外国国家为获得个人提供的劳动或者劳务而签订的合同全部或者部分在中华人民共和国领域内履行的，对于因该合同引起的诉讼，该外国国家在中华人民共和国的法院不享有管辖豁免，但有下列情形之一的除外：

（一）获得个人提供的劳动或者劳务是为了履行该外国国家行使主权权力的特定职能；

（二）提供劳动或者劳务的个人是外交代表、领事官员、享有豁免的国际组织驻华代表机构工作人员或者其他享有相关豁免的人员；

（三）提供劳动或者劳务的个人在提起诉讼时具有该外国国家的国籍，并且在中华人民共和国领域内没有经常居所；

（四）该外国国家与中华人民共和国另有协议。

第九条 对于外国国家在中华人民共和国领域内的相关行为造成人身伤害、死亡或者造成动产、不动产损失引起的赔偿诉讼，该外国国家在中华人民共和国的法院不享有管辖豁免。

第十条 对于下列财产事项的诉讼，外国国家在中华人民共和国的法院不享有管辖豁免：

（一）该外国国家对位于中华人民共和国领域内的不动产的任何权益或者义务；

（二）该外国国家对动产、不动产的赠与、遗赠、继承或者因无人继承而产生的任何权益或者义务；

（三）在管理信托财产、破产财产或者进行法人、非法人组织清算时涉及该外国家的权益或者义务。

第十一条 对于下列知识产权事项的诉讼，外国国家在中华人民共和国的法院不享有管辖豁免：

（一）确定该外国国家受中华人民共和国法律保护的知识产权归属及相关权益；

（二）该外国国家在中华人民共和国领域内侵害受中华人民共和国法律保护的知识产权及相关权益。

第十二条 外国国家与包括中华人民共和国在内的其他国家的组织或者个人之间的商业活动产生的争议，根据书面协议被提交仲裁的，或者外国国家通过国际投资条约等书面形式同意将其与包括中华人民共和国在内的其他国家的组织或者个人产生的投资争端提交仲裁的，对于需要法院审查的下列事项，该外国国家在中华人民共和国的法院不享有管辖豁免：

（一）仲裁协议的效力；

（二）仲裁裁决的承认和执行；

（三）仲裁裁决的撤销；

（四）法律规定的其他由中华人民共和国的法院对仲裁进行审查的事项。

第十三条 外国国家的财产在中华人民共和国的法院享有司法强制措施豁免。

外国国家接受中华人民共和国的法院管辖，不视为放弃司法强制措施豁免。

第十四条 有下列情形之一的，外国国家的财产在中华人民共和国的法院不享有司法强制措施豁免：

（一）外国国家以国际条约、书面协议或者向中华人民共和国的法院提交书面文件等方式明示放弃司法强制措施豁免；

（二）外国国家已经拨出或者专门指定财产用于司法强制措施执行；

（三）为执行中华人民共和国的法院的生效判决、裁定，对外国国家位于中华人民共和国领域内、用于商业活动且与诉讼有联系的财产采取司法强制措施。

第十五条 下列外国国家的财产不视为本法第十四条第三项规定的用于商业活动的财产：

（一）外交代表机构、领事机构、特别使团、驻国际组织代表团或者派往国际会议的代表团用于、意图用于公务的财产，包括银行账户款项；

（二）属于军事性质的财产，或者用于、意图用于军事的财产；

（三）外国和区域经济一体化组织的中央银行或者履行中央银行职能的金融管理机构的财产，包括现金、票据、银行存款、有价证券、外汇储备、黄金储备以及该中央银行或者该履行中央银行职能的金融管理机构的不动产和其他财产；

（四）构成该国文化遗产或者档案的一部分，且非供出售或者意图出售的财产；

（五）用于展览的具有科学、文化、历史价值的物品，且非供出售或者意图出售的财产；

（六）中华人民共和国的法院认为不视为用于商业活动的其他财产。

第十六条 对于外国国家及其财产民事案件的审判和执行程序，本法没有规定的，适用中华人民共和国的民事诉讼法律以及其他相关法律的规定。

第十七条 中华人民共和国的法院向外国国家送达传票或者其他诉讼文书，应当按照下列方式进行：

（一）该外国国家与中华人民共和国缔结或者共同参加的国际条约规定的方式；

（二）该外国国家接受且中华人民共和国法律不禁止的其他方式。

通过前款方式无法完成送达的，可以通过外交照会方式送交该外国国家外交部门，外交照会发出之日视为完成送达。

按照本条第一款、第二款规定的方式进行送达的诉讼文书，应当依照该外国国家与中华人民共和国缔结或者共同参加的国际条约的规定附上有关语言的译本，没有相关国际条约的，附上该外国国家官方语言的译本。

向外国国家送达起诉状副本时，应当一并通知该外国国家在收到起诉状副本后三个月内提出答辩状。

外国国家在对其提起的诉讼中就实体问题答辩后，不得再就诉讼文书的送达方式提出异议。

第十八条 经送达完成，外国国家未在中华人民共和国的法院指定期限内出庭的，法院应当主动查明该外国国家是否享有管辖豁免。对于外国国家在中华人民共和国的法院不享有管辖豁免的案件，法院可以缺席判决，但应当在诉讼文书送达之日的六个月以后。

中华人民共和国的法院对外国国家作出的缺席判决，应当按照本法第十七条的规定送达。

外国国家对中华人民共和国的法院缺席判决提起上诉的期限为六个月，从判决书送达之日起计算。

第十九条　中华人民共和国外交部就以下有关国家行为的事实问题出具的证明文件，中华人民共和国的法院应当采信：

（一）案件中的相关国家是否构成本法第二条第一项中的外国主权国家；

（二）本法第十七条规定的外交照会是否送达以及何时送达；

（三）其他有关国家行为的事实问题。

对于前款以外其他涉及外交事务等重大国家利益的问题，中华人民共和国外交部可以向中华人民共和国的法院出具意见。

第二十条　本法规定不影响外国的外交代表机构、领事机构、特别使团、驻国际组织代表团、派往国际会议的代表团及上述机构的相关人员根据中华人民共和国的法律、中华人民共和国缔结或者参加的国际条约享有的特权与豁免。

本法规定不影响外国国家元首、政府首脑、外交部长及其他具有同等身份的官员根据中华人民共和国的法律、中华人民共和国缔结或者参加的国际条约以及国际习惯享有的特权与豁免。

第二十一条　外国给予中华人民共和国国家及其财产的豁免待遇低于本法规定的，中华人民共和国实行对等原则。

第二十二条　中华人民共和国缔结或者参加的国际条约同本法有不同规定的，适用该国际条约的规定，但中华人民共和国声明保留的条款除外。

第二十三条　本法自2024年1月1日起施行。

中华人民共和国外国中央银行财产司法强制措施豁免法

(2005年10月25日第十届全国人民代表大会常务委员会第十八次会议通过　中华人民共和国主席令第四十一号公布　自2005年10月25日起施行)

第一条　中华人民共和国对外国中央银行财产给予财产保全和执行的司法强制措施的豁免；但是，外国中央银行或者其所属国政府书面放弃豁免的或者指定用于财产保全和执行的财产除外。

第二条　本法所称外国中央银行，是指外国的和区域经济一体化组织的中央银行或者履行中央银行职能的金融管理机构。

本法所称外国中央银行财产，是指外国中央银行的现金、票据、银行存款、有价证券、外汇储备、黄金储备以及该银行的不动产和其他财产。

第三条　外国不给予中华人民共和国中央银行或者中华人民共和国特别行政区金融管理机构的财产以豁免，或者所给予的豁免低于本法的规定的，中华人民共和国根据对等原则办理。

第四条　本法自公布之日起施行。

中华人民共和国出境入境管理法

(2012年6月30日第十一届全国人民代表大会常务委员会第二十七次会议通过 中华人民共和国主席令第五十七号公布 自2013年7月1日起施行)

目 录

第一章 总 则
第二章 中国公民出境入境
第三章 外国人入境出境
　第一节 签 证
　第二节 入境出境
第四章 外国人停留居留
　第一节 停留居留
　第二节 永久居留
第五章 交通运输工具出境入境边防检查
第六章 调查和遣返
第七章 法律责任
第八章 附 则

第一章 总 则

第一条 为了规范出境入境管理，维护中华人民共和国的主权、安全和社会秩序，促进对外交往和对外开放，制定本法。

第二条 中国公民出境入境、外国人入境出境、外国人在中国境内停留居留的管理，以及交通运输工具出境入境的边防检查，适用本法。

第三条 国家保护中国公民出境入境合法权益。

在中国境内的外国人的合法权益受法律保护。在中国境内的外国人应当遵守中国法律，不得危害中国国家安全、损害社会公共利益、破坏社会公共秩序。

第四条 公安部、外交部按照各自职责负责有关出境入境事务的管理。

中华人民共和国驻外使馆、领馆或者外交部委托的其他驻外机构（以下称驻外签证机关）负责在境外签发外国人入境签证。出入境边防检查机关负责实施出境入境边防检查。县级以上地方人民政府公安机关及其出入境管理机构负责外国人停留居留管理。

公安部、外交部可以在各自职责范围内委托县级以上地方人民政府公安机关出入境管理机构、县级以上地方人民政府外事部门受理外国人入境、停留居留申请。

公安部、外交部在出境入境事务管理中，应当加强沟通配合，并与国务院有关部门密切合作，按照各自职责分工，依法行使职权，承担责任。

第五条 国家建立统一的出境入境管理信息平台，实现有关管理部门信息共享。

第六条 国家在对外开放的口岸设立出入境边防检查机关。

中国公民、外国人以及交通运输工具应当从对外开放的口岸出境入境，特殊情况下，可以从国务院或者国务院授权的部门批准的地点出境入境。出境入境人员和交通运输工具应当接受出境入境边防检查。

出入境边防检查机关负责对口岸限定区域实施管理。根据维护国家安全和出境入境管理秩序的需要，出入境边防检查机关可以对出境入境人员携带的物品实施边防检查。必要时，出入境边防检查机关可以对出境入境交通运输工具载运的货物实施边防检查，但是应当通知海关。

第七条 经国务院批准，公安部、外交部根据出境入境管理的需要，可以对留存出境入境人员的指纹等人体生物识别信息作出规定。

外国政府对中国公民签发签证、出境入境管理有特别规定的，中国政府可以根据情况采取相应的对等措施。

第八条 履行出境入境管理职责的部门和机构应当切实采取措施，不断提升服务和管理水平，公正执法，便民高效，维护安全、便捷的出境入境秩序。

第二章 中国公民出境入境

第九条 中国公民出境入境，应当依法申请办理护照或者其他旅行证件。

中国公民前往其他国家或者地区，还需要取得前往国签证或者其他入境许可证明。但是，中国政府与其他国家政府签订互免签证协议或者公安部、外交部另有规定的除外。

中国公民以海员身份出境入境和在国外船舶上从事工作的，应当依法申请办理海员证。

第十条 中国公民往来内地与香港特别行政区、澳门特别行政区，中国公民往来大陆与台湾地区，应当依法申请办理通行证件，并遵守本法有关规定。具体管理办法由国务院规定。

第十一条 中国公民出境入境，应当向出入境边防检查机关交验本人的护照或者其他旅行证件等出境入境证件，履行规定的手续，经查验准许，方可出境入境。

具备条件的口岸，出入境边防检查机关应当为中国公民出境入境提供专用通道等便利措施。

第十二条 中国公民有下列情形之一的，不准出境：

（一）未持有效出境入境证件或者拒绝、逃避接受边防检查的；

（二）被判处刑罚尚未执行完毕或者属于刑事案件被告人、犯罪嫌疑人的；

（三）有未了结的民事案件，人民法院决定不准出境的；

（四）因妨害国（边）境管理受到刑事处罚或者因非法出境、非法居留、非法就业被其他国家或者地区遣返，未满不准出境规定年限的；

（五）可能危害国家安全和利益，国务院有关主管部门决定不准出境的；

（六）法律、行政法规规定不准出境的其他情形。

第十三条 定居国外的中国公民要求回国定居的，应当在入境前向中华人民共和国驻外使馆、领馆或者外交部委托的其他驻外机构提出申请，也可以由本人或者经由国内亲属向拟定居地的县级以上地方人民政府侨务部门提出申请。

第十四条 定居国外的中国公民在中国境内办理金融、教育、医疗、交通、电信、社会保险、财产登记等事务需要提供身份证明的，可以凭本人的护照证明其身份。

第三章 外国人入境出境

第一节 签 证

第十五条 外国人入境，应当向驻外签证机关申请办理签证，但是本法另有规定的除外。

第十六条 签证分为外交签证、礼遇签证、公务签证、普通签证。

对因外交、公务事由入境的外国人，签发外交、公务签证；对因身份特殊需要给予礼遇的外国人，签发礼遇签证。外交签证、礼遇签证、公务签证的签发范围和签发办法由外交部规定。

对因工作、学习、探亲、旅游、商务活动、人才引进等非外交、公务事由入境的外国人，签发相应类别的普通签证。普通签证的类别和签发办法由国务院规定。

第十七条 签证的登记项目包括：签证种类、持有人姓名、性别、出生日期、入境次数、入境有效期、停留期限、签发日期、地点，护照或者其他国际旅行证件号码等。

第十八条　外国人申请办理签证，应当向驻外签证机关提交本人的护照或者其他国际旅行证件，以及申请事由的相关材料，按照驻外签证机关的要求办理相关手续、接受面谈。

第十九条　外国人申请办理签证需要提供中国境内的单位或者个人出具的邀请函件的，申请人应当按照驻外签证机关的要求提供。出具邀请函件的单位或者个人应当对邀请内容的真实性负责。

第二十条　出于人道原因需要紧急入境，应邀入境从事紧急商务、工程抢修或者具有其他紧急入境需要并持有关主管部门同意在口岸申办签证的证明材料的外国人，可以在国务院批准办理口岸签证业务的口岸，向公安部委托的口岸签证机关（以下简称口岸签证机关）申请办理口岸签证。

旅行社按照国家有关规定组织入境旅游的，可以向口岸签证机关申请办理团体旅游签证。

外国人向口岸签证机关申请办理签证，应当提交本人的护照或者其他国际旅行证件，以及申请事由的相关材料，按照口岸签证机关的要求办理相关手续，并从申请签证的口岸入境。

口岸签证机关签发的签证一次入境有效，签证注明的停留期限不得超过三十日。

第二十一条　外国人有下列情形之一的，不予签发签证：

（一）被处驱逐出境或者被决定遣送出境，未满不准入境规定年限的；

（二）患有严重精神障碍、传染性肺结核病或者有可能对公共卫生造成重大危害的其他传染病的；

（三）可能危害中国国家安全和利益、破坏社会公共秩序或者从事其他违法犯罪活动的；

（四）在申请签证过程中弄虚作假或者不能保障在中国境内期间所需费用的；

（五）不能提交签证机关要求提交的相关材料的；

（六）签证机关认为不宜签发签证的其他情形。

对不予签发签证的，签证机关可以不说明理由。

第二十二条　外国人有下列情形之一的，可以免办签证：

（一）根据中国政府与其他国家政府签订的互免签证协议，属于免办签证人员的；

（二）持有效的外国人居留证件的；

（三）持联程客票搭乘国际航行的航空器、船舶、列车从中国过境前往第三国或者地区，在中国境内停留不超过二十四小时且不离开口岸，或者在国务院批准的特定区域内停留不超过规定时限的；

（四）国务院规定的可以免办签证的其他情形。

第二十三条　有下列情形之一的外国人需要临时入境的，应当向出入境边防检查机关申请办理临时入境手续：

（一）外国船员及其随行家属登陆港口所在城市的；

（二）本法第二十二条第三项规定的人员需要离开口岸的；

（三）因不可抗力或者其他紧急原因需要临时入境的。

临时入境的期限不得超过十五日。

对申请办理临时入境手续的外国人，出入境边防检查机关可以要求外国人本人、载运其入境的交通运输工具的负责人或者交通运输工具出境入境业务代理单位提供必要的保证措施。

第二节　入境出境

第二十四条　外国人入境，应当向出入境边防检查机关交验本人的护照或者其他国际旅行证件、签证或者其他入境许可证明，履行规定的手续，经查验准许，方可入境。

第二十五条　外国人有下列情形之一的，不准入境：

（一）未持有效出境入境证件或者拒绝、逃避接受边防检查的；

（二）具有本法第二十一条第一款第一项至第四项规定情形的；

（三）入境后可能从事与签证种类不符的活动的；

（四）法律、行政法规规定不准入境的其他情形。

对不准入境的，出入境边防检查机关可以不说明理由。

第二十六条 对未被准许入境的外国人，出入境边防检查机关应当责令其返回；对拒不返回的，强制其返回。外国人等待返回期间，不得离开限定的区域。

第二十七条 外国人出境，应当向出入境边防检查机关交验本人的护照或者其他国际旅行证件等出境入境证件，履行规定的手续，经查验准许，方可出境。

第二十八条 外国人有下列情形之一的，不准出境：

（一）被判处刑罚尚未执行完毕或者属于刑事案件被告人、犯罪嫌疑人的，但是按照中国与外国签订的有关协议，移管被判刑人的除外；

（二）有未了结的民事案件，人民法院决定不准出境的；

（三）拖欠劳动者的劳动报酬，经国务院有关部门或者省、自治区、直辖市人民政府决定不准出境的；

（四）法律、行政法规规定不准出境的其他情形。

第四章 外国人停留居留

第一节 停留居留

第二十九条 外国人所持签证注明的停留期限不超过一百八十日的，持证人凭签证并按照签证注明的停留期限在中国境内停留。

需要延长签证停留期限的，应当在签证注明的停留期限届满七日前向停留地县级以上地方人民政府公安机关出入境管理机构申请，按照要求提交申请事由的相关材料。经审查，延期理由合理、充分的，准予延长停留期限；不予延长停留期限的，应当按期离境。

延长签证停留期限，累计不得超过签证原注明的停留期限。

第三十条 外国人所持签证注明入境后需要办理居留证件的，应当自入境之日起三十日内，向拟居留地县级以上地方人民政府公安机关出入境管理机构申请办理外国人居留证件。

申请办理外国人居留证件，应当提交本人的护照或者其他国际旅行证件，以及申请事由的相关材料，并留存指纹等人体生物识别信息。公安机关出入境管理机构应当自收到申请材料之日起十五日内进行审查并作出审查决定，根据居留事由签发相应类别和期限的外国人居留证件。

外国人工作类居留证件的有效期最短为九十日，最长为五年；非工作类居留证件的有效期最短为一百八十日，最长为五年。

第三十一条 外国人有下列情形之一的，不予签发外国人居留证件：

（一）所持签证类别属于不应办理外国人居留证件的；

（二）在申请过程中弄虚作假的；

（三）不能按照规定提供相关证明材料的；

（四）违反中国有关法律、行政法规，不适合在中国境内居留的；

（五）签发机关认为不宜签发外国人居留证件的其他情形。

符合国家规定的专门人才、投资者或者出于人道等原因确需由停留变更为居留的外国人，经设区的市级以上地方人民政府公安机关出入境管理机构批准可以办理外国人居留证件。

第三十二条 在中国境内居留的外国人申请延长居留期限的，应当在居留证件有效期限届满三十日前向居留地县级以上地方人民政府公安机关出入境管理机构提出申请,按照要求提交申请事由的相关材料。经审查,延期理由合理、充分的,准予延长居留期限;不予延长居留期限的,应当按期离境。

第三十三条 外国人居留证件的登记项目包括:持有人姓名、性别、出生日期、居留事由、居留期限,签发日期、地点,护照或者其他国际旅行证件号码等。

外国人居留证件登记事项发生变更的,持证件人应当自登记事项发生变更之日起十日内向居留地县级以上地方人民政府公安机关出入境管理机构申请办理变更。

第三十四条 免办签证入境的外国人需要超过免签期限在中国境内停留的,外国船员及其随行家属在中国境内停留需要离开港口所在城市,或者具有需要办理外国人停留证件其他情形的,应当按照规定办理外国人停留证件。

外国人停留证件的有效期最长为一百八十日。

第三十五条 外国人入境后,所持的普通签证、停留居留证件损毁、遗失、被盗抢或者有符合国家规定的事由需要换发、补发的,应当按照规定向停留居留地县级以上地方人民政府公安机关出入境管理机构提出申请。

第三十六条 公安机关出入境管理机构作出的不予办理普通签证延期、换发、补发,不予办理外国人停留居留证件、不予延长居留期限的决定为最终决定。

第三十七条 外国人在中国境内停留居留,不得从事与停留居留事由不相符的活动,并应当在规定的停留居留期限届满前离境。

第三十八条 年满十六周岁的外国人在中国境内停留居留,应当随身携带本人的护照或者其他国际旅行证件,或者外国人停留居留证件,接受公安机关的查验。

在中国境内居留的外国人,应当在规定的时间内到居留地县级以上地方人民政府公安机关交验外国人居留证件。

第三十九条 外国人在中国境内旅馆住宿的,旅馆应当按照旅馆业治安管理的有关规定为其办理住宿登记,并向所在地公安机关报送外国人住宿登记信息。

外国人在旅馆以外的其他住所居住或者住宿的,应当在入住后二十四小时内由本人或者留宿人,向居住地的公安机关办理登记。

第四十条 在中国境内出生的外国婴儿,其父母或者代理人应当在婴儿出生六十日内,持该婴儿的出生证明到父母停留居留地县级以上地方人民政府公安机关出入境管理机构为其办理停留或者居留登记。

外国人在中国境内死亡的,其家属、监护人或者代理人,应当按照规定,持该外国人的死亡证明向县级以上地方人民政府公安机关出入境管理机构申报,注销外国人停留居留证件。

第四十一条 外国人在中国境内工作,应当按照规定取得工作许可和工作类居留证件。任何单位和个人不得聘用未取得工作许可和工作类居留证件的外国人。

外国人在中国境内工作管理办法由国务院规定。

第四十二条 国务院人力资源社会保障主管部门、外国专家主管部门会同国务院有关部门根据经济社会发展需要和人力资源供求状况制定并定期调整外国人在中国境内工作指导目录。

国务院教育主管部门会同国务院有关部门建立外国留学生勤工助学管理制度,对外国留学生勤工助学的岗位范围和时限作出规定。

第四十三条 外国人有下列行为之一的,属于非法就业:

(一)未按照规定取得工作许可和工作类居留证件在中国境内工作的;

(二)超出工作许可限定范围在中国境内工作的;

（三）外国留学生违反勤工助学管理规定，超出规定的岗位范围或者时限在中国境内工作的。

第四十四条 根据维护国家安全、公共安全的需要，公安机关、国家安全机关可以限制外国人、外国机构在某些地区设立居住或者办公场所；对已经设立的，可以限期迁离。

未经批准，外国人不得进入限制外国人进入的区域。

第四十五条 聘用外国人工作或者招收外国留学生的单位，应当按照规定向所在地公安机关报告有关信息。

公民、法人或者其他组织发现外国人有非法入境、非法居留、非法就业情形的，应当及时向所在地公安机关报告。

第四十六条 申请难民地位的外国人，在难民地位甄别期间，可以凭公安机关签发的临时身份证明在中国境内停留；被认定为难民的外国人，可以凭公安机关签发的难民身份证件在中国境内停留居留。

第二节 永久居留

第四十七条 对中国经济社会发展作出突出贡献或者符合其他在中国境内永久居留条件的外国人，经本人申请和公安部批准，取得永久居留资格。

外国人在中国境内永久居留的审批管理办法由公安部、外交部会同国务院有关部门规定。

第四十八条 取得永久居留资格的外国人，凭永久居留证件在中国境内居留和工作，凭本人的护照和永久居留证件出境入境。

第四十九条 外国人有下列情形之一的，由公安部决定取消其在中国境内永久居留资格：

（一）对中国国家安全和利益造成危害的；

（二）被处驱逐出境的；

（三）弄虚作假骗取在中国境内永久居留资格的；

（四）在中国境内居留未达到规定时限的；

（五）不适宜在中国境内永久居留的其他情形。

第五章 交通运输工具出境入境边防检查

第五十条 出境入境交通运输工具离开、抵达口岸时，应当接受边防检查。对交通运输工具的入境边防检查，在其最先抵达的口岸进行；对交通运输工具的出境边防检查，在其最后离开的口岸进行。特殊情况下，可以在有关主管机关指定的地点进行。

出境的交通运输工具自出境检查后至出境前、入境的交通运输工具自入境后至入境检查前，未经出入境边防检查机关按照规定程序许可，不得上下人员、装卸货物或者物品。

第五十一条 交通运输工具负责人或者交通运输工具出境入境业务代理单位应当按照规定提前向出入境边防检查机关报告入境、出境的交通运输工具抵达、离开口岸的时间和停留地点，如实申报员工、旅客、货物或者物品等信息。

第五十二条 交通运输工具负责人、交通运输工具出境入境业务代理单位应当配合出境入境边防检查，发现违反本法规定行为的，应当立即报告并协助调查处理。

入境交通运输工具载运不准入境人员的，交通运输工具负责人应当负责载离。

第五十三条 出入境边防检查机关按照规定对处于下列情形之一的出境入境交通运输工具进行监护：

（一）出境的交通运输工具在出境边防检查开始后至出境前、入境的交通运输工具在入境后至入境边防检查完成前；

（二）外国船舶在中国内河航行期间；

（三）有必要进行监护的其他情形。

第五十四条 因装卸物品、维修作业、参观访问等事由需要上下外国船舶的人员，应当向出入境边防检查机关申请办理登轮证件。

中国船舶与外国船舶或者外国船舶之间需要搭靠作业的，应当由船长或者交通运输工具出境入境业务代理单位向出入境边防检查机关申请办理船舶搭靠手续。

第五十五条 外国船舶、航空器在中国境内应当按照规定的路线、航线行驶。

出境入境的船舶、航空器不得驶入对外开放口岸以外地区。因不可预见的紧急情况或者不可抗力驶入的，应当立即向就近的出入境边防检查机关或者当地公安机关报告，并接受监护和管理。

第五十六条 交通运输工具有下列情形之一的，不准出境入境；已经驶离口岸的，可以责令返回：

（一）离开、抵达口岸时，未经查验准许擅自出境入境的；

（二）未经批准擅自改变出境入境口岸的；

（三）涉嫌载有不准出境入境人员，需要查验核实的；

（四）涉嫌载有危害国家安全、利益和社会公共秩序的物品，需要查验核实的；

（五）拒绝接受出入境边防检查机关管理的其他情形。

前款所列情形消失后，出入境边防检查机关对有关交通运输工具应当立即放行。

第五十七条 从事交通运输工具出境入境业务代理的单位，应当向出入境边防检查机关备案。从事业务代理的人员，由所在单位向出入境边防检查机关办理备案手续。

第六章 调查和遣返

第五十八条 本章规定的当场盘问、继续盘问、拘留审查、限制活动范围、遣送出境措施，由县级以上地方人民政府公安机关或者出入境边防检查机关实施。

第五十九条 对涉嫌违反出境入境管理的人员，可以当场盘问；经当场盘问，有下列情形之一的，可以依法继续盘问：

（一）有非法出境入境嫌疑的；

（二）有协助他人非法出境入境嫌疑的；

（三）外国人有非法居留、非法就业嫌疑的；

（四）有危害国家安全和利益，破坏社会公共秩序或者从事其他违法犯罪活动嫌疑的。

当场盘问和继续盘问应当依据《中华人民共和国人民警察法》规定的程序进行。

县级以上地方人民政府公安机关或者出入境边防检查机关需要传唤涉嫌违反出境入境管理的人员的，依照《中华人民共和国治安管理处罚法》的有关规定执行。

第六十条 外国人有本法第五十九条第一款规定情形之一的，经当场盘问或者继续盘问后仍不能排除嫌疑，需要作进一步调查的，可以拘留审查。

实施拘留审查，应当出示拘留审查决定书，并在二十四小时内进行询问。发现不应当拘留审查的，应当立即解除拘留审查。

拘留审查的期限不得超过三十日；案情复杂的，经上一级地方人民政府公安机关或者出入境边防检查机关批准可以延长至六十日。对国籍、身份不明的外国人，拘留审查期限自查清其国籍、身份之日起计算。

第六十一条 外国人有下列情形之一的，不适用拘留审查，可以限制其活动范围：

（一）患有严重疾病的；

（二）怀孕或者哺乳自己不满一周岁婴儿的；

（三）未满十六周岁或者已满七十周岁的；

（四）不宜适用拘留审查的其他情形。

被限制活动范围的外国人，应当按照要求接受审查，未经公安机关批准，不得离开限定的区域。限制活动范围的期限不得超过六十日。对国籍、身份不明的外国人，限制活动范围期限自查清其国籍、身份之日起计算。

第六十二条　外国人有下列情形之一的，可以遣送出境：

（一）被处限期出境，未在规定期限内离境的；

（二）有不准入境情形的；

（三）非法居留、非法就业的；

（四）违反本法或者其他法律、行政法规需要遣送出境的。

其他境外人员有前款所列情形之一的，可以依法遣送出境。

被遣送出境的人员，自被遣送出境之日起一至五年内不准入境。

第六十三条　被拘留审查或者被决定遣送出境但不能立即执行的人员，应当羁押在拘留所或者遣返场所。

第六十四条　外国人对依照本法规定对其实施的继续盘问、拘留审查、限制活动范围、遣送出境措施不服的，可以依法申请行政复议，该行政复议决定为最终决定。

其他境外人员对依照本法规定对其实施的遣送出境措施不服，申请行政复议的，适用前款规定。

第六十五条　对依法决定不准出境或者不准入境的人员，决定机关应当按照规定及时通知出入境边防检查机关；不准出境、入境情形消失的，决定机关应当及时撤销不准出境、入境决定，并通知出入境边防检查机关。

第六十六条　根据维护国家安全和出入境管理秩序的需要，必要时，出入境边防检查机关可以对出境入境的人员进行人身检查。人身检查应当由两名与受检查人同性别的边防检查人员进行。

第六十七条　签证、外国人停留居留证件等出入境证件发生损毁、遗失、被盗抢或者签发后发现持证人不符合签发条件等情形的，由签发机关宣布该出境入境证件作废。

伪造、变造、骗取或者被证件签发机关宣布作废的出境入境证件无效。

公安机关可以对前款规定的或被他人冒用的出境入境证件予以注销或者收缴。

第六十八条　对用于组织、运送、协助他人非法出境入境的交通运输工具，以及需要作为办案证据的物品，公安机关可以扣押。

对查获的违禁物品，涉及国家秘密的文件、资料以及用于实施违反出境入境管理活动的工具等，公安机关应当予以扣押，并依照相关法律、行政法规规定处理。

第六十九条　出境入境证件的真伪由签发机关、出入境边防检查机关或者公安机关出入境管理机构认定。

第七章　法律责任

第七十条　本章规定的行政处罚，除本章另有规定外，由县级以上地方人民政府公安机关或者出入境边防检查机关决定；其中警告或者五千元以下罚款，可以由县级以上地方人民政府公安机关出入境管理机构决定。

第七十一条　有下列行为之一的，处一千元以上五千元以下罚款；情节严重的，处五日以上十日以下拘留，可以并处二千元以上一万元以下罚款：

（一）持用伪造、变造、骗取的出境入境证件出境入境的；

（二）冒用他人出境入境证件出境入境的；

（三）逃避出境入境边防检查的；

（四）以其他方式非法出境入境的。

第七十二条　协助他人非法出境入境的，处二千元以上一万元以下罚款；情节严重的，处十日以上十五日以下拘留，并处五千元以上二万元以下罚款，有违法所得的，没收违法所得。

单位有前款行为的，处一万元以上五万元以下罚款，有违法所得的，没收违法所得，并对其直接负责的主管人员和其他直接责任人员依照前款规定予以处罚。

第七十三条 弄虚作假骗取签证、停留居留证件等出境入境证件的，处二千元以上五千元以下罚款；情节严重的，处十日以上十五日以下拘留，并处五千元以上二万元以下罚款。

单位有前款行为的，处一万元以上五万元以下罚款，并对其直接负责的主管人员和其他直接责任人员依照前款规定予以处罚。

第七十四条 违反本法规定，为外国人出具邀请函件或者其他申请材料的，处五千元以上一万元以下罚款，有违法所得的，没收违法所得，并责令其承担所邀请外国人的出境费用。

单位有前款行为的，处一万元以上五万元以下罚款，有违法所得的，没收违法所得，并责令其承担所邀请外国人的出境费用，对其直接负责的主管人员和其他直接责任人员依照前款规定予以处罚。

第七十五条 中国公民出境后非法前往其他国家或者地区被遣返的，出入境边防检查机关应当收缴其出境入境证件，出境入境证件签发机关自其被遣返之日起六个月至三年以内不予签发出境入境证件。

第七十六条 有下列情形之一的，给予警告，可以并处二千元以下罚款：

（一）外国人拒不接受公安机关查验其出境入境证件的；

（二）外国人拒不交验居留证件的；

（三）未按照规定办理外国人出生登记、死亡申报的；

（四）外国人居留证件登记事项发生变更，未按照规定办理变更的；

（五）在中国境内的外国人冒用他人出境入境证件的；

（六）未按照本法第三十九条第二款规定办理登记的。

旅馆未按照规定办理外国人住宿登记的，依照《中华人民共和国治安管理处罚法》的有关规定予以处罚；未按照规定向公安机关报送外国人住宿登记信息的，给予警告；情节严重的，处一千元以上五千元以下罚款。

第七十七条 外国人未经批准，擅自进入限制外国人进入的区域，责令立即离开；情节严重的，处五日以上十日以下拘留。对外国人非法获取的文字记录、音像资料、电子数据和其他物品，予以收缴或者销毁，所用工具予以收缴。

外国人、外国机构违反本法规定，拒不执行公安机关、国家安全机关限期迁离决定的，给予警告并强制迁离；情节严重的，对有关责任人员处五日以上十五日以下拘留。

第七十八条 外国人非法居留的，给予警告；情节严重的，处每非法居留一日五百元，总额不超过一万元的罚款或者五日以上十五日以下拘留。

因监护人或者其他负有监护责任的人未尽到监护义务，致使未满十六周岁的外国人非法居留的，对监护人或者其他负有监护责任的人给予警告，可以并处一千元以下罚款。

第七十九条 容留、藏匿非法入境、非法居留的外国人，协助非法入境、非法居留的外国人逃避检查，或者为非法居留的外国人违法提供出境入境证件的，处二千元以上一万元以下罚款；情节严重的，处五日以上十五日以下拘留，并处五千元以上二万元以下罚款，有违法所得的，没收违法所得。

单位有前款行为的，处一万元以上五万元以下罚款，有违法所得的，没收违法所得，并对其直接负责的主管人员和其他直接责任人员依照前款规定予以处罚。

第八十条 外国人非法就业的，处五千元以上二万元以下罚款；情节严重的，处五日以上十五日以下拘留，并处五千元以上二万元以下罚款。

介绍外国人非法就业的，对个人处每非法介绍一人五千元，总额不超过五万元的罚款；对单位处每非法介绍一人五千元，总额不超过十万元的罚款；有违法所得的，没收违法所得。

非法聘用外国人的，处每非法聘用一人

一万元，总额不超过十万元的罚款；有违法所得的，没收违法所得。

第八十一条 外国人从事与停留居留事由不相符的活动，或者有其他违反中国法律、法规规定，不适宜在中国境内继续停留居留情形的，可以处限期出境。

外国人违反本法规定，情节严重，尚不构成犯罪的，公安部可以处驱逐出境。公安部的处罚决定为最终决定。

被驱逐出境的外国人，自被驱逐出境之日起十年内不准入境。

第八十二条 有下列情形之一的，给予警告，可以并处二千元以下罚款：

（一）扰乱口岸限定区域管理秩序的；

（二）外国船员及其随行家属未办理临时入境手续登陆的；

（三）未办理登轮证件上下外国船舶的。

违反前款第一项规定，情节严重的，可以并处五日以上十日以下拘留。

第八十三条 交通运输工具有下列情形之一的，对其负责人处五千元以上五万元以下罚款：

（一）未经查验准许擅自出境入境或者未经批准擅自改变出境入境口岸的；

（二）未按照规定如实申报员工、旅客、货物或者物品等信息，或者拒绝协助出入境边防检查的；

（三）违反出境入境边防检查规定上下人员、装卸货物或者物品的。

出境入境交通运输工具载运不准出入境人员出境入境的，处每载运一人五千元以上一万元以下罚款。交通运输工具负责人证明其已经采取合理预防措施的，可以减轻或者免予处罚。

第八十四条 交通运输工具有下列情形之一的，对其负责人处二千元以上二万元以下罚款：

（一）中国或者外国船舶未经批准擅自搭靠外国船舶的；

（二）外国船舶、航空器在中国境内未按照规定的路线、航线行驶的；

（三）出境入境的船舶、航空器违反规定驶入对外开放口岸以外地区的。

第八十五条 履行出境入境管理职责的工作人员，有下列行为之一的，依法给予处分：

（一）违反法律、行政法规，为不符合规定条件的外国人签发签证、外国人停留居留证件等出境入境证件的；

（二）违反法律、行政法规，审核验放不符合规定条件的人员或者交通运输工具出境入境的；

（三）泄露在出境入境管理工作中知悉的个人信息，侵害当事人合法权益的；

（四）不按照规定将依法收取的费用、收缴的罚款及没收的违法所得、非法财物上缴国库的；

（五）私分、侵占、挪用罚没、扣押的款物或者收取的费用的；

（六）滥用职权、玩忽职守、徇私舞弊，不依法履行法定职责的其他行为。

第八十六条 对违反出境入境管理行为处五百元以下罚款的，出入境边防检查机关可以当场作出处罚决定。

第八十七条 对违反出境入境管理行为处罚款的，被处罚人应当自收到处罚决定书之日起十五日内，到指定的银行缴纳罚款。被处罚人在所在地没有固定住所，不当场收缴罚款事后难以执行或者在口岸向指定银行缴纳罚款确有困难的，可以当场收缴。

第八十八条 违反本法规定，构成犯罪的，依法追究刑事责任。

第八章 附 则

第八十九条 本法下列用语的含义：

出境，是指由中国内地前往其他国家或者地区，由中国内地前往香港特别行政区、澳门特别行政区，由中国大陆前往台湾地区。

入境，是指由其他国家或者地区进入中国内地，由香港特别行政区、澳门特别行政区进入中国内地，由台湾地区进入中国大陆。

外国人，是指不具有中国国籍的人。

第九十条 经国务院批准，同毗邻国家接壤的省、自治区可以根据中国与有关国家签订的边界管理协定制定地方性法规、地方政府规章，对两国边境接壤地区的居民往来作出规定。

第九十一条 外国驻中国的外交代表机构、领事机构成员以及享有特权和豁免的其他外国人，其入境出境及停留居留管理，其他法律另有规定的，依照其规定。

第九十二条 外国人申请办理签证、外国人停留居留证件等出境入境证件或者申请办理证件延期、变更的，应当按照规定缴纳签证费、证件费。

第九十三条 本法自 2013 年 7 月 1 日起施行。《中华人民共和国外国人入境出境管理法》和《中华人民共和国公民出境入境管理法》同时废止。

中华人民共和国外国人入境出境管理条例

（2013 年 7 月 3 日国务院第 15 次常务会议通过　2013 年 7 月 12 日中华人民共和国国务院令第 637 号公布　自 2013 年 9 月 1 日起施行）

第一章　总　　则

第一条 为了规范签证的签发和外国人在中国境内停留居留的服务和管理，根据《中华人民共和国出境入境管理法》（以下简称出境入境管理法）制定本条例。

第二条 国家建立外国人入境出境服务和管理工作协调机制，加强外国人入境出境服务和管理工作的统筹、协调与配合。

省、自治区、直辖市人民政府可以根据需要建立外国人入境出境服务和管理工作协调机制，加强信息交流与协调配合，做好本行政区域的外国人入境出境服务和管理工作。

第三条 公安部应当会同国务院有关部门建立外国人入境出境服务和管理信息平台，实现有关信息的共享。

第四条 在签证签发管理和外国人在中国境内停留居留管理工作中，外交部、公安部等国务院部门应当在部门门户网站、受理出境入境证件申请的地点等场所，提供外国人入境出境管理法律法规和其他需要外国人知悉的信息。

第二章　签证的类别和签发

第五条 外交签证、礼遇签证、公务签证的签发范围和签发办法由外交部规定。

第六条 普通签证分为以下类别，并在签证上标明相应的汉语拼音字母：

（一）C 字签证，发给执行乘务、航空、航运任务的国际列车乘务员、国际航空器机组人员、国际航行船舶的船员及船员随行家属和从事国际道路运输的汽车驾驶员。

（二）D 字签证，发给入境永久居留的人员。

（三）F 字签证，发给入境从事交流、访问、考察等活动的人员。

（四）G 字签证，发给经中国过境的人员。

（五）J1 字签证，发给外国常驻中国新闻机构的外国常驻记者；J2 字签证，发给入境进行短期采访报道的外国记者。

（六）L字签证，发给入境旅游的人员；以团体形式入境旅游的，可以签发团体L字签证。

（七）M字签证，发给入境进行商业贸易活动的人员。

（八）Q1字签证，发给因家庭团聚申请入境居留的中国公民的家庭成员和具有中国永久居留资格的外国人的家庭成员，以及因寄养等原因申请入境居留的人员；Q2字签证，发给申请入境短期探亲的居住在中国境内的中国公民的亲属和具有中国永久居留资格的外国人的亲属。

（九）R字签证，发给国家需要的外国高层次人才和急需紧缺专门人才。

（十）S1字签证，发给申请入境长期探亲的因工作、学习等事由在中国境内居留的外国人的配偶、父母、未满18周岁的子女、配偶的父母，以及因其他私人事务需要在中国境内居留的人员；S2字签证，发给申请入境短期探亲的因工作、学习等事由在中国境内停留居留的外国人的家庭成员，以及因其他私人事务需要在中国境内停留的人员。

（十一）X1字签证，发给申请在中国境内长期学习的人员；X2字签证，发给申请在中国境内短期学习的人员。

（十二）Z字签证，发给申请在中国境内工作的人员。

第七条 外国人申请办理签证，应当填写申请表，提交本人的护照或者其他国际旅行证件以及符合规定的照片和申请事由的相关材料。

（一）申请C字签证，应当提交外国运输公司出具的担保函件或者中国境内有关单位出具的邀请函件。

（二）申请D字签证，应当提交公安部签发的外国人永久居留身份确认表。

（三）申请F字签证，应当提交中国境内的邀请方出具的邀请函件。

（四）申请G字签证，应当提交前往国家（地区）的已确定日期、座位的联程机（车、船）票。

（五）申请J1字及J2字签证，应当按照中国有关外国常驻新闻机构和外国记者采访的规定履行审批手续并提交相应的申请材料。

（六）申请L字签证，应当按照要求提交旅行计划行程安排等材料；以团体形式入境旅游的，还应当提交旅行社出具的邀请函件。

（七）申请M字签证，应当按照要求提交中国境内商业贸易合作方出具的邀请函件。

（八）申请Q1字签证，因家庭团聚申请入境居留的，应当提交居住在中国境内的中国公民、具有永久居留资格的外国人出具的邀请函件和家庭成员关系证明，因寄养等原因申请入境的，应当提交委托书等证明材料；申请Q2字签证，应当提交居住在中国境内的中国公民、具有永久居留资格的外国人出具的邀请函件等证明材料。

（九）申请R字签证，应当符合中国政府有关主管部门确定的外国高层次人才和急需紧缺专门人才的引进条件和要求，并按照规定提交相应的证明材料。

（十）申请S1字及S2字签证，应当按照要求提交因工作、学习等事由在中国境内停留居留的外国人出具的邀请函件、家庭成员关系证明，或者入境处理私人事务所需的证明材料。

（十一）申请X1字签证应当按照规定提交招收单位出具的录取通知书和主管部门出具的证明材料；申请X2字签证，应当按照规定提交招收单位出具的录取通知书等证明材料。

（十二）申请Z字签证，应当按照规定提交工作许可等证明材料。

签证机关可以根据具体情况要求外国人提交其他申请材料。

第八条 外国人有下列情形之一的，应当按照驻外签证机关要求接受面谈：

（一）申请入境居留的；

（二）个人身份信息、入境事由需要进

一步核实的；

（三）曾有不准入境、被限期出境记录的；

（四）有必要进行面谈的其他情形。

驻外签证机关签发签证需要向中国境内有关部门、单位核实有关信息的，中国境内有关部门、单位应当予以配合。

第九条 签证机关经审查认为符合签发条件的，签发相应类别签证。对入境后需要办理居留证件的，签证机关应当在签证上注明入境后办理居留证件的时限。

第三章 停留居留管理

第十条 外国人持签证入境后，按照国家规定可以变更停留事由、给予入境便利的，或者因使用新护照、持团体签证入境后由于客观原因需要分团停留的，可以向停留地县级以上地方人民政府公安机关出入境管理机构申请换发签证。

第十一条 在中国境内的外国人所持签证遗失、损毁、被盗抢的，应当及时向停留地县级以上地方人民政府公安机关出入境管理机构申请补发签证。

第十二条 外国人申请签证的延期、换发、补发和申请办理停留证件，应当填写申请表，提交本人的护照或者其他国际旅行证件以及符合规定的照片和申请事由的相关材料。

第十三条 外国人申请签证延期、换发、补发和申请办理停留证件符合受理规定的，公安机关出入境管理机构应当出具有效期不超过7日的受理回执，并在受理回执有效期内作出是否签发的决定。

外国人申请签证延期、换发、补发和申请办理停留证件的手续或者材料不符合规定的，公安机关出入境管理机构应当一次性告知申请人需要履行的手续和补正的申请材料。

申请人所持护照或者其他国际旅行证件因办理证件被收存期间，可以凭受理回执在中国境内合法停留。

第十四条 公安机关出入境管理机构作出的延长签证停留期限决定，仅对本次入境有效，不影响签证的入境次数和入境有效期，并且累计延长的停留期限不得超过原签证注明的停留期限。

签证停留期限延长后，外国人应当按照原签证规定的事由和延长的期限停留。

第十五条 居留证件分为以下种类：

（一）工作类居留证件，发给在中国境内工作的人员；

（二）学习类居留证件，发给在中国境内长期学习的人员；

（三）记者类居留证件，发给外国常驻中国新闻机构的外国常驻记者；

（四）团聚类居留证件，发给因家庭团聚需要在中国境内居留的中国公民的家庭成员和具有中国永久居留资格的外国人的家庭成员，以及因寄养等原因需要在中国境内居留的人员；

（五）私人事务类居留证件，发给入境长期探亲的因工作、学习等事由在中国境内居留的外国人的配偶、父母、未满18周岁的子女、配偶的父母，以及因其他私人事务需要在中国境内居留的人员。

第十六条 外国人申请办理外国人居留证件，应当提交本人护照或者其他国际旅行证件以及符合规定的照片和申请事由的相关材料，本人到居留地县级以上地方人民政府公安机关出入境管理机构办理相关手续，并留存指纹等人体生物识别信息。

（一）工作类居留证件，应当提交工作许可等证明材料；属于国家需要的外国高层次人才和急需紧缺专门人才的，应当按照规定提交有关证明材料。

（二）学习类居留证件，应当按照规定提交招收单位出具的注明学习期限的函件等证明材料。

（三）记者类居留证件，应当提交有关主管部门出具的函件和核发的记者证。

（四）团聚类居留证件，因家庭团聚需

要在中国境内居留的，应当提交家庭成员关系证明和与申请事由相关的证明材料；因寄养等原因需要在中国境内居留的，应当提交委托书等证明材料。

（五）私人事务类居留证件，长期探亲的，应当按照要求提交亲属关系证明、被探望人的居留证件等证明材料；入境处理私人事务的，应当提交因处理私人事务需要在中国境内居留的相关证明材料。

外国人申请有效期1年以上的居留证件的，应当按照规定提交健康证明。健康证明自开具之日起6个月内有效。

第十七条　外国人申请办理居留证件的延期、换发、补发，应当填写申请表，提交本人的护照或者其他国际旅行证件以及符合规定的照片和申请事由的相关材料。

第十八条　外国人申请居留证件或者申请居留证件的延期、换发、补发符合受理规定的，公安机关出入境管理机构应当出具有效期不超过15日的受理回执，并在受理回执有效期内作出是否签发的决定。

外国人申请居留证件或者申请居留证件的延期、换发、补发的手续或者材料不符合规定的，公安机关出入境管理机构应当一次性告知申请人需要履行的手续和补正的申请材料。

申请人所持护照或者其他国际旅行证件因办理证件被收存期间，可以凭受理回执在中国境内合法居留。

第十九条　外国人申请签证和居留证件的延期、换发、补发，申请办理停留证件，有下列情形之一的，可以由邀请单位或者个人、申请人的亲属、有关专门服务机构代为申请：

（一）未满16周岁或者已满60周岁以及因疾病等原因行动不便的；

（二）非首次入境且在中国境内停留居留记录良好的；

（三）邀请单位或者个人对外国人在中国境内期间所需费用提供保证措施的。

外国人申请居留证件，属于国家需要的外国高层次人才和急需紧缺专门人才以及前款第一项规定情形的，可以由邀请单位或者个人、申请人的亲属、有关专门服务机构代为申请。

第二十条　公安机关出入境管理机构可以通过面谈、电话询问、实地调查等方式核实申请事由的真实性，申请人以及出具邀请函件、证明材料的单位或者个人应当予以配合。

第二十一条　公安机关出入境管理机构对有下列情形之一的外国人，不予批准签证和居留证件的延期、换发、补发，不予签发停留证件：

（一）不能按照规定提供申请材料的；

（二）在申请过程中弄虚作假的；

（三）违反中国有关法律、行政法规规定，不适合在中国境内停留居留的；

（四）不宜批准签证和居留证件的延期、换发、补发或者签发停留证件的其他情形。

第二十二条　持学习类居留证件的外国人需要在校外勤工助学或者实习的，应当经所在学校同意后，向公安机关出入境管理机构申请居留证件加注勤工助学或者实习地点、期限等信息。

持学习类居留证件的外国人所持居留证件未加注前款规定信息的，不得在校外勤工助学或者实习。

第二十三条　在中国境内的外国人因证件遗失、损毁、被盗抢等原因未持有效护照或者国际旅行证件，无法在本国驻中国有关机构补办的，可以向停留居留地县级以上地方人民政府公安机关出入境管理机构申请办理出境手续。

第二十四条　所持出境入境证件注明停留区域的外国人、出入境边防检查机关批准临时入境且限定停留区域的外国人，应当在限定的区域内停留。

第二十五条　外国人在中国境内有下列情形之一的，属于非法居留：

（一）超过签证、停留居留证件规定的停留居留期限停留居留的；

（二）免办签证入境的外国人超过免签期限停留且未办理停留居留证件的；

（三）外国人超出限定的停留居留区域活动的；

（四）其他非法居留的情形。

第二十六条 聘用外国人工作或者招收外国留学生的单位，发现有下列情形之一的，应当及时向所在地县级以上地方人民政府公安机关出入境管理机构报告：

（一）聘用的外国人离职或者变更工作地域的；

（二）招收的外国留学生毕业、结业、肄业、退学，离开原招收单位的；

（三）聘用的外国人、招收的外国留学生违反出境入境管理规定的；

（四）聘用的外国人、招收的外国留学生出现死亡、失踪等情形的。

第二十七条 金融、教育、医疗、电信等单位在办理业务时需要核实外国人身份信息的，可以向公安机关出入境管理机构申请核实。

第二十八条 外国人因外交、公务事由在中国境内停留居留证件的签发管理，按照外交部的规定执行。

第四章 调查和遣返

第二十九条 公安机关根据实际需要可以设置遣返场所。

依照出境入境管理法第六十条的规定对外国人实施拘留审查的，应当在24小时内将被拘留审查的外国人送到拘留所或者遣返场所。

由于天气、当事人健康状况等原因无法立即执行遣送出境、驱逐出境的，应当凭相关法律文书将外国人羁押在拘留所或者遣返场所。

第三十条 依照出境入境管理法第六十一条的规定，对外国人限制活动范围的，应当出具限制活动范围决定书。被限制活动范围的外国人，应当在指定的时间到公安机关报到；未经决定机关批准，不得变更生活居所或者离开限定的区域。

第三十一条 依照出境入境管理法第六十二条的规定，对外国人实施遣送出境的，作出遣送出境决定的机关应当依法确定被遣送出境的外国人不准入境的具体期限。

第三十二条 外国人被遣送出境所需的费用由本人承担。本人无力承担的，属于非法就业的，由非法聘用的单位、个人承担；属于其他情形的，由对外国人在中国境内停留居留提供保证措施的单位或者个人承担。

遣送外国人出境，由县级以上地方人民政府公安机关或者出入境边防检查机关实施。

第三十三条 外国人被决定限期出境的，作出决定的机关应当在注销或者收缴其原出境入境证件后，为其补办停留手续并限定出境的期限。限定出境期限最长不得超过15日。

第三十四条 外国人有下列情形之一的，其所持签证、停留居留证件由签发机关宣布作废：

（一）签证、停留居留证件损毁、遗失、被盗抢的；

（二）被决定限期出境、遣送出境、驱逐出境，其所持签证、停留居留证件未被收缴或者注销的；

（三）原居留事由变更，未在规定期限内向公安机关出入境管理机构申报，经公安机关公告后仍未申报的；

（四）有出境入境管理法第二十一条、第三十一条规定的不予签发签证、居留证件情形的。

签发机关对签证、停留居留证件依法宣布作废的，可以当场宣布作废或者公告宣布作废。

第三十五条 外国人所持签证、停留居留证件有下列情形之一的，由公安机关注销或者收缴：

（一）被签发机关宣布作废或者被他人冒用的；

（二）通过伪造、变造、骗取或者其他方式非法获取的；

（三）持有人被决定限期出境、遣送出境、驱逐出境的。

作出注销或者收缴决定的机关应当及时通知签发机关。

第五章 附 则

第三十六条 本条例下列用语的含义：

（一）签证的入境次数，是指持证人在签证入境有效期内可以入境的次数。

（二）签证的入境有效期，是指持证人所持签证入境的有效时间范围。非经签发机关注明，签证自签发之日起生效，于有效期满当日北京时间24时失效。

（三）签证的停留期限，是指持证人每次入境后被准许停留的时限，自入境次日开始计算。

（四）短期，是指在中国境内停留不超过180日（含180日）。

（五）长期、常驻，是指在中国境内居留超过180日。

本条例规定的公安机关出入境管理机构审批期限和受理回执有效期以工作日计算，不含法定节假日。

第三十七条 经外交部批准，驻外签证机关可以委托当地有关机构承办外国人签证申请的接件、录入、咨询等服务性事务。

第三十八条 签证的式样由外交部会同公安部规定。停留居留证件的式样由公安部规定。

第三十九条 本条例自2013年9月1日起施行。1986年12月3日国务院批准，1986年12月27日公安部、外交部公布，1994年7月13日、2010年4月24日国务院修订的《中华人民共和国外国人入境出境管理法实施细则》同时废止。

最高人民法院
关于人民法院做好《取消外国公文书认证要求的公约》对我国生效后相关工作的通知

2023年10月28日　　　　　　　　　　法〔2023〕185号

全国地方各级人民法院，各级军事法院，新疆生产建设兵团各级法院；本院各单位：

经国务院核准，我国已于2023年3月8日加入《取消外国公文书认证要求的公约》（以下简称《公约》），《公约》将于2023年11月7日对我国生效。根据《公约》规定，缔约国对适用《公约》、且需在其领土内出示的公文书应免除认证要求，而仅要求附有文书出具国主管机关签发的符合《公约》规定的附加证明书。

为在审判执行工作中切实履行《公约》义务，便利当事人，做好在境外形成的公证文书、外国法院裁判文书以及其他公文书的审查工作，现就《公约》生效后有关事项通知如下：

一、《公约》在我国与对我国加入不持异议的缔约国之间生效（缔约国名单附后，截至2023年10月23日），对于来自此外国家和地区的公文书，继续适用原有证明制度。

二、在对我国加入《公约》不持异议的缔约国领土内形成的公文书，包括对授权委托书等进行公证的文书、法院裁判文书以及其他公文书，在 2023 年 11 月 7 日前需经我驻外使领馆认证的，在 2023 年 11 月 7 日后人民法院不应再要求认证，当事人仅需提交符合《公约》要求的附加证明书；2023 年 11 月 7 日前按相关规定无需认证的，不受《公约》影响，人民法院不得要求当事人提供附加证明书。

三、如各级人民法院在案件审判执行工作中对当事人提交的附加证明书真实性无法确认的，可层报最高人民法院国际合作局。如有必要，我院将请主管机关协助予以核实。

四、附加证明书的作用仅在于证明有关公文书签名、印鉴的真实性，或文件签署人签署时的身份。

五、各级人民法院需根据《公约》要求，并按民事诉讼法第二百七十五条的措辞修改应诉通知书、举证通知书等司法文书中关于传统领事认证的要求。

在《公约》生效后，各级人民法院执行前述通知要求的过程中如遇任何问题，特别是对《公约》适用把握不准或认为与国内法规定存在冲突等情况，可层报最高人民法院国际合作局。

附件：1. 取消外国公文书认证要求的公约
　　　2. 缔约国名单（截至 2023 年 10 月 23 日）

附件 1：

取消外国公文书认证要求的公约

略。

附件 2：

缔约国名单（截至 2023 年 10 月 23 日）

亚洲（22 个）：

中国、亚美尼亚、阿塞拜疆、巴林、文莱、格鲁吉亚、印度、印尼、以色列、日本、哈萨克斯坦、吉尔吉斯斯坦、蒙古国、阿曼、巴基斯坦、菲律宾、韩国、沙特、新加坡、塔吉克斯坦、土耳其、乌兹别克斯坦

非洲（16 个）：

博茨瓦纳、布隆迪、佛得角、斯威士兰、莱索托、利比里亚、马拉维、毛里求斯、摩洛哥、纳米比亚、卢旺达、圣多美和普林西比、塞内加尔、塞舌尔、南非、突尼斯

欧洲（44 个）：

阿尔巴尼亚、安道尔、奥地利、白俄罗斯、比利时、波黑、保加利亚、克罗地亚、塞浦路斯、捷克、丹麦、爱沙尼亚、芬兰、法国、德国、希腊、匈牙利、冰岛、爱尔兰、意大利、拉脱维亚、列支敦士登、立陶宛、卢森堡、马耳他、摩纳哥、黑山、荷兰、北马其顿、挪威、波兰、葡萄牙、摩尔多瓦、罗马尼亚、俄罗斯、圣马力诺、塞尔维亚、斯洛伐克、斯洛文尼亚、西班牙、瑞典、瑞士、乌克兰、英国

北美洲（21 个）：

安提瓜和巴布达、巴哈马、巴巴多斯、伯里兹、加拿大、哥斯达黎加、多米尼克、多米尼加、萨尔瓦多、格林纳达、危地马拉、洪都拉斯、牙买加、墨西哥、尼加拉瓜、巴拿马、圣基茨和尼维斯、圣卢西亚、圣文森特和格林纳丁斯、特立尼达和多巴哥、美国

南美洲（12个）：

阿根廷、玻利维亚、巴西、智利、哥伦比亚、厄瓜多尔、圭亚那、巴拉圭、秘鲁、苏里南、乌拉圭、委内瑞拉

大洋洲（10个）：

澳大利亚、库克群岛、斐济、马绍尔群岛、新西兰、纽埃、帕劳、萨摩亚、汤加、瓦努阿图

注：

1. 2024年1月11日，《公约》将对加拿大生效，中加之间将于当日开始适用公约。2024年6月5日，《公约》将对卢旺达生效，中卢之间将于当日开始适用《公约》。

2. 中国与其不承认具有主权国家地位的《公约》成员间不适用《公约》。

3. 中国与印度之间不适用《公约》。

取消外国公文书认证要求的公约[*]

（1961年10月5日订于海牙）

本公约签署国，

希望取消对外国公文书进行外交或领事认证的要求，

决定为此目的缔结本公约，并议定以下条款：

第一条

本公约适用于在一缔约国领土内制作，且需要在另一缔约国领土内出示的公文书。

在适用本公约时，下列文书被认为是公文书：

（一）与一国法院或法庭相关的机关或官员出具的文书，包括由检察官、法院书记员或司法执行员（"执达员"）出具的文书；

（二）行政文书；

（三）公证文书；

（四）对以私人身份签署的文件的官方证明，如对文件的登记或在特定日期存在的事实进行记录的官方证明，以及对签名的官方和公证证明。

但本公约不适用于：

（一）外交或领事人员制作的文书；

（二）直接处理商业或海关运作的行政文书。

第二条

缔约国对适用本公约且需在其领土内出示的文书应免除认证要求。就本公约而言，认证仅指文书出示地国的外交或领事人员为证明签名的真实性、文书签署人签署时的身份，以及在需要时为确认文书上的印鉴属实而履行的手续。

第三条

为证明签名的真实性、文书签署人签署时的身份，以及在需要时为确认文书上的印鉴属实，仅可能需要办理的手续是文

---

[*] 本公约缔约国相关信息可以从海牙国际私法会议（HCCH）网站查询，网址为https://www.hcch.net/en/instruments/conventions/status-table/?cid=41，最后访问时间：2024年1月25日。——编者注

书出具国主管机关签发第四条规定的附加证明书。

如根据文书出示地国现行法律、法规或惯例，或者根据两个或多个缔约国间的协定，前款所指手续已被取消或简化，或者已免除对文书的认证，则不得要求履行前款所规定的手续。

第四条

第三条第一款所指的附加证明书应附于文书本身或附页上，其样式应与本公约所附样本一致。

附加证明书可用签发它的主管机关使用的官方语言填写。附加证明书中标准事项亦可用另一种语言书写。附加证明书的标题"附加证明书（1961年10月5日海牙公约）"应用法文书写。

第五条

附加证明书应根据文书签署人或任何文书持有人的申请签发。

正确填写的附加证明书可以证明签名的真实性、文书签署人签署时的身份，以及在需要时确认文书上的印鉴属实。

附加证明书上的签名及印鉴无需任何证明。

第六条

缔约国应根据其机关的官方职责，指定有权签发第三条第一款所指附加证明书的主管机关。

缔约国应在交存批准书、加入书或扩展适用范围声明时将上述指定通知荷兰外交部。对指定的主管机关的任何变更也应予以通知。

第七条

根据第六条所指定的主管机关，应备有登记册或卡片索引以记录所签发的附加证明书，并详细列明：

（一）附加证明书的编号和日期；

（二）公文书签署人的姓名及其签署时的身份；无签名文书上印鉴机关的名称。

应任何利害关系人的申请，签发附加证明书的主管机关应核实附加证明书上的事项是否与登记册或卡片索引的记录一致。

第八条

如果两个或多个缔约国间的条约、公约或协定规定对签名或印鉴应履行某种证明手续，则本公约仅在这些手续较第三条、第四条规定的手续更严格的情况下优先适用。

第九条

缔约国应采取必要措施，以避免本国外交或领事人员在依本公约规定应予免除的情况下进行认证。

第十条

本公约对出席海牙国际私法会议第九届会议的国家及爱尔兰、冰岛、列支敦士登和土耳其开放签署。

本公约须经批准，批准书应交存荷兰外交部。

第十一条

本公约应于第三份批准书按第十条第二款规定交存后第60日起生效。

对于此后批准本公约的签署国，公约自其交存批准书后第60日起对其生效。

第十二条

第十条未提及的任何国家可在公约根据第十一条第一款生效后加入本公约。加入书应交存荷兰外交部。

此类加入仅应在加入国与那些在收到第十五条第（四）项规定的通知后6个月内对其加入未提出异议的缔约国之间生效。任何此类异议应通知荷兰外交部。

公约应自前款规定的6个月期限届满后的第60日起在加入国与对其加入不持异议的国家之间生效。

第十三条

任何国家可在签署、批准或加入本公约时声明，本公约应扩展适用于由其负责国际关系的全部领土，或者其中一处或几处。此类声明应自本公约对有关国家生效之日起发生效力。

此后任何时候，此类扩展适用事项应通知荷兰外交部。

如公约的签署和批准国作出此类扩展适

用声明，公约应根据第十一条的规定对声明所提及的领土生效。如公约的加入国作出此类扩展适用声明，公约应根据第十二条的规定对声明所提及的领土生效。

第十四条

本公约自第十一条第一款规定的生效之日起5年内有效，对后来批准或加入本公约的国家同样适用。

如未经废止，本公约每5年自动展期一次。

废止应至少在5年期届满的6个月前通知荷兰外交部。

废止可仅限于本公约适用的某些领土。

废止仅对发出废止通知的国家有效。本公约对其他缔约国仍然有效。

第十五条

荷兰外交部应将下列事项通知第十条所指的国家和根据第十二条加入本公约的国家：

（一）第六条第二款所述的通知；

（二）第十条所述的签署和批准；

（三）本公约根据第十一条第一款生效的日期；

（四）第十二条所述的加入和异议，及加入的生效日期；

（五）第十三条所述的扩展适用范围及其生效日期；

（六）第十四条第三款所述的废止。

下列经正式授权的签署人签署本公约，以昭信守。

本公约于一九六一年十月五日订于海牙，用法文和英文写成。两种文本如发生分歧，以法文本为准。正本一份，交由荷兰政府存档，其经证明无误的副本应通过外交途径送交出席海牙国际私法会议第九届会议的国家以及爱尔兰、冰岛、列支敦士登和土耳其。

公约附件：

附加证明书样式

附加证明书应为边长至少9厘米的正方形

附加证明书
（1961年10月5日海牙公约）

1. 文书出具国：_____
本公文书
2. 签署人_____
3. 签署人身份_____
4. 印鉴名称_____

证明

5. 签发地_____ 6. 签发日期_____
7. 签发人_____
8. 附加证明书编号_____
9. 签发机关印鉴_____ 10. 签名：_____

二、管辖与归口办理

最高人民法院
关于涉外民商事案件管辖若干问题的规定

法释〔2022〕18号

（2022年8月16日最高人民法院审判委员会第1872次会议通过 2022年11月14日最高人民法院公告公布 自2023年1月1日起施行）

为依法保护中外当事人合法权益，便利当事人诉讼，进一步提升涉外民商事审判质效，根据《中华人民共和国民事诉讼法》的规定，结合审判实践，制定本规定。

第一条 基层人民法院管辖第一审涉外民商事案件，法律、司法解释另有规定的除外。

第二条 中级人民法院管辖下列第一审涉外民商事案件：

（一）争议标的额大的涉外民商事案件。

北京、天津、上海、江苏、浙江、福建、山东、广东、重庆辖区中级人民法院，管辖诉讼标的额人民币4000万元以上（包含本数）的涉外民商事案件；

河北、山西、内蒙古、辽宁、吉林、黑龙江、安徽、江西、河南、湖北、湖南、广西、海南、四川、贵州、云南、西藏、陕西、甘肃、青海、宁夏、新疆辖区中级人民法院，解放军各战区、总直属军事法院，新疆维吾尔自治区高级人民法院生产建设兵团分院所辖各中级人民法院，管辖诉讼标的额人民币2000万元以上（包含本数）的涉外民商事案件。

（二）案情复杂或者一方当事人人数众多的涉外民商事案件。

（三）其他在本辖区有重大影响的涉外民商事案件。

法律、司法解释对中级人民法院管辖第一审涉外民商事案件另有规定的，依照相关规定办理。

第三条 高级人民法院管辖诉讼标的额人民币50亿元以上（包含本数）或者其他在本辖区有重大影响的第一审涉外民商事案件。

第四条 高级人民法院根据本辖区的实际情况，认为确有必要的，经报最高人民法院批准，可以指定一个或数个基层人民法院、中级人民法院分别对本规定第一条、第二条规定的第一审涉外民商事案件实行跨区域集中管辖。

依据前款规定实行跨区域集中管辖的，高级人民法院应及时向社会公布该基层人民法院、中级人民法院相应的管辖区域。

第五条 涉外民商事案件由专门的审判庭或合议庭审理。

第六条 涉外海事海商纠纷案件、涉外知识产权纠纷案件、涉外生态环境损害赔偿纠纷案件以及涉外环境民事公益诉讼案件，不适用本规定。

第七条 涉及香港、澳门特别行政区和台湾地区的民商事案件参照适用本规定。

第八条 本规定自2023年1月1日起施行。本规定施行后受理的案件适用本规定。

第九条 本院以前发布的司法解释与本规定不一致的，以本规定为准。

最高人民法院关于审理民事级别管辖异议案件若干问题的规定

（2009年7月20日最高人民法院审判委员会第1471次会议通过 根据2020年12月23日最高人民法院审判委员会第1823次会议通过的《最高人民法院关于修改〈最高人民法院关于人民法院民事调解工作若干问题的规定〉等十九件民事诉讼类司法解释的决定》修正）

为正确审理民事级别管辖异议案件，依法维护诉讼秩序和当事人的合法权益，根据《中华人民共和国民事诉讼法》的规定，结合审判实践，制定本规定。

第一条 被告在提交答辩状期间提出管辖权异议，认为受诉人民法院违反级别管辖规定，案件应当由上级人民法院或者下级人民法院管辖的，受诉人民法院应当审查，并在受理异议之日起十五日内作出裁定：

（一）异议不成立的，裁定驳回；

（二）异议成立的，裁定移送有管辖权的人民法院。

第二条 在管辖权异议裁定作出前，原告申请撤回起诉，受诉人民法院作出准予撤回起诉裁定的，对管辖权异议不再审查，并在裁定书中一并写明。

第三条 提交答辩状期间届满后，原告增加诉讼请求金额致使案件标的额超过受诉人民法院级别管辖标准，被告提出管辖权异议，请求由上级人民法院管辖的，人民法院应当按照本规定第一条审查并作出裁定。

第四条 对于应由上级人民法院管辖的第一审民事案件，下级人民法院不得报请上级人民法院交其审理。

第五条 被告以受诉人民法院同时违反级别管辖和地域管辖规定为由提出管辖权异议的，受诉人民法院应当一并作出裁定。

第六条 当事人未依法提出管辖权异议，但受诉人民法院发现其没有级别管辖权的，应当将案件移送有管辖权的人民法院审理。

第七条 对人民法院就级别管辖异议作出的裁定，当事人不服提起上诉的，第二审人民法院应当依法审理并作出裁定。

第八条 对于将案件移送上级人民法院管辖的裁定，当事人未提出上诉，但受移送的上级人民法院认为确有错误的，可以依职权裁定撤销。

第九条 经最高人民法院批准的第一审民事案件级别管辖标准的规定，应当作为审理民事级别管辖异议案件的依据。

第十条 本规定施行前颁布的有关司法解释与本规定不一致的，以本规定为准。

最高人民法院
关于明确第一审涉外民商事案件级别管辖标准以及归口办理有关问题的通知

2017年12月7日　　　　　　　　法〔2017〕359号

各省、自治区、直辖市高级人民法院、解放军军事法院、新疆维吾尔自治区高级人民法院生产建设兵团分院：

为合理定位四级法院涉外民商事审判职能，统一裁判尺度，维护当事人的合法权益，保障开放型经济的发展，现就第一审涉外民商事案件级别管辖标准以及归口办理的有关问题，通知如下：

一、关于第一审涉外民商事案件的级别管辖标准

北京、上海、江苏、浙江、广东高级人民法院管辖诉讼标的额人民币2亿元以上的第一审涉外民商事案件；直辖市中级人民法院以及省会城市、计划单列市、经济特区所在地的市中级人民法院管辖诉讼标的额人民币2000万元以上的第一审涉外民商事案件，其他中级人民法院管辖诉讼标的额人民币1000万元以上的第一审涉外民商事案件。

天津、河北、山西、内蒙古、辽宁、安徽、福建、山东、河南、湖北、湖南、广西、海南、四川、重庆高级人民法院管辖诉讼标的额人民币8000万元以上的第一审涉外民商事案件；直辖市中级人民法院以及省会城市、计划单列市、经济特区所在地的市中级人民法院管辖诉讼标的额人民币1000万元以上的第一审涉外民商事案件，其他中级人民法院管辖诉讼标的额人民币500万元以上的第一审涉外民商事案件。

吉林、黑龙江、江西、云南、陕西、新疆高级人民法院和新疆生产建设兵团分院管辖诉讼标的额人民币4000万元以上的第一审涉外民商事案件；省会城市、计划单列市中级人民法院，管辖诉讼标的额人民币500万元以上的第一审涉外民商事案件，其他中级人民法院管辖诉讼标的额人民币200万元以上的第一审涉外民商事案件。

贵州、西藏、甘肃、青海、宁夏高级人民法院管辖诉讼标的额人民币2000万元以上的第一审涉外民商事案件；省会城市、计划单列市中级人民法院，管辖诉讼标的额人民币200万元以上的第一审涉外民商事案件，其他中级人民法院管辖诉讼标的额人民币100万元以上的第一审涉外民商事案件。

各高级人民法院发布的本辖区级别管辖标准，除于2011年1月后经我院批复同意的外，不再作为确定第一审涉外民商事案件级别管辖的依据。

二、下列案件由涉外审判庭或专门合议庭审理：

（一）当事人一方或者双方是外国人、无国籍人、外国企业或者组织，或者当事人一方或者双方的经常居所地在中华人民共和国领域外的民商事案件；

（二）产生、变更或者消灭民事关系的法律事实发生在中华人民共和国领域外，或者标的物在中华人民共和国领域外的民商事案件；

（三）外商投资企业设立、出资、确认股东资格、分配利润、合并、分立、解散等与该企业有关的民商事案件；

（四）一方当事人为外商独资企业的民商事案件；

（五）信用证、保函纠纷案件，包括申请止付保全案件；

（六）对第一项至第五项案件的管辖权异议裁定提起上诉的案件；

（七）对第一项至第五项案件的生效裁判申请再审的案件，但当事人依法向原审人民法院申请再审的除外；

（八）跨境破产协助案件；

（九）民商事司法协助案件；

（十）最高人民法院《关于仲裁司法审查案件归口办理有关问题的通知》确定的仲裁司法审查案件。

前款规定的民商事案件不包括婚姻家庭纠纷、继承纠纷、劳动争议、人事争议、环境污染侵权纠纷及环境公益诉讼。

三、海事海商及知识产权纠纷案件，不适用本通知。

四、涉及香港、澳门特别行政区和台湾地区的民商事案件参照适用本通知。

五、本通知自 2018 年 1 月 1 日起执行。之前已经受理的案件不适用本通知。

本通知执行过程中遇到的问题，请及时报告我院。

最高人民法院
关于调整部分高级人民法院和中级人民法院管辖第一审民商事案件标准的通知

2018 年 7 月 17 日　　　　　　　　法发〔2018〕13 号

贵州省、陕西省、甘肃省、青海省、宁夏回族自治区、新疆维吾尔自治区高级人民法院，新疆维吾尔自治区高级人民法院生产建设兵团分院：

为适应新时期经济社会发展和民事诉讼需要，准确适用民事诉讼法关于级别管辖的相关规定，合理定位四级法院民商事审判职能，现就调整部分高级人民法院和中级人民法院管辖第一审民商事案件标准问题，通知如下：

一、当事人住所地均在受理法院所处省级行政辖区的第一审民商事案件

贵州省、陕西省、新疆维吾尔自治区高级人民法院和新疆维吾尔自治区高级人民法院生产建设兵团分院管辖诉讼标的额 3 亿元以上一审民商事案件，所辖中级人民法院管辖诉讼标的额 3000 万元以上一审民商事案件。

甘肃省、青海省、宁夏回族自治区高级人民法院管辖诉讼标的额 2 亿元以上一审民商事案件，所辖中级人民法院管辖诉讼标的额 1000 万元以上一审民商事案件。

二、当事人一方住所地不在受理法院所处省级行政辖区的第一审民商事案件

贵州省、陕西省、新疆维吾尔自治区高级人民法院和新疆维吾尔自治区高级人民法院生产建设兵团分院管辖诉讼标的额 1 亿元以上一审民商事案件，所辖中级人民法院管辖诉讼标的额 2000 万元以上一审民商事案件。

甘肃省、青海省、宁夏回族自治区高级人民法院管辖诉讼标的额 5000 万元以上一审民商事案件，所辖中级人民法院管辖诉讼标的额 1000 万元以上一审民商事

案件。

三、本通知未作调整的，按照《最高人民法院关于调整高级人民法院和中级人民法院管辖第一审民商事案件标准的通知》（法发〔2015〕7号）执行。

本通知自2018年8月1日起实施，执行过程中遇到的问题，请及时报告我院。

三、送达和调查取证

最高人民法院关于依据国际公约和双边司法协助条约办理民商事案件司法文书送达和调查取证司法协助请求的规定

(2013年1月21日最高人民法院审判委员会第1568次会议通过 根据2020年12月23日最高人民法院审判委员会第1823次会议通过的《最高人民法院关于修改〈最高人民法院关于人民法院民事调解工作若干问题的规定〉等十九件民事诉讼类司法解释的决定》修正)

为正确适用有关国际公约和双边司法协助条约,依法办理民商事案件司法文书送达和调查取证请求,根据《中华人民共和国民事诉讼法》、《关于向国外送达民事或商事司法文书和司法外文书的公约》(海牙送达公约)、《关于从国外调取民事或商事证据的公约》(海牙取证公约)和双边民事司法协助条约的规定,结合我国的司法实践,制定本规定。

第一条 人民法院应当根据便捷、高效的原则确定依据海牙送达公约、海牙取证公约,或者双边民事司法协助条约,对外提出民商事案件司法文书送达和调查取证请求。

第二条 人民法院协助外国办理民商事案件司法文书送达和调查取证请求,适用对等原则。

第三条 人民法院协助外国办理民商事案件司法文书送达和调查取证请求,应当进行审查。外国提出的司法协助请求,具有海牙送达公约、海牙取证公约或双边民事司法协助条约规定的拒绝提供协助的情形的,人民法院应当拒绝提供协助。

第四条 人民法院协助外国办理民商事案件司法文书送达和调查取证请求,应当按照民事诉讼法和相关司法解释规定的方式办理。

请求方要求按照请求书中列明的特殊方式办理的,如果该方式与我国法律不相抵触,且在实践中不存在无法办理或者办理困难的情形,应当按照该特殊方式办理。

第五条 人民法院委托外国送达民商事案件司法文书和进行民商事案件调查取证,需要提供译文的,应当委托中华人民共和国领域内的翻译机构进行翻译。

翻译件不加盖人民法院印章,但应由翻译机构或翻译人员签名或盖章证明译文与原文一致。

第六条 最高人民法院统一管理全国各级人民法院的国际司法协助工作。高级人民法院应当确定一个部门统一管理本辖区各级人民法院的国际司法协助工作并指定专人负责。中级人民法院、基层人民法院和有权受理涉外案件的专门法院,应当指定专人管理国际司法协助工作;有条件的,可以同时确定一个部门管理国际司法协助工作。

第七条 人民法院应当建立独立的国际

司法协助登记制度。

第八条 人民法院应当建立国际司法协助档案制度。办理民商事案件司法文书送达的送达回证、送达证明在各个转递环节应当以适当方式保存。办理民商事案件调查取证的材料应当作为档案保存。

第九条 经最高人民法院授权的高级人民法院，可以依据海牙送达公约、海牙取证公约直接对外发出本辖区各级人民法院提出的民商事案件司法文书送达和调查取证请求。

第十条 通过外交途径办理民商事案件司法文书送达和调查取证，不适用本规定。

第十一条 最高人民法院国际司法协助统一管理部门根据本规定制定实施细则。

第十二条 最高人民法院以前所作的司法解释及规范性文件，凡与本规定不一致的，按本规定办理。

最高人民法院
印发《关于依据国际公约和双边司法协助条约办理民商事案件司法文书送达和调查取证司法协助请求的规定实施细则（试行）》的通知

2013年4月7日　　　　　　　　　　　　法发〔2013〕6号

各省、自治区、直辖市高级人民法院，解放军军事法院，新疆维吾尔自治区高级人民法院生产建设兵团分院：

现将最高人民法院《关于依据国际公约和双边司法协助条约办理民商事案件司法文书送达和调查取证司法协助请求的规定实施细则（试行）》印发给你们，请认真贯彻执行。

附：

关于依据国际公约和双边司法协助条约办理民商事案件司法文书送达和调查取证司法协助请求的规定实施细则（试行）

第一章　总　则

第一条 根据最高人民法院《关于依据国际公约和双边司法协助条约办理民商事案件司法文书送达和调查取证司法协助请求的规定》，制定本实施细则。

第二条 本实施细则适用于人民法院依据海牙送达公约、海牙取证公约和双边民事、民商事、民刑事和民商刑事司法协助条约、协定（以下简称双边民事司法协助条约）办理民商事案件司法文书送达和调查取证请求。

第三条 人民法院应当根据便捷、高效的原则，优先依据海牙取证公约提出民商事案件调查取证请求。

第四条 有权依据海牙送达公约、海牙取证公约直接对外发出司法协助请求的高级人民法院，应当根据便捷、高效的原则，优先依据海牙送达公约和海牙取证公约提出、转递本辖区各级人民法院提出的民商事案件司法文书送达和调查取证请求。

第五条 人民法院国际司法协助统一管理部门和专门负责国际司法协助工作的人员（国际司法协助专办员）负责国际司法协助请求的审查、转递、督办和登记、统计、指导、调研等工作。

第二章 我国法院委托外国协助送达民商事案件司法文书

第六条 人民法院审判、执行部门向国际司法协助专办员、国际司法协助统一管理部门报送民商事案件司法文书送达请求时，应当制作给国际司法协助专办员或者国际司法协助统一管理部门的转递函，并按照下列要求办理：

（一）向在国外的法人和非中国籍公民送达

1. 所送达的各项文书应当附有被请求国官方文字的译文，对于不同地区使用不同官方文字的国家，如加拿大、瑞士等，应当附有该地区所使用的官方文字的译文。翻译为被请求国官方文字确有困难的，可以依据双边民事司法协助条约提出司法文书送达请求，并附双边民事司法协助条约中规定的第三方文字的译文。被请求国不接受双边民事司法协助条约中规定的第三方文字译文的，所送达的各项文书应当附有被请求国官方文字的译文。

2. 所送达的文书应当一式两份，分别装订为两套文书。

每套文书应当独立成册，参照下列顺序装订：

（1）起诉状中文及译文；

（2）应诉通知书中文及译文；

（3）传票中文及译文；

（4）合议庭组成人员通知书中文及译文；

（5）举证通知书中文及译文；

（6）其他材料之一中文及译文（其他材料之二、三依此类推）；

（7）证据一中文及译文（证据二、三依此类推）；

（8）翻译证明。

人民法院向在国外的法人和非中国籍公民送达民商事案件司法文书无需附送达回证及译文。但是，所送达的文书不能反映准确送达地址的，应当通过附送达回证及译文的方式说明准确的送达地址。

3. 被请求国协助送达要求支付费用的，送达费用由当事人负担。被请求国要求预付费的，应当将送达费用汇票与所送文书一并转递，并在转递函上注明汇票编号。

4. 所送达的各项文书中，受送达人的姓名、名称和送达地址应当一致、完整、准确。送达地址应当打印，不便打印的，手写地址应当清晰、可明确辨认；受送达人姓名、名称和送达地址不一致的，应当修改一致；送达地址不便修改的，应当在转递函中列明准确的送达地址，并注明"已核对，以此送达地址为准"。

5. 确定开庭日期时应当预留足够的送达时间。

（二）向在国外的中国籍公民送达

1. 转递函中列明受送达人为中国国籍。

2. 所送达的文书应当一式两份，无需译文，分别装订为两套文书。

每套文书应当独立成册，参照下列顺序装订：

（1）起诉状；

（2）应诉通知书；

（3）传票；

（4）合议庭组成人员通知书；

（5）举证通知书；

（6）其他材料之一（其他材料之二、三依此类推）；

（7）证据一（证据二、三依此类推）；

（8）送达回证（送达回证中应当列明上述文书各一份）。

3. 送达回证中应当打印受送达人准确的外文（所在国官方文字）送达地址；不便打印的，手写地址应当清晰、可明确辨认；受送达人如有外文姓名的，亦应当在送达回证中注明外文姓名。

4. 确定开庭日期时应当预留足够的送达时间。

5. 我国驻外使、领馆要求出具委托书的，应当附提出送达请求的法院致我国驻该国使、领馆的委托书。委托书随文书一并转递。

第七条 国际司法协助专办员收到本院审判、执行部门或者下级法院报送的民商事案件司法文书送达请求后，应当按照下列标准进行审查：

（一）有审判、执行部门或者下级法院的转递函；

（二）被请求国是海牙送达公约缔约国，或者被请求国与我国签订的双边民事司法协助条约已经生效；

（三）审判、执行部门或者下级法院转来的文书与转递函中所列的文书清单在名称和份数上一致；

（四）所送达的文书按照第六条的相关规定分别装订成两套，两套文书的装订顺序一致；

（五）应当附译文的，译文文字符合海牙送达公约或者双边民事司法协助条约的规定；

（六）所送达的各项文书中载明的受送达人姓名、名称、送达地址应当一致；受送达人姓名、名称前后不一致的，应当退回审判、执行部门修改；送达地址不一致的，审判、执行部门或者下级法院应当在转递函中列明最终确认的送达地址并注明"已核对，以此送达地址为准"；

（七）如果受送达人是外国国家、外国政府、外国政府组成机构以及享有外交特权和豁免权的主体，最高人民法院已经批准受理该案件；

（八）需要受送达人出庭的，确定开庭日期时预留了足够的送达时间；

（九）被请求国要求预付送达费用的，附有送达费用汇票；汇票中所列的收款机构、币种、数额符合被请求国的要求；汇票在有效期内；

（十）向在国外的中国籍公民送达民商事案件司法文书，附有送达回证；送达回证中列明受送达人所在国官方文字的送达地址；送达回证中所列明的文书清单与实际送达的文书的名称、份数一致；

（十一）向在国外的中国籍公民送达民商事案件司法文书，我国驻外使、领馆要求出具委托书的，附有提出送达请求的法院致我国驻该国使、领馆的委托书；

（十二）送达的民商事案件司法文书，特别是证据材料中，不含有明确标注密级的材料；

（十三）所送达的文书中，不存在应当填写而未填写的内容的情形；

（十四）翻译证明符合被请求国的要求；

（十五）其他应当审查的事项。

第八条 国际司法协助专办员对审判、执行部门报送的民商事案件司法文书送达请求审查合格的，应当制作转递函，及时报送高级人民法院国际司法协助统一管理部门。高级人民法院审查合格的，应当制作转递函，及时报送最高人民法院国际司法协助统一管理部门。文书中受送达人地址前后不一致的，高级人民法院应当在转递函中说明已核对无误的送达地址。最高人民法院审查合格的，应当制作转递函，及时转递中央机关。

除另有规定外，有权依据海牙送达公约直接对外发出民商事案件司法文书送达请求的高级人民法院国际司法协助统一管理部门收到下级法院或者本院审判、执行部门报送的民商事案件司法文书送达请求并审查合格的，应当填写符合海牙送达公约所附范本格式的请求书并加盖该高级人民法院国际司法协助专用章后邮寄被请求国中央机关。

第九条　最高人民法院国际司法协助统一管理部门收到中央机关转回的送达证明和被请求国事后要求支付送达费用的通知后，应当及时登记并转递有关高级人民法院国际司法协助统一管理部门。

高级人民法院收到最高人民法院转回的送达证明和付费通知后，或者有权依据海牙送达公约直接对外发出送达请求的高级人民法院收到外国中央机关转回的送达证明和付费通知后，应当及时登记并转递提出送达请求的人民法院。

第十条　提出送达请求的人民法院收到付费通知后，应当及时向当事人代收。当事人根据被请求国要求支付的费用，应当以汇票等形式支付并通过原途径转交被请求国相关机构。

第三章　外国委托我国法院协助送达民商事案件司法文书

第十一条　最高人民法院国际司法协助统一管理部门收到中央机关转来的外国委托我国法院协助送达的民商事案件司法文书后，应当按照下列标准进行审查：

（一）有中央机关的转递函或者请求书；

（二）请求国是海牙送达公约缔约国或者与我国签订的双边民事司法协助条约已经生效；

（三）属于海牙送达公约或者双边民事司法协助条约规定的范围；

（四）属于人民法院的办理范围；

（五）不具有海牙送达公约或者双边民事司法协助条约中规定的拒绝提供协助的情形；

（六）请求方要求采取特殊方式送达的，所要求的特殊方式与我国法律不相抵触，且在实践中不存在无法办理或者办理困难的情形；

（七）实际送达的文书与请求书中列明的文书在名称、份数上一致；

（八）依据海牙送达公约委托我国协助送达的文书，应当附有中文译文，但请求方仅要求按照海牙送达公约第五条第二款规定的方式予以送达的除外；

（九）依据双边民事司法协助条约委托我国协助送达的司法文书，附有中文译文或者双边民事司法协助条约中规定的第三方文字译文；

（十）其他应当审查的事项。

第十二条　我国法院委托外国协助送达的司法文书附有双边民事司法协助条约规定的第三方文字译文，但被请求国依然要求必须附有该国官方文字译文的，按照对等原则，该国委托我国协助送达的司法文书应当附有中文译文。

第十三条　最高人民法院国际司法协助统一管理部门审查合格的，应当制作转递函，与所送达的文书一并转递受送达人所在地高级人民法院国际司法协助统一管理部门。

第十四条　高级人民法院收到最高人民法院转来的转递函和所送达的文书后，应当参照第十一条的规定进行审查。审查合格的，应当制作转递函，与所送达的文书一并转递受送达人所在地中级或者基层人民法院国际司法协助专办员。高级人民法院国际司法协助统一管理部门认为由本院办理更为适宜的，可以直接移交本院负责民商事案件司法文书送达工作的部门办理。

第十五条　中级或者基层人民法院国际司法协助专办员收到高级人民法院转来的转递函和所送达的文书后，亦应当参照第十一条的规定进行审查。审查合格的，及时移交本院负责民商事案件司法文书送达工作的部门办理。

第十六条　人民法院送达司法文书时，应当使用本院的送达回证。

第十七条　依据海牙送达公约委托我国

法院协助送达的司法文书，无论文书中确定的开庭日期或者期限是否已过，办理送达的人民法院均应当予以送达。但是，请求方另有明确表示的除外。

第十八条　受送达人是自然人的，应当由其本人签收司法文书；受送达人是法人或者其他组织的，应当由法人的法定代表人、其他组织的主要负责人或者该法人、组织负责收件的人签收司法文书。他人代收的，应当符合民事诉讼法和相关司法解释的规定。

第十九条　请求方要求采取海牙送达公约第五条第二款规定的方式送达的，办理送达的人民法院应当告知受送达人享有自愿接收的权利。受送达人拒收的，应当在送达回证上注明。

第二十条　送达成功的，办理送达的部门应当将送达回证转递本院国际司法协助专办员。送达不成功的，办理送达的部门应当将送达回证和未能送达的文书一并转递本院国际司法协助专办员。

第二十一条　国际司法协助专办员收到送达回证后，应当按照下列标准进行审查：

（一）送达回证加盖人民法院院章；

（二）送达回证填写规范、完整。包括：逐一列明所送达的文书的名称和份数、送达日期、代收人与受送达人的关系以及受送达人、代收人、送达人的签字或者盖章。如果未能成功送达，送达人还应当在送达回证中说明未能成功送达的原因。

第二十二条　通过邮寄方式送达的，国际司法协助专办员收到邮政机构出具的邮寄送达证明后，应当参照第二十一条的规定进行审查。

第二十三条　国际司法协助专办员审查合格后，应当制作送达结果转递函，与送达回证、邮寄送达证明、未能送达的文书一并转递高级人民法院国际司法协助统一管理部门。

第二十四条　高级人民法院收到送达回证、邮寄送达证明、未能送达的文书后，应当参照第二十一条的规定进行审查。

审查合格的，应当制作给最高人民法院国际司法协助统一管理部门的转递函，并在转递函和送达回证右上角注明最高人民法院原始转递函的函号，然后将高级人民法院转递函、送达回证、邮寄送达证明、未能送达的文书转递最高人民法院国际司法协助统一管理部门。

第二十五条　最高人民法院收到高级人民法院转来的转递函、送达回证、邮寄送达证明、未能送达的文书后，应当进行审查。审查合格的，应当及时退回中央机关。

第四章　我国法院委托外国法院协助进行民商事案件调查取证

第二十六条　人民法院审判、执行部门依据海牙取证公约提出调查取证请求时，应当按照下列要求办理：

（一）制作符合海牙取证公约规定的调查取证请求书。

被请求国对请求书及其附件文字未作出声明或者保留的，请求书及其附件应当附有被请求国官方文字、英文或者法文译文。

被请求国对请求书及其附件文字作出声明或者保留的，请求书及其附件应当附有被请求国官方文字的译文。

被请求国不同地区使用不同官方文字的，请求书及其附件应当附有该地区官方文字的译文。

请求书有附件的，附件译文的语种应当与请求书译文的语种一致。

（二）请求书、附件及其译文应当一式两份，参照下列顺序装订成两套：

1. 请求书原文及译文；

2. 附件一原文及译文（附件二、三依此类推）；

3. 证明请求书及其附件的译文与原文一致的翻译证明。

（三）请求书在最终向外国中央机关发出之前，不填写签发日期、地点，也不加盖任一经手法院或者部门的印章。

（四）制作转递函，与请求书及其附件等一并报送国际司法协助专办员或者国际司法协助统一管理部门。

第二十七条　国际司法协助专办员收到本院审判、执行部门或者下级法院报送的依据海牙取证公约提出的调查取证请求后，应当按照下列标准进行审查：

（一）有审判、执行部门或者下级法院的转递函；

（二）被请求国是海牙取证公约缔约国且该公约已经在我国和该国之间生效；

（三）请求书及其附件的译文符合海牙取证公约的规定和被请求国对此所作的声明和保留；附件译文的语种与请求书的语种一致；

（四）请求书的各项内容填写规范、完整；

（五）附件中不含有明确标注密级的材料；

（六）其他应当审查的事项。

第二十八条　国际司法协助专办员对审判、执行部门报送的依据海牙取证公约提出的调查取证请求审查合格的，应当制作转递函，及时报送高级人民法院国际司法协助统一管理部门。高级人民法院审查合格的，应当制作转递函，及时报送最高人民法院国际司法协助统一管理部门。最高人民法院审查合格的，应当在请求书及其译文上填写签发日期、地点并加盖最高人民法院国际司法协助专用章后邮寄被请求国中央机关。

除另有规定外，有权依据海牙取证公约直接对外发出调查取证请求的高级人民法院国际司法协助统一管理部门收到下级法院或者本院审判、执行部门报送的调查取证请求并审查合格的，应当在请求书及其译文上填写签发日期、地点并加盖该高级人民法院国际司法协助专用章后邮寄被请求国中央机关。

第二十九条　人民法院审判、执行部门依据双边民事司法协助条约提出调查取证请求时，应当按照下列要求办理：

（一）制作符合双边民事司法协助条约规定的调查取证请求书。

请求书及其附件应当附有被请求国官方文字的译文。翻译为被请求国官方文字确有困难的，可以翻译为双边民事司法协助条约中规定的第三方文字。被请求国不接受双边民事司法协助条约中规定的第三方文字译文的，请求书及其附件应当附有被请求国官方文字的译文。

（二）请求书、附件及其译文应当一式两份，按照下列顺序装订成两套：

1. 请求书原文及译文；

2. 附件一原文及译文（附件二、三依此类推）；

3. 证明请求书及其附件的译文与原文一致的翻译证明。

（三）请求书加盖提出调查取证请求的人民法院院章。

（四）制作转递函，与请求书及其附件等一并报送国际司法协助专办员或者国际司法协助统一管理部门。

第三十条　国际司法协助专办员收到本院审判、执行部门或者下级法院报送的依据双边民事司法协助条约提出的调查取证请求后，应当按照下列标准进行审查：

（一）有审判、执行部门或者下级法院的转递函；

（二）被请求国与我国签订双边民事司法协助条约且已经生效；

（三）请求书及其附件的译文符合双边民事司法协助条约的规定；附件译文的语种与请求书的语种一致；

（四）请求书的各项内容符合双边民事司法协助条约的具体规定，填写规范、完整；

（五）附件中不含有明确标注密级的材料；

（六）其他应当审查的事项。

第三十一条　国际司法协助专办员对审判、执行部门报送的依据双边民事司法协助条约提出的调查取证请求审查合格的，应当制作转递函，及时报送高级人民法院国际司法协助统一管理部门。高级人民法院审查合格的，应当制作转递函，及时报送最高人民法院国际司法协助统一管理部门。最高人民法院审查合格的，应当制作转递函，及时转递中央机关。

第三十二条 最高人民法院国际司法协助统一管理部门收到中央机关转回的调查取证结果和被请求国事后要求支付相关费用的通知后，应当及时登记并转递有关高级人民法院国际司法协助统一管理部门。

高级人民法院收到最高人民法院转回的调查取证结果、付费通知后，或者有权依据海牙取证公约直接对外发出调查取证请求的高级人民法院收到外国中央机关转回的调查取证结果、付费通知后，应当及时登记并转递提出调查取证请求的人民法院。

第三十三条 被请求国要求支付调查取证费用，符合海牙取证公约或者双边民事司法协助条约规定的，提出调查取证请求的人民法院应当及时向当事人代收，当事人根据被请求国要求支付的费用，应当以汇票等形式支付并通过原途径转交被请求国相关机构。

第五章 外国法院委托我国法院协助进行民商事案件调查取证

第三十四条 最高人民法院国际司法协助统一管理部门收到中央机关转来的外国法院依据海牙取证公约或者双边民事司法协助条约提出的民商事案件调查取证请求后，应当按照下列标准进行审查：

（一）有中央机关的转递函或者请求书；

（二）依据海牙取证公约提出调查取证请求的，该公约在我国与请求国之间已经生效；依据双边民事司法协助条约提出调查取证请求的，该条约已经生效；

（三）属于海牙取证公约或者双边民事司法协助条约规定的范围；

（四）属于人民法院的办理范围；

（五）不具有海牙取证公约或者双边民事司法协助条约中规定的拒绝提供协助的情形；

（六）请求方要求采取特殊方式调查取证的，所要求的特殊方式与我国法律不相抵触，且在实践中不存在无法办理或者办理困难的情形；

（七）请求书及其附件有中文译文或者符合海牙取证公约、双边民事司法协助条约规定的语种译文；

（八）其他应当审查的事项。

第三十五条 我国法院委托外国协助调查取证，请求书及其附件附有双边民事司法协助条约规定的第三方文字译文，但被请求国依然要求必须附有该国官方文字译文的，按照对等原则，该国委托我国协助调查取证的请求书及其附件应当附有中文译文。

第三十六条 最高人民法院国际司法协助统一管理部门审查合格的，应当制作转递函，与请求书及其附件一并转递证据或者证人所在地高级人民法院国际司法协助统一管理部门。同一调查取证请求中的证人或者证据位于不同高级人民法院辖区的，最高人民法院可以指定其中一个高级人民法院统一办理。如有需要，相关高级人民法院应当给予必要的协助。

第三十七条 高级人民法院国际司法协助统一管理部门收到最高人民法院转来的调查取证请求后，应当会同本院审判部门进一步审查。审查后认为可以提供协助的，应当制作转递函，与请求书及其附件一并转递证据或者证人所在地中级或者基层人民法院审查、办理。高级人民法院认为本院办理更为适宜的，可以直接办理。

第三十八条 调查取证请求应当由相应的审判部门的法官办理。

第三十九条 调查取证完毕后，办理调查取证的法官应当对调查取证结果按照下列标准进行审查：

（一）调查取证的内容符合请求书的要求；

（二）不含有明确标注密级的材料；

（三）调查取证结果对外提供后不存在损害国家主权、安全、泄露国家秘密、侵犯商业秘密等情形；

（四）提供的证据材料符合民事诉讼法和相关司法解释规定的形式要件；

（五）其他应当审查的事项。

第四十条 办理调查取证的法官审查合格后，应当将调查取证结果转递本院国际司法协助专办员。国际司法协助专办员应当参照第三十九条的规定对调查取证结果进行审查。审查合格的，应当制作转递函，与调查取证结果一并转递高级人民法院国际司法协助统一管理部门。

第四十一条 高级人民法院收到调查取证结果后，应当参照第三十九条的规定进行审查。审查合格的，应当制作转递函，与调查取证结果一并转递最高人民法院国际司法协助统一管理部门。

第四十二条 对于存在第三十九条第（三）项情形的证据材料，各级人民法院应当在转递函中注明，并将该材料按照第四十条、第四十一条的规定与其他材料一并转递。

第四十三条 最高人民法院收到高级人民法院转来的转递函和调查取证结果后，应当进行审查，认为可以转交请求方的，应当及时转交中央机关。

第四十四条 我国法院协助外国法院调查取证产生的费用，根据海牙取证公约或者双边民事司法协助条约应当由请求方支付的，由办理调查取证的法院提出收费依据和费用清单，通过高级人民法院国际司法协助统一管理部门报请最高人民法院国际司法协助统一管理部门审核。最高人民法院认为应当收取的，通过中央机关要求请求方支付。请求方支付的费用，通过原途径转交办理调查取证的法院。

第六章 附 则

第四十五条 人民法院办理民商事案件司法文书送达的送达回证、送达证明在各个转递环节均应当扫描为 PDF 文件以电子文档的形式保存，保存期限为三年；人民法院办理民商事案件调查取证的材料应当作为档案保存。

第四十六条 通过外交途径办理民商事案件司法文书送达、调查取证，以及向在国外的中国籍公民进行简单询问形式的调查取证，不适用本实施细则。

第四十七条 本实施细则自 2013 年 5 月 2 日起试行。

最高人民法院
关于指定北京市、上海市、广东省、浙江省、江苏省高级人民法院依据海牙送达公约和海牙取证公约直接向外国中央机关提出和转递司法协助请求和相关材料的通知

2003年9月23日　　　　　　　　　　　　　法办〔2003〕297号

北京市、上海市、广东省、浙江省、江苏省高级人民法院：

为进一步提高国际司法协助工作效率，更好的为审判工作服务，我院决定，指定你院就涉及海牙送达公约、海牙取证公约的司法协助工作进行试点，由高级人民法院直接对公约成员国中央机关提出和转递司法协助请求书和相关材料。

试点工作所涉司法协助范围包括：

1. 依照《关于向国外送达民事或商事司法文书和司法外文书公约》，直接向海牙送达公约成员国中央机关提出和转递本院及下级人民法院依据海牙送达公约提出的送达民事司法文书和司法外文书的请求书及相关材料；但海牙送达公约成员国中与我国签订含有民事司法协助内容的双边司法协助条约的，按条约规定的途径办理；

2. 依照《关于从国外获取民事或商事证据公约》，直接向海牙取证公约成员国中接受我国加入并且该公约已在我国与该国之间生效的成员国中央机关提出和转递本院及下级人民法院依据海牙取证公约提出的涉外民事调查取证的请求书及相关材料。但上述成员国中与我国签订含有民事司法协助内容的双边司法协助条约的，按条约规定的途径办理。

依我国和外国签订的双边司法协助条约，规定由双方中央机关负责转递的司法协助请求，需通过外交途径、领事途径提出的司法协助事务，仍按原程序办理。

你院在试点工作中，应当严格审批程序，提高工作质量和效率。建立催询制度，三个月后发文催询。注意调查研究，总结经验。建立统计备案制度，有关统计数据，每半年报送我院外事局一次。工作中发现问题注意研究并及时报我院处理。

试点工作自2003年11月1日始。

最高人民法院
关于涉外民事或商事案件司法文书送达问题若干规定

(2006年7月17日最高人民法院审判委员会第1394次会议通过 根据2020年12月23日最高人民法院审判委员会第1823次会议通过的《最高人民法院关于修改〈最高人民法院关于人民法院民事调解工作若干问题的规定〉等十九件民事诉讼类司法解释的决定》修正)

为规范涉外民事或商事案件司法文书送达,根据《中华人民共和国民事诉讼法》(以下简称民事诉讼法)的规定,结合审判实践,制定本规定。

第一条 人民法院审理涉外民事或商事案件时,向在中华人民共和国领域内没有住所的受送达人送达司法文书,适用本规定。

第二条 本规定所称司法文书,是指起诉状副本、上诉状副本、反诉状副本、答辩状副本、传票、判决书、调解书、裁定书、支付令、决定书、通知书、证明书、送达回证以及其他司法文书。

第三条 作为受送达人的自然人或者企业、其他组织的法定代表人、主要负责人在中华人民共和国领域内的,人民法院可以向该自然人或者法定代表人、主要负责人送达。

第四条 除受送达人在授权委托书中明确表明其诉讼代理人无权代为接收有关司法文书外,其委托的诉讼代理人为民事诉讼法第二百六十七条第(四)项规定的有权代其接受送达的诉讼代理人,人民法院可以向该诉讼代理人送达。

第五条 人民法院向受送达人送达司法文书,可以送达给其在中华人民共和国领域内设立的代表机构。

受送达人在中华人民共和国领域内有分支机构或者业务代办人的,经该受送达人授权,人民法院可以向其分支机构或者业务代办人送达。

第六条 人民法院向在中华人民共和国领域内没有住所的受送达人送达司法文书时,若该受送达人所在国与中华人民共和国签订有司法协助协定,可以依照司法协助协定规定的方式送达;若该受送达人所在国是《关于向国外送达民事或商事司法文书和司法外文书公约》的成员国,可以依照该公约规定的方式送达。

依照受送达人所在国与中华人民共和国缔结或者共同参加的国际条约中规定的方式送达的,根据《最高人民法院关于依据国际公约和双边司法协助条约办理民商事案件司法文书送达和调查取证司法协助请求的规定》办理。

第七条 按照司法协助协定、《关于向国外送达民事或商事司法文书和司法外文书公约》或者外交途径送达司法文书,自我国有关机关将司法文书转递受送达人所在国有关机关之日起满六个月,如果未能收到送达与否的证明文件,且根据各种情况不足以认定已经送达的,视为不能用该种方式送达。

第八条 受送达人所在国允许邮寄送达的,人民法院可以邮寄送达。

邮寄送达时应附有送达回证。受送达人未在送达回证上签收但在邮件回执上签收的,视为送达,签收日期为送达日期。

自邮寄之日起满三个月,如果未能收到送达与否的证明文件,且根据各种情况不足以认定已经送达的，视为不能用邮寄方式送达。

第九条 人民法院依照民事诉讼法第二百六十七条第（八）项规定的公告方式送达时，公告内容应在国内外公开发行的报刊上刊登。

第十条 除本规定上述送达方式外，人民法院可以通过传真、电子邮件等能够确认收悉的其他适当方式向受送达人送达。

第十一条 除公告送达方式外，人民法院可以同时采取多种方式向受送达人进行送达，但应根据最先实现送达的方式确定送达日期。

第十二条 人民法院向受送达人在中华人民共和国领域内的法定代表人、主要负责人、诉讼代理人、代表机构以及有权接受送达的分支机构、业务代办人送达司法文书，可以适用留置送达的方式。

第十三条 受送达人未对人民法院送达的司法文书履行签收手续，但存在以下情形之一的，视为送达：

（一）受送达人书面向人民法院提及了所送达司法文书的内容；

（二）受送达人已经按照所送达司法文书的内容履行；

（三）其他可以视为已经送达的情形。

第十四条 人民法院送达司法文书，根据有关规定需要通过上级人民法院转递的，应附申请转递函。

上级人民法院收到下级人民法院申请转递的司法文书，应在七个工作日内予以转递。

上级人民法院认为下级人民法院申请转递的司法文书不符合有关规定需要补正的，应在七个工作日内退回申请转递的人民法院。

第十五条 人民法院送达司法文书，根据有关规定需要提供翻译件的，应由受理案件的人民法院委托中华人民共和国领域内的翻译机构进行翻译。

翻译件不加盖人民法院印章，但应由翻译机构或翻译人员签名或盖章证明译文与原文一致。

第十六条 本规定自公布之日起施行。

全国人大常委会
关于批准加入《关于向国外送达民事或商事司法文书和司法外文书公约》的决定

（1991年3月2日通过）

第七届全国人民代表大会常务委员会第十八次会议决定：批准加入1965年11月15日订于海牙的《关于向国外送达民事或商事司法文书和司法外文书公约》，同时：

一、根据公约第二条和第九条规定，指定中华人民共和国司法部为中央机关和有权接收外国通过领事途径转递的文书的机关。

二、根据公约第八条第二款声明，只在文书须送达给文书发出国国民时，才能采用该条第一款所规定的方式在中华人民共和国境内进行送达。

三、反对采用公约第十条所规定的方式在中华人民共和国境内进行送达。

四、根据公约第十五条第二款声明，在符合该款规定的各项条件的情况下，即使未收到任何送达或交付的证明书，法官仍可不顾该条第一款的规定，作出判决。

五、根据第十六条第三款声明，被告要求免除丧失上诉权效果的申请只能在自判决之日起的一年内提出，否则不予受理。

关于向国外送达民事或商事司法文书和司法外文书公约[*]

（1965 年 11 月 15 日订于海牙）

本公约缔约国，希望创立适当方法，以确保须予送达到国外的司法文书和司法外文书在足够的时间内为收件人所知悉，希望通过简化并加快有关程序，改进为此目的而进行相互司法协助的体制，为此目的，兹决定缔结一项公约，并议定下列各条：

第一条 在所有民事或商事案件中，如有须递送司法文书或司法外文书以便向国外送达的情形，均应适用本公约。

在文书的受送达人地址不明的情况下，本公约不予适用。

第一章 司法文书

第二条 每一缔约国应指定一个中央机关，负责根据第三条至第六条的规定，接收来自其它缔约国的送达请求书，并予以转递。

每一缔约国应依其本国法律组建中央机关。

第三条 依文书发出国法律有权主管的当局或司法助理人员应将符合本公约所附范本的请求书送交文书发往国中央机关，无须认证或其它类似手续。

请求书应附有须予送达的文书或其副本。请求书和文书均须一式两份。

第四条 如中央机关认为该请求书不符合本公约的规定，应及时通知申请者，并说明其对请求书的异议。

第五条 文书发往国中央机关应按照下列方法之一，自行送达该文书，或安排经由一适当机构使之得以送达：

（一）按照其国内法规定的在国内诉讼中对在其境内的人员送达文书的方法，或

（二）按照申请者所请求采用的特定方法，除非这一方法与文书发往国法律相抵触。

除本条第一款第（二）项规定外，均可通过将文书交付自愿接受的收件人的方法进行送达。

如依上述第一款送达文书，则中央机关可要求该文书以文书发往国的官方文字或其中之一写成，或译为该种文字。

依本公约所附格式填写的请求书中包括被送达文书概要的部分应连同文书一并送达。

第六条 文书发往国中央机关或该国为此目的的可能指定的任何机关应依本公约所附范本格式出具证明书。

证明书应说明文书已经送达，并应包括送达的方法、地点和日期，以及文书被交付人。如文书并未送达，则证明书中应载明妨碍送达的原因。

---

[*] 本公约缔约国相关信息可以从海牙国际私法会议（HCCH）网站查询，网址为 https://www.hcch.net/en/instruments/conventions/status-table/?cid=17，最后访问时间：2024 年 1 月 25 日。——编者注

申请者可要求非中央机关或司法机关出具的证明书由上述一个机关副署。

证明书应直接送交申请者。

第七条 本公约所附范本的标准栏目均应用法文或英文写成，亦可用文书发出国的官方文字或其中之一写成。

相应空格应用文书发往国文字或法文或英文填写。

第八条 每一缔约国均有权直接通过其外交或领事代表机构向身在国外的人完成司法文书的送达，但不得采用任何强制措施。

任何国家均可声明其对在其境内进行此种送达的异议，除非该文书须送达给文书发出国国民。

第九条 此外，每一缔约国有权利用领事途径将文书送交另一缔约国为此目的指定的机关，以便送达。

如有特殊情况需要，每一缔约国可为同一目的使用外交途径。

第十条 如送达目的地国不表异议，本公约不妨碍：

（一）通过邮寄途径直接向身在国外的人送交司法文书的自由；

（二）文书发出国的司法助理人员、官员或其他主管人员直接通过送达目的地国的司法助理人员、官员或其他主管人员完成司法文书的送达的自由；

（三）任何在司法程序中有利害关系的人直接通过送达目的地国的司法助理人员、官员或其他主管人员完成司法文书的送达的自由。

第十一条 本公约不妨碍两个或更多缔约国达成协议，允许采用上述各条文所规定的递送途径以外的途径，特别是通过其各自机关直接联系的途径，以便送达司法文书。

第十二条 发自缔约一国的司法文书的送达不应产生因文书发往国提供服务所引起的税款或费用的支付或补偿。

申请者应支付或补偿下列情况产生的费用：

（一）有司法助理人员或依送达目的地国法律主管人员的参与；

（二）特定送达方法的使用。

第十三条 如果送达请求书符合本公约的规定，则文书发往国只在其认为执行请求将损害其主权或安全时才可拒绝执行。

一国不得仅根据下列理由拒绝执行，即：依其国内法，该国主张对该项诉讼标的专属管辖权，或其国内法不允许进行该项申请所依据的诉讼。

在拒绝执行的情况下，中央机关应迅速通知申请者，并说明拒绝的理由。

第十四条 在为了送达而递送司法文书的过程中可能产生的困难，应通知外交途径解决。

第十五条 如须根据本公约向国外递送传票或类似文书，以便送达，而被告没有出庭，则在确定以下情况之前，不得作出判决：

（一）该文书已依文书发往国的国内法所规定的在国内诉讼中对在其境内的人送达文书的方法予以送达；或

（二）该文书已依本公约规定的其它方法被实际交付被告或其居所。

并且，在上述任何一种情况下，送达或交付均应在能保证被告进行答辩的足够时间内完成。

每一缔约国均可声明，只要满足下述条件，即使未收到送达或交付的证明书，法官仍可不顾本条第一款的规定，作出判决：

（一）已依本公约所规定的一种方法递送该文书；

（二）法官根据具体案件认为自递送文书之日起不少于六个月的适当期间已满；

（三）尽管为获取证明书已通过文书发往国的主管机关尽了一切合理的努力，但仍未收到任何种类的证明书。

虽有上述各款规定，法官仍可在紧急情况下决定采取任何临时性或保护性的措施。

第十六条 如须根据本公约向国外递送传票或类似文书，以便送达，且已对未出庭的被告作出败诉判决，则在满足下述条件的情况下，法官有权使被告免于该判决因上诉期间届满所产生的丧失上诉权的效果：

（一）被告非因自己的过失，未能在足够期间内知悉该文书，以便提出答辩，或未能在足够期间内知悉该判决，以便提起上诉，并

（二）被告对该案的实质问题提出了表面可以成立的答辩理由。

被告只能在其知悉该判决后的合理期间内提出免除丧失上诉权效果的申请。

每一缔约国均可声明对在该声明中所指明的期间届满后提出的申请不予受理，但这一期间在任何情况下均不得少于自判决之日起的一年。

本条不适用于有关人的身份或能力的判决。

第二章 司法外文书

第十七条 缔约一国的机关和司法助理人员发出的司法外文书可依本公约的方法并按照本公约各条规定递送到缔约另一国，以便送达。

第三章 一般条款

第十八条 每一缔约国除指定中央机关外，还可指定其它机关，并应确定这些机关的主管范围。

但在任何情况下，申请者均有权将请求书直接送交中央机关。

联邦制国家有权指定一个以上的中央机关。

第十九条 只要缔约国的国内法允许使用上述各条规定之外的其他方法递送来自国外的文书，以便在其境内送达，本公约不影响此类规定。

第二十条 本公约不妨碍两个或更多的缔约国达成协议，以免除下列规定的适用：

（一）第三条第二款关于须予递送的文书必须一式两份的要求；

（二）第五条第三款和第七条关于文字的要求；

（三）第五条第四款的规定；

（四）第十二条第一款的规定。

第二十一条 每一缔约国均应在其交存批准书或加入书时或在此之后，就下述事项通知荷兰外交部：

（一）根据第二条和第十八条指定的机关；

（二）根据第六条指定的有权出具证明书的机关；

（三）根据第九条指定的有权接收通过领事途径递送的文书的机关。

适当时，每一缔约国还应通知荷兰外交部：

（一）对使用第八条和第十条所规定的递送方法所提出的异议；

（二）根据第十五条第二款和第十六条第三款所作出的声明；

（三）对上述指定、异议和声明的任何修改。

第二十二条 如本公约当事国亦为1905年7月17日和1954年3月1日订于海牙的两个《民事诉讼程序公约》或其中之一的缔约国，则本公约应在这些国家之间取代上述两公约第一条至第七条的规定。

第二十三条 本公约不应影响1905年7月17日订于海牙的《民事诉讼程序公约》第二十三条和1954年3月1日订于海牙的《民事诉讼程序公约》第二十四条的适用。

但只在使用与上述公约规定一致的联系方法时才应适用这些条款。

第二十四条 1905年和1954年公约当事国之间缔结的补充协定应被认为同样适用于本公约，除非上述当事国另有协议。

第二十五条 在不损害第二十二条和第二十四条规定的情况下，本公约不损及缔约国已经或将要成为当事国并含有本公约所规定事项的条款的其它公约。

第二十六条 本公约应开放供出席海牙国际私法会议第十届会议的国家签署。

本公约须经批准，批准书应交存荷兰外

交部。

第二十七条 本公约自第二十六条第二款所指的第三份批准书交存后的第六十天起生效。

对于此后批准本公约的签署国，本公约自其交存批准书后的第六十天起对其生效。

第二十八条 在本公约依第二十七条第一款规定生效后，任何未出席海牙国际私法会议第十届会议的国家均可加入本公约。加入书应交存荷兰外交部。

如该加入书交存前已批准本公约的国家在荷兰外交部将这一加入行为通知该国之日后六个月期间内并未通知荷兰外交部表示异议，则本公约对该加入国生效。

如未提出任何异议，则本公约自前款所指的最后期间届满后下个月的第一天起对该加入国生效。

第二十九条 任何国家均可在签署、批准或加入时声明，本公约应扩展适用于其为之负责国际关系的全部领土，或其中一个或几个部分。这类声明自本公约对有关国家生效之日起发生效力。

在其后任何时候，此类扩展适用事项均应通知荷兰外交部。

本公约自前款所指的通知发出后第六十天起对扩展适用通知中所提及的领土生效。

第三十条 本公约自依第二十七条第一款规定生效之日起五年有效，即使对后来批准或加入本公约的国家亦如此。

如未经通知退出，本公约应每五年自动展期一次。

任何退出通知均须在五年期满的至少六个月前通知荷兰外交部。

这类退出通知可仅限于适用本公约的某些领土。

此项退出通知只对通知退出的国家有效。本公约对其它缔约国应继续有效。

第三十一条 荷兰外交部应将下述事项通知第二十六条所指的国家以及已依第二十八条加入本公约的国家：

（一）第二十六条所指的签署和批准；

（二）本公约依第二十七条第一款生效的日期；

（三）第二十八条所指的加入及其生效日期；

（四）第二十九条所指的扩展适用及其生效日期；

（五）第二十一条所指的指定、异议和声明；

（六）第三十条第三款所指的退出通知。

下列签署人经正式授权，签署本公约，以昭信守。

1965年11月15日订于海牙，用英文和法文写成，两种文本同一作准。正本一份，存于荷兰政府档案库。经证明无误的副本应通过外交途径送交出席海牙国际私法会议第十届会议的各国。

最高人民法院　外交部　司法部
关于执行《关于向国外送达民事或商事司法文书和司法外文书公约》有关程序的通知

1992年3月4日　　　　　　　　　外发〔1992〕8号

全国各有关法院、各驻外使领馆：

1991年3月2日，第七届全国人民代表大会常务委员会第十八次会议决定批准我国加入1965年11月15日订于海牙的《关于向国外送达民事或商事司法文书和司法外文书公约》（以下简称《公约》），并指定司法部为中央机关和有权接收外国通过领事途径转递的文书的机关。该公约已自1992年1月1日起对我国生效。现就执行该公约的有关程序通知如下：

一、凡公约成员国驻华使、领馆转送该国法院或其他机关请求我国送达的民事或商事司法文书，应直接送交司法部，由司法部转递给最高人民法院，再由最高人民法院交有关人民法院送达给当事人。送达证明由有关人民法院交最高人民法院退司法部，再由司法部送交该国驻华使、领馆。

二、凡公约成员国有权送交文书的主管当局或司法助理人员直接送交司法部请求我国送达的民事或商事司法文书，由司法部转递给最高人民法院，再由最高人民法院交有关人民法院送达给当事人。送达证明由有关人民法院交最高人民法院退司法部，再由司法部送交该国主管当局或司法助理人员。

三、对公约成员国驻华使、领馆直接向其在华的本国公民送达民事或商事司法文书，如不违反我国法律，可不表示异议。

四、我国法院若请求公约成员国向该国公民或第三国公民或无国籍人送达民事或商事司法文书，有关中级人民法院或专门人民法院将请求书和所送达司法文书送有关高级人民法院转最高人民法院，由最高人民法院送司法部转送给该国指定的中央机关；必要时，也可由最高人民法院送我国驻该国使馆转送给该国指定的中央机关。

五、我国法院欲向在公约成员国的中国公民送达民事或商事司法文书，可委托我国驻该国的使、领馆代为送达。委托书和所送司法文书应由有关中级人民法院或专门人民法院送有关高级人民法院转最高人民法院，由最高人民法院径送或经司法部转送我国驻该国使、领馆送达给当事人。送达证明按原途径退有关法院。

六、非公约成员国通过外交途径委托我国法院送达的司法文书按最高人民法院、外交部、司法部1986年6月14日联名颁发的外发（1986）47号《关于我国法院和外国法院通过外交途径相互委托送达法律文书若干问题的通知》办理。公约成员国在特殊情况下通过外交途径请求我国法院送达的司法文书，也按上述文件办理。

七、我国与公约成员国签订有司法协助协定的，按协定的规定办理。

八、执行公约中需同公约成员国交涉的事项由外交部办理。

九、执行公约的其他事项由司法部商有关部门办理。

注：截至1991年12月，下列国家批准或加入了该公约：中国、比利时、加拿大、塞浦路斯、捷克和斯洛伐克、丹麦、埃及、芬兰、法国、德

国、希腊、以色列、意大利、日本、卢森堡、荷兰、挪威、葡萄牙、西班牙、瑞典、土耳其、英国、美国、安提瓜与巴布达、巴巴多斯、博茨瓦纳、巴基斯坦、马拉维、塞舌尔；下列国家签署了该公约：爱尔兰、瑞士。

最高人民法院　外交部　司法部
关于我国法院和外国法院通过外交途径相互委托送达法律文书若干问题的通知

1986年8月14日　　　　　　　　　　　外发〔1986〕47号

全国各有关法院、各驻外使领馆：

目前，在我国与外国没有双边协议的情况下，有关涉外民事、经济等方面诉讼的法律文书，一般按互惠原则通过外交途径送达。过去，由于送达的法律文书不多，没有制定统一的规定。随着我国实行对外开放政策，涉外民事、经济等方面诉讼案件中需要送达的法律文书日益增多，为适应新的形势，针对过去在法律文书送达方面的问题，现根据我国民事诉讼法（试行）的有关规定，对我国法院和外国法院通过外交途径相互委托送达民事、经济等方面诉讼的法律文书的若干问题通知如下：

一、凡已同我国建交国家的法院，通过外交途径委托我国法院向我国公民或法人以及在华的第三国或无国籍当事人送达法律文书，除该国同我国已订有协议的按协议办理外，一般根据互惠原则按下列程序和要求办理：

1. 由该国驻华使馆将法律文书交外交部领事司转递给有关高级人民法院，再由该高级人民法院指定有关中级人民法院送达给当事人。当事人在所附送达回证上签字后，中级人民法院将送达回证退高级人民法院，再通过外交部领事司转退给对方；如未附送达回证，则由有关中级人民法院出具送达证明交有关高级人民法院，再通过外交部领事司转给对方。

2. 委托送达法律文书须用委托书。委托书和所送法律文书须附有中文译本。

3. 法律文书的内容有损我国主权和安全的，予以驳回；如受送达人享有外交特权和豁免，一般不予送达；不属于我国法院职权范围或因地址不明或其他原因不能送达的，由有关高级人民法院提出处理意见或注明妨碍送达的原因，由外交部领事司向对方说明理由，予以退回。

二、外国驻华使、领馆可以直接向其在华的本国国民送达法律文书，但不得损害我国主权和安全，不得采取强制措施。如对方通过外交途径委托我方向其在华的该国国民送达法律文书，亦可按第一条的规定予以送达。

三、对拒绝转递我国法院通过外交途径委托送达法律文书的国家或有特殊限制的国家，我国根据情况采取相应措施。

四、我国法院通过外交途径向国外当事人送达法律文书，应按下列程序和要求办理：

1. 要求送达的法律文书须经省、自治区、直辖市高级人民法院审查，由外交部领事司负责转递。

2. 须准确注明受送达人姓名、性别、年龄、国籍及其在国外的详细外文地址，并将该案的基本情况函告外交部领事司，以便转递。

3. 须附有送达委托书。如对方法院名称不明，可委托当事人所在地区主管法院。委托书和所送法律文书还须附有该国文字或该国同意使用的第三国文字译本。如该国对委托书及法律文书有公证、认证等特殊要求，将由外交部领事司逐案通知。

五、我国法院向在外国领域内的中国籍当事人送达法律文书，如该国允许我使、领馆直接送达，可委托我驻该国使、领馆送达。此类法律文书可不必附有外文译本。

六、我国法院和外国法院通过外交途径相互委托送达法律文书的收费，一般按对等原则办理。外国法院支付我国法院代为送达法律文书的费用，由外交部领事司转交有关高级人民法院；我国法院支付外国法院代为送达法律文书的费用，由有关高级人民法院交外交部领事司转递。但应委托一方要求用特殊方式送达法律文书所引起的费用，由委托一方负担。

七、中、日（本）双方法院委托对方法院代为送达法律文书，除按上述有关原则办理外，还应依照最高人民法院一九八二年十月十二日《关于中、日两国之间委托送达法律文书使用送达回证问题的通知》办理。

八、我国法院和外国法院通过外交途径相互委托代为调查或取证，参照以上有关规定办理。

本通知自发出之日起实行。执行中有何问题，请报有关单位。

最高人民法院
关于依据原告起诉时提供的被告住址无法送达应如何处理问题的批复

法释〔2004〕17号

（2004年10月9日最高人民法院审判委员会第1328次会议通过 2004年11月25日最高人民法院公告公布 自2004年12月2日起施行）

近来，一些高级人民法院就人民法院依据民事案件的原告起诉时提供的被告住址无法送达应如何处理问题请示我院。为了正确适用法律，保障当事人行使诉讼权利，根据《中华人民共和国民事诉讼法》的有关规定，批复如下：

人民法院依据原告起诉时所提供的被告住址无法直接送达或者留置送达，应当要求原告补充材料。原告因客观原因不能补充或者依据原告补充的材料仍不能确定被告住址的，人民法院应当依法向被告公告送达诉讼文书。人民法院不得仅以原告不能提供真实、准确的被告住址为由裁定驳回起诉或者裁定终结诉讼。

因有关部门不准许当事人自行查询其他当事人的住址信息，原告向人民法院申请查询的，人民法院应当依原告的申请予以查询。

最高人民法院
关于向居住在外国的我国公民送达司法文书问题的复函

1993 年 11 月 19 日　　　　　　法民字〔1993〕第 34 号

外交部领事司：

你司转来的我国驻纽约总领事馆"关于向我国公民和华人送达司法文书事的请示"收悉。经研究，现答复如下：

一、关于我国人民法院向海牙送达公约成员国送达民、商事司法文书的程序问题，最高人民法院、外交部、司法部外发（1992）8 号《关于执行〈关于向国外送达民事或商事司法文书和司法外文书公约〉有关程序的通知》和司发通（1992）093 号《关于印发〈关于执行海牙送达公约〉的实施办法的通知》中已有明确规定，即我国法院若请求公约成员国向该国公民或第三国公民或无国籍人送达民事或商事司法文书，有关中级人民法院或专门人民法院应将请求书和所送司法文书送有关高级人民法院转最高人民法院，由最高人民法院送司法部转送给该国指定的中央机关；必要时也可由最高人民法院送我国驻该国使馆转送给该国指定的中央机关。我国法院向在公约成员国的中国公民送达民事或商事司法文书，可委托我国驻该国的使、领馆代为送达。委托书和所送司法文书应由有关中级人民法院或专门人民法院送有关高级人民法院转最高人民法院，由最高人民法院径送或经司法部转送我国驻该国使领馆送达给当事人。送达证明按原途径退委托法院。

二、接到我国法院委托送达司法文书的使、领馆发现委托法院有违反规定的送达程序或者司法文书的格式不规范、地址不详细等情况以致不能完成送达时，应备函说明原因，将司法文书及时退回原委托法院。

三、一方或双方居住在外国的中国公民就同一案件，不论其起诉案由如何，分别向我国法院和外国法院起诉，我国法院已经受理，或者正在审理，或者已经判决的案件，不发生人民法院承认和执行外国法院判决的问题。在我国领域内，我国法院发生法律效力的判决，或者我国法院裁定承认的外国法院判决，对当事人具有拘束力。

四、关于我驻纽约总领事馆请示函所提司法文书邮寄给当事人后，当事人未及时退回送达回证，应如何回复原委托法院问题，我们意见仍按外交部领事司领五函（1991）12 号《关于送达司法文书若干问题的说明》第三、四、五的规定办理。对使、领馆在驻在国通过邮寄方式送达的诉讼文书，经过一定时间（由使领馆根据具体情况掌握，如一个月内），送达回证、回执等没有退回，但根据各种情况足以认定已经送达的，可以将情况写明函复委托法院，由委托法院依法确定送达日期。

全国人民代表大会常务委员会关于我国加入《关于从国外调取民事或商事证据的公约》的决定

(1997年7月3日通过)

第八届全国人民代表大会常务委员会第二十六次会议决定,中华人民共和国加入1970年3月18日订于海牙的《关于从国外调取民事或商事证据的公约》,同时:

一、根据公约第二条,指定中华人民共和国司法部为负责接收来自另一缔约国司法机关的请求书,并将其转交给执行请求的主管机关的中央机关;

二、根据公约第二十三条声明,对于普通法国家旨在进行审判前文件调查的请求书,仅执行已在请求书中列明并与案件有直接密切联系的文件的调查请求;

三、根据公约第三十三条声明,除第十五条以外,不适用公约第二章的规定。

关于从国外调取民事或商事证据的公约[*]

(1970年3月18日订于海牙,1972年10月7日生效,1998年2月6日对我国生效,并适用于香港、澳门特别行政区)

本公约签字国,

希望便利请求书的转递和执行,并促进他们为此目的而采取的不同方法的协调,

希望增进相互间在民事或商事方面的司法合作,

为此目的,兹决定缔结一项公约,并议定下列各条:

第一章 请 求 书

第一条 在民事或商事案件中,每一缔约国的司法机关可以根据该国的法律规定,通过请求书的方式,请求另一缔约国主管机关调取证据或履行某些其他司法行为。

请求书不得用来调取不打算用于已经开始或即将开始的司法程序的证据。

"其他司法行为"一词不包括司法文书的送达或颁发执行判决或裁定的任何决定,或采取临时措施或保全措施的命令。

第二条 每一缔约国应指定一个中央机关负责接收来自另一缔约国司法机关的请求书,并将其转交给执行请求的主管机关。各缔约国应依其本国法律组建该中央机关。

---

[*] 本公约缔约国相关信息可以从海牙国际私法会议(HCCH)网站查询,网址为 https://www.hcch.net/en/instruments/conventions/status-table/?cid=82,最后访问时间:2024年1月25日。——编者注

请求书应直接送交执行国中央机关，无需通过该国任何其他机关转交。

第三条　请求书应载明：

（一）请求执行的机关，以及如果请求机关知道，被请求执行的机关；

（二）诉讼当事人的姓名和地址，以及如有的话，他们的代理人的姓名和地址；

（三）需要证据的诉讼的性质，及有关的一切必要资料；

（四）需要调取的证据或需履行的其他司法行为。

必要时，请求书还应特别载明：

（五）需询问的人的姓名和地址；

（六）需向被询问人提出的问题或对需询问的事项的说明；

（七）需检查的文书或其他财产，包括不动产或动产；

（八）证据需经宣誓或确认的任何要求，以及应使用的任何特殊格式；

（九）依公约第九条需采用的任何特殊方式或程序。

请求书还可以载明为适用第十一条所需的任何资料。

不得要求认证或其他类似手续。

第四条　请求书应以被请求执行机关的文字作成或附该种文字的译文。

但是，除非缔约国已根据第三十三条提出保留，缔约国应该接受以英文或法文作成或附其中任何一种文字译文的请求书。

具有多种官方文字并且因国内法原因不能在其全部领土内接受由其中一种文字作成的请求书的缔约国，应通过声明方式指明请求书在其领土的特定部分内执行时应使用的文字或译文。如无正当理由而未能遵守这一声明，译成所需文字的费用由请求国负担。

每一缔约国可用声明方式指明除上述各款规定的文字以外，送交其中央机关的请求书可以使用的其他文字。

请求书所附的任何译文应经外交官员、领事代表或经宣誓的译员或经两国中的一国授权的任何其他人员证明无误。

第五条　如果中央机关认为请求书不符合本公约的规定，应立即通知向其送交请求书的请求国机关，指明对该请求书的异议。

第六条　如被送交请求书的机关无权执行请求，应将请求书及时转交根据其国内法律规定有权执行的本国其他机关。

第七条　如请求机关提出请求，应将进行司法程序的时间和地点通知该机关，以便有关当事人和他们已有的代理人能够出席。如果请求机关提出请求，上述通知应直接送交当事人或他们的代理人。

第八条　缔约国可以声明，在执行请求时，允许另一缔约国请求机关的司法人员出席。对此，声明国可要求事先取得其指定的主管机关的授权。

第九条　执行请求书的司法机关应适用其本国法规定的方式和程序。

但是，该机关应采纳请求机关提出的采用特殊方式或程序的请求，除非其与执行国国内法相抵触或因其国内惯例和程序或存在实际困难而不可能执行。

请求书应迅速执行。

第十条　在执行请求时，被请求机关应在其国内法为执行本国机关的决定或本国诉讼中当事人的请求而规定的相同的情况和范围内，采取适当的强制措施。

第十一条　在请求书的执行过程中，在下列情况下有拒绝作证的特权或义务的有关人员，可以拒绝提供证据：

（一）根据执行国法律，或

（二）根据请求国法律，并且该项特权或义务已在请求书中列明，或应被请求机关的要求，已经请求机关另行确认。

此外，缔约国可以声明在声明指定的范围内，尊重请求国和执行国以外的其他国家法律规定的特权或义务。

第十二条　只有在下列情况下，才能拒绝执行请求书：

（一）在执行国，该请求书的执行不属于司法机关的职权范围；或

（二）被请求国认为，请求书的执行将

会损害其主权和安全。

执行国不能仅因其国内法已对该项诉讼标的规定专属管辖权或不承认对该事项提起诉讼的权利为理由，拒绝执行请求。

第十三条　证明执行请求书的文书应由被请求机关采用与请求机关所采用的相同途径送交请求机关。

在请求书全部或部分未能执行的情况下，应通过相同途径及时通知请求机关，并说明原因。

第十四条　请求书的执行不产生任何性质的税费补偿。

但是，执行国有权要求请求国偿付支付给鉴定人和译员的费用和因采用请求国根据第九条第二款要求采用的特殊程序而产生的费用。

如果被请求国法律规定当事人有义务收集证据，并且被请求机关不能亲自执行请求书，在征得请求机关的同意后，被请求机关可以指定一位适当的人员执行。在征求此种同意时，被请求机关应说明采用这一程序所产生的大致费用。如果请求机关表示同意，则应偿付由此产生的任何费用；否则请求机关对该费用不承担责任。

第二章　外交官员、领事代表和特派员取证

第十五条　在民事或商事案件中，每一缔约国的外交官员或领事代表在另一缔约国境内其执行职务的区域内，可以向他所代表的国家的国民在不采取强制措施的情况下调取证据，以协助在其代表的国家的法院中进行的诉讼。

缔约国可以声明，外交官员或领事代表只有在自己或其代表向声明国指定的适当机关递交了申请并获得允许后才能调取证据。

第十六条　在符合下列条件的情况下，每一缔约国的外交官员或领事代表在另一缔约国境内其执行职务的区域内，亦可以向他执行职务地所在国或第三国国民在不采取强制措施的情况下调取证据，以协助在其代表的国家的法院中进行的诉讼：

（一）他执行职务地所在国指定的主管机关已给予一般性或对特定案件的许可，并且

（二）他遵守主管机关在许可中设定的条件。

缔约国可以声明，无须取得事先许可即可依本条进行取证。

第十七条　在符合下列条件的情况下，在民事或商事案件中，被正式指派的特派员可以在不采取强制措施的情况下在一缔约国境内调取证据，以协助在另一缔约国法院中正在进行的诉讼：

（一）取证地国指定的主管机关已给予一般性或对特定案件的许可；并且

（二）他遵守主管机关在许可中设定的条件。

缔约国可以声明在无事先许可的情况下依本条进行取证。

第十八条　缔约国可以声明，根据第十五条、第十六条、第十七条被授权调取证据的外交官员、领事代表或特派员可以申请声明国指定的主管机关采取强制措施，对取证予以适当协助，声明中可包含声明国认为合适的条件。

如果主管机关同意该项申请，则应采取其国内法规定的适用于国内诉讼程序的一切合适的强制措施。

第十九条　主管机关在给予第十五条、第十六条或第十七条所指的许可或同意第十八条所指的申请时，可规定其认为合适的条件，特别是调取证据的时间和地点。同时，它可以要求得到有关取证的时间、日期和地点的合理的事先通知。在这种情况下，该机关的代表有权在取证时出席。

第二十条　根据本章各条取证时，有关人员可以得到合法代理。

第二十一条　如果外交官员、领事代表或特派员根据第十五条、第十六条或第十七条有权调取证据：

（一）他可以调取与取证地国法律不相抵触并不违背根据上述各条给予的任何许可的各种证据，并有权在上述限度内主持宣誓或接受确认；

（二）要求某人出庭或提供证据的请求应用取证地国文字作成或附有取证地国文字的译文，除非该人为诉讼进行地国国民；

（三）请求中应通知该人，他可得到合法代理；在未根据第十八条提出声明的国家，还应通知该人他的出庭或提供证据不受强制；

（四）如果取证地国法律未禁止，可以依受理诉讼的法院所适用的法律中规定的方式调取证据；

（五）被请求提供证据的人员可以引用第十一条规定的特权和义务拒绝提供证据。

第二十二条 因为某人拒绝提供证据而未能依本章规定的程序取证的事实不妨碍随后根据第一章提出取证申请。

第三章 一般条款

第二十三条 缔约国可在签署、批准或加入时声明，不执行普通法国家的旨在进行审判前文件调查的请求书。

第二十四条 缔约国可以指定除中央机关以外的其他机关，并应决定它们的职权范围。但是在任何情况下，都可以向中央机关送交请求书。

联邦国家有权指定一个以上的中央机关。

第二十五条 有多种法律制度的缔约国可以指定其中一种制度内的机关具有执行根据本公约提出的请求书的专属权利。

第二十六条 如果因为宪法的限制，缔约国可以要求请求国偿付与执行请求书有关的送达强制某人出庭提供证据的传票的费用，该人出庭的费用，以及制作询问笔录的费用。

如果一国根据前款提出请求，任何其他缔约国可要求该国偿付同类费用。

第二十七条 本公约的规定不妨碍缔约国：

（一）声明可以通过第二条规定的途径以外的途径将请求书送交其司法机关；

（二）根据其国内法律或惯例，允许在更少限制的情况下实行本公约所规定的行为；

（三）根据其国内法律或惯例，允许以本公约规定以外的方式调取证据。

第二十八条 本公约不妨碍任何两个或两个以上的缔约国缔结协定排除下列条款的适用：

（一）第二条有关送交请求书方式的规定；

（二）第四条有关使用文字的规定；

（三）第八条有关在执行请求书时司法机关人员出席的规定；

（四）第十一条有关证人拒绝作证的特权和义务的规定；

（五）第十三条有关将执行请求书的文书送回请求机关的方式的规定；

（六）第十四条有关费用的规定；

（七）第二章的规定。

第二十九条 在同为 1905 年 7 月 17 日或 1954 年 3 月 1 日在海牙签订的两个《民事诉讼程序公约》或其中之一的当事国的本公约当事国之间，本公约取代上述两公约第八条至第十六条的规定。

第三十条 本公约不影响 1905 年公约第二十三条或 1954 年公约第二十四条规定的适用。

第三十一条 1905 年和 1954 年公约当事国之间的补充协定应被认为同样适用于本公约，除非当事国之间另有约定。

第三十二条 在不影响本公约第二十九条和第三十一条规定的前提下，本公约不影响缔约国已经或即将成为当事国的包含本公约事项的其他公约的适用。

第三十三条 一国可在签署、批准或加入公约时，部分或全部排除第四条第二款和第二章的规定的适用。不允许作其他保留。

缔约国可随时撤回其保留；保留自撤回通知后第 60 日起失去效力。

如果一国作出保留，受其影响的任何其他国家可以对保留国适用相同的规则。

第三十四条 缔约国可随时撤销或更改其声明。

第三十五条 缔约国应在交存批准书或加入书时或其后，将根据第二条、第八条、第二十四条和第二十五条指定的机关通知荷兰外交部。

缔约国还应在适当时通知荷兰外交部：

（一）根据第十五条、第十六条和第十八条的相关规定外交官员或领事代表调取证据时应向其递交通知、获取许可、请求协助的机关的指定；

（二）根据第十七条特派员取证时应获其许可和根据第十八条提供协助的机关的指定；

（三）根据第四条、第八条、第十一条、第十五条、第十六条、第十七条、第十八条、第二十三条和第二十五条所作的声明；

（四）任何对上述指定或声明的撤销或更改；

（五）保留的撤回。

第三十六条 缔约国之间因实施本公约产生的任何困难应通过外交途径解决。

第三十七条 本公约应对出席海牙国际私法会议第十一届会议的国家开放签署。

本公约需经批准。批准书应交存荷兰外交部。

第三十八条 本公约自第三十七条第二款所指的第三份批准书交存后第 60 日起生效。

对于此后批准公约的签署国，公约自该国交存批准书后第 60 日起生效。

第三十九条 任何未出席第十一届海牙国际私法会议的成员国、联合国或该组织专门机构的成员国、或国际法院规约当事国可在公约根据第三十八条第一款生效后加入本公约。

加入书应交存荷兰外交部。

自交存加入书后第 60 日起公约对该加入国生效。

加入行为只在加入国和已声明接受该国加入的公约缔约国之间的关系方面发生效力。上述声明应交存荷兰外交部；荷兰外交部应将经证明的副本通过外交途径转送各缔约国。

本公约自加入国和接受该国加入的国家之间自交存接受声明后第 60 日起生效。

第四十条 任何国家可在签署、批准或加入公约时声明，本公约扩展适用于该国负责其国际关系的全部领域或其中一个或几个部分。此项声明自本公约对有关国家生效之日起生效。

此后任一时间的上述扩展适用均应通知荷兰外交部。

本公约自前款所指的通知后第 60 日起对声明所提及的领域生效。

第四十一条 本公约自根据公约第三十八条第一款生效后 5 年内有效，对后来批准或加入本公约的国家同样如此。

如未经退出，本公约每 5 年自动延续一次。

退出应最迟于 5 年期满前 6 个月通知荷兰外交部。

退出可仅限于公约适用的特定区域。

退出仅对通知退出的国家有效。公约对其他缔约国仍然有效。

第四十二条 荷兰外交部应将下列事项通知第三十七条所指的国家和根据第三十九条加入的国家：

（一）第三十七条所指的签署和批准；

（二）公约根据第三十八条第一款生效的日期；

（三）第三十九条所指的加入及其生效日期；

（四）第四十条所指的扩展及其生效日期；

（五）根据第三十三条和第三十五条所作的指定、保留和声明；

（六）第四十一条第三款所指的退出。

下列经正式授权的签署人签署本公约，以昭信守。

1970年3月18日订于海牙，用英文和法文写成，两种文本同等作准。正本一份，存放于荷兰政府档案库，其经证明无误的副本应通过外交途径送交出席海牙国际私法会议第十一届会议的国家。

第三章 冲突法

中华人民共和国涉外民事关系法律适用法

(2010年10月28日第十一届全国人民代表大会常务委员会第十七次会议通过 中华人民共和国主席令第三十六号公布 自2011年4月1日起施行)

目 录

第一章 一般规定
第二章 民事主体
第三章 婚姻家庭
第四章 继 承
第五章 物 权
第六章 债 权
第七章 知识产权
第八章 附 则

第一章 一般规定

第一条 为了明确涉外民事关系的法律适用，合理解决涉外民事争议，维护当事人的合法权益，制定本法。

第二条 涉外民事关系适用的法律，依照本法确定。其他法律对涉外民事关系法律适用另有特别规定的，依照其规定。

本法和其他法律对涉外民事关系法律适用没有规定的，适用与该涉外民事关系有最密切联系的法律。

第三条 当事人依照法律规定可以明示选择涉外民事关系适用的法律。

第四条 中华人民共和国法律对涉外民事关系有强制性规定的，直接适用该强制性规定。

第五条 外国法律的适用将损害中华人民共和国社会公共利益的，适用中华人民共和国法律。

第六条 涉外民事关系适用外国法律，该国不同区域实施不同法律的，适用与该涉外民事关系有最密切联系区域的法律。

第七条 诉讼时效，适用相关涉外民事关系应当适用的法律。

第八条 涉外民事关系的定性，适用法院地法律。

第九条 涉外民事关系适用的外国法律，不包括该国的法律适用法。

第十条 涉外民事关系适用的外国法律，由人民法院、仲裁机构或者行政机关查明。当事人选择适用外国法律的，应当提供该国法律。

不能查明外国法律或者该国法律没有规定的，适用中华人民共和国法律。

第二章 民事主体

第十一条 自然人的民事权利能力，适用经常居所地法律。

第十二条 自然人的民事行为能力，适用经常居所地法律。

自然人从事民事活动，依照经常居所地法律为无民事行为能力，依照行为地法律为有民事行为能力的，适用行为地法律，但涉及婚姻家庭、继承的除外。

第十三条 宣告失踪或者宣告死亡，适用自然人经常居所地法律。

第十四条 法人及其分支机构的民事权利能力、民事行为能力、组织机构、股东权利义务等事项，适用登记地法律。

法人的主营业地与登记地不一致的，可以适用主营业地法律。法人的经常居所地，为其主营业地。

第十五条　人格权的内容，适用权利人经常居所地法律。

第十六条　代理适用代理行为地法律，但被代理人与代理人的民事关系，适用代理关系发生地法律。

当事人可以协议选择委托代理适用的法律。

第十七条　当事人可以协议选择信托适用的法律。当事人没有选择的，适用信托财产所在地法律或者信托关系发生地法律。

第十八条　当事人可以协议选择仲裁协议适用的法律。当事人没有选择的，适用仲裁机构所在地法律或者仲裁地法律。

第十九条　依照本法适用国籍国法律，自然人具有两个以上国籍的，适用有经常居所的国籍国法律；在所有国籍国均无经常居所的，适用与其有最密切联系的国籍国法律。自然人无国籍或者国籍不明的，适用其经常居所地法律。

第二十条　依照本法适用经常居所地法律，自然人经常居所地不明的，适用其现在居所地法律。

第三章　婚姻家庭

第二十一条　结婚条件，适用当事人共同经常居所地法律；没有共同经常居所地的，适用共同国籍国法律；没有共同国籍，在一方当事人经常居所地或者国籍国缔结婚姻的，适用婚姻缔结地法律。

第二十二条　结婚手续，符合婚姻缔结地法律、一方当事人经常居所地法律或者籍国法律的，均为有效。

第二十三条　夫妻人身关系，适用共同经常居所地法律；没有共同经常居所地的，适用共同国籍国法律。

第二十四条　夫妻财产关系，当事人可以协议选择适用一方当事人经常居所地法律、国籍国法律或者主要财产所在地法律。当事人没有选择的，适用共同经常居所地法律；没有共同经常居所地的，适用共同国籍国法律。

第二十五条　父母子女人身、财产关系，适用共同经常居所地法律；没有共同经常居所地的，适用一方当事人经常居所地法律或者国籍国法律中有利于保护弱者权益的法律。

第二十六条　协议离婚，当事人可以协议选择适用一方当事人经常居所地法律或者国籍国法律。当事人没有选择的，适用共同经常居所地法律；没有共同经常居所地的，适用共同国籍国法律；没有共同国籍的，适用办理离婚手续机构所在地法律。

第二十七条　诉讼离婚，适用法院地法律。

第二十八条　收养的条件和手续，适用收养人和被收养人经常居所地法律。收养的效力，适用收养时收养人经常居所地法律。收养关系的解除，适用收养时被收养人经常居所地法律或者法院地法律。

第二十九条　扶养，适用一方当事人经常居所地法律、国籍国法律或者主要财产所在地法律中有利于保护被扶养人权益的法律。

第三十条　监护，适用一方当事人经常居所地法律或者国籍国法律中有利于保护被监护人权益的法律。

第四章　继　承

第三十一条　法定继承，适用被继承人死亡时经常居所地法律，但不动产法定继承，适用不动产所在地法律。

第三十二条　遗嘱方式，符合遗嘱人立遗嘱时或者死亡时经常居所地法律、国籍国法律或者遗嘱行为地法律的，遗嘱均为成立。

第三十三条　遗嘱效力，适用遗嘱人立遗嘱时或者死亡时经常居所地法律或者国籍国法律。

第三十四条　遗产管理等事项，适用遗产所在地法律。

第三十五条 无人继承遗产的归属，适用被继承人死亡时遗产所在地法律。

第五章 物 权

第三十六条 不动产物权，适用不动产所在地法律。

第三十七条 当事人可以协议选择动产物权适用的法律。当事人没有选择的，适用法律事实发生时动产所在地法律。

第三十八条 当事人可以协议选择运输中动产物权发生变更适用的法律。当事人没有选择的，适用运输目的地法律。

第三十九条 有价证券，适用有价证券权利实现地法律或者其他与该有价证券有最密切联系的法律。

第四十条 权利质权，适用质权设立地法律。

第六章 债 权

第四十一条 当事人可以协议选择合同适用的法律。当事人没有选择的，适用履行义务最能体现该合同特征的一方当事人经常居所地法律或者其他与该合同有最密切联系的法律。

第四十二条 消费者合同，适用消费者经常居所地法律；消费者选择适用商品、服务提供地法律或者经营者在消费者经常居所地没有从事相关经营活动的，适用商品、服务提供地法律。

第四十三条 劳动合同，适用劳动者工作地法律；难以确定劳动者工作地的，适用用人单位主营业地法律。劳务派遣，可以适用劳务派出地法律。

第四十四条 侵权责任，适用侵权行为地法律，但当事人有共同经常居所地的，适用共同经常居所地法律。侵权行为发生后，当事人协议选择适用法律的，按照其协议。

第四十五条 产品责任，适用被侵权人经常居所地法律；被侵权人选择适用侵权人主营业地法律、损害发生地法律的，或者侵权人在被侵权人经常居所地没有从事相关经营活动的，适用侵权人主营业地法律或者损害发生地法律。

第四十六条 通过网络或者采用其他方式侵害姓名权、肖像权、名誉权、隐私权等人格权的，适用被侵权人经常居所地法律。

第四十七条 不当得利、无因管理，适用当事人协议选择适用的法律。当事人没有选择的，适用当事人共同经常居所地法律；没有共同经常居所地的，适用不当得利、无因管理发生地法律。

第七章 知识产权

第四十八条 知识产权的归属和内容，适用被请求保护地法律。

第四十九条 当事人可以协议选择知识产权转让和许可使用适用的法律。当事人没有选择的，适用本法对合同的有关规定。

第五十条 知识产权的侵权责任，适用被请求保护地法律，当事人也可以在侵权行为发生后协议选择适用法院地法律。

第八章 附 则

第五十一条 《中华人民共和国民法通则》第一百四十六条、第一百四十七条，《中华人民共和国继承法》第三十六条，与本法的规定不一致的，适用本法。

第五十二条 本法自2011年4月1日起施行。

最高人民法院
关于适用《中华人民共和国涉外民事关系法律适用法》若干问题的解释（一）

（2012年12月10日最高人民法院审判委员会第1563次会议通过 根据2020年12月23日最高人民法院审判委员会第1823次会议通过的《最高人民法院关于修改〈最高人民法院关于破产企业国有划拨土地使用权应否列入破产财产等问题的批复〉等二十九件商事类司法解释的决定》修正）

为正确审理涉外民事案件，根据《中华人民共和国涉外民事关系法律适用法》的规定，对人民法院适用该法的有关问题解释如下：

第一条 民事关系具有下列情形之一的，人民法院可以认定为涉外民事关系：

（一）当事人一方或双方是外国公民、外国法人或者其他组织、无国籍人；

（二）当事人一方或双方的经常居所地在中华人民共和国领域外；

（三）标的物在中华人民共和国领域外；

（四）产生、变更或者消灭民事关系的法律事实发生在中华人民共和国领域外；

（五）可以认定为涉外民事关系的其他情形。

第二条 涉外民事关系法律适用法实施以前发生的涉外民事关系，人民法院应当根据该涉外民事关系发生时的有关法律规定确定应当适用的法律；当时法律没有规定的，可以参照涉外民事关系法律适用法的规定确定。

第三条 涉外民事关系法律适用法与其他法律对同一涉外民事关系法律适用规定不一致的，适用涉外民事关系法律适用法的规定，但《中华人民共和国票据法》《中华人民共和国海商法》《中华人民共和国民用航空法》等商事领域法律的特别规定以及知识产权领域法律的特别规定除外。

涉外民事关系法律适用法对涉外民事关系的法律适用没有规定而其他法律有规定的，适用其他法律的规定。

第四条 中华人民共和国法律没有明确规定当事人可以选择涉外民事关系适用的法律，当事人选择适用法律的，人民法院应认定该选择无效。

第五条 一方当事人以双方协议选择的法律与系争的涉外民事关系没有实际联系为由主张选择无效的，人民法院不予支持。

第六条 当事人在一审法庭辩论终结前协议选择或者变更选择适用的法律的，人民法院应予准许。

各方当事人援引相同国家的法律且未提出法律适用异议的，人民法院可以认定当事人已经就涉外民事关系适用的法律做出了选择。

第七条 当事人在合同中援引尚未对中华人民共和国生效的国际条约的，人民法院可以根据该国际条约的内容确定当事人之间的权利义务，但违反中华人民共和国社会公共利益或中华人民共和国法律、行政法规强制性规定的除外。

第八条 有下列情形之一，涉及中华人民共和国社会公共利益、当事人不能通过约定排除适用、无需通过冲突规范指引而直接适用于涉外民事关系的法律、行政法规的规定，人民法院应当认定为涉外民事关系法律适用法第四条规定的强制性规定：

（一）涉及劳动者权益保护的；
（二）涉及食品或公共卫生安全的；
（三）涉及环境安全的；
（四）涉及外汇管制等金融安全的；
（五）涉及反垄断、反倾销的；
（六）应当认定为强制性规定的其他情形。

第九条 一方当事人故意制造涉外民事关系的连结点，规避中华人民共和国法律、行政法规的强制性规定的，人民法院应认定为不发生适用外国法律的效力。

第十条 涉外民事争议的解决须以另一涉外民事关系的确认为前提时，人民法院应当根据该先决问题自身的性质确定其应当适用的法律。

第十一条 案件涉及两个或者两个以上的涉外民事关系时，人民法院应当分别确定应当适用的法律。

第十二条 当事人没有选择涉外仲裁协议适用的法律，也没有约定仲裁机构或者仲裁地，或者约定不明的，人民法院可以适用中华人民共和国法律认定该仲裁协议的效力。

第十三条 自然人在涉外民事关系产生或者变更、终止时已经连续居住一年以上且作为其生活中心的地方，人民法院可以认定为涉外民事关系法律适用法规定的自然人的经常居所地，但就医、劳务派遣、公务等情形除外。

第十四条 人民法院应当将法人的设立登记地认定为涉外民事关系法律适用法规定的法人的登记地。

第十五条 人民法院通过由当事人提供、已对中华人民共和国生效的国际条约规定的途径、中外法律专家提供等合理途径仍不能获得外国法律的，可以认定为不能查明外国法律。

根据涉外民事关系法律适用法第十条第一款的规定，当事人应当提供外国法律，其在人民法院指定的合理期限内无正当理由未提供该外国法律的，可以认定为不能查明外国法律。

第十六条 人民法院应当听取各方当事人对应当适用的外国法律的内容及其理解与适用的意见，当事人对该外国法律的内容及其理解与适用均无异议的，人民法院可以予以确认；当事人有异议的，由人民法院审查认定。

第十七条 涉及香港特别行政区、澳门特别行政区的民事关系的法律适用问题，参照适用本规定。

第十八条 涉外民事关系法律适用法施行后发生的涉外民事纠纷案件，本解释施行后尚未终审的，适用本解释；本解释施行前已经终审，当事人申请再审或者按照审判监督程序决定再审的，不适用本解释。

第十九条 本院以前发布的司法解释与本解释不一致的，以本解释为准。

最高人民法院
关于适用《中华人民共和国涉外民事关系法律适用法》若干问题的解释（二）

法释〔2023〕12号

(2023年8月30日最高人民法院审判委员会第1898次会议通过　2023年11月30日最高人民法院公告公布　自2024年1月1日起施行)

为正确适用《中华人民共和国涉外民事关系法律适用法》，结合审判实践，就人民法院审理涉外民商事案件查明外国法律制定本解释。

第一条　人民法院审理涉外民商事案件适用外国法律的，应当根据涉外民事关系法律适用法第十条第一款的规定查明该国法律。

当事人选择适用外国法律的，应当提供该国法律。

当事人未选择适用外国法律的，由人民法院查明该国法律。

第二条　人民法院可以通过下列途径查明外国法律：

（一）由当事人提供；

（二）通过司法协助渠道由对方的中央机关或者主管机关提供；

（三）通过最高人民法院请求我国驻该国使领馆或者该国驻我国使领馆提供；

（四）由最高人民法院建立或者参与的法律查明合作机制参与方提供；

（五）由最高人民法院国际商事专家委员会专家提供；

（六）由法律查明服务机构或者中外法律专家提供；

（七）其他适当途径。

人民法院通过前款规定的其中一项途径无法获得外国法律或者获得的外国法律内容不明确、不充分的，应当通过该款规定的不同途径补充查明。

人民法院依据本条第一款第一项的规定要求当事人协助提供外国法律的，不得仅以当事人未予协助提供为由认定外国法律不能查明。

第三条　当事人提供外国法律的，应当提交该国法律的具体规定并说明获得途径、效力情况、与案件争议的关联性等。外国法律为判例法的，还应当提交判例全文。

第四条　法律查明服务机构、法律专家提供外国法律的，除提交本解释第三条规定的材料外，还应当提交法律查明服务机构的资质证明、法律专家的身份及资历证明，并附与案件无利害关系的书面声明。

第五条　查明的外国法律的相关材料均应当在法庭上出示。人民法院应当听取各方当事人对外国法律的内容及其理解与适用的意见。

第六条　人民法院可以召集庭前会议或者以其他适当方式，确定需要查明的外国法律的范围。

第七条　人民法院认为有必要的，可以通知提供外国法律的法律查明服务机构或者法律专家出庭接受询问。当事人申请法律查明服务机构或者法律专家出庭，人民法院认为有必要的，可以准许。

法律查明服务机构或者法律专家现场出

庭确有困难的，可以在线接受询问，但法律查明服务机构或者法律专家所在国法律对跨国在线参与庭审有禁止性规定的除外。

出庭的法律查明服务机构或者法律专家只围绕外国法律及其理解发表意见，不参与其他法庭审理活动。

第八条 人民法院对外国法律的内容及其理解与适用，根据以下情形分别作出处理：

（一）当事人对外国法律的内容及其理解与适用均无异议的，人民法院可以予以确认；

（二）当事人对外国法律的内容及其理解与适用有异议的，应当说明理由。人民法院认为有必要的，可以补充查明或者要求当事人补充提供材料。经过补充查明或者补充提供材料，当事人仍有异议的，由人民法院审查认定；

（三）外国法律的内容已为人民法院生效裁判所认定的，人民法院应当予以确认，但有相反证据足以推翻的除外。

第九条 人民法院应当根据外国法律查明办理相关手续等所需时间确定当事人提供外国法律的期限。当事人有具体理由说明无法在人民法院确定的期限内提供外国法律而申请适当延长期限的，人民法院视情可予准许。

当事人选择适用外国法律，其在人民法院确定的期限内无正当理由未提供该外国法律的，人民法院可以认定为不能查明外国法律。

第十条 人民法院依法适用外国法律审理案件，应当在裁判文书中载明外国法律的查明过程及外国法律的内容；人民法院认定外国法律不能查明的，应当载明不能查明的理由。

第十一条 对查明外国法律的费用负担，当事人有约定的，从其约定；没有约定的，人民法院可以根据当事人的诉讼请求和具体案情，在作出裁判时确定上述合理费用的负担。

第十二条 人民法院查明香港特别行政区、澳门特别行政区的法律，可以参照适用本解释。有关法律和司法解释对查明香港特别行政区、澳门特别行政区的法律另有规定的，从其规定。

第十三条 本解释自2024年1月1日起施行。

本解释公布施行后，最高人民法院以前发布的司法解释与本解释不一致的，以本解释为准。

第四章 实 体

一、综　合　类

中华人民共和国民法典（节录）

(2020年5月28日第十三届全国人民代表大会第三次会议通过　中华人民共和国主席令第四十五号公布　自2021年1月1日起施行)

第一编　总　　则

第一章　基本规定

第一条　为了保护民事主体的合法权益，调整民事关系，维护社会和经济秩序，适应中国特色社会主义发展要求，弘扬社会主义核心价值观，根据宪法，制定本法。

第二条　民法调整平等主体的自然人、法人和非法人组织之间的人身关系和财产关系。

第三条　民事主体的人身权利、财产权利以及其他合法权益受法律保护，任何组织或者个人不得侵犯。

第四条　民事主体在民事活动中的法律地位一律平等。

第五条　民事主体从事民事活动，应当遵循自愿原则，按照自己的意思设立、变更、终止民事法律关系。

第六条　民事主体从事民事活动，应当遵循公平原则，合理确定各方的权利和义务。

第七条　民事主体从事民事活动，应当遵循诚信原则，秉持诚实，恪守承诺。

第八条　民事主体从事民事活动，不得违反法律，不得违背公序良俗。

第九条　民事主体从事民事活动，应当有利于节约资源、保护生态环境。

第十条　处理民事纠纷，应当依照法律；法律没有规定的，可以适用习惯，但是不得违背公序良俗。

第十一条　其他法律对民事关系有特别规定的，依照其规定。

第十二条　中华人民共和国领域内的民事活动，适用中华人民共和国法律。法律另有规定的，依照其规定。

第二章　自　然　人

第一节　民事权利能力和民事行为能力

第十三条　自然人从出生时起到死亡时止，具有民事权利能力，依法享有民事权利，承担民事义务。

第十四条　自然人的民事权利能力一律平等。

第十五条　自然人的出生时间和死亡时间，以出生证明、死亡证明记载的时间为准；没有出生证明、死亡证明的，以户籍登记或者其他有效身份登记记载的时间为准。有其他证据足以推翻以上记载时间的，以该证据证明的时间为准。

第十六条　涉及遗产继承、接受赠与等胎儿利益保护的，胎儿视为具有民事权利能力。但是，胎儿娩出时为死体的，其民事权利能力自始不存在。

第十七条 十八周岁以上的自然人为成年人。不满十八周岁的自然人为未成年人。

第十八条 成年人为完全民事行为能力人，可以独立实施民事法律行为。

十六周岁以上的未成年人，以自己的劳动收入为主要生活来源的，视为完全民事行为能力人。

第十九条 八周岁以上的未成年人为限制民事行为能力人，实施民事法律行为由其法定代理人代理或者经其法定代理人同意、追认；但是，可以独立实施纯获利益的民事法律行为或者与其年龄、智力相适应的民事法律行为。

第二十条 不满八周岁的未成年人为无民事行为能力人，由其法定代理人代理实施民事法律行为。

第二十一条 不能辨认自己行为的成年人为无民事行为能力人，由其法定代理人代理实施民事法律行为。

八周岁以上的未成年人不能辨认自己行为的，适用前款规定。

第二十二条 不能完全辨认自己行为的成年人为限制民事行为能力人，实施民事法律行为由其法定代理人代理或者经其法定代理人同意、追认；但是，可以独立实施纯获利益的民事法律行为或者与其智力、精神健康状况相适应的民事法律行为。

第二十三条 无民事行为能力人、限制民事行为能力人的监护人是其法定代理人。

第二十四条 不能辨认或者不能完全辨认自己行为的成年人，其利害关系人或者有关组织，可以向人民法院申请认定该成年人为无民事行为能力人或者限制民事行为能力人。

被人民法院认定为无民事行为能力人或者限制民事行为能力人的，经本人、利害关系人或者有关组织申请，人民法院可以根据其智力、精神健康恢复的状况，认定该成年人恢复为限制民事行为能力人或者完全民事行为能力人。

本条规定的有关组织包括：居民委员会、村民委员会、学校、医疗机构、妇女联合会、残疾人联合会、依法设立的老年人组织、民政部门等。

第二十五条 自然人以户籍登记或者其他有效身份登记记载的居所为住所；经常居所与住所不一致的，经常居所视为住所。

第二节 监 护

第二十六条 父母对未成年子女负有抚养、教育和保护的义务。

成年子女对父母负有赡养、扶助和保护的义务。

第二十七条 父母是未成年子女的监护人。

未成年人的父母已经死亡或者没有监护能力的，由下列有监护能力的人按顺序担任监护人：

（一）祖父母、外祖父母；

（二）兄、姐；

（三）其他愿意担任监护人的个人或者组织，但是须经未成年人住所地的居民委员会、村民委员会或者民政部门同意。

第二十八条 无民事行为能力或者限制民事行为能力的成年人，由下列有监护能力的人按顺序担任监护人：

（一）配偶；

（二）父母、子女；

（三）其他近亲属；

（四）其他愿意担任监护人的个人或者组织，但是须经被监护人住所地的居民委员会、村民委员会或者民政部门同意。

第二十九条 被监护人的父母担任监护人的，可以通过遗嘱指定监护人。

第三十条 依法具有监护资格的人之间可以协议确定监护人。协议确定监护人应当尊重被监护人的真实意愿。

第三十一条 对监护人的确定有争议的，由被监护人住所地的居民委员会、村民委员会或者民政部门指定监护人，有关当事人对指定不服的，可以向人民法院申请指定监护人；有关当事人也可以直接向人民法院申请指定监护人。

居民委员会、村民委员会、民政部门或者人民法院应当尊重被监护人的真实意愿，按照最有利于被监护人的原则在依法具有监护资格的人中指定监护人。

依据本条第一款规定指定监护人前，被监护人的人身权利、财产权利以及其他合法权益处于无人保护状态的，由被监护人住所地的居民委员会、村民委员会、法律规定的有关组织或者民政部门担任临时监护人。

监护人被指定后，不得擅自变更；擅自变更的，不免除被指定的监护人的责任。

第三十二条　没有依法具有监护资格的人的，监护人由民政部门担任，也可以由具备履行监护职责条件的被监护人住所地的居民委员会、村民委员会担任。

第三十三条　具有完全民事行为能力的成年人，可以与其近亲属、其他愿意担任监护人的个人或者组织事先协商，以书面形式确定自己的监护人，在自己丧失或者部分丧失民事行为能力时，由该监护人履行监护职责。

第三十四条　监护人的职责是代理被监护人实施民事法律行为，保护被监护人的人身权利、财产权利以及其他合法权益等。

监护人依法履行监护职责产生的权利，受法律保护。

监护人不履行监护职责或者侵害被监护人合法权益的，应当承担法律责任。

因发生突发事件等紧急情况，监护人暂时无法履行监护职责，被监护人的生活处于无人照料状态的，被监护人住所地的居民委员会、村民委员会或者民政部门应当为被监护人安排必要的临时生活照料措施。

第三十五条　监护人应当按照最有利于被监护人的原则履行监护职责。监护人除为维护被监护人利益外，不得处分被监护人的财产。

未成年人的监护人履行监护职责，在作出与被监护人利益有关的决定时，应当根据被监护人的年龄和智力状况，尊重被监护人的真实意愿。

成年人的监护人履行监护职责，应当最大程度地尊重被监护人的真实意愿，保障并协助被监护人实施与其智力、精神健康状况相适应的民事法律行为。对被监护人有能力独立处理的事务，监护人不得干涉。

第三十六条　监护人有下列情形之一的，人民法院根据有关个人或者组织的申请，撤销其监护人资格，安排必要的临时监护措施，并按照最有利于被监护人的原则依法指定监护人：

（一）实施严重损害被监护人身心健康的行为；

（二）怠于履行监护职责，或者无法履行监护职责且拒绝将监护职责部分或者全部委托给他人，导致被监护人处于危困状态；

（三）实施严重侵害被监护人合法权益的其他行为。

本条规定的有关个人、组织包括：其他依法具有监护资格的人，居民委员会、村民委员会、学校、医疗机构、妇女联合会、残疾人联合会、未成年人保护组织、依法设立的老年人组织、民政部门等。

前款规定的个人和民政部门以外的组织未及时向人民法院申请撤销监护人资格的，民政部门应当向人民法院申请。

第三十七条　依法负担被监护人抚养费、赡养费、扶养费的父母、子女、配偶等，被人民法院撤销监护人资格后，应当继续履行负担的义务。

第三十八条　被监护人的父母或者子女被人民法院撤销监护人资格后，除对被监护人实施故意犯罪的外，确有悔改表现的，经其申请，人民法院可以在尊重被监护人真实意愿的前提下，视情况恢复其监护人资格，人民法院指定的监护人与被监护人的监护关系同时终止。

第三十九条　有下列情形之一的，监护关系终止：

（一）被监护人取得或者恢复完全民事行为能力；

（二）监护人丧失监护能力；

（三）被监护人或者监护人死亡；

（四）人民法院认定监护关系终止的其他情形。

监护关系终止后，被监护人仍然需要监护的，应当依法另行确定监护人。

第三节 宣告失踪和宣告死亡

第四十条 自然人下落不明满二年的，利害关系人可以向人民法院申请宣告该自然人为失踪人。

第四十一条 自然人下落不明的时间自其失去音讯之日起计算。战争期间下落不明的，下落不明的时间自战争结束之日或者有关机关确定的下落不明之日起计算。

第四十二条 失踪人的财产由其配偶、成年子女、父母或者其他愿意担任财产代管人的人代管。

代管有争议，没有前款规定的人，或者前款规定的人无代管能力的，由人民法院指定的人代管。

第四十三条 财产代管人应当妥善管理失踪人的财产，维护其财产权益。

失踪人所欠税款、债务和应付的其他费用，由财产代管人从失踪人的财产中支付。

财产代管人因故意或者重大过失造成失踪人财产损失的，应当承担赔偿责任。

第四十四条 财产代管人不履行代管职责、侵害失踪人财产权益或者丧失代管能力的，失踪人的利害关系人可以向人民法院申请变更财产代管人。

财产代管人有正当理由的，可以向人民法院申请变更财产代管人。

人民法院变更财产代管人的，变更后的财产代管人有权请求原财产代管人及时移交有关财产并报告财产代管情况。

第四十五条 失踪人重新出现，经本人或者利害关系人申请，人民法院应当撤销失踪宣告。

失踪人重新出现，有权请求财产代管人及时移交有关财产并报告财产代管情况。

第四十六条 自然人有下列情形之一的，利害关系人可以向人民法院申请宣告该自然人死亡：

（一）下落不明满四年；

（二）因意外事件，下落不明满二年。

因意外事件下落不明，经有关机关证明该自然人不可能生存的，申请宣告死亡不受二年时间的限制。

第四十七条 对同一自然人，有的利害关系人申请宣告死亡，有的利害关系人申请宣告失踪，符合本法规定的宣告死亡条件的，人民法院应当宣告死亡。

第四十八条 被宣告死亡的人，人民法院宣告死亡的判决作出之日视为其死亡的日期；因意外事件下落不明宣告死亡的，意外事件发生之日视为其死亡的日期。

第四十九条 自然人被宣告死亡但是并未死亡的，不影响该自然人在被宣告死亡期间实施的民事法律行为的效力。

第五十条 被宣告死亡的人重新出现，经本人或利害关系人申请，人民法院应当撤销死亡宣告。

第五十一条 被宣告死亡的人的婚姻关系，自死亡宣告之日起消除。死亡宣告被撤销的，婚姻关系自撤销死亡宣告之日起自行恢复。但是，其配偶再婚或者向婚姻登记机关书面声明不愿意恢复的除外。

第五十二条 被宣告死亡的人在被宣告死亡期间，其子女被他人依法收养的，在死亡宣告被撤销后，不得以未经本人同意为由主张收养行为无效。

第五十三条 被撤销死亡宣告的人有权请求依照本法第六编取得其财产的民事主体返还财产；无法返还的，应当给予适当补偿。

利害关系人隐瞒真实情况，致使他人被宣告死亡而取得其财产的，除应当返还财产外，还应当对由此造成的损失承担赔偿责任。

第四节　个体工商户和农村承包经营户

第五十四条　自然人从事工商业经营，经依法登记，为个体工商户。个体工商户可以起字号。

第五十五条　农村集体经济组织的成员，依法取得农村土地承包经营权，从事家庭承包经营的，为农村承包经营户。

第五十六条　个体工商户的债务，个人经营的，以个人财产承担；家庭经营的，以家庭财产承担；无法区分的，以家庭财产承担。

农村承包经营户的债务，以从事农村土地承包经营的农户财产承担；事实上由农户部分成员经营的，以该部分成员的财产承担。

第三章　法　人

第一节　一般规定

第五十七条　法人是具有民事权利能力和民事行为能力，依法独立享有民事权利和承担民事义务的组织。

第五十八条　法人应当依法成立。

法人应当有自己的名称、组织机构、住所、财产或者经费。法人成立的具体条件和程序，依照法律、行政法规的规定。

设立法人，法律、行政法规规定须经有关机关批准的，依照其规定。

第五十九条　法人的民事权利能力和民事行为能力，从法人成立时产生，到法人终止时消灭。

第六十条　法人以其全部财产独立承担民事责任。

第六十一条　依照法律或者法人章程的规定，代表法人从事民事活动的负责人，为法人的法定代表人。

法定代表人以法人名义从事的民事活动，其法律后果由法人承受。

法人章程或者法人权力机构对法定代表人代表权的限制，不得对抗善意相对人。

第六十二条　法定代表人因执行职务造成他人损害的，由法人承担民事责任。

法人承担民事责任后，依照法律或者法人章程的规定，可以向有过错的法定代表人追偿。

第六十三条　法人以其主要办事机构所在地为住所。依法需要办理法人登记的，应当将主要办事机构所在地登记为住所。

第六十四条　法人存续期间登记事项发生变化的，应当依法向登记机关申请变更登记。

第六十五条　法人的实际情况与登记的事项不一致的，不得对抗善意相对人。

第六十六条　登记机关应当依法及时公示法人登记的有关信息。

第六十七条　法人合并的，其权利和义务由合并后的法人享有和承担。

法人分立的，其权利和义务由分立后的法人享有连带债权，承担连带债务，但是债权人和债务人另有约定的除外。

第六十八条　有下列原因之一并依法完成清算、注销登记的，法人终止：

（一）法人解散；

（二）法人被宣告破产；

（三）法律规定的其他原因。

法人终止，法律、行政法规规定须经有关机关批准的，依照其规定。

第六十九条　有下列情形之一的，法人解散：

（一）法人章程规定的存续期间届满或者法人章程规定的其他解散事由出现；

（二）法人的权力机构决议解散；

（三）因法人合并或者分立需要解散；

（四）法人依法被吊销营业执照、登记证书，被责令关闭或者被撤销；

（五）法律规定的其他情形。

第七十条　法人解散的，除合并或者分立的情形外，清算义务人应当及时组成清算组进行清算。

法人的董事、理事等执行机构或者决策

机构的成员为清算义务人。法律、行政法规另有规定的，依照其规定。

清算义务人未及时履行清算义务，造成损害的，应当承担民事责任；主管机关或者利害关系人可以申请人民法院指定有关人员组成清算组进行清算。

第七十一条 法人的清算程序和清算组职权，依照有关法律的规定；没有规定的，参照适用公司法律的有关规定。

第七十二条 清算期间法人存续，但是不得从事与清算无关的活动。

法人清算后的剩余财产，按照法人章程的规定或者法人权力机构的决议处理。法律另有规定的，依照其规定。

清算结束并完成法人注销登记时，法人终止；依法不需要办理法人登记的，清算结束时，法人终止。

第七十三条 法人被宣告破产的，依法进行破产清算并完成法人注销登记时，法人终止。

第七十四条 法人可以依法设立分支机构。法律、行政法规规定分支机构应当登记的，依照其规定。

分支机构以自己的名义从事民事活动，产生的民事责任由法人承担；也可以先以该分支机构管理的财产承担，不足以承担的，由法人承担。

第七十五条 设立人为设立法人从事的民事活动，其法律后果由法人承受；法人未成立的，其法律后果由设立人承受，设立人为二人以上的，享有连带债权，承担连带债务。

设立人为设立法人以自己的名义从事民事活动产生的民事责任，第三人有权选择请求法人或者设立人承担。

第二节　营利法人

第七十六条 以取得利润并分配给股东等出资人为目的成立的法人，为营利法人。

营利法人包括有限责任公司、股份有限公司和其他企业法人等。

第七十七条 营利法人经依法登记成立。

第七十八条 依法设立的营利法人，由登记机关发给营利法人营业执照。营业执照签发日期为营利法人的成立日期。

第七十九条 设立营利法人应当依法制定法人章程。

第八十条 营利法人应当设权力机构。

权力机构行使修改法人章程，选举或者更换执行机构、监督机构成员，以及法人章程规定的其他职权。

第八十一条 营利法人应当设执行机构。

执行机构行使召集权力机构会议，决定法人的经营计划和投资方案，决定法人内部管理机构的设置，以及法人章程规定的其他职权。

执行机构为董事会或者执行董事的，董事长、执行董事或者经理按照法人章程的规定担任法定代表人；未设董事会或者执行董事的，法人章程规定的主要负责人为其执行机构和法定代表人。

第八十二条 营利法人设监事会或者监事等监督机构的，监督机构依法行使检查法人财务，监督执行机构成员、高级管理人员执行法人职务的行为，以及法人章程规定的其他职权。

第八十三条 营利法人的出资人不得滥用出资人权利损害法人或者其他出资人的利益；滥用出资人权利造成法人或者其他出资人损失的，应当依法承担民事责任。

营利法人的出资人不得滥用法人独立地位和出资人有限责任损害法人债权人的利益；滥用法人独立地位和出资人有限责任，逃避债务，严重损害法人债权人的利益的，应当对法人债务承担连带责任。

第八十四条 营利法人的控股出资人、实际控制人、董事、监事、高级管理人员不得利用其关联关系损害法人的利益；利用关联关系造成法人损失的，应当承担赔偿责任。

第八十五条 营利法人的权力机构、执行机构作出决议的会议召集程序、表决方式违反法律、行政法规、法人章程,或者决议内容违反法人章程的,营利法人的出资人可以请求人民法院撤销该决议。但是,营利法人依据该决议与善意相对人形成的民事法律关系不受影响。

第八十六条 营利法人从事经营活动,应当遵守商业道德,维护交易安全,接受政府和社会的监督,承担社会责任。

第三节 非营利法人

第八十七条 为公益目的或者其他非营利目的成立,不向出资人、设立人或者会员分配所取得利润的法人,为非营利法人。

非营利法人包括事业单位、社会团体、基金会、社会服务机构等。

第八十八条 具备法人条件,为适应经济社会发展需要,提供公益服务设立的事业单位,经依法登记成立,取得事业单位法人资格;依法不需要办理法人登记的,从成立之日起,具有事业单位法人资格。

第八十九条 事业单位法人设理事会的,除法律另有规定外,理事会为其决策机构。事业单位法人的法定代表人依照法律、行政法规或者法人章程的规定产生。

第九十条 具备法人条件,基于会员共同意愿,为公益目的或者会员共同利益等非营利目的设立的社会团体,经依法登记成立,取得社会团体法人资格;依法不需要办理法人登记的,从成立之日起,具有社会团体法人资格。

第九十一条 设立社会团体法人应当依法制定法人章程。

社会团体法人应当设会员大会或者会员代表大会等权力机构。

社会团体法人应当设理事会等执行机构。理事长或者会长等负责人按照法人章程的规定担任法定代表人。

第九十二条 具备法人条件,为公益目的以捐助财产设立的基金会、社会服务机构等,经依法登记成立,取得捐助法人资格。

依法设立的宗教活动场所,具备法人条件的,可以申请法人登记,取得捐助法人资格。法律、行政法规对宗教活动场所有规定的,依照其规定。

第九十三条 设立捐助法人应当依法制定法人章程。

捐助法人应当设理事会、民主管理组织等决策机构,并设执行机构。理事长等负责人按照法人章程的规定担任法定代表人。

捐助法人应当设监事会等监督机构。

第九十四条 捐助人有权向捐助法人查询捐助财产的使用、管理情况,并提出意见和建议,捐助法人应当及时、如实答复。

捐助法人的决策机构、执行机构或者法定代表人作出决定的程序违反法律、行政法规、法人章程,或者决定内容违反法人章程的,捐助人等利害关系人或者主管机关可以请求人民法院撤销该决定。但是,捐助法人依据该决定与善意相对人形成的民事法律关系不受影响。

第九十五条 为公益目的成立的非营利法人终止时,不得向出资人、设立人或者会员分配剩余财产。剩余财产应当按照法人章程的规定或者权力机构的决议用于公益目的;无法按照法人章程的规定或者权力机构的决议处理的,由主管机关主持转给宗旨相同或者相近的法人,并向社会公告。

第四节 特别法人

第九十六条 本节规定的机关法人、农村集体经济组织法人、城镇农村的合作经济组织法人、基层群众性自治组织法人,为特别法人。

第九十七条 有独立经费的机关和承担行政职能的法定机构从成立之日起,具有机关法人资格,可以从事为履行职能所需要的民事活动。

第九十八条 机关法人被撤销的,法人终止,其民事权利和义务由继任的机关法人享有和承担;没有继任的机关法人的,由作出撤销决定的机关法人享有和承担。

第九十九条 农村集体经济组织依法取得法人资格。

法律、行政法规对农村集体经济组织有规定的，依照其规定。

第一百条 城镇农村的合作经济组织依法取得法人资格。

法律、行政法规对城镇农村的合作经济组织有规定的，依照其规定。

第一百零一条 居民委员会、村民委员会具有基层群众性自治组织法人资格，可以从事为履行职能所需要的民事活动。

未设立村集体经济组织的，村民委员会可以依法代行村集体经济组织的职能。

第四章 非法人组织

第一百零二条 非法人组织是不具有法人资格，但是能够依法以自己的名义从事民事活动的组织。

非法人组织包括个人独资企业、合伙企业、不具有法人资格的专业服务机构等。

第一百零三条 非法人组织应当依照法律的规定登记。

设立非法人组织，法律、行政法规规定须经有关机关批准的，依照其规定。

第一百零四条 非法人组织的财产不足以清偿债务的，其出资人或者设立人承担无限责任。法律另有规定的，依照其规定。

第一百零五条 非法人组织可以确定一人或者数人代表该组织从事民事活动。

第一百零六条 有下列情形之一的，非法人组织解散：

（一）章程规定的存续期间届满或者章程规定的其他解散事由出现；

（二）出资人或者设立人决定解散；

（三）法律规定的其他情形。

第一百零七条 非法人组织解散的，应当依法进行清算。

第一百零八条 非法人组织除适用本章规定外，参照适用本编第三章第一节的有关规定。

第五章 民事权利

第一百零九条 自然人的人身自由、人格尊严受法律保护。

第一百一十条 自然人享有生命权、身体权、健康权、姓名权、肖像权、名誉权、荣誉权、隐私权、婚姻自主权等权利。

法人、非法人组织享有名称权、名誉权和荣誉权。

第一百一十一条 自然人的个人信息受法律保护。任何组织或者个人需要获取他人个人信息的，应当依法取得并确保信息安全，不得非法收集、使用、加工、传输他人个人信息，不得非法买卖、提供或者公开他人个人信息。

第一百一十二条 自然人因婚姻家庭关系等产生的人身权利受法律保护。

第一百一十三条 民事主体的财产权利受法律平等保护。

第一百一十四条 民事主体依法享有物权。

物权是权利人依法对特定的物享有直接支配和排他的权利，包括所有权、用益物权和担保物权。

第一百一十五条 物包括不动产和动产。法律规定权利作为物权客体的，依照其规定。

第一百一十六条 物权的种类和内容，由法律规定。

第一百一十七条 为了公共利益的需要，依照法律规定的权限和程序征收、征用不动产或者动产的，应当给予公平、合理的补偿。

第一百一十八条 民事主体依法享有债权。

债权是因合同、侵权行为、无因管理、不当得利以及法律的其他规定，权利人请求特定义务人为或者不为一定行为的权利。

第一百一十九条 依法成立的合同，对当事人具有法律约束力。

第一百二十条 民事权益受到侵害的，被侵权人有权请求侵权人承担侵权责任。

第一百二十一条 没有法定的或者约定的义务，为避免他人利益受损失而进行管理的人，有权请求受益人偿还由此支出的必要费用。

第一百二十二条 因他人没有法律根据，取得不当利益，受损失的人有权请求其返还不当利益。

第一百二十三条 民事主体依法享有知识产权。

知识产权是权利人依法就下列客体享有的专有的权利：

（一）作品；
（二）发明、实用新型、外观设计；
（三）商标；
（四）地理标志；
（五）商业秘密；
（六）集成电路布图设计；
（七）植物新品种；
（八）法律规定的其他客体。

第一百二十四条 自然人依法享有继承权。

自然人合法的私有财产，可以依法继承。

第一百二十五条 民事主体依法享有股权和其他投资性权利。

第一百二十六条 民事主体享有法律规定的其他民事权利和利益。

第一百二十七条 法律对数据、网络虚拟财产的保护有规定的，依照其规定。

第一百二十八条 法律对未成年人、老年人、残疾人、妇女、消费者等的民事权利保护有特别规定的，依照其规定。

第一百二十九条 民事权利可以依据民事法律行为、事实行为、法律规定的事件或者法律规定的其他方式取得。

第一百三十条 民事主体按照自己的意愿依法行使民事权利，不受干涉。

第一百三十一条 民事主体行使权利时，应当履行法律规定的和当事人约定的义务。

第一百三十二条 民事主体不得滥用民事权利损害国家利益、社会公共利益或者他人合法权益。

第六章 民事法律行为

第一节 一般规定

第一百三十三条 民事法律行为是民事主体通过意思表示设立、变更、终止民事法律关系的行为。

第一百三十四条 民事法律行为可以基于双方或者多方的意思表示一致成立，也可以基于单方的意思表示成立。

法人、非法人组织依照法律或者章程规定的议事方式和表决程序作出决议的，该决议行为成立。

第一百三十五条 民事法律行为可以采用书面形式、口头形式或者其他形式；法律、行政法规规定或者当事人约定采用特定形式的，应当采用特定形式。

第一百三十六条 民事法律行为自成立时生效，但是法律另有规定或者当事人另有约定的除外。

行为人非依法律规定或者未经对方同意，不得擅自变更或者解除民事法律行为。

第二节 意思表示

第一百三十七条 以对话方式作出的意思表示，相对人知道其内容时生效。

以非对话方式作出的意思表示，到达相对人时生效。以非对话方式作出的采用数据电文形式的意思表示，相对人指定特定系统接收数据电文的，该数据电文进入该特定系统时生效；未指定特定系统的，相对人知道或者应当知道该数据电文进入其系统时生效。当事人对采用数据电文形式的意思表示的生效时间另有约定的，按照其约定。

第一百三十八条 无相对人的意思表

示，表示完成时生效。法律另有规定的，依照其规定。

第一百三十九条 以公告方式作出的意思表示，公告发布时生效。

第一百四十条 行为人可以明示或者默示作出意思表示。

沉默只有在有法律规定、当事人约定或者符合当事人之间的交易习惯时，才可以视为意思表示。

第一百四十一条 行为人可以撤回意思表示。撤回意思表示的通知应当在意思表示到达相对人前或者与意思表示同时到达相对人。

第一百四十二条 有相对人的意思表示的解释，应当按照所使用的词句，结合相关条款、行为的性质和目的、习惯以及诚信原则，确定意思表示的含义。

无相对人的意思表示的解释，不能完全拘泥于所使用的词句，而应当结合相关条款、行为的性质和目的、习惯以及诚信原则，确定行为人的真实意思。

第三节 民事法律行为的效力

第一百四十三条 具备下列条件的民事法律行为有效：

（一）行为人具有相应的民事行为能力；

（二）意思表示真实；

（三）不违反法律、行政法规的强制性规定，不违背公序良俗。

第一百四十四条 无民事行为能力人实施的民事法律行为无效。

第一百四十五条 限制民事行为能力人实施的纯获利益的民事法律行为或者与其年龄、智力、精神健康状况相适应的民事法律行为有效；实施的其他民事法律行为经法定代理人同意或者追认后有效。

相对人可以催告法定代理人自收到通知之日起三十日内予以追认。法定代理人未作表示的，视为拒绝追认。民事法律行为被追认前，善意相对人有撤销的权利。撤销应当以通知的方式作出。

第一百四十六条 行为人与相对人以虚假的意思表示实施的民事法律行为无效。

以虚假的意思表示隐藏的民事法律行为的效力，依照有关法律规定处理。

第一百四十七条 基于重大误解实施的民事法律行为，行为人有权请求人民法院或者仲裁机构予以撤销。

第一百四十八条 一方以欺诈手段，使对方在违背真实意思的情况下实施的民事法律行为，受欺诈方有权请求人民法院或者仲裁机构予以撤销。

第一百四十九条 第三人实施欺诈行为，使一方在违背真实意思的情况下实施的民事法律行为，对方知道或者应当知道该欺诈行为的，受欺诈方有权请求人民法院或者仲裁机构予以撤销。

第一百五十条 一方或者第三人以胁迫手段，使对方在违背真实意思的情况下实施的民事法律行为，受胁迫方有权请求人民法院或者仲裁机构予以撤销。

第一百五十一条 一方利用对方处于危困状态、缺乏判断能力等情形，致使民事法律行为成立时显失公平的，受损害方有权请求人民法院或者仲裁机构予以撤销。

第一百五十二条 有下列情形之一的，撤销权消灭：

（一）当事人自知道或者应当知道撤销事由之日起一年内、重大误解的当事人自知道或者应当知道撤销事由之日起九十日内没有行使撤销权；

（二）当事人受胁迫，自胁迫行为终止之日起一年内没有行使撤销权；

（三）当事人知道撤销事由后明确表示或者以自己的行为表明放弃撤销权。

当事人自民事法律行为发生之日起五年内没有行使撤销权的，撤销权消灭。

第一百五十三条 违反法律、行政法规的强制性规定的民事法律行为无效。但是，该强制性规定不导致该民事法律行为无效的除外。

违背公序良俗的民事法律行为无效。

第一百五十四条 行为人与相对人恶意串通，损害他人合法权益的民事法律行为无效。

第一百五十五条 无效的或者被撤销的民事法律行为自始没有法律约束力。

第一百五十六条 民事法律行为部分无效，不影响其他部分效力的，其他部分仍然有效。

第一百五十七条 民事法律行为无效、被撤销或者确定不发生效力后，行为人因该行为取得的财产，应当予以返还；不能返还或者没有必要返还的，应当折价补偿。有过错的一方应当赔偿对方由此所受到的损失；各方都有过错的，应当各自承担相应的责任。法律另有规定的，依照其规定。

第四节 民事法律行为的附条件和附期限

第一百五十八条 民事法律行为可以附条件，但是根据其性质不得附条件的除外。附生效条件的民事法律行为，自条件成就时生效。附解除条件的民事法律行为，自条件成就时失效。

第一百五十九条 附条件的民事法律行为，当事人为自己的利益不正当地阻止条件成就的，视为条件已经成就；不正当地促成条件成就的，视为条件不成就。

第一百六十条 民事法律行为可以附期限，但是根据其性质不得附期限的除外。附生效期限的民事法律行为，自期限届至时生效。附终止期限的民事法律行为，自期限届满时失效。

第七章 代 理

第一节 一般规定

第一百六十一条 民事主体可以通过代理人实施民事法律行为。

依照法律规定、当事人约定或者民事法律行为的性质，应当由本人亲自实施的民事法律行为，不得代理。

第一百六十二条 代理人在代理权限内，以被代理人名义实施的民事法律行为，对被代理人发生效力。

第一百六十三条 代理包括委托代理和法定代理。

委托代理人按照被代理人的委托行使代理权。法定代理人依照法律的规定行使代理权。

第一百六十四条 代理人不履行或者不完全履行职责，造成被代理人损害的，应当承担民事责任。

代理人和相对人恶意串通，损害被代理人合法权益的，代理人和相对人应当承担连带责任。

第二节 委托代理

第一百六十五条 委托代理授权采用书面形式的，授权委托书应当载明代理人的姓名或者名称、代理事项、权限和期限，并由被代理人签名或者盖章。

第一百六十六条 数人为同一代理事项的代理人的，应当共同行使代理权，但是当事人另有约定的除外。

第一百六十七条 代理人知道或者应当知道代理事项违法仍然实施代理行为，或者被代理人知道或者应当知道代理人的代理行为违法未作反对表示的，被代理人和代理人应当承担连带责任。

第一百六十八条 代理人不得以被代理人的名义与自己实施民事法律行为，但是被代理人同意或者追认的除外。

代理人不得以被代理人的名义与自己同时代理的其他人实施民事法律行为，但是被代理的双方同意或者追认的除外。

第一百六十九条 代理人需要转委托第三人代理的，应当取得被代理人的同意或者追认。

转委托代理经被代理人同意或者追认的，被代理人可以就代理事务直接指示转委托的第三人，代理人仅就第三人的选任以及对第三人的指示承担责任。

转委托代理未经被代理人同意或者追认的，代理人应当对转委托的第三人的行为承担责任；但是，在紧急情况下代理人为了维护被代理人的利益需要转委托第三人代理的除外。

第一百七十条 执行法人或者非法人组织工作任务的人员，就其职权范围内的事项，以法人或者非法人组织的名义实施的民事法律行为，对法人或者非法人组织发生效力。

法人或者非法人组织对执行其工作任务的人员职权范围的限制，不得对抗善意相对人。

第一百七十一条 行为人没有代理权、超越代理权或者代理权终止后，仍然实施代理行为，未经被代理人追认的，对被代理人不发生效力。

相对人可以催告被代理人自收到通知之日起三十日内予以追认。被代理人未作表示的，视为拒绝追认。行为人实施的行为被追认前，善意相对人有撤销的权利。撤销应当以通知的方式作出。

行为人实施的行为未被追认的，善意相对人有权请求行为人履行债务或者就其受到的损害请求行为人赔偿。但是，赔偿的范围不得超过被代理人追认时相对人所能获得的利益。

相对人知道或者应当知道行为人无权代理的，相对人和行为人按照各自的过错承担责任。

第一百七十二条 行为人没有代理权、超越代理权或者代理权终止后，仍然实施代理行为，相对人有理由相信行为人有代理权的，代理行为有效。

第三节 代理终止

第一百七十三条 有下列情形之一的，委托代理终止：

（一）代理期限届满或者代理事务完成；

（二）被代理人取消委托或者代理人辞去委托；

（三）代理人丧失民事行为能力；

（四）代理人或者被代理人死亡；

（五）作为代理人或者被代理人的法人、非法人组织终止。

第一百七十四条 被代理人死亡后，有下列情形之一的，委托代理人实施的代理行为有效：

（一）代理人不知道且不应当知道被代理人死亡；

（二）被代理人的继承人予以承认；

（三）授权中明确代理权在代理事务完成时终止；

（四）被代理人死亡前已经实施，为了被代理人的继承人的利益继续代理。

作为被代理人的法人、非法人组织终止的，参照适用前款规定。

第一百七十五条 有下列情形之一的，法定代理终止：

（一）被代理人取得或者恢复完全民事行为能力；

（二）代理人丧失民事行为能力；

（三）代理人或者被代理人死亡；

（四）法律规定的其他情形。

第八章 民事责任

第一百七十六条 民事主体依照法律规定或者按照当事人约定，履行民事义务，承担民事责任。

第一百七十七条 二人以上依法承担按份责任，能够确定责任大小的，各自承担相应的责任；难以确定责任大小的，平均承担责任。

第一百七十八条 二人以上依法承担连带责任的，权利人有权请求部分或者全部连带责任人承担责任。

连带责任人的责任份额根据各自责任大小确定；难以确定责任大小的，平均承担责任。实际承担责任超过自己责任份额的连带责任人，有权向其他连带责任人追偿。

连带责任，由法律规定或者当事人

约定。

第一百七十九条 承担民事责任的方式主要有：

（一）停止侵害；

（二）排除妨碍；

（三）消除危险；

（四）返还财产；

（五）恢复原状；

（六）修理、重作、更换；

（七）继续履行；

（八）赔偿损失；

（九）支付违约金；

（十）消除影响、恢复名誉；

（十一）赔礼道歉。

法律规定惩罚性赔偿的，依照其规定。

本条规定的承担民事责任的方式，可以单独适用，也可以合并适用。

第一百八十条 因不可抗力不能履行民事义务的，不承担民事责任。法律另有规定的，依照其规定。

不可抗力是不能预见、不能避免且不能克服的客观情况。

第一百八十一条 因正当防卫造成损害的，不承担民事责任。

正当防卫超过必要的限度，造成不应有的损害的，正当防卫人应当承担适当的民事责任。

第一百八十二条 因紧急避险造成损害的，由引起险情发生的人承担民事责任。

危险由自然原因引起的，紧急避险人不承担民事责任，可以给予适当补偿。

紧急避险采取措施不当或者超过必要的限度，造成不应有的损害的，紧急避险人应当承担适当的民事责任。

第一百八十三条 因保护他人民事权益使自己受到损害的，由侵权人承担民事责任，受益人可以给予适当补偿。没有侵权人、侵权人逃逸或者无力承担民事责任，受害人请求补偿的，受益人应当给予适当补偿。

第一百八十四条 因自愿实施紧急救助行为造成受助人损害的，救助人不承担民事责任。

第一百八十五条 侵害英雄烈士等的姓名、肖像、名誉、荣誉，损害社会公共利益的，应当承担民事责任。

第一百八十六条 因当事人一方的违约行为，损害对方人身权益、财产权益的，受损害方有权选择请求其承担违约责任或者侵权责任。

第一百八十七条 民事主体因同一行为应当承担民事责任、行政责任和刑事责任的，承担行政责任或者刑事责任不影响承担民事责任；民事主体的财产不足以支付的，优先用于承担民事责任。

第九章 诉讼时效

第一百八十八条 向人民法院请求保护民事权利的诉讼时效期间为三年。法律另有规定的，依照其规定。

诉讼时效期间自权利人知道或者应当知道权利受到损害以及义务人之日起计算。法律另有规定的，依照其规定。但是，自权利受到损害之日起超过二十年的，人民法院不予保护，有特殊情况的，人民法院可以根据权利人的申请决定延长。

第一百八十九条 当事人约定同一债务分期履行的，诉讼时效期间自最后一期履行期限届满之日起计算。

第一百九十条 无民事行为能力人或者限制民事行为能力人对其法定代理人的请求权的诉讼时效期间，自该法定代理终止之日起计算。

第一百九十一条 未成年人遭受性侵害的损害赔偿请求权的诉讼时效期间，自受害人年满十八周岁之日起计算。

第一百九十二条 诉讼时效期间届满的，义务人可以提出不履行义务的抗辩。

诉讼时效期间届满后，义务人同意履行的，不得以诉讼时效期间届满为由抗辩；义务人已经自愿履行的，不得请求返还。

第一百九十三条 人民法院不得主动适用诉讼时效的规定。

第一百九十四条 在诉讼时效期间的最后六个月内，因下列障碍，不能行使请求权的，诉讼时效中止：

（一）不可抗力；

（二）无民事行为能力人或者限制民事行为能力人没有法定代理人，或者法定代理人死亡、丧失民事行为能力、丧失代理权；

（三）继承开始后未确定继承人或者遗产管理人；

（四）权利人被义务人或者其他人控制；

（五）其他导致权利人不能行使请求权的障碍。

自中止时效的原因消除之日起满六个月，诉讼时效期间届满。

第一百九十五条 有下列情形之一的，诉讼时效中断，从中断、有关程序终结时起，诉讼时效期间重新计算：

（一）权利人向义务人提出履行请求；

（二）义务人同意履行义务；

（三）权利人提起诉讼或者申请仲裁；

（四）与提起诉讼或者申请仲裁具有同等效力的其他情形。

第一百九十六条 下列请求权不适用诉讼时效的规定：

（一）请求停止侵害、排除妨碍、消除危险；

（二）不动产物权和登记的动产物权的权利人请求返还财产；

（三）请求支付抚养费、赡养费或者扶养费；

（四）依法不适用诉讼时效的其他请求权。

第一百九十七条 诉讼时效的期间、计算方法以及中止、中断的事由由法律规定，当事人约定无效。

当事人对诉讼时效利益的预先放弃无效。

第一百九十八条 法律对仲裁时效有规定的，依照其规定；没有规定的，适用诉讼时效的规定。

第一百九十九条 法律规定或者当事人约定的撤销权、解除权等权利的存续期间，除法律另有规定外，自权利人知道或者应当知道权利产生之日起计算，不适用有关诉讼时效中止、中断和延长的规定。存续期间届满，撤销权、解除权等权利消灭。

第十章 期间计算

第二百条 民法所称的期间按照公历年、月、日、小时计算。

第二百零一条 按照年、月、日计算期间的，开始的当日不计入，自下一日开始计算。

按照小时计算期间的，自法律规定或者当事人约定的时间开始计算。

第二百零二条 按照年、月计算期间的，到期月的对应日为期间的最后一日；没有对应日的，月末日为期间的最后一日。

第二百零三条 期间的最后一日是法定休假日的，以法定休假日结束的次日为期间的最后一日。

期间的最后一日的截止时间为二十四时；有业务时间的，停止业务活动的时间为截止时间。

第二百零四条 期间的计算方法依照本法的规定，但是法律另有规定或者当事人另有约定的除外。

第二编 物 权

第一分编 通 则

第一章 一般规定

第二百零五条 本编调整因物的归属和利用产生的民事关系。

第二百零六条 国家坚持和完善公有制为主体、多种所有制经济共同发展，按劳分配为主体、多种分配方式并存，社会主义市场经济体制等社会主义基本经济制度。

国家巩固和发展公有制经济，鼓励、支持和引导非公有制经济的发展。

国家实行社会主义市场经济，保障一切市场主体的平等法律地位和发展权利。

第二百零七条　国家、集体、私人的物权和其他权利人的物权受法律平等保护，任何组织或者个人不得侵犯。

第二百零八条　不动产物权的设立、变更、转让和消灭，应当依照法律规定登记。动产物权的设立和转让，应当依照法律规定交付。

第二章　物权的设立、变更、转让和消灭

第一节　不动产登记

第二百零九条　不动产物权的设立、变更、转让和消灭，经依法登记，发生效力；未经登记，不发生效力，但是法律另有规定的除外。

依法属于国家所有的自然资源，所有权可以不登记。

第二百一十条　不动产登记，由不动产所在地的登记机构办理。

国家对不动产实行统一登记制度。统一登记的范围、登记机构和登记办法，由法律、行政法规规定。

第二百一十一条　当事人申请登记，应当根据不同登记事项提供权属证明和不动产界址、面积等必要材料。

第二百一十二条　登记机构应当履行下列职责：

（一）查验申请人提供的权属证明和其他必要材料；

（二）就有关登记事项询问申请人；

（三）如实、及时登记有关事项；

（四）法律、行政法规规定的其他职责。

申请登记的不动产的有关情况需要进一步证明的，登记机构可以要求申请人补充材料，必要时可以实地查看。

第二百一十三条　登记机构不得有下列行为：

（一）要求对不动产进行评估；

（二）以年检等名义进行重复登记；

（三）超出登记职责范围的其他行为。

第二百一十四条　不动产物权的设立、变更、转让和消灭，依照法律规定应当登记的，自记载于不动产登记簿时发生效力。

第二百一十五条　当事人之间订立有关设立、变更、转让和消灭不动产物权的合同，除法律另有规定或者当事人另有约定外，自合同成立时生效；未办理物权登记的，不影响合同效力。

第二百一十六条　不动产登记簿是物权归属和内容的根据。

不动产登记簿由登记机构管理。

第二百一十七条　不动产权属证书是权利人享有该不动产物权的证明。不动产权属证书记载的事项，应当与不动产登记簿一致；记载不一致的，除有证据证明不动产登记簿确有错误外，以不动产登记簿为准。

第二百一十八条　权利人、利害关系人可以申请查询、复制不动产登记资料，登记机构应当提供。

第二百一十九条　利害关系人不得公开、非法使用权利人的不动产登记资料。

第二百二十条　权利人、利害关系人认为不动产登记簿记载的事项错误的，可以申请更正登记。不动产登记簿记载的权利人书面同意更正或者有证据证明登记确有错误的，登记机构应当予以更正。

不动产登记簿记载的权利人不同意更正的，利害关系人可以申请异议登记。登记机构予以异议登记，申请人自异议登记之日起十五日内不提起诉讼的，异议登记失效。异议登记不当，造成权利人损害的，权利人可以向申请人请求损害赔偿。

第二百二十一条　当事人签订买卖房屋的协议或者签订其他不动产物权的协议，为保障将来实现物权，按照约定可以向登记机

构申请预告登记。预告登记后，未经预告登记的权利人同意，处分该不动产的，不发生物权效力。

预告登记后，债权消灭或者自能够进行不动产登记之日起九十日内未申请登记的，预告登记失效。

第二百二十二条 当事人提供虚假材料申请登记，造成他人损害的，应当承担赔偿责任。

因登记错误，造成他人损害的，登记机构应当承担赔偿责任。登记机构赔偿后，可以向造成登记错误的人追偿。

第二百二十三条 不动产登记费按件收取，不得按照不动产的面积、体积或者价款的比例收取。

第二节 动产交付

第二百二十四条 动产物权的设立和转让，自交付时发生效力，但是法律另有规定的除外。

第二百二十五条 船舶、航空器和机动车等的物权的设立、变更、转让和消灭，未经登记，不得对抗善意第三人。

第二百二十六条 动产物权设立和转让前，权利人已经占有该动产的，物权自民事法律行为生效时发生效力。

第二百二十七条 动产物权设立和转让前，第三人占有该动产的，负有交付义务的人可以通过转让请求第三人返还原物的权利代替交付。

第二百二十八条 动产物权转让时，当事人又约定由出让人继续占有该动产的，物权自该约定生效时发生效力。

第三节 其他规定

第二百二十九条 因人民法院、仲裁机构的法律文书或者人民政府的征收决定等，导致物权设立、变更、转让或者消灭的，自法律文书或者征收决定等生效时发生效力。

第二百三十条 因继承取得物权的，自继承开始时发生效力。

第二百三十一条 因合法建造、拆除房屋等事实行为设立或者消灭物权的，自事实行为成就时发生效力。

第二百三十二条 处分依照本节规定享有的不动产物权，依照法律规定需要办理登记的，未经登记，不发生物权效力。

第三章 物权的保护

第二百三十三条 物权受到侵害的，权利人可以通过和解、调解、仲裁、诉讼等途径解决。

第二百三十四条 因物权的归属、内容发生争议的，利害关系人可以请求确认权利。

第二百三十五条 无权占有不动产或者动产的，权利人可以请求返还原物。

第二百三十六条 妨害物权或者可能妨害物权的，权利人可以请求排除妨害或者消除危险。

第二百三十七条 造成不动产或者动产毁损的，权利人可以依法请求修理、重作、更换或者恢复原状。

第二百三十八条 侵害物权，造成权利人损害的，权利人可以依法请求损害赔偿，也可以依法请求承担其他民事责任。

第二百三十九条 本章规定的物权保护方式，可以单独适用，也可以根据权利被侵害的情形合并适用。

第二分编 所 有 权

第四章 一般规定

第二百四十条 所有权人对自己的不动产或者动产，依法享有占有、使用、收益和处分的权利。

第二百四十一条 所有权人有权在自己的不动产或者动产上设立用益物权和担保物权。用益物权人、担保物权人行使权利，不得损害所有权人的权益。

第二百四十二条 法律规定专属于国家所有的不动产和动产,任何组织或者个人不能取得所有权。

第二百四十三条 为了公共利益的需要,依照法律规定的权限和程序可以征收集体所有的土地和组织、个人的房屋以及其他不动产。

征收集体所有的土地,应当依法及时足额支付土地补偿费、安置补助费以及农村村民住宅、其他地上附着物和青苗等的补偿费用,并安排被征地农民的社会保障费用,保障被征地农民的生活,维护被征地农民的合法权益。

征收组织、个人的房屋以及其他不动产,应当依法给予征收补偿,维护被征收人的合法权益;征收个人住宅的,还应当保障被征收人的居住条件。

任何组织或者个人不得贪污、挪用、私分、截留、拖欠征收补偿费等费用。

第二百四十四条 国家对耕地实行特殊保护,严格限制农用地转为建设用地,控制建设用地总量。不得违反法律规定的权限和程序征收集体所有的土地。

第二百四十五条 因抢险救灾、疫情防控等紧急需要,依照法律规定的权限和程序可以征用组织、个人的不动产或者动产。被征用的不动产或者动产使用后,应当返还被征用人。组织、个人的不动产或者动产被征用或者征用后毁损、灭失的,应当给予补偿。

第五章 国家所有权和集体所有权、私人所有权

第二百四十六条 法律规定属于国家所有的财产,属于国家所有即全民所有。

国有财产由国务院代表国家行使所有权。法律另有规定的,依照其规定。

第二百四十七条 矿藏、水流、海域属于国家所有。

第二百四十八条 无居民海岛属于国家所有,国务院代表国家行使无居民海岛所有权。

第二百四十九条 城市的土地,属于国家所有。法律规定属于国家所有的农村和城市郊区的土地,属于国家所有。

第二百五十条 森林、山岭、草原、荒地、滩涂等自然资源,属于国家所有,但是法律规定属于集体所有的除外。

第二百五十一条 法律规定属于国家所有的野生动植物资源,属于国家所有。

第二百五十二条 无线电频谱资源属于国家所有。

第二百五十三条 法律规定属于国家所有的文物,属于国家所有。

第二百五十四条 国防资产属于国家所有。

铁路、公路、电力设施、电信设施和油气管道等基础设施,依照法律规定为国家所有的,属于国家所有。

第二百五十五条 国家机关对其直接支配的不动产和动产,享有占有、使用以及依照法律和国务院的有关规定处分的权利。

第二百五十六条 国家举办的事业单位对其直接支配的不动产和动产,享有占有、使用以及依照法律和国务院的有关规定收益、处分的权利。

第二百五十七条 国家出资的企业,由国务院、地方人民政府依照法律、行政法规规定分别代表国家履行出资人职责,享有出资人权益。

第二百五十八条 国家所有的财产受法律保护,禁止任何组织或者个人侵占、哄抢、私分、截留、破坏。

第二百五十九条 履行国有财产管理、监督职责的机构及其工作人员,应当依法加强对国有财产的管理、监督,促进国有财产保值增值,防止国有财产损失;滥用职权,玩忽职守,造成国有财产损失的,应当依法承担法律责任。

违反国有财产管理规定,在企业改制、合并分立、关联交易等过程中,低价转让、

合谋私分、擅自担保或者以其他方式造成国有财产损失的，应当依法承担法律责任。

第二百六十条 集体所有的不动产和动产包括：

（一）法律规定属于集体所有的土地和森林、山岭、草原、荒地、滩涂；

（二）集体所有的建筑物、生产设施、农田水利设施；

（三）集体所有的教育、科学、文化、卫生、体育等设施；

（四）集体所有的其他不动产和动产。

第二百六十一条 农民集体所有的不动产和动产，属于本集体成员集体所有。

下列事项应当依照法定程序经本集体成员决定：

（一）土地承包方案以及将土地发包给本集体以外的组织或者个人承包；

（二）个别土地承包经营权人之间承包地的调整；

（三）土地补偿费等费用的使用、分配办法；

（四）集体出资的企业的所有权变动等事项；

（五）法律规定的其他事项。

第二百六十二条 对于集体所有的土地和森林、山岭、草原、荒地、滩涂等，依照下列规定行使所有权：

（一）属于村农民集体所有的，由村集体经济组织或者村民委员会依法代表集体行使所有权；

（二）分别属于村内两个以上农民集体所有的，由村内各该集体经济组织或者村民小组依法代表集体行使所有权；

（三）属于乡镇农民集体所有的，由乡镇集体经济组织代表集体行使所有权。

第二百六十三条 城镇集体所有的不动产和动产，依照法律、行政法规的规定由本集体享有占有、使用、收益和处分的权利。

第二百六十四条 农村集体经济组织或者村民委员会、村民小组应当依照法律、行政法规以及章程、村规民约向本集体成员公布集体财产的状况。集体成员有权查阅、复制相关资料。

第二百六十五条 集体所有的财产受法律保护，禁止任何组织或者个人侵占、哄抢、私分、破坏。

农村集体经济组织、村民委员会或者其负责人作出的决定侵害集体成员合法权益的，受侵害的集体成员可以请求人民法院予以撤销。

第二百六十六条 私人对其合法的收入、房屋、生活用品、生产工具、原材料等不动产和动产享有所有权。

第二百六十七条 私人的合法财产受法律保护，禁止任何组织或者个人侵占、哄抢、破坏。

第二百六十八条 国家、集体和私人依法可以出资设立有限责任公司、股份有限公司或者其他企业。国家、集体和私人所有的不动产或者动产投到企业的，由出资人按照约定或者出资比例享有资产收益、重大决策以及选择经营管理者等权利并履行义务。

第二百六十九条 营利法人对其不动产和动产依照法律、行政法规以及章程享有占有、使用、收益和处分的权利。

营利法人以外的法人，对其不动产和动产的权利，适用有关法律、行政法规以及章程的规定。

第二百七十条 社会团体法人、捐助法人依法所有的不动产和动产，受法律保护。

第六章 业主的建筑物区分所有权

第二百七十一条 业主对建筑物内的住宅、经营性用房等专有部分享有所有权，对专有部分以外的共有部分享有共有和共同管理的权利。

第二百七十二条 业主对其建筑物专有部分享有占有、使用、收益和处分的权利。业主行使权利不得危及建筑物的安全，不得损害其他业主的合法权益。

第二百七十三条 业主对建筑物专有部

分以外的共有部分，享有权利，承担义务；不得以放弃权利为由不履行义务。

业主转让建筑物内的住宅、经营性用房，其对共有部分享有的共有和共同管理的权利一并转让。

第二百七十四条 建筑区划内的道路，属于业主共有，但是属于城镇公共道路的除外。建筑区划内的绿地，属于业主共有，但是属于城镇公共绿地或者明示属于个人的除外。建筑区划内的其他公共场所、公用设施和物业服务用房，属于业主共有。

第二百七十五条 建筑区划内，规划用于停放汽车的车位、车库的归属，由当事人通过出售、附赠或者出租等方式约定。

占用业主共有的道路或者其他场地用于停放汽车的车位，属于业主共有。

第二百七十六条 建筑区划内，规划用于停放汽车的车位、车库应当首先满足业主的需要。

第二百七十七条 业主可以设立业主大会，选举业主委员会。业主大会、业主委员会成立的具体条件和程序，依照法律、法规的规定。

地方人民政府有关部门、居民委员会应当对设立业主大会和选举业主委员会给予指导和协助。

第二百七十八条 下列事项由业主共同决定：

（一）制定和修改业主大会议事规则；

（二）制定和修改管理规约；

（三）选举业主委员会或者更换业主委员会成员；

（四）选聘和解聘物业服务企业或者其他管理人；

（五）使用建筑物及其附属设施的维修资金；

（六）筹集建筑物及其附属设施的维修资金；

（七）改建、重建建筑物及其附属设施；

（八）改变共有部分的用途或者利用共有部分从事经营活动；

（九）有关共有和共同管理权利的其他重大事项。

业主共同决定事项，应当由专有部分面积占比三分之二以上的业主且人数占比三分之二以上的业主参与表决。决定前款第六项至第八项规定的事项，应当经参与表决专有部分面积四分之三以上的业主且参与表决人数四分之三以上的业主同意。决定前款其他事项，应当经参与表决专有部分面积过半数的业主且参与表决人数过半数的业主同意。

第二百七十九条 业主不得违反法律、法规以及管理规约，将住宅改变为经营性用房。业主将住宅改变为经营性用房的，除遵守法律、法规以及管理规约外，应当经有利害关系的业主一致同意。

第二百八十条 业主大会或者业主委员会的决定，对业主具有法律约束力。

业主大会或者业主委员会作出的决定侵害业主合法权益的，受侵害的业主可以请求人民法院予以撤销。

第二百八十一条 建筑物及其附属设施的维修资金，属于业主共有。经业主共同决定，可以用于电梯、屋顶、外墙、无障碍设施等共有部分的维修、更新和改造。建筑物及其附属设施的维修资金的筹集、使用情况应当定期公布。

紧急情况下需要维修建筑物及其附属设施的，业主大会或者业主委员会可以依法申请使用建筑物及其附属设施的维修资金。

第二百八十二条 建设单位、物业服务企业或者其他管理人等利用业主的共有部分产生的收入，在扣除合理成本之后，属于业主共有。

第二百八十三条 建筑物及其附属设施的费用分摊、收益分配等事项，有约定的，按照约定；没有约定或者约定不明确的，按照业主专有部分面积所占比例确定。

第二百八十四条 业主可以自行管理建筑物及其附属设施，也可以委托物业服务企业或者其他管理人管理。

对建设单位聘请的物业服务企业或者其

他管理人，业主有权依法更换。

第二百八十五条 物业服务企业或者其他管理人根据业主的委托，依照本法第三编有关物业服务合同的规定管理建筑区划内的建筑物及其附属设施，接受业主的监督，并及时答复业主对物业服务情况提出的询问。

物业服务企业或者其他管理人应当执行政府依法实施的应急处置措施和其他管理措施，积极配合开展相关工作。

第二百八十六条 业主应当遵守法律、法规以及管理规约，相关行为应当符合节约资源、保护生态环境的要求。对于物业服务企业或者其他管理人执行政府依法实施的应急处置措施和其他管理措施，业主应当依法予以配合。

业主大会或者业主委员会，对任意弃置垃圾、排放污染物或者噪声、违反规定饲养动物、违章搭建、侵占通道、拒付物业费等损害他人合法权益的行为，有权依照法律、法规以及管理规约，请求行为人停止侵害、排除妨碍、消除危险、恢复原状、赔偿损失。

业主或者其他行为人拒不履行相关义务的，有关当事人可以向有关行政主管部门报告或者投诉，有关行政主管部门应当依法处理。

第二百八十七条 业主对建设单位、物业服务企业或者其他管理人以及其他业主侵害自己合法权益的行为，有权请求其承担民事责任。

第七章 相邻关系

第二百八十八条 不动产的相邻权利人应当按照有利生产、方便生活、团结互助、公平合理的原则，正确处理相邻关系。

第二百八十九条 法律、法规对处理相邻关系有规定的，依照其规定；法律、法规没有规定的，可以按照当地习惯。

第二百九十条 不动产权利人应当为相邻权利人用水、排水提供必要的便利。

对自然流水的利用，应当在不动产的相邻权利人之间合理分配。对自然流水的排放，应当尊重自然流向。

第二百九十一条 不动产权利人对相邻权利人因通行等必须利用其土地的，应当提供必要的便利。

第二百九十二条 不动产权利人因建造、修缮建筑物以及铺设电线、电缆、水管、暖气和燃气管线等必须利用相邻土地、建筑物的，该土地、建筑物的权利人应当提供必要的便利。

第二百九十三条 建造建筑物，不得违反国家有关工程建设标准，不得妨碍相邻建筑物的通风、采光和日照。

第二百九十四条 不动产权利人不得违反国家规定弃置固体废物，排放大气污染物、水污染物、土壤污染物、噪声、光辐射、电磁辐射等有害物质。

第二百九十五条 不动产权利人挖掘土地、建造建筑物、铺设管线以及安装设备等，不得危及相邻不动产的安全。

第二百九十六条 不动产权利人因用水、排水、通行、铺设管线等利用相邻不动产的，应当尽量避免对相邻的不动产权利人造成损害。

第八章 共 有

第二百九十七条 不动产或者动产可以由两个以上组织、个人共有。共有包括按份共有和共同共有。

第二百九十八条 按份共有人对共有的不动产或者动产按照其份额享有所有权。

第二百九十九条 共同共有人对共有的不动产或者动产共同享有所有权。

第三百条 共有人按照约定管理共有的不动产或者动产；没有约定或者约定不明确的，各共有人都有管理的权利和义务。

第三百零一条 处分共有的不动产或者动产以及对共有的不动产或者动产作重大修缮、变更性质或者用途的，应当经占份额三分之二以上的按份共有人或者全体共同共有人同意，但是共有人之间另有约定的除外。

第三百零二条 共有人对共有物的管理费用以及其他负担，有约定的，按照其约定；没有约定或者约定不明确的，按份共有人按照其份额负担，共同共有人共同负担。

第三百零三条 共有人约定不得分割共有的不动产或者动产，以维持共有关系的，应当按照约定，但是共有人有重大理由需要分割的，可以请求分割；没有约定或者约定不明确的，按份共有人可以随时请求分割，共同共有人在共有的基础丧失或者有重大理由需要分割时可以请求分割。因分割造成其他共有人损害的，应当给予赔偿。

第三百零四条 共有人可以协商确定分割方式。达不成协议，共有的不动产或者动产可以分割且不会因分割减损价值的，应当对实物予以分割；难以分割或者因分割会减损价值的，应当对折价或者拍卖、变卖取得的价款予以分割。

共有人分割所得的不动产或者动产有瑕疵的，其他共有人应当分担损失。

第三百零五条 按份共有人可以转让其享有的共有的不动产或者动产份额。其他共有人在同等条件下享有优先购买的权利。

第三百零六条 按份共有人转让其享有的共有的不动产或者动产份额的，应当将转让条件及时通知其他共有人。其他共有人应当在合理期限内行使优先购买权。

两个以上其他共有人主张行使优先购买权的，协商确定各自的购买比例；协商不成的，按照转让时各自的共有份额比例行使优先购买权。

第三百零七条 因共有的不动产或者动产产生的债权债务，在对外关系上，共有人享有连带债权、承担连带债务，但是法律另有规定或者第三人知道共有人不具有连带债权债务关系的除外；在共有人内部关系上，除共有人另有约定外，按份共有人按照份额享有债权、承担债务，共同共有人共同享有债权、承担债务。偿还债务超过自己应当承担份额的按份共有人，有权向其他共有人追偿。

第三百零八条 共有人对共有的不动产或者动产没有约定为按份共有或者共同共有，或者约定不明确的，除共有人具有家庭关系等外，视为按份共有。

第三百零九条 按份共有人对共有的不动产或者动产享有的份额，没有约定或者约定不明确的，按照出资额确定；不能确定出资额的，视为等额享有。

第三百一十条 两个以上组织、个人共同享有用益物权、担保物权的，参照适用本章的有关规定。

第九章　所有权取得的特别规定

第三百一十一条 无处分权人将不动产或者动产转让给受让人的，所有权人有权追回；除法律另有规定外，符合下列情形的，受让人取得该不动产或者动产的所有权：

（一）受让人受让该不动产或者动产时是善意；

（二）以合理的价格转让；

（三）转让的不动产或者动产依照法律规定应当登记的已经登记，不需要登记的已经交付给受让人。

受让人依据前款规定取得不动产或者动产的所有权的，原所有权人有权向无处分权人请求损害赔偿。

当事人善意取得其他物权的，参照适用前两款规定。

第三百一十二条 所有权人或者其他权利人有权追回遗失物。该遗失物通过转让被他人占有的，权利人有权向无处分权人请求损害赔偿，或者自知道或者应当知道受让人之日起二年内向受让人请求返还原物；但是，受让人通过拍卖或者向具有经营资格的经营者购得该遗失物的，权利人请求返还原物时应当支付受让人所付的费用。权利人向受让人支付所付费用后，有权向无处分权人追偿。

第三百一十三条　善意受让人取得动产后，该动产上的原有权利消灭。但是，善意受让人在受让时知道或者应当知道该权利的除外。

第三百一十四条　拾得遗失物，应当返还权利人。拾得人应当及时通知权利人领取，或者送交公安等有关部门。

第三百一十五条　有关部门收到遗失物，知道权利人的，应当及时通知其领取；不知道的，应当及时发布招领公告。

第三百一十六条　拾得人在遗失物送交有关部门前，有关部门在遗失物被领取前，应当妥善保管遗失物。因故意或者重大过失致使遗失物毁损、灭失的，应当承担民事责任。

第三百一十七条　权利人领取遗失物时，应当向拾得人或者有关部门支付保管遗失物等支出的必要费用。

权利人悬赏寻找遗失物的，领取遗失物时应当按照承诺履行义务。

拾得人侵占遗失物的，无权请求保管遗失物等支出的费用，也无权请求权利人按照承诺履行义务。

第三百一十八条　遗失物自发布招领公告之日起一年内无人认领的，归国家所有。

第三百一十九条　拾得漂流物、发现埋藏物或者隐藏物的，参照适用拾得遗失物的有关规定。法律另有规定的，依照其规定。

第三百二十条　主物转让的，从物随主物转让，但是当事人另有约定的除外。

第三百二十一条　天然孳息，由所有权人取得；既有所有权人又有用益物权人的，由用益物权人取得。当事人另有约定的，按照其约定。

法定孳息，当事人有约定的，按照约定取得；没有约定或者约定不明确的，按照交易习惯取得。

第三百二十二条　因加工、附合、混合而产生的物的归属，有约定的，按照约定；没有约定或者约定不明确的，依照法律规定；法律没有规定的，按照充分发挥物的效用以及保护无过错当事人的原则确定。因一方当事人的过错或者确定物的归属造成另一方当事人损害的，应当给予赔偿或者补偿。

第三分编　用益物权

第十章　一般规定

第三百二十三条　用益物权人对他人所有的不动产或者动产，依法享有占有、使用和收益的权利。

第三百二十四条　国家所有或者国家所有由集体使用以及法律规定属于集体所有的自然资源，组织、个人依法可以占有、使用和收益。

第三百二十五条　国家实行自然资源有偿使用制度，但是法律另有规定的除外。

第三百二十六条　用益物权人行使权利，应当遵守法律有关保护和合理开发利用资源、保护生态环境的规定。所有权人不得干涉用益物权人行使权利。

第三百二十七条　因不动产或者动产被征收、征用致使用益物权消灭或者影响用益物权行使的，用益物权人有权依据本法第二百四十三条、第二百四十五条的规定获得相应补偿。

第三百二十八条　依法取得的海域使用权受法律保护。

第三百二十九条　依法取得的探矿权、采矿权、取水权和使用水域、滩涂从事养殖、捕捞的权利受法律保护。

第十一章　土地承包经营权

第三百三十条　农村集体经济组织实行家庭承包经营为基础、统分结合的双层经营体制。

农民集体所有和国家所有由农民集体使用的耕地、林地、草地以及其他用于农业的土地，依法实行土地承包经营制度。

第三百三十一条　土地承包经营权人依

法对其承包经营的耕地、林地、草地等享有占有、使用和收益的权利，有权从事种植业、林业、畜牧业等农业生产。

第三百三十二条 耕地的承包期为三十年。草地的承包期为三十年至五十年。林地的承包期为三十年至七十年。

前款规定的承包期限届满，由土地承包经营权人依照农村土地承包的法律规定继续承包。

第三百三十三条 土地承包经营权自土地承包经营权合同生效时设立。

登记机构应当向土地承包经营权人发放土地承包经营权证、林权证等证书，并登记造册，确认土地承包经营权。

第三百三十四条 土地承包经营权人依照法律规定，有权将土地承包经营权互换、转让。未经依法批准，不得将承包地用于非农建设。

第三百三十五条 土地承包经营权互换、转让的，当事人可以向登记机构申请登记；未经登记，不得对抗善意第三人。

第三百三十六条 承包期内发包人不得调整承包地。

因自然灾害严重毁损承包地等特殊情形，需要适当调整承包的耕地和草地的，应当依照农村土地承包的法律规定办理。

第三百三十七条 承包期内发包人不得收回承包地。法律另有规定的，依照其规定。

第三百三十八条 承包地被征收的，土地承包经营权人有权依据本法第二百四十三条的规定获得相应补偿。

第三百三十九条 土地承包经营权人可以自主决定依法采取出租、入股或者其他方式向他人流转土地经营权。

第三百四十条 土地经营权人有权在合同约定的期限内占有农村土地，自主开展农业生产经营并取得收益。

第三百四十一条 流转期限为五年以上的土地经营权，自流转合同生效时设立。当事人可以向登记机构申请土地经营权登记；未经登记，不得对抗善意第三人。

第三百四十二条 通过招标、拍卖、公开协商等方式承包农村土地，经依法登记取得权属证书的，可以依法采取出租、入股、抵押或者其他方式流转土地经营权。

第三百四十三条 国家所有的农用地实行承包经营的，参照适用本编的有关规定。

第十二章 建设用地使用权

第三百四十四条 建设用地使用权人依法对国家所有的土地享有占有、使用和收益的权利，有权利用该土地建造建筑物、构筑物及其附属设施。

第三百四十五条 建设用地使用权可以在土地的地表、地上或者地下分别设立。

第三百四十六条 设立建设用地使用权，应当符合节约资源、保护生态环境的要求，遵守法律、行政法规关于土地用途的规定，不得损害已经设立的用益物权。

第三百四十七条 设立建设用地使用权，可以采取出让或者划拨等方式。

工业、商业、旅游、娱乐和商品住宅等经营性用地以及同一土地有两个以上意向用地者的，应当采取招标、拍卖等公开竞价的方式出让。

严格限制以划拨方式设立建设用地使用权。

第三百四十八条 通过招标、拍卖、协议等出让方式设立建设用地使用权的，当事人应当采用书面形式订立建设用地使用权出让合同。

建设用地使用权出让合同一般包括下列条款：

（一）当事人的名称和住所；

（二）土地界址、面积等；

（三）建筑物、构筑物及其附属设施占用的空间；

（四）土地用途、规划条件；

（五）建设用地使用权期限；

（六）出让金等费用及其支付方式；

（七）解决争议的方法。

第三百四十九条 设立建设用地使用权的，应当向登记机构申请建设用地使用权登记。建设用地使用权自登记时设立。登记机构应当向建设用地使用权人发放权属证书。

第三百五十条 建设用地使用权人应当合理利用土地，不得改变土地用途；需要改变土地用途的，应当依法经有关行政主管部门批准。

第三百五十一条 建设用地使用权人应当依照法律规定以及合同约定支付出让金等费用。

第三百五十二条 建设用地使用权人建造的建筑物、构筑物及其附属设施的所有权属于建设用地使用权人，但是有相反证据证明的除外。

第三百五十三条 建设用地使用权人有权将建设用地使用权转让、互换、出资、赠与或者抵押，但是法律另有规定的除外。

第三百五十四条 建设用地使用权转让、互换、出资、赠与或者抵押的，当事人应当采用书面形式订立相应的合同。使用期限由当事人约定，但是不得超过建设用地使用权的剩余期限。

第三百五十五条 建设用地使用权转让、互换、出资或者赠与的，应当向登记机构申请变更登记。

第三百五十六条 建设用地使用权转让、互换、出资或者赠与的，附着于该土地上的建筑物、构筑物及其附属设施一并处分。

第三百五十七条 建筑物、构筑物及其附属设施转让、互换、出资或者赠与的，该建筑物、构筑物及其附属设施占用范围内的建设用地使用权一并处分。

第三百五十八条 建设用地使用权期限届满前，因公共利益需要提前收回该土地的，应当依据本法第二百四十三条的规定对该土地上的房屋以及其他不动产给予补偿，并退还相应的出让金。

第三百五十九条 住宅建设用地使用权期限届满的，自动续期。续期费用的缴纳或者减免，依照法律、行政法规的规定办理。

非住宅建设用地使用权期限届满后的续期，依照法律规定办理。该土地上的房屋以及其他不动产的归属，有约定的，按照约定；没有约定或者约定不明确的，依照法律、行政法规的规定办理。

第三百六十条 建设用地使用权消灭的，出让人应当及时办理注销登记。登记机构应当收回权属证书。

第三百六十一条 集体所有的土地作为建设用地的，应当依照土地管理的法律规定办理。

第十三章 宅基地使用权

第三百六十二条 宅基地使用权人依法对集体所有的土地享有占有和使用的权利，有权依法利用该土地建造住宅及其附属设施。

第三百六十三条 宅基地使用权的取得、行使和转让，适用土地管理的法律和国家有关规定。

第三百六十四条 宅基地因自然灾害等原因灭失的，宅基地使用权消灭。对失去宅基地的村民，应当依法重新分配宅基地。

第三百六十五条 已经登记的宅基地使用权转让或者消灭的，应当及时办理变更登记或者注销登记。

第十四章 居住权

第三百六十六条 居住权人有权按照合同约定，对他人的住宅享有占有、使用的用益物权，以满足生活居住的需要。

第三百六十七条 设立居住权，当事人应当采用书面形式订立居住权合同。

居住权合同一般包括下列条款：
（一）当事人的姓名或者名称和住所；
（二）住宅的位置；
（三）居住的条件和要求；
（四）居住权期限；
（五）解决争议的方法。

第三百六十八条　居住权无偿设立，但是当事人另有约定的除外。设立居住权的，应当向登记机构申请居住权登记。居住权自登记时设立。

第三百六十九条　居住权不得转让、继承。设立居住权的住宅不得出租，但是当事人另有约定的除外。

第三百七十条　居住权期限届满或者居住权人死亡的，居住权消灭。居住权消灭的，应当及时办理注销登记。

第三百七十一条　以遗嘱方式设立居住权的，参照适用本章的有关规定。

第十五章　地　役　权

第三百七十二条　地役权人有权按照合同约定，利用他人的不动产，以提高自己的不动产的效益。

前款所称他人的不动产为供役地，自己的不动产为需役地。

第三百七十三条　设立地役权，当事人应当采用书面形式订立地役权合同。

地役权合同一般包括下列条款：

（一）当事人的姓名或者名称和住所；
（二）供役地和需役地的位置；
（三）利用目的和方法；
（四）地役权期限；
（五）费用及其支付方式；
（六）解决争议的方法。

第三百七十四条　地役权自地役权合同生效时设立。当事人要求登记的，可以向登记机构申请地役权登记；未经登记，不得对抗善意第三人。

第三百七十五条　供役地权利人应当按照合同约定，允许地役权人利用其不动产，不得妨害地役权人行使权利。

第三百七十六条　地役权人应当按照合同约定的利用目的和方法利用供役地，尽量减少对供役地权利人物权的限制。

第三百七十七条　地役权期限由当事人约定；但是，不得超过土地承包经营权、建设用地使用权等用益物权的剩余期限。

第三百七十八条　土地所有权人享有地役权或者负担地役权的，设立土地承包经营权、宅基地使用权等用益物权时，该用益物权人继续享有或者负担已经设立的地役权。

第三百七十九条　土地上已经设立土地承包经营权、建设用地使用权、宅基地使用权等用益物权的，未经用益物权人同意，土地所有权人不得设立地役权。

第三百八十条　地役权不得单独转让。土地承包经营权、建设用地使用权等转让的，地役权一并转让，但是合同另有约定的除外。

第三百八十一条　地役权不得单独抵押。土地经营权、建设用地使用权等抵押的，在实现抵押权时，地役权一并转让。

第三百八十二条　需役地以及需役地上的土地承包经营权、建设用地使用权等部分转让时，转让部分涉及地役权的，受让人同时享有地役权。

第三百八十三条　供役地以及供役地上的土地承包经营权、建设用地使用权等部分转让时，转让部分涉及地役权的，地役权对受让人具有法律约束力。

第三百八十四条　地役权人有下列情形之一的，供役地权利人有权解除地役权合同，地役权消灭：

（一）违反法律规定或者合同约定，滥用地役权；
（二）有偿利用供役地，约定的付款期限届满后在合理期限内经两次催告未支付费用。

第三百八十五条　已经登记的地役权变更、转让或者消灭的，应当及时办理变更登记或者注销登记。

第四分编　担保物权

第十六章　一般规定

第三百八十六条　担保物权人在债务人

不履行到期债务或者发生当事人约定的实现担保物权的情形，依法享有就担保财产优先受偿的权利，但是法律另有规定的除外。

第三百八十七条 债权人在借贷、买卖等民事活动中，为保障实现其债权，需要担保的，可以依照本法和其他法律的规定设立担保物权。

第三人为债务人向债权人提供担保的，可以要求债务人提供反担保。反担保适用本法和其他法律的规定。

第三百八十八条 设立担保物权，应当依照本法和其他法律的规定订立担保合同。担保合同包括抵押合同、质押合同和其他具有担保功能的合同。担保合同是主债权债务合同的从合同。主债权债务合同无效的，担保合同无效，但是法律另有规定的除外。

担保合同被确认无效后，债务人、担保人、债权人有过错的，应当根据其过错各自承担相应的民事责任。

第三百八十九条 担保物权的担保范围包括主债权及其利息、违约金、损害赔偿金、保管担保财产和实现担保物权的费用。当事人另有约定的，按照其约定。

第三百九十条 担保期间，担保财产毁损、灭失或者被征收等，担保物权人可以就获得的保险金、赔偿金或者补偿金等优先受偿。被担保债权的履行期限未届满的，也可以提存该保险金、赔偿金或者补偿金等。

第三百九十一条 第三人提供担保，未经其书面同意，债权人允许债务人转移全部或者部分债务的，担保人不再承担相应的担保责任。

第三百九十二条 被担保的债权既有物的担保又有人的担保的，债务人不履行到期债务或者发生当事人约定的实现担保物权的情形，债权人应当按照约定实现债权；没有约定或者约定不明确，债务人自己提供物的担保的，债权人应当先就该物的担保实现债权；第三人提供物的担保的，债权人可以就物的担保实现债权，也可以请求保证人承担保证责任。提供担保的第三人承担担保责任后，有权向债务人追偿。

第三百九十三条 有下列情形之一的，担保物权消灭：

（一）主债权消灭；

（二）担保物权实现；

（三）债权人放弃担保物权；

（四）法律规定担保物权消灭的其他情形。

第十七章 抵 押 权

第一节 一般抵押权

第三百九十四条 为担保债务的履行，债务人或者第三人不转移财产的占有，将该财产抵押给债权人的，债务人不履行到期债务或者发生当事人约定的实现抵押权的情形，债权人有权就该财产优先受偿。

前款规定的债务人或者第三人为抵押人，债权人为抵押权人，提供担保的财产为抵押财产。

第三百九十五条 债务人或者第三人有权处分的下列财产可以抵押：

（一）建筑物和其他土地附着物；

（二）建设用地使用权；

（三）海域使用权；

（四）生产设备、原材料、半成品、产品；

（五）正在建造的建筑物、船舶、航空器；

（六）交通运输工具；

（七）法律、行政法规未禁止抵押的其他财产。

抵押人可以将前款所列财产一并抵押。

第三百九十六条 企业、个体工商户、农业生产经营者可以将现有的以及将有的生产设备、原材料、半成品、产品抵押，债务人不履行到期债务或者发生当事人约定的实现抵押权的情形，债权人有权就抵押财产确定时的动产优先受偿。

第三百九十七条 以建筑物抵押的，该建筑物占用范围内的建设用地使用权一并抵押。以建设用地使用权抵押的，该土地上的建筑物一并抵押。

抵押人未依据前款规定一并抵押的，未抵押的财产视为一并抵押。

第三百九十八条 乡镇、村企业的建设用地使用权不得单独抵押。以乡镇、村企业的厂房等建筑物抵押的，其占用范围内的建设用地使用权一并抵押。

第三百九十九条 下列财产不得抵押：

（一）土地所有权；

（二）宅基地、自留地、自留山等集体所有土地的使用权，但是法律规定可以抵押的除外；

（三）学校、幼儿园、医疗机构等为公益目的成立的非营利法人的教育设施、医疗卫生设施和其他公益设施；

（四）所有权、使用权不明或者有争议的财产；

（五）依法被查封、扣押、监管的财产；

（六）法律、行政法规规定不得抵押的其他财产。

第四百条 设立抵押权，当事人应当采用书面形式订立抵押合同。

抵押合同一般包括下列条款：

（一）被担保债权的种类和数额；

（二）债务人履行债务的期限；

（三）抵押财产的名称、数量等情况；

（四）担保的范围。

第四百零一条 抵押权人在债务履行期限届满前，与抵押人约定债务人不履行到期债务时抵押财产归债权人所有的，只能依法就抵押财产优先受偿。

第四百零二条 以本法第三百九十五条第一款第一项至第三项规定的财产或者第五项规定的正在建造的建筑物抵押的，应当办理抵押登记。抵押权自登记时设立。

第四百零三条 以动产抵押的，抵押权自抵押合同生效时设立；未经登记，不得对抗善意第三人。

第四百零四条 以动产抵押的，不得对抗正常经营活动中已经支付合理价款并取得抵押财产的买受人。

第四百零五条 抵押权设立前，抵押财产已经出租并转移占有的，原租赁关系不受该抵押权的影响。

第四百零六条 抵押期间，抵押人可以转让抵押财产。当事人另有约定的，按照其约定。抵押财产转让的，抵押权不受影响。

抵押人转让抵押财产的，应当及时通知抵押权人。抵押权人能够证明抵押财产转让可能损害抵押权的，可以请求抵押人将转让所得的价款向抵押权人提前清偿债务或者提存。转让的价款超过债权数额的部分归抵押人所有，不足部分由债务人清偿。

第四百零七条 抵押权不得与债权分离而单独转让或者作为其他债权的担保。债权转让的，担保该债权的抵押权一并转让，但是法律另有规定或者当事人另有约定的除外。

第四百零八条 抵押人的行为足以使抵押财产价值减少的，抵押权人有权请求抵押人停止其行为；抵押财产价值减少的，抵押权人有权请求恢复抵押财产的价值，或者提供与减少的价值相应的担保。抵押人不恢复抵押财产的价值，也不提供担保的，抵押权人有权请求债务人提前清偿债务。

第四百零九条 抵押权人可以放弃抵押权或者抵押权的顺位。抵押权人与抵押人可以协议变更抵押权顺位以及被担保的债权数额等内容。但是，抵押权的变更未经其他抵押权人书面同意的，不得对其他抵押权人产生不利影响。

债务人以自己的财产设定抵押，抵押权人放弃该抵押权、抵押权顺位或者变更抵押权的，其他担保人在抵押权人丧失优先受偿权益的范围内免除担保责任，但是其他担保人承诺仍然提供担保的除外。

第四百一十条 债务人不履行到期债务或者发生当事人约定的实现抵押权的情形，抵押权人可以与抵押人协议以抵押财产折价或者以拍卖、变卖该抵押财产所得的价款优先受偿。协议损害其他债权人利益的，其他债权人可以请求人民法院撤销该协议。

抵押权人与抵押人未就抵押权实现方式达成协议的，抵押权人可以请求人民法院拍卖、变卖抵押财产。

抵押财产折价或者变卖的，应当参照市场价格。

第四百一十一条 依据本法第三百九十六条规定设定抵押的，抵押财产自下列情形之一发生时确定：

（一）债务履行期限届满，债权未实现；
（二）抵押人被宣告破产或者解散；
（三）当事人约定的实现抵押权的情形；
（四）严重影响债权实现的其他情形。

第四百一十二条 债务人不履行到期债务或者发生当事人约定的实现抵押权的情形，致使抵押财产被人民法院依法扣押的，自扣押之日起，抵押权人有权收取该抵押财产的天然孳息或者法定孳息，但是抵押权人未通知应当清偿法定孳息义务人的除外。

前款规定的孳息应当先充抵收取孳息的费用。

第四百一十三条 抵押财产折价或者拍卖、变卖后，其价款超过债权数额的部分归抵押人所有，不足部分由债务人清偿。

第四百一十四条 同一财产向两个以上债权人抵押的，拍卖、变卖抵押财产所得的价款依照下列规定清偿：

（一）抵押权已经登记的，按照登记的时间先后确定清偿顺序；
（二）抵押权已经登记的先于未登记的受偿；
（三）抵押权未登记的，按照债权比例清偿。

其他可以登记的担保物权，清偿顺序参照适用前款规定。

第四百一十五条 同一财产既设立抵押权又设立质权的，拍卖、变卖该财产所得的价款按照登记、交付的时间先后确定清偿顺序。

第四百一十六条 动产抵押担保的主债权是抵押物的价款，标的物交付后十日内办理抵押登记的，该抵押权人优先于抵押物买受人的其他担保物权人受偿，但是留置权人除外。

第四百一十七条 建设用地使用权抵押后，该土地上新增的建筑物不属于抵押财产。该建设用地使用权实现抵押权时，应当将该土地上新增的建筑物与建设用地使用权一并处分。但是，新增建筑物所得的价款，抵押权人无权优先受偿。

第四百一十八条 以集体所有土地的使用权依法抵押的，实现抵押权后，未经法定程序，不得改变土地所有权的性质和土地用途。

第四百一十九条 抵押权人应当在主债权诉讼时效期间行使抵押权；未行使的，人民法院不予保护。

第二节 最高额抵押权

第四百二十条 为担保债务的履行，债务人或者第三人对一定期间内将要连续发生的债权提供担保财产的，债务人不履行到期债务或者发生当事人约定的实现抵押权的情形，抵押权人有权在最高债权额限度内就该担保财产优先受偿。

最高额抵押权设立前已经存在的债权，经当事人同意，可以转入最高额抵押担保的债权范围。

第四百二十一条 最高额抵押担保的债权确定前，部分债权转让的，最高额抵押权不得转让，但是当事人另有约定的除外。

第四百二十二条 最高额抵押担保的债权确定前，抵押权人与抵押人可以通过协议变更债权确定的期间、债权范围以及最高债权额。但是，变更的内容不得对其他抵押权人产生不利影响。

第四百二十三条 有下列情形之一的，抵押权人的债权确定：

（一）约定的债权确定期间届满；
（二）没有约定债权确定期间或者约定不明确，抵押权人或者抵押人自最高额抵押权设立之日起满二年后请求确定债权；

（三）新的债权不可能发生；

（四）抵押权人知道或者应当知道抵押财产被查封、扣押；

（五）债务人、抵押人被宣告破产或者解散；

（六）法律规定债权确定的其他情形。

第四百二十四条 最高额抵押权除适用本节规定外，适用本章第一节的有关规定。

第十八章 质 权

第一节 动产质权

第四百二十五条 为担保债务的履行，债务人或者第三人将其动产出质给债权人占有的，债务人不履行到期债务或者发生当事人约定的实现质权的情形，债权人有权就该动产优先受偿。

前款规定的债务人或者第三人为出质人，债权人为质权人，交付的动产为质押财产。

第四百二十六条 法律、行政法规禁止转让的动产不得出质。

第四百二十七条 设立质权，当事人应当采用书面形式订立质押合同。

质押合同一般包括下列条款：

（一）被担保债权的种类和数额；

（二）债务人履行债务的期限；

（三）质押财产的名称、数量等情况；

（四）担保的范围；

（五）质押财产交付的时间、方式。

第四百二十八条 质权人在债务履行期限届满前，与出质人约定债务人不履行到期债务时质押财产归债权人所有的，只能依法就质押财产优先受偿。

第四百二十九条 质权自出质人交付质押财产时设立。

第四百三十条 质权人有权收取质押财产的孳息，但是合同另有约定的除外。

前款规定的孳息应当先充抵收取孳息的费用。

第四百三十一条 质权人在质权存续期间，未经出质人同意，擅自使用、处分质押财产，造成出质人损害的，应当承担赔偿责任。

第四百三十二条 质权人负有妥善保管质押财产的义务；因保管不善致使质押财产毁损、灭失的，应当承担赔偿责任。

质权人的行为可能使质押财产毁损、灭失的，出质人可以请求质权人将质押财产提存，或者请求提前清偿债务并返还质押财产。

第四百三十三条 因不可归责于质权人的事由可能使质押财产毁损或者价值明显减少，足以危害质权人权利的，质权人有权请求出质人提供相应的担保；出质人不提供的，质权人可以拍卖、变卖质押财产，并与出质人协议将拍卖、变卖所得的价款提前清偿债务或者提存。

第四百三十四条 质权人在质权存续期间，未经出质人同意转质，造成质押财产毁损、灭失的，应当承担赔偿责任。

第四百三十五条 质权人可以放弃质权。债务人以自己的财产出质，质权人放弃该质权的，其他担保人在质权人丧失优先受偿权益的范围内免除担保责任，但是其他担保人承诺仍然提供担保的除外。

第四百三十六条 债务人履行债务或者出质人提前清偿所担保的债权的，质权人应当返还质押财产。

债务人不履行到期债务或者发生当事人约定的实现质权的情形，质权人可以与出质人协议以质押财产折价，也可以就拍卖、变卖质押财产所得的价款优先受偿。

质押财产折价或者变卖的，应当参照市场价格。

第四百三十七条 出质人可以请求质权人在债务履行期限届满后及时行使质权；质权人不行使的，出质人可以请求人民法院拍卖、变卖质押财产。

出质人请求质权人及时行使质权，因质

权人怠于行使权利造成出质人损害的，由质权人承担赔偿责任。

第四百三十八条 质押财产折价或者拍卖、变卖后，其价款超过债权数额的部分归出质人所有，不足部分由债务人清偿。

第四百三十九条 出质人与质权人可以协议设立最高额质权。

最高额质权除适用本节有关规定外，参照适用本编第十七章第二节的有关规定。

第二节 权利质权

第四百四十条 债务人或者第三人有权处分的下列权利可以出质：

（一）汇票、本票、支票；

（二）债券、存款单；

（三）仓单、提单；

（四）可以转让的基金份额、股权；

（五）可以转让的注册商标专用权、专利权、著作权等知识产权中的财产权；

（六）现有的以及将有的应收账款；

（七）法律、行政法规规定可以出质的其他财产权利。

第四百四十一条 以汇票、本票、支票、债券、存款单、仓单、提单出质的，质权自权利凭证交付质权人时设立；没有权利凭证的，质权自办理出质登记时设立。法律另有规定的，依照其规定。

第四百四十二条 汇票、本票、支票、债券、存款单、仓单、提单的兑现日期或者提货日期先于主债权到期的，质权人可以兑现或者提货，并与出质人协议将兑现的价款或者提取的货物提前清偿债务或者提存。

第四百四十三条 以基金份额、股权出质的，质权自办理出质登记时设立。

基金份额、股权出质后，不得转让，但是出质人与质权人协商同意的除外。出质人转让基金份额、股权所得的价款，应当向质权人提前清偿债务或者提存。

第四百四十四条 以注册商标专用权、专利权、著作权等知识产权中的财产权出质的，质权自办理出质登记时设立。

知识产权中的财产权出质后，出质人不得转让或者许可他人使用，但是出质人与质权人协商同意的除外。出质人转让或者许可他人使用出质的知识产权中的财产权所得的价款，应当向质权人提前清偿债务或者提存。

第四百四十五条 以应收账款出质的，质权自办理出质登记时设立。

应收账款出质后，不得转让，但是出质人与质权人协商同意的除外。出质人转让应收账款所得的价款，应当向质权人提前清偿债务或者提存。

第四百四十六条 权利质权除适用本节规定外，适用本章第一节的有关规定。

第十九章 留置权

第四百四十七条 债务人不履行到期债务，债权人可以留置已经合法占有的债务人的动产，并有权就该动产优先受偿。

前款规定的债权人为留置权人，占有的动产为留置财产。

第四百四十八条 债权人留置的动产，应当与债权属于同一法律关系，但是企业之间留置的除外。

第四百四十九条 法律规定或者当事人约定不得留置的动产，不得留置。

第四百五十条 留置财产为可分物的，留置财产的价值应当相当于债务的金额。

第四百五十一条 留置权人负有妥善保管留置财产的义务；因保管不善致使留置财产毁损、灭失的，应当承担赔偿责任。

第四百五十二条 留置权人有权收取留置财产的孳息。

前款规定的孳息应当先充抵收取孳息的费用。

第四百五十三条 留置权人与债务人应当约定留置财产后的债务履行期限；没有约定或者约定不明确的，留置权人应当给债务人六十日以上履行债务的期限，但是鲜活易腐等不易保管的动产除外。债务人逾期未履行的，留置权人可以与债务人协议以留置财产折价，也可以就拍卖、变卖留置财产所得的价款优先受偿。

留置财产折价或者变卖的，应当参照市场价格。

第四百五十四条 债务人可以请求留置权人在债务履行期限届满后行使留置权；留置权人不行使的，债务人可以请求人民法院拍卖、变卖留置财产。

第四百五十五条 留置财产折价或者拍卖、变卖后，其价款超过债权数额的部分归债务人所有，不足部分由债务人清偿。

第四百五十六条 同一动产上已经设立抵押权或者质权，该动产又被留置的，留置权人优先受偿。

第四百五十七条 留置权人对留置财产丧失占有或者留置权人接受债务人另行提供担保的，留置权消灭。

第五分编 占 有

第二十章 占 有

第四百五十八条 基于合同关系等产生的占有，有关不动产或者动产的使用、收益、违约责任等，按照合同约定；合同没有约定或者约定不明确的，依照有关法律规定。

第四百五十九条 占有人因使用占有的不动产或者动产，致使该不动产或者动产受到损害的，恶意占有人应当承担赔偿责任。

第四百六十条 不动产或者动产被占有人占有的，权利人可以请求返还原物及其孳息；但是，应当支付善意占有人因维护该不动产或者动产支出的必要费用。

第四百六十一条 占有的不动产或者动产毁损、灭失，该不动产或者动产的权利人请求赔偿的，占有人应当将因毁损、灭失取得的保险金、赔偿金或者补偿金等返还给权利人；权利人的损害未得到足够弥补的，恶意占有人还应当赔偿损失。

第四百六十二条 占有的不动产或者动产被侵占的，占有人有权请求返还原物；对妨害占有的行为，占有人有权请求排除妨害或者消除危险；因侵占或者妨害造成损害的，占有人有权依法请求损害赔偿。

占有人返还原物的请求权，自侵占发生之日起一年内未行使的，该请求权消灭。

第三编 合 同

第一分编 通 则

第一章 一般规定

第四百六十三条 本编调整因合同产生的民事关系。

第四百六十四条 合同是民事主体之间设立、变更、终止民事法律关系的协议。

婚姻、收养、监护等有关身份关系的协议，适用有关该身份关系的法律规定；没有规定的，可以根据其性质参照适用本编规定。

第四百六十五条 依法成立的合同，受法律保护。

依法成立的合同，仅对当事人具有法律约束力，但是法律另有规定的除外。

第四百六十六条 当事人对合同条款的理解有争议的，应当依据本法第一百四十二条第一款的规定，确定争议条款的含义。

合同文本采用两种以上文字订立并约定具有同等效力的，对各文本使用的词句推定具有相同含义。各文本使用的词句不一致的，应当根据合同的相关条款、性质、目的以及诚信原则等予以解释。

第四百六十七条 本法或者其他法律没有明文规定的合同，适用本编通则的规定，并可以参照适用本编或者其他法律最相类似合同的规定。

在中华人民共和国境内履行的中外合资经营企业合同、中外合作经营企业合同、中外合作勘探开发自然资源合同，适用中华人民共和国法律。

第四百六十八条 非因合同产生的债权债务关系，适用有关该债权债务关系的法律规定；没有规定的，适用本编通则的有关规定，但是根据其性质不能适用的除外。

第二章 合同的订立

第四百六十九条 当事人订立合同，可以采用书面形式、口头形式或者其他形式。

书面形式是合同书、信件、电报、电传、传真等可以有形地表现所载内容的形式。

以电子数据交换、电子邮件等方式能够有形地表现所载内容，并可以随时调取查用的数据电文，视为书面形式。

第四百七十条 合同的内容由当事人约定，一般包括下列条款：

（一）当事人的姓名或者名称和住所；
（二）标的；
（三）数量；
（四）质量；
（五）价款或者报酬；
（六）履行期限、地点和方式；
（七）违约责任；
（八）解决争议的方法。

当事人可以参照各类合同的示范文本订立合同。

第四百七十一条 当事人订立合同，可以采取要约、承诺方式或者其他方式。

第四百七十二条 要约是希望与他人订立合同的意思表示，该意思表示应当符合下列条件：

（一）内容具体确定；
（二）表明经受要约人承诺，要约人即受该意思表示约束。

第四百七十三条 要约邀请是希望他人向自己发出要约的表示。拍卖公告、招标公告、招股说明书、债券募集办法、基金招募说明书、商业广告和宣传、寄送的价目表等为要约邀请。

商业广告和宣传的内容符合要约条件的，构成要约。

第四百七十四条 要约生效的时间适用本法第一百三十七条的规定。

第四百七十五条 要约可以撤回。要约的撤回适用本法第一百四十一条的规定。

第四百七十六条 要约可以撤销，但是有下列情形之一的除外：

（一）要约人以确定承诺期限或者其他形式明示要约不可撤销；
（二）受要约人有理由认为要约是不可撤销的，并已经为履行合同做了合理准备工作。

第四百七十七条 撤销要约的意思表示以对话方式作出的，该意思表示的内容应当在受要约人作出承诺之前为受要约人所知道；撤销要约的意思表示以非对话方式作出的，应当在受要约人作出承诺之前到达受要约人。

第四百七十八条 有下列情形之一的，要约失效：

（一）要约被拒绝；
（二）要约被依法撤销；
（三）承诺期限届满，受要约人未作出承诺；
（四）受要约人对要约的内容作出实质性变更。

第四百七十九条 承诺是受要约人同意要约的意思表示。

第四百八十条 承诺应当以通知的方式作出；但是，根据交易习惯或者要约表明可以通过行为作出承诺的除外。

第四百八十一条 承诺应当在要约确定的期限内到达要约人。

要约没有确定承诺期限的，承诺应当依照下列规定到达：

（一）要约以对话方式作出的，应当即时作出承诺；
（二）要约以非对话方式作出的，承诺应当在合理期限内到达。

第四百八十二条 要约以信件或者电报作出的，承诺期限自信件载明的日期或者电报交发之日开始计算。信件未载明日期的，自投寄该信件的邮戳日期开始计算。要约以电话、传真、电子邮件等快速通讯方式作出的，承诺期限自要约到达受要约人时开始计算。

第四百八十三条 承诺生效时合同成立，但是法律另有规定或者当事人另有约定的除外。

第四百八十四条 以通知方式作出的承诺，生效的时间适用本法第一百三十七条的规定。

承诺不需要通知的，根据交易习惯或者要约的要求作出承诺的行为时生效。

第四百八十五条 承诺可以撤回。承诺的撤回适用本法第一百四十一条的规定。

第四百八十六条 受要约人超过承诺期限发出承诺，或者在承诺期限内发出承诺，按照通常情形不能及时到达要约人的，为新要约；但是，要约人及时通知受要约人该承诺有效的除外。

第四百八十七条 受要约人在承诺期限内发出承诺，按照通常情形能够及时到达要约人，但是因其他原因致使承诺到达要约人时超过承诺期限的，除要约人及时通知受要约人因承诺超过期限不接受该承诺外，该承诺有效。

第四百八十八条 承诺的内容应当与要约的内容一致。受要约人对要约的内容作出实质性变更的，为新要约。有关合同标的、数量、质量、价款或者报酬、履行期限、履行地点和方式、违约责任和解决争议方法等的变更，是对要约内容的实质性变更。

第四百八十九条 承诺对要约的内容作出非实质性变更的，除要约人及时表示反对或者要约表明承诺不得对要约的内容作任何变更外，该承诺有效，合同的内容以承诺的内容为准。

第四百九十条 当事人采用合同书形式订立合同的，自当事人均签名、盖章或者按指印时合同成立。在签名、盖章或者按指印之前，当事人一方已经履行主要义务，对方接受时，该合同成立。

法律、行政法规规定或者当事人约定合同应当采用书面形式订立，当事人未采用书面形式但是一方已经履行主要义务，对方接受时，该合同成立。

第四百九十一条 当事人采用信件、数据电文等形式订立合同要求签订确认书的，签订确认书时合同成立。

当事人一方通过互联网等信息网络发布的商品或者服务信息符合要约条件的，对方选择该商品或者服务并提交订单成功时合同成立，但是当事人另有约定的除外。

第四百九十二条 承诺生效的地点为合同成立的地点。

采用数据电文形式订立合同的，收件人的主营业地为合同成立的地点；没有主营业地的，其住所地为合同成立的地点。当事人另有约定的，按照其约定。

第四百九十三条 当事人采用合同书形式订立合同的，最后签名、盖章或者按指印的地点为合同成立的地点，但是当事人另有约定的除外。

第四百九十四条 国家根据抢险救灾、疫情防控或者其他需要下达国家订货任务、指令性任务的，有关民事主体之间应当依照有关法律、行政法规规定的权利和义务订立合同。

依照法律、行政法规的规定负有发出要约义务的当事人，应当及时发出合理的要约。

依照法律、行政法规的规定负有作出承诺义务的当事人，不得拒绝对方合理的订立合同要求。

第四百九十五条 当事人约定在将来一定期限内订立合同的认购书、订购书、预订书等，构成预约合同。

当事人一方不履行预约合同约定的订立合同义务的，对方可以请求其承担预约合同的违约责任。

第四百九十六条 格式条款是当事人为了重复使用而预先拟定，并在订立合同时未与对方协商的条款。

采用格式条款订立合同的，提供格式条款的一方应当遵循公平原则确定当事人之间的权利和义务，并采取合理的方式提示对方注意免除或者减轻其责任等与对方有重大利害关系的条款，按照对方的要求，对该条款予以说明。提供格式条款的一方未履行提示或者说明义务，致使对方没有注意或者理解与其有重大利害关系的条款的，对方可以主张该条款不成为合同的内容。

第四百九十七条 有下列情形之一的，该格式条款无效：

（一）具有本法第一编第六章第三节和本法第五百零六条规定的无效情形；

（二）提供格式条款一方不合理地免除或者减轻其责任、加重对方责任、限制对方主要权利；

（三）提供格式条款一方排除对方主要权利。

第四百九十八条 对格式条款的理解发生争议的，应当按照通常理解予以解释。对格式条款有两种以上解释的，应当作出不利于提供格式条款一方的解释。格式条款和非格式条款不一致的，应当采用非格式条款。

第四百九十九条 悬赏人以公开方式声明对完成特定行为的人支付报酬的，完成该行为的人可以请求其支付。

第五百条 当事人在订立合同过程中有下列情形之一，造成对方损失的，应当承担赔偿责任：

（一）假借订立合同，恶意进行磋商；

（二）故意隐瞒与订立合同有关的重要事实或者提供虚假情况；

（三）有其他违背诚信原则的行为。

第五百零一条 当事人在订立合同过程中知悉的商业秘密或者其他应当保密的信息，无论合同是否成立，不得泄露或者不正当地使用；泄露、不正当地使用该商业秘密或者信息，造成对方损失的，应当承担赔偿责任。

第三章　合同的效力

第五百零二条 依法成立的合同，自成立时生效，但是法律另有规定或者当事人另有约定的除外。

依照法律、行政法规的规定，合同应当办理批准等手续的，依照其规定。未办理批准等手续影响合同生效的，不影响合同中履行报批等义务条款以及相关条款的效力。应当办理申请批准等手续的当事人未履行义务的，对方可以请求其承担违反该义务的责任。

依照法律、行政法规的规定，合同的变更、转让、解除等情形应当办理批准等手续的，适用前款规定。

第五百零三条 无权代理人以被代理人的名义订立合同，被代理人已经开始履行合同义务或者接受相对人履行的，视为对合同的追认。

第五百零四条 法人的法定代表人或者非法人组织的负责人超越权限订立的合同，除相对人知道或者应当知道其超越权限外，该代表行为有效，订立的合同对法人或者非法人组织发生效力。

第五百零五条 当事人超越经营范围订立的合同的效力，应当依照本法第一编第六章第三节和本编的有关规定确定，不得仅以超越经营范围确认合同无效。

第五百零六条 合同中的下列免责条款无效：

（一）造成对方人身损害的；

（二）因故意或者重大过失造成对方财产损失的。

第五百零七条 合同不生效、无效、被撤销或者终止的，不影响合同中有关解决争议方法的条款的效力。

第五百零八条 本编对合同的效力没有规定的，适用本法第一编第六章的有关规定。

第四章 合同的履行

第五百零九条 当事人应当按照约定全面履行自己的义务。

当事人应当遵循诚信原则，根据合同的性质、目的和交易习惯履行通知、协助、保密等义务。

当事人在履行合同过程中，应当避免浪费资源、污染环境和破坏生态。

第五百一十条 合同生效后，当事人就质量、价款或者报酬、履行地点等内容没有约定或者约定不明确的，可以协议补充；不能达成补充协议的，按照合同相关条款或者交易习惯确定。

第五百一十一条 当事人就有关合同内容约定不明确，依据前条规定仍不能确定的，适用下列规定：

（一）质量要求不明确的，按照强制性国家标准履行；没有强制性国家标准的，按照推荐性国家标准履行；没有推荐性国家标准的，按照行业标准履行；没有国家标准、行业标准的，按照通常标准或者符合合同目的的特定标准履行。

（二）价款或者报酬不明确的，按照订立合同时履行地的市场价格履行；依法应当执行政府定价或者政府指导价的，依照规定履行。

（三）履行地点不明确，给付货币的，在接受货币一方所在地履行；交付不动产的，在不动产所在地履行；其他标的，在履行义务一方所在地履行。

（四）履行期限不明确的，债务人可以随时履行，债权人也可以随时请求履行，但是应当给对方必要的准备时间。

（五）履行方式不明确的，按照有利于实现合同目的的方式履行。

（六）履行费用的负担不明确的，由履行义务一方负担；因债权人原因增加的履行费用，由债权人负担。

第五百一十二条 通过互联网等信息网络订立的电子合同的标的为交付商品并采用快递物流方式交付的，收货人的签收时间为交付时间。电子合同的标的为提供服务的，生成的电子凭证或者实物凭证中载明的时间为提供服务时间；前述凭证没有载明时间或者载明时间与实际提供服务时间不一致的，以实际提供服务的时间为准。

电子合同的标的物为采用在线传输方式交付的，合同标的物进入对方当事人指定的特定系统且能够检索识别的时间为交付时间。

电子合同当事人对交付商品或者提供服务的方式、时间另有约定的，按照其约定。

第五百一十三条 执行政府定价或者政府指导价的，在合同约定的交付期限内政府价格调整时，按照交付时的价格计价。逾期交付标的物的，遇价格上涨时，按照原价格执行；价格下降时，按照新价格执行。逾期提取标的物或者逾期付款的，遇价格上涨时，按照新价格执行；价格下降时，按照原价格执行。

第五百一十四条 以支付金钱为内容的债，除法律另有规定或者当事人另有约定外，债权人可以请求债务人以实际履行地的法定货币履行。

第五百一十五条 标的有多项而债务人只需履行其中一项的，债务人享有选择权；但是，法律另有规定、当事人另有约定或者另有交易习惯的除外。

享有选择权的当事人在约定期限内或者履行期限届满未作选择，经催告后在合理期限内仍未选择的，选择权转移至对方。

第五百一十六条 当事人行使选择权应当及时通知对方，通知到达对方时，标的确定。标的确定后不得变更，但是经对方同意的除外。

可选择的标的发生不能履行情形的，享有选择权的当事人不得选择不能履行的标的，但是该不能履行的情形是由对方造成的除外。

第五百一十七条 债权人为二人以上，

标的可分，按照份额各自享有债权的，为按份债权；债务人为二人以上，标的可分，按照份额各自负担债务的，为按份债务。

按份债权人或者按份债务人的份额难以确定的，视为份额相同。

第五百一十八条 债权人为二人以上，部分或者全部债权人均可以请求债务人履行债务的，为连带债权；债务人为二人以上，债权人可以请求部分或者全部债务人履行全部债务的，为连带债务。

连带债权或者连带债务，由法律规定或者当事人约定。

第五百一十九条 连带债务人之间的份额难以确定的，视为份额相同。

实际承担债务超过自己份额的连带债务人，有权就超出部分在其他连带债务人未履行的份额范围内向其追偿，并相应地享有债权人的权利，但是不得损害债权人的利益。其他连带债务人对债权人的抗辩，可以向该债务人主张。

被追偿的连带债务人不能履行其应分担份额的，其他连带债务人应当在相应范围内按比例分担。

第五百二十条 部分连带债务人履行、抵销债务或者提存标的物的，其他债务人对债权人的债务在相应范围内消灭；该债务人可以依据前条规定向其他债务人追偿。

部分连带债务人的债务被债权人免除的，在该连带债务人应当承担的份额范围内，其他债务人对债权人的债务消灭。

部分连带债务人的债务与债权人的债权同归于一人的，在扣除该债务人应当承担的份额后，债权人对其他债务人的债权继续存在。

债权人对部分连带债务人的给付受领迟延的，对其他连带债务人发生效力。

第五百二十一条 连带债权人之间的份额难以确定的，视为份额相同。

实际受领债权的连带债权人，应当按比例向其他连带债权人返还。

连带债权参照适用本章连带债务的有关规定。

第五百二十二条 当事人约定由债务人向第三人履行债务，债务人未向第三人履行债务或者履行债务不符合约定的，应当向债权人承担违约责任。

法律规定或者当事人约定第三人可以直接请求债务人向其履行债务，第三人未在合理期限内明确拒绝，债务人未向第三人履行债务或者履行债务不符合约定的，第三人可以请求债务人承担违约责任；债务人对债权人的抗辩，可以向第三人主张。

第五百二十三条 当事人约定由第三人向债权人履行债务，第三人不履行债务或者履行债务不符合约定的，债务人应当向债权人承担违约责任。

第五百二十四条 债务人不履行债务，第三人对履行该债务具有合法利益的，第三人有权向债权人代为履行；但是，根据债务性质、按照当事人约定或者依照法律规定只能由债务人履行的除外。

债权人接受第三人履行后，其对债务人的债权转让给第三人，但是债务人和第三人另有约定的除外。

第五百二十五条 当事人互负债务，没有先后履行顺序的，应当同时履行。一方在对方履行之前有权拒绝其履行请求。一方在对方履行债务不符合约定时，有权拒绝其相应的履行请求。

第五百二十六条 当事人互负债务，有先后履行顺序，应当先履行债务一方未履行的，后履行一方有权拒绝其履行请求。先履行一方履行债务不符合约定的，后履行一方有权拒绝其相应的履行请求。

第五百二十七条 应当先履行债务的当事人，有确切证据证明对方有下列情形之一的，可以中止履行：

（一）经营状况严重恶化；

（二）转移财产、抽逃资金，以逃避债务；

（三）丧失商业信誉；

（四）有丧失或者可能丧失履行债务能

力的其他情形。

当事人没有确切证据中止履行的,应当承担违约责任。

第五百二十八条 当事人依据前条规定中止履行的,应当及时通知对方。对方提供适当担保的,应当恢复履行。中止履行后,对方在合理期限内未恢复履行能力且未提供适当担保的,视为以自己的行为表明不履行主要债务,中止履行的一方可以解除合同并可以请求对方承担违约责任。

第五百二十九条 债权人分立、合并或者变更住所没有通知债务人,致使履行债务发生困难的,债务人可以中止履行或者将标的物提存。

第五百三十条 债权人可以拒绝债务人提前履行债务,但是提前履行不损害债权人利益的除外。

债务人提前履行债务给债权人增加的费用,由债务人负担。

第五百三十一条 债权人可以拒绝债务人部分履行债务,但是部分履行不损害债权人利益的除外。

债务人部分履行债务给债权人增加的费用,由债务人负担。

第五百三十二条 合同生效后,当事人不得因姓名、名称的变更或者法定代表人、负责人、承办人的变动而不履行合同义务。

第五百三十三条 合同成立后,合同的基础条件发生了当事人在订立合同时无法预见的、不属于商业风险的重大变化,继续履行合同对于当事人一方明显不公平的,受不利影响的当事人可以与对方重新协商;在合理期限内协商不成的,当事人可以请求人民法院或者仲裁机构变更或者解除合同。

人民法院或者仲裁机构应当结合案件的实际情况,根据公平原则变更或者解除合同。

第五百三十四条 对当事人利用合同实施危害国家利益、社会公共利益行为的,市场监督管理和其他有关行政主管部门依照法律、行政法规的规定负责监督处理。

第五章 合同的保全

第五百三十五条 因债务人怠于行使其债权或者与该债权有关的从权利,影响债权人的到期债权实现的,债权人可以向人民法院请求以自己的名义代位行使债务人对相对人的权利,但是该权利专属于债务人自身的除外。

代位权的行使范围以债权人的到期债权为限。债权人行使代位权的必要费用,由债务人负担。

相对人对债务人的抗辩,可以向债权人主张。

第五百三十六条 债权人的债权到期前,债务人的债权或者与该债权有关的从权利存在诉讼时效期间即将届满或者未及时申报破产债权等情形,影响债权人的债权实现的,债权人可以代位向债务人的相对人请求其向债务人履行、向破产管理人申报或者作出其他必要的行为。

第五百三十七条 人民法院认定代位权成立的,由债务人的相对人向债权人履行义务,债权人接受履行后,债权人与债务人、债务人与相对人之间相应的权利义务终止。债务人对相对人的债权或者与该债权有关的从权利被采取保全、执行措施,或者债务人破产的,依照相关法律的规定处理。

第五百三十八条 债务人以放弃其债权、放弃债权担保、无偿转让财产等方式无偿处分财产权益,或者恶意延长其到期债权的履行期限,影响债权人的债权实现的,债权人可以请求人民法院撤销债务人的行为。

第五百三十九条 债务人以明显不合理的低价转让财产、以明显不合理的高价受让他人财产或者为他人的债务提供担保,影响债权人的债权实现,债务人的相对人知道或者应当知道该情形的,债权人可以请求人民法院撤销债务人的行为。

第五百四十条 撤销权的行使范围以债权人的债权为限。债权人行使撤销权的必要费用，由债务人负担。

第五百四十一条 撤销权自债权人知道或者应当知道撤销事由之日起一年内行使。自债务人的行为发生之日起五年内没有行使撤销权的，该撤销权消灭。

第五百四十二条 债务人影响债权人的债权实现的行为被撤销的，自始没有法律约束力。

第六章 合同的变更和转让

第五百四十三条 当事人协商一致，可以变更合同。

第五百四十四条 当事人对合同变更的内容约定不明确的，推定为未变更。

第五百四十五条 债权人可以将债权的全部或者部分转让给第三人，但是有下列情形之一的除外：

（一）根据债权性质不得转让；

（二）按照当事人约定不得转让；

（三）依照法律规定不得转让。

当事人约定非金钱债权不得转让的，不得对抗善意第三人。当事人约定金钱债权不得转让的，不得对抗第三人。

第五百四十六条 债权人转让债权，未通知债务人的，该转让对债务人不发生效力。

债权转让的通知不得撤销，但是经受让人同意的除外。

第五百四十七条 债权人转让债权的，受让人取得与债权有关的从权利，但是该从权利专属于债权人自身的除外。

受让人取得从权利不因该从权利未办理转移登记手续或者未转移占有而受到影响。

第五百四十八条 债务人接到债权转让通知后，债务人对让与人的抗辩，可以向受让人主张。

第五百四十九条 有下列情形之一的，债务人可以向受让人主张抵销：

（一）债务人接到债权转让通知时，债务人对让与人享有债权，且债务人的债权先于转让的债权到期或者同时到期；

（二）债务人的债权与转让的债权是基于同一合同产生的。

第五百五十条 因债权转让增加的履行费用，由让与人负担。

第五百五十一条 债务人将债务的全部或者部分转移给第三人的，应当经债权人同意。

债务人或者第三人可以催告债权人在合理期限内予以同意，债权人未作表示的，视为不同意。

第五百五十二条 第三人与债务人约定加入债务并通知债权人，或者第三人向债权人表示愿意加入债务，债权人未在合理期限内明确拒绝的，债权人可以请求第三人在其愿意承担的债务范围内和债务人承担连带债务。

第五百五十三条 债务人转移债务的，新债务人可以主张原债务人对债权人的抗辩；原债务人对债权人享有债权的，新债务人不得向债权人主张抵销。

第五百五十四条 债务人转移债务的，新债务人应当承担与主债务有关的从债务，但是该从债务专属于原债务人自身的除外。

第五百五十五条 当事人一方经对方同意，可以将自己在合同中的权利和义务一并转让给第三人。

第五百五十六条 合同的权利和义务一并转让的，适用债权转让、债务转移的有关规定。

第七章 合同的权利义务终止

第五百五十七条 有下列情形之一的，债权债务终止：

（一）债务已经履行；

（二）债务相互抵销；

（三）债务人依法将标的物提存；

（四）债权人免除债务；

（五）债权债务同归于一人；

（六）法律规定或者当事人约定终止的

其他情形。

合同解除的，该合同的权利义务关系终止。

第五百五十八条 债权债务终止后，当事人应当遵循诚信等原则，根据交易习惯履行通知、协助、保密、旧物回收等义务。

第五百五十九条 债权债务终止时，债权的从权利同时消灭，但是法律另有规定或者当事人另有约定的除外。

第五百六十条 债务人对同一债权人负担的数项债务种类相同，债务人的给付不足以清偿全部债务的，除当事人另有约定外，由债务人在清偿时指定其履行的债务。

债务人未作指定的，应当优先履行已经到期的债务；数项债务均到期的，优先履行对债权人缺乏担保或者担保最少的债务；均无担保或者担保相等的，优先履行债务人负担较重的债务；负担相同的，按照债务到期的先后顺序履行；到期时间相同的，按照债务比例履行。

第五百六十一条 债务人在履行主债务外还应当支付利息和实现债权的有关费用，其给付不足以清偿全部债务的，除当事人另有约定外，应当按照下列顺序履行：

（一）实现债权的有关费用；

（二）利息；

（三）主债务。

第五百六十二条 当事人协商一致，可以解除合同。

当事人可以约定一方解除合同的事由。解除合同的事由发生时，解除权人可以解除合同。

第五百六十三条 有下列情形之一的，当事人可以解除合同：

（一）因不可抗力致使不能实现合同目的；

（二）在履行期限届满前，当事人一方明确表示或者以自己的行为表明不履行主要债务；

（三）当事人一方迟延履行主要债务，经催告后在合理期限内仍未履行；

（四）当事人一方迟延履行债务或者有其他违约行为致使不能实现合同目的；

（五）法律规定的其他情形。

以持续履行的债务为内容的不定期合同，当事人可以随时解除合同，但是应当在合理期限之前通知对方。

第五百六十四条 法律规定或者当事人约定解除权行使期限，期限届满当事人不行使的，该权利消灭。

法律没有规定或者当事人没有约定解除权行使期限，自解除权人知道或者应当知道解除事由之日起一年内不行使，或者经对方催告后在合理期限内不行使的，该权利消灭。

第五百六十五条 当事人一方依法主张解除合同的，应当通知对方。合同自通知到达对方时解除；通知载明债务人在一定期限内不履行债务则合同自动解除，债务人在该期限内未履行债务的，合同自通知载明的期限届满时解除。对方对解除合同有异议的，任何一方当事人均可以请求人民法院或者仲裁机构确认解除行为的效力。

当事人一方未通知对方，直接以提起诉讼或者申请仲裁的方式依法主张解除合同，人民法院或者仲裁机构确认该主张的，合同自起诉状副本或者仲裁申请书副本送达对方时解除。

第五百六十六条 合同解除后，尚未履行的，终止履行；已经履行的，根据履行情况和合同性质，当事人可以请求恢复原状或者采取其他补救措施，并有权请求赔偿损失。

合同因违约解除的，解除权人可以请求违约方承担违约责任，但是当事人另有约定的除外。

主合同解除后，担保人对债务人应当承担的民事责任仍应当承担担保责任，但是担保合同另有约定的除外。

第五百六十七条 合同的权利义务关系终止，不影响合同中结算和清理条款的效力。

第五百六十八条　当事人互负债务，该债务的标的物种类、品质相同的，任何一方可以将自己的债务与对方的到期债务抵销；但是，根据债务性质、按照当事人约定或者依照法律规定不得抵销的除外。

当事人主张抵销的，应当通知对方。通知自到达对方时生效。抵销不得附条件或者附期限。

第五百六十九条　当事人互负债务，标的物种类、品质不相同的，经协商一致，也可以抵销。

第五百七十条　有下列情形之一，难以履行债务的，债务人可以将标的物提存：

（一）债权人无正当理由拒绝受领；

（二）债权人下落不明；

（三）债权人死亡未确定继承人、遗产管理人，或者丧失民事行为能力未确定监护人；

（四）法律规定的其他情形。

标的物不适于提存或者提存费用过高的，债务人依法可以拍卖或者变卖标的物，提存所得的价款。

第五百七十一条　债务人将标的物或者将标的物依法拍卖、变卖所得价款交付提存部门时，提存成立。

提存成立的，视为债务人在其提存范围内已经交付标的物。

第五百七十二条　标的物提存后，债务人应当及时通知债权人或者债权人的继承人、遗产管理人、监护人、财产代管人。

第五百七十三条　标的物提存后，毁损、灭失的风险由债权人承担。提存期间，标的物的孳息归债权人所有。提存费用由债权人负担。

第五百七十四条　债权人可以随时领取提存物。但是，债权人对债务人负有到期债务的，在债权人未履行债务或者提供担保之前，提存部门根据债务人的要求应当拒绝其领取提存物。

债权人领取提存物的权利，自提存之日起五年内不行使而消灭，提存物扣除提存费用后归国家所有。但是，债权人未履行对债务人的到期债务，或者债权人向提存部门书面表示放弃领取提存物权利的，债务人负担提存费用后有权取回提存物。

第五百七十五条　债权人免除债务人部分或者全部债务的，债权债务部分或者全部终止，但是债务人在合理期限内拒绝的除外。

第五百七十六条　债权和债务同归于一人的，债权债务终止，但是损害第三人利益的除外。

第八章　违约责任

第五百七十七条　当事人一方不履行合同义务或者履行合同义务不符合约定的，应当承担继续履行、采取补救措施或者赔偿损失等违约责任。

第五百七十八条　当事人一方明确表示或者以自己的行为表明不履行合同义务的，对方可以在履行期限届满前请求其承担违约责任。

第五百七十九条　当事人一方未支付价款、报酬、租金、利息，或者不履行其他金钱债务的，对方可以请求其支付。

第五百八十条　当事人一方不履行非金钱债务或者履行非金钱债务不符合约定的，对方可以请求履行，但是有下列情形之一的除外：

（一）法律上或者事实上不能履行；

（二）债务的标的不适于强制履行或者履行费用过高；

（三）债权人在合理期限内未请求履行。

有前款规定的除外情形之一，致使不能实现合同目的的，人民法院或者仲裁机构可以根据当事人的请求终止合同权利义务关系，但是不影响违约责任的承担。

第五百八十一条　当事人一方不履行债务或者履行债务不符合约定，根据债务的性质不得强制履行的，对方可以请求其负担由第三人替代履行的费用。

第五百八十二条 履行不符合约定的，应当按照当事人的约定承担违约责任。对违约责任没有约定或者约定不明确，依据本法第五百一十条的规定仍不能确定的，受损害方根据标的的性质以及损失的大小，可以合理选择请求对方承担修理、重作、更换、退货、减少价款或者报酬等违约责任。

第五百八十三条 当事人一方不履行合同义务或者履行合同义务不符合约定的，在履行义务或者采取补救措施后，对方还有其他损失的，应当赔偿损失。

第五百八十四条 当事人一方不履行合同义务或者履行合同义务不符合约定，造成对方损失的，损失赔偿额应当相当于因违约所造成的损失，包括合同履行后可以获得的利益；但是，不得超过违约一方订立合同时预见到或者应当预见到的因违约可能造成的损失。

第五百八十五条 当事人可以约定一方违约时应当根据违约情况向对方支付一定数额的违约金，也可以约定因违约产生的损失赔偿额的计算方法。

约定的违约金低于造成的损失的，人民法院或者仲裁机构可以根据当事人的请求予以增加；约定的违约金过分高于造成的损失的，人民法院或者仲裁机构可以根据当事人的请求予以适当减少。

当事人就迟延履行约定违约金的，违约方支付违约金后，还应当履行债务。

第五百八十六条 当事人可以约定一方向对方给付定金作为债权的担保。定金合同自实际交付定金时成立。

定金的数额由当事人约定；但是，不得超过主合同标的额的百分之二十，超过部分不产生定金的效力。实际交付的定金数额多于或者少于约定数额的，视为变更约定的定金数额。

第五百八十七条 债务人履行债务的，定金应当抵作价款或者收回。给付定金的一方不履行债务或者履行债务不符合约定，致使不能实现合同目的的，无权请求返还定金；收受定金的一方不履行债务或者履行债务不符合约定，致使不能实现合同目的的，应当双倍返还定金。

第五百八十八条 当事人既约定违约金，又约定定金的，一方违约时，对方可以选择适用违约金或者定金条款。

定金不足以弥补一方违约造成的损失的，对方可以请求赔偿超过定金数额的损失。

第五百八十九条 债务人按照约定履行债务，债权人无正当理由拒绝受领的，债务人可以请求债权人赔偿增加的费用。

在债权人受领迟延期间，债务人无须支付利息。

第五百九十条 当事人一方因不可抗力不能履行合同的，根据不可抗力的影响，部分或者全部免除责任，但是法律另有规定的除外。因不可抗力不能履行合同的，应当及时通知对方，以减轻可能给对方造成的损失，并应当在合理期限内提供证明。

当事人迟延履行后发生不可抗力的，不免除其违约责任。

第五百九十一条 当事人一方违约后，对方应当采取适当措施防止损失的扩大；没有采取适当措施致使损失扩大的，不得就扩大的损失请求赔偿。

当事人因防止损失扩大而支出的合理费用，由违约方负担。

第五百九十二条 当事人都违反合同的，应当各自承担相应的责任。

当事人一方违约造成对方损失，对方对损失的发生有过错的，可以减少相应的损失赔偿额。

第五百九十三条 当事人一方因第三人的原因造成违约的，应当依法向对方承担违约责任。当事人一方和第三人之间的纠纷，依照法律规定或者按照约定处理。

第五百九十四条 因国际货物买卖合同和技术进出口合同争议提起诉讼或者申请仲裁的时效期间为四年。

最高人民法院关于适用《中华人民共和国民法典》总则编若干问题的解释

法释〔2022〕6号

(2021年12月30日最高人民法院审判委员会第1861次会议通过 2022年2月24日最高人民法院公告公布 自2022年3月1日起施行)

为正确审理民事案件，依法保护民事主体的合法权益，维护社会和经济秩序，根据《中华人民共和国民法典》《中华人民共和国民事诉讼法》等相关法律规定，结合审判实践，制定本解释。

一、一般规定

第一条 民法典第二编至第七编对民事关系有规定的，人民法院直接适用该规定；民法典第二编至第七编没有规定的，适用民法典第一编的规定，但是根据其性质不能适用的除外。

就同一民事关系，其他民事法律的规定属于对民法典相应规定的细化的，应当适用该民事法律的规定。民法典规定适用其他法律的，适用该法律的规定。

民法典及其他法律对民事关系没有具体规定的，可以遵循民法典关于基本原则的规定。

第二条 在一定地域、行业范围内长期为一般人从事民事活动时普遍遵守的民间习俗、惯常做法等，可以认定为民法典第十条规定的习惯。

当事人主张适用习惯的，应当就习惯及其具体内容提供相应证据；必要时，人民法院可以依职权查明。

适用习惯，不得违背社会主义核心价值观，不得违背公序良俗。

第三条 对于民法典第一百三十二条所称的滥用民事权利，人民法院可以根据权利行使的对象、目的、时间、方式、造成当事人之间利益失衡的程度等因素作出认定。

行为人以损害国家利益、社会公共利益、他人合法权益为主要目的行使民事权利的，人民法院应当认定构成滥用民事权利。

构成滥用民事权利的，人民法院应当认定该滥用行为不发生相应的法律效力。滥用民事权利造成损害的，依照民法典第七编等有关规定处理。

二、民事权利能力和民事行为能力

第四条 涉及遗产继承、接受赠与等胎儿利益保护，父母在胎儿娩出前作为法定代理人主张相应权利的，人民法院依法予以支持。

第五条 限制民事行为能力人实施的民事法律行为是否与其年龄、智力、精神健康状况相适应，人民法院可以从行为与本人生活相关联的程度，本人的智力、精神健康状况能否理解其行为并预见相应的后果，以及标的、数量、价款或者报酬等方面认定。

三、监护

第六条 人民法院认定自然人的监护能

力，应当根据其年龄、身心健康状况、经济条件等因素确定；认定有关组织的监护能力，应当根据其资质、信用、财产状况等因素确定。

第七条 担任监护人的被监护人父母通过遗嘱指定监护人，遗嘱生效时被指定的人不同意担任监护人的，人民法院应当适用民法典第二十七条、第二十八条的规定确定监护人。

未成年人由父母担任监护人，父母中的一方通过遗嘱指定监护人，另一方在遗嘱生效时有监护能力，有关当事人对监护人的确定有争议的，人民法院应当适用民法典第二十七条第一款的规定确定监护人。

第八条 未成年人的父母与其他依法具有监护资格的人订立协议，约定免除具有监护能力的父母的监护职责的，人民法院不予支持。协议约定在未成年人的父母丧失监护能力时由该具有监护资格的人担任监护人的，人民法院依法予以支持。

依法具有监护资格的人之间依据民法典第三十条的规定，约定由民法典第二十七条第二款、第二十八条规定的不同顺序的人共同担任监护人，或者由顺序在后的人担任监护人的，人民法院依法予以支持。

第九条 人民法院依据民法典第三十一条第二款、第三十六条第一款的规定指定监护人时，应当尊重被监护人的真实意愿，按照最有利于被监护人的原则指定，具体参考以下因素：

（一）与被监护人生活、情感联系的密切程度；

（二）依法具有监护资格的人的监护顺序；

（三）是否有不利于履行监护职责的违法犯罪等情形；

（四）依法具有监护资格的人的监护能力、意愿、品行等。

人民法院依法指定的监护人一般应当是一人，由数人共同担任监护人更有利于保护被监护人利益的，也可以是数人。

第十条 有关当事人不服居民委员会、村民委员会或者民政部门的指定，在接到指定通知之日起三十日内向人民法院申请指定监护人的，人民法院经审理认为指定并无不当，依法裁定驳回申请；认为指定不当，依法判决撤销指定并另行指定监护人。

有关当事人在接到指定通知之日起三十日后提出申请的，人民法院应当按照变更监护关系处理。

第十一条 具有完全民事行为能力的成年人与他人依据民法典第三十三条的规定订立书面协议事先确定自己的监护人后，协议的任何一方在该成年人丧失或者部分丧失民事行为能力前请求解除协议的，人民法院依法予以支持。该成年人丧失或者部分丧失民事行为能力后，协议确定的监护人无正当理由请求解除协议的，人民法院不予支持。

该成年人丧失或者部分丧失民事行为能力后，协议确定的监护人有民法典第三十六条第一款规定的情形之一，该条第二款规定的有关个人、组织申请撤销其监护人资格的，人民法院依法予以支持。

第十二条 监护人、其他依法具有监护资格的人之间就监护人是否有民法典第三十九条第一款第二项、第四项规定的应当终止监护关系的情形发生争议，申请变更监护人的，人民法院应当依法受理。经审理认为理由成立的，人民法院依法予以支持。

被依法指定的监护人与其他具有监护资格的人之间协议变更监护人的，人民法院应当尊重被监护人的真实意愿，按照最有利于被监护人的原则作出裁判。

第十三条 监护人因患病、外出务工等原因在一定期限内不能完全履行监护职责，将全部或者部分监护职责委托给他人，当事人主张受托人因此成为监护人的，人民法院不予支持。

四、宣告失踪和宣告死亡

第十四条 人民法院审理宣告失踪案件

时，下列人员应当认定为民法典第四十条规定的利害关系人：

（一）被申请人的近亲属；

（二）依据民法典第一千一百二十八条、第一千一百二十九条规定对被申请人有继承权的亲属；

（三）债权人、债务人、合伙人等与被申请人有民事权利义务关系的民事主体，但是不申请宣告失踪不影响其权利行使、义务履行的除外。

第十五条 失踪人的财产代管人向失踪人的债务人请求偿还债务的，人民法院应当将财产代管人列为原告。

债权人提起诉讼，请求失踪人的财产代管人支付失踪人所欠的债务和其他费用的，人民法院应当将财产代管人列为被告。经审理认为债权人的诉讼请求成立的，人民法院应当判决财产代管人从失踪人的财产中支付失踪人所欠的债务和其他费用。

第十六条 人民法院审理宣告死亡案件时，被申请人的配偶、父母、子女，以及依据民法典第一千一百二十九条规定对被申请人有继承权的亲属应当认定为民法典第四十六条规定的利害关系人。

符合下列情形之一的，被申请人的其他近亲属，以及依据民法典第一千一百二十八条规定对被申请人有继承权的亲属应当认定为民法典第四十六条规定的利害关系人：

（一）被申请人的配偶、父母、子女均已死亡或者下落不明的；

（二）不申请宣告死亡不能保护其相应合法权益的。

被申请人的债权人、债务人、合伙人等民事主体不能认定为民法典第四十六条规定的利害关系人，但是不申请宣告死亡不能保护其相应合法权益的除外。

第十七条 自然人在战争期间下落不明的，利害关系人申请宣告死亡的期间适用民法典第四十六条第一款第一项的规定，自战争结束之日或者有关机关确定的下落不明之日起计算。

五、民事法律行为

第十八条 当事人未采用书面形式或者口头形式，但是实施的行为本身表明已经作出相应意思表示，并符合民事法律行为成立条件的，人民法院可以认定为民法典第一百三十五条规定的采用其他形式实施的民事法律行为。

第十九条 行为人对行为的性质、对方当事人或者标的物的品种、质量、规格、价格、数量等产生错误认识，按照通常理解如果不发生该错误认识行为人就不会作出相应意思表示的，人民法院可以认定为民法典第一百四十七条规定的重大误解。

行为人能够证明自己实施民事法律行为时存在重大误解，并请求撤销该民事法律行为的，人民法院依法予以支持；但是，根据交易习惯等认定行为人无权请求撤销的除外。

第二十条 行为人以其意思表示存在第三人转达错误为由请求撤销民事法律行为的，适用本解释第十九条的规定。

第二十一条 故意告知虚假情况，或者负有告知义务的人故意隐瞒真实情况，致使当事人基于错误认识作出意思表示的，人民法院可以认定为民法典第一百四十八条、第一百四十九条规定的欺诈。

第二十二条 以给自然人及其近亲属等的人身权利、财产权利以及其他合法权益造成损害或者以给法人、非法人组织的名誉、荣誉、财产权益等造成损害为要挟，迫使其基于恐惧心理作出意思表示的，人民法院可以认定为民法典第一百五十条规定的胁迫。

第二十三条 民事法律行为不成立，当事人请求返还财产、折价补偿或者赔偿损失的，参照适用民法典第一百五十七条的规定。

第二十四条 民事法律行为所附条件不可能发生，当事人约定为生效条件的，人民法院应当认定民事法律行为不发生效力；当事人约定为解除条件的，应当认定未附条件，民事法律行为是否失效，依照民法典和相关法律、行政法规的规定认定。

六、代理

第二十五条 数个委托代理人共同行使代理权，其中一人或者数人未与其他委托代理人协商，擅自行使代理权的，依据民法典第一百七十一条、第一百七十二条等规定处理。

第二十六条 由于急病、通讯联络中断、疫情防控等特殊原因，委托代理人自己不能办理代理事项，又不能与被代理人及时取得联系，如不及时转委托第三人代理，会给被代理人的利益造成损失或者扩大损失的，人民法院应当认定为民法典第一百六十九条规定的紧急情况。

第二十七条 无权代理行为未被追认，相对人请求行为人履行债务或者赔偿损失的，由行为人就相对人知道或者应当知道行为人无权代理承担举证责任。行为人不能证明的，人民法院依法支持相对人的相应诉讼请求；行为人能够证明的，人民法院应当按照各自的过错认定行为人与相对人的责任。

第二十八条 同时符合下列条件的，人民法院可以认定为民法典第一百七十二条规定的相对人有理由相信行为人有代理权：

（一）存在代理权的外观；

（二）相对人不知道行为人行为时没有代理权，且无过失。

因是否构成表见代理发生争议的，相对人应当就无权代理符合前款第一项规定的条件承担举证责任；被代理人应当就相对人不符合前款第二项规定的条件承担举证责任。

第二十九条 法定代理人、被代理人依据民法典第一百四十五条、第一百七十一条的规定向相对人作出追认的意思表示的，人民法院应当依据民法典第一百三十七条的规定确认其追认意思表示的生效时间。

七、民事责任

第三十条 为了使国家利益、社会公共利益、本人或者他人的人身权利、财产权利以及其他合法权益免受正在进行的不法侵害，而针对实施侵害行为的人采取的制止不法侵害的行为，应当认定为民法典第一百八十一条规定的正当防卫。

第三十一条 对于正当防卫是否超过必要的限度，人民法院应当综合不法侵害的性质、手段、强度、危害程度和防卫的时机、手段、强度、损害后果等因素判断。

经审理，正当防卫没有超过必要限度的，人民法院应当认定正当防卫人不承担责任。正当防卫超过必要限度的，人民法院应当认定正当防卫人在造成不应有的损害范围内承担部分责任；实施侵害行为的人请求正当防卫人承担全部责任的，人民法院不予支持。

实施侵害行为的人不能证明防卫行为造成不应有的损害，仅以正当防卫人采取的反击方式和强度与不法侵害不相当为由主张防卫过当的，人民法院不予支持。

第三十二条 为了使国家利益、社会公共利益、本人或者他人的人身权利、财产权利以及其他合法权益免受正在发生的急迫危险，不得已而采取紧急措施的，应当认定为民法典第一百八十二条规定的紧急避险。

第三十三条 对于紧急避险是否采取措施不当或者超过必要的限度，人民法院应当综合危险的性质、急迫程度、避险行为所保护的权益以及造成的损害后果等因素判断。

经审理，紧急避险采取措施并无不当且没有超过必要限度的，人民法院应当认定紧急避险人不承担责任。紧急避险采取措施不当或者超过必要限度的，人民法院应当根据紧急避险人的过错程度、避险措施造成不应有的损害的原因力大小、紧急避险人是否为受益人等因素认定紧急避险人在造成的不应有的损害范围内承担相应的责任。

第三十四条 因保护他人民事权益使自己受到损害，受害人依据民法典第一百八十三条的规定请求受益人适当补偿的，人民法院可以根据受害人所受损失和已获赔偿的情况、受益人受益的多少及其经济条件等因素确定受益人承担的补偿数额。

八、诉讼时效

第三十五条 民法典第一百八十八条第一款规定的三年诉讼时效期间，可以适用民法典有关诉讼时效中止、中断的规定，不适用延长的规定。该条第二款规定的二十年期间不适用中止、中断的规定。

第三十六条 无民事行为能力人或者限制民事行为能力人的权利受到损害的，诉讼时效期间自其法定代理人知道或者应当知道权利受到损害以及义务人之日起计算，但是法律另有规定的除外。

第三十七条 无民事行为能力人、限制民事行为能力人的权利受到原法定代理人损害，且在取得、恢复完全民事行为能力或者在原法定代理终止并确定新的法定代理人后，相应民事主体才知道或者应当知道权利受到损害的，有关请求权诉讼时效期间的计算适用民法典第一百八十八条第二款、本解释第三十六条的规定。

第三十八条 诉讼时效依据民法典第一百九十五条的规定中断后，在新的诉讼时效期间内，再次出现第一百九十五条规定的中断事由，可以认定为诉讼时效再次中断。

权利人向义务人的代理人、财产代管人或者遗产管理人等提出履行请求的，可以认定为民法典第一百九十五条规定的诉讼时效中断。

九、附则

第三十九条 本解释自2022年3月1日起施行。

民法典施行后的法律事实引起的民事案件，本解释施行后尚未终审的，适用本解释；本解释施行前已经终审，当事人申请再审或者按照审判监督程序决定再审的，不适用本解释。

最高人民法院
关于适用《中华人民共和国民法典》物权编的解释（一）

法释〔2020〕24号

（2020年12月25日最高人民法院审判委员会第1825次会议通过 2020年12月29日最高人民法院公告公布 自2021年1月1日起施行）

为正确审理物权纠纷案件，根据《中华人民共和国民法典》等相关法律规定，结合审判实践，制定本解释。

第一条 因不动产物权的归属，以及作为不动产物权登记基础的买卖、赠与、抵押等产生争议，当事人提起民事诉讼的，应当依法受理。当事人已经在行政诉讼中申请一并解决上述民事争议，且人民法院一并审理的除外。

第二条 当事人有证据证明不动产登记簿的记载与真实权利状态不符、其为该不动产物权的真实权利人，请求确认其享有物权的，应予支持。

第三条 异议登记因民法典第二百二十条第二款规定的事由失效后，当事人提起民事诉讼，请求确认物权归属的，应当依法受理。异议登记失效不影响人民法院对案件的实体审理。

第四条 未经预告登记的权利人同意，转让不动产所有权等物权，或者设立建设用地使用权、居住权、地役权、抵押权等其他物权的，应当依照民法典第二百二十一条第一款的规定，认定其不发生物权效力。

第五条 预告登记的买卖不动产物权的协议被认定无效、被撤销，或者预告登记的权利人放弃债权的，应当认定为民法典第二百二十一条第二款所称的"债权消灭"。

第六条 转让人转让船舶、航空器和机动车等所有权，受让人已经支付合理价款并取得占有，虽未经登记，但转让人的债权人主张其为民法典第二百二十五条所称的"善意第三人"的，不予支持，法律另有规定的除外。

第七条 人民法院、仲裁机构在分割共有不动产或者动产等案件中作出并依法生效的改变原有物权关系的判决书、裁决书、调解书，以及人民法院在执行程序中作出的拍卖成交裁定书、变卖成交裁定书、以物抵债裁定书，应当认定为民法典第二百二十九条所称导致物权设立、变更、转让或者消灭的人民法院、仲裁机构的法律文书。

第八条 依据民法典第二百二十九条至第二百三十一条规定享有物权，但尚未完成动产交付或者不动产登记的权利人，依据民法典第二百三十五条至第二百三十八条的规定，请求保护其物权的，应予支持。

第九条 共有份额的权利主体因继承、遗赠等原因发生变化时，其他按份共有人主张优先购买的，不予支持，但按份共有人之间另有约定的除外。

第十条 民法典第三百零五条所称的"同等条件"，应当综合共有份额的转让价格、价款履行方式及期限等因素确定。

第十一条 优先购买权的行使期间，按份共有人之间有约定的，按照约定处理；没有约定或者约定不明的，按照下列情形确定：

（一）转让人向其他按份共有人发出的包含同等条件内容的通知中载明行使期间的，以该期间为准；

（二）通知中未载明行使期间，或者载明的期间短于通知送达之日起十五日的，为十五日；

（三）转让人未通知的，为其他按份共有人知道或者应当知道最终确定的同等条件之日起十五日；

（四）转让人未通知，且无法确定其他按份共有人知道或者应当知道最终确定的同等条件的，为共有份额权属转移之日起六个月。

第十二条 按份共有人向共有人之外的人转让其份额，其他按份共有人根据法律、司法解释规定，请求按照同等条件优先购买该共有份额的，应予支持。其他按份共有人的请求具有下列情形之一的，不予支持：

（一）未在本解释第十一条规定的期间内主张优先购买，或者虽主张优先购买，但提出减少转让价款、增加转让人负担等实质性变更要求；

（二）以其优先购买权受到侵害为由，仅请求撤销共有份额转让合同或者认定该合同无效。

第十三条 按份共有人之间转让共有份额，其他按份共有人主张依据民法典第三百零五条规定优先购买的，不予支持，但按份共有人之间另有约定的除外。

第十四条 受让人受让不动产或者动产时，不知道转让人无处分权，且无重大过失的，应当认定受让人为善意。

真实权利人主张受让人不构成善意的，应当承担举证证明责任。

第十五条 具有下列情形之一的，应当认定不动产受让人知道转让人无处分权：

（一）登记簿上存在有效的异议登记；

（二）预告登记有效期内，未经预告登记的权利人同意；

（三）登记簿上已经记载司法机关或者行政机关依法裁定、决定查封或者以其他形式限制不动产权利的有关事项；

（四）受让人知道登记簿上记载的权利

主体错误；

（五）受让人知道他人已经依法享有不动产物权。

真实权利人有证据证明不动产受让人应当知道转让人无处分权的，应当认定受让人具有重大过失。

第十六条 受让人受让动产时，交易的对象、场所或者时机等不符合交易习惯的，应当认定受让人具有重大过失。

第十七条 民法典第三百一十一条第一款第一项所称的"受让人受让该不动产或者动产时"，是指依法完成不动产物权转移登记或者动产交付之时。

当事人以民法典第二百二十六条规定的方式交付动产的，转让动产民事法律行为生效时为动产交付之时；当事人以民法典第二百二十七条规定的方式交付动产的，转让人与受让人之间有关转让返还原物请求权的协议生效时为动产交付之时。

法律对不动产、动产物权的设立另有规定的，应当按照法律规定的时间认定权利人是否为善意。

第十八条 民法典第三百一十一条第一款第二项所称"合理的价格"，应当根据转让标的物的性质、数量以及付款方式等具体情况，参考转让时交易地市场价格以及交易习惯等因素综合认定。

第十九条 转让人将民法典第二百二十五条规定的船舶、航空器和机动车等交付给受让人的，应当认定符合民法典第三百一十一条第一款第三项规定的善意取得的条件。

第二十条 具有下列情形之一，受让人主张依据民法典第三百一十一条规定取得所有权的，不予支持：

（一）转让合同被认定无效；

（二）转让合同被撤销。

第二十一条 本解释自2021年1月1日起施行。

最高人民法院
关于适用《中华人民共和国民法典》有关担保制度的解释

法释〔2020〕28号

（2020年12月25日最高人民法院审判委员会第1824次会议通过 2020年12月31日最高人民法院公告公布 自2021年1月1日起施行）

为正确适用《中华人民共和国民法典》有关担保制度的规定，结合民事审判实践，制定本解释。

一、关于一般规定

第一条 因抵押、质押、留置、保证等担保发生的纠纷，适用本解释。所有权保留买卖、融资租赁、保理等涉及担保功能发生的纠纷，适用本解释的有关规定。

第二条 当事人在担保合同中约定担保合同的效力独立于主合同，或者约定担保人对主合同无效的法律后果承担担保责任，该有关担保独立性的约定无效。主合同有效的，有关担保独立性的约定无效不影响担保合同的效力；主合同无效的，人民法院应当认定担保合同无效，但是法律另有规定的除外。

因金融机构开立的独立保函发生的纠纷，适用《最高人民法院关于审理独立保函纠纷案件若干问题的规定》。

第三条 当事人对担保责任的承担约定专门的违约责任，或者约定的担保责任范围超出债务人应当承担的责任范围，担保人主张仅在债务人应当承担的责任范围内承担责任的，人民法院应予支持。

担保人承担的责任超出债务人应当承担的责任范围，担保人向债务人追偿，债务人主张仅在其应当承担的责任范围内承担责任的，人民法院应予支持；担保人请求债权人返还超出部分的，人民法院依法予以支持。

第四条 有下列情形之一，当事人将担保物权登记在他人名下，债务人不履行到期债务或者发生当事人约定的实现担保物权的情形，债权人或者其受托人主张就该财产优先受偿的，人民法院依法予以支持：

（一）为债券持有人提供的担保物权登记在债券受托管理人名下；

（二）为委托贷款人提供的担保物权登记在受托人名下；

（三）担保人知道债权人与他人之间存在委托关系的其他情形。

第五条 机关法人提供担保的，人民法院应当认定担保合同无效，但是经国务院批准为使用外国政府或者国际经济组织贷款进行转贷的除外。

居民委员会、村民委员会提供担保的，人民法院应当认定担保合同无效，但是依法代行村集体经济组织职能的村民委员会，依照村民委员会组织法规定的讨论决定程序对外提供担保的除外。

第六条 以公益为目的的非营利性学校、幼儿园、医疗机构、养老机构等提供担保的，人民法院应当认定担保合同无效，但是有下列情形之一的除外：

（一）在购入或者以融资租赁方式承租教育设施、医疗卫生设施、养老服务设施和其他公益设施时，出卖人、出租人为担保价款或者租金实现而在该公益设施上保留所有权；

（二）以教育设施、医疗卫生设施、养老服务设施和其他公益设施以外的不动产、动产或者财产权利设立担保物权。

登记为营利法人的学校、幼儿园、医疗机构、养老机构等提供担保，当事人以其不具有担保资格为由主张担保合同无效的，人民法院不予支持。

第七条 公司的法定代表人违反公司法关于公司对外担保决议程序的规定，超越权限代表公司与相对人订立担保合同，人民法院应当依照民法典第六十一条和第五百零四条等规定处理：

（一）相对人善意的，担保合同对公司发生效力；相对人请求公司承担担保责任的，人民法院应予支持。

（二）相对人非善意的，担保合同对公司不发生效力；相对人请求公司承担赔偿责任的，参照适用本解释第十七条的有关规定。

法定代表人超越权限提供担保造成公司损失，公司请求法定代表人承担赔偿责任的，人民法院应予支持。

第一款所称善意，是指相对人在订立担保合同时不知道且不应当知道法定代表人超越权限。相对人有证据证明已对公司决议进行了合理审查，人民法院应当认定其构成善意，但是公司有证据证明相对人知道或者应当知道决议系伪造、变造的除外。

第八条 有下列情形之一，公司以其未依照公司法关于公司对外担保的规定作出决议为由主张不承担担保责任的，人民法院不予支持：

（一）金融机构开立保函或者担保公司提供担保；

（二）公司为其全资子公司开展经营活动提供担保；

（三）担保合同系由单独或者共同持有公司三分之二以上对担保事项有表决权的股东签字同意。

上市公司对外提供担保，不适用前款第二项、第三项的规定。

第九条 相对人根据上市公司公开披露的关于担保事项已经董事会或者股东大会决议通过的信息，与上市公司订立担保合同，相对人主张担保合同对上市公司发生效力，并由上市公司承担担保责任的，人民法院应予支持。

相对人未根据上市公司公开披露的关于担保事项已经董事会或者股东大会决议通过的信息，与上市公司订立担保合同，上市公司主张担保合同对其不发生效力，且不承担担保责任或者赔偿责任的，人民法院应予支持。

相对人与上市公司已公开披露的控股子公司订立的担保合同，或者相对人与股票在国务院批准的其他全国性证券交易场所交易的公司订立的担保合同，适用前两款规定。

第十条 一人有限责任公司为其股东提供担保，公司以违反公司法关于公司对外担保决议程序的规定为由主张不承担担保责任的，人民法院不予支持。公司因承担担保责任导致无法清偿其他债务，提供担保时的股东不能证明公司财产独立于自己的财产，其他债权人请求该股东承担连带责任的，人民法院应予支持。

第十一条 公司的分支机构未经公司股东（大）会或者董事会决议以自己的名义对外提供担保，相对人请求公司或者其分支机构承担担保责任的，人民法院不予支持，但是相对人不知道且不应当知道分支机构对外提供担保未经公司决议程序的除外。

金融机构的分支机构在其营业执照记载的经营范围内开立保函，或者经有权从事担保业务的上级机构授权开立保函，金融机构或者其分支机构以违反公司法关于公司对外担保决议程序的规定为由主张不承担担保责任的，人民法院不予支持。金融机构的分支机构未经金融机构授权提供保函之外的担保，金融机构或者其分支机构主张不承担担保责任的，人民法院应予支持，但是相对人不知道且不应当知道分支机构对外提供担保未经金融机构授权的除外。

担保公司的分支机构未经担保公司授权对外提供担保，担保公司或者其分支机构主张不承担担保责任的，人民法院应予支持，但是相对人不知道且不应当知道分支机构对外提供担保未经担保公司授权的除外。

公司的分支机构对外提供担保，相对人非善意，请求公司承担赔偿责任的，参照本解释第十七条的有关规定处理。

第十二条 法定代表人依照民法典第五百五十二条的规定以公司名义加入债务的，人民法院在认定该行为的效力时，可以参照本解释关于公司为他人提供担保的有关规则处理。

第十三条 同一债务有两个以上第三人提供担保，担保人之间约定相互追偿及分担份额，承担了担保责任的担保人请求其他担保人按照约定分担份额的，人民法院应予支持；担保人之间约定承担连带共同担保，或者约定相互追偿但是未约定分担份额的，各担保人按照比例分担向债务人不能追偿的部分。

同一债务有两个以上第三人提供担保，担保人之间未对相互追偿作出约定且未约定承担连带共同担保，但是各担保人在同一份合同书上签字、盖章或者按指印，承担了担保责任的担保人请求其他担保人按照比例分担向债务人不能追偿部分的，人民法院应予支持。

除前两款规定的情形外，承担了担保责任的担保人请求其他担保人分担向债务人不能追偿部分的，人民法院不予支持。

第十四条 同一债务有两个以上第三人提供担保，担保人受让债权的，人民法院应当认定该行为系承担担保责任。受让债权的担保人作为债权人请求其他担保人承担担保责任的，人民法院不予支持；该担保人请求其他担保人分担相应份额的，依照本解释第十三条的规定处理。

第十五条 最高额担保中的最高债权

额,是指包括主债权及其利息、违约金、损害赔偿金、保管担保财产的费用、实现债权或者实现担保物权的费用等在内的全部债权,但是当事人另有约定的除外。

登记的最高债权额与当事人约定的最高债权额不一致的,人民法院应当依据登记的最高债权额确定债权人优先受偿的范围。

第十六条 主合同当事人协议以新贷偿还旧贷,债权人请求旧贷的担保人承担担保责任的,人民法院不予支持;债权人请求新贷的担保人承担担保责任的,按照下列情形处理:

(一)新贷与旧贷的担保人相同的,人民法院应予支持;

(二)新贷与旧贷的担保人不同,或者旧贷无担保新贷有担保的,人民法院不予支持,但是债权人有证据证明新贷的担保人提供担保时对以新贷偿还旧贷的事实知道或者应当知道的除外。

主合同当事人协议以新贷偿还旧贷,旧贷的物的担保人在登记尚未注销的情形下同意继续为新贷提供担保,在订立新的贷款合同前又以该担保财产为其他债权人设立担保物权,其他债权人主张其担保物权顺位优先于新贷债权人的,人民法院不予支持。

第十七条 主合同有效而第三人提供的担保合同无效,人民法院应当区分不同情形确定担保人的赔偿责任:

(一)债权人与担保人均有过错的,担保人承担的赔偿责任不应超过债务人不能清偿部分的二分之一;

(二)担保人有过错而债权人无过错的,担保人对债务人不能清偿的部分承担赔偿责任;

(三)债权人有过错而担保人无过错的,担保人不承担赔偿责任。

主合同无效导致第三人提供的担保合同无效,担保人无过错的,不承担赔偿责任;担保人有过错的,其承担的赔偿责任不应超过债务人不能清偿部分的三分之一。

第十八条 承担了担保责任或者赔偿责任的担保人,在其承担责任的范围内向债务人追偿的,人民法院应予支持。

同一债权既有债务人自己提供的物的担保,又有第三人提供的担保,承担了担保责任或者赔偿责任的第三人,主张行使债权人对债务人享有的担保物权的,人民法院应予支持。

第十九条 担保合同无效,承担了赔偿责任的担保人按照反担保合同的约定,在其承担赔偿责任的范围内请求反担保人承担担保责任的,人民法院应予支持。

反担保合同无效的,依照本解释第十七条的有关规定处理。当事人仅以担保合同无效为由主张反担保合同无效的,人民法院不予支持。

第二十条 人民法院在审理第三人提供的物的担保纠纷案件时,可以适用民法典第六百九十五条第一款、第六百九十六条第一款、第六百九十七条第二款、第六百九十九条、第七百条、第七百零一条、第七百零二条等关于保证合同的规定。

第二十一条 主合同或者担保合同约定了仲裁条款的,人民法院对约定仲裁条款的合同当事人之间的纠纷无管辖权。

债权人一并起诉债务人和担保人的,应当根据主合同确定管辖法院。

债权人依法可以单独起诉担保人且仅起诉担保人的,应当根据担保合同确定管辖法院。

第二十二条 人民法院受理债务人破产案件后,债权人请求担保人承担担保责任,担保人主张担保债务自人民法院受理破产申请之日起停止计息的,人民法院对担保人的主张应予支持。

第二十三条 人民法院受理债务人破产案件,债权人在破产程序中申报债权后又向人民法院提起诉讼,请求担保人承担担保责任的,人民法院依法予以支持。

担保人清偿债权人的全部债权后,可以代替债权人在破产程序中受偿;在债权人的债权未获全部清偿前,担保人不得代替债权人在破产程序中受偿，但是有权就债权人通过破产分配和实现担保债权等方式获得清偿总额中超出债权的部分，在其承担担保责任的范围内请求债权人返还。

债权人在债务人破产程序中未获全部清偿，请求担保人继续承担担保责任的，人民法院应予支持；担保人承担担保责任后，向和解协议或者重整计划执行完毕后的债务人追偿的，人民法院不予支持。

第二十四条　债权人知道或者应当知道债务人破产，既未申报债权也未通知担保人，致使担保人不能预先行使追偿权的，担保人就该债权在破产程序中可能受偿的范围内免除担保责任，但是担保人因自身过错未行使追偿权的除外。

二、关于保证合同

第二十五条　当事人在保证合同中约定了保证人在债务人不能履行债务或者无力偿还债务时才承担保证责任等类似内容，具有债务人应当先承担责任的意思表示的，人民法院应当将其认定为一般保证。

当事人在保证合同中约定了保证人在债务人不履行债务或者未偿还债务时即承担保证责任、无条件承担保证责任等类似内容，不具有债务人应当先承担责任的意思表示的，人民法院应当将其认定为连带责任保证。

第二十六条　一般保证中，债权人以债务人为被告提起诉讼的，人民法院应予受理。债权人未就主合同纠纷提起诉讼或者申请仲裁，仅起诉一般保证人的，人民法院应当驳回起诉。

一般保证中，债权人一并起诉债务人和保证人的，人民法院可以受理，但是在作出判决时，除有民法典第六百八十七条第二款但书规定的情形外，应当在判决书主文中明确，保证人仅对债务人财产依法强制执行后仍不能履行的部分承担保证责任。

债权人未对债务人的财产申请保全，或者保全的债务人的财产足以清偿债务，债权人申请对一般保证人的财产进行保全的，人民法院不予准许。

第二十七条　一般保证的债权人取得对债务人赋予强制执行效力的公证债权文书后，在保证期间内向人民法院申请强制执行，保证人以债权人未在保证期间内对债务人提起诉讼或者申请仲裁为由主张不承担保证责任的，人民法院不予支持。

第二十八条　一般保证中，债权人依据生效法律文书对债务人的财产依法申请强制执行，保证债务诉讼时效的起算时间按照下列规则确定：

（一）人民法院作出终结本次执行程序裁定，或者依照民事诉讼法第二百五十七条第三项、第五项的规定作出终结执行裁定的，自裁定送达债权人之日起开始计算；

（二）人民法院自收到申请执行书之日起一年内未作出前项裁定的，自人民法院收到申请执行书满一年之日起开始计算，但是保证人有证据证明债务人仍有财产可供执行的除外。

一般保证的债权人在保证期间届满前对债务人提起诉讼或者申请仲裁，债权人举证证明存在民法典第六百八十七条第二款但书规定情形的，保证债务的诉讼时效自债权人知道或者应当知道该情形之日起开始计算。

第二十九条　同一债务有两个以上保证人，债权人以其已经在保证期间内依法向部分保证人行使权利为由，主张已经在保证期间内向其他保证人行使权利的，人民法院不予支持。

同一债务有两个以上保证人，保证人之间相互有追偿权，债权人未在保证期间内依法向部分保证人行使权利，导致其他保证人在承担保证责任后丧失追偿权，其他保证人主张在其不能追偿的范围内免除保证责任的，人民法院应予支持。

第三十条　最高额保证合同对保证期间的计算方式、起算时间等有约定的，按照其约定。

最高额保证合同对保证期间的计算方式、起算时间等没有约定或者约定不明，被担保债权的履行期限均已届满的，保证期间自债权确定之日起开始计算；被担保债权的履行期限尚未届满的，保证期间自最后到期债权的履行期限届满之日起开始计算。

前款所称债权确定之日，依照民法典第四百二十三条的规定认定。

第三十一条 一般保证的债权人在保证期间内对债务人提起诉讼或者申请仲裁后，又撤回起诉或者仲裁申请，债权人在保证期间届满前未再行提起诉讼或者申请仲裁，保证人主张不再承担保证责任的，人民法院应予支持。

连带责任保证的债权人在保证期间内对保证人提起诉讼或者申请仲裁后，又撤回起诉或者仲裁申请，起诉状副本或者仲裁申请书副本已经送达保证人的，人民法院应当认定债权人已经在保证期间内向保证人行使了权利。

第三十二条 保证合同约定保证人承担保证责任直至主债务本息还清时为止等类似内容的，视为约定不明，保证期间为主债务履行期限届满之日起六个月。

第三十三条 保证合同无效，债权人未在约定或者法定的保证期间内依法行使权利，保证人主张不承担赔偿责任的，人民法院应予支持。

第三十四条 人民法院在审理保证合同纠纷案件时，应当将保证期间是否届满、债权人是否在保证期间内依法行使权利等事实作为案件基本事实予以查明。

债权人在保证期间内未依法行使权利的，保证责任消灭。保证责任消灭后，债权人书面通知保证人要求承担保证责任，保证人在通知书上签字、盖章或者按指印，债权人请求保证人继续承担保证责任的，人民法院不予支持，但是债权人有证据证明成立了新的保证合同的除外。

第三十五条 保证人知道或者应当知道主债权诉讼时效期间届满仍然提供保证或者承担保证责任，又以诉讼时效期间届满为由拒绝承担保证责任或者请求返还财产的，人民法院不予支持；保证人承担保证责任后向债务人追偿的，人民法院不予支持，但是债务人放弃诉讼时效抗辩的除外。

第三十六条 第三人向债权人提供差额补足、流动性支持等类似承诺文件作为增信措施，具有提供担保的意思表示，债权人请求第三人承担保证责任的，人民法院应当依照保证的有关规定处理。

第三人向债权人提供的承诺文件，具有加入债务或者与债务人共同承担债务等意思表示的，人民法院应当认定为民法典第五百五十二条规定的债务加入。

前两款中第三人提供的承诺文件难以确定是保证还是债务加入的，人民法院应当将其认定为保证。

第三人向债权人提供的承诺文件不符合前三款规定的情形，债权人请求第三人承担保证责任或者连带责任的，人民法院不予支持，但是不影响其依据承诺文件请求第三人履行约定的义务或者承担相应的民事责任。

三、关于担保物权

（一）担保合同与担保物权的效力

第三十七条 当事人以所有权、使用权不明或者有争议的财产抵押，经审查构成无权处分的，人民法院应当依照民法典第三百一十一条的规定处理。

当事人以依法被查封或者扣押的财产抵押，抵押权人请求行使抵押权，经审查查封或者扣押措施已经解除的，人民法院应予支持。抵押人以抵押权设立时财产被查封或者扣押为由主张抵押合同无效的，人民法院不予支持。

以依法被监管的财产抵押的，适用前款规定。

第三十八条 主债权未受全部清偿，担保物权人主张就担保财产的全部行使担保物权的，人民法院应予支持，但是留置权人行使留置权的，应当依照民法典第四百五十条的规定处理。

担保财产被分割或者部分转让，担保物权人主张就分割或者转让后的担保财产行使担保物权的，人民法院应予支持，但是法律或者司法解释另有规定的除外。

第三十九条 主债权被分割或者部分转让，各债权人主张就其享有的债权份额行使担保物权的，人民法院应予支持，但是法律另有规定或者当事人另有约定的除外。

主债务被分割或者部分转移，债务人自己提供物的担保，债权人请求以该担保财产担保全部债务履行的，人民法院应予支持；第三人提供物的担保，主张对未经其书面同意转移的债务不再承担担保责任的，人民法院应予支持。

第四十条 从物产生于抵押权依法设立前，抵押权人主张抵押权的效力及于从物的，人民法院应予支持，但是当事人另有约定的除外。

从物产生于抵押权依法设立后，抵押权人主张抵押权的效力及于从物的，人民法院不予支持，但是在抵押权实现时可以一并处分。

第四十一条 抵押权依法设立后，抵押财产被添附，添附物归第三人所有，抵押权人主张抵押权效力及于补偿金的，人民法院应予支持。

抵押权依法设立后，抵押财产被添附，抵押人对添附物享有所有权，抵押权人主张抵押权的效力及于添附物的，人民法院应予支持，但是添附导致抵押财产价值增加的，抵押权的效力不及于增加的价值部分。

抵押权依法设立后，抵押人与第三人因添附成为添附物的共有人，抵押权人主张抵押权的效力及于抵押人对共有物享有的份额的，人民法院应予支持。

本条所称添附，包括附合、混合与加工。

第四十二条 抵押权依法设立后，抵押财产毁损、灭失或者被征收等，抵押权人请求按照原抵押权的顺位就保险金、赔偿金或者补偿金等优先受偿的，人民法院应予支持。

给付义务人已经向抵押人给付了保险金、赔偿金或者补偿金，抵押权人请求给付义务人向其给付保险金、赔偿金或者补偿金的，人民法院不予支持，但是给付义务人接到抵押权人要求向其给付的通知后仍然向抵押人给付的除外。

抵押权人请求给付义务人向其给付保险金、赔偿金或者补偿金的，人民法院可以通知抵押人作为第三人参加诉讼。

第四十三条 当事人约定禁止或者限制转让抵押财产但是未将约定登记，抵押人违反约定转让抵押财产，抵押权人请求确认转让合同无效的，人民法院不予支持；抵押财产已经交付或者登记，抵押权人请求确认转让不发生物权效力的，人民法院不予支持，但是抵押权人有证据证明受让人知道的除外；抵押权人请求抵押人承担违约责任的，人民法院依法予以支持。

当事人约定禁止或者限制转让抵押财产且已经将约定登记，抵押人违反约定转让抵押财产，抵押权人请求确认转让合同无效的，人民法院不予支持；抵押财产已经交付或者登记，抵押权人主张转让不发生物权效力的，人民法院应予支持，但是因受让人代替债务人清偿债务导致抵押权消灭的除外。

第四十四条 主债权诉讼时效期间届满后，抵押权人主张行使抵押权的，人民法院不予支持；抵押人以主债权诉讼时效期间届满为由，主张不承担担保责任的，人民法院应予支持。主债权诉讼时效期间届满前，债权人仅对债务人提起诉讼，经人民法院判决或者调解后未在民事诉讼法规定的申请执行时效期间内对债务人申请强制执行，其向抵押人主张行使抵押权的，人民法院不予支持。

主债权诉讼时效期间届满后，财产被留置的债务人或者对留置财产享有所有权的第三人请求债权人返还留置财产的，人民法院不予支持;债务人或者第三人请求拍卖、变卖留置财产并以所得价款清偿债务的,人民法院应予支持。

主债权诉讼时效期间届满的法律后果,以登记作为公示方式的权利质权,参照适用第一款的规定;动产质权、以交付权利凭证作为公示方式的权利质权,参照适用第二款的规定。

第四十五条 当事人约定当债务人不履行到期债务或者发生当事人约定的实现担保物权的情形,担保物权人有权将担保财产自行拍卖、变卖并就所得的价款优先受偿的,该约定有效。因担保人的原因导致担保物权人无法自行对担保财产进行拍卖、变卖,担保物权人请求担保人承担因此增加的费用的,人民法院应予支持。

当事人依照民事诉讼法有关"实现担保物权案件"的规定,申请拍卖、变卖担保财产,被申请人以担保合同约定仲裁条款为由主张驳回申请的,人民法院经审查后,应当按照以下情形分别处理:

(一)当事人对担保物权无实质性争议且实现担保物权条件已经成就的,应当裁定准许拍卖、变卖担保财产;

(二)当事人对实现担保物权有部分实质性争议的,可以就无争议的部分裁定准许拍卖、变卖担保财产,并告知可以就有争议的部分申请仲裁;

(三)当事人对实现担保物权有实质性争议的,裁定驳回申请,并告知可以向仲裁机构申请仲裁。

债权人以诉讼方式行使担保物权的,应当以债务人和担保人作为共同被告。

(二)不动产抵押

第四十六条 不动产抵押合同生效后未办理抵押登记手续,债权人请求抵押人办理抵押登记手续的,人民法院应予支持。

抵押财产因不可归责于抵押人自身的原因灭失或者被征收等导致不能办理抵押登记,债权人请求抵押人在约定的担保范围内承担责任的,人民法院不予支持;但是抵押人已经获得保险金、赔偿金或者补偿金等,债权人请求抵押人在其所获金额范围内承担赔偿责任的,人民法院依法予以支持。

因抵押人转让抵押财产或者其他可归责于抵押人自身的原因导致不能办理抵押登记,债权人请求抵押人在约定的担保范围内承担责任的,人民法院依法予以支持,但是不得超过抵押权能够设立时抵押人应当承担的责任范围。

第四十七条 不动产登记簿就抵押财产、被担保的债权范围等所作的记载与抵押合同约定不一致的,人民法院应当根据登记簿的记载确定抵押财产、被担保的债权范围等事项。

第四十八条 当事人申请办理抵押登记手续时,因登记机构的过错致使其不能办理抵押登记,当事人请求登记机构承担赔偿责任的,人民法院依法予以支持。

第四十九条 以违法的建筑物抵押的,抵押合同无效,但是一审法庭辩论终结前已经办理合法手续的除外。抵押合同无效的法律后果,依照本解释第十七条的有关规定处理。

当事人以建设用地使用权依法设立抵押,抵押人以土地上存在违法的建筑物为由主张抵押合同无效的,人民法院不予支持。

第五十条 抵押人以划拨建设用地上的建筑物抵押,当事人以该建设用地使用权不能抵押或者未办理批准手续为由主张抵押合同无效或者不生效的,人民法院不予支持。抵押权依法实现时,拍卖、变卖建筑物所得的价款,应当优先用于补缴建设用地使用权出让金。

当事人以划拨方式取得的建设用地使用权抵押,抵押人以未办理批准手续为由主张抵押合同无效或者不生效的,人民法院不予支持。已经依法办理抵押登记,抵押权人主张行使抵押权的,人民法院应予支持。抵押权依法实现时所得的价款,参照前款有关规定处理。

第五十一条 当事人仅以建设用地使用权抵押，债权人主张抵押权的效力及于土地上已有的建筑物以及正在建造的建筑物已完成部分的，人民法院应予支持。债权人主张抵押权的效力及于正在建造的建筑物的续建部分以及新增建筑物的，人民法院不予支持。

当事人以正在建造的建筑物抵押，抵押权的效力范围限于已办理抵押登记的部分。当事人按照担保合同的约定，主张抵押权的效力及于续建部分、新增建筑物以及规划中尚未建造的建筑物的，人民法院不予支持。

抵押人将建设用地使用权、土地上的建筑物或者正在建造的建筑物分别抵押给不同债权人的，人民法院应当根据抵押登记的时间先后确定清偿顺序。

第五十二条 当事人办理抵押预告登记后，预告登记权利人请求就抵押财产优先受偿，经审查存在尚未办理建筑物所有权首次登记、预告登记的财产与办理建筑物所有权首次登记时的财产不一致、抵押预告登记已经失效等情形，导致不具备办理抵押登记条件的，人民法院不予支持；经审查已经办理建筑物所有权首次登记，且不存在预告登记失效等情形的，人民法院应予支持，并应当认定抵押权自预告登记之日起设立。

当事人办理了抵押预告登记，抵押人破产，经审查抵押财产属于破产财产，预告登记权利人主张就抵押财产优先受偿的，人民法院应当在受理破产申请时抵押财产的价值范围内予以支持，但是在人民法院受理破产申请前一年内，债务人对没有财产担保的债务设立抵押预告登记的除外。

（三）动产与权利担保

第五十三条 当事人在动产和权利担保合同中对担保财产进行概括描述，该描述能够合理识别担保财产的，人民法院应当认定担保成立。

第五十四条 动产抵押合同订立后未办理抵押登记，动产抵押权的效力按照下列情形分别处理：

（一）抵押人转让抵押财产，受让人占有抵押财产后，抵押权人向受让人请求行使抵押权的，人民法院不予支持，但是抵押权人能够举证证明受让人知道或者应当知道已经订立抵押合同的除外；

（二）抵押人将抵押财产出租给他人并移转占有，抵押权人行使抵押权的，租赁关系不受影响，但是抵押权人能够举证证明承租人知道或者应当知道已经订立抵押合同的除外；

（三）抵押人的其他债权人向人民法院申请保全或者执行抵押财产，人民法院已经作出财产保全裁定或者采取执行措施，抵押权人主张对抵押财产优先受偿的，人民法院不予支持；

（四）抵押人破产，抵押权人主张对抵押财产优先受偿的，人民法院不予支持。

第五十五条 债权人、出质人与监管人订立三方协议，出质人以通过一定数量、品种等概括描述能够确定范围的货物为债务的履行提供担保，当事人有证据证明监管人系受债权人的委托监管并实际控制该货物的，人民法院应当认定质权于监管人实际控制货物之日起设立。监管人违反约定向出质人或者其他人放货、因保管不善导致货物毁损灭失，债权人请求监管人承担违约责任的，人民法院依法予以支持。

在前款规定情形下，当事人有证据证明监管人系受出质人委托监管该货物，或者虽然受债权人委托但是未实际履行监管职责，导致货物仍由出质人实际控制的，人民法院应当认定质权未设立。债权人可以基于质押合同的约定请求出质人承担违约责任，但是不得超过质权有效设立时出质人应当承担的责任范围。监管人未履行监管职责，债权人请求监管人承担责任的，人民法院依法予以支持。

第五十六条 买受人在出卖人正常经营活动中通过支付合理对价取得已被设立担保权的动产，担保物权人请求就该动产优先受偿的，人民法院不予支持，但是有下列情形之一的除外：

（一）购买商品的数量明显超过一般买受人；

（二）购买出卖人的生产设备；

（三）订立买卖合同的目的在于担保出卖人或者第三人履行债务；

（四）买受人与出卖人存在直接或者间接的控制关系；

（五）买受人应当查询抵押登记而未查询的其他情形。

前款所称出卖人正常经营活动，是指出卖人的经营活动属于其营业执照明确记载的经营范围，且出卖人持续销售同类商品。前款所称担保物权人，是指已经办理登记的抵押权人、所有权保留买卖的出卖人、融资租赁合同的出租人。

第五十七条　担保人在设立动产浮动抵押并办理抵押登记后又购入或者以融资租赁方式承租新的动产，下列权利人为担保价款债权或者租金的实现而订立担保合同，并在该动产交付后十日内办理登记，主张其权利优先于在先设立的浮动抵押权的，人民法院应予支持：

（一）在该动产上设立抵押权或者保留所有权的出卖人；

（二）为价款支付提供融资而在该动产上设立抵押权的债权人；

（三）以融资租赁方式出租该动产的出租人。

买受人取得动产但未付清价款或者承租人以融资租赁方式占有租赁物但是未付清全部租金，又以标的物为他人设立担保物权，前款所列权利人为担保价款债权或者租金的实现而订立担保合同，并在该动产交付后十日内办理登记，主张其权利优先于买受人为他人设立的担保物权的，人民法院应予支持。

同一动产上存在多个价款优先权的，人民法院应当按照登记的时间先后确定清偿顺序。

第五十八条　以汇票出质，当事人以背书记载"质押"字样并在汇票上签章，汇票已经交付质权人的，人民法院应当认定质权自汇票交付质权人时设立。

第五十九条　存货人或者仓单持有人在仓单上以背书记载"质押"字样，并经保管人签章，仓单已经交付质权人的，人民法院应当认定质权自仓单交付质权人时设立。没有权利凭证的仓单，依法可以办理出质登记的，仓单质权自办理出质登记时设立。

出质人既以仓单出质，又以仓储物设立担保，按照公示的先后确定清偿顺序；难以确定先后的，按照债权比例清偿。

保管人为同一货物签发多份仓单，出质人在多份仓单上设立多个质权，按照公示的先后确定清偿顺序；难以确定先后的，按照债权比例受偿。

存在第二款、第三款规定的情形，债权人举证证明其损失系由出质人与保管人的共同行为所致，请求出质人与保管人承担连带赔偿责任的，人民法院应予支持。

第六十条　在跟单信用证交易中，开证行与开证申请人之间约定以提单作为担保的，人民法院应当依照民法典关于质权的有关规定处理。

在跟单信用证交易中，开证行依据其与开证申请人之间的约定或者跟单信用证的惯例持有提单，开证申请人未按照约定付款赎单，开证行主张对提单项下货物优先受偿的，人民法院应予支持；开证行主张对提单项下货物享有所有权的，人民法院不予支持。

在跟单信用证交易中，开证行依据其与开证申请人之间的约定或者跟单信用证的惯例，通过转让提单或者提单项下货物取得价款，开证申请人请求返还超出债权部分的，人民法院应予支持。

前三款规定不影响合法持有提单的开证行以提单持有人身份主张运输合同项下的权利。

第六十一条　以现有的应收账款出质，

应收账款债务人向质权人确认应收账款的真实性后,又以应收账款不存在或者已经消灭为由主张不承担责任的,人民法院不予支持。

以现有的应收账款出质,应收账款债务人未确认应收账款的真实性,质权人以应收账款债务人为被告,请求就应收账款优先受偿,能够举证证明办理出质登记时应收账款真实存在的,人民法院应予支持;质权人不能举证证明办理出质登记时应收账款真实存在,仅以已经办理出质登记为由,请求就应收账款优先受偿的,人民法院不予支持。

以现有的应收账款出质,应收账款债务人已经向应收账款债权人履行了债务,质权人请求应收账款债务人履行债务的,人民法院不予支持,但是应收账款债务人接到质权人要求向其履行的通知后,仍然向应收账款债权人履行的除外。

以基础设施和公用事业项目收益权、提供服务或者劳务产生的债权以及其他将有的应收账款出质,当事人为应收账款设立特定账户,发生法定或者约定的质权实现事由时,质权人请求就该特定账户内的款项优先受偿的,人民法院应予支持;特定账户内的款项不足以清偿债务或者未设立特定账户,质权人请求折价或者拍卖、变卖项目收益权等将有的应收账款,并以所得的价款优先受偿的,人民法院依法予以支持。

第六十二条 债务人不履行到期债务,债权人因同一法律关系留置合法占有的第三人的动产,并主张就该留置财产优先受偿的,人民法院应予支持。第三人以该留置财产并非债务人的财产为由请求返还的,人民法院不予支持。

企业之间留置的动产与债权并非同一法律关系,债务人以该债权不属于企业持续经营中发生的债权为由请求债权人返还留置财产的,人民法院不予支持。

企业之间留置的动产与债权并非同一法律关系,债权人留置第三人的财产,第三人请求债权人返还留置财产的,人民法院应予支持。

四、关于非典型担保

第六十三条 债权人与担保人订立担保合同,约定以法律、行政法规尚未规定可以担保的财产权利设立担保,当事人主张合同无效的,人民法院不予支持。当事人未在法定的登记机构依法进行登记,主张该担保具有物权效力的,人民法院不予支持。

第六十四条 在所有权保留买卖中,出卖人依法有权取回标的物,但是与买受人协商不成,当事人请求参照民事诉讼法"实现担保物权案件"的有关规定,拍卖、变卖标的物的,人民法院应予准许。

出卖人请求取回标的物,符合民法典第六百四十二条规定的,人民法院应予支持;买受人以抗辩或者反诉的方式主张拍卖、变卖标的物,并在扣除买受人未支付的价款以及必要费用后返还剩余款项的,人民法院应当一并处理。

第六十五条 在融资租赁合同中,承租人未按照约定支付租金,经催告后在合理期限内仍不支付,出租人请求承租人支付全部剩余租金,并以拍卖、变卖租赁物所得的价款受偿的,人民法院应予支持;当事人请求参照民事诉讼法"实现担保物权案件"的有关规定,以拍卖、变卖租赁物所得价款支付租金的,人民法院应予准许。

出租人请求解除融资租赁合同并收回租赁物,承租人以抗辩或者反诉的方式主张返还租赁物价值超过欠付租金以及其他费用的,人民法院应当一并处理。当事人对租赁物的价值有争议的,应当按照下列规则确定租赁物的价值:

(一)融资租赁合同有约定的,按照其约定;

(二)融资租赁合同未约定或者约定不明的,根据约定的租赁物折旧以及合同到期后租赁物的残值来确定;

(三)根据前两项规定的方法仍然难以

确定，或者当事人认为根据前两项规定的方法确定的价值严重偏离租赁物实际价值的，根据当事人的申请委托有资质的机构评估。

第六十六条 同一应收账款同时存在保理、应收账款质押和债权转让，当事人主张参照民法典第七百六十八条的规定确定优先顺序的，人民法院应予支持。

在有追索权的保理中，保理人以应收账款债权人或者应收账款债务人为被告提起诉讼，人民法院应予受理；保理人一并起诉应收账款债权人和应收账款债务人的，人民法院可以受理。

应收账款债权人向保理人返还保理融资款本息或者回购应收账款债权后，请求应收账款债务人向其履行应收账款债务的，人民法院应予支持。

第六十七条 在所有权保留买卖、融资租赁等合同中，出卖人、出租人的所有权未经登记不得对抗的"善意第三人"的范围及其效力，参照本解释第五十四条的规定处理。

第六十八条 债务人或者第三人与债权人约定将财产形式上转移至债权人名下，债务人不履行到期债务，债权人有权对财产折价或者以拍卖、变卖该财产所得价款偿还债务的，人民法院应当认定该约定有效。当事人已经完成财产权利变动的公示，债务人不履行到期债务，债权人请求参照民法典关于担保物权的有关规定就该财产优先受偿的，人民法院应予支持。

债务人或者第三人与债权人约定将财产形式上转移至债权人名下，债务人不履行到期债务，财产归债权人所有的，人民法院应当认定该约定无效，但是不影响当事人有关提供担保的意思表示的效力。当事人已经完成财产权利变动的公示，债务人不履行到期债务，债权人请求对该财产享有所有权的，人民法院不予支持；债权人请求参照民法典关于担保物权的规定对财产折价或者以拍卖、变卖该财产所得的价款优先受偿的，人民法院应予支持；债务人履行债务后请求返还财产，或者请求对财产折价或者以拍卖、变卖所得的价款清偿债务的，人民法院应予支持。

债务人与债权人约定将财产转移至债权人名下，在一定期间后再由债务人或者其指定的第三人以交易本金加上溢价款回购，债务人到期不履行回购义务，财产归债权人所有的，人民法院应当参照第二款规定处理。回购对象自始不存在的，人民法院应当依照民法典第一百四十六条第二款的规定，按照其实际构成的法律关系处理。

第六十九条 股东以将其股权转移至债权人名下的方式为债务履行提供担保，公司或者公司的债权人以股东未履行或者未全面履行出资义务、抽逃出资等为由，请求作为名义股东的债权人与股东承担连带责任的，人民法院不予支持。

第七十条 债务人或者第三人为担保债务的履行，设立专门的保证金账户并由债权人实际控制，或者将其资金存入债权人设立的保证金账户，债权人主张就账户内的款项优先受偿的，人民法院应予支持。当事人以保证金账户内的款项浮动为由，主张实际控制该账户的债权人对账户内的款项不享有优先受偿权的，人民法院不予支持。

在银行账户下设立的保证金分户，参照前款规定处理。

当事人约定的保证金并非为担保债务的履行设立，或者不符合前两款规定的情形，债权人主张就保证金优先受偿的，人民法院不予支持，但是不影响当事人依照法律的规定或者按照当事人的约定主张权利。

五、附则

第七十一条 本解释自 2021 年 1 月 1 日起施行。

最高人民法院关于适用《中华人民共和国民法典》合同编通则若干问题的解释

法释〔2023〕13号

（2023年5月23日最高人民法院审判委员会第1889次会议通过　2023年12月4日最高人民法院公告公布　自2023年12月5日起施行）

为正确审理合同纠纷案件以及非因合同产生的债权债务关系纠纷案件，依法保护当事人的合法权益，根据《中华人民共和国民法典》《中华人民共和国民事诉讼法》等相关法律规定，结合审判实践，制定本解释。

一、一般规定

第一条　人民法院依据民法典第一百四十二条第一款、第四百六十六条第一款的规定解释合同条款时，应当以词句的通常含义为基础，结合相关条款、合同的性质和目的、习惯以及诚信原则，参考缔约背景、磋商过程、履行行为等因素确定争议条款的含义。

有证据证明当事人之间对合同条款有不同于词句的通常含义的其他共同理解，一方主张按照词句的通常含义理解合同条款的，人民法院不予支持。

对合同条款有两种以上解释，可能影响该条款效力的，人民法院应当选择有利于该条款有效的解释；属于无偿合同的，应当选择对债务人负担较轻的解释。

第二条　下列情形，不违反法律、行政法规的强制性规定且不违背公序良俗的，人民法院可以认定为民法典所称的"交易习惯"：

（一）当事人之间在交易活动中的惯常做法；

（二）在交易行为当地或者某一领域、某一行业通常采用并为交易对方订立合同时所知道或者应当知道的做法。

对于交易习惯，由提出主张的当事人一方承担举证责任。

二、合同的订立

第三条　当事人对合同是否成立存在争议，人民法院能够确定当事人姓名或者名称、标的和数量的，一般应当认定合同成立。但是，法律另有规定或者当事人另有约定的除外。

根据前款规定能够认定合同已经成立的，对合同欠缺的内容，人民法院应当依据民法典第五百一十条、第五百一十一条等规定予以确定。

当事人主张合同无效或者请求撤销、解除合同等，人民法院认为合同不成立的，应当依据《最高人民法院关于民事诉讼证据的若干规定》第五十三条的规定将合同是否成立作为焦点问题进行审理，并可以根据案件的具体情况重新指定举证期限。

第四条　采取招标方式订立合同，当事人请求确认合同自中标通知书到达中标人时成立的，人民法院应予支持。合同成立后，当事人拒绝签订书面合同的，人民法院应当依据招标文件、投标文件和中标通知书等确定合同内容。

采取现场拍卖、网络拍卖等公开竞价方式订立合同，当事人请求确认合同自拍卖师落槌、电子交易系统确认成交时成立的，人民法院应予支持。合同成立后，当事人拒绝签订成交确认书的，人民法院应当依据拍卖公告、竞买人的报价等确定合同内容。

产权交易所等机构主持拍卖、挂牌交易，其公布的拍卖公告、交易规则等文件公开确定了合同成立需要具备的条件，当事人请求确认合同自该条件具备时成立的，人民法院应予支持。

第五条 第三人实施欺诈、胁迫行为，使当事人在违背真实意思的情况下订立合同，受到损失的当事人请求第三人承担赔偿责任的，人民法院依法予以支持；当事人亦有违背诚信原则的行为的，人民法院应当根据各自的过错确定相应的责任。但是，法律、司法解释对当事人与第三人的民事责任另有规定的，依照其规定。

第六条 当事人以认购书、订购书、预订书等形式约定在将来一定期限内订立合同，或者为担保在将来一定期限内订立合同交付了定金，能够确定将来所要订立合同的主体、标的等内容的，人民法院应当认定预约合同成立。

当事人通过签订意向书或者备忘录等方式，仅表达交易的意向，未约定在将来一定期限内订立合同，或者虽然有约定但是难以确定将来所要订立合同的主体、标的等内容，一方主张预约合同成立的，人民法院不予支持。

当事人订立的认购书、订购书、预订书等已就合同标的、数量、价款或者报酬等主要内容达成合意，符合本解释第三条第一款规定的合同成立条件，未明确约定在将来一定期限内另行订立合同，或者虽然有约定但是当事人一方已实施履行行为且对方接受的，人民法院应当认定本约合同成立。

第七条 预约合同生效后，当事人一方拒绝订立本约合同或者在磋商订立本约合同时违背诚信原则导致未能订立本约合同的，人民法院应当认定该当事人不履行预约合同约定的义务。

人民法院认定当事人一方在磋商订立本约合同时是否违背诚信原则，应当综合考虑该当事人在磋商时提出的条件是否明显背离预约合同约定的内容以及是否已尽合理努力进行协商等因素。

第八条 预约合同生效后，当事人一方不履行订立本约合同的义务，对方请求其赔偿因此造成的损失的，人民法院依法予以支持。

前款规定的损失赔偿，当事人有约定的，按照约定；没有约定的，人民法院应当综合考虑预约合同在内容上的完备程度以及订立本约合同的条件的成就程度等因素酌定。

第九条 合同条款符合民法典第四百九十六条第一款规定的情形，当事人仅以合同系依据合同示范文本制作或者双方已经明确约定合同条款不属于格式条款为由主张该条款不是格式条款的，人民法院不予支持。

从事经营活动的当事人一方仅以未实际重复使用为由主张其预先拟定且未与对方协商的合同条款不是格式条款的，人民法院不予支持。但是，有证据证明该条款不是为了重复使用而预先拟定的除外。

第十条 提供格式条款的一方在合同订立时采用通常足以引起对方注意的文字、符号、字体等明显标识，提示对方注意免除或者减轻其责任、排除或者限制对方权利等与对方有重大利害关系的异常条款的，人民法院可以认定其已经履行民法典第四百九十六条第二款规定的提示义务。

提供格式条款的一方按照对方的要求，就与对方有重大利害关系的异常条款的概念、内容及其法律后果以书面或者口头形式向对方作出通常能够理解的解释说明的，人民法院可以认定其已经履行民法典第四百九十六条第二款规定的说明义务。

提供格式条款的一方对其已经尽到提示义务或者说明义务承担举证责任。对于通过互联网等信息网络订立的电子合同,提供格式条款的一方仅以采取了设置勾选、弹窗等方式为由主张其已经履行提示义务或者说明义务的,人民法院不予支持,但是其举证符合前两款规定的除外。

三、合同的效力

第十一条 当事人一方是自然人,根据该当事人的年龄、智力、知识、经验并结合交易的复杂程度,能够认定其对合同的性质、合同订立的法律后果或者交易中存在的特定风险缺乏应有的认知能力的,人民法院可以认定该情形构成民法典第一百五十一条规定的"缺乏判断能力"。

第十二条 合同依法成立后,负有报批义务的当事人不履行报批义务或者履行报批义务不符合合同的约定或者法律、行政法规的规定,对方请求其继续履行报批义务的,人民法院应予支持;对方主张解除合同并请求其承担违反报批义务的赔偿责任的,人民法院应予支持。

人民法院判决当事人一方履行报批义务后,其仍不履行,对方主张解除合同并参照违反合同的违约责任请求其承担赔偿责任的,人民法院应予支持。

合同获得批准前,当事人一方起诉请求对方履行合同约定的主要义务,经释明后拒绝变更诉讼请求的,人民法院应当判决驳回其诉讼请求,但是不影响其另行提起诉讼。

负有报批义务的当事人已经办理申请批准等手续或者已经履行生效判决确定的报批义务,批准机关决定不予批准,对方请求其承担赔偿责任的,人民法院不予支持。但是,因迟延履行报批义务等可归责于当事人的原因导致合同未获批准,对方请求赔偿因此受到的损失的,人民法院应当依据民法典第一百五十七条的规定处理。

第十三条 合同存在无效或者可撤销的情形,当事人以该合同已在有关行政管理部门办理备案、已经批准机关批准或者已依据该合同办理财产权利的变更登记、移转登记等为由主张合同有效的,人民法院不予支持。

第十四条 当事人之间就同一交易订立多份合同,人民法院应当认定其中以虚假意思表示订立的合同无效。当事人为规避法律、行政法规的强制性规定,以虚假意思表示隐藏真实意思表示的,人民法院应当依据民法典第一百五十三条第一款的规定认定被隐藏合同的效力;当事人为规避法律、行政法规关于合同应当办理批准等手续的规定,以虚假意思表示隐藏真实意思表示的,人民法院应当依据民法典第五百零二条第二款的规定认定被隐藏合同的效力。

依据前款规定认定被隐藏合同无效或者确定不发生效力的,人民法院应当以被隐藏合同为事实基础,依据民法典第一百五十七条的规定确定当事人的民事责任。但是,法律另有规定的除外。

当事人就同一交易订立的多份合同均系真实意思表示,且不存在其他影响合同效力情形的,人民法院应当在查明各合同成立先后顺序和实际履行情况的基础上,认定合同内容是否发生变更。法律、行政法规禁止变更合同内容的,人民法院应当认定合同的相应变更无效。

第十五条 人民法院认定当事人之间的权利义务关系,不应当拘泥于合同使用的名称,而应当根据合同约定的内容。当事人主张的权利义务关系与根据合同内容认定的权利义务关系不一致的,人民法院应当结合缔约背景、交易目的、交易结构、履行行为以及当事人是否存在虚构交易标的等事实认定当事人之间的实际民事法律关系。

第十六条 合同违反法律、行政法规的强制性规定,有下列情形之一,由行为人承担行政责任或者刑事责任能够实现强制性规定的立法目的的,人民法院可以依据民法典第一百五十三条第一款关于"该强制性规定不导致该民事法律行为无效的除外"的规定认定该合同不因违反强制性规定无效:

（一）强制性规定虽然旨在维护社会公共秩序，但是合同的实际履行对社会公共秩序造成的影响显著轻微，认定合同无效将导致案件处理结果有失公平公正；

（二）强制性规定旨在维护政府的税收、土地出让金等国家利益或者其他民事主体的合法利益而非合同当事人的民事权益，认定合同有效不会影响该规范目的的实现；

（三）强制性规定旨在要求当事人一方加强风险控制、内部管理等，对方无能力或者无义务审查合同是否违反强制性规定，认定合同无效将使其承担不利后果；

（四）当事人一方虽然在订立合同时违反强制性规定，但是在合同订立后其已经具备补正违反强制性规定的条件却违背诚信原则不予补正；

（五）法律、司法解释规定的其他情形。

法律、行政法规的强制性规定旨在规制合同订立后的履行行为，当事人以合同违反强制性规定为由请求认定合同无效的，人民法院不予支持。但是，合同履行必然导致违反强制性规定或者法律、司法解释另有规定的除外。

依据前两款认定合同有效，但是当事人的违法行为未经处理的，人民法院应当向有关行政管理部门提出司法建议。当事人的行为涉嫌犯罪的，应当将案件线索移送刑事侦查机关；属于刑事自诉案件的，应当告知当事人可以向有管辖权的人民法院另行提起诉讼。

第十七条 合同虽然不违反法律、行政法规的强制性规定，但是有下列情形之一，人民法院应当依据民法典第一百五十三条第二款的规定认定合同无效：

（一）合同影响政治安全、经济安全、军事安全等国家安全的；

（二）合同影响社会稳定、公平竞争秩序或者损害社会公共利益等违反社会公共秩序的；

（三）合同背离社会公德、家庭伦理或者有损人格尊严等违背善良风俗的。

人民法院在认定合同是否违背公序良俗时，应当以社会主义核心价值观为导向，综合考虑当事人的主观动机和交易目的、政府部门的监管强度、一定期限内当事人从事类似交易的频次、行为的社会后果等因素，并在裁判文书中充分说理。当事人确因生活需要进行交易，未给社会公共秩序造成重大影响，且不影响国家安全，也不违背善良风俗的，人民法院不应当认定合同无效。

第十八条 法律、行政法规的规定虽然有"应当""必须"或者"不得"等表述，但是该规定旨在限制或者赋予民事权利，行为人违反该规定将构成无权处分、无权代理、越权代表等，或者导致合同相对人、第三人因此获得撤销权、解除权等民事权利的，人民法院应当依据法律、行政法规规定的关于违反该规定的民事法律后果认定合同效力。

第十九条 以转让或者设定财产权利为目的订立的合同，当事人或者真正权利人仅以让与人在订立合同时对标的物没有所有权或者处分权为由主张合同无效的，人民法院不予支持；因未取得真正权利人事后同意或者让与人事后未取得处分权导致合同不能履行，受让人主张解除合同并请求让与人承担违反合同的赔偿责任的，人民法院依法予以支持。

前款规定的合同被认定有效，且让与人已经将财产交付或者移转登记至受让人，真正权利人请求认定财产权利未发生变动或者请求返还财产的，人民法院应予支持。但是，受让人依据民法典第三百一十一条等规定善意取得财产权利的除外。

第二十条 法律、行政法规为限制法人的法定代表人或者非法人组织的负责人的代表权，规定合同所涉事项应当由法人、非法人组织的权力机构或者决策机构决议，或者应当由法人、非法人组织的执行机构决定，法定代表人、负责人未取得授权而以法人、非法人组织的名义订立合同，未尽到合理审查义务的相对人主张该合同对法人、非法人组织发生效力并由其承担违约责任的，人民法院不予支持，但是法人、非法人组织有过错的，可以参照民法典第一百五十七条的规定判决其承担相应的赔偿责任。相对人已尽到合理审查义务，构成表见代表的，人民法院应当依据民法典第五百零四条的规定处理。

合同所涉事项未超越法律、行政法规规定的法定代表人或者负责人的代表权限，但是超越法人、非法人组织的章程或者权力机构等对代表权的限制，相对人主张该合同对法人、非法人组织发生效力并由其承担违约责任的，人民法院依法予以支持。但是，法人、非法人组织举证证明相对人知道或者应当知道该限制的除外。

法人、非法人组织承担民事责任后，向有过错的法定代表人、负责人追偿因越权代表行为造成的损失的，人民法院依法予以支持。法律、司法解释对法定代表人、负责人的民事责任另有规定，依照其规定。

第二十一条 法人、非法人组织的工作人员就超越其职权范围的事项以法人、非法人组织的名义订立合同，相对人主张该合同对法人、非法人组织发生效力并由其承担违约责任的，人民法院不予支持。但是，法人、非法人组织有过错的，人民法院可以参照民法典第一百五十七条的规定判决其承担相应的赔偿责任。前述情形，构成表见代理的，人民法院应当依据民法典第一百七十二条的规定处理。

合同所涉事项有下列情形之一的，人民法院应当认定法人、非法人组织的工作人员在订立合同时超越其职权范围：

（一）依法应当由法人、非法人组织的权力机构或者决策机构决议的事项；

（二）依法应当由法人、非法人组织的执行机构决定的事项；

（三）依法应当由法定代表人、负责人代表法人、非法人组织实施的事项；

（四）不属于通常情形下依其职权可以处理的事项。

合同所涉事项未超越依据前款确定的职权范围，但是超越法人、非法人组织对工作人员职权范围的限制，相对人主张该合同对法人、非法人组织发生效力并由其承担违约责任的，人民法院应予支持。但是，法人、非法人组织举证证明相对人知道或者应当知道该限制的除外。

法人、非法人组织承担民事责任后，向故意或者有重大过失的工作人员追偿的，人民法院依法予以支持。

第二十二条 法定代表人、负责人或者工作人员以法人、非法人组织的名义订立合同且未超越权限，法人、非法人组织仅以合同加盖的印章不是备案印章或者系伪造的印章为由主张该合同对其不发生效力的，人民法院不予支持。

合同系以法人、非法人组织的名义订立，但是仅有法定代表人、负责人或者工作人员签名或者按指印而未加盖法人、非法人组织的印章，相对人能够证明法定代表人、负责人或者工作人员在订立合同时未超越权限的，人民法院应当认定合同对法人、非法人组织发生效力。但是，当事人约定以加盖印章作为合同成立条件的除外。

合同仅加盖法人、非法人组织的印章而无人员签名或者按指印，相对人能够证明合同系法定代表人、负责人或者工作人员在其权限范围内订立的，人民法院应当认定该合同对法人、非法人组织发生效力。

在前三款规定的情形下，法定代表人、负责人或者工作人员在订立合同时虽然超越代表或者代理权限，但是依据民法典第五百零四条的规定构成表见代表，或者依据民法典第一百七十二条的规定构成表见代理的，人民法院应当认定合同对法人、非法人组织发生效力。

第二十三条 法定代表人、负责人或者代理人与相对人恶意串通，以法人、非法人组织的名义订立合同，损害法人、非法人组织的合法权益，法人、非法人组织主张不承担民事责任的，人民法院应予支持。法人、非法人组织请求法定代表人、负责人或者代理人与相对人对因此受到的损失承担连带赔偿责任的，人民法院应予支持。

根据法人、非法人组织的举证，综合考虑当事人之间的交易习惯、合同在订立时是否显失公平、相关人员是否获取了不正当利益、合同的履行情况等因素，人民法院能够认定法定代表人、负责人或者代理人与相对人存在恶意串通的高度可能性的，可以要求前述人员就合同订立、履行的过程等相关事实作出陈述或者提供相应的证据。其无正当理由拒绝作出陈述，或者所作陈述不具合理性又不能提供相应证据的，人民法院可以认定恶意串通的事实成立。

第二十四条 合同不成立、无效、被撤销或者确定不发生效力，当事人请求返还财产，经审查财产能够返还的，人民法院应当根据案件具体情况，单独或者合并适用返还占有的标的物、更正登记簿册记载等方式；经审查财产不能返还或者没有必要返还的，人民法院应当以认定合同不成立、无效、被撤销或者确定不发生效力之日该财产的市场价值或者以其他合理方式计算的价值为基准判决折价补偿。

除前款规定的情形外，当事人还请求赔偿损失的，人民法院应当结合财产返还或者折价补偿的情况，综合考虑财产增值收益和贬值损失、交易成本的支出等事实，按照双方当事人的过错程度及原因力大小，根据诚信原则和公平原则，合理确定损失赔偿额。

合同不成立、无效、被撤销或者确定不发生效力，当事人的行为涉嫌违法且未经处理，可能导致一方或者双方通过违法行为获得不当利益的，人民法院应当向有关行政管理部门提出司法建议。当事人的行为涉嫌犯罪的，应当将案件线索移送刑事侦查机关；属于刑事自诉案件的，应当告知当事人可以向有管辖权的人民法院另行提起诉讼。

第二十五条 合同不成立、无效、被撤销或者确定不发生效力，有权请求返还价款或者报酬的当事人一方请求对方支付资金占用费的，人民法院应当在当事人请求的范围内按照中国人民银行授权全国银行间同业拆借中心公布的一年期贷款市场报价利率（LPR）计算。但是，占用资金的当事人对于合同不成立、无效、被撤销或者确定不发生效力没有过错的，应当以中国人民银行公布的同期同类存款基准利率计算。

双方互负返还义务，当事人主张同时履行的，人民法院应予支持；占有标的物的一方对标的物存在使用或者依法可以使用的情形，对方请求将其应支付的资金占用费与应收取的标的物使用费相互抵销的，人民法院应予支持，但是法律另有规定的除外。

四、合同的履行

第二十六条 当事人一方未根据法律规定或者合同约定履行开具发票、提供证明文件等非主要债务，对方请求继续履行该债务并赔偿因怠于履行该债务造成的损失的，人民法院依法予以支持；对方请求解除合同的，人民法院不予支持，但是不履行该债务致使不能实现合同目的或者当事人另有约定的除外。

第二十七条 债务人或者第三人与债权人在债务履行期限届满后达成以物抵债协议，不存在影响合同效力情形的，人民法院应当认定该协议自当事人意思表示一致时生效。

债务人或者第三人履行以物抵债协议后，人民法院应当认定相应的原债务同时消灭；债务人或者第三人未按照约定履行以物抵债协议，经催告后在合理期限内仍不履行，债权人选择请求履行原债务或者以物抵债协议的，人民法院应予支持，但是法律另有规定或者当事人另有约定的除外。

前款规定的以物抵债协议经人民法院确认或者人民法院根据当事人达成的以物抵债协议制作成调解书，债权人主张财产权利自确认书、调解书生效时发生变动或者具有对抗善意第三人效力的，人民法院不予支持。

债务人或者第三人以自己不享有所有权或者处分权的财产权利订立以物抵债协议的，依据本解释第十九条的规定处理。

第二十八条 债务人或者第三人与债权人在债务履行期限届满前达成以物抵债协议的，人民法院应当在审理债权债务关系的基础上认定该协议的效力。

当事人约定债务人到期没有清偿债务，债权人可以对抵债财产拍卖、变卖、折价以实现债权的，人民法院应当认定该约定有效。当事人约定债务人到期没有清偿债务，抵债财产归债权人所有的，人民法院应当认定该约定无效，但是不影响其他部分的效力；债权人请求对抵债财产拍卖、变卖、折价以实现债权的，人民法院应予支持。

当事人订立前款规定的以物抵债协议后，债务人或者第三人未将财产权利转移至债权人名下，债权人主张优先受偿的，人民法院不予支持；债务人或者第三人已将财产权利转移至债权人名下的，依据《最高人民法院关于适用〈中华人民共和国民法典〉有关担保制度的解释》第六十八条的规定处理。

第二十九条 民法典第五百二十二条第二款规定的第三人请求债务人向自己履行债务的，人民法院应予支持；请求行使撤销权、解除权等民事权利的，人民法院不予支持，但是法律另有规定的除外。

合同依法被撤销或者被解除，债务人请求债权人返还财产的，人民法院应予支持。

债务人按照约定向第三人履行债务，第三人拒绝受领，债权人请求债务人向自己履行债务的，人民法院应予支持，但是债务人已经采取提存等方式消灭债务的除外。第三人拒绝受领或者受领迟延，债务人请求债权人赔偿因此造成的损失的，人民法院依法予以支持。

第三十条 下列民事主体，人民法院可以认定为民法典第五百二十四条第一款规定的对履行债务具有合法利益的第三人：

（一）保证人或者提供物的担保的第三人；

（二）担保财产的受让人、用益物权人、合法占有人；

（三）担保财产上的后顺位担保权人；

（四）对债务人的财产享有合法权益且该权益将因财产被强制执行而丧失的第三人；

（五）债务人为法人或者非法人组织的，其出资人或者设立人；

（六）债务人为自然人的，其近亲属；

（七）其他对履行债务具有合法利益的第三人。

第三人在其已经代为履行的范围内取得对债务人的债权，但是不得损害债权人的利益。

担保人代为履行债务取得债权后，向其他担保人主张担保权利的，依据《最高人民法院关于适用〈中华人民共和国民法典〉有关担保制度的解释》第十三条、第十四条、第十八条第二款等规定处理。

第三十一条 当事人互负债务，一方以对方没有履行非主要债务为由拒绝履行自己的主要债务的，人民法院不予支持。但是，对方不履行非主要债务致使不能实现合同目的或者当事人另有约定的除外。

当事人一方起诉请求对方履行债务，被告依据民法典第五百二十五条的规定主张双方同时履行的抗辩且抗辩成立，被告未提起反诉的，人民法院应当判决被告在原告履行债务的同时履行自己的债务，并在判项中明确原告申请强制执行的，人民法院应当在原告履行自己的债务后对被告采取执行行为；被告提起反诉的，人民法院应当判决双方同时履行自己的债务，并在判项中明确任何一方申请强制执行的，人民法院应当在该当事人履行自己的债务后对对方采取执行行为。

当事人一方起诉请求对方履行债务，被告依据民法典第五百二十六条的规定主张原告应先履行的抗辩且抗辩成立的，人民法院应当驳回原告的诉讼请求，但是不影响原告履行债务后另行提起诉讼。

第三十二条 合同成立后，因政策调整或者市场供求关系异常变动等原因导致价格发生当事人在订立合同时无法预见的、不属于商业风险的涨跌，继续履行合同对于当事人一方明显不公平的，人民法院应当认定合同的基础条件发生了民法典第五百三十三条第一款规定的"重大变化"。但是，合同涉及市场属性活跃、长期以来价格波动较大的大宗商品以及股票、期货等风险投资型金融产品的除外。

合同的基础条件发生了民法典第五百三十三条第一款规定的重大变化，当事人请求变更合同的，人民法院不得解除合同；当事人一方请求变更合同，对方请求解除合同的，或者当事人一方请求解除合同，对方请求变更合同的，人民法院应当结合案件的实际情况，根据公平原则判决变更或者解除合同。

人民法院依据民法典第五百三十三条的规定判决变更或者解除合同的，应当综合考虑合同基础条件发生重大变化的时间、当事人重新协商的情况以及因合同变更或者解除给当事人造成的损失等因素，在判项中明确合同变更或者解除的时间。

当事人事先约定排除民法典第五百三十三条适用的，人民法院应当认定该约定无效。

五、合同的保全

第三十三条 债务人不履行其对债权人的到期债务，又不以诉讼或者仲裁方式向相对人主张其享有的债权或者与该债权有关的从权利，致使债权人的到期债权未能实现的，人民法院可以认定为民法典第五百三十五条规定的"债务人怠于行使其债权或者与该债权有关的从权利，影响债权人的到期债权实现"。

第三十四条 下列权利，人民法院可以认定为民法典第五百三十五条第一款规定的专属于债务人自身的权利：

（一）抚养费、赡养费或者扶养费请求权；

（二）人身损害赔偿请求权；

（三）劳动报酬请求权，但是超过债务人及其所扶养家属的生活必需费用的部分除外；

（四）请求支付基本养老保险金、失业保险金、最低生活保障金等保障当事人基本生活的权利；

（五）其他专属于债务人自身的权利。

第三十五条 债权人依据民法典第五百三十五条的规定对债务人的相对人提起代位权诉讼的，由被告住所地人民法院管辖，但是依法应当适用专属管辖规定的除外。

债务人或者相对人以双方之间的债权债务关系订有管辖协议为由提出异议的，人民法院不予支持。

第三十六条 债权人提起代位权诉讼后，债务人或者相对人以双方之间的债权债务关系订有仲裁协议为由对法院主管提出异议的，人民法院不予支持。但是，债务人或者相对人在首次开庭前就债务人与相对人之间的债权债务关系申请仲裁的，人民法院可以依法中止代位权诉讼。

第三十七条 债权人以债务人的相对人为被告向人民法院提起代位权诉讼，未将债务人列为第三人的，人民法院应当追加债务人为第三人。

两个以上债权人以债务人的同一相对人为被告提起代位权诉讼的，人民法院可以合并审理。债务人对相对人享有的债权不足以清偿其对两个以上债权人负担的债务的，人民法院应当按照债权人享有的债权比例确定相对人的履行份额，但是法律另有规定的除外。

第三十八条 债权人向人民法院起诉债务人后，又向同一人民法院对债务人的相对人提起代位权诉讼，属于该人民法院管辖的，可以合并审理。不属于该人民法院管辖的，应当告知其向有管辖权的人民法院另行起诉；在起诉债务人的诉讼终结前，代位权诉讼应当中止。

第三十九条 在代位权诉讼中，债务人对超过债权人代位请求数额的债权部分起诉相对人，属于同一人民法院管辖的，可以合并审理。不属于同一人民法院管辖的，应当告知其向有管辖权的人民法院另行起诉；在代位权诉讼终结前，债务人对相对人的诉讼应当中止。

第四十条 代位权诉讼中，人民法院经审理认为债权人的主张不符合代位权行使条件的，应当驳回诉讼请求，但是不影响债权人根据新的事实再次起诉。

债务人的相对人仅以债权人提起代位权诉讼时债权人与债务人之间的债权债务关系未经生效法律文书确认为由，主张债权人提起的诉讼不符合代位权行使条件的，人民法院不予支持。

第四十一条 债权人提起代位权诉讼后，债务人无正当理由减免相对人的债务或者延长相对人的履行期限，相对人以此向债权人抗辩的，人民法院不予支持。

第四十二条 对于民法典第五百三十九条规定的"明显不合理"的低价或者高价，人民法院应当按照交易当地一般经营者的判断，并参考交易时交易地的市场交易价或者物价部门指导价予以认定。

转让价格未达到交易时交易地的市场交易价或者指导价百分之七十的，一般可以认定为"明显不合理的低价"；受让价格高于交易时交易地的市场交易价或者指导价百分之三十的，一般可以认定为"明显不合理的高价"。

债务人与相对人存在亲属关系、关联关系的，不受前款规定的百分之七十、百分之三十的限制。

第四十三条 债务人以明显不合理的价格，实施互易财产、以物抵债、出租或者承租财产、知识产权许可使用等行为，影响债权人的债权实现，债务人的相对人知道或者应当知道该情形，债权人请求撤销债务人的行为的，人民法院应当依据民法典第五百三十九条的规定予以支持。

第四十四条 债权人依据民法典第五百三十八条、第五百三十九条的规定提起撤销权诉讼的，应当以债务人和债务人的相对人为共同被告，由债务人或者相对人的住所地人民法院管辖，但是依法应当适用专属管辖规定的除外。

两个以上债权人就债务人的同一行为提起撤销权诉讼的，人民法院可以合并审理。

第四十五条 在债权人撤销权诉讼中，被撤销行为的标的可分，当事人主张在受影响的债权范围内撤销债务人的行为的，人民法院应予支持；被撤销行为的标的不可分，债权人主张将债务人的行为全部撤销的，人民法院应予支持。

债权人行使撤销权所支付的合理的律师代理费、差旅费等费用，可以认定为民法典第五百四十条规定的"必要费用"。

第四十六条 债权人在撤销权诉讼中同时请求债务人的相对人向债务人承担返还财产、折价补偿、履行到期债务等法律后果的，人民法院依法予以支持。

债权人请求受理撤销权诉讼的人民法院一并审理其与债务人之间的债权债务关系，属于该人民法院管辖的，可以合并审理。不属于该人民法院管辖的，应当告知其向有管辖权的人民法院另行起诉。

债权人依据其与债务人的诉讼、撤销权诉讼产生的生效法律文书申请强制执行的，人民法院可以就债务人对相对人享有的权利采取强制执行措施以实现债权人的债权。债权人在撤销权诉讼中，申请对相对人的财产采取保全措施的，人民法院依法予以准许。

六、合同的变更和转让

第四十七条 债权转让后，债务人向受让人主张其对让与人的抗辩的，人民法院可以追加让与人为第三人。

债务转移后，新债务人主张原债务人对债权人的抗辩的，人民法院可以追加原债务人为第三人。

当事人一方将合同权利义务一并转让后，对方就合同权利义务向受让人主张抗辩或者受让人就合同权利义务向对方主张抗辩的，人民法院可以追加让与人为第三人。

第四十八条 债务人在接到债权转让通知前已经向让与人履行，受让人请求债务人履行的，人民法院不予支持；债务人接到债权转让通知后仍然向让与人履行，受让人请求债务人履行的，人民法院应予支持。

让与人未通知债务人，受让人直接起诉债务人请求履行债务，人民法院经审理确认债权转让事实的，应当认定债权转让自起诉状副本送达时对债务人发生效力。债务人主张因未通知而给其增加的费用或者造成的损失从认定的债权数额中扣除的，人民法院依法予以支持。

第四十九条 债务人接到债权转让通知后，让与人以债权转让合同不成立、无效、被撤销或者确定不发生效力为由请求债务人向其履行的，人民法院不予支持。但是，该债权转让通知被依法撤销的除外。

受让人基于债务人对债权真实存在的确认受让债权后，债务人又以该债权不存在为由拒绝向受让人履行的，人民法院不予支持。但是，受让人知道或者应当知道该债权不存在的除外。

第五十条 让与人将同一债权转让给两个以上受让人，债务人以已经向最先通知的受让人履行为由主张其不再履行债务的，人民法院应予支持。债务人明知接受履行的受让人不是最先通知的受让人，最先通知的受让人请求债务人继续履行债务或者依据债权转让协议请求让与人承担违约责任的，人民法院应予支持；最先通知的受让人请求接受履行的受让人返还其接受的财产的，人民法院不予支持，但是接受履行的受让人明知该债权在其受让前已经转让给其他受让人的除外。

前款所称最先通知的受让人，是指最先到达债务人的转让通知中载明的受让人。当事人之间对通知到达时间有争议的，人民法院应当结合通知的方式等因素综合判断，而不能仅根据债务人认可的通知时间或者通知记载的时间予以认定。当事人采用邮寄、通讯电子系统等方式发出通知的，人民法院应当以邮戳时间或者通讯电子系统记载的时间等作为认定通知到达时间的依据。

第五十一条 第三人加入债务并与债务人约定了追偿权，其履行债务后主张向债务人追偿的，人民法院应予支持；没有约定追偿权，第三人依照民法典关于不当得利等的规定，在其已经向债权人履行债务的范围内请求债务人向其履行的，人民法院应予支持，但是第三人知道或者应当知道加入债务会损害债务人利益的除外。

债务人就其对债权人享有的抗辩向加入债务的第三人主张的，人民法院应予支持。

七、合同的权利义务终止

第五十二条 当事人就解除合同协商一致时未对合同解除后的违约责任、结算和清理等问题作出处理，一方主张合同已经解除的，人民法院应予支持。但是，当事人另有约定的除外。

有下列情形之一的，除当事人一方另有意思表示外，人民法院可以认定合同解除：

（一）当事人一方主张行使法律规定或者合同约定的解除权，经审理认为不符合解除权行使条件但是对方同意解除；

（二）双方当事人均不符合解除权行使的条件但是均主张解除合同。

前两款情形下的违约责任、结算和清理等问题，人民法院应当依据民法典第五百六十六条、第五百六十七条和有关违约责任的规定处理。

第五十三条 当事人一方以通知方式解除合同，并以对方未在约定的异议期限或者其他合理期限内提出异议为由主张合同已经解除的，人民法院应当对其是否享有法律规定或者合同约定的解除权进行审查。经审查，享有解除权的，合同自通知到达对方时解除；不享有解除权的，不发生合同解除的效力。

第五十四条 当事人一方未通知对方，直接以提起诉讼的方式主张解除合同，撤诉后再次起诉主张解除合同，人民法院经审理支持该主张的，合同自再次起诉的起诉状副本送达对方时解除。但是，当事人一方撤诉后又通知对方解除合同且该通知已经到达对方的除外。

第五十五条 当事人一方依据民法典第五百六十八条的规定主张抵销，人民法院经审理认为抵销权成立的，应当认定通知到达对方时双方互负的主债务、利息、违约金或者损害赔偿金等债务在同等数额内消灭。

第五十六条 行使抵销权的一方负担的数项债务种类相同，但是享有的债权不足以抵销全部债务，当事人因抵销的顺序发生争议的，人民法院可以参照民法典第五百六十条的规定处理。

行使抵销权的一方享有的债权不足以抵销其负担的包括主债务、利息、实现债权的有关费用在内的全部债务，当事人因抵销的顺序发生争议的，人民法院可以参照民法典第五百六十一条的规定处理。

第五十七条 因侵害自然人人身权益，或者故意、重大过失侵害他人财产权益产生的损害赔偿债务，侵权人主张抵销的，人民法院不予支持。

第五十八条 当事人互负债务，一方以其诉讼时效期间已经届满的债权通知对方主张抵销，对方提出诉讼时效抗辩的，人民法院对该抗辩应予支持。一方的债权诉讼时效期间已经届满，对方主张抵销的，人民法院应予支持。

八、违约责任

第五十九条 当事人一方依据民法典第五百八十条第二款的规定请求终止合同权利义务关系的，人民法院一般应当以起诉状副本送达对方的时间作为合同权利义务关系终止的时间。根据案件的具体情况，以其他时间作为合同权利义务关系终止的时间更加符合公平原则和诚信原则的，人民法院可以以该时间作为合同权利义务关系终止的时间，但是应当在裁判文书中充分说明理由。

第六十条 人民法院依据民法典第五百八十四条的规定确定合同履行后可以获得的利益时，可以在扣除非违约方为订立、履行合同支出的费用等合理成本后，按照非违约方能够获得的生产利润、经营利润或者转售利润等计算。

非违约方依法行使合同解除权并实施了替代交易，主张按照替代交易价格与合同价格的差额确定合同履行后可以获得的利益的，人民法院依法予以支持；替代交易价格明显偏离替代交易发生时当地的市场价格，违约方主张按照市场价格与合同价格的差额确定合同履行后可以获得的利益的，人民法院应予支持。

非违约方依法行使合同解除权但是未实施替代交易，主张按照违约行为发生后合理期间内合同履行地的市场价格与合同价格的差额确定合同履行后可以获得的利益的，人民法院应予支持。

第六十一条 在以持续履行的债务为内容的定期合同中，一方不履行支付价款、租金等金钱债务，对方请求解除合同，人民法院经审理认为合同应当依法解除的，可以根据当事人的主张，参考合同主体、交易类型、市场价格变化、剩余履行期限等因素确定非违约方寻找替代交易的合理期限，并按照该期限对应的价款、租金等扣除非违约方应当支付的相应履约成本确定合同履行后可以获得的利益。

非违约方主张按照合同解除后剩余履行期限相应的价款、租金等扣除履约成本确定合同履行后可以获得的利益的，人民法院不予支持。但是，剩余履行期限少于寻找替代交易的合理期限的除外。

第六十二条 非违约方在合同履行后可

以获得的利益难以根据本解释第六十条、第六十一条的规定予以确定的,人民法院可以综合考虑违约方因违约获得的利益、违约方的过错程度、其他违约情节等因素,遵循公平原则和诚信原则确定。

第六十三条 在认定民法典第五百八十四条规定的"违约一方订立合同时预见到或者应当预见到的因违约可能造成的损失"时,人民法院应当根据当事人订立合同的目的,综合考虑合同主体、合同内容、交易类型、交易习惯、磋商过程等因素,按照与违约方处于相同或者类似情况的民事主体在订立合同时预见到或者应当预见到的损失予以确定。

除合同履行后可以获得的利益外,非违约方主张还有其向第三人承担违约责任应当支出的额外费用等其他因违约所造成的损失,并请求违约方赔偿,经审理认为该损失系违约一方订立合同时预见到或者应当预见到的,人民法院应予支持。

在确定违约损失赔偿额时,违约方主张扣除非违约方未采取适当措施导致的扩大损失、非违约方也有过错造成的相应损失、非违约方因违约获得的额外利益或者减少的必要支出的,人民法院依法予以支持。

第六十四条 当事人一方通过反诉或者抗辩的方式,请求调整违约金的,人民法院依法予以支持。

违约方主张约定的违约金过分高于违约造成的损失,请求予以适当减少的,应当承担举证责任。非违约方主张约定的违约金合理的,也应当提供相应的证据。

当事人仅以合同约定不得对违约金进行调整为由主张不予调整违约金的,人民法院不予支持。

第六十五条 当事人主张约定的违约金过分高于违约造成的损失,请求予以适当减少的,人民法院应当以民法典第五百八十四条规定的损失为基础,兼顾合同主体、交易类型、合同的履行情况、当事人的过错程度、履约背景等因素,遵循公平原则和诚信原则进行衡量,并作出裁判。

约定的违约金超过造成损失的百分之三十的,人民法院一般可以认定为过分高于造成的损失。

恶意违约的当事人一方请求减少违约金的,人民法院一般不予支持。

第六十六条 当事人一方请求对方支付违约金,对方以合同不成立、无效、被撤销、确定不发生效力、不构成违约或者非违约方不存在损失等为由抗辩,未主张调整过高的违约金的,人民法院应当就若不支持该抗辩,当事人是否请求调整违约金进行释明。第一审人民法院认为抗辩成立且未予释明,第二审人民法院认为应当判决支付违约金的,可以直接释明,并根据当事人的请求,在当事人就是否应当调整违约金充分举证、质证、辩论后,依法判决适当减少违约金。

被告因客观原因在第一审程序中未到庭参加诉讼,但是在第二审程序中到庭参加诉讼并请求减少违约金的,第二审人民法院可以在当事人就是否应当调整违约金充分举证、质证、辩论后,依法判决适当减少违约金。

第六十七条 当事人交付留置金、担保金、保证金、订约金、押金或者订金等,但是没有约定定金性质,一方主张适用民法典第五百八十七条规定的定金罚则的,人民法院不予支持。当事人约定了定金性质,但是未约定定金类型或者约定不明,一方主张为违约定金的,人民法院应予支持。

当事人约定以交付定金作为订立合同的担保,一方拒绝订立合同或者在磋商订立合同时违背诚信原则导致未能订立合同,对方主张适用民法典第五百八十七条规定的定金罚则的,人民法院应予支持。

当事人约定以交付定金作为合同成立或者生效条件,应当交付定金的一方未交付定金,但是合同主要义务已经履行完毕并为对方所接受的,人民法院应当认定合同在对方接受履行时已经成立或者生效。

当事人约定定金性质为解约定金，交付定金的一方主张以丧失定金为代价解除合同的，或者收受定金的一方主张以双倍返还定金为代价解除合同的，人民法院应予支持。

第六十八条 双方当事人均具有致使不能实现合同目的的违约行为，其中一方请求适用定金罚则的，人民法院不予支持。当事人一方仅有轻微违约，对方具有致使不能实现合同目的的违约行为，轻微违约方主张适用定金罚则，对方以轻微违约方也构成违约为由抗辩的，人民法院对该抗辩不予支持。

当事人一方已经部分履行合同，对方接受并主张按照未履行部分所占比例适用定金罚则的，人民法院应予支持。对方主张按照合同整体适用定金罚则的，人民法院不予支持，但是部分未履行致使不能实现合同目的的除外。

因不可抗力致使合同不能履行，非违约方主张适用定金罚则的，人民法院不予支持。

九、附则

第六十九条 本解释自2023年12月5日起施行。

民法典施行后的法律事实引起的民事案件，本解释施行后尚未终审的，适用本解释；本解释施行前已经终审，当事人申请再审或者按照审判监督程序决定再审的，不适用本解释。

最高人民法院
关于适用《中华人民共和国民法典》时间效力的若干规定

法释〔2020〕15号

（2020年12月14日最高人民法院审判委员会第1821次会议通过 2020年12月29日最高人民法院公告公布 自2021年1月1日起施行）

根据《中华人民共和国立法法》《中华人民共和国民法典》等法律规定，就人民法院在审理民事纠纷案件中有关适用民法典时间效力问题作出如下规定。

一、一般规定

第一条 民法典施行后的法律事实引起的民事纠纷案件，适用民法典的规定。

民法典施行前的法律事实引起的民事纠纷案件，适用当时的法律、司法解释的规定，但是法律、司法解释另有规定的除外。

民法典施行前的法律事实持续至民法典施行后，该法律事实引起的民事纠纷案件，适用民法典的规定，但是法律、司法解释另有规定的除外。

第二条 民法典施行前的法律事实引起的民事纠纷案件，当时的法律、司法解释有规定，适用当时的法律、司法解释的规定，但是适用民法典的规定更有利于保护民事主体合法权益，更有利于维护社会和经济秩序，更有利于弘扬社会主义核心价值观的除外。

第三条 民法典施行前的法律事实引起的民事纠纷案件，当时的法律、司法解释没有规定而民法典有规定的，可以适用民法典的规定，但是明显减损当事人合法权益、增加当事人法定义务或者背离当事人合理预期的除外。

第四条 民法典施行前的法律事实引起的民事纠纷案件，当时的法律、司法解释仅有原则性规定而民法典有具体规定的，适用当时的法律、司法解释的规定，但是可以依据民法典具体规定进行裁判说理。

第五条 民法典施行前已经终审的案件，当事人申请再审或者按照审判监督程序决定再审的，不适用民法典的规定。

二、溯及适用的具体规定

第六条 《中华人民共和国民法总则》施行前，侵害英雄烈士等的姓名、肖像、名誉、荣誉，损害社会公共利益引起的民事纠纷案件，适用民法典第一百八十五条的规定。

第七条 民法典施行前，当事人在债务履行期限届满前约定债务人不履行到期债务时抵押财产或者质押财产归债权人所有的，适用民法典第四百零一条和第四百二十八条的规定。

第八条 民法典施行前成立的合同，适用当时的法律、司法解释的规定合同无效而适用民法典的规定合同有效的，适用民法典的相关规定。

第九条 民法典施行前订立的合同，提供格式条款一方未履行提示或者说明义务，涉及格式条款效力认定的，适用民法典第四百九十六条的规定。

第十条 民法典施行前，当事人一方未通知对方而直接以提起诉讼方式依法主张解除合同的，适用民法典第五百六十五条第二款的规定。

第十一条 民法典施行前成立的合同，当事人一方不履行非金钱债务或者履行非金钱债务不符合约定，对方可以请求履行，但是有民法典第五百八十条第一款第一项、第二项、第三项除外情形之一，致使不能实现合同目的，当事人请求终止合同权利义务关系的，适用民法典第五百八十条第二款的规定。

第十二条 民法典施行前订立的保理合同发生争议的，适用民法典第三编第十六章的规定。

第十三条 民法典施行前，继承人有民法典第一千一百二十五条第一款第四项和第五项规定行为之一，对该继承人是否丧失继承权发生争议的，适用民法典第一千一百二十五条第一款和第二款的规定。

民法典施行前，受遗赠人有民法典第一千一百二十五条第一款规定行为之一，对受遗赠人是否丧失受遗赠权发生争议的，适用民法典第一千一百二十五条第一款和第三款的规定。

第十四条 被继承人在民法典施行前死亡，遗产无人继承又无人受遗赠，其兄弟姐妹的子女请求代位继承的，适用民法典第一千一百二十八条第二款和第三款的规定，但是遗产已经在民法典施行前处理完毕的除外。

第十五条 民法典施行前，遗嘱人以打印方式立的遗嘱，当事人对该遗嘱效力发生争议的，适用民法典第一千一百三十六条的规定，但是遗产已经在民法典施行前处理完毕的除外。

第十六条 民法典施行前，受害人自愿参加具有一定风险的文体活动受到损害引起的民事纠纷案件，适用民法典第一千一百七十六条的规定。

第十七条 民法典施行前，受害人为保护自己合法权益采取扣留侵权人的财物等措施引起的民事纠纷案件，适用民法典第一千一百七十七条的规定。

第十八条 民法典施行前，因非营运机动车发生交通事故造成无偿搭乘人损害引起的民事纠纷案件，适用民法典第一千二百一十七条的规定。

第十九条 民法典施行前，从建筑物中抛掷物品或者从建筑物上坠落的物品造成他人损害引起的民事纠纷案件，适用民法典第一千二百五十四条的规定。

三、衔接适用的具体规定

第二十条 民法典施行前成立的合同,依照法律规定或者当事人约定该合同的履行持续至民法典施行后,因民法典施行前履行合同发生争议的,适用当时的法律、司法解释的规定;因民法典施行后履行合同发生争议的,适用民法典第三编第四章和第五章的相关规定。

第二十一条 民法典施行前租赁期限届满,当事人主张适用民法典第七百三十四条第二款规定的,人民法院不予支持;租赁期限在民法典施行后届满,当事人主张适用民法典第七百三十四条第二款规定的,人民法院依法予以支持。

第二十二条 民法典施行前,经人民法院判决不准离婚后,双方又分居满一年,一方再次提起离婚诉讼的,适用民法典第一千零七十九条第五款的规定。

第二十三条 被继承人在民法典施行前立有公证遗嘱,民法典施行后又立有新遗嘱,其死亡后,因该数份遗嘱内容相抵触发生争议的,适用民法典第一千一百四十二条第三款的规定。

第二十四条 侵权行为发生在民法典施行前,但是损害后果出现在民法典施行后的民事纠纷案件,适用民法典的规定。

第二十五条 民法典施行前成立的合同,当时的法律、司法解释没有规定且当事人没有约定解除权行使期限,对方当事人也未催告的,解除权人在民法典施行前知道或者应当知道解除事由,自民法典施行之日起一年内不行使的,人民法院应当依法认定该解除权消灭;解除权人在民法典施行后知道或者应当知道解除事由的,适用民法典第五百六十四条第二款关于解除权行使期限的规定。

第二十六条 当事人以民法典施行前受胁迫结婚为由请求人民法院撤销婚姻的,撤销权的行使期限适用民法典第一千零五十二条第二款的规定。

第二十七条 民法典施行前成立的保证合同,当事人对保证期间约定不明确,主债务履行期限届满至民法典施行之日不满二年,当事人主张保证期间为主债务履行期限届满之日起二年的,人民法院依法予以支持;当事人对保证期间没有约定,主债务履行期限届满至民法典施行之日不满六个月,当事人主张保证期间为主债务履行期限届满之日起六个月的,人民法院依法予以支持。

四、附则

第二十八条 本规定自2021年1月1日起施行。

本规定施行后,人民法院尚未审结的一审、二审案件适用本规定。

最高人民法院
关于审理民事案件适用诉讼时效制度若干问题的规定

(2008年8月11日最高人民法院审判委员会第1450次会议通过 根据2020年12月23日最高人民法院审判委员会第1823次会议通过的《最高人民法院关于修改〈最高人民法院关于在民事审判工作中适用《中华人民共和国工会法》若干问题的解释〉等二十七件民事类司法解释的决定》修正)

为正确适用法律关于诉讼时效制度的规定,保护当事人的合法权益,依照《中华人民共和国民法典》《中华人民共和国民事诉讼法》等法律的规定,结合审判实践,制定本规定。

第一条 当事人可以对债权请求权提出诉讼时效抗辩,但对下列债权请求权提出诉讼时效抗辩的,人民法院不予支持:

(一)支付存款本金及利息请求权;

(二)兑付国债、金融债券以及向不特定对象发行的企业债券本息请求权;

(三)基于投资关系产生的缴付出资请求权;

(四)其他依法不适用诉讼时效规定的债权请求权。

第二条 当事人未提出诉讼时效抗辩,人民法院不应对诉讼时效问题进行释明。

第三条 当事人在一审期间未提出诉讼时效抗辩,在二审期间提出的,人民法院不予支持,但其基于新的证据能够证明对方当事人的请求权已过诉讼时效期间的情形除外。

当事人未按照前款规定提出诉讼时效抗辩,以诉讼时效期间届满为由申请再审或者提出再审抗辩的,人民法院不予支持。

第四条 未约定履行期限的合同,依照民法典第五百一十条、第五百一十一条的规定,可以确定履行期限的,诉讼时效期间从履行期限届满之日起计算;不能确定履行期限的,诉讼时效期间从债权人要求债务人履行义务的宽限期届满之日起计算,但债务人在债权人第一次向其主张权利之时明确表示不履行义务的,诉讼时效期间从债务人明确表示不履行义务之日起计算。

第五条 享有撤销权的当事人一方请求撤销合同的,应适用民法典关于除斥期间的规定。对方当事人对撤销合同请求权提出诉讼时效抗辩的,人民法院不予支持。

合同被撤销,返还财产、赔偿损失请求权的诉讼时效期间从合同被撤销之日起计算。

第六条 返还不当得利请求权的诉讼时效期间,从当事人一方知道或者应当知道不当得利事实及对方当事人之日起计算。

第七条 管理人因无因管理行为产生的给付必要管理费用、赔偿损失请求权的诉讼时效期间,从无因管理行为结束并且管理人知道或者应当知道本人之日起计算。

本人因不当无因管理行为产生的赔偿损失请求权的诉讼时效期间,从其知道或者应当知道管理人及损害事实之日起计算。

第八条 具有下列情形之一的,应当认定为民法典第一百九十五条规定的"权利人向义务人提出履行请求",产生诉讼时效中断的效力:

(一)当事人一方直接向对方当事人送

交主张权利文书，对方当事人在文书上签名、盖章、按指印或者虽未签名、盖章、按指印但能够以其他方式证明该文书到达对方当事人的；

（二）当事人一方以发送信件或者数据电文方式主张权利，信件或者数据电文到达或者应当到达对方当事人的；

（三）当事人一方为金融机构，依照法律规定或者当事人约定从对方当事人账户中扣收欠款本息的；

（四）当事人一方下落不明，对方当事人在国家级或者下落不明的当事人一方住所地的省级有影响的媒体上刊登具有主张权利内容的公告的，但法律和司法解释另有特别规定的，适用其规定。

前款第（一）项情形中，对方当事人为法人或者其他组织的，签收人可以是其法定代表人、主要负责人、负责收发信件的部门或者被授权主体；对方当事人为自然人的，签收人可以是自然人本人、同住的具有完全行为能力的亲属或者被授权主体。

第九条 权利人对同一债权中的部分债权主张权利，诉讼时效中断的效力及于剩余债权，但权利人明确表示放弃剩余债权的情形除外。

第十条 当事人一方向人民法院提交起诉状或者口头起诉的，诉讼时效从提交起诉状或者口头起诉之日起中断。

第十一条 下列事项之一，人民法院应当认定与提起诉讼具有同等诉讼时效中断的效力：

（一）申请支付令；

（二）申请破产、申报破产债权；

（三）为主张权利而申请宣告义务人失踪或死亡；

（四）申请诉前财产保全、诉前临时禁令等诉前措施；

（五）申请强制执行；

（六）申请追加当事人或者被通知参加诉讼；

（七）在诉讼中主张抵销；

（八）其他与提起诉讼具有同等诉讼时效中断效力的事项。

第十二条 权利人向人民调解委员会以及其他依法有权解决相关民事纠纷的国家机关、事业单位、社会团体等社会组织提出保护相应民事权利的请求，诉讼时效从提出请求之日起中断。

第十三条 权利人向公安机关、人民检察院、人民法院报案或者控告，请求保护其民事权利的，诉讼时效从其报案或者控告之日起中断。

上述机关决定不立案、撤销案件、不起诉的，诉讼时效期间从权利人知道或者应当知道不立案、撤销案件或者不起诉之日起重新计算；刑事案件进入审理阶段，诉讼时效期间从刑事裁判文书生效之日起重新计算。

第十四条 义务人作出分期履行、部分履行、提供担保、请求延期履行、制定清偿债务计划等承诺或者行为的，应当认定为民法典第一百九十五条规定的"义务人同意履行义务"。

第十五条 对于连带债权人中的一人发生诉讼时效中断效力的事由，应当认定对其他连带债权人也发生诉讼时效中断的效力。

对于连带债务人中的一人发生诉讼时效中断效力的事由，应当认定对其他连带债务人也发生诉讼时效中断的效力。

第十六条 债权人提起代位权诉讼的，应当认定对债权人的债权和债务人的债权均发生诉讼时效中断的效力。

第十七条 债权转让的，应当认定诉讼时效从债权转让通知到达债务人之日起中断。

债务承担情形下，构成原债务人对债务承认的，应当认定诉讼时效从债务承担意思表示到达债权人之日起中断。

第十八条 主债务诉讼时效期间届满，保证人享有主债务人的诉讼时效抗辩权。

保证人未主张前述诉讼时效抗辩权，承担保证责任后向主债务人行使追偿权的，人民法院不予支持，但主债务人同意给付的情形除外。

第十九条 诉讼时效期间届满，当事人一方向对方当事人作出同意履行义务的意思表示或者自愿履行义务后，又以诉讼时效期间届满为由进行抗辩的，人民法院不予支持。

当事人双方就原债务达成新的协议，债权人主张义务人放弃诉讼时效抗辩权的，人民法院应予支持。

超过诉讼时效期间，贷款人向借款人发出催收到期贷款通知单，债务人在通知单上签字或者盖章，能够认定借款人同意履行诉讼时效期间已经届满的义务的，对于贷款人关于借款人放弃诉讼时效抗辩权的主张，人民法院应予支持。

第二十条 本规定施行后，案件尚在一审或者二审阶段的，适用本规定；本规定施行前已经终审的案件，人民法院进行再审时，不适用本规定。

第二十一条 本规定施行前本院作出的有关司法解释与本规定相抵触的，以本规定为准。

最高人民法院
关于审理涉外民商事案件适用国际条约和国际惯例若干问题的解释

法释〔2023〕15号

(2023年12月5日最高人民法院审判委员会第1908次会议通过 2023年12月28日最高人民法院公告公布 自2024年1月1日起施行)

为正确审理涉外民商事案件，根据《中华人民共和国对外关系法》《中华人民共和国涉外民事关系法律适用法》等法律，结合审判实践，制定本解释。

第一条 人民法院审理《中华人民共和国海商法》《中华人民共和国票据法》《中华人民共和国民用航空法》《中华人民共和国海上交通安全法》调整的涉外民商事案件，涉及适用国际条约的，分别按照《中华人民共和国海商法》第二百六十八条、《中华人民共和国票据法》第九十五条、《中华人民共和国民用航空法》第一百八十四条、《中华人民共和国海上交通安全法》第一百二十一条的规定予以适用。

人民法院审理上述法律调整范围之外的其他涉外民商事案件，涉及适用国际条约的，参照上述法律的规定。国际条约与中华人民共和国法律有不同规定的，适用国际条约的规定，但中华人民共和国声明保留的条款除外。

第二条 涉外民商事案件涉及两项或多项国际条约的适用时，人民法院应当根据国际条约中的适用关系条款确定应当适用的国际条约。

第三条 国际条约规定当事人可以约定排除或部分排除国际条约的适用，当事人主张依据其约定排除或部分排除国际条约适用的，人民法院予以支持。国际条约限制当事人排除或部分排除国际条约的适用，当事人主张依据其约定排除或部分排除国际条约适用的，人民法院不予支持。

第四条 当事人在合同中援引尚未对中

华人民共和国生效的国际条约的,人民法院可以根据该国际条约的内容确定当事人之间的权利义务,但违反中华人民共和国法律、行政法规强制性规定或者损害中华人民共和国主权、安全和社会公共利益的除外。

第五条 涉外民商事合同当事人明示选择适用国际惯例,当事人主张根据国际惯例确定合同当事人之间的权利义务的,人民法院应予支持。

第六条 中华人民共和国法律和中华人民共和国缔结或者参加的国际条约没有规定的,人民法院可以适用国际惯例。当事人仅以未明示选择为由主张排除适用国际惯例的,人民法院不予支持。

第七条 适用国际条约和国际惯例损害中华人民共和国主权、安全和社会公共利益的,人民法院不予适用。

第八条 本解释自2024年1月1日起施行。

第九条 最高人民法院以前发布的司法解释与本解释不一致的,以本解释为准。

中华人民共和国对外关系法

(2023年6月28日第十四届全国人民代表大会常务委员会第三次会议通过 中华人民共和国主席令第七号公布 自2023年7月1日起施行)

目 录

第一章 总 则
第二章 对外关系的职权
第三章 发展对外关系的目标任务
第四章 对外关系的制度
第五章 发展对外关系的保障
第六章 附 则

第一章 总 则

第一条 为了发展对外关系,维护国家主权、安全、发展利益,维护和发展人民利益,建设社会主义现代化强国,实现中华民族伟大复兴,促进世界和平与发展,推动构建人类命运共同体,根据宪法,制定本法。

第二条 中华人民共和国发展同各国的外交关系和经济、文化等各领域的交流与合作,发展同联合国等国际组织的关系,适用本法。

第三条 中华人民共和国坚持以马克思列宁主义、毛泽东思想、邓小平理论、"三个代表"重要思想、科学发展观、习近平新时代中国特色社会主义思想为指导,发展对外关系,促进友好交往。

第四条 中华人民共和国坚持独立自主的和平外交政策,坚持互相尊重主权和领土完整、互不侵犯、互不干涉内政、平等互利、和平共处的五项原则。

中华人民共和国坚持和平发展道路,坚持对外开放基本国策,奉行互利共赢开放战略。

中华人民共和国遵守联合国宪章宗旨和原则,维护世界和平与安全,促进全球共同发展,推动构建新型国际关系;主张以和平方式解决国际争端,反对在国际关系中使用武力或者以武力相威胁,反对霸权主义和强权政治;坚持国家不分大小、强弱、贫富一律平等,尊重各国人民自主选择的发展道路和社会制度。

第五条 中华人民共和国对外工作坚持

中国共产党的集中统一领导。

第六条 国家机关和武装力量、各政党和各人民团体、企业事业组织和其他社会组织以及公民，在对外交流合作中有维护国家主权、安全、尊严、荣誉、利益的责任和义务。

第七条 国家鼓励积极开展民间对外友好交流合作。

对在对外交流合作中做出突出贡献者，按照国家有关规定给予表彰和奖励。

第八条 任何组织和个人违反本法和有关法律，在对外交往中从事损害国家利益活动的，依法追究法律责任。

第二章 对外关系的职权

第九条 中央外事工作领导机构负责对外工作的决策和议事协调，研究制定、指导实施国家对外战略和有关重大方针政策，负责对外工作的顶层设计、统筹协调、整体推进、督促落实。

第十条 全国人民代表大会及其常务委员会批准和废除同外国缔结的条约和重要协定，行使宪法和法律规定的对外关系职权。

全国人民代表大会及其常务委员会积极开展对外交往，加强同各国议会、国际和地区议会组织的交流与合作。

第十一条 中华人民共和国主席代表中华人民共和国，进行国事活动，行使宪法和法律规定的对外关系职权。

第十二条 国务院管理对外事务，同外国缔结条约和协定，行使宪法和法律规定的对外关系职权。

第十三条 中央军事委员会组织开展国际军事交流与合作，行使宪法和法律规定的对外关系职权。

第十四条 中华人民共和国外交部依法办理外交事务，承办党和国家领导人同外国领导人的外交往来事务。外交部加强对国家机关各部门、各地区对外交流合作的指导、协调、管理、服务。

中央和国家机关按照职责分工，开展对外交流合作。

第十五条 中华人民共和国驻外国的使馆、领馆以及常驻联合国和其他政府间国际组织的代表团等驻外外交机构对外代表中华人民共和国。

外交部统一领导驻外外交机构的工作。

第十六条 省、自治区、直辖市根据中央授权在特定范围内开展对外交流合作。

省、自治区、直辖市人民政府依职权处理本行政区域的对外交流合作事务。

第三章 发展对外关系的目标任务

第十七条 中华人民共和国发展对外关系，坚持维护中国特色社会主义制度，维护国家主权、统一和领土完整，服务国家经济社会发展。

第十八条 中华人民共和国推动践行全球发展倡议、全球安全倡议、全球文明倡议，推进全方位、多层次、宽领域、立体化的对外工作布局。

中华人民共和国促进大国协调和良性互动，按照亲诚惠容理念和与邻为善、以邻为伴方针发展同周边国家关系，秉持真实亲诚理念和正确义利观同发展中国家团结合作，维护和践行多边主义，参与全球治理体系改革和建设。

第十九条 中华人民共和国维护以联合国为核心的国际体系，维护以国际法为基础的国际秩序，维护以联合国宪章宗旨和原则为基础的国际关系基本准则。

中华人民共和国坚持共商共建共享的全球治理观，参与国际规则制定，推动国际关系民主化，推动经济全球化朝着开放、包容、普惠、平衡、共赢方向发展。

第二十条 中华人民共和国坚持共同、综合、合作、可持续的全球安全观，加强国际安全合作，完善参与全球安全治理机制。

中华人民共和国履行联合国安全理事会常任理事国责任，维护国际和平与安全，维护联合国安全理事会权威与地位。

中华人民共和国支持和参与联合国安全理事会授权的维持和平行动，坚持维持和平行动基本原则，尊重主权国家领土完整与政治独立，保持公平立场。

中华人民共和国维护国际军备控制、裁军与防扩散体系，反对军备竞赛，反对和禁止一切形式的大规模杀伤性武器相关扩散活动，履行相关国际义务，开展防扩散国际合作。

第二十一条　中华人民共和国坚持公平普惠、开放合作、全面协调、创新联动的全球发展观，促进经济、社会、环境协调可持续发展和人的全面发展。

第二十二条　中华人民共和国尊重和保障人权，坚持人权的普遍性原则同本国实际相结合，促进人权全面协调发展，在平等和相互尊重的基础上开展人权领域国际交流与合作，推动国际人权事业健康发展。

第二十三条　中华人民共和国主张世界各国超越国家、民族、文化差异，弘扬和平、发展、公平、正义、民主、自由的全人类共同价值。

第二十四条　中华人民共和国坚持平等、互鉴、对话、包容的文明观，尊重文明多样性，推动不同文明交流对话。

第二十五条　中华人民共和国积极参与全球环境气候治理，加强绿色低碳国际合作，共谋全球生态文明建设，推动构建公平合理、合作共赢的全球环境气候治理体系。

第二十六条　中华人民共和国坚持推进高水平对外开放，发展对外贸易，积极促进和依法保护外商投资，鼓励开展对外投资等对外经济合作，推动共建"一带一路"高质量发展，维护多边贸易体制，反对单边主义和保护主义，推动建设开放型世界经济。

第二十七条　中华人民共和国通过经济、技术、物资、人才、管理等方式开展对外援助，促进发展中国家经济发展和社会进步，增强其自主可持续发展能力，推动国际发展合作。

中华人民共和国开展国际人道主义合作和援助，加强防灾减灾救灾国际合作，协助有关国家应对人道主义紧急状况。

中华人民共和国开展对外援助坚持尊重他国主权，不干涉他国内政，不附加任何政治条件。

第二十八条　中华人民共和国根据发展对外关系的需要，开展教育、科技、文化、卫生、体育、社会、生态、军事、安全、法治等领域交流合作。

第四章　对外关系的制度

第二十九条　国家统筹推进国内法治和涉外法治，加强涉外领域立法，加强涉外法治体系建设。

第三十条　国家依照宪法和法律缔结或者参加条约和协定，善意履行有关条约和协定规定的义务。

国家缔结或者参加的条约和协定不得同宪法相抵触。

第三十一条　国家采取适当措施实施和适用条约和协定。

条约和协定的实施和适用不得损害国家主权、安全和社会公共利益。

第三十二条　国家在遵守国际法基本原则和国际关系基本准则的基础上，加强涉外领域法律法规的实施和适用，并依法采取执法、司法等措施，维护国家主权、安全、发展利益，保护中国公民、组织合法权益。

第三十三条　对于违反国际法和国际关系基本准则，危害中华人民共和国主权、安全、发展利益的行为，中华人民共和国有权采取相应反制和限制措施。

国务院及其部门制定必要的行政法规、部门规章，建立相应工作制度和机制，加强部门协同配合，确定和实施有关反制和限制措施。

依据本条第一款、第二款作出的决定为最终决定。

第三十四条　中华人民共和国在一个中

国原则基础上，按照和平共处五项原则同世界各国建立和发展外交关系。

中华人民共和国根据缔结或者参加的条约和协定、国际法基本原则和国际关系基本准则，有权采取变更或者终止外交、领事关系等必要外交行动。

第三十五条 国家采取措施执行联合国安全理事会根据联合国宪章第七章作出的具有约束力的制裁决议和相关措施。

对前款所述制裁决议和措施的执行，由外交部发出通知并予公告。国家有关部门和省、自治区、直辖市人民政府在各自职权范围内采取措施予以执行。

在中国境内的组织和个人应当遵守外交部公告内容和各部门、各地区有关措施，不得从事违反上述制裁决议和措施的行为。

第三十六条 中华人民共和国依据有关法律和缔结或者参加的条约和协定，给予外国外交机构、外国国家官员、国际组织及其官员相应的特权与豁免。

中华人民共和国依据有关法律和缔结或者参加的条约和协定，给予外国国家及其财产豁免。

第三十七条 国家依法采取必要措施，保护中国公民和组织在海外的安全和正当权益，保护国家的海外利益不受威胁和侵害。

国家加强海外利益保护体系、工作机制和能力建设。

第三十八条 中华人民共和国依法保护在中国境内的外国人和外国组织的合法权利和利益。

国家有权准许或者拒绝外国人入境、停留居留，依法对外国组织在境内的活动进行管理。

在中国境内的外国人和外国组织应当遵守中国法律，不得危害中国国家安全、损害社会公共利益、破坏社会公共秩序。

第三十九条 中华人民共和国加强多边双边法治对话，推进对外法治交流合作。

中华人民共和国根据缔结或者参加的条约和协定，或者按照平等互惠原则，同外国、国际组织在执法、司法领域开展国际合作。

国家深化拓展对外执法合作工作机制，完善司法协助体制机制，推进执法、司法领域国际合作。国家加强打击跨国犯罪、反腐败等国际合作。

第五章　发展对外关系的保障

第四十条 国家健全对外工作综合保障体系，增强发展对外关系、维护国家利益的能力。

第四十一条 国家保障对外工作所需经费，建立与发展对外关系需求和国民经济发展水平相适应的经费保障机制。

第四十二条 国家加强对外工作人才队伍建设，采取措施推动做好人才培养、使用、管理、服务、保障等工作。

第四十三条 国家通过多种形式促进社会公众理解和支持对外工作。

第四十四条 国家推进国际传播能力建设，推动世界更好了解和认识中国，促进人类文明交流互鉴。

第六章　附　　则

第四十五条 本法自 2023 年 7 月 1 日起施行。

中华人民共和国反外国制裁法

(2021年6月10日第十三届全国人民代表大会常务委员会第二十九次会议通过　中华人民共和国主席令第九十号公布　自2021年6月10日起施行)

第一条　为了维护国家主权、安全、发展利益，保护我国公民、组织的合法权益，根据宪法，制定本法。

第二条　中华人民共和国坚持独立自主的和平外交政策，坚持互相尊重主权和领土完整、互不侵犯、互不干涉内政、平等互利、和平共处的五项原则，维护以联合国为核心的国际体系和以国际法为基础的国际秩序，发展同世界各国的友好合作，推动构建人类命运共同体。

第三条　中华人民共和国反对霸权主义和强权政治，反对任何国家以任何借口、任何方式干涉中国内政。

外国国家违反国际法和国际关系基本准则，以各种借口或者依据其本国法律对我国进行遏制、打压，对我国公民、组织采取歧视性限制措施，干涉我国内政的，我国有权采取相应反制措施。

第四条　国务院有关部门可以决定将直接或者间接参与制定、决定、实施本法第三条规定的歧视性限制措施的个人、组织列入反制清单。

第五条　除根据本法第四条规定列入反制清单的个人、组织以外，国务院有关部门还可以决定对下列个人、组织采取反制措施：

（一）列入反制清单个人的配偶和直系亲属；

（二）列入反制清单组织的高级管理人员或者实际控制人；

（三）由列入反制清单个人担任高级管理人员的组织；

（四）由列入反制清单个人和组织实际控制或者参与设立、运营的组织。

第六条　国务院有关部门可以按照各自职责和任务分工，对本法第四条、第五条规定的个人、组织，根据实际情况决定采取下列一种或者几种措施：

（一）不予签发签证、不准入境、注销签证或者驱逐出境；

（二）查封、扣押、冻结在我国境内的动产、不动产和其他各类财产；

（三）禁止或者限制我国境内的组织、个人与其进行有关交易、合作等活动；

（四）其他必要措施。

第七条　国务院有关部门依据本法第四条至第六条规定作出的决定为最终决定。

第八条　采取反制措施所依据的情形发生变化的，国务院有关部门可以暂停、变更或者取消有关反制措施。

第九条　反制清单和反制措施的确定、暂停、变更或者取消，由外交部或者国务院其他有关部门发布命令予以公布。

第十条　国家设立反外国制裁工作协调机制，负责统筹协调相关工作。

国务院有关部门应当加强协同配合和信息共享，按照各自职责和任务分工确定和实施有关反制措施。

第十一条　我国境内的组织和个人应当执行国务院有关部门采取的反制措施。

对违反前款规定的组织和个人，国务院有关部门依法予以处理，限制或者禁止其从事相关活动。

第十二条 任何组织和个人均不得执行或者协助执行外国国家对我国公民、组织采取的歧视性限制措施。

组织和个人违反前款规定，侵害我国公民、组织合法权益的，我国公民、组织可以依法向人民法院提起诉讼，要求其停止侵害、赔偿损失。

第十三条 对于危害我国主权、安全、发展利益的行为，除本法规定外，有关法律、行政法规、部门规章可以规定采取其他必要的反制措施。

第十四条 任何组织和个人不执行、不配合实施反制措施的，依法追究法律责任。

第十五条 对于外国国家、组织或者个人实施、协助、支持危害我国主权、安全、发展利益的行为，需要采取必要反制措施的，参照本法有关规定执行。

第十六条 本法自公布之日起施行。

阻断外国法律与措施不当域外适用办法

(2021年1月9日经国务院批准 2021年1月9日中华人民共和国商务部令第1号公布 自2021年1月9日起施行)

第一条 为了阻断外国法律与措施不当域外适用对中国的影响，维护国家主权、安全、发展利益，保护中国公民、法人或者其他组织的合法权益，根据《中华人民共和国国家安全法》等有关法律，制定本办法。

第二条 本办法适用于外国法律与措施的域外适用违反国际法和国际关系基本准则，不当禁止或者限制中国公民、法人或者其他组织与第三国（地区）及其公民、法人或者其他组织进行正常的经贸及相关活动的情形。

第三条 中国政府坚持独立自主的对外政策，坚持互相尊重主权、互不干涉内政和平等互利等国际关系基本准则，遵守所缔结的国际条约、协定，履行承担的国际义务。

第四条 国家建立由中央国家机关有关部门参加的工作机制（以下简称工作机制），负责外国法律与措施不当域外适用的应对工作。工作机制由国务院商务主管部门牵头，具体事宜由国务院商务主管部门、发展改革部门会同其他有关部门负责。

第五条 中国公民、法人或者其他组织遇到外国法律与措施禁止或者限制其与第三国（地区）及其公民、法人或者其他组织正常的经贸及相关活动情形的，应当在30日内向国务院商务主管部门如实报告有关情况。报告人要求保密的，国务院商务主管部门及其工作人员应当为其保密。

第六条 有关外国法律与措施是否存在不当域外适用情形，由工作机制综合考虑下列因素评估确认：

（一）是否违反国际法和国际关系基本准则；

（二）对中国国家主权、安全、发展利益可能产生的影响；

（三）对中国公民、法人或者其他组织合法权益可能产生的影响；

（四）其他应当考虑的因素。

第七条 工作机制经评估，确认有关外国法律与措施存在不当域外适用情形的，可以决定由国务院商务主管部门发布不得承认、不得执行、不得遵守有关外国法律与措施的禁令（以下简称禁令）。

工作机制可以根据实际情况，决定中止或者撤销禁令。

第八条 中国公民、法人或者其他组织可以向国务院商务主管部门申请豁免遵守禁令。

申请豁免遵守禁令的，申请人应当向国务院商务主管部门提交书面申请，书面申请应当包括申请豁免的理由以及申请豁免的范围等内容。国务院商务主管部门应当自受理申请之日起30日内作出是否批准的决定；情况紧急时应当及时作出决定。

第九条 当事人遵守禁令范围内的外国法律与措施，侵害中国公民、法人或者其他组织合法权益的，中国公民、法人或者其他组织可以依法向人民法院提起诉讼，要求该当事人赔偿损失；但是，当事人依照本办法第八条规定获得豁免的除外。

根据禁令范围内的外国法律作出的判决、裁定致使中国公民、法人或者其他组织遭受损失的，中国公民、法人或者其他组织可以依法向人民法院提起诉讼，要求在该判决、裁定中获益的当事人赔偿损失。

本条第一款、第二款规定的当事人拒绝履行人民法院生效的判决、裁定的，中国公民、法人或者其他组织可以依法申请人民法院强制执行。

第十条 工作机制成员单位应当依照各自职责，为中国公民、法人或者其他组织应对外国法律与措施不当域外适用提供指导和服务。

第十一条 中国公民、法人或者其他组织根据禁令，未遵守有关外国法律与措施并因此受到重大损失的，政府有关部门可以根据具体情况给予必要的支持。

第十二条 对外国法律与措施不当域外适用，中国政府可以根据实际情况和需要，采取必要的反制措施。

第十三条 中国公民、法人或者其他组织未按照规定如实报告有关情况或者不遵守禁令的，国务院商务主管部门可以给予警告，责令限期改正，并可以根据情节轻重处以罚款。

第十四条 国务院商务主管部门工作人员未按照规定为报告有关情况的中国公民、法人或者其他组织保密的，依法给予处分；构成犯罪的，依法追究刑事责任。

第十五条 中华人民共和国缔结或者参加的国际条约、协定规定的外国法律与措施域外适用情形，不适用本办法。

第十六条 本办法自公布之日起施行。

二、外商投资

中华人民共和国外商投资法

(2019年3月15日第十三届全国人民代表大会第二次会议通过 中华人民共和国主席令第二十六号公布 自2020年1月1日起施行)

目 录

第一章 总 则
第二章 投资促进
第三章 投资保护
第四章 投资管理
第五章 法律责任
第六章 附 则

第一章 总 则

第一条 为了进一步扩大对外开放，积极促进外商投资，保护外商投资合法权益，规范外商投资管理，推动形成全面开放新格局，促进社会主义市场经济健康发展，根据宪法，制定本法。

第二条 在中华人民共和国境内（以下简称中国境内）的外商投资，适用本法。

本法所称外商投资，是指外国的自然人、企业或者其他组织（以下称外国投资者）直接或者间接在中国境内进行的投资活动，包括下列情形：

（一）外国投资者单独或者与其他投资者共同在中国境内设立外商投资企业；

（二）外国投资者取得中国境内企业的股份、股权、财产份额或者其他类似权益；

（三）外国投资者单独或者与其他投资者共同在中国境内投资新建项目；

（四）法律、行政法规或者国务院规定的其他方式的投资。

本法所称外商投资企业，是指全部或者部分由外国投资者投资，依照中国法律在中国境内经登记注册设立的企业。

第三条 国家坚持对外开放的基本国策，鼓励外国投资者依法在中国境内投资。

国家实行高水平投资自由化便利化政策，建立和完善外商投资促进机制，营造稳定、透明、可预期和公平竞争的市场环境。

第四条 国家对外商投资实行准入前国民待遇加负面清单管理制度。

前款所称准入前国民待遇，是指在投资准入阶段给予外国投资者及其投资不低于本国投资者及其投资的待遇；所称负面清单，是指国家规定在特定领域对外商投资实施的准入特别管理措施。国家对负面清单之外的外商投资，给予国民待遇。

负面清单由国务院发布或者批准发布。

中华人民共和国缔结或者参加的国际条约、协定对外国投资者准入待遇有更优惠规定的，可以按照相关规定执行。

第五条 国家依法保护外国投资者在中国境内的投资、收益和其他合法权益。

第六条 在中国境内进行投资活动的外国投资者、外商投资企业，应当遵守中国法律法规，不得危害中国国家安全、损害社会公共利益。

第七条 国务院商务主管部门、投资主管部门按照职责分工，开展外商投资促进、保护和管理工作；国务院其他有关部门在各自职责范围内，负责外商投资促进、保护和管理的相关工作。

县级以上地方人民政府有关部门依照法律法规和本级人民政府确定的职责分工，开展外商投资促进、保护和管理工作。

第八条 外商投资企业职工依法建立工会组织，开展工会活动，维护职工的合法权益。外商投资企业应当为本企业工会提供必要的活动条件。

第二章 投资促进

第九条 外商投资企业依法平等适用国家支持企业发展的各项政策。

第十条 制定与外商投资有关的法律、法规、规章，应当采取适当方式征求外商投资企业的意见和建议。

与外商投资有关的规范性文件、裁判文书等，应当依法及时公布。

第十一条 国家建立健全外商投资服务体系，为外国投资者和外商投资企业提供法律法规、政策措施、投资项目信息等方面的咨询和服务。

第十二条 国家与其他国家和地区、国际组织建立多边、双边投资促进合作机制，加强投资领域的国际交流与合作。

第十三条 国家根据需要，设立特殊经济区域，或者在部分地区实行外商投资试验性政策措施，促进外商投资，扩大对外开放。

第十四条 国家根据国民经济和社会发展需要，鼓励和引导外国投资者在特定行业、领域、地区投资。外国投资者、外商投资企业可以依照法律、行政法规或者国务院的规定享受优惠待遇。

第十五条 国家保障外商投资企业依法平等参与标准制定工作，强化标准制定的信息公开和社会监督。

国家制定的强制性标准平等适用于外商投资企业。

第十六条 国家保障外商投资企业依法通过公平竞争参与政府采购活动。政府采购依法对外商投资企业在中国境内生产的产品、提供的服务平等对待。

第十七条 外商投资企业可以依法通过公开发行股票、公司债券等证券和其他方式进行融资。

第十八条 县级以上地方人民政府可以根据法律、行政法规、地方性法规的规定，在法定权限内制定外商投资促进和便利化政策措施。

第十九条 各级人民政府及其有关部门应当按照便利、高效、透明的原则，简化办事程序，提高办事效率，优化政务服务，进一步提高外商投资服务水平。

有关主管部门应当编制和公布外商投资指引，为外国投资者和外商投资企业提供服务和便利。

第三章 投资保护

第二十条 国家对外国投资者的投资不实行征收。

在特殊情况下，国家为了公共利益的需要，可以依照法律规定对外国投资者的投资实行征收或者征用。征收、征用应当依照法定程序进行，并及时给予公平、合理的补偿。

第二十一条 外国投资者在中国境内的出资、利润、资本收益、资产处置所得、知识产权许可使用费、依法获得的补偿或者赔偿、清算所得等，可以依法以人民币或者外汇自由汇入、汇出。

第二十二条 国家保护外国投资者和外商投资企业的知识产权，保护知识产权权利人和相关权利人的合法权益；对知识产权侵权行为，严格依法追究法律责任。

国家鼓励在外商投资过程中基于自愿原

则和商业规则开展技术合作。技术合作的条件由投资各方遵循公平原则平等协商确定。行政机关及其工作人员不得利用行政手段强制转让技术。

第二十三条 行政机关及其工作人员对于履行职责过程中知悉的外国投资者、外商投资企业的商业秘密，应当依法予以保密，不得泄露或者非法向他人提供。

第二十四条 各级人民政府及其有关部门制定涉及外商投资的规范性文件，应当符合法律法规的规定；没有法律、行政法规依据的，不得减损外商投资企业的合法权益或者增加其义务，不得设置市场准入和退出条件，不得干预外商投资企业的正常生产经营活动。

第二十五条 地方各级人民政府及其有关部门应当履行向外国投资者、外商投资企业依法作出的政策承诺以及依法订立的各类合同。

因国家利益、社会公共利益需要改变政策承诺、合同约定的，应当依照法定权限和程序进行，并依法对外国投资者、外商投资企业因此受到的损失予以补偿。

第二十六条 国家建立外商投资企业投诉工作机制，及时处理外商投资企业或者其投资者反映的问题，协调完善相关政策措施。

外商投资企业或者其投资者认为行政机关及其工作人员的行政行为侵犯其合法权益的，可以通过外商投资企业投诉工作机制申请协调解决。

外商投资企业或者其投资者认为行政机关及其工作人员的行政行为侵犯其合法权益的，除依照前款规定通过外商投资企业投诉工作机制申请协调解决外，还可以依法申请行政复议、提起行政诉讼。

第二十七条 外商投资企业可以依法成立和自愿参加商会、协会。商会、协会依照法律法规和章程的规定开展相关活动，维护会员的合法权益。

第四章 投资管理

第二十八条 外商投资准入负面清单规定禁止投资的领域，外国投资者不得投资。

外商投资准入负面清单规定限制投资的领域，外国投资者进行投资应当符合负面清单规定的条件。

外商投资准入负面清单以外的领域，按照内外资一致的原则实施管理。

第二十九条 外商投资需要办理投资项目核准、备案的，按照国家有关规定执行。

第三十条 外国投资者在依法需要取得许可的行业、领域进行投资的，应当依法办理相关许可手续。

有关主管部门应当按照与内资一致的条件和程序，审核外国投资者的许可申请，法律、行政法规另有规定的除外。

第三十一条 外商投资企业的组织形式、组织机构及其活动准则，适用《中华人民共和国公司法》《中华人民共和国合伙企业法》等法律的规定。

第三十二条 外商投资企业开展生产经营活动，应当遵守法律、行政法规有关劳动保护、社会保险的规定，依照法律、行政法规和国家有关规定办理税收、会计、外汇等事宜，并接受相关主管部门依法实施的监督检查。

第三十三条 外国投资者并购中国境内企业或者以其他方式参与经营者集中的，应当依照《中华人民共和国反垄断法》的规定接受经营者集中审查。

第三十四条 国家建立外商投资信息报告制度。外国投资者或者外商投资企业应当通过企业登记系统以及企业信用信息公示系统向商务主管部门报送投资信息。

外商投资信息报告的内容和范围按照确有必要的原则确定；通过部门信息共享能够获得的投资信息，不得再行要求报送。

第三十五条 国家建立外商投资安全审查制度，对影响或者可能影响国家安全的外商投资进行安全审查。

依法作出的安全审查决定为最终决定。

第五章 法律责任

第三十六条 外国投资者投资外商投资准入负面清单规定禁止投资的领域的，由有关主管部门责令停止投资活动，限期处分股份、资产或者采取其他必要措施，恢复到实施投资前的状态；有违法所得的，没收违法所得。

外国投资者的投资活动违反外商投资准入负面清单规定的限制性准入特别管理措施的，由有关主管部门责令限期改正，采取必要措施满足准入特别管理措施的要求；逾期不改正的，依照前款规定处理。

外国投资者的投资活动违反外商投资准入负面清单规定的，除依照前两款规定处理外，还应当依法承担相应的法律责任。

第三十七条 外国投资者、外商投资企业违反本法规定，未按照外商投资信息报告制度的要求报送投资信息的，由商务主管部门责令限期改正；逾期不改正的，处十万元以上五十万元以下的罚款。

第三十八条 对外国投资者、外商投资企业违反法律、法规的行为，由有关部门依法查处，并按照国家有关规定纳入信用信息系统。

第三十九条 行政机关工作人员在外商投资促进、保护和管理工作中滥用职权、玩忽职守、徇私舞弊的，或者泄露、非法向他人提供履行职责过程中知悉的商业秘密的，依法给予处分；构成犯罪的，依法追究刑事责任。

第六章 附 则

第四十条 任何国家或者地区在投资方面对中华人民共和国采取歧视性的禁止、限制或者其他类似措施的，中华人民共和国可以根据实际情况对该国家或者该地区采取相应的措施。

第四十一条 对外国投资者在中国境内投资银行业、证券业、保险业等金融行业，或者在证券市场、外汇市场等金融市场进行投资的管理，国家另有规定的，依照其规定。

第四十二条 本法自2020年1月1日起施行。《中华人民共和国中外合资经营企业法》《中华人民共和国外资企业法》《中华人民共和国中外合作经营企业法》同时废止。

本法施行前依照《中华人民共和国中外合资经营企业法》《中华人民共和国外资企业法》《中华人民共和国中外合作经营企业法》设立的外商投资企业，在本法施行后五年内可以继续保留原企业组织形式等。具体实施办法由国务院规定。

中华人民共和国外商投资法实施条例

(2019年12月12日国务院第74次常务会议通过 2019年12月26日中华人民共和国国务院令第723号公布 自2020年1月1日起施行)

第一章 总 则

第一条 根据《中华人民共和国外商投资法》（以下简称外商投资法），制定本条例。

第二条 国家鼓励和促进外商投资，保护外商投资合法权益，规范外商投资管理，持续优化外商投资环境，推进更高水平对外开放。

第三条 外商投资法第二条第二款第一项、第三项所称其他投资者，包括中国的自然人在内。

第四条 外商投资准入负面清单（以下简称负面清单）由国务院投资主管部门会同国务院商务主管部门等有关部门提出，报国务院发布或者报国务院批准后由国务院投资主管部门、商务主管部门发布。

国家根据进一步扩大对外开放和经济社会发展需要，适时调整负面清单。调整负面清单的程序，适用前款规定。

第五条 国务院商务主管部门、投资主管部门以及其他有关部门按照职责分工，密切配合、相互协作，共同做好外商投资促进、保护和管理工作。

县级以上地方人民政府应当加强对外商投资促进、保护和管理工作的组织领导，支持、督促有关部门依照法律法规和职责分工开展外商投资促进、保护和管理工作，及时协调、解决外商投资促进、保护和管理工作中的重大问题。

第二章 投资促进

第六条 政府及其有关部门在政府资金安排、土地供应、税费减免、资质许可、标准制定、项目申报、人力资源政策等方面，应当依法平等对待外商投资企业和内资企业。

政府及其有关部门制定的支持企业发展的政策应当依法公开；对政策实施中需要由企业申请办理的事项，政府及其有关部门应当公开申请办理的条件、流程、时限等，并在审核中依法平等对待外商投资企业和内资企业。

第七条 制定与外商投资有关的行政法规、规章、规范性文件，或者政府及其有关部门起草与外商投资有关的法律、地方性法规，应当根据实际情况，采取书面征求意见以及召开座谈会、论证会、听证会等多种形式，听取外商投资企业和有关商会、协会等方面的意见和建议；对反映集中或者涉及外商投资企业重大权利义务问题的意见和建议，应当通过适当方式反馈采纳的情况。

与外商投资有关的规范性文件应当依法及时公布，未经公布的不得作为行政管理依据。与外商投资企业生产经营活动密切相关的规范性文件，应当结合实际，合理确定公布到施行之间的时间。

第八条 各级人民政府应当按照政府主导、多方参与的原则，建立健全外商投资服务体系，不断提升外商投资服务能力和水平。

第九条　政府及其有关部门应当通过政府网站、全国一体化在线政务服务平台集中列明有关外商投资的法律、法规、规章、规范性文件、政策措施和投资项目信息，并通过多种途径和方式加强宣传、解读，为外国投资者和外商投资企业提供咨询、指导等服务。

第十条　外商投资法第十三条所称特殊经济区域，是指经国家批准设立、实行更大力度的对外开放政策措施的特定区域。

国家在部分地区实行的外商投资试验性政策措施，经实践证明可行的，根据实际情况在其他地区或者全国范围内推广。

第十一条　国家根据国民经济和社会发展需要，制定鼓励外商投资产业目录，列明鼓励和引导外国投资者投资的特定行业、领域、地区。鼓励外商投资产业目录由国务院投资主管部门会同国务院商务主管部门等有关部门拟订，报国务院批准后由国务院投资主管部门、商务主管部门发布。

第十二条　外国投资者、外商投资企业可以依照法律、行政法规或者国务院的规定，享受财政、税收、金融、用地等方面的优惠待遇。

外国投资者以其在中国境内的投资收益在中国境内扩大投资的，依法享受相应的优惠待遇。

第十三条　外商投资企业依法和内资企业平等参与国家标准、行业标准、地方标准和团体标准的制定、修订工作。外商投资企业可以根据需要自行制定或者与其他企业联合制定企业标准。

外商投资企业可以向标准化行政主管部门和有关行政主管部门提出标准的立项建议，在标准立项、起草、技术审查以及标准实施信息反馈、评估等过程中提出意见和建议，并按照规定承担标准起草、技术审查的相关工作以及标准的外文翻译工作。

标准化行政主管部门和有关行政主管部门应当建立健全相关工作机制，提高标准制定、修订的透明度，推进标准制定、修订全过程信息公开。

第十四条　国家制定的强制性标准对外商投资企业和内资企业平等适用，不得专门针对外商投资企业适用高于强制性标准的技术要求。

第十五条　政府及其有关部门不得阻挠和限制外商投资企业自由进入本地区和本行业的政府采购市场。

政府采购的采购人、采购代理机构不得在政府采购信息发布、供应商条件确定和资格审查、评标标准等方面，对外商投资企业实行差别待遇或者歧视待遇，不得以所有制形式、组织形式、股权结构、投资者国别、产品或者服务品牌以及其他不合理的条件对供应商予以限定，不得对外商投资企业在中国境内生产的产品、提供的服务和内资企业区别对待。

第十六条　外商投资企业可以依照《中华人民共和国政府采购法》（以下简称政府采购法）及其实施条例的规定，就政府采购活动事项向采购人、采购代理机构提出询问、质疑，向政府采购监督管理部门投诉。采购人、采购代理机构、政府采购监督管理部门应当在规定的时限内作出答复或者处理决定。

第十七条　政府采购监督管理部门和其他有关部门应当加强对政府采购活动的监督检查，依法纠正和查处对外商投资企业实行差别待遇或者歧视待遇等违法违规行为。

第十八条　外商投资企业可以依法在中国境内或者境外通过公开发行股票、公司债券等证券，以及公开或者非公开发行其他融资工具、借用外债等方式进行融资。

第十九条　县级以上地方人民政府可以根据法律、行政法规、地方性法规的规定，在法定权限内制定费用减免、用地指标保障、公共服务提供等方面的外商投资促进和便利化政策措施。

县级以上地方人民政府制定外商投资促进和便利化政策措施，应当以推动高质量发展为导向，有利于提高经济效益、社会效益、生态效益，有利于持续优化外商投资环境。

第二十条　有关主管部门应当编制和公布外商投资指引，为外国投资者和外商投资企业提供服务和便利。外商投资指引应当包括投资环境介绍、外商投资办事指南、投资项目信息以及相关数据信息等内容，并及时更新。

第三章　投资保护

第二十一条　国家对外国投资者的投资不实行征收。

在特殊情况下，国家为了公共利益的需要依照法律规定对外国投资者的投资实行征收的，应当依照法定程序、以非歧视性的方式进行，并按照被征收投资的市场价值及时给予补偿。

外国投资者对征收决定不服的，可以依法申请行政复议或者提起行政诉讼。

第二十二条　外国投资者在中国境内的出资、利润、资本收益、资产处置所得、取得的知识产权许可使用费、依法获得的补偿或者赔偿、清算所得等，可以依法以人民币或者外汇自由汇入、汇出，任何单位和个人不得违法对币种、数额以及汇入、汇出的频次等进行限制。

外商投资企业的外籍职工和香港、澳门、台湾职工的工资收入和其他合法收入，可以依法自由汇出。

第二十三条　国家加大对知识产权侵权行为的惩处力度，持续强化知识产权执法，推动建立知识产权快速协同保护机制，健全知识产权纠纷多元化解决机制，平等保护外国投资者和外商投资企业的知识产权。

标准制定中涉及外国投资者和外商投资企业专利的，应当按照标准涉及专利的有关管理规定办理。

第二十四条　行政机关（包括法律、法规授权的具有管理公共事务职能的组织，下同）及其工作人员不得利用实施行政许可、行政检查、行政处罚、行政强制以及其他行政手段，强制或者变相强制外国投资者、外商投资企业转让技术。

第二十五条　行政机关依法履行职责，确需外国投资者、外商投资企业提供涉及商业秘密的材料、信息的，应当限定在履行职责所必需的范围内，并严格控制知悉范围，与履行职责无关的人员不得接触有关材料、信息。

行政机关应当建立健全内部管理制度，采取有效措施保护履行职责过程中知悉的外国投资者、外商投资企业的商业秘密；依法需要与其他行政机关共享信息的，应当对信息中含有的商业秘密进行保密处理，防止泄露。

第二十六条　政府及其有关部门制定涉及外商投资的规范性文件，应当按照国务院的规定进行合法性审核。

外国投资者、外商投资企业认为行政行为所依据的国务院部门和地方人民政府及其部门制定的规范性文件不合法，在依法对行政行为申请行政复议或者提起行政诉讼时，可以一并请求对该规范性文件进行审查。

第二十七条　外商投资法第二十五条所称政策承诺，是指地方各级人民政府及其有关部门在法定权限内，就外国投资者、外商投资企业在本地区投资所适用的支持政策、享受的优惠待遇和便利条件等作出的书面承诺。政策承诺的内容应当符合法律、法规规定。

第二十八条　地方各级人民政府及其有关部门应当履行向外国投资者、外商投资企业依法作出的政策承诺以及依法订立的各类合同，不得以行政区划调整、政府换届、机构或者职能调整以及相关责任人更替等为由违约毁约。因国家利益、社会公共利益需要改变政策承诺、合同约定的，应当依照法定权限和程序进行，并依法对外国投资者、外商投资企业因此受到的损失及时予以公平、合理的补偿。

第二十九条　县级以上人民政府及其有

关部门应当按照公开透明、高效便利的原则，建立健全外商投资企业投诉工作机制，及时处理外商投资企业或者其投资者反映的问题，协调完善相关政策措施。

国务院商务主管部门会同国务院有关部门建立外商投资企业投诉工作部际联席会议制度，协调、推动中央层面的外商投资企业投诉工作，对地方的外商投资企业投诉工作进行指导和监督。县级以上地方人民政府应当指定部门或者机构负责受理本地区外商投资企业或者其投资者的投诉。

国务院商务主管部门、县级以上地方人民政府指定的部门或者机构应当完善投诉工作规则、健全投诉方式、明确投诉处理时限。投诉工作规则、投诉方式、投诉处理时限应当对外公布。

第三十条 外商投资企业或者其投资者认为行政机关及其工作人员的行政行为侵犯其合法权益，通过外商投资企业投诉工作机制申请协调解决的，有关方面进行协调时可以向被申请的行政机关及其工作人员了解情况，被申请的行政机关及其工作人员应当予以配合。协调结果应当以书面形式及时告知申请人。

外商投资企业或者其投资者依照前款规定申请协调解决有关问题的，不影响其依法申请行政复议、提起行政诉讼。

第三十一条 对外商投资企业或者其投资者通过外商投资企业投诉工作机制反映或者申请协调解决问题，任何单位和个人不得压制或者打击报复。

除外商投资企业投诉工作机制外，外商投资企业或者其投资者还可以通过其他合法途径向政府及其有关部门反映问题。

第三十二条 外商投资企业可以依法成立商会、协会。除法律、法规另有规定外，外商投资企业有权自主决定参加或者退出商会、协会，任何单位和个人不得干预。

商会、协会应当依照法律法规和章程的规定，加强行业自律，及时反映行业诉求，为会员提供信息咨询、宣传培训、市场拓展、经贸交流、权益保护、纠纷处理等方面的服务。

国家支持商会、协会依照法律法规和章程的规定开展相关活动。

第四章　投资管理

第三十三条 负面清单规定禁止投资的领域，外国投资者不得投资。负面清单规定限制投资的领域，外国投资者进行投资应当符合负面清单规定的股权要求、高级管理人员要求等限制性准入特别管理措施。

第三十四条 有关主管部门在依法履行职责过程中，对外国投资者拟投资负面清单内领域，但不符合负面清单规定的，不予办理许可、企业登记注册等相关事项；涉及固定资产投资项目核准的，不予办理相关核准事项。

有关主管部门应当对负面清单规定执行情况加强监督检查，发现外国投资者投资负面清单规定禁止投资的领域，或者外国投资者的投资活动违反负面清单规定的限制性准入特别管理措施的，依照外商投资法第三十六条的规定予以处理。

第三十五条 外国投资者在依法需要取得许可的行业、领域进行投资的，除法律、行政法规另有规定外，负责实施许可的有关主管部门应当按照与内资一致的条件和程序，审核外国投资者的许可申请，不得在许可条件、申请材料、审核环节、审核时限等方面对外国投资者设置歧视性要求。

负责实施许可的有关主管部门应当通过多种方式，优化审批服务，提高审批效率。对符合相关条件和要求的许可事项，可以按照有关规定采取告知承诺的方式办理。

第三十六条 外商投资需要办理投资项目核准、备案的，按照国家有关规定执行。

第三十七条 外商投资企业的登记注册，由国务院市场监督管理部门或者其授权的地方人民政府市场监督管理部门依法办理。国务院市场监督管理部门应当公布其授权的市场监督管理部门名单。

外商投资企业的注册资本可以用人民币表示，也可以用可自由兑换货币表示。

第三十八条 外国投资者或者外商投资企业应当通过企业登记系统以及企业信用信息公示系统向商务主管部门报送投资信息。国务院商务主管部门、市场监督管理部门应当做好相关业务系统的对接和工作衔接，并为外国投资者或者外商投资企业报送投资信息提供指导。

第三十九条 外商投资信息报告的内容、范围、频次和具体流程，由国务院商务主管部门会同国务院市场监督管理部门等有关部门按照确有必要、高效便利的原则确定并公布。商务主管部门、其他有关部门应当加强信息共享，通过部门信息共享能够获得的投资信息，不得再行要求外国投资者或者外商投资企业报送。

外国投资者或者外商投资企业报送的投资信息应当真实、准确、完整。

第四十条 国家建立外商投资安全审查制度，对影响或者可能影响国家安全的外商投资进行安全审查。

第五章　法律责任

第四十一条 政府和有关部门及其工作人员有下列情形之一的，依法依规追究责任：

（一）制定或者实施有关政策不依法平等对待外商投资企业和内资企业；

（二）违法限制外商投资企业平等参与标准制定、修订工作，或者专门针对外商投资企业适用高于强制性标准的技术要求；

（三）违法限制外国投资者汇入、汇出资金；

（四）不履行向外国投资者、外商投资企业依法作出的政策承诺以及依法订立的各类合同，超出法定权限作出政策承诺，或者政策承诺的内容不符合法律、法规规定。

第四十二条 政府采购的采购人、采购代理机构以不合理的条件对外商投资企业实行差别待遇或者歧视待遇的，依照政府采购法及其实施条例的规定追究其法律责任；影响或者可能影响中标、成交结果的，依照政府采购法及其实施条例的规定处理。

政府采购监督管理部门对外商投资企业的投诉逾期未作处理的，对直接负责的主管人员和其他直接责任人员依法给予处分。

第四十三条 行政机关及其工作人员利用行政手段强制或者变相强制外国投资者、外商投资企业转让技术的，对直接负责的主管人员和其他直接责任人员依法给予处分。

第六章　附　　则

第四十四条 外商投资法施行前依照《中华人民共和国中外合资经营企业法》《中华人民共和国外资企业法》《中华人民共和国中外合作经营企业法》设立的外商投资企业（以下称现有外商投资企业），在外商投资法施行后5年内，可以依照《中华人民共和国公司法》《中华人民共和国合伙企业法》等法律的规定调整其组织形式、组织机构等，并依法办理变更登记，也可以继续保留原企业组织形式、组织机构等。

自2025年1月1日起，对未依法调整组织形式、组织机构等并办理变更登记的现有外商投资企业，市场监督管理部门不予办理其申请的其他登记事项，并将相关情形予以公示。

第四十五条 现有外商投资企业办理组织形式、组织机构等变更登记的具体事宜，由国务院市场监督管理部门规定并公布。国务院市场监督管理部门应当加强对变更登记工作的指导，负责办理变更登记的市场监督管理部门应当通过多种方式优化服务，为企业办理变更登记提供便利。

第四十六条 现有外商投资企业的组织形式、组织机构等依法调整后，原合营、合作各方在合同中约定的股权或者权益转让办法、收益分配办法、剩余财产分配办法等，可以继续按照约定办理。

第四十七条 外商投资企业在中国境内投资，适用外商投资法和本条例的有关规定。

第四十八条 香港特别行政区、澳门特别行政区投资者在内地投资，参照外商投资法和本条例执行；法律、行政法规或者国务院另有规定的，从其规定。

台湾地区投资者在大陆投资，适用《中华人民共和国台湾同胞投资保护法》（以下简称台湾同胞投资保护法）及其实施细则的规定；台湾同胞投资保护法及其实施细则未规定的事项，参照外商投资法和本条例执行。

定居在国外的中国公民在中国境内投资，参照外商投资法和本条例执行；法律、行政法规或者国务院另有规定的，从其规定。

第四十九条 本条例自2020年1月1日起施行。《中华人民共和国中外合资经营企业法实施条例》《中外合资经营企业合营期限暂行规定》《中华人民共和国外资企业法实施细则》《中华人民共和国中外合作经营企业法实施细则》同时废止。

2020年1月1日前制定的有关外商投资的规定与外商投资法和本条例不一致的，以外商投资法和本条例的规定为准。

最高人民法院关于适用《中华人民共和国外商投资法》若干问题的解释

法释〔2019〕20号

（2019年12月16日最高人民法院审判委员会第1787次会议通过 2019年12月26日最高人民法院公告公布 自2020年1月1日起施行）

为正确适用《中华人民共和国外商投资法》，依法平等保护中外投资者合法权益，营造稳定、公平、透明的法治化营商环境，结合审判实践，就人民法院审理平等主体之间的投资合同纠纷案件适用法律问题作出如下解释。

第一条 本解释所称投资合同，是指外国投资者即外国的自然人、企业或者其他组织因直接或者间接在中国境内进行投资而形成的相关协议，包括设立外商投资企业合同、股份转让合同、股权转让合同、财产份额或者其他类似权益转让合同、新建项目合同等协议。

外国投资者因赠与、财产分割、企业合并、企业分立等方式取得相应权益所产生的合同纠纷，适用本解释。

第二条 对外商投资法第四条所指的外商投资准入负面清单之外的领域形成的投资合同，当事人以合同未经有关行政主管部门批准、登记为由主张合同无效或者未生效的，人民法院不予支持。

前款规定的投资合同签订于外商投资法施行前，但人民法院在外商投资法施行时尚未作出生效裁判的，适用前款规定认定合同的效力。

第三条 外国投资者投资外商投资准入负面清单规定禁止投资的领域，当事人主张投资合同无效的，人民法院应予支持。

第四条 外国投资者投资外商投资准入负面清单规定限制投资的领域,当事人以违反限制性准入特别管理措施为由,主张投资合同无效的,人民法院应予支持。

人民法院作出生效裁判前,当事人采取必要措施满足准入特别管理措施的要求,当事人主张前款规定的投资合同有效的,应予支持。

第五条 在生效裁判作出前,因外商投资准入负面清单调整,外国投资者投资不再属于禁止或者限制投资的领域,当事人主张投资合同有效的,人民法院应予支持。

第六条 人民法院审理香港特别行政区、澳门特别行政区投资者、定居在国外的中国公民在内地、台湾地区投资者在大陆投资产生的相关纠纷案件,可以参照适用本解释。

第七条 本解释自2020年1月1日起施行。

本解释施行前本院作出的有关司法解释与本解释不一致的,以本解释为准。

最高人民法院
关于审理外商投资企业纠纷案件若干问题的规定(一)

(2010年5月17日最高人民法院审判委员会第1487次会议通过 根据2020年12月23日最高人民法院审判委员会第1823次会议通过的《最高人民法院关于修改〈最高人民法院关于破产企业国有划拨土地使用权应否列入破产财产等问题的批复〉等二十九件商事类司法解释的决定》修正)

为正确审理外商投资企业在设立、变更等过程中产生的纠纷案件,保护当事人的合法权益,根据《中华人民共和国民法典》《中华人民共和国外商投资法》《中华人民共和国公司法》等法律法规的规定,结合审判实践,制定本规定。

第一条 当事人在外商投资企业设立、变更等过程中订立的合同,依法律、行政法规的规定应当经外商投资企业审批机关批准后才生效的,自批准之日起生效;未经批准的,人民法院应当认定该合同未生效。当事人请求确认该合同无效的,人民法院不予支持。

前款所述合同因未经批准而被认定未生效的,不影响合同中当事人履行报批义务条款及因该报批义务而设定的相关条款的效力。

第二条 当事人就外商投资企业相关事项达成的补充协议对已获批准的合同不构成重大或实质性变更的,人民法院不应以未经外商投资企业审批机关批准为由认定该补充协议未生效。

前款规定的重大或实质性变更包括注册资本、公司类型、经营范围、营业期限、股东认缴的出资额、出资方式的变更以及公司合并、公司分立、股权转让等。

第三条 人民法院在审理案件中,发现经外商投资企业审批机关批准的外商投资企业合同具有法律、行政法规规定的无效情形的,应当认定合同无效;该合同具有法律、行政法规规定的可撤销情形,当事人请求撤销的,人民法院应予支持。

第四条 外商投资企业合同约定一方当事人以需要办理权属变更登记的标的物出资

或者提供合作条件，标的物已交付外商投资企业实际使用，且负有办理权属变更登记义务的一方当事人在人民法院指定的合理期限内完成了登记的，人民法院应当认定该方当事人履行了出资或者提供合作条件的义务。外商投资企业或其股东以该方当事人未履行出资义务为由主张该方当事人不享有股东权益的，人民法院不予支持。

外商投资企业或其股东举证证明该方当事人因迟延办理权属变更登记给外商投资企业造成损失并请求赔偿的，人民法院应予支持。

第五条 外商投资企业股权转让合同成立后，转让方和外商投资企业不履行报批义务，经受让方催告后在合理的期限内仍未履行，受让方请求解除合同并由转让方返还其已支付的转让款、赔偿因未履行报批义务而造成的实际损失的，人民法院应予支持。

第六条 外商投资企业股权转让合同成立后，转让方和外商投资企业不履行报批义务，受让方以转让方为被告、以外商投资企业为第三人提起诉讼，请求转让方与外商投资企业在一定期限内共同履行报批义务的，人民法院应予支持。受让方同时请求在转让方和外商投资企业于生效判决确定的期限内不履行报批义务时自行报批的，人民法院应予支持。

转让方和外商投资企业拒不根据人民法院生效判决确定的期限履行报批义务，受让方另行起诉，请求解除合同并赔偿损失的，人民法院应予支持。赔偿损失的范围可以包括股权的差价损失、股权收益及其他合理损失。

第七条 转让方、外商投资企业或者受让方根据本规定第六条第一款的规定就外商投资企业股权转让合同报批，未获外商投资企业审批机关批准，受让方另行起诉，请求转让方返还其已支付的转让款的，人民法院应予支持。受让方请求转让方赔偿因此造成的损失的，人民法院应根据转让方是否存在过错以及过错大小认定其是否承担赔偿责任及具体赔偿数额。

第八条 外商投资企业股权转让合同约定受让方支付转让款后转让方才办理报批手续，受让方未支付股权转让款，经转让方催告后在合理的期限内仍未履行，转让方请求解除合同并赔偿因迟延履行而造成的实际损失的，人民法院应予支持。

第九条 外商投资企业股权转让合同成立后，受让方未支付股权转让款，转让方和外商投资企业亦未履行报批义务，转让方请求受让方支付股权转让款的，人民法院应当中止审理，指令转让方在一定期限内办理报批手续。该股权转让合同获得外商投资企业审批机关批准的，对转让方关于支付转让款的诉讼请求，人民法院应予支持。

第十条 外商投资企业股权转让合同成立后，受让方已实际参与外商投资企业的经营管理并获取收益，但合同未获外商投资企业审批机关批准，转让方请求受让方退出外商投资企业的经营管理并将受让方因实际参与经营管理而获得的收益在扣除相关成本费用后支付给转让方的，人民法院应予支持。

第十一条 外商投资企业一方股东将股权全部或部分转让给股东之外的第三人，应当经其他股东一致同意，其他股东以未征得其同意为由请求撤销股权转让合同的，人民法院应予支持。具有以下情形之一的除外：

（一）有证据证明其他股东已经同意；

（二）转让方已就股权转让事项书面通知，其他股东自接到书面通知之日满三十日未予答复；

（三）其他股东不同意转让，又不购买该转让的股权。

第十二条 外商投资企业一方股东将股权全部或部分转让给股东之外的第三人，其他股东以该股权转让侵害了其优先购买权为由请求撤销股权转让合同的，人民法院应予支持。其他股东在知道或者应当知道股权转让合同签订之日起一年内未主张优先购买权的除外。

前款规定的转让方、受让方以侵害其他

股东优先购买权为由请求认定股权转让合同无效的,人民法院不予支持。

第十三条 外商投资企业股东与债权人订立的股权质押合同,除法律、行政法规另有规定或者合同另有约定外,自成立时生效。未办理质权登记的,不影响股权质押合同的效力。

当事人仅以股权质押合同未经外商投资企业审批机关批准为由主张合同无效或未生效的,人民法院不予支持。

股权质押合同依照民法典的相关规定办理了出质登记的,股权质权自登记时设立。

第十四条 当事人之间约定一方实际投资、另一方作为外商投资企业名义股东,实际投资者请求确认其在外商投资企业中的股东身份或者请求变更外商投资企业股东的,人民法院不予支持。同时具备以下条件的除外:

(一) 实际投资者已经实际投资;

(二) 名义股东以外的其他股东认可实际投资者的股东身份;

(三) 人民法院或当事人在诉讼期间就将实际投资者变更为股东征得了外商投资企业审批机关的同意。

第十五条 合同约定一方实际投资、另一方作为外商投资企业名义股东,不具有法律、行政法规规定的无效情形的,人民法院应认定该合同有效。一方当事人仅以未经外商投资企业审批机关批准为由主张该合同无效或者未生效的,人民法院不予支持。

实际投资者请求外商投资企业名义股东依据双方约定履行相应义务的,人民法院应予支持。

双方未约定利益分配,实际投资者请求外商投资企业名义股东向其交付从外商投资企业获得的收益的,人民法院应予支持。外商投资企业名义股东向实际投资者请求支付必要报酬,人民法院应酌情予以支持。

第十六条 外商投资企业名义股东不履行与实际投资者之间的合同,致使实际投资者不能实现合同目的,实际投资者请求解除合同并由外商投资企业名义股东承担违约责任的,人民法院应予支持。

第十七条 实际投资者根据其与外商投资企业名义股东的约定,直接向外商投资企业请求分配利润或者行使其他股东权利的,人民法院不予支持。

第十八条 实际投资者与外商投资企业名义股东之间的合同被认定无效,名义股东持有的股权价值高于实际投资额,实际投资者请求名义股东向其返还投资款并根据其实际投资情况以及名义股东参与外商投资企业经营管理的情况对股权收益在双方之间进行合理分配的,人民法院应予支持。

外商投资企业名义股东明确表示放弃股权或者拒绝继续持有股权的,人民法院可以判令以拍卖、变卖名义股东持有的外商投资企业股权所得向实际投资者返还投资款,其余款项根据实际投资者的实际投资情况、名义股东参与外商投资企业经营管理的情况在双方之间进行合理分配。

第十九条 实际投资者与外商投资企业名义股东之间的合同被认定无效,名义股东持有的股权价值低于实际投资额,实际投资者请求名义股东向其返还现有股权的等值价款的,人民法院应予支持;外商投资企业名义股东明确表示放弃股权或者拒绝继续持有股权的,人民法院可以判令以拍卖、变卖名义股东持有的外商投资企业股权所得向实际投资者返还投资款。

实际投资者请求名义股东赔偿损失的,人民法院应当根据名义股东对合同无效是否存在过错及过错大小认定其是否承担赔偿责任及具体赔偿数额。

第二十条 实际投资者与外商投资企业名义股东之间的合同因恶意串通,损害国家、集体或者第三人利益,被认定无效的,人民法院应当将因此取得的财产收归国家所有或者返还集体、第三人。

第二十一条 外商投资企业一方股东或者外商投资企业以提供虚假材料等欺诈或者其他不正当手段向外商投资企业审批机关申

请变更外商投资企业批准证书所载股东,导致外商投资企业他方股东丧失股东身份或原有股权份额,他方股东请求确认股东身份或原有股权份额的,人民法院应予支持。第三人已经善意取得该股权的除外。

他方股东请求侵权股东或者外商投资企业赔偿损失的,人民法院应予支持。

第二十二条 人民法院审理香港特别行政区、澳门特别行政区、台湾地区的投资者、定居在国外的中国公民在内地投资设立企业产生的相关纠纷案件,参照适用本规定。

第二十三条 本规定施行后,案件尚在一审或者二审阶段的,适用本规定;本规定施行前已经终审的案件,人民法院进行再审时,不适用本规定。

第二十四条 本规定施行前本院作出的有关司法解释与本规定相抵触的,以本规定为准。

三、国际贸易

中华人民共和国对外贸易法

(1994年5月12日第八届全国人民代表大会常务委员会第七次会议通过 2004年4月6日第十届全国人民代表大会常务委员会第八次会议修订 根据2016年11月7日第十二届全国人民代表大会常务委员会第二十四次会议《关于修改〈中华人民共和国对外贸易法〉等十二部法律的决定》第一次修正 根据2022年12月30日第十三届全国人民代表大会常务委员会第三十八次会议《关于修改〈中华人民共和国对外贸易法〉的决定》第二次修正)

目 录

第一章 总 则
第二章 对外贸易经营者
第三章 货物进出口与技术进出口
第四章 国际服务贸易
第五章 与对外贸易有关的知识产权保护
第六章 对外贸易秩序
第七章 对外贸易调查
第八章 对外贸易救济
第九章 对外贸易促进
第十章 法律责任
第十一章 附 则

第一章 总 则

第一条 为了扩大对外开放,发展对外贸易,维护对外贸易秩序,保护对外贸易经营者的合法权益,促进社会主义市场经济的健康发展,制定本法。

第二条 本法适用于对外贸易以及与对外贸易有关的知识产权保护。

本法所称对外贸易,是指货物进出口、技术进出口和国际服务贸易。

第三条 国务院对外贸易主管部门依照本法主管全国对外贸易工作。

第四条 国家实行统一的对外贸易制度,鼓励发展对外贸易,维护公平、自由的对外贸易秩序。

第五条 中华人民共和国根据平等互利的原则,促进和发展同其他国家和地区的贸易关系,缔结或者参加关税同盟协定、自由贸易区协定等区域经济贸易协定,参加区域经济组织。

第六条 中华人民共和国在对外贸易方面根据所缔结或者参加的国际条约、协定,给予其他缔约方、参加方最惠国待遇、国民待遇等待遇,或者根据互惠、对等原则给予对方最惠国待遇、国民待遇等待遇。

第七条 任何国家或者地区在贸易方面对中华人民共和国采取歧视性的禁止、限制或者其他类似措施的,中华人民共和国可以根据实际情况对该国家或者该地区采取相应的措施。

第二章 对外贸易经营者

第八条 本法所称对外贸易经营者,是指依法办理工商登记或者其他执业手续,依照本法和其他有关法律、行政法规的规定从事对外贸易经营活动的法人、其他组织或者个人。

第九条　从事国际服务贸易，应当遵守本法和其他有关法律、行政法规的规定。

从事对外劳务合作的单位，应当具备相应的资质。具体办法由国务院规定。

第十条　国家可以对部分货物的进出口实行国营贸易管理。实行国营贸易管理货物的进出口业务只能由经授权的企业经营；但是，国家允许部分数量的国营贸易管理货物的进出口业务由非授权企业经营的除外。

实行国营贸易管理的货物和经授权经营企业的目录，由国务院对外贸易主管部门会同国务院其他有关部门确定、调整并公布。

违反本条第一款规定，擅自进出口实行国营贸易管理的货物的，海关不予放行。

第十一条　对外贸易经营者可以接受他人的委托，在经营范围内代为办理对外贸易业务。

第十二条　对外贸易经营者应当按照国务院对外贸易主管部门或者国务院其他有关部门依法作出的规定，向有关部门提交与其对外贸易经营活动有关的文件及资料。有关部门应当为提供者保守商业秘密。

第三章　货物进出口与技术进出口

第十三条　国家准许货物与技术的自由进出口。但是，法律、行政法规另有规定的除外。

第十四条　国务院对外贸易主管部门基于监测进出口情况的需要，可以对部分自由进出口的货物实行进出口自动许可并公布其目录。

实行自动许可的进出口货物，收货人、发货人在办理海关报关手续前提出自动许可申请的，国务院对外贸易主管部门或者其委托的机构应当予以许可；未办理自动许可手续的，海关不予放行。

进出口属于自由进出口的技术，应当向国务院对外贸易主管部门或者其委托的机构办理合同备案登记。

第十五条　国家基于下列原因，可以限制或者禁止有关货物、技术的进口或者出口：

（一）为维护国家安全、社会公共利益或者公共道德，需要限制或者禁止进口或者出口的；

（二）为保护人的健康或者安全，保护动物、植物的生命或者健康，保护环境，需要限制或者禁止进口或者出口的；

（三）为实施与黄金或者白银进出口有关的措施，需要限制或者禁止进口或者出口的；

（四）国内供应短缺或者为有效保护可能用竭的自然资源，需要限制或者禁止出口的；

（五）输往国家或者地区的市场容量有限，需要限制出口的；

（六）出口经营秩序出现严重混乱，需要限制出口的；

（七）为建立或者加快建立国内特定产业，需要限制进口的；

（八）对任何形式的农业、牧业、渔业产品有必要限制进口的；

（九）为保障国家国际金融地位和国际收支平衡，需要限制进口的；

（十）依照法律、行政法规的规定，其他需要限制或者禁止进口或者出口的；

（十一）根据我国缔结或者参加的国际条约、协定的规定，其他需要限制或者禁止进口或者出口的。

第十六条　国家对与裂变、聚变物质或者衍生此类物质的物质有关的货物、技术进出口，以及与武器、弹药或者其他军用物资有关的进出口，可以采取任何必要的措施，维护国家安全。

在战时或者为维护国际和平与安全，国家在货物、技术进出口方面可以采取任何必要的措施。

第十七条　国务院对外贸易主管部门会同国务院其他有关部门，依照本法第十五条和第十六条的规定，制定、调整并公布限制或者禁止进出口的货物、技术目录。

国务院对外贸易主管部门或者由其会同国务院其他有关部门，经国务院批准，可以在本法第十五条和第十六条规定的范围内，临时决定限制或者禁止前款规定目录以外的特定货物、技术的进口或者出口。

第十八条　国家对限制进口或者出口的货物，实行配额、许可证等方式管理；对限制进口或者出口的技术，实行许可证管理。

实行配额、许可证管理的货物、技术，应当按照国务院规定经国务院对外贸易主管部门或者经其会同国务院其他有关部门许可，方可进口或者出口。

国家对部分进口货物可以实行关税配额管理。

第十九条　进出口货物配额、关税配额，由国务院对外贸易主管部门或者国务院其他有关部门在各自的职责范围内，按照公开、公平、公正和效益的原则进行分配。具体办法由国务院规定。

第二十条　国家实行统一的商品合格评定制度，根据有关法律、行政法规的规定，对进出口商品进行认证、检验、检疫。

第二十一条　国家对进出口货物进行原产地管理。具体办法由国务院规定。

第二十二条　对文物和野生动物、植物及其产品等，其他法律、行政法规有禁止或者限制进出口规定的，依照有关法律、行政法规的规定执行。

第四章　国际服务贸易

第二十三条　中华人民共和国在国际服务贸易方面根据所缔结或者参加的国际条约、协定中所作的承诺，给予其他缔约方、参加方市场准入和国民待遇。

第二十四条　国务院对外贸易主管部门和国务院其他有关部门，依照本法和其他有关法律、行政法规的规定，对国际服务贸易进行管理。

第二十五条　国家基于下列原因，可以限制或者禁止有关的国际服务贸易：

（一）为维护国家安全、社会公共利益或者公共道德，需要限制或者禁止的；

（二）为保护人的健康或者安全，保护动物、植物的生命或者健康，保护环境，需要限制或者禁止的；

（三）为建立或者加快建立国内特定服务产业，需要限制的；

（四）为保障国家外汇收支平衡，需要限制的；

（五）依照法律、行政法规的规定，其他需要限制或者禁止的；

（六）根据我国缔结或者参加的国际条约、协定的规定，其他需要限制或者禁止的。

第二十六条　国家对与军事有关的国际服务贸易，以及与裂变、聚变物质或者衍生此类物质的物质有关的国际服务贸易，可以采取任何必要的措施，维护国家安全。

在战时或者为维护国际和平与安全，国家在国际服务贸易方面可以采取任何必要的措施。

第二十七条　国务院对外贸易主管部门会同国务院其他有关部门，依照本法第二十五条、第二十六条和其他有关法律、行政法规的规定，制定、调整并公布国际服务贸易市场准入目录。

第五章　与对外贸易有关的知识产权保护

第二十八条　国家依照有关知识产权的法律、行政法规，保护与对外贸易有关的知识产权。

进口货物侵犯知识产权，并危害对外贸易秩序的，国务院对外贸易主管部门可以采取在一定期限内禁止侵权人生产、销售的有关货物进口等措施。

第二十九条　知识产权权利人有阻止被许可人对许可合同中的知识产权的有效性提出质疑、进行强制性一揽子许可、在许可合同中规定排他性返授条件等行为之一，并危害对外贸易公平竞争秩序的,国务院对外贸易主管部门可以采取必要的措施消除危害。

第三十条 其他国家或者地区在知识产权保护方面未给予中华人民共和国的法人、其他组织或者个人国民待遇,或者不能对来源于中华人民共和国的货物、技术或者服务提供充分有效的知识产权保护的,国务院对外贸易主管部门可以依照本法和其他有关法律、行政法规的规定,并根据中华人民共和国缔结或者参加的国际条约、协定,对与该国家或者该地区的贸易采取必要的措施。

第六章 对外贸易秩序

第三十一条 在对外贸易经营活动中,不得违反有关反垄断的法律、行政法规的规定实施垄断行为。

在对外贸易经营活动中实施垄断行为,危害市场公平竞争的,依照有关反垄断的法律、行政法规的规定处理。

有前款违法行为,并危害对外贸易秩序的,国务院对外贸易主管部门可以采取必要的措施消除危害。

第三十二条 在对外贸易经营活动中,不得实施以不正当的低价销售商品、串通投标、发布虚假广告、进行商业贿赂等不正当竞争行为。

在对外贸易经营活动中实施不正当竞争行为的,依照有关反不正当竞争的法律、行政法规的规定处理。

有前款违法行为,并危害对外贸易秩序的,国务院对外贸易主管部门可以采取禁止该经营者有关货物、技术进出口等措施消除危害。

第三十三条 在对外贸易活动中,不得有下列行为:

(一)伪造、变造进出口货物原产地标记,伪造、变造或者买卖进出口货物原产地证书、进出口许可证、进出口配额证明或者其他进出口证明文件;

(二)骗取出口退税;

(三)走私;

(四)逃避法律、行政法规规定的认证、检验、检疫;

(五)违反法律、行政法规规定的其他行为。

第三十四条 对外贸易经营者在对外贸易经营活动中,应当遵守国家有关外汇管理的规定。

第三十五条 违反本法规定,危害对外贸易秩序的,国务院对外贸易主管部门可以向社会公告。

第七章 对外贸易调查

第三十六条 为了维护对外贸易秩序,国务院对外贸易主管部门可以自行或者会同国务院其他有关部门,依照法律、行政法规的规定对下列事项进行调查:

(一)货物进出口、技术进出口、国际服务贸易对国内产业及其竞争力的影响;

(二)有关国家或者地区的贸易壁垒;

(三)为确定是否应当依法采取反倾销、反补贴或者保障措施等对外贸易救济措施,需要调查的事项;

(四)规避对外贸易救济措施的行为;

(五)对外贸易中有关国家安全利益的事项;

(六)为执行本法第七条、第二十八条第二款、第二十九条、第三十条、第三十一条第三款、第三十二条第三款的规定,需要调查的事项;

(七)其他影响对外贸易秩序,需要调查的事项。

第三十七条 启动对外贸易调查,由国务院对外贸易主管部门发布公告。

调查可以采取书面问卷、召开听证会、实地调查、委托调查等方式进行。

国务院对外贸易主管部门根据调查结果,提出调查报告或者作出处理裁定,并发布公告。

第三十八条 有关单位和个人应当对对

外贸易调查给予配合、协助。

国务院对外贸易主管部门和国务院其他有关部门及其工作人员进行对外贸易调查，对知悉的国家秘密和商业秘密负有保密义务。

第八章 对外贸易救济

第三十九条 国家根据对外贸易调查结果，可以采取适当的对外贸易救济措施。

第四十条 其他国家或者地区的产品以低于正常价值的倾销方式进入我国市场，对已建立的国内产业造成实质损害或者产生实质损害威胁，或者对建立国内产业造成实质阻碍的，国家可以采取反倾销措施，消除或者减轻这种损害或者损害的威胁或者阻碍。

第四十一条 其他国家或者地区的产品以低于正常价值出口至第三国市场，对我国已建立的国内产业造成实质损害或者产生实质损害威胁，或者对我国建立国内产业造成实质阻碍的，应国内产业的申请，国务院对外贸易主管部门可以与该第三国政府进行磋商，要求其采取适当的措施。

第四十二条 进口的产品直接或者间接地接受出口国家或者地区给予的任何形式的专向性补贴，对已建立的国内产业造成实质损害或者产生实质损害威胁，或者对建立国内产业造成实质阻碍的，国家可以采取反补贴措施，消除或者减轻这种损害或者损害的威胁或者阻碍。

第四十三条 因进口产品数量大量增加，对生产同类产品或者与其直接竞争的产品的国内产业造成严重损害或者严重损害威胁的，国家可以采取必要的保障措施，消除或者减轻这种损害或者损害的威胁，并可以对该产业提供必要的支持。

第四十四条 因其他国家或者地区的服务提供者向我国提供的服务增加，对提供同类服务或者与其直接竞争的服务的国内产业造成损害或者产生损害威胁的，国家可以采取必要的救济措施，消除或者减轻这种损害或者损害的威胁。

第四十五条 因第三国限制进口而导致某种产品进入我国市场的数量大量增加，对已建立的国内产业造成损害或者产生损害威胁，或者对建立国内产业造成阻碍的，国家可以采取必要的救济措施，限制该产品进口。

第四十六条 与中华人民共和国缔结或者共同参加经济贸易条约、协定的国家或者地区，违反条约、协定的规定，使中华人民共和国根据该条约、协定享有的利益丧失或者受损，或者阻碍条约、协定目标实现的，中华人民共和国政府有权要求有关国家或者地区政府采取适当的补救措施，并可以根据有关条约、协定中止或者终止履行相关义务。

第四十七条 国务院对外贸易主管部门依照本法和其他有关法律的规定，进行对外贸易的双边或者多边磋商、谈判和争端的解决。

第四十八条 国务院对外贸易主管部门和国务院其他有关部门应当建立货物进出口、技术进出口和国际服务贸易的预警应急机制，应对对外贸易中的突发和异常情况，维护国家经济安全。

第四十九条 国家对规避本法规定的对外贸易救济措施的行为，可以采取必要的反规避措施。

第九章 对外贸易促进

第五十条 国家制定对外贸易发展战略，建立和完善对外贸易促进机制。

第五十一条 国家根据对外贸易发展的需要，建立和完善为对外贸易服务的金融机构，设立对外贸易发展基金、风险基金。

第五十二条 国家通过进出口信贷、出口信用保险、出口退税及其他促进对外贸易的方式，发展对外贸易。

第五十三条 国家建立对外贸易公共信息服务体系，向对外贸易经营者和其他社会公众提供信息服务。

第五十四条 国家采取措施鼓励对外贸易经营者开拓国际市场，采取对外投资、对外工程承包和对外劳务合作等多种形式，发展对外贸易。

第五十五条 对外贸易经营者可以依法成立和参加有关协会、商会。

有关协会、商会应当遵守法律、行政法规，按照章程对其成员提供与对外贸易有关的生产、营销、信息、培训等方面的服务，发挥协调和自律作用，依法提出有关对外贸易救济措施的申请，维护成员和行业的利益，向政府有关部门反映成员有关对外贸易的建议，开展对外贸易促进活动。

第五十六条 中国国际贸易促进组织按照章程开展对外联系，举办展览，提供信息、咨询服务和其他对外贸易促进活动。

第五十七条 国家扶持和促进中小企业开展对外贸易。

第五十八条 国家扶持和促进民族自治地方和经济不发达地区发展对外贸易。

第十章　法律责任

第五十九条 违反本法第十条规定，未经授权擅自进出口实行国营贸易管理的货物的，国务院对外贸易主管部门或者国务院其他有关部门可以处五万元以下罚款；情节严重的，可以自行政处罚决定生效之日起三年内，不受理违法行为人从事国营贸易管理货物进出口业务的申请，或者撤销已给予其从事其他国营贸易管理货物进出口的授权。

第六十条 进出口属于禁止进出口的货物的，或者未经许可擅自进出口属于限制进出口的货物的，由海关依照有关法律、行政法规的规定处理、处罚；构成犯罪的，依法追究刑事责任。

进出口属于禁止进出口的技术的，或者未经许可擅自进出口属于限制进出口的技术的，依照有关法律、行政法规的规定处理、处罚；法律、行政法规没有规定的，由国务院对外贸易主管部门责令改正，没收违法所得，并处违法所得一倍以上五倍以下罚款，没有违法所得或者违法所得不足一万元的，处一万元以上五万元以下罚款；构成犯罪的，依法追究刑事责任。

自前两款规定的行政处罚决定生效之日或者刑事处罚判决生效之日起，国务院对外贸易主管部门或者国务院其他有关部门可以在三年内不受理违法行为人提出的进出口配额或者许可证的申请，或者禁止违法行为人在一年以上三年以下的期限内从事有关货物或者技术的进出口经营活动。

第六十一条 从事属于禁止的国际服务贸易的，或者未经许可擅自从事属于限制的国际服务贸易的，依照有关法律、行政法规的规定处罚；法律、行政法规没有规定的，由国务院对外贸易主管部门责令改正，没收违法所得，并处违法所得一倍以上五倍以下罚款，没有违法所得或者违法所得不足一万元的，处一万元以上五万元以下罚款；构成犯罪的，依法追究刑事责任。

国务院对外贸易主管部门可以禁止违法行为人自前款规定的行政处罚决定生效之日或者刑事处罚判决生效之日起一年以上三年以下的期限内从事有关的国际服务贸易经营活动。

第六十二条 违反本法第三十三条规定，依照有关法律、行政法规的规定处罚；构成犯罪的，依法追究刑事责任。

国务院对外贸易主管部门可以禁止违法行为人自前款规定的行政处罚决定生效之日或者刑事处罚判决生效之日起一年以上三年以下的期限内从事有关的对外贸易经营活动。

第六十三条 依照本法第六十条至第六十二条规定被禁止从事有关对外贸易经营活动的，在禁止期限内，海关根据国务院对外贸易主管部门依法作出的禁止决定，对该对外贸易经营者的有关进出口货物不予办理报关验放手续，外汇管理部门或者外汇指定银行不予办理有关结汇、售汇手续。

第六十四条 依照本法负责对外贸易管理工作的部门的工作人员玩忽职守、徇私舞弊或者滥用职权，构成犯罪的，依法追究刑事责任；尚不构成犯罪的，依法给予行政处分。

依照本法负责对外贸易管理工作的部门的工作人员利用职务上的便利，索取他人财物，或者非法收受他人财物为他人谋取利益，构成犯罪的，依法追究刑事责任；尚不构成犯罪的，依法给予行政处分。

第六十五条 对外贸易经营活动当事人对依照本法负责对外贸易管理工作的部门作出的具体行政行为不服的，可以依法申请行政复议或者向人民法院提起行政诉讼。

第十一章 附 则

第六十六条 与军品、裂变和聚变物质或者衍生此类物质的物质有关的对外贸易管理以及文化产品的进出口管理，法律、行政法规另有规定的，依照其规定。

第六十七条 国家对边境地区与接壤国家边境地区之间的贸易以及边民互市贸易，采取灵活措施，给予优惠和便利。具体办法由国务院规定。

第六十八条 中华人民共和国的单独关税区不适用本法。

第六十九条 本法自2004年7月1日起施行。

中华人民共和国出口管制法

（2020年10月17日第十三届全国人民代表大会常务委员会第二十二次会议通过 中华人民共和国主席令第五十八号公布 自2020年12月1日起施行）

目 录

第一章 总 则
第二章 管制政策、管制清单和管制措施
　第一节 一般规定
　第二节 两用物项出口管理
　第三节 军品出口管理
第三章 监督管理
第四章 法律责任
第五章 附 则

第一章 总 则

第一条 为了维护国家安全和利益，履行防扩散等国际义务，加强和规范出口管制，制定本法。

第二条 国家对两用物项、军品、核以及其他与维护国家安全和利益、履行防扩散等国际义务相关的货物、技术、服务等物项（以下统称管制物项）的出口管制，适用本法。

前款所称管制物项，包括物项相关的技术资料等数据。

本法所称出口管制，是指国家对从中华人民共和国境内向境外转移管制物项，以及中华人民共和国公民、法人和非法人组织向外国组织和个人提供管制物项，采取禁止或者限制性措施。

本法所称两用物项，是指既有民事用途，又有军事用途或者有助于提升军事潜力，特别是可以用于设计、开发、生产或者使用大规模杀伤性武器及其运载工具的货物、技术和服务。

本法所称军品，是指用于军事目的的装备、专用生产设备以及其他相关货物、技术和服务。

本法所称核，是指核材料、核设备、反应堆用非核材料以及相关技术和服务。

第三条 出口管制工作应当坚持总体国家安全观，维护国际和平，统筹安全和发展，完善出口管制管理和服务。

第四条 国家实行统一的出口管制制度，通过制定管制清单、名录或者目录（以下统称管制清单）、实施出口许可等方式进行管理。

第五条 国务院、中央军事委员会承担出口管制职能的部门（以下统称国家出口管制管理部门）按照职责分工负责出口管制工作。国务院、中央军事委员会其他有关部门按照职责分工负责出口管制有关工作。

国家建立出口管制工作协调机制，统筹协调出口管制工作重大事项。国家出口管制管理部门和国务院有关部门应当密切配合，加强信息共享。

国家出口管制管理部门会同有关部门建立出口管制专家咨询机制，为出口管制工作提供咨询意见。

国家出口管制管理部门适时发布有关行业出口管制指南，引导出口经营者建立健全出口管制内部合规制度，规范经营。

省、自治区、直辖市人民政府有关部门依照法律、行政法规的规定负责出口管制有关工作。

第六条 国家加强出口管制国际合作，参与出口管制有关国际规则的制定。

第七条 出口经营者可以依法成立和参加有关的商会、协会等行业自律组织。

有关商会、协会等行业自律组织应当遵守法律、行政法规，按照章程对其成员提供与出口管制有关的服务，发挥协调和自律作用。

第二章　管制政策、管制清单和管制措施

第一节　一般规定

第八条 国家出口管制管理部门会同有关部门制定出口管制政策，其中重大政策应当报国务院批准，或者报国务院、中央军事委员会批准。

国家出口管制管理部门可以对管制物项出口目的国家和地区进行评估，确定风险等级，采取相应的管制措施。

第九条 国家出口管制管理部门依据本法和有关法律、行政法规的规定，根据出口管制政策，按照规定程序会同有关部门制定、调整管制物项出口管制清单，并及时公布。

根据维护国家安全和利益、履行防扩散等国际义务的需要，经国务院批准，或者经国务院、中央军事委员会批准，国家出口管制管理部门可以对出口管制清单以外的货物、技术和服务实施临时管制，并予以公告。临时管制的实施期限不超过二年。临时管制实施期限届满前应当及时进行评估，根据评估结果决定取消临时管制、延长临时管制或者将临时管制物项列入出口管制清单。

第十条 根据维护国家安全和利益、履行防扩散等国际义务的需要，经国务院批准，或者经国务院、中央军事委员会批准，国家出口管制管理部门会同有关部门可以禁止相关管制物项的出口，或者禁止相关管制物项向特定目的国家和地区、特定组织和个人出口。

第十一条 出口经营者从事管制物项出口，应当遵守本法和有关法律、行政法规的规定；依法需要取得相关管制物项出口经营资格的，应当取得相应的资格。

第十二条 国家对管制物项的出口实行许可制度。

出口管制清单所列管制物项或者临时管制物项，出口经营者应当向国家出口管制管理部门申请许可。

出口管制清单所列管制物项以及临时管制物项之外的货物、技术和服务，出口经营者知道或者应当知道，或者得到国家出口管制管理部门通知，相关货物、技术和服务可能存在以下风险的，应当向国家出口管制管

理部门申请许可：

（一）危害国家安全和利益；

（二）被用于设计、开发、生产或者使用大规模杀伤性武器及其运载工具；

（三）被用于恐怖主义目的。

出口经营者无法确定拟出口的货物、技术和服务是否属于本法规定的管制物项，向国家出口管制管理部门提出咨询的，国家出口管制管理部门应当及时答复。

第十三条 国家出口管制管理部门综合考虑下列因素，对出口经营者出口管制物项的申请进行审查，作出准予或者不予许可的决定：

（一）国家安全和利益；

（二）国际义务和对外承诺；

（三）出口类型；

（四）管制物项敏感程度；

（五）出口目的国家或者地区；

（六）最终用户和最终用途；

（七）出口经营者的相关信用记录；

（八）法律、行政法规规定的其他因素。

第十四条 出口经营者建立出口管制内部合规制度，且运行情况良好的，国家出口管制管理部门可以对其出口有关管制物项给予通用许可等便利措施。具体办法由国家出口管制管理部门规定。

第十五条 出口经营者应当向国家出口管制管理部门提交管制物项的最终用户和最终用途证明文件，有关证明文件由最终用户或者最终用户所在国家和地区政府机构出具。

第十六条 管制物项的最终用户应当承诺，未经国家出口管制管理部门允许，不得擅自改变相关管制物项的最终用途或者向任何第三方转让。

出口经营者、进口商发现最终用户或者最终用途有可能改变的，应当按照规定立即报告国家出口管制管理部门。

第十七条 国家出口管制管理部门建立管制物项最终用户和最终用途风险管理制度，对管制物项的最终用户和最终用途进行评估、核查，加强最终用户和最终用途管理。

第十八条 国家出口管制管理部门对有下列情形之一的进口商和最终用户，建立管控名单：

（一）违反最终用户或者最终用途管理要求的；

（二）可能危害国家安全和利益的；

（三）将管制物项用于恐怖主义目的的。

对列入管控名单的进口商和最终用户，国家出口管制管理部门可以采取禁止、限制有关管制物项交易，责令中止有关管制物项出口等必要的措施。

出口经营者不得违反规定与列入管控名单的进口商、最终用户进行交易。出口经营者在特殊情况下确需与列入管控名单的进口商、最终用户进行交易的，可以向国家出口管制管理部门提出申请。

列入管控名单的进口商、最终用户经采取措施，不再有第一款规定情形的，可以向国家出口管制管理部门申请移出管控名单；国家出口管制管理部门可以根据实际情况，决定将列入管控名单的进口商、最终用户移出管控名单。

第十九条 出口货物的发货人或者代理报关企业出口管制货物时，应当向海关交验由国家出口管制管理部门颁发的许可证件，并按照国家有关规定办理报关手续。

出口货物的发货人未向海关交验由国家出口管制管理部门颁发的许可证件，海关有证据表明出口货物可能属于出口管制范围的，应当向出口货物发货人提出质疑；海关可以向国家出口管制管理部门提出组织鉴别，并根据国家出口管制管理部门作出的鉴别结论依法处置。在鉴别或者质疑期间，海关对出口货物不予放行。

第二十条 任何组织和个人不得为出口经营者从事出口管制违法行为提供代理、货运、寄递、报关、第三方电子商务交易平台和金融等服务。

第二节 两用物项出口管理

第二十一条 出口经营者向国家两用物项出口管制管理部门申请出口两用物项时,应当依照法律、行政法规的规定如实提交相关材料。

第二十二条 国家两用物项出口管制管理部门受理两用物项出口申请,单独或者会同有关部门依照本法和有关法律、行政法规的规定对两用物项出口申请进行审查,并在法定期限内作出准予或者不予许可的决定。作出准予许可决定的,由发证机关统一颁发出口许可证。

第三节 军品出口管理

第二十三条 国家实行军品出口专营制度。从事军品出口的经营者,应当获得军品出口专营资格并在核定的经营范围内从事军品出口经营活动。

军品出口专营资格由国家军品出口管制管理部门审查批准。

第二十四条 军品出口经营者应当根据管制政策和产品属性,向国家军品出口管制管理部门申请办理军品出口立项、军品出口项目、军品出口合同审查批准手续。

重大军品出口立项、重大军品出口项目、重大军品出口合同,应当经国家军品出口管制管理部门会同有关部门审查,报国务院、中央军事委员会批准。

第二十五条 军品出口经营者在出口军品前,应当向国家军品出口管制管理部门申请领取军品出口许可证。

军品出口经营者出口军品时,应当向海关交验由国家军品出口管制管理部门颁发的许可证件,并按照国家有关规定办理报关手续。

第二十六条 军品出口经营者应当委托经批准的军品出口运输企业办理军品出口运输及相关业务。具体办法由国家军品出口管制管理部门会同有关部门规定。

第二十七条 军品出口经营者或者科研生产单位参加国际性军品展览,应当按照程序向国家军品出口管制管理部门办理审批手续。

第三章 监督管理

第二十八条 国家出口管制管理部门依法对管制物项出口活动进行监督检查。

国家出口管制管理部门对涉嫌违反本法规定的行为进行调查,可以采取下列措施:

(一)进入被调查者营业场所或者其他有关场所进行检查;

(二)询问被调查者、利害关系人以及其他有关组织或者个人,要求其对与被调查事件有关的事项作出说明;

(三)查阅、复制被调查者、利害关系人以及其他有关组织或者个人的有关单证、协议、会计账簿、业务函电等文件、资料;

(四)检查用于出口的运输工具,制止装载可疑的出口物项,责令运回非法出口的物项;

(五)查封、扣押相关涉案物项;

(六)查询被调查者的银行账户。

采取前款第五项、第六项措施,应当经国家出口管制管理部门负责人书面批准。

第二十九条 国家出口管制管理部门依法履行职责,国务院有关部门、地方人民政府及其有关部门应当予以协助。

国家出口管制管理部门单独或者会同有关部门依法开展监督检查和调查工作,有关组织和个人应当予以配合,不得拒绝、阻碍。

有关国家机关及其工作人员对调查中知悉的国家秘密、商业秘密、个人隐私和个人信息依法负有保密义务。

第三十条 为加强管制物项出口管理,防范管制物项出口违法风险,国家出口管制管理部门可以采取监管谈话、出具警示函等措施。

第三十一条 对涉嫌违反本法规定的行为,任何组织和个人有权向国家出口管制管理部门举报，国家出口管制管理部门接到举报后应当依法及时处理，并为举报人保密。

第三十二条 国家出口管制管理部门根据缔结或者参加的国际条约，或者按照平等互惠原则，与其他国家或者地区、国际组织等开展出口管制合作与交流。

中华人民共和国境内的组织和个人向境外提供出口管制相关信息，应当依法进行；可能危害国家安全和利益的，不得提供。

第四章　法律责任

第三十三条 出口经营者未取得相关管制物项的出口经营资格从事有关管制物项出口的，给予警告，责令停止违法行为，没收违法所得，违法经营额五十万元以上的，并处违法经营额五倍以上十倍以下罚款；没有违法经营额或者违法经营额不足五十万元的，并处五十万元以上五百万元以下罚款。

第三十四条 出口经营者有下列行为之一的，责令停止违法行为，没收违法所得，违法经营额五十万元以上的，并处违法经营额五倍以上十倍以下罚款；没有违法经营额或者违法经营额不足五十万元的，并处五十万元以上五百万元以下罚款；情节严重的，责令停业整顿，直至吊销相关管制物项出口经营资格：

（一）未经许可擅自出口管制物项；

（二）超出出口许可证件规定的许可范围出口管制物项；

（三）出口禁止出口的管制物项。

第三十五条 以欺骗、贿赂等不正当手段获取管制物项出口许可证件，或者非法转让管制物项出口许可证件的，撤销许可，收缴出口许可证，没收违法所得，违法经营额二十万元以上的，并处违法经营额五倍以上十倍以下罚款；没有违法经营额或者违法经营额不足二十万元的，并处二十万元以上二百万元以下罚款。

伪造、变造、买卖管制物项出口许可证件的，没收违法所得，违法经营额五万元以上的，并处违法经营额五倍以上十倍以下罚款；没有违法经营额或者违法经营额不足五万元的，并处五万元以上五十万元以下罚款。

第三十六条 明知出口经营者从事出口管制违法行为仍为其提供代理、货运、寄递、报关、第三方电子商务交易平台和金融等服务的，给予警告，责令停止违法行为，没收违法所得，违法经营额十万元以上的，并处违法经营额三倍以上五倍以下罚款；没有违法经营额或者违法经营额不足十万元的，并处十万元以上五十万元以下罚款。

第三十七条 出口经营者违反本法规定与列入管控名单的进口商、最终用户进行交易的，给予警告，责令停止违法行为，没收违法所得，违法经营额五十万元以上的，并处违法经营额十倍以上二十倍以下罚款；没有违法经营额或者违法经营额不足五十万元的，并处五十万元以上五百万元以下罚款；情节严重的，责令停业整顿，直至吊销相关管制物项出口经营资格。

第三十八条 出口经营者拒绝、阻碍监督检查的，给予警告，并处十万元以上三十万元以下罚款；情节严重的，责令停业整顿，直至吊销相关管制物项出口经营资格。

第三十九条 违反本法规定受到处罚的出口经营者，自处罚决定生效之日起，国家出口管制管理部门可以在五年内不受理其提出的出口许可申请；对其直接负责的主管人员和其他直接责任人员，可以禁止其在五年内从事有关出口经营活动，因出口管制违法行为受到刑事处罚的，终身不得从事有关出口经营活动。

国家出口管制管理部门依法将出口经营者违反本法的情况纳入信用记录。

第四十条 本法规定的出口管制违法行为，由国家出口管制管理部门进行处罚；法律、行政法规规定由海关处罚的，由其依照本法进行处罚。

第四十一条 有关组织或者个人对国家出口管制管理部门的不予许可决定不服的,可以依法申请行政复议。行政复议决定为最终裁决。

第四十二条 从事出口管制管理的国家工作人员玩忽职守、徇私舞弊、滥用职权的,依法给予处分。

第四十三条 违反本法有关出口管制管理规定,危害国家安全和利益的,除依照本法规定处罚外,还应当依照有关法律、行政法规的规定进行处理和处罚。

违反本法规定,出口国家禁止出口的管制物项或者未经许可出口管制物项的,依法追究刑事责任。

第四十四条 中华人民共和国境外的组织和个人,违反本法有关出口管制管理规定,危害中华人民共和国国家安全和利益,妨碍履行防扩散等国际义务的,依法处理并追究其法律责任。

第五章 附 则

第四十五条 管制物项的过境、转运、通运、再出口或者从保税区、出口加工区等海关特殊监管区域和出口监管仓库、保税物流中心等保税监管场所向境外出口,依照本法的有关规定执行。

第四十六条 核以及其他管制物项的出口,本法未作规定的,依照有关法律、行政法规的规定执行。

第四十七条 用于武装力量海外运用、对外军事交流、军事援助等的军品出口,依照有关法律法规的规定执行。

第四十八条 任何国家或者地区滥用出口管制措施危害中华人民共和国国家安全和利益的,中华人民共和国可以根据实际情况对该国家或者地区对等采取措施。

第四十九条 本法自 2020 年 12 月 1 日起施行。

中华人民共和国海关法

(1987 年 1 月 22 日第六届全国人民代表大会常务委员会第十九次会议通过 根据 2000 年 7 月 8 日第九届全国人民代表大会常务委员会第十六次会议《关于修改〈中华人民共和国海关法〉的决定》第一次修正 根据 2013 年 6 月 29 日第十二届全国人民代表大会常务委员会第三次会议《关于修改〈中华人民共和国文物保护法〉等十二部法律的决定》第二次修正 根据 2013 年 12 月 28 日第十二届全国人民代表大会常务委员会第六次会议《关于修改〈中华人民共和国海洋环境保护法〉等七部法律的决定》第三次修正 根据 2016 年 11 月 7 日第十二届全国人民代表大会常务委员会第二十四次会议《关于修改〈中华人民共和国对外贸易法〉等十二部法律的决定》第四次修正 根据 2017 年 11 月 4 日第十二届全国人民代表大会常务委员会第三十次会议《关于修改〈中华人民共和国会计法〉等十一部法律的决定》第五次修正 根据 2021 年 4 月 29 日第十三届全国人民代表大会常务委员会第二十八次会议《关于修改〈中华人民共和国道路交通安全法〉等八部法律的决定》第六次修正)

目 录

第一章 总 则
第二章 进出境运输工具
第三章 进出境货物
第四章 进出境物品
第五章 关 税
第六章 海关事务担保
第七章 执法监督
第八章 法律责任
第九章 附 则

第一章 总　则

第一条 为了维护国家的主权和利益，加强海关监督管理，促进对外经济贸易和科技文化交往，保障社会主义现代化建设，特制定本法。

第二条 中华人民共和国海关是国家的进出关境（以下简称进出境）监督管理机关。海关依照本法和其他有关法律、行政法规，监管进出境的运输工具、货物、行李物品、邮递物品和其他物品（以下简称进出境运输工具、货物、物品），征收关税和其他税、费，查缉走私，并编制海关统计和办理其他海关业务。

第三条 国务院设立海关总署，统一管理全国海关。

国家在对外开放的口岸和海关监管业务集中的地点设立海关。海关的隶属关系，不受行政区划的限制。

海关依法独立行使职权，向海关总署负责。

第四条 国家在海关总署设立专门侦查走私犯罪的公安机构，配备专职缉私警察，负责对其管辖的走私犯罪案件的侦查、拘留、执行逮捕、预审。

海关侦查走私犯罪公安机构履行侦查、拘留、执行逮捕、预审职责，应当按照《中华人民共和国刑事诉讼法》的规定办理。

海关侦查走私犯罪公安机构根据国家有关规定，可以设立分支机构。各分支机构办理其管辖的走私犯罪案件，应当依法向有管辖权的人民检察院移送起诉。

地方各级公安机关应当配合海关侦查走私犯罪公安机构依法履行职责。

第五条 国家实行联合缉私、统一处理、综合治理的缉私体制。海关负责组织、协调、管理查缉走私工作。有关规定由国务院另行制定。

各有关行政执法部门查获的走私案件，应当给予行政处罚的，移送海关依法处理；涉嫌犯罪的，应当移送海关侦查走私犯罪公安机构、地方公安机关依据案件管辖分工和法定程序办理。

第六条 海关可以行使下列权力：

（一）检查进出境运输工具，查验进出境货物、物品；对违反本法或者其他有关法律、行政法规的，可以扣留。

（二）查阅进出境人员的证件；查问违反本法或者其他有关法律、行政法规的嫌疑人，调查其违法行为。

（三）查阅、复制与进出境运输工具、货物、物品有关的合同、发票、帐册、单据、记录、文件、业务函电、录音录像制品和其他资料；对其中与违反本法或者其他有关法律、行政法规的进出境运输工具、货物、物品有牵连的，可以扣留。

（四）在海关监管区和海关附近沿海沿边规定地区，检查有走私嫌疑的运输工具和有藏匿走私货物、物品嫌疑的场所，检查走私嫌疑人的身体；对有走私嫌疑的运输工具、货物、物品和走私犯罪嫌疑人，经直属海关关长或者其授权的隶属海关关长批准，可以扣留；对走私犯罪嫌疑人，扣留时间不超过二十四小时，在特殊情况下可以延长至四十八小时。

在海关监管区和海关附近沿海沿边规定地区以外，海关在调查走私案件时，对有走私嫌疑的运输工具和除公民住处以外的有藏匿走私货物、物品嫌疑的场所，经直属海关关长或者其授权的隶属海关关长批准，可以进行检查，有关当事人应当到场；当事人未到场的，在有见证人在场的情况下，可以径行检查；对其中有证据证明有走私嫌疑的运输工具、货物、物品，可以扣留。

海关附近沿海沿边规定地区的范围，由海关总署和国务院公安部门会同有关省级人民政府确定。

（五）在调查走私案件时，经直属海关关长或者其授权的隶属海关关长批准，可以查询案件涉嫌单位和涉嫌人员在金融机构、邮政企业的存款、汇款。

（六）进出境运输工具或者个人违抗海关监管逃逸的，海关可以连续追至海关监管区和海关附近沿海沿边规定地区以外，将其带回处理。

（七）海关为履行职责，可以配备武器。海关工作人员佩带和使用武器的规则，由海关总署会同国务院公安部门制定，报国务院批准。

（八）法律、行政法规规定由海关行使的其他权力。

第七条　各地方、各部门应当支持海关依法行使职权，不得非法干预海关的执法活动。

第八条　进出境运输工具、货物、物品，必须通过设立海关的地点进境或者出境。在特殊情况下，需要经过未设立海关的地点临时进境或者出境的，必须经国务院或者国务院授权的机关批准，并依照本法规定办理海关手续。

第九条　进出口货物，除另有规定的外，可以由进出口货物收发货人自行办理报关纳税手续，也可以由进出口货物收发货人委托报关企业办理报关纳税手续。

进出境物品的所有人可以自行办理报关纳税手续，也可以委托他人办理报关纳税手续。

第十条　报关企业接受进出口货物收发货人的委托，以委托人的名义办理报关手续的，应当向海关提交由委托人签署的授权委托书，遵守本法对委托人的各项规定。

报关企业接受进出口货物收发货人的委托，以自己的名义办理报关手续的，应当承担与收发货人相同的法律责任。

委托人委托报关企业办理报关手续的，应当向报关企业提供所委托报关事项的真实情况；报关企业接受委托人的委托办理报关手续的，应当对委托人所提供情况的真实性进行合理审查。

第十一条　进出口货物收发货人、报关企业办理报关手续，应当依法向海关备案。

报关企业和报关人员不得非法代理他人报关。

第十二条　海关依法执行职务，有关单位和个人应当如实回答询问，并予以配合，任何单位和个人不得阻挠。

海关执行职务受到暴力抗拒时，执行有关任务的公安机关和人民武装警察部队应当予以协助。

第十三条　海关建立对违反本法规定逃避海关监管行为的举报制度。

任何单位和个人均有权对违反本法规定逃避海关监管的行为进行举报。

海关对举报或者协助查获违反本法案件的有功单位和个人，应当给予精神的或者物质的奖励。

海关应当为举报人保密。

第二章　进出境运输工具

第十四条　进出境运输工具到达或者驶离设立海关的地点时，运输工具负责人应当向海关如实申报，交验单证，并接受海关监管和检查。

停留在设立海关的地点的进出境运输工具，未经海关同意，不得擅自驶离。

进出境运输工具从一个设立海关的地点驶往另一个设立海关的地点的，应当符合海关监管要求，办理海关手续，未办结海关手续的，不得改驶境外。

第十五条　进境运输工具在进境以后向海关申报以前，出境运输工具在办结海关手续以后出境以前，应当按照交通主管机关规定的路线行进；交通主管机关没有规定的，由海关指定。

第十六条　进出境船舶、火车、航空器到达和驶离时间、停留地点、停留期间更换地点以及装卸货物、物品时间，运输工具负责人或者有关交通运输部门应当事先通知海关。

第十七条　运输工具装卸进出境货物、物品或者上下进出境旅客，应当接受海关监管。

货物、物品装卸完毕，运输工具负责人应当向海关递交反映实际装卸情况的交接单据和记录。

上下进出境运输工具的人员携带物品的，应当向海关如实申报，并接受海关检查。

第十八条 海关检查进出境运输工具时，运输工具负责人应当到场，并根据海关的要求开启舱室、房间、车门；有走私嫌疑的，并应当开拆可能藏匿走私货物、物品的部位，搬移货物、物料。

海关根据工作需要，可以派员随运输工具执行职务，运输工具负责人应当提供方便。

第十九条 进境的境外运输工具和出境的境内运输工具，未向海关办理手续并缴纳关税，不得转让或者移作他用。

第二十条 进出境船舶和航空器兼营境内客、货运输，应当符合海关监管要求。

进出境运输工具改营境内运输，需向海关办理手续。

第二十一条 沿海运输船舶、渔船和从事海上作业的特种船舶，未经海关同意，不得载运或者换取、买卖、转让进出境货物、物品。

第二十二条 进出境船舶和航空器，由于不可抗力的原因，被迫在未设立海关的地点停泊、降落或者抛掷、起卸货物、物品，运输工具负责人应当立即报告附近海关。

第三章 进出境货物

第二十三条 进口货物自进境起到办结海关手续止，出口货物自向海关申报起到出境止，过境、转运和通运货物自进境起到出境止，应当接受海关监管。

第二十四条 进口货物的收货人、出口货物的发货人应当向海关如实申报，交验进出口许可证件和有关单证。国家限制进出口的货物，没有进出口许可证件的，不予放行，具体处理办法由国务院规定。

进口货物的收货人应当自运输工具申报进境之日起十四日内，出口货物的发货人除海关特准的外应当在货物运抵海关监管区后、装货的二十四小时以前，向海关申报。

进口货物的收货人超过前款规定期限向海关申报的，由海关征收滞报金。

第二十五条 办理进出口货物的海关申报手续，应当采用纸质报关单和电子数据报关单的形式。

第二十六条 海关接受申报后，报关单证及其内容不得修改或者撤销，但符合海关规定情形的除外。

第二十七条 进口货物的收货人经海关同意，可以在申报前查看货物或者提取货样。需要依法检疫的货物，应当在检疫合格后提取货样。

第二十八条 进出口货物应当接受海关查验。海关查验货物时，进口货物的收货人、出口货物的发货人应当到场，并负责搬移货物，开拆和重封货物的包装。海关认为必要时，可以径行开验、复验或者提取货样。

海关在特殊情况下对进出口货物予以免验，具体办法由海关总署制定。

第二十九条 除海关特准的外，进出口货物在收发货人缴清税款或者提供担保后，由海关签印放行。

第三十条 进口货物的收货人自运输工具申报进境之日起超过三个月未向海关申报的，其进口货物由海关提取依法变卖处理，所得价款在扣除运输、装卸、储存等费用和税款后，尚有余款的，自货物依法变卖之日起一年内，经收货人申请，予以发还；其中属于国家对进口有限制性规定，应当提交许可证件而不能提供的，不予发还。逾期无人申请或者不予发还的，上缴国库。

确属误卸或者溢卸的进境货物，经海关审定，由原运输工具负责人或者货物的收发货人自该运输工具卸货之日起三个月内，办理退运或者进口手续；必要时，经海关批准，可以延期三个月。逾期未办手续的，由海关按前款规定处理。

前两款所列货物不宜长期保存的，海关可以根据实际情况提前处理。

收货人或者货物所有人声明放弃的进口货物，由海关提取依法变卖处理；所得价款在扣除运输、装卸、储存等费用后，上缴国库。

第三十一条 按照法律、行政法规、国务院或者海关总署规定暂时进口或者暂时出口的货物，应当在六个月内复运出境或者复运进境；需要延长复运出境或者复运进境期限的，应当根据海关总署的规定办理延期手续。

第三十二条 经营保税货物的储存、加工、装配、展示、运输、寄售业务和经营免税商店，应当符合海关监管要求，经海关批准，并办理注册手续。

保税货物的转让、转移以及进出保税场所，应当向海关办理有关手续，接受海关监管和查验。

第三十三条 企业从事加工贸易，应当按照海关总署的规定向海关备案。加工贸易制成品单位耗料量由海关按照有关规定核定。

加工贸易制成品应当在规定的期限内复出口。其中使用的进口料件，属于国家规定准予保税的，应当向海关办理核销手续；属于先征收税款的，依法向海关办理退税手续。

加工贸易保税进口料件或者制成品内销的，海关对保税的进口料件依法征税；属于国家对进口有限制性规定的，还应当向海关提交进口许可证件。

第三十四条 经国务院批准在中华人民共和国境内设立的保税区等海关特殊监管区域，由海关按照国家有关规定实施监管。

第三十五条 进口货物应当由收货人在货物的进境地海关办理海关手续，出口货物应当由发货人在货物的出境地海关办理海关手续。

经收发货人申请，海关同意，进口货物的收货人可以在设有海关的指运地、出口货物的发货人可以在设有海关的启运地办理海关手续。上述货物的转关运输，应当符合海关监管要求；必要时，海关可以派员押运。

经电缆、管道或者其他特殊方式输送进出境的货物，经营单位应当定期向指定的海关申报和办理海关手续。

第三十六条 过境、转运和通运货物，运输工具负责人应当向进境地海关如实申报，并应当在规定期限内运输出境。

海关认为必要时，可以查验过境、转运和通运货物。

第三十七条 海关监管货物，未经海关许可，不得开拆、提取、交付、发运、调换、改装、抵押、质押、留置、转让、更换标记、移作他用或者进行其他处置。

海关加施的封志，任何人不得擅自开启或者损毁。

人民法院判决、裁定或者有关行政执法部门决定处理海关监管货物的，应当责令当事人办结海关手续。

第三十八条 经营海关监管货物仓储业务的企业，应当经海关注册，并按照海关规定，办理收存、交付手续。

在海关监管区外存放海关监管货物，应当经海关同意，并接受海关监管。

违反前两款规定或者在保管海关监管货物期间造成海关监管货物损毁或者灭失的，除不可抗力外，对海关监管货物负有保管义务的人应当承担相应的纳税义务和法律责任。

第三十九条 进出境集装箱的监管办法、打捞进出境货物和沉船的监管办法、边境小额贸易进出口货物的监管办法，以及本法未具体列明的其他进出境货物的监管办法，由海关总署或者由海关总署会同国务院有关部门另行制定。

第四十条 国家对进出境货物、物品有禁止性或者限制性规定的，海关依据法律、行政法规、国务院的规定或者国务院有关部门依据法律、行政法规的授权作出的规定实施监管。具体监管办法由海关总署制定。

第四十一条 进出口货物的原产地按照国家有关原产地规则的规定确定。

第四十二条 进出口货物的商品归类按照国家有关商品归类的规定确定。

海关可以要求进出口货物的收发货人提供确定商品归类所需的有关资料；必要时，海关可以组织化验、检验，并将海关认定的化验、检验结果作为商品归类的依据。

第四十三条 海关可以根据对外贸易经营者提出的书面申请，对拟作进口或者出口的货物预先作出商品归类等行政裁定。

进口或者出口相同货物，应当适用相同的商品归类行政裁定。

海关对所作出的商品归类等行政裁定，应当予以公布。

第四十四条 海关依照法律、行政法规的规定，对与进出境货物有关的知识产权实施保护。

需要向海关申报知识产权状况的，进出口货物收发货人及其代理人应当按照国家规定向海关如实申报有关知识产权状况，并提交合法使用有关知识产权的证明文件。

第四十五条 自进出口货物放行之日起三年内或者在保税货物、减免税进口货物的海关监管期限内及其后的三年内，海关可以对与进出口货物直接有关的企业、单位的会计帐簿、会计凭证、报关单证以及其他有关资料和有关进出口货物实施稽查。具体办法由国务院规定。

第四章 进出境物品

第四十六条 个人携带进出境的行李物品、邮寄进出境的物品，应当以自用、合理数量为限，并接受海关监管。

第四十七条 进出境物品的所有人应当向海关如实申报，并接受海关查验。

海关加施的封志，任何人不得擅自开启或者损毁。

第四十八条 进出境邮袋的装卸、转运和过境，应当接受海关监管。邮政企业应当向海关递交邮件路单。

邮政企业应当将开拆及封发国际邮袋的时间事先通知海关，海关应当按时派员到场监管查验。

第四十九条 邮运进出境的物品，经海关查验放行后，有关经营单位方可投递或者交付。

第五十条 经海关登记准予暂时免税进境或者暂时免税出境的物品，应当由本人复带出境或者复带进境。

过境人员未经海关批准，不得将其所带物品留在境内。

第五十一条 进出境物品所有人声明放弃的物品、在海关规定期限内未办理海关手续或者无人认领的物品，以及无法投递又无法退回的进境邮递物品，由海关依照本法第三十条的规定处理。

第五十二条 享有外交特权和豁免的外国机构或者人员的公务用品或者自用物品进出境，依照有关法律、行政法规的规定办理。

第五章 关 税

第五十三条 准许进出口的货物、进出境物品，由海关依法征收关税。

第五十四条 进口货物的收货人、出口货物的发货人、进出境物品的所有人，是关税的纳税义务人。

第五十五条 进出口货物的完税价格，由海关以该货物的成交价格为基础审查确定。成交价格不能确定时，完税价格由海关依法估定。

进口货物的完税价格包括货物的货价、货物运抵中华人民共和国境内输入地点起卸前的运输及其相关费用、保险费；出口货物的完税价格包括货物的货价、货物运至中华人民共和国境内输出地点装载前的运输及其相关费用、保险费，但是其中包含的出口关税税额，应当予以扣除。

进出境物品的完税价格，由海关依法确定。

第五十六条 下列进出口货物、进出境物品，减征或者免征关税：

（一）无商业价值的广告品和货样；

（二）外国政府、国际组织无偿赠送的物资；

（三）在海关放行前遭受损坏或者损失的货物；

（四）规定数额以内的物品；

（五）法律规定减征、免征关税的其他货物、物品；

（六）中华人民共和国缔结或者参加的国际条约规定减征、免征关税的货物、物品。

第五十七条 特定地区、特定企业或者有特定用途的进出口货物，可以减征或者免征关税。特定减税或者免税的范围和办法由国务院规定。

依照前款规定减征或者免征关税进口的货物，只能用于特定地区、特定企业或者特定用途，未经海关核准并补缴关税，不得移作他用。

第五十八条 本法第五十六条、第五十七条第一款规定范围以外的临时减征或者免征关税，由国务院决定。

第五十九条 暂时进口或者暂时出口的货物，以及特准进口的保税货物，在货物收发货人向海关缴纳相当于税款的保证金或者提供担保后，准予暂时免纳关税。

第六十条 进出口货物的纳税义务人，应当自海关填发税款缴款书之日起十五日内缴纳税款；逾期缴纳的，由海关征收滞纳金。纳税义务人、担保人超过三个月仍未缴纳的，经直属海关关长或者其授权的隶属海关关长批准，海关可以采取下列强制措施：

（一）书面通知其开户银行或者其他金融机构从其存款中扣缴税款；

（二）将应税货物依法变卖，以变卖所得抵缴税款；

（三）扣留并依法变卖其价值相当于应纳税款的货物或者其他财产，以变卖所得抵缴税款。

海关采取强制措施时，对前款所列纳税义务人、担保人未缴纳的滞纳金同时强制执行。

进出境物品的纳税义务人，应当在物品放行前缴纳税款。

第六十一条 进出口货物的纳税义务人在规定的纳税期限内有明显的转移、藏匿其应税货物以及其他财产迹象的，海关可以责令纳税义务人提供担保；纳税义务人不能提供纳税担保的，经直属海关关长或者其授权的隶属海关关长批准，海关可以采取下列税收保全措施：

（一）书面通知纳税义务人开户银行或者其他金融机构暂停支付纳税义务人相当于应纳税款的存款；

（二）扣留纳税义务人价值相当于应纳税款的货物或者其他财产。

纳税义务人在规定的纳税期限内缴纳税款的，海关必须立即解除税收保全措施；期限届满仍未缴纳税款的，经直属海关关长或者其授权的隶属海关关长批准，海关可以书面通知纳税义务人开户银行或者其他金融机构从其暂停支付的存款中扣缴税款，或者依法变卖所扣留的货物或者其他财产，以变卖所得抵缴税款。

采取税收保全措施不当，或者纳税义务人在规定期限内已缴纳税款，海关未立即解除税收保全措施，致使纳税义务人的合法权益受到损失的，海关应当依法承担赔偿责任。

第六十二条 进出口货物、进出境物品放行后，海关发现少征或者漏征税款，应当自缴纳税款或者货物、物品放行之日起一年内，向纳税义务人补征。因纳税义务人违反规定而造成的少征或者漏征，海关在三年以内可以追征。

第六十三条 海关多征的税款，海关发现后应当立即退还；纳税义务人自缴纳税款之日起一年内，可以要求海关退还。

第六十四条 纳税义务人同海关发生纳税争议时,应当缴纳税款,并可以依法申请行政复议;对复议决定仍不服的,可以依法向人民法院提起诉讼。

第六十五条 进口环节海关代征税的征收管理,适用关税征收管理的规定。

第六章 海关事务担保

第六十六条 在确定货物的商品归类、估价和提供有效报关单证或者办结其他海关手续前,收发货人要求放行货物的,海关应当在其提供与其依法应当履行的法律义务相适应的担保后放行。法律、行政法规规定可以免除担保的除外。

法律、行政法规对履行海关义务的担保另有规定的,从其规定。

国家对进出境货物、物品有限制性规定,应当提供许可证件而不能提供的,以及法律、行政法规规定不得担保的其他情形,海关不得办理担保放行。

第六十七条 具有履行海关事务担保能力的法人、其他组织或者公民,可以成为担保人。法律规定不得为担保人的除外。

第六十八条 担保人可以以下列财产、权利提供担保:

(一)人民币、可自由兑换货币;

(二)汇票、本票、支票、债券、存单;

(三)银行或者非银行金融机构的保函;

(四)海关依法认可的其他财产、权利。

第六十九条 担保人应当在担保期限内承担担保责任。担保人履行担保责任的,不免除被担保人应当办理有关海关手续的义务。

第七十条 海关事务担保管理办法,由国务院规定。

第七章 执法监督

第七十一条 海关履行职责,必须遵守法律,维护国家利益,依照法定职权和法定程序严格执法,接受监督。

第七十二条 海关工作人员必须秉公执法,廉洁自律,忠于职守,文明服务,不得有下列行为:

(一)包庇、纵容走私或者与他人串通进行走私;

(二)非法限制他人人身自由,非法检查他人身体、住所或者场所,非法检查、扣留进出境运输工具、货物、物品;

(三)利用职权为自己或者他人谋取私利;

(四)索取、收受贿赂;

(五)泄露国家秘密、商业秘密和海关工作秘密;

(六)滥用职权,故意刁难,拖延监管、查验;

(七)购买、私分、占用没收的走私货物、物品;

(八)参与或者变相参与营利性经营活动;

(九)违反法定程序或者超越权限执行职务;

(十)其他违法行为。

第七十三条 海关应当根据依法履行职责的需要,加强队伍建设,使海关工作人员具有良好的政治、业务素质。

海关专业人员应当具有法律和相关专业知识,符合海关规定的专业岗位任职要求。

海关招收工作人员应当按照国家规定,公开考试,严格考核,择优录用。

海关应当有计划地对其工作人员进行政治思想、法制、海关业务培训和考核。海关工作人员必须定期接受培训和考核,经考核不合格的,不得继续上岗执行职务。

第七十四条 海关总署应当实行海关关长定期交流制度。

海关关长定期向上一级海关述职,如实陈述其执行职务情况。海关总署应当定期对直属海关关长进行考核,直属海关应当定期对隶属海关关长进行考核。

第七十五条 海关及其工作人员的行政执法活动,依法接受监察机关的监督;缉私警察进行侦查活动,依法接受人民检察院的监督。

第七十六条 审计机关依法对海关的财政收支进行审计监督,对海关办理的与国家财政收支有关的事项,有权进行专项审计调查。

第七十七条 上级海关应当对下级海关的执法活动依法进行监督。上级海关认为下级海关作出的处理或者决定不适当的,可以依法予以变更或者撤销。

第七十八条 海关应当依照本法和其他有关法律、行政法规的规定,建立健全内部监督制度,对其工作人员执行法律、行政法规和遵守纪律的情况,进行监督检查。

第七十九条 海关内部负责审单、查验、放行、稽查和调查等主要岗位的职责权限应当明确,并相互分离、相互制约。

第八十条 任何单位和个人均有权对海关及其工作人员的违法、违纪行为进行控告、检举。收到控告、检举的机关有权处理的,应当依法按照职责分工及时查处。收到控告、检举的机关和负责查处的机关应当为控告人、检举人保密。

第八十一条 海关工作人员在调查处理违法案件时,遇有下列情形之一的,应当回避:

(一)是本案的当事人或者是当事人的近亲属;

(二)本人或者其近亲属与本案有利害关系;

(三)与本案当事人有其他关系,可能影响案件公正处理的。

第八章 法律责任

第八十二条 违反本法及有关法律、行政法规,逃避海关监管,偷逃应纳税款、逃避国家有关进出境的禁止性或者限制性管理,有下列情形之一的,是走私行为:

(一)运输、携带、邮寄国家禁止或者限制进出境货物、物品或者依法应当缴纳税款的货物、物品进出境的;

(二)未经海关许可并且未缴纳应纳税款、交验有关许可证件,擅自将保税货物、特定减免税货物以及其他海关监管货物、物品、进境的境外运输工具,在境内销售的;

(三)有逃避海关监管,构成走私的其他行为的。

有前款所列行为之一,尚不构成犯罪的,由海关没收走私货物、物品及违法所得,可以并处罚款;专门或者多次用于掩护走私的货物、物品,专门或者多次用于走私的运输工具,予以没收,藏匿走私货物、物品的特制设备,责令拆毁或者没收。

有第一款所列行为之一,构成犯罪的,依法追究刑事责任。

第八十三条 有下列行为之一的,按走私行为论处,依照本法第八十二条的规定处罚:

(一)直接向走私人非法收购走私进口的货物、物品的;

(二)在内海、领海、界河、界湖,船舶及所载人员运输、收购、贩卖国家禁止或者限制进出境的货物、物品,或者运输、收购、贩卖依法应当缴纳税款的货物,没有合法证明的。

第八十四条 伪造、变造、买卖海关单证,与走私人通谋为走私人提供贷款、资金、帐号、发票、证明、海关单证,与走私人通谋为走私人提供运输、保管、邮寄或者其他方便,构成犯罪的,依法追究刑事责任;尚不构成犯罪的,由海关没收违法所得,并处罚款。

第八十五条 个人携带、邮寄超过合理数量的自用物品进出境,未依法向海关申报的,责令补缴关税,可以处以罚款。

第八十六条 违反本法规定有下列行为之一的,可以处以罚款,有违法所得的,没收违法所得:

(一)运输工具不经设立海关的地点进出境的;

(二)不将进出境运输工具到达的时间、

停留的地点或者更换的地点通知海关的；

（三）进出口货物、物品或者过境、转运、通运货物向海关申报不实的；

（四）不按照规定接受海关对进出境运输工具、货物、物品进行检查、查验的；

（五）进出境运输工具未经海关同意，擅自装卸进出境货物、物品或者上下进出境旅客的；

（六）在设立海关的地点停留的进出境运输工具未经海关同意，擅自驶离的；

（七）进出境运输工具从一个设立海关的地点驶往另一个设立海关的地点，尚未办结海关手续又未经海关批准，中途擅自改驶境外或者境内未设立海关的地点的；

（八）进出境运输工具，不符合海关监管要求或者未向海关办理手续，擅自兼营或者改营境内运输的；

（九）由于不可抗力的原因，进出境船舶和航空器被迫在未设立海关的地点停泊、降落或者在境内抛掷、起卸货物、物品，无正当理由，不向附近海关报告的；

（十）未经海关许可，擅自将海关监管货物开拆、提取、交付、发运、调换、改装、抵押、质押、留置、转让、更换标记、移作他用或者进行其他处置的；

（十一）擅自开启或者损毁海关封志的；

（十二）经营海关监管货物的运输、储存、加工等业务，有关货物灭失或者有关记录不真实，不能提供正当理由的；

（十三）有违反海关监管规定的其他行为的。

第八十七条 海关准予从事有关业务的企业，违反本法有关规定的，由海关责令改正，可以给予警告，暂停其从事有关业务，直至撤销注册。

第八十八条 未向海关备案从事报关业务的，海关可以处以罚款。

第八十九条 报关企业非法代理他人报关的，由海关责令改正，处以罚款；情节严重的，禁止其从事报关活动。

报关人员非法代理他人报关的，由海关责令改正，处以罚款。

第九十条 进出口货物收发货人、报关企业向海关工作人员行贿的，由海关禁止其从事报关活动，并处以罚款；构成犯罪的，依法追究刑事责任。

报关人员向海关工作人员行贿的，处以罚款；构成犯罪的，依法追究刑事责任。

第九十一条 违反本法规定进出口侵犯中华人民共和国法律、行政法规保护的知识产权的货物的，由海关依法没收侵权货物，并处以罚款；构成犯罪的，依法追究刑事责任。

第九十二条 海关依法扣留的货物、物品、运输工具，在人民法院判决或者海关处罚决定作出之前，不得处理。但是，危险品或者鲜活、易腐、易失效等不宜长期保存的货物、物品以及所有人申请先行变卖的货物、物品、运输工具，经直属海关关长或者其授权的隶属海关关长批准，可以先行依法变卖，变卖所得价款由海关保存，并通知其所有人。

人民法院判决没收或者海关决定没收的走私货物、物品、违法所得、走私运输工具、特制设备，由海关依法统一处理，所得价款和海关决定处以的罚款，全部上缴中央国库。

第九十三条 当事人逾期不履行海关的处罚决定又不申请复议或者向人民法院提起诉讼的，作出处罚决定的海关可以将其保证金抵缴或者将其被扣留的货物、物品、运输工具依法变价抵缴，也可以申请人民法院强制执行。

第九十四条 海关在查验进出境货物、物品时，损坏被查验的货物、物品的，应当赔偿实际损失。

第九十五条 海关违法扣留货物、物品、运输工具，致使当事人的合法权益受到损失的，应当依法承担赔偿责任。

第九十六条 海关工作人员有本法第七十二条所列行为之一的，依法给予行政处分；有违法所得的，依法没收违法所得；构成犯罪的，依法追究刑事责任。

第九十七条 海关的财政收支违反法

律、行政法规规定的，由审计机关以及有关部门依照法律、行政法规的规定作出处理；对直接负责的主管人员和其他直接责任人员，依法给予行政处分；构成犯罪的，依法追究刑事责任。

第九十八条 未按照本法规定为控告人、检举人、举报人保密的，对直接负责的主管人员和其他直接责任人员，由所在单位或者有关单位依法给予行政处分。

第九十九条 海关工作人员在调查处理违法案件时，未按照本法规定进行回避的，对直接负责的主管人员和其他直接责任人员，依法给予行政处分。

第九章 附 则

第一百条 本法下列用语的含义：

直属海关，是指直接由海关总署领导，负责管理一定区域范围内的海关业务的海关；隶属海关，是指由直属海关领导，负责办理具体海关业务的海关。

进出境运输工具，是指用以载运人员、货物、物品进出境的各种船舶、车辆、航空器和驮畜。

过境、转运和通运货物，是指由境外启运、通过中国境内继续运往境外的货物。其中，通过境内陆路运输的，称过境货物；在境内设立海关的地点换装运输工具，而不通过境内陆路运输的，称转运货物；由船舶、航空器载运进境并由原装运输工具载运出境的，称通运货物。

海关监管货物，是指本法第二十三条所列的进出口货物，过境、转运、通运货物，特定减免税货物，以及暂时进出口货物、保税货物和其他尚未办结海关手续的进出境货物。

保税货物，是指经海关批准未办理纳税手续进境，在境内储存、加工、装配后复运出境的货物。

海关监管区，是指设立海关的港口、车站、机场、国界孔道、国际邮件互换局（交换站）和其他有海关监管业务的场所，以及虽未设立海关，但是经国务院批准的进出境地点。

第一百零一条 经济特区等特定地区同境内其他地区之间往来的运输工具、货物、物品的监管办法，由国务院另行规定。

第一百零二条 本法自 1987 年 7 月 1 日起施行。1951 年 4 月 18 日中央人民政府公布的《中华人民共和国暂行海关法》同时废止。

中华人民共和国电子签名法

（2004 年 8 月 28 日第十届全国人民代表大会常务委员会第十一次会议通过 根据 2015 年 4 月 24 日第十二届全国人民代表大会常务委员会第十四次会议《关于修改〈中华人民共和国电力法〉等六部法律的决定》第一次修正 根据 2019 年 4 月 23 日第十三届全国人民代表大会常务委员会第十次会议《关于修改〈中华人民共和国建筑法〉等八部法律的决定》第二次修正）

目 录

第一章 总 则
第二章 数据电文
第三章 电子签名与认证
第四章 法律责任
第五章 附 则

第一章 总　　则

第一条　为了规范电子签名行为，确立电子签名的法律效力，维护有关各方的合法权益，制定本法。

第二条　本法所称电子签名，是指数据电文中以电子形式所含、所附用于识别签名人身份并表明签名人认可其中内容的数据。

本法所称数据电文，是指以电子、光学、磁或者类似手段生成、发送、接收或者储存的信息。

第三条　民事活动中的合同或者其他文件、单证等文书，当事人可以约定使用或者不使用电子签名、数据电文。

当事人约定使用电子签名、数据电文的文书，不得仅因为其采用电子签名、数据电文的形式而否定其法律效力。

前款规定不适用下列文书：

（一）涉及婚姻、收养、继承等人身关系的；

（二）涉及停止供水、供热、供气等公用事业服务的；

（三）法律、行政法规规定的不适用电子文书的其他情形。

第二章 数据电文

第四条　能够有形地表现所载内容，并可以随时调取查用的数据电文，视为符合法律、法规要求的书面形式。

第五条　符合下列条件的数据电文，视为满足法律、法规规定的原件形式要求：

（一）能够有效地表现所载内容并可供随时调取查用；

（二）能够可靠地保证自最终形成时起，内容保持完整、未被更改。但是，在数据电文上增加背书以及数据交换、储存和显示过程中发生的形式变化不影响数据电文的完整性。

第六条　符合下列条件的数据电文，视为满足法律、法规规定的文件保存要求：

（一）能够有效地表现所载内容并可供随时调取查用；

（二）数据电文的格式与其生成、发送或者接收时的格式相同，或者格式不相同但是能够准确表现原来生成、发送或者接收的内容；

（三）能够识别数据电文的发件人、收件人以及发送、接收的时间。

第七条　数据电文不得仅因为其是以电子、光学、磁或者类似手段生成、发送、接收或者储存的而被拒绝作为证据使用。

第八条　审查数据电文作为证据的真实性，应当考虑以下因素：

（一）生成、储存或者传递数据电文方法的可靠性；

（二）保持内容完整性方法的可靠性；

（三）用以鉴别发件人方法的可靠性；

（四）其他相关因素。

第九条　数据电文有下列情形之一的，视为发件人发送：

（一）经发件人授权发送的；

（二）发件人的信息系统自动发送的；

（三）收件人按照发件人认可的方法对数据电文进行验证后结果相符的。

当事人对前款规定的事项另有约定的，从其约定。

第十条　法律、行政法规规定或者当事人约定数据电文需要确认收讫的，应当确认收讫。发件人收到收件人的收讫确认时，数据电文视为已经收到。

第十一条　数据电文进入发件人控制之外的某个信息系统的时间，视为该数据电文的发送时间。

收件人指定特定系统接收数据电文的，数据电文进入该特定系统的时间，视为该数据电文的接收时间；未指定特定系统的，数据电文进入收件人的任何系统的首次时间，视为该数据电文的接收时间。

当事人对数据电文的发送时间、接收时间另有约定的，从其约定。

第十二条　发件人的主营业地为数据电

文的发送地点，收件人的主营业地为数据电文的接收地点。没有主营业地的，其经常居住地为发送或者接收地点。

当事人对数据电文的发送地点、接收地点另有约定的，从其约定。

第三章　电子签名与认证

第十三条　电子签名同时符合下列条件的，视为可靠的电子签名：

（一）电子签名制作数据用于电子签名时，属于电子签名人专有；

（二）签署时电子签名制作数据仅由电子签名人控制；

（三）签署后对电子签名的任何改动能够被发现；

（四）签署后对数据电文内容和形式的任何改动能够被发现。

当事人也可以选择使用符合其约定的可靠条件的电子签名。

第十四条　可靠的电子签名与手写签名或者盖章具有同等的法律效力。

第十五条　电子签名人应当妥善保管电子签名制作数据。电子签名人知悉电子签名制作数据已经失密或者可能已经失密时，应当及时告知有关各方，并终止使用该电子签名制作数据。

第十六条　电子签名需要第三方认证的，由依法设立的电子认证服务提供者提供认证服务。

第十七条　提供电子认证服务，应当具备下列条件：

（一）取得企业法人资格；

（二）具有与提供电子认证服务相适应的专业技术人员和管理人员；

（三）具有与提供电子认证服务相适应的资金和经营场所；

（四）具有符合国家安全标准的技术和设备；

（五）具有国家密码管理机构同意使用密码的证明文件；

（六）法律、行政法规规定的其他条件。

第十八条　从事电子认证服务，应当向国务院信息产业主管部门提出申请，并提交符合本法第十七条规定条件的相关材料。国务院信息产业主管部门接到申请后经依法审查，征求国务院商务主管部门等有关部门的意见后，自接到申请之日起四十五日内作出许可或者不予许可的决定。予以许可的，颁发电子认证许可证书；不予许可的，应当书面通知申请人并告知理由。

取得认证资格的电子认证服务提供者，应当按照国务院信息产业主管部门的规定在互联网上公布其名称、许可证号等信息。

第十九条　电子认证服务提供者应当制定、公布符合国家有关规定的电子认证业务规则，并向国务院信息产业主管部门备案。

电子认证业务规则应当包括责任范围、作业操作规范、信息安全保障措施等事项。

第二十条　电子签名人向电子认证服务提供者申请电子签名认证证书，应当提供真实、完整和准确的信息。

电子认证服务提供者收到电子签名认证证书申请后，应当对申请人的身份进行查验，并对有关材料进行审查。

第二十一条　电子认证服务提供者签发的电子签名认证证书应当准确无误，并应当载明下列内容：

（一）电子认证服务提供者名称；

（二）证书持有人名称；

（三）证书序列号；

（四）证书有效期；

（五）证书持有人的电子签名验证数据；

（六）电子认证服务提供者的电子签名；

（七）国务院信息产业主管部门规定的其他内容。

第二十二条　电子认证服务提供者应当保证电子签名认证证书内容在有效期内完整、准确，并保证电子签名依赖方能够证实或者了解电子签名认证证书所载内容及其他有关事项。

第二十三条　电子认证服务提供者拟暂

停或者终止电子认证服务的,应当在暂停或者终止服务九十日前,就业务承接及其他有关事项通知有关各方。

电子认证服务提供者拟暂停或者终止电子认证服务的,应当在暂停或者终止服务六十日前向国务院信息产业主管部门报告,并与其他电子认证服务提供者就业务承接进行协商,作出妥善安排。

电子认证服务提供者未能就业务承接事项与其他电子认证服务提供者达成协议的,应当申请国务院信息产业主管部门安排其他电子认证服务提供者承接其业务。

电子认证服务提供者被依法吊销电子认证许可证书的,其业务承接事项的处理按照国务院信息产业主管部门的规定执行。

第二十四条 电子认证服务提供者应当妥善保存与认证相关的信息,信息保存期限至少为电子签名认证证书失效后五年。

第二十五条 国务院信息产业主管部门依照本法制定电子认证服务业的具体管理办法,对电子认证服务提供者依法实施监督管理。

第二十六条 经国务院信息产业主管部门根据有关协议或者对等原则核准后,中华人民共和国境外的电子认证服务提供者在境外签发的电子签名认证证书与依照本法设立的电子认证服务提供者签发的电子签名认证证书具有同等的法律效力。

第四章 法律责任

第二十七条 电子签名人知悉电子签名制作数据已经失密或者可能已经失密未及时告知有关各方、并终止使用电子签名制作数据,未向电子认证服务提供者提供真实、完整和准确的信息,或者有其他过错,给电子签名依赖方、电子认证服务提供者造成损失的,承担赔偿责任。

第二十八条 电子签名人或者电子签名依赖方因依据电子认证服务提供者提供的电子签名认证服务从事民事活动遭受损失,电子认证服务提供者不能证明自己无过错的,承担赔偿责任。

第二十九条 未经许可提供电子认证服务的,由国务院信息产业主管部门责令停止违法行为;有违法所得的,没收违法所得;违法所得三十万元以上的,处违法所得一倍以上三倍以下的罚款;没有违法所得或者违法所得不足三十万元的,处十万元以上三十万元以下的罚款。

第三十条 电子认证服务提供者暂停或者终止电子认证服务,未在暂停或者终止服务六十日前向国务院信息产业主管部门报告的,由国务院信息产业主管部门对其直接负责的主管人员处一万元以上五万元以下的罚款。

第三十一条 电子认证服务提供者不遵守认证业务规则、未妥善保存与认证相关的信息,或者有其他违法行为的,由国务院信息产业主管部门责令限期改正;逾期未改正的,吊销电子认证许可证书,其直接负责的主管人员和其他直接责任人员十年内不得从事电子认证服务。吊销电子认证许可证书的,应当予以公告并通知工商行政管理部门。

第三十二条 伪造、冒用、盗用他人的电子签名,构成犯罪的,依法追究刑事责任;给他人造成损失的,依法承担民事责任。

第三十三条 依照本法负责电子认证服务业监督管理工作的部门的工作人员,不依法履行行政许可、监督管理职责的,依法给予行政处分;构成犯罪的,依法追究刑事责任。

第五章 附 则

第三十四条 本法中下列用语的含义:

(一)电子签名人,是指持有电子签名制作数据并以本人身份或者以其所代表的人的名义实施电子签名的人;

(二)电子签名依赖方,是指基于对电

子签名认证证书或者电子签名的信赖从事有关活动的人；

（三）电子签名认证证书，是指可证实电子签名人与电子签名制作数据有联系的数据电文或者其他电子记录；

（四）电子签名制作数据，是指在电子签名过程中使用的，将电子签名与电子签名人可靠地联系起来的字符、编码等数据；

（五）电子签名验证数据，是指用于验证电子签名的数据，包括代码、口令、算法或者公钥等。

第三十五条 国务院或者国务院规定的部门可以依据本法制定政务活动和其他社会活动中使用电子签名、数据电文的具体办法。

第三十六条 本法自2005年4月1日起施行。

中华人民共和国货物进出口管理条例

(2001年10月31日国务院第46次常务会议通过 2001年12月10日中华人民共和国国务院令第332号公布 自2002年1月1日起施行)

第一章 总 则

第一条 为了规范货物进出口管理，维护货物进出口秩序，促进对外贸易健康发展，根据《中华人民共和国对外贸易法》（以下简称对外贸易法）的有关规定，制定本条例。

第二条 从事将货物进口到中华人民共和国关境内或者将货物出口到中华人民共和国关境外的贸易活动，应当遵守本条例。

第三条 国家对货物进出口实行统一的管理制度。

第四条 国家准许货物的自由进出口，依法维护公平、有序的货物进出口贸易。

除法律、行政法规明确禁止或者限制进出口的外，任何单位和个人均不得对货物进出口设置、维持禁止或者限制措施。

第五条 中华人民共和国在货物进出口贸易方面根据所缔结或者参加的国际条约、协定，给予其他缔约方、参加方最惠国待遇、国民待遇，或者根据互惠、对等原则给予对方最惠国待遇、国民待遇。

第六条 任何国家或者地区在货物进出口贸易方面对中华人民共和国采取歧视性的禁止、限制或者其他类似措施的，中华人民共和国可以根据实际情况对该国家或者地区采取相应的措施。

第七条 国务院对外经济贸易主管部门（以下简称国务院外经贸主管部门）依照对外贸易法和本条例的规定，主管全国货物进出口贸易工作。

国务院有关部门按照国务院规定的职责，依照本条例的规定负责货物进出口贸易管理的有关工作。

第二章 货物进口管理

第一节 禁止进口的货物

第八条 有对外贸易法第十七条规定情形之一的货物，禁止进口。其他法律、行政法规规定禁止进口的，依照其规定。

禁止进口的货物目录由国务院外经贸主管部门会同国务院有关部门制定、调整并公布。

第九条　属于禁止进口的货物，不得进口。

第二节　限制进口的货物

第十条　有对外贸易法第十六条第（一）、（四）、（五）、（六）、（七）项规定情形之一的货物，限制进口。其他法律、行政法规规定限制进口的，依照其规定。

限制进口的货物目录由国务院外经贸主管部门会同国务院有关部门制定、调整并公布。

限制进口的货物目录，应当至少在实施前21天公布；在紧急情况下，应当不迟于实施之日公布。

第十一条　国家规定有数量限制的限制进口货物，实行配额管理；其他限制进口货物，实行许可证管理。

实行关税配额管理的进口货物，依照本章第四节的规定执行。

第十二条　实行配额管理的限制进口货物，由国务院外经贸主管部门和国务院有关经济管理部门（以下统称进口配额管理部门）按照国务院规定的职责划分进行管理。

第十三条　对实行配额管理的限制进口货物，进口配额管理部门应当在每年7月31日前公布下一年度进口配额总量。

配额申请人应当在每年8月1日至8月31日向进口配额管理部门提出下一年度进口配额的申请。

进口配额管理部门应当在每年10月31日前将下一年度的配额分配给配额申请人。

进口配额管理部门可以根据需要对年度配额总量进行调整，并在实施前21天予以公布。

第十四条　配额可以按照对所有申请统一办理的方式分配。

第十五条　按照对所有申请统一办理的方式分配配额的，进口配额管理部门应当自规定的申请期限截止之日起60天内作出是否发放配额的决定。

第十六条　进口配额管理部门分配配额时，应当考虑下列因素：

（一）申请人的进口实绩；

（二）以往分配的配额是否得到充分使用；

（三）申请人的生产能力、经营规模、销售状况；

（四）新的进口经营者的申请情况；

（五）申请配额的数量情况；

（六）需要考虑的其他因素。

第十七条　进口经营者凭进口配额管理部门发放的配额证明，向国务院外经贸主管部门申领进口配额许可证。国务院外经贸主管部门应当自收到申请之日起3个工作日内发放进口配额许可证。

进口经营者凭国务院外经贸主管部门发放的进口配额许可证，向海关办理报关验放手续。

第十八条　配额持有者未使用完其持有的年度配额的，应当在当年9月1日前将未使用的配额交还进口配额管理部门；未按期交还并且在当年年底前未使用完的，进口配额管理部门可以在下一年度对其扣减相应的配额。

第十九条　实行许可证管理的限制进口货物，进口经营者应当向国务院外经贸主管部门或者国务院有关部门（以下统称进口许可证管理部门）提出申请。进口许可证管理部门应当自收到申请之日起30天内决定是否许可。

进口经营者凭进口许可证管理部门发放的进口许可证，向海关办理报关验放手续。

前款所称进口许可证，包括法律、行政法规规定的各种具有许可进口性质的证明、文件。

第二十条　进口配额管理部门和进口许可证管理部门应当根据本条例的规定制定具体管理办法，对申请人的资格、受理申请的部门、审查的原则和程序等事项作出明确规定并在实施前予以公布。

受理申请的部门一般为一个部门。

进口配额管理部门和进口许可证管理部

门要求申请人提交的文件，应当限于为保证实施管理所必需的文件和资料，不得仅因细微的、非实质性的错讹拒绝接受申请。

第三节 自由进口的货物

第二十一条 进口属于自由进口的货物，不受限制。

第二十二条 基于监测货物进口情况的需要，国务院外经贸主管部门和国务院有关经济管理部门可以按照国务院规定的职责划分，对部分属于自由进口的货物实行自动进口许可管理。

实行自动进口许可管理的货物目录，应当至少在实施前21天公布。

第二十三条 进口属于自动进口许可管理的货物，均应当给予许可。

第二十四条 进口属于自动进口许可管理的货物，进口经营者应当在办理海关报关手续前，向国务院外经贸主管部门或者国务院有关经济管理部门提交自动进口许可申请。

国务院外经贸主管部门或者国务院有关经济管理部门应当在收到申请后，立即发放自动进口许可证明；在特殊情况下，最长不得超过10天。

进口经营者凭国务院外经贸主管部门或者国务院有关经济管理部门发放的自动进口许可证明，向海关办理报关验放手续。

第四节 关税配额管理的货物

第二十五条 实行关税配额管理的进口货物目录，由国务院外经贸主管部门会同国务院有关经济管理部门制定、调整并公布。

第二十六条 属于关税配额内进口的货物，按照配额内税率缴纳关税；属于关税配额外进口的货物，按照配额外税率缴纳关税。

第二十七条 进口配额管理部门应当在每年9月15日至10月14日公布下一年度的关税配额总量。

配额申请人应当在每年10月15日至10月30日向进口配额管理部门提出关税配额的申请。

第二十八条 关税配额可以按照对所有申请统一办理的方式分配。

第二十九条 按照对所有申请统一办理的方式分配关税配额的，进口配额管理部门应当在每年12月31日前作出是否发放配额的决定。

第三十条 进口经营者凭进口配额管理部门发放的关税配额证明，向海关办理关税配额内货物的报关验放手续。

国务院有关经济管理部门应当及时将年度关税配额总量、分配方案和关税配额证明实际发放的情况向国务院外经贸主管部门备案。

第三十一条 关税配额持有者未使用完其持有的年度配额的，应当在当年9月15日前将未使用的配额交还进口配额管理部门；未按期交还并且在当年年底前未使用完的，进口配额管理部门可以在下一年度对其扣减相应的配额。

第三十二条 进口配额管理部门应当根据本条例的规定制定有关关税配额的具体管理办法，对申请人的资格、受理申请的部门、审查的原则和程序等事项作出明确规定并在实施前予以公布。

受理申请的部门一般为一个部门。

进口配额管理部门要求关税配额申请人提交的文件，应当限于为保证实施关税配额管理所必需的文件和资料，不得仅因细微的、非实质性的错讹拒绝接受关税配额申请。

第三章 货物出口管理

第一节 禁止出口的货物

第三十三条 有对外贸易法第十七条规定情形之一的货物，禁止出口。其他法律、行政法规规定禁止出口的，依照其规定。

禁止出口的货物目录由国务院外经贸主

管部门会同国务院有关部门制定、调整并公布。

第三十四条 属于禁止出口的货物，不得出口。

第二节 限制出口的货物

第三十五条 有对外贸易法第十六条第（一）、（二）、（三）、（七）项规定情形之一的货物，限制出口。其他法律、行政法规规定限制出口的，依照其规定。

限制出口的货物目录由国务院外经贸主管部门会同国务院有关部门制定、调整并公布。

限制出口的货物目录，应当至少在实施前21天公布；在紧急情况下，应当不迟于实施之日公布。

第三十六条 国家规定有数量限制的限制出口货物，实行配额管理；其他限制出口货物，实行许可证管理。

第三十七条 实行配额管理的限制出口货物，由国务院外经贸主管部门和国务院有关经济管理部门（以下统称出口配额管理部门）按照国务院规定的职责划分进行管理。

第三十八条 对实行配额管理的限制出口货物，出口配额管理部门应当在每年10月31日前公布下一年度出口配额总量。

配额申请人应当在每年11月1日至11月15日向出口配额管理部门提出下一年度出口配额的申请。

出口配额管理部门应当在每年12月15日前将下一年度的配额分配给配额申请人。

第三十九条 配额可以通过直接分配的方式分配，也可以通过招标等方式分配。

第四十条 出口配额管理部门应当自收到申请之日起30天内并不晚于当年12月15日作出是否发放配额的决定。

第四十一条 出口经营者凭出口配额管理部门发放的配额证明，向国务院外经贸主管部门申领出口配额许可证。国务院外经贸主管部门应当自收到申请之日起3个工作日内发放出口配额许可证。

出口经营者凭国务院外经贸主管部门发放的出口配额许可证，向海关办理报关验放手续。

第四十二条 配额持有者未使用完其持有的年度配额的，应当在当年10月31日前将未使用的配额交还出口配额管理部门；未按期交还并且在当年年底前未使用完的，出口配额管理部门可以在下一年度对其扣减相应的配额。

第四十三条 实行许可证管理的限制出口货物，出口经营者应当向国务院外经贸主管部门或者国务院有关部门（以下统称出口许可证管理部门）提出申请，出口许可证管理部门应当自收到申请之日起30天内决定是否许可。

出口经营者凭出口许可证管理部门发放的出口许可证，向海关办理报关验放手续。

前款所称出口许可证，包括法律、行政法规规定的各种具有许可出口性质的证明、文件。

第四十四条 出口配额管理部门和出口许可证管理部门应当根据本条例的规定制定具体管理办法，对申请人的资格、受理申请的部门、审查的原则和程序等事项作出明确规定并在实施前予以公布。

受理申请的部门一般为一个部门。

出口配额管理部门和出口许可证管理部门要求申请人提交的文件，应当限于为保证实施管理所必需的文件和资料，不得仅因细微的、非实质性的错讹拒绝接受申请。

第四章 国营贸易和指定经营

第四十五条 国家可以对部分货物的进出口实行国营贸易管理。

实行国营贸易管理的进出口货物目录由国务院外经贸主管部门会同国务院有关经济管理部门制定、调整并公布。

第四十六条 国务院外经贸主管部门和国务院有关经济管理部门按照国务院规定的职责划分确定国营贸易企业名录并予以

第四十七条　实行国营贸易管理的货物，国家允许非国营贸易企业从事部分数量的进出口。

第四十八条　国营贸易企业应当每半年向国务院外经贸主管部门提供实行国营贸易管理的货物的购买价格、销售价格等有关信息。

第四十九条　国务院外经贸主管部门基于维护进出口经营秩序的需要，可以在一定期限内对部分货物实行指定经营管理。

实行指定经营管理的进出口货物目录由国务院外经贸主管部门制定、调整并公布。

第五十条　确定指定经营企业的具体标准和程序，由国务院外经贸主管部门制定并在实施前公布。

指定经营企业名录由国务院外经贸主管部门公布。

第五十一条　除本条例第四十七条规定的情形外，未列入国营贸易企业名录和指定经营企业名录的企业或者其他组织，不得从事实行国营贸易管理、指定经营管理的货物的进出口贸易。

第五十二条　国营贸易企业和指定经营企业应当根据正常的商业条件从事经营活动，不得以非商业因素选择供应商，不得以非商业因素拒绝其他企业或者组织的委托。

第五章　进出口监测和临时措施

第五十三条　国务院外经贸主管部门负责对货物进出口情况进行监测、评估，并定期向国务院报告货物进出口情况，提出建议。

第五十四条　国家为维护国际收支平衡，包括国际收支发生严重失衡或者受到严重失衡威胁时，或者为维持与实施经济发展计划相适应的外汇储备水平，可以对进口货物的价值或者数量采取临时限制措施。

第五十五条　国家为建立或者加快建立国内特定产业，在采取现有措施无法实现的情况下，可以采取限制或者禁止进口的临时措施。

第五十六条　国家为执行下列一项或者数项措施，必要时可以对任何形式的农产品水产品采取限制进口的临时措施：

（一）对相同产品或者直接竞争产品的国内生产或者销售采取限制措施；

（二）通过补贴消费的形式，消除国内过剩的相同产品或者直接竞争产品；

（三）对完全或者主要依靠该进口农产品水产品形成的动物产品采取限产措施。

第五十七条　有下列情形之一的，国务院外经贸主管部门可以对特定货物的出口采取限制或者禁止的临时措施：

（一）发生严重自然灾害等异常情况，需要限制或者禁止出口的；

（二）出口经营秩序严重混乱，需要限制出口的；

（三）依照对外贸易法第十六条、第十七条的规定，需要限制或者禁止出口的。

第五十八条　对进出口货物采取限制或者禁止的临时措施的，国务院外经贸主管部门应当在实施前予以公告。

第六章　对外贸易促进

第五十九条　国家采取出口信用保险、出口信贷、出口退税、设立外贸发展基金等措施，促进对外贸易发展。

第六十条　国家采取有效措施，促进企业的技术创新和技术进步，提高企业的国际竞争能力。

第六十一条　国家通过提供信息咨询服务，帮助企业开拓国际市场。

第六十二条　货物进出口经营者可以依法成立和参加进出口商会，实行行业自律和协调。

第六十三条　国家鼓励企业积极应对国外歧视性反倾销、反补贴、保障措施及其他限制措施，维护企业的正当贸易权利。

第七章　法律责任

第六十四条　进口或者出口属于禁止进出口的货物，或者未经批准、许可擅自进口或者出口属于限制进出口的货物的，依照刑法关于走私罪的规定，依法追究刑事责任；尚不够刑事处罚的，依照海关法的有关规定处罚；国务院外经贸主管部门并可以撤销其对外贸易经营许可。

第六十五条　擅自超出批准、许可的范围进口或者出口属于限制进出口的货物的，依照刑法关于走私罪或者非法经营罪的规定，依法追究刑事责任；尚不够刑事处罚的，依照海关法的有关规定处罚；国务院外经贸主管部门并可以暂停直至撤销其对外贸易经营许可。

第六十六条　伪造、变造或者买卖货物进出口配额证明、批准文件、许可证或者自动进口许可证明的，依照刑法关于非法经营罪或者伪造、变造、买卖国家机关公文、证件、印章罪的规定，依法追究刑事责任；尚不够刑事处罚的，依照海关法的有关规定处罚；国务院外经贸主管部门并可以撤销其对外贸易经营许可。

第六十七条　进出口经营者以欺骗或者其他不正当手段获取货物进出口配额、批准文件、许可证或者自动进口许可证明的，依法收缴其货物进出口配额、批准文件、许可证或者自动进口许可证明，国务院外经贸主管部门可以暂停直至撤销其对外贸易经营许可。

第六十八条　违反本条例第五十一条规定，擅自从事实行国营贸易管理或者指定经营管理的货物进出口贸易，扰乱市场秩序，情节严重的，依照刑法关于非法经营罪的规定，依法追究刑事责任；尚不够刑事处罚的，由工商行政管理机关依法给予行政处罚；国务院外经贸主管部门并可以暂停直至撤销其对外贸易经营许可。

第六十九条　国营贸易企业或者指定经营企业违反本条例第四十八条、第五十二条规定的，由国务院外经贸主管部门予以警告；情节严重的，可以暂停直至取消其国营贸易企业或者指定经营企业资格。

第七十条　货物进出口管理工作人员在履行货物进出口管理职责中，滥用职权、玩忽职守或者利用职务上的便利收受、索取他人财物的，依照刑法关于滥用职权罪、玩忽职守罪、受贿罪或者其他罪的规定，依法追究刑事责任；尚不够刑事处罚的，依法给予行政处分。

第八章　附　　则

第七十一条　对本条例规定的行政机关发放配额、关税配额、许可证或者自动许可证明的决定不服的，对确定国营贸易企业或者指定经营企业资格的决定不服的，或者对行政处罚的决定不服的，可以依法申请行政复议，也可以依法向人民法院提起诉讼。

第七十二条　本条例的规定不妨碍依据法律、行政法规对进出口货物采取的关税、检验检疫、安全、环保、知识产权保护等措施。

第七十三条　出口核用品、核两用品、监控化学品、军品等出口管制货物的，依照有关行政法规的规定办理。

第七十四条　对进口货物需要采取反倾销措施、反补贴措施、保障措施的，依照对外贸易法和有关法律、行政法规的规定执行。

第七十五条　法律、行政法规对保税区、出口加工区等特殊经济区的货物进出口管理另有规定的，依照其规定。

第七十六条　国务院外经贸主管部门负责有关货物进出口贸易的双边或者多边磋商、谈判，并负责贸易争端解决的有关事宜。

第七十七条　本条例自2002年1月1日起施行。1984年1月10日国务院发布的《中华人民共和国进口货物许可制度暂行条例》，1992年12月21日国务院批准、1992年12月29日对外经济贸易部发布的《出口商品管理暂行办法》，1993年9月22日国务院批准、1993年10月7日国家经济贸易委员会、对外贸易经济合作部发布的《机电产品进口管理暂行办法》，1993年12月22日国务院批准、1993年12月29日国家计划委员会、对外贸易经济合作部发布的《一般商品进口配额管理暂行办法》，1994年6月13日国务院批准、1994年7月19日对外贸易经济合作部、国家计划委员会发布的《进口商品经营管理暂行办法》，同时废止。

最高人民法院
关于审理买卖合同纠纷案件适用法律问题的解释

（2012年3月31日最高人民法院审判委员会第1545次会议通过 根据2020年12月23日最高人民法院审判委员会第1823次会议通过的《最高人民法院关于修改〈最高人民法院关于在民事审判工作中适用《中华人民共和国工会法》若干问题的解释〉等二十七件民事类司法解释的决定》修正）

为正确审理买卖合同纠纷案件，根据《中华人民共和国民法典》《中华人民共和国民事诉讼法》等法律的规定，结合审判实践，制定本解释。

一、买卖合同的成立

第一条 当事人之间没有书面合同，一方以送货单、收货单、结算单、发票等主张存在买卖合同关系的，人民法院应当结合当事人之间的交易方式、交易习惯以及其他相关证据，对买卖合同是否成立作出认定。

对账确认函、债权确认书等函件、凭证没有记载债权人名称，买卖合同当事人一方以此证明存在买卖合同关系的，人民法院应予支持，但有相反证据足以推翻的除外。

二、标的物交付和所有权转移

第二条 标的物为无需以有形载体交付的电子信息产品，当事人对交付方式约定不明确，且依照民法典第五百一十条的规定仍不能确定的，买受人收到约定的电子信息产品或者权利凭证即为交付。

第三条 根据民法典第六百二十九条的规定，买受人拒绝接收多交部分标的物的，可以代为保管多交部分标的物。买受人主张出卖人负担代为保管期间的合理费用的，人民法院应予支持。

买受人主张出卖人承担代为保管期间非因买受人故意或者重大过失造成的损失的，人民法院应予支持。

第四条 民法典第五百九十九条规定的"提取标的物单证以外的有关单证和资料"，主要应当包括保险单、保修单、普通发票、增值税专用发票、产品合格证、质量保证书、质量鉴定书、品质检验证书、产品进出口检疫书、原产地证明书、使用说明书、装箱单等。

第五条 出卖人仅以增值税专用发票及税款抵扣资料证明其已履行交付标的物义务，买受人不认可的，出卖人应当提供其他证据证明交付标的物的事实。

合同约定或者当事人之间习惯以普通发

票作为付款凭证，买受人以普通发票证明已经履行付款义务的，人民法院应予支持，但有相反证据足以推翻的除外。

第六条 出卖人就同一普通动产订立多重买卖合同，在买卖合同均有效的情况下，买受人均要求实际履行合同的，应当按照以下情形分别处理：

（一）先行受领交付的买受人请求确认所有权已经转移的，人民法院应予支持；

（二）均未受领交付，先行支付价款的买受人请求出卖人履行交付标的物等合同义务的，人民法院应予支持；

（三）均未受领交付，也未支付价款，依法成立在先合同的买受人请求出卖人履行交付标的物等合同义务的，人民法院应予支持。

第七条 出卖人就同一船舶、航空器、机动车等特殊动产订立多重买卖合同，在买卖合同均有效的情况下，买受人均要求实际履行合同的，应当按照以下情形分别处理：

（一）先行受领交付的买受人请求出卖人履行办理所有权转移登记手续等合同义务的，人民法院应予支持；

（二）均未受领交付，先行办理所有权转移登记手续的买受人请求出卖人履行交付标的物等合同义务的，人民法院应予支持；

（三）均未受领交付，也未办理所有权转移登记手续，依法成立在先合同的买受人请求出卖人履行交付标的物和办理所有权转移登记手续等合同义务的，人民法院应予支持；

（四）出卖人将标的物交付给买受人之一，又为其他买受人办理所有权转移登记，已受领交付的买受人请求将标的物所有权登记在自己名下的，人民法院应予支持。

三、标的物风险负担

第八条 民法典第六百零三条第二款第一项规定的"标的物需要运输的"，是指标的物由出卖人负责办理托运，承运人系独立于买卖合同当事人之外的运输业者的情形。标的物毁损、灭失的风险负担，按照民法典第六百零七条第二款的规定处理。

第九条 出卖人根据合同约定将标的物运送至买受人指定地点并交付给承运人后，标的物毁损、灭失的风险由买受人负担，但当事人另有约定的除外。

第十条 出卖人出卖交由承运人运输的在途标的物，在合同成立时知道或者应当知道标的物已经毁损、灭失却未告知买受人，买受人主张出卖人负担标的物毁损、灭失的风险的，人民法院应予支持。

第十一条 当事人对风险负担没有约定，标的物为种类物，出卖人未以装运单据、加盖标记、通知买受人等可识别的方式清楚地将标的物特定于买卖合同，买受人主张不负担标的物毁损、灭失的风险的，人民法院应予支持。

四、标的物检验

第十二条 人民法院具体认定民法典第六百二十一条第二款规定的"合理期限"时，应当综合当事人之间的交易性质、交易目的、交易方式、交易习惯、标的物的种类、数量、性质、安装和使用情况、瑕疵的性质、买受人应尽的合理注意义务、检验方法和难易程度、买受人或者检验人所处的具体环境、自身技能以及其他合理因素，依据诚实信用原则进行判断。

民法典第六百二十一条第二款规定的"二年"是最长的合理期限。该期限为不变期间，不适用诉讼时效中止、中断或者延长的规定。

第十三条 买受人在合理期限内提出异议，出卖人以买受人已经支付价款、确认欠款数额、使用标的物等为由，主张买受人放弃异议的，人民法院不予支持，但当事人另有约定的除外。

第十四条 民法典第六百二十一条规定的检验期限、合理期限、二年期限经过后，买受人主张标的物的数量或者质量不符合约定的，人民法院不予支持。

出卖人自愿承担违约责任后，又以上述期限经过为由翻悔的，人民法院不予支持。

五、违约责任

第十五条　买受人依约保留部分价款作为质量保证金，出卖人在质量保证期未及时解决质量问题而影响标的物的价值或者使用效果，出卖人主张支付该部分价款的，人民法院不予支持。

第十六条　买受人在检验期限、质量保证期、合理期限内提出质量异议，出卖人未按要求予以修理或者因情况紧急，买受人自行或者通过第三人修理标的物后，主张出卖人负担因此发生的合理费用的，人民法院应予支持。

第十七条　标的物质量不符合约定，买受人依照民法典第五百八十二条的规定要求减少价款的，人民法院应予支持。当事人主张以符合约定的标的物和实际交付的标的物按交付时的市场价值计算差价的，人民法院应予支持。

价款已经支付，买受人主张返还减价后多出部分价款的，人民法院应予支持。

第十八条　买卖合同对付款期限作出的变更，不影响当事人关于逾期付款违约金的约定，但该违约金的起算点应当随之变更。

买卖合同约定逾期付款违约金，买受人以出卖人接受价款时未主张逾期付款违约金为由拒绝支付该违约金的，人民法院不予支持。

买卖合同约定逾期付款违约金，但对账单、还款协议等未涉及逾期付款责任，出卖人根据对账单、还款协议等主张欠款时请求买受人依约支付逾期付款违约金的，人民法院应予支持，但对账单、还款协议等明确载有本金及逾期付款利息数额或者已经变更买卖合同中关于本金、利息等约定内容的除外。

买卖合同没有约定逾期付款违约金或者该违约金的计算方法，出卖人以买受人违约为由主张赔偿逾期付款损失，违约行为发生在2019年8月19日之前的，人民法院可以中国人民银行同期同类人民币贷款基准利率为基础，参照逾期罚息利率标准计算；违约行为发生在2019年8月20日之后的，人民法院可以违约行为发生时中国人民银行授权全国银行间同业拆借中心公布的一年期贷款市场报价利率（LPR）标准为基础，加计30—50%计算逾期付款损失。

第十九条　出卖人没有履行或者不当履行从给付义务，致使买受人不能实现合同目的，买受人主张解除合同的，人民法院应当根据民法典第五百六十三条第一款第四项的规定，予以支持。

第二十条　买卖合同因违约而解除后，守约方主张继续适用违约金条款的，人民法院应予支持；但约定的违约金过分高于造成的损失的，人民法院可以参照民法典第五百八十五条第二款的规定处理。

第二十一条　买卖合同当事人一方以对方违约为由主张支付违约金，对方以合同不成立、合同未生效、合同无效或者不构成违约等为由进行免责抗辩而未主张调整过高的违约金的，人民法院应当就法院若不支持免责抗辩，当事人是否需要主张调整违约金进行释明。

一审法院认为免责抗辩成立且未予释明，二审法院认为应当判决支付违约金的，可以直接释明并改判。

第二十二条　买卖合同当事人一方违约造成对方损失，对方主张赔偿可得利益损失的，人民法院在确定违约责任范围时，应当根据当事人的主张，依据民法典第五百八十四条、第五百九十一条、第五百九十二条、本解释第二十三条等规定进行认定。

第二十三条　买卖合同当事人一方因对方违约而获有利益，违约方主张从损失赔偿额中扣除该部分利益的，人民法院应予支持。

第二十四条　买受人在缔约时知道或者应当知道标的物质量存在瑕疵，主张出卖人承担瑕疵担保责任的，人民法院不予支持，但买受人在缔约时不知道该瑕疵会导致标的物的基本效用显著降低的除外。

六、所有权保留

第二十五条　买卖合同当事人主张民法典第六百四十一条关于标的物所有权保留的规定适用于不动产的，人民法院不予支持。

第二十六条　买受人已经支付标的物总价款的百分之七十五以上，出卖人主张取回标的物的，人民法院不予支持。

在民法典第六百四十二条第一款第三项情形下，第三人依据民法典第三百一十一条的规定已经善意取得标的物所有权或者其他物权，出卖人主张取回标的物的，人民法院不予支持。

七、特种买卖

第二十七条　民法典第六百三十四条第一款规定的"分期付款"，系指买受人将应付的总价款在一定期限内至少分三次向出卖人支付。

分期付款买卖合同的约定违反民法典第六百三十四条第一款的规定，损害买受人利益，买受人主张该约定无效的，人民法院应予支持。

第二十八条　分期付款买卖合同约定出卖人在解除合同时可以扣留已受领价金，出卖人扣留的金额超过标的物使用费以及标的物受损赔偿额，买受人请求返还超过部分的，人民法院应予支持。

当事人对标的物的使用费没有约定的，人民法院可以参照当地同类标的物的租金标准确定。

第二十九条　合同约定的样品质量与文字说明不一致且发生纠纷时当事人不能达成合意，样品封存后外观和内在品质没有发生变化的，人民法院应当以样品为准；外观和内在品质发生变化，或者当事人对是否发生变化有争议而又无法查明的，人民法院应当以文字说明为准。

第三十条　买卖合同存在下列约定内容之一的，不属于试用买卖。买受人主张属于试用买卖的，人民法院不予支持：

（一）约定标的物经过试用或者检验符合一定要求时，买受人应当购买标的物；

（二）约定第三人经试验对标的物认可时，买受人应当购买标的物；

（三）约定买受人在一定期限内可以调换标的物；

（四）约定买受人在一定期限内可以退还标的物。

八、其他问题

第三十一条　出卖人履行交付义务后诉请买受人支付价款，买受人以出卖人违约在先为由提出异议的，人民法院应当按照下列情况分别处理：

（一）买受人拒绝支付违约金、拒绝赔偿损失或者主张出卖人应当采取减少价款等补救措施的，属于提出抗辩；

（二）买受人主张出卖人应支付违约金、赔偿损失或者要求解除合同的，应当提起反诉。

第三十二条　法律或者行政法规对债权转让、股权转让等权利转让合同有规定的，依照其规定；没有规定的，人民法院可以根据民法典第四百六十七条和第六百四十六条的规定，参照适用买卖合同的有关规定。

权利转让或者其他有偿合同参照适用买卖合同的有关规定的，人民法院应当首先引用民法典第六百四十六条的规定，再引用买卖合同的有关规定。

第三十三条　本解释施行前本院发布的有关购销合同、销售合同等有偿转移标的物所有权的合同的规定，与本解释抵触的，自本解释施行之日起不再适用。

本解释施行后尚未终审的买卖合同纠纷

案件，适用本解释；本解释施行前已经终审，当事人申请再审或者按照审判监督程序决定再审的，不适用本解释。

对外经济贸易部
关于执行联合国国际货物销售合同公约应注意的几个问题

1987年12月4日　　　　　　　　　　(87) 外经贸法第22号

各省、自治区、直辖市及计划单列市、区经贸厅（委、局）、外贸局（总公司）、各总公司、各工贸公司：

我国政府已于1986年12月11日正式核准了《联合国国际货物销售合同公约》（以下简称公约）。鉴于参加公约的国家已经超过10个，公约将于1988年1月1日起生效。为便于我各对外经济贸易公司正确执行公约，现将应注意的几个问题通知如下：

一、目前已经参加公约的国家除中国外，还有美国、意大利、赞比亚、南斯拉夫、阿根廷、匈牙利、埃及、叙利亚、法国和莱蒙托等国家。1986年，该10国与我国的进出口贸易额已达92.3亿美元，贸易合同的数量是相当大的。我国政府既已加入了公约，也就承担了执行公约的义务。因此，根据公约第一条（1）款的规定，自1988年1月1日起，我各公司与上述国家（匈牙利除外）的公司达成的货物买卖合同如不另做法律选择，则合同规定事项将自动适用公约的有关规定，发生纠纷或诉讼亦得依据公约处理。故各公司对一般的货物买卖合同应考虑适用公约，但公司亦可根据交易的性质、产品的特性以及国别等具体因素，与外商达成与公约条文不一致的合同条款，或在合同中明确排除适用公约，转而选择某一国的国内法为合同适用法律。

二、公约只适用于货物的买卖。公约采用了排除方法对货物的范围做了规定（见公约第二、三条）。凡不在公约第二、三条排除的范围内的货物均属公约适用范围。

三、公约并未对解决合同纠纷的所有法律都做出规定。我国贸易公司应根据具体交易情况，对公约未予规定的问题，或在合同中做出明确规定，或选择某一国国内法管辖合同。

四、中国和匈牙利之间的协定贸易虽属货物买卖，但目前不适用公约，仍适用中国与匈牙利1962年签订的"交货共同条件"。

五、公约对合同对立的程序以及买卖双方的权利义务做了规定。这些规定与我国现行法律及公司的习惯做法有许多不一致的地方，请各公司注意。

各省经贸厅（委、局）和各外贸总公司、工贸公司要及时认真组织外经贸干部学习研究公约。学习中存在的问题请商有关部门解决，也可直接向经贸部条法局反映。

最高人民法院
转发对外经济贸易部《关于执行联合国国际货物销售合同公约应注意的几个问题》的通知

1987年12月10日　　　　　　　　　法（经）发〔1987〕34号

各省、自治区、直辖市高级人民法院、中级人民法院，各铁路运输中级法院，各海事法院：

鉴于《联合国国际货物销售合同公约》将于1988年1月1日起对我国生效，现将对外经济贸易部《关于执行联合国国际货物销售合同公约应注意的几个问题》转发给你们。请你们组织有关人员认真研究，以便在涉外经济审判工作中正确执行该《公约》。执行中有什么问题，望及时向我院汇报。

联合国国际货物销售合同公约[*]

（1980年4月11日订于维也纳　1988年1月1日对我国生效）

序　　言

本公约各缔约国，

铭记联合国大会第六届特别会议通过的关于建立新的国际经济秩序的各项决议的广泛目标，

考虑到在平等互利基础上发展国际贸易是促进各国间友好关系的一个重要因素，

认为采用照顾到不同的社会、经济和法律制度的国际货物销售合同统一规则，将有助于减少国际贸易的法律障碍，促进国际贸易的发展，

兹协议如下：

---

[*]《联合国国际货物销售合同公约》（CISG）于1988年1月1日对我国生效，于2022年12月1日适用于香港特别行政区（我国对第一条第一款第二项的保留不适用于香港特别行政区）。1981年9月30日中国政府代表签署了该公约，1986年12月11日交存核准书。核准书中声明，中国不受该公约第一条第一款第二项、第十一条及与第十一条内容有关的规定的约束。2013年1月16日，我国撤回了对该公约第十一条及与第十一条内容有关的规定的保留。2022年5月4日，中国政府就公约适用于香港特别行政区向联合国作出声明，适用时间为2022年12月1日，我国对第一条第一款第二项的保留不适用于香港特别行政区。

该公约缔约国相关信息可以从联合国条约数据相关网站（UNTC）查询，网址为https://treaties.un.org/pages/ViewDetails.aspx?src=TREATY&mtdsg_no=X-10&chapter=10&_gl=1*vnnqeu*_ga*MTQ5ODc2MjY3Ny4xNzAxODUwNDA2*_ga_TK9BQL5X7Z*MTcwNDI2ODYzMS41LjEuMTcwNDI2ODcwMi4wLjAuMA，最后访问时间：2024年1月25日。——编者注

第一部分 适用范围和总则

第一章 适用范围

第1条

（1）本公约适用于营业地在不同国家的当事人之间所订立的货物销售合同：

（a）如果这些国家是缔约国；或

（b）如果国际私法规则导致适用某一缔约国的法律。

（2）当事人营业地在不同国家的事实，如果从合同或从订立合同前任何时候或订立合同时，当事人之间的任何交易或当事人透露的情报均看不出，应不予考虑。

（3）在确定本公约的适用时，当事人的国籍和当事人或合同的民事或商业性质，应不予考虑。

第2条

本公约不适用于以下的销售：

（a）购供私人、家人或家庭使用的货物的销售，除非卖方在订立合同前任何时候或订立合同时不知道而且没有理由知道这些货物是购供任何这种使用；

（b）经由拍卖的销售；

（c）根据法律执行令状或其它令状的销售；

（d）公债、股票、投资证券、流通票据或货币的销售；

（e）船舶、船只、气垫船或飞机的销售；

（f）电力的销售。

第3条

（1）供应尚待制造或生产的货物的合同应视为销售合同，除非订购货物的当事人保证供应这种制造或生产所需的大部分重要材料。

（2）本公约不适用于供应货物一方的绝大部分义务在于供应劳力或其它服务的合同。

第4条

本公约只适用于销售合同的订立和卖方和买方因此种合同而产生的权利和义务。特别是，本公约除非另有明文规定，与以下事项无关：

（a）合同的效力，或其任何条款的效力，或任何惯例的效力；

（b）合同对所售货物所有权可能产生的影响。

第5条

本公约不适用于卖方对于货物对任何人所造成的死亡或伤害的责任。

第6条

双方当事人可以不适用本公约，或在第十二条的条件下，减损本公约的任何规定或改变其效力。

第二章 总　则

第7条

（1）在解释本公约时，应考虑到本公约的国际性质和促进其适用的统一以及在国际贸易上遵守诚信的需要。

（2）凡本公约未明确解决的属于本公约范围的问题，应按照本公约所依据的一般原则来解决，在没有一般原则的情况下，则应按照国际私法规定适用的法律来解决。

第8条

（1）为本公约的目的，一方当事人所作的声明和其它行为，应依照他的意旨解释，如果另一方当事人已知道或者不可能不知道此一意旨。

（2）如果上一款的规定不适用，当事人所作的声明和其它行为，应按照一个与另一方当事人同等资格、通情达理的人处于相同情况中，应有的理解来解释。

（3）在确定一方当事人的意旨或一个通情达理的人应有的理解时，应适当地考虑到与事实有关的一切情况，包括谈判情形、当事人之间确立的任何习惯做法、惯例和当事人其后的任何行为。

第 9 条

（1）双方当事人业已同意的任何惯例和他们之间确立的任何习惯做法，对双方当事人均有约束力。

（2）除非另有协议，双方当事人应视为已默示地同意对他们的合同或合同的订立适用双方当事人已知道或理应知道的惯例，而这种惯例，在国际贸易上，已为有关特定贸易所涉同类合同的当事人所广泛知道并为他们所经常遵守。

第 10 条　为本公约的目的：

（a）如果当事人有一个以上的营业地，则以与合同及合同的履行关系最密切的营业地为其营业地，但要考虑到双方当事人在订立合同前任何时候或订立合同时所知道或所设想的情况；

（b）如果当事人没有营业地，则以其惯常居住地为准。

第 11 条

销售合同无须以书面订立或书面证明，在形式方面也不受任何其它条件的限制。销售合同可以用包括人证在内的任何方法证明。

第 12 条

本公约第十一条、第二十九条或第二部分准许销售合同或其更改或根据协议终止，或者任何发价、接受或其它意旨表示得以书面以外任何形式做出的任何规定不适用，如果任何一方当事人的营业地是在已按照本公约第九十六条做出了声明的一个缔约国内，各当事人不得减损本条或改变其效力。

第 13 条

为本公约的目的，"书面"包括电报和电传。

第二部分　合同的订立

第 14 条

（1）向一个或一个以上特定的人提出的订立合同的建议，如果十分确定并且表明发价人在得到接受时承受约束的意旨，即构成发价。一个建议如果写明货物并且明示或暗示地规定数量和价格或规定如何确定数量和价格，即为十分确定。

（2）非向一个或一个以上特定的人提出的建议，仅应视为邀请做出发价，除非提出建议的人明确地表示相反的意向。

第 15 条

（1）发价于送达被发价人时生效。

（2）一项发价，即使是不可撤销的，得予撤回，如果撤回通知于发价送达被发价人之前或同时，送达被发价人。

第 16 条

（1）在未订立合同之前，发价得予撤销，如果撤销通知于被发价人发出接受通知之前送达被发价人。

（2）但在下列情况下，发价不得撤销：

（a）发价写明接受发价的期限或以其它方式表示发价是不可撤销的；或

（b）被发价人有理由信赖该项发价是不可撤销的，而且被发价人已本着对该项发价的信赖行事。

第 17 条

一项发价，即使是不可撤销的，于拒绝通知送达发价人时终止。

第 18 条

（1）被发价人声明或做出其它行为表示同意一项发价，即是接受，缄默或不行动本身不等于接受。

（2）接受发价于表示同意的通知送达发价人时生效。如果表示同意的通知在发价人所规定的时间内，如未规定时间，在一段合理的时间内，未曾送达发价人，接受就成为无效，但须适当地考虑到交易的情况，包括发价人所使用的通讯方法的迅速程序。对口头发价必须立即接受，但情况有别者不在此限。

（3）但是，如果根据该项发价或依照当事人之间确立的习惯做法和惯例，被发价人可以做出某种行为，例如与发运货物或支付价款有关的行为，来表示同意，而无须向发价人发出通知，则接受于该项行为做出时生效，但该项行为必须在上一款所规定的期间内做出。

第 19 条

（1）对发价表示接受但载有添加、限制或其它更改的答复，即为拒绝该项发价，并构成还价。

（2）但是，对发价表示接受但载有添加或不同条件的答复，如所载的添加或不同条件在实质上并不变更该项发价的条件，除发价人在不过分迟延的期间内以口头或书面通知反对其间的差异外，仍构成接受。如果发价人不做出这种反对，合同的条件就以该项发价的条件以及接受通知内所载的更改为准。

（3）有关货物价格、付款、货物质量和数量、交货地点和时间、一方当事人对另一方当事人的赔偿责任范围或解决争端等等的添加或不同条件，均视为在实质上变更发价的条件。

第 20 条

（1）发价人在电报或信件内规定的接受期间，从电报交发时刻或信上载明的发信日期起算，如信上未载明发信日期，则从信封上所载日期起算。发价人以电话电传或其它快速通讯方法规定的接受期间，从发价送达被发价人时起算。

（2）在计算接受期间时，接受期间内的正式假日或非营业日应计算在内。但是，如果接受通知在接受期间的最后 1 天未能送到发价人地址，因为那天在发价人营业地是正式假日或非营业日，则接受期间应顺延至下一个营业日。

第 21 条

（1）逾期接受仍有接受的效力，如果发价人毫不迟延地用口头或书面将此种意见通知被发价人。

（2）如果载有逾期接受的信件或其它书面文件表明，它是在传递正常、能及时送达发价人的情况下寄发的，则该项逾期接受具有接受的效力，除非发价人毫不迟延地用口头或书面通知被发价人：他认为他的发价已经失效。

第 22 条

接受得予撤回，如果撤回通知于接受原应生效之前或同时，送达发价人。

第 23 条

合同于按照本公约规定对发价的接受生效时订立。

第 24 条

为公约本部分的目的，发价、接受声明或任何其它意旨表示"送达"对方，系指用口头通知对方或通过任何其它方法送交对方本人，或其营业地或通讯地址，如无营业地或通讯地址，则送交对方惯常居住地。

第三部分　货物销售

第一章　总　　则

第 25 条

一方当事人违反合同的结果，如使另一方当事人蒙受损害，以致于实际上剥夺了他根据合同规定有权期待得到的东西，即为根本违反合同，除非违反合同一方并不预知而且一个同等资格、通情达理的人处于相同情况中也没有理由预知会发生这种结果。

第 26 条

宣告合同无效的声明，必须向另一方当事人发出通知，方始有效。

第 27 条

除非公约本部分另有明文规定，当事人按照本部分的规定，以适合情况的方法发出任何通知、要求或其它通知后，这种通知如在传递上发生耽搁或错误，或者未能到达，并不使该当事人丧失依靠该项通知的权利。

第 28 条

如果按照本公约的规定，一方当事人有权要求另一方当事人履行某一义务，法院没有义务做出判决，要求具体履行此一义务，除非法院依照其本身的法律对不属本公约范围的类似销售合同愿意这样做。

第 29 条

（1）合同只需双方当事人协议，就可更改或终止。

（2）规定任何更改或根据协议终止必须以书面做出的书面合同，不得以任何其它方式更改或根据协议终止。但是，一方当事人的行为，如经另一方当事人寄以信赖，就不得坚持此项规定。

第二章 卖方的义务

第 30 条

卖方必须按照合同和本公约的规定，交付货物，移交一切与货物有关的单据并转移货物所有权。

第一节 交付货物和移交单据

第 31 条

如果卖方没有义务要在任何其它特定地点交付货物，他的交货义务如下：

（a）如果销售合同涉及到货物的运输，卖方应把货物移交给第一承运人，以运交给买方；

（b）在不属于上一款规定的情况下，如果合同指的是特定货物或从特定存货中提取的或尚待制造或生产的未经特定化的货物，而双方当事人在订立合同时已知道这些货物是在某一特定地点，或将在某一特定地点制造或生产，卖方应在该地点把货物交给买方处置；

（c）在其它情况下，卖方应在他于订立合同时的营业地把货物交给买方处置。

第 32 条

（1）如果卖方按照合同或本公约的规定将货物交付给承运人，但货物没有以货物上加标记、或以装运单据或其它方式清楚地注明有关合同，卖方必须向买方发出列明货物的发货通知。

（2）如果卖方有义务安排货物的运输，他必须订立必要的合同，以按照通常运输条件、用适合情况的运输工具，把货物运到指定地点。

（3）如果卖方没有义务对货物的运输办理保险，他必须在买方提出要求时，向买方提供一切现有的必要资料，使他能够办理这种保险。

第 33 条

卖方必须按以下规定的日期交付货物：

（a）如果合同规定有日期，或从合同可以确定日期，应在该日期交货；

（b）如果合同规定有一段时间，或从合同可以确定一段时间，除非情况表明应由买方选定一个日期外，应在该段时间内任何时候交货；或者

（c）在其它情况下，应在订立合同后一段合理时间内交货。

第 34 条

如果卖方有义务移交与货物有关的单据，他必须按照合同所规定的时间、地点和方式移交这些单据。如果卖方在那个时间以前已移交这些单据，他可以在那个时间到达前纠正单据中任何不符合同规定的情形，但是，此一权利的行使不得使买方遭受不合理的不便或承担不合理的开支。但是，买方保留本公约所规定的要求损害赔偿的任何权利。

第二节 货物相符与第三方要求

第 35 条

（1）卖方交付的货物必须与合同所规定的数量、质量和规格相符，并须按照合同所规定的方式装箱或包装。

（2）除双方当事人业已另有协议外，货物除非符合以下规定，否则即为与合同不符：

（a）货物适用于同一规格货物通常使用的目的；

（b）货物适用于订立合同时曾明示或默示地通知卖方的任何特定目的，除非情况表明买方并不依赖卖方的技能和判断力，或者这种依赖对他是不合理的；

（c）货物的质量与卖方向买方提供的货物样品或样式相同；

（d）货物按照同类货物通用的方式装箱或包装，如果没有此种通用方式，则按照足以保全和保护货物的方式装箱或包装。

（3）如果买方在订立合同时知道或者不可能不知道货物不符合同，卖方就无须按上一款（a）项至（d）项负有此种不符合同的责任。

第 36 条

（1）卖方应按照合同和本公约的规定，对风险移转到买方时所存在的任何不符合同情形，负有责任，即使这种不符合同情形在该时间后方始明显。

（2）卖方对在上一款所述时间后发生的任何不符合同情形，也应负有责任，如果这种不符合同情形是由于卖方违反他的某项义务所致，包括违反关于在一段时间内货物将继续适用于其通常使用的目的或某种特定目的，或将保持某种特定质量或性质的任何保证。

第 37 条

如果卖方在交货日期前交付货物，他可以在那个日期到达前，交付任何缺漏部分或补足所交付货物的不足数量，或交付用以替换所交付不符合同规定的货物，或对所交付货物中任何不符合同规定的情形做出补救，但是，此一权利的行使不得使买方遭受不合理的不便或承担不合理的开支。但是，买方保留本公约所规定的要求损害赔偿的任何权利。

第 38 条

（1）买方必须在按情况实际可行的最短时间内检验货物或由他人检验货物。

（2）如果合同涉及到货物的运输，检验可推迟到货物到达目的地后进行。

（3）如果货物在运输途中改运或买方须再发运货物，没有合理机会加以检验，而卖方在订立合同时已知道或理应知道这种改运或再发运的可能性，检验可推迟到货物到达新目的地后进行。

第 39 条

（1）买方对货物不符合同，必须在发现或理应发现不符情形后一段合理时间内通知卖方，说明不符合同情形的性质，否则就丧失声称货物不符合同的权利。

（2）无论如何，如果买方不在实际收到货物之日起两年内将货物不符合同情形通知卖方，他就丧失声称货物不符合同的权利，除非这一时限与合同规定的保证期限不符。

第 40 条

如果货物不符合同规定指的是卖方已知道或不可能不知道而又没有告知买方的一些事实，则卖方无权援引第三十八条和第三十九条的规定。

第 41 条

卖方所交付的货物，必须是第三方不能提出任何权利或要求的货物，除非买方同意在这种权利或要求的条件下，收取货物。但是，如果这种权利或要求是以工业产权或其它知识产权为基础的，卖方的义务应依照第四十二条的规定。

第 42 条

（1）卖方所交付的货物，必须是第三方不能根据工业产权或其它知识产权主张任何权利或要求的货物，但以卖方在订立合同时已知道或不可能不知道的权利或要求为限，而且这种权利或要求根据以下国家的法律规定是以工业产权或其它知识产权为基础的：

（a）如果双方当事人在订立合同时预期货物将在某一国境内转售或做其它使用，则根据货物将在其境内转售或做其它使用的国家的法律；或者

（b）在任何其它情况下，根据买方营业地所在国家的法律。

（2）卖方在上一款中的义务不适用于以下情况：

（a）买方在订立合同时已知道或不可能不知道此项权利或要求；或者

（b）此项权利或要求的发生，是由于卖方要遵照买方所提供的技术图样、图案、程式或其它规格。

第 43 条

（1）买方如果不在已知道或理应知道第三方的权利或要求后一段合理时间内，将此一权利或要求的性质通知卖方，就丧失援引第四十一条或第四十二条规定的权利。

（2）卖方如果知道第三方的权利或要求以及此一权利或要求的性质，就无权援引上一款的规定。

第 44 条

尽管有第三十九条第（1）款和第四十三条第（1）款的规定，买方如果对他未发出所需的通知具备合理的理由，仍可按照第五十条规定减低价格，或要求利润损失以外的损害赔偿。

第三节 卖方违反合同的补救办法

第 45 条

（1）如果卖方不履行他在合同和本公约中的任何义务，买方可以：

（a）行使第四十六条至第五十二条所规定的权利；

（b）按照第七十四条至第七十七条的规定，要求损害赔偿。

（2）买方可能享有的要求损害赔偿的任何权利，不因他行使采取其它补救办法的权利而丧失。

（3）如果买方对违反合同采取某种补救办法，法院或仲裁庭不得给予卖方宽限期。

第 46 条

（1）买方可以要求卖方履行义务，除非买方已采取与此一要求相抵触的某种补救办法。

（2）如果货物不符合同，买方只有在此种不符合同情形构成根本违反合同时，才可以要求交付替代货物，而且关于替代货物的要求，必须与依照第三十九条发出的通知同时提出，或者在该项通知发出后一段合理时间内提出。

（3）如果货物不符合同，买方可以要求卖方通过修理对不符合同之处做出补救，除非他考虑了所有情况之后，认为这样做是不合理的。修理的要求必须与依照第三十九条发出的通知同时提出，或者在该项通知发出后一段合理时间内提出。

第 47 条

（1）买方可以规定一段合理时限的额外时间，让卖方履行其义务。

（2）除非买方收到卖方的通知，声称他将不在所规定的时间内履行义务，买方在这段时间内不得对违反合同采取任何补救办法。但是，买方并不因此丧失他对迟延履行义务可能享有的要求损害赔偿的任何权利。

第 48 条

（1）在第四十九条的条件下，卖方即使在交货日期之后，仍可自付费用，对任何不履行义务做出补救，但这种补救不得造成不合理的迟延，也不得使买方遭受不合理的不便，或无法确定卖方是否将偿付买方预付的费用。但是，买方保留本公约所规定的要求损害赔偿的任何权利。

（2）如果卖方要求买方表明他是否接受卖方履行义务，而买方不在一段合理时间内对此一要求做出答复，则卖方可以按其要求中所指明的时间履行义务。买方不得在该段时间内采取与卖方履行义务相抵触的任何补救办法。

（3）卖方表明他将在某一特定时间内履行义务的通知，应视为包括根据上一款规定要买方表明决定的要求在内。

（4）卖方按照本条第（2）和第（3）款做出的要求或通知，必须在买方收到后，始生效力。

第 49 条

（1）买方在以下情况下可以宣告合同无效：

（a）卖方不履行其在合同或本公约中的任何义务，等于根本违反合同；或

（b）如果发生不交货的情况，卖方不在买方按照第四十七条第（1）款规定的额外时间内交付货物，或卖方声明他将不在所规定的时间内交付货物。

（2）但是，如果卖方已交付货物，买方

就丧失宣告合同无效的权利，除非：

（a）对于迟延交货，他在知道交货后一段合理时间内这样做；

（b）对于迟延交货以外的任何违反合同事情：

（i）他在已知道或理应知道这种违反合同后一段合理时间内这样做；或

（ii）他在买方按照第四十七条第（1）款规定的任何额外时间满期后，或在卖方声明他将不在这一额外时间履行义务后一段合理时间内这样做；或

（iii）他在卖方按照第四十八条第（2）款指明的任何额外时间满期后，或在买方声明他将不接受卖方履行义务后一段合理时间内这样做。

第 50 条

如果货物不符合同，不论价款是否已付，买方都可以减低价格，减价按实际交付的货物在交货时的价值与符合合同的货物在当时的价值两者之间的比例计算。但是，如果卖方按照第三十七条或第四十八条的规定对任何不履行义务做出补救，或者买方拒绝接受卖方按照该两条规定履行义务，则买方不得减低价格。

第 51 条

（1）如果卖方只交付一部分货物，或者交付的货物中只有一部分符合合同规定，第四十六条至第五十条的规定适用于缺漏部分及不符合同规定部分的货物。

（2）买方只有在完全不交付货物或不按照合同规定交付货物等于根本违反合同时，才可以宣告整个合同无效。

第 52 条

（1）如果卖方在规定的日期前交付货物，买方可以收取货物，也可以拒绝收取货物。

（2）如果卖方交付的货物数量大于合同规定的数量，买方可以收取也可以拒绝收取多交部分的货物。如果买方收取多交部分货物的全部或一部分，他必须按合同价格付款。

第三章 买方的义务

第 53 条

买方必须按照合同和本公约规定支付货物价款和收取货物。

第一节 支付价款

第 54 条

买方支付价款的义务包括根据合同或任何有关法律和规章规定的步骤和手续，以便支付价款。

第 55 条

如果合同已有效的订立，但没有明示或暗示地规定价格或规定如何确定价格，在没有任何相反表示的情况下，双方当事人应视为已默示地引用订立合同时此种货物在有关贸易的类似情况下销售的通常价格。

第 56 条

如果价格是按货物的重量规定的，如有疑问，应按净重确定。

第 57 条

（1）如果买方没有义务在任何其它特定地点支付价款，他必须在以下地点向卖方支付价款：

（a）卖方的营业地；或者

（b）如凭移交货物或单据支付价款，则为移交货物或单据的地点。

（2）卖方必须承担因其营业地在订立合同后发生变动而增加的支付方面的有关费用。

第 58 条

（1）如果买方没有义务在任何其它特定时间内支付价款，他必须于卖方按照合同和本公约规定将货物或控制货物处置权的单据交给买方处置时支付价款。卖方可以支付价款作为移交货物或单据的条件。

（2）如果合同涉及到货物的运输，卖方可以在支付价款后方可把货物或控制货物处置权的单据移交给买方作为发运货物的条件。

(3) 买方在未有机会检验货物前，无义务支付价款，除非这种机会与双方当事人议定的交货或支付程序相抵触。

第 59 条

买方必须按合同和本公约规定的日期或从合同和本公约可以确定的日期支付价款，而无需卖方提出任何要求或办理任何手续。

第二节 收取货物

第 60 条

买方收取货物的义务如下：

(a) 采取一切理应采取的行动，以期卖方能交付货物；和

(b) 接收货物。

第三节 买方违反合同的补救办法

第 61 条

(1) 如果买方不履行他在合同和本公约中的任何义务，卖方可以：

(a) 行使第六十二条至第六十五条所规定的权利；

(b) 按照第七十四至第七十七条的规定，要求损害赔偿。

(2) 卖方可能享有的要求损害赔偿的任何权利，不因他行使采取其它补救办法的权利而丧失。

(3) 如果卖方对违反合同采取某种补救办法，法院或仲裁庭不得给予买方宽限期。

第 62 条

卖方可以要求买方支付价款、收取货物或履行他的其它义务，除非卖方已采取与此一要求相抵触的某种补救办法。

第 63 条

(1) 卖方可以规定一段合理时限的额外时间，让买方履行义务。

(2) 除非卖方收到买方的通知，声称他将不在所规定的时间内履行义务，卖方不得在这段时间内对违反合同采取任何补救办法。但是，卖方并不因此丧失他对迟延履行义务可能享有的要求损害赔偿的任何权利。

第 64 条

(1) 卖方在以下情况下可以宣告合同无效：

(a) 买方不履行其在合同或本公约中的任何义务，等于根本违反合同；或

(b) 买方不在卖方按照第六十三条第(1)款规定的额外时间内履行支付价款的义务或收取货物，或买方声明他将不在所规定的时间内这样做。

(2) 但是，如果买方已支付价款，卖方就丧失宣告合同无效的权利，除非：

(a) 对于买方迟延履行义务，他在知道买方履行义务前这样做；或者

(b) 对于买方迟延履行义务以外的任何违反合同事情：

(一) 他在已知道或理应知道这种违反合同后一段合理时间内这样做；或

(二) 他在卖方按照第六十三条第(1)款规定的任何额外时间满期后或在买方声明他将不在这一额外时间内履行义务后一段合理时间内这样做。

第 65 条

(1) 如果买方应根据合同规定订明货物的形状、大小或其它特征，而他在议定的日期或在收到卖方的要求后一段合理时间内没有订明这些规格，则卖方在不损害其可能享有的任何其它权利的情况下，可以依照他所知的买方的要求，自己订明规格。

(2) 如果卖方自己订明规格，他必须把订明规格的细节通知买方，而且必须规定一段合理时间，让买方可以在该段时间内订出不同的规格。如果买方在收到这种通知后没有在该段时间内这样做，卖方所订的规格就具有约束力。

第四章 风险移转

第 66 条

货物在风险移转到买方承担后遗失或损坏，买方支付价款的义务并不因此解除，除非这种遗失或损坏是由于卖方的行为或不行

为所造成。

第 67 条

（1）如果销售合同涉及到货物的运输，但卖方没有义务在某一特定地点交付货物，自货物按照销售合同交付给第一承运人以转交给买方时起，风险就移转到买方承担。如果卖方有义务在某一特定地点把货物交付给承运人，在货物于该地点交付给承运人以前，风险不移转到买方承担。卖方受权保留控制货物处置权的单据，并不影响风险的移转。

（2）但是，在货物以货物上加标记、或以装运单据、或向买方发出通知或其它方式清楚地注明有关合同以前，风险不移转到买方承担。

第 68 条

对于在运输途中销售的货物，从订立合同时起，风险就移转到买方承担。但是，如果情况表明有此需要，从货物交付给签发载有运输合同单据的承运人时起，风险就由买方承担。尽管如此，如果卖方在订立合同时已知道或理应知道货物已经遗失或损坏，而他又不将这一事实告之买方，则这种遗失或损坏应由卖方负责。

第 69 条

（1）在不属于第六十七条和第六十八条规定的情况下，从买方接收货物时起，或如果买方不在适当时间内这样做，则从货物交给他处置但他不收取货物从而违反合同时起，风险移转到买方承担。

（2）但是，如果买方有义务在卖方营业地以外的某一地点接收货物，当交货时间已到而买方知道货物已在该地点交给他处置时，风险方始移转。

（3）如果合同指的是当时未加识别的货物，则这些货物在未清楚注明有关合同以前，不得视为已交给买方处置。

第 70 条

如果卖方已根本违反合同，第六十七条、第六十八条和第六十九条的规定，不损害买方因此种违反合同而可以采取的各种补救办法。

第五章　卖方和买方义务的一般规定

第一节　预期违反合同和分批交货合同

第 71 条

（1）如果订立合同后，另一方当事人由于下列原因显然将不履行其大部分重要义务，一方当事人可以中止履行义务：

（a）他履行义务的能力或他的信用有严重缺陷；或

（b）他在准备履行合同或履行合同中的行为。

（2）如果卖方在上一款所述的理由明显化以前已将货物发运，他可以阻止将货物交付给买方，即使买方持有其有权获得货物的单据。本款规定只与买方和卖方间对货物的权利有关。

（3）中止履行义务的一方当事人不论是在货物发运前还是发运后，都必须立即通知另一方当事人，如经另一方当事人对履行义务提供充分保证，则他必须继续履行义务。

第 72 条

（1）如果在履行合同日期之前，明显看出一方当事人将根本违反合同，另一方当事人可以宣告合同无效。

（2）如果时间许可，打算宣告合同无效的一方当事人必须向另一方当事人发出合理的通知，使他可以对履行义务提供充分保证。

（3）如果另一方当事人已声明他将不履行其义务，则上一款的规定不适用。

第 73 条

（1）对于分批交付货物的合同，如果一方当事人不履行对任何一批货物的义务，便对该批货物构成根本违反合同，则另一方当事人可以宣告合同对该批货物无效。

（2）如果一方当事人不履行对任何一批货物的义务，使另一方当事人有充分理由断定对今后各批货物将会发生根本违反合同，该另一方当事人可以在一段合理时间内宣告合同今后无效。

（3）买方宣告合同对任何一批货物的交付为无效时，可以同时宣告合同对已交付的或今后交付的各批货物均为无效，如果各批货物是互相依存的，不能单独用于双方当事人在订立合同时所设想的目的。

第二节 损害赔偿

第 74 条

一方当事人违反合同应负的损害赔偿额，应与另一方当事人因他违反合同而遭受的包括利润在内的损失额相等。这种损害赔偿不得超过违反合同一方在订立合同时，依照他当时已知道或理应知道的事实和情况，对违反合同预料到或理应预料到的可能损失。

第 75 条

如果合同被宣告无效，而在宣告无效后一段合理时间内，买方已以合理方式购买替代货物，或者卖方已以合理方式把货物转卖，则要求损害赔偿的一方可以取得合同价格和替代货物交易价格之间的差额以及按照第七十四条规定可以取得的任何其它损害赔偿。

第 76 条

（1）如果合同被宣告无效，而货物又有时价，要求损害赔偿的一方，如果没有根据第七十五条规定进行购买或转卖，则可以取得合同规定的价格和宣告合同无效时的时价之间的差额以及按照第七十四条规定可以取得的任何其它损害赔偿。但是，如果要求损害赔偿的一方在接收货物之后宣告合同无效，则应适用接收货物时的时价，而不适用宣告合同无效时的时价。

（2）为上一款的目的，时价指原应交付货物地点的现行价格，如果该地点没有时价，则指另一合理替代地点的价格，但应适当地考虑货物运费的差额。

第 77 条

声称另一方违反合同的一方，必须按情况采取合理措施，减轻由于该另一方违反合同而引起的损失，包括利润方面的损失。如果他不采取这种措施，违反合同一方可以要求从损害赔偿中扣除原可以减轻的损失数额。

第三节 利 息

第 78 条

如果一方当事人没有支付价款或任何其它拖欠金额，另一方当事人有权对这些款额收取利息，但不妨碍要求按照第七十四条规定可以取得的损害赔偿。

第四节 免 责

第 79 条

（1）当事人对不履行义务，不负责任，如果他能证明此种不履行义务，是由于某种非他所能控制的障碍，而且对于这种障碍，没有理由预期他在订立合同时能考虑到或能避免或克服它或它的后果。

（2）如果当事人不履行义务是由于他所雇用履行合同的全部或一部分规定的第三方不履行义务所致，该当事人只有在以下情况下才能免除责任：

（a）他按照上一款的规定应免除责任；和

（b）假如该款的规定也适用于他所雇用的人，这个人也同样会免除责任。

（3）本条所规定的免责对障碍存在的期间有效。

（4）不履行义务的一方必须将障碍及其对他履行义务能力的影响通知另一方。如果该项通知在不履行义务的一方已知道或理应知道此一障碍后一段合理时间内仍未为另一方收到，则他对由于另一方未收到通知而造成的损害应负赔偿责任。

（5）本条规定不妨碍任何一方行使本公约规定的要求损害赔偿以外的任何权利。

第 80 条

一方当事人因其行为或不行为而使得另一方当事人不履行义务时，不得声称该另一方当事人不履行义务。

第五节　宣告合同无效的效果

第 81 条

（1）宣告合同无效解除了双方在合同中的义务，但应负责的任何损害赔偿仍应负责。宣告合同无效不影响合同关于解决争端的任何规定，也不影响合同中关于双方在宣告合同无效后权利和义务的任何其它规定。

（2）已全部或局部履行合同的一方，可以要求另一方归还他按照合同供应的货物或支付的价款，如果双方都须归还，他们必须同时这样做。

第 82 条

（1）买方如果不可能按实际收到货物的原状归还货物，他就丧失宣告合同无效或要求卖方交付替代货物的权利。

（2）上一款的规定不适用于以下情况：

（a）如果不可能归还货物或不可能按实际收到货物的原状归还货物，并非由于买方的行为或不行为所造成；或者

（b）如果货物或其中一部分的毁灭或变坏，是由于按照第三十八条规定进行检验所致；或者

（c）如果货物或其中一部分，在买方发现或理应发现与合同不符以前，已为买方在正常营业过程中售出，或在正常使用过程中消费或改变。

第 83 条

买方虽然依第八十二条规定丧失宣告合同无效或要求卖方交付替代货物的权利，但是根据合同和本公约规定，他仍保有采取一切其它补救办法的权利。

第 84 条

（1）如果卖方有义务归还价款，他必须同时从支付价款之日起支付价款利息。

（2）在以下情况下，买方必须向卖方说明他从货物或其中一部分得到的一切利益：

（a）如果他必须归还货物或其中一部分；或者

（b）如果他不可能归还全部或一部分货物，或不可能按实际收到货物的原状归还全部或一部分货物，但他已宣告合同无效或已要求卖方支付替代货物。

第六节　保全货物

第 85 条

如果买方推迟收取货物，或在支付价款和交付货物应同时履行时，买方没有支付价款，而卖方仍拥有这些货物或仍能控制这些货物的处置权，卖方必须按情况采取合理措施，以保全货物。他有权保有这些货物，直至买方把他所付的合理费用偿还他为止。

第 86 条

（1）如果买方已收到货物，但打算行使合同或本公约规定的任何权利，把货物退回，他必须按情况采取合理措施，以保全货物。他有权保有这些货物，直至卖方把他所付的合理费用偿还给他为止。

（2）如果发运给买方的货物已到达目的地，并交给买方处置，而买方行使退货权利，则买方必须代表卖方收取货物，除非他这样做需要支付价款而且会使他遭受不合理的不便或需承担不合理的费用。如果卖方或受权代表他掌管货物的人也在目的地，则此一规定不适用。如果买方根据本款规定收取货物，他的权利和义务与上一款所规定的相同。

第 87 条

有义务采取措施以保全货物的一方当事人，可以把货物寄放在第三方的仓库，由另一方当事人担负费用，但该项费用必须合理。

第 88 条

（1）如果另一方当事人在收取货物或收回货物或支付价款或保全货物费用方面有不合理的迟延，按照第八十五条或第八十六条规定有义务保全货物的一方当事人，可以采取任何适当办法，把货物出售，但必须事前向另一方当事人发出合理的意向通知。

（2）如果货物易于迅速变坏，或者货物的保全牵涉到不合理的费用，则按照第八十

五条或第八十六条规定有义务保全货物的一方当事人，必须采取合理措施，把货物出售，在可能的范围内，他必须把出售货物的打算通知另一方当事人。

（3）出售货物的一方当事人，有权从销售所得收入中扣回为保全货物和销售货物而付的合理费用。他必须向另一方当事人说明所余款项。

第四部分　最后条款

第 89 条

兹指定联合国秘书长为本公约保管人。

第 90 条

本公约不优于业已缔结或可以缔结并载有与属于本公约范围内事项有关的条款的任何国际协定，但以双方当事人的营业地均在这种协定的缔约国内为限。

第 91 条

（1）本公约在联合国国际货物销售合同会议闭幕会议上开放签字，并在纽约联合国总部继续开放签字，直至 1981 年 9 月 30 日为止。

（2）本公约须经签字国批准、接受或核准。

（3）本公约从开放签字之日起开放给所有非签字国加入。

（4）批准书、接受书、核准书和加入书应送交联合国秘书长存放。

第 92 条

（1）缔约国可在签字、批准、接受、核准或加入时声明它不受本公约第二部分的约束或不受本公约第三部分的约束。

（2）按照上一款规定就本公约第二部分或第三部分做出声明的缔约国，在该声明适用的部分所规定事项上，不得视为本公约第一条第（1）款范围内的缔约国。

第 93 条

（1）如果缔约国具有两个或两个以上的领土单位，而依照该国宪法规定、各领土单位对本公约所规定的事项适用不同的法律制度，则该国得在签字、批准、接受、核准或加入时声明本公约适用于该国全部领土单位或仅适用于其中的一个或数个领土单位，并且可以随时提出另一声明来修改其所做的声明。

（2）此种声明应通知保管人，并且明确地说明适用本公约的领土单位。

（3）如果根据按本条做出的声明，本公约适用于缔约国的一个或数个但不是全部领土单位，而且一方当事人的营业地位于该缔约国内，则为本公约的目的，该营业地除非位于本公约适用的领土单位内，否则视为不在缔约国内。

（4）如果缔约国没有按照本条第（1）款做出声明，则本公约适用于该国所有领土单位。

第 94 条

（1）对属于本公约范围的事项具有相同或非常近似的法律规则的两个或两个以上的缔约国，可随时声明本公约不适用于营业地在这些缔约国内的当事人之间的销售合同，也不适用于这些合同的订立。此种声明可联合做出，也可以相互单方面声明的方式做出。

（2）对属于本公约范围的事项具有与一个或一个以上非缔约国相同或非常近似的法律规则的缔约国，可随时声明本公约不适用于营业地在这些非缔约国内的当事人之间的销售合同，也不适用于这些合同的订立。

（3）作为根据上一款所做声明对象的国家如果后来成为缔约国，这项声明从本公约对该新缔约国生效之日起，具有根据第（1）款所做声明的效力，但以该新缔约国加入这项声明，或做出相互单方面声明为限。

第 95 条

任何国家在交存其批准书、接受书、核准书或加入书时，可声明它不受本公约第一条第（1）款（b）项的约束。

第 96 条

本国法律规定销售合同必须以书面订立或书面证明的缔约国，可以随时按照第十二条的规定，声明本公约第十一条、第二十九条或第二部分准许销售合同或其更改或根据协议终止，或者任何发价、接受或其它意旨表示得以书面以外任何形式做出的任何规定不适用，如果任何一方当事人的营业地是在该缔约国内。

第 97 条

（1）根据本公约规定在签字时做出的声明，须在批准、接受或核准时加以确认。

（2）声明和声明的确认，应以书面提出，并应正式通知保管人。

（3）声明在本公约对有关国家开始生效时同时生效。但是，保管人于此种生效后收到正式通知的声明，应于保管人收到声明之日起六个月后的第一个月第一天生效。根据第 94 条规定做出的相互单方面声明，应于保管人收到最后一份声明之日起六个月后的第一个月第一天生效。

（4）根据本公约规定做出声明的任何国家可以随时用书面正式通知保管人撤回该项声明。此种撤回于保管人收到通知之日起 6 个月后的第 1 个月第 1 天生效。

（5）撤回根据第九十四条做出的声明，自撤回生效之日起，就会使另一国家根据该条所做的任何相互声明失效。

第 98 条

除本公约明文许可的保留外，不得作任何保留。

第 99 条

（1）在本条第（6）款规定的条件下，本公约在第十件批准书、接受书、核准书或加入书、包括载有根据第九十二条规定做出的声明的文书交存之日起 12 月后的第 1 个月第 1 天生效。

（2）在本条第（6）款规定的条件下，对于在第 10 件批准书、接受书、核准书或加入书交存后才批准、接受、核准或加入本公约的国家，本公约在该国交存其批准书、接受书、核准车或加入书之日起 12 个月后的第 1 个月第 1 天对该国生效，但不适用的部分除外。

（3）批准、接受、核准或加入本公约的国家，如果是 1964 年 7 月 1 日海牙签订的《关于国际货物销售合同的订立统一法公约》（《1964 年海牙订立合同公约》）和 1964 年 7 月 1 日在海牙签订的《关于国际货物销售统一法的公约》（《1964 年海牙货物销售公约》）中一项或两项公约的缔约国。应按情况同时通知荷兰政府声明退出《1964 年海牙货物销售公约》或《1964 年海牙订立合同公约》）或退出该两公约。

（4）凡为《1964 年海牙货物销售公约》缔约国并批准、接受、核准或加入本公约和根据第九十二条规定声明或业已声明不受本公约第二部分约束的国家，应于批准、接受、核准或加入时通知荷兰政府声明退出《1964 年海牙货物销售公约》。

（5）凡为《1964 年海牙订立合同公约》缔约国并批准、接受、核准或加入本公约和根据第九十二条规定声明或业已声明不受本公约第三部分约束的国家，应于批准、接受、核准或加入时通知荷兰政府声明退出《1964 年海牙订立合同公约》。

（6）为本条的目的，《1964 年海牙订立合同公约》或《1964 年海牙货物销售公约》的缔约国的批准、接受、核准或加入本公约，应在这些国家按照规定退出该两公约生效后方始生效。本公约保管人应与 1964 年两公约的保管人荷兰政府进行协商，以确保在这方面进行必要的协调。

第 100 条

（1）本公约适用于合同的订立，只要订立该合同的建议是在本公约对第一条第（1）款（a）项所指缔约国或第一条第（1）款（b）项所指缔约国生效之日或其后作出的。

（2）本公约只适用于在它对第一条第（1）款（a）项所指缔约国或第一条第（1）款（b）项所指缔约国生效之日或其后订立的合同。

第 101 条

（1）缔约国可以用书面正式通知保管人声明退出本公约，或本公约第二部分或第三部分。

(2) 退出于保管人收到通知 12 个月后的第 1 个月第 1 天起生效。凡通知内订明一段退出生效的更长时间，则退出于保管人收到通知后该段更长时间满时起生效。

1980 年 4 月 11 日订于维也纳，正本 1 份，其阿拉伯文本、中文本、英文本、法文本、俄文本和西班牙文本都具有同等效力。

下列全权代表，经各自政府正式授权，在本公约上签字，以资证明。

国际商事合同通则 2010

（国际统一私法协会制定）

序　言

（通则的目的）

通则旨在为国际商事合同制定一般规则。

当事人约定其合同受通则管辖时，应适用通则。*

当事人约定其合同受法律的一般原则、商人习惯法或类似规范管辖时，可适用通则。

当事人未选择任何法律管辖其合同时，可适用通则。

通则可用于解释或补充国际统一法文件。

通则可用于解释或补充国内法。

通则也可用作国内和国际立法的范本。

第一章　总　则

第 1.1 条（缔约自由）

当事人可自由订立合同并确定合同的内容。

第 1.2 条（无形式要求）

通则不要求合同、声明或其他任何行为必须以特定形式做出或以特定形式证明。合同、声明或行为可通过包括证人在内的任何形式证明。

第 1.3 条（合同的约束性）

有效订立的合同对当事人具有约束力。当事人仅能根据合同的条款，或通过协议，或根据通则的规定修改或终止合同。

第 1.4 条（强制性规则）

通则的任何规定均不应限制根据有关国际私法规则所导致的对强制性规则的适用，不论这些强制性规则是源于一国的、国际的还是超国家的。

第 1.5 条（当事人的排除或修改）

除通则另有规定外，当事人可以排除通则的适用或减损或改变通则任何条款的效力。

第 1.6 条（通则的解释和补充）

（1）在解释通则时，应考虑通则的国际性及其目的，包括促进其统一适用的需要。

（2）凡属于通则范围之内，但通则又未

---

* 希望在合同中约定其协议受《通则》管辖的当事人可以使用如下表述，并加上任何希望的例外或调整：

"本合同应受《国际统一私法协会国际商事合同通则》（2010）管辖，[除了某条款]。" 希望在合同中约定适用某一特定的辖区法律的当事人，可以使用如下表述：

"本合同应受《国际统一私法协会国际商事合同通则》（2010）管辖[除了某条款]，必要时由 [X 管辖区] 的法律补充"。

做出明确规定的事项，应尽可能地根据通则确定的一般基本原则来处理。

第1.7条（诚实信用和公平交易）

（1）每一方当事人应依据国际贸易中的诚实信用和公平交易原则行事。

（2）当事人不能排除或限制此项义务。

第1.8条（不一致行为）

如果一方当事人致使另一方当事人产生某种理解，且该另一方当事人信赖该理解合理行事并对自己造成不利，则该方当事人不得以与该理解不一致的方式行事。

第1.9条（惯例和习惯做法）

（1）当事人各方受其约定的任何惯例和其相互之间建立的任何习惯做法的约束。

（2）合同当事人应受国际贸易中从事相关特定贸易之人广泛知悉并惯常遵守之惯例的约束，除非适用该惯例是不合理。

第1.10条（通知）

（1）在需要发出通知时，通知可按适合于具体情况的任何方式发出。

（2）通知于到达被通知人时生效。

（3）就第（2）款而言，通知于口头传达被通知人或递送到被通知人的营业地或通信地址时，为通知"到达"被通知人。

（4）就本条而言，通知包括声明、要求、请求或任何其他意思表述。

第1.11条（定义）

通则中：

——"法院"，包括仲裁庭；

——在当事人有一个以上的营业地时，考虑到在合同订立之前任何时候或合同订立之时各方当事人所知晓或期待的情况，相关的"营业地"是指与合同和其履行具有最密切联系的营业地；

——"债务人"是指履行义务的一方当事人；"债权人"是指有权要求履行义务的一方当事人；

——"书面"是指能保存所含信息的记录，并能以有形方式复制的任何通信方式。

第1.12条（当事人所定时间的计算）

（1）发生在当事人规定的某一行为履行期间内的法定节假日或非工作日，应包括在该期间的计算之内。

（2）然而，如果期间的最后一天在履行该行为之当事人的营业地是法定节假日或非工作日，该期间顺延至随后的第一个工作日，除非情况有相反的表示。

（3）相关的时区是设定时间一方当事人营业地的时区，除非情况有相反的表示。

第二章　合同的订立与代理人的权限

第一节　合同的订立

第2.1.1条（订立方式）

合同可通过对要约的承诺或通过能充分表明合意的当事人各方的行为而订立。

第2.1.2条（要约的定义）

一项订立合同的建议，如果十分确定，并表明要约人在得到承诺时受其约束的意思，即构成一项要约。

第2.1.3条（要约的撤回）

（1）要约于到达受要约人时生效。

（2）一项要约即使不可撤销，仍可撤回，但撤回通知要在要约到达受要约人之前，或与要约同时到达受要约人。

第2.1.4条（要约的撤销）

（1）在合同订立之前，要约得予撤销，如果撤销通知在受要约人发出承诺之前到达受要约人。

（2）但是，在下列情况下，要约不得撤销：

（a）要约写明承诺期限，或以其他方式表明要约是不可撤销的；或

（b）受要约人有理由信赖该项要约是不可撤销的，且受要约人已依赖该要约行事。

第2.1.5条（要约的拒绝）

要约于拒绝通知到达要约人时终止。

第2.1.6条（承诺的方式）

（1）受要约人做出的表示同意要约的声明或其他行为构成承诺。缄默或不行为本身不构成承诺。

（2）对一项要约的承诺于同意的表示到达要约人时生效。

（3）但是，如果根据要约本身，或依照当事人之间建立的习惯做法，或依照惯例，受要约人可以通过做出某种行为来表示同意，而无须向要约人发出通知，则承诺于做出该行为时生效。

第 2.1.7 条（承诺的时间）

要约必须在要约人规定的时间内承诺，或者如果未规定时间，应在考虑到交易的具体情况，包括要约人所使用的通信方法的快捷程度，在一段合理的时间内作出承诺。对口头要约必须立即作出承诺，除非情况有相反的表示。

第 2.1.8 条（规定期限内的承诺）

要约人规定的承诺期限自要约发出时起算。要约中显示的时间应被视为是要约发出的时间，除非情况有相反的表示。

第 2.1.9 条（逾期承诺与传递迟延）

（1）逾期承诺仍应具有承诺的效力，但要约人应毫不迟延地告知受要约人该承诺具有效力，或向受要约人发出具此效力之通知。

（2）如果载有逾期承诺的信息表明它是在如果传递正常即能及时到达要约人的情况下发出的，则该逾期承诺仍具有承诺的效力，除非要约人毫不迟延地通知受要约人此要约已失效。

第 2.1.10 条（承诺的撤回）

承诺可以撤回，但撤回通知要在承诺本应生效之前或同时送达要约人。

第 2.1.11 条（变更的承诺）

（1）对要约意在表示承诺但载有添加、限制或其他变更的答复，即为对要约的拒绝，并构成反要约。

（2）但是，对要约意在表示承诺但载有添加或不同条件的答复，如果所载的添加或不同条件没有实质性地改变要约的条件，则除非要约人毫不迟延地表示拒绝这些不符，此答复仍构成承诺。如果要约人不做出拒绝，则合同的条款应以该要约的条款以及承诺所载有的变更为准。

第 2.1.12 条（书面确认）

在合同订立后一段合理时间内发出的、意在确认合同的书面文件，如果载有添加或不同的条款，除非这些添加或不同条款实质性地变更了合同，或者接收方毫不迟延地拒绝了这些不符，则这些条款应构成合同的一个组成部分。

第 2.1.13 条（合同订立取决于特定事项或特定形式达成协议）

在谈判过程中，凡一方当事人坚持合同的订立以对特定事项或以特定形式达成协议为条件的，则在对该等特定事项或以该等特定形式达成协议之前，合同不能订立。

第 2.1.14 条（特意待定之合同条款）

（1）如果当事人各方意在订立一项合同，但却有意将一项条款留待进一步谈判商定或由第三人确定，则这一事实并不妨碍合同的成立。

（2）考虑到当事人各方的意思，如果在具体情况下存在一种可选择的方法合理地确定此条款，则合同的存在亦不受此后发生的下列情况的影响：

（a）当事人各方未就该条款达成协议；或

（b）第三人未确定此条款。

第 2.1.15 条（恶意谈判）

（1）当事人可自由进行谈判，并不因未达成协议而承担责任。

（2）但是，一方当事人如果恶意进行谈判或恶意终止谈判，则应对因此给另一方当事人所造成的损失承担责任。

（3）恶意，特别是指一方当事人在无意与对方达成协议的情况下，开始或继续进行谈判。

第 2.1.16 条（保密义务）

一方当事人在谈判过程中提供的保密性质的信息，无论此后是否达成合同，另一方当事人均不得泄露，也不得为自己的目的不适当地使用。在适当的情况下，违反该义务的救济可以包括根据另一方当事人所获得之利益，予以赔偿。

第 2.1.17 条（合并条款）

若一个书面合同中载有的一项条款，表明该合同包含了各方当事人已达成一致的全部条款，则此前的陈述或协议均不能作为证据对抗或补充该合同。但是，该等陈述或协议可用于解释该书面合同。

第 2.1.18 条（特定形式修改）

如果书面合同中载有的一项条款，要求任何协议修改或协议终止必须以特定形式做出，则该合同不得以其他形式修改或终止。但是，如果一方当事人的行为导致另一方当事人信赖并合理行事，则在此限度内，该一方当事人因其行为不得主张该条款。

第 2.1.19 条（按标准条款订立合同）

（1）一方或双方当事人使用标准条款订立合同的，适用订立合同的一般规则，但应受第 2.1.20 条至第 2.1.22 条的约束。

（2）标准条款是指一方当事人为通常和重复使用的目的而预先准备的、在实际使用时未与对方谈判的条款。

第 2.1.20 条（意外条款）

（1）如果标准条款中含有的条款，依其性质，另一方当事人不能合理预见，则除非该另一方当事人明示地表示接受，否则该条款无效。

（2）在确定某一条款是否具有这种性质时，应考虑到该条款的内容、语言和表现形式。

第 2.1.21 条（标准条款与非标准条款的冲突）

若标准条款与非标准条款发生冲突，以非标准条款为准。

第 2.1.22 条（格式之争）

如果双方当事人均使用标准条款并对标准条款以外的条款达成一致，则合同应根据已达成一致的条款以及在实体内容上相同的标准条款订立，除非一方当事人已事先明确表示或事后毫不迟延地通知另一方当事人其不愿受这种合同的约束。

第二节 代理人的权限

第 2.2.1 条（本节的范围）

（1）本节调整某人（代理人）通过订立合同或与合同相关行为，影响另一人（本人）与第三方之间法律关系的权限，而不论代理人是以自己的名义还是以本人的名义行事。

（2）本节仅调整以本人或代理人为一方当事人，以第三方为另一方当事人之间的关系。

（3）本节并不调整由法律赋予代理人的权限，或由公共或司法机构指定的代理人的权限。

第 2.2.2 条（代理人权限的设立和范围）

（1）本人对代理人权限的授予既可以是明示的，也可以是默示的。

（2）代理人为实现授权之目的，有权采取情况所需的所有行为。

第 2.2.3 条（显名代理）

（1）如当代理人在其权限范围内行事，且第三方已知或应知其以代理身份行事，则代理人的行为直接影响本人和第三方之间的法律关系，在代理人和第三方之间不创设任何法律关系。

（2）但是，当代理人经本人同意成为合同一方当事人，则代理人的行为应仅影响代理人和第三方之间的关系。

第 2.2.4 条（隐名代理）

（1）当代理人在其权限范围内行事，但第三方既不知道也不应知道代理人是以代理人身份行事，则代理人的行为仅影响代理人与第三方之间的关系。

（2）然而，如果代理人代表一个企业与第三方达成合同，并声称是该企业的所有人，则第三方在发现该企业的真实所有人后，亦可以向后者行使其对代理人的权利。

第 2.2.5 条（代理人无权或越权行事）

（1）代理人没有代理权或超越代理权行事时，其行为不影响本人和第三方之间的法律关系。

（2）但是，如果本人造成第三方合理相信代理人有权代表本人行事并且是在授权范围内行事，则本人不得以代理人无代理权为由对抗第三方。

第2.2.6条（代理人无权或越权行事的责任）

（1）没有代理权或超越代理权行事的代理人，如未经本人追认，则应对第三方承担将其恢复至如同代理人有代理权或未超越代理权行事时第三方所处同等状况的损害赔偿责任。

（2）但是，如果第三方已知或应知代理人没有代理权或超越代理权，则代理人不承担责任。

第2.2.7条（利益冲突）

（1）如果代理人订立的合同涉及代理人与本人之间的利益冲突，而且第三方已知或应知这一情况，则本人可宣告合同无效。宣告无效的权利由第3.2.9条和第3.2.11条至第3.2.15条调整。

（2）但是，在以下情况下，本人不得宣告合同无效：

（a）本人已经同意，或已知或应知代理人涉及利益冲突；或

（b）代理人已经向本人披露该利益冲突，但本人在合理时间内并未提出反对。

第2.2.8条（次代理）

对于不应合理期待代理人亲自履行的行为，代理人具有指定次代理人履行的默示权力。本节的规则适用于次代理。

第2.2.9条（追认）

（1）代理人没有代理权或超越代理权的行为可由本人追认。经追认的行为与代理人自始依代理权行事产生同样的效力。

（2）第三方可以通知本人在规定的一段合理的时间内追认。本人如未在该时间内追认，则不能再予追认。

（3）如果在代理人行事时，第三方既不知道也不应知道代理人无权代理，则第三方可在本人追认前，随时通知本人表示拒绝受追认的约束。

第2.2.10条（代理权终止）

（1）代理权的终止对第三方不产生效力，除非第三方已知或应知这一情况。

（2）尽管代理权终止，但代理人仍有权为防止本人利益蒙受损害而采取必要的行为。

第三章 合同的效力

第一节 一般规定

第3.1.1条（未涉及事项）

本章不处理无行为能力问题。

第3.1.2条（效力仅凭协议）

合同仅凭当事人的协议订立、修改或终止，除此别无其他要求。

第3.1.3条（自始不能）

（1）合同订立时不能履行所承担之义务的事实本身，并不影响合同的效力。

（2）合同订立时一方当事人无权处置与该合同相关联之财产的事实本身，并不影响合同的效力。

第3.1.4条（强制性条文）

本章关于欺诈、胁迫、重大失衡及非法之规定均属强制性条款。

第二节 宣告合同无效的根据

第3.2.1条（错误的定义）

错误是指在合同订立时，就已经存在的事实或法律所做的不正确的假设。

第3.2.2条（相关错误）

（1）一方当事人仅可在下列情况下以错误为由宣告合同无效，该错误在订立合同时如此之重大，以至于一个通情达理的人处在与发生错误之当事人相同情况下，如果知道事实真相，就会按实质不同的条款订立合同，或根本不会订立合同，并且

（a）另一方当事人发生了相同的错误；或造成该错误；或者另一方当事人知道或理应知道该错误并且有悖于公平交易的合理商

业标准,使发生错误方一直处于错误状态之中;或者

(b) 在宣告合同无效时,另一方当事人尚未依其对合同的信赖而合理行事。

(2) 但在如下情况下,一方当事人不能宣告合同无效:

(a) 该当事人由于重大疏忽而发生此错误;或者

(b) 对于该错误所涉及之事项,其发生错误之风险已由发生错误方承担,或者考虑到相关情况,应当由发生错误方承担。

第 3.2.3 条(表述或传达中的错误)

在表述或传达一项声明过程中发生的错误应视为作出该声明之人的错误。

第 3.2.4 条(对不履行的救济)

如果一方当事人所依赖的情况,存在或本来就存在基于不履行的救济,则该方当事人无权以错误为由宣告合同无效。

第 3.2.5 条(欺诈)

如果一方当事人订立合同是基于另一方当事人的欺诈性陈述,包括欺诈性的语言或做法,或按照公平交易的合理商业标准,另一方当事人对应予披露的情况欺诈性地未予披露,则该一方当事人可宣告合同无效。

第 3.2.6 条(胁迫)

如果一方当事人订立合同是基于另一方当事人的不正当胁迫,而且考虑到相关情况,该胁迫是如此急迫、严重,以至于使第一方当事人无其他的合理选择,则该一方当事人可宣告合同无效。尤其是当使一方当事人受到胁迫的作为或不作为本身属于非法时,或者以其作为手段来获取合同的订立非法时,均构成不正当的胁迫。

第 3.2.7 条(重大失衡)

(1) 如果一方当事人在订立合同时,合同或其个别条款不正当地对另一方当事人过分有利,则该一方当事人可宣告该合同或该个别条款无效。除其他因素外,应考虑下列各项:

(a) 该另一方当事人不公平地利用了对方当事人的依赖、经济困境或紧急需要,或不公平地利用了对方当事人的缺乏远见、无

知、无经验或缺乏谈判技巧,以及

(b) 合同的性质和目的。

(2) 依有权宣告合同无效的一方当事人的请求,法院可以调整该合同或其条款,以使其符合公平交易的合理商业标准。

(3) 依收到宣告合同无效通知的一方当事人的请求,法院亦可调整合同或其条款,只要该方当事人在收到此项通知后,且在对方当事人信赖该通知合理行事前,立即将其请求告知对方当事人。此时,本章第 3.2.10 条第(2)款的规定应予适用。

第 3.2.8 条(第三人)

(1) 如果欺诈、胁迫、重大失衡或一方当事人的错误可归因于某第三人,或者该第三人知道或应当知道这些情况,而该第三人的行为由另一方当事人负责,则可按如同该另一方当事人本身之行为或知悉的相同条件,宣告该合同无效。

(2) 如果欺诈、胁迫或重大失衡可归因于第三人,而该第三人的行为不由另一方当事人负责,则若该另一方当事人知道或理应知道此欺诈、胁迫或重大失衡,或在宣告合同无效时尚未信赖该合同而合理行事,该合同可被宣告无效。

第 3.2.9 条(确认)

有权宣告合同无效的一方当事人如果在应该发出合同无效通知的期间开始计算后,明示或默示地确认合同,则该方当事人不得再宣告合同无效。

第 3.2.10 条(宣告无效权的丧失)

(1) 如果一方当事人有权以错误为由宣告合同无效,而另一方当事人声明将愿意或他已实际按照有权宣告合同无效的一方当事人对合同的理解履行合同,则该合同应视为按照宣告合同无效的一方当事人的理解订立。另一方当事人必须在收到有权宣告合同无效一方当事人对合同的理解方式的通知后,且在该方当事人依赖宣告合同无效通知合理行事之前,立即作出此种声明或进行此种履行。

(2) 做出此种声明或履行之后,宣告合

同无效的权利即行丧失,任何以前宣告合同无效的通知均丧失效力。

第 3.2.11 条 (宣告合同无效的通知)

一方当事人通过向另一方当事人发出通知来行使其宣告合同无效的权利。

第 3.2.12 条 (时间期限)

(1) 宣告合同无效的通知,应在宣告合同无效的一方当事人已知或不可能不知道有关事实之后,或者在其可以自由行事之后,考虑到相关情况,在合理时间内做出。

(2) 如果一方当事人根据第 3.2.7 条的规定有权宣告合同中的个别条款无效,则发出宣告无效通知的期限自另一方当事人主张该条款之时起算。

第 3.2.13 条 (部分无效)

如果宣告合同无效的理由仅影响合同的个别条款,则宣告合同无效的效力仅限于这些条款,除非考虑到相关情况,维持合同的其余部分是不合理的。

第 3.2.14 条 (宣告合同无效的追溯力)

宣告合同无效具有追溯力。

第 3.2.15 条 (恢复原状)

(1) 宣告合同无效后,任何一方当事人均可要求返还其根据已被宣告无效或部分被宣告无效的合同已提供的一切,但要以该方当事人也同时返还其根据已被宣告无效或部分被宣告无效的合同已得到的一切为条件。

(2) 如果返还实物不可能或不适当,只要合理,应折价补偿。

(3) 如果不能进行实物返还之原因归咎于对方当事人,则接收履行的当事人无须折价补偿。

(4) 对于为保存或维护已接收的履行而合理发生的费用,可请求赔偿。

第 3.2.16 条 (损害赔偿)

无论是否宣告合同无效,已知或应该知道合同无效原因的一方当事人应承担损害赔偿的责任,以使另一方当事人处于如同其未订立合同时所应处的状况。

第 3.2.17 条 (单方声明)

本章各项规定经适当调整后,亦适用于一方当事人向另一方当事人传达的任何意思表示。

第三节 违 法

第 3.3.1 条 (违反强制性规则之合同)

(1) 如果合同违反了依本通则第 1.4 条所适用的强制性规则,无论其是源于一国的、国际的、还是超国家的,当该强制性规则对违反行为于合同效力有明确规定时,从其规定。

(2) 当强制性规则未对违反行为于合同效力做出明示规定时,当事人有权依据合同,按合理的情况行使救济。

(3) 在确定何谓合理时,尤其应考虑以下各项因素:

(a) 被违反之规则的宗旨;

(b) 该规则旨在保护的人群之类别;

(c) 依被违反之规则可以施加的制裁措施;

(d) 违反的严重程度;

(e) 当事人一方或双方是否知道或应该知道该项违反;

(f) 是否合同的履行必然导致该违反行为;而且

(g) 当事人的合理期待。

第 3.3.2 条 (恢复原状)

(1) 如果已履行的合同属于第 3.3.1 条规定的违反强制性规则的合同,在返还属合理情况时,可准许恢复原状。

(2) 在确定何谓合理时,应考虑经适当调整的第 3.3.1 条第 (3) 款述及的各项标准。

(3) 如果准许恢复原状,第 3.2.15 条的规则经适当调整后,应予适用。

第四章 合同的解释

第 4.1 条 (当事人的意思)

(1) 合同应根据当事人各方的共同意思予以解释。

(2) 如果该意思不能确定,合同应根据

一个与各方当事人具有同等资格的、通情达理的人处于相同情况下时，对该合同所应有的理解来解释。

第 4.2 条（对陈述和其他行为的解释）

（1）一方当事人的陈述和其他行为应根据该当事人的意思来解释，但要以另一方当事人已知或不可能不知道该意思为条件。

（2）如果前款不适用，该等陈述和其他行为应根据一个与另一方当事人具有同等资格的、通情达理的人处于相同情况下时，对该陈述和行为所应有的理解来解释。

第 4.3 条（相关情况）

适用第 4.1 条和第 4.2 条时，应考虑所有情况，包括：

(a) 当事人之间的初期谈判；
(b) 当事人之间已确立的习惯做法；
(c) 合同订立后当事人的行为；
(d) 合同的性质和目的；
(e) 所涉交易中通常赋予合同条款和表述的含义；
(f) 惯例。

第 4.4 条（参考整体合同或陈述）

合同条款和表述应根据其所属的整个合同或全部陈述予以解释。

第 4.5 条（给予所有条款以效力）

解释合同条款时，应使全部条款均具有效力，而不是排除其中一些条款的效力。

第 4.6 条（对条款提供人不利规则）

如果一方当事人所提出的合同条款含义不清，则应做出对该方当事人不利的解释。

第 4.7 条（语言差异）

如果合同文本以两种或两种以上具有同等效力的文字起草，若各文本之间存在差异，应优先依据合同最初起草的文本予以解释。

第 4.8 条（补充空缺条款）

（1）如果合同当事人各方就一项确定其权利和义务的重要条款未达成一致，应补充一项相关情况下适当的条款。

（2）在决定何为适当条款时，除其他因素外，应考虑以下因素：

(a) 各方当事人的意思；
(b) 合同的性质和宗旨；
(c) 诚实信用和公平交易原则；
(d) 合理性。

第五章　合同的内容、第三方权利与条件

第一节　合同的内容

第 5.1.1 条（明示和默示义务）

当事人各方的合同义务可以是明示的，也可以是默示的。

第 5.1.2 条（默示义务）

默示的义务源自于：

(a) 合同的性质与宗旨；
(b) 当事人各方之间确立的习惯做法，以及惯例；
(c) 诚实信用和公平交易原则；
(d) 合理性。

第 5.1.3 条（当事人之间的合作）

如果一方当事人在履行其义务时，可合理地期待对方当事人提供此类合作，则该对方当事人应提供此等合作。

第 5.1.4 条（取得特定结果的义务、尽最大努力的义务）

（1）如果一方当事人在一定程度内承担取得某一特定结果之义务，则该方当事人在该程度内有义务取得此特定结果。

（2）如果一方当事人在一定程度内承担对履行某一项活动应尽最大努力之义务，则该方当事人在该程度内有义务尽一个具有同等资格的、通情达理的人在相同情况下所会付出的努力。

第 5.1.5 条（所涉义务类型的确定）

在确定一方当事人在多大程度内承担对履行某一项活动应尽最大努力或者应取得某一特定结果的义务时，除其他因素外，应考虑以下因素：

(a) 合同中表述该义务的方式；
(b) 合同价格以及合同的其他条款；

(c) 取得预期结果通常所涉及的风险程度；

(d) 另一方当事人影响义务履行的能力。

第5.1.6条（履行质量的确定）

如果合同中未规定履行质量，而且根据合同也无法确定履行质量，则一方当事人有义务使其履行质量达到合理的标准，并且不得低于所涉情况的平均水准。

第5.1.7条（价格的确定）

（1）如果合同未规定价格，也无如何确定价格的规定，在没有任何相反表示的情况下，应视为当事人各方引用订立合同时相关贸易中可比较的情况下对比此类履行通常收取的价格，或者，若无此价格，应为合理的价格。

（2）如果价格应由一方当事人确定，而且此等确定又明显不合理，则不管合同中是否有任何条款的相反规定，均应以合理价格替代。

（3）如果价格应由一个第三人确定，而该第三人不能或不愿确定该价格，则应采用合理价格。

（4）如果确定价格需要参照的因素不存在，或已不复存在或已不可获得，则应以最相似的因素替代。

第5.1.8条（无固定期限的合同）

任何一方当事人均可通过预先在一段合理时间内发出通知，终止一个无固定期限的合同。

第5.1.9条（通过协议放弃权利）

（1）债权人可以通过与债务人达成协议放弃其权利。

（2）一项无偿放弃权利的要约，若债务人在知晓该要约后未毫不迟延地拒绝，应视为被承诺。

第二节 第三方权利

第5.2.1条（第三方受益的合同）

（1）合同当事人（即允诺人和受诺人）可通过明示或默示协议对第三方（即受益人）设定权利。

（2）受益人对允诺人享有权利的存在及其内容，由当事人之间的协议确定，并受该协议项下的任何条件或其他限制的约束。

第5.2.2条（第三方的确定性）

受益人必须能够根据合同充分明确地加以确定，但其不必须在订立合同时就存在。

第5.2.3条（排除和限制条款）

为受益人设定的权利，包括受益人援引合同中排除或限制其责任的条款的权利。

第5.2.4条（抗辩）

允诺人可以向受益人主张其可以向受诺人主张的所有抗辩。

第5.2.5条（撤销）

在受益人接受合同为其设定的权利或已信赖该权利合理行事之前，合同当事人可以修改或者撤销该权利。

第5.2.6条（放弃权利）

受益人可以放弃为其设定的权利。

第三节 条 件

第5.3.1条（条件的类型）

一个合同或某项合同义务可以未来某一不确定事件的发生作为条件，从而该合同或该合同义务只有在该事件发生时才生效（先决条件），或者在该事件发生时失效（解除条件）。

第5.3.2条（条件的效果）

除非当事人另有约定，否则：

(a) 相关合同或合同义务自先决条件成就时，生效；

(b) 相关合同或合同义务自解除条件成就时，终止。

第5.3.3条（对条件的干扰）

（1）如果一方当事人违反诚实信用和公平交易义务，或合作义务，阻止条件的成就，则该方当事人不得依赖条件的未成就。

（2）如果一方当事人违反诚实信用和公平交易义务，或合作义务，促成条件的成就，则该方当事人不得依赖条件的成就。

第5.3.4条（权利保护之义务）

条件成就之前，当事人不得违反依诚实信用和公平交易行事的义务行事，以损害另一方当事人于条件成就时可享有的权利。

第5.3.5条（解除条件成就时的恢复原状）

（1）解除条件成就时，适用经适当调整的第7.3.6条和第7.3.7条有关恢复原状的规定。（2）如果当事人约定解除条件具有追溯力，适用经适当调整的第3.2.15条有关恢复原状的规定。

第六章 履 行

第一节 履行的一般规定

第6.1.1条（履行时间）

当事人必须在下列时间履行其合同义务：

（a）如果合同规定了时间，或者依合同可确定时间，则为此时间；

（b）如果合同规定了或依合同可确定一段时间，则为此段期间内的任何时间，除非情况表明履行时间应由另一方当事人选择；

（c）在其他任何情况下，则在合同订立后的一段合理时间之内。

第6.1.2条（一次或分期履行）

在属于第6.1.1条（b）项或（c）项的情况下，如果合同义务能一次完成履行，并且情况未有相反的表示，则当事人必须一次履行其全部合同义务。

第6.1.3条（部分履行）

（1）履行期限到来时，债权人可拒绝任何部分履行的请求，无论该请求是否附有对未履行部分的担保，除非债权人这样做无合法利益。

（2）部分履行给债权人带来的额外费用应由债务人承担，并且不得损害债权人的其他救济权利。

第6.1.4条（履行顺序）

（1）在当事人各方能够同时履行的限度内，当事人各方应同时履行其合同义务，除非情况有相反的表示。

（2）在仅有一方当事人需要在一段时间内履行的限度内，该方当事人应先行履行其义务，除非情况有相反的表示。

第6.1.5条（提前履行）

（1）债权人可拒绝提前履行，除非债权人这样做无合法利益。

（2）一方当事人接受提前履行并不影响其履行自己义务的时间，如果其履行的时间已经确定而且与另一方当事人义务的履行不相联系。

（3）提前履行给债权人造成的额外费用应由债务人承担，且不损害债权人的其他救济权利。

第6.1.6条（履行地）

（1）如果合同既未规定履行地，依据合同也无法确定履行地，则应在下述地点履行：

（a）金钱债务，在债权人的营业地；

（b）任何其他义务，在债务人自己的营业地。

（2）当事人应承担合同订立后因其营业地改变而给履行增加的费用。

第6.1.7条（以支票或其他票据支付）

（1）付款可以采用付款地正常商业做法中使用的任何支付方式做出。

（2）但是，如果债权人根据第（1）款的规定或者自愿接受支票、其他付款命令或付款承诺，则均应推定该接受是以这些票据能够获得支付为条件。

第6.1.8条（转账支付）

（1）除非债权人已指定特定账户，付款可以通过将款项转至债权人告知的其设有账户的任何金融机构来完成。

（2）若采用转账支付，债务人的义务在款项有效转至债权人的金融机构时解除。

第6.1.9条（支付货币）

（1）如果金钱债务以付款地货币以外的货币表示，债务人可以用付款地之货币支付，除非

（a）该货币不能自由兑换；或者

(b) 当事人约定只能以表示金钱债务的货币进行支付。

(2) 如果债务人无法以表示金钱债务的货币支付，债权人可要求以付款地之货币支付，即便属于第（1）款（b）项规定的情况亦可如此要求。

(3) 以付款地的货币支付时，应按照付款义务到期时付款地适用的通行汇率进行支付。

(4) 但是，如果债务人在付款到期时未履行付款义务，则债权人可要求债务人按照付款义务到期时或实际付款时所适用的通行汇率进行支付。

第 6.1.10 条（未定明货币）

如果金钱债务未以某一特定货币表示，则付款必须以付款地之货币进行支付。

第 6.1.11 条（履行费用）

每一方当事人应承担为履行其义务时所发生的费用。

第 6.1.12 条（抵充支付）

(1) 债务人如果对同一债权人负有多项金钱债务，可在付款时指明该款项用于其拟清偿的债务。但是，该款项应首先清偿费用，其次为应付利息，最后为本金。

(2) 如果债务人未予指明，则债权人可在获得支付后的合理时间内向债务人声明该款项用于所抵充的债务，但该项债务必须是到期的，且不存在争议。

(3) 如果未根据第（1）款或第（2）款的规定抵充债务，则依次清偿符合下列标准之债务：

(a) 到期的债务，或者首先到期的债务；

(b) 债权人享有担保最少的债务；

(c) 属债务人负担最重的债务；

(d) 最先发生的债务。

若以上标准均不适用，则按比例用于抵充各项债务。

第 6.1.13 条（抵充非金钱债务）

本章第 6.1.12 条的规定经适当修改后适用于对非金钱债务履行的抵充。

第 6.1.14 条（申请公共许可）

若一国法律所要求的公共许可影响到合同的效力或其履行，并且该法律或有关情况均无相反表示：

(a) 如果只有一方当事人的营业地在该国，则该方当事人应采取为获得该许可所需的必要措施；

(b) 在任何其他情况下，履行须经许可的一方当事人应当采取该等必要措施。

第 6.1.15 条（申请许可的程序）

(1) 有义务为取得许可而采取必要措施的当事人，应毫不迟延地采取该等措施，并承担由此产生的一切费用。

(2) 该方当事人应在任何适当的时候，毫不迟延地向另一方当事人发出该许可已获批准或遭到拒绝的通知。

第 6.1.16 条（未获批准又未拒绝之许可）

(1) 尽管负有义务的当事人采取了所有必要的措施，但在约定的期间之内，或若无此约定，在合同订立后的合理时间之内，许可既未获得批准又未遭到拒绝，则任何一方当事人均有权终止该合同。

(2) 当许可仅影响合同的某些条款时，如果考虑到具体情况，即便许可遭到拒绝，维持合同的其余部分仍是合理的，则不适用上述第（1）款的规定。

第 6.1.17 条（拒绝许可）

(1) 当一项许可影响到合同的效力时，则拒绝该许可可导致合同无效。但如果拒绝许可只影响到合同部分条款的效力，考虑到具体情况，维持合同的其余部分是合理的，则仅该受影响部分的条款无效。

(2) 当拒绝许可导致合同的全部或部分履行不可能时，适用有关不履行的规定。

第二节　艰难情形

第 6.2.1 条（合同必须遵守）

如果合同一方当事人履行合同的负担加重，该方当事人仍应履行其义务，但需受到下列有关艰难情形规定的限制。

第 6.2.2 条（艰难情形的定义）

所谓艰难情形，是指发生的事件致使一方当事人的履约成本增加，或者所获履约的

价值减少，因而根本改变了合同的均衡，并且

（a）该事件在合同订立之后发生或为受到不利影响的当事人所知悉；

（b）受到不利影响的当事人在订立合同时不能合理地预见到该事件；

（c）该事件不能为受到不利影响的当事人所控制；而且

（d）该事件的风险不由受到不利影响的当事人承担。

第 6.2.3 条（艰难情形的后果）

（1）出现艰难情形时，受到不利影响的当事人有权要求重新谈判。但该要求应毫不迟延地提出，而且应说明提出该要求的理由。

（2）重新谈判的要求本身并不使受到不利影响的当事人有权暂停履行。

（3）如在合理时间内不能达成协议，任何一方当事人均可诉诸法院。

（4）如果法院认定存在艰难情形，只要合理，法院可以：

（a）按其确定的日期和条件终止合同，或者

（b）为恢复合同的均衡而调整合同。

第七章 不 履 行

第一节 不履行的一般规定

第 7.1.1 条（不履行的定义）

不履行是指一方当事人未履行其合同项下的任何一项义务，包括瑕疵履行和迟延履行。

第 7.1.2 条（另一方当事人的干预）

如果一方当事人的作为或不作为，或者由其承担风险的其他事件，导致了另一方当事人的不履行，则在此限度内，该方当事人不得依赖另一方当事人的不履行。

第 7.1.3 条（暂停履行）

（1）当事人各方应同时履行合同义务的，任何一方当事人可在另一方当事人提供履行前暂停履行。

（2）当事人各方应相继履行合同义务的，后履行的一方当事人可在应先履行的一方当事人完成履行之前暂停履行。

第 7.1.4 条（不履行方的补救）

（1）不履行一方当事人可自己承担费用对其不履行进行补救，但须符合下述条件：

（a）该方当事人毫不迟延地通知另一方当事人其拟进行补救的方式和时间；

（b）该补救在具体情况下是适当的；

（c）受损害方拒绝补救并无合法利益；并且

（d）补救立即进行。

（2）补救的权利并不因终止合同的通知被排除。

（3）在收到有效的补救通知后，受损害方所享有的与不履行方的履行行为不一致的权利应予中止，直至补救期限届满。

（4）受损害方在补救期间有权暂停履行。

（5）尽管进行了补救，受损害方仍保留对迟延以及因补救所造成的、或补救未能阻止的损害，要求损害赔偿的权利。

第 7.1.5 条（履行的额外期间）

（1）当出现不履行情况时，受损害方可通知另一方当事人，允许其有一段额外期间履行义务。

（2）在此额外期间内，受损害方可暂停履行其对应的义务，并且可要求损害赔偿，但不得采取任何其他的救济手段。如果受损害方收到另一方当事人在此额外期间内将不会履行的通知，或者，在此额外期间届满时，该另一方当事人仍未完成对其应做的履行，则受损害方可采取本章所规定的任何救济手段。

（3）如延迟履行不属根本不履行，而且受损害方已发出通知，给予不履行方一段合理的额外期间履行其义务，则受损害方在该段期间届满时可终止合同。如果所允许的额外期间的长度不合理，则应延长至合理的长度。受损害方可在其通知中规定，如果另一

方当事人在此额外期间内仍不履行其义务，合同应自动终止。

（4）如果未履行的义务只是不履行方合同义务中的一项轻微义务，则本条第（3）款不适用。

第7.1.6条（免责条款）

若一项条款限制或排除一方当事人对不履行合同义务的责任，或者允许一方当事人的履行可与另一方当事人的合理期待有实质差异，则在考虑到合同的目的的情况下，如援引该条款明显不公平，则不得援引该条款。

第7.1.7条（不可抗力）

（1）若不履行的一方当事人证明，其不履行是由于非他所能控制的障碍所致，而且在合同订立之时，无法合理地预期该方当事人能够考虑到该障碍，或者避免或克服该障碍，或其后果，则不履行方应予免责。

（2）若障碍只是暂时的，则在考虑到该障碍对合同履行影响的情况下，免责只在一段合理的期间内具有效力。

（3）未能履行义务的一方当事人必须将障碍及其对履约能力的影响通知另一方当事人。若另一方当事人在未履行方知道或应当知道该障碍后的一段合理时间内没有收到该通知，则未履行方应对另一方当事人因未收到该通知而导致的损害，负赔偿责任。

（4）本条并不妨碍一方当事人行使终止合同、暂停履行或对到期应付款项要求支付利息的权利。

第二节 要求履行的权利

第7.2.1条（金钱债务的履行）

如果有义务付款的一方当事人未履行其付款义务，则另一方当事人可以要求付款。

第7.2.2条（非金钱债务的履行）

如果一方当事人未履行其应履行的非金钱支付的义务，则另一方当事人可要求履行，除非：

（a）履行在法律上或事实上不可能；

（b）履行或相关的执行会带来不合理的负担或费用；

（c）有权要求履行的一方当事人可以合理地从其他渠道获得履行；

（d）履行完全属于人身性质；或者

（e）有权要求履行的一方当事人在已经知道或应当知道该不履行后的一段合理时间内未要求履行。

第7.2.3条（对瑕疵履行的修补和替换）

要求履行的权利，在适当的情况下，包括对瑕疵履行要求修补、替换或做其他补救的权利。这里也适用第7.2.1条和第7.2.2条的规定。

第7.2.4条（法院判决的罚金）

（1）法院判决一方当事人履行义务时，亦可做出若该方当事人不执行该判决须支付罚金的指令。

（2）罚金应支付给受损害方，除非法院地的强制性规则另有规定。向受损害方支付罚金并不排除其要求损害赔偿的任何权利。

第7.2.5条（变更救济）

（1）如果要求履行非金钱债务的受损害方，在规定的期限内或若无此规定在一段合理的时间内，未获得履行，则该方当事人可诉诸任何其他的救济手段。

（2）当对责令履行非金钱债务的法院判决不能得到执行时，受损害方可诉诸任何其他的救济手段。

第三节 合同的终止

第7.3.1条（终止合同的权利）

（1）合同一方当事人可终止合同，如果另一方当事人未履行其合同项下的某项义务构成对合同的根本不履行。

（2）在确定不履行某项义务是否构成根本不履行时，应特别考虑到是否存在以下情况：

（a）不履行实质上剥夺了受损害方根据合同有权期待的利益，除非另一方当事人并未预见而且也不可能合理地预见到此结果；

（b）对该项未履行义务的严格遵守是合

同的实质性约定；

（c）不履行是有意所致还是疏忽所致；

（d）不履行使受损害方有理由相信，不能信赖另一方当事人的未来履行；

（e）若合同被终止，不履行方将因已做的准备或履行而蒙受不相称的损失。

（3）在迟延履行的情况下，如果另一方当事人未在第7.1.5条允许的额外期间届满前履行合同，受损害方亦可终止合同。

第7.3.2条（终止通知）

（1）一方当事人终止合同的权利应通过向另一方当事人发出通知来行使。

（2）若属迟延履行或其他形式的履行与合同不符，受损害方将丧失终止合同的权利，除非他在已经知道或理应知道迟延履行或不符履行后一段合理时间内通知另一方当事人。

第7.3.3条（预期不履行）

如果在一方当事人履行合同日期之前，情况表明该方当事人将根本不履行其合同义务，则另一方当事人可终止合同。

第7.3.4条（如约履行的充分保证）

一方当事人如果有理由相信另一方当事人将根本不履行，可要求其对适当履行提供充分保证，并可同时暂停履行其自己的合同义务。若另一方当事人未在合理时间内提供此保证，则要求提供保证的一方当事人可终止合同。

第7.3.5条（终止合同的一般效果）

（1）合同终止解除双方当事人履行和接受未来履行的义务。

（2）终止并不排除对不履行要求损害赔偿的权利。

（3）终止并不影响合同中关于解决争议的任何规定，或者即便在合同终止后仍应执行的其他合同条款。

第7.3.6条（一次性履行合同的恢复原状）

（1）一次性履行合同终止时，合同任何一方当事人均可主张返还其依据合同所提供的一切，但该方当事人亦应同时返还其依据合同所收到的一切。

（2）如果返还实物不可能或不适当，只要合理，应做折价补偿。

（3）如果不能进行实物返还之原因归咎于对方当事人，则收到履行的当事人无需折价补偿。

（4）对于为保存或维护收到的履行而合理发生的费用，可请求赔偿。

第7.3.7条（一段期间内履行合同之恢复原状）

（1）一段期间内履行之合同终止时，只可就终止生效后的期间，主张恢复原状，而且要以合同可分割为条件。

（2）就所涉及的返还而言，应适用第7.3.6条之各项规定。

第四节 损害赔偿

第7.4.1条（请求损害赔偿的权利）

任何不履行均使受损害方取得损害赔偿之请求权，该权利既可以单独行使，也可以和任何其他救济手段一并行使，但该不履行根据本通则属可以免责的情况除外。

第7.4.2条（完全赔偿）

（1）受损害方对由于不履行而遭受的损害有权得到完全赔偿。该损害既包括该方当事人遭受的任何损失，也包括其被剥夺的任何收益，但应当考虑到受损害方因避免发生的成本或损害而得到的任何收益。

（2）此损害可以是非金钱性质的，并且包括例如肉体或精神上的痛苦。

第7.4.3条（损害的确定性）

（1）赔偿仅适用于根据合理的确定性程度而证实的损害，包括未来损害。

（2）对机会损失的赔偿可根据机会发生的可能性程度按比例确定。

（3）凡不能以充分确定性程度来确定损害赔偿金额的，赔偿金额依法院的自由裁量权确定。

第7.4.4条（损害的可预见性）

不履行方仅对在订立合同时他已经预见到的或应当合理预见到的、因其不履行可能产生的损害承担责任。

第 7.4.5 条（替代交易时损害的证明）

受损害方已终止合同并在合理时间内以合理方式进行了替代交易的，该方当事人可对合同价格与替代交易价格之间的差额以及任何进一步的损害要求赔偿。

第 7.4.6 条（依时价证明损害）

（1）受损害方已终止合同但未进行替代交易的，如果对于合同约定的履行存在时价，则该方当事人可对合同价格与合同终止时的时价之间的差额以及任何进一步的损害要求赔偿。

（2）时价是指在合同应当履行的地点，对应交付之货物或应提供之服务在可比情况下通常所收取的价格，或者如果该地无时价，则为可合理参照的另一地的时价。

第 7.4.7 条（部分归咎于受损害方的损害）

如果损害部分归咎于受损害方的作为或不作为，或是部分归咎于由该方当事人承担风险的其他事件，在考虑到各方当事人行为的基础上，损害的赔偿金额应扣除因上述因素所导致的损害部分。

第 7.4.8 条（损害的减轻）

（1）不履行方对于受损害方所蒙受的本来可以通过其采取合理措施减少的那部分损害，不承担责任。

（2）受损害方有权对因试图减少损害而发生的一切合理费用要求偿付。

第 7.4.9 条（未付金钱债务的利息）

（1）如果一方当事人未支付一笔到期的金钱债务，受损害方有权就该笔债务要求支付自到期时起至支付时止的利息，而不管该不付款是否可被免责。

（2）利率应为付款地银行对优惠借款人借贷支付货币时适用的短期平均贷款通行利率。若该地无此利率，则为支付货币国家的此种利率。若上述两地均无此利率，则为支付货币国法律规定的适当利率。

（3）受损害方有权对不付款给其造成的更大的损害要求额外的损害赔偿。

第 7.4.10 条（损害赔偿的利息）

除非另有约定，对非金钱债务不履行的损害赔偿的利息自不履行之时起算。

第 7.4.11 条（支付赔偿金的方式）

（1）损害赔偿应一次付清。但是，如果损害的性质适于分期支付，也可分期支付。

（2）分期支付损害赔偿金时，可以按指数调整。

第 7.4.12 条（计算损害赔偿金的货币）

损害赔偿金既可以用表示金钱债务的货币计算，也可以用损害发生时所使用的货币计算，以两者中最为适当的货币为准。

第 7.4.13 条（对不履行的约定付款）

（1）如果合同规定不履行方应就不履行向受损害方支付一笔约定的金额，则受损害方不管其实际损害如何，均有权获得该笔金额。

（2）但是，如果约定金额相对于该不履行所导致的损害以及相对于其他情况严重过高，则可将该约定金额减少至一个合理的数目，而不管是否有任何与此相反的约定。

第八章 抵 销

第 8.1 条（抵销的条件）

（1）当双方当事人互负金钱或其他同类履行时，任何一方（"第一方当事人"）可以将自己的债务与其债权人（"另一方当事人"）的债务抵销，如果抵销发生时满足以下条件：

（a）第一方当事人有权履行其债务；

（b）另一方当事人债务的存在和数量已确定，且履行到期。

（2）如果双方当事人的债务基于同一合同产生，第一方当事人可将自己的债务与另一方当事人的债务抵销，即使另一方当事人债务的存在或数量尚未确定。

第 8.2 条（外汇抵销）

当以不同货币支付金钱债务时，亦可行使抵销权，但要以该两种货币均为可自由兑换的货币，而且当事人没有约定第一方当事人必须以特定货币支付为条件。

第 8.3 条（抵销通知）

抵销权以向另一方当事人发出通知来行使。

第 8.4 条（通知的内容）

（1）通知必须指明拟抵销的债务。

（2）如果通知没有指明拟抵销的债务，另一方当事人可在合理的时间内向第一方当事人声明有关抵销的债务。如果未作出该声明，则抵销将按比例适用于所有债务。

第 8.5 条（抵销的效力）

（1）抵销解除相关债务。

（2）如果债务的金额不等，则抵销以金额较小者为限解除相关债务。

（3）抵销自通知之时起生效。

第九章 权利的转让、债务的转移、合同的转让

第一节 权利的转让

第 9.1.1 条（定义）

"权利的转让"是指一人（"让与人"），将其请求第三人（"债务人"）金钱支付或其他履行的权利，以协议方式转让给另一人（"受让人"），包括以担保为目的的转让。

第 9.1.2 条（排除适用）

本节不适用于由特殊规则调整的下列转让：

（a）票据转让，例如流通票据、权利凭证或金融票据，或者

（b）一项商业转让过程中发生的权利转让。

第 9.1.3 条（非金钱权利的转让）

一项请求非金钱履行的权利，只有转让不导致明显加重履行负担时，方可转让。

第 9.1.4 条（部分转让）

（1）请求金钱支付的权利可以部分转让。

（2）请求其他履行的权利，只有当该履行是可分割的，并且转让不导致明显加重履行负担时，才可以部分转让。

第 9.1.5 条（未来权利）

未来权利视为在转让协议达成时转让，但以在该项权利出现时能够确定其为被转让的权利为条件。

第 9.1.6 条（未逐一指明的权利的转让）

数项权利可同时转让，而无需逐一指明，但以在这些权利转让时或出现时能够确定其为被转让的权利为条件。

第 9.1.7 条（让与人和受让人协议即可转让）

（1）一项权利仅凭让与人和受让人之间的协议即可转让，而无需通知债务人。

（2）转让无需债务人同意，除非依据具体情况债务实质上具有人身性质。

第 9.1.8 条（债务人的额外成本）

因权利转让产生的任何额外成本，债务人有权要求让与人或受让人给予补偿。

第 9.1.9 条（非转让条款）

（1）尽管让与人和债务人之间存在限制或禁止转让的协议，请求金钱支付权利的转让仍然具有效力。但是，让与人可能因此向债务人承担违约责任。

（2）请求其他履行的权利的转让，如果违反让与人与债务人之间限制或禁止转让的协议，则转让无效。但是，如果受让人在转让发生时既不知道也不应知道该协议，则转让有效。但让与人可能因此向债务人承担违约责任。

第 9.1.10 条（通知债务人）

（1）在收到让与人或受让人发出的转让通知以前，债务人可通过向让与人清偿来解除债务。

（2）在收到该通知后，债务人只有通过向受让人清偿才能解除债务。

第 9.1.11 条（连续转让）

如果同一让与人将同一权利连续转让给两个或两个以上受让人，则债务人按照收到通知的时间顺序清偿后，其债务得以解除。

第 9.1.12 条（转让的充分证据）

（1）当转让通知由受让人发出，债务人

可以要求受让人在合理时间内提供转让已发生的充分证据。

（2）在提供充分证据之前，债务人可以暂停清偿。

（3）在提供充分证据之前，通知不产生效力。

（4）充分证据包括但不限于，让与人做出的并能够表明转让已做出的任何书面文件。

第9.1.13条（抗辩权和抵销权）

（1）债务人得以其对抗让与人的所有抗辩权，对抗受让人。

（2）债务人在收到转让通知时，可向受让人主张其可向让与人主张的任何抵销权。

第9.1.14条（与被转让权利相关的权利）

一项权利的转让导致向受让人转移：

（a）让与人依合同所享有的全部请求金钱支付或者其他履行的权利，以及

（b）担保被转让之权利得以履行的所有权利。

第9.1.15条（让与人的担保）

除非已向受让人作了另外披露，让与人对受让人承担下述担保义务：

（a）被转让之权利在转让发生时已经存在，但未来权利除外；

（b）让与人有权转让该权利；

（c）该权利此前没有转让给其他受让人，并且不会有第三方提出权利或请求；

（d）债务人不拥有任何抗辩权；

（e）债务人和让与人针对被转让权利均未发出抵销通知，而且今后也不会发出此类通知；

（f）让与人应将在转让通知发出前从债务人收到的任何清偿，退还给受让人。

第二节 债务的转移

第9.2.1条（转移的模式）

支付金钱或者为其他履行的债务，可以通过以下方式之一由一人（"原债务人"）转移到另一人（"新债务人"）：

（a）原债务人和新债务人之间达成协议，但要受到第9.2.3条的约束，或

（b）债权人和新债务人之间达成的由新债务人承担债务的协议。

第9.2.2条（排除适用）

本节不适用于在一项商业转让过程中，依管辖债务转移的特殊规则所做的债务转移。

第9.2.3条（须债权人同意转移）

原债务人和新债务人以协议方式转移债务，须经债权人同意。

第9.2.4条（债权人的预先同意）

（1）债权人可以预先同意。

（2）债权人预先同意的，债务转移自转移通知到达债权人时，或者债权人认可该债务转移时，产生效力。

第9.2.5条（原债务人债务的解除）

（1）债权人可以解除原债务人的债务。

（2）债权人亦可保留原债务人在新债务人履行不适当时，继续作为债务人。

（3）其余情况下，原债务人和新债务人承担连带责任。

第9.2.6条（第三方履行）

（1）在没有债权人同意的情况下，债务人可以与另一个人约定由该人替代该债务人履行债务，但债务本质上具有人身性质的除外。

（2）债权人保留对债务人的请求权。

第9.2.7条（抗辩权和抵销权）

（1）新债务人可援用原债务人对抗债权人的所有抗辩，对抗债权人。

（2）新债务人不可向债权人主张原债务人可以向债权人主张的抵销权。

第9.2.8条（与被转移债务相关的权利）

（1）债权人可以在被转移债务的范围内，对新债务人主张其合同项下享有的全部请求金钱支付或者其他履行的权利。

（2）原债务人根据第9.2.5条第（1）款解除债务的，除新债务人以外的任何其他人对于债务履行提供的担保，随之解除，但是该其他人同意该担保对债权人继续有效的除外。

(3) 原债务人之债务的解除，还包括原债务人向债权人提供的保证债务履行的任何担保的解除，但是设立担保的资产已作为原债务人和新债务人之间交易的一部分而转移的除外。

第三节 合同的转让

第 9.3.1 条（定义）

"合同的转让"是指一人（"让与人"）将其在与另一人（"另一方当事人"）订立的合同项下的权利与义务，以协议方式转移给另一人（"受让人"）。

第 9.3.2 条（排除适用）

本节不适用于由特殊规则调整的商业转让过程中的合同转让。

第 9.3.3 条（须另一方当事人同意）

一项合同的转让须经另一方当事人的同意。

第 9.3.4 条（另一方当事人的预先同意）

（1）另一方当事人可预先同意。

（2）另一方当事人预先同意的，合同转让自转让通知到达该另一方当事人时，或者当该另一方当事人认可该合同转让时，产生效力。

第 9.3.5 条（让与人债务的解除）

（1）另一方当事人可解除让与人的债务。

（2）另一方当事人亦可保留让与人在受让人履行不适当时，继续作为债务人。

（3）其余情况下，让与人和受让人承担连带责任。

第 9.3.6 条（抗辩权和抵销权）

（1）在合同转让涉及权利转让的范围内，适用第 9.1.13 条的规定。

（2）在合同转让涉及债务转移的范围内，适用第 9.2.7 条的规定。

第 9.3.7 条（随合同转让的权利）

（1）在合同转让涉及权利转让的范围内，适用第 9.1.4 条的规定。

（2）在合同转让涉及债务转移的范围内，适用第 9.2.8 条的规定。

第十章 时效期间

第 10.1 条（本章范围）

（1）根据本章的规则，受通则调整的权利行使因一段时间期间，即"时效期间"的届满，而被禁止。

（2）本章并不调整依据本通则的规定，要求一方当事人作为取得或行使其权利的条件而须通知另一方当事人，或须履行司法程序之外的任何行为的时间期间。

第 10.2 条（时效期间）

（1）一般时效期间为三年，自债权人知道或应该知道导致其权利能够行使的事实之日的次日起计算。

（2）任何情况下最长时效期间为十年，自权利能够行使之日的次日起计算。

第 10.3 条（当事人对时效期间的修改）

（1）当事人可以修改时效期间。

（2）但是他们不得：

（a）将一般时效期间缩短至不足一年；

（b）将最长时效期间缩短至不足四年；

（c）将最长时效期间延长至超过十五年。

第 10.4 条（认可导致时效期间重新计算）

（1）债务人在一般时效期间届满前认可债权人权利的，自认可之日的次日起，一般时效期间重新开始计算。

（2）最长时效期间不得重新开始计算，但可因第 10.2 条第（1）款一般时效期间的重新开始而超期。

第 10.5 条（因司法程序而中止）

（1）时效期间在以下情况下中止计算：

（a）通过启动司法程序或者在已经启动的司法程序中，债权人所采取的被法院认可的债权人向债务人主张其权利的任何行为；

（b）在债务人破产的情况下，债权人在破产程序中主张其权利；

（c）在债务人实体进入解散程序的情况下，债权人在解散程序中主张其权利。

（2）时效中止持续至终局判决做出之时

或持续至其他方式的程序终止之时。

第 10.6 条（因仲裁程序而中止）

（1）通过启动仲裁程序或者在已经启动的仲裁程序中，自债权人采取被仲裁庭法则所认可的债权人向债务人主张其权利的行为之时起，时效期间中止计算。如果仲裁程序的规定或条款没有对启动仲裁程序的确切日期做出规定，则仲裁程序启动之日应为要求审理争议之权利的请求送达债务人之日。

（2）时效中止持续至有约束力的裁决做出之时或持续至其他方式程序终止之时。

第 10.7 条（替代性争议解决）

第 10.5 条和第 10.6 条的规定经适当修改，适用于下述程序：当事人各方请求第三方协助其友好解决争议的程序。

第 10.8 条（因不可抗力、死亡或无行为能力而中止）

（1）如果债权人因其无法控制、无法避免，也无法克服的障碍，则一般时效期间自依前述条款规定的时效期间停止计算起，中止计算，以使其不会在相关障碍消失之后一年内届满。

（2）如果债权人或债务人的无行为能力或死亡构成上述障碍，时效期间的中止持续至无行为能力人，或死者或其遗产指定了代理人，或者继承人继承了前述相关人的地位之时。第（1）款规定的一年额外期间同样适用于本款。

第 10.9 条（时效期间届满的效力）

（1）时效期间届满不消灭权利。

（2）经债务人作为抗辩提出，时效期间届满方产生效力。

（3）即使对一项权利已提出时效期间届满的主张，仍可依赖该权利作为抗辩。

第 10.10 条（抵销权）

债权人可以行使抵销权，除非债务人主张时效期间已届满。

第 10.11 条（恢复原状）

若为解除一项债务已做了履行，则无权仅凭时效期间届满要求恢复原状。

第十一章 多个债务人与多个债权人

第一节 多个债务人

第 11.1.1 条（定义）

当多个债务人对某个债权人承担同一债务时：

（a）如每一个债务人对全部债务均负有清偿义务，则该债务为连带债务；

（b）如每一个债务人仅对其份额内债务负有清偿义务，则该债务为可分债务。

第 11.1.2 条（推定连带债务）

多个债务人对同一债权人承担同一债务的，推定该多个债务人承担连带清偿义务，除非情况有相反的表示。

第 11.1.3 条（债权人对连带债务人之权利）

多个债务人承担连带清偿义务的，债权人可要求其中任何一个债务人清偿，直至取得全部清偿。

第 11.1.4 条（存在的抗辩权与抵销权）

一个连带债务人当被债权人要求清偿时，可以主张属于其自身的抗辩权和抵销权，或者属于所有共同债务人共有的抗辩权和抵销权，但不得主张那些仅属于其他共同债务人中一个或几个债务人自身的抗辩权或抵销权。

第 11.1.5 条（清偿或抵销之效力）

一个连带债务人的清偿或抵销，或者债权人对一个连带债务人进行了抵销，则应以该清偿或抵销为限，解除其他债务人对该债权人所负的清偿义务。

第 11.1.6 条（免除或和解之效力）

（1）对一个连带债务人的债务免除，或与一个连带债务人达成和解，则解除所有其他债务人对该被免除或和解之债务人的债务份额，除非情况有相反的表示。

（2）如果解除了其他债务人对某个债务人的被免除了的债务份额，则该其他债务人对该被免除了债务的债务人不再享有第

11.1.10 条规定的分担请求权。

第 11.1.7 条（时效期间届满或中止的后果）

（1）债权人对一个连带债务人所享权利的时效届满，并不影响：

（a）其他连带债务人对该债权人所承担的债务；或者

（b）第 11.1.10 条规定的连带债务人之间的追索权。

（2）如果债权人对一个连带债务人启动第 10.5 条、第 10.6 条或第 10.7 条项下的程序，则时效期间对其他连带债务人也中止计算。

第 11.1.8 条（判决之效力）

（1）法院就一个连带债务人对债权人之责任所做出的判决，不影响：

（a）其他连带债务人对该债权人所承担的债务；或者

（b）依据第 11.1.10 条规定的连带债务人之间的追索权。

（2）但是，除非该判决是基于相关债务人自身之原因做出，否则其他连带债务人可以依赖该判决。在此情况下，第 11.1.10 条规定的连带债务人之间的追索权将据此受到影响。

第 11.1.9 条（连带债务人之责任分摊）

连带债务人之间对债务承担均等份额，除非情况有相反的表示。

第 11.1.10 条（分担请求之限度）

一个连带债务人如超出自身份额清偿了债务，则有权向其他任何债务人在其各自未清偿之份额内，请求超额清偿的部分。

第 11.1.11 条（债权人之权利）

（1）一个行使第 11.1.10 条规定的连带债务人，为向所有或任何其他债务人求偿其超出份额清偿之部分，在每个债务人未清偿份额的限度内，亦可行使债权人的权利，包括确保其他债务人履行清偿的各项权利。

（2）未获得全部清偿的债权人，以共同债务人未清偿部分为限，对共同债务人保有优于共同债务人行使分担请求权的各项权利。

第 11.1.12 条（对分担请求权之抗辩）

如果一个已清偿债务的共同债务人对一个连带债务人提出请求，则该连带债务人：

（a）可提出共同债务人对该债权人可主张的任何共有的抗辩权和抵销权；

（b）可主张属于其自身的抗辩权；

（c）不可主张属于其他共同债务人中一个或几个自身的抗辩权和抵销权。

第 11.1.13 条（补救不能）

如果一个连带债务人超过自己的债务份额清偿了债务，且虽经一切合理努力，仍不能从另一个连带债务人处补救其超出部分，则包括已履行清偿的债务人在内的所有其他债务人之份额，均应按比例增加。

第二节 多个债权人

第 11.2.1 条（定义）

当多个债权人均可向同一债务人主张清偿同一债务时：

（a）如每一个债权人只可主张其自身之份额，则该请求权为可分债权；

（b）如每一个债权人均可主张全部清偿，则该请求权为连带债权；

（c）如所有债权人必须共同请求清偿，则该请求权为共同债权。

第 11.2.2 条（连带债权之效力）

对其中一个连带债权人进行全部债务清偿，即解除了该债务人对所有其他债权人的清偿义务。

第 11.2.3 条（对连带债权人的抗辩权）

（1）债务人可对连带债权人中的任何人主张属于其自身的、在与该债权人关系中的抗辩权和抵销权，或者其可向所有债权人主张的抗辩权和抵销权，但不可主张属于其自身的、与其他共同债权人中一个或几个人关系中的抗辩权和抵销权。

（2）第 11.1.5 条、第 11.1.6 条、第 11.1.7 条和第 11.1.8 条经适当调整，可适用于连带债权。

第11.2.4条（连带债权人间的分配）

（1）连带债权人之间，对债权有权享有均等份额，除非情况有相反的表示。

（2）一个债权人若收到之清偿超过其份额，必须将超过其份额之部分，以其他债权人各自份额为限，转移给其他债权人。

国际贸易术语解释通则（2010）

（2010年国际商会修订　2011年1月1日生效）

引　言

《国际贸易术语解释通则®》（Incoterms®）[①]是一套由三个字母组成的、反映货物买卖合同中商业实务的贸易术语。《国际贸易术语解释通则®》主要描述了货物由卖方交付给买方过程中所涉及的工作、成本和风险。

如何使用《国际贸易术语解释通则® 2010》的术语

1. 在买卖合同中写入《国际贸易术语解释通则® 2010》术语

如果想在合同中使用《国际贸易术语解释通则® 2010》，应在合同中用类似词句做出明确表示，如"所选用的国际贸易术语，包括指定地点，并标明《国际贸易术语解释通则® 2010》"。

2. 选择合适的国际贸易术语

对国际贸易术语的选择应适合于货物性质和运输方式。首先是考虑合同各方是否想给卖方或买方增加额外的义务，如安排运输或保险的义务等。每个术语的"使用说明"对选择术语十分有用。无论选择何种术语，买卖双方均应清楚，对其合同的解释很可能会受到所使用港口或地点特有的惯例的影响。

3. 尽可能对地点和港口做出详细说明

只有合同各方写明港口或地点，所选用的国际贸易术语才能发挥作用。而对港口或地点写得越确切，就越能凸显国际贸易术语的作用。

准确表述的范例如下：

"FCA 38 Coors Albert ler, Paris, France Incoterms® 2010"[②]

在贸易术语 Ex Works（EXW，工厂交货）、Free Carrier（FCA，货交承运人）、Delivered at Terminal（DAT，运输终端交货）、Delivered at Place（DAP，目的地交货）、Delivered Duty Paid（DDP，完税后交货）、Free Alongside Ship（FAS，船边交货）和 Free on Board（FOB，船上交货）中，指定地点是交货地点和风险从卖方转移到买方的地点。

在贸易术语 Carriage Paid To（CPT，运费付至）、Carriage and Insurance Paid To（CIP，运费、保险费付至）中，Cost and Freight（CFR，成本加运费）和 Cost, Insurance and Freight（CIF，成本、保险费加运费）的指定地点与交货地点有别。在此四个

[①]　"Incoterms"是国际商会注册商标。

[②]　中文版注："FCA"（货交承运人）是术语，"38 Cours Albert ler, Paris, France"是地点或地址，"Incoterms® 2010"是对所选的贸易术语最新版本的说明。

贸易术语中，指定地点是目的地，其运费已经支付。如能在指明地点或目的地内明确该地点或目的地内确定的点将更有助于避免疑问或争议。

4. 切记国际贸易术语并没有给你一个完整的买卖合同

国际贸易术语确实规定了买卖合同中哪方有安排运输、保险的义务，卖方何时向买方交货以及各方应当支付的费用，但国际贸易术语没有说明应付价格或支付方式。它也没有涉及货物所有权的转让或违约后果。这些问题通常依据买卖合同的明确约定或合同的适用法处理。合同各方应当清楚，强制适用的本地法可能推翻买卖合同的任何条款，包括所选择的国际贸易术语在内。

《国际贸易术语解释通则® 2010》的主要特点

1. 两个新增术语 DAT（运输终端交货）和 DAP（目的地交货）取代了《国际贸易术语解释通则 2000》中的 DAF（边境交货）、DES（目的港船上交货）、DEQ（目的港码头交货）和 DDU（未完税交货）

国际贸易术语由原来的 13 个减至 11 个。该变化是通过使用两个可适用于任何运输模式的新术语即 DAT（运输终端交货）和 DAP（目的地交货），取代《国际贸易术语解释通则 2000》中的 DAF（边境交货）、DES（目的港船边交货）、DEQ（目的港码头交货）和 DDU（未完税交货）来实现的。

在这两个新增术语中，交货都在指定目的地发生。使用 DAT 时，货物已从到达的运输工具中卸下，交由买方处置（与以前的 DEQ 术语相同）。使用 DAP 时，货物同样交由买方处置，但仅需作好卸货准备（与以前的 DAF、DES 和 DDU 术语相同）。

新术语使得《国际贸易术语解释通则 2000》的 DES 与 DEQ 成为多余。DAT 中的指定终端很可能是港口，因此该术语可完全适用于《国际贸易术语解释通则 2000》DEQ 适用的场合。同样，DAP 中抵达的运输工具很可能是船只，指定地点也很可能是港口，因此，DAP 可完全适用于《国际贸易术语解释通则 2000》DES 适用的场合。这两个新术语和先前的术语一样，是"交货"型的，由卖方承担将货物交至指定目的地的所有费用（除与进口相关的费用外，如有）和风险。

2.《国际贸易术语解释通则® 2010》中 11 个术语的分类

《国际贸易术语解释通则® 2010》的 11 个术语可分为特征鲜明的两大类：

适用于任何单一运输方式或多种运输方式的术语

EXW	工厂交货
FCA	货交承运人
CPT	运费付至
CIP	运费和保险费付至
DAT	运输终端交货
DAP	目的地交货
DDP	完税后交货

适用于海运及内河水运的术语

FAS	船边交货
FOB	船上交货
CFR	成本加运费
CIF	成本、保险加运费

第一类包括《国际贸易术语解释通则® 2010》中的七个术语，不论选用何种运输方式，也不论是否使用一种或多种运输方式，均可适用。EXW、FCA、CPT、CIP、DAT、DAP 和 DDP 均属此类，甚至没有海运时也可使用这些术语。但是，要记住，当船舶用于部分运输时，可以使用这些术语。

《国际贸易术语解释通则® 2010》中的第二类术语，交货地点和将货物交至买方的地点都是港口，因此被划分为"适于海运及内河水运的术语"。FAS、FOB、CFR 和 CIF 均属此类。在最后 3 个术语中省略了以船舷作为交货点的表述，取而代之的是货物置于"船上"时构成交货。这样的规定更符合当今商业现实，且能避免出现那种已经过时的风险在一条假想垂直线上摇摆不定的情形。

3. 国内贸易与国际贸易通则

国际贸易术语通则传统上用于货物跨越国界的国际货物买卖合同。但是，在世界许多地区，像欧盟一样的贸易同盟已使不同成员国间的边界手续显得不再重要。因此，《国际贸易术语解释通则® 2010》的副标题正式确认这些术语对国际和国内货物买卖合同均可适用。因而，《国际贸易术语解释通则® 2010》在多处明确说明，只有在适用时，才产生遵守进/出口手续要求的义务。

两种发展让 ICC 认识到应及时向此方向演进。第一，贸易方常在纯国内买卖合同中使用国际贸易术语；第二，美国国内贸易中出现了更愿意以国际贸易术语取代传统使用的《美国统一商法典》中的运输和交货术语的现象。

4. 使用说明

在每个《国际贸易术语解释通则® 2010》术语前，均有该术语的使用说明。使用说明解释了每个术语的要点，比如何时适用，风险何时转移和买卖双方如何分摊费用。使用说明不是《国际贸易术语解释通则® 2010》的构成部分，但期望能帮助使用者在特定交易中准确、高效地选择合适的术语。

5. 电子讯息

《国际贸易术语解释通则》以往的版本曾经规定诸多文件可用电子数据信息替代。《国际贸易术语解释通则® 2010》的 A1 和 B1 条款则在各方约定或符合惯例的情况下，赋予电子讯息与纸质讯息同等效力。这种表述便利新电子程序在《国际贸易术语解释通则® 2010》有效期内的发展。

6. 保险合同

《国际贸易术语解释通则® 2010》是《伦敦保险协会货物险条款》修订以来的第一版国际贸易术语，并且已考虑了修订对条款的影响。《国际贸易术语解释通则® 2010》将与保险相关的信息义务纳入涉及运输合同和保险合同的 A3 和 B3 条款。这些规定已从《国际贸易术语解释通则 2000》的 A10 和 B10 的泛泛的条款中抽出。为了明确双方与保险相关的义务，A3 和 B3 中有关保险的用语也作了相应调整。

7. 安检通关及其通关所需信息

现在人们对货物移动时的安全问题日益关注，要求确保除了其内在特性外，货物对人的生命和财产不得构成威胁。因此，《国际贸易术语解释通则® 2010》在各术语的 A2/B2 和 A10/B10 条款中，明确了买卖各方间完成或协助完成安检通关的义务，比如产销监管链信息。

8. 码头作业费

按照《国际贸易术语解释通则》CPT、CIP、CFR、CIF、DAT、DAP 和 DDP 术语，卖方必须安排货物运输至指定目的地。运费虽由卖方支付，但买方为实际支付方，因为通常运费由买方包含在货物总价之中。运输费用有时会包括在港口或集装箱码头设施内处理和移动货物的费用中，而承运人或港口运营人很可能向接收货物的买方索要这些费用。在这种情况下，买方会希望避免为同一服务支付两次费用：一次是在货物总价中向卖方支付；另一次是单独向承运人或港口运营人支付。为了避免此类问题发生，《国际贸易术语解释通则® 2010》相关术语的 A6 和 B6 条款中明确了此类费用的分摊。

9. 链式销售

与特定产品的销售不同，在商品销售中，货物在运送至销售链终端的过程中常常被多次转卖。出现此种情况时，在销售链中端的卖方实际上不运送货物，因为处于销售链始端的卖方已经安排了运输。因此，处在销售链中间的卖方不是以运送货物的方式，而是以"取得"货物的方式，履行对其买方的义务。为了澄清此问题，《国际贸易术语解释通则® 2010》术语中包括"取得运输中货物"的义务，并以其作为在相关术语中运输货物义务的替代义务。

国际贸易术语的变通

有时，买卖各方希望变通国际贸易术

语。《国际贸易术语解释通则® 2010》并不禁止此类变通，但是这样做是有风险的。为避免不期望见到的情况出现，缔约方需要在买卖合同中非常清晰地明确他们希望通过修改达到的效果。例如，合同如果对《国际贸易术语解释通则® 2010》某术语的费用分摊作出改变，缔约方也应清楚地表明他们是否同时希望改变风险自卖方转移至买方的点。

引言的地位

引言对《国际贸易术语解释通则® 2010》术语的使用与解释作出总体介绍，但并不构成术语的一部分。

《国际贸易术语解释通则® 2010》术语专用词的解释

如同《国际贸易术语解释通则 2000》一样，买卖双方的义务是对照列出的，分别反映在规定卖方义务的 A 栏和买方义务的 B 栏。这些义务可由卖方或买方亲自承担，但有时根据合同条款或适用的法律，也可以通过第三方中介如承运人、货运代理人，以及由卖方或买方指定的其他人来承担。

《国际贸易术语解释通则® 2010》术语文字意在不言自明。但为了便利使用者，以下部分将对几个专用词在本通则中的特定含义做出指导性说明。

承运人：《国际贸易术语解释通则® 2010》术语中，承运人是签约承担运输责任的一方。

海关手续：指为遵守任何适用的海关规定所需满足的要求，并可包括各类文件、安全、信息或事物检验的义务。

交货：在贸易法律与实务中，此概念有多种涵义。但在《国际贸易术语解释通则® 2010》术语中，它所指的是货物灭失与损坏的风险从卖方转移至买方的点。

交货凭证：此词现为 A8 的标题，是指证明已交货的凭证。在《国际贸易术语解释通则® 2010》许多术语中，交货凭证是运输凭证或对应的电子记录。但是，在使用 EXW、FCA、FAS 和 FOB 时，交货凭证可能仅仅是一张收据。交货凭证也会有其他作用，比如作为支付安排的构成部分。

电子记录或程序：由一条或多条电子信息组成的整套信息，同时适用时与对应的纸质凭证具有同等效力。

包装：此词可用于不同的包装：

（1）为满足买卖合同的要求对货物进行包装；

（2）为适应运输需要对货物进行包装；

（3）在集装箱或其他运载工具中装载包装好的货物。

在《国际贸易术语解释通则® 2010》术语中，包装所指的是以上第一种和第二种情况。《国际贸易术语解释通则® 2010》中的术语不涉及各方在集装箱内的装载义务，因此，需要的话，各方应在买卖合同中作出约定。

适用于任何单一运输方式或多种运输方式的通则

EXW
Ex Works 工厂交货

EXW（插入指定交货地点）《国际贸易术语解释通则® 2010》或 Incoterms® 2010

使用说明

该术语可适用于任何运输方式，也可适用于多种运输方式。它适合国内贸易，而 FCA 一般则更适合国际贸易。

"工厂交货"是指当卖方在其所在地或其他指定地点（如工厂、车间或仓库等）将货物交由买方处置时，即完成交货。卖方不需将货物装上任何前来接收货物的运输工具，要清关时，卖方也无需办理清关手续。

特别建议双方在指定交货地范围内尽可能明确具体交货地点，因为在货物到达交货地点之前的所有费用和风险都由卖方承担。买方则需承担自此指定交货地的约定地点（如有）收取货物所产生的全部费用和风险。

EXW（工厂交货）术语代表卖方最低义务，使用时需注意以下问题。

a）卖方对买方没有装货的义务，即使实际上卖方也许更方便这样做。卖方如果装货，也是由买方承担相关风险和费用。当卖方更方便装货时，FCA 一般更为合适，因为该术语要求卖方承担装货义务，以及与此相关的风险和费用。

b）以 EXW 为基础购买出口产品的买方需要注意，卖方只有在买方要求时，才有义务协助办理出口，即卖方无义务安排出口通关。因此，在买方不能直接或间接地办理出口清关手续时，不建议使用该术语。

c）买方仅有限度地承担向卖方提供货物出口相关信息的责任。但是，卖方则可能出于缴税或申报等目的，需要这方面的信息。

A 卖方义务	B 买方义务
A1 卖方一般义务 卖方必须提供符合买卖合同约定的货物和商业发票，以及合同可能要求的其他与合同约定相符的证据。 A1-A10 中所指的任何单证在双方约定或符合惯例的情况下，可以是同等作用的电子记录或程序。	B1 买方一般义务 买方必须按照买卖合同约定支付价款。 B1-B10 中所指的任何单证在双方约定或符合惯例的情况下，可使用具同等作用的电子记录或程序。
A2 许可证、授权、安检通关和其他手续 适用时，经买方要求并承担风险和费用，卖方必须协助买方取得出口许可或出口相关货物所需的其他官方授权。 适用时，经买方要求并承担风险和费用，卖方必须提供其所掌握的该项货物安检通关所需的任何信息。	B2 许可证、授权、安检通关和其他手续 适用时，应由买方自负风险和费用，取得出口许可或其他官方授权，办理相关货物出口的海关手续。
A3 运输合同与保险合同 a）运输合同 卖方对买方无订立运输合同的义务。 b）保险合同 卖方对买方无订立保险合同的义务。但应买方要求并由其承担风险和费用（如有），卖方必须向买方提供后者取得保险所需的信息。	B3 运输合同与保险合同 a）运输合同 买方对卖方无订立运输合同的义务。 b）保险合同 买方对卖方无订立保险合同的义务。
A4 交货 卖方必须在指定的交付地点或该地点内的约定点（如有），以将未置于任何接收货物的运输工具上的货物交由买方处置的方式交货。若在指定交货地没有约定点，且有几个点可供使用时，卖方可选择最适合于其目的的点。卖方必须在约定日期或期限内交货。	B4 收取货物 当卖方行为与 A4、A7 相符时，买方必须收取货物。

（续）

A 卖方义务	B 买方义务
A5　风险转移 　　除按照 B5 的灭失或损坏情况外，卖方承担按照 A4 完成交货前货物灭失或损坏的一切风险。	B5　风险转移 　　买方承担按照 A4 交货时起货物灭失或损坏的一切风险。 　　买方如果未能按照 B7 给予卖方通知，则买方必须从约定的交货日期或交货期限届满之日起，承担货物灭失或损坏的一切风险，但以该项货物已清楚地确定为合同项下之货物者为限。
A6　费用划分 　　卖方必须支付按照 A4 完成交货前与货物相关的一切费用，但按照 B6 应由买方支付的费用除外。	B6　费用划分 　　买方必须支付： 　　a) 自按照 A4 交货时起与货物相关的一切费用； 　　b) 由于其未收取已处于可由其处置状态的货物或未按照 B7 发出相关通知而产生的额外费用，以该项货物已清楚地确定为合同项下之货物者为限； 　　c) 适用时，货物出口应缴纳的一切关税、税款和其他费用及办理海关手续的费用；及 　　d) 对卖方按照 A2 提供协助时所产生的一切花销和费用的补偿。
A7　通知买方 　　卖方必须给予买方其收取货物所需的任何通知。	B7　通知卖方 　　当有权决定在约定期限内的时间和/或在指定地点内的接收点时，买方必须向卖方发出充分的通知。
A8　交货凭证 　　卖方对买方无义务。	B8　交货证据 　　买方必须向卖方提供其已收取货物的相关凭证。
A9　查对——包装——标记 　　卖方必须支付为了按照 A4 进行交货所需要进行的查对费用（如查对质量、丈量、过磅、点数的费用）。 　　除非在特定贸易中，某类货物的销售通常不需包装，卖方必须自付费用包装货物。除非买方在签订合同前已通知卖方特殊包装要求，卖方可以适合该货物运输的方式对货物进行包装。包装应作适当标记。	B9　货物检验 　　买方必须支付任何强制性装船前的检验费用，包括出口国有关机构强制进行的检验费用。
A10　协助提供信息及相关费用 　　适用时，应买方要求并由其承担风险和费用，卖方必须及时向买方提供或协助其取得相关货物出门和/或进门、和/或将货物运输到最终目的地所需要的任何文件和信息，包括安全相关信息。	B10　协助提供信息及相关费用 　　买方必须及时告知卖方任何安全信息要求，以便卖方遵守 A10 的规定。 　　买方必须偿付卖方按照 A10 向买方提供或协助其取得文件和信息时发生的所有花销和费用。

FCA
Free Carrier 货交承运人
FCA（插入指定交货地点）《国际贸易术语解释通则® 2010》或 Incoterms® 2010

使用说明

该术语可适用于任何运输方式，也可适用于多种运输方式。

"货交承运人"是指卖方在卖方所在地或其他指定地点将货物交给买方指定的承运人或其他人。由于风险在交货地点转移至买方，特别建议双方尽可能清楚地写明指定交货地内的交付点。

双方如果希望在卖方所在地交货，则应当将卖方所在地址明确为指定交货地。双方如果希望在其他地点交货，则必须确定不同的特定交货地点。

适用时，FCA要求卖方办理货物出口清关手续，但卖方无义务办理进口清关，支付任何进口税或办理任何进口海关手续。

A 卖方义务	B 买方义务
A1 卖方一般义务 卖方必须提供符合买卖合同约定的货物和商业发票，以及合同可能要求的其他与合同相符的证据。 A1-A10中所指的任何单证在双方约定或符合惯例的情况下，可以是同等作用的电子记录或程序。	B1 买方一般义务 买方必须按照买卖合同约定支付价款。 B1-B10中所指的任何单证在双方约定或符合惯例的情况下，可以是同等作用的电子记录或程序。
A2 许可证、授权、安检通关和其他手续 适用时，卖方必须自负风险和费用，取得所有的出口许可或其他官方授权，办理货物出口所需的一切海关手续。	B2 许可证、授权、安检通关和其他手续 适用时，应由买方自负风险和费用，取得所有进口许可或其他官方授权，办理货物进口和从他国过境运输所需的一切海关手续。
A3 运输合同与保险合同 a）运输合同 卖方对买方无订立运输合同的义务。但买方若要求，或依商业实践，且买方未适时做出相反指示，卖方可以按照通常条件签订运输合同，由买方负担风险和费用。在以上两种情形下，卖方都可以拒绝签订运输合同；如予拒绝，卖方应立即通知买方。 b）保险合同 卖方对买方无订立保险合同的义务。但应买方要求并由其承担风险和费用（如有），卖方必须向买方提供后者取得保险所需的信息。	B3 运输合同与保险合同 a）运输合同 除了卖方按照A3 a）签订运输合同的情形外，买方必须自付费用签订自指定的交货地点起运货物的运输合同。 b）保险合同 买方对卖方无订立保险合同的义务。

（续）

A 卖方义务	B 买方义务
A4　交货 卖方必须在约定日期或期限内，在指定地点或指定地点的约定点（如有约定），将货物交付给买方指定的承运人或其他人。以下情况，交货完成： a）若指定地点是卖方所在地，则当货物被装上买方提供的运输工具时； b）在任何其他情况下，则当货物虽仍处于卖方的运输工具上，但已准备好卸载，并已交由承运人或买方指定的其他人处置时。	B4　收取货物 货物按 A4 交付时，买方必须收取。 买方如果未按照 B7 d）明确指定交货地点内特定的交付点，且有数个交付点可供使用时，卖方则有权选择最适合其目的的交货点。 除非买方另行通知，卖方可采取符合货物数品和/或性质需要的方式将货物交付运输。
A5　风险转移 除按照 B5 的灭失或损坏情况外，卖方承担按照 A4 完成交货前货物灭失或损坏的一切风险。	B5　风险转移 买方承担自 A4 交货时起货物灭失或损坏的一切风险。 如果： a）买方未按照 B7 规定通知 A4 项下的指定承运人或其他人，或发出通知；或 b）按照 A4 指定的承运人或其他人未在约定的时间接管货物； 则买方承担货物灭失或损坏的一切风险： （i）自约定日期起，若无约定日期的，则 （ii）自卖方在约定期限内按照 A7 通知的日期起；或若没有通知日期的，则 （iii）自任何约定交货期限届满之日起。 但以该项货物已清楚地确定为合同项下之货物者为限。
A6　费用划分 卖方必须支付 a）按照 A4 完成交货前与货物相关的一切费用，但按照 B6 应由买方支付的费用除外；及 b）适用时，货物出口所需海关手续费用，出口应交纳的一切关税、税款和其他费用。	B6　费用划分 买方必须支付： a）自按照 A4 交货时起与货物相关的一切费用，如适用时，A6 b）中出口所需的海关手续费用及出口应交纳的一切关税、税款和其他费用除外； b）由以下原因之一发生的任何额外费用： （i）买方未能指定 A4 项下的承运人或其他人，或 （ii）买方指定的 A4 项下的承运人或其他人未接管货物， （iii）买方未能按照 B7 给予卖方相应的通知， 但以该项货物已清楚地确定为合同项下之货物者为限；及 c）如适用时，货物进口应交纳的一切关税、税款和其他费用，及办理进口海关手续的费用和从他国过境运输的费用。

(续)

A 卖方义务	B 买方义务
A7　通知买方 由买方承担风险和费用，卖方必须就其已经按照 A4 交货或买方指定的承运人或其他人未在约定时间内收取货物的情况给予买方充分的通知。	B7　通知卖方 买方必须通知卖方以下内容： a）按照 A4 所指定的承运人或其他人的姓名，以便卖方有足够时间按照该条款交货； b）适用时，在约定的交付期限内所选择的由指定的承运人或其他人收取货物的时间； c）指定人适用的运输方式；及 d）指定地点内的交货点。
A8　交货凭证 卖方必须自付费用向买方提供已按照 A4 交货的通常证据。 应买方要求并由其承担风险和费用，卖方必须协助买方取得运输凭证。	B8　交货证据 买方必须接受按照 A8 提供的交货凭证。
A9　查对——包装——标记 卖方必须支付按照 A4 交货所需要进行的查对费用（如查对货物质量、丈量、过磅、点数的费用），以及出口国有关机构强制进行的装运前检验所产生的费用。 除非在特定贸易中某类货物的销售通常不需包装，卖方必须自付费用包装货物。除非买方在签订合同前已通知卖方特殊包装要求，卖方可以根据该货物运输的方式对货物进行包装。包装应作适当标记。	B9　货物检验 买方必须支付任何强制性装船前的检验费用，但出口国有关机构强制进行的检验除外。
A10　协助提供信息及相关费用 适用时，应买方要求并由其承担风险和费用，卖方必须及时向买方提供或协助其取得相关货物进口和/或将货物运到最终目的地所需要的任何文件和信息，包括安全相关信息。 卖方必须偿付买方按照 B10 提供或协助取得文件和信息时所发生的所有花销和费用。	B10　协助提供信息及相关费用 买方必须及时告知卖方任何安全信息要求，以便卖方遵守 A10 的规定。 买方必须偿付卖方按照 A10 向买方提供或协助其取得文件和信息时发生的所有花销和费用。 适用时，应卖方要求并由其承担风险和费用，买方必须及时向卖方提供或协助其取得货物运输和出口及从他国过境运输所需要的任何文件和信息，包括安全相关信息。

CPT

Carriage Paid To 运费付至

CPT（插入指定目的地）《国际贸易术语解释通则® 2010》或 Incoterms® 2010

使用说明

该术语可适用于任何运输方式，也可适用于多种运输方式。

"运费付至"是指卖方将货物在双方约定地点（双方如果已经约定了地点）交给卖方指定的承运人或其他人。卖方必须签订运输合同并支付将货物运至指定目的地所需的费用。

在使用 CPT、CIP、CFR 或 CIF 术语时，当卖方将货物交付给承运人时，而非当货物到达目的地时，即完成交货。

由于风险转移和费用转移的地点不同，该术语有两个关键点。特别建议双方尽可能确切地在合同中明确交货地点（风险在这里转移至买方），以及指定的目的地（卖方必须签订运输合同运到该目的地）。运输到约定目的地如果涉及多个承运人，且双方不能就交货点达成一致时，可以推定：当卖方在某个完全由其选择且买方不能控制的点将货物交付给第一个承运人时，风险转移至买方。双方如希望风险晚些转移的话（例如在某海港或机场转移），则需要在其买卖合同中订明。

由于卖方需承担将货物运至目的地具体地点的费用，特别建议双方尽可能确切地在指定目的地内明确该点。建议卖方取得完全符合该选择的运输合同。卖方如果按照运输合同在指定的目的地卸货发生了费用，除非双方另有约定，卖方无权向买方要求偿付。

适用时，CPT 要求卖方办理货物的出口清关手续。但是卖方无义务办理进口清关，支付任何进口税或办理进口相关的任何海关手续。

A 卖方义务	B 买方义务
A1　卖方一般义务 　　卖方必须提供符合买卖合同约定的货物和商业发票，以及合同可能要求与合同相符的证据。 　　A1-A10 中所指的任何单证在双方约定或符合惯例的情况下，可以是同等作用的电子记录或程序。	B1　买方一般义务 　　买方必须按照买卖合同约定支付价款。 　　B1-B10 中所指的任何单证在双方约定或符合惯例的情况下，可以是同等作用的电子记录或程序。
A2　许可证、授权、安检通关和其他手续 　　适用时，卖方必须自负风险和费用，取得所有的出口许可或其他官方授权，办理货物出口和交货前从他国过境运输所需的一切海关手续。	B2　许可证、授权、安检通关和其他手续 　　适用时，应由买方自负风险和费用，取得所有的进口许可或其他官方授权，办理货物进口和从他国过境运输所需的一切海关手续。
A3　运输合同与保险合同 　a) 运输合同 　　卖方必须签订或取得运输合同，将货物自交货地送至指定目的地或该目的地的交付点（如有约定）。必须按照通常条件订立合同，由卖方支付费用，经由通常航线和习惯方式运送货物。双方如果没有约定特别的点或该点不能由惯例确定，卖方则可选择最适合其目的的交货点和指定目的地内的交货点。 　b) 保险合同 　　卖方对买方无订立保险合同的义务。但应买方要求并由其承担风险和费用（如有），卖方必须向买方提供后者取得保险所需的信息。	B3　运输合同与保险合同 　a) 运输合同 　　买方对卖方无订立运输合同的义务。 　b) 保险合同 　　买方对卖方无订立保险合同的义务。但应卖方要求，买方必须向卖方提供其取得保险所需的信息。
A4　交货 　　卖方必须在约定日期或期限内，以将货物给按照 A3 签订的合同承运人方式交货。	B4　收取货物 　　当货物按照 A4 交付时，买方必须收取，并在指定目的地从承运人处收取货物。

(续)

A 卖方义务	B 买方义务
A5　风险转移 　　除按 B5 的灭失或损坏情况外，卖方承担按照 A4 完成交货前货物灭失或损坏的一切风险。	B5　风险转移 　　买方承担按照 A4 交货时起货物灭失或损坏的一切风险。买方如未按照 B7 给予卖方通知，则买方必须从约定的交货日期或交货期限届满之日起，承担货物灭失或损坏的一切风险，但以该货物已清楚地确定为合同项下之货物者为限。
A6　费用划分 　　卖方必须支付： 　　a）按照 A4 完成交货前与货物相关的一切费用，但按照 B6 应由买方支付的费用除外； 　　b）按照 A3 a）所发生的运费和其他一切费用，包括根据运输合同规定由卖方支付的装货费和在目的地的卸货费用；及 　　c）适用时，货物出口所需海关手续费用，出口应交纳的一切关税、税款和其他费用，以及按照运输合同规定，由卖方支付的货物从他国过境运输的费用。	B6　费用划分 　　在不与 A3 a）冲突的情况下，买方必须支付： 　　a）自按照 A4 交货时起，与货物相关的一切费用，适用时按照 A6 c）出口所需的海关手续费用，及出口应交纳的一切关税、税款和其他费用除外； 　　b）货物在运输途中直至到达约定目的地为止的一切费用，按照运输合同该费用应由卖方支付的除外； 　　c）卸货费，除非根据运输合同该项费用应由卖方交付； 　　d）买方如未按照 B7 发出通知，则自约定发货之日或约定发货期限届满之日起，所发生的一切额外费用，但以该货物已清楚地确定为合同项下之货物为限；及 　　e）适用时，货物进口应交纳的一切关税、税款和其他费用，及办理进口海关手续的费用和从他国过境运输的费用，除非该费用已包括在运输合同中。
A7　通知买方 　　卖方必须向买方发出已按照 A4 交货的通知。 　　卖方必须向买方发出任何所需通知，以便买方采取收取货物通常所需要的措施。	B7　通知卖方 　　当有权决定发货时间和/或指定目的地或目的地内收取货物的点时，买方必须向卖方发出充分的通知。
A8　交货凭证 　　依惯例或应买方要求，卖方必须承担费用，向买方提供其按照 A3 订立的运输合同通常的运输凭证。 　　此项运输凭证必须载明合同中的货物，且其签发日期应在约定运输期限内。如已约定或依惯例，此项凭证也必须能使买方在指定目的地向承运人索取货物，使买方在货物运输途中以向下家买方转让或通知承运人方式出售货物。 　　当此类运输凭证以可转让形式签发且有数份正本时，则必须将整套正本凭证提交给买方。	B8　交货证据 　　凭证与合同如果相符，买方必须接受按照 A8 提供的运输凭证。

（续）

A 卖方义务	B 买方义务
A9　查对——包装——标记 卖方必须支付为了按照 A4 进行交货所需要的查对费用（如查对质量、丈量、过磅、点数的费用），以及出口国有关机构强制进行的装运前检验所发生的费用。 除非在特定的贸易中某类货物的销售通常不需包装，卖方必须自付费用包装货物。除非买方在签订合同前已通知卖方特殊包装要求，卖方可以根据该货物运输的方式对货物进行包装。包装应作适当标记。	B9　货物检验 买方必须支付任何强制性装船前检验费用，但出口国有关机构强制进行的检验除外。
A10　协助提供信息及相关费用 适用时，应买方要求并由其承担风险和费用，卖方必须及时向买方提供或协助其取得相关货物进口和/或将货物运输到最终目的地所需要的任何文件和信息，包括安全相关信息。 卖方必须偿付买方按照 B10 提供或协助取得文件和信息时发生的所有花销和费用。	B10　协助提供信息及相关费用 买方必须及时告知卖方任何安全信息要求，以便卖方遵守 A10 的规定。 买方必须偿付卖方按照 A10 向买方提供或协助其取得文件和信息时发生的所有花销和费用。 适用时，应卖方要求并由其承担风险和费用，买方必须及时向卖方提供或协助其取得货物运输和出口及从他国过境运输所需要的任何文件和信息，包括安全相关信息。

CIP

Carriage And Insurance Paid To 运费和保险费付至
CIP（插入指定目的地）《国际贸易术语解释通® 2010》或 Incoterms® 2010

使用说明

该术语可适用于任何运输方式，也可适用于多种运输方式。

"运费和保险费付至"是指卖方将货物在双方约定地点（双方如已经约定了地点）交付承运人或卖方指定的其他人。卖方必须签订运输合同并支付将货物运至指定目的地的所需费用。

卖方还必须为买方在运输途中货物的灭失或损坏风险签订保险合同。买方应注意到，CIP 只要求卖方投保最低险别。买方如果需要更多保险保护的话，则需与卖方明确就此达成协议，或者自行做出额外的保险安排。

在使用 CPT、CIP、CFR 或 CIF 术语时，当卖方将货物交付给承运人时，而不是当货物到达目的地时，即完成交货。

由于风险转移和费用转移的地点不同，该术语有两个关键点。特别建议双方尽可能确切地在合同中明确交货地点（风险在这里转移至买方），以及指定目的地（卖方必须签订运输合同运到该目的地）。运输到约定目的地如果涉及多个承运人，且双方不能就特定的交货点达成一致时，可以推定：当卖方在某个完全由其选择且买方不能控制的点将货物交付给第一个承运人时，风险转移至买方。双方如希望风险晚些转移的话（例如在某海港或机场转移），则需要在其买卖合同中订明。

由于卖方需承担将货物运至目的地具体地点的费用，特别建议双方尽可能确切地在指定目的地内明确该点。建议卖方取得完全符合该选择的运输合同。卖方如果按照运输合同在指定的目的地卸货发生了费用，除非双方另有约定，卖方无权向买方要求偿付。

适用时，CIP 要求卖方办理货物的出口清关手续。但是卖方无义务办理进口清关，支付任何进口税或办理进口相关的任何海关手续。

A 卖方义务	B 买方义务
A1　卖方一般义务 卖方必须提供符合买卖合同约定的货物和商业发票，以及合同可能要求的其他与合同相符的证据。 A1-A10 中所指的任何单证在双方约定或符合惯例的情况下，可以是同等作用的电子记录或程序。	B1　买方一般义务 买方必须按照买卖合同约定支付价款。 B1-B10 中所指的任何单证在双方约定或符合惯例的情况下，可以是同等作用的电子记录或程序。
A2　许可证、授权、安检通关和其他手续 适用时，卖方必须自负风险和费用，取得所有的出门许可或其他官方授权，办理货物出口和交货前从他国过境运输所需的一切海关手续。	B2　许可证、授权、安检通关和其他手续 适用时，应由买方自负风险和费用，取得所有的进口许可或其他官方授权，办理货物进口和从他国过境运输所需的一切海关手续。
A3　运输合同与保险合同 a）运输合同 卖方必须签订或取得运输合同，将货物自交货地内的约定交货点（如有）运送至指定目的地或该目的地的交付点（如有约定）。必须按照通常条件订立合同，由卖方支付费用，经由通常航线和习惯方式运送货物。双方如果没有约定特别的点或该点不能由惯例确定，卖方可选择最适合其目的的交货点和指定目的地内的交货点。 b）保险合同 卖方必须自付费用取得货物保险。该保险需至少符合《协会货物保险条款》（Institute Cargo Clauses, LMA/IUA）"条款（C）"（Clause C）或类似条款的最低险别。保险合同应与信誉良好的承保人或保险公司订立。应使买方或其他对货物有可保利益者有权直接向保险人索赔。 当买方要求且能够提供卖方所需的信息时，卖方应办理任何附加险别，由买方承担费用。如果能够办理，办理诸如《协会货物保险条款》（Institute Cargo Clauses, LMA/IUA）"条款（A）或（B）"（Cluases A or B）或类似条款的险别，也可同时或单独办理《协会战争险条款》（Institute War Clauses）和/或《协会罢工险条款》（Institute Strikes Clauses, LMA/IUA）或其他类似条款的险别。 保险最低金额是合同规定价格另加 10%（即 110%），并采用合同货币。	B3　运输合同与保险合同 a）运输合同 买方对卖方无订立运输合同的义务。 b）保险合同 买方对卖方无订立保险合同的义务。但应卖方要求，买方必须向卖方提供后者应买方按照 A3 b）规定要求其购买附加险所需的信息。 保险期间为货物自 A4 和 A5 规定的交货点起，至少到指定目的地止。 卖方应向买方提供保单或其他保险证据。 此外，应买方要求并由买方承担风险和费用（如有），卖方必须向买方提供后者取得附加险所需的信息。

（续）

A 卖方义务	B 买方义务
A4　交货 卖方必须在约定日期或期限内，以将货物交给按照 A3 签订的合同承运人方式交货。	B4　收取货物 当货物按照 A4 交付时，买方必须收取，并在指定目的地自承运人收取货物。
A5　风险转移 除按照 B5 的灭失或损坏情况外，卖方承担按照 A4 完成交货前货物灭失或损坏的一切风险。	B5　风险转移 买方承担按照 A4 交货时起货物灭失或损坏的一切风险。 买方如未按照 B7 通知卖方，则自约定的交货日期或交货期限届满之日起，买方承担货物灭失或损坏的一切风险，但以该货物已清楚地确定为合同项下之货物者为限。
A6　费用划分 卖方必须支付： a) 按照 A4 完成交货前与货物相关的一切费用，但按照 B6 应由买方支付的费用除外； b) 按照 A3 a) 所发生的运费和其他一切费用，包括根据运输合同规定由卖方支付的装货费和在目的地的卸货费用； c) 根据 A3 b) 发生的保险费用；及 d) 适用时，货物出口所需海关手续费用，出口应交纳的一切关税、税款和其他费用，以及按照运输合同规定由卖方支付的货物从他国过境运输的费用。	B6　费用划分 在不与 A3 a) 冲突的情况下，买方必须支付： a) 自按照 A4 交货时起与货物相关的一切费用，适用时按照 A6 d) 出口所需的海关手续费用，及出口应交纳的一切关税、税款和其他费用除外； b) 货物在运输途中直至到达约定目的地为止的一切费用，按照运输合同该费用应由卖方支付的除外； c) 卸货费，除非根据运输合同该项费用应由卖方支付； d) 买方如未按照 B7 发出通知，则自约定发货之日或约定发货期限届满之日起所发生的一切额外费用，但以该货物已清楚地确定为合同项下之货物者为限； e) 适用时，货物进口应交纳的一切关税、税款和其他费用，及办理进口海关手续的费用和从他国过境运输的费用，除非该费用已包括在运输合同中；及 f) 应买方要求，按照 A3 和 B3 取得附加险别所发生的费用。
A7　通知买方 卖方必须向买方发出交货的通知。 卖方必须向买方发出所需通知，以便买方采取收取货物通常所需要的措施。	B7　通知卖方 有权决定发货时间和/或指定目的地或目的地内收取货物的点时，买方必须向卖方发出充分的通知。

(续)

A 卖方义务	B 买方义务
A8 交货凭证 依惯例或应买方要求，卖方必须承担费用，向买方提供其按照 A3 订立的运输合同通常所需的运输凭证。 此项运输凭证必须载明合同中的货物且其签发日期应在约定运输期限内。如已约定或依惯例，此项凭证也必须能使买方在指定目的地向承运人索取货物，并能使买方在货物运输途中以向下家买方转让或通知承运人方式出售货物。 当此类运输凭证以可转让形式签发且有数份正本时，则必须将整套正本凭证提交给买方。	B8 交货证据 凭证与合同如果相符，买方必须接受按照 A8 提供的运输凭证。
A9 查对——包装——标记 卖方必须支付按照 A4 交货所需要的查对费用（如查对质量、丈量、过磅、点数的费用）以及出口国有关机构强制进行的装运前检验所发生的费用。 除非在特定贸易中某类货物的销售通常不需包装，卖方必须自付费用包装货物。 除非买方在签订合同前已通知卖方特殊包装要求，卖方可以适合该货物运输的方式对货物进行包装。包装应作适当标记。	B9 货物检验 买方必须支付任何强制性装船前检验费用，但出口国有关机构强制进行的检验除外。
A10 协助提供信息及相关费用 适用时，应买方要求并由其承担风险和费用，卖方必须及时向买方提供或协助其取得相关货物进口和/或将货物运输到最终目的地所需要的任何文件和信息，包括安全相关信息。 卖方必须偿付买方按照 B10 提供或协助取得文件和信息时发生的所有花销和费用。	B10 协助提供信息及相关费用 买方必须及时告知卖方任何安全信息要求，以便卖方遵守 A10 的规定。 买方必须偿付卖方按照 A10 向买方提供或协助其取得文件和信息时发生的所有花销和费用。 适用时，应卖方要求并由其承担风险和费用，买方必须及时向卖方提供或协助其取得货物运输和出口及从他国过境运输所需要的任何文件和信息，包括安全相关信息。

DAT
Delivered At Terminal 运输终端交货
DAT（插入指定港口或目的地的运输终端）
《国际贸易术语解释通则® 2010》或 Incoterms® 2010

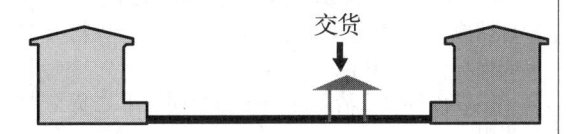

使用说明

该术语可适用于任何运输方式，也可适用于多种运输方式。

"运输终端交货"是指当卖方在指定港口或目的地的指定运输终端将货物从抵达的载货运输工具上卸下，交由买方处置时，即为交货。"运输终端"意味着任何地点，而不论该地点是否有遮盖，例如码头、仓库集装箱堆积场或公路、铁路、空运货站。卖方承担将货物送至指定港口或目的地的运输终端并将其卸下的一切风险。

由于卖方承担在特定地点交货前的风险，特别建议双方尽可能确切地约定运输终端，或如果可能的话，确定在约定港口或目的地的运输终端内的特定点。建议卖方取得完全符合该选择的运输合同。

此外，双方如果希望由卖方承担由运输终端至另一地点间运送和受理货物的风险和费用，则应当使用 DAP 或 DDP 术语。

适用时，DAT 要求卖方办理出口清关手续。但卖方无义务办理进口清关，支付任何进口税或办理任何进口海关手续。

A 卖方义务	B 买方义务
A1　卖方一般义务 卖方必须提供符合合同约定的货物和商业发票，以及合同可能要求的其他与合同相符的证据。 A1-A10 中所指的任何单证在双方约定或符合惯例的情况下，可以是同等作用的电子记录或程序。	B1　买方一般义务 买方必须按照买卖合同约定支付价款。 B1-B10 中所指的任何单证在双方约定或符合惯例的情况下，可以是同等作用的电子记录或程序。
A2　许可证、授权、安检通关和其他手续 适用时，卖方必须自负风险和费用，取得所有的出口许可和其他官方授权，办理货物出口和交货前从他国过境运输所需的一切海关手续。	B2　许可证、授权、安检通关和其他手续 适用时，买方必须自负风险和费用，取得所有进口许可或其他官方授权，办理货物进口的一切海关手续。
A3　运输合同与保险合同 a）运输合同 卖方必须自付费用签订运输合同，将货物运至约定港口或目的地的指定运输终端。如未约定特定的运输终端或该终端不能由惯例确定，卖方则可在约定港口或目的地选择最适其目的的运输终端。 b）保险合同 卖方对买方无订立保险合同的义务。但应买方要求并由其承担风险和费用（如有），卖方必须向买方提供后者取得保险所需的信息。	B3　运输合同与保险合同 a）运输合同 买方对卖方无订立运输合同的义务。 b）保险合同 买方对卖方无订立保险合同的义务。但应卖方要求，买方必须向卖方提供取得保险所需的信息。
A4　交货 卖方必须在约定日期或期限内，以在 A3 a）指定港口或目的地运输终端，将货物从抵达的运输工具上卸下并交由买方处置的方式交货。	B4　收取货物 当货物按照 A4 交付时，买方必须收取。
A5　风险转移 除按照 B5 的灭失或损坏情况外，卖方承担按照 A4 完成交货前货物灭失或损坏的一切风险。	B5　风险转移 买方承担按照 A4 交货时起货物灭失或损坏的一切风险。 如果： a）买方未按照 B2 履行义务，则承担因此造成的货物灭失或损坏的一切风险；或 b）买方未按照 B7 通知卖方，则自约定的交货日期或交货期限届满之日起，买方承担货物灭失或损坏的一切风险。 但以该货物已清楚地确定为合同项下之货物者为限。

(续)

A 卖方义务	B 买方义务
A6　费用划分 卖方必须支付： 　a）A3 a）发生的费用，以及按照 A4 交货前与货物相关的一切费用，但按照 B6 应由买方支付的费用除外；及 　b）适用时，在按照 A4 交货前发生的、货物出口所需的海关手续费用，出口应交纳的一切关税、税款和其他费用，以及货物从他国过境运输的费用。	B6　费用划分 买方必须支付： 　a）自按照 A4 完成交货之时起，与货物相关的一切费用； 　b）买方未按照 B2 履行其义务或未按照 B7 发出通知导致卖方发生的任何额外费用，但以该货物已清楚地确定为合同项下之货物者为限；及 　c）适用时，办理进口海关手续的费用，以及进口需缴纳的所有关税、税款和其他费用。
A7　通知买方 卖方必须向买方发出所需通知，以便买方采取收取货物通常所需要的措施。	B7　通知卖方 当有权决定约定期内的具体时间和/或指定运输终端内收取货物的点时，买方必须向卖方发出充分的通知。
A8　交货凭证 卖方必须自付费用，向买方提供凭证，以确保买方能够按照 A4/B4 收取货物。	B8　交货证据 买方必须接受按照 A8 提供的交货凭证。
A9　查对——包装——标记 卖方必须支付按照 A4 交货所需要的查对费用（如查对质量、丈量、过磅、点数的费用），以及出口国有关机构强制进行的装运前检验所发生的费用。 除非在特定贸易中，某类货物的销售通常不需要包装，卖方必须自付费用包装货物。 除非买方在签订合同前已通知卖方特殊包装要求，卖方可以根据该货物运输的方式对货物进行包装。包装应作适当标记。	B9　货物检验 买方必须支付任何强制性装船前检验费用，但出口国有关机构强制进行的检验除外。
A10　协助提供信息及相关费用 适用时，应买方要求并由其承担风险和费用，卖方必须及时向买方提供或协助其取得相关货物进口和/或将货物运输到最终目的地所需要的任何文件和信息，包括安全相关信息。 卖方必须偿付买方按照 B10 提供或协助取得文件和信息时所发生的所有花销和费用。	B10　协助提供信息及相关费用 买方必须及时告知卖方任何安全信息要求，以便卖方符合 A10 的规定。 买方必须偿付卖方按照 A10 向买方提供或协助其取得文件和信息时发生的所有花销和费用。 适用时，应卖方要求并由其承担风险和费用，买方必须及时向卖方提供或协助其取得货物运输和出口及从他国过境运输所需要的任何文件和信息，包括安全相关信息。

DAP

Delivered At Place 目的地交货

DAP（插入指定目的地）《国际贸易术语解释通则® 2010》或 Incoterms® 2010

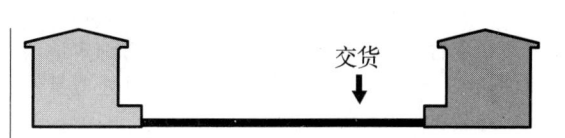

* 完整配图请参见由国际商会编写、中国国际商会/国际商会中国国家组织翻译的《国际贸易术语解释通则® 2010》。

使用说明

该术语可适用于任何运输方式，也可适用于多种运输方式。

"目的地交货"是指当卖方在指定目的地将仍处于抵达的运输工具之上且已作好卸载准备的货物交由买方处置时，即为交货。卖方承担将货物运送到指定地点的一切风险。

由于卖方承担在特定地点交货前的风险，特别建议双方尽可能清楚地约定指定目的地内的交货点。建议卖方取得完全符合该选择的运输合同。卖方如果按照运输合同在目的地发生了卸货费用，除非双方另有约定，卖方无权向买方要求偿付。

适用时，DAP 要求卖方办理出口清关手续。但是卖方无义务办理进口清关，支付任何进口税或办理任何进口海关手续。双方如果希望卖方办理进口清关，支付所有进口关税，并办理所有进口海关手续，则应当使用 DDP 术语。

A 卖方义务	B 买方义务
A1 卖方一般义务 卖方必须提供买卖合同约定的货物和商业发票，以及合同可能要求的其他与合同相符的证据。 A1-A10 中所指的任何单证在双方约定或符合惯例的情况下，可以是同等作用的电子记录或程序。	B1 买方一般义务 买方必须按照买卖合同约定支付价款。 B1-B10 中所指的任何单证在双方约定或符合惯例的情况下，可以是同等作用的电子记录或程序。
A2 许可证、授权、安检通关和其他手续 适用时，卖方必须自负风险和费用，取得所有的出口许可和其他官方授权，办理货物出口和交货前从他国过境运输所需的一切海关手续。	B2 许可证、授权、安检通关和其他手续 适用时，买方必须自负风险和费用，取得所有进口许可或其他官方授权，办理货物进口的一切海关手续。
A3 运输合同与保险合同 a）运输合同 卖方必须自付费用签订运输合同，将货物运至指定目的地或指定目的地内的约定的点（如有）。如未约定特定的点或该点不能由惯例确定，卖方则可在指定目的地内选择最适合其目的的交货点。 b）保险合同 卖方对买方无订立保险合同的义务。但应买方要求并由其承担风险和费用（如有），卖方必须向买方提供后者取得保险所需的信息。	B3 运输合同与保险合同 a）运输合同 买方对卖方无订立运输合同的义务。 b）保险合同 买方对卖方无订立保险合同的义务。但应卖方要求，买方必须向卖方提供取得保险所需的信息。
A4 交货 卖方向买方交货必须在约定日期或期限内，在指定的目的地，在约定的地点（如有约定地点的话），将货物仍置于抵达的运输工具之上且做好卸载货物的准备。	B4 收取货物 当货物按照 A4 交付时，买方必须收取。

(续)

A 卖方义务	B 买方义务
A5　风险转移 　　除按照 B5 的灭失或损坏情况外，卖方承担按照 A4 完成交货前货物灭失或损坏的一切风险。	B5　风险转移 　　买方承担按照 A4 交货时起货物灭失或损坏的一切风险。 　　如果： 　　a）买方未按照 B2 履行义务，则承担由此造成的货物灭失或损坏的一切风险；或 　　b）买方未按照 B7 通知卖方，则自约定的交货日期或交货期限届满之日起，买方承担货物灭失或损坏的一切风险。 　　但以该货物已清楚地确定为合同项下之货物者为限。
A6　费用划分 　　卖方必须支付： 　　a）因 A3 a）发生的费用，以及按照 A4 交货前与货物相关的一切费用，但按照 B6 由买方支付的费用除外； 　　b）运输合同中规定的应由卖方支付的在目的地卸货的任何费用；及 　　c）适用时，在按照 A4 交货前发生的货物出口所需海关手续费用，出口应交纳的一切关税、税款和其他费用，以及货物从他国过境运输的费用。	B6　费用划分 　　买方必须支付： 　　a）自按照 A4 交货时起与货物相关的一切费用； 　　b）在指定目的地从到达的运输工具上为收取货物所必须支付的一切卸货费用，但运输合同规定该费用由卖方承担者除外； 　　c）买方未按照 B2 履行义务或未按照 B7 发出通知导致卖方发生的任何额外费用，以该货物已清楚地确定为合同项下之货物者为限；及 　　d）适用时，办理进口海关手续的费用，以及进口需缴纳的所有关税、税款和其他费用。
A7　通知买方 　　卖方必须向买方发出所需通知，以便买方采取收取货物通常所需要的措施。	B7　通知卖方 　　当有权决定约定期间内的具体时间和/或指定目的地内收取货物的点时，买方必须向卖方发出充分的通知。
A8　交货凭证 　　卖方必须自付费用，向买方提供凭证，以确保买方能够按照 A4/B4 收取货物。	B8　交货证据 　　买方必须接受按照 A8 提供的交货凭证。
A9　查对——包装——标记 　　卖方必须支付按照 A4 交货所需要的查对费用（如查对质量、丈量、过磅、点数的费用），以及出口国有关机构强制进行的装运前检验所发生的费用。 　　除非在特定贸易中，某类货物的销售通常不需包装，卖方必须自付费用包装货物。除非买方在签订合同前已通知卖方特殊包装要求，卖方可以适合该货物运输的方式对货物进行包装。包装应作适当标记。	B9　货物检验 　　买方必须支付任何强制性装船前检验费用，但出口国有关机构强制进行的检验除外。

(续)

A 卖方义务	B 买方义务
A10 协助提供信息及相关费用 适用时，应买方要求并由其承担风险和费用，卖方必须及时向买方提供或协助其取得相关货物进口和/或将货物运输到最终目的地所需要的任何文件和信息，包括安全相关信息。 卖方必须偿付买方按照 B10 提供或协助取得文件和信息时发生的所有花销和费用。	B10 协助提供信息及相关费用 买方必须及时告知卖方任何安全信息要求，以便卖方遵守 A10 的规定。 买方必须偿付卖方按照 A10 向买方提供或协助其取得文件和信息时发生的所有花销和费用。 适用时，应卖方要求并由其承担风险和费用，买方必须及时向卖方提供或协助其取得货物运输和出口及从他国过境运输所需要的任何文件和信息，包括安全相关信息。

DDP

Delivered Duty Paid 完税后交货

DDP（插入指定目的地）《国际贸易术语解释通则® 2010》或 Incoterms® 2010

使用说明

该术语可适用于任何运输方式，也可适用于多种运输方式。

"完税后交货"是指当卖方在指定目的地将仍处于抵达的运输工具上、但已完成进口清关且已作好卸载准备的货物交由买方处置时，即为交货。卖方承担将货物运至目的地的一切风险和费用，并且有义务完成货物出口和进口清关，支付所有出口和进口的关税和办理所有海关手续。

DDP 代表卖方的最大责任。

由于卖方承担在特定地点交货前的风险和费用，特别建议双方尽可能清楚地约定在指定目的地内的交货点。建议卖方取得完全符合该选择的运输合同。卖方如果按照运输合同在目的地发生了卸货费用，除非双方另有约定，卖方无权向买方索要。

卖方如不能直接或间接地完成进口清关，则特别建议双方不使用 DDP。

双方如希望买方承担所有进口清关的风险和费用，则应使用 DAP 术语。

除非买卖合同中另行明确规定，任何增值税或其他应付的进口税款由卖方承担。

A 卖方义务	B 买方义务
A1 卖方一般义务 卖方必须提供符合买卖合同约定的货物和商业发票，以及可能要求的其他与合同相符的证据。 A1–A10 中所指的任何单证在双方约定或符合惯例的情况下，可以是同等作用的电子记录或程序。	B1 买方一般义务 买方必须按照买卖合同约定支付价款。 B1–B10 中所指的任何单证在双方约定或符合惯例的情况下，可以是同等作用的电子记录或程序。
A2 许可证、授权、安检通关和其他手续 适用时，卖方必须自负风险和费用，取得所有的进出口许可和其他官方授权，办理货物出口、从他国过境运输和进口所需的一切海关手续。	B2 许可证、授权、安检通关和其他手续 适用时，应卖方要求并由其承担风险和费用，买方必须协助卖方取得货物进口所需所有进口许可或其他官方授权。

（续）

A 卖方义务	B 买方义务
A3　运输合同与保险合同 　a）运输合同 　　卖方必须自付费用签订运输合同，将货物运至指定目的地或指定目的地内的约定的点（如有约定）。如未约定特定的交付点或该交付点不能由惯例确定，卖方则在指定目的地内选择最适合其目的的交货点。 　b）保险合同 　　卖方对买方无订立保险合同的义务。但应买方要求并由其承担风险和费用（如有），卖方必须向买方提供后者取得保险所需的信息。	B3　运输合同与保险合同 　a）运输合同 　　买方对卖方无订立运输合同的义务。 　b）保险合同 　　买方对卖方无订立保险合同的义务。但应卖方要求，买方必须向卖方提供取得保险所需的消息。
A4　交货 　　卖方必须在约定日期或期限内，在约定的地点（如有）或指定目的地，以将仍处于抵达的运输工具之上且已做好卸载准备的货物交由买方处置的方式交货。	B4　收取货物 　　当货物按照 A4 交付时，买方必须收取货物。
A5　风险转移 　　除按照 B5 的灭失或损坏情况外，卖方承担按照 A4 完成交货前货物灭失或损坏的一切风险。	B5　风险转移 　　买方承担按照 A4 交货时起货物灭失或损坏的一切风险。 　如果： 　a）买方未按照 B2 履行义务，则承担因此造成的货物灭失或损坏的一切风险；或 　b）买方未按照 B7 通知卖方，则自约定的交货日期或交货期限届满之日起，买方承担货物灭失或损坏的一切风险，但以该货物已清楚地确定为合同项下之货物者为限。
A6　费用划分 　　卖方必须支付： 　a）除 A3 a) 发生的费用，以及按照 A4 交货前与货物相关的一切费用。但按照 B6 应由买方支付的费用除外； 　b）运输合同中规定的应由卖方支付的在目的地卸货的任何费用；及 　c）适用时，在按照 A4 交货前发生的货物进出口所需的海关手续费用，出口和进口应交纳的一切关税、税款和其他费用，以及货物从他国过境运输的费用。	B6　费用划分 　　买方必须支付： 　a）自按照 A4 交货时起与货物相关的一切费用； 　b）在指定目的地从到达的运输工具上，为收取货物所必须支付的一切卸货费用，但运输合同规定该费用由卖方承担者除外；及 　c）买方未按照 B2 履行义务或未按照 B7 发出通知导致卖方产生的任何额外费用，以该货物已清楚地确定为合同项下之货物者为限。
A7　通知买方 　　卖方必须向买方发出所需通知，以便买方采取收取货物通常所需要的措施。	B7　通知卖方 　　当有权决定约定期间内的具体时间和/或指定目的地内收取货物的点时，买方必须向卖方发出充分的通知。

(续)

A 卖方义务	B 买方义务
A8 交货凭证 卖方必须自付费用，向买方提供凭证，以确保买方能够按照 A4/B4 收取货物。	B8 交货证据 买方必须接受按照 A8 提供的交货凭证。
A9 查对——包装——标记 卖方必须支付按照 A4 交货所需要的查对费用（如查对质量、丈量、过磅、点数的费用），以及进出口国有关机构强制进行的装运前检验所发生的费用。 除非在特定贸易中，某类货物的销售通常不需包装，卖方必须自付费用包装货物。 除非买方在签订合同前已通知卖方特殊包装要求，卖方可以适合该货物运输的方式对货物进行包装。包装应作适当标记。	B9 货物检验 买方无义务向卖方支付任何进出口国有关机构在装运前强制进行的检验的费用。
A10 协助提供信息及相关费用 适用时，应买方要求并由其承担风险和费用，卖方必须及时向买方提供或协助其取得自指定目的地将货物运输到最终目的地所需要的任何文件和信息，包括安全相关信息。 卖方必须偿付买方按照 B10 提供或协助取得文件和信息时所发生的所有花销和费用。	B10 协助提供信息及相关费用 买方必须及时告知卖方任何安全信息要求，以便卖方遵守 A10 的规定。 买方必须偿付卖方按照 A10 向买方提供或协助其取得文件和信息时产生的所有花销和费用。 适用时，应卖方要求并由其承担风险和费用，买方必须及时向卖方提供或协助其取得货物运输、进出口以及从他国过境运输所需要的任何文件和信息，包括安全相关信息。

适用于海运和内河水运的通则

FAS

Free Alongside Ship 船边交货

FAS（插入指定装运港）《国际贸易术语解释通则® 2010》或 Incoterms® 2010

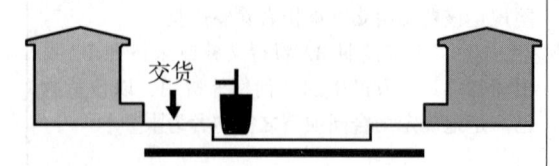

使用说明

该通则仅用于海运或内河水运。

"船边交货"是指当卖方在指定的装运港将货物交到买方指定的船边（例如置于码头或驳船上）时，即为交货。货物灭失或损坏的风险在货物交到船边时发生转移，同时买方承担自那时起的一切费用。

由于卖方承担在特定地点交货前的风险和费用，而且这些费用和相关作业费可能因各港口惯例不同而变化，特别建议双方尽可能清楚地约定指定装运港内的装货点。

卖方需要将货物运至船边或取得已经这样交运的货物。此处使用的"取得"一词适用于商品贸易中常见的交易链中的多层销售（链式销售）。

当货物装在集装箱里时，卖方通常在集装箱码头将货物移交给承运人，而非交到船边。这时，FAS 术语不合适，而应当使用 FCA 术语。

适用时，FAS 要求卖方办理出口清关手续。但卖方无义务办理进口清关，支付任何进口税或办理任何进口海关手续。

A 卖方义务	B 买方义务
A1　卖方一般义务 卖方必须提供符合买卖合同约定的货物和商业发票，以及合同可能要求的其他与合同相符的证据。 A1-A10 中所指的任何单证在双方约定或符合惯例的情况下，可以是同等作用的电子记录或程序。	B1　买方一般义务 买方必须按照买卖合同约定支付价款。 B1-B10 中所指的任何单证在双方约定或符合惯例的情况下，可以是同等作用的电子记录或程序。
A2　许可证、授权、安检通关和其他手续 适用时，卖方必须自负风险和费用，取得所有的出口许可或其他官方授权，办理货物出口所需的一切海关手续。	B2　许可证、授权、安检通关和其他手续 适用时，应由买方自负风险和费用，取得所有进口许可或其他官方授权，办理货物进口和从他国过境运输所需的一切海关手续。
A3　运输合同与保险合同 a）运输合同 卖方对买方无订立运输合同的义务。但若买方要求，或是依商业实践，且买方未适时做出相反指示，卖方可以按照通常条件签订运输合同，由买方负担风险和费用。在以上两种情形下，卖方都可拒绝签订运输合同，如予拒绝，卖方应立即通知买方。 b）保险合同 卖方对买方无订立保险合同的义务。但应买方要求并由其承担风险和费用（如有），卖方必须向买方提供后者取得保险所需的信息。	B3　运输合同与保险合同 a）运输合同 除了卖方按照 A3 a）签订合同的情形外，买方必须自付费用签订自指定的装运港到起运货物的运输合同。 b）保险合同 买方对卖方无订立保险合同的义务。
A4　交货 卖方必须在买方指定的装运港内的装船点（如有），以将货物置于买方指定的船舶旁边，或以取得已经在船边交付的货物的方式交货。在其中任何情形下，卖方都必须在约定日期或期限内按照该港的习惯方式交货。 买方如果没有指定特定的装货地点，卖方则可在指定装运港选择最适合其目的的装货点。双方如果已同意交货应当在一段时间内进行，买方则有权在该期限内选择日期。	B4　收取货物 当货物按照 A4 交付时，买方必须收取。
A5　风险转移 除按照 B5 的灭失或损坏情况外，卖方承担按照 A4 完成交货前货物灭失或损坏的一切风险。	B5　买方承担按照 A4 交货时起货物失火或损坏的一切风险。 如果： a）买方未按照 B7 发出通知；或 b）买方指定的船舶未准时到达，或未收取货物，或早于 B7 通知的时间停止装货； 则买方自约定交货日期或约定期限届满之日起承担所有货物灭失或损坏的一切风险，但以该货物已清楚地确定为合同项下之货物者为限。

(续)

A 卖方义务	B 买方义务
A6　费用划分 卖方必须支付： 　a）按照 A4 交货前与货物相关的一切费用，但按照 B6 应由买方支付的费用除外；及 　b）适用时，货物出口所需海关手续费用，以及出口应交纳的一切关税、税款和其他费用。	B6　费用划分 买方必须支付： 　a）自按照 A4 交货之时起与货物相关的一切费用，适用时，A6b）中出口所需的海关手续费用，及出口应交纳的一切关税、税款和其他费用除外； 　b）由以下原因之一发生的任何额外费用： 　（i）买方未能按照 B7 发出相应的通知；或 　（ii）买方指定的船舶未准时到达，未能收取货物或早于 B7 通知的时间停止装货，但以该货物已清楚地确定为合同项下之货物者为限；及 　c）适用时，货物进口应交纳的一切关税、税款和其他费用，及办理进口货物海关手续的费用和从他国过境运输的费用。
A7　通知买方 由买方承担风险和费用，卖方必须就其已经按照 A4 交货或船舶未在约定时间内收取货物给予买方充分的通知。	B7　通知卖方 买方必须就船舶名称、装船点和其在约定期间内选择的交货时间（如需要时）向卖方发出充分的通知。
A8　交货凭证 卖方必须自付费用向买方提供已按照 A4 交货的通常证据。	B8　交货证据 买方必须接受按照 A8 提供的交货凭证。 除非上述证据是运输凭证，否则，应买方要求并由其承担风险和费用，卖方必须协助买方取得运输凭证。
A9　查对——包装——标记 卖方必须支付按照 A4 交货所需要的查对费用（如查对质量、丈量、过磅、点数的费用），以及出口国有关机构强制进行的装运前检验所发生的费用。 除非在特定贸易中某类货物的销售通常不需包装，卖方必须自付费用包装货物。 除非买方在签订合同前已通知卖方特殊包装要求，卖方可以根据该货物运输的方式对货物进行包装。包装应作适当标记。	B9　货物检验 买方必须支付任何强制性装船前检验费用，但出口国有关机构强制进行的检验费用除外。
A10　协助提供信息及相关费用 适用时，应买方要求并由其承担风险和费用，卖方必须及时向买方提供或协助其取得相关货物进口和/或将货物运输到最终目的地所需要的任何文件和信息，包括安全相关信息。 卖方必须偿付买方按照 B10 提供或协助取得文件和信息时所发生的所有花销和费用。	B10　协助提供信息及相关费用 买方必须及时告知卖方任何安全信息要求，以便卖方遵守 A10 的规定。 买方必须偿付卖方按照 A10 向买方提供或协助其取得文件和信息时发生的所有花销和费用。 适用时，应卖方要求并由其承担风险和费用，买方必须及时向卖方提供或协助其取得货物运输和出口以及他国过境运输所需要的任何文件和信息，包括安全相关信息。

FOB
Free On Board 船上交货
FOB（插入指定装运港）《国际贸易术语解释通则® 2010》或 Incoterms® 2010

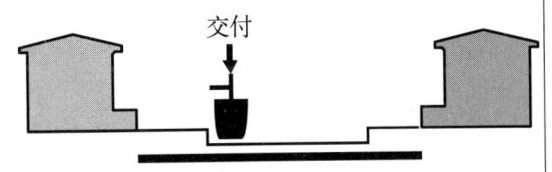

使用说明

该术语仅用于海运或内河水运。

"船上交货"是指卖方以在指定装运港将货物装上买方指定的船舶或通过取得已交付至船上货物的方式交货。货物灭失或损坏的风险在货物交到船上时转移，同时买方承担自那时起的一切费用。

卖方应在船上交付货物或者取得已在船上交付的货物。此处使用的"取得"一词适用于商品贸易中常见的交易链中的多层销售（链式销售）。

FOB 可能不适合于货物在上船前已经交给承运人的情况，例如用集装箱运输的货物通常是在集装箱码头交货。在此类情况下，应当使用 FCA 术语。

适用时，FOB 要求卖方出口清关。但卖方无义务办理进口清关，支付任何进口税或办理任何进口海关手续。

A 卖方义务	B 买方义务
A1 卖方一般义务 卖方必须提供符合买卖合同约定的货物和商业发票，以及合同可能要求的其他与合同相符的证据。 A1-A10 中所指的任何单证在双方约定或符合惯例的情况下，可以是同等作用的电子记录或程序。	B1 买方一般义务 买方必须按照买卖合同约定支付价款。 B1-B10 中所指的任何单证在双方约定或符合惯例的情况下，可以是同等作用的电子记录或程序。
A2 许可证、授权、安检通关和其他手续 适用时，卖方必须自负风险和费用，取得所有的出口许可或其他官方授权，办理货物进口和从他国过境运输所需的一切海关手续。	B2 许可证授权、安检通关和其他手续 适用时，应由买方自负风险和费用，取得所有进口许可或其他官方授权，办理货物进口和从他国过境运输所需的一切海关手续。
A3 运输合同与保险合同 a）运输合同 卖方对买方无订立运输合同的义务。但若买方要求，或是依商业实践，且买方未适时做出相反指示，卖方可以按照通常条件签订运输合同，由买方负担风险和费用。在以上两种情形下，卖方都可拒绝签订运输合同；如予拒绝，卖方应立即通知买方。 b）保险合同 卖方对买方无订立保险合同的义务。但应买方要求并由其承担风险和费用（如有），卖方必须向买方提供后者取得保险所需的信息。	B3 运输合同与保险合同 a）运输合同 除了卖方按照 A3 a）签订运输合同情形外，买方必须自付费用签订自指定的装运港起运货物的运输合同。 b）保险合同 买方对卖方无订立保险合同的义务。
A4 交货 卖方必须在指定装运港内的装船点（如有），以将货物置于买方指定船舶之上的方式，或以取得已在船上交付的货物的方式交货。在其中任何情形下，卖方都必须在约定日期或期限内，按照该港的习惯方式交货。 买方如果没有指定特定的装货点，卖方则可在指定装运港选择最适合其目的的装货点。	B4 收取货物 当货物按照 A4 交付时，买方必须收取。

（续）

A 卖方义务	B 买方义务
A5　风险转移 　　除按照 B5 的灭失或损坏情况外，卖方承担按照 A4 完成交货前货物灭失或损坏的一切风险。	B5　风险转移 　　买方承担按照 A4 交货时起货物灭失或损坏的一切风险。
A6　费用划分 　　卖方必须支付： 　　a）按照 A4 完成交货前与货物相关的一切费用，但按照 B6 由买方支付的费用除外；及 　　b）适用时，货物出口所需海关手续费用，以及出口应交纳的一切关税、税款和其他费用。	B6　费用划分 　　买方必须支付： 　　a）自按照 A4 交货之时起与货物相关的一切费用，适用时按照 A6b）出口所需海关手续的费用，及出口应交纳的一切关税、税款和其他费用除外； 　　b）由于以下原因之一发生的任何额外费用： 　　（i）买方未能按照 B7 给予卖方相应的通知，或 　　（ii）买方指定的船舶未准时到达，不能装载货物或早于 B7 通知的时间停止装货； 　　但以该货物已清楚地确定为合同项下之货物者为限；及 　　c）适用时，货物进口应交纳的一切关税、税款和其他费用，及办理进口海关手续和从他国过境运输的费用。
A7　通知买方 　　由买方承担风险和费用，卖方必须就其已经按照 A4 交货或船舶未在约定时间内收取货物给予买方充分的通知。 　　如果： 　　a）买方未按照 B7 通知指定的船舶名称；或 　　b）买方指定的船舶未准时到达导致卖方未能按 A4 履行义务，或该船舶不能够装载该货物，或早于 B7 通知的时间停止装货， 　　买方则按下列情况承担货物灭失或损坏的一切风险： 　　（i）自约定之日起，或如没有约定日期的； 　　（ii）自卖方在约定期限内按照 A7 通知的日期起，或如没有通知日期的； 　　（iii）自任何约定交货期限届满之日起。 　　但以该货物已清楚地确定为合同项下之货物者为限。	B7　通知卖方 　　买方必须就船舶名称、装船点和其在约定期间内选择的交货时间（如需要时），向卖方发出充分的通知。
A8　交货凭证 　　卖方必须自付费用向买方提供已按照 A4 交货的通常证据。 　　除非上述证据是运输凭证，否则，应买方要求并由其承担风险和费用，卖方必须协助买方取得运输凭证。	B8　交货证据 　　卖方必须接受 A8 提供的交货凭证。

(续)

A 卖方义务	B 买方义务
A9 查对——包装——标记 卖方必须支付按照 A4 交货所需要的查对费用（如查对质量、丈量、过磅、点数的费用），以及出口国有关机构强制进行的装运前检验所发生的费用。 除非在特定贸易中，某类货物的销售通常不需包装，卖方必须自付费用包装货物。除非买方在签订合同前已通知卖方特殊包装要求，卖方可以适合该货物运输的方式对货物进行包装。包装应作适当标记。	B9 货物检验 买方必须支付任何强制性装船前检验的费用，但出口国有关机构强制进行的检验除外。
A10 协助提供信息及相关费用 适用时，应买方要求并由其承担风险和费用，卖方必须及时向买方提供或协助其取得相关货物进门和/或将货物运输到最终目的地所需要的任何文件和信息，包括安全相关信息。 卖方必须偿付买方按照 B10 提供或协助取得文件和信息时所发生的所有花销和费用。	B10 协助提供信息及相关费用 买方必须及时告知卖方任何安全信息要求，以便卖方遵守 A10 的规定。 买方必须偿付卖方按照 A10 向买方提供或协助其取得文件和信息时发生的所有花销和费用。 适用时，应卖方要求并由其承担风险和费用，买方必须及时向买方提供或协助其取得货物运输和出门及从他国过境运输所需要的任何文件和信息，包括安全相关信息。

CFR

Cost And Freight 成本加运费

CFR（插入指定目的港）《国际贸易术语解释通则® 2010》或 Incoterms® 2010

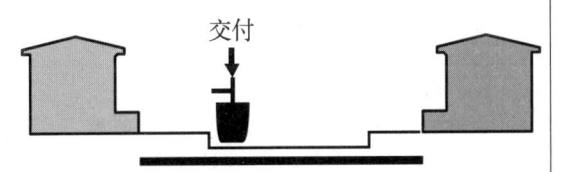

使用说明

该术语仅用于海运或内河水运。

"成本加运费"是指卖方在船上交货或以取得已经这样交付的货物方式交货。货物灭失或损坏的风险在货物交到船上时转移。卖方必须签订合同，并支付必要的成本和运费，将货物运至指定的目的港。

使用 CPT、CIP、CFR 或者 CIF 时，卖方按照所选择术语规定的方式将货物交付给承运人时，即完成其交货义务，而不是货物到达目的地之时。

由于风险转移和费用转移的地点不同，该术语有两个关键点。虽然合同通常都会指定目的港，但不一定都会指定装运港，而这里是风险转移至买方的地方。装运港如果对买方具有特殊意义，特别建议双方在合同中尽可能准确地指定装运港。

由于卖方要承担将货物运至目的地具体地点的费用，特别建议双方应尽可能确切地在指定目的港内明确该点。建议卖方取得完全符合该选择的运输合同。卖方如果按照运输合同在目的港交付点发生了卸货费用，则除非双方事先另有约定，卖方无权向买方要求补偿该费用。

卖方需要将货物在船上交货，或以取得已经这样交付、运往目的港的货物的方式交货。此外，卖方还需签订一份运输合同，或者取得一份这样的合同。此处使用的"取得"一词适用于商品贸易中常见的交易链中的多层销售（链式销售）。

CFR 可能不适合于货物在上船前已经交给承运人的情况，例如集装箱运输的货物通常是在集装箱码头交货。在此类情况下，应当使用 CPT 术语。

适用时，CFR 要求卖方办理出口清关。但卖方无义务办理进口清关，支付任何进口税或办理任何进口海关手续。

A 卖方义务	B 买方义务
A1　卖方一般义务 　　卖方必须提供符合买卖合同约定的货物和商业发票，以及合同可能要求的其他与合同相符的证据。 　　A1–A10 中所指的任何单证在双方约定或符合惯例的情况下，可以是同等作用的电子记录或程序。	B1　买方一般义务 　　买方必须按照买卖合同约定支付价款。 　　B1–B10 中所指的任何单证在双方约定或符合惯例的情况下，可以是同等作用的电子记录或程序。
A2　许可证、授权、安检通关和其他手续 　　适用时，卖方必须自负风险和费用，取得所有的出口许可或其他官方授权，办理货物出口所需的一切海关手续。	B2　许可证、授权、安检通关和其他手续 　　适用时，应由买方自负风险和费用，取得所有的进口许可或其他官方授权，办理货物进口和从他国过境运输所需的一切海关手续。
A3　运输合同与保险合同 　　a）运输合同 　　卖方必须签订或取得运输合同，将货物自交货地内的约定交货点（如有）运送至指定目的港或该目的港的交付点（如有约定）。运输合同必须按照通常条件订立，由卖方支付费用，经由通常航线，用常规运输该类商品的船舶运输。 　　b）保险合同 　　卖方对买方无订立保险合同的义务。但应买方要求并由其承担风险和费用（如有），卖方必须向买方提供后者取得保险所需的信息。	B3　运输合同与保险合同 　　a）运输合同 　　买方对卖方无订立运输合同的义务。 　　b）保险合同 　　买方对卖方无订立保险合同的义务。但应卖方要求，买方必须向卖方提供取得保险所需的信息。
A4　交货 　　卖方必须以将货物装上船，或者以取得已装船货物的方式交货。在其中任何情况下，卖方都必须在约定日期或期限内，按照该港的习惯方式交货。	B4　收取货物 　　当货物按照 A4 交付时，买方必须收取，并在指定的目的港自承运人处收取货物。
A5　风险转移 　　除按照 B5 的灭失或损坏情况外，卖方承担按照 A4 完成交货前货物灭失或损坏的一切风险。	B5　风险转移 　　买方承担按照 A4 交货时起货物灭失或损坏的一切风险。 　　买方如未按照 B7 通知卖方，则买方从约定的交货日期或交货期限届满之日起，承担货物灭失或损坏的一切风险，但以该货物已清楚地确定为合同项下之货物者为限。

(续)

A 卖方义务	B 买方义务
A6 费用划分 卖方必须支付： a) 按照 A4 完成交货前与货物相关的一切费用，但按照 B6 应由买方支付的费用除外； b) 按照 A3 a) 所发生的将货物装上船的运费和其他一切费用，包括将货物装上船和根据运输合同规定由卖方支付的在约定卸载港的卸货费；及 c) 适用时，货物出口所需海关手续的费用，出口应交纳的一切关税、税款和其他费用，以及按照运输合同规定由卖方支付的货物从他国过境运输的费用。	B6 费用划分 在不与 A3 a) 冲突的情况下，买方必须支付： a) 自按照 A4 交货时起与货物相关的一切费用，适用时按照 A6 c) 出口所需海关手续费用，及出口应交纳的一切关税、税款和其他费用除外； b) 货物在运输途中直至到达约定目的港为止的一切费用，按照运输合同该费用应由卖方支付者除外； c) 包括驳运费和码头费在内的卸货费，除非根据运输合同该费用应由卖方支付者外； d) 买方如未按照 B7 发出通知，则自约定运输之日或约定运输期限届满之日起，所发生的一切额外费用，但以该货物已清楚地确定为合同项下之货物者为限；及 e) 适用时，货物进口应交纳的一切关税、税款和其他费用，及办理进口海关手续的费用和从他国过境运输费用，除非该费用已包括在运输合同中。
A7 通知买方 卖方必须向买方发出所需通知，以便买方采取收取货物通常所需要的措施。	B7 通知卖方 当有权决定货物运输时间和/或指定目的港内收取货物点时，买方必须向卖方发出充分的通知。
A8 交货凭证 卖方必须自付费用，不得延迟地向买方提供到约定目的港的通常的运输凭证。 此运输凭证必须载明合同中的货物，且其签发日期应在约定运输期限内，并使买方能在指定目的港向承运人索取货物。同时，除非另有约定，该项凭证应能使买方在货物运输途中以向下家买方转让或通知承运人的方式出售货物。 当此类运输凭证以可转让形式签发并有数份正本时，则必须将整套正本凭证提交给买方。	B8 交货证据 凭证与合同如果相符的话，买方必须接受按照 A8 提交的运输凭证。
A9 查对——包装——标记 卖方必须支付按照 A4 交货所需要的查对费用（如查对质量、丈量、过磅、点数的费用），以及出口国有关机构强制进行的装运前检验所发生的费用。	B9 货物检验 买方必须支付任何强制性装船前的检验费用，但出口国有关机构强制进行的检验除外。 除非在特定贸易中某类货物的销售通常不需包装，卖方必须自付费用包装货物。 除非买方在签订合同前已通知卖方特殊包装要求，卖方可以根据该货物运输的方式对货物进行包装。包装应作适当标记。

(续)

A 卖方义务	B 买方义务
A10　协助提供信息及相关费用 适用时，应买方要求并由其承担风险和费用，卖方必须及时向买方提供或协助其取得相关货物进口和/或将货物运输到最终目的地所需要的任何文件和信息，包括安全相关信息。 卖方必须偿付买方按照 B10 提供或协助取得文件和信息时所发生的所有花销和费用。	B10　协助提供信息及相关费用 买方必须及时告知卖方任何安全信息要求，以便卖方遵守 A10 的规定。 买方必须偿付卖方按照 A10 向买方提供或协助其取得文件和信息时发生的所有花销和费用。 适用时，应卖方要求并由其承担风险和费用，买方必须及时向卖方提供或协助其取得货物运输和出口及从他国过境运输所需要的任何文件和信息，包括安全相关信息。

CIF

Cost Insurance and Freight 成本、保险费加运费

CIF（插入指定目的港）《国际贸易术语解释通则® 2010》或 Incoterms® 2010

交付

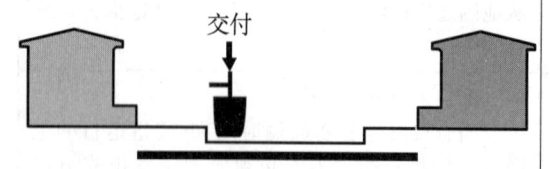

使用说明

该术语仅用于海运或内河水运。

"成本、保险费加运费"是指卖方在船上交货或以取得已经这样交付的货物方式交货。货物灭失或损坏的风险在货物交到船上时转移。卖方必须签订合同，并支付必要的成本和运费，以将货物运至指定的目的港。

卖方还要为买方在运输途中发生货物灭失或损坏风险办理保险。买方应注意到，在 CIF 下卖方仅需投保最低险别。买方如需要更多保险保护，则需与卖方明确达成协议，或者自行做出额外的保险安排。

使用 CPT、CIP、CFR 或者 CIF 时，卖方按照所选择的术语规定的方式将货物交付给承运人时，即完成其交货义务，而不是货物到达目的地之时。

由于风险转移和费用转移的地点不同，该术语有两个关键点。虽然合同通常都会指定目的港，但不一定都会指定装运港，而这里是风险转移至买方的地方。装运港如果对买方具有特殊意义，特别建议双方在合同中尽可能准确地指定装运港。

由于卖方需承担将货物运至目的地具体地点的费用，特别建议双方应尽可能确切地在指定目的港内明确该点。建议卖方取得完全符合该选择的运输合同。卖方如果按照运输合同在目的港发生了卸货费用，除非双方事先另有约定，卖方无权向买方要求补偿该项费用。

卖方需要在船上交货，或以取得已经这样交付、运往目的港的货物方式交货。此外，卖方还需签订一份运输合同，或者取得一份这样的合同。此处使用的"取得"一词适用于商品贸易中常见的交易链中的多层销售（链式销售）。

CIF 可能不适合于货物在上船前已经交给承运人的情况，例如用集装箱运输的货物通常是在集装箱码头交货。在此类情况下，应当使用 CIP 术语。

适用时，CIF 要求卖方办理出口清关。但卖方无义务办理进口清关，支付任何进口税或办理任何进口海关手续。

A 卖方义务	B 买方义务
A1 卖方一般义务 卖方必须提供符合买卖合同约定的货物和商业发票，以及合同可能要求的其他与合同相符的证据。 A1-A10 中所指的任何单证在双方约定或符合惯例的情况下，可以是同等作用的电子记录或程序。	B1 买方一般义务 买方必须按照买卖合同约定支付价款。 B1-B10 中所指的任何单证在双方约定或符合惯例的情况下，可以是同等作用的电子记录和程序。
A2 许可证、授权、安检通关和其他手续 适用时，卖方必须自付风险和费用，取得所有的出口许可或其他官方授权，办理货物出口所需的一切海关手续。	B2 许可证授权、安检通关和其他手续 适用时，应由买方自负风险和费用，取得所有的进口许可或其他官方授权，办理货物进口和从他国过境运输所需的一切海关手续。
A3 运输合同与保险合同 a）运输合同 卖方必须签订或取得运输合同，将货物自交货地内的约定交货点（如有）运送至指定目的港或该目的港的交付点（如有约定）。必须按照通常条件订立合同，由卖方支付费用，经由通常航线，由通常用来运输该类商品的船舶运输。 b）保险合同 卖方必须自付费用取得货物保险。该保险需至少符合《协会货物保险条款》（Institute Cargo Clauses, LMA/IUA）"条款（C）"（Clauses C）或类似条款的最低险别。保险合同应与信誉良好的承保人或保险公司订立。应使买方或其他对货物有可保利益者有权直接向保险人索赔。 当买方要求且能够提供卖方所需的信息时，卖方应办理任何附加险别，由买方承担费用。如果能够办理，办理诸如《协会货物保险条款》（Insitute Cargo Clauses, LMA/IUA）"条款（A）或（B）"（Clauses A or B）或类似条款的险别，也可同时或单独办理《协会战争险条款》（Institute War Clauses）和/或《协会罢工险条款》（Institute Strikes Clauses, LMA/IUA）或其他类似条款的险别。 保险最低金额是合同规定价格另加 10%（即110%），并采用合同货币。	B3 运输合同与保险合同 a）运输合同 买方对卖方无订立运输合同的义务。 b）保险合同 买方对卖方无订立保险合同的义务。买方必须向卖方提供后者应买方按照 A3 b) 要求其购买附加险所需的信息。 保险期间应从货物自 A4 和 A5 规定的交货点起，至少到指定目的港止。 卖方应向买方提供保单或其他保险证据。 此外，应买方要求并由买方承担风险和费用（如有），卖方必须向买方提供后者取得附加险所需的信息。
A4 交货 卖方必须以将货物装上船，或以取得已经这样交付的货物的方式交货。在其中任何情况下，卖方都必须在约定日期或期限内按照该港的习惯方式交货。	B4 收取货物 当货物按照 A4 交付时，买方必须收取，并在指定的目的港自承运人处收取货物。

(续)

A 卖方义务	B 买方义务
A5　风险转移 除按照 B5 的灭失或损坏情况外，卖方承担按照 A4 完成交货前货物灭失或损坏的一切风险。	B5　风险转移 买方承担按照 A4 交货时起货物灭失或损坏的一切风险。 买方如未按照 B7 通知卖方，则买方必须从约定交货日期或交货期限届满之日起，承担货物灭失或损坏的一切风险，但以该货物已清楚地确定为合同项下之货物者为限。
A6　费用划分 卖方必须支付： a) 按照 A4 完成交货前与货物相关的一切费用，但按照 B6 应由买方支付的费用除外； b) 按照 A3 a) 所发生的运费和其他一一切费用，包括将货物装上船和根据运输合同规定由卖方支付的和在约定卸载港的卸货费； c) 按照 A3 b) 规定所发生的保险费用；及 d) 适用时，货物出口所需海关手续费用，出口应交纳的一切关税、税款和其他费用，以及按照运输合同规定由卖方支付的货物从他国过境运输的费用。	B6　费用划分 在不与 A3 a) 冲突的情况下，买方必须支付： a) 自按照 A4 交货时起，与货物相关的一切费用，适用时，按照 A6 d) 出口所需的海关手续费用，及出口应交纳的一切关税、税款和其他费用除外； b) 货物在运输途中直至到达目的港为止的一切费用，按照运输合同该费用应由卖方支付的除外； c) 包括驳运费和码头费在内的卸货费，除非根据运输合同该费用应由卖方支付者除外； d) 买方如未按照 B7 发出通知，则自约定运输之日或约定运输期限届满之日起，所发生的一切额外费用，但以该货物已清楚地确定为合同项下之货物者为限；及 e) 适用时，货物进口应交纳的一切关税、税款和其他费用，及办理进口海关手续的费用和从他国过境运输的费用，除非该费用已包括在运输合同中；及 f) 按照 A3 b) 和 B3 b)，应卖方要求办理附加险所产生的费用。
A7　通知买方 卖方必须向买方发出所需通知，以便买方采取收取货物通常所需要的措施。	B7　通知卖方 当有权决定货物运输时间和/或指定目的港内收取货物点时，买方必须向卖方发出充分的通知。
A8　交货凭证 卖方必须自付费用，不得延迟地向买方提供到约定目的港的通常的运输凭证。 此运输凭证必须载明合同该项货物，且其签发日期应在约定运输期限内，并使买方能在指定目的港向承运人索取货物。同时，除非另有约定，该项凭证应能使买方在货物运输途中向下家买方转让或通知承运人的方式出售货物。 当此类运输凭证以可转让形式签发并有数份正本时，则必须提交整套正本凭证。	B8　交货证据 凭证如果与合同相符的话，买方必须接受按照 A8 提交的运输凭证。

(续)

A 卖方义务	B 买方义务
A9　查对——包装——标记 卖方必须支付按照 A4 交货所需要的查对费用（如查对质量、丈量、过磅、点数的费用），以及出口国有关机构强制进行的装运前检验所发生的费用。 除非在特定的贸易中某类货物的销售通常不需包装，卖方必须自付费用包装货物。除非买方在签订合同前已通知卖方特殊包装要求，卖方可以适合该货物运输的方式对货物进行包装。包装应作适当标记。	B9　货物检验 买方必须支付任何强制性装船前检验费用，但出口国有关机构强制进行的检验除外。
A10　协助提供信息及相关费用 适用时，应买方要求由其承担风险和费用，卖方必须及时向买方提供或协助其取得相关货物进口和/或将货物运输到最终目的地所需要的任何文件和信息，包括安全相关信息。 卖方必须偿付买方按照 B10 提供或协助取得文件和信息时所发生的所有花销和费用。	B10　协助提供信息及相关费用 买方必须及时告知卖方任何安全信息要求，以便卖方遵守 A10 的规定。 买方必须偿付卖方按照 A10 向买方提供或协助其取得文件和信息时发生的所有花销和费用。 适用时，应卖方要求并由其承担风险和费用，买方必须及时向卖方提供或协助其取得货物运输和出口及从他国过境运输所需要的任何文件和信息，包括安全相关信息。

四、国际金融

中华人民共和国保险法

（1995年6月30日第八届全国人民代表大会常务委员会第十四次会议通过 根据2002年10月28日第九届全国人民代表大会常务委员会第三十次会议《关于修改〈中华人民共和国保险法〉的决定》第一次修正 2009年2月28日第十一届全国人民代表大会常务委员会第七次会议修订 根据2014年8月31日第十二届全国人民代表大会常务委员会第十次会议《关于修改〈中华人民共和国保险法〉等五部法律的决定》第二次修正 根据2015年4月24日第十二届全国人民代表大会常务委员会第十四次会议《关于修改〈中华人民共和国计量法〉等五部法律的决定》第三次修正）

目 录

第一章 总 则
第二章 保险合同
　第一节 一般规定
　第二节 人身保险合同
　第三节 财产保险合同
第三章 保险公司
第四章 保险经营规则
第五章 保险代理人和保险经纪人
第六章 保险业监督管理
第七章 法律责任
第八章 附 则

第一章 总 则

第一条 为了规范保险活动，保护保险活动当事人的合法权益，加强对保险业的监督管理，维护社会经济秩序和社会公共利益，促进保险事业的健康发展，制定本法。

第二条 本法所称保险，是指投保人根据合同约定，向保险人支付保险费，保险人对于合同约定的可能发生的事故因其发生所造成的财产损失承担赔偿保险金责任，或者当被保险人死亡、伤残、疾病或者达到合同约定的年龄、期限等条件时承担给付保险金责任的商业保险行为。

第三条 在中华人民共和国境内从事保险活动，适用本法。

第四条 从事保险活动必须遵守法律、行政法规，尊重社会公德，不得损害社会公共利益。

第五条 保险活动当事人行使权利、履行义务应当遵循诚实信用原则。

第六条 保险业务由依照本法设立的保险公司以及法律、行政法规规定的其他保险组织经营，其他单位和个人不得经营保险业务。

第七条 在中华人民共和国境内的法人和其他组织需要办理境内保险的，应当向中华人民共和国境内的保险公司投保。

第八条 保险业和银行业、证券业、信托业实行分业经营、分业管理，保险公司与银行、证券、信托业务机构分别设立。国家另有规定的除外。

第九条 国务院保险监督管理机构依法对保险业实施监督管理。

国务院保险监督管理机构根据履行职责的需要设立派出机构。派出机构按照国务院保险监督管理机构的授权履行监督管理职责。

第二章 保险合同

第一节 一般规定

第十条 保险合同是投保人与保险人约定保险权利义务关系的协议。

投保人是指与保险人订立保险合同，并按照合同约定负有支付保险费义务的人。

保险人是指与投保人订立保险合同，并按照合同约定承担赔偿或者给付保险金责任的保险公司。

第十一条 订立保险合同，应当协商一致，遵循公平原则确定各方的权利和义务。

除法律、行政法规规定必须保险的外，保险合同自愿订立。

第十二条 人身保险的投保人在保险合同订立时，对被保险人应当具有保险利益。

财产保险的被保险人在保险事故发生时，对保险标的应当具有保险利益。

人身保险是以人的寿命和身体为保险标的的保险。

财产保险是以财产及其有关利益为保险标的的保险。

被保险人是指其财产或者人身受保险合同保障，享有保险金请求权的人。投保人可以为被保险人。

保险利益是指投保人或者被保险人对保险标的具有的法律上承认的利益。

第十三条 投保人提出保险要求，经保险人同意承保，保险合同成立。保险人应当及时向投保人签发保险单或者其他保险凭证。

保险单或者其他保险凭证应当载明当事人双方约定的合同内容。当事人也可以约定采用其他书面形式载明合同内容。

依法成立的保险合同，自成立时生效。投保人和保险人可以对合同的效力约定附条件或者附期限。

第十四条 保险合同成立后，投保人按照约定交付保险费，保险人按照约定的时间开始承担保险责任。

第十五条 除本法另有规定或者保险合同另有约定外，保险合同成立后，投保人可以解除合同，保险人不得解除合同。

第十六条 订立保险合同，保险人就保险标的或者被保险人的有关情况提出询问的，投保人应当如实告知。

投保人故意或者因重大过失未履行前款规定的如实告知义务，足以影响保险人决定是否同意承保或者提高保险费率的，保险人有权解除合同。

前款规定的合同解除权，自保险人知道有解除事由之日起，超过三十日不行使而消灭。自合同成立之日起超过二年的，保险人不得解除合同；发生保险事故的，保险人应当承担赔偿或者给付保险金的责任。

投保人故意不履行如实告知义务的，保险人对于合同解除前发生的保险事故，不承担赔偿或者给付保险金的责任，并不退还保险费。

投保人因重大过失未履行如实告知义务，对保险事故的发生有严重影响的，保险人对于合同解除前发生的保险事故，不承担赔偿或者给付保险金的责任，但应当退还保险费。

保险人在合同订立时已经知道投保人未如实告知的情况的，保险人不得解除合同；发生保险事故的，保险人应当承担赔偿或者给付保险金的责任。

保险事故是指保险合同约定的保险责任范围内的事故。

第十七条 订立保险合同，采用保险人提供的格式条款的，保险人向投保人提供的投保单应当附格式条款，保险人应当向投保人说明合同的内容。

对保险合同中免除保险人责任的条款，保险人在订立合同时应当在投保单、保险单或者其他保险凭证上作出足以引起投保人注意的提示，并对该条款的内容以书面或者口头形式向投保人作出明确说明；未作提示或者明确说明的，该条款不产生效力。

第十八条 保险合同应当包括下列事项：

（一）保险人的名称和住所；

（二）投保人、被保险人的姓名或者名称、住所，以及人身保险的受益人的姓名或者名称、住所；

（三）保险标的；

（四）保险责任和责任免除；

（五）保险期间和保险责任开始时间；

（六）保险金额；

（七）保险费以及支付办法；

（八）保险金赔偿或者给付办法；

（九）违约责任和争议处理；

（十）订立合同的年、月、日。

投保人和保险人可以约定与保险有关的其他事项。

受益人是指人身保险合同中由被保险人或者投保人指定的享有保险金请求权的人。投保人、被保险人可以为受益人。

保险金额是指保险人承担赔偿或者给付保险金责任的最高限额。

第十九条 采用保险人提供的格式条款订立的保险合同中下列条款无效：

（一）免除保险人依法应承担的义务或者加重投保人、被保险人责任的；

（二）排除投保人、被保险人或者受益人依法享有的权利的。

第二十条 投保人和保险人可以协商变更合同内容。

变更保险合同的，应当由保险人在保险单或者其他保险凭证上批注或者附贴批单，或者由投保人和保险人订立变更的书面协议。

第二十一条 投保人、被保险人或者受益人知道保险事故发生后，应当及时通知保险人。故意或者因重大过失未及时通知，致使保险事故的性质、原因、损失程度等难以确定的，保险人对无法确定的部分，不承担赔偿或者给付保险金的责任，但保险人通过其他途径已经及时知道或者应当及时知道保险事故发生的除外。

第二十二条 保险事故发生后，按照保险合同请求保险人赔偿或者给付保险金时，投保人、被保险人或者受益人应当向保险人提供其所能提供的与确认保险事故的性质、原因、损失程度等有关的证明和资料。

保险人按照合同的约定，认为有关的证明和资料不完整的，应当及时一次性通知投保人、被保险人或者受益人补充提供。

第二十三条 保险人收到被保险人或者受益人的赔偿或者给付保险金的请求后，应当及时作出核定；情形复杂的，应当在三十日内作出核定，但合同另有约定的除外。保险人应当将核定结果通知被保险人或者受益人；对属于保险责任的，在与被保险人或者受益人达成赔偿或者给付保险金的协议后十日内，履行赔偿或者给付保险金义务。保险合同对赔偿或者给付保险金的期限有约定的，保险人应当按照约定履行赔偿或者给付保险金义务。

保险人未及时履行前款规定义务的，除支付保险金外，应当赔偿被保险人或者受益人因此受到的损失。

任何单位和个人不得非法干预保险人履行赔偿或者给付保险金的义务，也不得限制被保险人或者受益人取得保险金的权利。

第二十四条 保险人依照本法第二十三条的规定作出核定后，对不属于保险责任的，应当自作出核定之日起三日内向被保险人或者受益人发出拒绝赔偿或者拒绝给付保险金通知书，并说明理由。

第二十五条 保险人自收到赔偿或者给付保险金的请求和有关证明、资料之日起六十日内，对其赔偿或者给付保险金的数额不能确定的，应当根据已有证明和资料可以确定的数额先予支付；保险人最终确定赔偿或者给付保险金的数额后，应当支付相应的差额。

第二十六条 人寿保险以外的其他保险的被保险人或者受益人，向保险人请求赔偿或者给付保险金的诉讼时效期间为二年，自其知道或者应当知道保险事故发生之日起计算。

人寿保险的被保险人或者受益人向保险人请求给付保险金的诉讼时效期间为五年，自其知道或者应当知道保险事故发生之日起计算。

第二十七条 未发生保险事故，被保险人或者受益人谎称发生了保险事故，向保险人提出赔偿或者给付保险金请求的，保险人有权解除合同，并不退还保险费。

投保人、被保险人故意制造保险事故的，保险人有权解除合同，不承担赔偿或者给付保险金的责任；除本法第四十三条规定外，不退还保险费。

保险事故发生后，投保人、被保险人或者受益人以伪造、变造的有关证明、资料或者其他证据，编造虚假的事故原因或者夸大损失程度的，保险人对其虚报的部分不承担赔偿或者给付保险金的责任。

投保人、被保险人或者受益人有前三款规定行为之一，致使保险人支付保险金或者支出费用的，应当退回或者赔偿。

第二十八条 保险人将其承担的保险业务，以分保形式部分转移给其他保险人的，为再保险。

应再保险接受人的要求，再保险分出人应当将其自负责任及原保险的有关情况书面告知再保险接受人。

第二十九条 再保险接受人不得向原保险的投保人要求支付保险费。

原保险的被保险人或者受益人不得向再保险接受人提出赔偿或者给付保险金的请求。

再保险分出人不得以再保险接受人未履行再保险责任为由，拒绝履行或者迟延履行其原保险责任。

第三十条 采用保险人提供的格式条款订立的保险合同，保险人与投保人、被保险人或者受益人对合同条款有争议的，应当按照通常理解予以解释。对合同条款有两种以上解释的，人民法院或者仲裁机构应当作出有利于被保险人和受益人的解释。

第二节 人身保险合同

第三十一条 投保人对下列人员具有保险利益：

（一）本人；

（二）配偶、子女、父母；

（三）前项以外与投保人有抚养、赡养或者扶养关系的家庭其他成员、近亲属；

（四）与投保人有劳动关系的劳动者。

除前款规定外，被保险人同意投保人为其订立合同的，视为投保人对被保险人具有保险利益。

订立合同时，投保人对被保险人不具有保险利益的，合同无效。

第三十二条 投保人申报的被保险人年龄不真实，并且其真实年龄不符合合同约定的年龄限制的，保险人可以解除合同，并按照合同约定退还保险单的现金价值。保险人行使合同解除权，适用本法第十六条第三款、第六款的规定。

投保人申报的被保险人年龄不真实，致使投保人支付的保险费少于应付保险费的，保险人有权更正并要求投保人补交保险费，或者在给付保险金时按照实付保险费与应付保险费的比例支付。

投保人申报的被保险人年龄不真实，致使投保人支付的保险费多于应付保险费的，保险人应当将多收的保险费退还投保人。

第三十三条 投保人不得为无民事行为能力人投保以死亡为给付保险金条件的人身保险，保险人也不得承保。

父母为其未成年子女投保的人身保险，不受前款规定限制。但是，因被保险人死亡给付的保险金总和不得超过国务院保险监督管理机构规定的限额。

第三十四条 以死亡为给付保险金条件的合同，未经被保险人同意并认可保险金额的，合同无效。

按照以死亡为给付保险金条件的合同所

签发的保险单，未经被保险人书面同意，不得转让或者质押。

父母为其未成年子女投保的人身保险，不受本条第一款规定限制。

第三十五条 投保人可以按照合同约定向保险人一次支付全部保险费或者分期支付保险费。

第三十六条 合同约定分期支付保险费，投保人支付首期保险费后，除合同另有约定外，投保人自保险人催告之日起超过三十日未支付当期保险费，或者超过约定的期限六十日未支付当期保险费的，合同效力中止，或者由保险人按照合同约定的条件减少保险金额。

被保险人在前款规定期限内发生保险事故的，保险人应当按照合同约定给付保险金，但可以扣减欠交的保险费。

第三十七条 合同效力依照本法第三十六条规定中止的，经保险人与投保人协商并达成协议，在投保人补交保险费后，合同效力恢复。但是，自合同效力中止之日起满二年双方未达成协议，保险人有权解除合同。

保险人依照前款规定解除合同的，应当按照合同约定退还保险单的现金价值。

第三十八条 保险人对人寿保险的保险费，不得用诉讼方式要求投保人支付。

第三十九条 人身保险的受益人由被保险人或者投保人指定。

投保人指定受益人时须经被保险人同意。投保人为与其有劳动关系的劳动者投保人身保险，不得指定被保险人及其近亲属以外的人为受益人。

被保险人为无民事行为能力人或者限制民事行为能力人的，可以由其监护人指定受益人。

第四十条 被保险人或者投保人可以指定一人或者数人为受益人。

受益人为数人的，被保险人或者投保人可以确定受益顺序和受益份额；未确定受益份额的，受益人按照相等份额享有受益权。

第四十一条 被保险人或者投保人可以变更受益人并书面通知保险人。保险人收到变更受益人的书面通知后，应当在保险单或者其他保险凭证上批注或者附贴批单。

投保人变更受益人时须经被保险人同意。

第四十二条 被保险人死亡后，有下列情形之一的，保险金作为被保险人的遗产，由保险人依照《中华人民共和国继承法》的规定履行给付保险金的义务：

（一）没有指定受益人，或者受益人指定不明无法确定的；

（二）受益人先于被保险人死亡，没有其他受益人的；

（三）受益人依法丧失受益权或者放弃受益权，没有其他受益人的。

受益人与被保险人在同一事件中死亡，且不能确定死亡先后顺序的，推定受益人死亡在先。

第四十三条 投保人故意造成被保险人死亡、伤残或者疾病的，保险人不承担给付保险金的责任。投保人已交足二年以上保险费的，保险人应当按照合同约定向其他权利人退还保险单的现金价值。

受益人故意造成被保险人死亡、伤残、疾病的，或者故意杀害被保险人未遂的，该受益人丧失受益权。

第四十四条 以被保险人死亡为给付保险金条件的合同，自合同成立或者合同效力恢复之日起二年内，被保险人自杀的，保险人不承担给付保险金的责任，但被保险人自杀时为无民事行为能力人的除外。

保险人依照前款规定不承担给付保险金责任的，应当按照合同约定退还保险单的现金价值。

第四十五条 因被保险人故意犯罪或者抗拒依法采取的刑事强制措施导致其伤残或者死亡的，保险人不承担给付保险金的责任。投保人已交足二年以上保险费的，保险人应当按照合同约定退还保险单的现金价值。

第四十六条 被保险人因第三者的行为而发生死亡、伤残或者疾病等保险事故的，保险人向被保险人或者受益人给付保险金后，不享有向第三者追偿的权利，但被保险人或者受益人仍有权向第三者请求赔偿。

第四十七条 投保人解除合同的，保险人应当自收到解除合同通知之日起三十日内，按照合同约定退还保险单的现金价值。

第三节 财产保险合同

第四十八条 保险事故发生时，被保险人对保险标的不具有保险利益的，不得向保险人请求赔偿保险金。

第四十九条 保险标的转让的，保险标的的受让人承继被保险人的权利和义务。

保险标的转让的，被保险人或者受让人应当及时通知保险人，但货物运输保险合同和另有约定的合同除外。

因保险标的转让导致危险程度显著增加的，保险人自收到前款规定的通知之日起三十日内，可以按照合同约定增加保险费或者解除合同。保险人解除合同的，应当将已收取的保险费，按照合同约定扣除自保险责任开始之日起至合同解除之日止应收的部分后，退还投保人。

被保险人、受让人未履行本条第二款规定的通知义务的，因转让导致保险标的危险程度显著增加而发生的保险事故，保险人不承担赔偿保险金的责任。

第五十条 货物运输保险合同和运输工具航程保险合同，保险责任开始后，合同当事人不得解除合同。

第五十一条 被保险人应当遵守国家有关消防、安全、生产操作、劳动保护等方面的规定，维护保险标的的安全。

保险人可以按照合同约定对保险标的的安全状况进行检查，及时向投保人、被保险人提出消除不安全因素和隐患的书面建议。

投保人、被保险人未按照约定履行其对保险标的的安全应尽责任的，保险人有权要求增加保险费或者解除合同。

保险人为维护保险标的的安全，经被保险人同意，可以采取安全预防措施。

第五十二条 在合同有效期内，保险标的的危险程度显著增加的，被保险人应当按照合同约定及时通知保险人，保险人可以按照合同约定增加保险费或者解除合同。保险人解除合同的，应当将已收取的保险费，按照合同约定扣除自保险责任开始之日起至合同解除之日止应收的部分后，退还投保人。

被保险人未履行前款规定的通知义务的，因保险标的的危险程度显著增加而发生的保险事故，保险人不承担赔偿保险金的责任。

第五十三条 有下列情形之一的，除合同另有约定外，保险人应当降低保险费，并按日计算退还相应的保险费：

（一）据以确定保险费率的有关情况发生变化，保险标的的危险程度明显减少的；

（二）保险标的的保险价值明显减少的。

第五十四条 保险责任开始前，投保人要求解除合同的，应当按照合同约定向保险人支付手续费，保险人应当退还保险费。保险责任开始后，投保人要求解除合同的，保险人应当将已收取的保险费，按照合同约定扣除自保险责任开始之日起至合同解除之日止应收的部分后，退还投保人。

第五十五条 投保人和保险人约定保险标的的保险价值并在合同中载明的，保险标的发生损失时，以约定的保险价值为赔偿计算标准。

投保人和保险人未约定保险标的的保险价值的，保险标的发生损失时，以保险事故发生时保险标的的实际价值为赔偿计算标准。

保险金额不得超过保险价值。超过保险价值的，超过部分无效，保险人应当退还相应的保险费。

保险金额低于保险价值的，除合同另有约定外，保险人按照保险金额与保险价值的比例承担赔偿保险金的责任。

第五十六条 重复保险的投保人应当将

重复保险的有关情况通知各保险人。

重复保险的各保险人赔偿保险金的总和不得超过保险价值。除合同另有约定外，各保险人按照其保险金额与保险金额总和的比例承担赔偿保险金的责任。

重复保险的投保人可以就保险金额总和超过保险价值的部分，请求各保险人按比例返还保险费。

重复保险是指投保人对同一保险标的、同一保险利益、同一保险事故分别与两个以上保险人订立保险合同，且保险金额总和超过保险价值的保险。

第五十七条 保险事故发生时，被保险人应当尽力采取必要的措施，防止或者减少损失。

保险事故发生后，被保险人为防止或者减少保险标的的损失所支付的必要的、合理的费用，由保险人承担；保险人所承担的费用数额在保险标的损失赔偿金额以外另行计算，最高不超过保险金额的数额。

第五十八条 保险标的发生部分损失的，自保险人赔偿之日起三十日内，投保人可以解除合同；除合同另有约定外，保险人也可以解除合同，但应当提前十五日通知投保人。

合同解除的，保险人应当将保险标的的未受损失部分的保险费，按照合同约定扣除自保险责任开始之日起至合同解除之日止应收的部分后，退还投保人。

第五十九条 保险事故发生后，保险人已支付了全部保险金额，并且保险金额等于保险价值的，受损保险标的的全部权利归于保险人；保险金额低于保险价值的，保险人按照保险金额与保险价值的比例取得受损保险标的的部分权利。

第六十条 因第三者对保险标的的损害而造成保险事故的，保险人自向被保险人赔偿保险金之日起，在赔偿金额范围内代位行使被保险人对第三者请求赔偿的权利。

前款规定的保险事故发生后，被保险人已经从第三者取得损害赔偿的，保险人赔偿保险金时，可以相应扣减被保险人从第三者已取得的赔偿金额。

保险人依照本条第一款规定行使代位请求赔偿的权利，不影响被保险人就未取得赔偿的部分向第三者请求赔偿的权利。

第六十一条 保险事故发生后，保险人未赔偿保险金之前，被保险人放弃对第三者请求赔偿的权利的，保险人不承担赔偿保险金的责任。

保险人向被保险人赔偿保险金后，被保险人未经保险人同意放弃对第三者请求赔偿的权利的，该行为无效。

被保险人故意或者因重大过失致使保险人不能行使代位请求赔偿的权利的，保险人可以扣减或者要求返还相应的保险金。

第六十二条 除被保险人的家庭成员或者其组成人员故意造成本法第六十条第一款规定的保险事故外，保险人不得对被保险人的家庭成员或者其组成人员行使代位请求赔偿的权利。

第六十三条 保险人向第三者行使代位请求赔偿的权利时，被保险人应当向保险人提供必要的文件和所知道的有关情况。

第六十四条 保险人、被保险人为查明和确定保险事故的性质、原因和保险标的的损失程度所支付的必要的、合理的费用，由保险人承担。

第六十五条 保险人对责任保险的被保险人给第三者造成的损害，可以依照法律的规定或者合同的约定，直接向该第三者赔偿保险金。

责任保险的被保险人给第三者造成损害，被保险人对第三者应负的赔偿责任确定的，根据被保险人的请求，保险人应当直接向该第三者赔偿保险金。被保险人怠于请求的，第三者有权就其应获赔偿部分直接向保险人请求赔偿保险金。

责任保险的被保险人给第三者造成损害，被保险人未向该第三者赔偿的，保险人不得向被保险人赔偿保险金。

责任保险是指以被保险人对第三者依法

应负的赔偿责任为保险标的的保险。

第六十六条 责任保险的被保险人因给第三者造成损害的保险事故而被提起仲裁或者诉讼的，被保险人支付的仲裁或者诉讼费用以及其他必要的、合理的费用，除合同另有约定外，由保险人承担。

第三章 保险公司

第六十七条 设立保险公司应当经国务院保险监督管理机构批准。

国务院保险监督管理机构审查保险公司的设立申请时，应当考虑保险业的发展和公平竞争的需要。

第六十八条 设立保险公司应当具备下列条件：

（一）主要股东具有持续盈利能力，信誉良好，最近三年内无重大违法违规记录，净资产不低于人民币二亿元；

（二）有符合本法和《中华人民共和国公司法》规定的章程；

（三）有符合本法规定的注册资本；

（四）有具备任职专业知识和业务工作经验的董事、监事和高级管理人员；

（五）有健全的组织机构和管理制度；

（六）有符合要求的营业场所和与经营业务有关的其他设施；

（七）法律、行政法规和国务院保险监督管理机构规定的其他条件。

第六十九条 设立保险公司，其注册资本的最低限额为人民币二亿元。

国务院保险监督管理机构根据保险公司的业务范围、经营规模，可以调整其注册资本的最低限额，但不得低于本条第一款规定的限额。

保险公司的注册资本必须为实缴货币资本。

第七十条 申请设立保险公司，应当向国务院保险监督管理机构提出书面申请，并提交下列材料：

（一）设立申请书，申请书应当载明拟设立的保险公司的名称、注册资本、业务范围等；

（二）可行性研究报告；

（三）筹建方案；

（四）投资人的营业执照或者其他背景资料，经会计师事务所审计的上一年度财务会计报告；

（五）投资人认可的筹备组负责人和拟任董事长、经理名单及本人认可证明；

（六）国务院保险监督管理机构规定的其他材料。

第七十一条 国务院保险监督管理机构应当对设立保险公司的申请进行审查，自受理之日起六个月内作出批准或者不批准筹建的决定，并书面通知申请人。决定不批准的，应当书面说明理由。

第七十二条 申请人应当自收到批准筹建通知之日起一年内完成筹建工作；筹建期间不得从事保险经营活动。

第七十三条 筹建工作完成后，申请人具备本法第六十八条规定的设立条件的，可以向国务院保险监督管理机构提出开业申请。

国务院保险监督管理机构应当自受理开业申请之日起六十日内，作出批准或者不批准开业的决定。决定批准的，颁发经营保险业务许可证；决定不批准的，应当书面通知申请人并说明理由。

第七十四条 保险公司在中华人民共和国境内设立分支机构，应当经保险监督管理机构批准。

保险公司分支机构不具有法人资格，其民事责任由保险公司承担。

第七十五条 保险公司申请设立分支机构，应当向保险监督管理机构提出书面申请，并提交下列材料：

（一）设立申请书；

（二）拟设机构三年业务发展规划和市场分析材料；

（三）拟任高级管理人员的简历及相关证明材料；

（四）国务院保险监督管理机构规定的其他材料。

第七十六条 保险监督管理机构应当对保险公司设立分支机构的申请进行审查，自受理之日起六十日内作出批准或者不批准的决定。决定批准的，颁发分支机构经营保险业务许可证；决定不批准的，应当书面通知申请人并说明理由。

第七十七条 经批准设立的保险公司及其分支机构，凭经营保险业务许可证向工商行政管理机关办理登记，领取营业执照。

第七十八条 保险公司及其分支机构自取得经营保险业务许可证之日起六个月内，无正当理由未向工商行政管理机关办理登记的，其经营保险业务许可证失效。

第七十九条 保险公司在中华人民共和国境外设立子公司、分支机构，应当经国务院保险监督管理机构批准。

第八十条 外国保险机构在中华人民共和国境内设立代表机构，应当经国务院保险监督管理机构批准。代表机构不得从事保险经营活动。

第八十一条 保险公司的董事、监事和高级管理人员，应当品行良好，熟悉与保险相关的法律、行政法规，具有履行职责所需的经营管理能力，并在任职前取得保险监督管理机构核准的任职资格。

保险公司高级管理人员的范围由国务院保险监督管理机构规定。

第八十二条 有《中华人民共和国公司法》第一百四十六条规定的情形或者下列情形之一的，不得担任保险公司的董事、监事、高级管理人员：

（一）因违法行为或者违纪行为被金融监督管理机构取消任职资格的金融机构的董事、监事、高级管理人员，自被取消任职资格之日起未逾五年的；

（二）因违法行为或者违纪行为被吊销执业资格的律师、注册会计师或者资产评估机构、验证机构等机构的专业人员，自被吊销执业资格之日起未逾五年的。

第八十三条 保险公司的董事、监事、高级管理人员执行公司职务时违反法律、行政法规或者公司章程的规定，给公司造成损失的，应当承担赔偿责任。

第八十四条 保险公司有下列情形之一的，应当经保险监督管理机构批准：

（一）变更名称；

（二）变更注册资本；

（三）变更公司或者分支机构的营业场所；

（四）撤销分支机构；

（五）公司分立或者合并；

（六）修改公司章程；

（七）变更出资额占有限责任公司资本总额百分之五以上的股东，或者变更持有股份有限公司股份百分之五以上的股东；

（八）国务院保险监督管理机构规定的其他情形。

第八十五条 保险公司应当聘用专业人员，建立精算报告制度和合规报告制度。

第八十六条 保险公司应当按照保险监督管理机构的规定，报送有关报告、报表、文件和资料。

保险公司的偿付能力报告、财务会计报告、精算报告、合规报告及其他有关报告、报表、文件和资料必须如实记录保险业务事项，不得有虚假记载、误导性陈述和重大遗漏。

第八十七条 保险公司应当按照国务院保险监督管理机构的规定妥善保管业务经营活动的完整账簿、原始凭证和有关资料。

前款规定的账簿、原始凭证和有关资料的保管期限，自保险合同终止之日起计算，保险期间在一年以下的不得少于五年，保险期间超过一年的不得少于十年。

第八十八条 保险公司聘请或者解聘会计师事务所、资产评估机构、资信评级机构等中介服务机构，应当向保险监督管理机构报告；解聘会计师事务所、资产评估机构、资信评级机构等中介服务机构，应当说明理由。

第八十九条 保险公司因分立、合并需要解散，或者股东会、股东大会决议解散，或者公司章程规定的解散事由出现，经国务院保险监督管理机构批准后解散。

经营有人寿保险业务的保险公司，除因分立、合并或者被依法撤销外，不得解散。

保险公司解散，应当依法成立清算组进行清算。

第九十条 保险公司有《中华人民共和国企业破产法》第二条规定情形的，经国务院保险监督管理机构同意，保险公司或者其债权人可以依法向人民法院申请重整、和解或者破产清算；国务院保险监督管理机构也可以依法向人民法院申请对该保险公司进行重整或者破产清算。

第九十一条 破产财产在优先清偿破产费用和共益债务后，按照下列顺序清偿：

（一）所欠职工工资和医疗、伤残补助、抚恤费用，所欠应当划入职工个人账户的基本养老保险、基本医疗保险费用，以及法律、行政法规规定应当支付给职工的补偿金；

（二）赔偿或者给付保险金；

（三）保险公司欠缴的除第（一）项规定以外的社会保险费用和所欠税款；

（四）普通破产债权。

破产财产不足以清偿同一顺序的清偿要求的，按照比例分配。

破产保险公司的董事、监事和高级管理人员的工资，按照该公司职工的平均工资计算。

第九十二条 经营有人寿保险业务的保险公司被依法撤销或者被依法宣告破产的，其持有的人寿保险合同及责任准备金，必须转让给其他经营有人寿保险业务的保险公司；不能同其他保险公司达成转让协议的，由国务院保险监督管理机构指定经营有人寿保险业务的保险公司接受转让。

转让或者由国务院保险监督管理机构指定接受转让前款规定的人寿保险合同及责任准备金的，应当维护被保险人、受益人的合法权益。

第九十三条 保险公司依法终止其业务活动，应当注销其经营保险业务许可证。

第九十四条 保险公司，除本法另有规定外，适用《中华人民共和国公司法》的规定。

第四章 保险经营规则

第九十五条 保险公司的业务范围：

（一）人身保险业务，包括人寿保险、健康保险、意外伤害保险等保险业务；

（二）财产保险业务，包括财产损失保险、责任保险、信用保险、保证保险等保险业务；

（三）国务院保险监督管理机构批准的与保险有关的其他业务。

保险人不得兼营人身保险业务和财产保险业务。但是，经营财产保险业务的保险公司经国务院保险监督管理机构批准，可以经营短期健康保险业务和意外伤害保险业务。

保险公司应当在国务院保险监督管理机构依法批准的业务范围内从事保险经营活动。

第九十六条 经国务院保险监督管理机构批准，保险公司可以经营本法第九十五条规定的保险业务的下列再保险业务：

（一）分出保险；

（二）分入保险。

第九十七条 保险公司应当按照其注册资本总额的百分之二十提取保证金，存入国务院保险监督管理机构指定的银行，除公司清算时用于清偿债务外，不得动用。

第九十八条 保险公司应当根据保障被保险人利益、保证偿付能力的原则，提取各项责任准备金。

保险公司提取和结转责任准备金的具体办法，由国务院保险监督管理机构制定。

第九十九条 保险公司应当依法提取公积金。

第一百条 保险公司应当缴纳保险保障

基金。

保险保障基金应当集中管理，并在下列情形下统筹使用：

（一）在保险公司被撤销或者被宣告破产时，向投保人、被保险人或者受益人提供救济；

（二）在保险公司被撤销或者被宣告破产时，向依法接受其人寿保险合同的保险公司提供救济；

（三）国务院规定的其他情形。

保险保障基金筹集、管理和使用的具体办法，由国务院制定。

第一百零一条 保险公司应当具有与其业务规模和风险程度相适应的最低偿付能力。保险公司的认可资产减去认可负债的差额不得低于国务院保险监督管理机构规定的数额；低于规定数额的，应当按照国务院保险监督管理机构的要求采取相应措施达到规定的数额。

第一百零二条 经营财产保险业务的保险公司当年自留保险费，不得超过其实有资本金加公积金总和的四倍。

第一百零三条 保险公司对每一危险单位，即对一次保险事故可能造成的最大损失范围所承担的责任，不得超过其实有资本金加公积金总和的百分之十；超过的部分应当办理再保险。

保险公司对危险单位的划分应当符合国务院保险监督管理机构的规定。

第一百零四条 保险公司对危险单位的划分方法和巨灾风险安排方案，应当报国务院保险监督管理机构备案。

第一百零五条 保险公司应当按照国务院保险监督管理机构的规定办理再保险，并审慎选择再保险接受人。

第一百零六条 保险公司的资金运用必须稳健，遵循安全性原则。

保险公司的资金运用限于下列形式：

（一）银行存款；

（二）买卖债券、股票、证券投资基金份额等有价证券；

（三）投资不动产；

（四）国务院规定的其他资金运用形式。

保险公司资金运用的具体管理办法，由国务院保险监督管理机构依照前两款的规定制定。

第一百零七条 经国务院保险监督管理机构会同国务院证券监督管理机构批准，保险公司可以设立保险资产管理公司。

保险资产管理公司从事证券投资活动，应当遵守《中华人民共和国证券法》等法律、行政法规的规定。

保险资产管理公司的管理办法，由国务院保险监督管理机构会同国务院有关部门制定。

第一百零八条 保险公司应当按照国务院保险监督管理机构的规定，建立对关联交易的管理和信息披露制度。

第一百零九条 保险公司的控股股东、实际控制人、董事、监事、高级管理人员不得利用关联交易损害公司的利益。

第一百一十条 保险公司应当按照国务院保险监督管理机构的规定，真实、准确、完整地披露财务会计报告、风险管理状况、保险产品经营情况等重大事项。

第一百一十一条 保险公司从事保险销售的人员应当品行良好，具有保险销售所需的专业能力。保险销售人员的行为规范和管理办法，由国务院保险监督管理机构规定。

第一百一十二条 保险公司应当建立保险代理人登记管理制度，加强对保险代理人的培训和管理，不得唆使、诱导保险代理人进行违背诚信义务的活动。

第一百一十三条 保险公司及其分支机构应当依法使用经营保险业务许可证，不得转让、出租、出借经营保险业务许可证。

第一百一十四条 保险公司应当按照国务院保险监督管理机构的规定，公平、合理拟订保险条款和保险费率，不得损害投保人、被保险人和受益人的合法权益。

保险公司应当按照合同约定和本法规定，及时履行赔偿或者给付保险金义务。

第一百一十五条　保险公司开展业务，应当遵循公平竞争的原则，不得从事不正当竞争。

第一百一十六条　保险公司及其工作人员在保险业务活动中不得有下列行为：

（一）欺骗投保人、被保险人或者受益人；

（二）对投保人隐瞒与保险合同有关的重要情况；

（三）阻碍投保人履行本法规定的如实告知义务，或者诱导其不履行本法规定的如实告知义务；

（四）给予或者承诺给予投保人、被保险人、受益人保险合同约定以外的保险费回扣或者其他利益；

（五）拒不依法履行保险合同约定的赔偿或者给付保险金义务；

（六）故意编造未曾发生的保险事故、虚构保险合同或者故意夸大已经发生的保险事故的损失程度进行虚假理赔，骗取保险金或者牟取其他不正当利益；

（七）挪用、截留、侵占保险费；

（八）委托未取得合法资格的机构从事保险销售活动；

（九）利用开展保险业务为其他机构或者个人牟取不正当利益；

（十）利用保险代理人、保险经纪人或者保险评估机构，从事以虚构保险中介业务或者编造退保等方式套取费用等违法活动；

（十一）以捏造、散布虚假事实等方式损害竞争对手的商业信誉，或者以其他不正当竞争行为扰乱保险市场秩序；

（十二）泄露在业务活动中知悉的投保人、被保险人的商业秘密；

（十三）违反法律、行政法规和国务院保险监督管理机构规定的其他行为。

第五章　保险代理人和保险经纪人

第一百一十七条　保险代理人是根据保险人的委托，向保险人收取佣金，并在保险人授权的范围内代为办理保险业务的机构或者个人。

保险代理机构包括专门从事保险代理业务的保险专业代理机构和兼营保险代理业务的保险兼业代理机构。

第一百一十八条　保险经纪人是基于投保人的利益，为投保人与保险人订立保险合同提供中介服务，并依法收取佣金的机构。

第一百一十九条　保险代理机构、保险经纪人应当具备国务院保险监督管理机构规定的条件，取得保险监督管理机构颁发的经营保险代理业务许可证、保险经纪业务许可证。

第一百二十条　以公司形式设立保险专业代理机构、保险经纪人，其注册资本最低限额适用《中华人民共和国公司法》的规定。

国务院保险监督管理机构根据保险专业代理机构、保险经纪人的业务范围和经营规模，可以调整其注册资本的最低限额，但不得低于《中华人民共和国公司法》规定的限额。

保险专业代理机构、保险经纪人的注册资本或者出资额必须为实缴货币资本。

第一百二十一条　保险专业代理机构、保险经纪人的高级管理人员，应当品行良好，熟悉保险法律、行政法规，具有履行职责所需的经营管理能力，并在任职前取得保险监督管理机构核准的任职资格。

第一百二十二条　个人保险代理人、保险代理机构的代理从业人员、保险经纪人的经纪从业人员，应当品行良好，具有从事保险代理业务或者保险经纪业务所需的专业能力。

第一百二十三条　保险代理机构、保险经纪人应当有自己的经营场所，设立专门账簿记载保险代理业务、经纪业务的收支情况。

第一百二十四条　保险代理机构、保险经纪人应当按照国务院保险监督管理机构的规定缴存保证金或者投保职业责任保险。

第一百二十五条 个人保险代理人在代为办理人寿保险业务时，不得同时接受两个以上保险人的委托。

第一百二十六条 保险人委托保险代理人代为办理保险业务，应当与保险代理人签订委托代理协议，依法约定双方的权利和义务。

第一百二十七条 保险代理人根据保险人的授权代为办理保险业务的行为，由保险人承担责任。

保险代理人没有代理权、超越代理权或者代理权终止后以保险人名义订立合同，使投保人有理由相信其有代理权的，该代理行为有效。保险人可以依法追究越权的保险代理人的责任。

第一百二十八条 保险经纪人因过错给投保人、被保险人造成损失的，依法承担赔偿责任。

第一百二十九条 保险活动当事人可以委托保险公估机构等依法设立的独立评估机构或者具有相关专业知识的人员，对保险事故进行评估和鉴定。

接受委托对保险事故进行评估和鉴定的机构和人员，应当依法、独立、客观、公正地进行评估和鉴定，任何单位和个人不得干涉。

前款规定的机构和人员，因故意或者过失给保险人或者被保险人造成损失的，依法承担赔偿责任。

第一百三十条 保险佣金只限于向保险代理人、保险经纪人支付，不得向其他人支付。

第一百三十一条 保险代理人、保险经纪人及其从业人员在办理保险业务活动中不得有下列行为：

（一）欺骗保险人、投保人、被保险人或者受益人；

（二）隐瞒与保险合同有关的重要情况；

（三）阻碍投保人履行本法规定的如实告知义务，或者诱导其不履行本法规定的如实告知义务；

（四）给予或者承诺给予投保人、被保险人或者受益人保险合同约定以外的利益；

（五）利用行政权力、职务或者职业便利以及其他不正当手段强迫、引诱或者限制投保人订立保险合同；

（六）伪造、擅自变更保险合同，或者为保险合同当事人提供虚假证明材料；

（七）挪用、截留、侵占保险费或者保险金；

（八）利用业务便利为其他机构或者个人牟取不正当利益；

（九）串通投保人、被保险人或者受益人，骗取保险金；

（十）泄露在业务活动中知悉的保险人、投保人、被保险人的商业秘密。

第一百三十二条 本法第八十六条第一款、第一百一十三条的规定，适用于保险代理机构和保险经纪人。

第六章 保险业监督管理

第一百三十三条 保险监督管理机构依照本法和国务院规定的职责，遵循依法、公开、公正的原则，对保险业实施监督管理，维护保险市场秩序，保护投保人、被保险人和受益人的合法权益。

第一百三十四条 国务院保险监督管理机构依照法律、行政法规制定并发布有关保险业监督管理的规章。

第一百三十五条 关系社会公众利益的保险险种、依法实行强制保险的险种和新开发的人寿保险险种等的保险条款和保险费率，应当报国务院保险监督管理机构批准。国务院保险监督管理机构审批时，应当遵循保护社会公众利益和防止不正当竞争的原则。其他保险险种的保险条款和保险费率，应当报保险监督管理机构备案。

保险条款和保险费率审批、备案的具体办法，由国务院保险监督管理机构依照前款规定制定。

第一百三十六条 保险公司使用的保险

条款和保险费率违反法律、行政法规或者国务院保险监督管理机构的有关规定的，由保险监督管理机构责令停止使用，限期修改；情节严重的，可以在一定期限内禁止申报新的保险条款和保险费率。

第一百三十七条 国务院保险监督管理机构应当建立健全保险公司偿付能力监管体系，对保险公司的偿付能力实施监控。

第一百三十八条 对偿付能力不足的保险公司，国务院保险监督管理机构应当将其列为重点监管对象，并可以根据具体情况采取下列措施：

（一）责令增加资本金、办理再保险；

（二）限制业务范围；

（三）限制向股东分红；

（四）限制固定资产购置或者经营费用规模；

（五）限制资金运用的形式、比例；

（六）限制增设分支机构；

（七）责令拍卖不良资产、转让保险业务；

（八）限制董事、监事、高级管理人员的薪酬水平；

（九）限制商业性广告；

（十）责令停止接受新业务。

第一百三十九条 保险公司未依照本法规定提取或者结转各项责任准备金，或者未依照本法规定办理再保险，或者严重违反本法关于资金运用的规定的，由保险监督管理机构责令限期改正，并可以责令调整负责人及有关管理人员。

第一百四十条 保险监督管理机构依照本法第一百三十九条的规定作出限期改正的决定后，保险公司逾期未改正的，国务院保险监督管理机构可以决定选派保险专业人员和指定该保险公司的有关人员组成整顿组，对公司进行整顿。

整顿决定应当载明被整顿公司的名称、整顿理由、整顿组成员和整顿期限，并予以公告。

第一百四十一条 整顿组有权监督被整顿保险公司的日常业务。被整顿公司的负责人及有关管理人员应当在整顿组的监督下行使职权。

第一百四十二条 整顿过程中，被整顿保险公司的原有业务继续进行。但是，国务院保险监督管理机构可以责令被整顿公司停止部分原有业务、停止接受新业务，调整资金运用。

第一百四十三条 被整顿保险公司经整顿已纠正其违反本法规定的行为，恢复正常经营状况的，由整顿组提出报告，经国务院保险监督管理机构批准，结束整顿，并由国务院保险监督管理机构予以公告。

第一百四十四条 保险公司有下列情形之一的，国务院保险监督管理机构可以对其实行接管：

（一）公司的偿付能力严重不足的；

（二）违反本法规定，损害社会公共利益，可能严重危及或者已经严重危及公司的偿付能力的。

被接管的保险公司的债权债务关系不因接管而变化。

第一百四十五条 接管组的组成和接管的实施办法，由国务院保险监督管理机构决定，并予以公告。

第一百四十六条 接管期限届满，国务院保险监督管理机构可以决定延长接管期限，但接管期限最长不得超过二年。

第一百四十七条 接管期限届满，被接管的保险公司已恢复正常经营能力的，由国务院保险监督管理机构决定终止接管，并予以公告。

第一百四十八条 被整顿、被接管的保险公司有《中华人民共和国企业破产法》第二条规定情形的，国务院保险监督管理机构可以依法向人民法院申请对该保险公司进行重整或者破产清算。

第一百四十九条 保险公司因违法经营被依法吊销经营保险业务许可证的，或者偿付能力低于国务院保险监督管理机构规定标准，不予撤销将严重危害保险市场秩序、损害公共利益的，由国务院保险监督管理机构予以撤销并公告，依法及时组织清算组进行清算。

第一百五十条 国务院保险监督管理机构有权要求保险公司股东、实际控制人在指定的期限内提供有关信息和资料。

第一百五十一条 保险公司的股东利用关联交易严重损害公司利益，危及公司偿付能力的，由国务院保险监督管理机构责令改正。在按照要求改正前，国务院保险监督管理机构可以限制其股东权利；拒不改正的，可以责令其转让所持的保险公司股权。

第一百五十二条 保险监督管理机构根据履行监督管理职责的需要，可以与保险公司董事、监事和高级管理人员进行监督管理谈话，要求其就公司的业务活动和风险管理的重大事项作出说明。

第一百五十三条 保险公司在整顿、接管、撤销清算期间，或者出现重大风险时，国务院保险监督管理机构可以对该公司直接负责的董事、监事、高级管理人员和其他直接责任人员采取以下措施：

（一）通知出境管理机关依法阻止其出境；

（二）申请司法机关禁止其转移、转让或者以其他方式处分财产，或者在财产上设定其他权利。

第一百五十四条 保险监督管理机构依法履行职责，可以采取下列措施：

（一）对保险公司、保险代理人、保险经纪人、保险资产管理公司、外国保险机构的代表机构进行现场检查；

（二）进入涉嫌违法行为发生场所调查取证；

（三）询问当事人及与被调查事件有关的单位和个人，要求其对与被调查事件有关的事项作出说明；

（四）查阅、复制与被调查事件有关的财产权登记等资料；

（五）查阅、复制保险公司、保险代理人、保险经纪人、保险资产管理公司、外国保险机构的代表机构以及与被调查事件有关的单位和个人的财务会计资料及其他相关文件和资料；对可能被转移、隐匿或者毁损的文件和资料予以封存；

（六）查询涉嫌违法经营的保险公司、保险代理人、保险经纪人、保险资产管理公司、外国保险机构的代表机构以及与涉嫌违法事项有关的单位和个人的银行账户；

（七）对有证据证明已经或者可能转移、隐匿违法资金等涉案财产或者隐匿、伪造、毁损重要证据的，经保险监督管理机构主要负责人批准，申请人民法院予以冻结或者查封。

保险监督管理机构采取前款第（一）项、第（二）项、第（五）项措施的，应当经保险监督管理机构负责人批准；采取第（六）项措施的，应当经国务院保险监督管理机构负责人批准。

保险监督管理机构依法进行监督检查或者调查，其监督检查、调查的人员不得少于二人，并应当出示合法证件和监督检查、调查通知书；监督检查、调查的人员少于二人或者未出示合法证件和监督检查、调查通知书的，被检查、调查的单位和个人有权拒绝。

第一百五十五条 保险监督管理机构依法履行职责，被检查、调查的单位和个人应当配合。

第一百五十六条 保险监督管理机构工作人员应当忠于职守，依法办事，公正廉洁，不得利用职务便利牟取不正当利益，不得泄露所知悉的有关单位和个人的商业秘密。

第一百五十七条 国务院保险监督管理机构应当与中国人民银行、国务院其他金融监督管理机构建立监督管理信息共享机制。

保险监督管理机构依法履行职责，进行监督检查、调查时，有关部门应当予以配合。

第七章 法律责任

第一百五十八条 违反本法规定，擅自设立保险公司、保险资产管理公司或者非法经营商业保险业务的，由保险监督管理机构予以取缔，没收违法所得，并处违法所得一倍以上五倍以下的罚款；没有违法所得或者违法所得不足二十万元的，处二十万元以上一百万元以下的罚款。

第一百五十九条　违反本法规定，擅自设立保险专业代理机构、保险经纪人，或者未取得经营保险代理业务许可证、保险经纪业务许可证从事保险代理业务、保险经纪业务的，由保险监督管理机构予以取缔，没收违法所得，并处违法所得一倍以上五倍以下的罚款；没有违法所得或者违法所得不足五万元的，处五万元以上三十万元以下的罚款。

第一百六十条　保险公司违反本法规定，超出批准的业务范围经营的，由保险监督管理机构责令限期改正，没收违法所得，并处违法所得一倍以上五倍以下的罚款；没有违法所得或者违法所得不足十万元的，处十万元以上五十万元以下的罚款。逾期不改正或者造成严重后果的，责令停业整顿或者吊销业务许可证。

第一百六十一条　保险公司有本法第一百一十六条规定行为之一的，由保险监督管理机构责令改正，处五万元以上三十万元以下的罚款；情节严重的，限制其业务范围、责令停止接受新业务或者吊销业务许可证。

第一百六十二条　保险公司违反本法第八十四条规定的，由保险监督管理机构责令改正，处一万元以上十万元以下的罚款。

第一百六十三条　保险公司违反本法规定，有下列行为之一的，由保险监督管理机构责令改正，处五万元以上三十万元以下的罚款：

（一）超额承保，情节严重的；

（二）为无民事行为能力人承保以死亡为给付保险金条件的保险的。

第一百六十四条　违反本法规定，有下列行为之一的，由保险监督管理机构责令改正，处五万元以上三十万元以下的罚款；情节严重的，可以限制其业务范围、责令停止接受新业务或者吊销业务许可证：

（一）未按照规定提存保证金或者违反规定动用保证金的；

（二）未按照规定提取或者结转各项责任准备金的；

（三）未按照规定缴纳保险保障基金或者提取公积金的；

（四）未按照规定办理再保险的；

（五）未按照规定运用保险公司资金的；

（六）未经批准设立分支机构的；

（七）未按照规定申请批准保险条款、保险费率的。

第一百六十五条　保险代理机构、保险经纪人有本法第一百三十一条规定行为之一的，由保险监督管理机构责令改正，处五万元以上三十万元以下的罚款；情节严重的，吊销业务许可证。

第一百六十六条　保险代理机构、保险经纪人违反本法规定，有下列行为之一的，由保险监督管理机构责令改正，处二万元以上十万元以下的罚款；情节严重的，责令停业整顿或者吊销业务许可证：

（一）未按照规定缴存保证金或者投保职业责任保险的；

（二）未按照规定设立专门账簿记载业务收支情况的。

第一百六十七条　违反本法规定，聘任不具有任职资格的人员的，由保险监督管理机构责令改正，处二万元以上十万元以下的罚款。

第一百六十八条　违反本法规定，转让、出租、出借业务许可证的，由保险监督管理机构处一万元以上十万元以下的罚款；情节严重的，责令停业整顿或者吊销业务许可证。

第一百六十九条　违反本法规定，有下列行为之一的，由保险监督管理机构责令限期改正；逾期不改正的，处一万元以上十万元以下的罚款：

（一）未按照规定报送或者保管报告、

报表、文件、资料的,或者未按照规定提供有关信息、资料的;

(二) 未按照规定报送保险条款、保险费率备案的;

(三) 未按照规定披露信息的。

第一百七十条 违反本法规定,有下列行为之一的,由保险监督管理机构责令改正,处十万元以上五十万元以下的罚款;情节严重的,可以限制其业务范围、责令停止接受新业务或者吊销业务许可证:

(一) 编制或者提供虚假的报告、报表、文件、资料的;

(二) 拒绝或者妨碍依法监督检查的;

(三) 未按照规定使用经批准或者备案的保险条款、保险费率的。

第一百七十一条 保险公司、保险资产管理公司、保险专业代理机构、保险经纪人违反本法规定的,保险监督管理机构除分别依照本法第一百六十条至第一百七十条的规定对该单位给予处罚外,对其直接负责的主管人员和其他直接责任人员给予警告,并处一万元以上十万元以下的罚款;情节严重的,撤销任职资格。

第一百七十二条 个人保险代理人违反本法规定的,由保险监督管理机构给予警告,可以并处二万元以下的罚款;情节严重的,处二万元以上十万元以下的罚款。

第一百七十三条 外国保险机构未经国务院保险监督管理机构批准,擅自在中华人民共和国境内设立代表机构的,由国务院保险监督管理机构予以取缔,处五万元以上三十万元以下的罚款。

外国保险机构在中华人民共和国境内设立的代表机构从事保险经营活动的,由保险监督管理机构责令改正,没收违法所得,并处违法所得一倍以上五倍以下的罚款;没有违法所得或者违法所得不足二十万元的,处二十万元以上一百万元以下的罚款;对其首席代表可以责令撤换;情节严重的,撤销其代表机构。

第一百七十四条 投保人、被保险人或者受益人有下列行为之一,进行保险诈骗活动,尚不构成犯罪的,依法给予行政处罚:

(一) 投保人故意虚构保险标的,骗取保险金的;

(二) 编造未曾发生的保险事故,或者编造虚假的事故原因或者夸大损失程度,骗取保险金的;

(三) 故意造成保险事故,骗取保险金的。

保险事故的鉴定人、评估人、证明人故意提供虚假的证明文件,为投保人、被保险人或者受益人进行保险诈骗提供条件的,依照前款规定给予处罚。

第一百七十五条 违反本法规定,给他人造成损害的,依法承担民事责任。

第一百七十六条 拒绝、阻碍保险监督管理机构及其工作人员依法行使监督检查、调查职权,未使用暴力、威胁方法的,依法给予治安管理处罚。

第一百七十七条 违反法律、行政法规的规定,情节严重的,国务院保险监督管理机构可以禁止有关责任人员一定期限直至终身进入保险业。

第一百七十八条 保险监督管理机构从事监督管理工作的人员有下列情形之一的,依法给予处分:

(一) 违反规定批准机构的设立的;

(二) 违反规定进行保险条款、保险费率审批的;

(三) 违反规定进行现场检查的;

(四) 违反规定查询账户或者冻结资金的;

(五) 泄露其知悉的有关单位和个人的商业秘密的;

(六) 违反规定实施行政处罚的;

(七) 滥用职权、玩忽职守的其他行为。

第一百七十九条 违反本法规定,构成犯罪的,依法追究刑事责任。

第八章 附 则

第一百八十条 保险公司应当加入保险

行业协会。保险代理人、保险经纪人、保险公估机构可以加入保险行业协会。

保险行业协会是保险业的自律性组织，是社会团体法人。

第一百八十一条 保险公司以外的其他依法设立的保险组织经营的商业保险业务，适用本法。

第一百八十二条 海上保险适用《中华人民共和国海商法》的有关规定；《中华人民共和国海商法》未规定的，适用本法的有关规定。

第一百八十三条 中外合资保险公司、外资独资保险公司、外国保险公司分公司适用本法规定；法律、行政法规另有规定的，适用其规定。

第一百八十四条 国家支持发展为农业生产服务的保险事业。农业保险由法律、行政法规另行规定。

强制保险，法律、行政法规另有规定的，适用其规定。

第一百八十五条 本法自 2009 年 10 月 1 日起施行。

中华人民共和国票据法

(1995 年 5 月 10 日第八届全国人民代表大会常务委员会第十三次会议通过 根据 2004 年 8 月 28 日第十届全国人民代表大会常务委员会第十一次会议《关于修改〈中华人民共和国票据法〉的决定》修正)

目 录

第一章 总 则
第二章 汇 票
  第一节 出 票
  第二节 背 书
  第三节 承 兑
  第四节 保 证
  第五节 付 款
  第六节 追索权
第三章 本 票
第四章 支 票
第五章 涉外票据的法律适用
第六章 法律责任
第七章 附 则

第一章 总 则

第一条 为了规范票据行为，保障票据活动中当事人的合法权益，维护社会经济秩序，促进社会主义市场经济的发展，制定本法。

第二条 在中华人民共和国境内的票据活动,适用本法。

本法所称票据，是指汇票、本票和支票。

第三条 票据活动应当遵守法律、行政法规，不得损害社会公共利益。

第四条 票据出票人制作票据,应当按照法定条件在票据上签章，并按照所记载的事项承担票据责任。

持票人行使票据权利，应当按照法定程序在票据上签章，并出示票据。

其他票据债务人在票据上签章的，按照票据所记载的事项承担票据责任。

本法所称票据权利，是指持票人向票据债务人请求支付票据金额的权利，包括付款请求权和追索权。

本法所称票据责任，是指票据债务人向持票人支付票据金额的义务。

第五条 票据当事人可以委托其代理人

在票据上签章,并应当在票据上表明其代理关系。

没有代理权而以代理人名义在票据上签章的,应当由签章人承担票据责任;代理人超越代理权限的,应当就其超越权限的部分承担票据责任。

第六条 无民事行为能力人或者限制民事行为能力人在票据上签章的,其签章无效,但是不影响其他签章的效力。

第七条 票据上的签章,为签名、盖章或者签名加盖章。

法人和其他使用票据的单位在票据上的签章,为该法人或者该单位的盖章加其法定代表人或者其授权的代理人的签章。

在票据上的签名,应当为该当事人的本名。

第八条 票据金额以中文大写和数码同时记载,二者必须一致,二者不一致的,票据无效。

第九条 票据上的记载事项必须符合本法的规定。

票据金额、日期、收款人名称不得更改,更改的票据无效。

对票据上的其他记载事项,原记载人可以更改,更改时应当由原记载人签章证明。

第十条 票据的签发、取得和转让,应当遵循诚实信用的原则,具有真实的交易关系和债权债务关系。

票据的取得,必须给付对价,即应当给付票据双方当事人认可的相对应的代价。

第十一条 因税收、继承、赠与可以依法无偿取得票据的,不受给付对价的限制。但是,所享有的票据权利不得优于其前手的权利。

前手是指在票据签章人或者持票人之前签章的其他票据债务人。

第十二条 以欺诈、偷盗或者胁迫等手段取得票据的,或者明知有前列情形,出于恶意取得票据的,不得享有票据权利。

持票人因重大过失取得不符合本法规定的票据的,也不得享有票据权利。

第十三条 票据债务人不得以自己与出票人或者与持票人的前手之间的抗辩事由,对抗持票人。但是,持票人明知存在抗辩事由而取得票据的除外。

票据债务人可以对不履行约定义务的与自己有直接债权债务关系的持票人,进行抗辩。

本法所称抗辩,是指票据债务人根据本法规定对票据债权人拒绝履行义务的行为。

第十四条 票据上的记载事项应当真实,不得伪造、变造。伪造、变造票据上的签章和其他记载事项的,应当承担法律责任。

票据上有伪造、变造的签章的,不影响票据上其他真实签章的效力。

票据上其他记载事项被变造的,在变造之前签章的人,对原记载事项负责;在变造之后签章的人,对变造之后的记载事项负责;不能辨别是在票据被变造之前或者之后签章的,视同在变造之前签章。

第十五条 票据丧失,失票人可以及时通知票据的付款人挂失止付,但是,未记载付款人或者无法确定付款人及其代理付款人的票据除外。

收到挂失止付通知的付款人,应当暂停支付。

失票人应当在通知挂失止付后三日内,也可以在票据丧失后,依法向人民法院申请公示催告,或者向人民法院提起诉讼。

第十六条 持票人对票据债务人行使票据权利,或者保全票据权利,应当在票据当事人的营业场所和营业时间内进行,票据当事人无营业场所的,应当在其住所进行。

第十七条 票据权利在下列期限内不行使而消灭:

(一)持票人对票据的出票人和承兑人的权利,自票据到期日起二年。见票即付的汇票、本票,自出票日起二年;

(二)持票人对支票出票人的权利,自出票日起六个月;

(三)持票人对前手的追索权,自被拒

绝承兑或者被拒绝付款之日起六个月；

（四）持票人对前手的再追索权，自清偿日或者被提起诉讼之日起三个月。

票据的出票日、到期日由票据当事人依法确定。

第十八条 持票人因超过票据权利时效或者因票据记载事项欠缺而丧失票据权利的，仍享有民事权利，可以请求出票人或者承兑人返还其与未支付的票据金额相当的利益。

第二章 汇 票

第一节 出 票

第十九条 汇票是出票人签发的，委托付款人在见票时或者在指定日期无条件支付确定的金额给收款人或者持票人的票据。

汇票分为银行汇票和商业汇票。

第二十条 出票是指出票人签发票据并将其交付给收款人的票据行为。

第二十一条 汇票的出票人必须与付款人具有真实的委托付款关系，并且具有支付汇票金额的可靠资金来源。

不得签发无对价的汇票用以骗取银行或者其他票据当事人的资金。

第二十二条 汇票必须记载下列事项：

（一）表明"汇票"的字样；
（二）无条件支付的委托；
（三）确定的金额；
（四）付款人名称；
（五）收款人名称；
（六）出票日期；
（七）出票人签章。

汇票上未记载前款规定事项之一的，汇票无效。

第二十三条 汇票上记载付款日期、付款地、出票地等事项的，应当清楚、明确。

汇票上未记载付款日期的，为见票即付。

汇票上未记载付款地的，付款人的营业场所、住所或者经常居住地为付款地。

汇票上未记载出票地的，出票人的营业场所、住所或者经常居住地为出票地。

第二十四条 汇票上可以记载本法规定事项以外的其他出票事项，但是该记载事项不具有汇票上的效力。

第二十五条 付款日期可以按照下列形式之一记载：

（一）见票即付；
（二）定日付款；
（三）出票后定期付款；
（四）见票后定期付款。

前款规定的付款日期为汇票到期日。

第二十六条 出票人签发汇票后，即承担保证该汇票承兑和付款的责任。出票人在汇票得不到承兑或者付款时，应当向持票人清偿本法第七十条、第七十一条规定的金额和费用。

第二节 背 书

第二十七条 持票人可以将汇票权利转让给他人或者将一定的汇票权利授予他人行使。

出票人在汇票上记载"不得转让"字样的，汇票不得转让。

持票人行使第一款规定的权利时，应当背书并交付汇票。

背书是指在票据背面或者粘单上记载有关事项并签章的票据行为。

第二十八条 票据凭证不能满足背书人记载事项的需要，可以加附粘单，粘附于票据凭证上。

粘单上的第一记载人，应当在汇票和粘单的粘接处签章。

第二十九条 背书由背书人签章并记载背书日期。

背书未记载日期的，视为在汇票到期日前背书。

第三十条 汇票以背书转让或者以背书将一定的汇票权利授予他人行使时，必须记载被背书人名称。

第三十一条　以背书转让的汇票,背书应当连续。持票人以背书的连续,证明其汇票权利;非经背书转让,而以其他合法方式取得汇票的,依法举证,证明其汇票权利。

前款所称背书连续,是指在票据转让中,转让汇票的背书人与受让汇票的被背书人在汇票上的签章依次前后衔接。

第三十二条　以背书转让的汇票,后手应当对其直接前手背书的真实性负责。

后手是指在票据签章人之后签章的其他票据债务人。

第三十三条　背书不得附有条件。背书时附有条件的,所附条件不具有汇票上的效力。

将汇票金额的一部分转让的背书或者将汇票金额分别转让给二人以上的背书无效。

第三十四条　背书人在汇票上记载"不得转让"字样,其后手再背书转让的,原背书人对后手的被背书人不承担保证责任。

第三十五条　背书记载"委托收款"字样的,被背书人有权代背书人行使被委托的汇票权利。但是,被背书人不得再以背书转让汇票权利。

汇票可以设定质押;质押时应当以背书记载"质押"字样。被背书人依法实现其质权时,可以行使汇票权利。

第三十六条　汇票被拒绝承兑、被拒绝付款或者超过付款提示期限的,不得背书转让;背书转让的,背书人应当承担汇票责任。

第三十七条　背书人以背书转让汇票后,即承担保证其后手所持汇票承兑和付款的责任。背书人在汇票得不到承兑或者付款时,应当向持票人清偿本法第七十条、第七十一条规定的金额和费用。

第三节　承　兑

第三十八条　承兑是指汇票付款人承诺在汇票到期日支付汇票金额的票据行为。

第三十九条　定日付款或者出票后定期付款的汇票,持票人应当在汇票到期日前向付款人提示承兑。

提示承兑是指持票人向付款人出示汇票,并要求付款人承诺付款的行为。

第四十条　见票后定期付款的汇票,持票人应当自出票日起一个月内向付款人提示承兑。

汇票未按照规定期限提示承兑的,持票人丧失对其前手的追索权。

见票即付的汇票无需提示承兑。

第四十一条　付款人对向其提示承兑的汇票,应当自收到提示承兑的汇票之日起三日内承兑或者拒绝承兑。

付款人收到持票人提示承兑的汇票时,应当向持票人签发收到汇票的回单。回单上应当记明汇票提示承兑日期并签章。

第四十二条　付款人承兑汇票的,应当在汇票正面记载"承兑"字样和承兑日期并签章;见票后定期付款的汇票,应当在承兑时记载付款日期。

汇票上未记载承兑日期的,以前条第一款规定期限的最后一日为承兑日期。

第四十三条　付款人承兑汇票,不得附有条件;承兑附有条件的,视为拒绝承兑。

第四十四条　付款人承兑汇票后,应当承担到期付款的责任。

第四节　保　证

第四十五条　汇票的债务可以由保证人承担保证责任。

保证人由汇票债务人以外的他人担当。

第四十六条　保证人必须在汇票或者粘单上记载下列事项:

(一)表明"保证"的字样;

(二)保证人名称和住所;

(三)被保证人的名称;

(四)保证日期;

(五)保证人签章。

第四十七条　保证人在汇票或者粘单上未记载前条第(三)项的,已承兑的汇票,承兑人为被保证人;未承兑的汇票,出票人为被保证人。

保证人在汇票或者粘单上未记载前条第（四）项的，出票日期为保证日期。

第四十八条 保证不得附有条件；附有条件的，不影响对汇票的保证责任。

第四十九条 保证人对合法取得汇票的持票人所享有的汇票权利，承担保证责任。但是，被保证人的债务因汇票记载事项欠缺而无效的除外。

第五十条 被保证的汇票，保证人应当与被保证人对持票人承担连带责任。汇票到期后得不到付款的，持票人有权向保证人请求付款，保证人应当足额付款。

第五十一条 保证人为二人以上的，保证人之间承担连带责任。

第五十二条 保证人清偿汇票债务后，可以行使持票人对被保证人及其前手的追索权。

第五节 付 款

第五十三条 持票人应当按照下列期限提示付款：

（一）见票即付的汇票，自出票日起一个月内向付款人提示付款；

（二）定日付款、出票后定期付款或者见票后定期付款的汇票，自到期日起十日内向承兑人提示付款。

持票人未按照前款规定期限提示付款的，在作出说明后，承兑人或者付款人仍应当继续对持票人承担付款责任。

通过委托收款银行或者通过票据交换系统向付款人提示付款的，视同持票人提示付款。

第五十四条 持票人依照前条规定提示付款的，付款人必须在当日足额付款。

第五十五条 持票人获得付款的，应当在汇票上签收，并将汇票交给付款人。持票人委托银行收款的，受委托的银行将代收的汇票金额转账收入持票人账户，视同签收。

第五十六条 持票人委托的收款银行的责任，限于按照汇票上记载事项将汇票金额转入持票人账户。

付款人委托的付款银行的责任，限于按照汇票上记载事项从付款人账户支付汇票金额。

第五十七条 付款人及其代理付款人付款时，应当审查汇票背书的连续，并审查提示付款人的合法身份证明或者有效证件。

付款人及其代理付款人以恶意或者有重大过失付款的，应当自行承担责任。

第五十八条 对定日付款、出票后定期付款或者见票后定期付款的汇票，付款人在到期日前付款的，由付款人自行承担所产生的责任。

第五十九条 汇票金额为外币的，按照付款日的市场汇价，以人民币支付。

汇票当事人对汇票支付的货币种类另有约定的，从其约定。

第六十条 付款人依法足额付款后，全体汇票债务人的责任解除。

第六节 追索权

第六十一条 汇票到期被拒绝付款的，持票人可以对背书人、出票人以及汇票的其他债务人行使追索权。

汇票到期日前，有下列情形之一的，持票人也可以行使追索权：

（一）汇票被拒绝承兑的；

（二）承兑人或者付款人死亡、逃匿的；

（三）承兑人或者付款人被依法宣告破产的或者因违法被责令终止业务活动的。

第六十二条 持票人行使追索权时，应当提供被拒绝承兑或者被拒绝付款的有关证明。

持票人提示承兑或者提示付款被拒绝的，承兑人或者付款人必须出具拒绝证明，或者出具退票理由书。未出具拒绝证明或者退票理由书的，应当承担由此产生的民事责任。

第六十三条 持票人因承兑人或者付款人死亡、逃匿或者其他原因，不能取得拒绝证明的，可以依法取得其他有关证明。

第六十四条 承兑人或者付款人被人民

法院依法宣告破产的,人民法院的有关司法文书具有拒绝证明的效力。

承兑人或者付款人因违法被责令终止业务活动的,有关行政主管部门的处罚决定具有拒绝证明的效力。

第六十五条 持票人不能出示拒绝证明、退票理由书或者未按照规定期限提供其他合法证明的,丧失对其前手的追索权。但是,承兑人或者付款人仍应当对持票人承担责任。

第六十六条 持票人应当自收到被拒绝承兑或者被拒绝付款的有关证明之日起三日内,将被拒绝事由书面通知其前手;其前手应当自收到通知之日起三日内书面通知其再前手。持票人也可以同时向各汇票债务人发出书面通知。

未按照前款规定期限通知的,持票人仍可以行使追索权。因延期通知给其前手或者出票人造成损失的,由没有按照规定期限通知的汇票当事人,承担对该损失的赔偿责任,但是所赔偿的金额以汇票金额为限。

在规定期限内将通知按照法定地址或者约定的地址邮寄的,视为已经发出通知。

第六十七条 依照前条第一款所作的书面通知,应当记明汇票的主要记载事项,并说明该汇票已被退票。

第六十八条 汇票的出票人、背书人、承兑人和保证人对持票人承担连带责任。

持票人可以不按照汇票债务人的先后顺序,对其中任何一人、数人或者全体行使追索权。

持票人对汇票债务人中的一人或者数人已经进行追索的,对其他汇票债务人仍可以行使追索权。被追索人清偿债务后,与持票人享有同一权利。

第六十九条 持票人为出票人的,对其前手无追索权。持票人为背书人的,对其后手无追索权。

第七十条 持票人行使追索权,可以请求被追索人支付下列金额和费用:

(一)被拒绝付款的汇票金额;

(二)汇票金额自到期日或者提示付款日起至清偿日止,按照中国人民银行规定的利率计算的利息;

(三)取得有关拒绝证明和发出通知书的费用。

被追索人清偿债务时,持票人应当交出汇票和有关拒绝证明,并出具所收到利息和费用的收据。

第七十一条 被追索人依照前条规定清偿后,可以向其他汇票债务人行使再追索权,请求其他汇票债务人支付下列金额和费用:

(一)已清偿的全部金额;

(二)前项金额自清偿日起至再追索清偿日止,按照中国人民银行规定的利率计算的利息;

(三)发出通知书的费用。

行使再追索权的被追索人获得清偿时,应当交出汇票和有关拒绝证明,并出具所收到利息和费用的收据。

第七十二条 被追索人依照前二条规定清偿债务后,其责任解除。

第三章 本 票

第七十三条 本票是出票人签发的,承诺自己在见票时无条件支付确定的金额给收款人或者持票人的票据。

本法所称本票,是指银行本票。

第七十四条 本票的出票人必须具有支付本票金额的可靠资金来源,并保证支付。

第七十五条 本票必须记载下列事项:

(一)表明"本票"的字样;

(二)无条件支付的承诺;

(三)确定的金额;

(四)收款人名称;

(五)出票日期;

(六)出票人签章。

本票上未记载前款规定事项之一的,本票无效。

第七十六条 本票上记载付款地、出票地等事项的,应当清楚、明确。

本票上未记载付款地的，出票人的营业场所为付款地。

本票上未记载出票地的，出票人的营业场所为出票地。

第七十七条　本票的出票人在持票人提示见票时，必须承担付款的责任。

第七十八条　本票自出票日起，付款期限最长不得超过二个月。

第七十九条　本票的持票人未按照规定期限提示见票的，丧失对出票人以外的前手的追索权。

第八十条　本票的背书、保证、付款行为和追索权的行使，除本章规定外，适用本法第二章有关汇票的规定。

本票的出票行为，除本章规定外，适用本法第二十四条关于汇票的规定。

第四章　支　票

第八十一条　支票是出票人签发的，委托办理支票存款业务的银行或者其他金融机构在见票时无条件支付确定的金额给收款人或者持票人的票据。

第八十二条　开立支票存款账户，申请人必须使用其本名，并提交证明其身份的合法证件。

开立支票存款账户和领用支票，应当有可靠的资信，并存入一定的资金。

开立支票存款账户，申请人应当预留其本名的签名式样和印鉴。

第八十三条　支票可以支取现金，也可以转账，用于转账时，应当在支票正面注明。

支票中专门用于支取现金的，可以另行制作现金支票，现金支票只能用于支取现金。

支票中专门用于转账的，可以另行制作转账支票，转账支票只能用于转账，不得支取现金。

第八十四条　支票必须记载下列事项：

（一）表明"支票"的字样；

（二）无条件支付的委托；

（三）确定的金额；

（四）付款人名称；

（五）出票日期；

（六）出票人签章。

支票上未记载前款规定事项之一的，支票无效。

第八十五条　支票上的金额可以由出票人授权补记，未补记前的支票，不得使用。

第八十六条　支票上未记载收款人名称的，经出票人授权，可以补记。

支票上未记载付款地的，付款人的营业场所为付款地。

支票上未记载出票地的，出票人的营业场所、住所或者经常居住地为出票地。

出票人可以在支票上记载自己为收款人。

第八十七条　支票的出票人所签发的支票金额不得超过其付款时在付款人处实有的存款金额。

出票人签发的支票金额超过其付款时在付款人处实有的存款金额的，为空头支票。禁止签发空头支票。

第八十八条　支票的出票人不得签发与其预留本名的签名式样或者印鉴不符的支票。

第八十九条　出票人必须按照签发的支票金额承担保证向该持票人付款的责任。

出票人在付款人处的存款足以支付支票金额时，付款人应当在当日足额付款。

第九十条　支票限于见票即付，不得另行记载付款日期。另行记载付款日期的，该记载无效。

第九十一条　支票的持票人应当自出票日起十日内提示付款；异地使用的支票，其提示付款的期限由中国人民银行另行规定。

超过提示付款期限的，付款人可以不予付款；付款人不予付款的，出票人仍应当对持票人承担票据责任。

第九十二条　付款人依法支付支票金额的，对出票人不再承担受委托付款的责任，对持票人不再承担付款的责任。但是，付款人以恶意或者有重大过失付款的除外。

第九十三条 支票的背书、付款行为和追索权的行使，除本章规定外，适用本法第二章有关汇票的规定。

支票的出票行为，除本章规定外，适用本法第二十四条、第二十六条关于汇票的规定。

第五章 涉外票据的法律适用

第九十四条 涉外票据的法律适用，依照本章的规定确定。

前款所称涉外票据，是指出票、背书、承兑、保证、付款等行为中，既有发生在中华人民共和国境内又有发生在中华人民共和国境外的票据。

第九十五条 中华人民共和国缔结或者参加的国际条约同本法有不同规定的，适用国际条约的规定。但是，中华人民共和国声明保留的条款除外。

本法和中华人民共和国缔结或者参加的国际条约没有规定的，可以适用国际惯例。

第九十六条 票据债务人的民事行为能力，适用其本国法律。

票据债务人的民事行为能力，依照其本国法律为无民事行为能力或者为限制民事行为能力而依照行为地法律为完全民事行为能力的，适用行为地法律。

第九十七条 汇票、本票出票时的记载事项，适用出票地法律。

支票出票时的记载事项，适用出票地法律，经当事人协议，也可以适用付款地法律。

第九十八条 票据的背书、承兑、付款和保证行为，适用行为地法律。

第九十九条 票据追索权的行使期限，适用出票地法律。

第一百条 票据的提示期限、有关拒绝证明的方式、出具拒绝证明的期限，适用付款地法律。

第一百零一条 票据丧失时，失票人请求保全票据权利的程序，适用付款地法律。

第六章 法律责任

第一百零二条 有下列票据欺诈行为之一的，依法追究刑事责任：

（一）伪造、变造票据的；

（二）故意使用伪造、变造的票据的；

（三）签发空头支票或者故意签发与其预留的本名签名式样或者印鉴不符的支票，骗取财物的；

（四）签发无可靠资金来源的汇票、本票，骗取资金的；

（五）汇票、本票的出票人在出票时作虚假记载，骗取财物的；

（六）冒用他人的票据，或者故意使用过期或者作废的票据，骗取财物的；

（七）付款人同出票人、持票人恶意串通，实施前六项所列行为之一的。

第一百零三条 有前条所列行为之一，情节轻微，不构成犯罪的，依照国家有关规定给予行政处罚。

第一百零四条 金融机构工作人员在票据业务中玩忽职守，对违反本法规定的票据予以承兑、付款或者保证的，给予处分；造成重大损失，构成犯罪的，依法追究刑事责任。

由于金融机构工作人员因前款行为给当事人造成损失的，由该金融机构和直接责任人员依法承担赔偿责任。

第一百零五条 票据的付款人对见票即付或者到期的票据，故意压票，拖延支付的，由金融行政管理部门处以罚款，对直接责任人员给予处分。

票据的付款人故意压票，拖延支付，给持票人造成损失的，依法承担赔偿责任。

第一百零六条 依照本法规定承担赔偿责任以外的其他违反本法规定的行为，给他人造成损失的，应当依法承担民事责任。

第七章 附 则

第一百零七条 本法规定的各项期限的计算,适用民法通则关于计算期间的规定。

按月计算期限的,按到期月的对日计算;无对日的,月末日为到期日。

第一百零八条 汇票、本票、支票的格式应当统一。

票据凭证的格式和印制管理办法,由中国人民银行规定。

第一百零九条 票据管理的具体实施办法,由中国人民银行依照本法制定,报国务院批准后施行。

第一百一十条 本法自1996年1月1日起施行。

中华人民共和国外汇管理条例

(1996年1月29日中华人民共和国国务院令第193号发布 根据1997年1月14日《国务院关于修改〈中华人民共和国外汇管理条例〉的决定》修订 2008年8月1日国务院第20次常务会议修订通过 2008年8月5日中华人民共和国国务院令第532号公布 自公布之日起施行)

第一章 总 则

第一条 为了加强外汇管理,促进国际收支平衡,促进国民经济健康发展,制定本条例。

第二条 国务院外汇管理部门及其分支机构(以下统称外汇管理机关)依法履行外汇管理职责,负责本条例的实施。

第三条 本条例所称外汇,是指下列以外币表示的可以用作国际清偿的支付手段和资产:

(一)外币现钞,包括纸币、铸币;

(二)外币支付凭证或者支付工具,包括票据、银行存款凭证、银行卡等;

(三)外币有价证券,包括债券、股票等;

(四)特别提款权;

(五)其他外汇资产。

第四条 境内机构、境内个人的外汇收支或者外汇经营活动,以及境外机构、境外个人在境内的外汇收支或者外汇经营活动,适用本条例。

第五条 国家对经常性国际支付和转移不予限制。

第六条 国家实行国际收支统计申报制度。

国务院外汇管理部门应当对国际收支进行统计、监测,定期公布国际收支状况。

第七条 经营外汇业务的金融机构应当按照国务院外汇管理部门的规定为客户开立外汇账户,并通过外汇账户办理外汇业务。

经营外汇业务的金融机构应当依法向外汇管理机关报送客户的外汇收支及账户变动情况。

第八条 中华人民共和国境内禁止外币流通,并不得以外币计价结算,但国家另有规定的除外。

第九条 境内机构、境内个人的外汇收入可以调回境内或者存放境外;调回境内或者存放境外的条件、期限等,由国务院外汇管理部门根据国际收支状况和外汇管理的需要作出规定。

第十条 国务院外汇管理部门依法持有、管理、经营国家外汇储备,遵循安全、流动、增值的原则。

第十一条 国际收支出现或者可能出现严重失衡，以及国民经济出现或者可能出现严重危机时，国家可以对国际收支采取必要的保障、控制等措施。

第二章 经常项目外汇管理

第十二条 经常项目外汇收支应当具有真实、合法的交易基础。经营结汇、售汇业务的金融机构应当按照国务院外汇管理部门的规定，对交易单证的真实性及其与外汇收支的一致性进行合理审查。

外汇管理机关有权对前款规定事项进行监督检查。

第十三条 经常项目外汇收入，可以按照国家有关规定保留或者卖给经营结汇、售汇业务的金融机构。

第十四条 经常项目外汇支出，应当按照国务院外汇管理部门关于付汇与购汇的管理规定，凭有效单证以自有外汇支付或者向经营结汇、售汇业务的金融机构购汇支付。

第十五条 携带、申报外币现钞出入境的限额，由国务院外汇管理部门规定。

第三章 资本项目外汇管理

第十六条 境外机构、境外个人在境内直接投资，经有关主管部门批准后，应当到外汇管理机关办理登记。

境外机构、境外个人在境内从事有价证券或者衍生产品发行、交易，应当遵守国家关于市场准入的规定，并按照国务院外汇管理部门的规定办理登记。

第十七条 境内机构、境内个人向境外直接投资或者从事境外有价证券、衍生产品发行、交易，应当按照国务院外汇管理部门的规定办理登记。国家规定需要事先经有关主管部门批准或者备案的，应当在外汇登记前办理批准或者备案手续。

第十八条 国家对外债实行规模管理。借用外债应当按照国家有关规定办理，并到外汇管理机关办理外债登记。

国务院外汇管理部门负责全国的外债统计与监测，并定期公布外债情况。

第十九条 提供对外担保，应当向外汇管理机关提出申请，由外汇管理机关根据申请人的资产负债等情况作出批准或者不批准的决定；国家规定其经营范围需经有关主管部门批准的，应当在向外汇管理机关提出申请前办理批准手续。申请人签订对外担保合同后，应当到外汇管理机关办理对外担保登记。

经国务院批准为使用外国政府或者国际金融组织贷款进行转贷提供对外担保的，不适用前款规定。

第二十条 银行业金融机构在经批准的经营范围内可以直接向境外提供商业贷款。其他境内机构向境外提供商业贷款，应当向外汇管理机关提出申请，外汇管理机关根据申请人的资产负债等情况作出批准或者不批准的决定；国家规定其经营范围需经有关主管部门批准的，应当在向外汇管理机关提出申请前办理批准手续。

向境外提供商业贷款，应当按照国务院外汇管理部门的规定办理登记。

第二十一条 资本项目外汇收入保留或者卖给经营结汇、售汇业务的金融机构，应当经外汇管理机关批准，但国家规定无需批准的除外。

第二十二条 资本项目外汇支出，应当按照国务院外汇管理部门关于付汇与购汇的管理规定，凭有效单证以自有外汇支付或者向经营结汇、售汇业务的金融机构购汇支付。国家规定应当经外汇管理机关批准的，应当在外汇支付前办理批准手续。

依法终止的外商投资企业，按照国家有关规定进行清算、纳税后，属于外方投资者所有的人民币，可以向经营结汇、售汇业务的金融机构购汇汇出。

第二十三条 资本项目外汇及结汇资金，应当按照有关主管部门及外汇管理机关批准的用途使用。外汇管理机关有权对资本项目外汇及结汇资金使用和账户变动情况进行监督检查。

第四章　金融机构外汇业务管理

第二十四条　金融机构经营或者终止经营结汇、售汇业务，应当经外汇管理机关批准；经营或者终止经营其他外汇业务，应当按照职责分工经外汇管理机关或者金融业监督管理机构批准。

第二十五条　外汇管理机关对金融机构外汇业务实行综合头寸管理，具体办法由国务院外汇管理部门制定。

第二十六条　金融机构的资本金、利润以及因本外币资产不匹配需要进行人民币与外币间转换的，应当经外汇管理机关批准。

第五章　人民币汇率和外汇市场管理

第二十七条　人民币汇率实行以市场供求为基础的、有管理的浮动汇率制度。

第二十八条　经营结汇、售汇业务的金融机构和符合国务院外汇管理部门规定条件的其他机构，可以按照国务院外汇管理部门的规定在银行间外汇市场进行外汇交易。

第二十九条　外汇市场交易应当遵循公开、公平、公正和诚实信用的原则。

第三十条　外汇市场交易的币种和形式由国务院外汇管理部门规定。

第三十一条　国务院外汇管理部门依法监督管理全国的外汇市场。

第三十二条　国务院外汇管理部门可以根据外汇市场的变化和货币政策的要求，依法对外汇市场进行调节。

第六章　监督管理

第三十三条　外汇管理机关依法履行职责，有权采取下列措施：

（一）对经营外汇业务的金融机构进行现场检查；

（二）进入涉嫌外汇违法行为发生场所调查取证；

（三）询问有外汇收支或者外汇经营活动的机构和个人，要求其对与被调查外汇违法事件直接有关的事项作出说明；

（四）查阅、复制与被调查外汇违法事件直接有关的交易单证等资料；

（五）查阅、复制被调查外汇违法事件的当事人和直接有关的单位、个人的财务会计资料及相关文件，对可能被转移、隐匿或者毁损的文件和资料，可以予以封存；

（六）经国务院外汇管理部门或者省级外汇管理机关负责人批准，查询被调查外汇违法事件的当事人和直接有关的单位、个人的账户，但个人储蓄存款账户除外；

（七）对有证据证明已经或者可能转移、隐匿违法资金等涉案财产或者隐匿、伪造、毁损重要证据的，可以申请人民法院冻结或者查封。

有关单位和个人应当配合外汇管理机关的监督检查，如实说明有关情况并提供有关文件、资料，不得拒绝、阻碍和隐瞒。

第三十四条　外汇管理机关依法进行监督检查或者调查，监督检查或者调查的人员不得少于2人，并应当出示证件。监督检查、调查的人员少于2人或者未出示证件的，被监督检查、调查的单位和个人有权拒绝。

第三十五条　有外汇经营活动的境内机构，应当按照国务院外汇管理部门的规定报送财务会计报告、统计报表等资料。

第三十六条　经营外汇业务的金融机构发现客户有外汇违法行为的，应当及时向外汇管理机关报告。

第三十七条　国务院外汇管理部门为履行外汇管理职责，可以从国务院有关部门、机构获取所必需的信息，国务院有关部门、机构应当提供。

国务院外汇管理部门应当向国务院有关部门、机构通报外汇管理工作情况。

第三十八条　任何单位和个人都有权举报外汇违法行为。

外汇管理机关应当为举报人保密，并按

照规定对举报人或者协助查处外汇违法行为有功的单位和个人给予奖励。

第七章　法律责任

第三十九条　有违反规定将境内外汇转移境外，或者以欺骗手段将境内资本转移境外等逃汇行为的，由外汇管理机关责令限期调回外汇，处逃汇金额30%以下的罚款；情节严重的，处逃汇金额30%以上等值以下的罚款；构成犯罪的，依法追究刑事责任。

第四十条　有违反规定以外汇收付应当以人民币收付的款项，或者以虚假、无效的交易单证等向经营结汇、售汇业务的金融机构骗购外汇等非法套汇行为的，由外汇管理机关责令对非法套汇资金予以回兑，处非法套汇金额30%以下的罚款；情节严重的，处非法套汇金额30%以上等值以下的罚款；构成犯罪的，依法追究刑事责任。

第四十一条　违反规定将外汇汇入境内的，由外汇管理机关责令改正，处违法金额30%以下的罚款；情节严重的，处违法金额30%以上等值以下的罚款。

非法结汇的，由外汇管理机关责令对非法结汇资金予以回兑，处违法金额30%以下的罚款。

第四十二条　违反规定携带外汇出入境的，由外汇管理机关给予警告，可以处违法金额20%以下的罚款。法律、行政法规规定由海关予以处罚的，从其规定。

第四十三条　有擅自对外借款、在境外发行债券或者提供对外担保等违反外债管理行为的，由外汇管理机关给予警告，处违法金额30%以下的罚款。

第四十四条　违反规定，擅自改变外汇或者结汇资金用途的，由外汇管理机关责令改正，没收违法所得，处违法金额30%以下的罚款；情节严重的，处违法金额30%以上等值以下的罚款。

有违反规定以外币在境内计价结算或者划转外汇等非法使用外汇行为的，由外汇管理机关责令改正，给予警告，可以处违法金额30%以下的罚款。

第四十五条　私自买卖外汇、变相买卖外汇、倒买倒卖外汇或者非法介绍买卖外汇数额较大的，由外汇管理机关给予警告，没收违法所得，处违法金额30%以下的罚款；情节严重的，处违法金额30%以上等值以下的罚款；构成犯罪的，依法追究刑事责任。

第四十六条　未经批准擅自经营结汇、售汇业务的，由外汇管理机关责令改正，有违法所得的，没收违法所得，违法所得50万元以上的，并处违法所得1倍以上5倍以下的罚款；没有违法所得或者违法所得不足50万元的，处50万元以上200万元以下的罚款；情节严重的，由有关主管部门责令停业整顿或者吊销业务许可证；构成犯罪的，依法追究刑事责任。

未经批准经营结汇、售汇业务以外的其他外汇业务的，由外汇管理机关或者金融业监督管理机构依照前款规定予以处罚。

第四十七条　金融机构有下列情形之一的，由外汇管理机关责令限期改正，没收违法所得，并处20万元以上100万元以下的罚款；情节严重或者逾期不改正的，由外汇管理机关责令停止经营相关业务：

（一）办理经常项目资金收付，未对交易单证的真实性及其与外汇收支的一致性进行合理审查的；

（二）违反规定办理资本项目资金收付的；

（三）违反规定办理结汇、售汇业务的；

（四）违反外汇业务综合头寸管理的；

（五）违反外汇市场交易管理的。

第四十八条　有下列情形之一的，由外汇管理机关责令改正，给予警告，对机构可以处30万元以下的罚款，对个人可以处5万元以下的罚款：

（一）未按照规定进行国际收支统计申报的；

（二）未按照规定报送财务会计报告、统计报表等资料的；

（三）未按照规定提交有效单证或者提交的单证不真实的；

（四）违反外汇账户管理规定的；

（五）违反外汇登记管理规定的；

（六）拒绝、阻碍外汇管理机关依法进行监督检查或者调查的。

第四十九条　境内机构违反外汇管理规定的，除依照本条例给予处罚外，对直接负责的主管人员和其他直接责任人员，应当给予处分；对金融机构负有直接责任的董事、监事、高级管理人员和其他直接责任人员给予警告，处5万元以上50万元以下的罚款；构成犯罪的，依法追究刑事责任。

第五十条　外汇管理机关工作人员徇私舞弊、滥用职权、玩忽职守，构成犯罪的，依法追究刑事责任；尚不构成犯罪的，依法给予处分。

第五十一条　当事人对外汇管理机关作出的具体行政行为不服的，可以依法申请行政复议；对行政复议决定仍不服的，可以依法向人民法院提起行政诉讼。

第八章　附　　则

第五十二条　本条例下列用语的含义：

（一）境内机构，是指中华人民共和国境内的国家机关、企业、事业单位、社会团体、部队等，外国驻华外交领事机构和国际组织驻华代表机构除外。

（二）境内个人，是指中国公民和在中华人民共和国境内连续居住满1年的外国人，外国驻华外交人员和国际组织驻华代表除外。

（三）经常项目，是指国际收支中涉及货物、服务、收益及经常转移的交易项目等。

（四）资本项目，是指国际收支中引起对外资产和负债水平发生变化的交易项目，包括资本转移、直接投资、证券投资、衍生产品及贷款等。

第五十三条　非金融机构经营结汇、售汇业务，应当由国务院外汇管理部门批准，具体管理办法由国务院外汇管理部门另行制定。

第五十四条　本条例自公布之日起施行。

国家外汇管理局
关于发布《跨境担保外汇管理规定》的通知

2014年5月12日　　　　　　　　　汇发〔2014〕29号

国家外汇管理局各省、自治区、直辖市分局、外汇管理部，深圳、大连、青岛、厦门、宁波市分局，各中资外汇指定银行：

为深化外汇管理体制改革，简化行政审批程序，规范跨境担保项下收支行为，国家外汇管理局决定改进跨境担保外汇管理方式，制定了《跨境担保外汇管理规定》及其操作指引（以下简称《规定》）。现印发给你们，请遵照执行。

《规定》自2014年6月1日起实施，之前相关规定与本《规定》内容不一致的，以本《规定》为准。《规定》实施后，附件3所列法规即行废止。

国家外汇管理局各分局、外汇管理部接到本通知后，应及时转发辖内中心支局、支局、城市商业银行、农村商业银行、外资银行、农村合作银行；各中资银行接到本通知后，应及时转发所辖各分支机构。执行中如遇问题，请及时向国家外汇管理局资本项目管理司反馈。

附件：1. 跨境担保外汇管理规定
2. 跨境担保外汇管理操作指引
3. 废止法规目录

附件1：

跨境担保外汇管理规定

第一章 总 则

第一条 为完善跨境担保外汇管理，规范跨境担保项下收支行为，促进跨境担保业务健康有序发展，根据《中华人民共和国物权法》《中华人民共和国担保法》及《中华人民共和国外汇管理条例》等法律法规，特制定本规定。

第二条 本规定所称的跨境担保是指担保人向债权人书面作出的、具有法律约束力、承诺按照担保合同约定履行相关付款义务并可能产生资金跨境收付或资产所有权跨境转移等国际收支交易的担保行为。

第三条 按照担保当事各方的注册地，跨境担保分为内保外贷、外保内贷和其他形式跨境担保。

内保外贷是指担保人注册地在境内、债务人和债权人注册地均在境外的跨境担保。

外保内贷是指担保人注册地在境外、债务人和债权人注册地均在境内的跨境担保。

其他形式跨境担保是指除前述内保外贷和外保内贷以外的其他跨境担保情形。

第四条 国家外汇管理局及其分支局（以下简称外汇局）负责规范跨境担保产生的各类国际收支交易。

第五条 境内机构提供或接受跨境担保，应当遵守国家法律法规和行业主管部门的规定，并按本规定办理相关外汇管理手续。

担保当事各方从事跨境担保业务，应恪守商业道德，诚实守信。

第六条 外汇局对内保外贷和外保内贷实行登记管理。

境内机构办理内保外贷业务，应按本规定要求办理内保外贷登记；经外汇局登记的内保外贷，发生担保履约的，担保人可自行办理；担保履约后应按本规定要求办理对外债权登记。

境内机构办理外保内贷业务，应符合本规定明确的相关条件；经外汇局登记的外保内贷，债权人可自行办理与担保履约相关的收款；担保履约后境内债务人应按本规定要求办理外债登记手续。

第七条 境内机构提供或接受其他形式跨境担保，应符合相关外汇管理规定。

第二章 内保外贷

第八条 担保人办理内保外贷业务，在遵守国家法律法规、行业主管部门规定及外汇管理规定的前提下，可自行签订内保外贷合同。

第九条 担保人签订内保外贷合同后，应按以下规定办理内保外贷登记。

担保人为银行的，由担保人通过数据接口程序或其他方式向外汇局报送内保外贷业务相关数据。

担保人为非银行金融机构或企业（以下简称非银行机构）的，应在签订担保合同后15个工作日内到所在地外汇局办理内保外贷签约登记手续。担保合同主要条款发生变更的，应当办理内保外贷签约变更登记手续。

外汇局按照真实、合规原则对非银行机构担保人的登记申请进行程序性审核并办理登记手续。

第十条　银行、非银行金融机构作为担保人提供内保外贷，按照行业主管部门规定，应具有相应担保业务经营资格。

第十一条　内保外贷项下资金用途应当符合以下规定：

（一）内保外贷项下资金仅用于债务人正常经营范围内的相关支出，不得用于支持债务人从事正常业务范围以外的相关交易，不得虚构贸易背景进行套利，或进行其他形式的投机性交易。

（二）未经外汇局批准，债务人不得通过向境内进行借贷、股权投资或证券投资等方式将担保项下资金直接或间接调回境内使用。

第十二条　担保人办理内保外贷业务时，应对债务人主体资格、担保项下资金用途、预计的还款资金来源、担保履约的可能性及相关交易背景进行审核，对是否符合境内外相关法律法规进行尽职调查，并以适当方式监督债务人按照其申明的用途使用担保项下资金。

第十三条　内保外贷项下担保人付款责任到期、债务人清偿担保项下债务或发生担保履约后，担保人应办理内保外贷登记注销手续。

第十四条　如发生内保外贷履约，担保人为银行的，可自行办理担保履约项下对外支付。

担保人为非银行机构的，可凭担保登记文件直接到银行办理担保履约项下购汇及对外支付。在境外债务人偿清因担保人履约而对境内担保人承担的债务之前，未经外汇局批准，担保人须暂停签订新的内保外贷合同。

第十五条　内保外贷业务发生担保履约的，成为对外债权人的境内担保人或反担保人应当按规定办理对外债权登记手续。

第十六条　境内个人可作为担保人并参照非银行机构办理内保外贷业务。

第三章　外保内贷

第十七条　境内非金融机构从境内金融机构借用贷款或获得授信额度，在同时满足以下条件的前提下，可以接受境外机构或个人提供的担保，并自行签订外保内贷合同：

（一）债务人为在境内注册经营的非金融机构；

（二）债权人为在境内注册经营的金融机构；

（三）担保标的为金融机构提供的本外币贷款（不包括委托贷款）或有约束力的授信额度；

（四）担保形式符合境内、外法律法规。

未经批准，境内机构不得超出上述范围办理外保内贷业务。

第十八条　境内债务人从事外保内贷业务，由发放贷款或提供授信额度的境内金融机构向外汇局集中报送外保内贷业务相关数据。

第十九条　外保内贷业务发生担保履约的，在境内债务人偿清其对境外担保人的债务之前，未经外汇局批准，境内债务人应暂停签订新的外保内贷合同；已经签订外保内贷合同但尚未提款或尚未全部提款的，未经所在地外汇局批准，境内债务人应暂停办理新的提款。

境内债务人因外保内贷项下担保履约形成的对外负债，其未偿本金余额不得超过其上年度末经审计的净资产数额。

境内债务人向债权人申请办理外保内贷业务时，应真实、完整地向债权人提供其已办理外保内贷业务的债务违约、外债登记及债务清偿情况。

第二十条　外保内贷业务发生境外担保履约的，境内债务人应到所在地外汇局办理短期外债签约登记及相关信息备案手续。外汇局在外债签约登记环节对债务人外保内贷业务的合规性进行事后核查。

第四章 物权担保的外汇管理

第二十一条 外汇局不对担保当事各方设定担保物权的合法性进行审查。担保当事各方应自行确认担保合同内容符合境内外相关法律法规和行业主管部门的规定。

第二十二条 担保人与债权人之间因提供抵押、质押等物权担保而产生的跨境收支和交易事项，已存在限制或程序性外汇管理规定的，应当符合规定。

第二十三条 当担保人与债权人分属境内、境外，或担保物权登记地（或财产所在地、收益来源地）与担保人、债权人的任意一方分属境内、境外时，境内担保人或境内债权人应按下列规定办理相关外汇管理手续：

（一）当担保人、债权人注册地或担保物权登记地（或财产所在地、收益来源地）至少有两项分属境内外时，担保人实现担保物权的方式应当符合相关法律规定。

（二）除另有明确规定外，担保人或债权人申请汇出或收取担保财产处置收益时，可直接向境内银行提出申请；在银行审核担保履约真实性、合规性并留存必要材料后，担保人或债权人可以办理相关购汇、结汇和跨境收支。

（三）相关担保财产所有权在担保人、债权人之间发生转让，按规定需要办理跨境投资外汇登记的，当事人应办理相关登记或变更手续。

第二十四条 担保人为第三方债务人向债权人提供物权担保，构成内保外贷或外保内贷的，应当按照内保外贷或外保内贷相关规定办理担保登记手续，并遵守相关规定。

经外汇局登记的物权担保因任何原因而未合法设立，担保人应到外汇局注销相关登记。

第五章 附　则

第二十五条 境内机构提供或接受除内保外贷和外保内贷以外的其他形式跨境担保，在符合境内外法律法规和本规定的前提下，可自行签订跨境担保合同。除外汇局另有明确规定外，担保人、债务人不需要就其他形式跨境担保到外汇局办理登记或备案。

境内机构办理其他形式跨境担保，可自行办理担保履约。担保项下对外债权债务需要事前审批或核准，或因担保履约发生对外债权债务变动的，应按规定办理相关审批或登记手续。

第二十六条 境内债务人对外支付担保费，可按照服务贸易外汇管理有关规定直接向银行申请办理。

第二十七条 担保人、债务人不得在明知或者应知担保履约义务确定发生的情况下签订跨境担保合同。

第二十八条 担保人、债务人、债权人向境内银行申请办理与跨境担保相关的购付汇或收结汇业务时，境内银行应当对跨境担保交易的背景进行尽职审查，以确定该担保合同符合中国法律法规和本规定。

第二十九条 外汇局对跨境担保合同的核准、登记或备案情况以及本规定明确的其他管理事项与管理要求，不构成跨境担保合同的生效要件。

第三十条 外汇局定期分析内保外贷和外保内贷整体情况，密切关注跨境担保对国际收支的影响。

第三十一条 外汇局对境内机构跨境担保业务进行核查和检查，担保当事各方、境内银行应按照外汇局要求提供相关资料。对未按本规定及相关规定办理跨境担保业务的，外汇局根据《中华人民共和国外汇管理条例》进行处罚。

第三十二条 国家外汇管理局可出于保障国际收支平衡的目的，对跨境担保管理方式适时进行调整。

第三十三条 本规定由国家外汇管理局负责解释。

附件2：

跨境担保外汇管理操作指引

第一部分　内保外贷外汇管理

一、担保人办理内保外贷业务，在遵守国家法律法规、行业主管部门规定及外汇管理规定的前提下，可自行签订内保外贷合同。

二、内保外贷登记

担保人签订内保外贷合同后，应按以下规定办理内保外贷登记：

（一）担保人为银行的，由担保人通过数据接口程序或其他方式向外汇局资本项目信息系统报送内保外贷相关数据。

（二）担保人为非银行金融机构或企业（以下简称为非银行机构）的，应在签订担保合同后15个工作日内到所在地外汇局办理内保外贷签约登记手续。担保合同或担保项下债务合同主要条款发生变更的（包括债务合同展期以及债务或担保金额、债务或担保期限、债权人等发生变更），应当在15个工作日内办理内保外贷变更登记手续。

1. 非银行机构到外汇局办理内保外贷签约登记时，应提供以下材料：

（1）关于办理内保外贷签约登记的书面申请报告（内容包括公司基本情况、已办理且未了结的各项跨境担保余额、本次担保交易内容要点、预计还款资金来源、其他需要说明的事项。有共同担保人的，应在申请报告中说明）；

（2）担保合同和担保项下主债务合同（合同文本内容较多的，提供合同简明条款并加盖印章；合同为外文的，须提供中文翻译件并加盖印章）；

（3）外汇局根据本规定认为需要补充的相关证明材料（如发改委、商务部门关于境外投资项目的批准文件、办理变更登记时需要提供的变更材料等）。

2. 外汇局按照真实、合规原则对非银行机构担保人的登记申请进行程序性审核，并为其办理登记手续。外汇局对担保合同的真实性、商业合理性、合规性及履约倾向存在疑问的，有权要求担保人作出书面解释。外汇局按照合理商业标准和相关法规，认为担保人解释明显不成立的，可以决定不受理登记申请，并向申请人书面说明原因。

担保人未在规定期限内到外汇局办理担保登记的，如能说明合理原因，且担保人提出登记申请时尚未出现担保履约意向的，外汇局可按正常程序为其办理补登记；不能说明合理原因的，外汇局可按未及时办理担保登记进行处理，在移交外汇检查部门后再为其办理补登记手续。

3. 非金融机构可以向外汇局申请参照金融机构通过资本项目系统报送内保外贷数据。

4. 同一内保外贷业务下存在多个境内担保人的，可自行约定其中一个担保人到所在地外汇局办理登记手续。外汇局在办理内保外贷登记时，应在备注栏中注明其他担保人。

三、金融机构作为担保人提供内保外贷，按照行业主管部门规定，应具有相应担保业务经营资格。以境内分支机构名义提供的担保，应当获得总行或总部授权。

四、内保外贷项下资金用途应当符合以下规定：

（一）内保外贷项下资金仅用于债务人正常经营范围内的相关支出，不得用于支持债务人从事正常业务范围以外的相关交易，不得虚构贸易背景进行套利，或进行其他形式的投机性交易。

（二）未经外汇局批准，债务人不得通过向境内进行借贷、股权投资或证券投资等方式将担保项下资金直接或间接调回境内使用。

担保项下资金不得用于境外机构或个人向境内机构或个人进行直接或间接的股权、债权投资，包括但不限于以下行为：

1. 债务人使用担保项下资金直接或间接向在境内注册的机构进行股权或债权投资。

2. 担保项下资金直接或间接用于获得境外标的公司的股权，且标的公司50%以上资产在境内的。

3. 担保项下资金用于偿还债务人自身或境外其他公司承担的债务，而原融资资金曾以股权或债权形式直接或间接调回境内的。

4. 债务人使用担保项下资金向境内机构预付货物或服务贸易款项，且付款时间相对于提供货物或服务的提前时间超过1年、预付款金额超过100万美元及买卖合同总价30%的（出口大型成套设备或承包服务时，可将已完成工作量视同交货）。

（三）内保外贷合同项下发生以下类型特殊交易时，应符合以下规定：

1. 内保外贷项下担保责任为境外债务人债券发行项下还款义务时，境外债务人应由境内机构直接或间接持股，且境外债券发行收入应用于与境内机构存在股权关联的境外投资项目，且相关境外机构或项目已经按照规定获得国内境外投资主管部门的核准、登记、备案或确认；

2. 内保外贷合同项下融资资金用于直接或间接获得对境外其他机构的股权（包括新建境外企业、收购境外企业股权和向境外企业增资）或债权时，该投资行为应当符合国内相关部门有关境外投资的规定；

3. 内保外贷合同项下义务为境外机构衍生交易项下支付义务时，债务人从事衍生交易应当以止损保值为目的，符合其主营业务范围且经过股东适当授权。

五、内保外贷注销登记

内保外贷项下债务人还清担保项下债务、担保人付款责任到期或发生担保履约后，担保人应办理内保外贷登记注销手续。其中，银行可通过数据接口程序或其他方式向外汇局资本项目系统报送内保外贷更新数据；非银行机构应在15个工作日内到外汇局申请注销相关登记。

六、担保履约

（一）银行发生内保外贷担保履约的，可自行办理担保履约项下对外支付，其担保履约资金可以来源于自身向反担保人提供的外汇垫款、反担保人以外汇或人民币形式交存的保证金，或反担保人支付的其他款项。反担保人可凭担保履约证明文件直接办理购汇或支付手续。

（二）非银行机构发生担保履约的，可凭加盖外汇局印章的担保登记文件直接到银行办理担保履约项下购汇及对外支付。在办理国际收支间接申报时，须填写该笔担保登记时取得的业务编号。

非银行机构发生内保外贷履约的，在境外债务人偿清境内担保人承担的债务之前（因债务人破产、清算等原因导致其无法清偿债务的除外），未经外汇局批准，担保人必须暂停签订新的内保外贷合同。

（三）非银行机构提供内保外贷后未办理登记但需要办理担保履约的，担保人须先向外汇局申请办理内保外贷补登记，然后凭补登记文件到银行办理担保履约手续。外汇局在办理补登记前，应先移交外汇检查部门。

七、对外债权登记

（一）内保外贷发生担保履约的，成为对外债权人的境内担保人或境内反担保人，应办理对外债权登记。

对外债权人为银行的，通过资本项目信息系统报送对外债权相关信息。债权人为非银行机构的，应在担保履约后15个工作日内到所在地外汇局办理对外债权登记，并按规定办理与对外债权相关的变更、注销手续。

（二）对外债权人为银行时，担保项下债务人（或反担保人）主动履行对担保人还款义务的，债务人（或反担保人）、担保人可自行办理各自的付款、收款手续。债务人（或反担保人）由于各种原因不能主动履行付款义务的，担保人以合法手段从债务人（或反担保人）清收的资金，其币种与原担保履约币种不一致的，担保人可自行代债务人（或反担保人）办理相关汇兑手续。

（三）对外债权人为非银行机构时，其向债务人追偿所得资金为外汇的，在向银行说明资金来源、银行确认境内担保人已按照相关规定办理对外债权登记后可以办理结汇。

八、其他规定

（一）担保人办理内保外贷业务时，应对债务人主体资格、担保项下资金用途、预计的还款资金来源、担保履约的可能性及相关交易背景进行审核，对是否符合境内、外相关法律法规进行尽职调查，并以适当方式监督债务人按照其申明的用途使用担保项下资金。

（二）境内个人作为担保人，可参照境内非银行机构办理内保外贷业务。

（三）境内机构为境外机构（债务人）向其境外担保人提供的反担保，按内保外贷进行管理，提供反担保的境内机构须遵守本规定。境内机构按内保外贷规定为境外机构（债务人）提供担保时，其他境内机构为债务人向提供内保外贷的境内机构提供反担保，不按内保外贷进行管理，但需符合相关外汇管理规定。

（四）担保人对担保责任上限无法进行合理预计的内保外贷，如境内企业出具的不明确赔偿金额上限的项目完工责任担保，可以不办理登记，但经外汇局核准后可以办理担保履约手续。

第二部分　外保内贷外汇管理

一、境内非金融机构从境内金融机构借用贷款或获得授信额度，在同时满足以下条件的前提下，可以接受境外机构或个人提供的担保，并自行签订外保内贷合同：

（一）债务人为在境内注册经营的非金融机构；

（二）债权人为在境内注册经营的金融机构；

（三）担保标的为本外币贷款（不包括委托贷款）或有约束力的授信额度；

（四）担保形式符合境内、外法律法规。

未经批准，境内机构不得超出上述范围办理外保内贷业务。

二、境内债务人从事外保内贷业务，由发放贷款或提供授信额度的境内金融机构向外汇局的资本项目系统集中报送外保内贷业务数据。

三、发生外保内贷履约的，金融机构可直接与境外担保人办理担保履约收款。

境内债务人从事外保内贷业务发生担保履约的，在境内债务人偿清其对境外担保人的债务之前，未经外汇局批准，境内债务人应暂停签订新的外保内贷合同；已经签订外保内贷合同但尚未提款或全部提款的，未经所在地外汇局批准，应暂停办理新的提款。

境内债务人因外保内贷项下担保履约形成的对外负债，其未偿本金余额不得超过其上年度末经审计的净资产数额。超出上述限额的，须占用其自身的外债额度；外债额度仍然不够的，按未经批准擅自对外借款进行处理。

境内非银行金融机构为债权人，发生境外担保人履约的，境内非银行金融机构在办理国际收支间接申报时，应在申报单上填写该笔外保内贷登记时取得的业务编号。

境内债务人向债权人申请办理外保内贷业务时，应向债权人真实、完整地提供其已办理外保内贷业务的债务违约、外债登记及债务清偿情况。

四、外保内贷业务发生境外担保履约的，境内债务人应在担保履约后15个工作日内到所在地外汇局办理短期外债签约登记及相关信息备案。外汇局在外债签约登记环节对债务人外保内贷业务的合规性进行事后核查。发现违规的，在将违规行为移交外汇检查部门后，外汇局可为其办理外债登记手续。

因境外担保履约而申请办理外债登记

的，债务人应当向外汇局提供以下材料：

（一）关于办理外债签约登记的书面申请报告（内容包括公司基本情况、外保内贷业务逐笔和汇总情况、本次担保履约情况及其他需要说明的事项）。

（二）担保合同复印件和担保履约证明文件（合同文本内容较多的，提供合同简明条款并加盖印章；合同为外文的，须提供中文翻译件并加盖债务人印章）。

（三）外商投资企业应提供批准证书、营业执照等文件，中资企业应提供营业执照。

（四）上年度末经审计的债务人财务报表。

（五）外汇局为核查外保内贷业务合规性、真实性而可能要求提供的其他材料（如境外债权人注册文件或个人身份证件）。

五、金融机构办理外保内贷履约，如担保履约资金与担保项下债务提款币种不一致而需要办理结汇或购汇的，应当向外汇局提出申请。金融机构办理境外担保履约款结汇（或购汇）业务，由其分行或总行汇总自身及下属分支机构的担保履约款结汇（或购汇）申请后，向其所在地外汇局集中提出申请。

金融机构提出的境外担保履约款结汇（或购汇）申请，由外汇局资本项目管理部门受理。金融机构作为债权人签订贷款担保合同时无违规行为的，外汇局可批准其担保履约款结汇（或购汇）。若金融机构违规行为属于未办理债权人集中登记等程序性违规的，外汇局可先允许其办理结汇（或购汇），再依据相关法规进行处理；金融机构违规行为属于超出现行政策许可范围等实质性违规且金融机构应当承担相应责任的，外汇局应先移交外汇检查部门，然后再批准其结汇（或购汇）。

六、金融机构申请担保履约款结汇（或购汇），应提交以下文件：

（一）申请书；

（二）外保内贷业务合同（或合同简明条款）；

（三）证明结汇（或购汇）资金来源的书面材料；

（四）债务人提供的外保内贷履约项下外债登记证明文件（因清算、解散、债务豁免或其他合理因素导致债务人无法取得外债登记证明的，应当说明原因）；

（五）外汇局认为必要的其他证明材料。

七、境外担保人向境内金融机构为境内若干债务人发放的贷款组合提供部分担保（风险分担），发生担保履约（赔付）后，如合同约定由境内金融机构代理境外担保人向债务人进行债务追偿，则由代理的金融机构向外汇局报送外债登记数据，其未偿本金余额不得超过该担保合同项下各债务人上年度末经审计的净资产数之和。

第三部分 物权担保外汇管理

一、外汇局仅对跨境担保涉及的资本项目外汇管理事项进行规范，但不对担保当事各方设定担保物权的合法性进行审查。担保当事各方应自行确认以下事项符合相关法律法规，包括但不限于：

（一）设定抵押（质押）权的财产或权利是否符合法律规定的范围；

（二）设定抵押（质押）权在法律上是否存在强制登记要求；

（三）设定抵押（质押）权是否需要前置部门的审批、登记或备案；

（四）设定抵押（质押）权之前是否应当对抵押或质押物进行价值评估或是否允许超额抵押（质押）等；

（五）在实现抵押（质押）权时，国家相关部门是否对抵押（质押）财产或权利的转让或变现存在限制性规定。

二、担保人与债权人之间因提供抵押、质押等物权担保而产生的跨境收支和交易事项，已存在限制或程序性外汇管理规定的，应当符合规定。

国家对境内外机构或个人跨境获取特定类型资产（股权、债权、房产和其他类型资产等）存在限制性规定的，如境外机构从境内机构或另一境外机构获取境内资产，或境内机构从境外机构或另一境内机构获取境外资产，担保当事各方应自行确认担保合同履约不与相关限制性规定产生冲突。

三、当担保人与债权人分属境内、境外，或担保物权登记地（或财产所在地、收益来源地）与担保人、债权人的任意一方分属境内、境外时，境内担保人或境内债权人应按下列规定办理相关外汇管理手续：

（一）当担保人、债权人注册地或担保物权登记地（或财产所在地、收益来源地）至少有两项分属境内外时，担保人实现担保物权的方式应当符合相关法律规定。

（二）除另有明确规定外，担保人或债权人申请汇出或收取担保财产处置收益时，可直接向境内银行提出申请；银行在审核担保履约真实性、合规性并留存必要材料后，担保人或债权人可以办理相关购汇、结汇和跨境收支。

（三）相关担保财产所有权在担保人、债权人之间发生转让，按规定需要办理跨境投资外汇登记的，当事人应办理相关登记或变更手续。

四、担保人为第三方债务人向债权人提供物权担保，构成内保外贷或外保内贷的，应当按照内保外贷或外保内贷相关规定办理担保登记手续，并遵守相关限制性规定。

经外汇局登记的物权担保因任何原因而未合法设立，担保人应到外汇局注销相关登记。

五、境内非银行机构为境外债务人向外债权人提供物权担保，外汇局在办理内保外贷登记时，应在内保外贷登记证明中简要记录其担保物权的具体内容。

外汇局在内保外贷登记证明中记录的担保物权具体事项，不成为设定相关抵押、质押等权利的依据，也不构成相关抵押或质押合同的生效条件。

六、境内机构为自身债务提供跨境物权担保的，不需要办理担保登记。担保人以法规允许的方式用抵押物折价清偿债务，或抵押权人变卖抵押物后申请办理对外汇款时，

担保人参照一般外债的还本付息办理相关付款手续。

第四部分　跨境担保其他事项外汇管理

一、其他形式跨境担保

（一）其他形式跨境担保是指除前述内保外贷和外保内贷以外的其他跨境担保情形。包括但不限于：

1. 担保人在境内、债务人与债权人分属境内或境外的跨境担保；

2. 担保人在境外、债务人与债权人分属境内或境外的跨境担保；

3. 担保当事各方均在境内，担保物权登记地在境外的跨境担保；

4. 担保当事各方均在境外，担保物权登记地在境内的跨境担保。

（二）境内机构提供或接受其他形式跨境担保，在符合境内外法律法规和本规定的前提下，可自行签订跨境担保合同。除外汇局另有明确规定外，担保人、债务人不需要就其他形式跨境担保到外汇局办理登记或备案，无需向资本项目信息系统报送数据。

（三）境内机构办理其他形式跨境担保，应按规定办理与对外债权债务有关的外汇管理手续。担保项下对外债权或外债需要事前办理审批或登记手续的，应当办理相关手续。

（四）除另有明确规定外，境内担保人或境内债权人申请汇出或收取担保履约款时，可直接向境内银行提出申请；银行在审核担保履约真实性、合规性并留存必要材料后，担保人或债权人可以办理相关购汇、结汇和跨境收支。

（五）担保人在境内、债务人在境外，担保履约后构成对外债权的，应当办理对外债权登记；担保人在境外、债务人在境内，担保履约后发生境外债权人变更的，应当办理外债项下债权人变更登记手续。

（六）境内担保人向境内债权人支付担保

履约款，或境内债务人向境内担保人偿还担保履约款的，因担保项下债务计价结算币种为外币而付款人需要办理境内外汇划转的，付款人可直接在银行办理相关付款手续。

二、境内债务人对外支付担保费，可按照服务贸易外汇管理有关规定直接向银行申请办理。

三、担保人、债务人不得在明知或者应知担保履约义务确定发生的情况下签订跨境担保合同。担保人、债务人和债权人可按照合理商业原则，依据以下标准判断担保合同是否具备明显的担保履约意图：

（一）签订担保合同时，债务人自身是否具备足够的清偿能力或可预期的还款资金来源；

（二）担保项下借款合同规定的融资条件，在金额、利率、期限等方面与债务人声明的借款资金用途是否存在明显不符；

（三）担保当事各方是否存在通过担保履约提前偿还担保项下债务的意图；

（四）担保当事各方是否曾经以担保人、反担保人或债务人身份发生过恶意担保履约或债务违约。

四、担保人、债务人、债权人向境内银行申请办理与跨境担保相关的购付汇和收结汇时，境内银行应当对跨境担保交易的背景进行尽职审查，以确定该担保合同符合中国法律法规和本规定。

五、具备以下条件之一的跨境承诺，不按跨境担保纳入外汇管理范围：

（一）该承诺不具有契约性质或不受法律约束；

（二）履行承诺义务的方式不包括现金交付或财产折价清偿等付款义务；

（三）履行承诺义务不会同时产生与此直接对应的对被承诺人的债权；

（四）国内有其他法规、其他部门通过其他方式进行有效管理，经外汇局明确不按跨境担保纳入外汇管理范围的跨境承诺，如境内银行在货物与服务进口项下为境内机构开立的即期和远期信用证、已纳入行业主管部门监管范围的信用保险等；

（五）一笔交易存在多个环节，但监管部门已在其中一个环节实行有效管理，经外汇局明确不再重复纳入规模和统计范围的跨境承诺，如境内银行在对外开立保函、开立信用证或发放贷款时要求境内客户提供的保证金或反担保；

（六）由于其他原因外汇局决定不按跨境担保纳入外汇管理范围的相关承诺。

不按跨境担保纳入外汇管理范围的相关承诺，不得以跨境担保履约的名义办理相关跨境收支。

六、跨境担保可分为融资性担保和非融资性担保。融资性担保是指担保人为融资性付款义务提供的担保，这些付款义务来源于具有融资合同一般特征的相关交易，包括但不限于普通借款、债券、融资租赁、有约束力的授信额度等。非融资性担保是指担保人为非融资性付款义务提供的担保，这些付款义务来源于不具有融资合同一般特征的交易，包括但不限于招投标担保、预付款担保、延期付款担保、货物买卖合同下的履约责任担保等。

七、外汇局对境内机构跨境担保业务进行核查和检查，担保当事各方、境内银行应按照外汇局要求提供相关资料。对未按本规定及相关规定办理跨境担保业务的，外汇局根据《中华人民共和国外汇管理条例》（以下简称《条例》）进行处罚。

（一）违反《跨境担保外汇管理规定》（以下简称《规定》）第十一条第（二）项规定，债务人将担保项下资金直接或间接调回境内使用的，按照《条例》第四十一条对担保人进行处罚。

（二）有下列情形之一的，按照《条例》第四十三条处罚：

1. 违反《规定》第八条规定，担保人办理内保外贷业务违反法律法规及相关部门规定的；

2. 违反《规定》第十条规定，担保人超出行业主管部门许可范围提供内保外贷的；

3. 违反《规定》第十二条规定,担保人未对债务人主体资格、担保项下资金用途、预计的还款资金来源、担保履约的可能性及相关交易背景进行审核,对是否符合境内、外相关法律法规未进行尽职调查,或未以适当方式监督债务人按照其申明的用途使用担保项下资金的;

4. 违反《规定》第十四条规定,担保人未经外汇局批准,在向债务人收回提供履约款之前签订新的内保外贷合同的;

5. 违反《规定》第十七条规定,未经批准,债务人、债权人超出范围办理外保内贷业务的;

6. 违反《规定》第十九条第一款规定,境内债务人未经外汇局批准,在偿清对境外担保人债务之前擅自签订新的外保内贷合同或办理新的提款的;

7. 违反《规定》第十九条第二款规定,境内债务人担保履约项下未偿本金余额超过其上年度末经审计的净资产数额的;

8. 违反《规定》第二十七条规定,担保人、被担保人明知或者应知担保履约义务确定发生的情况下仍然签订跨境担保合同的。

(三) 有下列情形之一的,按照《条例》第四十七条处罚:

1. 违反《规定》第二十三条第(二)项规定,银行未审查担保履约真实性、合规性或留存必要材料的;

2. 违反《规定》第二十八条规定,境内银行对跨境担保交易的背景未进行尽职审查,以确定该担保交易符合中国法律法规和本规定的。

(四) 有下列情形的,按照《条例》第四十八条处罚:

1. 违反《规定》第九条规定,担保人未按规定办理内保外贷登记的;

2. 违反《规定》第十三条规定,担保人未按规定办理内保外贷登记注销手续的;

3. 违反《规定》第十五条规定,担保人或反担保人未按规定办理对外债权登记手续的;

4. 违反《规定》第十八条规定,境内金融机构未按规定向外汇局报送外保内贷业务相关数据的;

5. 违反《规定》第十九条第三款规定,债务人办理外保内贷业务时未向债权人真实、完整地提供其已办理外保内贷业务的债务违约、外债登记及债务清偿情况的;

6. 违反《规定》第二十条规定,境内债务人未按规定到所在地外汇局办理短期外债签约登记及相关信息备案手续的;

7. 违反《规定》第二十三条第(三)项规定,当事人未按规定办理跨境投资外汇登记的;

8. 违反《规定》第二十四条第二款规定,担保人未到外汇局注销相关登记的。

附件3:

废止法规目录

1. 《境内机构对外担保管理办法实施细则》([97]汇政发字第10号)

2. 《国家外汇管理局关于境内机构对外担保管理问题的通知》(汇发[2010]39号)

3. 《国家外汇管理局关于在部分地区试行小额外保内贷业务有关外汇管理问题的通知》(汇发[2013]40号)

4. 《国家外汇管理局关于外汇担保项下人民币贷款有关问题的补充通知》(汇发[2005]26号)

5. 《国家外汇管理局关于核定部分分局2013年度中资企业外保内贷额度有关问题的

通知》（汇发〔2013〕23号）

6.《国家外汇管理局关于外债、对外担保补登记有关问题的通知》（汇资函〔1999〕77号）

7.《国家外汇管理局关于规范对外担保履约审批权限的通知》（汇发〔2000〕84号）

8.《国家外汇管理局关于如何界定擅自以外汇作质押的函》（〔97〕汇政法字第2号）

9.《国家外汇管理局关于金融机构外汇担保项下人民币贷款有关问题的复函》（汇复〔1999〕56号）

10.《国家外汇管理局关于保险权益质押登记问题的批复》（汇复〔2001〕144号）

11.《国家外汇管理局关于核定境内银行2011年度融资性对外担保余额指标有关问题的通知》（汇发〔2011〕30号）

12.《国家外汇管理局关于转发和执行〈最高人民法院关于适用〈中华人民共和国担保法〉若干问题的解释〉的通知》（汇发〔2001〕6号）

外债管理暂行办法

（2003年1月8日国家发展计划委员会、财政部、国家外汇管理局令第28号发布　根据2022年7月26日《国家发展和改革委员会关于修改、废止部分规章、行政规范性文件和一般政策性文件的规定》修正）

第一章　总　则

第一条　为加强外债管理，规范举借外债行为，提高外债资金使用效益，防范外债风险，制定本办法。

第二条　本办法所称"外债"，是指境内机构对非居民承担的以外币表示的债务。

第三条　本办法所称"境内机构"，是指在中国境内依法设立的常设机构，包括但不限于政府机关、金融境内机构、企业、事业单位和社会团体。

第四条　本办法所称"非居民"，是指中国境外的机构、自然人及其在中国境内依法设立的非常设机构。

第五条　按照债务类型划分，外债分为外国政府贷款、国际金融组织贷款和国际商业贷款。

（一）外国政府贷款，是指中国政府向外国政府举借的官方信贷；

（二）国际金融组织贷款，是指中国政府向世界银行、亚洲开发银行、联合国农业发展基金会和其他国际性、地区性金融机构举借的非商业性信贷；

（三）国际商业贷款，是指境内机构向非居民举借的商业性信贷。包括：

1. 向境外银行和其他金融机构借款；

2. 向境外企业、其他机构和自然人借款；

3. 境外发行中长期债券（含可转换债券）和短期债券（含商业票据、大额可转让存单等）；

4. 买方信贷、延期付款和其它形式的贸易融资；

5. 国际融资租赁；

6. 非居民外币存款；

7. 补偿贸易中用现汇偿还的债务；

8. 其它种类国际商业贷款。

第六条　按照偿还责任划分，外债分为主权外债和非主权外债。

（一）主权外债，是指由国务院授权机构代表国家举借的、以国家信用保证对外偿还的外债。

（二）非主权外债，是指除主权外债以外的其它外债。

第七条 本办法所称"对外担保"，是指境内机构依据《中华人民共和国担保法》，以保证、抵押或质押方式向非居民提供的担保。对外担保形成的潜在对外偿还义务为或有外债。

第八条 国家对各类外债和或有外债实行全口径管理。举借外债、对外担保、外债资金的使用和偿还须符合国家有关法律、法规和本办法的规定。

第九条 国家发展计划委员会、财政部和国家外汇管理局是外债管理部门。

第二章 举借外债和对外担保

第十条 国家发展计划委员会会同有关部门根据国民经济和社会发展需要，以及国际收支状况和外债承受能力，制定国家借用外债计划，合理确定全口径外债的总量和结构调控目标。

第十一条 国家根据外债类型、偿还责任和债务人性质，对举借外债实行分类管理。

第十二条 国际金融组织贷款和外国政府贷款由国家统一对外举借。

国家发展计划委员会会同财政部等有关部门制定世界银行、亚洲开发银行、联合国农业发展基金会和外国政府贷款备选项目规划，财政部根据规划组织对外谈判、磋商、签订借款协议和对国内债务人直接或通过有关金融机构转贷。其中，世界银行、亚洲开发银行、联合国农业发展基金会和重点国别外国政府贷款备选项目规划须经国务院批准。

第十三条 财政部代表国家在境外发行债券由财政部报国务院审批，并纳入国家借用外债计划。其他任何境内机构在境外发行中长期债券均由国家发展计划委员会会同国家外汇管理局审核后报国务院审批；在境外发行短期债券由国家外汇管理局审批，其中设定滚动发行的，由国家外汇管理局会同国家发展计划委员会审批。

第十四条 国家对国有商业银行举借中长期国际商业贷款实行余额管理，余额由国家发展计划委员会会同有关部门审核后报国务院审批。

第十五条 境内中资企业等机构举借中长期国际商业贷款，须经国家发展计划委员会批准。

第十六条 国家对境内中资机构举借短期国际商业贷款实行余额管理，余额由国家外汇管理局核定。

第十七条 国家对境内外资金融机构举借外债实行总量控制，具体办法另行制定。

第十八条 外商投资企业举借的中长期外债累计发生额和短期外债余额之和应当控制在审批部门批准的项目总投资和注册资本之间的差额以内。在差额范围内，外商投资企业可自行举借外债。超出差额的，须经原审批部门重新核定项目总投资。

第十九条 境内机构对外担保应当遵守国家法律、法规和外汇管理部门的有关规定。

第二十条 境内机构不得为非经营性质的境外机构提供担保。

第二十一条 未经国务院批准，任何政府机关、社会团体、事业单位不得举借外债或对外担保。

第二十二条 境内机构对外签订借款合同或担保合同后，应当依据有关规定到外汇管理部门办理登记手续。国际商业贷款借款合同或担保合同须经登记后方能生效。

第三章 外债资金使用

第二十三条 外债资金应当主要用于经济发展和存量外债的结构调整。

第二十四条 国际金融组织贷款和外国政府贷款等中长期国外优惠贷款重点用于基础性和公益性建设项目，并向中西部地区倾斜。

第二十五条 中长期国际商业贷款重点

用于引进先进技术和设备，以及产业结构和外债结构调整。

第二十六条 境内企业所借中长期外债资金，应当严格按照批准的用途合理使用，不得挪作他用。确需变更用途的，应当按照原程序报批。

第二十七条 境内企业所借短期外债资金主要用作流动资金，不得用于固定资产投资等中长期用途。

第二十八条 使用外债资金的固定资产投资项目应当实行项目法人责任制，由项目法人对外债资金的使用效益负责。

依据《中华人民共和国招标投标法》和国外贷款机构有关规定需要进行招标采购的，应当严格按照规定执行。

第二十九条 外债管理部门负责对外债资金使用进行管理和监督。

第三十条 国家发展计划委员会依法依规对使用外债资金的国家重大建设项目进行监督管理。

第四章 外债偿还和风险管理

第三十一条 主权外债由国家统一对外偿还。主权外债资金由财政部直接或通过金融机构转贷给国内债务人的，国内债务人应当对财政部或转贷金融机构承担偿还责任。

第三十二条 非主权外债由债务人自担风险、自行偿还。

第三十三条 债务人可以用自有外汇资金偿还外债，也可经外汇管理部门核准用人民币购汇偿还外债。

第三十四条 债务人无法偿还的外债，有担保人的，应当由担保人负责偿还。

第三十五条 担保人按照担保合同规定需要履行对外代偿义务时，应当到外汇管理部门办理对外担保履约核准手续。

第三十六条 债务人应当加强外债风险管理，适时调整和优化债务结构。

在不扩大原有外债规模的前提下，经国家发展计划委员会核准，债务人可以通过借入低成本外债、偿还高成本外债等方式，降低外债成本，优化债务结构，其中，涉及主权外债的，需经财政部核准。

第三十七条 债务人可以保值避险为目的，委托具有相关资格的金融机构运用金融工具规避外债的汇率和利率风险。

第五章 外债监管

第三十八条 外债管理部门根据国家法律、法规和本办法有关规定，对外债和对外担保实施监管。

第三十九条 外债管理部门履行监管职责时，有权要求债务人和相关单位提供有关资料，检查有关帐目和资产。

第四十条 境内机构举借外债或对外担保时，未履行规定的审批手续或未按规定进行登记的，其对外签订的借款合同或担保合同不具有法律约束力。

第四十一条 不以借款合同或担保合同等形式体现，但在实质上构成对外偿还义务或潜在对外偿还义务的对外借款或担保，须按照本办法纳入外债监管。

第四十二条 禁止违反利益共享、风险共担原则，以保证外商直接投资固定回报等方式变相举借外债。

第四十三条 未经外债管理部门批准，境外中资企业不得将其自身承担的债务风险和偿债责任转移到境内。

第四十四条 经营外汇业务的金融机构在为境内机构开立外汇、外债帐户和处理外汇资金往来业务时，发现违反本办法规定的行为，应当及时向有关外债管理部门报告，并协助外债管理部门进行调查。

第四十五条 外债管理部门应当掌握外债动态，建立和完善全口径外债监测预警机制。

第四十六条 国家外汇管理局负责外债的统计监测，定期公布外债统计数据。

第四十七条 境内机构违反本办法规定举借外债或对外担保的，由其主管部门对直接负责的主管人员和其他直接责任人员依法给予相应的行政处分。构成犯罪的，依法追究刑事责任。

第四十八条 外债管理部门的工作人员徇私舞弊、滥用职权或玩忽职守，由其所在部门依法给予行政处分。构成犯罪的，依法追究刑事责任。

第六章 附 则

第四十九条 境内机构向香港、澳门特别行政区和台湾地区的机构举借债务或提供担保，比照本办法进行管理。

第五十条 外债管理部门应当依据本办法，制定和完善有关实施细则。

第五十一条 本办法由国家发展计划委员会、财政部和国家外汇管理局负责解释。

第五十二条 本办法自2003年3月1日起施行。

国家外汇管理局
关于发布《外债登记管理办法》的通知

2013年4月28日　　　　　　　　汇发〔2013〕19号

国家外汇管理局各省、自治区、直辖市分局、外汇管理部，深圳、大连、青岛、厦门、宁波市分局，各中资外汇指定银行：

为深化外汇管理体制改革，简化行政审批程序，强化外债统计监测，防范外债风险，国家外汇管理局决定改进外债登记管理方式。为此，国家外汇管理局制定了《外债登记管理办法》和《外债登记管理操作指引》，现印发给你们，请遵照执行。

本通知自2013年5月13日起实施。之前规定与本通知内容不一致的，以本通知为准。本通知实施后，附件3所列法规即行废止。

国家外汇管理局各分局、外汇管理部接到本通知后，应及时转发辖内中心支局、支局、城市商业银行、农村商业银行、外资银行、农村合作银行；各中资银行接到通知后，应及时转发所辖各分支机构。执行中如遇问题，请及时向国家外汇管理局资本项目管理司反馈。

附件：1. 外债登记管理办法
　　　2. 外债登记管理操作指引
　　　3. 废止法规目录

附件1：

外债登记管理办法

第一章 总 则

第一条 为准确、及时、完整统计外债信息，规范外债资金流出入的管理，防范外债风险，根据《中华人民共和国外汇管理条例》（以下简称《外汇管理条例》）和《外债统计监测暂行规定》，制定本办法。

第二条 债务人应按照国家有关规定借用外债，并办理外债登记。

第三条 国家外汇管理局及其分支局（以下简称外汇局）负责外债的登记、账户、使用、偿还以及结售汇等管理、监督和检查，并对外债进行统计和监测。

国家外汇管理局负责全口径外债的统计监测，并定期公布外债情况。

第四条 国家外汇管理局根据国际统计标准，结合我国实际情况，确定外债统计范围和统计方法。

外债统计方法包括债务人登记和抽样调查等。

第五条 国家外汇管理局可根据国际收支变化情况，对外债登记范围和管理方式进行调整。

第二章 外债登记

第六条 外债登记是指债务人按规定借用外债后，应按照规定方式向所在地外汇局登记或报送外债的签约、提款、偿还和结售汇等信息。根据债务人类型实行不同的外债登记方式。

外债借款合同发生变更时，债务人应按照规定到外汇局办理外债签约变更登记。

外债未偿余额为零且债务人不再发生提款时，债务人应按照规定到外汇局办理外债注销登记手续。

第七条 债务人为财政部门，应在每月初10个工作日内逐笔向所在地外汇局报送外债的签约、提款、结汇、购汇、偿还和账户变动等信息。

第八条 债务人为境内银行，应通过外汇局相关系统逐笔报送其借用外债信息。

第九条 债务人为财政部门、银行以外的其他境内债务人（以下简称非银行债务人），应在规定时间内到所在地外汇局办理外债签约逐笔登记或备案手续。

第十条 对于不通过境内银行办理资金收付的，非银行债务人在发生外债提款额、还本付息额和未偿余额变动后，持相关证明材料到所在地外汇局办理备案手续。

第三章 外债账户、资金使用和结售汇管理

第十一条 境内银行借用外债，可直接在境内、外银行开立相关账户，直接办理与其外债相关的提款和偿还等手续。

第十二条 非银行债务人在办理外债签约登记后，可直接向境内银行申请开立外债账户。

非银行债务人可开立用于办理提款和还款的外债专用账户，也可根据实际需要开立专门用于外债还款的还本付息专用账户。

第十三条 根据非银行债务人申请，银行在履行必要的审核程序后，可直接为其开立、关闭外债账户以及办理外债提款、结售汇和偿还等手续。

第十四条 外商投资企业借用的外债资金可以结汇使用。

除另有规定外，境内金融机构和中资企业借用的外债资金不得结汇使用。

第十五条 债务人在办理外债资金结汇时，应遵循实需原则，持规定的证明文件直接到银行办理。

银行应按照有关规定审核证明文件后，为债务人办理结汇手续。

第十六条 债务人借款合同中约定的外债资金用途应当符合外汇管理规定。

短期外债原则上只能用于流动资金，不得用于固定资产投资等中长期用途。

第十七条 债务人购汇偿还外债，应遵循实需原则。

银行应按照有关规定审核证明文件后，为债务人办理购付汇手续。

第四章 外保内贷外汇管理

第十八条 符合规定的债务人向境内金融机构借款时，可以接受境外机构或个人提

供的担保（以下简称外保内贷）。

境内债权人应按相关规定向所在地外汇局报送相关数据。

发生境外担保履约的，债务人应到所在地外汇局办理外债登记。

第十九条　外商投资企业办理境内借款接受境外担保的，可直接与境外担保人、债权人签订担保合同。

发生境外担保履约的，其担保履约额应纳入外商投资企业外债规模管理。

第二十条　中资企业办理境内借款接受境外担保的，应事前向所在地外汇局申请外保内贷额度。

中资企业可在外汇局核定的额度内直接签订担保合同。

第五章　对外转让不良资产外汇管理

第二十一条　境内机构对外转让不良资产，应按规定获得批准。

第二十二条　对外转让不良资产获得批准后，境外投资者或其代理人应到外汇局办理对外转让不良资产备案手续。

第二十三条　受让不良资产的境外投资者或其代理人通过清收、再转让等方式取得的收益，经外汇局核准后可汇出。

第六章　罚　　则

第二十四条　外债资金非法结汇的，依照《外汇管理条例》第四十一条进行处罚。

第二十五条　有擅自对外借款或在境外发行债券等违反外债管理行为的，依照《外汇管理条例》第四十三条进行处罚。

第二十六条　违反规定，擅自改变外债或外债结汇资金用途的，依照《外汇管理条例》第四十四条进行处罚。

第二十七条　有下列情形之一的，依照《外汇管理条例》第四十八条进行处罚：

（一）未按照规定进行涉及外债国际收支申报的；

（二）未按照规定报送外债统计报表等资料的；

（三）未按照规定提交外债业务有效单证或者提交的单证不真实的；

（四）违反外债账户管理规定的；

（五）违反外债登记管理规定的。

第二十八条　金融机构有下列情形之一的，依照《外汇管理条例》第四十七条进行处罚：

（一）违反规定办理外债资金收付的；

（二）违反规定办理外债项下结汇、售汇业务的。

第二十九条　其他违反本办法的行为，按《外汇管理条例》法律责任有关规定进行处罚。

第七章　附　　则

第三十条　银行应按照外汇管理相关规定，将非银行债务人的外债账户、提款、使用、偿还及结售汇等信息报送外汇局。

第三十一条　外汇局利用抽样调查等方式，采集境内企业对外贸易中产生的预收货款、延期付款等企业间贸易信贷信息。

境内企业与境外企业间发生贸易信贷的，无需按照本办法规定办理外债登记。

第三十二条　债务人可按照有关规定签订以锁定外债还本付息风险为目的、与汇率或利率相关的保值交易合同，并直接到银行办理交割。

第三十三条　本办法由国家外汇管理局负责解释。

第三十四条　本办法自 2013 年 5 月 13 日起实施。

附件2：

外债登记管理操作指引

（根据2015年5月4日《国家外汇管理局关于废止和修改涉及注册资本登记制度改革相关规范性文件的通知》修正）

目 录

一、非银行债务人办理外债签约登记

二、财政部门和银行办理外债登记

三、银行为非银行债务人开立、关闭外债账户

四、非银行债务人办理非资金划转类提款备案

五、非银行债务人办理非资金划转类还本付息备案

六、银行为非银行债务人办理外债结汇

七、外债注销登记

八、境内企业办理外保内贷业务

九、金融机构为外保内贷项下担保履约款办理结汇或购汇

十、非银行债务人办理担保费对外支付

十一、对外处置不良资产涉及的外汇收支和汇兑核准

十二、不良资产境外投资者备案登记和购付汇核准

十三、银行为非银行债务人办理资金类划转外债提款

十四、银行为非银行债务人办理资金类划转外债还本付息

十五、银行为非银行债务人办理外债套期保值履约交割

一、非银行债务人办理外债签约登记

法规依据	1.《中华人民共和国外汇管理条例》（国务院令第532号） 2.《外债统计监测暂行规定》（1987年公布） 3.《外债登记管理办法》 4.《国家外汇管理局关于下发第一批通过商务部备案的外商投资房地产项目名单的通知》（汇综发［2007］130号） 5. 其他相关法规
审核材料	1. 申请书。 2. 外债合同正本及合同主要条款复印件，合同为外文的应另附合同主要条款的中文译本。 3. 外商投资企业应提供批准证书、营业执照和外方股东资本金到位证明材料等文件，中资企业应提供营业执照、外债主管部门批准其对外借款的文件。 4. 针对前述材料应当提供的补充说明。
审核原则	1. 除财政部门、银行以外的其他境内债务人（以下简称"非银行债务人"），应当在外债合同签约后15个工作日内，到所在地外汇局办理外债签约登记手续。办理外债签约登记后，外汇局应发给债务人加盖资本项目业务印章的《境内机构外债签约情况表》。

(续)

审核原则	2. 外商投资企业借用外债应同时符合以下条件：（1）除另有规定外，外商投资企业借用的短期外债余额和中长期外债发生额之和不得超过商务主管部门批准的投资总额与其注册资本的差额（以下简称"投注差"）。外保内贷项下担保人发生履约后形成的境内机构对外债务，按短期外债纳入"投注差"控制。（2）外商投资企业实际可借用外债额度等于外方股东资本金到位比例乘以"投注差"。 3. 外商投资企业的中长期外债办理展期，或借用新的中长期外债偿还过去借用的中长期和短期外债时，在不增加该企业现有外债本金余额和不办理结汇的前提下，不重复占用外商投资企业的"投注差"。 4. 外商投资性公司的外债规模按以下原则管理：注册资本不低于3000万美元的，其短期外债余额与中长期外债发生额之和不得超过已缴付注册资本的4倍；注册资本不低于1亿美元的，其短期外债余额与中长期外债发生额之和不得超过已缴付注册成本的6倍。 5. 外商投资租赁公司对外借款，应根据外商投资租赁公司提供的上年度经审计的报表，计算出上年度末风险资产总额（A），再计算净资产的10倍（B），然后将（B-A）作为新年度期间该公司可新借外债的余额的最高限额。借用外债形成的资产全部计算为风险资产。 6. 外商投资房地产企业的外债按以下原则管理： （1）对2007年6月1日以后（含）取得商务主管部门批准证书且通过商务部备案的外商投资房地产企业，不予办理外债签约登记手续。 （2）对2007年6月1日以前（不含）成立的外商投资房地产企业，可在原"投注差"范围内按相关规定举借外债；增资后"投注差"小于其增资前"投注差"的，以增资后"投注差"为准。 （3）外商投资房地产企业未取得《国有土地使用证》的，或开发项目资本金未达到项目投资总额35%的，不得向境外借用外债，外汇局不予办理外债登记和外债结汇核准。 7. 以下含有外国投资的境内机构，除另有规定外，其举借外债参照境内中资企业举借外债的规定办理：（1）外国投资者出资比例低于25%的境内企业；（2）投资总额与注册资本相等的外商投资企业；（3）外国投资者比例不低于25%，但未明确投资总额的外商投资企业。 8. 债务人办妥外债签约登记后，外汇局应按照规定出具外债登记证明文件。
审核要素	1. 审核材料的规范性、齐备性及材料之间的一致性；审核申请书和《境内机构外债签约情况表》等填写的内容是否与借款合同内容一致。 2. 审核借款合同中当事各方、币种、金额、期限、利率、借款用途和适用法律等主要条款。 3. 对于外商投资企业以外的非银行债务人，其对外借款需要事前批准或纳入指标管理的，应审查借款合同条款与批准文件内容是否一致。
授权范围	1. 符合条件的，由所在地外汇局办理。 2. 非银行债务人可预先登陆国家外汇管理局应用服务平台，在资本项目信息系统中预录入外债签约信息。

(续)

注意事项	1. 外债的统计范围包括居民对非居民承担的具有契约性偿还义务的全部债务。外债的规模管理范围与其统计范围存在差异。根据外债统计、监测和管理等实际需要，目前，外债可进行以下分类： （1）按照各部门外债管理职能分工，外债可分为外国政府贷款、国际金融组织贷款和国际商业贷款。 （2）按照债务人类型，外债可分为代表国家举借并以国家信用保证对外偿还的主权外债以及由境内其他机构借用的非主权外债。非主权外债可分为银行外债、非银行金融机构外债、中资企业外债、外商投资企业外债和其他机构外债。 （3）按照债权人类型，外债可分为： ①向外国政府、国际金融组织和政策性金融机构借款； ②向境外银行和其他金融机构借款； ③向境外企业和自然人借款。 （4）按照债务工具类型，外债可分为： ①直接贷款（包括境外机构提供的买方或卖方信贷，银行的同业拆借、同行往来等）； ②境外发行的标准化债务工具，如中长期债券（含可转换债券）、短期债券（含商业票据、大额可转让存单等）； ③境内银行吸收的非居民存款，境内银行对外开立的远期信用证、委托境外银行办理的海外代付或其他具有相似性质的负债类银行贸易融资； ④以实物形式办理提款而形成的金融性债务，如融资租赁、补偿贸易中用现汇偿还的债务、贵金属拆借等； ⑤境内机构在对外货物或服务贸易中产生的预收款、应付款等企业间贸易信贷。 （5）按照外债的签约期限，外债可分为短期外债和中长期外债。 ①短期外债是指债务人和债权人签订的约定还款期限在1年以下（含）的外债； ②中长期外债是指债务人和债权人签订的约定还款期限在1年以上（不含）的外债。 2. 境内银行从其在境外设立的非法人分支机构借款，应纳入规模管理和外债统计。境内银行在境外设立的非法人分支机构，从境外机构或个人办理借款，不纳入规模管理和外债统计。除上述规定外，其他境内机构在境外设立的非法人机构从境外机构或个人借款，应视同境内机构对外借款进行规模管理，但其对境外机构承担的债务不纳入外债统计范围。 3. 外商投资企业因增资、转股和改制等原因，导致外国投资者出资比例低于25%，或企业类型发生改变，而无法计算其"投注差"的，则改为参照中资企业借用外债进行管理。其作为外商投资企业时已发生的外债提款，可按本操作指引规定继续办理结汇、还本付息等相关手续，但该企业不得再发生新的外债提款业务。 4. 非银行债务人可自行与境内银行或境外债权银行签订以锁定外债还本付息风险为目的，与汇率或利率相关的保值交易合同，并直接到银行办理交割。签订保值交易合同、办理保值交易合同交割时，非银行债务人的交易对手银行、办理交割款项汇出的银行等，应当确认该笔交易具备合法、清晰的实盘背景。（1）非银行债务人获得的保值交易外汇收入，可直接到银行办理结汇或开立资本项目专用账户保留；（2）非银行债务人可直接到银行购汇或使用自有外汇办理交割。 5. 遗失外债登记或备案凭证的非银行债务人在登报进行遗失声明后，可向所在地外汇局申请补办相关凭证。 6. 已办理签约登记的外债合同主要条款发生变化，如期限（展期等）、金额、债权人等，非银行债务人应参照上述程序办理外债签约变更登记。 7. 非银行债务人融资租赁、售后融资性回租和发行境外债券等，应按本操作指引办理外债签约登记手续。

（续）

注意事项	8. 非银行债务人签订借款合同后未按规定及时办理外债签约登记的，须按以下规定办理外债签约补登记： （1）非银行债务人外债合同签约后 15 个工作日内没有及时办理签约登记，但截至非银行债务人申请日尚未发生外债首次提款的，如能说明合理原因，外汇局可按正常程序为其办理签约登记手续；不能说明合理原因的，外汇局可按未及时办理外债签约登记进行处理。 （2）非银行债务人办理外债补登记时，已发生外债提款的，除按照本操作指引的一般要求提交相关资料外，还需提交能够证明其已发生对外负债的相关材料，补登记金额仅限于经核实已入账尚未偿还的债务余额。 （3）外债登记部门认为存在违规情形且需要进行处理的，应移交外汇检查部门后再办理外债补登记手续。 9. 非银行债务人购汇偿还外债，除另有规定外，应遵循实需原则。 10. 除另有规定外，对外货物或服务贸易中产生的预收款和应付款，以及除外债之外其他金融资产交易产生的对外应付款及相关息费等，不纳入外债规模管理，无需按照本操作指引办理外债登记。境内付款方应当按照与基础交易相关的外汇管理规定办理对价及附属费用的对外支付。 11. 未参与外债转贷款改革的地区或机构，仍按照原外债转贷款登记管理规定办理相关登记手续，即逐笔到所在地外汇局办理签约、提款、结汇、还本付息和账户开立、关闭等手续。

二、财政部门和银行办理外债登记

法规依据	1.《中华人民共和国外汇管理条例》（国务院令第 532 号） 2.《外债统计监测暂行规定》（1987 年公布） 3.《境内机构借用国际商业贷款管理办法》（［97］汇政发字 06 号） 4.《外债管理暂行办法》（国家发展计划委员会 财政部 国家外汇管理局令 2003 年第 28 号） 5.《国家外汇管理局关于资本项目信息系统试点及相关数据报送工作的通知》（汇发［2012］60 号） 6.《境内金融机构赴香港特别行政区发行人民币债券管理暂行办法》（中国人民银行 国家发展和改革委员会公告［2007］第 12 号） 7.《外债登记管理办法》 8. 其他相关法规
审核材料	1. 债务人为财政部门的，应在每月初 10 个工作日内向外汇局报送上月外债的签约、提款、结汇、购汇、偿还和账户变动情况等数据。 2. 债务人为境内银行的，应通过资本项目信息系统报送其自身外债相关数据。
审核原则	1. 银行可自行在境内、外银行开立相关账户存放其外债资金，并可自行办理与其外债相关的提款和偿还手续。银行不得办理与自身外债相关的结汇和购汇。 2. 银行在境外发行债券，应根据本操作指引办理外债登记，并自行办理提款和偿还等手续。
审核要素	数据的准确性、及时性和完整性。

(续)

授权范围	1. 财政部应定期向国家外汇管理局北京外汇管理部报送，由国家外汇管理局北京外汇管理部将数据录入资本项目信息系统。 2. 银行应通过接口方式直接向资本项目信息系统报送；未开发接口方式的，可通过国家外汇管理局应用服务平台，使用界面录入方式向资本项目信息系统报送。
注意事项	

三、银行为非银行债务人开立、关闭外债账户

法规依据	1.《中华人民共和国外汇管理条例》（国务院令第 532 号） 2.《境内外汇账户管理规定》（银发〔1997〕416 号） 3.《外债统计监测暂行规定》（1987 年公布） 4.《国家外汇管理局关于资本项目信息系统试点及相关数据报送工作的通知》（汇发〔2012〕60 号） 5.《外债登记管理办法》 6. 其他相关法规
银行审核材料	1. 外债账户开立 （1）申请书。 （2）外汇局核发的外债登记证明文件和资本项目信息系统《协议办理凭证》（验原件、收加盖非银行债务人公章的复印件）。 （3）针对前述材料应当提供的补充说明。 2. 外债账户关闭 （1）申请书。 （2）针对前述材料应当提供的补充说明。 关闭账户时，非银行债务人应确认外债账户余额为零且不再发生提款。
审核原则	1. 非银行债务人可在所属的分局辖区内选择银行直接开立外债账户。外债账户包括外债专用账户和还本付息专用账户。 2. 银行应在资本项目信息系统银行端查看该笔业务的相关控制信息表，且查明"尚可开立账户总数"大于等于1的信息时，方可为该非银行债务人开户，并在资本项目信息系统反馈非银行债务人的开户信息。 3. 非银行债务人应按规定范围使用外债账户： （1）外债专用账户的收入范围是：按规定已办理签约登记的外债收入及存款利息、在偿还外债前 5 个工作日内划入的用于还款的资金；支出范围是：经常项目对外支付、按规定办理结汇及按规定办理资本项目支付。除另有规定外，非银行债务人借用的现汇形式的债务资金必须存入外债专用账户。 （2）还本付息专用账户的收入范围是：根据债权人要求在规定范围和金额内划入用于还款的自有外汇资金或其他来源外汇资金；支出范围是：偿还外债。

(续)

审核要素	1. 审核材料的规范性、齐备性及材料之间的一致性。 2. 银行在为非银行债务人开立外债专用账户或还本付息专用账户时，应在资本项目信息系统银行端查看与该笔外债相关的控制信息表，并与债务人提供的《境内机构外债签约情况表》中的信息核对。 3. 银行可在非银行债务人办理开户后留存《境内机构外债签约情况表》复印件，并在资本项目信息系统银行端进行开立和关闭账户信息反馈。
授权范围	由银行根据非银行债务人申请直接办理。
注意事项	1. 发现债务人违规开户、使用的，所在地外汇局应按规定进行处理。 2. 债务人可根据合同约定自行将自有或购汇外汇资金在偿还外债前划入还本付息专用账户，账户余额最多不能超过未来两期该笔外债项下应付债务本息及相关费用之和（划入日前应还未还的债务积欠除外）。未经外汇局核准，已办理购汇并按规定划入还本付息专用账户的外汇资金不得再次办理结汇。 3. 一笔外债最多可开立两个外债专用账户；不同外债应分别开立外债专用账户。一笔外债最多开立一个还本付息专用账户。 4. 因特殊经营需要，非银行债务人需在所属分局辖区以外选择开户银行，或者开立外债账户超出规定个数的，应当经所在地外汇局核准。 5. 境内企业借用的外债资金，可用于自身经营范围内的货物与服务贸易支出，以及规定范围内的金融资产交易。用于金融资产交易的，应当符合以下规定： (1) 允许通过借新还旧等方式进行债务重组，但外债资金不得办理结汇； (2) 允许通过新建企业、购买境内外企业股份等方式进行股权投资，可原币划转但不得办理结汇，且债务人的股权投资符合其经营范围； (3) 除外商投资租赁公司、外商投资小额贷款公司外，不得用于放款； (4) 除担保公司外，不得用于抵押或质押； (5) 不得用于证券投资； (6) 外债账户内资金需要转存定期存款的，在不发生资金汇兑的前提下，债务人可在同一分局辖区内、同一银行自行办理。 6. 外债资金的运用期限应与外债的还款期限相匹配。除"搭桥"外，短期外债不得用于固定资产投资等中长期用途。如审批部门或债权人未指定外债资金用途的，中长期外债可用于短期流动资金。

四、非银行债务人办理非资金划转类提款备案

法规依据	1.《中华人民共和国外汇管理条例》（国务院令第 532 号） 2.《外债统计监测暂行规定》（1987 年公布） 3.《国家外汇管理局关于资本项目信息系统试点及相关数据报送工作的通知》（汇发〔2012〕60 号） 4.《外债登记管理办法》 5. 其他相关法规

（续）

审核材料	1. 申请书。 2. 相关材料： （1）债务收入存放境外的，应提供资金入账凭证； （2）根据债务人指令由债权人在贷款项下直接办理对境内、外货物或服务提供商支付的，应提供交易合同、债权人付款确认通知等； （3）以实物形式办理提款的，应提供已办理实物提款的证明材料（外债签约登记日期应在报关日期之前）； （4）利息本金化的，应提供利息本金化协议或通知； （5）其他可能导致外债提款额或外债本金余额发生变动但无法通过境内银行向外汇局反馈相关数据的情形，应提供证明交易真实性的材料。 3. 针对前述材料应当提供的补充说明。
审核原则	1. 非资金划转类提款是指非银行债务人外债提款额或外债本金余额发生变动，但未通过境内银行办理收款从而无法向资本项目信息系统反馈外债提款信息的情形。 2. 非银行债务人发生非资金划转类提款交易的，应在提款发生后5个工作日内，到所在地外汇局办理逐笔提款备案。 3. 非银行债务人为每笔外债首次办理备案手续时，非银行债务人应从所在地外汇局领取加盖资本项目业务印章的《境内机构外债变动反馈登记表》，并根据外债变动情况如实填写《境内机构外债变动反馈登记表》。 4. 外汇局审核通过后，应将外债变动情况录入资本项目信息系统，并在非银行债务人留存的《境内机构外债变动反馈登记表》上确认。
审核要素	1. 审核材料的规范性、齐备性及材料之间的一致性。 2. 通过非资金划转方式办理外债提款和还本付息，应符合资本项目外汇管理规定。
授权范围	符合条件的，由所在地外汇局办理。
注意事项	1. 经核实的提款记录应及时录入资本项目信息系统，作为今后还本付息的依据。 2. 除无法通过境内银行向外汇局反馈数据的情形外，非银行债务人可直接到银行办理外债的提款、偿还业务，并正确进行国际收支申报，外汇局直接从银行采集相关数据。 3. 除银行以外的其他境内机构，能实现与资本项目信息系统连接的，经外汇局批准可按规定直接报送外债项下账户、提款、使用、偿还和结售汇等数据。

五、非银行债务人办理非资金划转类还本付息备案

法规依据	1.《中华人民共和国外汇管理条例》（国务院令第532号） 2.《外债统计监测暂行规定》（1987年公布） 3.《外债登记管理办法》 4. 其他相关法规

(续)

审核材料	1. 申请书。 2. 相关材料： （1）减免债务本金和利息的，应提供债权人出具的豁免通知或其他相关证明文件； （2）债权转股权等债务重组的，应提供境外债权人确认书、商务主管部门批复文件（文件中需明确企业增资的资金来源为已登记外债）； （3）境内、外担保人代债务人履行债务偿还责任的，应提供担保人已经履约的证明文件； （4）通过非银行债务人境外账户偿还债务和利息的，应提供境外支付证明材料； （5）其他可能导致外债还款额或外债本金余额发生变动但无法通过境内银行向外汇局反馈相关数据的情形，应提供证明交易真实性的材料。 3. 针对前述材料应当提供的补充说明。
审核原则	1. 非资金划转类还本付息是指非银行债务人外债还款额或外债本金余额发生变动，但未通过境内银行办理付款从而无法向资本项目信息系统反馈外债还款信息的情形。 2. 非银行债务人发生非资金划转类还本付息交易的，应在还本付息发生后 5 个工作日内，到所在地外汇局逐笔办理备案。 3. 非银行债务人为每笔外债首次办理备案手续时，非银行债务人应从所在地外汇局领取加盖资本项目业务印章的《境内机构外债变动反馈登记表》，并根据外债变动情况如实填写《境内机构外债变动反馈登记表》。 4. 外汇局审核通过后，应将外债变动情况录入资本项目信息系统。
审核要素	1. 审核材料的规范性、齐备性及材料之间的一致性。 2. 通过非资金划转方式办理外债提款和还本付息，应符合资本项目外汇管理规定。
授权范围	符合条件的，由所在地外汇局办理。
注意事项	1. 经核实的还本付息信息应及时录入资本项目信息系统。 2. 除无法通过境内银行向外汇局反馈数据的情形外，非银行债务人可直接到银行办理外债的提款、偿还业务，并正确进行国际收支申报，外汇局直接从银行采集相关数据。 3. 除银行以外的其他境内机构，能实现与资本项目信息系统连接的，经外汇局批准可按规定直接报送外债项下账户、提款、使用、偿还和结售汇等数据。 4. 支付债务从属费用比照还本付息办理。 5. 债务清偿完毕后，应到所在地外汇局注销外债登记凭证。

六、银行为非银行债务人办理外债结汇

法规依据	1.《中华人民共和国外汇管理条例》（国务院令第 532 号） 2.《外债统计监测暂行规定》（1987 年公布） 3.《外债登记管理办法》 4. 其他相关法规

(续)

银行审核材料	1. 申请书（包括结汇资金来源、金额及用途等，同时明确"本公司承诺该笔外债资金结汇所得人民币资金实际用途与申请用途保持一致；若不一致，本公司愿承担相应法律后果。"）。 2.《境内机构外债签约情况表》（验原件后返还。该表与外债开户时留存件不一致的，非银行债务人应提交盖章的最新表格的复印件）。 3. 与结汇资金用途相关的合同、协议、发票、收款通知（收款人）、付款指令（付款人）、清单或凭证等证明文件。 4. 银行认为必要的其他补充材料。
审核原则	1. 债务人办理外债资金结汇，除另有规定外，应当遵循实需原则，即债务人应当在实际需要办理符合规定的人民币支付时，方能申请办理结汇。 2. 申请结汇的金额必须小于外债专用账户中尚未使用的余额。 3. 结汇后人民币资金不能用于偿还境内金融机构发放的人民币贷款。 4. 除备用金等特殊用途外，结汇所得人民币资金应于结汇之日起5个工作日内划转给收款人。
审核要素	1. 审核材料的规范性、齐备性及材料之间的一致性。 2. 外债用途与非银行债务人经营范围、外汇管理规定、合同约定及《境内机构外债签约情况表》记载的内容是否一致，并留存相关审核材料备查。
授权范围	由银行根据非银行债务人申请直接办理。
注意事项	1. 未经外汇局批准，境内中资企业和中、外资银行借用的外债资金不得结汇。 2. 非银行债务人外债专用账户中的利息收入可参照经常项目管理规定办理结汇。 3. 银行应根据自身对客户的了解情况、非银行债务人申明的资金用途类型以及结汇金额的大小，合理确定非银行债务人应当提供的资金用途证明文件范围和数量。银行应对非银行债务人申明的结汇资金用途进行尽职审查，并对非银行债务人进行必要的合规提示。非银行债务人提供的资金用途证明文件事后发现存在明显瑕疵的，银行应当承担相应责任。

七、外债注销登记

法规依据	1.《中华人民共和国外汇管理条例》（国务院令第532号） 2.《外债统计监测暂行规定》（1987年公布） 3.《外债登记管理办法》 4. 其他相关法规
审核材料	1. 申请书。 2.《境内机构外债签约情况表》。 3. 针对前述材料应当提供的补充说明。

(续)

审核原则	1. 非银行债务人外债未偿余额为零且不再发生提款的，应在办妥最后一笔还本付息之日起 1 个月内，到所在地外汇局办理外债注销登记。 2. 登录资本项目信息系统，确认非银行债务人相关外债专用账户及还本付息专用账户已关闭。 3. 外汇局审核通过后，在外债登记证明文件上标注"注销"后将《境内机构外债签约情况表》退还债务人。
审核要素	审核材料的规范性、齐备性及材料之间的一致性。
授权范围	符合条件的，由所在地外汇局办理。
注意事项	1. 外汇局经办人员应登录资本项目信息系统对非银行债务人外债进行注销操作。 2. 外债专用账户及还本付息专用账户的关户信息于关户次日方可在资本项目信息系统显示。

八、境内企业办理外保内贷业务

法规依据	1.《中华人民共和国外汇管理条例》（国务院令第 532 号） 2.《外债登记管理办法》 3. 其他相关法规
审核材料	外商投资企业可自行签订外保内贷合同；中资企业借用境内贷款需要接受境外担保的，应先向外汇局申请外保内贷额度： 1. 申请书。 2. 营业执照。 3. 经审计的上年度财务报表。 4. 境内贷款和接受境外担保的意向书。 5. 针对前述材料应当提供的补充说明。
审核原则	1. 属于国家鼓励行业。 2. 过去三年内连续盈利，或经营趋势良好。 3. 具有完善的财务管理制度和内控制度。 4. 企业的净资产与总资产的比例不得低于 15%。 5. 对外借款与对外担保余额之和不得超过其净资产的 50%。
审核要素	审核材料的规范性、齐备性及材料之间的一致性。
授权范围	中资企业所在地分局。
注意事项	1. 境内企业借用境内借款，在同时满足以下条件时，可以接受境外机构或个人提供的担保（以下简称"外保内贷"）： （1）债务人为外商投资企业，或获得分局外保内贷额度的中资企业； （2）债权人为境内注册的金融机构； （3）担保标的为债务人借用的本外币普通贷款或金融机构给予的授信额度； （4）担保形式为保证，中国法律法规允许提供或接受的抵押或质押。

注意事项	2. 国家外汇管理局根据国际收支形势、货币政策取向和地区实际需求等因素，为分局核定地区中资企业外保内贷额度。分局可在国家外汇管理局核定的地区额度内，为辖内中资企业核定外保内贷额度。 3. 中资企业可在分局核定的外保内贷额度内，直接签订外保内贷合同。中资企业外保内贷项下对内、对外债务清偿完毕前，应按未偿本金余额占用该企业自身及地区中资企业外保内贷额度。 4. 中资企业外保内贷项下发生境外担保履约的，境内债务人应到所在地外汇局办理短期外债签约登记及相关信息备案。中资企业因外保内贷履约而实际发生的对境外担保人的外债本金余额不占用分局地区短期外债余额指标。 5. 外商投资企业借用境内贷款接受境外担保的，可直接与债权人、境外担保人签订担保合同。发生境外担保人履约的，因担保履约产生的对外负债应视同短期外债（按债务人实际发生的对境外担保人的外债本金余额计算）纳入外商投资企业"投注差"或外债额度控制，并办理外债签约登记手续。因担保履约产生的外商投资企业对外负债未偿本金余额与其他外债合计超过"投注差"或外债额度的，外汇局可先为其办理外债登记手续，再按照超规模借用外债移交外汇检查部门处理。 6. 境内企业从事外保内贷业务，由发放贷款的境内金融机构实行债权人集中登记。债权人应于每月初10个工作日内向所在地外汇局报送外保内贷项下相关数据。债权人与债务人注册地不在同一外汇局辖区的，应当同时向债权人和债务人所在地外汇局报送数据。

九、金融机构为外保内贷项下担保履约款办理结汇或购汇

法规依据	1.《中华人民共和国外汇管理条例》（国务院令第532号） 2.《国家外汇管理局关于完善银行自身结售汇业务管理有关问题的通知》（汇发〔2011〕23号） 3.《外债登记管理办法》 4. 其他相关法规
审核材料	1. 申请书。 2. 证明金融机构与债务人债权关系、担保关系的合同。 3. 证明结汇（或购汇）资金来源的书面材料。 4. 债务人提供的境外担保履约项下外债登记证明文件（因清算、解散或其他原因导致债务人无法取得外债登记证明的，应当说明原因）。 5. 针对前述材料应当提供的补充说明。
审核原则	1. 债权人已办理境内贷款项下接受境外担保定期登记。 2. 境内金融机构作为受益人签订贷款担保合同时无违规行为。 3. 境内金融机构签订贷款担保合同时存在违规行为的，应半年一次集中向所在地外汇局提出申请。
审核要素	审核材料的规范性、齐备性及材料之间的一致性。

(续)

授权范围	1. 境内金融机构办理境外担保履约款结汇（或购汇）业务，由其分行或总行汇总自身及下属分支机构的担保履约款结汇（或购汇）申请后，向其所在地外汇局集中提出申请。 2. 境内金融机构提出的境外担保履约款结汇（或购汇）申请，由外汇局负责金融机构自身结汇（或购汇）的部门受理，并会签同级资本项目管理部门。
注意事项	1. 外保内贷项下发生境外担保人履约，如担保履约资金与担保项下债务签约币种不一致，金融机构需要办理结汇或购汇的，参照本操作指引办理。 2. 境内金融机构作为受益人签订贷款担保合同时无违规行为的，外汇局可批准其担保履约款结汇。 3. 若金融机构违规行为属于未办理债权人集中登记等程序性违规的，外汇局可先允许其办理结汇，再依据相关法规进行处理；金融机构违规行为属于超出现行政策许可范围向企业发放境外担保项下贷款等实质性违规的，外汇局应先移交外汇检查部门，处罚完毕后再批准其结汇。

十、非银行债务人办理担保费对外支付

法规依据	1.《结汇、售汇及付汇管理规定》（银发〔1996〕210号） 2.《国家外汇管理局关于外汇担保项下人民币贷款有关问题的补充通知》（汇发〔2005〕26号） 3.《外债登记管理办法》 4. 其他相关法规
审核材料	1. 申请书。 2. 担保人支付担保费通知书。 3. 担保合同（合同如为外文的，应提交主要条款的中文译本，并加盖申请人印章）。 4. 担保项下主债务合同。 5. 支付外债项下担保费，应提供债务登记凭证（验原件后返还）。 6. 针对前述材料应当提供的补充说明。
审核原则	1. 非银行债务人在境内外融资时，由境外机构或个人提供担保或反担保后，要求非银行债务人支付担保费的，应经外汇局核准。 2. 确认担保合同与债务有关内容的一致性。
审核要素	审核材料的规范性、齐备性及材料之间的一致性。
授权范围	符合条件的，由所在地外汇局办理。
注意事项	担保费率由当事人按照行业标准协商确定。

十一、对外处置不良资产涉及的外汇收支和汇兑核准

法规依据	1.《金融资产管理公司吸收外资参与资产重组与处置的暂行规定》（对外贸易经济合作部令 2001 年第 6 号） 2.《国家发展和改革委员会 国家外汇管理局关于规范境内金融机构对外转让不良债权备案管理的通知》（发改外资〔2007〕254 号） 3.《外债登记管理办法》 4. 其他相关法规
审核材料	1. 金融资产管理公司处置不良资产涉及的外汇收支及汇兑核准 （1）申请书。 （2）国家发展和改革委员会就不良资产对外转让出具的备案文件。 （3）不良资产对外转让合同中涉及跨境交易的相关条款。 （4）对前述材料应当提供的补充说明。 2. 金融资产管理公司处置不良资产收入结汇核准 （1）申请书。 （2）债权转让协议或其他导致债权所有权发生转移的协议。 （3）受让人的汇款证明或外汇指定银行出具的外汇转入款暂挂证明。 （4）针对前述材料应当提供的补充说明。
审核原则	1. 金融资产管理公司集中对外转让境内不良资产时，应在取得国家发展和改革委员会的备案或核准后 15 个工作日内，就不良资产对外转让过程中的外汇收支和汇兑管理事项安排向国家外汇管理局申请核准。 2. 金融资产管理公司在向外方转让不良资产时取得的各项外汇收入，应及时、足额调回境内。 3. 封包期内资产包内债权的处置回收款、金融资产管理公司的服务费等可用于等额抵扣外方应付的购买价款。 4. 申请结汇的资金来源，汇款人应与资产受让人一致。
审核要素	1. 金融资产管理公司外汇收支和汇兑核准申请书应包括对外处置不良资产总额、资产回收率、外汇收入及结汇情况、受托管理的不良资产的清收情况等内容。 2. 金融资产管理公司收入结汇核准申请书应包括资产管理公司基本情况、所出售的不良资产的内容、结汇理由说明等内容。 3. 审核材料的规范性、齐备性及材料之间的一致性。
授权范围	1. 国家外汇管理局负责对外处置不良资产外汇收支及汇兑事项的核准。 2. 对外处置不良资产的金融资产管理公司所在地分局负责对外处置不良资产所得外汇收入的结汇核准。
注意事项	1. 境内金融资产管理公司利用外资处置不良资产，向境外投资者转让不良债权后，对于不良债权项下新发生的对外担保，分局应按照对外担保管理规定进行审批和登记管理。 2. 除金融资产管理公司以外，其他从事不良资产集中对外转让的金融机构，应先获得国家发展和改革委员会的核准或备案，然后参照本操作指引办理相关手续。

十二、不良资产境外投资者备案登记和购付汇核准

法规依据	1.《金融资产管理公司吸收外资参与资产重组与处置的暂行规定》（对外贸易经济合作部令2001年第6号） 2.《国家发展和改革委员会 国家外汇管理局关于规范境内金融机构对外转让不良债权备案管理的通知》（发改外资〔2007〕254号） 3.《外债登记管理办法》 4. 其他相关法规
审核材料	1. 不良资产境外投资者备案登记 （1）申请书。 （2）国家外汇管理局关于不良资产对外转让的批准文件（复印件）。 （3）《不良资产备案登记表》。 （4）被出售或转让资产的清单。 （5）由境外投资者的代理人提出申请的，还需提供代理协议、代理人营业执照和业务许可文件。 （6）针对前述材料应当提供的补充说明。 2. 不良资产境外投资者收益购付汇核准 （1）申请书。 （2）《不良资产备案登记表》。 （3）处置项目清单和收益证明文件。 （4）针对前述材料应当提供的补充说明。
审核原则	1. 购买或受让不良资产的外国投资者或其代理人，应在交易完成后15个工作日内到资产所在地分局或国家外汇管理局指定的分局办理不良资产出售或转让备案登记手续。 2. 审核《不良资产备案登记表》填写是否与国家外汇管理局的批准文件和相关材料一致。 3.《不良资产备案登记表》中应注明担保的具体情况，对损害社会公共利益或违反法律法规规定的担保，不予登记。 4. 金融资产管理公司利用外资处置不良资产后，除原有担保外，债务人或第三人不得为所出售或转让的债权提供其他担保。
审核要素	审核材料的规范性、齐备性及材料之间的一致性。
授权范围	由国家外汇管理局指定的分局办理。
注意事项	1. 国家外汇管理局批准境内金融机构对外转让不良资产后15个工作日内，境外投资者应到国家外汇管理局指定的分局办理不良资产对外转让备案登记。 2. 不良资产的境外投资者或其代理人通过清收、再转让等方式取得的收益，经国家外汇管理局指定的分局核准后，可办理对外购付汇手续。 3. 如外方要求开立人民币账户用于存放资产清收相关人民币款项的，可根据《中国人民银行关于境外投资者因经营受让不良债权开立人民币银行结算账户有关问题的通知》（银发〔2005〕116号），直接到商业银行办理。

(续)

注意事项	4. 办理出售或转让的资产备案时，备案资产有下列情形之一的，接受股权投资企业应遵守相关法律法规，并按有关外汇管理规定办理外商直接投资登记手续：（1）备案资产中含有股权；（2）备案的债权转为债务人企业的股权；（3）备案的实物资产在境内作价出资；（4）境外投资者将境内处置不良资产的收益用于境内再投资。 5. 因回购、出售（让）、清收、转股或其他原因导致境外投资者对备案资产的所有权灭失时，境外投资者或其代理人应在所有权灭失后 15 个工作日内到备案地分局办理资产备案的注销手续。 6. 办理不良资产对外转让备案登记时，应注明债权对外转让导致境内担保人向境外投资者提供担保的情况，并提交担保逐笔明细清单。该担保不纳入对外担保管理，无需按对外担保管理规定办理审批和登记手续。 （1）对外转让的不良资产含有担保安排的，境外投资者或其代理人到原备案登记的分局补办相关手续时，应区分以下情况进行处理： ①2005 年 1 月 1 日之前（不含）境外投资者或其境内代理人办理不良资产对外转让备案时没有提交不良资产项下担保余额或逐笔明细清单，或 2005 年 1 月 1 日之后（含），境外投资者提交了不良资产项下担保余额或逐笔明细清单但提交信息不全的，分局直接为其办理担保逐笔明细清单和相关信息的补交手续。 ②2005 年 1 月 1 日之后（含），境外投资者办理不良资产对外转让备案时没有提交不良资产项下担保余额和逐笔明细清单的，分局在将境外投资者未按相关规定办理不良资产对外转让备案事宜移交外汇检查部门后，可为其办理担保逐笔明细清单补交手续。 （2）分局为境外投资者或其代理人办理担保逐笔明细清单补交手续时，境外投资者或其代理提交以下文件： ①国家外汇管理局关于境内金融机构对外转让不良资产形成的对外负债及汇兑管理事项的批准文件。 ②《对外处置不良资产备案登记表》。 ③含担保明细的资产逐笔清单。 ④境外投资者就第③项所列材料的真实性和合法性所作的承诺书。 ⑤由代理人提出申请的，还需提供相关的代理协议、代理人的营业执照和业务许可文件。 （3）分局接收境外投资者补交的担保逐笔明细清单后，应根据境外投资者或其代理人的申请出具加盖资本项目业务印章的回执。 （4）境外投资者及其代理人依法到分局申请调取其担保备案明细清单的，应提交注意事项第 6 点第（2）项第①、②和④所列文件。分局完成审核后，应参照行政许可相关要求，根据境外投资者或其代理人的申请，出具包含以下内容的加盖资本项目业务印章的回执： ① 对外转让不良债权共计笔数、本金总计金额。 ② 对外转让不良债权项下担保共计笔数、担保项下债务本金总计金额。 ③明示以下内容："根据《最高人民法院关于审理金融资产管理公司利用外资处置不良债权案件涉及对外担保合同效力问题的通知》（法发〔2010〕25 号）等相关规定，我处收到你公司申请补交的、汇复〔20××〕××号文件批复的对外转让不良资产项下担保明细清单。你公司承诺对所提供材料的真实性和合法性负责。"

十三、银行为非银行债务人办理资金类划转外债提款

法规依据	1.《中华人民共和国外汇管理条例》（国务院令第 532 号） 2.《外债统计监测暂行规定》（1987 年公布） 3.《外债登记管理办法》 4. 其他相关法规
审核材料	1. 申请书。 2.《境内机构外债签约情况表》（原件验后返还）。 3. 银行认为必要的其他材料。
银行审核原则	1. 银行在为非银行债务人办理外债提款时，应在资本项目信息系统查看该笔业务的相关控制信息表，且查明在尚可提款金额内，方可为非银行债务人办理相关手续。 2. 银行不能超出尚可提款金额为非银行债务人办理提款手续。 3. 银行在为非银行债务人办理外债提款业务时，应当审核非银行债务人是否正确填写批件号或业务编号。非银行债务人在银行办理外债提款业务时，应在申报凭证上"外汇局批件号/备案表号/业务编号"一栏填写该笔资金的核准件号或外债业务编号（核准件号优先）。 4. 无合理原因的，外债提款项下境外汇款人、还款项下境外收款人应当与债权人一致。
审核要素	审核材料的规范性、齐备性及材料之间的一致性。
授权范围	银行审核相关材料后，直接为非银行债务人办理提款手续。
注意事项	银行应及时在资本项目信息系统反馈非银行债务人的提款信息。

十四、银行为非银行债务人办理资金类划转外债还本付息

法规依据	1.《中华人民共和国外汇管理条例》（国务院令第 532 号） 2.《外债统计监测暂行规定》（1987 年公布） 3.《外债登记管理办法》 4. 其他相关法规
审核材料	1. 申请书。 2.《境内机构外债签约情况表》（原件验后返还）。 3. 非银行债务人提供的还本付息通知书。 4. 银行认为必要的其他材料。

(续)

银行审核原则	1. 银行应在资本项目信息系统银行端查看该笔业务的相关控制信息表，且查明该笔还款资金在尚可还本金额内，方可为非银行债务人办理还款手续。银行在为非银行债务人办理偿还外债时，应在资本项目信息系统查看该笔业务的相关控制信息表，且查明在尚可还本金额内，方可为非银行债务人办理相关手续。 2. 银行不能超出尚可还本金额为非银行债务人办理还款手续。 3. 银行在为非银行债务人办理偿还外债业务时，应当审核非银行债务人是否正确填写批件号或业务编号。非银行债务人在银行办理偿还外债业务时，应在申报凭证上"外汇局批件号/备案表号/业务编号"一栏填写该笔资金的核准件号或外债业务编号（核准件号优先）。 4. 提前还款时，应当审核贷款合同中关于提前还款的条款，且债权人、非银行债务人均同意提前还款，并由非银行债务人提出申请。 5. 无合理原因的，外债提款项下境外汇款人、还款项下境外收款人应当与债权人一致。
审核要素	审核材料的规范性、齐备性及材料之间的一致性。
授权范围	银行审核相关材料后，直接为非银行债务人办理还款手续。
注意事项	1. 支付债务从属费用比照还本付息办理。 2. 银行办理其自身外债项下还本付息不需外汇局核准，但还本付息不得购汇。

十五、银行为非银行债务人办理外债套期保值履约交割

法规依据	1.《中华人民共和国外汇管理条例》（国务院令第532号） 2.《外债统计监测暂行规定》（1987年公布） 3.《外债登记管理办法》 4. 其他相关法规
银行审核材料	1. 申请书。 2. 外债合同或《境内机构外债签约情况表》。 3. 套期保值合同或协议。 4. 交割通知凭证。 5. 银行认为必要的其他材料。
审核原则	1. 外债套期保值以锁定外债还本付息风险为目的。非银行债务人的交易对手银行、办理交割款项汇出或收入的银行等应当确认该笔交易具备合法、清晰的实盘背景。 2. 套期保值与汇率、利率相关。 3. 签订套期保值的交易对方应是境内银行或境外债权银行。
审核要素	审核材料的规范性、齐备性及材料之间的一致性。
授权范围	1. 非银行债务人与境内银行或境外债权银行可以自行签订符合规定的外债套期保值合同，银行应当审核保值合同的外债交易实盘背景。 2. 非银行债务人获得的保值交易交割外汇收入，可直接到银行办理结汇；或直接到银行开立资本项目专用账户保留外汇收入，并自行办理结汇。 3. 非银行债务人可直接到银行购汇或使用自有外汇办理交割。

(续)

注意事项	1. 为保值交易交割办理收入或汇出的银行应当按本操作指引进行操作。 2. 涉及人民币汇率衍生产品的交易，非银行债务人应遵守现行规定。

附件 3：

<h1 style="text-align:center">废止法规目录</h1>

1.《关于以人民币计价对外借款有关问题的通知》[（95）汇资字第 002 号]

2.《关于禁止非金融企业之间进行外汇借贷的通知》[（96）汇资字第 305 号]

3.《国家外汇管理局关于支付涉外担保费有关处理原则的通知》（汇发 [2000] 105 号）

4.《国家外汇管理局关于调整购汇提前还贷管理措施的通知》（汇发 [2002] 38 号）

5.《国家外汇管理局关于金融资产管理公司利用外资处置不良资产有关外汇管理问题的通知》（汇发 [2004] 119 号）

6.《国家外汇管理局关于完善外债管理有关问题的通知》（汇发 [2005] 74 号）

7.《国家外汇管理局综合司关于境外担保履约款结汇有关问题的批复》（汇综复 [2009] 65 号）

8.《国家外汇管理局关于金融资产管理公司对外转让不良资产涉及担保备案管理有关问题的通知》（汇发 [2011] 13 号）

最高人民法院
关于审理信用证纠纷案件若干问题的规定

（2005 年 10 月 24 日最高人民法院审判委员会第 1368 次会议通过　根据 2020 年 12 月 23 日最高人民法院审判委员会第 1823 次会议通过的《最高人民法院关于修改〈最高人民法院关于破产企业国有划拨土地使用权应否列入破产财产等问题的批复〉等二十九件商事类司法解释的决定》修正）

根据《中华人民共和国民法典》《中华人民共和国涉外民事关系法律适用法》《中华人民共和国民事诉讼法》等法律，参照国际商会《跟单信用证统一惯例》等相关国际惯例，结合审判实践，就审理信用证纠纷案件的有关问题，制定本规定。

第一条　本规定所指的信用证纠纷案件，是指在信用证开立、通知、修改、撤销、保兑、议付、偿付等环节产生的纠纷。

第二条　人民法院审理信用证纠纷案件时，当事人约定适用相关国际惯例或者其他规定的，从其约定；当事人没有约定的，适用国际商会《跟单信用证统一惯例》或者其他相关国际惯例。

第三条　开证申请人与开证行之间因申请开立信用证而产生的欠款纠纷、委托人和受托人之间因委托开立信用证产生的纠纷、担保人为申请开立信用证或者委托开立信用证提供担保而产生的纠纷以及信用证项下融资产生的纠纷，适用本规定。

第四条 因申请开立信用证而产生的欠款纠纷、委托开立信用证纠纷和因此产生的担保纠纷以及信用证项下融资产生的纠纷应当适用中华人民共和国相关法律。涉外合同当事人对法律适用另有约定的除外。

第五条 开证行在作出付款、承兑或者履行信用证项下其他义务的承诺后，只要单据与信用证条款、单据与单据之间在表面上相符，开证行应当履行在信用证规定的期限内付款的义务。当事人以开证申请人与受益人之间的基础交易提出抗辩的，人民法院不予支持。具有本规定第八条的情形除外。

第六条 人民法院在审理信用证纠纷案件中涉及单证审查的，应当根据当事人约定适用的相关国际惯例或者其他规定进行；当事人没有约定的，应当按照国际商会《跟单信用证统一惯例》以及国际商会确定的相关标准，认定单据与信用证条款、单据与单据之间是否在表面上相符。

信用证项下单据与信用证条款之间、单据与单据之间在表面上不完全一致，但并不导致相互之间产生歧义的，不应认定为不符点。

第七条 开证行有独立审查单据的权利和义务，有权自行作出单据与信用证条款、单据与单据之间是否在表面上相符的决定，并自行决定接受或者拒绝接受单据与信用证条款、单据与单据之间的不符点。

开证行发现信用证项下存在不符点后，可以自行决定是否联系开证申请人接受不符点。开证申请人决定是否接受不符点，并不影响开证行最终决定是否接受不符点。开证行和开证申请人另有约定的除外。

开证行向受益人明确表示接受不符点的，应当承担付款责任。

开证行拒绝接受不符点时，受益人以开证申请人已接受不符点为由要求开证行承担信用证项下付款责任的，人民法院不予支持。

第八条 凡有下列情形之一的，应当认定存在信用证欺诈：

（一）受益人伪造单据或者提交记载内容虚假的单据；

（二）受益人恶意不交付货物或者交付的货物无价值；

（三）受益人和开证申请人或者其他第三方串通提交假单据，而没有真实的基础交易；

（四）其他进行信用证欺诈的情形。

第九条 开证申请人、开证行或者其他利害关系人发现有本规定第八条的情形，并认为将会给其造成难以弥补的损害时，可以向有管辖权的人民法院申请中止支付信用证项下的款项。

第十条 人民法院认定存在信用证欺诈的，应当裁定中止支付或者判决终止支付信用证项下款项，但下列情形之一的除外：

（一）开证行的指定人、授权人已按照开证行的指令善意地进行了付款；

（二）开证行或者其指定人、授权人已对信用证项下票据善意地作出了承兑；

（三）保兑行善意地履行了付款义务；

（四）议付行善意地进行了议付。

第十一条 当事人在起诉前申请中止支付信用证项下款项符合下列条件的，人民法院应予受理：

（一）受理申请的人民法院对该信用证纠纷案件享有管辖权；

（二）申请人提供的证据材料证明存在本规定第八条的情形；

（三）如不采取中止支付信用证项下款项的措施，将会使申请人的合法权益受到难以弥补的损害；

（四）申请人提供了可靠、充分的担保；

（五）不存在本规定第十条的情形。

当事人在诉讼中申请中止支付信用证项下款项的，应当符合前款第（二）、（三）、（四）、（五）项规定的条件。

第十二条 人民法院接受中止支付信用证项下款项申请后，必须在四十八小时内作出裁定；裁定中止支付的，应当立即开始执行。

人民法院作出中止支付信用证项下款项的裁定，应当列明申请人、被申请人和第三人。

第十三条 当事人对人民法院作出中止支付信用证项下款项的裁定有异议的，可以在裁定书送达之日起十日内向上一级人民法院申请复议。上一级人民法院应当自收到复议申请之日起十日内作出裁定。

复议期间，不停止原裁定的执行。

第十四条 人民法院在审理信用证欺诈案件过程中，必要时可以将信用证纠纷与基础交易纠纷一并审理。

当事人以基础交易欺诈为由起诉的，可以将与案件有关的开证行、议付行或者其他信用证法律关系的利害关系人列为第三人；第三人可以申请参加诉讼，人民法院也可以通知第三人参加诉讼。

第十五条 人民法院通过实体审理，认定构成信用证欺诈并且不存在本规定第十条的情形的，应当判决终止支付信用证项下的款项。

第十六条 保证人以开证行或者开证申请人接受不符点未征得其同意为由请求免除保证责任的，人民法院不予支持。保证合同另有约定的除外。

第十七条 开证申请人与开证行对信用证进行修改未征得保证人同意的，保证人只在原保证合同约定的或者法律规定的期间和范围内承担保证责任。保证合同另有约定的除外。

第十八条 本规定自2006年1月1日起施行。

最高人民法院
关于人民法院能否对信用证开证保证金采取冻结和扣划措施问题的规定

（1996年6月20日最高人民法院审判委员会第822次会议通过 根据2020年12月23日最高人民法院审判委员会第1823次会议通过的《最高人民法院关于修改〈最高人民法院关于人民法院扣押铁路运输货物若干问题的规定〉等十八件执行类司法解释的决定》修正）

信用证开证保证金属于有进出口经营权的企业向银行申请对国外（境外）方开立信用证而备付的具有担保支付性质的资金。为了严肃执法和保护当事人的合法权益，现就有关冻结、扣划信用证开证保证金的问题规定如下：

一、人民法院在审理或执行案件时，依法可以对信用证开证保证金采取冻结措施，但不得扣划。如果当事人、开证银行认为人民法院冻结和扣划的某项资金属于信用证开证保证金的，应当依法提出异议并提供有关证据予以证明。人民法院审查后，可按以下原则处理：对于确系信用证开证保证金的，不得采取扣划措施；如果开证银行履行了对外支付义务，根据该银行的申请，人民法院应当立即解除对信用证开证保证金相应部分的冻结措施；如果申请开证人提供的开证保证金是外汇，当事人又举证证明信用证的受益人提供的单据与信用证条款相符时，人民法院应当立即解除冻结措施。

二、如果银行因信用证无效、过期，或者因单证不符而拒付信用证款项并且免除了对外支付义务，以及在正常付出了信用证款项并从信用证开证保证金中扣除相应款额后尚有剩余，即在信用证开证保证金账户存款已丧失保证金功能的情况下，人民法院可以依法采取扣划措施。

三、人民法院对于为逃避债务而提供虚假证据证明属信用证开证保证金的单位和个人，应当依照民事诉讼法的有关规定严肃处理。

最高人民法院
关于严禁随意止付信用证项下款项的通知

2003 年 7 月 16 日　　　　　　　　　　　法〔2003〕103 号

各省、自治区、直辖市高级人民法院，各受理涉外商事案件的中级人民法院及各海事法院：

今年以来，国际钢材市场价格大幅下跌。受其影响，我国国内部分钢材产品价格也呈下降趋势。进口成本与内销差价的急剧缩小直接影响了钢材进口商的商业利益。一些进口商遂要求银行寻找单据理由对外拒付，或者寻找一些非常牵强的所谓"欺诈"理由申请法院止付信用证项下款项。一些法院随意裁定止付所涉信用证项下的款项，已经对外造成了不良影响。为了维护我国法院和我国银行的国际形象，现通知如下：

1. 严格坚持信用证独立性原则。信用证是独立于基础交易的单据交易，只要受益人所提交的单据表面上符合信用证的要求，开证行就负有在规定的期限内付款的义务。信用证交易与基础交易属于两个不同的法律关系，一般情况下不得因为基础交易发生纠纷而裁定止付开证行所开立信用证项下的款项。

2. 严格坚持信用证欺诈例外原则适用的条件。只有在有充分的证据证明信用证项下存在欺诈，且银行在合理的时间内尚未对外付款的情况下，人民法院才可以根据开证申请人的请求，并在其提供担保的情况下裁定止付信用证项下款项。但如果信用证已经承兑并转让或者信用证已经议付，仍不得裁定止付。

各级人民法院应当对止付信用证项下款项高度重视，严禁在不符合条件的情况下随意裁定止付有关信用证项下款项，已经作出错误止付裁定的，相关人民法院应当立即予以纠正。

特此通知。

国际商会跟单信用证统一惯例

(2006年国际商会修订　2007年7月1日生效)

第一条　UCP的适用范围

《跟单信用证统一惯例——2007年修订本，国际商会第600号出版物》（简称"UCP"）乃一套规则，适用于所有在其文本中明确表明受本惯例约束的跟单信用证（下称信用证）（在其可适用的范围内，包括备用信用证）。除非信用证明确修改或排除，本惯例各条文对信用证所有当事人均具有约束力。

第二条　定义

就本惯例而言：

通知行　指应开证行的要求通知信用证的银行。

申请人　指要求开立信用证的一方。

银行工作日　指银行在其履行受本惯例约束的行为的地点通常开业的一天。

受益人　指接受信用证并享受其利益的一方。

相符交单　指与信用证条款、本惯例的相关适用条款以及国际标准银行实务一致的交单。

保兑　指保兑行在开证行承诺之外做出的承付或议付相符交单的确定承诺。

保兑行　指根据开证行的授权或要求对信用证加具保兑的银行。

信用证　指一项不可撤销的安排，无论其名称或描述如何，该项安排构成开证行对相符交单予以承付的确定承诺。

承付　指：

a. 如果信用证为即期付款信用证，则即期付款。

b. 如果信用证为延期付款信用证，则承诺延期付款并在承诺到期日付款。

c. 如果信用证为承兑信用证，则承兑受益人开出的汇票并在汇票到期日付款。

开证行　指应申请人要求或者代表自己开出信用证的银行。

议付　指指定银行在相符交单下，在其应获偿付的银行工作日当天或之前向受益人预付或者同意预付款项，从而购买汇票（其付款人为指定银行以外的其他银行）及/或单据的行为。

指定银行　指信用证可在其处兑用的银行，如信用证可在任一银行兑用，则任何银行均为指定银行。

交单　指向开证行或指定银行提交信用证项下单据的行为，或指按此方式提交的单据。

交单人　指实施交单行为的受益人、银行或其他人。

第三条　解释

就本惯例而言：

如情形适用，单数词形包含复数含义，复数词形包含单数含义。

信用证是不可撤销的，即使未如此表明。

单据签字可用手签、摹样签字、穿孔签字、印戳、符号或任何其他机械或电子的证实方法为之。

诸如单据须履行法定手续、签证、证明等类似要求，可由单据上任何看似满足该要求的签字、标记、印戳或标签来满足。

一家银行在不同国家的分支机构被视为不同的银行。

用诸如"第一流的""著名的""合格的""独立的""正式的""有资格的"或"本地的"等词语描述单据的出单人时，允许除受益人之外的任何人出具该单据。

除非要求在单据中使用，否则诸如"迅速地""立刻地"或"尽快地"等词语将被不予理会。

"在或大概在（on or about）"或类似用语将被视为规定事件发生在指定日期的前后五个日历日之间，起讫日期计算在内。

"至（to）""直至（until, till）""从……开始（from）"及"在……之间（between）"等词用于确定发运日期时包含提及的日期，使用"在……之前（before）"及"在……之后（after）"时则不包含提及的日期。

"从……开始（from）"及"在……之后（after）"等词用于确定到期日时不包含提及的日期。

"前半月"及"后半月"分别指一个月的第一日到第十五日及第十六日到该月的最后一日，起讫日期计算在内。

一个月的"开始（beginning）""中间（middle）"及"末尾（end）"分别指第一到第十日、第十一日到第二十日及第二十一日到该月的最后一日，起讫日期计算在内。

第四条 信用证与合同

a. 就其性质而言，信用证与可能作为其开立基础的销售合同或其他合同是相互独立的交易，即使信用证中含有对此类合同的任何援引，银行也与该合同无关，且不受其约束。因此，银行关于承付、议付或履行信用证项下其他义务的承诺，不受申请人基于其与开证行或与受益人之间的关系而产生的任何请求或抗辩的影响。

受益人在任何情况下不得利用银行之间或申请人与开证行之间的合同关系。

b. 开证行应劝阻申请人试图将基础合同、形式发票等文件作为信用证组成部分的做法。

第五条 单据与货物、服务或履约行为

银行处理的是单据，而不是单据可能涉及的货物、服务或履约行为。

第六条 兑用方式、截止日和交单地点

a. 信用证必须规定可在其处兑用的银行，或是否可在任一银行兑用。规定在指定银行兑用的信用证同时也可以在开证行兑用。

b. 信用证必须规定其是以即期付款、延期付款、承兑还是议付的方式兑用。

c. 信用证不得开成凭以申请人为付款人的汇票兑用。

d. i. 信用证必须规定一个交单的截止日。规定的承付或议付的截止日将被视为交单的截止日。

ii. 可在其处兑用信用证的银行所在地即为交单地点。可在任一银行兑用的信用证其交单地点为任一银行所在地。除规定的交单地点外，开证行所在地也是交单地点。

e. 除非如第二十九条 a 款规定的情形，否则受益人或者代表受益人的交单应在截止日当天或之前完成。

第七条 开证行责任

a. 只要规定的单据提交给指定银行或开证行，并且构成相符交单，则开证行必须承付，如果信用证为以下情形之一：

i. 信用证规定由开证行即期付款、延期付款或承兑；

ii. 信用证规定由指定银行即期付款但其未付款；

iii. 信用证规定由指定银行延期付款但其未承诺延期付款，或虽已承诺延期付款，但未在到期日付款；

iv. 信用证规定由指定银行承兑，但其未承兑以其为付款人的汇票，或虽承兑了汇票，但未在到期日付款；

v. 信用证规定由指定银行议付但其未议付。

b. 开证行自开立信用证之时起即不可撤销地承担承付责任。

c. 指定银行承付或议付相符交单并将单据转给开证行之后，开证行即承担偿付该指定银行的责任。对承兑或延期付款信用证下相符交单金额的偿付应在到期日办理，无论指定银行是否在到期日之前预付或购买了单据。开证行偿付指定银行的责任独立于开证行对受益人的责任。

第八条　保兑行责任

a. 只要规定的单据提交给保兑行，或提交给其他任何指定银行，并且构成相符交单，保兑行必须：

ⅰ. 承付，如果信用证为以下情形之一：

a）信用证规定由保兑行即期付款、延期付款或承兑；

b）信用证规定由另一指定银行即期付款，但其未付款；

c）信用证规定由另一指定银行延期付款，但其未承诺延期付款，或虽已承诺延期付款但未在到期日付款；

d）信用证规定由另一指定银行承兑，但其未承兑以其为付款人的汇票，或虽已承兑汇票但未在到期日付款；

e）信用证规定由另一指定银行议付，但其未议付。

ⅱ. 无追索权地议付，如果信用证规定由保兑行议付。

b. 保兑行自对信用证加具保兑之时起即不可撤销地承担承付或议付的责任。

c. 其他指定银行承付或议付相符交单并将单据转往保兑行之后，保兑行即承担偿付该指定银行的责任。对承兑或延期付款信用证下相符交单金额的偿付应在到期日办理，无论指定银行是否在到期日之前预付或购买了单据。保兑行偿付指定银行的责任独立于保兑行对受益人的责任。

d. 如果开证行授权或要求一银行对信用证加具保兑，而其并不准备照办，则其必须毫不延误地通知开证行，并可通知此信用证而不加保兑。

第九条　信用证及其修改的通知

a. 信用证及其任何修改可以经由通知行通知给受益人。非保兑行的通知行通知信用证及修改时不承担承付或议付的责任。

b. 通知行通知信用证或修改的行为表示其已确信信用证或修改的表面真实性，而且其通知准确地反映了其收到的信用证或修改的条款。

c. 通知行可以通过另一银行（"第二通知行"）向受益人通知信用证及修改。第二通知行通知信用证或修改的行为表明其已确信收到的通知的表面真实性，并且其通知准确地反映了收到的信用证或修改的条款。

d. 经由通知行或第二通知行通知信用证的银行必须经由同一银行通知其后的任何修改。

e. 如一银行被要求通知信用证或修改但其决定不予通知，则应毫不延误地告知自其处收到信用证、修改或通知的银行。

f. 如一银行被要求通知信用证或修改但其不能确信信用证、修改或通知的表面真实性，则应毫不延误地通知看似从其处收到指示的银行。如果通知行或第二通知行决定仍然通知信用证或修改，则应告知受益人或第二通知行其不能确信信用证、修改或通知的表面真实性。

第十条　修改

a. 除第三十八条另有规定者外，未经开证行、保兑行（如有的话）及受益人同意，信用证既不得修改，也不得撤销。

b. 开证行自发出修改之时起，即不可撤销地受其约束。保兑行可将其保兑扩展至修改，并自通知该修改之时，即不可撤销地受其约束。但是，保兑行可以选择将修改通知受益人而不对其加具保兑。若然如此，其必须毫不延误地将此告知开证行，并在其给受益人的通知中告知受益人。

c. 在受益人告知通知修改的银行其接受该修改之前，原信用证（或含有先前被接受的修改的信用证）的条款对受益人仍然有效。受益人应提供接受或拒绝修改的通知。如果受益人未能给予通知，当交单与信用证以及尚未表示接受的修改的要求一致时，即视为受益人已作出接受修改的通知，并且从此时起，该信用证被修改。

d. 通知修改的银行应将任何接受或拒绝的通知转告发出修改的银行。

e. 对同一修改的内容不允许部分接受，部分接受将被视为拒绝修改的通知。

f. 修改中关于除非受益人在某一时间内拒绝修改否则修改生效的规定应被不予理会。

第十一条 电讯传输的和预先通知的信用证和修改

a. 以经证实的电讯方式发出的信用证或信用证修改即被视为有效的信用证或修改文据，任何后续的邮寄确认书应被不予理会。

如电讯声明"详情后告"（或类似用语）或声明以邮寄确认书为有效信用证或修改，则该电讯不被视为有效信用证或修改。开证行必须随即不迟延地开立有效信用证或修改，其条款不得与该电讯矛盾。

b. 开证行只有在准备开立有效信用证或作出有效修改时，才可以发出关于开立或修改信用证的初步通知（预先通知）。开证行作出该预先通知，即不可撤销地保证不迟延地开立或修改信用证，且其条款不能与预先通知相矛盾。

第十二条 指定

a. 除非指定银行为保兑行，对于承付或议付的授权并不赋予指定银行承付或议付的义务，除非该指定银行明确表示同意并且告知受益人。

b. 开证行指定一银行承兑汇票或做出延期付款承诺，即为授权该指定银行预付或购买其已承兑的汇票或已做出的延期付款承诺。

c. 非保兑行的指定银行收到或审核并转递单据的行为并不使其承担承付或议付的责任，也不构成其承付或议付的行为。

第十三条 银行之间的偿付安排

a. 如果信用证规定指定银行（"索偿行"）向另一方（"偿付行"）获取偿付时，必须同时规定该偿付是否按信用证开立时有效的 ICC 银行间偿付规则进行。

b. 如果信用证没有规定偿付遵守 ICC 银行间偿付规则，则按照以下规定：

i. 开证行必须给予偿付行有关偿付的授权，授权应符合信用证关于兑用方式的规定，且不应设定截止日。

ii. 开证行不应要求索偿行向偿付行提供与信用证条款相符的证明。

iii. 如果偿付行未按信用证条款见索即偿，开证行将承担利息损失以及产生的任何其他费用。

iv. 偿付行的费用应由开证行承担。然而，如果此项费用由受益人承担，开证行有责任在信用证及偿付授权中注明。如果偿付行的费用由受益人承担，该费用应在偿付时从付给索偿行的金额中扣取。如果偿付未发生，偿付行的费用仍由开证行负担。

c. 如果偿付行未能见索即偿，开证行不能免除偿付责任。

第十四条 单据审核标准

a. 按指定行事的指定银行、保兑行（如果有的话）及开证行须审核交单，并仅基于单据本身确定其是否在表面上构成相符交单。

b. 按指定行事的指定银行、保兑行（如有的话）及开证行各有从交单次日起的至多五个银行工作日用以确定交单是否相符。这一期限不因在交单日当天或之后信用证截止日或最迟交单日届至而受到缩减或影响。

c. 如果单据中包含一份或多份受第十九、二十、二十一、二十二、二十三、二十四或二十五条规制的正本运输单据，则须由受益人或其代表在不迟于本惯例所指的发运日之后的二十一个日历日内交单，但是在任何情况下都不得迟于信用证的截止日。

d. 单据中的数据，在与信用证、单据本身以及国际标准银行实务参照解读时，无须与该单据本身中的数据、其他要求的单据或信用证中的数据等同一致，但不得矛盾。

e. 除商业发票外，其他单据中的货物、服务或履约行为的描述，如果有的话，可使用与信用证中的描述不矛盾的概括性用语。

f. 如果信用证要求提交运输单据、保险

单据或者商业发票之外的单据，却未规定出单人或其数据内容，则只要提交的单据内容看似满足所要求单据的功能，且其他方面符合第十四条 d 款，银行将接受该单据。

g. 提交的非信用证所要求的单据将被不予理会，并可被退还给交单人。

h. 如果信用证含有一项条件，但未规定用以表明该条件得到满足的单据，银行将视为未作规定并不予理会。

i. 单据日期可以早于信用证的开立日期，但不得晚于交单日期。

j. 当受益人和申请人的地址出现在任何规定的单据中时，无须与信用证或其他规定单据中所载相同，但必须与信用证中规定的相应地址同在一国。联络细节（传真、电话、电子邮件及类似细节）作为受益人和申请人地址的一部分时将被不予理会。然而，如果申请人的地址和联络细节为第十九、二十、二十一、二十二、二十三、二十四或二十五条规定的运输单据上的收货人或通知方细节的一部分时，应与信用证规定的相同。

k. 在任何单据中注明的托运人或发货人无须为信用证的受益人。

l. 运输单据可以由任何人出具，无须为承运人、船东、船长或租船人，只要其符合第十九、二十、二十一、二十二、二十三或二十四条的要求。

第十五条　相符交单

a. 当开证行确定交单相符时，必须承付。

b. 当保兑行确定交单相符时，必须承付或者议付并将单据转递给开证行。

c. 当指定银行确定交单相符并承付或议付时，必须将单据转递给保兑行或开证行。

第十六条　不符单据、放弃及通知

a. 当按照指定行事的指定银行、保兑行（如有的话）或者开证行确定交单不符时，可以拒绝承付或议付。

b. 当开证行确定交单不符时，可以自行决定联系申请人放弃不符点。然而这并不能延长第十四条 b 款所指的期限。

c. 当按照指定行事的指定银行、保兑行（如有的话）或开证行决定拒绝承付或议付时，必须给予交单人一份单独的拒付通知。

该通知必须声明：

i. 银行拒绝承付或议付；及

ii. 银行拒绝承付或者议付所依据的每一个不符点；及

iii. a）银行留存单据听候交单人的进一步指示；或者

b）开证行留存单据直到其从申请人处接到放弃不符点的通知并同意接受该放弃，或者其同意接受对不符点的放弃之前从交单人处收到其进一步指示；或者

c）银行将退回单据；或者

d）银行将按之前从交单人处获得的指示处理。

d. 第十六条 c 款要求的通知必须以电讯方式，如不可能，则以其他快捷方式，在不迟于自交单之翌日起第五个银行工作日结束前发出。

e. 按照指定行事的指定银行、保兑行（如有的话）或开证行在按照第十六条 c 款 iii 项 a）或 b）发出了通知之后，可以在任何时候将单据退还交单人。

f. 如果开证行或保兑行未能按照本条行事，则无权宣称交单不符。

g. 当开证行拒绝承付或保兑行拒绝承付或者议付，并且按照本条发出了拒付通知后，有权要求返还已偿付的款项及利息。

第十七条　正本单据及副本

a. 信用证规定的每一种单据须至少提交一份正本。

b. 银行应将任何带有看似出单人的原始签名、标记、印戳或标签的单据视为正本单据，除非单据本身表明其非正本。

c. 除非单据本身另有说明，在以下情况下，银行也将其视为正本单据：

i. 单据看似由出单人手写、打字、穿孔或盖章；或者

ii. 单据看似使用出单人的原始信纸出具；或者

iii. 单据声明其为正本单据，除非该声明看似不适用于提交的单据。

d. 如果信用证要求提交单据的副本，提交正本或副本均可。

e. 如果信用证使用诸如"一式两份（in duplicate）""两份（in two fold）""两套（in two copies）"等用语要求提交多份单据，则提交至少一份正本，其余使用副本即可满足要求，除非单据本身另有说明。

第十八条　商业发票

a. 商业发票：

i. 必须看似由受益人出具（第三十八条规定的情形除外）；

ii. 必须出具成以申请人为抬头（第三十八条 g 款规定的情形除外）；

iii. 必须与信用证的货币相同；且

iv. 无须签名。

b. 按指定行事的指定银行、保兑行（如有的话）或开证行可以接受金额大于信用证允许金额的商业发票，其决定对有关各方均有约束力，只要该银行对超过信用证允许金额的部分未作承付或者议付。

c. 商业发票上的货物、服务或履约行为的描述应该与信用证中的描述一致。

第十九条　涵盖至少两种不同运输方式的运输单据

a. 涵盖至少两种不同运输方式的运输单据（多式或联合运输单据），无论名称如何，必须看似：

i. 表明承运人名称并由以下人员签署：

*承运人或其具名代理人，或

*船长或其具名代理人。

承运人、船长或代理人的任何签字，必须标明其承运人、船长或代理人的身份。

代理人签字必须标明其系代表承运人还是船长签字。

ii. 通过以下方式表明货物已经在信用证规定的地点发送、接管或已装运。

*事先印就的文字，或者

*表明货物已经被发送、接管或装运日期的印戳或批注。

运输单据的出具日期将被视为发送、接管或装运的日期，也即发运的日期。然而如单据以印戳或批注的方式表明了发送、接管或装运日期，该日期将被视为发运日期。

iii. 表明信用证规定的发送、接管或发运地点，以及最终目的地，即使：

a）该运输单据另外还载明了一个不同的发送、接管或发运地点或最终目的地，或者，

b）该运输单据载有"预期的"或类似的关于船只、装货港或卸货港的限定语。

iv. 为唯一的正本运输单据，或者，如果出具为多份正本，则为运输单据中表明的全套单据。

v. 载有承运条款和条件，或提示承运条款和条件参见别处（简式/背面空白的运输单据）。银行将不审核承运条款和条件的内容。

vi. 未表明受租船合同约束。

b. 就本条而言，转运指在从信用证规定的发送、接管或者发运地点至最终目的地的运输过程中从某一运输工具上卸下货物并装上另一运输工具的行为（无论其是否为不同的运输方式）。

c.i. 运输单据可以表明货物将要或可能被转运，只要全程运输由同一运输单据涵盖。

ii. 即使信用证禁止转运，注明将要或者可能发生转运的运输单据仍可接受。

第二十条　提单

a. 提单，无论名称如何，必须看似：

i. 表明承运人名称，并由下列人员签署：

*承运人或其具名代理人，或者

*船长或其具名代理人。

承运人、船长或代理人的任何签字必须表明其承运人、船长或代理人的身份。

代理人的任何签字必须标明其系代表承运人还是船长签字。

ii. 通过以下方式表明货物已在信用证规定的装货港装上具名船只：

*预先印就的文字，或
*已装船批注注明货物的装运日期。

提单的出具日期将被视为发运日期，除非提单载有表明发运日期的已装船批注，此时已装船批注中显示的日期将被视为发运日期。

如果提单载有"预期船只"或类似的关于船名的限定语，则需以已装船批注明确发运日期以及实际船名。

iii. 表明货物从信用证规定的装货港发运至卸货港。

如果提单没有表明信用证规定的装货港为装货港，或者其载有"预期的"或类似的关于装货港的限定语，则需以已装船批注表明信用证规定的装货港、发运日期以及实际船名。即使提单以事先印就的文字表明了货物已装载或装运于具名船只，本规定仍适用。

iv. 为唯一的正本提单，或如果以多份正本出具，为提单中表明的全套正本。

v. 载有承运条款和条件，或提示承运条款和条件参见别处（简式/背面空白的提单）。银行将不审核承运条款和条件的内容。

vi. 未表明受租船合同约束。

b. 就本条而言，转运系指在信用证规定的装货港到卸货港之间的运输过程中，将货物从一船卸下并再装上另一船的行为。

c. i. 提单可以表明货物将要或可能被转运，只要全程运输由同一提单涵盖。

ii 即使信用证禁止转运，注明将要或可能发生转运的提单仍可接受，只要其表明货物由集装箱、拖车或子船运输。

d. 提单中声明承运人保留转运权利的条款将被不予理会。

第二十一条 不可转让的海运单

a. 不可转让的海运单，无论名称如何，必须看似：

i. 表明承运人名称并由下列人员签署：
*承运人或其具名代理人，或者
*船长或其具名代理人。

承运人、船长或代理人的任何签字必须标明其承运人、船长或代理人的身份。

代理人签字必须标明其系代表承运人还是船长签字。

ii. 通过以下方式表明货物已在信用证规定的装货港装上具名船只：
*预先印就的文字，或者
*已装船批注表明货物的装运日期。

不可转让海运单的出具日期将被视为发运日期，除非其上带有已装船批注注明发运日期，此时已装船批注注明的日期将被视为发运日期。

如果不可转让海运单载有"预期船只"或类似的关于船名的限定语，则需要以已装船批注表明发运日期和实际船名。

iii. 表明货物从信用证规定的装货港发运至卸货港。

如果不可转让海运单未以信用证规定的装货港为装货港，或者如果其载有"预期的"或类似的关于装货港的限定语，则需要以已装船批注表明信用证规定的装货港、发运日期和船名。即使不可转让海运单以预先印就的文字表明货物已由具名船只装载或装运，本规定也适用。

iv. 为唯一的正本不可转让海运单，或如果以多份正本出具，为海运单上注明的全套正本。

v. 载有承运条款和条件，或提示承运条款和条件参见别处（简式/背面空白的海运单）。银行将不审核承运条款和条件的内容。

vi. 未注明受租船合同约束。

b. 就本条而言，转运系指在信用证规定的装货港到卸货港之间的运输过程中，将货物从一船卸下并再装上另一船的行为。

c. i. 不可转让海运单可以注明货物将要或可能被转运，只要全程运输由同一海运单涵盖。

ii. 即使信用证禁止转运，注明转运将要或可能发生的不可转让的海运单仍可接受，只要其表明货物装于集装箱、拖船或子船中运输。

d. 不可转让的海运单中声明承运人保留

转运权利的条款将被不予理会。

第二十二条 租船合同提单

a. 表明其受租船合同约束的提单（租船合同提单），无论名称如何，必须看似：

i. 由以下人员签署：

*船长或其具名代理人，或

*船东或其具名代理人，或

*租船人或其具名代理人。

船长、船东、租船人或代理人的任何签字必须标明其船长、船东、租船人或代理人的身份。

代理人签字必须表明其系代表船长、船东还是租船人签字。

代理人代表船东或租船人签字时必须注明船东或租船人的名称。

ii. 通过以下方式表明货物已在信用证规定的装货港装上具名船只：

*预先印就的文字，或者

*已装船批注注明货物的装运日期。

租船合同提单的出具日期将被视为发运日期，除非租船合同提单载有已装船批注注明发运日期，此时已装船批注上注明的日期将被视为发运日期。

iii. 表明货物从信用证规定的装货港发运至卸货港。卸货港也可显示为信用证规定的港口范围或地理区域。

iv. 为唯一的正本租船合同提单，或如以多份正本出具，为租船合同提单注明的全套正本。

b. 银行将不审核租船合同，即使信用证要求提交租船合同。

第二十三条 空运单据

a. 空运单据，无论名称如何，必须看似：

i. 表明承运人名称，并由以下人员签署：

*承运人，或

*承运人的具名代理人。

承运人或其代理人的任何签字必须标明其承运人或代理人的身份。

代理人签字必须表明其系代表承运人签字。

ii. 表明货物已被收妥待运。

iii. 表明出具日期。该日期将被视为发运日期，除非空运单据载有专门批注注明实际发运日期，此时批注中的日期将被视为发运日期。

空运单据中其他与航班号和航班日期相关的信息将不被用来确定发运日期。

iv. 表明信用证规定的起飞机场和目的地机场。

v. 为开给发货人或托运人的正本，即使信用证规定提交全套正本。

vi. 载有承运条款和条件，或提示条款和条件参见别处。银行将不审核承运条款和条件的内容。

b. 就本条而言，转运是指在信用证规定的起飞机场到目的地机场的运输过程中，将货物从一飞机卸下再装上另一飞机的行为。

c. i. 空运单据可以注明货物将要或可能转运，只要全程运输由同一空运单据涵盖。

ii. 即使信用证禁止转运，注明将要或可能发生转运的空运单据仍可接受。

第二十四条 公路、铁路或内陆水运单据

a. 公路、铁路或内陆水运单据，无论名称如何，必须看似：

i. 表明承运人名称，并且

*由承运人或其具名代理人签署，或者

*由承运人或其具名代理人以签字、印戳或批注表明货物收讫。

承运人或其具名代理人的收货签字、印戳或批注必须标明其承运人或代理人的身份。

代理人的收货签字、印戳或批注必须标明代理人系代表承运人签字或行事。

如果铁路运输单据没有指明承运人，可以接受铁路运输公司的任何签字或印戳作为承运人签署单据的证据。

ii. 表明货物在信用证规定地点的发运日期，或者收讫待运或待发送的日期。运输单据的出具日期将被视为发运日期，除非运输单据上盖有带日期的收货印戳，或注明了收货日期或发运日期。

iii. 表明信用证规定的发运地及目的地。

b. i. 公路运输单据必须看似为开给发货人或托运人的正本，或没有任何标记表明单据开给何人。

ii. 注明"第二联"的铁路运输单据将被作为正本接受。

iii. 无论是否注明正本字样，铁路或内陆水运单据都被作为正本接受。

c. 如运输单据上未注明出具的正本数量，提交的份数即视为全套正本。

d. 就本条而言，转运是指在信用证规定的发运、发送或运送的地点到目的地之间的运输过程中，在同一运输方式中从一运输工具卸下再装上另一运输工具的行为。

e. i. 只要全程运输由同一运输单据涵盖，公路、铁路或内陆水运单据可以注明货物将要或可能被转运。

ii. 即使信用证禁止转运，注明将要或可能发生转运的公路、铁路或内陆水运单据仍可接受。

第二十五条 快递收据、邮政收据或投邮证明

a. 证明货物收讫待运的快递收据，无论名称如何，必须看似：

i. 表明快递机构的名称，并在信用证规定的货物发运地点由该具名快递机构盖章或签字；并且

ii. 表明取件或收件的日期或类似词语。该日期将被视为发运日期。

b. 如果要求显示快递费用付讫或预付，快递机构出具的表明快递费由收货人以外的一方支付的运输单据可以满足该项要求。

c. 证明货物收讫待运的邮政收据或投邮证明，无论名称如何，必须看似在信用证规定的货物发运地点盖章或签字并注明日期。该日期将被视为发运日期。

第二十六条 "货装舱面""托运人装载和计数""内容据托运人报称"及运费之外的费用

a. 运输单据不得表明货物装于或者将装于舱面。声明货物可能被装于舱面的运输单据条款可以接受。

b. 载有诸如"托运人装载和计数"或"内容据托运人报称"条款的运输单据可以接受。

c. 运输单据上可以以印戳或其他方式提及运费之外的费用。

第二十七条 清洁运输单据

银行只接受清洁运输单据。清洁运输单据指未载有明确宣称货物或包装有缺陷的条款或批注的运输单据。"清洁"一词并不需要在运输单据上出现，即使信用证要求运输单据为"清洁已装船"的。

第二十八条 保险单据及保险范围

a. 保险单据，例如保险单或预约保险项下的保险证明书或者声明书，必须看似由保险公司或承保人或其代理人或代表出具并签署。

代理人或代表的签字必须表明其系代表保险公司或承保人签字。

b. 如果保险单据表明其以多份正本出具，所有正本均须提交。

c. 暂保单将不被接受。

d. 可以接受保险单代替预约保险项下的保险证明书或声明书。

e. 保险单据日期不得晚于发运日期，除非保险单据表明保险责任不迟于发运日生效。

f. i. 保险单据必须表明投保金额并以与信用证相同的货币表示。

ii. 信用证对于投保金额为货物价值、发票金额或类似金额的某一比例的要求，将被视为对最低保额的要求。

如果信用证对投保金额未做规定，投保金额须至少为货物的 CIF 或 CIP 价格的百分之一百一十。

如果从单据中不能确定 CIF 或者 CIP 价格，投保金额必须基于要求承付或议付的金额，或者基于发票上显示的货物总值来计算，两者之中取金额较高者。

iii. 保险单据须表明承保的风险区间至少涵盖从信用证规定的货物接管地或发运地开始到卸货地或最终目的地为止。

g. 信用证应规定所需投保的险别及附加险（如有的话）。如果信用证使用诸如"通常风险"或"惯常风险"等含义不确切的用语，则无论是否有漏保之风险。保险单据将被照样接受。

h. 当信用证规定投保"一切险"时，如保险单据载有任何"一切险"批注或条款，无论是否有"一切险"标题，均将被接受，即使其声明任何风险除外。

i. 保险单据可以援引任何除外条款。

j. 保险单据可以注明受免赔率或免赔额（减除额）约束。

第二十九条 截止日或最迟交单日的顺延

a. 如果信用证的截止日或最迟交单日适逢接受交单的银行非因第三十六条所述原因而歇业，则截止日或最迟交单日，视何者适用，将顺延至其重新开业的第一个银行工作日。

b. 如果在顺延后的第一个银行工作日交单，指定银行必须在其致开证行或保兑行的面函中声明交单是在根据第二十九条 a 款顺延的期限内提交的。

c. 最迟发运日不因第二十九条 a 款规定的原因而顺延。

第三十条 信用证金额、数量与单价的伸缩度

a. "约"或"大约"用于信用证金额或信用证规定的数量或单价时，应解释为允许有关金额或数量或单价有不超过百分之十的增减幅度。

b. 在信用证未以包装单位件数或货物自身件数的方式规定货物数量时，货物数量允许有百分之五的增减幅度，只要总支取金额不超过信用证金额。

c. 如果信用证规定了货物数量，而该数量已全部发运，及如果信用证规定了单价，而该单价又未降低，或当第三十条 b 款不适用时，则即使不允许部分装运，也允许支取的金额有百分之五的减幅。若信用证规定有特定的增减幅度或使用第三十条 a 款提到的用语限定数量，则该减幅不适用。

第三十一条 部分支款或部分发运

a. 允许部分支款或部分发运。

b. 表明使用同一运输工具并经由同次航程运输的数套运输单据在同一次提交时，只要显示相同目的地，将不视为部分发运，即使运输单据上表明的发运日期不同或装货港、接管地或发送地点不同。如果交单由数套运输单据构成，其中最晚的一个发运日将被视为发运日。

含有一套或数套运输单据的交单，如果表明在同一种运输方式下经由数件运输工具运输，即使运输工具在同一天出发运往同一目的地，仍将被视为部分发运。

c. 含有一份以上快递收据、邮政收据或投邮证明的交单，如果单据看似由同一快递或邮政机构在同一地点和日期加盖印戳或签字并且表明同一目的地，将不视为部分发运。

第三十二条 分期支款或分期发运

如信用证规定在指定的时间段内分期支款或分期发运，任何一期未按信用证规定期限支取或发运时，信用证对该期及以后各期均告失效。

第三十三条 交单时间

银行在其营业时间外无接受交单的义务。

第三十四条 关于单据有效性的免责

银行对任何单据的形式、充分性、准确性、内容真实性、虚假性或法律效力，或对单据中规定或添加的一般或特殊条件，概不负责；银行对任何单据所代表的货物、服务或其他履约行为的描述、数量、重量、品质、状况、包装、交付、价值或其存在与否，或对发货人、承运人、货运代理人、收货人、货物的保险人或其他任何人的诚信与否、作为或不作为、清偿能力、履约或资信状况，也概不负责。

第三十五条 关于信息传递和翻译的免责

当报文、信件或单据按照信用证的要求传输或发送时，或当信用证未作指示，银行自行选择传送服务时，银行对报文传输或信件或单据的递送过程中发生的延误、中途遗失、残缺或其他错误产生的后果，概不负责。

如果指定银行确定交单相符并将单据发往开证行或保兑行，无论指定银行是否已经承付或议付，开证行或保兑行必须承付或议付，或偿付指定银行，即使单据在指定银行送往开证行或保兑行的途中，或保兑行送往开证行的途中丢失。

银行对技术术语的翻译或解释上的错误，不负责任，并可不加翻译地传送信用证条款。

第三十六条 不可抗力

银行对由于天灾、暴动、骚乱、叛乱、战争、恐怖主义行为或任何罢工、停工或其无法控制的任何其他原因导致的营业中断的后果，概不负责。

银行恢复营业时，对于在营业中断期间已逾期的信用证，不再进行承付或议付。

第三十七条 关于被指示方行为的免责

a. 为了执行申请人的指示，银行利用其他银行的服务，其费用和风险由申请人承担。

b. 即使银行自行选择了其他银行，如果发出的指示未被执行，开证行或通知行对此亦不负责。

c. 指示另一银行提供服务的银行有责任负担被指示方因执行指示而发生的任何佣金、手续费、成本或开支（"费用"）。

如果信用证规定费用由受益人负担，而该费用未能收取或从信用证款项中扣除，开证行依然承担支付此费用的责任。信用证或其修改不应规定向受益人的通知以通知行或第二通知行收到其费用为条件。

d. 外国法律和惯例加诸于银行的一切义务和责任，申请人应受其约束，并就此对银行负补偿之责。

第三十八条 可转让信用证

a. 银行无办理信用证转让的义务，除非其明确同意。

b. 就本条而言：

可转让信用证系指特别注明"可转让（transferable）"字样的信用证。可转让信用证可应受益人（第一受益人）的要求转为全部或部分由另一受益人（第二受益人）兑用。

转让行系指办理信用证转让的指定银行，或当信用证规定可在任一银行兑用时，指开证行特别如此授权并实际办理转让的银行。开证行也可担任转让行。

已转让信用证指已由转让行转为可由第二受益人兑用的信用证。

c. 除非转让时另有约定，有关转让的所有费用（诸如佣金、手续费、成本或开支）须由第一受益人支付。

d. 只要信用证允许部分支款或部分发运，信用证可以分部分地转让给数名第二受益人。

已转让信用证不得应第二受益人的要求转让给任何其后受益人。第一受益人不视为其后受益人。

e. 任何转让要求须说明是否允许及在何条件下允许将修改通知第二受益人。已转让信用证须明确说明该项条件。

f. 如果信用证转让给数名第二受益人，其中一名或多名第二受益人对信用证修改的拒绝并不影响其他第二受益人接受修改。对接受者而言该已转让信用证即被相应修改，而对拒绝修改的第二受益人而言，该信用证未被修改。

g. 已转让信用证须准确转载原证条款，包括保兑（如果有的话），但下列项目除外：

——信用证金额，

——规定的任何单价，

——截止日，

——交单期限，或

——最迟发运日或发运期间。

以上任何一项或全部均可减少或缩短。

必须投保的保险比例可以增加,以达到原信用证或本惯例规定的保险金额。

可用第一受益人的名称替换原证中的开证申请人名称。

如果原证特别要求开证申请人名称应在除发票以外的任何单据中出现时,已转让信用证必须反映该项要求。

h. 第一受益人有权以自己的发票和汇票(如有的话)替换第二受益人的发票和汇票,其金额不得超过原信用证的金额。经过替换后,第一受益人可在原信用证项下支取自己发票与第二受益人发票间的差价(如有的话)。

i. 如果第一受益人应提交其自己的发票和汇票(如有的话),但未能在第一次要求时照办,或第一受益人提交的发票导致了第二受益人的交单中本不存在的不符点,而其未能在第一次要求时修正,转让行有权将从第二受益人处收到的单据照交开证行,并不再对第一受益人承担责任。

j. 在要求转让时,第一受益人可以要求在信用证转让后的兑用地点,在原信用证的截止日之前(包括截止日),对第二受益人承付或议付。本规定并不损害第一受益人在第三十八条 h 款下的权利。

k. 第二受益人或代表第二受益人的交单必须交给转让行。

第三十九条　款项让渡

信用证未注明可转让,并不影响受益人根据所适用的法律规定,将该信用证项下其可能有权或可能将成为有权获得的款项让渡给他人的权利。本条只涉及款项的让渡,而不涉及在信用证项下进行履行行为的权利让渡。

最高人民法院
关于审理独立保函纠纷案件若干问题的规定

(2016 年 7 月 11 日最高人民法院审判委员会第 1688 次会议通过　根据 2020 年 12 月 23 日最高人民法院审判委员会第 1823 次会议通过的《最高人民法院关于修改〈最高人民法院关于破产企业国有划拨土地使用权应否列入破产财产等问题的批复〉等二十九件商事类司法解释的决定》修正)

为正确审理独立保函纠纷案件,切实维护当事人的合法权益,服务和保障"一带一路"建设,促进对外开放,根据《中华人民共和国民法典》《中华人民共和国涉外民事关系法律适用法》《中华人民共和国民事诉讼法》等法律,结合审判实际,制定本规定。

第一条　本规定所称的独立保函,是指银行或非银行金融机构作为开立人,以书面形式向受益人出具的,同意在受益人请求付款并提交符合保函要求的单据时,向其支付特定款项或在保函最高金额内付款的承诺。

前款所称的单据,是指独立保函载明的受益人应提交的付款请求书、违约声明、第三方签发的文件、法院判决、仲裁裁决、汇票、发票等表明发生付款到期事件的书面文件。

独立保函可以依保函申请人的申请而开立,也可以依另一金融机构的指示而开立。开立人依指示开立独立保函的,可以要求指示人向其开立用以保障追偿权的独立保函。

第二条　本规定所称的独立保函纠纷,

是指在独立保函的开立、撤销、修改、转让、付款、追偿等环节产生的纠纷。

第三条 保函具有下列情形之一,当事人主张保函性质为独立保函的,人民法院应予支持,但保函未载明据以付款的单据和最高金额的除外:

(一)保函载明见索即付;

(二)保函载明适用国际商会《见索即付保函统一规则》等独立保函交易示范规则;

(三)根据保函文本内容,开立人的付款义务独立于基础交易关系及保函申请法律关系,其仅承担相符交单的付款责任。

当事人以独立保函记载了对应的基础交易为由,主张该保函性质为一般保证或连带保证的,人民法院不予支持。

当事人主张独立保函适用民法典关于一般保证或连带保证规定的,人民法院不予支持。

第四条 独立保函的开立时间为开立人发出独立保函的时间。

独立保函一经开立即生效,但独立保函载明生效日期或事件的除外。

独立保函未载明可撤销,当事人主张独立保函开立后不可撤销的,人民法院应予支持。

第五条 独立保函载明适用《见索即付保函统一规则》等独立保函交易示范规则,或开立人和受益人在一审法庭辩论终结前一致援引的,人民法院应当认定交易示范规则的内容构成独立保函条款的组成部分。

不具有前款情形,当事人主张独立保函适用相关交易示范规则的,人民法院不予支持。

第六条 受益人提交的单据与独立保函条款之间、单据与单据之间表面相符,受益人请求开立人依据独立保函承担付款责任的,人民法院应予支持。

开立人以基础交易关系或独立保函申请关系对付款义务提出抗辩的,人民法院不予支持,但有本规定第十二条情形的除外。

第七条 人民法院在认定是否构成表面相符时,应当根据独立保函载明的审单标准进行审查;独立保函未载明的,可以参照适用国际商会确定的相关审单标准。

单据与独立保函条款之间、单据与单据之间表面上不完全一致,但并不导致相互之间产生歧义的,人民法院应当认定构成表面相符。

第八条 开立人有独立审查单据的权利与义务,有权自行决定单据与独立保函条款之间、单据与单据之间是否表面相符,并自行决定接受或拒绝接受不符点。

开立人已向受益人明确表示接受不符点,受益人请求开立人承担付款责任的,人民法院应予支持。

开立人拒绝接受不符点,受益人以保函申请人已接受不符点为由请求开立人承担付款责任的,人民法院不予支持。

第九条 开立人依据独立保函付款后向保函申请人追偿的,人民法院应予支持,但受益人提交的单据存在不符点的除外。

第十条 独立保函未同时载明可转让和据以确定新受益人的单据,开立人主张受益人付款请求权的转让对其不发生效力的,人民法院应予支持。独立保函对受益人付款请求权的转让有特别约定的,从其约定。

第十一条 独立保函具有下列情形之一,当事人主张独立保函权利义务终止的,人民法院应予支持:

(一)独立保函载明的到期日或到期事件届至,受益人未提交符合独立保函要求的单据;

(二)独立保函项下的应付款项已经全部支付;

(三)独立保函的金额已减额至零;

(四)开立人收到受益人出具的免除独立保函项下付款义务的文件;

(五)法律规定或者当事人约定终止的其他情形。

独立保函具有前款权利义务终止的情形,受益人以其持有独立保函文本为由主张享有付款请求权的,人民法院不予支持。

第十二条 具有下列情形之一的,人民法院应当认定构成独立保函欺诈:

(一)受益人与保函申请人或其他人串通,虚构基础交易的;

(二)受益人提交的第三方单据系伪造或内容虚假的;

(三)法院判决或仲裁裁决认定基础交易债务人没有付款或赔偿责任的;

(四)受益人确认基础交易债务已得到完全履行或者确认独立保函载明的付款到期事件并未发生的;

(五)受益人明知其没有付款请求权仍滥用该权利的其他情形。

第十三条 独立保函的申请人、开立人或指示人发现有本规定第十二条情形的,可以在提起诉讼或申请仲裁前,向开立人住所地或其他对独立保函欺诈纠纷案件具有管辖权的人民法院申请中止支付独立保函项下的款项,也可以在诉讼或仲裁过程中提出申请。

第十四条 人民法院裁定中止支付独立保函项下的款项,必须同时具备下列条件:

(一)止付申请人提交的证据材料证明本规定第十二条情形的存在具有高度可能性;

(二)情况紧急,不立即采取止付措施,将给止付申请人的合法权益造成难以弥补的损害;

(三)止付申请人提供了足以弥补被申请人因止付可能遭受损失的担保。

止付申请人以受益人在基础交易中违约为由请求止付的,人民法院不予支持。

开立人在依指示开立的独立保函项下已经善意付款的,对保障该开立人追偿权的独立保函,人民法院不得裁定止付。

第十五条 因止付申请错误造成损失,当事人请求止付申请人赔偿的,人民法院应予支持。

第十六条 人民法院受理止付申请后,应当在四十八小时内作出书面裁定。裁定应当列明申请人、被申请人和第三人,并包括初步查明的事实和是否准许止付申请的理由。

裁定中止支付的,应当立即执行。

止付申请人在止付裁定作出后三十日内未依法提起独立保函欺诈纠纷诉讼或申请仲裁的,人民法院应当解除止付裁定。

第十七条 当事人对人民法院就止付申请作出的裁定有异议的,可以在裁定书送达之日起十日内向作出裁定的人民法院申请复议。复议期间不停止裁定的执行。

人民法院应当在收到复议申请后十日内审查,并询问当事人。

第十八条 人民法院审理独立保函欺诈纠纷案件或处理止付申请,可以就当事人主张的本规定第十二条的具体情形,审查认定基础交易的相关事实。

第十九条 保函申请人在独立保函欺诈诉讼中仅起诉受益人的,独立保函的开立人、指示人可以作为第三人申请参加,或由人民法院通知其参加。

第二十条 人民法院经审理独立保函欺诈纠纷案件,能够排除合理怀疑地认定构成独立保函欺诈,并且不存在本规定第十四条第三款情形的,应当判决开立人终止支付独立保函项下被请求的款项。

第二十一条 受益人和开立人之间因独立保函而产生的纠纷案件,由开立人住所地或被告住所地人民法院管辖,独立保函载明由其他法院管辖或提交仲裁的除外。当事人主张根据基础交易合同争议解决条款确定管辖法院或提交仲裁的,人民法院不予支持。

独立保函欺诈纠纷案件由被请求止付的独立保函的开立人住所地或被告住所地人民法院管辖,当事人书面协议由其他法院管辖或提交仲裁的除外。当事人主张根据基础交易合同或独立保函的争议解决条款确定管辖法院或提交仲裁的,人民法院不予支持。

第二十二条 涉外独立保函未载明适用法律,开立人和受益人在一审法庭辩论终结前亦未就适用法律达成一致的,开立人和受益人之间因涉外独立保函而产生的纠纷适用开立人经常居所地法律；独立保函由金融机构依法登记设立的分支机构开立的，适用分支机构登记地法律。

涉外独立保函欺诈纠纷，当事人就适用法律不能达成一致的，适用被请求止付的独立保函的开立人经常居所地法律；独立保函由金融机构依法登记设立的分支机构开立的，适用分支机构登记地法律；当事人有共同经常居所地的，适用共同经常居所地法律。

涉外独立保函止付保全程序，适用中华人民共和国法律。

第二十三条 当事人约定在国内交易中适用独立保函，一方当事人以独立保函不具有涉外因素为由，主张保函独立性的约定无效的，人民法院不予支持。

第二十四条 对于按照特户管理并移交开立人占有的独立保函开立保证金，人民法院可以采取冻结措施，但不得扣划。保证金账户内的款项丧失开立保证金的功能时，人民法院可以依法采取扣划措施。

开立人已履行对外支付义务的，根据该开立人的申请，人民法院应当解除对开立保证金相应部分的冻结措施。

第二十五条 本规定施行后尚未终审的案件，适用本规定；本规定施行前已经终审的案件，当事人申请再审或者人民法院按照审判监督程序再审的，不适用本规定。

第二十六条 本规定自2016年12月1日起施行。

国际商会见索即付保函统一规则（URDG758）

（2009年国际商会修订　2010年7月1日生效）

第1条 URDG的适用范围

a. 见索即付保函统一规则（简称"URDG"）适用于任何明确表明适用本规则的见索即付保函或反担保函。除非见索即付保函或反担保函对本规则的内容进行了修改或排除，本规则对见索即付保函或反担保函的所有当事人均具约束力。

b. 如果应反担保人的请求，开立的见索即付保函适用URDG，则反担保函也应适用URDG，除非该反担保函明确排除适用URDG。但是，见索即付保函并不仅因反担保函适用URDG而适用URDG。

c. 如果应指示方的请求或经其同意，见索即付保函或反担保函根据URDG开立，则视为指示方已经接受了本规则明确规定的归属于指示方的权利和义务。

d. 如果2010年7月1日或该日期之后开立的见索即付保函或反担保函声明其适用URDG，但未声明是适用1992年版本还是2010年修订本，亦未表明出版物编号，则该见索即付保函或反担保函应适用URDG2010年修订本。

第2条 定义

在本规则中：

通知方 指应担保人的请求对保函进行通知的一方；

申请人 指保函中表明的、保证其承担基础关系项下义务的一方。申请人可以是指示方，也可以不是指示方；

申请 指开立保函的请求；

经验证的 当适用电子单据时，指该单据的接收人能够验证发送人的表面身份以及所收到的信息是否完整且未被更改；

受益人 指接受保函并享有其利益的

一方；

营业日 指为履行受本规则约束的行为的营业地点通常开业的一天；

费用 指适用本规则的保函项下应支付给任何一方的佣金、费用、成本或开支；

相符索赔 指满足"相符交单"要求的索赔；

相符交单 保函项下的相符交单，指所提交单据及其内容首先与该保函条款和条件相符，其次与该保函条款和条件一致的本规则有关内容相符，最后在保函及本规则均无相关规定的情况下，与见索即付保函国际标准实务相符；

反担保函 无论其如何命名或描述，指由反担保人提供给另一方，以便该另一方开立保函或另一反担保函的任何签署的承诺，反担保人承诺在其开立的反担保函项下，根据该受益人提交的相符索赔进行付款；

反担保人 指开立反担保函的一方，可以是以担保人为受益人或是以另一反担保人为受益人，也包括为自己开立反担保函的情况；

索赔 指在保函项下受益人签署的要求付款的文件；

见索即付保函或保函 无论其如何命名或描述，指根据提交的相符索赔进行付款的任何签署的承诺；

单据 指经签署或未经签署的纸质或电子的信息记录，只要能够由接收单据的一方以有形的方式复制。在本规则中，单据包括索赔书和支持声明；

失效 指失效日或失效事件，或两者均被约定情况下的较早发生者；

失效日 指保函中指明的最迟交单日期；

失效事件 指保函条款中约定导致保函失效的事件，无论是在该事件发生之后立即失效，还是此后指明的一段时间内失效。失效事件只有在下列情况下才视为发生：

a. 保函中指明的表明失效事件发生的单据向担保人提交之时；或者

b. 如果保函中没有指明该种单据，则当根据担保人自身记录可以确定失效事件已经发生之时。

保函 参见见索即付保函；

担保人 指开立保函的一方，包括为自己开立保函的情况；

担保人自身记录 指在担保人处所开立账户的借记或贷记记录，这些借记或贷记记录能够让担保人识别其所对应的保函；

指示方 指反担保人之外的，发出开立保函或反担保函指示并向担保人（或反担保函情况下向反担保人）承担赔偿责任的一方。指示方可以是申请人，也可以不是申请人；

交单 指根据保函向担保人提交单据的行为或依此交付的单据。交单包括索赔目的之外的交单，例如，为了保函效期或金额变动的交单；

交单人 指作为受益人或代表受益人进行交单的人，或在适用情况下，作为申请人或代表申请人进行交单的人；

签署 当适用于单据、保函或反担保函时，指其正本经出具人签署或出具人的代表人签署，既可以用电子签名（只要能被单据、保函或反担保函的接收人验证），也可以用手签、摹样签字、穿孔签字、印戳、符号或其他机械验证的方式签署；

支持声明 指第15条a款或第15条b款所引述的声明文件；

基础关系 指保函开立所基于的申请人与受益人之间的合同、招标条件或其他关系。

第3条 解释

就本规则而言，

a. 担保人在不同国家的分支机构视为不同的实体。

b. 除非另有规定，保函包括反担保函以及保函和反担保函的任何修改书，担保人包括反担保人，受益人包括因反担保函开立而受益的一方。

c. 关于提交一份或多份电子单据正本或

副本的任何要求在提交一份电子单据时即为满足。

　　d. 在表明任何期间的起始、结束或持续时，

　　i. 词语"从……开始"（from）"至"（to）、"直至"（until）及"在……之间"（between），包括所提及的日期；

　　ii. 词语"在……之前"（before），以及"在……之后"（after），不包括所提及的日期。

　　e. 词语"在……之内"（within），用来描述某个具体日期或事件之后的一段期间时，不包括该日期或该事件的日期，但包括该期间的最后一日。

　　f. 如用"第一流的""著名的""合格的""独立的""正式的""有资格的"或"本地的"等词语用来描述单据的出具人时，允许除受益人或申请人之外的任何人出具该单据。

　　第 4 条　开立和生效

　　a. 保函一旦脱离担保人的控制即为开立。

　　b. 保函一旦开立即不可撤销，即使保函中并未声明其不可撤销。

　　c. 受益人有权自保函开立之日或保函约定的开立之后的其他日期或事件之日起提交索赔。

　　第 5 条　保函和反担保函的独立性

　　a. 保函就其性质而言，独立于基础关系和申请，担保人完全不受这些关系的影响或约束。保函中为了指明所对应的基础关系而予以引述，并不改变保函的独立性。担保人在保函项下的付款义务，不受任何关系项下产生的请求或抗辩的影响，但担保人与受益人之间的关系除外。

　　b. 反担保函就其性质而言，独立于其所相关的保函、基础关系、申请及其他任何反担保函，反担保人完全不受这些关系的影响或约束。反担保函中为了指明所对应的基础关系而予以引述，并不改变反担保函的独立性。反担保人在反担保函项下的付款义务，不受任何关系项下产生的请求或抗辩的影响，但反担保人与担保人或该反担保函向其开立的其他反担保人之间的关系除外。

　　第 6 条　单据与货物、服务或履约行为

　　担保人处理的是单据，而不是单据可能涉及的货物、服务或履约行为。

　　第 7 条　非单据条件

　　除日期条件之外，保函中不应约定一项条件，却未规定表明满足该条件要求的单据。如果保函中未指明这样的单据，并且根据担保人自身记录或者保函中指明的指数也无法确定该条件是否满足，则担保人将视该条件未予要求并不予置理，除非为了确定保函中指明提交的某个单据中可能出现的信息是否与保函中的信息不存在矛盾。

　　第 8 条　指示和保函的内容

　　开立保函的指示以及保函本身都应该清晰、准确，避免加列过多细节。建议保函明确如下内容：

　　a. 申请人；

　　b. 受益人；

　　c. 担保人；

　　d. 指明基础关系的编号或其他信息；

　　e. 指明所开立的保函，或者反担保函情况下所开立的反担保函的编号或其他信息；

　　f. 赔付金额或最高赔付金额以及币种；

　　g. 保函的失效；

　　h. 索赔条件；

　　i. 索赔书或其他单据是否应以纸质和/或电子形式进行提交；

　　j. 保函中规定的单据所使用的语言；以及

　　k. 费用的承担方。

　　第 9 条　未被执行的申请

　　担保人在收到开立保函的申请，而不准备或无法开立保函时，应毫不延迟地通知向其发出指示的一方。

　　第 10 条　保函或保函修改书的通知

　　a. 保函可由通知方通知给受益人。无论是对保函直接进行通知，还是利用其他人（第二通知方）的服务进行通知，通知方都

向受益人（以及适用情况下的第二通知方）表明，其确信保函的表面真实性，并且该通知准确反映了其所收到的保函条款。

b. 当第二通知方对保函进行通知时，应向受益人表明，其确信所收到的通知的表面真实性，并且该通知准确反映了其所收到的保函条款。

c. 通知方或第二通知方通知保函，不对受益人承担任何额外的责任或义务。

d. 如果一方被请求对保函或保函修改书进行通知但其不准备或无法进行通知时，则应毫不延迟地通知向其发送保函、保函修改书或通知的一方。

e. 如果一方被请求对保函进行通知并同意予以通知，但无法确信该保函或通知的表面真实性，则其应毫不延迟地就此通知向其发出该指示的一方。如果通知方或第二通知方仍然选择通知该保函，则其应通知受益人或第二通知方其无法确信该保函或通知的表面真实性。

f. 担保人利用通知方或第二通知方的服务对保函进行通知，以及通知方利用第二通知方的服务对保函进行通知的，在尽可能的情况下，应经由同一人对该保函的任何修改书进行通知。

第11条 修改

a. 当收到保函修改的指示后，担保人不论因何原因，不准备或无法作出该修改时，应毫不延迟地通知向其发出指示的一方。

b. 保函修改未经受益人同意，对受益人不具有约束力。但是，除非受益人拒绝该修改，担保人自修改书出具之时起即不可撤销地受其约束。

c. 根据保函条款作出的修改外，在受益人表示接受该修改或者作出仅符合修改后保函的交单之前，受益人可以在任何时候拒绝保函修改。

d. 通知方应将受益人接受或拒绝保函修改书的通知毫不延迟地通知给向其发送修改书的一方。

e. 对同一修改书的内容不允许部分接受，部分接受视为拒绝该修改的通知。

f. 修改书中约定"除非在指定时间内拒绝否则该修改将生效"的条款应不予置理。

第12条 保函项下担保人的责任范围

担保人对受益人仅根据保函条款以及与保函条款相一致的本规则有关内容，承担不超过保函金额的责任。

第13条 保函金额的变动

保函可以约定在特定日期或发生特定事件时，保函金额根据保函有关条款减少或增加。只有在下列情况下该特定事件才视为已经发生：

a. 当保函中规定的表明该事件发生的单据向担保人提交之时；或者

b. 如果保函中没有规定该单据，则根据担保人自身记录或保函中指明的指数可以确定该事件发生之时。

第14条 交单

a. 向担保人交单应：

i. 在保函开立地点或保函中指明的其他地点，并且

ii. 在保函失效当日或之前。

b. 交单时单据必须完整，除非明确表明此后将补充其他单据。在后一种情况下，全部单据应在保函失效当日或之前提交。

c. 如果保函表明交单应采用电子形式，则保函中应指明交单的文件格式、信息提交的系统以及电子地址。如果保函中没有指明，则单据的提交可采用能够验证的任何电子格式或者纸质形式。不能验证的电子单据视为未被提交。

d. 如果保函表明交单应采用纸质形式并以特定方式交付，但并未明确排除使用其他交付方式，则交单人使用其他交付方式也应有效，只要所交单据在本条 a 款规定的地点和时间被收到。

e. 如果保函没有表明交单是采用纸质形式还是电子形式，则应采用纸质形式交单。

f. 每次交单都应指明其所对应的保函，例如标明担保人的保函编号。否则，第20条中规定的审单时间应自该事项明确之日起开

始计算。本款规定不应导致保函的展期，也不对第15（a）条或第15（b）条关于任何单独提交的单据也要指明所对应的索赔书的要求构成限制。

g. 除非保函另有约定，受益人或申请人出具的，或代表其出具的单据，包括任何索赔书及支持声明，使用的语言都应与该保函的语言一致。其他人出具的单据可使用任何语言。

第15条 索赔要求

a. 保函项下的索赔，应由保函所指明的其他单据所支持，并且在任何情况下均应辅之以一份受益人声明，表明申请人在哪些方面违反了基础关系项下的义务。该声明可以在索赔书中作出，也可以在一份单独签署的随附于该索赔书的单据中作出，或在一份单独签署的指明该索赔书的单据中作出。

b. 反担保函项下的索赔在任何情况下均应辅之以一份反担保函向其开立的一方的声明，表明在其开立的保函或反担保函项下收到了相符索赔。该声明可以在索赔书中作出，也可以在一份单独签署的随附于该索赔书的单据中作出，或在一份单独签署的指明该索赔书的单据中作出。

c. 本条a款或b款中有关支持声明的要求应予适用，除非保函或反担保函明确排除该要求。"第15条a、b款中的支持声明不予适用"等类似表述即满足本款要求。

d. 索赔书或支持声明的出单日期不能早于受益人有权提交索赔的日期。其他单据的出单日期可以早于该日期。索赔书或支持声明或其他单据的出单日期均不得迟于其提交日期。

第16条 索赔通知

担保人应毫不延迟地将保函项下的任何索赔和作为替代选择的任何展期请求通知指示方，或者适用情况下的反担保人。反担保人应毫不延迟地将反担保函项下的任何索赔和作为替代选择的任何展期请求通知指示方。

第17条 部分索赔和多次索赔；索赔的金额

a. 一项索赔可以少于可用的全部金额（"部分索赔"）。

b. 可以提交一次以上的索赔（"多次索赔"）。

c. "禁止多次索赔"的用语或类似表述，表示只能就可用的全部或部分金额索赔一次。

d. 如果保函约定只能进行一次索赔，而该索赔被拒绝，则可以在保函失效当日或之前再次索赔。

e. 一项索赔是不相符的索赔，如果：

i. 索赔超过了保函项下可用的金额；或者

ii. 保函要求的任何支持声明或其他单据所表明的金额合计少于索赔的金额。

与此相反，任何支持声明或其他单据表明的金额多于索赔的金额并不能使索赔成为不相符的索赔。

第18条 索赔的相互独立性

a. 提出一项不相符索赔或者撤回一项索赔并不放弃或损害及时提出另一项索赔的权利，无论保函是否禁止部分或多次索赔。

b. 对一项不相符索赔的付款，并不放弃对其他索赔必须是相符索赔的要求。

第19条 审单

a. 担保人应仅基于交单本身确定其是否表面上构成相符交单。

b. 保函所要求的单据的内容应结合该单据本身、保函和本规则进行审核。单据的内容无需与该单据的其他内容、其他要求的单据或保函中的内容等同一致，但不得矛盾。

c. 如果保函要求提交一项单据，但没有约定该单据是否需要签署、由谁出具或签署以及其内容，则：

i. 担保人将接受所提交的该单据，只要其内容看上去满足保函所要求的功能并在其他方面与第19（b）条相符；并且

ii. 如果该单据已经签署，则任何签字都是可接受的，也没有必要表明签字人的名字

或者职位。

d. 如果提交了保函并未要求或者本规则并未提及的单据，则该单据将不予置理，并可退还交单人。

e. 担保人无需对受益人根据保函中列明或引用的公式进行的计算进行重新计算。

f. 保函对单据有需履行法定手续、签证、认证或其他类似要求的，则表面上满足该要求的任何签字、标记、印戳或标签等应被担保人视为已满足。

第20条　索赔的审核时间；付款

a. 如果提交索赔时没有表明此后将补充其他单据，则担保人应从交单翌日起五个营业日内审核该索赔并确定该索赔是否相符。这一期限不因保函在交单日当日或之后失效而缩短或受影响。但是，如果提交索赔时表明此后将补充其他单据，则可以到单据补充完毕之后再进行审核。

b. 一旦担保人确定索赔是相符的，就应当付款。

c. 付款应在开立保函的担保人或开立反担保函的反担保人的分支机构或营业场所的所在地点，或者保函或反担保函中表明的其他地点（"付款地"）进行。

第21条　付款的货币

a. 担保人应按照保函中指明的货币对相符索赔进行付款。

b. 如果在保函项下的任何付款日，

i. 由于无法控制的障碍，担保人不能以保函中指明的货币进行付款；或者

ii. 根据付款地的法律规定使用该指明的货币付款是不合法的，则担保人应以付款地的货币进行付款，即使保函表明只能以保函中指明的货币付款。以该种货币付款对指示方，或者反担保函情况下的反担保人具有约束力。担保人或者反担保人，可以选择以该付款的货币，或者以保函中指明的货币获得偿付，或者在反担保函的情况下，以反担保函中指明的货币获得偿付。

c. 根据b款规定以付款地的货币付款或偿付时，应以应付日该地点可适用的通行汇率进行兑付。但是，如果担保人未在应付日进行付款，则受益人可以要求按照应付日或者实际付款日该地点可适用的通行汇率进行兑付。

第22条　相符索赔文件副本的传递

担保人应将相符索赔书及其他任何有关单据的副本毫不延迟地传递给指示方，或者在适用的情况下，传递给反担保人以转交给指示方。但是，反担保人，或在适用情况下的指示方，都不得在此传递过程中制止付款或偿付。

第23条　展期或付款

a. 当一项相符索赔中包含作为替代选择的展期请求时，担保人有权在收到索赔翌日起不超过三十个日历日的期间内中止付款。

b. 当中止付款之后，担保人在反担保函项下提出一项相符索赔，其中包含作为替代选择的展期请求时，反担保人有权中止付款，该中止付款期间不超过保函项下的中止付款期间减四个日历日。

c. 担保人应毫不延迟地将保函项下的中止付款期间通知指示方，或者反担保函情况下的反担保人。反担保人即应将保函项下的该中止付款和反担保函项下的任何中止付款通知指示方。按本条规定行事即尽到了第16条规定的通知义务。

d. 在本条a款或b款规定的期限内，如果索赔中请求的展期期间或者索赔方同意的其他展期期间已获满足，则该索赔视为已被撤回。如果该展期期间未获满足，则应对该相符索赔予以付款，而无需再次索赔。

e. 即使得到展期指示，担保人或反担保人仍可拒绝展期，并应当付款。

f. 担保人或反担保人应将其在d款下进行展期或付款的决定，毫不延迟地通知给予其指示的一方。

g. 担保人和反担保人对根据本条中止付款均不承担任何责任。

第24条　不相符索赔，不符点的放弃及通知

a. 当担保人确定一项索赔不是相符索赔

时，其可以拒绝该索赔，或者自行决定联系指示方，或者反担保函情况下的反担保人，放弃不符点。

b. 当反担保人确定反担保函项下的一项索赔不是相符索赔时，可以拒绝该索赔，或者自行决定联系指示方，放弃不符点。

c. 本条 a 款或 b 款的规定都不延长第 20 条中规定的期限，也不免除第 16 条中的要求。获得反担保人或指示方对不符点的放弃，并不意味着担保人或反担保人有义务放弃不符点。

d. 当担保人拒绝赔付时，应就此向索赔提交人发出一次性的拒付通知。该通知应说明：

　　i. 担保人拒绝赔付；以及

　　ii. 担保人拒绝赔付的每个不符点。

e. 本条 d 款所要求的通知应毫不延迟地发出，最晚不得迟于交单日翌日起第五个营业日结束之前。

f. 如果担保人未能按照本条 d 款或 e 款的规定行事，则其将无权宣称索赔书以及任何相关单据不构成相符索赔。

g. 担保人在提交了本条 d 款中要求的通知之后，可以在任何时候将任何纸质的单据退还交单人，并以自认为适当的任何方式处置有关电子记录而不承担任何责任。

h. 就本条 d 款、f 款和 g 款而言，"担保人"包括"反担保人"。

第 25 条　减额与终止

a. 保函的可付金额应根据下列情况而相应减少：

　　i. 保函项下已经支付的金额；

　　ii. 根据第 13 条所减少的金额；或者

　　iii. 受益人签署的部分解除保函责任的文件所表明的金额。

b. 无论保函文件是否退还担保人，在下列情况下保函均应终止：

　　i. 保函失效；

　　ii. 保函项下已没有可付金额；或者

　　iii. 受益人签署的解除保函责任的文件提交给担保人。

c. 如果保函或反担保函既没有规定失效日，也没有规定失效事件，则保函应自开立之日起三年之后终止，反担保函应自保函终止后 30 个日历日之后终止。

d. 如果保函的失效日不是索赔提交地点的营业日，则失效日将顺延到该地点的下一个营业日。

e. 如果担保人知悉保函由于上述 b 款规定的任一原因而终止，则除非因失效日届至，担保人应将该情况毫不延迟地通知指示方，或者适用情况下的反担保人，在后一种情况下，反担保人也应将该情况毫不延迟地通知指示方。

第 26 条　不可抗力

a. 在本条中，"不可抗力"指由于天灾、暴动、骚乱、叛乱、战争、恐怖主义行为或担保人或反担保人无法控制的任何原因而导致担保人或反担保人与本规则有关的营业中断的情况。

b. 如果由于不可抗力导致保函项下的交单或付款无法履行，在此期间保函失效，则：

　　i. 保函及反担保函均应自其本应失效之日起展期 30 个日历日，担保人在可行的情况下应立即通知指示方，或者反担保函情况下的反担保人，有关不可抗力及展期的情况，反担保人也应同样通知指示方；

　　ii. 不可抗力发生之前已经交单但尚未审核的，第 20 条规定的审核时间的计算应予中止，直至担保人恢复营业；以及

　　iii. 保函项下的相符索赔在不可抗力发生之前已经提交但由于不可抗力尚未付款的，则不可抗力结束之后须予付款，即使该保函已经失效，在此情况下担保人有权在不可抗力结束之后 30 个日历日之内在反担保函项下提交索赔，即使该反担保函已经失效。

c. 如果由于不可抗力导致反担保函项下的交单或付款无法履行，在此期间反担保函失效，则：

　　i. 反担保函应自反担保人通知担保人不

可抗力结束之日起展期 30 个日历日。同时反担保人应将不可抗力及展期的情况通知指示方；

ii. 不可抗力发生之前已经交单但尚未审核的，第 20 条规定的审核时间的计算应予中止，直至反担保人恢复营业；以及

iii. 反担保函项下的相符索赔在不可抗力发生之前已经提交但由于不可抗力尚未付款的，则不可抗力结束之后须予付款，即使该反担保函已经失效。

d. 根据本条规定进行的任何展期、中止或付款均对指示方有约束力。

e. 担保人和反担保人对于不可抗力的后果不承担进一步的责任。

第 27 条 关于单据有效性的免责

担保人不予承担的责任和义务：

a. 向其提交的任何签字或单据的形式、充分性、准确性、真实性、是否伪造或法律效力；

b. 所接收到的单据中所作或添加的一般或特别声明；

c. 向其提交的任何单据所代表的或引述的货物、服务或其他履约行为或信息的描述、数量、重量、品质、状况、包装、交付、价值或其存在与否；以及

d. 向其提交的任何单据的出具人或所引述的其他任何身份的人的诚信、作为与否、清偿能力、履约或资信状况。

第 28 条 关于信息传递和翻译的免责

a. 当单据按照保函的要求传递或发送时，或当保函未作指示，担保人自行选择传送服务时，担保人对单据传送过程中发生的延误、中途遗失、残缺或其他错误产生的后果，不予负责。

b. 担保人对于技术术语的翻译或解释上的错误，不予负责，并可不加翻译地传递保函整个文本或其任何部分。

第 29 条 关于使用其他方服务的免责

为了执行指示方或反担保人的指示，担保人利用其他方的服务，有关费用和风险均由指示方或反担保人承担。

第 30 条 免责的限制

担保人未依诚信原则行事的情况下，第 27 条到 29 条免责条款不适用。

第 31 条 有关外国法律和惯例的补偿

指示方，或反担保函情况下的反担保人，须就外国法律和惯例加诸于担保人的一切义务和责任对担保人进行补偿，包括外国法律和惯例的有关内容取代了保函或反担保函有关条款的情况。反担保人依据本条款补偿了担保人之后，指示方应对反担保人予以补偿。

第 32 条 费用的承担

a. 指示其他方在本规则下提供服务的一方有责任负担被指示方因执行指示而产生的费用。

b. 如果保函表明费用由受益人负担，但该费用未能收取，则指示方仍有责任支付该费用。如果反担保函表明保函有关的费用由受益人负担，但该费用未能收取，则反担保人仍有责任向担保人支付该费用，而指示方有责任向反担保人支付该费用。

c. 担保人或任何通知方都不得要求保函或对保函的任何通知或修改以担保人或通知方收到其费用为条件。

第 33 条 保函转让与款项让渡

a. 保函只有特别声明"可转让"方可转让，在此情况下，保函可以就转让时可用的全部金额多次转让。反担保函不可转让。

b. 即使保函特别声明是可转让的，保函开立之后担保人没有义务必须执行转让保函的要求，除非是按担保人明确同意的范围和方式进行的转让。

c. 可转让的保函是指可以根据现受益人（"转让人"）的请求而使担保人向新受益人（"受让人"）承担义务的保函。

d. 下列规定适用于保函的转让：

i. 被转让的保函应包括截至转让之日，转让人与担保人已经达成一致的所有保函修改书；以及

ii. 除了上述 a 款、b 款和 d 款项下（i）节规定的条件之外，可转让保函只有在转让

人向担保人提供了经签署的声明，表明受让人已经获得转让人在基础关系项下权利和义务的情况下，才能被转让。

e. 除非转让时另有约定，转让过程中发生的所有费用，都应由转让人支付。

f. 在被转让的保函项下，索赔书以及任何支持声明都应由受让人签署。除非保函另有约定，在其他任何单据上可以用受让人的名字和签字取代转让人的名字和签字。

g. 无论保函是否声明其可转让，根据可适用法律的规定：

i. 受益人可以将其在保函项下可能有权或可能将要有权获得的任何款项让渡给他人；

ii. 但是，除非担保人同意，否则担保人没有义务向被让渡人支付该款项。

第34条 适用法律

a. 除非保函另有约定，保函的适用法律应为担保人开立保函的分支机构或营业场所所在地的法律。

b. 除非反担保函另有约定，反担保函的适用法律须为反担保人开立反担保函的分支机构或营业场所所在地的法律。

第35条 司法管辖

a. 除非保函另有约定，担保人与受益人之间有关保函的任何争议须由担保人开立保函的分支机构或营业场所所在地有管辖权的法院专属管辖。

b. 除非反担保函另有约定，反担保人与担保人之间有关反担保函的任何争议须由反担保人开立反担保函的分支机构或营业场所所在地有管辖权的法院专属管辖。

国际备用证惯例（ISP98）

（1998年4月6日国际商会制订 1999年1月1日生效）

规则1：总则

本规则的范围、适用、定义和解释

1.01 范围和适用

a. 本规则旨在适用于备用信用证（包括履约、金融和直接付款备用信用证）。

b. 备用信用证或其他类似承诺，无论如何命名和描述，用于国内或国际，都可通过明确的援引而使其受本规则约束。

c. 适用于本规则的承诺，可以明确地变更或排除本规则条款的适用。

d. 适用于本规则的承诺，在下文中简称"备用证"。

1.02 与法律和其他规则的关系

a. 本规则在不被法律禁止的范围内对适用的法律进行补充。

b. 在备用证也受其他惯例制约而其规定与本规则冲突时，以本规则为准。

1.03 解释的原则

本规则在以下方面应作为商业惯例进行解释：

a. 作为可信而迅速的付款承诺的备用证的完整性；

b. 在日常业务中银行和商界的习惯做法和术语；

c. 全球银行业务和商业体系内的一致性；及

d. 在解释和适用上的全球统一性。

1.04 本规则的效力

除非另有要求，或被明确修改或排除，本规则作为被订入的条款，适用于备用证、保兑、通知、指定、修改、转让、开证申请或下述当事人同意的其他事项：

ⅰ. 开证人；

ⅱ. 受益人（在其使用备用证的范围内）；

ⅲ. 通知人；

ⅳ. 保兑人；

ⅴ. 在备用证中被指定并照其行事或同意照其行事的任何人；及

ⅵ. 授权开立备用证或以其他方式同意适用本规则的申请人。

1.05　有关开证权力和欺诈或滥用权力提款等事项的排除

本规则对下述事项不予界定或规定：

a. 开立备用证的权力或授权；

b. 对签发备用证的形式要求（如：署名的书面形式）；或

c. 以欺诈、滥用权力或类似情况为根据对承付提出的抗辩。这些事项留给适用的法律解决。

一般原则

1.06　备用证的性质

a. 备用证在开立后即是一项不可撤销的、独立的、单据性的及具有约束力的承诺，并且无需如此写明。

b. 因为备用证是不可撤销的，除非在备用证中另有规定，或经对方当事人同意，开证人不得修改或撤销其在该备用证下之义务。

c. 因为备用证是独立的，备用证下开证人义务的履行并不取决于：

ⅰ. 开证人从申请人那里获得偿付的权利和能力；

ⅱ. 受益人从申请人那里获得付款的权利；

ⅲ. 在备用证中对任何偿付协议或基础交易的援引；或

ⅳ. 开证人对任何偿付协议或基础交易的履约或违约的了解与否。

d. 因为备用证是单据性的，开证人的义务取决于单据的提示，以及对所要求单据的表面审查。

e. 因为备用证和修改在开立后即具有约束力，无论申请人是否授权开立，开证人是否收取了费用，或受益人是否收到或因信赖备用证或修改而采取了行动，它对开证人都具有强制性。

1.07　开证人——受益人关系的独立性

开证人对受益人的义务，不受任何适用的协议、惯例和法律下开证人对申请人的权利和义务的影响。

1.08　责任限制

开证人对以下事项不负责任：

a. 任何基础交易的履行或不履行；

b. 备用证下提示的任何单据的准确性、真实性或有效性；

c. 其他方的作为或不作为，尽管该人是由开证人或指定人选择的；或

d. 对备用证所选择的或开证地所适用的法律和惯例之外的其他法律或惯例的遵守。

术语

1.09　术语定义

除了在标准银行惯例和适用的法律中给出的含义外，以下术语具有或包括下面的含义：

a. 定义

"申请人（Applicant）"——是自己申请开立备用证的人或由他人代为申请开立备用证的本人，包括：（ⅰ）以自己的名义但是为他人申请的人；或（ⅱ）为自己办理的开证人。

"受益人（Beneficiary）"——是根据备用证有提款权利的具名的人，见规则 1.11（c）（ⅱ）。

"营业日（Business Day）"——是指有关行为履行的营业地通常开业的一天。而"银行日（Banking Day）"是指在有关行为履行地有关银行通常开业的一天。

"保兑人（confirmer）"——是指经开

证人指定在开证人的承诺上加上其自身保证承付该备用证的承诺的人，见规则 1.11（c）（i）。

"索款要求（Demand）"——依上下文而定，是指一个要求承付备用证的请求，或者是指提出这种请求的单据。

"单据（Document）"——是指提示（书面形式或是电子媒介形式）的汇票、索款要求、所有权凭证、投资担保、发票、违约证明，或其他事实、法律、权利或意见的陈述，凭以审核是否与备用证的条款一致。

"提款（Drawing）"——依上下文而定，是指一个被提示或被承付的索款要求。

"到期日（Expiration Date）"——是指备用证中规定的做出相符提示的最后日期。

"人（Person）"——包括自然人、合伙组织、股份公司、有限责任公司、政府机构、银行、受托人，以及任何其他法律的或商业的组合或实体。

"提示（Presentation）"——依上下文而定，是指交付备用证下的单据以备审核的行为，或者是指交付的单据。

"提示人（Presenter）"——是指作为或代表受益人或指定人做出提示的人。

"签名（Signature）"——包括为了证实某一单据，由某人签署或采用的任何符号。

b. 相互参照

"修改（Amendment）"——规则 2.06

"通知（Advice）"——规则 2.05

"大约（Approximately）"（"约（About）"或"近似（Circa）"）——规则 3.08（f）

"款项让渡（Assignment of Proceeds）"——规则 6.06

"自动修改（Automatic Amendment）"——规则 2.06（a）

"副本（Copy）"——规则 4.15（d）

"面函指示（Cover Instructions）"——规则 5.08

"承付（Honour）"——规则 2.01

"开证人（Issuer）"——规则 2.01

"多次提示（Multiple Presentations）"——规则 3.08（b）

"指定人（Nominated Person）"——规则 2.04

"非单据条件（Non-documentary Conditions）"——规则 4.11

"正本（Original）"——规则 4.15（b）（c）

"部分提款（Partial Drawing）"——规则 3.08（a）

"备用证（Standby）"——规则 1.01（d）

"转让（Transfer）"——规则 6.01

"受让受益人（Transferee Beneficiary）"——规则 1.11（c）（ii）

"法定转让（Transfer by Operation of Law）"——规则 6.11

c. 电子提示

除非上下文另有要求，规定或允许电子提示的备用证中的下列术语，其含义如下：

"电子记录（Electronic Record）"是指：

i. 一条记录（即记录于有形媒介上的信息，或储存在电子或其他媒介上而能以可感知方式读取的信息）；

ii. 通过电子方式发送到接受、储存、再传送，或以其他方式处理信息（数据、文本、图像、声音、代码、计算机程序、软件、数据库等）的系统中；并

iii. 能够被证实，进而被审核是否与备用证的条款相符。

"证实（Authenticate）"是指通过在商业实践中被广泛接受的程序或方法来证明电子记录的：

i. 发送人或来源的身份，及

ii. 信息内容的完整或传输中的错误。

在电子记录中评估信息完整性的标准是看除附加的签注，以及在正常传递、储存和显示过程中出现的变化外，信息是否保持完整和未被改变。

"电子签名（Electronic signature）"是指由某一方签署或采用的、附加于电子记录或与之逻辑地联系在一起的电子形式的字母、文字、数字或其他符号，目的是证明电子记录的真实性。

"收到（Receipt）"发生在：

i. 电子记录以一种由备用证指定的信息系统能够处理的形式进入时；或

ii. 开证人提取一份发送给不是开证人指定的信息系统的电子记录时。

1.10 多余的或不宜使用的术语

a. 备用证不应该或不需要表明它是：

i. 无条件的（unconditional）或抽象的（abstract）（如果这样做，只不过是表示该备用证下的付款完全取决于指定单据的提示）；

ii. 绝对的（absolute）（如果这样做，只不过是表示是不可撤销的）；

iii. 第一性的（primary）（如果这样做，只不过是表示是开证人独立的义务）；

iv. 从开证人自己的资金中支付（payable from the issuer's own funds）（如果这样做，只不过是表示备用证下的付款并不依靠获得申请人的资金，而是开证人履行其自身独立的义务）；

v. 仅有索款要求的或见索即付（clean or payable on demand）（如果这样做，只不过是表示根据书面请求或备用证要求的其他单据的提示，即可获得支付）。

b. 备用证中不应该使用"和/或（and/or）"（如果这样做，即意味着是任一或二者同时）。

c. 以下术语没有单一的公认含义：

i. 应该不予理会：

——"可随时支取的（callable）"，

——"可分开的（divisible）"，

——"可分割的（fractionable）"，

——"不可分的（indivisible）"，及

——"可转移的（transmissible）"。

ii. 应予不理会，除非在文本中提供它们的意思：

——"可让渡的（assignable）"，

——"永久的（evergreen）"，

——"使重新生效（reinstate）"，及

——"循环的（revolving）"。

1.11 规则解释

a. 本规则参照适用的标准惯例做出解释。

b. 本规则中，"备用信用证"是指本规则试图加以适用的那一类独立承诺，而"备用证"是指受本规则约束的一项承诺。

c. 除非文本中有不同的要求，

i. "开证人"包括"保兑人"，犹如保兑人是一个单独的开证人，其保兑是应开证人申请开立的一份单独的备用证；

ii. "受益人"包括具名的受益人把提取款项的权利有效地转让给的那个人（"受让受益人"）；

iii. "包括"意指"包括但不限于"；

iv. "A或B"意指"A或B或两者同时"；"或A或B"意指"A或B，但不是两者同时"；"A和B"意指"A与B同时"；

v. 单数形式的词包含复数，复数形式的词包括单数；和

vi. 中性的词包括所有词性。

d. i. 规则中使用"除非备用证另有声明"或类似语句，强调的是备用证的文本优先于本规则；

ii. 没有上述语句的规则并不暗示其规定优先于备用证文本条款；

iii. 在"除非备用证另有声明"或类似语句中加上"明确地"或"清楚地"等用语，强调的是，该规则只有通过在备用证中用清晰明白的文字才可以被排除或修改；

iv. 本规则所有条款的效力都可以被备用证文本所改变，其中一些规则效力的变动可能否定备用证在适用法律下作为一项独立承诺的资格。

e. 在"备用证中声（写）明的"或类似语句是指一份备用证的实际文本（或者是开立的或者是经有效修改的），而短语"在备用证中规定的"或类似语句则既指备用证的文本，也指被援引的本规则。

规则 2：义务

2.01 开证人和保兑人对受益人的承付承诺

a. 开证人承担向受益人承付按本规则及标准备用证惯例表面上符合备用证条款的提示的义务。

b. 开证人按所要求的金额即期承付向其做出的提示，除非备用证规定通过以下方式承付：

i. 承兑受益人开出的以开证人为付款人的汇票。在这种情况下，开证人的承付是通过：

（a）及时承兑汇票；以及

（b）随后，在承兑的汇票到期时或到期后提示时，付款给汇票的持有人。

ii. 对受益人的索款要求承担延期付款责任。在这种情况下，开证人承付是通过：

（a）及时承担延期付款义务；及

（b）随后，在到期时付款。

iii. 议付。在这种情况下，开证人无追索权地即期支付索款要求的金额。

c. 开证人如果在被允许审核提示及发出拒付通知的期限内，即期付款、承兑汇票或承担延迟付款的义务（或者，发出拒付通知），即为以及时方式行事。

d. i. 保兑人承担通过即期支付索款要求的金额，或者按备用证中的注明，以与开证人义务一致的其他付款方式承付相符提示的义务。

ii. 如果保兑允许向开证人提示，则保兑人也承担在开证人错误拒付时承付的义务，犹如提示是向保兑人做出一样。

iii. 如果备用证允许向保兑人提示，则开证人也承担在保兑人错误拒绝履行保兑时承付的义务，犹如提示是向开证人做出一样。

e. 开证人承付时应以备用证中指定的币种支付可立即使用的资金，除非在备用证中注明通过以下方式付款：

i. 以货币记账单位付款；在这种情况下，应支付该货币记账单位；或

ii. 交付其他有价物。在这种情况下，应交付这些有价物。

2.02 不同的分支机构、代理机构或其他办事处的义务

就本规则而言，开证人的分支机构、代理机构，或其他办事处，如果是以开证人以外的身份做出或承诺做出备用证下的行为，则仅负有该身份下的义务，并应视为不同的人。

2.03 开证条件

一旦备用证脱离开证人控制，即为已开立；除非其中清楚注明该备用证那时尚未"开立"或不具有"可执行性"。声明备用证不是"可使用的"、"生效的"、"有效的"（available, operative, effective）或类似意思，并不影响在它脱离开证人控制后的不可撤销性和约束力。

2.04 指定

a. 备用证可以指定人进行通知、接受提示、执行转让、保兑、付款、议付、承担延期付款义务，或承兑汇票。

b. 这种指定并不使被指定人负有如此行为的义务，除非被指定人承诺做出这种行为。

c. 被指定的人并未被授权去约束做出指定的人。

2.05 备用证或修改的通知

a. 除非通知中另有声明，通知行为意味着：

i. 通知人已经按照标准信用证惯例检查了所通知信息的表面真实性；及

ii. 该通知准确地反映了其收到的内容。

b. 被要求通知备用证的人，决定不通知时，应通知要求的一方。

2.06 修改授权和具有约束力的时间

a. 如果备用证明确声明该证可因使用金额的增减、到期日的展延等而"自动修改"，则该修改自动生效，不需要任何进一步的通

知或备用证明确规定以外的同意。（这种修改可被称为"未经修改"而生效）。

b. 如果无自动修改的规定，一份修改应当约束：

i. 开证人，当修改脱离该开证人的控制后；及

ii. 保兑人，当修改脱离该保兑人控制后，除非该保兑人表示它不保兑该修改。

c. 如果无自动修改的规定：

i. 受益人必须同意该修改后，才受其约束。

ii. 受益人的同意必须明确地通知给通知该修改的人，除非受益人提示的单据符合修改后的备用证，且不符合修改前的备用证；及

iii. 一份修改无需申请人的同意就能约束开证人、保兑人或受益人。

d. 只同意部分修改视为拒绝整个修改。

2.07 修改的传送

a. 开证人如使用另一个人通知备用证，必须向该人通知所有的修改。

b. 备用证的修改或撤销，并不影响开证人对指定人承担的义务，如该指定人在收到修改或撤销通知之前已在其受指定范围内行事。

c. 可自动展期（更新）的备用证如因故未展期，并不影响开证人对指定人承担的义务，如该指定人在收到不展期通知之前已在其受指定范围内行事。

规则3：提示

3.01 备用证下的相符提示

备用证应该表明提示的时间、地点及在该地点范围以内的场所、接受提示的人和提示的载体。如有这样规定，提示必须与其相符。如备用证并未表明，则提示应与本规则一致，以使其相符。

3.02 提示的构成

收到备用证要求的并在该证下提示的单据即构成了提示，应审核它是否与备用证的条款相符，即使并非所有要求的单据都已被提示。

3.03 备用证的标明

a. 提示必须标明凭以提示的备用证。

b. 提示可以通过以下方式标明备用证：注明备用证的完整号码，以及开证人名称和地点或附以备用证正本或副本。

c. 如开证人不能从收到单据的表面上判定是否根据某一备用证来处理该份单据，或不能确定与该单据有关的备用证，该提示就被认为是在能认定的那一天做出的。

3.04 做出相符提示的地点和对象

a. 为使提示相符，提示必须在备用证中注明的或本规则规定的地点或场所做出。

b. 如果备用证没有注明向开证人提示的地点，则提示必须在备用证开立的营业场所做出。

c. 如果备用证是保兑的，但在保兑书中没有注明提示地点，向保兑人（和开证人）的索款提示必须在保兑人开出保兑书的营业场所或向开证人做出。

d. 如果没有注明提示地点的具体场所（如：部门、楼层、房间、邮递站、信箱或其他场所），提示可以向以下场所或人做出：

i. 备用证中注明的一般邮政地址；

ii. 指定接受信函或单据的地点的任一场所；或

iii. 在提示地点实际上或表面看来被授权为接受提示的任何人。

3.05 何为及时提示

a. 如果提示是在开立备用证后、到期日之前做出，该提示即为及时的。

b. 如果提示是在提示地营业结束后做出的，应视为是在下一个营业日做出的。

3.06 相符的提示载体

a. 为了相符，单据必须以备用证中注明的载体做出提示。

b. 如果没有注明载体，为了相符，单据必须以纸面单据的形式提示，除非只要求提示索款要求。在后种情况下：

i. 属于 SWIFT 成员的受益人或银行，通过 SWIFT、加押电传或其他类似经证实的方式提出的索款要求，即为相符；否则

ii. 如该索款要求非以纸面单据的形式提出，则为不符，除非开证人自主决定允许使用该种形式。

c. 如果单据是通过电子方式传送的，则不能被视为是以纸面单据的形式提示的，尽管开证人或指定人从中可以产生一份纸面单据。

d. 如果注明以电子载体的方式提示，单据必须以电子记录的方式提示，并能为接收提示的开证人或指定人证实。

3.07　每次提示的单独性

a. 无论备用证是否禁止部分或多次提款或提示，做出一次不符提示、收回一次提示，或未完成预定的或允许的多次提示中的任何一次，都不影响或损害做出另一次及时提示或再提示的权利。

b. 对一次相符提示的错误拒付，并不构成对该备用证下其他提示的拒付或对该备用证的否定。

c. 对一次不符提示的承付，不论有无不符点通知，并不意味着放弃该备用证对其他提示的要求。

3.08　部分提款和多次提示；提款金额

a. 提示可以少于可使用的全部金额（"部分提款"）。

b. 可以做出一次以上的提示（"多次提示"）。

c. "禁止部分提款"或类似表述表示提示必须是可使用的全部金额。

d. "禁止多次提款"或类似表述表示只能做出及承付一次提示，但是提示金额可以少于可使用的总金额。

e. 如果索款要求超过了备用证可使用的总金额，该项提款要求构成不符；其他单据写明的金额如超出索款要求的金额不构成不符。

f. 使用"大约""约""近似"，或相似意义的词，允许这些词所指的金额可以上下增减 10%。

3.09　展期或付款

如受益人要求延展备用证的到期日，否则支付备用证下可使用的金额，则：

a. 它属于在备用证下要求付款的提示，应按本规则对其进行审核；及

b. 默示受益人：

i. 同意修改以展延到期日至所要求的日期；

ii. 要求开证人自主决定去征求申请人的同意，并开立这种修改；

iii. 在这种修改开立后将收回其索款要求；及

iv. 同意本规则规定的审核单据和发出拒付通知的最长时限。

3.10　无需通知收到提示

并不要求开证人通知申请人收到了备用证下的提示。

3.11　开证人放弃和申请人同意放弃提示规则

除了备用证或本规则中的其他自主条款以外，开证人可以在没有通知申请人或获得申请人同意且不影响申请人对开证人的义务的情况下，依其独立判断，放弃：

a. 下列规则，以及备用证中注明的主要是为了开证人的利益或操作便利而设的任何类似条款：

i. 应提示人要求将收到的单据当作如同在较晚日期收到一样对待（规则 3.02）；

ii. 在提示中标明与其对应的备用证（规则 3.03（a））；

iii. 除了备用证中注明的提示行为所在国家外，对应在何地和向谁提示的要求（规则 3.04（b）,（c）和（d））；

iv. 将营业结束后做出的提示如同该提示是在下一个营业日做出的一样对待（规则 3.05（b））；

b. 下列规则，但不包括备用证中写明的相似条款：

i. 关于签发日期在注明的提示日之后的单据的规则（规则 4.06），或

ii. 受益人出具的单据与备用证语言一致的要求（规则 4.04）

c. 下列与备用证操作的完整性有关的规则，但前提是银行实际上是与真实的受益人打交道：

接受使用电子载体的索款要求（规则 3.06（b））。

保兑人放弃本条（b）项和（c）项所列要求时，须征得开证人同意。

3.12 备用证正本丢失、遭窃、受损或毁坏

a. 如果一份备用证正本丢失、遭窃、受损或毁坏，开证人无需将其替换或放弃提示备用证正本的要求。

b. 如果开证人同意替换一份备用证正本或放弃提示正本的要求，它可以向受益人提供一份替本或副本，而不影响申请人向开证人偿付的义务；但是，如果开证人如此做，则它必须在该替本或副本上注明"替本"或"副本"字样。开证人可以自主地决定从受益人处要求其认为足够的赔偿担保，以及从指定人处获得尚未付款的确认。

到期日不营业

3.13 到期日是非营业日

a. 如果备用证注明的提示的最后一天（无论注明的是到期日，还是必须收到单据的日期），不是开证人或提示地点的指定人的营业日，那么，在随后第一个营业日做出的提示将被认为是及时的。

b. 收到提示的指定人，必须将此情况通知开证人。

3.14 在营业日的停业及授权在另一个合理地点作出提示

a. 如果在允许提示的最后一个营业日，备用证中注明的提示地点由于任何原因停业，因此没有及时地做出提示，那么，除非备用证另有规定，允许提示的最后一天自动延期到提示地点重新开业后的第 30 个日历日。

b. 在提示地点停业或预计到停业时，开证人可以在备用证中或受益人收到的通知中授权在另一个合理地点提示。如果开证人如此行事，则：

i. 提示必须在该合理地点做出；以及

ii. 如果通知是在提示最后一天之前不足 30 个日历日收到的，并且由于该原因而无法做出及时提示，那么提示的最后一天自动延展到原提示期限后的第 30 个日历日。

规则 4：审核

4.01 审核是否相符

a. 备用证的索款要求必须与备用证的条款相符。

b. 提示是否相符，应结合标准备用证惯例的内容，按照本规则解释和补充的备用证中的条款，审核提示是否表面上符合备用证而确定。

4.02 不审核多余单据

非备用证要求提示的单据无需审核，并在审核提示是否相符时不予考虑。它们可被退还提示人或随着其他提示的单据一起转交，开证人无需负任何责任。

4.03 是否一致的审核

开证人或指定人只需在备用证的规定范围内审核单据之间是否一致。

4.04 单据的语言

受益人出具的所有单据的语言应是备用证使用的语言。

4.05 单据的出具者

所有备用证要求的单据必须由受益人出具，除非备用证中注明单据由第三方出具，或按标准备用证惯例该单据属由第三方出具的类型。

4.06 单据日期

所要求单据的出具日期可以早于但不得迟于提示日期。

4.07 要求的单据上的签名

a. 要求的单据无需签名，除非备用证注

明该单据必须签名，或按标准备用证惯例属需要签名的类型。

b. 所要求的签名可以任何方式为之，只要它适合用于该单据的载体。

c. 除非备用证中规定：

i. 必须签名的人之姓名，否则任何签名或证实都将被认为相符。

ii. 必须签名的人之身份，否则不一定注明签名人身份。

d. 如果在备用证中指明，签名必须由：

i. 一个具名的自然人为之，但不要求指明签名人身份，则一个看起来是具名人的签名即为相符。

ii. 一个具名的法人或政府机构为之，但没有指明由谁代表其签署或该人身份，则任何看来是代表具名的法人或政府机构的签名都是相符的；或者

iii. 一位具名的自然人、法人或政府机构为之，并要求注明签名人身份，则一个注明身份并看起来是该具名的自然人、法人或政府机构的签名是相符的。

4.08 默示要求的索款单据

如果一份备用证没有注明任何要求提示的单据，仍认为需要提示一份做成单据的索款要求。

4.09 同一的措词及引号

如果备用证要求：

a. 一份没有指定精确措词的声明，那么在提示的单据中的措词必须看起来与备用证中要求的措词表达的是同一意思。

b. 使用通过引号、特别划出的段落、附样或格式指定的措词，那么，并不要求重复在拼写、标点、空格或其他在上下文中读起来明显的打印错误；为数据而留的空行和空格，可以通过不与备用证矛盾的任何方式加以填充；或

c. 使用通过引号、特别划出的段落、附样或格式指定的措词，并规定单据应包含"完全一样"或"同一"的措词，那么，提示的单据必须重复指定的措词，包括拼写、标点、空格等打印错误，以及为数据而留的空行和空格。

4.10 申请人的批准

备用证中不应该规定要求的单据须由申请人出具、签署或副签。然而，如果备用证中包含了这种规定，开证人不可以放弃这种要求，也不对申请人扣留单据或拒不签署负责。

4.11 非单据条款

a. 备用证中的非单据条款必须不予考虑，不管其是否会影响开证人接受相符提示或承认备用证已开立、已修改或已终止的义务。

b. 如果备用证不要求提示单据以证明某条款被满足，并且开证人根据其自己的记录或在其自己正常业务范围内也不能确定该条款被满足，则该条款为非单据条款。

c. 从开证人自己的记录或在其正常业务范围内确定的事项，包括以下内容：

i. 何时、何地、如何向开证人提示或以其他方式交付单据；

ii. 何时、何地、如何由开证人、受益人或任何指定人发送或接收有关备用证的文讯；

iii. 开证人管理的账户转入或转出的金额；及

iv. 根据一个公布的指数可以确定的金额（例如：如果一份备用证规定根据公布的利率来确定产生的利息金额）。

d. 开证人无需根据备用证中写明或提及的公式，重新计算受益人的计算结果，除非备用证要求这样做。

4.12 对单据中的声明的形式要求

a. 所要求的声明无需采用庄重式、正式或任何其他专门形式做出。

b. 如果备用证规定要求的声明由声明人以某种形式做出，但没有指明何种形式或内容，则如果注明该声明是经宣布的、经宣称的、经保证的、经证明的、经宣誓的、经主张的、经证实的，或类似情况，该声明即为相符。

c. 如果备用证要求一份由另一个人作见

证的声明，但没有指定形式或内容，则若该份被见证的声明看起来含有一个不是受益人的签名，并注明该人系作为见证人行事，该声明即为相符。

d. 如果备用证要求由一个受益人之外的第三人以政府、司法、公司或其他的代表身份对声明给予副签、履行法律手续、签证或类似的行为，但没有规定形式和内容，则若该声明包含有一个非受益人的签名，并且注明该人的代表身份以及所代表的组织，该声明即为相符。

4.13 无验明受益人身份的责任

除备用证要求提示电子记录外：

a. 承付提示的人，对申请人没有义务去查明做出提示的任何人或任何款项受让渡人的身份；

b. 向具名的受益人、受让人、被确认的受让渡人、法定承继人付款，或向备用证写明或受益人或指定人发出的面函指示中注明的账户或账号付款，即构成备用证下付款义务的履行。

4.14 被购并或合并的开证人或保兑人的名称

如果开证人或保兑人被重组、合并，或更换名称，在提示的单据中要求提到开证人或保兑人名称时，可以使用其原名或承继人名称。

4.15 正本、副本及一式多份的单据

a. 提示的单据必须是正本。

b. 在允许或要求电子提示的情况下，提示的电子记录即被认为是"正本"。

c. i. 除非在表面上看起来是从正本复制的，则被提示的单据被认为是"正本"。

ii. 如果签名或证实看起来是原始的，则看起来是从正本复制的单据被认为是正本。

d. 备用证要求提示一"份（copy）"单据的，可以或提示正本或提示副本，除非在备用证中注明只应提示副本，或者注明了全部正本的其他去向。

e. 如果要求多份的同一单据，只有一份必须是正本，除非规定：

i. 要求"两份正本"或"多份正本"，则全部都必须是正本；或

ii. 要求"两份（2 copies）""两张的（two-fold）"，或类似的情况下，则可以根据要求或都提示正本或都提示副本。

备用证单据类型

4.16 索款要求

a. 索款要求无需与受益人的声明或其他要求的单据分离开来。

b. 如果要求单独的索款要求，它必须含有：

i. 受益人向开证人或指定人的索款要求；

ii. 提出该要求的日期；

iii. 索款金额；及

iv. 受益人的签名。

c. 这种索款要求可以是汇票或其他指示、命令或付款请求。如果备用证要求提示"汇票"，该汇票无需是可流通的形式，除非备用证这样写明。

4.17 违约或其他提款事由的声明

如果备用证要求一份关于违约或其他提款事由的声明、证明或其他陈述，但没有指明内容，则如果单据中包含以下内容，该单据就是相符的：

a. 陈述：由于备用证中规定的提款事由已经发生，应该付款。

b. 单据出具日期；及

c. 受益人的签名。

4.18 可转让的单据

如果备用证要求提示一份通过背书和交付即可转让的单据，但未注明是否、如何或必须向谁做出背书，则该单据可以不加背书，或如果作了背书，可以是空白背书。无论如何，该单据的开立或转让既可带追索权，也可不带追索权。

4.19 法律或司法文件

如果备用证要求提示政府出具的文件、法院命令、仲裁裁决书或类似的文件，则如

果一份文件或其副本看起来具有如下特征即被认为是相符的：

ⅰ. 由政府机构、法院、仲裁庭或类似机构出具的；

ⅱ. 有适当的称号或名称；

ⅲ. 经过签署的；

ⅳ. 注明日期；及

ⅴ. 经政府机构、法院、仲裁庭，或类似机构的官员对该单据做出了原始证明或证实。

4.20 其他单据

a. 如果备用证要求本规则中未规定内容的单据，而没有指明其出单人、数据内容或措辞，则如果该单据看起来有合适的名称，或起到了标准备用证惯例下该种单据类型的功能，该单据即为相符。

b. 备用证下提示的单据，应该根据本规则下备用证惯例进行审核，尽管该单据类型（例如商业发票、运输单据、保险单据，或类似的单据）在《跟单信用证统一惯例》中有详细规定。

4.21 开立单独承诺的要求

如果备用证中要求该备用证的受益人向另一人开立其自身的单独承诺（无论是否在备用证中叙述了该承诺的内容），

a. 受益人并不因此取得除在本备用证下的提款权利之外的权利，即使开证人向受益人为开立这种单独的承诺支付了费用；

b. 既不需要向开证人提示该单独承诺，也不需要提示该承诺下的任何单据；并且

c. 如果开证人收到该单独承诺或其下单据的正本或副本（尽管没有要求将其作为备用证承付的条件而提示），

ⅰ. 开证人无需审核并在任何情况下都无需考虑它们是否与备用证、备用证下受益人的索款要求，或受益人的单独承诺相符合或一致；及

ⅱ. 开证人可以把它们退还给提示人，或与提示一起转交给申请人，并不承担责任。

规则 5：单据的通知、排除和处理

5.01 及时的拒付通知

a. 拒付通知必须在单据提示后一段并非不合理的时间内发出。

ⅰ. 在三个营业日内发出的通知被视为不是不合理的，超过七个营业日被认为是不合理的。

ⅱ. 发出通知的时间是否不合理，不取决于提示的最后期限是否临近。

ⅲ. 拒付通知时限的计算，始于提示日后的下一个营业日。

ⅳ. 除非在备用证中明确规定将发出拒付通知的时间缩短，开证人没有义务加速审核提示。

b. ⅰ. 如果有电讯手段，发出拒付通知的方式应通过电讯手段；如果没有，可以通过达到迅捷通知目的的其他合理方式。

ⅱ. 如果在允许发出通知的期限内收到拒付通知，即认为该通知是通过迅捷的方式发出的。

c. 拒付通知必须发送给从其收到单据的人（不管是受益人、指定人，还是其他除投递人以外的人），除非提示人有不同的要求。

5.02 拒付理由的声明

拒付通知应注明凭以拒付的全部不符点。

5.03 没有及时发出拒付通知

a. 如果没有按照备用证或本规则指明的时间和方式，在拒付通知中列明不符点，就不能再对包含该不符点的该单据（包括重新提示的同一单据）提出该不符点，但是并不影响针对同一份或其他备用证下的不同提示提出该不符点。

b. 如果没有通知拒付或承兑或承认延迟付款责任，则开证人在到期时有义务付款。

5.04 逾效期的通知

没有发出关于提示是在到期日以后做出

的通知，并不影响因此而拒付。

5.05 开证人未经提示人要求而请求申请人放弃不符点

如果开证人认为提示不符，并且提示人没有不同的指示，开证人可以自主决定请求申请人放弃该不符点，或者授权承付，但必须在本应发出拒付通知的合理时间内，并且不延长该期限。获得了申请人的放弃声明，并不使开证人也有义务放弃该不符点。

5.06 经提示人要求，开证人请求申请人放弃不符点

如果在收到拒付通知后，提示人要求将提示的单据转交给开证人，或请求开证人向申请人寻求放弃不符点：

a. 有关人员并无义务转交该不符的单据，或寻求申请人放弃不符点；

b. 向开证人的提示仍然受本规则约束，除非提示人明确同意可以离开本规则；及

c. 如果单据被转交，或向申请人提出了放弃不符点的请求，则：

i. 提示人就不能拒绝开证人通知他的不符点；

ii. 开证人没有被解除根据本规则审核提示的义务；

iii. 开证人没有义务放弃不符点，尽管申请人做了放弃；及

iv. 开证人必须持有单据，直至收到申请人的答复，或应提示人要求归还单据。如果开证人在其拒付通知后的 10 个营业日内没有收到这种答复或要求，可以把单据退还提示人。

5.07 单据的处置

被拒付的单据必须按提示人的合理指示加以退还、持有或处置。在拒付通知中没有表明单据处置情况，并不排除开证人用任何本可以主张的抗辩权来拒绝承付。

5.08 面函指示/发件函

a. 伴随备用证下提示的指示，在不与备用证条款、索款要求或本规则相抵触时可以作为依据。

b. 伴随提示的由指定人做出的陈述，在不与备用证条款或本规则相抵触时可以作为依据。

c. 尽管收到了指示，开证人或指定人仍可以直接向提示人付款、发出通知、归还单据或进行其他事务。

d. 面函中对单据不符的声明，不能解除开证人审核单证是否相符的责任。

5.09 申请人的异议通知

a. 申请人应通过迅捷的方式及时向开证人提出对承付不符提示的异议。

b. 如果申请人在收到单据后一段合理的时间内向开证人发出通知，说明其拒绝的不符点，则认为申请人行为为及时。

c. 如没有通过迅捷的方式及时发出异议通知，申请人就不能再对开证人就其收到的该单据提出任何不符点或其他单据表面可见之缺点，但不影响其对同一或不同备用证下的其他提示提出该异议。

规则 6：转让、让渡及法定转让

提款权利的转让

6.01 请求转让提款权利

当受益人请求开证人或指定人向另一人承付，犹如该人是受益人时，适用本部分关于提款权利转让（简称"转让"）的规则。

6.02 提款权利何时可转让

a. 除非明确注明，否则备用证不可转让。

b. 如一份备用证注明为可转让备用证，但未作进一步规定，则提款权利：

i. 可以不止一次地被整体转让；

ii. 不可以部分转让；及

iii. 不可以转让，除非开证人（包括保兑人）或在备用证中具体指定的人，同意并办理受益人所要求的转让。

6.03 转让条件

可转让备用证的开证人或指定人无需履行转让，除非

a. 它确信备用证正本的存在及其真实性；及

b. 受益人提交或满足：

i. 一份按开证人或指定人可接受的形式提出的请求，包括转让的有效日期，及受让人的名称和地址；

ii. 备用证正本；

iii. 证明代受益人签署的人的签名；

iv. 证明代受益人签署的人的权限；

v. 支付转让费用；及

vi. 任何其他的合理要求。

6.04 转让对要求提示的单据的影响

如为全部提款权利的转让：

a. 汇票或索款要求必须由受让受益人签署；以及

b. 在任何其他要求的单据中，受让受益人的名称可以代替转让受益人的名称。

6.05 转让付款的偿付

根据规则6.03（a），（b）(i) 和（b）(ii)，进行转让付款后的开证人或指定人，有权获得偿付，犹如已向受益人做出了付款。

款项让渡的确认

6.06 款项让渡

若开证人或指定人被要求确认受益人关于将在备用证下受益人获得的全部或部分款项支付给受让渡人的请求，适用本部分关于款项让渡的规则，除非适用的法律另有要求。

6.07 请求确认

a. 除非适用的法律另有要求，开证人或指定人：

i. 在没有对让渡请求予以确认的情况下，没有义务执行款项让渡；及

ii. 没有义务确认该让渡请求。

b. 如果让渡得到确认：

i. 该确认没有赋予受让渡人有关备用证的权利，该人只是对让渡的款项享有权利，并且其权利可以由于备用证修改或取消而受到影响；及

ii. 受让渡人的权利受制于：

A. 确认人确有应当付予受益人的净款；

B. 指定人和受让受益人的权利；

C. 其他被确认的受让渡人的权利；及

D. 根据适用的法律享有优先权的其他任何权益。

6.08 确认款项让渡的条件

开证人或指定人可以规定其确认以收到下述文件为条件：

a. 备用证正本以备审核或批注；

b. 代受益人签署的人的签名证实；

c. 代受益人签署的人的权限证实；

d. 受益人签署的不可撤销的关于确认款项让渡的请求，包括声明、约定、赔偿担保，以及开证人或指定人制订的请求格式中可能包含的其他条款，如：

i. 如果备用证允许多次提款，所涉及的提款是哪一笔；

ii. 受益人和受让渡人的全名、法律形式、地点及通讯地址；

iii. 影响备用证款项支付和交付的任何要求的细节；

iv. 部分让渡的限制和连续让渡的禁止；

v. 有关让渡的合法性和相对优先权的声明；或

vi. 如果开证人或指定人原本享有对受益人的追回全部或部分款项的权利，则对受让渡人以其收到的款项为限仍然享有的追回权利。

e. 支付确认费用；及

f. 履行其他合理要求。

6.09 对款项相互冲突的数项请求

如果对款项有相互冲突的数项请求，则对被确认的受让渡人的付款可以暂停，直至冲突解决。

6.10 对让渡付款的偿付

根据规则6.08（a）和（b）对确认的让渡请求进行付款的开证人或指定人，有权得到偿付，犹如它已向受益人付款。如果受益人是银行，这种确认可以仅仅基于经证实

的函电。

法定转让

6.11 法定受让人

当那些声明根据法律规定承继受益人利益的继承人、遗产代理人、清算人、受托人、破产财产管理人、承继的公司或类似的人，以其自身名义提示单据，犹如是受益人授权的受让人时，适用本部分规则。

6.12 以承继人的名义提款需提示的额外单据

对声称的承继人，应犹如它是受益人授权的有全部提款权利的受让人一样对待，只要它额外提示了看起来是由公职官员或代表（包括司法官员）签发的文件，注明：

a. 该声称为承继人的是由股份有限公司、有限责任公司或其他相似组织，经合并、联合或其他类似行为而产生的续存者；

b. 该声称的承继人系在破产程序中被授权或任命为代表具名的受益人或其财产行事的人；

c. 该声称的承继人系由于受益人的死亡或丧失行为能力而被授权或任命代表具名的受益人行事的人；

d. 受益人的名称已被更换为该声称为承继人的名称。

6.13 在承继人提示时义务的暂停履行

开证人或指定人在从声称的承继人处收到提示后，如果该提示除了受益人的名称外都是相符的，则

a. 可以要求再提示形式和内容令其满意的下述文件：

i. 法律意见；

ii. 规则 6.12（以承继人的名义提款需提示的额外单据）中提及的由公职官员签发的额外单据；

iii. 有关该声称的承继人依法成为承继人的声明、约定及赔偿担保；

iv. 支付这些审核涉及的合理费用；及

v. 规则 6.03（转让条件）或规则 6.08（确认款项让渡的条件）可能要求的任何事项。

但是，这些文件不应如同备用证本来要求的单据一样适用备用证的效期规定。

b. 开证人或指定人在收到所要求的上述文件前，其承付或发出拒付通知的义务暂停履行，但是备用证要求的单据的最后提示期限并不因此而延长。

6.14 对法定转让的付款的偿付

在法定转让的情况下，根据规则 6.12（以承继人的名义提款需提示的额外单据）付款的开证人或指定人，有权得到偿付，犹如它已向受益人付款。

规则 7：撤销

7.01 不可撤销的备用证被撤销或终止的时间

备用证下受益人的权利未经其同意不可撤销。这种同意可以以书面形式，或通过行为表明，比如通过归还备用证正本表明受益人同意撤销。受益人对撤销的同意一经传达给开证人即不可撤销。

7.02 开证人有关撤销决定的自主权

在接受受益人撤销的授权并把备用证完全撤销之前，开证人可以要求以形式和内容令其满意的方式提供以下文件：

a. 备用证正本；

b. 代受益人签署的人的签名证实；

c. 代受益人签署的人的权限证实；

d. 法律意见；

e. 受益人为撤销备用证而签署的不可撤销的授权书，包括：声明、约定、赔偿担保，以及要求格式中包含的其他内容；

f. 令其确信所有保兑人的义务已被撤销的证据；

g. 令其确信没有转让并且任何指定人都未曾进行付款的证据；及

h. 任何其他合理措施。

规则8：偿付义务

8.01 获得偿付的权利

a. 若根据本规则对相符提示给予了付款，就必须由以下的人给予偿付：

i. 要求开立备用证的申请人向开证人偿付；及

ii. 开证人向其指定做出付款或以其他方式做出给付的指定人偿付。

b. 申请人必须对由下述事由而产生的请求、义务和责任（包括支付律师费用）向开证人负赔偿责任：

i. 除在开证地所适用的或备用证所选择的法律和惯例以外的法律和惯例的规定；

ii. 其他人的欺诈、伪造或其他非法行为；或

iii. 由于保兑人错误地拒绝履行其保兑，开证人代为履行保兑人的义务。

c. 本规则对其他适用的规定较少或其他偿付或赔偿事由的协议、交易习惯、惯例、习惯进行补充。

8.02 费用和成本的支付

a. 申请人必须支付开证人收取的费用，并偿付开证人在申请人同意下指定进行通知、保兑、付款、议付、转让或开立单独承诺的指定人向开证人收取的任何费用。

b. 开证人有义务支付其他人收取的以下费用：

i. 根据备用证条款应支付的费用；或

ii. 指定人通知、付款、议付、转让或开立单独承诺所惯常发生的、而由于该备用证下未作索款要求致使未曾或无法从受益人或其他提示人处收取的合理费用和花费。

8.03 偿付的退还

如果开证人拒付，在开证人及时拒付提示之前获得偿付的指定人必须退还偿付和利息，这种退还并不影响该指定人指控错误拒付并请求偿付。

8.04 银行间偿付

从另一家银行获取偿付的任何指示或授权，适用国际商会银行间偿付的标准规则。

规则9：时间安排

9.01 备用证持续的时间

备用证必须：

i. 含有到期日；或

ii. 允许开证人经合理的事先通知或付款而终止备用证。

9.02 到期日对指定人的影响

在其指定范围内行事的指定人的权利，并不受在后的备用证到期的影响。

9.03 时间的计算

a. 在本规则下必须做出某一行为的时间期限，是从该行为应开始的地点的营业日后的第一个营业日开始计算。

b. 延展的期限开始于所注明的到期日后的第一个日历日，即使该日或到期日可能是开证人停业的一天。

9.04 到期日的时间

如果没有注明到期日的具体到期时间，它应当在提示地该日营业结束时。

9.05 备用证的保留

在要求付款的权利终止以后，保留备用证正本并不使备用证下的任何权利得以保留。

规则10：联合开证/共享

10.01 联合开证

如果备用证有一个以上的开证人，而没有注明应向谁做出提示，则可以向任何开证人做出提示，并对所有开证人具有约束力。

10.02 共享

a. 除非申请人和开证人有其他约定，开证人可以有偿地邀请他人共享其对申请人和任何提示人的权益，并可不公开地向潜在共

享人透露有关申请人的资料。

b. 开证人对其权利共享的出卖，并不影响备用证下开证人的义务或在受益人和任何共享人之间创立任何权利和义务。

最高人民法院关于适用《中华人民共和国保险法》若干问题的解释（一）

法释〔2009〕12号

（2009年9月14日最高人民法院审判委员会第1473次会议通过 2009年9月21日最高人民法院公告公布 自2009年10月1日起施行）

为正确审理保险合同纠纷案件，切实维护当事人的合法权益，现就人民法院适用2009年2月28日第十一届全国人大常委会第七次会议修订的《中华人民共和国保险法》（以下简称保险法）的有关问题规定如下：

第一条 保险法施行后成立的保险合同发生的纠纷，适用保险法的规定。保险法施行前成立的保险合同发生的纠纷，除本解释另有规定外，适用当时的法律规定；当时的法律没有规定的，参照适用保险法的有关规定。

认定保险合同是否成立，适用合同订立时的法律。

第二条 对于保险法施行前成立的保险合同，适用当时的法律认定无效而适用保险法认定有效的，适用保险法的规定。

第三条 保险合同成立于保险法施行前而保险标的转让、保险事故、理赔、代位求偿等行为或事件，发生于保险法施行后的，适用保险法的规定。

第四条 保险合同成立于保险法施行前，保险法施行后，保险人以投保人未履行如实告知义务或者申报被保险人年龄不真实为由，主张解除合同的，适用保险法的规定。

第五条 保险法施行前成立的保险合同，下列情形下的期间自2009年10月1日起计算：

（一）保险法施行前，保险人收到赔偿或者给付保险金的请求，保险法施行后，适用保险法第二十三条规定的三十日的；

（二）保险法施行前，保险人知道解除事由，保险法施行后，按照保险法第十六条、第三十二条的规定行使解除权，适用保险法第十六条规定的三十日的；

（三）保险法施行后，保险人按照保险法第十六条第二款的规定请求解除合同，适用保险法第十六条规定的二年的；

（四）保险法施行前，保险人收到保险标的转让通知，保险法施行后，以保险标的转让导致危险程度显著增加为由请求按照合同约定增加保险费或者解除合同，适用保险法第四十九条规定的三十日的。

第六条 保险法施行前已经终审的案件，当事人申请再审或者按照审判监督程序提起再审的案件，不适用保险法的规定。

最高人民法院关于适用《中华人民共和国保险法》若干问题的解释（二）

（2013年5月6日最高人民法院审判委员会第1577次会议通过 根据2020年12月23日最高人民法院审判委员会第1823次会议通过的《最高人民法院关于修改〈最高人民法院关于破产企业国有划拨土地使用权应否列入破产财产等问题的批复〉等二十九件商事类司法解释的决定》修正）

为正确审理保险合同纠纷案件，切实维护当事人的合法权益，根据《中华人民共和国民法典》《中华人民共和国保险法》《中华人民共和国民事诉讼法》等法律规定，结合审判实践，就保险法中关于保险合同一般规定部分有关法律适用问题解释如下：

第一条 财产保险中，不同投保人就同一保险标的分别投保，保险事故发生后，被保险人在其保险利益范围内依据保险合同主张保险赔偿的，人民法院应予支持。

第二条 人身保险中，因投保人对被保险人不具有保险利益导致保险合同无效，投保人主张保险人退还扣减相应手续费后的保险费的，人民法院应予支持。

第三条 投保人或者投保人的代理人订立保险合同时没有亲自签字或者盖章，而由保险人或者保险人的代理人代为签字或者盖章的，对投保人不生效。但投保人已经交纳保险费的，视为其对代签字或者盖章行为的追认。

保险人或者保险人的代理人代为填写保险单证后经投保人签字或者盖章确认的，代为填写的内容视为投保人的真实意思表示。但有证据证明保险人或者保险人的代理人存在保险法第一百一十六条、第一百三十一条相关规定情形的除外。

第四条 保险人接受了投保人提交的投保单并收取了保险费，尚未作出是否承保的意思表示，发生保险事故，被保险人或者受益人请求保险人按照保险合同承担赔偿或者给付保险金责任，符合承保条件的，人民法院应予支持；不符合承保条件的，保险人不承担保险责任，但应当退还已经收取的保险费。

保险人主张不符合承保条件的，应承担举证责任。

第五条 保险合同订立时，投保人明知的与保险标的或者被保险人有关的情况，属于保险法第十六条第一款规定的投保人"应当如实告知"的内容。

第六条 投保人的告知义务限于保险人询问的范围和内容。当事人对询问范围及内容有争议的，保险人负举证责任。

保险人以投保人违反了对投保单询问表中所列概括性条款的如实告知义务为由请求解除合同的，人民法院不予支持。但该概括性条款有具体内容的除外。

第七条 保险人在保险合同成立后知道或者应当知道投保人未履行如实告知义务，仍然收取保险费，又依照保险法第十六条第二款的规定主张解除合同的，人民法院不予支持。

第八条 保险人未行使合同解除权，直接以存在保险法第十六条第四款、第五款规定的情形为由拒绝赔偿的，人民法院不予支持。但当事人就拒绝赔偿事宜及保险合同存续另行达成一致的情况除外。

第九条 保险人提供的格式合同文本中的责任免除条款、免赔额、免赔率、比例赔付或者给付等免除或者减轻保险人责任的条款，可以认定为保险法第十七条第二款规定的"免除保险人责任的条款"。

保险人因投保人、被保险人违反法定或者约定义务，享有解除合同权利的条款，不属于保险法第十七条第二款规定的"免除保险人责任的条款"。

第十条 保险人将法律、行政法规中的禁止性规定情形作为保险合同免责条款的免责事由，保险人对该条款作出提示后，投保人、被保险人或者受益人以保险人未履行明确说明义务为由主张该条款不成为合同内容的，人民法院不予支持。

第十一条 保险合同订立时，保险人在投保单或者保险单等其他保险凭证上，对保险合同中免除保险人责任的条款，以足以引起投保人注意的文字、字体、符号或者其他明显标志作出提示的，人民法院应当认定其履行了保险法第十七条第二款规定的提示义务。

保险人对保险合同中有关免除保险人责任条款的概念、内容及其法律后果以书面或者口头形式向投保人作出常人能够理解的解释说明的，人民法院应当认定保险人履行了保险法第十七条第二款规定的明确说明义务。

第十二条 通过网络、电话等方式订立的保险合同，保险人以网页、音频、视频等形式对免除保险人责任条款予以提示和明确说明的，人民法院可以认定其履行了提示和明确说明义务。

第十三条 保险人对其履行了明确说明义务负举证责任。

投保人对保险人履行了符合本解释第十一条第二款要求的明确说明义务在相关文书上签字、盖章或者以其他形式予以确认的，应当认定保险人履行了该项义务。但另有证据证明保险人未履行明确说明义务的除外。

第十四条 保险合同中记载的内容不一致的，按照下列规则认定：

（一）投保单与保险单或者其他保险凭证不一致的，以投保单为准。但不一致的情形系经保险人说明并经投保人同意的，以投保人签收的保险单或者其他保险凭证载明的内容为准；

（二）非格式条款与格式条款不一致的，以非格式条款为准；

（三）保险凭证记载的时间不同的，以形成时间在后的为准；

（四）保险凭证存在手写和打印两种方式的，以双方签字、盖章的手写部分的内容为准。

第十五条 保险法第二十三条规定的三十日核定期间，应自保险人初次收到索赔请求及投保人、被保险人或者受益人提供的有关证明和资料之日起算。

保险人主张扣除投保人、被保险人或者受益人补充提供有关证明和资料期间的，人民法院应予支持。扣除期间自保险人根据保险法第二十二条规定作出的通知到达投保人、被保险人或者受益人之日起，至投保人、被保险人或者受益人按照通知要求补充提供的有关证明和资料到达保险人之日止。

第十六条 保险人应以自己的名义行使保险代位求偿权。

根据保险法第六十条第一款的规定，保险人代位求偿权的诉讼时效期间应自其取得代位求偿权之日起算。

第十七条 保险人在其提供的保险合同格式条款中对非保险术语所作的解释符合专业意义，或者虽不符合专业意义，但有利于投保人、被保险人或者受益人的，人民法院应予认可。

第十八条 行政管理部门依据法律规定制作的交通事故认定书、火灾事故认定书等，人民法院应当依法审查并确认其相应的证明力，但有相反证据能够推翻的除外。

第十九条 保险事故发生后，被保险人或者受益人起诉保险人，保险人以被保险人或者受益人未要求第三者承担责任为由抗辩不承担保险责任的，人民法院不予支持。

财产保险事故发生后，被保险人就其所受损失从第三者取得赔偿后的不足部分提起诉讼，请求保险人赔偿的，人民法院应予依法受理。

第二十条 保险公司依法设立并取得营业执照的分支机构属于《中华人民共和国民事诉讼法》第四十八条规定的其他组织，可以作为保险合同纠纷案件的当事人参加诉讼。

第二十一条 本解释施行后尚未终审的保险合同纠纷案件，适用本解释；本解释施行前已经终审，当事人申请再审或者按照审判监督程序决定再审的案件，不适用本解释。

最高人民法院
关于适用《中华人民共和国保险法》若干问题的解释（三）

（2015年9月21日最高人民法院审判委员会第1661次会议通过 根据2020年12月23日最高人民法院审判委员会第1823次会议通过的《最高人民法院关于修改〈最高人民法院关于破产企业国有划拨土地使用权应否列入破产财产等问题的批复〉等二十九件商事类司法解释的决定》修正）

为正确审理保险合同纠纷案件，切实维护当事人的合法权益，根据《中华人民共和国民法典》《中华人民共和国保险法》《中华人民共和国民事诉讼法》等法律规定，结合审判实践，就保险法中关于保险合同章人身保险部分有关法律适用问题解释如下：

第一条 当事人订立以死亡为给付保险金条件的合同，根据保险法第三十四条的规定，"被保险人同意并认可保险金额"可以采取书面形式、口头形式或者其他形式；可以在合同订立时作出，也可以在合同订立后追认。

有下列情形之一的，应认定为被保险人同意投保人为其订立保险合同并认可保险金额：

（一）被保险人明知他人代其签名同意而未表示异议的；

（二）被保险人同意投保人指定的受益人的；

（三）有证据足以认定被保险人同意投保人为其投保的其他情形。

第二条 被保险人以书面形式通知保险人和投保人撤销其依据保险法第三十四条第一款规定所作出的同意意思表示的，可认定为保险合同解除。

第三条 人民法院审理人身保险合同纠纷案件时，应主动审查投保人订立保险合同时是否具有保险利益，以及以死亡为给付保险金条件的合同是否经过被保险人同意并认可保险金额。

第四条 保险合同订立后，因投保人丧失对被保险人的保险利益，当事人主张保险合同无效的，人民法院不予支持。

第五条 保险合同订立时，被保险人根据保险人的要求在指定医疗服务机构进行体检，当事人主张投保人如实告知义务免除的，人民法院不予支持。

保险人知道被保险人的体检结果，仍以投保人未就相关情况履行如实告知义务为由要求解除合同的，人民法院不予支持。

第六条 未成年人父母之外的其他履行监护职责的人为未成年人订立以死亡为给付保险金条件的合同，当事人主张参照保险法第三十三条第二款、第三十四条第三款的规定认定该合同有效的，人民法院不予支持，但经未成年人父母同意的除外。

第七条 当事人以被保险人、受益人或者他人已经代为支付保险费为由，主张投保人对应的交费义务已经履行的，人民法院应予支持。

第八条 保险合同效力依照保险法第三十六条规定中止，投保人提出恢复效力申请并同意补交保险费，除被保险人的危险程度在中止期间显著增加外，保险人拒绝恢复效力的，人民法院不予支持。

保险人在收到恢复效力申请后，三十日内未明确拒绝的，应认定为同意恢复效力。

保险合同自投保人补交保险费之日恢复效力。保险人要求投保人补交相应利息的，人民法院应予支持。

第九条 投保人指定受益人未经被保险人同意的，人民法院应认定指定行为无效。

当事人对保险合同约定的受益人存在争议，除投保人、被保险人在保险合同之外另有约定外，按以下情形分别处理：

（一）受益人约定为"法定"或者"法定继承人"的，以民法典规定的法定继承人为受益人；

（二）受益人仅约定为身份关系，投保人与被保险人为同一主体的，根据保险事故发生时与被保险人的身份关系确定受益人；投保人与被保险人为不同主体的，根据保险合同成立时与被保险人的身份关系确定受益人；

（三）约定的受益人包括姓名和身份关系，保险事故发生时身份关系发生变化的，认定为未指定受益人。

第十条 投保人或者被保险人变更受益人，当事人主张变更行为自变更意思表示发出时生效的，人民法院应予支持。

投保人或者被保险人变更受益人未通知保险人，保险人主张变更对其不发生效力的，人民法院应予支持。

投保人变更受益人未经被保险人同意的，人民法院应认定变更行为无效。

第十一条 投保人或者被保险人在保险事故发生后变更受益人，变更后的受益人请求保险人给付保险金的，人民法院不予支持。

第十二条 投保人或者被保险人指定数人为受益人，部分受益人在保险事故发生前死亡、放弃受益权或者依法丧失受益权的，该受益人应得的受益份额按照保险合同的约定处理；保险合同没有约定或者约定不明的，该受益人应得的受益份额按照以下情形分别处理：

（一）未约定受益顺序和受益份额的，由其他受益人平均享有；

（二）未约定受益顺序但约定受益份额的，由其他受益人按照相应比例享有；

（三）约定受益顺序但未约定受益份额的，由同顺序的其他受益人平均享有；同一顺序没有其他受益人的，由后一顺序的受益人平均享有；

（四）约定受益顺序和受益份额的，由同顺序的其他受益人按照相应比例享有；同一顺序没有其他受益人的，由后一顺序的受益人按照相应比例享有。

第十三条 保险事故发生后，受益人将与本次保险事故相对应的全部或者部分保险金请求权转让给第三人，当事人主张该转让行为有效的，人民法院应予支持，但根据合同性质、当事人约定或者法律规定不得转让的除外。

第十四条 保险金根据保险法第四十二条规定作为被保险人的遗产，被保险人的继承人要求保险人给付保险金，保险人以其已向持有保险单的被保险人的其他继承人给付保险金为由抗辩的，人民法院应予支持。

第十五条 受益人与被保险人存在继承关系，在同一事件中死亡且不能确定死亡先后顺序的，人民法院应根据保险法第四十二条第二款的规定推定受益人死亡在先，并按照保险法及本解释的相关规定确定保险金归属。

第十六条 保险合同解除时，投保人与被保险人、受益人为不同主体，被保险人或者受益人要求退还保险单的现金价值的，人民法院不予支持，但保险合同另有约定的除外。

投保人故意造成被保险人死亡、伤残或者疾病，保险人依照保险法第四十三条规定退还保险单的现金价值的，其他权利人按照被保险人、被保险人继承人的顺序确定。

第十七条 投保人解除保险合同，当事人以其解除合同未经被保险人或者受益人同意为由主张解除行为无效的，人民法院不予支持，但被保险人或者受益人已向投保人支付相当于保险单现金价值的款项并通知保险人的除外。

第十八条 保险人给付费用补偿型的医疗费用保险金时，主张扣减被保险人从公费医疗或者社会医疗保险取得的赔偿金额的，应当证明该保险产品在厘定医疗费用保险费率时已经将公费医疗或者社会医疗保险部分相应扣除，并按照扣减后的标准收取保险费。

第十九条 保险合同约定按照基本医疗保险的标准核定医疗费用，保险人以被保险人的医疗支出超出基本医疗保险范围为由拒绝给付保险金的，人民法院不予支持；保险人有证据证明被保险人支出的费用超过基本医疗保险同类医疗费用标准，要求对超出部分拒绝给付保险金的，人民法院应予支持。

第二十条 保险人以被保险人未在保险合同约定的医疗服务机构接受治疗为由拒绝给付保险金的，人民法院应予支持，但被保险人因情况紧急必须立即就医的除外。

第二十一条 保险人以被保险人自杀为由拒绝给付保险金的，由保险人承担举证责任。

受益人或者被保险人的继承人以被保险人自杀时无民事行为能力为由抗辩的，由其承担举证责任。

第二十二条 保险法第四十五条规定的"被保险人故意犯罪"的认定，应当以刑事侦查机关、检察机关和审判机关的生效法律文书或者其他结论性意见为依据。

第二十三条 保险人主张根据保险法第四十五条的规定不承担给付保险金责任的，应当证明被保险人的死亡、伤残结果与其实施的故意犯罪或者抗拒依法采取的刑事强制措施的行为之间存在因果关系。

被保险人在羁押、服刑期间因意外或者疾病造成伤残或者死亡，保险人主张根据保险法第四十五条的规定不承担给付保险金责任的，人民法院不予支持。

第二十四条 投保人为被保险人订立以死亡为给付保险金条件的保险合同，被保险人被宣告死亡后，当事人要求保险人按照保险合同约定给付保险金的，人民法院应予支持。

被保险人被宣告死亡之日在保险责任期间之外，但有证据证明下落不明之日在保险责任期间之内，当事人要求保险人按照保险合同约定给付保险金的，人民法院应予支持。

第二十五条 被保险人的损失系由承保事故或者非承保事故、免责事由造成难以确定，当事人请求保险人给付保险金的，人民法院可以按照相应比例予以支持。

第二十六条 本解释自 2015 年 12 月 1 日起施行。本解释施行后尚未终审的保险合同纠纷案件，适用本解释；本解释施行前已经终审，当事人申请再审或者按照审判监督程序决定再审的案件，不适用本解释。

最高人民法院
关于适用《中华人民共和国保险法》若干问题的解释（四）

（2018年5月14日最高人民法院审判委员会第1738次会议通过 根据2020年12月23日最高人民法院审判委员会第1823次会议通过的《最高人民法院关于修改〈最高人民法院关于破产企业国有划拨土地使用权应否列入破产财产等问题的批复〉等二十九件商事类司法解释的决定》修正）

为正确审理保险合同纠纷案件，切实维护当事人的合法权益，根据《中华人民共和国民法典》《中华人民共和国保险法》《中华人民共和国民事诉讼法》等法律规定，结合审判实践，就保险法中财产保险合同部分有关法律适用问题解释如下：

第一条 保险标的已交付受让人，但尚未依法办理所有权变更登记，承担保险标的毁损灭失风险的受让人，依照保险法第四十八条、第四十九条的规定主张行使被保险人权利的，人民法院应予支持。

第二条 保险人已向投保人履行了保险法规定的提示和明确说明义务，保险标的受让人以保险标的转让后保险人未向其提示或者明确说明为由，主张免除保险人责任的条款不成为合同内容的，人民法院不予支持。

第三条 被保险人死亡，继承保险标的的当事人主张承继被保险人的权利和义务的，人民法院应予支持。

第四条 人民法院认定保险标的是否构成保险法第四十九条、第五十二条规定的"危险程度显著增加"时，应当综合考虑以下因素：

（一）保险标的的用途的改变；
（二）保险标的的使用范围的改变；
（三）保险标的的所处环境的变化；
（四）保险标的的因改装等原因引起的变化；
（五）保险标的的使用人或者管理人的改变；
（六）危险程度增加持续的时间；
（七）其他可能导致危险程度显著增加的因素。

保险标的的危险程度虽然增加，但增加的危险属于保险合同订立时保险人预见或者应当预见的保险合同承保范围的，不构成危险程度显著增加。

第五条 被保险人、受让人依法及时向保险人发出保险标的转让通知后，保险人作出答复前，发生保险事故，被保险人或者受让人主张保险人按照保险合同承担赔偿保险金的责任的，人民法院应予支持。

第六条 保险事故发生后，被保险人依照保险法第五十七条的规定，请求保险人承担为防止或者减少保险标的的损失所支付的必要、合理费用，保险人以被保险人采取的措施未产生实际效果为由抗辩的，人民法院不予支持。

第七条 保险人依照保险法第六十条的规定，主张代位行使被保险人因第三者侵权或者违约等享有的请求赔偿的权利的，人民法院应予支持。

第八条 投保人和被保险人为不同主体，因投保人对保险标的的损害而造成保险事故，保险人依法主张代位行使被保险人对投保人请求赔偿的权利的，人民法院应予支持，但法律另有规定或者保险合同另有约定的除外。

第九条 在保险人以第三者为被告提起的代位求偿权之诉中，第三者以被保险人在保险合同订立前已放弃对其请求赔偿的权利为由进行抗辩，人民法院认定上述放弃行为合法有效，保险人就相应部分主张行使代位求偿权的，人民法院不予支持。

保险合同订立时，保险人就是否存在上述放弃情形提出询问，投保人未如实告知，导致保险人不能代位行使请求赔偿的权利，保险人请求返还相应保险金的，人民法院应予支持，但保险人知道或者应当知道上述情形仍同意承保的除外。

第十条 因第三者对保险标的的损害而造成保险事故，保险人获得代位请求赔偿的权利的情况未通知第三者或者通知到达第三者前，第三者在被保险人已经从保险人处获赔的范围内又向被保险人作出赔偿，保险人主张代位行使被保险人对第三者请求赔偿的权利的，人民法院不予支持。保险人就相应保险金主张被保险人返还的，人民法院应予支持。

保险人获得代位请求赔偿的权利的情况已经通知到第三者，第三者又向被保险人作出赔偿，保险人主张代位行使请求赔偿的权利，第三者以其已经向被保险人赔偿为由抗辩的，人民法院不予支持。

第十一条 被保险人因故意或者重大过失未履行保险法第六十三条规定的义务，致使保险人未能行使或者未能全部行使代位请求赔偿的权利，保险人主张在其损失范围内扣减或者返还相应保险金的，人民法院应予支持。

第十二条 保险人以造成保险事故的第三者为被告提起代位求偿权之诉的，以被保险人与第三者之间的法律关系确定管辖法院。

第十三条 保险人提起代位求偿权之诉时，被保险人已经向第三者提起诉讼的，人民法院可以依法合并审理。

保险人行使代位求偿权时，被保险人已经向第三者提起诉讼，保险人向受理该案的人民法院申请变更当事人，代位行使被保险人对第三者请求赔偿的权利，被保险人同意的，人民法院应予准许；被保险人不同意的，保险人可以作为共同原告参加诉讼。

第十四条 具有下列情形之一的，被保险人可以依照保险法第六十五条第二款的规定请求保险人直接向第三者赔偿保险金：

（一）被保险人对第三者所负的赔偿责任经人民法院生效裁判、仲裁裁决确认；

（二）被保险人对第三者所负的赔偿责任经被保险人与第三者协商一致；

（三）被保险人对第三者应负的赔偿责任能够确定的其他情形。

前款规定的情形下，保险人主张按照保险合同确定保险赔偿责任的，人民法院应予支持。

第十五条 被保险人对第三者应负的赔偿责任确定后，被保险人不履行赔偿责任，且第三者以保险人为被告或者以保险人与被保险人为共同被告提起诉讼时，被保险人尚未向保险人提出直接向第三者赔偿保险金的请求的，可以认定为属于保险法第六十五条第二款规定的"被保险人怠于请求"的情形。

第十六条 责任保险的被保险人因共同侵权依法承担连带责任，保险人以该连带责任超出被保险人应承担的责任份额为由，拒绝赔付保险金的，人民法院不予支持。保险人承担保险责任后，主张就超出被保险人责任份额的部分向其他连带责任人追偿的，人民法院应予支持。

第十七条 责任保险的被保险人对第三者所负的赔偿责任已经生效判决确认并已进入执行程序，但未获得清偿或者未获得全部清偿，第三者依法请求保险人赔偿保险金，保险人以前述生效判决已进入执行程序为由抗辩的，人民法院不予支持。

第十八条 商业责任险的被保险人向保险人请求赔偿保险金的诉讼时效期间，自被保险人对第三者应负的赔偿责任确定之日起计算。

第十九条 责任保险的被保险人与第三者就被保险人的赔偿责任达成和解协议且经保险人认可，被保险人主张保险人在保险合同范围内依据和解协议承担保险责任的，人民法院应予支持。

被保险人与第三者就被保险人的赔偿责任达成和解协议，未经保险人认可，保险人主张对保险责任范围以及赔偿数额重新予以核定的，人民法院应予支持。

第二十条 责任保险的保险人在被保险人向第三者赔偿之前向被保险人赔偿保险金，第三者依照保险法第六十五条第二款的规定行使保险金请求权时，保险人以其已向被保险人赔偿为由拒绝赔偿保险金的，人民法院不予支持。保险人向第三者赔偿后，请求被保险人返还相应保险金的，人民法院应予支持。

第二十一条 本解释自 2018 年 9 月 1 日起施行。

本解释施行后人民法院正在审理的一审、二审案件，适用本解释；本解释施行前已经终审，当事人申请再审或者按照审判监督程序决定再审的案件，不适用本解释。

最高人民法院
关于审理票据纠纷案件若干问题的规定

（2000 年 2 月 24 日最高人民法院审判委员会第 1102 次会议通过 根据 2020 年 12 月 23 日最高人民法院审判委员会第 1823 次会议通过的《最高人民法院关于修改〈最高人民法院关于破产企业国有划拨土地使用权应否列入破产财产等问题的批复〉等二十九件商事类司法解释的决定》修正）

为了正确适用《中华人民共和国票据法》（以下简称票据法），公正、及时审理票据纠纷案件，保护票据当事人的合法权益，维护金融秩序和金融安全，根据票据法及其他有关法律的规定，结合审判实践，现对人民法院审理票据纠纷案件的若干问题规定如下：

一、受理和管辖

第一条 因行使票据权利或者票据法上的非票据权利而引起的纠纷，人民法院应当依法受理。

第二条 依照票据法第十条的规定，票据债务人（即出票人）以在票据未转让时的基础关系违法、双方不具有真实的交易关系和债权债务关系、持票人应付对价而未付对价为由，要求返还票据而提起诉讼的，人民法院应当依法受理。

第三条 依照票据法第三十六条的规定，票据被拒绝承兑、被拒绝付款或者汇票、支票超过提示付款期限后，票据持有人背书转让的，被背书人以背书人为被告行使追索权而提起诉讼的，人民法院应当依法受理。

第四条 持票人不先行使付款请求权而先行使追索权遭拒绝提起诉讼的，人民法院不予受理。除有票据法第六十一条第二款和本规定第三条所列情形外，持票人只能在首先向付款人行使付款请求权而得不到付款时，才可以行使追索权。

第五条 付款请求权是持票人享有的第一顺序权利，追索权是持票人享有的第二顺序权利，即汇票到期被拒绝付款或者具有票据法第六十一条第二款所列情形的，持票人请求背书人、出票人以及汇票的其他债务人支付票据法第七十条第一款所列金额和费用的权利。

第六条 因票据纠纷提起的诉讼，依法由票据支付地或者被告住所地人民法院管辖。

票据支付地是指票据上载明的付款地，票据上未载明付款地的，汇票付款人或者代理付款人的营业场所、住所或者经常居住地，本票出票人的营业场所，支票付款人或者代理付款人的营业场所所在地为票据付款地。代理付款人即付款人的委托代理人，是指根据付款人的委托代为支付票据金额的银行、信用合作社等金融机构。

二、票据保全

第七条 人民法院在审理、执行票据纠纷案件时，对具有下列情形之一的票据，经当事人申请并提供担保，可以依法采取保全措施或者执行措施：

（一）不履行约定义务，与票据债务人有直接债权债务关系的票据当事人所持有的票据；

（二）持票人恶意取得的票据；

（三）应付对价而未付对价的持票人持有的票据；

（四）记载有"不得转让"字样而用于贴现的票据；

（五）记载有"不得转让"字样而用于质押的票据；

（六）法律或者司法解释规定有其他情形的票据。

三、举证责任

第八条 票据诉讼的举证责任由提出主张的一方当事人承担。

依照票据法第四条第二款、第十条、第十二条、第二十一条的规定，向人民法院提起诉讼的持票人有责任提供诉争票据。该票据的出票、承兑、交付、背书转让涉嫌欺诈、偷盗、胁迫、恐吓、暴力等非法行为的，持票人对持票的合法性应当负责举证。

第九条 票据债务人依照票据法第十三条的规定，对与其有直接债权债务关系的持票人提出抗辩，人民法院合并审理票据关系和基础关系的，持票人应当提供相应的证据证明已经履行了约定义务。

第十条 付款人或者承兑人被人民法院依法宣告破产的，持票人因行使追索权而向人民法院提起诉讼时，应当向受理法院提供人民法院依法作出的宣告破产裁定书或者能够证明付款人或者承兑人破产的其他证据。

第十一条 在票据诉讼中，负有举证责任的票据当事人应当在一审人民法院法庭辩论结束以前提供证据。因客观原因不能在上述举证期限以内提供的，应当在举证期限届满以前向人民法院申请延期。延长的期限由人民法院根据案件的具体情况决定。

票据当事人在一审人民法院审理期间隐匿票据、故意有证不举，应当承担相应的诉讼后果。

四、票据权利及抗辩

第十二条 票据法第十七条第一款第（一）、（二）项规定的持票人对票据的出票人和承兑人的权利，包括付款请求权和追索权。

第十三条 票据债务人以票据法第十条、第二十一条的规定为由，对业经背书转让票据的持票人进行抗辩的，人民法院不予支持。

第十四条 票据债务人依照票据法第十二条、第十三条的规定，对持票人提出下列抗辩的，人民法院应予支持：

（一）与票据债务人有直接债权债务关系并且不履行约定义务的；

（二）以欺诈、偷盗或者胁迫等非法手段取得票据，或者明知有前列情形，出于恶意取得票据的；

（三）明知票据债务人与出票人或者与持票人的前手之间存在抗辩事由而取得票据的；

（四）因重大过失取得票据的；

（五）其他依法不得享有票据权利的。

第十五条　票据债务人依照票据法第九条、第十七条、第十八条、第二十二条和第三十一条的规定，对持票人提出下列抗辩的，人民法院应予支持：

（一）欠缺法定必要记载事项或者不符合法定格式的；

（二）超过票据权利时效的；

（三）人民法院作出的除权判决已经发生法律效力的；

（四）以背书方式取得但背书不连续的；

（五）其他依法不得享有票据权利的。

第十六条　票据出票人或者背书人被宣告破产的，而付款人或者承兑人不知其事实而付款或者承兑，因此所产生的追索权可以登记为破产债权，付款人或者承兑人为债权人。

第十七条　票据法第十七条第一款第（三）、（四）项规定的持票人对前手的追索权，不包括对票据出票人的追索权。

第十八条　票据法第四十条第二款和第六十五条规定的持票人丧失对其前手的追索权，不包括对票据出票人的追索权。

第十九条　票据法第十七条规定的票据权利时效发生中断的，只对发生时效中断事由的当事人有效。

第二十条　票据法第六十六条第一款规定的书面通知是否逾期，以持票人或者其前手发出书面通知之日为准；以信函通知的，以信函投寄邮戳记载之日为准。

第二十一条　票据法第七十条、第七十一条所称中国人民银行规定的利率，是指中国人民银行规定的企业同期流动资金贷款利率。

第二十二条　代理付款人在人民法院公示催告公告发布以前按照规定程序善意付款后，承兑人或者付款人以已经公示催告为由拒付代理付款人已经垫付的款项的，人民法院不予支持。

五、失票救济

第二十三条　票据丧失后，失票人直接向人民法院申请公示催告或者提起诉讼的，人民法院应当依法受理。

第二十四条　出票人已经签章的授权补记的支票丧失后，失票人依法向人民法院申请公示催告的，人民法院应当依法受理。

第二十五条　票据法第十五条第三款规定的可以申请公示催告的失票人，是指按照规定可以背书转让的票据在丧失票据占有以前的最后合法持票人。

第二十六条　出票人已经签章但未记载代理付款人的银行汇票丧失后，失票人依法向付款人即出票银行所在地人民法院申请公示催告的，人民法院应当依法受理。

第二十七条　超过付款提示期限的票据丧失以后，失票人申请公示催告的，人民法院应当依法受理。

第二十八条　失票人通知票据付款人挂失止付后三日内向人民法院申请公示催告的，公示催告申请书应当载明下列内容：

（一）票面金额；

（二）出票人、持票人、背书人；

（三）申请的理由、事实；

（四）通知票据付款人或者代理付款人挂失止付的时间；

（五）付款人或者代理付款人的名称、通信地址、电话号码等。

第二十九条　人民法院决定受理公示催告申请，应当同时通知付款人及代理付款人停止支付，并自立案之日起三日内发出公告。

第三十条　付款人或者代理付款人收到人民法院发出的止付通知，应当立即停止支付，直至公示催告程序终结。非经发出止付通知的人民法院许可擅自解付的，不得免除票据责任。

第三十一条 公告应当在全国性报纸或者其他媒体上刊登，并于同日公布于人民法院公告栏内。人民法院所在地有证券交易所的，还应当同日在该交易所公布。

第三十二条 依照《中华人民共和国民事诉讼法》（以下简称民事诉讼法）第二百一十九条的规定，公告期间不得少于六十日，且公示催告期间届满日不得早于票据付款日后十五日。

第三十三条 依照民事诉讼法第二百二十条第二款的规定，在公示催告期间，以公示催告的票据质押、贴现，因质押、贴现而接受该票据的持票人主张票据权利的，人民法院不予支持，但公示催告期间届满以后人民法院作出除权判决以前取得该票据的除外。

第三十四条 票据丧失后，失票人在票据权利时效届满以前请求出票人补发票据，或者请求债务人付款，在提供相应担保的情况下因债务人拒绝付款或者出票人拒绝补发票据提起诉讼的，由被告住所地或者票据支付地人民法院管辖。

第三十五条 失票人因请求出票人补发票据或者请求债务人付款遭到拒绝而向人民法院提起诉讼的，被告为与失票人具有票据债权债务关系的出票人、拒绝付款的票据付款人或者承兑人。

第三十六条 失票人为行使票据所有权，向非法持有票据人请求返还票据的，人民法院应当依法受理。

第三十七条 失票人向人民法院提起诉讼的，应向人民法院说明曾经持有票据及丧失票据的情形，人民法院应当根据案件的具体情况，决定当事人是否应当提供担保以及担保的数额。

第三十八条 对于伪报票据丧失的当事人，人民法院在查明事实，裁定终结公示催告或者诉讼程序后，可以参照民事诉讼法第一百一十一条的规定，追究伪报人的法律责任。

六、票据效力

第三十九条 依照票据法第一百零八条以及经国务院批准的《票据管理实施办法》的规定，票据当事人使用的不是中国人民银行规定的统一格式票据的，按照《票据管理实施办法》的规定认定，但在中国境外签发的票据除外。

第四十条 票据出票人在票据上的签章上不符合票据法以及下述规定的，该签章不具有票据法上的效力：

（一）商业汇票上的出票人的签章，为该法人或者该单位的财务专用章或者公章加其法定代表人、单位负责人或者其授权的代理人的签名或者盖章；

（二）银行汇票上的出票人的签章和银行承兑汇票的承兑人的签章，为该银行汇票专用章加其法定代表人或者其授权的代理人的签名或者盖章；

（三）银行本票上的出票人的签章，为该银行的本票专用章加其法定代表人或者其授权的代理人的签名或者盖章；

（四）支票上的出票人的签章，出票人为单位的，为与该单位在银行预留签章一致的财务专用章或者公章加其法定代表人或者其授权的代理人的签名或者盖章；出票人为个人的，为与该个人在银行预留签章一致的签名或者盖章。

第四十一条 银行汇票、银行本票的出票人以及银行承兑汇票的承兑人在票据上未加盖规定的专用章而加盖该银行的公章，支票的出票人在票据上未加盖与该单位在银行预留签章一致的财务专用章而加盖该出票人公章的，签章人应当承担票据责任。

第四十二条 依照票据法第九条以及《票据管理实施办法》的规定，票据金额的中文大写与数码不一致，或者票据载明的金额、出票日期或者签发日期、收款人名称更改，或者违反规定加盖银行部门印章代替专用章，付款人或者代理付款人对此类票据付款的，应当承担责任。

第四十三条 因更改银行汇票的实际结算金额引起纠纷而提起诉讼，当事人请求认定汇票效力的，人民法院应当认定该银行汇票无效。

第四十四条 空白授权票据的持票人行使票据权利时未对票据必须记载事项补充完全，因付款人或者代理付款人拒绝接收该票据而提起诉讼的，人民法院不予支持。

第四十五条 票据的背书人、承兑人、保证人在票据上的签章不符合票据法以及《票据管理实施办法》规定的，或者无民事行为能力人、限制民事行为能力人在票据上签章的，其签章无效，但不影响人民法院对票据上其他签章效力的认定。

七、票据背书

第四十六条 因票据质权人以质押票据再行背书质押或者背书转让引起纠纷而提起诉讼的，人民法院应当认定背书行为无效。

第四十七条 依照票据法第二十七条的规定，票据的出票人在票据上记载"不得转让"字样，票据持有人背书转让的，背书行为无效。背书转让后的受让人不得享有票据权利，票据的出票人、承兑人对受让人不承担票据责任。

第四十八条 依照票据法第二十七条和第三十条的规定，背书人未记载被背书人名称即将票据交付他人的，持票人在票据被背书人栏内记载自己的名称与背书人记载具有同等法律效力。

第四十九条 依照票据法第三十一条的规定，连续背书的第一背书人应当是在票据上记载的收款人，最后的票据持有人应当是最后一次背书的被背书人。

第五十条 依照票据法第三十四条和第三十五条的规定，背书人在票据上记载"不得转让""委托收款""质押"字样，其后手再背书转让、委托收款或者质押的，原背书人对后手的被背书人不承担票据责任，但不影响出票人、承兑人以及原背书人之前手的票据责任。

第五十一条 依照票据法第五十七条第二款的规定，贷款人恶意或者有重大过失从事票据质押贷款的，人民法院应当认定质押行为无效。

第五十二条 依照票据法第二十七条的规定，出票人在票据上记载"不得转让"字样，其后手以此票据进行贴现、质押的，通过贴现、质押取得票据的持票人主张票据权利的，人民法院不予支持。

第五十三条 依照票据法第三十四条和第三十五条的规定，背书人在票据上记载"不得转让"字样，其后手以此票据进行贴现、质押的，原背书人对后手的被背书人不承担票据责任。

第五十四条 依照票据法第三十五条第二款的规定，以汇票设定质押时，出质人在汇票上只记载了"质押"字样未在票据上签章的，或者出质人未在汇票、粘单上记载"质押"字样而另行签订质押合同、质押条款的，不构成票据质押。

第五十五条 商业汇票的持票人向其非开户银行申请贴现，与向自己开立存款账户的银行申请贴现具有同等法律效力。但是，持票人有恶意或者与贴现银行恶意串通的除外。

第五十六条 违反规定区域出票，背书转让银行汇票，或者违反票据管理规定跨越票据交换区域出票、背书转让银行本票、支票的，不影响出票人、背书人依法应当承担的票据责任。

第五十七条 依照票据法第三十六条的规定，票据被拒绝承兑、被拒绝付款或者超过提示付款期限，票据持有人背书转让的，背书人应当承担票据责任。

第五十八条 承兑人或者付款人依照票据法第五十三条第二款的规定对逾期提示付款的持票人付款与按照规定的期限付款具有

同等法律效力。

八、票据保证

第五十九条 国家机关、以公益为目的的事业单位、社会团体作为票据保证人的，票据保证无效，但经国务院批准为使用外国政府或者国际经济组织贷款进行转贷，国家机关提供票据保证的除外。

第六十条 票据保证无效的，票据的保证人应当承担与其过错相应的民事责任。

第六十一条 保证人未在票据或者粘单上记载"保证"字样而另行签订保证合同或者保证条款的，不属于票据保证，人民法院应当适用《中华人民共和国民法典》的有关规定。

九、法律适用

第六十二条 人民法院审理票据纠纷案件，适用票据法的规定；票据法没有规定的，适用《中华人民共和国民法典》等法律以及国务院制定的行政法规。

中国人民银行制定并公布施行的有关行政规章与法律、行政法规不抵触的，可以参照适用。

第六十三条 票据当事人因对金融行政管理部门的具体行政行为不服提起诉讼的，适用《中华人民共和国行政处罚法》、票据法以及《票据管理实施办法》等有关票据管理的规定。

中国人民银行制定并公布施行的有关行政规章与法律、行政法规不抵触的，可以参照适用。

第六十四条 人民法院对票据法施行以前已经作出终审裁决的票据纠纷案件进行再审，不适用票据法。

十、法律责任

第六十五条 具有下列情形之一的票据，未经背书转让的，票据债务人不承担票据责任；已经背书转让的，票据无效不影响其他真实签章的效力：

（一）出票人签章不真实的；

（二）出票人为无民事行为能力人的；

（三）出票人为限制民事行为能力人的。

第六十六条 依照票据法第十四条、第一百零二条、第一百零三条的规定，伪造、变造票据者除应当依法承担刑事、行政责任外，给他人造成损失的，还应当承担民事赔偿责任。被伪造签章者不承担票据责任。

第六十七条 对票据未记载事项或者未完全记载事项作补充记载，补充事项超出授权范围的，出票人对补充后的票据应当承担票据责任。给他人造成损失的，出票人还应当承担相应的民事责任。

第六十八条 付款人或者代理付款人未能识别出伪造、变造的票据或者身份证件而错误付款，属于票据法第五十七条规定的"重大过失"，给持票人造成损失的，应当依法承担民事责任。付款人或者代理付款人承担责任后有权向伪造者、变造者依法追偿。

持票人有过错的，也应当承担相应的民事责任。

第六十九条 付款人及其代理付款人有下列情形之一的，应当自行承担责任：

（一）未依照票据法第五十七条的规定对提示付款人的合法身份证明或者有效证件以及汇票背书的连续性履行审查义务而错误付款的；

（二）公示催告期间对公示催告的票据付款的；

（三）收到人民法院的止付通知后付款的；

（四）其他以恶意或者重大过失付款的。

第七十条 票据法第六十三条所称"其他有关证明"是指：

（一）人民法院出具的宣告承兑人、付款人失踪或者死亡的证明、法律文书；

（二）公安机关出具的承兑人、付款人逃匿或者下落不明的证明；

（三）医院或者有关单位出具的承兑人、付款人死亡的证明；

（四）公证机构出具的具有拒绝证明效力的文书。

承兑人自己作出并发布的表明其没有支付票款能力的公告，可以认定为拒绝证明。

第七十一条 当事人因申请票据保全错误而给他人造成损失的，应当依法承担民事责任。

第七十二条 因出票人签发空头支票、与其预留本名的签名式样或者印鉴不符的支票给他人造成损失的，支票的出票人和背书人应当依法承担民事责任。

第七十三条 人民法院在审理票据纠纷案件时，发现与本案有牵连但不属同一法律关系的票据欺诈犯罪嫌疑线索的，应当及时将犯罪嫌疑线索提供给有关公安机关，但票据纠纷案件不应因此而中止审理。

第七十四条 依照票据法第一百零四条的规定，由于金融机构工作人员在票据业务中玩忽职守，对违反票据法规定的票据予以承兑、付款、贴现或者保证，给当事人造成损失的，由该金融机构与直接责任人员依法承担连带责任。

第七十五条 依照票据法第一百零六条的规定，由于出票人制作票据，或者其他票据债务人未按照法定条件在票据上签章，给他人造成损失的，除应当按照所记载事项承担票据责任外，还应当承担相应的民事责任。

持票人明知或者应当知道前款情形而接受的，可以适当减轻出票人或者票据债务人的责任。

最高人民法院
关于审理融资租赁合同纠纷案件适用法律问题的解释

(2013年11月25日最高人民法院审判委员会第1597次会议通过 根据2020年12月23日最高人民法院审判委员会第1823次会议通过的《最高人民法院关于修改〈最高人民法院关于在民事审判工作中适用《中华人民共和国工会法》若干问题的解释〉等二十七件民事类司法解释的决定》修正)

为正确审理融资租赁合同纠纷案件，根据《中华人民共和国民法典》《中华人民共和国民事诉讼法》等法律的规定，结合审判实践，制定本解释。

一、融资租赁合同的认定

第一条 人民法院应当根据民法典第七百三十五条的规定，结合标的物的性质、价值、租金的构成以及当事人的合同权利和义务，对是否构成融资租赁法律关系作出认定。

对名为融资租赁合同，但实际不构成融资租赁法律关系的，人民法院应按照其实际构成的法律关系处理。

第二条 承租人将其自有物出卖给出租人，再通过融资租赁合同将租赁物从出租人处租回的，人民法院不应仅以承租人和出卖人系同一人为由认定不构成融资租赁法律关系。

二、合同的履行和租赁物的公示

第三条 承租人拒绝受领租赁物，未及时通知出租人，或者无正当理由拒绝受领租赁物，造成出租人损失，出租人向承租人主张损害赔偿的，人民法院应予支持。

第四条 出租人转让其在融资租赁合同项下的部分或者全部权利，受让方以此为由请求解除或者变更融资租赁合同的，人民法院不予支持。

三、合同的解除

第五条 有下列情形之一，出租人请求解除融资租赁合同的，人民法院应予支持：

（一）承租人未按照合同约定的期限和数额支付租金，符合合同约定的解除条件，经出租人催告后在合理期限内仍不支付的；

（二）合同对于欠付租金解除合同的情形没有明确约定，但承租人欠付租金达到两期以上，或者数额达到全部租金百分之十五以上，经出租人催告后在合理期限内仍不支付的；

（三）承租人违反合同约定，致使合同目的不能实现的其他情形。

第六条 因出租人的原因致使承租人无法占有、使用租赁物，承租人请求解除融资租赁合同的，人民法院应予支持。

第七条 当事人在一审诉讼中仅请求解除融资租赁合同，未对租赁物的归属及损失赔偿提出主张的，人民法院可以向当事人进行释明。

四、违约责任

第八条 租赁物不符合融资租赁合同的约定且出租人实施了下列行为之一，承租人依照民法典第七百四十四条、第七百四十七条的规定，要求出租人承担相应责任的，人民法院应予支持：

（一）出租人在承租人选择出卖人、租赁物时，对租赁物的选定起决定作用的；

（二）出租人干预或者要求承租人按照出租人意愿选择出卖人或者租赁物的；

（三）出租人擅自变更承租人已经选定的出卖人或者租赁物的。

承租人主张其系依赖出租人的技能确定租赁物或者出租人干预选择租赁物的，对上述事实承担举证责任。

第九条 承租人逾期履行支付租金义务或者迟延履行其他付款义务，出租人按照融资租赁合同的约定要求承租人支付逾期利息、相应违约金的，人民法院应予支持。

第十条 出租人既请求承租人支付合同约定的全部未付租金又请求解除融资租赁合同的，人民法院应告知其依照民法典第七百五十二条的规定作出选择。

出租人请求承租人支付合同约定的全部未付租金，人民法院判决后承租人未予履行，出租人再行起诉请求解除融资租赁合同、收回租赁物的，人民法院应予受理。

第十一条 出租人依照本解释第五条的规定请求解除融资租赁合同，同时请求收回租赁物并赔偿损失的，人民法院应予支持。

前款规定的损失赔偿范围为承租人全部未付租金及其他费用与收回租赁物价值的差额。合同约定租赁期间届满后租赁物归出租人所有的，损失赔偿范围还应包括融资租赁合同到期后租赁物的残值。

第十二条 诉讼期间承租人与出租人对租赁物的价值有争议的，人民法院可以按照融资租赁合同的约定确定租赁物价值；融资租赁合同未约定或者约定不明的，可以参照融资租赁合同约定的租赁物折旧以及合同到期后租赁物的残值确定租赁物价值。

承租人或者出租人认为依前款确定的价值严重偏离租赁物实际价值的，可以请求人民法院委托有资质的机构评估或者拍卖确定。

五、其他规定

第十三条 出卖人与买受人因买卖合同发生纠纷，或者出租人与承租人因融资租赁合同发生纠纷，当事人仅对其中一个合同关系提起诉讼，人民法院经审查后认为另一合同关系的当事人与案件处理结果有法律上的利害关系的，可以通知其作为第三人参加诉讼。

承租人与租赁物的实际使用人不一致，融资租赁合同当事人未对租赁物的实际使用人提起诉讼，人民法院经审查后认为租赁物的实际使用人与案件处理结果有法律上的利害关系的，可以通知其作为第三人参加诉讼。

承租人基于买卖合同和融资租赁合同直接向出卖人主张受领租赁物、索赔等买卖合同权利的，人民法院应通知出租人作为第三人参加诉讼。

第十四条 当事人因融资租赁合同租金欠付争议向人民法院请求保护其权利的诉讼时效期间为三年，自租赁期限届满之日起计算。

第十五条 本解释自2014年3月1日起施行。《最高人民法院关于审理融资租赁合同纠纷案件若干问题的规定》（法发〔1996〕19号）同时废止。

本解释施行后尚未终审的融资租赁合同纠纷案件，适用本解释；本解释施行前已经终审，当事人申请再审或者按照审判监督程序决定再审的，不适用本解释。

最高人民法院
关于审理民间借贷案件适用法律若干问题的规定

（2015年6月23日最高人民法院审判委员会第1655次会议通过 根据2020年8月18日最高人民法院审判委员会第1809次会议通过的《最高人民法院关于修改〈关于审理民间借贷案件适用法律若干问题的规定〉的决定》第一次修正 根据2020年12月23日最高人民法院审判委员会第1823次会议通过的《最高人民法院关于修改〈最高人民法院关于在民事审判工作中适用《中华人民共和国工会法》若干问题的解释〉等二十七件民事类司法解释的决定》第二次修正）

为正确审理民间借贷纠纷案件，根据《中华人民共和国民法典》《中华人民共和国民事诉讼法》《中华人民共和国刑事诉讼法》等相关法律之规定，结合审判实践，制定本规定。

第一条 本规定所称的民间借贷，是指自然人、法人和非法人组织之间进行资金融通的行为。

经金融监管部门批准设立的从事贷款业务的金融机构及其分支机构，因发放贷款等相关金融业务引发的纠纷，不适用本规定。

第二条 出借人向人民法院提起民间借贷诉讼时，应当提供借据、收据、欠条等债权凭证以及其他能够证明借贷法律关系存在的证据。

当事人持有的借据、收据、欠条等债权凭证没有载明债权人，持有债权凭证的当事人提起民间借贷诉讼的，人民法院应予受理。被告对原告的债权人资格提出有事实依据的抗辩，人民法院经审查认为原告不具有债权人资格的，裁定驳回起诉。

第三条 借贷双方就合同履行地未约定或者约定不明确，事后未达成补充协议，按照合同相关条款或者交易习惯仍不能确定的，以接受货币一方所在地为合同履行地。

第四条 保证人为借款人提供连带责任保证，出借人仅起诉借款人的，人民法院可以不追加保证人为共同被告；出借人仅起诉保证人的，人民法院可以追加借款人为共同被告。

保证人为借款人提供一般保证，出借人仅起诉保证人的，人民法院应当追加借款人为共同被告；出借人仅起诉借款人的，人民法院可以不追加保证人为共同被告。

第五条 人民法院立案后，发现民间借贷行为本身涉嫌非法集资等犯罪的，应当裁定驳回起诉，并将涉嫌非法集资等犯罪的线索、材料移送公安或者检察机关。

公安或者检察机关不予立案，或者立案侦查后撤销案件，或者检察机关作出不起诉决定，或者经人民法院生效判决认定不构成非法集资等犯罪，当事人又以同一事实向人民法院提起诉讼的，人民法院应予受理。

第六条 人民法院立案后，发现与民间借贷纠纷案件虽有关联但不是同一事实的涉嫌非法集资等犯罪的线索、材料的，人民法院应当继续审理民间借贷纠纷案件，并将涉嫌非法集资等犯罪的线索、材料移送公安或者检察机关。

第七条 民间借贷纠纷的基本案件事实必须以刑事案件的审理结果为依据，而该刑事案件尚未审结的，人民法院应当裁定中止诉讼。

第八条 借款人涉嫌犯罪或者生效判决认定其有罪，出借人起诉请求担保人承担民事责任的，人民法院应予受理。

第九条 自然人之间的借款合同具有下列情形之一的，可以视为合同成立：

（一）以现金支付的，自借款人收到借款时；

（二）以银行转账、网上电子汇款等形式支付的，自资金到达借款人账户时；

（三）以票据交付的，自借款人依法取得票据权利时；

（四）出借人将特定资金账户支配权授权给借款人的，自借款人取得对该账户实际支配权时；

（五）出借人以与借款人约定的其他方式提供借款并实际履行完成时。

第十条 法人之间、非法人组织之间以及它们相互之间为生产、经营需要订立的民间借贷合同，除存在民法典第一百四十六条、第一百五十三条、第一百五十四条以及本规定第十三条规定的情形外，当事人主张民间借贷合同有效的，人民法院应予支持。

第十一条 法人或者非法人组织在本单位内部通过借款形式向职工筹集资金，用于本单位生产、经营，且不存在民法典第一百四十四条、第一百四十六条、第一百五十三条、第一百五十四条以及本规定第十三条规定的情形，当事人主张民间借贷合同有效的，人民法院应予支持。

第十二条 借款人或者出借人的借贷行为涉嫌犯罪，或者已经生效的裁判认定构成犯罪，当事人提起民事诉讼的，民间借贷合同并不当然无效。人民法院应当依据民法典第一百四十四条、第一百四十六条、第一百五十三条、第一百五十四条以及本规定第十三条之规定，认定民间借贷合同的效力。

担保人以借款人或者出借人的借贷行为涉嫌犯罪或者已经生效的裁判认定构成犯罪为由，主张不承担民事责任的，人民法院应当依据民间借贷合同与担保合同的效力、当事人的过错程度，依法确定担保人的民事责任。

第十三条 具有下列情形之一的，人民法院应当认定民间借贷合同无效：

（一）套取金融机构贷款转贷的；

（二）以向其他营利法人借贷、向本单位职工集资，或者以向公众非法吸收存款等方式取得的资金转贷的；

（三）未依法取得放贷资格的出借人，以营利为目的向社会不特定对象提供借款的；

（四）出借人事先知道或者应当知道借款人借款用于违法犯罪活动仍然提供借款的；

（五）违反法律、行政法规强制性规定的；

（六）违背公序良俗的。

第十四条 原告以借据、收据、欠条等债权凭证为依据提起民间借贷诉讼，被告依据基础法律关系提出抗辩或者反诉，并提供证据证明债权纠纷非民间借贷行为引起的，人民法院应当依据查明的案件事实，按照基础法律关系审理。

当事人通过调解、和解或者清算达成的债权债务协议，不适用前款规定。

第十五条 原告仅依据借据、收据、欠条等债权凭证提起民间借贷诉讼，被告抗辩已经偿还借款的，被告应当对其主张提供证据证明。被告提供相应证据证明其主张后，原告仍应就借贷关系的存续承担举证责任。

被告抗辩借贷行为尚未实际发生并能作出合理说明的，人民法院应当结合借贷金额、款项交付、当事人的经济能力、当地或者当事人之间的交易方式、交易习惯、当事人财产变动情况以及证人证言等事实和因素，综合判断查证借贷事实是否发生。

第十六条 原告仅依据金融机构的转账凭证提起民间借贷诉讼，被告抗辩转账系偿还双方之前借款或者其他债务的，被告应当对其主张提供证据证明。被告提供相应证据证明其主张后，原告仍应就借贷关系的成立承担举证责任。

第十七条 依据《最高人民法院关于适用〈中华人民共和国民事诉讼法〉的解释》第一百七十四条第二款之规定，负有举证责任的原告无正当理由拒不到庭，经审查现有证据无法确认借贷行为、借贷金额、支付方式等案件主要事实的，人民法院对原告主张的事实不予认定。

第十八条 人民法院审理民间借贷纠纷案件时发现有下列情形之一的，应当严格审查借贷发生的原因、时间、地点、款项来源、交付方式、款项流向以及借贷双方的关系、经济状况等事实，综合判断是否属于虚假民事诉讼：

（一）出借人明显不具备出借能力；

（二）出借人起诉所依据的事实和理由明显不符合常理；

（三）出借人不能提交债权凭证或者提交的债权凭证存在伪造的可能；

（四）当事人双方在一定期限内多次参加民间借贷诉讼；

（五）当事人无正当理由拒不到庭参加诉讼，委托代理人对借贷事实陈述不清或者陈述前后矛盾；

（六）当事人双方对借贷事实的发生没有任何争议或者诉辩明显不符合常理；

（七）借款人的配偶或者合伙人、案外人的其他债权人提出有事实依据的异议；

（八）当事人在其他纠纷中存在低价转让财产的情形；

（九）当事人不正当放弃权利；

（十）其他可能存在虚假民间借贷诉讼的情形。

第十九条 经查明属于虚假民间借贷诉讼，原告申请撤诉的，人民法院不予准许，并应当依据民事诉讼法第一百一十二条之规定，判决驳回其请求。

诉讼参与人或者其他人恶意制造、参与虚假诉讼，人民法院应当依据民事诉讼法第一百一十一条、第一百一十二条和第一百一十三条之规定，依法予以罚款、拘留；构成犯罪的，应当移送有管辖权的司法机关追究刑事责任。

单位恶意制造、参与虚假诉讼的，人民法院应当对该单位进行罚款，并可以对其主要负责人或者直接责任人员予以罚款、拘留；构成犯罪的，应当移送有管辖权的司法机关追究刑事责任。

第二十条 他人在借据、收据、欠条等债权凭证或者借款合同上签名或者盖章，但是未表明其保证人身份或者承担保证责任，或者通过其他事实不能推定其为保证人，出借人请求其承担保证责任的，人民法院不予支持。

第二十一条 借贷双方通过网络贷款平台形成借贷关系，网络贷款平台的提供者仅提供媒介服务，当事人请求其承担担保责任的，人民法院不予支持。

网络贷款平台的提供者通过网页、广告或者其他媒介明示或者有其他证据证明其为借贷提供担保，出借人请求网络贷款平台的提供者承担担保责任的，人民法院应予支持。

第二十二条 法人的法定代表人或者非法人组织的负责人以单位名义与出借人签订民间借贷合同，有证据证明所借款项系法定代表人或者负责人个人使用，出借人请求将法定代表人或者负责人列为共同被告或者第三人的，人民法院应予准许。

法人的法定代表人或者非法人组织的负责人以个人名义与出借人订立民间借贷合同，所借款项用于单位生产经营，出借人请求单位与个人共同承担责任的，人民法院应予支持。

第二十三条 当事人以订立买卖合同作为民间借贷合同的担保，借款到期后借款人不能还款，出借人请求履行买卖合同的，人民法院应当按照民间借贷法律关系审理。当事人根据法庭审理情况变更诉讼请求的，人民法院应当准许。

按照民间借贷法律关系审理作出的判决生效后，借款人不履行生效判决确定的金钱债务，出借人可以申请拍卖买卖合同标的物，以偿还债务。就拍卖所得的价款与应偿还借款本息之间的差额，借款人或者出借人有权主张返还或者补偿。

第二十四条 借贷双方没有约定利息，出借人主张支付利息的，人民法院不予支持。

自然人之间借贷对利息约定不明，出借人主张支付利息的，人民法院不予支持。除自然人之间借贷的外，借贷双方对借贷利息约定不明，出借人主张利息的，人民法院应当结合民间借贷合同的内容，并根据当地或者当事人的交易方式、交易习惯、市场报价利率等因素确定利息。

第二十五条 出借人请求借款人按照合同约定利率支付利息的，人民法院应予支持，但是双方约定的利率超过合同成立时一年期贷款市场报价利率四倍的除外。

前款所称"一年期贷款市场报价利率"，是指中国人民银行授权全国银行间同业拆借中心自2019年8月20日起每月发布的一年期贷款市场报价利率。

第二十六条 借据、收据、欠条等债权凭证载明的借款金额，一般认定为本金。预先在本金中扣除利息的，人民法院应当将实际出借的金额认定为本金。

第二十七条 借贷双方对前期借款本息结算后将利息计入后期借款本金并重新出具债权凭证，如果前期利率没有超过合同成立时一年期贷款市场报价利率四倍，重新出具的债权凭证载明的金额可认定为后期借款本金。超过部分的利息，不应认定为后期借款本金。

按前款计算，借款人在借款期间届满后应当支付的本息之和，超过以最初借款本金与以最初借款本金为基数、以合同成立时一年期贷款市场报价利率四倍计算的整个借款期间的利息之和的，人民法院不予支持。

第二十八条 借贷双方对逾期利率有约定的，从其约定，但是以不超过合同成立时一年期贷款市场报价利率四倍为限。

未约定逾期利率或者约定不明的，人民法院可以区分不同情况处理：

（一）既未约定借期内利率，也未约定逾期利率，出借人主张借款人自逾期还款之日起参照当时一年期贷款市场报价利率标准计算的利息承担逾期还款违约责任的，人民法院应予支持；

（二）约定了借期内利率但是未约定逾期利率，出借人主张借款人自逾期还款之日起按照借期内利率支付资金占用期间利息的，人民法院应予支持。

第二十九条 出借人与借款人既约定了逾期利率，又约定了违约金或者其他费用，出借人可以选择主张逾期利息、违约金或者其他费用，也可以一并主张，但是总计超过合同成立时一年期贷款市场报价利率四倍的部分，人民法院不予支持。

第三十条 借款人可以提前偿还借款，但是当事人另有约定的除外。

借款人提前偿还借款并主张按照实际借款期限计算利息的,人民法院应予支持。

第三十一条 本规定施行后,人民法院新受理的一审民间借贷纠纷案件,适用本规定。

2020年8月20日之后新受理的一审民间借贷案件,借贷合同成立于2020年8月20日之前,当事人请求适用当时的司法解释计算自合同成立到2020年8月19日的利息部分的,人民法院应予支持;对于自2020年8月20日到借款返还之日的利息部分,适用起诉时本规定的利率保护标准计算。

本规定施行后,最高人民法院以前作出的相关司法解释与本规定不一致的,以本规定为准。

最高人民法院关于审理出口信用保险合同纠纷案件适用相关法律问题的批复

法释〔2013〕13号

(2013年4月15日最高人民法院审判委员会第1575次会议通过 2013年5月2日最高人民法院公告公布 自2013年5月8日起施行)

广东省高级人民法院:

你院《关于出口信用保险合同法律适用问题的请示》(粤高法〔2012〕442号)收悉。经研究,批复如下:

对出口信用保险合同的法律适用问题,保险法没有作出明确规定。鉴于出口信用保险的特殊性,人民法院审理出口信用保险合同纠纷案件,可以参照适用保险法的相关规定;出口信用保险合同另有约定的,从其约定。

最高人民法院关于保证保险合同纠纷案件法律适用问题的答复

2010年6月24日　　　　　　(2006)民二他字第43号

辽宁省高级人民法院:

你院《关于保证保险问题的请示报告》〔〔2006〕辽高法疑字第4号〕收悉。经研究答复如下:

汽车消费贷款保证保险是保险公司开办的一种保险业务。在该险种的具体实施中,由于合同约定的具体内容并不统一,在保险公司、银行和汽车销售代理商、购车人之间会形成多种法律关系。在当时法律规定尚不明确的情况下,应依据当事人意思自治原则确定合同的性质。你院请示所涉中国建设银行股份有限公司葫芦岛分行诉中国人民保股份有限公司葫芦岛分公司保证保险合同纠纷案,在相关协议、合同中,保险人没有作出任何担保承诺的意思表示。因此,此案所涉保险单虽名为保证保险单,但性质上应属于保险合同。同意你院审判委员会多数意见,此案的保证保险属于保险性质。

此复。

五、国际运输

中华人民共和国民用航空法

（1995年10月30日第八届全国人民代表大会常务委员会第十六次会议通过 根据2009年8月27日第十一届全国人民代表大会常务委员会第十次会议《关于修改部分法律的决定》第一次修正 根据2015年4月24日第十二届全国人民代表大会常务委员会第十四次会议《关于修改〈中华人民共和国计量法〉等五部法律的决定》第二次修正 根据2016年11月7日第十二届全国人民代表大会常务委员会第二十四次会议《关于修改〈中华人民共和国对外贸易法〉等十二部法律的决定》第三次修正 根据2017年11月4日第十二届全国人民代表大会常务委员会第三十次会议《关于修改〈中华人民共和国会计法〉等十一部法律的决定》第四次修正 根据2018年12月29日第十三届全国人民代表大会常务委员会第七次会议《关于修改〈中华人民共和国劳动法〉等七部法律的决定》第五次修正 根据2021年4月29日第十三届全国人民代表大会常务委员会第二十八次会议《关于修改〈中华人民共和国道路交通安全法〉等八部法律的决定》第六次修正）

目　录

第一章　总　　则
第二章　民用航空器国籍
第三章　民用航空器权利
　第一节　一般规定
　第二节　民用航空器所有权和抵押权
　第三节　民用航空器优先权
　第四节　民用航空器租赁
第四章　民用航空器适航管理
第五章　航空人员
　第一节　一般规定
　第二节　机　　组
第六章　民用机场
第七章　空中航行
　第一节　空域管理
　第二节　飞行管理
　第三节　飞行保障
　第四节　飞行必备文件
第八章　公共航空运输企业
第九章　公共航空运输
　第一节　一般规定
　第二节　运输凭证
　第三节　承运人的责任
　第四节　实际承运人履行航空运输的特别规定
第十章　通用航空
第十一章　搜寻援救和事故调查
第十二章　对地面第三人损害的赔偿责任
第十三章　对外国民用航空器的特别规定
第十四章　涉外关系的法律适用
第十五章　法律责任
第十六章　附　　则

第一章　总　　则

第一条　为了维护国家的领空主权和民用航空权利，保障民用航空活动安全和有秩序地进行，保护民用航空活动当事人各方的合法权益，促进民用航空事业的发展，制定本法。

第二条 中华人民共和国的领陆和领水之上的空域为中华人民共和国领空。中华人民共和国对领空享有完全的、排他的主权。

第三条 国务院民用航空主管部门对全国民用航空活动实施统一监督管理；根据法律和国务院的决定，在本部门的权限内，发布有关民用航空活动的规定、决定。

国务院民用航空主管部门设立的地区民用航空管理机构依照国务院民用航空主管部门的授权，监督管理各该地区的民用航空活动。

第四条 国家扶持民用航空事业的发展，鼓励和支持发展民用航空的科学研究和教育事业，提高民用航空科学技术水平。

国家扶持民用航空器制造业的发展，为民用航空活动提供安全、先进、经济、适用的民用航空器。

第二章 民用航空器国籍

第五条 本法所称民用航空器，是指除用于执行军事、海关、警察飞行任务外的航空器。

第六条 经中华人民共和国国务院民用航空主管部门依法进行国籍登记的民用航空器，具有中华人民共和国国籍，由国务院民用航空主管部门发给国籍登记证书。

国务院民用航空主管部门设立中华人民共和国民用航空器国籍登记簿，统一记载民用航空器的国籍登记事项。

第七条 下列民用航空器应当进行中华人民共和国国籍登记：

（一）中华人民共和国国家机构的民用航空器；

（二）依照中华人民共和国法律设立的企业法人的民用航空器；企业法人的注册资本中有外商出资的，其机构设置、人员组成和中方投资人的出资比例，应当符合行政法规的规定；

（三）国务院民用航空主管部门准予登记的其他民用航空器。

自境外租赁的民用航空器，承租人符合前款规定，该民用航空器的机组人员由承租人配备的，可以申请登记中华人民共和国国籍，但是必须先予注销该民用航空器原国籍登记。

第八条 依法取得中华人民共和国国籍的民用航空器，应当标明规定的国籍标志和登记标志。

第九条 民用航空器不得具有双重国籍。未注销外国国籍的民用航空器不得在中华人民共和国申请国籍登记。

第三章 民用航空器权利

第一节 一般规定

第十条 本章规定的对民用航空器的权利，包括对民用航空器构架、发动机、螺旋桨、无线电设备和其他一切为了在民用航空器上使用的，无论安装于其上或者暂时拆离的物品的权利。

第十一条 民用航空器权利人应当就下列权利分别向国务院民用航空主管部门办理权利登记：

（一）民用航空器所有权；

（二）通过购买行为取得并占有民用航空器的权利；

（三）根据租赁期限为六个月以上的租赁合同占有民用航空器的权利；

（四）民用航空器抵押权。

第十二条 国务院民用航空主管部门设立民用航空器权利登记簿。同一民用航空器的权利登记事项应当记载于同一权利登记簿中。

民用航空器权利登记事项，可以供公众查询、复制或者摘录。

第十三条 除民用航空器经依法强制拍卖外，在已经登记的民用航空器权利得到补偿或者民用航空器权利人同意之前，民用航空器的国籍登记或者权利登记不得转移至国外。

第二节 民用航空器所有权和抵押权

第十四条 民用航空器所有权的取得、转让和消灭，应当向国务院民用航空主管部门登记；未经登记的，不得对抗第三人。

民用航空器所有权的转让，应当签订书面合同。

第十五条 国家所有的民用航空器，由国家授予法人经营管理或者使用的，本法有关民用航空器所有人的规定适用于该法人。

第十六条 设定民用航空器抵押权，由抵押权人和抵押人共同向国务院民用航空主管部门办理抵押权登记；未经登记的，不得对抗第三人。

第十七条 民用航空器抵押权设定后，未经抵押权人同意，抵押人不得将被抵押民用航空器转让他人。

第三节 民用航空器优先权

第十八条 民用航空器优先权，是指债权人依照本法第十九条规定，向民用航空器所有人、承租人提出赔偿请求，对产生该赔偿请求的民用航空器具有优先受偿的权利。

第十九条 下列各项债权具有民用航空器优先权：

（一）援救该民用航空器的报酬；

（二）保管维护该民用航空器的必需费用。

前款规定的各项债权，后发生的先受偿。

第二十条 本法第十九条规定的民用航空器优先权，其债权人应当自援救或者保管维护工作终了之日起三个月内，就其债权向国务院民用航空主管部门登记。

第二十一条 为了债权人的共同利益，在执行人民法院判决以及拍卖过程中产生的费用，应当从民用航空器拍卖所得价款中先行拨付。

第二十二条 民用航空器优先权先于民用航空器抵押权受偿。

第二十三条 本法第十九条规定的债权转移的，其民用航空器优先权随之转移。

第二十四条 民用航空器优先权应当通过人民法院扣押产生优先权的民用航空器行使。

第二十五条 民用航空器优先权自援救或者保管维护工作终了之日起满三个月时终止；但是，债权人就其债权已经依照本法第二十条规定登记，并具有下列情形之一的除外：

（一）债权人、债务人已经就此项债权的金额达成协议；

（二）有关此项债权的诉讼已经开始。

民用航空器优先权不因民用航空器所有权的转让而消灭；但是，民用航空器经依法强制拍卖的除外。

第四节 民用航空器租赁

第二十六条 民用航空器租赁合同，包括融资租赁合同和其他租赁合同，应当以书面形式订立。

第二十七条 民用航空器的融资租赁，是指出租人按照承租人对供货方和民用航空器的选择，购得民用航空器，出租给承租人使用，由承租人定期交纳租金。

第二十八条 融资租赁期间，出租人依法享有民用航空器所有权，承租人依法享有民用航空器的占有、使用、收益权。

第二十九条 融资租赁期间，出租人不得干扰承租人依法占有、使用民用航空器；承租人应当适当地保管民用航空器，使之处于原交付时的状态，但是合理损耗和经出租人同意的对民用航空器的改变除外。

第三十条 融资租赁期满，承租人应当将符合本法第二十九条规定状态的民用航空器退还出租人；但是，承租人依照合同行使购买民用航空器的权利或者为继续租赁而占有民用航空器的除外。

第三十一条 民用航空器融资租赁中的供货方，不就同一损害同时对出租人和承租人承担责任。

第三十二条 融资租赁期间，经出租同意，在不损害第三人利益的情况下，承租人可以转让其对民用航空器的占有权或者租赁合同约定的其他权利。

第三十三条 民用航空器的融资租赁和租赁期限为六个月以上的其他租赁，承租人应当就其对民用航空器的占有权向国务院民用航空主管部门办理登记；未经登记的，不得对抗第三人。

第四章 民用航空器适航管理

第三十四条 设计民用航空器及其发动机、螺旋桨和民用航空器上设备，应当向国务院民用航空主管部门申请领取型号合格证书。经审查合格的，发给型号合格证书。

第三十五条 生产、维修民用航空器及其发动机、螺旋桨和民用航空器上设备，应当向国务院民用航空主管部门申请领取生产许可证书、维修许可证书。经审查合格的，发给相应的证书。

第三十六条 外国制造人生产的任何型号的民用航空器及其发动机、螺旋桨和民用航空器上设备，首次进口中国的，该外国制造人应当向国务院民用航空主管部门申请领取型号认可证书。经审查合格的，发给型号认可证书。

已取得外国颁发的型号合格证书的民用航空器及其发动机、螺旋桨和民用航空器上设备，首次在中国境内生产的，该型号合格证书的持有人应当向国务院民用航空主管部门申请领取型号认可证书。经审查合格的，发给型号认可证书。

第三十七条 具有中华人民共和国国籍的民用航空器，应当持有国务院民用航空主管部门颁发的适航证书，方可飞行。

出口民用航空器及其发动机、螺旋桨和民用航空器上设备，制造人应当向国务院民用航空主管部门申请领取出口适航证书。经审查合格的，发给出口适航证书。

租用的外国民用航空器，应当经国务院民用航空主管部门对其原国籍登记国发给的适航证书审查认可或者另发适航证书，方可飞行。

民用航空器适航管理规定，由国务院制定。

第三十八条 民用航空器的所有人或者承租人应当按照适航证书规定的使用范围使用民用航空器，做好民用航空器的维修保养工作，保证民用航空器处于适航状态。

第五章 航空人员

第一节 一般规定

第三十九条 本法所称航空人员，是指下列从事民用航空活动的空勤人员和地面人员：

（一）空勤人员，包括驾驶员、飞行机械人员、乘务员；

（二）地面人员，包括民用航空器维修人员、空中交通管制员、飞行签派员、航空电台通信员。

第四十条 航空人员应当接受专门训练，经考核合格，取得国务院民用航空主管部门颁发的执照，方可担任其执照载明的工作。

空勤人员和空中交通管制员在取得执照前，还应当接受国务院民用航空主管部门认可的体格检查单位的检查，并取得国务院民用航空主管部门颁发的体格检查合格证书。

第四十一条 空勤人员在执行飞行任务时，应当随身携带执照和体格检查合格证书，并接受国务院民用航空主管部门的查验。

第四十二条 航空人员应当接受国务院民用航空主管部门定期或者不定期的检查和考核；经检查、考核合格的，方可继续担任其执照载明的工作。

空勤人员还应当参加定期的紧急程序训练。

空勤人员间断飞行的时间超过国务院民用航空主管部门规定时限的，应当经过检查和考核；乘务员以外的空勤人员还应当经过带飞。经检查、考核、带飞合格的，方可继续担任其执照载明的工作。

第二节 机 组

第四十三条 民用航空器机组由机长和其他空勤人员组成。机长应当由具有独立驾驶该型号民用航空器的技术和经验的驾驶员担任。

机组的组成和人员数额，应当符合国务院民用航空主管部门的规定。

第四十四条 民用航空器的操作由机长负责，机长应当严格履行职责，保护民用航空器及其所载人员和财产的安全。

机长在其职权范围内发布的命令，民用航空器所载人员都应当执行。

第四十五条 飞行前，机长应当对民用航空器实施必要的检查；未经检查，不得起飞。

机长发现民用航空器、机场、气象条件等不符合规定，不能保证飞行安全的，有权拒绝起飞。

第四十六条 飞行中，对于任何破坏民用航空器、扰乱民用航空器内秩序、危害民用航空器所载人员或者财产安全以及其他危及飞行安全的行为，在保证安全的前提下，机长有权采取必要的适当措施。

飞行中，遇到特殊情况时，为保证民用航空器及其所载人员的安全，机长有权对民用航空器作出处置。

第四十七条 机长发现机组人员不适宜执行飞行任务的，为保证飞行安全，有权提出调整。

第四十八条 民用航空器遇险时，机长有权采取一切必要措施，并指挥机组人员和航空器上其他人员采取抢救措施。在必须撤离遇险民用航空器的紧急情况下，机长必须采取措施，首先组织旅客安全离开民用航空器；未经机长允许，机组人员不得擅自离开民用航空器；机长应当最后离开民用航空器。

第四十九条 民用航空器发生事故，机长应当直接或者通过空中交通管制单位，如实将事故情况及时报告国务院民用航空主管部门。

第五十条 机长收到船舶或者其他航空器的遇险信号，或者发现遇险的船舶、航空器及其人员，应当将遇险情况及时报告就近的空中交通管制单位并给予可能的合理的援助。

第五十一条 飞行中，机长因故不能履行职务的，由仅次于机长职务的驾驶员代理机长；在下一个经停地起飞前，民用航空器所有人或者承租人应当指派新机长接任。

第五十二条 只有一名驾驶员，不需配备其他空勤人员的民用航空器，本节对机长的规定，适用于该驾驶员。

第六章 民用机场

第五十三条 本法所称民用机场，是指专供民用航空器起飞、降落、滑行、停放以及进行其他活动使用的划定区域，包括附属的建筑物、装置和设施。

本法所称民用机场不包括临时机场。

军民合用机场由国务院、中央军事委员会另行制定管理办法。

第五十四条 民用机场的建设和使用应当统筹安排、合理布局，提高机场的使用效率。

全国民用机场的布局和建设规划，由国务院民用航空主管部门会同国务院其他有关部门制定，并按照国家规定的程序，经批准后组织实施。

省、自治区、直辖市人民政府应当根据全国民用机场的布局和建设规划，制定本行政区域内的民用机场建设规划，并按照国家规定的程序报经批准后，将其纳入本级国民经济和社会发展规划。

第五十五条 民用机场建设规划应当与城市建设规划相协调。

第五十六条 新建、改建和扩建民用机场，应当符合依法制定的民用机场布局和建设规划，符合民用机场标准，并按照国家规定报经有关主管机关批准并实施。

不符合依法制定的民用机场布局和建设规划的民用机场建设项目，不得批准。

第五十七条　新建、扩建民用机场，应当由民用机场所在地县级以上地方人民政府发布公告。

前款规定的公告应当在当地主要报纸上刊登，并在拟新建、扩建机场周围地区张贴。

第五十八条　禁止在依法划定的民用机场范围内和按照国家规定划定的机场净空保护区域内从事下列活动：

（一）修建可能在空中排放大量烟雾、粉尘、火焰、废气而影响飞行安全的建筑物或者设施；

（二）修建靶场、强烈爆炸物仓库等影响飞行安全的建筑物或者设施；

（三）修建不符合机场净空要求的建筑物或者设施；

（四）设置影响机场目视助航设施使用的灯光、标志或者物体；

（五）种植影响飞行安全或者影响机场助航设施使用的植物；

（六）饲养、放飞影响飞行安全的鸟类动物和其他物体；

（七）修建影响机场电磁环境的建筑物或者设施。

禁止在依法划定的民用机场范围内放养牲畜。

第五十九条　民用机场新建、扩建的公告发布前，在依法划定的民用机场范围内和按照国家规定划定的机场净空保护区域内存在的可能影响飞行安全的建筑物、构筑物、树木、灯光和其他障碍物体，应当在规定的期限内清除；对由此造成的损失，应当给予补偿或者依法采取其他补救措施。

第六十条　民用机场新建、扩建的公告发布后，任何单位和个人违反本法和有关行政法规的规定，在依法划定的民用机场范围内和按照国家规定划定的机场净空保护区域内修建、种植或者设置影响飞行安全的建筑物、构筑物、树木、灯光和其他障碍物体的，由机场所在地县级以上地方人民政府责令清除；由此造成的损失，由修建、种植或者设置该障碍物体的人承担。

第六十一条　在民用机场及其按照国家规定划定的净空保护区域以外，对可能影响飞行安全的高大建筑物或者设施，应当按照国家有关规定设置飞行障碍灯和标志，并使其保持正常状态。

第六十二条　国务院民用航空主管部门规定的对公众开放的民用机场应当取得机场使用许可证，方可开放使用。其他民用机场应当按照国务院民用航空主管部门的规定进行备案。

申请取得机场使用许可证，应当具备下列条件，并按照国家规定经验收合格：

（一）具备与其运营业务相适应的飞行区、航站区、工作区以及服务设施和人员；

（二）具备能够保障飞行安全的空中交通管制、通信导航、气象等设施和人员；

（三）具备符合国家规定的安全保卫条件；

（四）具备处理特殊情况的应急计划以及相应的设施和人员；

（五）具备国务院民用航空主管部门规定的其他条件。

国际机场还应当具备国际通航条件，设立海关和其他口岸检查机关。

第六十三条　民用机场使用许可证由机场管理机构向国务院民用航空主管部门申请，经国务院民用航空主管部门审查批准后颁发。

第六十四条　设立国际机场，由机场所在地省级人民政府报请国务院审查批准。

国际机场的开放使用，由国务院民用航空主管部门对外公告；国际机场资料由国务院民用航空主管部门统一对外提供。

第六十五条　民用机场应当按照国务院民用航空主管部门的规定，采取措施，保证机场内人员和财产的安全。

　　第六十六条　供运输旅客或者货物的民用航空器使用的民用机场，应当按照国务院民用航空主管部门规定的标准，设置必要设施，为旅客和货物托运人、收货人提供良好服务。

　　第六十七条　民用机场管理机构应当依照环境保护法律、行政法规的规定，做好机场环境保护工作。

　　第六十八条　民用航空器使用民用机场及其助航设施的，应当缴纳使用费、服务费；使用费、服务费的收费标准，由国务院民用航空主管部门制定。

　　第六十九条　民用机场废弃或者改作他用，民用机场管理机构应当依照国家规定办理报批手续。

第七章　空中航行

第一节　空域管理

　　第七十条　国家对空域实行统一管理。

　　第七十一条　划分空域，应当兼顾民用航空和国防安全的需要以及公众的利益，使空域得到合理、充分、有效的利用。

　　第七十二条　空域管理的具体办法，由国务院、中央军事委员会制定。

第二节　飞行管理

　　第七十三条　在一个划定的管制空域内，由一个空中交通管制单位负责该空域内的航空器的空中交通管制。

　　第七十四条　民用航空器在管制空域内进行飞行活动，应当取得空中交通管制单位的许可。

　　第七十五条　民用航空器应当按照空中交通管制单位指定的航路和飞行高度飞行；因故确需偏离指定的航路或者改变飞行高度飞行的，应当取得空中交通管制单位的许可。

　　第七十六条　在中华人民共和国境内飞行的航空器，必须遵守统一的飞行规则。

　　进行目视飞行的民用航空器，应当遵守目视飞行规则，并与其他航空器、地面障碍物体保持安全距离。

　　进行仪表飞行的民用航空器，应当遵守仪表飞行规则。

　　飞行规则由国务院、中央军事委员会制定。

　　第七十七条　民用航空器机组人员的飞行时间、执勤时间不得超过国务院民用航空主管部门规定的时限。

　　民用航空器机组人员受到酒类饮料、麻醉剂或者其他药物的影响，损及工作能力的，不得执行飞行任务。

　　第七十八条　民用航空器除按照国家规定经特别批准外，不得飞入禁区；除遵守规定的限制条件外，不得飞入限制区。

　　前款规定的禁区和限制区，依照国家规定划定。

　　第七十九条　民用航空器不得飞越城市上空；但是，有下列情形之一的除外：

　　（一）起飞、降落或者指定的航路所必需的；

　　（二）飞行高度足以使该航空器在发生紧急情况时离开城市上空，而不致危及地面上的人员、财产安全的；

　　（三）按照国家规定的程序获得批准的。

　　第八十条　飞行中，民用航空器不得投掷物品；但是，有下列情形之一的除外：

　　（一）飞行安全所必需的；

　　（二）执行救助任务或者符合社会公共利益的其他飞行任务所必需的。

　　第八十一条　民用航空器未经批准不得飞出中华人民共和国领空。

　　对未经批准正在飞离中华人民共和国领空的民用航空器，有关部门有权根据具体情况采取必要措施，予以制止。

第三节　飞行保障

　　第八十二条　空中交通管制单位应当为飞行中的民用航空器提供空中交通服务，包括空中交通管制服务、飞行情报服务和告警服务。

提供空中交通管制服务，旨在防止民用航空器同航空器、民用航空器同障碍物体相撞，维持并加速空中交通的有秩序的活动。

提供飞行情报服务，旨在提供有助于安全和有效地实施飞行的情报和建议。

提供告警服务，旨在当民用航空器需要搜寻援救时，通知有关部门，并根据要求协助该有关部门进行搜寻援救。

第八十三条 空中交通管制单位发现民用航空器偏离指定航路、迷失航向时，应当迅速采取一切必要措施，使其回归航路。

第八十四条 航路上应当设置必要的导航、通信、气象和地面监视设备。

第八十五条 航路上影响飞行安全的自然障碍物体，应当在航图上标明；航路上影响飞行安全的人工障碍物体，应当设置飞行障碍灯和标志，并使其保持正常状态。

第八十六条 在距离航路边界三十公里以内的地带，禁止修建靶场和其他可能影响飞行安全的设施；但是，平射轻武器靶场除外。

在前款规定地带以外修建固定的或者临时性对空发射场，应当按照国家规定获得批准；对空发射场的发射方向，不得与航路交叉。

第八十七条 任何可能影响飞行安全的活动，应当依法获得批准，并采取确保飞行安全的必要措施，方可进行。

第八十八条 国务院民用航空主管部门应当依法对民用航空无线电台和分配给民用航空系统使用的专用频率实施管理。

任何单位或者个人使用的无线电台和其他仪器、装置，不得妨碍民用航空无线电专用频率的正常使用。对民用航空无线电专用频率造成有害干扰的，有关单位或者个人应当迅速排除干扰；未排除干扰前，应当停止使用该无线电台或者其他仪器、装置。

第八十九条 邮电通信企业应当对民用航空电信传递优先提供服务。

国家气象机构应当对民用航空气象机构提供必要的气象资料。

第四节 飞行必备文件

第九十条 从事飞行的民用航空器，应当携带下列文件：

（一）民用航空器国籍登记证书；

（二）民用航空器适航证书；

（三）机组人员相应的执照；

（四）民用航空器航行记录簿；

（五）装有无线电设备的民用航空器，其无线电台执照；

（六）载有旅客的民用航空器，其所载旅客姓名及其出发地点和目的地点的清单；

（七）载有货物的民用航空器，其所载货物的舱单和明细的申报单；

（八）根据飞行任务应当携带的其他文件。

民用航空器未按规定携带前款所列文件的，国务院民用航空主管部门或者其授权的地区民用航空管理机构可以禁止该民用航空器起飞。

第八章 公共航空运输企业

第九十一条 公共航空运输企业，是指以营利为目的，使用民用航空器运送旅客、行李、邮件或者货物的企业法人。

第九十二条 企业从事公共航空运输，应当向国务院民用航空主管部门申请领取经营许可证。

第九十三条 取得公共航空运输经营许可，应当具备下列条件：

（一）有符合国家规定的适应保证飞行安全要求的民用航空器；

（二）有必需的依法取得执照的航空人员；

（三）有不少于国务院规定的最低限额的注册资本；

（四）法律、行政法规规定的其他条件。

第九十四条 公共航空运输企业的组织

形式、组织机构适用公司法的规定。

本法施行前设立的公共航空运输企业，其组织形式、组织机构不完全符合公司法规定的，可以继续沿用原有的规定，适用前款规定的日期由国务院规定。

第九十五条 公共航空运输企业应当以保证飞行安全和航班正常，提供良好服务为准则，采取有效措施，提高运输服务质量。

公共航空运输企业应当教育和要求本企业职工严格履行职责，以文明礼貌、热情周到的服务态度，认真做好旅客和货物运输的各项服务工作。

旅客运输航班延误的，应当在机场内及时通告有关情况。

第九十六条 公共航空运输企业申请经营定期航班运输（以下简称航班运输）的航线，暂停、终止经营航线，应当报经国务院民用航空主管部门批准。

公共航空运输企业经营航班运输，应当公布班期时刻。

第九十七条 公共航空运输企业的营业收费项目，由国务院民用航空主管部门确定。

国内航空运输的运价管理办法，由国务院民用航空主管部门会同国务院物价主管部门制定，报国务院批准后执行。

国际航空运输运价的制定按照中华人民共和国政府与外国政府签订的协定、协议的规定执行；没有协定、协议的，参照国际航空运输市场价格确定。

第九十八条 公共航空运输企业从事不定期运输，应当经国务院民用航空主管部门批准，并不得影响航班运输的正常经营。

第九十九条 公共航空运输企业应当依照国务院制定的公共航空运输安全保卫规定，制定安全保卫方案，并报国务院民用航空主管部门备案。

第一百条 公共航空运输企业不得运输法律、行政法规规定的禁运物品。

公共航空运输企业未经国务院民用航空主管部门批准，不得运输作战军火、作战物资。

禁止旅客随身携带法律、行政法规规定的禁运物品乘坐民用航空器。

第一百零一条 公共航空运输企业运输危险品，应当遵守国家有关规定。

禁止以非危险品品名托运危险品。

禁止旅客随身携带危险品乘坐民用航空器。除因执行公务并按照国家规定经过批准外，禁止旅客携带枪支、管制刀具乘坐民用航空器。禁止违反国务院民用航空主管部门的规定将危险品作为行李托运。

危险品品名由国务院民用航空主管部门规定并公布。

第一百零二条 公共航空运输企业不得运输拒绝接受安全检查的旅客，不得违反国家规定运输未经安全检查的行李。

公共航空运输企业必须按照国务院民用航空主管部门的规定，对承运的货物进行安全检查或者采取其他保证安全的措施。

第一百零三条 公共航空运输企业从事国际航空运输的民用航空器及其所载人员、行李、货物应当接受边防、海关等主管部门的检查；但是，检查时应当避免不必要的延误。

第一百零四条 公共航空运输企业应当依照有关法律、行政法规的规定优先运输邮件。

第一百零五条 公共航空运输企业应当投保地面第三人责任险。

第九章　公共航空运输

第一节　一般规定

第一百零六条 本章适用于公共航空运输企业使用民用航空器经营的旅客、行李或者货物的运输，包括公共航空运输企业使用民用航空器办理的免费运输。

本章不适用于使用民用航空器办理的邮件运输。

对多式联运方式的运输，本章规定适用

于其中的航空运输部分。

第一百零七条　本法所称国内航空运输，是指根据当事人订立的航空运输合同，运输的出发地点、约定的经停地点和目的地点均在中华人民共和国境内的运输。

本法所称国际航空运输，是指根据当事人订立的航空运输合同，无论运输有无间断或者有无转运，运输的出发地点、目的地点或者约定的经停地点之一不在中华人民共和国境内的运输。

第一百零八条　航空运输合同各方认为几个连续的航空运输承运人办理的运输是一项单一业务活动的，无论其形式是以一个合同订立或者数个合同订立，应当视为一项不可分割的运输。

第二节　运输凭证

第一百零九条　承运人运送旅客，应当出具客票。旅客乘坐民用航空器，应当交验有效客票。

第一百一十条　客票应当包括的内容由国务院民用航空主管部门规定，至少应当包括以下内容：

（一）出发地点和目的地点；

（二）出发地点和目的地点均在中华人民共和国境内，而在境外有一个或者数个约定的经停地点的，至少注明一个经停地点；

（三）旅客航程的最终目的地点、出发地点或者约定的经停地点之一不在中华人民共和国境内，依照所适用的国际航空运输公约的规定，应当在客票上声明此项运输适用该公约的，客票上应当载有该项声明。

第一百一十一条　客票是航空旅客运输合同订立和运输合同条件的初步证据。

旅客未能出示客票、客票不符合规定或者客票遗失，不影响运输合同的存在或者有效。

在国内航空运输中，承运人同意旅客不经其出票而乘坐民用航空器的，承运人无权援用本法第一百二十八条有关赔偿责任限制的规定。

在国际航空运输中，承运人同意旅客不经其出票而乘坐民用航空器的，或者客票上未依照本法第一百一十条第（三）项的规定声明的，承运人无权援用本法第一百二十九条有关赔偿责任限制的规定。

第一百一十二条　承运人载运托运行李时，行李票可以包含在客票之内或者与客票相结合。除本法第一百一十条的规定外，行李票还应当包括下列内容：

（一）托运行李的件数和重量；

（二）需要声明托运行李在目的地点交付时的利益的，注明声明金额。

行李票是行李托运和运输合同条件的初步证据。

旅客未能出示行李票、行李票不符合规定或者行李票遗失，不影响运输合同的存在或者有效。

在国内航空运输中，承运人载运托运行李而不出具行李票的，承运人无权援用本法第一百二十八条有关赔偿责任限制的规定。

在国际航空运输中，承运人载运托运行李而不出具行李票的，或者行李票上未依照本法第一百一十条第（三）项的规定声明的，承运人无权援用本法第一百二十九条有关赔偿责任限制的规定。

第一百一十三条　承运人有权要求托运人填写航空货运单，托运人有权要求承运人接受该航空货运单。托运人未能出示航空货运单、航空货运单不符合规定或者航空货运单遗失，不影响运输合同的存在或者有效。

第一百一十四条　托运人应当填写航空货运单正本一式三份，连同货物交给承运人。

航空货运单第一份注明"交承运人"，由托运人签字、盖章；第二份注明"交收货人"，由托运人和承运人签字、盖章；第三份由承运人在接受货物后签字、盖章，交给托运人。

承运人根据托运人的请求填写航空货运单的，在没有相反证据的情况下，应当视为代托运人填写。

第一百一十五条 航空货运单应当包括的内容由国务院民用航空主管部门规定，至少应当包括以下内容：

（一）出发地点和目的地点；

（二）出发地点和目的地点均在中华人民共和国境内，而在境外有一个或者数个约定的经停地点的，至少注明一个经停地点；

（三）货物运输的最终目的地点、出发地点或者约定的经停地点之一不在中华人民共和国境内，依照所适用的国际航空运输公约的规定，应当在货运单上声明此项运输适用该公约的，货运单上应当载有该项声明。

第一百一十六条 在国内航空运输中，承运人同意未经填具航空货运单而载运货物的，承运人无权援用本法第一百二十八条有关赔偿责任限制的规定。

在国际航空运输中，承运人同意未经填具航空货运单而载运货物的，或者航空货运单上未依照本法第一百一十五条第（三）项的规定声明的，承运人无权援用本法第一百二十九条有关赔偿责任限制的规定。

第一百一十七条 托运人应当对航空货运单上所填关于货物的说明和声明的正确性负责。

因航空货运单上所填的说明和声明不符合规定、不正确或者不完全，给承运人或者承运人对之负责的其他人造成损失的，托运人应当承担赔偿责任。

第一百一十八条 航空货运单是航空货物运输合同订立和运输条件以及承运人接受货物的初步证据。

航空货运单上关于货物的重量、尺寸、包装和包装件数的说明具有初步证据的效力。除经过承运人和托运人当面查对并在航空货运单上注明经过查对或者书写关于货物的外表情况的说明外，航空货运单上关于货物的数量、体积和情况的说明不能构成不利于承运人的证据。

第一百一十九条 托运人在履行航空货物运输合同规定的义务的条件下，有权在出发地机场或者目的地机场将货物提回，或者在途中经停时中止运输，或者在目的地点或者途中要求将货物交给非航空货运单上指定的收货人，或者要求将货物运回出发地机场；但是，托运人不得因行使此种权利而使承运人或者其他托运人遭受损失，并应当偿付由此产生的费用。

托运人的指示不能执行的，承运人应当立即通知托运人。

承运人按照托运人的指示处理货物，没有要求托运人出示其所收执的航空货运单，给该航空货运单的合法持有人造成损失的，承运人应当承担责任，但是不妨碍承运人向托运人追偿。

收货人的权利依照本法第一百二十条规定开始时，托运人的权利即告终止；但是，收货人拒绝接受航空货运单或者货物，或者承运人无法同收货人联系的，托运人恢复其对货物的处置权。

第一百二十条 除本法第一百一十九条所列情形外，收货人于货物到达目的地点，并在缴付应付款项和履行航空货运单上所列运输条件后，有权要求承运人移交航空货运单并交付货物。

除另有约定外，承运人应当在货物到达后立即通知收货人。

承运人承认货物已经遗失，或者货物在应当到达之日起七日后仍未到达的，收货人有权向承运人行使航空货物运输合同所赋予的权利。

第一百二十一条 托运人和收货人在履行航空货物运输合同规定的义务的条件下，无论为本人或者他人的利益，可以以本人的名义分别行使本法第一百一十九条和第一百二十条所赋予的权利。

第一百二十二条 本法第一百一十九条、第一百二十条和第一百二十一条的规定，不影响托运人同收货人之间的相互关系，也不影响从托运人或者收货人获得权利的第三人之间的关系。

任何与本法第一百一十九条、第一百二十条和第一百二十一条规定不同的合同条款，应当在航空货运单上载明。

第一百二十三条 托运人应当提供必需的资料和文件，以便在货物交付收货人前完成法律、行政法规规定的有关手续；因没有此种资料、文件，或者此种资料、文件不充足或者不符合规定造成的损失，除由于承运人或者其受雇人、代理人的过错造成的外，托运人应当对承运人承担责任。

除法律、行政法规另有规定外，承运人没有对前款规定的资料或者文件进行检查的义务。

第三节 承运人的责任

第一百二十四条 因发生在民用航空器上或者在旅客上、下民用航空器过程中的事件，造成旅客人身伤亡的，承运人应当承担责任；但是，旅客的人身伤亡完全是由于旅客本人的健康状况造成的，承运人不承担责任。

第一百二十五条 因发生在民用航空器上或者在旅客上、下民用航空器过程中的事件，造成旅客随身携带物品毁灭、遗失或者损坏的，承运人应当承担责任。因发生在航空运输期间的事件，造成旅客的托运行李毁灭、遗失或者损坏的，承运人应当承担责任。

旅客随身携带物品或者托运行李的毁灭、遗失或者损坏完全是由于行李本身的自然属性、质量或者缺陷造成的，承运人不承担责任。

本章所称行李，包括托运行李和旅客随身携带的物品。

因发生在航空运输期间的事件，造成货物毁灭、遗失或者损坏的，承运人应当承担责任；但是，承运人证明货物的毁灭、遗失或者损坏完全是由于下列原因之一造成的，不承担责任：

（一）货物本身的自然属性、质量或者缺陷；

（二）承运人或者其受雇人、代理人以外的人包装货物的，货物包装不良；

（三）战争或者武装冲突；

（四）政府有关部门实施的与货物入境、出境或者过境有关的行为。

本条所称航空运输期间，是指在机场内、民用航空器上或者机场外降落的任何地点，托运行李、货物处于承运人掌管之下的全部期间。

航空运输期间，不包括机场外的任何陆路运输、海上运输、内河运输过程；但是，此种陆路运输、海上运输、内河运输是为了履行航空运输合同而装载、交付或者转运，在没有相反证据的情况下，所发生的损失视为在航空运输期间发生的损失。

第一百二十六条 旅客、行李或者货物在航空运输中因延误造成的损失，承运人应当承担责任；但是，承运人证明本人或者其受雇人、代理人为了避免损失的发生，已经采取一切必要措施或者不可能采取此种措施的，不承担责任。

第一百二十七条 在旅客、行李运输中，经承运人证明，损失是由索赔人的过错造成或者促成的，应当根据造成或者促成此种损失的过错的程度，相应免除或者减轻承运人的责任。旅客以外的其他人就旅客死亡或者受伤提出赔偿请求时，经承运人证明，死亡或者受伤是旅客本人的过错造成或者促成的，同样应当根据造成或者促成此种损失的过错的程度，相应免除或者减轻承运人的责任。

在货物运输中，经承运人证明，损失是由索赔人或者代行权利人的过错造成或者促成的，应当根据造成或者促成此种损失的过错的程度，相应免除或者减轻承运人的责任。

第一百二十八条 国内航空运输承运人的赔偿责任限额由国务院民用航空主管部门制定，报国务院批准后公布执行。

旅客或者托运人在交运托运行李或者货物时，特别声明在目的地点交付时的利益，并在必要时支付附加费的，除承运人证明旅客或者托运人声明的金额高于托运行李或者货物在目的地点交付时的实际利益外，承运人应当在声明金额范围内承担责任；本法第一百二十九条的其他规定，除赔偿责任限额外，适用于国内航空运输。

第一百二十九条 国际航空运输承运人的赔偿责任限额按照下列规定执行：

（一）对每名旅客的赔偿责任限额为16600计算单位；但是，旅客可以同承运人书面约定高于本项规定的赔偿责任限额。

（二）对托运行李或者货物的赔偿责任限额，每公斤为17计算单位。旅客或者托运人在交运托运行李或者货物时，特别声明在目的地点交付时的利益，并在必要时支付附加费的，除承运人证明旅客或者托运人声明的金额高于托运行李或者货物在目的地点交付时的实际利益外，承运人应当在声明金额范围内承担责任。

托运行李或者货物的一部分或者托运行李、货物中的任何物件毁灭、遗失、损坏或者延误的，用以确定承运人赔偿责任限额的重量，仅为该一包件或者数包件的总重量；但是，因托运行李或者货物的一部分或者托运行李、货物中的任何物件的毁灭、遗失、损坏或者延误，影响同一份行李票或者同一份航空货运单所列其他包件的价值的，确定承运人的赔偿责任限额时，此种包件的总重量也应当考虑在内。

（三）对每名旅客随身携带的物品的赔偿责任限额为332计算单位。

第一百三十条 任何旨在免除本法规定的承运人责任或者降低本法规定的赔偿责任限额的条款，均属无效；但是，此种条款的无效，不影响整个航空运输合同的效力。

第一百三十一条 有关航空运输中发生的损失的诉讼，不论其根据如何，只能依照本法规定的条件和赔偿责任限额提出，但是不妨碍谁有权提起诉讼以及他们各自的权利。

第一百三十二条 经证明，航空运输中的损失是由于承运人或者其受雇人、代理人的故意或者明知可能造成损失而轻率地作为或者不作为造成的，承运人无权援用本法第一百二十八条、第一百二十九条有关赔偿责任限制的规定；证明承运人的受雇人、代理人有此种作为或者不作为的，还应当证明该受雇人、代理人是在受雇、代理范围内行事。

第一百三十三条 就航空运输中的损失向承运人的受雇人、代理人提起诉讼时，该受雇人、代理人证明他是在受雇、代理范围内行事的，有权援用本法第一百二十八条、第一百二十九条有关赔偿责任限制的规定。

在前款规定情形下，承运人及其受雇人、代理人的赔偿总额不得超过法定的赔偿责任限额。

经证明，航空运输中的损失是由于承运人的受雇人、代理人的故意或者明知可能造成损失而轻率地作为或者不作为造成的，不适用本条第一款和第二款的规定。

第一百三十四条 旅客或者收货人收受托运行李或者货物而未提出异议，为托运行李或者货物已经完好交付并与运输凭证相符的初步证据。

托运行李或者货物发生损失的，旅客或者收货人应当在发现损失后向承运人提出异议。托运行李发生损失的，至迟应当自收到托运行李之日起七日内提出；货物发生损失的，至迟应当自收到货物之日起十四日内提出。托运行李或者货物发生延误的，至迟应当自托运行李或者货物交付旅客或者收货人处置之日起二十一日内提出。

任何异议均应当在前款规定的期间内写在运输凭证上或者另以书面提出。

除承运人有欺诈行为外，旅客或者收货人未在本条第二款规定的期间内提出异议的，不能向承运人提出索赔诉讼。

第一百三十五条 航空运输的诉讼时效期间为二年，自民用航空器到达目的地点、应当到达目的地点或者运输终止之日起计算。

第一百三十六条 由几个航空承运人办理的连续运输，接受旅客、行李或者货物的每一个承运人应当受本法规定的约束,并就其根据合同办理的运输区段作为运输合同的订约一方。

对前款规定的连续运输,除合同明文约定第一承运人应当对全程运输承担责任外,旅客或者其继承人只能对发生事故或者延误的运输区段的承运人提起诉讼。

托运行李或者货物的毁灭、遗失、损坏或者延误,旅客或者托运人有权对第一承运人提起诉讼,旅客或者收货人有权对最后承运人提起诉讼,旅客、托运人和收货人均可以对发生毁灭、遗失、损坏或者延误的运输区段的承运人提起诉讼。上述承运人应当对旅客、托运人或者收货人承担连带责任。

第四节 实际承运人履行航空运输的特别规定

第一百三十七条 本节所称缔约承运人,是指以本人名义与旅客或者托运人,或者与旅客或者托运人的代理人,订立本章调整的航空运输合同的人。

本节所称实际承运人,是指根据缔约承运人的授权,履行前款全部或者部分运输的人,不是指本章规定的连续承运人;在没有相反证明时,此种授权被认为是存在的。

第一百三十八条 除本节另有规定外,缔约承运人和实际承运人都应当受本章规定的约束。缔约承运人应当对合同约定的全部运输负责。实际承运人应当对其履行的运输负责。

第一百三十九条 实际承运人的作为和不作为,实际承运人的受雇人、代理人在受雇、代理范围内的作为和不作为,关系到实际承运人履行的运输的,应当视为缔约承运人的作为和不作为。

缔约承运人的作为和不作为,缔约承运人的受雇人、代理人在受雇、代理范围内的作为和不作为,关系到实际承运人履行的运输的,应当视为实际承运人的作为和不作为;但是,实际承运人承担的责任不因此种作为或者不作为而超过法定的赔偿责任限额。

任何有关缔约承运人承担本章未规定的义务或者放弃本章赋予的权利的特别协议,或者任何有关依照本法第一百二十八条、第一百二十九条规定所作的在目的地点交付时利益的特别声明,除经实际承运人同意外,均不得影响实际承运人。

第一百四十条 依照本章规定提出的索赔或者发出的指示,无论是向缔约承运人还是向实际承运人提出或者发出的,具有同等效力;但是,本法第一百一十九条规定的指示,只在向缔约承运人发出时,方有效。

第一百四十一条 实际承运人的受雇人、代理人或者缔约承运人的受雇人、代理人,证明他是在受雇、代理范围内行事的,就实际承运人履行的运输而言,有权援用本法第一百二十八条、第一百二十九条有关赔偿责任限制的规定,但是依照本法规定不得援用赔偿责任限制规定的除外。

第一百四十二条 对于实际承运人履行的运输,实际承运人、缔约承运人以及他们的在受雇、代理范围内行事的受雇人、代理人的赔偿总额不得超过依照本法得以从缔约承运人或者实际承运人获得赔偿的最高数额;但是,其中任何人都不承担超过对他适用的赔偿责任限额。

第一百四十三条 对实际承运人履行的运输提起的诉讼,可以分别对实际承运人或者缔约承运人提起,也可以同时对实际承运人和缔约承运人提起;被提起诉讼的承运人有权要求另一承运人参加应诉。

第一百四十四条 除本法第一百四十三条规定外,本节规定不影响实际承运人和缔约承运人之间的权利、义务。

第十章 通用航空

第一百四十五条 通用航空,是指使用民用航空器从事公共航空运输以外的民用航空活动,包括从事工业、农业、林业、渔业和建筑业的作业飞行以及医疗卫生、抢险救灾、气象探测、海洋监测、科学实验、教育训练、文化体育等方面的飞行活动。

第一百四十六条 从事通用航空活动,应当具备下列条件:

(一) 有与所从事的通用航空活动相适应、符合保证飞行安全要求的民用航空器;

(二) 有必需的依法取得执照的航空人员;

(三) 符合法律、行政法规规定的其他条件。

从事经营性通用航空,限于企业法人。

第一百四十七条 从事非经营性通用航空的,应当向国务院民用航空主管部门备案。

从事经营性通用航空的,应当向国务院民用航空主管部门申请领取通用航空经营许可证。

第一百四十八条 通用航空企业从事经营性通用航空活动,应当与用户订立书面合同,但是紧急情况下的救护或者救灾飞行除外。

第一百四十九条 组织实施作业飞行时,应当采取有效措施,保证飞行安全,保护环境和生态平衡,防止对环境、居民、作物或者牲畜等造成损害。

第一百五十条 从事通用航空活动的,应当投保地面第三人责任险。

第十一章 搜寻援救和事故调查

第一百五十一条 民用航空器遇到紧急情况时,应当发送信号,并向空中交通管制单位报告,提出援救请求;空中交通管制单位应当立即通知搜寻援救协调中心。民用航空器在海上遇到紧急情况时,还应当向船舶和国家海上搜寻援救组织发送信号。

第一百五十二条 发现民用航空器遇到紧急情况或者收听到民用航空器遇到紧急情况的信号的单位或者个人,应当立即通知有关的搜寻援救协调中心、海上搜寻援救组织或者当地人民政府。

第一百五十三条 收到通知的搜寻援救协调中心、地方人民政府和海上搜寻援救组织,应当立即组织搜寻援救。

收到通知的搜寻援救协调中心,应当设法将已经采取的搜寻援救措施通知遇到紧急情况的民用航空器。

搜寻援救民用航空器的具体办法,由国务院规定。

第一百五十四条 执行搜寻援救任务的单位或者个人,应当尽力抢救民用航空器所载人员,按照规定对民用航空器采取抢救措施并保护现场,保存证据。

第一百五十五条 民用航空器事故的当事人以及有关人员在接受调查时,应当如实提供现场情况和与事故有关的情节。

第一百五十六条 民用航空器事故调查的组织和程序,由国务院规定。

第十二章 对地面第三人损害的赔偿责任

第一百五十七条 因飞行中的民用航空器或者从飞行中的民用航空器上落下的人或者物,造成地面(包括水面,下同)上的人身伤亡或者财产损害的,受害人有权获得赔偿;但是,所受损害并非造成损害的事故的直接后果,或者所受损害仅是民用航空器依照国家有关的空中交通规则在空中通过造成的,受害人无权要求赔偿。

前款所称飞行中,是指自民用航空器为实际起飞而使用动力时起至着陆冲程终了时止;就轻于空气的民用航空器而言,飞行中是指自其离开地面时起至其重新着地时止。

第一百五十八条 本法第一百五十七条规定的赔偿责任,由民用航空器的经营人承担。

前款所称经营人,是指损害发生时使用民用航空器的人。民用航空器的使用权已经直接或者间接地授予他人,本人保留对该民用航空器的航行控制权的,本人仍被视为经营人。

经营人的受雇人、代理人在受雇、代理过程中使用民用航空器，无论是否在其受雇、代理范围内行事，均视为经营人使用民用航空器。

民用航空器登记的所有人应当被视为经营人，并承担经营人的责任；除非在判定其责任的诉讼中，所有人证明经营人是他人，并在法律程序许可的范围内采取适当措施使该人成为诉讼当事人之一。

第一百五十九条 未经对民用航空器有航行控制权的人同意而使用民用航空器，对地面第三人造成损害的，有航行控制权的人除证明本人已经适当注意防止此种使用外，应当与该非法使用人承担连带责任。

第一百六十条 损害是武装冲突或者骚乱的直接后果，依照本章规定应当承担责任的人不承担责任。

依照本章规定应当承担责任的人对民用航空器的使用权业经国家机关依法剥夺的，不承担责任。

第一百六十一条 依照本章规定应当承担责任的人证明损害是完全由于受害人或者其受雇人、代理人的过错造成的，免除其赔偿责任；应当承担责任的人证明损害是部分由于受害人或者其受雇人、代理人的过错造成的，相应减轻其赔偿责任。但是，损害是由于受害人的受雇人、代理人的过错造成时，受害人证明其受雇人、代理人的行为超出其所授权的范围的，不免除或者不减轻应当承担责任的人的赔偿责任。

一人对另一人的死亡或者伤害提起诉讼，请求赔偿时，损害是该另一人或者其受雇人、代理人的过错造成的，适用前款规定。

第一百六十二条 两个以上的民用航空器在飞行中相撞或者相扰，造成本法第一百五十七条规定的应当赔偿的损害，或者两个以上的民用航空器共同造成此种损害的，各有关民用航空器均应当被认为已经造成此种损害，各有关民用航空器的经营人均应当承担责任。

第一百六十三条 本法第一百五十八条第四款和第一百五十九条规定的人，享有依照本章规定经营人所能援用的抗辩权。

第一百六十四条 除本章有明确规定外，经营人、所有人和本法第一百五十九条规定的应当承担责任的人，以及他们的受雇人、代理人，对于飞行中的民用航空器或者从飞行中的民用航空器上落下的人或者物造成的地面上的损害不承担责任，但是故意造成此种损害的人除外。

第一百六十五条 本章不妨碍依照本章规定应当对损害承担责任的人向他人追偿的权利。

第一百六十六条 民用航空器的经营人应当投保地面第三人责任险或者取得相应的责任担保。

第一百六十七条 保险人和担保人除享有与经营人相同的抗辩权，以及对伪造证件进行抗辩的权利外，对依照本章规定提出的赔偿请求只能进行下列抗辩：

（一）损害发生在保险或者担保终止有效后；然而保险或者担保在飞行中期满的，该项保险或者担保在飞行计划中所载下一次降落前继续有效，但是不得超过二十四小时；

（二）损害发生在保险或者担保所指定的地区范围外，除非飞行超出该范围是由于不可抗力、援助他人所必需，或者驾驶、航行或者领航上的差错造成的。

前款关于保险或者担保继续有效的规定，只在对受害人有利时适用。

第一百六十八条 仅在下列情形下，受害人可以直接对保险人或者担保人提起诉讼，但是不妨碍受害人根据有关保险合同或者担保合同的法律规定提起直接诉讼的权利：

（一）根据本法第一百六十七条第（一）项、第（二）项规定，保险或者担保继续有效的；

（二）经营人破产的。

除本法第一百六十七条第一款规定的抗

辩权，保险人或者担保人对受害人依照本章规定提起的直接诉讼不得以保险或者担保的无效或者追溯力终止为由进行抗辩。

第一百六十九条 依照本法第一百六十六条规定提供的保险或者担保，应当被专门指定优先支付本章规定的赔偿。

第一百七十条 保险人应当支付给经营人的款项，在本章规定的第三人的赔偿请求未满足前，不受经营人的债权人的扣留和处理。

第一百七十一条 地面第三人损害赔偿的诉讼时效期间为二年，自损害发生之日起计算；但是，在任何情况下，时效期间不得超过自损害发生之日起三年。

第一百七十二条 本章规定不适用于下列损害：

（一）对飞行中的民用航空器或者对该航空器上的人或者物造成的损害；

（二）为受害人同经营人或者同发生损害时对民用航空器有使用权的人订立的合同所约束，或者为适用两方之间的劳动合同的法律有关职工赔偿的规定所约束的损害；

（三）核损害。

第十三章 对外国民用航空器的特别规定

第一百七十三条 外国人经营的外国民用航空器，在中华人民共和国境内从事民用航空活动，适用本章规定；本章没有规定的，适用本法其他有关规定。

第一百七十四条 外国民用航空器根据其国籍登记国政府与中华人民共和国政府签订的协定、协议的规定，或者经中华人民共和国国务院民用航空主管部门批准或者接受，方可飞入、飞出中华人民共和国领空和在中华人民共和国境内飞行、降落。

对不符合前款规定，擅自飞入、飞出中华人民共和国领空的外国民用航空器，中华人民共和国有关机关有权采取必要措施，令其在指定的机场降落；对虽然符合前款规定，但是有合理的根据认为需要对其进行检查的，有关机关有权令其在指定的机场降落。

第一百七十五条 外国民用航空器飞入中华人民共和国领空，其经营人应当提供有关证明书，证明其已经投保地面第三人责任险或者已经取得相应的责任担保；其经营人未提供有关证明书的，中华人民共和国国务院民用航空主管部门有权拒绝其飞入中华人民共和国领空。

第一百七十六条 外国民用航空器的经营人经其本国政府指定，并取得中华人民共和国国务院民用航空主管部门颁发的经营许可证，方可经营中华人民共和国政府与该外国政府签订的协定、协议规定的国际航班运输；外国民用航空器的经营人经其本国政府批准，并获得中华人民共和国国务院民用航空主管部门批准，方可经营中华人民共和国境内一地和境外一地之间的不定期航空运输。

前款规定的外国民用航空器经营人，应当依照中华人民共和国法律、行政法规的规定，制定相应的安全保卫方案，报中华人民共和国国务院民用航空主管部门备案。

第一百七十七条 外国民用航空器的经营人，不得经营中华人民共和国境内两点之间的航空运输。

第一百七十八条 外国民用航空器，应当按照中华人民共和国国务院民用航空主管部门批准的班期时刻或者飞行计划飞行；变更班期时刻或者飞行计划的，其经营人应当获得中华人民共和国国务院民用航空主管部门的批准；因故变更或者取消飞行的，其经营人应当及时报告中华人民共和国国务院民用航空主管部门。

第一百七十九条 外国民用航空器应当在中华人民共和国国务院民用航空主管部门指定的设关机场起飞或者降落。

第一百八十条 中华人民共和国国务院民用航空主管部门和其他主管机关，有权在外国民用航空器降落或者飞出时查验本法第九十条规定的文件。

外国民用航空器及其所载人员、行李、货物，应当接受中华人民共和国有关主管机关依法实施的入境出境、海关、检疫等检查。

实施前两款规定的查验、检查，应当避免不必要的延误。

第一百八十一条　外国民用航空器国籍登记国发给或者核准的民用航空器适航证书、机组人员合格证书和执照，中华人民共和国政府承认其有效；但是，发给或者核准此项证书或者执照的要求，应当等于或者高于国际民用航空组织制定的最低标准。

第一百八十二条　外国民用航空器在中华人民共和国搜寻援救区内遇险，其所有人或者国籍登记国参加搜寻援救工作，应当经中华人民共和国国务院民用航空主管部门批准或者按照两国政府协议进行。

第一百八十三条　外国民用航空器在中华人民共和国境内发生事故，其国籍登记国和其他有关国家可以指派观察员参加事故调查。事故调查报告和调查结果，由中华人民共和国国务院民用航空主管部门告知该外国民用航空器的国籍登记国和其他有关国家。

第十四章　涉外关系的法律适用

第一百八十四条　中华人民共和国缔结或者参加的国际条约同本法有不同规定的，适用国际条约的规定；但是，中华人民共和国声明保留的条款除外。

中华人民共和国法律和中华人民共和国缔结或者参加的国际条约没有规定的，可以适用国际惯例。

第一百八十五条　民用航空器所有权的取得、转让和消灭，适用民用航空器国籍登记国法律。

第一百八十六条　民用航空器抵押权适用民用航空器国籍登记国法律。

第一百八十七条　民用航空器优先权适用受理案件的法院所在地法律。

第一百八十八条　民用航空运输合同当事人可以选择合同适用的法律，但是法律另有规定的除外；合同当事人没有选择的，适用与合同有最密切联系的国家的法律。

第一百八十九条　民用航空器对地面第三人的损害赔偿，适用侵权行为地法律。

民用航空器在公海上空对水面第三人的损害赔偿，适用受理案件的法院所在地法律。

第一百九十条　依照本章规定适用外国法律或者国际惯例，不得违背中华人民共和国的社会公共利益。

第十五章　法律责任

第一百九十一条　以暴力、胁迫或者其他方法劫持航空器的，依照刑法有关规定追究刑事责任。

第一百九十二条　对飞行中的民用航空器上的人员使用暴力，危及飞行安全的，依照刑法有关规定追究刑事责任。

第一百九十三条　违反本法规定，隐匿携带炸药、雷管或者其他危险品乘坐民用航空器，或者以非危险品品名托运危险品的，依照刑法有关规定追究刑事责任。

企业事业单位犯前款罪的，判处罚金，并对直接负责的主管人员和其他直接责任人员依照前款规定追究刑事责任。

隐匿携带枪支子弹、管制刀具乘坐民用航空器的，依照刑法有关规定追究刑事责任。

第一百九十四条　公共航空运输企业违反本法第一百零一条的规定运输危险品的，由国务院民用航空主管部门没收违法所得，可以并处违法所得一倍以下的罚款。

公共航空运输企业有前款行为，导致发生重大事故的，没收违法所得，判处罚金；并对直接负责的主管人员和其他直接责任人员依照刑法有关规定追究刑事责任。

第一百九十五条　故意在使用中的民用航空器上放置危险品或者唆使他人放置危险

品，足以毁坏该民用航空器，危及飞行安全的，依照刑法有关规定追究刑事责任。

第一百九十六条 故意传递虚假情报，扰乱正常飞行秩序，使公私财产遭受重大损失的，依照刑法有关规定追究刑事责任。

第一百九十七条 盗窃或者故意损毁、移动使用中的航行设施，危及飞行安全，足以使民用航空器发生坠落、毁坏危险的，依照刑法有关规定追究刑事责任。

第一百九十八条 聚众扰乱民用机场秩序的，依照刑法有关规定追究刑事责任。

第一百九十九条 航空人员玩忽职守，或者违反规章制度，导致发生重大飞行事故，造成严重后果的，依照刑法有关规定追究刑事责任。

第二百条 违反本法规定，尚不够刑事处罚，应当给予治安管理处罚的，依照治安管理处罚法的规定处罚。

第二百零一条 违反本法第三十七条的规定，民用航空器无适航证书而飞行，或者租用的外国民用航空器未经国务院民用航空主管部门对其原国籍登记国发给的适航证书审查认可或者另发适航证书而飞行的，由国务院民用航空主管部门责令停止飞行，没收违法所得，可以并处违法所得一倍以上五倍以下的罚款；没有违法所得的，处十万元以上一百万元以下的罚款。

适航证书失效或者超过适航证书规定范围飞行的，依照前款规定处罚。

第二百零二条 违反本法第三十四条、第三十六条第二款的规定，将未取得型号合格证书、型号认可证书的民用航空器及其发动机、螺旋桨或者民用航空器上的设备投入生产的，由国务院民用航空主管部门责令停止生产，没收违法所得，可以并处违法所得一倍以下的罚款；没有违法所得的，处以五万元以上五十万元以下的罚款。

第二百零三条 违反本法第三十五条的规定，未取得生产许可证书、维修许可证书而从事生产、维修活动的，违反本法第九十二条、第一百四十七条第二款的规定，未取得公共航空运输经营许可证或者通用航空经营许可证而从事公共航空运输或者从事经营性通用航空的，国务院民用航空主管部门可以责令停止生产、维修或者经营活动。

第二百零四条 已取得本法第三十五条规定的生产许可证书、维修许可证书的企业，因生产、维修的质量问题造成严重事故的，国务院民用航空主管部门可以吊销其生产许可证书或者维修许可证书。

第二百零五条 违反本法第四十条的规定，未取得航空人员执照、体格检查合格证书而从事相应的民用航空活动的，由国务院民用航空主管部门责令停止民用航空活动，在国务院民用航空主管部门规定的限期内不得申领有关执照和证书，对其所在单位处以二十万元以下的罚款。

第二百零六条 有下列违法情形之一的，由国务院民用航空主管部门对民用航空器的机长给予警告或者吊扣执照一个月至六个月的处罚，情节较重的，可以给予吊销执照的处罚：

（一）机长违反本法第四十五条第一款的规定，未对民用航空器实施检查而起飞的；

（二）民用航空器违反本法第七十五条的规定，未按照空中交通管制单位指定的航路和飞行高度飞行，或者违反本法第七十九条的规定飞越城市上空的。

第二百零七条 违反本法第七十四条的规定，民用航空器未经空中交通管制单位许可进行飞行活动的，由国务院民用航空主管部门责令停止飞行，对该民用航空器所有人或者承租人处以一万元以上十万元以下的罚款；对该民用航空器的机长给予警告或者吊扣执照一个月至六个月的处罚，情节较重的，可以给予吊销执照的处罚。

第二百零八条 民用航空器的机长或者机组其他人员有下列行为之一的，由国务院民用航空主管部门给予警告或者吊扣执照一个月至六个月的处罚；有第（二）项或者第（三）项所列行为的，可以给予吊销执照的处罚：

（一）在执行飞行任务时，不按照本法第四十一条的规定携带执照和体格检查合格证书的；

（二）民用航空器遇险时，违反本法第四十八条的规定离开民用航空器的；

（三）违反本法第七十七条第二款的规定执行飞行任务的。

第二百零九条 违反本法第八十条的规定，民用航空器在飞行中投掷物品的，由国务院民用航空主管部门给予警告，可以对直接责任人员处以二千元以上二万元以下的罚款。

第二百一十条 违反本法第六十二条的规定，未取得机场使用许可证开放使用民用机场的，由国务院民用航空主管部门责令停止开放使用；没收违法所得，可以并处违法所得一倍以下的罚款。

第二百一十一条 公共航空运输企业、通用航空企业违反本法规定，情节较重的，除依照本法规定处罚外，国务院民用航空主管部门可以吊销其经营许可证。

从事非经营性通用航空未向国务院民用航空主管部门备案的，由国务院民用航空主管部门责令改正；逾期未改正的，处三万元以下罚款。

第二百一十二条 国务院民用航空主管部门和地区民用航空管理机构的工作人员，玩忽职守、滥用职权、徇私舞弊，构成犯罪的，依法追究刑事责任；尚不构成犯罪的，依法给予行政处分。

第十六章 附 则

第二百一十三条 本法所称计算单位，是指国际货币基金组织规定的特别提款权；其人民币数额为法院判决之日、仲裁机构裁决之日或者当事人协议之日，按照国家外汇主管机关规定的国际货币基金组织的特别提款权对人民币的换算办法计算得出的人民币数额。

第二百一十四条 国务院、中央军事委员会对无人驾驶航空器的管理另有规定的，从其规定。

第二百一十五条 本法自1996年3月1日起施行。

全国人民代表大会常务委员会关于加入1929年在华沙签订的"统一国际航空运输某些规则的公约"的决定

（1958年6月5日全国人民代表大会常务委员会第九十七次会议通过）

1958年6月5日全国人民代表大会常务委员会第九十七次会议根据国务院提出的议案，决定加入1929年10月12日在华沙签订的"统一国际航空运输某些规则的公约"。

统一国际航空运输某些规则的公约[*]

(1929 年 10 月 12 日订于华沙)

缔约国认为，国际航空运输的条件，在所用文件和承运人的责任方面，有统一规定的必要，为此目的，各派全权代表，经正式授权，签订本公约如下：

第一章 范围和定义

第一条

(1) 本公约适用于所有以航空器运送旅客、行李或货物而收取报酬的国际运输。本公约同样适用于航空运输企业以航空器办理的免费运输。

(2) 本公约所指的"国际运输"的意义是：根据有关各方所订的合同，不论在运输中是否有间断或转运，其出发地和目的地是在两个缔约国或非缔约国的主权、宗主权、委任统治权或权力管辖下的领土内有一个约定的经停地点的任何运输。在同一缔约国的主权、宗主权、委任统治权或权力管辖下的领土间的运输，如果没有这种约定的经停地点，对本公约来说不作为国际运输。

(3) 几个连续的航空承运人所办理的运输，如果被合同各方认为是一个单一的业务活动，则无论是以一个合同或一系列的合同的形式订立的，就本公约的适用来说，应作为一个单一的运输，并不因其中一个合同或一系列的合同完全在同一缔约国的主权、宗主权、委任统治权或权力管辖下的领土内履行而丧失其国际性质。

第二条

(1) 本公约适用于国家或其他公法人在第一条规定的条件下所办理的运输。

(2) 本公约不适用于按照国际邮政公约的规定而办理的运输。

第二章 运输凭证

第一节 客 票

第三条

(1) 承运人运送旅客时必须出具客票，客票上应该包括以下各项：

(一) 出票地点和日期；

(二) 出发地和目的地；

(三) 约定的经停地点，但承运人保留在必要时变更经停地点的权利，承运人行使这种权利时，不应使运输由于这种变更而丧失其国际性质；

(四) 承运人的名称和地址；

(五) 声明运输应受本公约所规定责任制的约束。

(2) 如果没有客票、或客票不合规定或客票遗失，不影响运输合同的存在和有效，这项运输合同仍将受本公约规则的约束。但是如果承运人承运旅客而不出具客票，承运人就无权引用本公约关于免除或限制承运人责任的规定。

第二节 行李票

第四条

(1) 运送行李时，除由旅客自行保管的小件个人用品外，承运人必须出具行李票。

---

[*] 本公约缔约国相关信息可以从国际民用航空组织（ICAO）网站查询，网址为：https://www.icao.int/secretariat/legal/Lists/Current%20lists%20of%20parties/AllItems.aspx，最后访问时间：2024 年 1 月 25 日。——编者注

（2）行李票应备一式两份，一份交旅客，一份归承运人。

（3）行李票上应包括以下各项：

（一）出票地点和日期；

（二）起运地和目的地；

（三）承运人的名称和地址；

（四）客票的号码；

（五）声明行李将交给行李票持有人；

（六）行李件数和重量；

（七）根据第二十二条（2）款声明的价值；

（八）声明运输应受本公约所规定责任制度的约束。

（4）如果没有行李票、或行李票不合规定或行李票遗失，不影响运输合同的存在和有效，这项运输合同仍将同样受本公约的规则的约束。但是如果承运人接受行李而不出具行李票，或行李票上没有包括以上（四）（六）（八）各项，承运人就无权引用本公约关于免除或限制承运人责任的规定。

第三节 航空货运单

第五条

（1）货物承运人有权要求托运人填写一称为"航空货运单"的凭证，托运人有权要求承运人接受这项凭证。

（2）但是如果没有这种凭证，或凭证不合规定或凭证遗失，不影响运输合同的存在和有效，除第九条另有规定外，这项运输合同同样受本公约的规则的约束。

第六条

（1）托运人应填写航空货运单正张一式三份，连同货物交给承运人。

（2）第一份注明"交承运人"，由托运人签字；第二份注明"交收货人"，由托运人和承运人签字，并附在货物上；第三份由承运人在接受货物后签字，交给托运人。

（3）承运人应该在接受货物时签字。

（4）承运人的签字可以用戳记代替，托运人的签字可以印就或用戳记代替。

（5）如果承运人根据托运人的请求，填写航空货运单，在没有相反的证据时，应作为代托运人填写。

第七条

如果货物不止一件时，承运人有权要求托运人分别填写航空货运单。

第八条

航空货运单上应该包括以下各项：

（一）货运单的填写地点和日期；

（二）起运地和目的地；

（三）约定的经停地点，但承运人保留在必要时变更经停地点的权利，承运人行使这种权利时，不应使运输由于这种变更而丧失其国际性质；

（四）托运人的名称和地址；

（五）第一承运人的名称和地址；

（六）必要时应写明收货人的名称和地址；

（七）货物的性质；

（八）包装件数、包装方式、特殊标志或号数；

（九）货物的重量、数量、体积或尺寸；

（十）货物和包装的外表情况；

（十一）如果运费已经议定，应写明运费金额、付费日期和地点以及付费人；

（十二）如果是货到付款，应写明货物的价格，必要时还应写明应付的费用；

（十三）根据第二十二条（2）款声明的价值；

（十四）航空货运单的份数；

（十五）随同航空货运单交给承运人的凭证；

（十六）如果经过约定，应写明运输期限，并概要说明经过的路线；

（十七）声明运输应受本公约所规定责任制度的约束。

第九条

如果承运人接受货物而没有填写航空货运单，或航空货运单没有包括第八条（一）至（九）和（十七）各项，承运人就无权引用本公约关于免除或限制承运人责任的规定。

第十条

（1）对于在航空货运单上所填关于货物的各项说明和声明的正确性，托运人应负责任。

（2）对于因为这些说明和声明不合规定、不正确、或不完备而使承运人或任何其他人遭受的一切损失，托运人应负责任。

第十一条

（1）在没有相反的证据时，航空货运单是订立合同、接受货物和承运条件的证明。

（2）在没有相反的证据时，航空货运单中关于货物重量、尺寸和包装以及件数的说明，都应该被当作是确实的。除非经过承运人和托运人当面查对并在航空货运单中注明经过查对，或者是关于货物外表情况的说明外，关于货物的数量、体积及情况的说明不能构成不利承运人的证据。

第十二条

（1）托运人在履行运输合同所规定的一切义务的条件下，有权在起运地航空站或目的地航空站将货物提回，或在途中经停时中止运输、或在目的地或运输途中交给非航空货运单上所指定的收货人、或要求将货物退回起运地航空站，但不得因为行使这种权利而使承运人或其他托运人遭受损害，并且应该偿付由此产生的一切费用。

（2）如果托运人的指示不能执行，承运人应该立即通知托运人。

（3）如果承运人按照托运人的指示处理货物，而没有要求托运人出示他所执的航空货运单，因而使该航空货运单的合法执有人遭受损失时，承运人应负责任，但并不妨碍承运人向托运人要求赔偿的权利。

（4）收货人的权利根据第十三条的规定开始时，托运人的权利即告终止，但是如果收货人拒绝接受货运单或货物，或无法同收货人联系，托运人就恢复他对货物的处理权。

第十三条

（1）除上条所列情况外，收货人于货物到达目的地，并在缴付应付款项和履行航空货运单上所列的运输条件后，有权要求承运人移交航空货运单并发给货物。

（2）除另有约定外，承运人应该在货物到达后立即通知收货人。

（3）如果承运人承认货物已经遗失或货物在应该到达的日期七天后尚未到达，收货人有权向承运人行使运输合同所赋予的权利。

第十四条

托运人或收货人在履行合同所规定义务的条件下，不论为自己或别人的利益，可以各自用自己的名义分别行使第十二、十三条所赋予的一切权利。

第十五条

（1）第十二、十三、十四各条不影响托运人对收货人或收货人对托运人的关系，也不影响从托运人或收货人获得权利的第三者之间的关系。

（2）一切同第十二、十三、十四各条规定不同的条款应该在航空货运单中明白规定。

第十六条

（1）托运人应该提供各种必需的资料，以便在货物交付收货人以前完成海关、税务或公安手续，并且应该将必需的有关证件附在航空货运单后面。除非由于承运人或其代理人的过失，这种资料或证件的缺乏、不足或不合规定所造成的任何损失，应该由托运人对承运人负责。

（2）承运人没有检查这种资料或证件是否正确或完备的义务。

第三章　承运人的责任

第十七条

对于旅客因死亡、受伤或身体上的任何其他损害而产生的损失，如果造成这种损失的事故是发生在航空器上或上下航空器过程中，承运人应负责任。

第十八条

（1）对于任何已登记的行李或货物因毁

灭、遗失或损坏而产生的损失，如果造成这种损失的事故是发生在航空运输期间，承运人应负责任。

（2）上款所指航空运输的意义，包括行李或货物在承运人保管下的期间，不论是在航空站内、在航空器上或在航空站外降落的任何地点。

（3）航空运输的期间不包括在航空站以外的任何陆运、海运或河运。但是如果这种运输是为了履行空运合同，是为了装货、交货或转运，任何损失应该被认为是在航空运输期间发生事故的结果，除非有相反证据。

第十九条

承运人对旅客、行李或货物在航空运输过程中因延误而造成的损失应负责任。

第二十条

（1）承运人如果证明自己和他的代理人为了避免损失的发生，已经采取一切必要的措施，或不可能采取这种措施时，就不负责任。

（2）在运输货物和行李时，如果承运人证明损失的发生是由于驾驶上、航空器的操作上或领航上的过失，而在其他一切方面承运人和他的代理人已经采取一切必要的措施以避免损失时，就不负责任。

第二十一条

如果承运人证明损失的发生是由于受害人的过失所引起或助成，法院可以按照它的法律规定，免除或减轻承运人的责任。

第二十二条

（1）运送旅客时，承运人对每一旅客的责任以十二万五千法郎为限。如果根据受理法院的法律，可以分期付款方式赔偿损失时，付款的总值不得超过这个限额，但是旅客可以根据他同承运人的特别协议，规定一个较高的责任限额。

（2）在运输已登记的行李和货物时，承运人对行李或货物的责任以每公斤二百五十法郎为限，除非托运人在交运时，曾特别声明行李或货物运到后的价值，并缴付必要的附加费。在这种情况下，承运人所负责任不超过声明的金额，除非承运人证明托运人声明的金额高于行李或货物运到后的实际价值。

（3）关于旅客自己保管的物件，承运人对每个旅客所负的责任，以五千法郎为限。

（4）上述法郎是指含有千分之九百成色的65.5毫克黄金的法国法郎。这项金额可以折合成任何国家的货币取其整数。

第二十三条

企图免除承运人的责任，或定出一个低于本公约所规定责任限额的任何条款，都不生效力，但合同仍受本公约规定的约束，并不因此而失效。

第二十四条

（1）如果遇到第十八、十九两条所规定的情况，不论其根据如何，一切有关责任的诉讼只能按照本公约所列条件和限额提出。

（2）如果遇到第十七条所规定的情况，也适用上项规定，但不妨碍确定谁有权提出诉讼以及他们各自的权利。

第二十五条

（1）如果损失的发生是由于承运人的有意的不良行为，或由于承运人的过失，而根据受理法院的法律，这种过失被认为等于有意的不良行为，承运人就无权引用本公约关于免除或限制承运人责任的规定。

（2）同样，如果上述情况造成的损失是承运人的代理人之一在执行他的职务范围内所造成的，承运人也无权引用这种规定。

第二十六条

（1）除非有相反的证据，如果收件人在收受行李或货物时没有异议，就被认为行李或货物已经完好地交付，并和运输凭证相符。

（2）如果有损坏情况，收件人应该在发现损坏后，立即向承运人提出异议，如果是行李，最迟应该在行李收到后三天内提出，如果是货物，最迟应该在货物收到后七天提出。如果有延误，最迟应该在行李或货物交由收件人支配之日起十四天内提出异议。

（3）任何异议应该在规定期限内写在运输凭证上或另以书面提出。

（4）除非承运人方面有欺诈行为，如果在规定期限内没有提出异议，就不能向承运人起诉。

第二十七条

如果债务人死亡，在本公约规定范围内有关责任的诉讼可以向债务人的权利继承人提出。

第二十八条

（1）有关赔偿的诉讼，应该按原告的意愿，在一个缔约国的领土内，向承运人住所地或其总管理处所在地或签订契约的机构所在地法院提出，或向目的地法院提出。

（2）诉讼程序应根据受理法院的法律规定办理。

第二十九条

（1）诉讼应该在航空器到达目的地之日起，或应该到达之日起，或从运输停止之日起两年内提出，否则就丧失追诉权。

（2）诉讼期限的计算方法根据受理法院的法律决定。

第三十条

（1）符合第一条（3）款所规定的由几个连续承运人办理的运输，接受旅客、行李或货物的每一个承运人应该受本公约规定的约束、并在合同中由其办理的一段运输的范围内，作为运输合同的订约一方。

（2）如果是这种性质的运输，旅客或他的代表只能对发生事故或延误的一段运输的承运人提出诉讼，除非有明文约定第一承运人应该负全程的责任。

（3）至于行李或货物，托运人有向第一承运人提出诉讼的权利，有权提取行李或货物的收货人也有向最后承运人提出诉讼的权利。此外，托运人和收货人都可以对发生毁灭、遗失、损坏或延误的一段运输的承运人提出诉讼。这些承运人应该对托运人和收货人负连带责任。

第四章 关于联合运输的规定

第三十一条

（1）对于一部分用航空运输，一部分用其他运输方式联合办理的运输，本公约的规定只适用于符合第一条条件的航空运输部分。

（2）在联合运输中，在航空运输部分遵守本公约的规定条件下，本公约并不妨碍各方在航空运输凭证上列入有关其他运输方式的条件。

第五章 一般和最后条款

第三十二条

运输合同的任何条款和在损失发生以前的任何特别协议，如果运输合同各方借以违背本公约的规则，无论是选择所适用的法律或变更管辖权的规定，都不生效力。但在本公约的范围内，货物运输可以有仲裁条款，如果这种仲裁在第二十八条（1）款所规定的法院管辖地区进行。

第三十三条

本公约并不妨碍承运人拒绝签订任何运输合同或制订同本公约条款不相抵触的规章。

第三十四条

本公约不适用于航空运输机构为了开设正式航线进行试航的国际航空运输，也不适用于超出正常航空运输业务以外的特殊情况下进行的运输。

第三十五条

本公约所用的"日"是指连续日，而不是指工作日。

第三十六条

本公约以法文写成一份，存放在波兰外交部档案库，并由波兰政府将正式认证的副本送各缔约国政府。

第三十七条

（1）本公约须经批准。批准书应该存放在波兰外交部档案库，并由波兰外交部通知各缔约国政府。

（2）本公约一经五个缔约国批准，在第五件批准书交存后第九十天起，就在批准国之间生效。以后于每一批准国交存批准书后的第九十天起在交存国和已批准的各国间生效。

（3）波兰共和国政府应将本公约开始生效日期和每一批准书交存日期通知缔约国政府。

第三十八条

（1）本公约生效后，任何国家可以随时加入。

（2）加入本公约，须以通知书送交波兰共和国政府，由波兰共和国政府通知各缔约国政府。

（3）加入本公约，在通知书送达波兰共和国政府后第九十天起生效。

第三十九条

（1）任何缔约国可以书面通知波兰共和国政府，声明退出本公约，波兰共和国政府应立即通知各缔约国政府。

（2）退出本公约，在通知退出后满六个月时生效，并只对声明退出的国家生效。

第四十条

（1）缔约国在签字时，或交存批准书时或通知加入时，可以声明所接受的本公约不适用于其所属全部或部分殖民地、保护地、委任统治地或其他在其主权或权力管辖下的任何领土或其他在其宗主权管辖下的任何领土。

（2）缔约国以后可以用原来声明除外的所属全部或部分殖民地、保护地、委任统治地或其他在其主权或权力管辖下的任何领土或其他在其宗主权管辖下的任何领土的名义，分别加入。

（3）缔约国也可以根据本公约的规定，分别为其所属全部或部分殖民地、保护地、委任统治地或其他在其主权或权力管辖下的任何领土或其他在其宗主权管辖下的任何领土声明退出本公约。

第四十一条

各缔约国可以在本公约生效两年后，要求召开一次新的国际会议，以寻求本公约可能的改进。为此目的，该国应通知法兰西共和国政府，由法兰西共和国政府采取必要措施以筹备该会议。

本公约于 1929 年 10 月 12 日在华沙签订。签字截止期限为 1930 年 1 月 31 日。

附加议定书（关于第二条）

缔约国在批准或加入时，保留声明本公约第二条（1）款不适用于其国家、其殖民地、保护地、委任统治地或在其主权、宗主权或权力管辖下任何其他领土所直接办理的国际航空运输的权利。

修订 1929 年华沙公约的议定书[*]

（1955 年 9 月 28 日订于海牙）

以下签字各国政府认为 1929 年 10 月 12 日在华沙签订关于统一国际航空运输某些规则的公约，有修改的需要。

兹达成协议如下：

第一章 对公约的修改

第一条 在公约第一条内

一、删去二款，改用下文：

---

[*] 本公约缔约国相关信息可以从国际民用航空组织（ICAO）网站查询，网址为：https://www.icao.int/secretariat/legal/Lists/Current%20lists%20of%20parties/AllItems.aspx，最后访问时间：2024 年 1 月 25 日。——编者注

"二、本公约所称国际运输系指：按合同当事人的约定，无论运输中有无间断或有无转运，其出发地点与目的地点系在两个缔约国的领土内，或在一个缔约国领土内而在另一个缔约国或甚至非缔约国的领土内有一约定的经停地点的任何运输。在一个缔约国领土内两地间的运输而在另一个国家的领土内没有约定的经停地点，不是本公约意义上的国际运输。"

二、删去三款，改用下文：

"三、由几个连续的航空承运人所办理的运输如经合同当事人认为是一个单一的运输业务，则无论它是以一个合同或一系列合同的形式约定的，在本公约的意义上，应视为一个不可分割的运输，并不因其中一个合同或一系列的合同应完全在同一国家的领土内履行而丧失其国际性质。"

第二条 在公约第二条内

删去二款，改用下文：

"二、本公约不适用于邮件和邮包的运输。"

第三条 在公约第三条内

一、删去一款，改用下文：

"一、载运旅客时须出给客票，票上应载有：

（一）出发和目的地点的注明；

（二）如出发和目的地点均在同一缔约国领土内，而在另一个国家领土内有一个或数个约定的经停地点时，注明至少一个此种经停地点；

（三）声明如旅客航程最终目的地点或经停地点不在出发地点所在国家内，华沙公约可以适用该项运输，且该公约规定并在一般情况下限制承运人对旅客伤亡以及行李遗失或损坏所负的责任。"

二、删去二款，改用下文：

"二、在无相反的证明时，客票应作为载运合同的缔结及载运条件的证据。客票的缺陷，不合规定或遗失，并不影响载运合同的存在或效力，载运合同仍受本公约规定的约束。但如承运人同意旅客不经其出票而上机，或如客票上并无本条一款（三）项规定的声明，则承运人无权引用第二十二条的规定。"

第四条 在公约第四条内

一、删去一、二及三款，改用下文：

"一、载运登记的行李，应出给行李票，除非行李票已结合或包括在符合于第三条一款规定的客票之内，行李票上应载有：

（一）起运和目的地的注明；

（二）如起运和目的地点均在同一缔约国领土内，而在另一个国家领土内有一个或数个约定的经停地点时，注明至少一个此种经停地点；

（三）声明如运输的最终目的地点或经停地点不在起运点所在国家内时，华沙公约可以适用于该运输，且该公约规定并在一般情况下限制承运人对行李遗失或损坏所负的责任。"

二、删去四款，改用下文：

"二、在无相反的证明时，行李票应作为行李登记及载运合同条件的证据。行李票的缺陷，不合规定或遗失，并不影响载运合同的存在或效力，载运合同仍受本公约的约束。但如承运人接受行李而不出给行李票或行李票（除非结合或包括在符合于第三条一款（三）项规定的客票内）无本条一款（三）项的声明，则承运人无权引用第二十二条二款的规定。"

第五条 在公约第六条内

删去三款，改用下文：

"三、承运人应在货物装机以前签字。"

第六条 删去公约第八条，改用下文：

"航空货运单上应载有：

（一）起运和目的地地点的注明；

（二）如起运和目的地地点均在同一缔约国领土内，而在另一个国家有一个或数个约定的经停地点时，注明至少一个此种经停地点；

（三）对托运人声明：如运输的最终目的地地点或经停地点不在起运地所在国家内

时，华沙公约可以适用于该项运输，且该公约规定并在一般情况下限制承运人对货物遗失或损坏所负的责任。"

第七条 删去公约第九条，改用下文：

"如承运人同意货物未经填具航空货运单而装机，或如航空货运单上无第八条三款的声明，则承运人无权引用第二十条二款的规定。"

第八条 在公约第十条内删去二款，改用下文：

"二、对于因托运人所提供的说明及声明不合规定、不正确或不完全而致承运人或承运人对之负责的任务其他人遭受的一切损害，应由托运人负责赔偿。"

第九条 在公约第十五条内加入下款：

"三、本公约不限制填发可以流通的航空货运单。"

第十条 删去公约第二十二条二款。

第十一条 删去公约第二十二条，改用下文：

"第二十二条一、载运旅客时，承运人对每一旅客所负的责任以二十五万法郎为限。

如根据受诉法院法律可用分期付款方式赔偿损失时，则付款的本金总值不得超过二十五万法郎。但旅客得与承运人以特别合同约定一较高的责任限度。

二、（一）在载运登记的行李和载运货物时，承运人的责任以每公斤二百五十法郎为限，除非旅客或托运人在交运包件时，曾特别声明在目的地交付时的利益并缴付必要的附加费。在后一种情况下，除非承运人证明旅客或托运人声明的金额是高于旅客或托运人在目的地交付时的实际利益，承运人应在不超过声明金额的范围内负赔偿责任。

（二）如登记的行李或货物的一部分或行李、货物中的任何物件发生遗失、损坏或延误，用以决定承运人责任限额的重量，仅为该一包件或该数包件的总重量。但如因登记的行李或货物的一部分或行李、货物中的物件发生遗失、损坏或延误以致影响同一份行李票或用一份航空货运单所列另一包件或别数包件的价值时，则在确定责任限额时，另一包件或另数包件的总重量也应考虑在内。

三、关于旅客自行照管的物件，承运人的责任对每一旅客以五千法郎为限。

四、本条规定的限额并不妨碍法院按其法律另外加判全部或一部分法院费用及对起诉人所产生的其他诉讼费用。如判给的赔偿金额，不包括诉讼费及其他费用，不超过承运人于造成损失的事故发生后六个月内或已过六个月而在起诉以前以书面向起诉人提出允予承担的金额，则不适用前述规定。

五、本条所述法郎系指含有千分之九百成色的65.5毫克黄金的货币单位。此项法郎金额可折合为任何国家货币，取其整数。发生诉讼时，此项金额与非金本位的货币的折合，应以判决当日该项货币的黄金价值为准。"

第十二条 公约第二十三条原文改为该条一款，并增列二款如下：

"二、本条一款不适用于关于遗失或损坏的条款，这一遗失或损坏是由于所运货物的属性或本身质量缺陷所造成的。"

第十三条 在本公约第二十五条内删去一、二款，改用下文："如经证明造成损失系出于承运人、受雇人或代理人故意造成损失或明知可能造成损失而漠不关心的行为或不行为，则不适用第二十二条规定的责任限额；如系受雇人或代理人有上述行为或不行为，还必须证明他是在执行其受雇职务范围内行事。"

第十四条 在公约第二十五条之后加入下条：

"第二十五条 甲

一、如因本公约所指的损失而对承运人的受雇人或代理人提起诉讼，而该受雇人或代理人能证明他是在其受雇职务范围内行事，他有权引用承运人根据第二十二条所得援引的责任限额。

二、在此种情况下，承运人及其受雇人和代理人的赔偿总额不得超过上述限度。

三、如经证明造成损失系出于受雇人或代理人故意造成损失，或明知可能造成损失而漠不关心的行为或不行为，则不适用本条一、二两款的规定。"

第十五条 在公约第二十六条内删去二款，改用下文：

"二、关于损坏事件，收件人应于发现损坏后，立即向承运人提出异议，如系行李，最迟应在收到行李后七天内提出，如系货物，最迟应在收到货物后十四天内提出。关于延误事件，最迟应在行李或货物交付收件人自由处置之日起二十一天内提出异议。"

第十六条 删去公约第三十四条，改用下文：

"自第三条至第九条止关于运输凭证的规定，不适用于超出正常航空运输业务的特殊情况下进行的运输。"

第十七条 在公约第四十条之后，加入下条：

"第四十条 甲

一、第三十七条二款和第四十条一款内'缔约国'一词系指'国家'。在所有其他条款内'缔约国'一词系指一个国家，其批准或加入公约业已生效，而其退出公约尚未生效。

二、在本公约的意义上，'领土'一词，不但指一个国家的本土，而且也指由该国在对外关系上所代表的所有其他领土。"

第二章 公约经修改后的适用范围

第十八条

经本议定书修改的公约适用于公约第一条所确定的国际运输，但以出发和目的地点须在本议定书的两个当事国的领土内，或在本议定书的一个当事国领土内，而另一国家领土内有一约定的经停地点者为限。

第三章 最后条款

第十九条

在本议定书各当事国之间，公约与议定书应被视为并解释为一个单一的文件，并定名为"1955年在海牙修改的华沙公约。"

第二十条 在本议定书按照第二十二条一款规定生效之日以前，所有到该日为止已批准或加入公约的国家或所有参加通过本议定书的会议的国家，均可在本议定书上签字。

第二十一条

一、本议定书须经各签字国批准。

二、凡非公约当事国的国家对本议定书的批准，即为加入经本议定书修改的公约。

三、批准书应交存波兰人民共和国政府。

第二十二条

一、本议定书一经三十个签字国交存批准书，即于第三十件批准书交存后的第九十天在各该国之间生效。对于此后批准的每一国家，本议定书于该国批准书交存后的第九十天生效。

二、本议定书一经生效，即由波兰人民共和国政府向联合国登记。

第二十三条

一、本议定书生效后，任何未签定国家均可加入。

二、凡非公约当事国的国家对本议定书的加入，即为加入经本议定书修改的公约。

三、加入本议定书，须将加入书交存波兰人民共和国政府，于交存后第九十天生效。

第二十四条

一、本议定书的任何当事国得以通知书送交波兰人民共和国政府而退出本议定书。

二、退出本议定书在波兰人民共和国政府收到退出通知书之日后六个月生效。

三、在本议定书的当事国之间，其中任何一国如按公约第三十九条退出公约，不得解释为退出经本议定书修改的公约。

第二十五条

一、对于在对外关系上由本议定书当事国所代表的一切领土，除经按照本条二款声明者外，本议定书均应适用。

一、本议定书的每一签字及签字日期；

二、每一关于本议定书的批准书或加入书的交存，及交存日期；

三、本议定书按照第二十二条一款生效的日期；

四、每一退出通知书的收到及收到日期；

五、按照第二十五条所作每一声明或通知的收到及收到日期；

六、按照第二十六条所作每一通知的收到及收到日期。

下列签字的全权代表经正式授权在本议定书上签字，以资证明。

本议定书于 1955 年 9 月 28 日在海牙订立，以法文、英文及西班牙文缮成三种正本。如有分歧，应以公约原起草文本，即法文本为准。

本议定书应交存波兰人民共和国政府保管，并按照第二十条规定，听任签字。波兰政府应将本议定书经证明无误的副本分送公约或本议定书的所有签字国政府，公约或本议定书的所有当事国政府，国际民航组织或联合国的所有成员国政府，以及国际民航组织。

二、任何国家在交存批准书或加入书时，得声明其对本议定书的接受，不适用于其他对外关系上所代表的一个或数个领土。

三、任何国家嗣后得通知波兰人民共和国政府，将本议定书的适用扩展到该国按本条二款所声明的任何或所有领土，此项通知于波兰政府收到之日以后九十天生效。

四、本议定书的任何当事国得按照第二十四条一款的规定，分别为其对外关系上所代表的任何或所有领土，通知退出本议定书。

第二十六条

对本议定书不得有任何保留。但一个国家可以随时通知波兰人民共和国政府，声明在该国登记的飞机为该国军事当局载运人员、货物及行李，且该机的全部载运量经该当局或为该当局所包用时，不适用经本议定书修改的公约。

第二十七条

波兰人民共和国政府应将以下事项立即通知公约或本议定书的所有签字国政府，公约或本议定书的所有当事国政府，国际民航组织或联合国的所有成员国政府，以及国际民航组织：

全国人民代表大会常务委员会关于批准《统一国际航空运输某些规则的公约》的决定

(2005 年 2 月 28 日通过)

第十届全国人民代表大会常务委员会第十四次会议决定：批准国务院提请审议批准的 1999 年 5 月 28 日经国际民航组织在蒙特利尔召开的航空法国际会议通过的《统一国际航空运输某些规则的公约》；同时声明：在中华人民共和国政府另行通知前，《统一国际航空运输某些规则的公约》暂不适用于中华人民共和国香港特别行政区。

国务院
关于决定《统一国际航空运输某些规则的公约》适用于香港特别行政区的批复

2006 年 9 月 7 日　　　　　　　　　　　　　　国函〔2006〕92 号

民航总局、外交部：

国务院同意全国人民代表大会常务委员会于 2005 年 2 月 28 日决定批准的《统一国际航空运输某些规则的公约》适用于香港特别行政区，具体手续由外交部办理。

统一国际航空运输某些规则的公约[*]

（1999 年 5 月 28 日订于蒙特利尔）

本公约的当事国：

认识到一九二九年十月十二日在华沙签订的《统一国际航空运输某些规则的公约》（以下称"华沙公约"），和其他有关文件在统一国际航空私法方面作出的重要贡献；

认识到使华沙公约和相关文件现代化和一体化的必要性；

认识到确保国际航空运输消费者的利益的重要性，以及在恢复性赔偿原则的基础上提供公平赔偿的必要性；

重申按照一九四四年十二月七日订于芝加哥的《国际民用航空公约》的原则和宗旨对国际航空运输运营的有序发展以及旅客、行李和货物通畅流动的愿望；

确信国家间采取集体行动，通过制定一项新公约来增进对国际航空运输某些规则的一致化和法典化是获得公平的利益平衡的最适当方法；

达成协议如下：

第一章　总　　则

第一条　适用范围

一、本公约适用于所有以航空器运送人员、行李或者货物而收取报酬的国际运输。本公约同样适用于航空运输企业以航空器履行的免费运输。

二、就本公约而言，"国际运输"系指根据当事人的约定，不论在运输中有无间断或者转运，其出发地点和目的地点是在两个当事国的领土内，或者在一个当事国的领土内，而在另一国的领土内有一个约定的经停地点的任何运输，即使该国为非当事国。就

---

[*] 本公约缔约国相关信息可以从国际民用航空组织（ICAO）网站查询，网址为：https://www.icao.int/secretariat/legal/Lists/Current%20lists%20of%20parties/AllItems.aspx，最后访问时间：2024 年 1 月 25 日。——编者注

本公约而言，在一个当事国的领土内两个地点之间的运输，而在另一国的领土内没有约定的经停地点的，不是国际运输。

三、运输合同各方认为几个连续的承运人履行的运输是一项单一的业务活动的，无论其形式是以一个合同订立或者一系列合同订立，就本公约而言，应当视为一项不可分割的运输，并不仅因其中一个合同或者一系列合同完全在同一国领土内履行而丧失其国际性质。

四、本公约同样适用于第五章规定的运输，除非该章另有规定。

第二条　国家履行的运输和邮件运输

一、本公约适用于国家或者依法成立的公共机构在符合第一条规定的条件下履行的运输。

二、在邮件运输中，承运人仅根据适用于承运人和邮政当局之间关系的规则，对有关的邮政当局承担责任。

三、除本条第二款规定外，本公约的规定不适用于邮件运输。

第二章　旅客、行李和货物运输的有关凭证和当事人的义务

第三条　旅客和行李

一、就旅客运输而言，应当出具个人的或者集体的运输凭证，该项凭证应当载明：

（一）对出发地点和目的地点的标示；

（二）出发地点和目的地点是在一个当事国的领土内，而在另一国的领土内有一个或者几个约定的经停地点的，至少对其中一个此种经停地点的标示。

二、任何保存第一款内容的其他方法都可以用来代替出具该款中所指的运输凭证。采用此种其他方法的，承运人应当提出向旅客出具一份以此种方法保存的内容的书面陈述。

三、承运人应当就每一件托运行李向旅客出具行李识别标签。

四、旅客应当得到书面提示，说明在适用本公约的情况下，本公约调整并可能限制承运人对死亡或者伤害，行李毁灭、遗失或者损坏，以及延误所承担的责任。

五、未遵守前几款的规定，不影响运输合同的存在或者有效，该运输合同仍应当受本公约规则的约束，包括有关责任限制规则的约束。

第四条　货物

一、就货物运输而言，应当出具航空货运单。

二、任何保存将要履行的运输的记录的其他方法都可以用来代替出具航空货运单。采用此种其他方法的，承运人应当应托运人的要求，向托运人出具货物收据，以便识别货物并能获得此种其他方法所保存记录中的内容。

第五条　航空货运单或者货物收据的内容

航空货运单或者货物收据应当包括：

（一）对出发地点和目的地点的标示；

（二）出发地点和目的地点是在一个当事国的领土内，而在另一国的领土内有一个或者几个约定的经停地点的，至少对其中一个此种经停地点的标示；以及

（三）对货物重量的标示。

第六条　关于货物性质的凭证

在需要履行海关、警察和类似公共当局的手续时，托运人可以被要求出具标明货物性质的凭证。此项规定对承运人不造成任何职责、义务或由此产生的责任。

第七条　航空货运单的说明

一、托运人应当填写航空货运单正本一式三份。

二、第一份应当注明"交承运人"，由托运人签字。第二份应当注明"交收货人"，由托运人和承运人签字。第三份由承运人签字，承运人在接受货物后应当将其交给托运人。

三、承运人和托运人的签字可以印就或者用戳记。

四、承运人根据托运人的请求填写航空

货运单的，在没有相反证明的情况下，应当视为代托运人填写。

第八条 多包件货物的凭证

在货物不止一个包件时：

（一）货物承运人有权要求托运人分别填写航空货运单；

（二）采用第四条第二款所指其他方法的，托运人有权要求承运人分别出具货物收据。

第九条 未遵守凭证的规定

未遵守第四条至第八条的规定，不影响运输合同的存在或者有效，该运输合同仍应当受本公约规则的约束，包括有关责任限制规则的约束。

第十条 对凭证说明的责任

一、对托运人或者以其名义在航空货运单上载入的关于货物的各项说明和陈述的正确性，或者对托运人或者以其名义提供给承运人载入货物收据或者载入第四条第二款所指其他方法所保存记录的关于货物的各项说明和陈述的正确性，托运人应当负责。以托运人名义行事的人同时也是承运人的代理人的，同样适用上述规定。

二、对因托运人或者以其名义所提供的各项说明和陈述不符合规定、不正确或者不完全，给承运人或者承运人对之负责的任何其他人造成的一切损失，托运人应当对承运人承担赔偿责任。

三、除本条第一款和第二款规定的外，对因承运人或者以其名义在货物收据或者在第四条第二款所指其他方法所保存的记录上载入的各项说明和陈述不符合规定、不正确或者不完全，给托运人或者托运人对之负责的任何其他人造成的一切损失，承运人应当对托运人承担赔偿责任。

第十一条 凭证的证据价值

一、航空货运单或者货物收据是订立合同、接受货物和所列运输条件的初步证据。

二、航空货运单上或者货物收据上关于货物的重量、尺寸和包装以及包件件数的任何陈述是所述事实的初步证据；除经过承运人在托运人在场时查对并在航空货运单上或者货物收据上注明经过如此查对或者其为关于货物外表状况的陈述外，航空货运单上或者货物收据上关于货物的数量、体积和状况的陈述不能构成不利于承运人的证据。

第十二条 处置货物的权利

一、托运人在负责履行运输合同规定的全部义务的条件下，有权对货物进行处置，即可以在出发地机场或者目的地机场将货物提回，或者在途中经停时中止运输，或者要求在目的地点或者途中将货物交给非原指定的收货人，或者要求将货物运回出发地机场。托运人不得因行使此种处置权而使承运人或者其他托运人遭受损失，并必须偿付因行使此种权利而产生的费用。

二、托运人的指示不可能执行的，承运人必须立即通知托运人。

三、承运人按照托运人的指示处置货物，没有要求出示托运人所收执的那份航空货运单或者货物收据，给该份航空货运单或者货物收据的合法持有人造成损失的，承运人应当承担责任，但是不妨碍承运人对托运人的追偿权。

四、收货人的权利依照第十三条规定开始时，托运人的权利即告终止。但是，收货人拒绝接受货物，或者无法同收货人联系的，托运人恢复其处置权。

第十三条 货物的交付

一、除托运人已经根据第十二条行使其权利外，收货人于货物到达目的地点，并在缴付应付款项和履行运输条件后，有权要求承运人向其交付货物。

二、除另有约定外，承运人应当负责在货物到达后立即通知收货人。

三、承运人承认货物已经遗失，或者货物在应当到达之日起七日后仍未到达的，收货人有权向承运人行使运输合同所赋予的权利。

第十四条 托运人和收货人权利的行使

托运人和收货人在履行运输合同规定的义务的条件下，无论为本人或者他人的利益，可以分别以本人的名义行使第十二条和第十三条赋予的所有权利。

第十五条 托运人和收货人的关系或者第三人之间的相互关系

一、第十二条、第十三条和第十四条不影响托运人同收货人之间的相互关系，也不影响从托运人或者收货人获得权利的第三人之间的相互关系。

二、第十二条、第十三条和第十四条的规定，只能通过航空货运单或者货物收据上的明文规定予以变更。

第十六条 海关、警察或者其他公共当局的手续

一、托运人必须提供必需的资料和文件，以便在货物可交付收货人前完成海关、警察或任何其他公共当局的手续。因没有此种资料、文件，或者此种资料、文件不充足或者不符合规定而引起的损失，除由于承运人、其受雇人或者代理人的过错造成的外，托运人应当对承运人承担责任。

二、承运人没有对此种资料或者文件的正确性或者充足性进行查验的义务。

第三章　承运人的责任和损害赔偿范围

第十七条 旅客死亡和伤害——行李损失

一、对于因旅客死亡或者身体伤害而产生的损失，只要造成死亡或者伤害的事故是在航空器上或者在上、下航空器的任何操作过程中发生的，承运人就应当承担责任。

二、对于因托运行李毁灭、遗失或者损坏而产生的损失，只要造成毁灭、遗失或者损坏的事件是在航空器上或者在托运行李处于承运人掌管之下的任何期间内发生的，承运人就应当承担责任。但是，行李损失是由于行李的固有缺陷、质量或者瑕疵造成的，在此范围内承运人不承担责任。关于非托运行李，包括个人物件，承运人对因其过错或者其受雇人或者代理人的过错造成的损失承担责任。

三、承运人承认托运行李已经遗失，或者托运行李在应当到达之日起二十一日后仍未到达的，旅客有权向承运人行使运输合同所赋予的权利。

四、除另有规定外，本公约中"行李"一词系指托运行李和非托运行李。

第十八条 货物损失

一、对于因货物毁灭、遗失或者损坏而产生的损失，只要造成损失的事件是在航空运输期间发生的，承运人就应当承担责任。

二、但是，承运人证明货物的毁灭、遗失或者损坏是由于下列一个或者几个原因造成的，在此范围内承运人不承担责任：

（一）货物的固有缺陷、质量或者瑕疵；

（二）承运人或者其受雇人、代理人以外的人包装货物的，货物包装不良；

（三）战争行为或者武装冲突；

（四）公共当局实施的与货物入境、出境或者过境有关的行为。

三、本条第一款所称的航空运输期间，系指货物处于承运人掌管之下的期间。

四、航空运输期间，不包括机场外履行的任何陆路、海上或者内水运输过程。但是，此种运输是在履行航空运输合同时为了装载、交付或者转运而办理的，在没有相反证明的情况下，所发生的任何损失推定为在航空运输期间发生的事件造成的损失。承运人未经托运人同意，以其他运输方式代替当事人各方在合同中约定采用航空运输方式的全部或者部分运输的，此项以其他方式履行的运输视为在航空运输期间。

第十九条 延误

旅客、行李或者货物在航空运输中因延误引起的损失，承运人应当承担责任。但是，承运人证明本人及其受雇人和代理人为了避免损失的发生，已经采取一切可合理要求的措施或者不可能采取此种措施的，承运人不对因延误引起的损失承担责任。

第二十条 免责

经承运人证明，损失是由索赔人或者索赔人从其取得权利的人的过失或者其他不当

作为、不作为造成或者促成的，应当根据造成或者促成此种损失的过失或者其他不当作为、不作为的程度，相应全部或者部分免除承运人对索赔人的责任。旅客以外的其他人就旅客死亡或者伤害提出赔偿请求的，经承运人证明，损失是旅客本人的过失或者其他不当作为、不作为造成或者促成的，同样应当根据造成或者促成此种损失的过失或者其他不当作为、不作为的程度，相应全部或者部分免除承运人的责任。本条适用于本公约中的所有责任条款，包括第二十一条第一款。

第二十一条 旅客死亡或者伤害的赔偿

一、对于根据第十七条第一款所产生的每名旅客不超过100,000特别提款权的损害赔偿，承运人不得免除或者限制其责任。

二、对于根据第十七条第一款所产生的损害赔偿每名旅客超过100,000特别提款权的部分，承运人证明有下列情形的，不应当承担责任：

（一）损失不是由于承运人或者其受雇人、代理人的过失或者其他不当作为、不作为造成的；或者

（二）损失完全是由第三人的过失或者其他不当作为、不作为造成的。

第二十二条 延误、行李和货物的责任限额

一、在人员运输中因第十九条所指延误造成损失的，承运人对每名旅客的责任以4,150特别提款权为限。

二、在行李运输中造成毁灭、遗失、损坏或者延误的，承运人的责任以每名旅客1,000特别提款权为限，除非旅客在向承运人交运托运行李时，特别声明在目的地点交付时的利益，并在必要时支付附加费。在此种情况下，除承运人证明旅客声明的金额高于在目的地点交付时旅客的实际利益外，承运人在声明金额范围内承担责任。

三、在货物运输中造成毁灭、遗失、损坏或者延误的，承运人的责任以每公斤17特别提款权为限，除非托运人在向承运人交运包件时，特别声明在目的地点交付时的利益，并在必要时支付附加费。在此种情况下，除承运人证明托运人声明的金额高于在目的地点交付时托运人的实际利益外，承运人在声明金额范围内承担责任。

四、货物的一部分或者货物中任何物件毁灭、遗失、损坏或者延误的，用以确定承运人赔偿责任限额的重量，仅为该包件或者该数包件的总重量。但是，因货物一部分或者货物中某一物件的毁灭、遗失、损坏或者延误，影响同一份航空货运单、货物收据或者在未出具此两种凭证时按第四条第二款所指其他方法保存的记录所列的其他包件的价值的，确定承运人的赔偿责任限额时，该包件或者数包件的总重量也应当考虑在内。

五、经证明，损失是由于承运人、其受雇人或者代理人的故意或者明知可能造成损失而轻率地作为或者不作为造成的，不适用本条第一款和第二款的规定；对于受雇人、代理人的此种作为或者不作为，还应当证明该受雇人、代理人是在受雇、代理范围内行事。

六、第二十一条和本条规定的限额不妨碍法院按照其法律另外加判全部或者一部分法院费用及原告所产生的其他诉讼费用，包括利息。判给的赔偿金额，不含法院费用及其他诉讼费用，不超过承运人在造成损失的事情发生后六个月内或者已过六个月而在起诉以前已书面向原告提出的金额的，不适用上述规定。

第二十三条 货币单位的换算

一、本公约中以特别提款权表示的各项金额，系指国际货币基金组织确定的特别提款权。在进行司法程序时，各项金额与各国家货币的换算，应当按照判决当日用特别提款权表示的该项货币的价值计算。当事国是国际货币基金组织成员的，用特别提款权表示的其国家货币的价值，应当按照判决当日有效的国际货币基金组织在其业务和交易中采用的计价方法进行计算。当事国不是国际货币基金组织成员的，用特别提款权表示的

其国家货币的价值，应当按照该国所确定的办法计算。

二、但是，非国际货币基金组织成员并且其法律不允许适用本条第一款规定的国家，可以在批准、加入或者其后的任何时候声明，在其领土内进行司法程序时，就第二十一条而言，承运人对每名旅客的责任以 1,500,000 货币单位为限；就第二十二条第一款而言，承运人对每名旅客的责任以 62,500 货币单位为限；就第二十二条第二款而言，承运人对每名旅客的责任以 15,000 货币单位为限；就第二十二条第三款而言，承运人的责任以每公斤 250 货币单位为限。此种货币单位相当于含有千分之九百纯度的六十五点五毫克的黄金。各项金额可换算为有关国家货币，取其整数。各项金额与国家货币的换算，应当按照该有关国家的法律进行。

三、本条第一款最后一句所称的计算，以及本条第二款所称的换算方法，应当使以当事国货币计算的第二十一条和第二十二条的数额的价值与根据本条第一款前三句计算的真实价值尽可能相同。当事国在交存对本公约的批准书、接受书、核准书或者加入书时，应当将根据本条第一款进行的计算方法或者根据本条第二款所得的换算结果通知保存人，该计算方法或者换算结果发生变化时亦同。

第二十四条　限额的复审

一、在不妨碍本公约第二十五条规定的条件下，并依据本条第二款的规定，保存人应当对第二十一条、第二十二条和第二十三条规定的责任限额每隔五年进行一次复审，第一次复审应当在本公约生效之日起第五年的年终进行，本公约在其开放签署之日起五年内未生效的，第一次复审应当在本公约生效的第一年内进行，复审时应当参考与上一次修订以来或者就第一次而言本公约生效之日以来累积的通货膨胀率相应的通货膨胀因素。用以确定通货膨胀因素的通货膨胀率，应当是构成第二十三条第一款所指特别提款权的货币的发行国消费品价格指数年涨跌比率的加权平均数。

二、前款所指的复审结果表明通货膨胀因素已经超过百分之十的，保存人应当将责任限额的修订通知当事国。该项修订应当在通知当事国六个月后生效。在将该项修订通知当事国后的三个月内，多数当事国登记其反对意见的，修订不得生效，保存人应当将此事提交当事国会议。保存人应当将修订的生效立即通知所有当事国。

三、尽管有本条第一款的规定，三分之一的当事国表示希望进行本条第二款所指的程序，并且第一款所指通货膨胀因素自上一次修订之日起，或者在未曾修订过的情形下自本公约生效之日起，已经超过百分之三十的，应当在任何时候进行该程序。其后的依照本条第一款规定程序的复审每隔五年进行一次，自依照本款进行的复审之日起第五年的年终开始。

第二十五条　关于限额的订定

承运人可以订定，运输合同适用高于本公约规定的责任限额，或者无责任限额。

第二十六条　合同条款的无效

任何旨在免除本公约规定的承运人责任或者降低本公约规定的责任限额的条款，均属无效，但是，此种条款的无效，不影响整个合同的效力，该合同仍受本公约规定的约束。

第二十七条　合同自由

本公约不妨碍承运人拒绝订立任何运输合同、放弃根据本公约能够获得的任何抗辩理由或者制定同本公约规定不相抵触的条件。

第二十八条　先行付款

因航空器事故造成旅客死亡或者伤害的，承运人应当在其国内法有如此要求的情况下，向有权索赔的自然人不迟延地先行付款，以应其迫切经济需要。此种先行付款不构成对责任的承认，并可从承运人随后作为损害赔偿金支付的任何数额中抵销。

第二十九条　索赔的根据

在旅客、行李和货物运输中，有关损害

赔偿的诉讼，不论其根据如何，是根据本公约、根据合同、根据侵权，还是根据其他任何理由，只能依照本公约规定的条件和责任限额提起，但是不妨碍确定谁有权提起诉讼以及他们各自的权利。在任何此类诉讼中，均不得判给惩罚性、惩戒性或者任何其他非补偿性的损害赔偿。

第三十条　受雇人、代理人-索赔的总额

一、就本公约中所指损失向承运人的受雇人、代理人提起诉讼时，该受雇人、代理人证明其是在受雇、代理范围内行事的，有权援用本公约中承运人有权援用的条件和责任限额。

二、在此种情况下，承运人及其受雇人和代理人的赔偿总额不得超过上述责任限额。

三、经证明，损失是由于受雇人、代理人的故意或者明知可能造成损失而轻率地作为或者不作为造成的，不适用本条第一款和第二款的规定，但货物运输除外。

第三十一条　异议的及时提出

一、有权提取托运行李或者货物的人收受托运行李或者货物而未提出异议，为托运行李或者货物已经在良好状况下并在与运输凭证或者第三条第二款和第四条第二款所指其他方法保存的记录相符的情况下交付的初步证据。

二、发生损失的，有权提取托运行李或者货物的人必须在发现损失后立即向承运人提出异议，并且，托运行李发生损失的，至迟自收到托运行李之日起七日内提出，货物发生损失的，至迟自收到货物之日起十四日内提出。发生延误的，必须至迟自行李或者货物交付收件人处置之日起二十一日内提出异议。

三、任何异议均必须在前款规定的期间内以书面形式提出或者发出。

四、除承运人一方有欺诈外，在前款规定的期间内未提出异议的，不得向承运人提起诉讼。

第三十二条　责任人的死亡

责任人死亡的，损害赔偿诉讼可以根据本公约的规定，对其遗产的合法管理人提起。

第三十三条　管辖权

一、损害赔偿诉讼必须在一个当事国的领土内，由原告选择，向承运人住所地、主要营业地或者订立合同的营业地的法院，或者向目的地点的法院提起。

二、对于因旅客死亡或者伤害而产生的损失，诉讼可以向本条第一款所述的法院之一提起，或者在这样一个当事国领土内提起，即在发生事故时旅客的主要且永久居所在该国领土内，并且承运人使用自己的航空器或者根据商务协议使用另一承运人的航空器经营到达该国领土或者从该国领土始发的旅客航空运输业务，并且在该国领土内该承运人通过其本人或者与其有商务协议的另一承运人租赁或者所有的处所从事其旅客航空运输经营。

三、就第二款而言，

（一）"商务协议"系指承运人之间就其提供联营旅客航空运输业务而订立的协议，但代理协议除外；

（二）"主要且永久居所"系指事故发生时旅客的那一个固定和永久的居住地。在此方面，旅客的国籍不得作为决定性的因素。

四、诉讼程序适用案件受理法院的法律。

第三十四条　仲裁

一、在符合本条规定的条件下，货物运输合同的当事人可以约定，有关本公约中的承运人责任所发生的任何争议应当通过仲裁解决。此协议应当以书面形式订立。

二、仲裁程序应当按照索赔人的选择，在第三十三条所指的其中一个管辖区内进行。

三、仲裁员或者仲裁庭应当适用本公约的规定。

四、本条第二款和第三款的规定应当视为每一仲裁条款或者仲裁协议的一部分，此种条款或者协议中与上述规定不一致的任何条款均属无效。

第三十五条 诉讼时效

一、自航空器到达目的地点之日、应当到达目的地点之日或者运输终止之日起两年期间内未提起诉讼的，丧失对损害赔偿的权利。

二、上述期间的计算方法，依照案件受理法院的法律确定。

第三十六条 连续运输

一、由几个连续承运人履行的并属于第一条第三款规定的运输，接受旅客、行李或者货物的每一个承运人应当受本公约规则的约束，并就在运输合同中其监管履行的运输区段的范围内，作为运输合同的订约一方。

二、对于此种性质的运输，除明文约定第一承运人对全程运输承担责任外，旅客或者任何行使其索赔权利的人，只能对发生事故或者延误时履行该运输的承运人提起诉讼。

三、关于行李或者货物，旅客或者托运人有权对第一承运人提起诉讼，有权接受交付的旅客或者收货人有权对最后承运人提起诉讼，旅客、托运人和收货人均可以对发生毁灭、遗失、损坏或者延误的运输区段的承运人提起诉讼。上述承运人应当对旅客、托运人或者收货人承担连带责任。

第三十七条 对第三人的追偿权

本公约不影响依照本公约规定对损失承担责任的人是否有权向他人追偿的问题。

第四章 联合运输

第三十八条 联合运输

一、部分采用航空运输，部分采用其他运输方式履行的联合运输，本公约的规定应当只适用于符合第一条规定的航空运输部分，但是第十八条第四款另有规定的除外。

二、在航空运输部分遵守本公约规定的条件下，本公约不妨碍联合运输的各方当事人在航空运输凭证上列入有关其他运输方式的条件。

第五章 非缔约承运人履行的航空运输

第三十九条 缔约承运人-实际承运人

一方当事人（以下简称"缔约承运人"）本人与旅客、托运人或者与以旅客或者托运人名义行事的人订立本公约调整的运输合同，而另一当事人（以下简称"实际承运人"）根据缔约承运人的授权，履行全部或者部分运输，但就该部分运输而言该另一当事人又不是本公约所指的连续承运人的，适用本章的规定。在没有相反证明时，此种授权应当被推定为是存在的。

第四十条 缔约承运人和实际承运人各自的责任

除本章另有规定外，实际承运人履行全部或者部分运输，而根据第三十九条所指的合同，该运输是受本公约调整的，缔约承运人和实际承运人都应当受本公约规则的约束，缔约承运人对合同考虑到的全部运输负责，实际承运人只对其履行的运输负责。

第四十一条 相互责任

一、实际承运人的作为和不作为，实际承运人的受雇人、代理人在受雇、代理范围内的作为和不作为，关系到实际承运人履行的运输的，也应当视为缔约承运人的作为和不作为。

二、缔约承运人的作为和不作为，缔约承运人的受雇人、代理人在受雇、代理范围内的作为和不作为，关系到实际承运人履行的运输的，也应当视为实际承运人的作为和不作为。但是，实际承运人承担的责任不因此种作为或者不作为而超过第二十一条、第二十二条、第二十三条和第二十四条所指的数额。任何有关缔约承运人承担本公约未规定的义务或者放弃本公约赋予的权利或者抗辩理由的特别协议，或者任何有关第二十二条考虑到的在目的地点交付时利益的特别声明，除经过实际承运人同意外，均不得影响实际承运人。

第四十二条 异议和指示的对象

依照本公约规定向承运人提出的异议或者发出的指示，无论是向缔约承运人还是向实际承运人提出或者发出，具有同等效力。但是，第十二条所指的指示，只在向缔约承运人发出时，方为有效。

第四十三条 受雇人和代理人

实际承运人的受雇人、代理人或者缔约承运人的受雇人、代理人，证明其是在受雇、代理范围内行事的，就实际承运人履行的运输而言，有权援用本公约规定的适用于雇用该人的或者被代理的承运人的条件和责任限额，但是经证明依照本公约其行为不能援用该责任限额的除外。

第四十四条 赔偿总额

对于实际承运人履行的运输，实际承运人和缔约承运人以及他们的在受雇、代理范围内行事的受雇人和代理人的赔偿总额不得超过依照本公约得以从缔约承运人或者实际承运人获得赔偿的最高数额，但是上述任何人都不承担超过对其适用的责任限额。

第四十五条 索赔对象

对实际承运人履行的运输提起的损害赔偿诉讼，可以由原告选择，对实际承运人提起或者对缔约承运人提起，也可以同时或者分别对实际承运人和缔约承运人提起。损害赔偿诉讼只对其中一个承运人提起的，该承运人有权要求另一承运人参加诉讼，诉讼程序及其效力适用案件受理法院的法律。

第四十六条 附加管辖权

第四十五条考虑到的损害赔偿诉讼，必须在一个当事国的领土内，由原告选择，按照第三十三条规定向可以对缔约承运人提起诉讼的法院提起，或者向实际承运人住所地或者其主要营业地有管辖权的法院提起。

第四十七条 合同条款的无效

任何旨在免除本章规定的缔约承运人或者实际承运人责任或者降低适用于本章的责任限额的合同条款，均属无效，但是，此种条款的无效，不影响整个合同的效力，该合同仍受本章规定的约束。

第四十八条 缔约承运人和实际承运人的相互关系

除第四十五条规定外，本章的规定不影响承运人之间的权利和义务，包括任何追偿权或者求偿权。

第六章 其他规定

第四十九条 强制适用

运输合同的任何条款和在损失发生以前达成的所有特别协议，其当事人借以违反本公约规则的，无论是选择所适用的法律还是变更有关管辖权的规则，均属无效。

第五十条 保险

当事国应当要求其承运人就其在本公约中的责任进行充分保险。当事国可以要求经营航空运输至该国内的承运人提供其已就本公约中的责任进行充分保险的证据。

第五十一条 特殊情况下履行的运输

第三条至第五条、第七条和第八条关于运输凭证的规定，不适用于承运人正常业务范围以外的在特殊情况下履行的运输。

第五十二条 日的定义

本公约所称"日"，系指日历日，而非工作日。

第七章 最后条款

第五十三条 签署、批准和生效

一、本公约于一九九九年五月二十八日在蒙特利尔开放，听由一九九九年五月十日至二十八日在蒙特利尔召开的国际航空法大会的参加国签署。一九九九年五月二十八日以后，本公约应当在蒙特利尔国际民用航空组织总部对所有国家开放签署，直至其根据本条第六款生效。

二、本公约同样向地区性经济一体化组织开放签署。就本公约而言，"地区性经济一体化组织"系指由某一地区的主权国家组成的对于本公约调整的某些事项有权能的并经正式授权可以签署及批准、接受、核准或者加入本公约的任何组织。本公约中对"当事国"的提述，同样适用于地区性经济一体化组织，但是第一条第二款、第三条第一款第（二）项、第五条第（二）项、第二十三条、第三十三条、第四十六条和第五十七条第（二）项中的除外。就第二十四条而言，其对"多数当事国"和"三分之一的当事国"的提述不应适用于地区性经济一体化组织。

三、本公约应当经签署本公约的国家和地区性经济一体化组织批准。

四、未签署本公约的国家或者地区性经济一体化组织，可以在任何时候接受、核准或者加入本公约。

五、批准书、接受书、核准书或者加入书应当交存国际民用航空组织，在此指定其为保存人。

六、本公约应当于第三十份批准书、接受书、核准书或者加入书交存保存人后的第六十天在交存这些文件的国家之间生效。就本款而言，地区性经济一体化组织交存的文件不得计算在内。

七、对于其他国家或者其他地区性经济一体化组织，本公约应当于其批准书、接受书、核准书或者加入书交存日后六十天对其生效。

八、保存人应当将下列事项迅速通知各签署方和当事国：

（一）对本公约的每一签署及其日期；

（二）每一批准书、接受书、核准书或者加入书的交存及其日期；

（三）本公约的生效日期；

（四）对本公约所设定责任限额的任何修订的生效日期；

（五）第五十四条所指的退出。

第五十四条 退出

一、任何当事国可以向保存人提交书面通知，以退出本公约。

二、退出应当自保存人收到通知之日后的第一百八十天起生效。

第五十五条 与其他华沙公约文件的关系

在下列情况下，本公约应当优先于国际航空运输所适用的任何规则：

一、该项国际航空运输在本公约当事国之间履行，而这些当事国同为下列条约的当事国：

（一）一九二九年十月十二日在华沙签订的《统一国际航空运输某些规则的公约》（以下简称华沙公约）；

（二）一九五五年九月二十八日订于海牙的《修订一九二九年十月十二日在华沙签订的统一国际航空运输某些规则的公约的议定书》（以下简称海牙议定书）；

（三）一九六一年九月十八日在瓜达拉哈拉签订的《统一非缔约承运人所办国际航空运输某些规则以补充华沙公约的公约》（以下简称瓜达拉哈拉公约）；

（四）一九七一年三月八日在危地马拉城签订的《修订经一九五五年九月二十八日订于海牙的议定书修正的一九二九年十月十二日在华沙签订的统一国际航空运输某些规则的公约的议定书》（以下简称危地马拉城议定书）；

（五）一九七五年九月二十五日在蒙特利尔签订的修订经海牙议定书或者经海牙议定书和危地马拉城议定书修正的华沙公约的第一号至第三号附加议定书以及蒙特利尔第四号议定书（以下简称各个蒙特利尔议定书）；或者

二、该项国际航空运输在本公约的一个当事国领土内履行，而该当事国是上述第（一）项至第（五）项所指一个或者几个文件的当事国。

五十六条 有多种法律制度的国家

一、一国有两个或者多个领土单位，在各领土单位内对于本公约处理的事项适用不同的法律制度的，该国可以在签署、批准、接受、核准或加入时，声明本公约适用于该国所有领土单位或者只适用于其中一个或者多个领土单位，该国也可随时提交另一份声明以修改此项声明。

二、作出此项声明，均应当通知保存人，声明中应当明确指明适用本公约的领土单位。

三、就已作出此项声明的当事国而言，

（一）第二十三条所述的"国家货币"应当解释为该国有关领土单位的货币；并且

（二）第二十八条所述的"国内法"应当解释为该国有关领土单位的法律。

第五十七条　保留

对本公约不得保留，但是当事国可以在任何时候向保存人提交通知，声明本公约不适用于：

（一）由当事国就其作为主权国家的职能和责任为非商业目的而直接办理和运营的国际航空运输；以及/或者

（二）使用在该当事国登记的或者为该当事国所租赁的、其全部运力已为其军事当局或者以该当局的名义所保留的航空器，为该当局办理的人员、货物和行李运输。

下列全权代表经正式授权，已在本公约上签字，以昭信守。

本公约于一九九九年五月二十八日订于蒙特利尔，以中文、英文、阿拉伯文、法文、俄文和西班牙文写成，各种文本同等作准。本公约应当存放于国际民用航空组织档案处，由保存人将核正无误的公约副本分送本公约的所有当事国以及华沙公约、海牙议定书、瓜达拉哈拉公约、危地马拉城议定书和各个蒙特利尔议定书的所有当事国。

第五章 外国判决的承认和执行

最高人民法院关于人民法院受理申请承认外国法院离婚判决案件有关问题的规定

(1999年12月1日最高人民法院审判委员会第1090次会议通过 根据2020年12月23日最高人民法院审判委员会第1823次会议通过的《最高人民法院关于修改〈最高人民法院关于人民法院民事调解工作若干问题的规定〉等十九件民事诉讼类司法解释的决定》修正)

1998年9月17日,我院以法〔1998〕86号通知印发了《关于人民法院受理申请承认外国法院离婚判决案件几个问题的意见》,现根据新的情况,对人民法院受理申请承认外国法院离婚判决案件的有关问题重新作如下规定:

一、中国公民向人民法院申请承认外国法院离婚判决,人民法院不应以其未在国内缔结婚姻关系而拒绝受理;中国公民申请承认外国法院在其缺席情况下作出的离婚判决,应同时向人民法院提交作出该判决的外国法院已合法传唤其出庭的有关证明文件。

二、外国公民向人民法院申请承认外国法院离婚判决,如果其离婚的原配偶是中国公民的,人民法院应予受理;如果其离婚的原配偶是外国公民的,人民法院不予受理,但可告知其直接向婚姻登记机关申请结婚登记。

三、当事人向人民法院申请承认外国法院离婚调解书效力的,人民法院应予受理,并根据《关于中国公民申请承认外国法院离婚判决程序问题的规定》进行审查,作出承认或不予承认的裁定。

自本规定公布之日起,我院法〔1998〕86号通知印发的《关于人民法院受理申请承认外国法院离婚判决案件几个问题的意见》同时废止。

最高人民法院关于中国公民申请承认外国法院离婚判决程序问题的规定

(1991年7月5日最高人民法院审判委员会第503次会议通过 根据2020年12月23日最高人民法院审判委员会第1823次会议通过的《最高人民法院关于修改〈最高人民法院关于人民法院民事调解工作若干问题的规定〉等十九件民事诉讼类司法解释的决定》修正)

第一条 对与我国没有订立司法协助协议的外国法院作出的离婚判决,中国籍当事人可以根据本规定向人民法院申请承认该外国法院的离婚判决。

对与我国有司法协助协议的外国法院作出的离婚判决，按照协议的规定申请承认。

第二条 外国法院离婚判决中的夫妻财产分割、生活费负担、子女抚养方面判决的承认执行，不适用本规定。

第三条 向人民法院申请承认外国法院的离婚判决，申请人应提出书面申请书，并须附有外国法院离婚判决书正本及经证明无误的中文译本。否则，不予受理。

第四条 申请书应记明以下事项：

（一）申请人姓名、性别、年龄、工作单位和住址；

（二）判决由何国法院作出，判决结果、时间；

（三）受传唤及应诉的情况；

（四）申请理由及请求；

（五）其他需要说明的情况。

第五条 申请由申请人住所地中级人民法院受理。申请人住所地与经常居住地不一致的，由经常居住地中级人民法院受理。

申请人不在国内的，由申请人原国内住所地中级人民法院受理。

第六条 人民法院接到申请书，经审查，符合本规定的受理条件的，应当在7日内立案；不符合的，应当在7日内通知申请人不予受理，并说明理由。

第七条 人民法院审查承认外国法院离婚判决的申请，由三名审判员组成合议庭进行，作出的裁定不得上诉。

第八条 人民法院受理申请后，对于外国法院离婚判决书没有指明已生效或生效时间的，应责令申请人提交作出判决的法院出具的判决已生效的证明文件。

第九条 外国法院作出离婚判决的原告为申请人的，人民法院应责令其提交作出判决的外国法院已合法传唤被告出庭的有关证明文件。

第十条 按照第八条、第九条要求提供的证明文件，应经该外国公证部门公证和我国驻该国使、领馆认证，或者履行中华人民共和国与该所在国订立的有关条约中规定的证明手续。同时应由申请人提供经证明无误的中文译本。

第十一条 居住在我国境内的外国法院离婚判决的被告为申请人，提交第八条、第十条所要求的证明文件和公证、认证有困难的，如能提交外国法院的应诉通知或出庭传票的，可推定外国法院离婚判决书为真实和已经生效。

第十二条 经审查，外国法院的离婚判决具有下列情形之一的，不予承认：

（一）判决尚未发生法律效力；

（二）作出判决的外国法院对案件没有管辖权；

（三）判决是在被告缺席且未得到合法传唤情况下作出的；

（四）该当事人之间的离婚案件，我国法院正在审理或已作出判决，或者第三国法院对该当事人之间作出的离婚案件判决已为我国法院所承认；

（五）判决违反我国法律的基本原则或者危害我国国家主权、安全和社会公共利益。

第十三条 对外国法院的离婚判决的承认，以裁定方式作出。没有第十二条规定的情形的，裁定承认其法律效力；具有第十二条规定的情形之一的，裁定驳回申请人的申请。

第十四条 裁定书以"中华人民共和国××中级人民法院"名义作出，由合议庭成员署名，加盖人民法院印章。

第十五条 裁定书一经送达，即发生法律效力。

第十六条 申请承认外国法院的离婚判决，申请人应向人民法院交纳案件受理费人民币100元。

第十七条 申请承认外国法院的离婚判决，委托他人代理的，必须向人民法院提交由委托人签名或盖章的授权委托书。委托人在国外出具的委托书，必须经我国驻该国的使、领馆证明，或者履行中华人民共和国与该所在国订立的有关条约中规定的证明手续。

第十八条 人民法院受理离婚诉讼后，原告一方变更请求申请承认外国法院离婚判决，或者被告一方另提出承认外国法院离婚判决申请的，其申请均不受理。

第十九条 人民法院受理承认外国法院离婚判决的申请后，对方当事人向人民法院起诉离婚的，人民法院不予受理。

第二十条 当事人之间的婚姻虽经外国法院判决，但未向人民法院申请承认的，不妨碍当事人一方另行向人民法院提出离婚诉讼。

第二十一条 申请人的申请为人民法院受理后，申请人可以撤回申请，人民法院以裁定准予撤回。申请人撤回申请后，不得再提出申请，但可以另向人民法院起诉离婚。

第二十二条 申请人的申请被驳回后，不得再提出申请，但可以另行向人民法院起诉离婚。

最高人民法院
关于外国法院的离婚判决未经我人民法院确认，当事人能否向我婚姻登记机关登记结婚的复函

1993 年 1 月 22 日　　　　　　　　　　　　（93）法民字第 2 号

民政部婚姻管理司：

你司 1991 年 12 月 24 日民婚字〔1991〕60 号函及转来宁波市民政局《关于美籍华人曹某某与我公司王某某结婚登记有关问题的请示》收悉。答复如下：

一、与中国公民结婚的外国人（包括外籍华人），由外国法院判决离婚后，在中国境内又申请与中国公民结婚的，如果前一婚姻关系的外国法院的离婚判决未经我人民法院确认，该外国人则应就前一婚姻关系的外国法院的离婚判决向人民法院申请承认，经人民法院裁定承认后，婚姻登记机关按照有关规定审查无误才能予以婚姻登记。

申请承认外国法院离婚判决，没有时间限制。

二、在忻某某不服美国法院对其与曹某某离婚所作判决的情况下，曹在中国境内又申请与王某某登记结婚，是违反我国有关法律的，该"结婚登记"应依法予以撤销。但现在曹某某与忻某某已经由人民法院调解离婚，其与王某某的"结婚登记"是否撤销，请你们酌情处理。

以上意见，供参考。

第六章　仲裁司法审查

一、法律及国际条约

中华人民共和国仲裁法

（1994年8月31日第八届全国人民代表大会常务委员会第九次会议通过 根据2009年8月27日第十一届全国人民代表大会常务委员会第十次会议《关于修改部分法律的决定》第一次修正 根据2017年9月1日第十二届全国人民代表大会常务委员会第二十九次会议《关于修改〈中华人民共和国法官法〉等八部法律的决定》第二次修正）

目 录

第一章 总 则
第二章 仲裁委员会和仲裁协会
第三章 仲裁协议
第四章 仲裁程序
　第一节 申请和受理
　第二节 仲裁庭的组成
　第三节 开庭和裁决
第五章 申请撤销裁决
第六章 执 行
第七章 涉外仲裁的特别规定
第八章 附 则

第一章 总 则

第一条 为保证公正、及时地仲裁经济纠纷，保护当事人的合法权益，保障社会主义市场经济健康发展，制定本法。

第二条 平等主体的公民、法人和其他组织之间发生的合同纠纷和其他财产权益纠纷，可以仲裁。

第三条 下列纠纷不能仲裁：
（一）婚姻、收养、监护、扶养、继承纠纷；
（二）依法应当由行政机关处理的行政争议。

第四条 当事人采用仲裁方式解决纠纷，应当双方自愿，达成仲裁协议。没有仲裁协议，一方申请仲裁的，仲裁委员会不予受理。

第五条 当事人达成仲裁协议，一方向人民法院起诉的，人民法院不予受理，但仲裁协议无效的除外。

第六条 仲裁委员会应当由当事人协议选定。
仲裁不实行级别管辖和地域管辖。

第七条 仲裁应当根据事实，符合法律规定，公平合理地解决纠纷。

第八条 仲裁依法独立进行，不受行政机关、社会团体和个人的干涉。

第九条 仲裁实行一裁终局的制度。裁决作出后，当事人就同一纠纷再申请仲裁或者向人民法院起诉的，仲裁委员会或者人民法院不予受理。
裁决被人民法院依法裁定撤销或者不予执行的，当事人就该纠纷可以根据双方重新达成的仲裁协议申请仲裁，也可以向人民法院起诉。

第二章 仲裁委员会和仲裁协会

第十条 仲裁委员会可以在直辖市和省、自治区人民政府所在地的市设立，也可以根据需要在其他设区的市设立,不按行政区划层层设立。

仲裁委员会由前款规定的市的人民政府组织有关部门和商会统一组建。

设立仲裁委员会,应当经省、自治区、直辖市的司法行政部门登记。

第十一条　仲裁委员会应当具备下列条件:
(一)有自己的名称、住所和章程;
(二)有必要的财产;
(三)有该委员会的组成人员;
(四)有聘任的仲裁员。

仲裁委员会的章程应当依照本法制定。

第十二条　仲裁委员会由主任一人、副主任二至四人和委员七至十一人组成。

仲裁委员会的主任、副主任和委员由法律、经济贸易专家和有实际工作经验的人员担任。仲裁委员会的组成人员中,法律、经济贸易专家不得少于三分之二。

第十三条　仲裁委员会应当从公道正派的人员中聘任仲裁员。

仲裁员应当符合下列条件之一:
(一)通过国家统一法律职业资格考试取得法律职业资格,从事仲裁工作满八年的;
(二)从事律师工作满八年的;
(三)曾任法官满八年的;
(四)从事法律研究、教学工作并具有高级职称的;
(五)具有法律知识、从事经济贸易等专业工作并具有高级职称或者具有同等专业水平的。

仲裁委员会按照不同专业设仲裁员名册。

第十四条　仲裁委员会独立于行政机关,与行政机关没有隶属关系。仲裁委员会之间也没有隶属关系。

第十五条　中国仲裁协会是社会团体法人。仲裁委员会是中国仲裁协会的会员。中国仲裁协会的章程由全国会员大会制定。

中国仲裁协会是仲裁委员会的自律性组织,根据章程对仲裁委员会及其组成人员、仲裁员的违纪行为进行监督。

中国仲裁协会依照本法和民事诉讼法的有关规定制定仲裁规则。

第三章　仲裁协议

第十六条　仲裁协议包括合同中订立的仲裁条款和以其他书面方式在纠纷发生前或者纠纷发生后达成的请求仲裁的协议。

仲裁协议应当具有下列内容:
(一)请求仲裁的意思表示;
(二)仲裁事项;
(三)选定的仲裁委员会。

第十七条　有下列情形之一的,仲裁协议无效:
(一)约定的仲裁事项超出法律规定的仲裁范围的;
(二)无民事行为能力人或者限制民事行为能力人订立的仲裁协议;
(三)一方采取胁迫手段,迫使对方订立仲裁协议的。

第十八条　仲裁协议对仲裁事项或者仲裁委员会没有约定或者约定不明确的,当事人可以补充协议;达不成补充协议的,仲裁协议无效。

第十九条　仲裁协议独立存在,合同的变更、解除、终止或者无效,不影响仲裁协议的效力。

仲裁庭有权确认合同的效力。

第二十条　当事人对仲裁协议的效力有异议的,可以请求仲裁委员会作出决定或者请求人民法院作出裁定。一方请求仲裁委员会作出决定,另一方请求人民法院作出裁定的,由人民法院裁定。

当事人对仲裁协议的效力有异议,应当在仲裁庭首次开庭前提出。

第四章　仲裁程序

第一节　申请和受理

第二十一条　当事人申请仲裁应当符合下列条件:
(一)有仲裁协议;

（二）有具体的仲裁请求和事实、理由；

（三）属于仲裁委员会的受理范围。

第二十二条 当事人申请仲裁，应当向仲裁委员会递交仲裁协议、仲裁申请书及副本。

第二十三条 仲裁申请书应当载明下列事项：

（一）当事人的姓名、性别、年龄、职业、工作单位和住所，法人或者其他组织的名称、住所和法定代表人或者主要负责人的姓名、职务；

（二）仲裁请求和所根据的事实、理由；

（三）证据和证据来源、证人姓名和住所。

第二十四条 仲裁委员会收到仲裁申请书之日起五日内，认为符合受理条件的，应当受理，并通知当事人；认为不符合受理条件的，应当书面通知当事人不予受理，并说明理由。

第二十五条 仲裁委员会受理仲裁申请后，应当在仲裁规则规定的期限内将仲裁规则和仲裁员名册送达申请人，并将仲裁申请书副本和仲裁规则、仲裁员名册送达被申请人。

被申请人收到仲裁申请书副本后，应当在仲裁规则规定的期限内向仲裁委员会提交答辩书。仲裁委员会收到答辩书后，应当在仲裁规则规定的期限内将答辩书副本送达申请人。被申请人未提交答辩书的，不影响仲裁程序的进行。

第二十六条 当事人达成仲裁协议，一方向人民法院起诉未声明有仲裁协议，人民法院受理后，另一方在首次开庭前提交仲裁协议的，人民法院应当驳回起诉，但仲裁协议无效的除外；另一方在首次开庭前未对人民法院受理该案提出异议的，视为放弃仲裁协议，人民法院应当继续审理。

第二十七条 申请人可以放弃或者变更仲裁请求。被申请人可以承认或者反驳仲裁请求，有权提出反请求。

第二十八条 一方当事人因另一方当事人的行为或者其他原因，可能使裁决不能执行或者难以执行的，可以申请财产保全。

当事人申请财产保全的，仲裁委员会应当将当事人的申请依照民事诉讼法的有关规定提交人民法院。

申请有错误的，申请人应当赔偿被申请人因财产保全所遭受的损失。

第二十九条 当事人、法定代理人可以委托律师和其他代理人进行仲裁活动。委托律师和其他代理人进行仲裁活动的，应当向仲裁委员会提交授权委托书。

第二节 仲裁庭的组成

第三十条 仲裁庭可以由三名仲裁员或者一名仲裁员组成。由三名仲裁员组成的，设首席仲裁员。

第三十一条 当事人约定由三名仲裁员组成仲裁庭的，应当各自选定或者各自委托仲裁委员会主任指定一名仲裁员，第三名仲裁员由当事人共同选定或者共同委托仲裁委员会主任指定。第三名仲裁员是首席仲裁员。

当事人约定由一名仲裁员成立仲裁庭的，应当由当事人共同选定或者共同委托仲裁委员会主任指定仲裁员。

第三十二条 当事人没有在仲裁规则规定的期限内约定仲裁庭的组成方式或者选定仲裁员的，由仲裁委员会主任指定。

第三十三条 仲裁庭组成后，仲裁委员会应当将仲裁庭的组成情况书面通知当事人。

第三十四条 仲裁员有下列情形之一的，必须回避，当事人也有权提出回避申请：

（一）是本案当事人或者当事人、代理人的近亲属；

（二）与本案有利害关系；

（三）与本案当事人、代理人有其他关系，可能影响公正仲裁的；

（四）私自会见当事人、代理人，或者接受当事人、代理人的请客送礼的。

第三十五条 当事人提出回避申请，应当说明理由,在首次开庭前提出。回避事由在首次开庭后知道的,可以在最后一次开庭终结前提出。

第三十六条 仲裁员是否回避,由仲裁委员会主任决定;仲裁委员会主任担任仲裁员时,由仲裁委员会集体决定。

第三十七条 仲裁员因回避或者其他原因不能履行职责的,应当依照本法规定重新选定或者指定仲裁员。

因回避而重新选定或者指定仲裁员后,当事人可以请求已进行的仲裁程序重新进行,是否准许,由仲裁庭决定;仲裁庭也可以自行决定已进行的仲裁程序是否重新进行。

第三十八条 仲裁员有本法第三十四条第四项规定的情形,情节严重的,或者有本法第五十八条第六项规定的情形的,应当依法承担法律责任,仲裁委员会应当将其除名。

第三节 开庭和裁决

第三十九条 仲裁应当开庭进行。当事人协议不开庭的,仲裁庭可以根据仲裁申请书、答辩书以及其他材料作出裁决。

第四十条 仲裁不公开进行。当事人协议公开的,可以公开进行,但涉及国家秘密的除外。

第四十一条 仲裁委员会应当在仲裁规则规定的期限内将开庭日期通知双方当事人。当事人有正当理由的,可以在仲裁规则规定的期限内请求延期开庭。是否延期,由仲裁庭决定。

第四十二条 申请人经书面通知,无正当理由不到庭或者未经仲裁庭许可中途退庭的,可以视为撤回仲裁申请。

被申请人经书面通知,无正当理由不到庭或者未经仲裁庭许可中途退庭的,可以缺席裁决。

第四十三条 当事人应当对自己的主张提供证据。

仲裁庭认为有必要收集的证据,可以自行收集。

第四十四条 仲裁庭对专门性问题认为需要鉴定的,可以交由当事人约定的鉴定部门鉴定,也可以由仲裁庭指定的鉴定部门鉴定。

根据当事人的请求或者仲裁庭的要求,鉴定部门应当派鉴定人参加开庭。当事人经仲裁庭许可,可以向鉴定人提问。

第四十五条 证据应当在开庭时出示,当事人可以质证。

第四十六条 在证据可能灭失或者以后难以取得的情况下,当事人可以申请证据保全。当事人申请证据保全的,仲裁委员会应当将当事人的申请提交证据所在地的基层人民法院。

第四十七条 当事人在仲裁过程中有权进行辩论。辩论终结时,首席仲裁员或者独任仲裁员应当征询当事人的最后意见。

第四十八条 仲裁庭应当将开庭情况记入笔录。当事人和其他仲裁参与人认为对自己陈述的记录有遗漏或者差错的,有权申请补正。如果不予补正,应当记录该申请。

笔录由仲裁员、记录人员、当事人和其他仲裁参与人签名或者盖章。

第四十九条 当事人申请仲裁后,可以自行和解。达成和解协议的,可以请求仲裁庭根据和解协议作出裁决书,也可以撤回仲裁申请。

第五十条 当事人达成和解协议,撤回仲裁申请后反悔的,可以根据仲裁协议申请仲裁。

第五十一条 仲裁庭在作出裁决前,可以先行调解。当事人自愿调解的,仲裁庭应当调解。调解不成的,应当及时作出裁决。

调解达成协议的,仲裁庭应当制作调解书或者根据协议的结果制作裁决书。调解书与裁决书具有同等法律效力。

第五十二条 调解书应当写明仲裁请求和当事人协议的结果。调解书由仲裁员签名,加盖仲裁委员会印章,送达双方当事人。

调解书经双方当事人签收后,即发生法律效力。

在调解书签收前当事人反悔的,仲裁庭

应当及时作出裁决。

第五十三条 裁决应当按照多数仲裁员的意见作出,少数仲裁员的不同意见可以记入笔录。仲裁庭不能形成多数意见时,裁决应当按照首席仲裁员的意见作出。

第五十四条 裁决书应当写明仲裁请求、争议事实、裁决理由、裁决结果、仲裁费用的负担和裁决日期。当事人协议不愿写明争议事实和裁决理由的,可以不写。裁决书由仲裁员签名,加盖仲裁委员会印章。对裁决持不同意见的仲裁员,可以签名,也可以不签名。

第五十五条 仲裁庭仲裁纠纷时,其中一部分事实已经清楚,可以就该部分先行裁决。

第五十六条 对裁决书中的文字、计算错误或者仲裁庭已经裁决但在裁决书中遗漏的事项,仲裁庭应当补正;当事人自收到裁决书之日起三十日内,可以请求仲裁庭补正。

第五十七条 裁决书自作出之日起发生法律效力。

第五章 申请撤销裁决

第五十八条 当事人提出证据证明裁决有下列情形之一的,可以向仲裁委员会所在地的中级人民法院申请撤销裁决:

(一) 没有仲裁协议的;

(二) 裁决的事项不属于仲裁协议的范围或者仲裁委员会无权仲裁的;

(三) 仲裁庭的组成或者仲裁的程序违反法定程序的;

(四) 裁决所根据的证据是伪造的;

(五) 对方当事人隐瞒了足以影响公正裁决的证据的;

(六) 仲裁员在仲裁该案时有索贿受贿,徇私舞弊,枉法裁决行为的。

人民法院经组成合议庭审查核实裁决有前款规定情形之一的,应当裁定撤销。

人民法院认定该裁决违背社会公共利益的,应当裁定撤销。

第五十九条 当事人申请撤销裁决的,应当自收到裁决书之日起六个月内提出。

第六十条 人民法院应当在受理撤销裁决申请之日起两个月内作出撤销裁决或者驳回申请的裁定。

第六十一条 人民法院受理撤销裁决的申请后,认为可以由仲裁庭重新仲裁的,通知仲裁庭在一定期限内重新仲裁,并裁定中止撤销程序。仲裁庭拒绝重新仲裁的,人民法院应当裁定恢复撤销程序。

第六章 执 行

第六十二条 当事人应当履行裁决。一方当事人不履行的,另一方当事人可以依照民事诉讼法的有关规定向人民法院申请执行。受申请的人民法院应当执行。

第六十三条 被申请人提出证据证明裁决有民事诉讼法第二百一十三条第二款规定的情形之一的,经人民法院组成合议庭审查核实,裁定不予执行。

第六十四条 一方当事人申请执行裁决,另一方当事人申请撤销裁决的,人民法院应当裁定中止执行。

人民法院裁定撤销裁决的,应当裁定终结执行。撤销裁决的申请被裁定驳回的,人民法院应当裁定恢复执行。

第七章 涉外仲裁的特别规定

第六十五条 涉外经济贸易、运输和海事中发生的纠纷的仲裁,适用本章规定。本章没有规定的,适用本法其他有关规定。

第六十六条 涉外仲裁委员会可以由中国国际商会组织设立。

涉外仲裁委员会由主任一人、副主任若干人和委员若干人组成。

涉外仲裁委员会的主任、副主任和委员可以由中国国际商会聘任。

第六十七条 涉外仲裁委员会可以从具有法律、经济贸易、科学技术等专门知识的外籍人士中聘任仲裁员。

第六十八条 涉外仲裁的当事人申请证

据保全的,涉外仲裁委员会应当将当事人的申请提交证据所在地的中级人民法院。

第六十九条 涉外仲裁的仲裁庭可以将开庭情况记入笔录,或者作出笔录要点,笔录要点可以由当事人和其他仲裁参与人签字或者盖章。

第七十条 当事人提出证据证明涉外仲裁裁决有民事诉讼法第二百五十八条第一款规定的情形之一的,经人民法院组成合议庭审查核实,裁定撤销。

第七十一条 被申请人提出证据证明涉外仲裁裁决有民事诉讼法第二百五十八条第一款规定的情形之一的,经人民法院组成合议庭审查核实,裁定不予执行。

第七十二条 涉外仲裁委员会作出的发生法律效力的仲裁裁决,当事人请求执行的,如果被执行人或者其财产不在中华人民共和国领域内,应当由当事人直接向有管辖权的外国法院申请承认和执行。

第七十三条 涉外仲裁规则可以由中国国际商会依照本法和民事诉讼法的有关规定制定。

第八章 附 则

第七十四条 法律对仲裁时效有规定的,适用该规定。法律对仲裁时效没有规定的,适用诉讼时效的规定。

第七十五条 中国仲裁协会制定仲裁规则前,仲裁委员会依照本法和民事诉讼法的有关规定可以制定仲裁暂行规则。

第七十六条 当事人应当按照规定交纳仲裁费用。

收取仲裁费用的办法,应当报物价管理部门核准。

第七十七条 劳动争议和农业集体经济组织内部的农业承包合同纠纷的仲裁,另行规定。

第七十八条 本法施行前制定的有关仲裁的规定与本法的规定相抵触的,以本法为准。

第七十九条 本法施行前在直辖市、省、自治区人民政府所在地的市和其他设区的市设立的仲裁机构,应当依照本法的有关规定重新组建;未重新组建的,自本法施行之日起届满一年时终止。

本法施行前设立的不符合本法规定的其他仲裁机构,自本法施行之日起终止。

第八十条 本法自1995年9月1日起施行。

全国人民代表大会常务委员会
关于我国加入《承认及执行外国仲裁裁决公约》的决定

(1986年12月2日)

第六届全国人民代表大会常务委员会第十八次会议决定:

中华人民共和国加入《承认及执行外国仲裁裁决公约》,并同时声明:

(一) 中华人民共和国只在互惠的基础上对在另一缔约国领土内作出的仲裁裁决的承认和执行适用该公约;

(二) 中华人民共和国只对根据中华人民共和国法律认定为属于契约性和非契约性商事法律关系所引起的争议适用该公约。

最高人民法院
关于执行我国加入的《承认及执行外国仲裁裁决公约》的通知

1987年4月10日　　　　　　　　法（经）发〔1987〕5号

全国地方各高、中级人民法院，各海事法院、铁路运输中级法院：

第六届全国人民代表大会常务委员会第十八次会议于1986年12月2日决定我国加入1958年在纽约通过的《承认及执行外国仲裁裁决公约》（以下简称《1958年纽约公约》），该公约将于1987年4月22日对我国生效。各高、中级人民法院都应立即组织经济、民事审判人员、执行人员以及其他有关人员认真学习这一重要的国际公约，并且切实依照执行。现就执行该公约的几个问题通知如下：

一、根据我国加入该公约时所作的互惠保留声明，我国对在另一缔约国领土内作出的仲裁裁决的承认和执行适用该公约。该公约与我国民事诉讼法（试行）有不同规定的，按该公约的规定办理。

对于在非缔约国领土内作出的仲裁裁决，需要我国法院承认和执行的，应按民事诉讼法（试行）第二百零四条的规定办理。

二、根据我国加入该公约时所作的商事保留声明，我国仅对按照我国法律属于契约性和非契约性商事法律关系所引起的争议适用该公约。所谓"契约性和非契约性商事法律关系"，具体的是指由于合同、侵权或者根据有关法律规定而产生的经济上的权利义务关系，例如货物买卖、财产租赁、工程承包、加工承揽、技术转让、合资经营、合作经营、勘探开发自然资源、保险、信贷、劳务、代理、咨询服务和海上、民用航空、铁路、公路的客货运输以及产品责任、环境污染、海上事故和所有权争议等，但不包括外国投资者与东道国政府之间的争端。

三、根据《1958年纽约公约》第四条的规定，申请我国法院承认和执行在另一缔约国领土内作出的仲裁裁决，是由仲裁裁决的一方当事人提出的。对于当事人的申请应由我国下列地点的中级人民法院受理：

1. 被执行人为自然人的，为其户籍所在地或者居所地；

2. 被执行人为法人的，为其主要办事机构所在地；

3. 被执行人在我国无住所、居所或者主要办事机构，但有财产在我国境内的，为其财产所在地。

四、我国有管辖权的人民法院接到一方当事人的申请后，应对申请承认及执行的仲裁裁决进行审查，如果认为不具有《1958年纽约公约》第五条第一、二两项所列的情形，应当裁定承认其效力，并且依照民事诉讼法（试行）规定的程序执行；如果认定具有第五条第二项所列的情形之一的，或者根据被执行人提供的证据证明具有第五条第一项所列的情形之一的，应当裁定驳回申请，拒绝承认及执行。

五、申请我国法院承认及执行的仲裁裁决，仅限于《1958年纽约公约》对我国生效后在另一缔约国领土内作出的仲裁裁决。该项申请应当在民事诉讼法（试行）第一百六十九条规定的申请执行期限内提出。特此通知，希遵照执行。

附件1：

本通知引用的《承认及执行外国仲裁裁决公约》有关条款

第四条 一、声请承认及执行之一造，为取得前条所称之承认及执行，应于声请时提具：

（甲）原裁决之正本或其正式副本；

（乙）第二条所称协定之原本或其正式副本。

二、倘前述裁决或协定所用文字非为援引裁决地所在国之正式文字，声请承认及执行裁决之一造应具备各该文件之此项文字译本。译本应由公设或宣誓之翻译员或外交或领事人员认证之。

第五条 一、裁决唯有受裁决援用之一造向声请承认及执行地之主管机关提具证据证明有下列情形之一时，始得依该造之请求，拒予承认及执行：

（甲）第二条所称协定之当事人依对其适用之法律有某种无行为能力情形者，或该项协定依当事人作为协定准据之法律系属无效，或未指明以何法律为准时，依裁决地所在国法律系属无效者；

（乙）受裁决援用之一造未接获关于指派仲裁员或仲裁程序之适当通知，或因他故，致未能申辩者；

（丙）裁决所处理之争议非为交付仲裁之标的或不在其条款之列，或裁决载有关于交付仲裁范围以外事项之决定者，但交付仲裁事项之决定可与未交付仲裁之事项划分时，裁决中关于交付仲裁事项之决定部分得予承认及执行；

（丁）仲裁机关之组成或仲裁程序与各造间之协议不符，或无协议而与仲裁地所在国法律不符者；

（戊）裁决对各造尚无拘束力，或业经裁决地所在国或裁决所依据法律之国家之主管机关撤销或停止执行者。

二、倘声请承认及执行地所在国之主管机关认定有下列情形之一，亦得拒不承认及执行仲裁裁决：

（甲）依该国法律，争议事项系不能以仲裁解决者；

（乙）承认或执行裁决有违该国公共政策者。

附件2：

本通知引用的《中华人民共和国民事诉讼法（试行）》有关条款

第一百六十九条 申请执行的期限，双方或者一方当事人是个人的为一年；双方是企业事业单位、机关、团体的为六个月。

第二百零四条 中华人民共和国人民法院对外国法院委托执行的已经确定的判决、裁决，应当根据中华人民共和国缔结或者参加的国际条约，或者按照互惠原则进行审查，认为不违反中华人民共和国法律的基本准则或者我国国家、社会利益的，裁定承认其效力，并且依照本法规定的程序执行。否则，应当退回外国法院。

承认及执行外国仲裁裁决公约[*]

（1958年6月10日订于纽约）

第一条

一、仲裁裁决，因自然人或法人间之争议而产生且在声请承认及执行地所在国以外之国家领土内作成者，其承认及执行适用本公约。本公约对于仲裁裁决经声请承认及执行地所在国认为非内国裁决者，亦适用之。

二、"仲裁裁决"一词不仅指专案选派之仲裁员所作裁决，亦指当事人提请仲裁之常设仲裁机关所作裁决。

三、任何国家得于签署、批准或加入本公约时，或于本公约第十条通知推广适用时，本交互原则声明该国适用本公约，以承认及执行在另一缔约国领土内作成之裁决为限。任何国家亦得声明，该国唯于争议起于法律关系，不论其为契约性质与否，而依提出声明国家之国内法认为系属商事关系者，始适用本公约。

第二条

一、当事人以书面协定承允彼此间所发生或可能发生之一切或任何争议，如关涉可以仲裁解决事项之确定法律关系，不论为契约性质与否，应提交仲裁时，各缔约国应承认此项协定。

二、称"书面协定"者，谓当事人所签订或在互换函电中所载明之契约仲裁条款或仲裁协定。

三、当事人就诉讼事项订有本条所称之协定者，缔约国法院受理诉讼时应依当事人一造之请求，命当事人提交仲裁，但前述协定经法院认定无效、失效或不能实行者不在此限。

第三条

各缔约国应承认仲裁裁决具有拘束力，并依援引裁决地之程序规则及下列各条所载条件执行之。承认或执行适用本公约之仲裁裁决时，不得较承认或执行内国仲裁裁决附加过苛之条件或征收过多之费用。

第四条

一、声请承认及执行之一造，为取得前条所称之承认及执行，应于声请时提具：

（甲）原裁决之正本或其正式副本，

（乙）第二条所称协定之原本或其正式副本。

二、倘前述裁决或协定所用文字非为援引裁决地所在国之正式文字，声请承认及执行裁决之一造应备具各该文件之此项文字译本。译本应由公设或宣誓之翻译员或外交或领事人员认证之。

第五条

一、裁决唯有于受裁决援用之一造向声请承认及执行地之主管机关提具证据证明有下列情形之一时，始得依该造之请求，拒予承认及执行：

（甲）第二条所称协定之当事人依对其适用之法律有某种无行为能力情形者，或该项协定依当事人作为协定准据之法律系属无

---

[*] 本公约及协议书的缔约国相关信息可以从联合国条约数据相关网站（UNTC）查询，网址为 https://treaties.un.org/pages/ViewDetails.aspx?src=TREATY&mtdsg_no=XXII-1&chapter=22&clang=_en，最后访问时间：2024年1月25日。——编者注

效,或未指明以何法律为准时,依裁决地所在国法律系属无效者;

(乙)受裁决援用之一造未接获关于指派仲裁员或仲裁程序之适当通知,或因他故,致未能申辩者;

(丙)裁决所处理之争议非为交付仲裁之标的或不在其条款之列,或裁决载有关于交付仲裁范围以外事项之决定者,但交付仲裁事项之决定可与未交付仲裁之事项划分时,裁决中关于交付仲裁事项之决定部分得予承认及执行;

(丁)仲裁机关之组成或仲裁程序与各造间之协议不符,或无协议而与仲裁地所在国法律不符者;

(戊)裁决对各造尚无拘束力,或业经裁决地所在国或裁决所依据法律之国家之主管机关撤销或停止执行者。

二、倘声请承认及执行地所在国之主管机关认定有下列情形之一,亦得拒不承认及执行仲裁裁决:

(甲)依该国法律,争议事项系不能以仲裁解决者;

(乙)承认或执行裁决有违该国公共政策者。

第六条

倘裁决业经向第五条第一项(戊)款所称之主管机关声请撤销或停止执行,受理援引裁决案件之机关得于其认为适当时延缓关于执行裁决之决定,并得依请求执行一造之声请,命他造提供妥适之担保。

第七条

一、本公约之规定不影响缔约国间所订关于承认及执行仲裁裁决之多边或双边协定之效力,亦不剥夺任何利害关系人可依援引裁决地所在国之法律或条约所认许之方式,在其许可范围内,援用仲裁裁决之任何权利。

二、1923年日内瓦仲裁条款议定书及1927年日内瓦执行外国仲裁裁决公约在缔约国间,于其受本公约拘束后,在其受拘束之范围内不再生效。

第八条

一、本公约在1958年12月31日以前听由任何联合国会员国及现为或嗣后成为任何联合国专门机关会员国或国际法院规约当事国之任何其他国家,或经联合国大会邀请之任何其他国家签署。

二、本公约应予批准。批准文件应送交联合国秘书长存放。

第九条

一、本公约听由第八条所称各国加入。

二、加入应以加入文件送交联合国秘书长存放为之。

第十条

一、任何国家得于签署、批准或加入时声明将本公约推广适用于由其负责国际关系之一切或任何领土。此项声明于本公约对关系国家生效时发生效力。

二、嗣后关于推广适用之声明应向联合国秘书长提出通知为之,自联合国秘书长收到此项通知之日后第九十日起,或自本公约对关系国家生效之日起发生效力,此两日期以较迟者为准。

三、关于在签署、批准或加入时未经将本公约推广适用之领土,各关系国家应考虑可否采取必要步骤将本公约推广适用于此等领土,但因宪政关系确有必要时,自须征得此等领土政府之同意。

第十一条

下列规定对联邦制或非单一制国家适用之:

(甲)关于本公约内属于联邦机关立法权限之条款,联邦政府之义务在此范围内与非联邦制缔约国之义务同;

(乙)关于本公约内属于组成联邦各州或各省之立法权限之条款,如各州或各省依联邦宪法制度并无采取立法行动之义务,联邦政府应尽速将此等条款提请各州或各省主管机关注意,并附有利之建议;

(丙)参加本公约之联邦国家遇任何其他缔约国经由联合国秘书长转达请求时,应提供叙述联邦及其组成单位关于本公约特定规定之法律及惯例之情报，说明以立法或其他行动实施此项规定之程度。

第十二条

一、本公约应自第三件批准或加入文件存放之日后第九十日起发生效力。

二、对于第三件批准或加入文件存放后批准或加入本公约之国家，本公约应自各该国存放批准或加入文件后第九十日起发生效力。

第十三条

一、任何缔约国得以书面通知联合国秘书长宣告退出本公约。退约应于秘书长收到通知之日一年后发生效力。

二、依第十条规定提出声明或通知之国家，嗣后得随时通知联合国秘书长声明本公约自秘书长收到通知之日一年后停止适用于关系领土。

三、在退约生效前已进行承认或执行程序之仲裁裁决，应继续适用本公约。

第十四条

缔约国除在本国负有适用本公约义务之范围外，无权对其他缔约国援用本公约。

第十五条

联合国秘书长应将下列事项通知第八条所称各国：

（甲）依第八条所为之签署及批准；

（乙）依第九条所为之加入；

（丙）依第一条、第十条及第十一条所为之声明及通知；

（丁）依第十二条本公约发生效力之日期；

（戊）依第十三条所为之退约及通知。

第十六条

一、本公约应存放联合国档库，其中文、英文、法文、俄文及西班牙文各本同一作准。

二、联合国秘书长应将本公约正式副本分送第八条所称各国。

全国人民代表大会常务委员会关于批准《关于解决国家和他国国民之间投资争端公约》的决定

（1992年7月1日通过）

第七届全国人民代表大会常务委员会第二十六次会议决定：批准中华人民共和国政府代表朱启桢于1990年2月9日在华盛顿签署的《关于解决国家和他国国民之间投资争端公约》。

对外经济贸易部
关于认真做好执行《华盛顿公约》工作的通知

1992 年 8 月 1 日　　　　　　　　　　外经贸法发第 403 号

各省、自治区、直辖市、计划单列市、沿海开放城市经济特区经贸委、厅：

一九九二年七月一日，全国人大常委会审议核准我国参加《关于解决国家与他国国民之间投资争端公约》（简称《华盛顿公约》）。该公约是解决一国政府与他国投资者因投资产生的法律争议的专门国际公约。为了使该公约更好地为我国对外开放服务，并防止我加入该公约后可能会出现过多的、不必要的国际仲裁纠纷案件，现重申下列规定：

一、不得以政府名义直接与外商签订经济合同，或提供任何形式的经济担保。

二、严格按照审批权限审批外商投资企业，不得违反规定越权审批。

三、严格把好合同审批关，防止在批准外商投资企业合同条款时承担国家（政府）义务。

四、严格依法办事，正确行使法律赋予的行政管理权力，不得超载法律（法规）干涉、影响外商投资企业正常经营活动。

五、对外国投资者应公平对待、一视同仁，不得在审批和管理上有歧视行为。

六、因国家社会公共利益需要，全部或部分征收外商投资企业财产的，应慎重对待，要符合法律规定的程序，并给予相应的补偿。征收外商投资企业财产事件，应事先报经贸部。

随着改革开放不断深入，外国投资者与我国政府发生纠纷的可能性也随之增加，各地经贸部门特别是经贸法律部门要认真研究防止出现纠纷及解决纠纷的措施、办法，并及时将出现的纠纷报经贸部。

关于解决国家和他国国民之间投资争端公约[*]

（1965 年 3 月 18 日由国际复兴开发银行提交各国政府　1966 年 10 月 14 日生效）

序　言

各缔约国

考虑到为经济发展进行国际合作的需要和私人国际投资在这方面的作用；

注意到各缔约国和其他缔约国的国民之间可能不时发生与这种投资有关的争端；

认识到虽然此种争端通常将遵守国内法

---

[*] 本公约缔约国相关信息可以从解决投资争端国际中心（ICSID）网站查询，网址为 https://icsid.worldbank.org/about/member-states/database-of-member-states，最后访问时间：2024 年 1 月 25 日。——编者注

律程序，但在某些情况下，采取国际解决方法可能是适当的；

特别重视提供国际调解或仲裁的便利，各缔约国和其他缔约国国民如果有此要求可以将此种争端交付国际调解或仲裁；

愿在国际复兴开发银行的主持下建立此种便利；

认识到双方同意借助此种便利将此种争端交付调解或仲裁，构成了一种有约束力的协议，该协议特别要求对调解员的任何建议给予适当考虑，对任何仲裁裁决予以遵守；

宣告不能仅仅由于缔约国批准、接受或核准本公约这一事实而不经其同意就认为该缔约国具有将任何特定的争端交付调解或仲裁的义务，

达成协议如下：

第一章　解决投资争端国际中心

第一节　建立和组织

第一条

一、兹建立解决投资争端国际中心（以下简称"中心"）。

二、中心的宗旨是依照本公约的规定为各缔约国和其他缔约国的国民之间的投资争端，提供调解和仲裁的便利。

第二条

中心的总部应设在国际复兴开发银行（以下称为"银行"）总行办事处。该总部可以根据行政理事会经其成员的三分之二多数作出的决定迁往另一地点。

第三条

中心应设有一个行政理事会和一个秘书处，并应有一个调解员小组和一个仲裁员小组。

第二节　行政理事会

第四条

一、行政理事会由每一个缔约国各派代表一人组成，在首席代表未能出席会议或不能执行任务时，可以由副代表担任代表。

二、如无相反的任命，缔约国所指派的银行的理事和副理事应当然地成为各该国的代表和副代表。

第五条

银行行长应为行政理事会的当然主席（以下称为"主席"），但无表决权。在他缺席或不能执行任务时和在银行行长职位空缺时，应由暂时代理行长的人担任行政理事会主席。

第六条

一、行政理事会在不损害本公约其他条款赋予它的权力和职能的情况下，应：

（一）通过中心的行政和财政条例；

（二）通过交付调解和仲裁的程序规则；

（三）通过调解和仲裁的程序规则（以下称为"调解规则和仲裁规则"）；

（四）批准同银行达成的关于使用其行政设施和服务的协议；

（五）确定秘书长和任何副秘书长的服务条件；

（六）通过中心的年度收支预算；

（七）批准关于中心的活动的年度报告。

上述（一）、（二）、（三）和（六）项中的决定，应由行政理事会成员的三分之二多数票通过。

二、行政理事会可以设立它认为必要的委员会。

三、行政理事会还应行使它所确定的为履行本公约规定所必需的其他权力和职能。

第七条

一、行政理事会应每年举行一次年会，以及理事会可能决定的，或经理事会至少五个成员的请求由主席或由秘书长召开的其他会议。

二、行政理事会每个成员享有一个投票权，除本公约另有规定外，理事会所有的事项应以多数票作出决定。

三、行政理事会任何会议的法定人数应为其成员的多数。

四、行政理事会可由其成员的三分之二

多数决定建立一种程序，根据该程序的主席可以不召开理事会议而进行理事会表决，该项表决只有理事会的多数成员在上述程序规定的期限内投票，才能认为有效。

第八条

中心对行政理事会成员和主席的工作，不付给报酬。

第三节 秘书处

第九条

秘书处由秘书长一人、副秘书长一人或数人以及工作人员组成。

第十条

一、秘书长和任何副秘书长由主席提名，经行政理事会根据其成员的三分之二多数票选举产生，任期不超过六年，可以连任。主席在同行政理事会成员磋商后，对上述每一职位得提出一个或几个候选人。

二、秘书长和副秘书长的职责不得与执行任何政治任务相联系。秘书长或任何副秘书长除经行政理事会批准外，不得担任其他任何职务，或从事其他任何职业。

三、在秘书长缺席或不能履行职责时，或在秘书长职位空缺时，由副秘书长担任秘书长。如果有一个以上的副秘书长，应由行政理事会在事前决定他们担任秘书长的次序。

第十一条

秘书长是中心的法定代表和主要官员，并依照本公约的规定和行政理事会通过的规则负责其行政事务，包括任命工作人员。他应履行书记官的职务，并有权认证根据本公约作出的仲裁裁决和核证其副本。

第四节 小　　组

第十二条

调解员小组和仲裁员小组各由合格的人员组成，他们应根据以下规定指派，并愿意提供服务。

第十三条

一、每一缔约国可以向每个小组指派四人，他们可以是但不一定是该缔约国国民。

二、主席可以向每个小组指派十人，所指派人员应具有不同的国籍。

第十四条

一、指派在小组服务的人员应具有高尚的道德品质，并且在法律、商务、工业和金融方面有公认的能力，他们可以被信赖作出独立的判断。对仲裁员小组的人员而言，在法律方面的能力尤其重要。

二、主席在指派在小组中服务的人员时，还应适当注意保证世界上各种主要法律体系和主要经济活动方式在小组中的代表性。

第十五条

一、小组成员的任期为六年，可以连任。

二、如果小组的成员死亡或辞职时，指派该成员的机构有权指派另一人在该成员剩余的任期内服务。

三、小组成员应继续任职，直至其继任人被指派时为止。

第十六条

一、一个人可以在两个小组服务。

二、如果一个人被一个以上的缔约国、或被一个或一个以上的缔约国和主席指派在同一个小组服务，他应被认为是被首先指派他的机构所指派；或者如果其中一个指派他的机构是他国籍所属国家，他应被认为是被该国所指派。

三、所有的指派应通知秘书长，并从接到通知之日起生效。

第五节 中心的经费

第十七条

如果中心对使用其设施而收取的费用或其他收入不足以弥补其支出，那末属于银行成员的缔约国应各按其认购的银行资本股份的比例，而不属于银行成员的缔约国则按行政理事会通过的规则来负担超支部分。

第六节 地位、豁免和特权

第十八条

中心具有完全的国际法律人格。中心的法律能力应包括：

（一）缔结契约的能力；

（二）取得和处置动产和不动产的能力；

（三）起诉的能力。

第十九条

为使中心能履行其职责，它在各缔约国领土内应享有本节规定的豁免和特权。

第二十条

中心及其财产和资产享有豁免一切法律诉讼的权利，除非中心放弃此种豁免。

第二十一条

主席，行政理事会成员，担任调解员或仲裁员的人员或按照第五十二条第三款任命的委员会成员以及秘书处的官员和雇员：

（一）在履行其职责时的一切行动，享有豁免法律诉讼的权利，除非中心放弃此种豁免；

（二）如不是当地的国民，应享有缔约国给予其他缔约国相应级别的代表、官员和雇员在移民限制、外国人登记条件和国民兵役义务方面的同等豁免权，在外汇限制方面的同等便利以及有关旅行便利的同等待遇。

第二十二条

第二十一条的规定应适用于根据本公约在诉讼中出席作为当事人、代理人、顾问、辩护人、证人或专家的人，但该条第（二）项只适用于他们往返诉讼地的旅程和停留。

第二十三条

一、中心的档案不论其在何处，应不受侵犯。

二、关于官方通讯，各缔约国给予中心的待遇，不得低于给予其他国际组织的待遇。

第二十四条

一、中心及其资产、财产和收入，以及本公约许可的业务活动的交易，应免除一切税捐和关税。中心还应免除征缴任何税捐或关税的义务。

二、除当地国民外，对中心付给行政理事会主席或成员的津贴或其他报酬，均不得征税。

三、对担任调解员或仲裁员，或按照第五十二条第三款任命的委员会成员，在本公约规定的诉讼中取得的报酬或津贴，均不得征税，倘若此项征税是以中心所在地、进行上述诉讼的地点、或付给报酬或津贴的地点为唯一管辖依据的话。

第二章 中心的管辖

第二十五条

一、中心的管辖适用于缔约国（或缔约国向中心指定的该国的任何组成部分或机构）和另一缔约国国民之间直接因投资而产生并经双方书面同意提交给中心的任何法律争端。当双方表示同意后，任何一方不得单方面撤销其同意。

二、"另一缔约国国民"系指：

（一）在双方同意将争端交付调解或仲裁之日以及根据第二十八条第三款或第三十六条第三款登记请求之日，具有作为争端一方的国家以外的某一缔约国国籍的任何自然人，但不包括在上述任一日期也具有作为争端一方的缔约国国籍的任何人；

（二）在争端双方同意将争端交付调解或仲裁之日，具有作为争端一方的国家以外的某一缔约国国籍的任何法人，以及在上述日期具有作为争端一方缔约国国籍的任何法人，而该法人因受外国控制，双方同意为了本公约的目的，应看作是另一缔约国国民。

三、某一缔约国的组成部分或机构表示的同意，须经该缔约国批准，除非该缔约国通知中心不需要予以批准。

四、任何缔约国可以在批准、接受或核准本公约时，或在此后任何时候，把它将考虑或不考虑提交给中心管辖的一类或几类争端通知中心。秘书长应立即将此项通知转送给所有缔约国。此项通知不构成第一款所要求的同意。

第二十六条

除非另有规定，双方同意根据本公约交付仲裁，应视为同意排除任何其他救济方法而交付上述仲裁。缔约国可以要求以用尽该国行政或司法救济作为其同意根据本公约交付仲裁的条件。

第二十七条

一、缔约国对于其国民和另一缔约国根据本公约已同意交付或已交付仲裁的争端，不得给予外交保护或提出国际要求，除非该另一缔约国未能遵守和履行对此项争端所作出的裁决。

二、在第一款中，外交保护不应包括纯粹为了促进争端的解决而进行的非正式的外交上的交往。

第三章 调 解

第一节 请求调解

第二十八条

一、希望交付调解程序的任何缔约国或缔约国的任何国民，应就此向秘书长提出书面请求，由秘书长将该项请求的副本送交另一方。

二、该项请求应包括有关争端的事项、双方的身份以及他们同意依照交付调解和仲裁的程序规则进行调解等内容。

三、秘书长应登记此项请求，除非他根据请求的内容认为此项争端显然在中心的管辖范围之外。他应立即将登记或拒绝登记通知双方。

第二节 调解委员会的组成

第二十九条

一、调解委员会（以下称为"委员会"）应在依照第二十八条提出的请求予以登记之后尽速组成。

二、（一）委员会应由双方同意任命的独任调解员或任何非偶数的调解员组成。

（二）如双方对调解员的人数和任命的方法不能达成协议，则委员会应由三名调解员组成，由每一方各任命调解员一名，第三名由双方协议任命，并担任委员会主席。

第三十条

如果在秘书长依照第二十八条第三款发出关于请求已予以登记的通知后九十天内，或在双方可能同意的其他期限内未能组成委员会，主席经任何一方请求，并尽可能同双方磋商后，可任命尚未任命的一名或数名调解员。

第三十一条

一、除主席根据第三十条进行任命的情况外，可任命调解员小组以外的人为调解员。

二、从调解员小组以外任命的调解员应具备第十四条第一款所述的品质。

第三节 调解程序

第三十二条

一、委员会应是其本身权限的决定人。

二、争端一方提出的反对意见，认为该争端不属于中心的管辖范围，或因其他原因不属于委员会权限范围，委员会应加以考虑，并决定是否将其作为先决问题处理，或与该争端的是非曲直一并处理。

第三十三条

任何调解程序应依照本节规定，以及除双方另有协议外，依照双方同意调解之日有效的调解规则进行，如发生任何本节或调解规则或双方同意的任何规则未作规定的程序问题，则该问题应由委员会决定。

第三十四条

一、委员会有责任澄清双方发生争端的问题，并努力使双方就共同可接受的条件达成协议。为此目的，委员会可以在程序进行的任何阶段，随时向双方建议解决的条件。双方应同委员会进行真诚的合作，以使委员会能履行其职责，并对委员会的建议给予最认真的考虑。

二、如果双方达成协议，委员会应起草

一份报告。指出发生争端的问题,并载明双方已达成协议。如果在程序进行的任何阶段,委员会认为双方已不可能达成协议,则应结束此项程序,并起草一份报告,指出已将争端提交调解,并载明双方未能达成协议。如果一方未能出席或参加上述程序,委员会应结束此项程序并起草一份报告,指出该方未能出席或参加。

第三十五条

除争端双方另有协议外,参加调解程序的任何一方均无权在其他任何程序中,不论是在仲裁员面前或在法院或其他机构,援引或依仗参加调解程序的另一方所表示的任何意见或所作的声明或承认或提出的解决办法,也不得援引或依仗委员会提出的报告或任何建议。

第四章 仲 裁

第一节 请求仲裁

第三十六条

一、希望采取仲裁程序的任何缔约国或缔约国的任何国民,应就此向秘书长提出书面请求,由秘书长将该项请求的副本送交另一方。

二、该项请求应包括有关争端事项、双方的身份以及他们同意依照交付调解和仲裁的程序规则提交仲裁等内容。

三、秘书长应登记此项请求,除非他根据请求的内容,认为此项争端显然在中心的管辖范围之外,他应立即将登记或拒绝登记通知双方。

第二节 仲裁庭的组成

第三十七条

一、仲裁庭应在依照第三十六条提出的请求登记之后尽速组成。

二、(一)仲裁庭应由双方同意任命的独任仲裁员或任何非偶数的仲裁员组成。

(二)如双方对仲裁员的人数和任命的方法不能达成协议,仲裁庭应由三名仲裁员组成,由每一方各任命仲裁员一名,第三人由双方协议任命,并担任首席仲裁员。

第三十八条

如果在秘书长依照第三十六条第三款发出关于请求已予以登记的通知后九十天内,或在双方可能同意的其他期限内未能组成仲裁庭,主席经任何一方请求,并尽可能同意双方磋商后,可任命尚未任命的仲裁员或数名仲裁员。主席根据本条任命的仲裁员不得为争端一方的缔约国的国民或其国民是争端一方的缔约国的国民。

第三十九条

仲裁员的多数不得为争端一方的缔约国国民和其国民是争端一方的缔约国的国民;但独任仲裁员或仲裁庭的每一成员经双方协议任命,本条上述规定则不适用。

第四十条

一、除主席根据第三十八条进行任命的情况外,可以从仲裁员小组以外任命仲裁员。

二、从仲裁员小组以外任命的仲裁员应具备第十四条第一款所述的品质。

第三节 仲裁庭的权力和职能

第四十一条

一、仲裁庭应是其本身权限的决定人。

二、争端一方提出的反对意见,认为该争端不属于中心的管辖范围,或因其他原因不属于仲裁庭的权限范围,仲裁庭应加以考虑,并决定是否将其作为先决问题处理,或与该争端的是非曲直一并处理。

第四十二条

一、仲裁庭应依照双方可能同意的法律规则对争端作出裁决。如无此种协议,仲裁庭应适用作为争端一方的缔约国的法律(包括其冲突法规则)以及可能适用的国际法规则。

二、仲裁庭不得借口法律无明文规定或含义不清而暂不作出裁决。

三、第一款和第二款的规定不得损害仲

裁庭在双方同意时按公允及善良原则对争端作出裁决的权力。

第四十三条

除双方另有协议，如果仲裁庭在程序的任何阶段认为有必要时，它可以：

（一）要求双方提出文件或其他证据；

（二）访问与争端有关的场地，并在该地进行它可能认为适当的调查。

第四十四条

任何仲裁程序应依照本节规定，以及除双方另有协议外，依照双方同意提交仲裁之日有效的仲裁规则进行。如发生任何本节或仲裁规则或双方同意的任何规则未作规定的程序问题，则该问题应由仲裁庭决定。

第四十五条

一、一方未出席或陈述其案情，不得视为接受另一方的主张。

二、如果一方在程序的任何阶段未出席或陈述案情，另一方可以请求仲裁庭处理向其提出的问题并作出裁决。仲裁庭在作出裁决之前，应通知未出席或陈述案情的一方，并给以宽限日期，除非仲裁庭确信该方不愿意这么做。

第四十六条

除非双方另有协议，如经一方请求，仲裁庭应对争端的主要问题直接引起的附带或附加的要求或反要求作出决定，但上述要求应在双方同意的范围内，或在中心的管辖范围内。

第四十七条

除双方另有协议外，仲裁庭如果认为情况需要，得建议采取任何临时措施，以维护任何一方的权利。

第四节 裁　决

第四十八条

一、仲裁庭应以其全体成员的多数票对问题作出决定。

二、仲裁庭的裁决应以书面作成，并由仲裁庭投赞成票的成员签字。

三、裁决应处理提交仲裁庭的每一个问题，并说明所根据的理由。

四、仲裁庭的任何成员可以在裁决上附上他个人的意见（不论他是否同意多数人的意见），或陈述他的不同意见。

五、中心未经双方的同意不得公布裁决。

第四十九条

一、秘书长应迅速将裁决的核证无误的副本送交双方。裁决应视为在发出上述副本之日作出。

二、仲裁庭经一方在作出裁决之日后四十五天内提出请求，可以在通知另一方后对裁决中遗漏的任何问题作出决定，并纠正裁决中的任何抄写、计算或类似的错误。其决定应为裁决的一部分，并应按裁决一样的方式通知双方。第五十一条第二款和第五十二条第二款规定的期限应从作出决定之日起计算。

第五节 裁决的解释、修改和撤销

第五十条

一、如果双方对裁决的意义或范围发生争议，任何一方可以向秘书长提出书面申请，要求对裁决作出解释。

二、如有可能，应将该项要求提交作出裁决的仲裁庭。如果不可能这样做，则应依照本章第二节组织新的仲裁庭。仲裁庭如认为情况有此需要，可以在它作出决定前停止执行裁决。

第五十一条

一、任何一方可以根据所发现的某项其性质对裁决有决定性影响的事实，向秘书长提出书面申请要求修改裁决，但必须以在作出裁决时仲裁庭和申请人都不了解该事实为条件，而且申请人不知道该事实并非由于疏忽所致。

二、申请应在发现该事实后的九十天内，且无论如何应在作出裁决之日后三年之内提出。

三、如有可能，该项要求应提交作出裁决的仲裁庭。如果不可能这样做，则应依照本章第二节组织新的仲裁庭。

四、仲裁庭如认为情况有此需要，可以在作出决定前，停止执行裁决。如果申请人在申请书中要求停止执行裁决，则应暂时停止执行，直到仲裁庭对该要求作出决定为止。

第五十二条

一、任何一方可以根据下列一个或几个理由，向秘书长提出书面申请，要求撤销裁决：

（一）仲裁庭的组成不适当；

（二）仲裁庭显然超越其权力；

（三）仲裁庭的成员有受贿行为；

（四）有严重的背离基本程序规则的情况；

（五）裁决未陈述其所依据的理由。

二、申请应在作出裁决之日后一百二十天内提出，但以受贿为理由而要求撤销者除外，该申请应在发现受贿行为后一百二十天内，并且无论如何在作出裁决之日后三年内提出。

三、主席在接到要求时，应立即从仲裁员小组中任命一个由三人组成的专门委员会。委员会的成员不得为作出裁决的仲裁庭的成员，不得有相同的国籍，不得为争端一方国家的国民或其国民是争端一方的国家的国民，不得为上述任一国指派参加仲裁员小组的成员，也不得在同一争端中担任调解员。委员会根据第一款规定的任何理由有权撤销裁决或裁决中的任何部分。

四、第四十一至第四十五条、第四十八条、第四十九条、第五十三条和第五十四条以及第六章和第七章的规定，在适用于委员会的程序时，得作必要的变动。

五、委员会如认为情况有此需要，可以在作出决定前，停止执行裁决。如果申请人在申请书中要求停止执行裁决，则应暂时停止执行，直到委员会对该要求作出决定为止。

六、如果裁决被撤销，则经任何一方的请求，应将争端提交给依照本章第二节组织的新仲裁庭。

第六节　裁决的承认和执行

第五十三条

一、裁决对双方具有约束力。不得进行任何上诉或采取除本公约规定外的任何其他补救办法。除依照本公约有关规定予以停止执行的情况外，每一方应遵守和履行裁决的规定。

二、在本节中，"裁决"应包括依照第五十条、第五十一条或第五十二条对裁决作出解释、修改或撤销的任何决定。

第五十四条

一、每一缔约国应承认依照本公约作出的裁决具有约束力，并在其领土内履行该裁决所加的财政义务，正如该裁决是该国法院的最后判决一样。具有联邦宪法的缔约国可以在联邦法院或通过该法院执行裁决，并可规定联邦法院应把该裁决视为组成联邦的某一邦的法院作出的最后判决。

二、要求在一缔约国领土内予以承认或执行的一方，应向该缔约国为此目的而指定的主管法院或其他机构提供经秘书长核证无误的该裁决的副本一份。每一缔约国应将为此目的而指定的主管法院或其他机构以及随后关于此项指定的任何变动通知秘书长。

三、裁决的执行应受要求在其领土内执行的国家关于执行判决的现行法律的管辖。

第五十五条

第五十四条的规定不得解释为背离任何缔约国现行的关于该国或任何外国执行豁免的法律。

第五章　调解员和仲裁员的更换及取消资格

第五十六条

一、在委员会或仲裁庭组成和程序开始之后，其成员的组成应保持不变；但如有调解员或仲裁员死亡、丧失资格或辞职，其空缺应依照第三章第二节或第四章第二节的规定予以补充。

二、尽管委员会或仲裁庭的某一成员已停止成为仲裁员小组的成员，他应继续在该委员会或仲裁庭服务。

三、如果由一方任命的调解员或仲裁员未经委员会或仲裁庭（该调解员或仲裁员是该委员会或仲裁庭的成员）的同意而辞职，造成的空缺应由主席从有关小组中指定一人补充。

第五十七条

一方可以根据明显缺乏第十四条第一款规定的品质的任何事实，向委员会或仲裁庭建议取消其任何成员的资格。参加仲裁程序的一方还可根据第四章第二节以某一仲裁员无资格在仲裁庭任职为理由，建议取消该仲裁员的资格。

第五十八条

对任何取消调解员或仲裁员资格的建议的决定应视情况由委员会或仲裁庭的其他成员作出，但如成员中双方人数相等，或遇到建议取消独任调解员或仲裁员的资格，或取消大多数调解员或仲裁员的资格时，则应由主席作出决定。如决定认为该建议理由充分，则该决定所指的调解员或仲裁员应依照第三章第二节或第四章第二节的规定予以更换。

第六章　诉讼费用

第五十九条

双方为使用中心的设施而应付的费用由秘书长依照行政理事会通过的条例予以确定。

第六十条

一、每一委员会和每一仲裁庭应在行政理事会随时规定的限度内并在同秘书长磋商后，决定其成员的费用和开支。

二、本条第一款的规定并不排除双方事先同有关的委员会或仲裁庭就其成员的费用和开支达成协议。

第六十一条

一、就调解程序而言，委员会成员的费用和开支以及使用中心的设施的费用，应由双方平均分摊。每一方应负担各自与程序有关的任何其他开支。

二、就仲裁程序而言，除双方另有协议外，仲裁庭应估计双方同程序有关的开支，并决定该项开支、仲裁庭成员的酬金和开支以及使用中心的设施的费用应如何和由何人偿付。此项决定应成为裁决的一部分。

第七章　诉讼地

第六十二条

调解和仲裁程序除以下的条文规定外，应在中心的所在地举行。

第六十三条

如果双方同意，调解和仲裁程序可以在下列地点举行：

（一）常设仲裁庭或任何其他适当的公私机构的所在地，中心可以同上述机构就此目的作出安排；

（二）委员会或仲裁庭在同秘书长磋商后所批准的任何其他地点。

第八章　缔约国之间的争端

第六十四条

缔约国之间发生的不能通过谈判解决的有关本公约的解释或适用的任何争端，经争端任何一方申请，可提交国际法院，除非有关国家同意采取另一种解决办法。

第九章　修　　改

第六十五条

任何缔约国可建议修改本公约。建议修改的文本应在审议该修改案的行政理事会召开会议之前至少九十天送交秘书长，并由秘书长立即转交行政理事会所有成员。

第六十六条

一、如果行政理事会根据其成员的三分之二多数决定修改，则建议修改的文本应分送给所有缔约国予以批准、接受或核准。每次修改应在本公约的保管人向各缔约国发出关于所有缔约国已经批准、接受或核准该项修改的通知之后三十天开始生效。

二、任何修改不得影响任何缔约国或其任何组成部分或机构或该国的任何国民，在修改生效之日以前表示同意受中心管辖而产生的由本公约规定的权利和义务。

第十章 最后条款

第六十七条

本公约应开放供银行的成员国签字。本公约也向参加国际法院规约和行政理事会根据其成员的三分之二多数票邀请签署本公约的任何其他国家开放签字。

第六十八条

一、本公约须由签字国依照其各自的宪法程序予以批准、接受或核准。

二、本公约在交存第二十份批准、接受或核准书之日后三十天开始生效。对以后每一个交存批准、接受或核准书的国家，本公约在其交存之日后三十天开始生效。

第六十九条

每一缔约国应采取使本公约的规定在其领土内有效所必需的立法或其他措施。

第七十条

本公约应适用于由一缔约国负责国际关系的所有领土，但不包括缔约国在批准、接受或核准时，或其后以书面通知本公约的保管人予以除外的领土。

第七十一条

任何缔约国可以书面通知本公约的保管人退出本公约。该项退出自收到该通知六个月后开始生效。

第七十二条

缔约国依照第七十条或第七十一条发出的通知，不得影响该国或其任何组成部分或机构或该国的任何国民在保管人接到上述通知以前由他们其中之一所表示的同意受中心的管辖而产生的由本公约规定的权利和义务。

第七十三条

本公约的批准、接受或核准书以及修改的文本应交存于银行，它是本公约的保管人。保管人应将本公约核证无误的副本送交银行的成员国和被邀请签署本公约的任何其他国家。

第七十四条

保管人应依照联合国宪章第一〇二条和大会通过的有关条例向联合国秘书处登记本公约。

第七十五条

保管人应将下列各项通知所有签字国：

（一）依照第六十七条的签字；

（二）依照第七十三条交存的批准、接受和核准书；

（三）依照第六十八条本公约的生效日期；

（四）依照第七十条不适用本公约的领土；

（五）依照第六十六条对本公约的任何修改的生效日期；

（六）依照第七十一条退出本公约。

订于华盛顿，用英文、法文和西班牙文写成，三种文本具有同等效力。正本一份，存放在国际复兴开发银行档案库，银行已在下方签字，以表明它同意根据本公约履行其职责。

二、司法解释及规范性文件

最高人民法院
关于适用《中华人民共和国仲裁法》若干问题的解释

法释〔2006〕7 号

(2005 年 12 月 26 日最高人民法院审判委员会第 1375 次会议通过 2006 年 8 月 23 日最高人民法院公告公布 自 2006 年 9 月 8 日起施行)

根据《中华人民共和国仲裁法》和《中华人民共和国民事诉讼法》等法律规定，对人民法院审理涉及仲裁案件适用法律的若干问题作如下解释：

第一条 仲裁法第十六条规定的"其他书面形式"的仲裁协议，包括以合同书、信件和数据电文（包括电报、电传、传真、电子数据交换和电子邮件）等形式达成的请求仲裁的协议。

第二条 当事人概括约定仲裁事项为合同争议的，基于合同成立、效力、变更、转让、履行、违约责任、解释、解除等产生的纠纷都可以认定为仲裁事项。

第三条 仲裁协议约定的仲裁机构名称不准确，但能够确定具体的仲裁机构的，应当认定选定了仲裁机构。

第四条 仲裁协议仅约定纠纷适用的仲裁规则的，视为未约定仲裁机构，但当事人达成补充协议或者按照约定的仲裁规则能够确定仲裁机构的除外。

第五条 仲裁协议约定两个以上仲裁机构的，当事人可以协议选择其中的一个仲裁机构申请仲裁；当事人不能就仲裁机构选择达成一致的，仲裁协议无效。

第六条 仲裁协议约定由某地的仲裁机构仲裁且该地仅有一个仲裁机构的，该仲裁机构视为约定的仲裁机构。该地有两个以上仲裁机构的，当事人可以协议选择其中的一个仲裁机构申请仲裁；当事人不能就仲裁机构选择达成一致的，仲裁协议无效。

第七条 当事人约定争议可以向仲裁机构申请仲裁也可以向人民法院起诉的，仲裁协议无效。但一方向仲裁机构申请仲裁，另一方未在仲裁法第二十条第二款规定期间内提出异议的除外。

第八条 当事人订立仲裁协议后合并、分立的，仲裁协议对其权利义务的继受人有效。

当事人订立仲裁协议后死亡的，仲裁协议对承继其仲裁事项中的权利义务的继承人有效。

前两款规定情形，当事人订立仲裁协议时另有约定的除外。

第九条 债权债务全部或者部分转让的，仲裁协议对受让人有效，但当事人另有约定、在受让债权债务时受让人明确反对或者不知有单独仲裁协议的除外。

第十条 合同成立后未生效或者被撤销

的，仲裁协议效力的认定适用仲裁法第十九条第一款的规定。

当事人在订立合同时就争议达成仲裁协议的，合同未成立不影响仲裁协议的效力。

第十一条 合同约定解决争议适用其他合同、文件中的有效仲裁条款的，发生合同争议时，当事人应当按照该仲裁条款提请仲裁。

涉外合同应当适用的有关国际条约中有仲裁规定的，发生合同争议时，当事人应当按照国际条约中的仲裁规定提请仲裁。

第十二条 当事人向人民法院申请确认仲裁协议效力的案件，由仲裁协议约定的仲裁机构所在地的中级人民法院管辖；仲裁协议约定的仲裁机构不明确的，由仲裁协议签订地或者被申请人住所地的中级人民法院管辖。

申请确认涉外仲裁协议效力的案件，由仲裁协议约定的仲裁机构所在地、仲裁协议签订地、申请人或者被申请人住所地的中级人民法院管辖。

涉及海事海商纠纷仲裁协议效力的案件，由仲裁协议约定的仲裁机构所在地、仲裁协议签订地、申请人或者被申请人住所地的海事法院管辖；上述地点没有海事法院的，由就近的海事法院管辖。

第十三条 依照仲裁法第二十条第二款的规定，当事人在仲裁庭首次开庭前没有对仲裁协议的效力提出异议，而后向人民法院申请确认仲裁协议无效的，人民法院不予受理。

仲裁机构对仲裁协议的效力作出决定后，当事人向人民法院申请确认仲裁协议效力或者申请撤销仲裁机构的决定的，人民法院不予受理。

第十四条 仲裁法第二十六条规定的"首次开庭"是指答辩期满后人民法院组织的第一次开庭审理，不包括审前程序中的各项活动。

第十五条 人民法院审理仲裁协议效力确认案件，应当组成合议庭进行审查，并询问当事人。

第十六条 对涉外仲裁协议的效力审查，适用当事人约定的法律；当事人没有约定适用的法律但约定了仲裁地的，适用仲裁地法律；没有约定适用的法律也没有约定仲裁地或者仲裁地约定不明的，适用法院地法律。

第十七条 当事人以不属于仲裁法第五十八条或者民事诉讼法第二百六十条规定的事由申请撤销仲裁裁决的，人民法院不予支持。

第十八条 仲裁法第五十八条第一款第一项规定的"没有仲裁协议"是指当事人没有达成仲裁协议。仲裁协议被认定无效或者被撤销的，视为没有仲裁协议。

第十九条 当事人以仲裁裁决事项超出仲裁协议范围为由申请撤销仲裁裁决，经审查属实的，人民法院应当撤销仲裁裁决中的超裁部分。但超裁部分与其他裁决事项不可分的，人民法院应当撤销仲裁裁决。

第二十条 仲裁法第五十八条规定的"违反法定程序"，是指违反仲裁法规定的仲裁程序和当事人选择的仲裁规则可能影响案件正确裁决的情形。

第二十一条 当事人申请撤销国内仲裁裁决的案件属于下列情形之一的，人民法院可以依照仲裁法第六十一条的规定通知仲裁庭在一定期限内重新仲裁：

（一）仲裁裁决所根据的证据是伪造的；

（二）对方当事人隐瞒了足以影响公正裁决的证据的。

人民法院应当在通知中说明要求重新仲裁的具体理由。

第二十二条 仲裁庭在人民法院指定的期限内开始重新仲裁的，人民法院应当裁定终结撤销程序；未开始重新仲裁的，人民法院应当裁定恢复撤销程序。

第二十三条 当事人对重新仲裁裁决不服的，可以在重新仲裁裁决书送达之日起六个月内依据仲裁法第五十八条规定向人民法院申请撤销。

第二十四条　当事人申请撤销仲裁裁决的案件，人民法院应当组成合议庭审理，并询问当事人。

第二十五条　人民法院受理当事人撤销仲裁裁决的申请后，另一方当事人申请执行同一仲裁裁决的，受理执行申请的人民法院应当在受理后裁定中止执行。

第二十六条　当事人向人民法院申请撤销仲裁裁决被驳回后，又在执行程序中以相同理由提出不予执行抗辩的，人民法院不予支持。

第二十七条　当事人在仲裁程序中未对仲裁协议的效力提出异议，在仲裁裁决作出后以仲裁协议无效为由主张撤销仲裁裁决或者提出不予执行抗辩的，人民法院不予支持。

当事人在仲裁程序中对仲裁协议的效力提出异议，在仲裁裁决作出后又以此为由主张撤销仲裁裁决或者提出不予执行抗辩，经审查符合仲裁法第五十八条或者民事诉讼法第二百一十七条、第二百六十条规定的，人民法院应予支持。

第二十八条　当事人请求不予执行仲裁调解书或者根据当事人之间的和解协议作出的仲裁裁决书的，人民法院不予支持。

第二十九条　当事人申请执行仲裁裁决案件，由被执行人住所地或者被执行的财产所在地的中级人民法院管辖。

第三十条　根据审理撤销、执行仲裁裁决案件的实际需要，人民法院可以要求仲裁机构作出说明或者向相关仲裁机构调阅仲裁案卷。

人民法院在办理涉及仲裁的案件过程中作出的裁定，可以送相关的仲裁机构。

第三十一条　本解释自公布之日起实施。

本院以前发布的司法解释与本解释不一致的，以本解释为准。

最高人民法院
关于审理仲裁司法审查案件若干问题的规定

法释〔2017〕22号

（2017年12月4日最高人民法院审判委员会第1728次会议通过　2017年12月26日最高人民法院公告公布　自2018年1月1日起施行）

为正确审理仲裁司法审查案件，依法保护各方当事人合法权益，根据《中华人民共和国民事诉讼法》《中华人民共和国仲裁法》等法律规定，结合审判实践，制定本规定。

第一条　本规定所称仲裁司法审查案件，包括下列案件：

（一）申请确认仲裁协议效力案件；

（二）申请执行我国内地仲裁机构的仲裁裁决案件；

（三）申请撤销我国内地仲裁机构的仲裁裁决案件；

（四）申请认可和执行香港特别行政区、澳门特别行政区、台湾地区仲裁裁决案件；

（五）申请承认和执行外国仲裁裁决案件；

（六）其他仲裁司法审查案件。

第二条　申请确认仲裁协议效力的案件，由仲裁协议约定的仲裁机构所在地、仲裁协议签订地、申请人住所地、被申请人住所地的中级人民法院或者专门人民法院管辖。

涉及海事海商纠纷仲裁协议效力的案件，由仲裁协议约定的仲裁机构所在地、仲裁协议签订地、申请人住所地、被申请人住所地的海事法院管辖；上述地点没有海事法院的，由就近的海事法院管辖。

第三条 外国仲裁裁决与人民法院审理的案件存在关联，被申请人住所地、被申请人财产所在地均不在我国内地，申请人申请承认外国仲裁裁决的，由受理关联案件的人民法院管辖。受理关联案件的人民法院为基层人民法院的，申请承认外国仲裁裁决的案件应当由该基层人民法院的上一级人民法院管辖。受理关联案件的人民法院是高级人民法院或者最高人民法院的，由上述法院决定自行审查或者指定中级人民法院审查。

外国仲裁裁决与我国内地仲裁机构审理的案件存在关联，被申请人住所地、被申请人财产所在地均不在我国内地，申请人申请承认外国仲裁裁决的，由受理关联案件的仲裁机构所在地的中级人民法院管辖。

第四条 申请人向两个以上有管辖权的人民法院提出申请的，由最先立案的人民法院管辖。

第五条 申请人向人民法院申请确认仲裁协议效力的，应当提交申请书及仲裁协议正本或者经证明无误的副本。

申请书应当载明下列事项：

（一）申请人或者被申请人为自然人的，应当载明其姓名、性别、出生日期、国籍及住所；为法人或者其他组织的，应当载明其名称、住所以及法定代表人或者代表人的姓名和职务；

（二）仲裁协议的内容；

（三）具体的请求和理由。

当事人提交的外文申请书、仲裁协议及其他文件，应当附有中文译本。

第六条 申请人向人民法院申请执行或者撤销我国内地仲裁机构的仲裁裁决、申请承认和执行外国仲裁裁决的，应当提交申请书及裁决书正本或者经证明无误的副本。

申请书应当载明下列事项：

（一）申请人或者被申请人为自然人的，应当载明其姓名、性别、出生日期、国籍及住所；为法人或者其他组织的，应当载明其名称、住所以及法定代表人或者代表人的姓名和职务；

（二）裁决书的主要内容及生效日期；

（三）具体的请求和理由。

当事人提交的外文申请书、裁决书及其他文件，应当附有中文译本。

第七条 申请人提交的文件不符合第五条、第六条的规定，经人民法院释明后提交的文件仍然不符合规定的，裁定不予受理。

申请人向对案件不具有管辖权的人民法院提出申请，人民法院应当告知其向有管辖权的人民法院提出申请，申请人仍不变更申请的，裁定不予受理。

申请人对不予受理的裁定不服的，可以提起上诉。

第八条 人民法院立案后发现不符合受理条件的，裁定驳回申请。

前款规定的裁定驳回申请的案件，申请人再次申请并符合受理条件的，人民法院应予受理。

当事人对驳回申请的裁定不服的，可以提起上诉。

第九条 对于申请人的申请，人民法院应当在七日内审查决定是否受理。

人民法院受理仲裁司法审查案件后，应当在五日内向申请人和被申请人发出通知书，告知其受理情况及相关的权利义务。

第十条 人民法院受理仲裁司法审查案件后，被申请人对管辖权有异议的，应当自收到人民法院通知之日起十五日内提出。人民法院对被申请人提出的异议，应当审查并作出裁定。当事人对裁定不服的，可以提起上诉。

在中华人民共和国领域内没有住所的被申请人对人民法院的管辖权有异议的，应当自收到人民法院通知之日起三十日内提出。

第十一条 人民法院审查仲裁司法审查

案件，应当组成合议庭并询问当事人。

第十二条 仲裁协议或者仲裁裁决具有《最高人民法院关于适用〈中华人民共和国涉外民事关系法律适用法〉若干问题的解释（一）》第一条规定情形的，为涉外仲裁协议或者涉外仲裁裁决。

第十三条 当事人协议选择确认涉外仲裁协议效力适用的法律，应当作出明确的意思表示，仅约定合同适用的法律，不能作为确认合同中仲裁条款效力适用的法律。

第十四条 人民法院根据《中华人民共和国涉外民事关系法律适用法》第十八条的规定，确定确认涉外仲裁协议效力适用的法律时，当事人没有选择适用的法律，适用仲裁机构所在地的法律与适用仲裁地的法律将对仲裁协议的效力作出不同认定的，人民法院应当适用确认仲裁协议有效的法律。

第十五条 仲裁协议未约定仲裁机构和仲裁地，但根据仲裁协议约定适用的仲裁规则可以确定仲裁机构或者仲裁地的，应当认定其为《中华人民共和国涉外民事关系法律适用法》第十八条中规定的仲裁机构或者仲裁地。

第十六条 人民法院适用《承认及执行外国仲裁裁决公约》审查当事人申请承认和执行外国仲裁裁决案件时，被申请人以仲裁协议无效为由提出抗辩的，人民法院应当依照该公约第五条第一款（甲）项的规定，确定确认仲裁协议效力应当适用的法律。

第十七条 人民法院对申请执行我国内地仲裁机构作出的非涉外仲裁裁决案件的审查，适用《中华人民共和国民事诉讼法》第二百三十七条的规定。

人民法院对申请执行我国内地仲裁机构作出的涉外仲裁裁决案件的审查，适用《中华人民共和国民事诉讼法》第二百七十四条的规定。

第十八条 《中华人民共和国仲裁法》第五十八条第一款第六项和《中华人民共和国民事诉讼法》第二百三十七条第二款第六项规定的仲裁员在仲裁该案时有索贿受贿，徇私舞弊，枉法裁决行为，是指已经由生效刑事法律文书或者纪律处分决定所确认的行为。

第十九条 人民法院受理仲裁司法审查案件后，作出裁定前，申请人请求撤回申请的，裁定准许。

第二十条 人民法院在仲裁司法审查案件中作出的裁定，除不予受理、驳回申请、管辖权异议的裁定外，一经送达即发生法律效力。当事人申请复议、提出上诉或者申请再审的，人民法院不予受理，但法律和司法解释另有规定的除外。

第二十一条 人民法院受理的申请确认涉及香港特别行政区、澳门特别行政区、台湾地区仲裁协议效力的案件，申请执行或者撤销我国内地仲裁机构作出的涉及香港特别行政区、澳门特别行政区、台湾地区仲裁裁决的案件，参照适用涉外仲裁司法审查案件的规定审查。

第二十二条 本规定自2018年1月1日起施行，本院以前发布的司法解释与本规定不一致的，以本规定为准。

最高人民法院
关于人民法院办理仲裁裁决执行案件若干问题的规定

法释〔2018〕5号

（2018年1月5日最高人民法院审判委员会第1730次会议通过 2018年2月22日最高人民法院公告公布 自2018年3月1日起施行）

为了规范人民法院办理仲裁裁决执行案件，依法保护当事人、案外人的合法权益，根据《中华人民共和国民事诉讼法》《中华人民共和国仲裁法》等法律规定，结合人民法院执行工作实际，制定本规定。

第一条 本规定所称的仲裁裁决执行案件，是指当事人申请人民法院执行仲裁机构依据仲裁法作出的仲裁裁决或者仲裁调解书的案件。

第二条 当事人对仲裁机构作出的仲裁裁决或者仲裁调解书申请执行的，由被执行人住所地或者被执行的财产所在地的中级人民法院管辖。

符合下列条件的，经上级人民法院批准，中级人民法院可以参照民事诉讼法第三十八条的规定指定基层人民法院管辖：

（一）执行标的额符合基层人民法院一审民商事案件级别管辖受理范围；

（二）被执行人住所地或者被执行的财产所在地在被指定的基层人民法院辖区内。

被执行人、案外人对仲裁裁决执行案件申请不予执行的，负责执行的中级人民法院应当另行立案审查处理；执行案件已指定基层人民法院管辖的，应当于收到不予执行申请后三日内移送原执行法院另行立案审查处理。

第三条 仲裁裁决或者仲裁调解书执行内容具有下列情形之一导致无法执行的，人民法院可以裁定驳回执行申请；导致部分无法执行的，可以裁定驳回该部分的执行申请；导致部分无法执行且该部分与其他部分不可分的，可以裁定驳回执行申请。

（一）权利义务主体不明确；

（二）金钱给付具体数额不明确或者计算方法不明确导致无法计算出具体数额；

（三）交付的特定物不明确或者无法确定；

（四）行为履行的标准、对象、范围不明确。

仲裁裁决或者仲裁调解书仅确定继续履行合同，但对继续履行的权利义务，以及履行的方式、期限等具体内容不明确，导致无法执行的，依照前款规定处理。

第四条 对仲裁裁决主文或者仲裁调解书中的文字、计算错误以及仲裁庭已经认定但在裁决主文中遗漏的事项，可以补正或说明的，人民法院应当书面告知仲裁庭补正或说明，或者向仲裁机构调阅仲裁案卷查明。仲裁庭不补正也不说明，且人民法院调阅仲裁案卷后执行内容仍然不明确具体无法执行的，可以裁定驳回执行申请。

第五条 申请执行人对人民法院依照本规定第三条、第四条作出的驳回执行申请裁定不服的，可以自裁定送达之日起十日内向上一级人民法院申请复议。

第六条 仲裁裁决或者仲裁调解书确定

交付的特定物确已毁损或者灭失的，依照《最高人民法院关于适用〈中华人民共和国民事诉讼法〉的解释》第四百九十四条的规定处理。

第七条 被执行人申请撤销仲裁裁决并已由人民法院受理的，或者被执行人、案外人对仲裁裁决执行案件提出不予执行申请并提供适当担保的，执行法院应当裁定中止执行。中止执行期间，人民法院应当停止处分性措施，但申请执行人提供充分、有效的担保请求继续执行的除外；执行标的查封、扣押、冻结期限届满前，人民法院可以根据当事人申请或者依职权办理续行查封、扣押、冻结手续。

申请撤销仲裁裁决、不予执行仲裁裁决案件司法审查期间，当事人、案外人申请对已查封、扣押、冻结之外的财产采取保全措施的，负责审查的人民法院参照民事诉讼法第一百条的规定处理。司法审查后仍需继续执行的，保全措施自动转为执行中的查封、扣押、冻结措施；采取保全措施的人民法院与执行法院不一致的，应当将保全手续移送执行法院，保全裁定视为执行法院作出的裁定。

第八条 被执行人向人民法院申请不予执行仲裁裁决的，应当在执行通知书送达之日起十五日内提出书面申请；有民事诉讼法第二百三十七条第二款第四、六项规定情形且执行程序尚未终结的，应当自知道或者应当知道有关事实或案件之日起十五日内提出书面申请。

本条前款规定期限届满前，被执行人已向有管辖权的人民法院申请撤销仲裁裁决且已被受理的，自人民法院驳回撤销仲裁裁决申请的裁判文书生效之日起重新计算期限。

第九条 案外人向人民法院申请不予执行仲裁裁决或者仲裁调解书的，应当提交申请书以及证明其请求成立的证据材料，并符合下列条件：

（一）有证据证明仲裁案件当事人恶意申请仲裁或者虚假仲裁，损害其合法权益；

（二）案外人主张的合法权益所涉及的执行标的尚未执行终结；

（三）自知道或者应当知道人民法院对该标的采取执行措施之日起三十日内提出。

第十条 被执行人申请不予执行仲裁裁决，对同一仲裁裁决的多个不予执行事由应当一并提出。不予执行仲裁裁决申请被裁定驳回后，再次提出申请的，人民法院不予审查，但有新证据证明存在民事诉讼法第二百三十七条第二款第四、六项规定情形的除外。

第十一条 人民法院对不予执行仲裁裁决案件应当组成合议庭围绕被执行人申请的事由、案外人的申请进行审查；对被执行人没有申请的事由不予审查，但仲裁裁决可能违背社会公共利益的除外。

被执行人、案外人对仲裁裁决执行案件申请不予执行的，人民法院应当进行询问；被执行人在询问终结前提出其他不予执行事由的，应当一并审查。人民法院审查时，认为必要的，可以要求仲裁庭作出说明，或者向仲裁机构调阅仲裁案卷。

第十二条 人民法院对不予执行仲裁裁决案件的审查，应当在立案之日起两个月内审查完毕并作出裁定；有特殊情况需要延长的，经本院院长批准，可以延长一个月。

第十三条 下列情形经人民法院审查属实的，应当认定为民事诉讼法第二百三十七条第二款第二项规定的"裁决的事项不属于仲裁协议的范围或者仲裁机构无权仲裁的"情形：

（一）裁决的事项超出仲裁协议约定的范围；

（二）裁决的事项属于依照法律规定或者当事人选择的仲裁规则规定的不可仲裁事项；

（三）裁决内容超出当事人仲裁请求的范围；

（四）作出裁决的仲裁机构非仲裁协议所约定。

第十四条 违反仲裁法规定的仲裁程

序、当事人选择的仲裁规则或者当事人对仲裁程序的特别约定，可能影响案件公正裁决，经人民法院审查属实的，应当认定为民事诉讼法第二百三十七条第二款第三项规定的"仲裁庭的组成或者仲裁的程序违反法定程序的"情形。

当事人主张未按照仲裁法或仲裁规则规定的方式送达法律文书导致其未能参与仲裁，或者仲裁员根据仲裁法或仲裁规则的规定应当回避而未回避，可能影响公正裁决，经审查属实的，人民法院应当支持；仲裁庭按照仲裁法或仲裁规则以及当事人约定的方式送达仲裁法律文书，当事人主张不符合民事诉讼法有关送达规定的，人民法院不予支持。

适用的仲裁程序或仲裁规则经特别提示，当事人知道或者应当知道法定仲裁程序或选择的仲裁规则未被遵守，但仍然参加或者继续参加仲裁程序且未提出异议，在仲裁裁决作出之后以违反法定程序为由申请不予执行仲裁裁决的，人民法院不予支持。

第十五条 符合下列条件的，人民法院应当认定为民事诉讼法第二百三十七条第二款第四项规定的"裁决所根据的证据是伪造的"情形：

（一）该证据已被仲裁裁决采信；

（二）该证据属于认定案件基本事实的主要证据；

（三）该证据经查明确属通过捏造、变造、提供虚假证明等非法方式形成或者获取，违反证据的客观性、关联性、合法性要求。

第十六条 符合下列条件的，人民法院应当认定为民事诉讼法第二百三十七条第二款第五项规定的"对方当事人向仲裁机构隐瞒了足以影响公正裁决的证据的"情形：

（一）该证据属于认定案件基本事实的主要证据；

（二）该证据仅为对方当事人掌握，但未向仲裁庭提交；

（三）仲裁过程中知悉存在该证据，且要求对方当事人出示或者请求仲裁庭责令其提交，但对方当事人无正当理由未予出示或者提交。

当事人一方在仲裁过程中隐瞒己方掌握的证据，仲裁裁决作出后以己方所隐瞒的证据足以影响公正裁决为由申请不予执行仲裁裁决的，人民法院不予支持。

第十七条 被执行人申请不予执行仲裁调解书或者根据当事人之间的和解协议、调解协议作出的仲裁裁决，人民法院不予支持，但该仲裁调解书或者仲裁裁决违背社会公共利益的除外。

第十八条 案外人根据本规定第九条申请不予执行仲裁裁决或者仲裁调解书，符合下列条件的，人民法院应当支持：

（一）案外人系权利或者利益的主体；

（二）案外人主张的权利或者利益合法、真实；

（三）仲裁案件当事人之间存在虚构法律关系，捏造案件事实的情形；

（四）仲裁裁决主文或者仲裁调解书处理当事人民事权利义务的结果部分或者全部错误，损害案外人合法权益。

第十九条 被执行人、案外人对仲裁裁决执行案件逾期申请不予执行的，人民法院应当裁定不予受理；已经受理的，应当裁定驳回不予执行申请。

被执行人、案外人对仲裁裁决执行案件申请不予执行，经审查理由成立的，人民法院应当裁定不予执行；理由不成立的，应当裁定驳回不予执行申请。

第二十条 当事人向人民法院申请撤销仲裁裁决被驳回后，又在执行程序中以相同事由提出不予执行申请的，人民法院不予支持；当事人向人民法院申请不予执行被驳回后，又以相同事由申请撤销仲裁裁决的，人民法院不予支持。

在不予执行仲裁裁决案件审查期间，当事人向有管辖权的人民法院提出撤销仲裁裁决申请并被受理的，人民法院应当裁定中止对不予执行申请的审查；仲裁裁决被撤销或者决定重新仲裁的，人民法院应当裁定终结执行，并终结对不予执行申请的审查；撤销仲裁裁决申请被驳回或者申请执行人撤回撤销仲裁裁决申请的，人民法院应当恢复对不予执行申请的审查；被执行人撤回撤销仲裁裁决申请的，人民法院应当裁定终结对不予执行申请的审查，但案外人申请不予执行仲裁裁决的除外。

第二十一条 人民法院裁定驳回撤销仲裁裁决申请或者驳回不予执行仲裁裁决、仲裁调解书申请的，执行法院应当恢复执行。

人民法院裁定撤销仲裁裁决或者基于被执行人申请裁定不予执行仲裁裁决，原被执行人申请执行回转或者解除强制执行措施的，人民法院应当支持。原申请执行人对已履行或者被人民法院强制执行的款物申请保全的，人民法院应当依法准许；原申请执行人在人民法院采取保全措施之日起三十日内，未根据双方达成的书面仲裁协议重新申请仲裁或者向人民法院起诉的，人民法院应当裁定解除保全。

人民法院基于案外人申请裁定不予执行仲裁裁决或者仲裁调解书，案外人申请执行回转或者解除强制执行措施的，人民法院应当支持。

第二十二条 人民法院裁定不予执行仲裁裁决、驳回或者不予受理不予执行仲裁裁决申请后，当事人对该裁定提出执行异议或者申请复议的，人民法院不予受理。

人民法院裁定不予执行仲裁裁决的，当事人可以根据双方达成的书面仲裁协议重新申请仲裁，也可以向人民法院起诉。

人民法院基于案外人申请裁定不予执行仲裁裁决或者仲裁调解书，当事人不服的，可以自裁定送达之日起十日内向上一级人民法院申请复议；人民法院裁定驳回或者不予受理案外人提出的不予执行仲裁裁决、仲裁调解书申请，案外人不服的，可以自裁定送达之日起十日内向上一级人民法院申请复议。

第二十三条 本规定第八条、第九条关于对仲裁裁决执行案件申请不予执行的期限自本规定施行之日起重新计算。

第二十四条 本规定自2018年3月1日起施行，最高人民法院以前发布的司法解释与本规定不一致的，以本规定为准。

本规定施行前已经执行终结的执行案件，不适用本规定；本规定施行后尚未执行终结的执行案件，适用本规定。

最高人民法院关于修改《最高人民法院关于仲裁司法审查案件报核问题的有关规定》的决定

法释〔2021〕21号

2021年11月15日最高人民法院审判委员会第1850次会议通过
2021年12月24日最高人民法院公告公布 自2022年1月1日起施行

根据审判实践需要，经最高人民法院审判委员会第1850次会议决定，对《最高人民法院关于仲裁司法审查案件报核问题的有关规定》作如下修改：

一、将第三条修改为："本规定第二条第二款规定的非涉外涉港澳台仲裁司法审查案件，高级人民法院经审查，拟同意中级人民法院或者专门人民法院以违背社会公共利益为由不予执行或者撤销我国内地仲裁机构的仲裁裁决的，应当向最高人民法院报核，待最高人民法院审核后，方可依最高人民法院的审核意见作出裁定。"

二、增加一条作为第四条："依据本规定第二条第二款由高级人民法院审核的案件，高级人民法院应当在作出审核意见之日起十五日内向最高人民法院报备。"

三、原第四条作为第五条。
四、原第五条作为第六条。
五、原第六条作为第七条。
六、原第七条作为第八条。
七、原第八条作为第九条。

本决定自2022年1月1日起施行。

根据本决定，《最高人民法院关于仲裁司法审查案件报核问题的有关规定》作相应修改后，重新公布。

附：

最高人民法院关于仲裁司法审查案件报核问题的有关规定

（2017年11月20日最高人民法院审判委员会第1727次会议通过　根据2021年11月15日最高人民法院审判委员会第1850次会议通过的《最高人民法院关于修改〈最高人民法院关于仲裁司法审查案件报核问题的有关规定〉的决定》修正　该修正自2022年1月1日起施行）

为正确审理仲裁司法审查案件，统一裁判尺度，依法保护当事人合法权益，保障仲裁发展，根据《中华人民共和国民事诉讼法》《中华人民共和国仲裁法》等法律规定，结合审判实践，制定本规定。

第一条　本规定所称仲裁司法审查案件，包括下列案件：

（一）申请确认仲裁协议效力案件；
（二）申请撤销我国内地仲裁机构的仲裁裁决案件；
（三）申请执行我国内地仲裁机构的仲裁裁决案件；
（四）申请认可和执行香港特别行政区、澳门特别行政区、台湾地区仲裁裁决案件；
（五）申请承认和执行外国仲裁裁决案件；
（六）其他仲裁司法审查案件。

第二条　各中级人民法院或者专门人民法院办理涉外涉港澳台仲裁司法审查案件，经审查拟认定仲裁协议无效，不予执行或者撤销我国内地仲裁机构的仲裁裁决，不予认可和执行香港特别行政区、澳门特别行政区、台湾地区仲裁裁决，不予承认和执行外国仲裁裁决，应当向本辖区所属高级人民法院报核；高级人民法院经审查拟同意的，应当向最高人民法院报核。待最高人民法院审核后，方可依最高人民法院的审核意见作出裁定。

各中级人民法院或者专门人民法院办理非涉外涉港澳台仲裁司法审查案件，经审查拟认定仲裁协议无效，不予执行或者撤销我国内地仲裁机构的仲裁裁决，应当向本辖区所属高级人民法院报核；待高级人民法院审核后，方可依高级人民法院的审核意见作出裁定。

第三条　本规定第二条第二款规定的非涉外涉港澳台仲裁司法审查案件，高级人民法院经审查，拟同意中级人民法院或者专门人民法院以违背社会公共利益为由不予执行或者撤销我国内地仲裁机构的仲裁裁决的，应当向最高人民法院报核，待最高人民法院审核后，方可依最高人民法院的审核意见作出裁定。

第四条 依据本规定第二条第二款由高级人民法院审核的案件，高级人民法院应当在作出审核意见之日起十五日内向最高人民法院报备。

第五条 下级人民法院报请上级人民法院审核的案件，应当将书面报告和案件卷宗材料一并上报。书面报告应当写明审查意见及具体理由。

第六条 上级人民法院收到下级人民法院的报核申请后，认为案件相关事实不清的，可以询问当事人或者退回下级人民法院补充查明事实后再报。

第七条 上级人民法院应当以复函的形式将审核意见答复下级人民法院。

第八条 在民事诉讼案件中，对于人民法院因涉及仲裁协议效力而作出的不予受理、驳回起诉、管辖权异议的裁定，当事人不服提起上诉，第二审人民法院经审查拟认定仲裁协议不成立、无效、失效、内容不明确无法执行的，须按照本规定第二条的规定逐级报核，待上级人民法院审核后，方可依上级人民法院的审核意见作出裁定。

第九条 本规定自2018年1月1日起施行，本院以前发布的司法解释与本规定不一致的，以本规定为准。

最高人民法院
关于仲裁机构"先予仲裁"裁决或者调解书立案、执行等法律适用问题的批复

法释〔2018〕10号

(2018年5月28日最高人民法院审判委员会第1740次会议通过 2018年6月5日最高人民法院公告公布 自2018年6月12日起施行)

广东省高级人民法院：

你院《关于"先予仲裁"裁决应否立案执行的请示》（粤高法〔2018〕99号）收悉。经研究，批复如下：

当事人申请人民法院执行仲裁机构根据仲裁法做出的仲裁裁决或者调解书，人民法院经审查，符合民事诉讼法、仲裁法相关规定的，应当依法及时受理，立案执行。但是，根据仲裁法第二条的规定，仲裁机构可以仲裁的是当事人间已经发生的合同纠纷和其他财产权益纠纷。因此，网络借贷合同当事人申请执行仲裁机构在纠纷发生前作出的仲裁裁决或者调解书的，人民法院应当裁定不予受理；已经受理的，裁定驳回执行申请。

你院请示中提出的下列情形，应当认定为民事诉讼法第二百三十七条第二款第三项规定的"仲裁庭的组成或者仲裁的程序违反法定程序"的情形：

一、仲裁机构未依照仲裁法规定的程序审理纠纷或者主持调解，径行根据网络借贷合同当事人在纠纷发生前签订的和解或者调解协议作出仲裁裁决、仲裁调解书的；

二、仲裁机构在仲裁过程中未保障当事人申请仲裁员回避、提供证据、答辩等仲裁法规定的基本程序权利的。

前款规定情形中，网络借贷合同当事人以约定弃权条款为由，主张仲裁程序未违反

法定程序的，人民法院不予支持。

人民法院办理其他合同纠纷、财产权益纠纷仲裁裁决或者调解书执行案件，适用本批复。

此复。

最高人民法院
关于人民检察院对不撤销仲裁裁决的民事裁定提出抗诉人民法院应否受理问题的批复

法释〔2000〕46号

(2000年12月12日最高人民法院审判委员会第1150次会议通过 2000年12月13日最高人民法院公告公布 自2000年12月19日起施行)

内蒙古自治区高级人民法院：

你院〔2000〕内法民再字第29号《关于人民检察院能否对人民法院不予撤销仲裁裁决的民事裁定抗诉的请示报告》收悉。经研究，答复如下：

人民检察院对发生法律效力的不撤销仲裁裁决的民事裁定提出抗诉，没有法律依据，人民法院不予受理。

此复。

最高人民法院
关于人民检察院对撤销仲裁裁决的民事裁定提起抗诉，人民法院应如何处理问题的批复

法释〔2000〕17号

(2000年6月30日最高人民法院审判委员会第1121次会议通过 2000年7月10日最高人民法院公告公布 自2000年7月15日起施行)

陕西省高级人民法院：

你院陕高法〔1999〕183号《关于下级法院撤销仲裁裁决的民事裁定确有错误，检察机关抗诉应如何处理的请示》收悉。经研究，答复如下：

检察机关对发生法律效力的撤销仲裁裁决的民事裁定提起抗诉，没有法律依据，人民法院不予受理。依照《中华人民共和国仲裁法》第九条的规定，仲裁裁决被人民法院依法撤销后，当事人可以重新达成仲裁协议申请仲裁，也可以向人民法院提起诉讼。

此复。

最高人民法院
关于当事人对驳回其申请撤销仲裁裁决的裁定不服而申请再审，人民法院不予受理问题的批复

法释〔2004〕9号

(2004年7月20日最高人民法院审判委员会第1320次会议通过 2004年7月26日最高人民法院公告公布 自2004年7月29日起施行)

陕西省高级人民法院：

你院陕高法〔2004〕225号《关于当事人不服人民法院驳回其申请撤销仲裁裁决的裁定申请再审，人民法院是否受理的请示》收悉。经研究，答复如下：

根据《中华人民共和国仲裁法》第九条规定的精神，当事人对人民法院驳回其申请撤销仲裁裁决的裁定不服而申请再审的，人民法院不予受理。

此复。

最高人民法院
关于未被续聘的仲裁员在原参加审理的案件裁决书上签名人民法院应当执行该仲裁裁决书的批复

法释〔1998〕21号

(1998年7月13日由最高人民法院审判委员会第1001次会议通过 1998年8月31日最高人民法院公告公布 自1998年9月5日起施行)

广东省高级人民法院：

你院（一九九六）粤高法执函字第五号《关于未被续聘的仲裁员继续参加审理并作出裁决的案件，人民法院应否立案执行的请示》收悉。经研究，答复如下：

在中国国际经济贸易仲裁委员会深圳分会对深圳东鹏实业有限公司与中国化工建设深圳公司合资经营合同纠纷案件仲裁过程中，陈野被当事人指定为该案的仲裁员时具有合法的仲裁员身份，并参与了开庭审理工作。之后，新的仲裁员名册中没有陈野的名字，说明仲裁机构不再聘任陈野为仲裁员，但这只能约束仲裁机构以后审理的案件，不影响陈野在此前已合法成立的仲裁庭中的案件审理工作。其在该仲裁庭所作的（九四）深国仲结字第四十七号裁决书上签字有效。深圳市中级人民法院应当根据当事人的申请对该仲裁裁决书予以执行。

此复。

最高人民法院
关于确认仲裁协议效力几个问题的批复

法释〔1998〕27号

(1998年10月21日最高人民法院审判委员会第1029次会议通过 1998年10月26日最高人民法院公告公布 自1998年11月5日起施行)

山东省高级人民法院：

你院鲁高法函〔1997〕84号《关于认定重建仲裁机构前达成的仲裁协议的效力的几个问题的请示》收悉。经研究，答复如下：

一、在《中华人民共和国仲裁法》实施后重新组建仲裁机构前，当事人达成的仲裁协议只约定了仲裁地点，未约定仲裁机构，双方当事人在补充协议中选定了在该地点依法重新组建的仲裁机构的，仲裁协议有效；双方当事人达不成补充协议的，仲裁协议无效。

二、在仲裁法实施后依法重新组建仲裁机构前，当事人在仲裁协议中约定了仲裁机构，一方当事人申请仲裁，另一方当事人向人民法院起诉的，经人民法院审查，按照有关规定能够确定新的仲裁机构的，仲裁协议有效。对当事人的起诉，人民法院不予受理。

三、当事人对仲裁协议的效力有异议，一方当事人申请仲裁机构确认仲裁协议效力，另一方当事人请求人民法院确认仲裁协议无效，如果仲裁机构先于人民法院接受申请并已作出决定，人民法院不予受理；如果仲裁机构接受申请后尚未作出决定，人民法院应予受理，同时通知仲裁机构终止仲裁。

四、一方当事人就合同纠纷或者其他财产权益纠纷申请仲裁，另一方当事人对仲裁协议的效力有异议，请求人民法院确认仲裁协议无效并就合同纠纷或者其他财产权益纠纷起诉的，人民法院受理后应当通知仲裁机构中止仲裁。人民法院依法作出仲裁协议有效或者无效的裁定后，应当将裁定书副本送达仲裁机构，由仲裁机构根据人民法院的裁定恢复仲裁或者撤销仲裁案件。

人民法院依法对仲裁协议作出无效的裁定后，另一方当事人拒不应诉的，人民法院可以缺席判决；原受理仲裁申请的仲裁机构在人民法院确认仲裁协议无效后仍不撤销其仲裁案件的，不影响人民法院对案件的审理。

此复。

最高人民法院关于审理当事人申请撤销仲裁裁决案件几个具体问题的批复

法释〔1998〕16号

(1998年6月11日最高人民法院审判委员会第992次会议通过 1998年7月21日最高人民法院公告公布 自1998年7月28日起施行)

安徽省高级人民法院：

你院（1996）经他字第26号《关于在审理一方当事人申请撤销仲裁裁决的案件中几个具体问题应如何解决的请示报告》收悉。经研究，答复如下：

一、原依照有关规定设立的仲裁机构在《中华人民共和国仲裁法》（以下简称仲裁法）实施前受理、实施后审理的案件，原则上应当适用仲裁法的有关规定。鉴于原仲裁机构的体制与仲裁法规定的仲裁机构有所不同，原仲裁机构适用仲裁法某些规定有困难的，如仲裁庭的组成，也可以适用《中华人民共和国经济合同仲裁条例》的有关规定，人民法院在审理有关申请撤销仲裁裁决案件中不应以未适用仲裁法的规定为由，撤销仲裁裁决。

二、一方当事人向人民法院申请撤销仲裁裁决的，人民法院在审理时，应当列对方当事人为被申请人。

三、当事人向人民法院申请撤销仲裁裁决的案件，应当按照非财产案件收费标准计收案件受理费；该费用由申请人交纳。

此复。

最高人民法院对仲裁条款中所选仲裁机构的名称漏字，但不影响仲裁条款效力的一个案例的批复意见

1998年4月2日　　　　　　　　法经〔1998〕159号

中国国际经济贸易仲裁委员会：

你会（98）贸仲字第1381号征询意见函收悉，经研究，答复如下：

一、《中外合资经营连云港云卿房地产开发有限公司合同》（以下简称合营合同）系灌云县建银房地产开发公司、灌云县煤炭工业公司和美国西雅图凡亚投资公司三方所订立，该合营合同约定争议解决方式是提交

仲裁，虽然当事人的仲裁条款中将你会名称漏掉"经济"二字，但不影响该仲裁条款的效力，因而上述三方凡因执行该合营合同所发生的或与该合营合同有关的一切争议，你会具有管辖权。

二、中国建设银行江苏省灌云县支行诉灌云县煤炭工业公司房屋确权纠纷一案，不是合营合同纠纷，灌云县支行也不是上述合营合同的当事人，故该纠纷不受合营合同中仲裁条款的约束，当事人可依《中华人民共和国民事诉讼法》的有关规定向人民法院提起诉讼。

三、江苏省高级人民法院（1997）苏民终字第62号民事裁定，以上述合营合同约定的仲裁机构（即北京中国国际贸易仲裁委员会）不存在为由，认定仲裁条款无效，驳回上诉人的管辖异议。对此问题，我院民庭已责令江苏省高级人民法院复查具报。

最高人民法院
关于仲裁协议无效是否可以裁定不予执行的处理意见

2002年6月20日　　　　　　　　　　〔1999〕执监字第174-1号

广东省高级人民法院：

你院（1999）粤高法执监字第65—2号"关于中国农业银行杭州市延安路支行申请执行杭州市经济合同仲裁和会杭裁字（1996）第80号裁决书一案"的报告收悉，经研究，答复如下：

申请人中国农业银行浙江省信托投资公司（现为中国农业银行杭州市延安路支行，以下简称农业银行）与被申请人深圳政华实业公司（以下简称政华公司）、招商银行深圳福田支行（以下简称招商银行）合作投资担保合同纠纷一案，杭州市经济合同仲裁委员会于1996年10月25日作出杭裁字（1996）第80号裁决书裁决：政华公司在裁决生效后十日内归还农业银行借款及利息人民币617万余元，招商银行承担连带偿付责任。在执行该仲裁裁决过程中，被执行人招商银行向深圳市中级人民法院申请不予执行该仲裁裁决。深圳市中级人民法院认为：由于当事人只约定了仲裁地点，未约定仲裁机构，且双方当事人事后又未达成补充协议，故仲裁协议无效，杭州市经济合同仲裁和会无权对本案进行仲裁。因此，以（1997）深中法执字第10—15号民事裁定书裁定不予执行。

本院认为：本案的仲裁协议只约定仲裁地点而没有约定具体的仲裁机构，应当认定无效，但仲裁协议无效并不等于没有仲裁协议。仲裁协议无效的法律后果是不排除人民法院的管辖权，当事人可以选择由法院管辖而排除仲裁管辖，当事人未向法院起诉而选择仲裁应诉的，应视为当事人对仲裁庭管辖权的认可。招商银行在仲裁裁决前未向人民法院起诉，而参加仲裁应诉，应视为其对仲裁庭关于管辖权争议的裁决的认可。本案仲裁庭在裁决驳回管辖权异议后作出的仲裁裁决，在程序上符合仲裁法和民诉法的规定，没有不予执行的法定理由。执行法院不应再对该仲裁协议的效力进行审查。执行法院也不能将"仲裁协议无效"视为"没有仲裁协议"而裁定不予执行。因此，深圳市中级人民法院裁定不予执行错误，本案仲裁裁决应当恢复执行。

请你院监督执行法院按上述意见办理。

在两个月内执结此案并报告本院。

此复。

最高人民法院
关于仲裁司法审查案件归口办理有关问题的通知

2017 年 5 月 22 日　　　　　　　　法〔2017〕152 号

各省、自治区、直辖市高级人民法院,解放军军事法院,新疆维吾尔自治区高级人民法院生产建设兵团分院:

为依法正确审理仲裁司法审查案件,保证裁判尺度的统一,维护当事人的合法权益,促进仲裁事业健康有序发展及多元化纠纷解决机制的建立,现就各级人民法院办理仲裁司法审查案件的有关问题通知如下:

一、各级人民法院审理涉外商事案件的审判庭(合议庭)作为专门业务庭(以下简称专门业务庭)负责办理本通知规定的仲裁司法审查案件。

二、当事人申请确认仲裁协议效力的案件,申请撤销我国内地仲裁机构仲裁裁决的案件,申请认可和执行香港特别行政区、澳门特别行政区、台湾地区仲裁裁决的案件、申请承认和执行外国仲裁裁决等仲裁司法审查案件,由各级人民法院专门业务庭办理。

专门业务庭经审查裁定认可和执行香港特别行政区、澳门特别行政区、台湾地区仲裁裁决,承认和执行外国仲裁裁决的,交由执行部门执行。

三、一审法院作出的不予受理、驳回起诉、管辖权异议裁定涉及仲裁协议效力的,当事人不服该裁定提起上诉的案件,由二审人民法院专门业务庭办理。

四、各级人民法院应当建立仲裁司法审查案件的数据信息集中管理平台,加强对申请确认仲裁协议效力的案件,申请撤销或者执行我国内地仲裁机构仲裁裁决的案件,申请认可和执行香港特别行政区、澳门特别行政区、台湾地区仲裁裁决的案件,申请承认和执行外国仲裁裁决的案件,以及涉及确认仲裁协议效力的不予受理、驳回起诉、管辖权异议等仲裁司法审查案件的信息化管理和数据分析,有效保证法律适用的正确性和裁判尺度的统一性。此项工作由最高人民法院民事审判第四庭与人民法院信息技术服务中心具体负责。

最高人民法院
关于正确审理仲裁司法审查案件有关问题的通知

2013 年 9 月 4 日　　　　　　　　　　　　法〔2013〕194 号

各省、自治区、直辖市高级人民法院，解放军军事法院，新疆维吾尔自治区高级人民法院生产建设兵团分院：

最近一段时间以来，因中国国际经济贸易仲裁委员会（以下简称中国贸仲）于 2012 年 5 月 1 日施行修订后的仲裁规则以及原中国国际经济贸易仲裁委员会上海分会（以下简称上海贸仲）、原中国国际经济贸易仲裁委员会华南分会（以下简称华南贸仲）变更名称并施行新的仲裁规则，致使有的当事人对仲裁规则的适用以及上述各仲裁机构受理仲裁案件的权限等问题产生争议。各地人民法院陆续受理了因上述争议而引发的仲裁司法审查案件。为统一裁判尺度，保证人民法院正确审理案件，现就有关问题通知如下：

对于因上述争议产生的当事人申请确认仲裁协议效力的案件以及当事人申请撤销或者不予执行中国贸仲或者上海贸仲、华南贸仲作出的仲裁裁决的案件，人民法院在作出裁定之前，须经审判委员会讨论提出意见后，逐级上报至最高人民法院，待最高人民法院答复后，方可作出裁定。

最高人民法院
关于人民法院撤销涉外仲裁裁决有关事项的通知

1998 年 4 月 23 日　　　　　　　　　　　　法〔1998〕40 号

各省、自治区、直辖市高级人民法院，解放军军事法院：

为严格执行《中华人民共和国仲裁法》（以下简称仲裁法）和《中华人民共和国民事诉讼法》（以下简称民事诉讼法），保障诉讼和仲裁活动依法进行，现决定对人民法院撤销我国涉外仲裁裁决建立报告制度，为此，特作如下通知：

一、凡一方当事人按照仲裁法的规定向人民法院申请撤销我国涉外仲裁裁决，如果人民法院经审查认为涉外仲裁裁决具有民事诉讼法第二百六十条第一款规定的情形之一的，在裁定撤销裁决或通知仲裁庭重新仲裁之前，须报请本辖区所属高级人民法院进行审查。如果高级人民法院同意撤销裁决或通知仲裁庭重新仲裁，应将其审查意见报最高人民法院。待最高人民法院答复后，方可裁定撤销裁决或通知仲裁庭重新仲裁。

二、受理申请撤销裁决的人民法院如认为应予撤销裁决或通知仲裁庭重新仲裁的，应在受理申请后三十日内报其所属的高级人民法院，该高级人民法院如同意撤销裁决或通知仲裁庭重新仲裁的，应在十五日内报最高人民法院，以严格执行仲裁法第六十条的规定。

最高人民法院
关于人民法院处理与涉外仲裁及外国仲裁事项有关问题的通知

1995 年 8 月 28 日　　　　　　　　　　　　法发〔1995〕18 号

各省、自治区、直辖市高级人民法院，解放军军事法院：

为严格执行《中华人民共和国民事诉讼法》以及我国参加的有关国际公约的规定，保障诉讼和仲裁活动依法进行，现决定对人民法院受理具有仲裁协议的涉外经济纠纷案、不予执行涉外仲裁裁决以及拒绝承认和执行外国仲裁裁决等问题建立报告制度。为此，特作如下通知：

一、凡起诉到人民法院的涉外、涉港澳和涉台经济、海事海商纠纷案件，如果当事人在合同中订有仲裁条款或者事后达成仲裁协议，人民法院认为该仲裁条款或者仲裁协议无效、失效或者内容不明确无法执行的，在决定受理一方当事人起诉之前，必须报请本辖区所属高级人民法院进行审查；如果高级人民法院同意受理，应将其审查意见报最高人民法院。在最高人民法院未作答复前，可暂不予受理。

二、凡一方当事人向人民法院申请执行我国涉外仲裁机构裁决，或者向人民法院申请承认和执行外国仲裁机构的裁决，如果人民法院认为我国涉外仲裁机构裁决具有民事诉讼法第二百六十条情形之一的，或者申请承认和执行的外国仲裁裁决不符合我国参加的国际公约的规定或者不符合互惠原则的，在裁定不予执行或者拒绝承认和执行之前，必须报请本辖区所属高级人民法院进行审查；如果高级人民法院同意不予执行或者拒绝承认和执行，应将其审查意见报最高人民法院。待最高人民法院答复后，方可裁定不予执行或者拒绝承认和执行。

最高人民法院
关于不得以裁决书送达超过期限而裁定撤销仲裁裁决的通知

1994年4月6日　　　　　　　　　　　　法〔1997〕120号

各省、自治区、直辖市高级人民法院：

据了解，目前一些地区人民法院以仲裁裁决书送达超过规定期限，不符合仲裁程序，违反国务院办公厅国办发〔1995〕38号"关于进一步做好重新组建仲裁机构工作的通知"（简称国办发〔1995〕38号文）规定为由，裁定撤销仲裁裁决。

国办发〔1995〕38号文第三条规定中提到的六个月期限，指的是仲裁机构作出仲裁裁决的期限，不包括送达仲裁裁决的期限。法院以仲裁裁决送达超过六个月规定期限，不符合仲裁程序，违反国办发〔1995〕38号文规定为由，裁定撤销仲裁裁决，既于法律无据，也不利于保护当事人合法权益。因此，各地人民法院凡发现在审判工作中存在上述问题的，应当及时依法予以纠正。

特此通知。

国务院办公厅
关于贯彻实施《中华人民共和国仲裁法》需要明确的几个问题的通知

1996年6月8日　　　　　　　　　　　国办发〔1996〕22号

各省、自治区、直辖市人民政府，国务院各部委、各直属机构：

为了保障《中华人民共和国仲裁法》（以下简称仲裁法）的正确实施，保证仲裁工作的连续性，保护经济纠纷当事人的合法权益，维护经济秩序，经国务院同意，现将贯彻实施仲裁法需要明确的几个问题通知如下，请认真贯彻执行：

一、国务院办公厅1995年8月1日印发的《重新组建仲裁机构方案》（国办发〔1995〕44号）中关于新组建的仲裁委员会与原有仲裁机构受理仲裁案件衔接的规定修改为：仲裁法施行前当事人依法订立的仲裁协议继续有效；原仲裁协议选定或者按照仲裁法施行前国家有关仲裁的规定由直辖市或者省、自治区人民政府所在地的市或者其他设区的市范围内原各级仲裁机构仲裁的，分别由原仲裁所在地的直辖市或者省、自治区人民政府所在地的市或者其他设区的市新组建的仲裁委员会受理；原仲裁机构所在的地方依法不能组建或者可以组建但未组建仲裁委员会的，由省、自治区人民政府所在地的市新组建的仲裁委员会受理。凡当事人双方达成新的仲裁协议、选定其他新组建的仲裁委员会仲裁的，由双方选定的新组建的仲裁委员会受理；凡当事人双方协议放弃仲裁、选择诉讼方式解决纠纷、向人民法院起诉的，由人民法院受理。

二、国内仲裁案件的当事人依照仲裁法第二十八条的规定申请财产保全的，仲裁委员会应当将当事人的申请依照《中华人民共和国民事诉讼法》的有关规定提交被申请人住所地或者财产所在地的基层人民法院。

三、新组建的仲裁委员会的主要职责是受理国内仲裁案件；涉外仲裁案件的当事人自愿选择新组建的仲裁委员会仲裁的，新组建的仲裁委员会可以受理；新组建的仲裁委员会受理的涉外仲裁案件的仲裁收费与国内仲裁案件的仲裁收费应当采用同一标准。

四、请有关行政机关自本通知发布之日起两个月内，对其在仲裁法施行前制定的标准（格式）合同、合同示范文本中合同争议解决方式条款依照仲裁法的规定予以修订。修订后的格式是，合同争议解决方式由当事人在合同中约定从下列两种方式中选择一种：

（一）因履行本合同发生的争议，由当事人协商解决，协商不成的，提交××仲裁委员会仲裁；

（二）因履行本合同发生的争议，由当事人协商解决，协商不成的，依法向人民法院起诉。

本通知中有关法院职权范围内的问题，经商最高人民法院同意，将由最高人民法院另行发文。

国务院办公厅
关于印发《重新组建仲裁机构方案》《仲裁委员会登记暂行办法》《仲裁委员会仲裁收费办法》的通知

1995年7月28日　　　　　　　　　国办发〔1995〕44号

各省、自治区、直辖市人民政府，国务院各部委、各直属机构：

第八届全国人大常委会1994年8月31日通过的《中华人民共和国仲裁法》（以下简称仲裁法），将于1995年9月1日起施行。这是适应社会主义市场经济发展需要，与国际上通行的仲裁制度接轨，解决经济纠纷的一部重要法律。依照仲裁法的规定，仲裁法施行前在直辖市和省、自治区人民政府所在地的市以及其他设区的市设立的仲裁机构应当依照仲裁法的有关规定重新组建；未重新组建的，该仲裁机构至1996年9月1日终止；新的仲裁机构由依法可以设立仲裁机构的市人民政府组织有关部门和商会统一组建。为了落实仲裁法上述规定，认真做好重新组建仲裁机构工作，国务院办公厅于1994年11月13日、1995年5月26日先后发出了《关于做好重新组建仲裁机构和筹建中国仲裁协会筹备工作的通知》（国办发〔1994〕99号）、《关于进一步做好重新组建仲裁机构工作的通知》（国办发〔1995〕38号）。根据仲裁法的规定及国务院办公厅通知的要求，在总结试点经验的基础上，借鉴国外的有益经验，国务院法制局会同有关单位拟订了《重新组建仲裁机构方案》《仲裁委员会登记暂行办法》《仲裁委员会仲裁收费办法》，经国务院领导同志同意，现印发给你们，请认真贯彻执行。

根据重新组建仲裁机构试点城市的要求，国务院法制局会同有关单位拟订了《仲裁委员会章程示范文本》《仲裁委员会仲裁暂行规则示范文本》，现一并印发，供依法组建的仲裁委员会研究采用。

本通知由各省、自治区人民政府转发至省、自治区人民政府所在地的市和其他设区的市的人民政府。

附件1：

重新组建仲裁机构方案

一、关于重新组建仲裁机构的原则

（一）全面、准确地把握《中华人民共和国仲裁法》（以下简称仲裁法）精神，严格依照仲裁法组建。

（二）体现全心全意为人民服务的宗旨，保证仲裁能够按照公正、及时的原则解决经济纠纷。

（三）从实际情况出发，根据需要与可能进行组建。

（四）统一认识，加强领导，调动各方面的积极因素，保证仲裁工作平稳过渡。

二、关于仲裁委员会

（一）依法可以设立仲裁委员会的市只能组建一个统一的仲裁委员会，不得按照不同专业设立专业仲裁委员会或者专业仲裁庭。

（二）新组建的仲裁委员会的名称应当规范，一律在仲裁委员会之前冠以仲裁委员会所在市的地名（地名+仲裁委员会），如北京仲裁委员会、广州仲裁委员会、深圳仲裁委员会等。

（三）仲裁委员会由主任1人、副主任2至4人和委员7至11人组成。其中，驻会专职组成人员1至2人，其他组成人员均为兼职。

仲裁委员会的组成人员由院校、科研机构、国家机关等方面的专家和有实际工作经验的人员担任。仲裁委员会的组成人员可以是仲裁员，也可以不是仲裁员。

第一届仲裁委员会的组成人员，由政府法制、经贸、体改、司法、工商、科技、建设等部门和贸促会、工商联等组织协商推荐，由市人民政府聘任。

（四）仲裁委员会设秘书长1人。秘书长可以由驻会专职组成人员兼任。

（五）仲裁委员会下设办事机构，负责办理仲裁案件受理、仲裁文书送达、档案管理、仲裁费用的收取与管理等事务。办事机构日常工作由仲裁委员会秘书长负责。

办事机构的设置和人员配备应当遵循精简、高效的原则。仲裁委员会设立初期，办事机构不宜配备过多的工作人员。以后随着仲裁工作量的增加，人员可以适当增加。

办事机构工作人员应当具备良好的思想品质、业务素质，择优聘用。

三、关于仲裁员

（一）仲裁委员会不设专职仲裁员。

（二）仲裁员由依法重新组建的仲裁委员会聘任。

仲裁委员会应当主要在本省、自治区、直辖市范围内符合仲裁法第十三条规定的人员中聘任仲裁员。

国家公务员及参照实行国家公务员制度

的机关工作人员符合仲裁法第十三条规定的条件，并经所在单位同意，可以受聘为仲裁员，但是不得因从事仲裁工作影响本职工作。

仲裁委员会要按照不同专业设置仲裁员名册。

（三）仲裁员办理仲裁案件，由仲裁委员会依照仲裁规则的规定给付报酬。仲裁员没有办理仲裁案件的，不能取得报酬或者其他费用。

四、关于仲裁委员会的编制、经费和用房

仲裁委员会设立初期，其所在地的市人民政府应当参照有关事业单位的规定，解决仲裁委员会的人员编制、经费、用房等。仲裁委员会应当逐步做到自收自支。

五、关于新组建的仲裁委员会与现有仲裁机构的衔接

（一）聘任仲裁员、聘用办事机构工作人员，应当优先从现有仲裁机构符合条件的仲裁员、工作人员中考虑。

（二）当事人在现有仲裁机构依法终止之前达成仲裁协议，在现有仲裁机构依法终止之后又达成补充协议选定新的仲裁委员会的，可以依照仲裁法向重新选定的仲裁委员会申请仲裁；当事人达不成补充协议的，原仲裁协议无效。

附件2：

仲裁委员会登记暂行办法

第一条　根据《中华人民共和国仲裁法》（以下简称仲裁法），制定本办法。

第二条　仲裁委员会的登记机关是省、自治区、直辖市的司法行政部门。

第三条　仲裁委员会可以在直辖市和省、自治区人民政府所在地的市设立，也可以根据需要在其他设区的市设立，不按行政区划层层设立。

设立仲裁委员会，应当向登记机关办理设立登记；未经设立登记的，仲裁裁决不具有法律效力。

办理设立登记，应当向登记机关提交下列文件：

（一）设立仲裁委员会申请书；

（二）组建仲裁委员会的市的人民政府设立仲裁委员会的文件；

（三）仲裁委员会章程；

（四）必要的经费证明；

（五）仲裁委员会住所证明；

（六）聘任的仲裁委员会组成人员的聘书副本；

（七）拟聘任的仲裁员名册。

第四条　登记机关应当在收到本办法第三条第三款规定的文件之日起10日内，对符合设立条件的仲裁委员会予以设立登记，并发给登记证书；对符合设立条件，但所提供的文件不符合本办法第三条第三款规定的，在要求补正后予以登记；对不符合本办法第三条第一款规定的，不予登记。

第五条　仲裁委员会变更住所、组成人员，应当在变更后的10日内向登记机关备案，并向登记机关提交与变更事项有关的文件。

第六条　仲裁委员会决议终止的，应当向登记机关办理注销登记。

仲裁委员会办理注销登记，应当向登记机关提交下列文件或者证书：

（一）注销登记申请书；

（二）组建仲裁委员会的市的人民政府同意注销该仲裁委员会的文件；

（三）有关机关确认的清算报告；

（四）仲裁委员会登记证书。

第七条　登记机关应当自收到本办法第六条第二款规定的文件、证书之日起10日内，对符合终止条件的仲裁委员会予以注销登记，收回仲裁委员会登记证书。

第八条　登记机关对仲裁委员会的设立登记、注销登记，自作出登记之日起生效，予以公告，并报国务院司法行政部门备案。

仲裁委员会登记证书，由国务院司法行政部门负责印制。

第九条　仲裁法施行前在直辖市和省、自治区人民政府所在地的市以及其他设区的市设立的仲裁机构，应当依照仲裁法和国务院的有关规定重新组建，并依照本办法申请设立登记；未重新组建的，自仲裁法施行之日起届满1年时终止。

仲裁法施行前设立的不符合仲裁法规定的其他仲裁机构，自仲裁法施行之日起终止。

第十条　本办法自1995年9月1日起施行。

附件3：

仲裁委员会仲裁收费办法

第一条　为了规范仲裁委员会的仲裁收费，制定本办法。

第二条　当事人申请仲裁，应当按照本办法的规定向仲裁委员会交纳仲裁费用，仲裁费用包括案件受理费和案件处理费。

第三条　案件受理费用于给付仲裁员报酬、维持仲裁委员会正常运转的必要开支。

第四条　申请人应当自收到仲裁委员会受理通知书之日起15日内，按照仲裁案件受理费表的规定预交案件受理费。被申请人在提出反请求的同时，应当按照仲裁案件受理费表的规定预交案件受理费。

仲裁案件受理费的具体标准由仲裁委员会在仲裁案件受理费表规定的幅度内确定，并报仲裁委员会所在地的省、自治区、直辖市人民政府物价管理部门核准。

第五条　仲裁案件受理费表中的争议金额，以申请人请求的数额为准；请求的数额与实际争议金额不一致的，以实际争议金额为准。

申请仲裁时争议金额未确定的，由仲裁委员会根据争议所涉及权益的具体情况确定预先收取的案件受理费数额。

第六条　当事人预交案件受理费确有困难的，由当事人提出申请，经仲裁委员会批准，可以缓交。

当事人在本办法第四条第一款规定的期限内不预交案件受理费，又不提出缓交申请的，视为撤回仲裁申请。

第七条　案件处理费包括：

（一）仲裁员因办理仲裁案件出差、开庭而支出的食宿费、交通费及其他合理费用；

（二）证人、鉴定人、翻译人员等因出庭而支出的食宿费、交通费、误工补贴；

（三）咨询、鉴定、勘验、翻译等费用；

（四）复制、送达案件材料、文书的费用；

（五）其他应当由当事人承担的合理费用。

本条款第（二）、（三）项规定的案件处理费，由提出申请的一方当事人预付。

第八条　案件处理费的收费标准按照国家有关规定执行；国家没有规定的，按照合理的实际支出收取。

第九条 仲裁费用原则上由败诉的当事人承担；当事人部分胜诉、部分败诉的，由仲裁庭根据当事人各方责任大小确定其各自应当承担的仲裁费用的比例。当事人自行和解或者经仲裁庭调解结案的，当事人可以协商确定各自承担的仲裁费用的比例。

仲裁庭应当在调解书或者裁决书中写明双方当事人最终应当支付的仲裁费用金额。

第十条 依照仲裁法第六十一条的规定，仲裁庭同意重新仲裁的，仲裁委员会不得再行收取案件受理费。

仲裁庭依法对裁决书中的文字、计算错误或者仲裁庭已经裁决但在裁决书中遗漏的事项作出补正，不得收费。

第十一条 申请人经书面通知，无正当理由不到庭或者未经仲裁庭许可中途退庭，可以视为撤回仲裁申请，案件受理费、处理费不予退回。

第十二条 仲裁委员会受理仲裁申请后，仲裁庭组成前，申请人撤回仲裁申请，或者当事人自行达成和解协议并撤回仲裁申请的，案件受理费应当全部退回。

仲裁庭组成后，申请人撤回仲裁申请或者当事人自行达成和解协议并撤回仲裁申请的，应当根据实际情况酌情退回部分案件受理费。

第十三条 本办法第五条、第十二条的规定同样适用于被申请人提出反请求的情形。

第十四条 仲裁委员会收取仲裁案件受理费，应当使用省、自治区、直辖市人民政府财政部门统一印制的收费票据，并按照国家有关规定，建立、健全财务核算制度，加强财务、收支管理，接受财政、审计、税务、物价等部门的监督。

第十五条 本办法自1995年9月1日起施行。

附：

仲裁委员会仲裁案件受理费表

争议金额（人民币）	仲裁案件受理费（人民币）
1000元以下的部分	40——100元
1001元至50000元的部分	按4%——5%交纳
50001元至100000元的部分	按3%——4%交纳
100001元至200000元的部分	按2%——3%交纳
200001元至500000元的部分	按1%——2%交纳
500001元至1000000元的部分	按0.5%——1%交纳
1000001元以上的部分	按0.25%——0.5%交纳

第七章　涉港澳台

一、综 合 类

最高人民法院
关于审理涉台民商事案件法律适用问题的规定

(2010年4月26日最高人民法院审判委员会第1486次会议通过 根据2020年12月23日最高人民法院审判委员会第1823次会议通过的《最高人民法院关于修改〈最高人民法院关于破产企业国有划拨土地使用权应否列入破产财产等问题的批复〉等二十九件商事类司法解释的决定》修正)

为正确审理涉台民商事案件，准确适用法律，维护当事人的合法权益，根据相关法律，制定本规定。

第一条 人民法院审理涉台民商事案件，应当适用法律和司法解释的有关规定。

根据法律和司法解释中选择适用法律的规则，确定适用台湾地区民事法律的，人民法院予以适用。

第二条 台湾地区当事人在人民法院参与民事诉讼，与大陆当事人有同等的诉讼权利和义务，其合法权益受法律平等保护。

第三条 根据本规定确定适用有关法律违反国家法律的基本原则或者社会公共利益的，不予适用。

最高人民法院
关于印发《全国法院涉港澳商事审判工作座谈会纪要》的通知

2008年1月21日　　　　　　　　　　　　　法发〔2008〕8号

各省、自治区、直辖市高级人民法院，新疆维吾尔自治区高级人民法院生产建设兵团分院：

2007年11月21日至22日，最高人民法院召开了全国法院涉港澳商事审判工作座谈会。现将《全国法院涉港澳商事审判工作座谈会纪要》印发给你们，请结合工作实际，贯彻执行。

附：

全国法院涉港澳商事审判工作座谈会纪要

为进一步贯彻"公正司法，一心为民"的方针，落实"公正与效率"工作主题，规范涉港澳审判工作，增强司法能力，提高司法水平，最高人民法院于 2007 年 11 月 21 日至 22 日在广西壮族自治区南宁市召开了全国法院涉港澳商事审判工作座谈会。各高级人民法院分管院长和庭长，以及具有涉港澳商事案件管辖权的中级人民法院分管院长参加了会议。最高人民法院副院长万鄂湘出席会议并讲话。

会议总结交流了近年来涉港澳商事审判工作的经验，研究了审判实践中亟待解决的问题，讨论了促进内地与香港特别行政区、内地与澳门特别行政区司法协助的措施。现就会议达成共识的若干问题纪要如下：

一、关于案件管辖权

1. 人民法院受理涉港澳商事案件，应当参照《中华人民共和国民事诉讼法》第四编和《最高人民法院关于涉外民商事案件诉讼管辖若干问题的规定》确定案件的管辖。

2. 有管辖权的人民法院受理的涉港澳商事案件，如果被告以存在有效仲裁协议为由对人民法院的管辖权提出异议，受理案件的人民法院可以对案件管辖问题作出裁定。如果认定仲裁协议无效、失效或者内容不明确无法执行的，在作出裁定前应当按照《最高人民法院关于人民法院处理与涉外仲裁及外国仲裁事项有关问题的通知》（法发〔1995〕18 号）逐级上报。

3. 人民法院受理涉港澳商事案件后，被告以存在有效仲裁协议为由对人民法院的管辖权提出异议，且在人民法院受理商事案件的前后或者同时向另一人民法院提起确认仲裁协议效力之诉的，应分别以下情况处理：

（1）确认仲裁协议效力之诉受理在先或者两案同时受理的，受理商事案件的人民法院应中止对管辖权异议的审理，待确认仲裁协议效力之诉审结后，再恢复审理并就管辖权问题作出裁定；

（2）商事案件受理在先且管辖权异议尚未审结的，对于被告另行提起的确认仲裁协议效力之诉，人民法院应不予受理；受理后发现其他人民法院已经先予受理当事人间的商事案件并正在就管辖权异议进行审理的，应当将案件移送受理商事案件的人民法院在管辖权异议程序中一并解决。

（3）商事案件受理在先且人民法院已经就案件管辖权问题作出裁定，确认仲裁协议无效的，被告又向其他人民法院提起确认仲裁协议效力之诉，人民法院应不予受理；受理后发现上述情况的，应裁定驳回当事人的起诉。

4. 下级人民法院违反《最高人民法院关于涉外民商事案件诉讼管辖若干问题的规定》受理涉港澳商事案件并作出实体判决的，上级人民法院可以程序违法为由撤销下级人民法院的判决，将案件移送有管辖权的人民法院审理。

5. 人民法院受理破产申请后，即使该人民法院不享有涉外民商事案件管辖权，但根据《中华人民共和国企业破产法》第二十一条的规定，有关债务人的涉港澳商事诉讼仍应由该人民法院管辖。

6. 内地人民法院和香港特别行政区法院或者澳门特别行政区法院都享有管辖权的涉港澳商事案件，一方当事人向香港特别行政区法院或者澳门特别行政区法院起诉被受理后，当事人又向内地人民法院提起相同诉讼，香港特别行政区法院或者澳门特别行政区法院是否已经受理案件或作出判决，不影响内地人民法院行使管辖权，但是否受理由人民法院根据案件具体情况决定。

内地人民法院已经受理当事人申请认可或执行香港特别行政区法院或者澳门特别行政区法院就相同诉讼作出的判决的，或者香港特别行政区法院、澳门特别行政区法院的判决已获内地人民法院认可和执行的，内地人民法院不应再受理相同诉讼。

7. 人民法院受理的涉港澳商事案件，如果被告未到庭应诉，即使案件存在不方便管辖的因素，在被告未提出管辖权异议的情况下，人民法院不应依职权主动适用不方便法院原则放弃对案件的管辖权。

二、关于当事人主体资格

8. 香港特别行政区、澳门特别行政区的当事人参加诉讼，应提供经注册地公证、认证机构公证、认证的商业登记等身份证明材料。

9. 人民法院受理香港特别行政区、澳门特别行政区的当事人作为被告的案件的，该当事人在内地设立"三资企业"时向"三资企业"的审批机构提交并经审批的商业登记等身份证明材料可以作为证明其存在的证据，但有相反证据的除外。

10. 原告起诉时提供了作为被告的香港特别行政区、澳门特别行政区的当事人存在的证明，香港特别行政区、澳门特别行政区的当事人拒绝提供证明其身份的公证材料的，不影响人民法院对案件的审理。

三、关于司法文书送达

11. 作为受送达人的香港特别行政区、澳门特别行政区的自然人或者企业、组织的法定代表人、主要负责人在内地的，人民法院可以向该自然人或者法定代表人、主要负责人送达。

12. 除受送达人在授权委托书中明确表明其诉讼代理人无权代为接收有关司法文书外，其委托的诉讼代理人为有权代其接受送达的诉讼代理人，人民法院可以向该诉讼代理人送达。

13. 人民法院向香港特别行政区、澳门特别行政区的受送达人送达司法文书，可以送达给其在内地依法设立的代表机构。

受送达人在内地有分支机构或者业务代办人的，经该受送达人授权，人民法院可以向其分支机构或者业务代办人送达。

14. 人民法院向香港特别行政区、澳门特别行政区受送达人送达司法文书，可以分别按照《最高人民法院关于内地与香港特别行政区法院相互委托送达民商事司法文书的安排》或者《最高人民法院关于内地与澳门特别行政区法院就民商事案件相互委托送达司法文书和调取证据的安排》送达。

按照前款规定方式送达的，自内地的高级人民法院或者最高人民法院将有关司法文书递送香港特别行政区高等法院或者澳门特别行政区终审法院之日起满三个月，如果未能收到送达与否的证明文件且根据各种情况不足以认定已经送达的，视为不能适用上述安排中规定的方式送达。

15. 人民法院向香港特别行政区、澳门特别行政区受送达人送达司法文书，可以邮寄送达。

邮寄送达时应附有送达回证。受送达人未在送达回证上签收但在邮件回执上签收的，视为送达，签收日期为送达日期。

自邮寄之日起满三个月，虽未收到送达与否的证明文件，但根据各种情况足以认定已经送达的，期间届满之日视为送达。

自邮寄之日起满三个月，如果未能收到送达与否的证明文件，且根据各种情况不足以认定已经送达的，视为不能适用邮寄方式送达。

16. 除上述送达方式外，人民法院可以通过传真、电子邮件等能够确认收悉的其他适当方式向受送达人送达。

17. 人民法院不能依照上述方式送达的，可以公告送达。公告内容应当在境内外公开发行的报刊上刊登，自公告之日起满三个月即视为送达。

18. 除公告送达方式外，人民法院可以同时采取多种方式向香港特别行政区、澳门特别行政区的受送达人进行送达，但应当根据最先实现送达的送达方式确定送达时间。

19. 人民法院向在内地的香港特别行政区、澳门特别行政区的自然人或者企业、组织的法定代表人、主要负责人、诉讼代理人、代表机构以及有权接受送达的分支机构、业务代办人送达司法文书，可以适用留置送达的方式。

20. 香港特别行政区、澳门特别行政区的受送达人未对人民法院送达的司法文书履行签收手续，但存在以下情形之一的，视为送达：

（1）受送达人向人民法院提及了所送达司法文书的内容；

（2）受送达人已经按照所送达司法文书的内容履行；

（3）其他可以视为已经送达的情形。

21. 人民法院送达司法文书，根据有关规定需通过上级人民法院转递的，应附申请转递函。

上级人民法院收到下级人民法院申请转递的司法文书，应在七个工作日内予以转递。

上级人民法院认为下级人民法院申请转递的司法文书不符合有关规定需要补正的，应说明需补正的事由并在七个工作日内退回申请转递的人民法院。

四、关于"三资企业"股权纠纷、清算

22. 在内地依法设立的"三资企业"的股东及其股权份额应当根据外商投资企业批准证书记载的股东名称及股权份额确定。

23. 外商投资企业批准证书记载的股东以外的自然人、法人或者其他组织向人民法院提起民事诉讼，请求确认委托投资合同的效力及其在该"三资企业"中的股东地位和股权份额的，人民法院可以对当事人间是否存在委托投资合同、委托投资合同的效力等问题经过审理后作出判决，但应驳回其请求确认股东地位和股权份额的诉讼请求。

24. 在内地设立的"三资企业"的原股东向人民法院提起民事诉讼，请求确认股权转让合同无效并恢复其在该"三资企业"中的股东地位和股权份额的，人民法院审理后可以依法对股权转让合同的效力作出判决，但应驳回其请求恢复股东地位和股权份额的诉讼请求。

五、关于仲裁司法审查

25. 人民法院审理当事人申请撤销、执行内地仲裁机构作出的涉港澳仲裁裁决案件，申请认可和执行香港特别行政区、澳门特别行政区仲裁机构作出的仲裁裁决或者临时仲裁庭在香港特别行政区、澳门特别行政区作出的仲裁裁决案件，对于事实清楚、争议不大的，可以经过书面审理后径行作出裁定；对于事实不清、争议较大的，可以在询问当事人、查清事实后再作出裁定。

26. 当事人向人民法院申请执行涉港澳仲裁裁决，应当在《中华人民共和国民事诉讼法》第二百一十九条规定的期限内提出申请。如果裁决书未明确履行期限，应从申请人收到裁决书正本或者正式副本之日起计算申请人申请执行的期限。

27. 当事人对内地仲裁机构作出的涉港澳仲裁裁决分别向不同人民法院申请撤销及执行的，受理执行申请的人民法院应当按照《最高人民法院关于适用〈中华人民共和国仲裁法〉若干问题的解释》第二十五条的规定中止执行。受理执行申请的人民法院如果对于受理撤销申请的人民法院作出的决定撤销或者不予撤销的裁定存在异议，亦不能直接作出与该裁定相矛盾的执行或者不予执行的裁定，而应报请它们的共同上级人民法院解决。

当事人对内地仲裁机构作出的涉港澳仲裁裁决向人民法院申请执行且人民法院已经作出应予执行的裁定后，如果一方当事人向人民法院申请撤销该裁决，受理撤销申请的人民法院认为裁决应予撤销且该人民法院与受理执行申请的人民法院非同一人民法院时，不应直接作出撤销仲裁裁决的裁定，而应报请它们的共同上级人民法院解决。

28. 当事人向人民法院申请执行内地仲裁机构作出的涉港澳仲裁裁决或者申请认可和执行香港特别行政区、澳门特别行政区仲裁机构作出的仲裁裁决或者临时仲裁庭在香港特别行政区、澳门特别行政区作出的仲裁裁决的，人民法院经审查认为裁决存在依法不予执行或者不予认可和执行的情形，在作出裁定前，应当报请本辖区所属高级人民法院进行审查；如果高级人民法院同意不予执行或者不予认可和执行，应将其审查意见报最高人民法院，待最高人民法院答复后，方可作出裁定。

29. 当事人向人民法院申请撤销内地仲裁机构作出的涉港澳仲裁裁决，人民法院经审查认为裁决存在依法应予撤销或者可以重新仲裁的情形，在裁定撤销裁决或者通知仲裁庭重新仲裁之前，应当报请本辖区所属高级人民法院进行审查；如果高级人民法院同意撤销或者通知仲裁庭重新仲裁，应将其审查意见报最高人民法院，待最高人民法院答复后，方可裁定撤销或者通知仲裁庭重新仲裁。

30. 当事人申请内地人民法院撤销香港特别行政区、澳门特别行政区仲裁机构作出的仲裁裁决或者临时仲裁庭在香港特别行政区、澳门特别行政区作出的仲裁裁决的，人民法院应不予受理。

六、其他

31. 有管辖权的基层人民法院审理事实清楚、权利义务关系明确、争议不大的涉港澳商事案件，可以适用《中华人民共和国民事诉讼法》规定的简易程序。

32. 人民法院审理涉港澳商事案件，在内地无住所的香港特别行政区、澳门特别行政区当事人的答辩、上诉期限，参照适用《中华人民共和国民事诉讼法》第二百四十八条、第二百四十九条的规定。

33. 本纪要中所称涉港澳商事案件是指当事人一方或者双方是香港特别行政区、澳门特别行政区的自然人或者企业、组织，或者当事人之间商事法律关系的设立、变更、终止的法律事实发生在香港特别行政区、澳门特别行政区，或者诉讼标的物在香港特别行政区、澳门特别行政区的商事案件。

海峡两岸共同打击犯罪及司法互助协议

（2009年4月26日）

为保障海峡两岸人民权益，维护两岸交流秩序，海峡两岸关系协会与财团法人海峡交流基金会就两岸共同打击犯罪及司法互助与联系事宜，经平等协商，达成协议如下：

第一章 总 则

一、合作事项

双方同意在民事、刑事领域相互提供以下协助：

（一）共同打击犯罪；
（二）送达文书；
（三）调查取证；
（四）认可及执行民事裁判与仲裁裁决（仲裁判断）；
（五）移管（接返）被判刑人（受刑事裁判确定人）；
（六）双方同意之其他合作事项。

二、业务交流

双方同意业务主管部门人员进行定期工作会晤、人员互访与业务培训合作，交流双方制度规范、裁判文书及其他相关资讯。

三、联系主体

本协议议定事项，由各方主管部门指定之联络人联系实施。必要时，经双方同意得指定其他单位进行联系。

本协议其他相关事宜，由海峡两岸关系协会与财团法人海峡交流基金会联系。

第二章　共同打击犯罪

四、合作范围

双方同意采取措施共同打击双方均认为涉嫌犯罪的行为。

双方同意着重打击下列犯罪：
（一）涉及杀人、抢劫、绑架、走私、枪械、毒品、人口贩运、组织偷渡及跨境有组织犯罪等重大犯罪；
（二）侵占、背信、诈骗、洗钱、伪造或变造货币及有价证券等经济犯罪；
（三）贪污、贿赂、渎职等犯罪；
（四）劫持航空器、船舶及涉恐怖活动等犯罪；
（五）其他刑事犯罪。

一方认为涉嫌犯罪，另一方认为未涉嫌犯罪但有重大社会危害，得经双方同意个案协助。

五、协助侦查

双方同意交换涉及犯罪有关情资，协助缉捕、遣返刑事犯与刑事嫌疑犯，并于必要时合作协查、侦办。

六、人员遣返

双方同意依循人道、安全、迅速、便利原则，在原有基础上，增加海运或空运直航方式，遣返刑事犯、刑事嫌疑犯，并于交接时移交有关证据（卷证）、签署交接书。

受请求方已对遣返对象进行司法程序者，得于程序终结后遣返。

受请求方认为有重大关切利益等特殊情形者，得视情决定遣返。

非经受请求方同意，请求方不得对遣返对象追诉遣返请求以外的行为。

第三章　司法互助

七、送达文书

双方同意依己方规定，尽最大努力，相互协助送达司法文书。

受请求方应于收到请求书之日起三个月内及时协助送达。

受请求方应将执行请求之结果通知请求方，并及时寄回证明送达与否的证明资料；无法完成请求事项者，应说明理由并送还相关资料。

八、调查取证

双方同意依己方规定相互协助调查取证，包括取得证言及陈述；提供书证、物证及视听资料；确定关系人所在或确认其身分；勘验、鉴定、检查、访视、调查；搜索及扣押等。

受请求方在不违反己方规定前提下，应尽量依请求方要求之形式提供协助。

受请求方协助取得相关证据资料，应及

时移交请求方。但受请求方已进行侦查、起诉或审判程序者，不在此限。

九、罪赃移交

双方同意在不违反己方规定范围内，就犯罪所得移交或变价移交事宜给予协助。

十、裁判认可

双方同意基于互惠原则，于不违反公共秩序或善良风俗之情况下，相互认可及执行民事确定裁判与仲裁裁决（仲裁判断）。

十一、罪犯移管（接返）

双方同意基于人道、互惠原则，在请求方、受请求方及被判刑人（受刑事裁判确定人）均同意移交之情形下，移管（接返）被判刑人（受刑事裁判确定人）。

十二、人道探视

双方同意及时通报对方人员被限制人身自由、非病死或可疑为非病死等重要讯息，并依己方规定为家属探视提供便利。

第四章 请求程序

十三、提出请求

双方同意以书面形式提出协助请求。但紧急情况下，经受请求方同意，得以其他形式提出，并于十日内以书面确认。

请求书应包含以下内容：请求部门、请求目的、事项说明、案情摘要及执行请求所需其他资料等。

如因请求书内容欠缺致无法执行请求，可要求请求方补充资料。

十四、执行请求

双方同意依本协议及己方规定，协助执行对方请求，并及时通报执行情况。

若执行请求将妨碍正在进行之侦查、起诉或审判程序，可暂缓提供协助，并及时向对方说明理由。

如无法完成请求事项，应向对方说明并送还相关资料。

十五、不予协助

双方同意因请求内容不符合己方规定或执行请求将损害己方公共秩序或善良风俗等情形，得不予协助，并向对方说明。

十六、保密义务

双方同意对请求协助与执行请求的相关资料予以保密。但依请求目的使用者，不在此限。

十七、限制用途

双方同意仅依请求书所载目的事项，使用对方协助提供之资料。但双方另有约定者，不在此限。

十八、互免证明

双方同意依本协议请求及协助提供之证据资料、司法文书及其他资料，不要求任何形式之证明。

十九、文书格式

双方同意就提出请求、答复请求、结果通报等文书，使用双方商定之文书格式。

二十、协助费用

双方同意相互免除执行请求所生费用。但请求方应负担下列费用：

（一）鉴定费用；

（二）笔译、口译及誊写费用；

（三）为请求方提供协助之证人、鉴定人，因前往、停留、离开请求方所生之费用；

（四）其他双方约定之费用。

第五章 附　则

二十一、协议履行与变更

双方应遵守协议。

协议变更，应经双方协商同意，并以书面形式确认。

二十二、争议解决

因适用本协议所生争议，双方应尽速协商解决。

二十三、未尽事宜

本协议如有未尽事宜，双方得以适当方式另行商定。

二十四、签署生效

本协议自签署之日起各自完成相关准备后生效，最迟不超过六十日。

本协议于四月二十六日签署，一式四份，双方各执两份。

二、送达和调查取证

最高人民法院关于涉港澳民商事案件司法文书送达问题若干规定

法释〔2009〕2号

(2009年2月16日最高人民法院审判委员会第1463次会议通过 2009年3月9日最高人民法院公告公布 自2009年3月16日起施行)

为规范涉及香港特别行政区、澳门特别行政区民商事案件司法文书送达,根据《中华人民共和国民事诉讼法》的规定,结合审判实践,制定本规定。

第一条 人民法院审理涉及香港特别行政区、澳门特别行政区的民商事案件时,向住所地在香港特别行政区、澳门特别行政区的受送达人送达司法文书,适用本规定。

第二条 本规定所称司法文书,是指起诉状副本、上诉状副本、反诉状副本、答辩状副本、传票、判决书、调解书、裁定书、支付令、决定书、通知书、证明书、送达回证等与诉讼相关的文书。

第三条 作为受送达人的自然人或者企业、其他组织的法定代表人、主要负责人在内地的,人民法院可以直接向该自然人或者法定代表人、主要负责人送达。

第四条 除受送达人在授权委托书中明确表明其诉讼代理人无权代为接收有关司法文书外,其委托的诉讼代理人为有权代其接受送达的诉讼代理人,人民法院可以向该诉讼代理人送达。

第五条 受送达人在内地设立有代表机构的,人民法院可以直接向该代表机构送达。

受送达人在内地设立有分支机构或者业务代办人并授权其接受送达的,人民法院可以直接向该分支机构或者业务代办人送达。

第六条 人民法院向在内地没有住所的受送达人送达司法文书,可以按照《最高人民法院关于内地与香港特别行政区法院相互委托送达民商事司法文书的安排》或者《最高人民法院关于内地与澳门特别行政区法院就民商事案件相互委托送达司法文书和调取证据的安排》送达。

按照前款规定方式送达的,自内地的高级人民法院或者最高人民法院将有关司法文书递送香港特别行政区高等法院或者澳门特别行政区终审法院之日起满三个月,如果未能收到送达与否的证明文件且不存在本规定第十二条规定情形的,视为不能适用上述安排中规定的方式送达。

第七条 人民法院向受送达人送达司法文书,可以邮寄送达。

邮寄送达时应附有送达回证。受送达人未在送达回证上签收但在邮件回执上签收的,视为送达,签收日期为送达日期。

自邮寄之日起满三个月,虽未收到送达

与否的证明文件，但存在本规定第十二条规定情形的，期间届满之日视为送达。

自邮寄之日起满三个月，如果未能收到送达与否的证明文件，且不存在本规定第十二条规定情形的，视为未送达。

第八条 人民法院可以通过传真、电子邮件等能够确认收悉的其他适当方式向受送达人送达。

第九条 人民法院不能依照本规定上述方式送达的，可以公告送达。公告内容应当在内地和受送达人住所地公开发行的报刊上刊登，自公告之日起满三个月即视为送达。

第十条 除公告送达方式外，人民法院可以同时采取多种法定方式向受送达人送达。

采取多种方式送达的，应当根据最先实现送达的方式确定送达日期。

第十一条 人民法院向在内地的受送达人或者受送达人的法定代表人、主要负责人、诉讼代理人、代表机构以及有权接受送达的分支机构、业务代办人送达司法文书，可以适用留置送达的方式。

第十二条 受送达人未对人民法院送达的司法文书履行签收手续，但存在以下情形之一的，视为送达：

（一）受送达人向人民法院提及了所送达司法文书的内容；

（二）受送达人已经按照所送达司法文书的内容履行；

（三）其他可以确认已经送达的情形。

第十三条 下级人民法院送达司法文书，根据有关规定需要通过上级人民法院转递的，应当附申请转递函。

上级人民法院收到下级人民法院申请转递的司法文书，应当在七个工作日内予以转递。

上级人民法院认为下级人民法院申请转递的司法文书不符合有关规定需要补正的，应当在七个工作日内退回申请转递的人民法院。

最高人民法院
关于内地与香港特别行政区法院相互委托送达民商事司法文书的安排

法释〔1999〕9号

（1998年12月30日最高人民法院审判委员会第1038次会议通过　1999年3月29日最高人民法院公告公布　自1999年3月30日起施行）

根据《中华人民共和国香港特别行政区基本法》第九十五条的规定，经最高人民法院与香港特别行政区代表协商，现就内地与香港特别行政区法院相互委托送达民商事司法文书问题规定如下：

一、内地法院和香港特别行政区法院可以相互委托送达民商事司法文书。

二、双方委托送达司法文书，均须通过各高级人民法院和香港特别行政区高等法院进行。最高人民法院司法文书可以直接委托香港特别行政区高等法院送达。

三、委托方请求送达司法文书，须出具盖有其印章的委托书，并须在委托书中说明委托机关的名称、受送达人的姓名或者名称、详细地址及案件的性质。

委托书应当以中文文本提出。所附司法

文书没有中文文本的，应当提供中文译本。以上文件一式两份。受送达人为两人以上的，每人一式两份。

受委托方如果认为委托书与本安排的规定不符，应当通知委托方，并说明对委托书的异议。必要时可以要求委托方补充材料。

四、不论司法文书中确定的出庭日期或者期限是否已过，受委托方均应送达。委托方应当尽量在合理期限内提出委托请求。

受委托方接到委托书后，应当及时完成送达，最迟不得超过自收到委托书之日起两个月。

五、送达司法文书后，内地人民法院应当出具送达回证；香港特别行政区法院应当出具送达证明书。出具送达回证和证明书，应当加盖法院印章。

受委托方无法送达的，应当在送达回证或者证明书上注明妨碍送达的原因、拒收事由和日期，并及时退回委托书及所附全部文书。

六、送达司法文书，应当依照受委托方所在地法律规定的程序进行。

七、受委托方对委托方委托送达的司法文书的内容和后果不负法律责任。

八、委托送达司法文书费用互免。但委托方在委托书中请求以特定送达方式送达所产生的费用，由委托方负担。

九、本安排中的司法文书在内地包括：起诉状副本、上诉状副本、授权委托书、传票、判决书、调解书、裁定书、决定书、通知书、证明书、送达回证；在香港特别行政区包括：起诉状副本、上诉状副本、传票、状词、誓章、判案书、判决书、裁决书、通知书、法庭命令、送达证明。

上述委托送达的司法文书以互换司法文书样本为准。

十、本安排在执行过程中遇有问题和修改，应当通过最高人民法院与香港特别行政区高等法院协商解决。

最高人民法院
关于内地与香港特别行政区法院就民商事案件相互委托提取证据的安排

法释〔2017〕4号

（2016年10月31日最高人民法院审判委员会第1697次会议通过　2017年2月27日最高人民法院公告公布　自2017年3月1日起生效）

根据《中华人民共和国香港特别行政区基本法》第九十五条的规定，最高人民法院与香港特别行政区经协商，就民商事案件相互委托提取证据问题作出如下安排：

第一条　内地人民法院与香港特别行政区法院就民商事案件相互委托提取证据，适用本安排。

第二条　双方相互委托提取证据，须通过各自指定的联络机关进行。其中，内地指定各高级人民法院为联络机关；香港特别行政区指定香港特别行政区政府政务司司长办公室辖下行政署为联络机关。

最高人民法院可以直接通过香港特别行政区指定的联络机关委托提取证据。

第三条　受委托方的联络机关收到对方的委托书后，应当及时将委托书及所附相关材料转送相关法院或者其他机关办理，或者自行办理。

如果受委托方认为委托材料不符合本辖区相关法律规定，影响其完成受托事项，应当及时通知委托方修改、补充。委托方应当按照受委托方的要求予以修改、补充，或者重新出具委托书。

如果受委托方认为受托事项不属于本安排规定的委托事项范围，可以予以退回并说明原因。

第四条 委托书及所附相关材料应当以中文文本提出。没有中文文本的，应当提供中文译本。

第五条 委托方获得的证据材料只能用于委托书所述的相关诉讼。

第六条 内地人民法院根据本安排委托香港特别行政区法院提取证据的，请求协助的范围包括：

（一）讯问证人；

（二）取得文件；

（三）检查、拍摄、保存、保管或扣留财产；

（四）取得财产样品或对财产进行试验；

（五）对人进行身体检验。

香港特别行政区法院根据本安排委托内地人民法院提取证据的，请求协助的范围包括：

（一）取得当事人的陈述及证人证言；

（二）提供书证、物证、视听资料及电子数据；

（三）勘验、鉴定。

第七条 受委托方应当根据本辖区法律规定安排取证。

委托方请求按照特殊方式提取证据的，如果受委托方认为不违反本辖区的法律规定，可以按照委托方请求的方式执行。

如果委托方请求其司法人员、有关当事人及其诉讼代理人（法律代表）在受委托方取证时到场，以及参与录取证言的程序，受委托方可以按照其辖区内相关法律规定予以考虑批准。批准同意的，受委托方应当将取证时间、地点通知委托方联络机关。

第八条 内地人民法院委托香港特别行政区法院提取证据，应当提供加盖最高人民法院或者高级人民法院印章的委托书。香港特别行政区法院委托内地人民法院提取证据，应当提供加盖香港特别行政区高等法院印章的委托书。

委托书或者所附相关材料应当写明：

（一）出具委托书的法院名称和审理相关案件的法院名称；

（二）与委托事项有关的当事人或者证人的姓名或者名称、地址及其他一切有助于联络及辨别其身份的信息；

（三）要求提供的协助详情，包括但不限于：与委托事项有关的案件基本情况（包括案情摘要、涉及诉讼的性质及正在进行的审理程序等）；需向当事人或者证人取得的指明文件、物品及询（讯）问的事项或问题清单；需要委托提取有关证据的原因等；必要时，需陈明有关证据对诉讼的重要性及用来证实的事实及论点等；

（四）是否需要采用特殊方式提取证据以及具体要求；

（五）委托方的联络人及其联络信息；

（六）有助执行委托事项的其他一切信息。

第九条 受委托方因执行受托事项产生的一般性开支，由受委托方承担。

受委托方因执行受托事项产生的翻译费用、专家费用、鉴定费用、应委托方要求的特殊方式取证所产生的额外费用等非一般性开支，由委托方承担。

如果受委托方认为执行受托事项或会引起非一般性开支，应先与委托方协商，以决定是否继续执行受托事项。

第十条 受委托方应当尽量自收到委托书之日起六个月内完成受托事项。受委托方完成受托事项后，应当及时书面回复委托方。

如果受委托方未能按委托方的请求完成受托事项，或者只能部分完成受托事项，应当向委托方书面说明原因，并按委托方指示及时退回委托书所附全部或者部分材料。

如果证人根据受委托方的法律规定，拒绝提供证言时，受委托方应当以书面通知委托方，并按委托方指示退回委托书所附全部材料。

第十一条 本安排在执行过程中遇有问题，或者本安排需要修改，应当通过最高人民法院与香港特别行政区政府协商解决。

第十二条 本安排在内地由最高人民法院发布司法解释和香港特别行政区完成有关内部程序后，由双方公布生效日期。

本安排适用于受委托方在本安排生效后收到的委托事项，但不影响双方根据现行法律考虑及执行在本安排生效前收到的委托事项。

最高人民法院
关于修改《关于内地与澳门特别行政区法院就民商事案件相互委托送达司法文书和调取证据的安排》的决定

法释〔2020〕1号

（2019年12月30日最高人民法院审判委员会第1790次会议审议通过 2020年1月14日最高人民法院公告公布 自2020年3月1日起施行）

经最高人民法院与澳门特别行政区协商，决定对《关于内地与澳门特别行政区法院就民商事案件相互委托送达司法文书和调取证据的安排》（法释〔2001〕26号，以下简称《安排》）作如下修改：

一、将第二条修改为："双方相互委托送达司法文书和调取证据，通过各高级人民法院和澳门特别行政区终审法院进行。最高人民法院与澳门特别行政区终审法院可以直接相互委托送达和调取证据。

"经与澳门特别行政区终审法院协商，最高人民法院可以授权部分中级人民法院、基层人民法院与澳门特别行政区终审法院相互委托送达和调取证据。"

二、增加一条，作为第三条："双方相互委托送达司法文书和调取证据，通过内地与澳门司法协助网络平台以电子方式转递；不能通过司法协助网络平台以电子方式转递的，采用邮寄方式。

"通过司法协助网络平台以电子方式转递的司法文书、证据材料等文件，应当确保其完整性、真实性和不可修改性。

"通过司法协助网络平台以电子方式转递的司法文书、证据材料等文件与原件具有同等效力。"

三、将第三条改为第四条，修改为："各高级人民法院和澳门特别行政区终审法院收到对方法院的委托书后，应当立即将委托书及所附司法文书和相关文件转送根据其本辖区法律规定有权完成该受托事项的法院。

"受委托方法院发现委托事项存在材料不齐全、信息不完整等问题，影响其完成受托事项的，应当及时通知委托方法院补充材料或者作出说明。

"经授权的中级人民法院、基层人民法

院收到澳门特别行政区终审法院委托书后，认为不属于本院管辖的，应当报请高级人民法院处理。"

四、将第九条改为第十条，修改为："委托方法院请求送达司法文书，须出具盖有其印章或者法官签名的委托书，并在委托书中说明委托机关的名称、受送达人的姓名或者名称、详细地址及案件性质。委托方法院请求按特殊方式送达或者有特别注意的事项的，应当在委托书中注明。"

五、将第十条改为第十一条，修改为："采取邮寄方式委托的，委托书及所附司法文书和其他相关文件一式两份，受送达人为两人以上的，每人一式两份。"

六、将第十一条改为第十二条，修改为："完成司法文书送达事项后，内地人民法院应当出具送达回证；澳门特别行政区法院应当出具送达证明书。出具的送达回证和送达证明书，应当注明送达的方法、地点和日期及司法文书接收人的身份，并加盖法院印章。

"受委托方法院无法送达的，应当在送达回证或者送达证明书上注明妨碍送达的原因、拒收事由和日期，并及时书面回复委托方法院。"

七、将第二十条改为第二十一条，修改为："受委托方法院完成委托调取证据的事项后，应当向委托方法院书面说明。

"未能按委托方法院的请求全部或者部分完成调取证据事项的，受委托方法院应当向委托方法院书面说明妨碍调取证据的原因，采取邮寄方式委托的，应及时退回委托书及所附文件。

"当事人、证人根据受委托方的法律规定，拒绝作证或者推辞提供证言时，受委托方法院应当书面通知委托方法院，采取邮寄方式委托的，应及时退回委托书及所附文件。"

八、增加一条，作为第二十三条："受委托方法院可以根据委托方法院的请求，并经证人、鉴定人同意，协助安排其辖区的证人、鉴定人通过视频、音频作证。"

九、将第二十四条改为第二十六条，修改为："本安排在执行过程中遇有问题的，由最高人民法院与澳门特别行政区终审法院协商解决。

"本安排需要修改的，由最高人民法院与澳门特别行政区协商解决。"

十、将第二十五条改为第二十七条，修改为："本安排自2001年9月15日起生效。本安排的修改文本自2020年3月1日起生效。"

十一、对引言、第六条、第七条、第八条、第十六条、第十八条、第二十一条作个别文字、标点符号修改。

根据本决定，对《安排》作相应修改并调整条文顺序后，重新公布。

附：

最高人民法院关于内地与澳门特别行政区法院就民商事案件相互委托送达司法文书和调取证据的安排

（2001年8月7日最高人民法院审判委员会第1186次会议通过 根据2019年12月30日最高人民法院审判委员会第1790次会议通过的《最高人民法院关于修改〈关于内地与澳门特别行政区法院就民商事案件相互委托送达司法文书和调取证据的安排〉的决定》修正 该修正自2020年3月1日起施行）

根据《中华人民共和国澳门特别行政区基本法》第九十三条的规定，最高人民法院与澳门特别行政区经协商，现就内地与澳门特别行政区法院就民商事案件相互委托送达司法文书和调取证据问题规定如下：

一、一般规定

第一条 内地人民法院与澳门特别行政区法院就民商事案件（在内地包括劳动争议案件，在澳门特别行政区包括民事劳工案件）相互委托送达司法文书和调取证据，均适用本安排。

第二条 双方相互委托送达司法文书和调取证据，通过各高级人民法院和澳门特别行政区终审法院进行。最高人民法院与澳门特别行政区终审法院可以直接相互委托送达和调取证据。

经与澳门特别行政区终审法院协商，最高人民法院可以授权部分中级人民法院、基层人民法院与澳门特别行政区终审法院相互委托送达和调取证据。

第三条 双方相互委托送达司法文书和调取证据，通过内地与澳门司法协助网络平台以电子方式转递；不能通过司法协助网络平台以电子方式转递的，采用邮寄方式。

通过司法协助网络平台以电子方式转递的司法文书、证据材料等文件，应当确保其完整性、真实性和不可修改性。

通过司法协助网络平台以电子方式转递的司法文书、证据材料等文件与原件具有同等效力。

第四条 各高级人民法院和澳门特别行政区终审法院收到对方法院的委托书后，应当立即将委托书及所附司法文书和相关文件转送根据其本辖区法律规定有权完成该受托事项的法院。

受委托方法院发现委托事项存在材料不齐全、信息不完整等问题，影响其完成受托事项的，应当及时通知委托方法院补充材料或者作出说明。

经授权的中级人民法院、基层人民法院收到澳门特别行政区终审法院委托书后，认为不属于本院管辖的，应当报请高级人民法院处理。

第五条 委托书应当以中文文本提出。所附司法文书及其他相关文件没有中文文本的，应当提供中文译本。

第六条 委托方法院应当在合理的期限内提出委托请求，以保证受委托方法院收到委托书后，及时完成受托事项。

受委托方法院应当优先处理受托事项。完成受托事项的期限，送达文书最迟不得超过自收到委托书之日起两个月，调取证据最迟不得超过自收到委托书之日起三个月。

第七条 受委托方法院应当根据本辖区法律规定执行受托事项。委托方法院请求按照特殊方式执行委托事项的，受委托方法院认为不违反本辖区的法律规定的，可以按照特殊方式执行。

第八条 委托方法院无须支付受委托方

法院在送达司法文书、调取证据时发生的费用、税项。但受委托方法院根据其本辖区法律规定,有权在调取证据时,要求委托方法院预付鉴定人、证人、翻译人员的费用,以及因采用委托方法院在委托书中请求以特殊方式送达司法文书、调取证据所产生的费用。

第九条 受委托方法院收到委托书后,不得以其本辖区法律规定对委托方法院审理的该民商事案件享有专属管辖权或者不承认对该请求事项提起诉讼的权利为由,不予执行受托事项。

受委托方法院在执行受托事项时,发现该事项不属于法院职权范围,或者内地人民法院认为在内地执行该受托事项将违反其基本法律原则或社会公共利益,或者澳门特别行政区法院认为在澳门特别行政区执行该受托事项将违反其基本法律原则或公共秩序的,可以不予执行,但应当及时向委托方法院书面说明不予执行的原因。

二、司法文书的送达

第十条 委托方法院请求送达司法文书,须出具盖有其印章或者法官签名的委托书,并在委托书中说明委托机关的名称、受送达人的姓名或者名称、详细地址以及案件性质。委托方法院请求按特殊方式送达或者有特别注意的事项的,应当在委托书中注明。

第十一条 采取邮寄方式委托的,委托书及所附司法文书和其他相关文件一式两份,受送达人为两人以上的,每人一式两份。

第十二条 完成司法文书送达事项后,内地人民法院应当出具送达回证;澳门特别行政区法院应当出具送达证明书。出具的送达回证和送达证明书,应当注明送达的方法、地点和日期以及司法文书接收人的身份,并加盖法院印章。

受委托方法院无法送达的,应当在送达回证或者送达证明书上注明妨碍送达的原因、拒收事由和日期,并及时书面回复委托方法院。

第十三条 不论委托方法院司法文书中确定的出庭日期或者期限是否已过,受委托方法院均应当送达。

第十四条 受委托方法院对委托方法院委托送达的司法文书和所附相关文件的内容和后果不负法律责任。

第十五条 本安排中的司法文书在内地包括:起诉状副本、上诉状副本、反诉状副本、答辩状副本、授权委托书、传票、判决书、调解书、裁定书、支付令、决定书、通知书、证明书、送达回证以及其他司法文书和所附相关文件;在澳门特别行政区包括:起诉状复本、答辩状复本、反诉状复本、上诉状复本、陈述书、申辩书、声明异议书、反驳书、申请书、撤诉书、认诺书、和解书、财产目录、财产分割表、和解建议书、债权人协议书、传唤书、通知书、法官批示、命令状、法庭许可令状、判决书、合议庭裁判书、送达证明书以及其他司法文书和所附相关文件。

三、调取证据

第十六条 委托方法院请求调取的证据只能是用于与诉讼有关的证据。

第十七条 双方相互委托代为调取证据的委托书应当写明:

(一)委托法院的名称;

(二)当事人及其诉讼代理人的姓名、地址和其他一切有助于辨别其身份的情况;

(三)委托调取证据的原因,以及委托调取证据的具体事项;

(四)被调查人的姓名、地址和其他一切有助于辨别其身份的情况,以及需要向其提出的问题;

(五)调取证据需采用的特殊方式;

(六)有助于执行该委托的其他一切情况。

第十八条　代为调取证据的范围包括：代为询问当事人、证人和鉴定人，代为进行鉴定和司法勘验，调取其他与诉讼有关的证据。

第十九条　委托方法院提出要求的，受委托方法院应当将取证的时间、地点通知委托方法院，以便有关当事人及其诉讼代理人能够出席。

第二十条　受委托方法院在执行委托调取证据时，根据委托方法院的请求，可以允许委托方法院派司法人员出席。必要时，经受委托方允许，委托方法院的司法人员可以向证人、鉴定人等发问。

第二十一条　受委托方法院完成委托调取证据的事项后，应当向委托方法院书面说明。

未能按委托方法院的请求全部或者部分完成调取证据事项的，受委托方法院应当向委托方法院书面说明妨碍调取证据的原因，采取邮寄方式委托的，应及时退回委托书及所附文件。

当事人、证人根据受委托方的法律规定，拒绝作证或者推辞提供证言的，受委托方法院应当书面通知委托方法院，采取邮寄方式委托的，应及时退回委托书及所附文件。

第二十二条　受委托方法院可以根据委托方法院的请求，并经证人、鉴定人同意，协助安排其辖区的证人、鉴定人到对方辖区出庭作证。

证人、鉴定人在委托方地域内逗留期间，不得因其离开受委托方地域之前，在委托方境内所实施的行为或者针对他所作的裁决而被刑事起诉、羁押，不得为履行刑罚或者其他处罚而被剥夺财产或者扣留身份证件，不得以任何方式对其人身自由加以限制。

证人、鉴定人完成所需诉讼行为，且可自由离开委托方地域后，在委托方境内逗留超过七天，或者已离开委托方地域又自行返回时，前款规定的豁免即行终止。

证人、鉴定人到委托方法院出庭而导致的费用及补偿，由委托方法院预付。

本条规定的出庭作证人员，在澳门特别行政区还包括当事人。

第二十三条　受委托方法院可以根据委托方法院的请求，并经证人、鉴定人同意，协助安排其辖区的证人、鉴定人通过视频、音频作证。

第二十四条　受委托方法院取证时，被调查的当事人、证人、鉴定人等的代理人可以出席。

四、附则

第二十五条　受委托方法院可以根据委托方法院的请求代为查询并提供本辖区的有关法律。

第二十六条　本安排在执行过程中遇有问题的，由最高人民法院与澳门特别行政区终审法院协商解决。

本安排需要修改的，由最高人民法院与澳门特别行政区协商解决。

第二十七条　本安排自 2001 年 9 月 15 日起生效。本安排的修改文本自 2020 年 3 月 1 日起生效。

最高人民法院
关于涉台民事诉讼文书送达的若干规定

法释〔2008〕4号

(最高人民法院审判委员会第1421次会议通过 2008年4月17日 最高人民法院公告公布 自2008年4月23日起施行)

为维护涉台民事案件当事人的合法权益，保障涉台民事案件诉讼活动的顺利进行，促进海峡两岸人员往来和交流，根据民事诉讼法的有关规定，制定本规定。

第一条 人民法院审理涉台民事案件向住所地在台湾地区的当事人送达民事诉讼文书，以及人民法院接受台湾地区有关法院的委托代为向住所地在大陆的当事人送达民事诉讼文书，适用本规定。

涉台民事诉讼文书送达事务的处理，应当遵守一个中国原则和法律的基本原则，不违反社会公共利益。

第二条 人民法院送达或者代为送达的民事诉讼文书包括：起诉状副本、上诉状副本、反诉状副本、答辩状副本、授权委托书、传票、判决书、调解书、裁定书、支付令、决定书、通知书、证明书、送达回证以及与民事诉讼有关的其他文书。

第三条 人民法院向住所地在台湾地区的当事人送达民事诉讼文书，可以采用下列方式：

（一）受送达人居住在大陆的，直接送达。受送达人是自然人，本人不在的，可以交其同住成年家属签收；受送达人是法人或者其他组织的，应当由法人的法定代表人、其他组织的主要负责人或者该法人、组织负责收件的人签收。

受送达人不在大陆居住，但送达时在大陆的，可以直接送达；

（二）受送达人在大陆有诉讼代理人的，向诉讼代理人送达。受送达人在授权委托书中明确表明其诉讼代理人无权代为接收的除外；

（三）受送达人有指定代收人的，向代收人送达；

（四）受送达人在大陆有代表机构、分支机构、业务代办人的，向其代表机构或者经受送达人明确授权接受送达的分支机构、业务代办人送达；

（五）受送达人在台湾地区的地址明确的，可以邮寄送达；

（六）有明确的传真号码、电子信箱地址的，可以通过传真、电子邮件方式向受送达人送达；

（七）按照两岸认可的其他途径送达。

采用上述方式不能送达或者台湾地区的当事人下落不明的，公告送达。

第四条 采用本规定第三条第一款第（一）、（二）、（三）、（四）项方式送达的，由受送达人、诉讼代理人或者有权接受送达的人在送达回证上签收或者盖章，即为送达；拒绝签收或者盖章的，可以依法留置送达。

第五条 采用本规定第三条第一款第（五）项方式送达的，应当附有送达回证。受送达人未在送达回证上签收但在邮件回执上签收的，视为送达，签收日期为送达日期。

自邮寄之日起满三个月，如果未能收到送达与否的证明文件，且根据各种情况不足以认定已经送达的，视为未送达。

第六条 采用本规定第三条第一款第（六）项方式送达的，应当注明人民法院的传真号码或者电子信箱地址，并要求受送达人在收到传真件或者电子邮件后及时予以回复。以能够确认受送达人收悉的日期为送达日期。

第七条 采用本规定第三条第一款第（七）项方式送达的，应当由有关的高级人民法院出具盖有本院印章的委托函。委托函应当写明案件各方当事人的姓名或者名称、案由、案号；受送达人姓名或者名称、受送达人的详细地址以及需送达的文书种类。

第八条 采用公告方式送达的，公告内容应当在境内外公开发行的报刊或者权威网站上刊登。

公告送达的，自公告之日起满三个月，即视为送达。

第九条 人民法院按照两岸认可的有关途径代为送达台湾地区法院的民事诉讼文书的，应当有台湾地区有关法院的委托函。

人民法院收到台湾地区有关法院的委托函后，经审查符合条件的，应当在收到委托函之日起两个月内完成送达。

民事诉讼文书中确定的出庭日期或者其他期限逾期的，受委托的人民法院亦应予送达。

第十条 人民法院按照委托函中的受送达人姓名或者名称、地址不能送达的，应当附函写明情况，将委托送达的民事诉讼文书退回。

完成送达的送达回证以及未完成送达的委托材料，可以按照原途径退回。

第十一条 受委托的人民法院对台湾地区有关法院委托送达的民事诉讼文书的内容和后果不负法律责任。

最高人民法院
关于人民法院办理海峡两岸送达文书和调查取证司法互助案件的规定

法释〔2011〕15号

（2010年12月16日最高人民法院审判委员会第1506次会议通过 2011年6月14日最高人民法院公告公布 自2011年6月25日起施行）

为落实《海峡两岸共同打击犯罪及司法互助协议》（以下简称协议），进一步推动海峡两岸司法互助业务的开展，确保协议中涉及人民法院有关送达文书和调查取证司法互助工作事项的顺利实施，结合各级人民法院开展海峡两岸司法互助工作实践，制定本规定。

一、总则

第一条 人民法院依照协议，办理海峡两岸民事、刑事、行政诉讼案件中的送达文书和调查取证司法互助业务，适用本规定。

第二条 人民法院应当在法定职权范围内办理海峡两岸司法互助业务。

人民法院办理海峡两岸司法互助业务，应当遵循一个中国原则，遵守国家法律的基本原则，不得违反社会公共利益。

二、职责分工

第三条 人民法院和台湾地区业务主管部门通过各自指定的协议联络人,建立办理海峡两岸司法互助业务的直接联络渠道。

第四条 最高人民法院是与台湾地区业务主管部门就海峡两岸司法互助业务进行联络的一级窗口。最高人民法院台湾司法事务办公室主任是最高人民法院指定的协议联络人。

最高人民法院负责:就协议中涉及人民法院的工作事项与台湾地区业务主管部门开展磋商、协调和交流;指导、监督、组织、协调地方各级人民法院办理海峡两岸司法互助业务;就海峡两岸调查取证司法互助业务与台湾地区业务主管部门直接联络,并在必要时具体办理调查取证司法互助案件;及时将本院和台湾地区业务主管部门指定的协议联络人的姓名、联络方式及变动情况等工作信息通报高级人民法院。

第五条 最高人民法院授权高级人民法院就办理海峡两岸送达文书司法互助案件,建立与台湾地区业务主管部门联络的二级窗口。高级人民法院应当指定专人作为经最高人民法院授权的二级联络窗口联络人。

高级人民法院负责:指导、监督、组织、协调本辖区人民法院办理海峡两岸送达文书和调查取证司法互助业务;就办理海峡两岸送达文书司法互助案件与台湾地区业务主管部门直接联络,并在必要时具体办理送达文书和调查取证司法互助案件;登记、统计本辖区人民法院办理的海峡两岸送达文书司法互助案件;定期向最高人民法院报告本辖区人民法院办理海峡两岸送达文书司法互助业务情况;及时将本院联络人的姓名、联络方式及变动情况报告最高人民法院,同时通报台湾地区联络人和下级人民法院。

第六条 中级人民法院和基层人民法院应当指定专人负责海峡两岸司法互助业务。

中级人民法院和基层人民法院负责:具体办理海峡两岸送达文书和调查取证司法互助案件;定期向高级人民法院层报本院办理海峡两岸送达文书司法互助业务情况;及时将本院海峡两岸司法互助业务负责人员的姓名、联络方式及变动情况层报高级人民法院。

三、送达文书司法互助

第七条 人民法院向住所地在台湾地区的当事人送达民事和行政诉讼司法文书,可以采用下列方式:

(一)受送达人居住在内地的,直接送达。受送达人是自然人,本人不在的,可以交其同住成年家属签收;受送达人是法人或者其他组织的,应当由法人的法定代表人、其他组织的主要负责人或者该法人、其他组织负责收件的人签收。

受送达人不在内地居住,但送达时在内地的,可以直接送达。

(二)受送达人在内地有诉讼代理人的,向诉讼代理人送达。但受送达人在授权委托书中明确表明其诉讼代理人无权代为接收的除外。

(三)受送达人有指定代收人的,向代收人送达。

(四)受送达人在内地有代表机构、分支机构、业务代办人的,向其代表机构或者经受送达人明确授权接受送达的分支机构、业务代办人送达。

(五)通过协议确定的海峡两岸司法互助方式,请求台湾地区送达。

(六)受送达人在台湾地区的地址明确的,可以邮寄送达。

(七)有明确的传真号码、电子信箱地址,可以通过传真、电子邮件方式向受送达人送达。

采用上述方式均不能送达或者台湾地区当事人下落不明的,可以公告送达。

人民法院需要向住所地在台湾地区的当事人送达刑事司法文书,可以通过协议确定的海峡两岸司法互助方式,请求台湾地区送达。

第八条 人民法院协助台湾地区法院送达司法文书,应当采用民事诉讼法、刑事诉讼法、行政诉讼法等法律和相关司法解释规定的送达方式,并应当尽可能采用直接送达方式,但不采用公告送达方式。

第九条 人民法院协助台湾地区送达司法文书,应当充分负责,及时努力送达。

第十条 审理案件的人民法院需要台湾地区协助送达司法文书的,应当填写《〈海峡两岸共同打击犯罪及司法互助协议〉送达文书请求书》附录部分,连同需要送达的司法文书,一式二份,及时送交高级人民法院。

需要台湾地区协助送达的司法文书中有指定开庭日期等类似期限的,一般应当为协助送达程序预留不少于六个月的时间。

第十一条 高级人民法院收到本院或者下级人民法院《〈海峡两岸共同打击犯罪及司法互助协议〉送达文书请求书》附录部分和需要送达的司法文书后,应当在七个工作日内完成审查。经审查认为可以请求台湾地区协助送达的,高级人民法院联络人应当填写《〈海峡两岸共同打击犯罪及司法互助协议〉送达文书请求书》正文部分,连同附录部分和需要送达的司法文书,立即寄送台湾地区联络人;经审查认为欠缺相关材料、内容或者认为不需要请求台湾地区协助送达的,应当立即告知提出请求的人民法院补充相关材料、内容或者在说明理由后将材料退回。

第十二条 台湾地区成功送达并将送达证明材料寄送高级人民法院联络人,或者未能成功送达并将相关材料送还,同时出具理由说明给高级人民法院联络人的,高级人民法院应当在收到之日起七个工作日内,完成审查并转送提出请求的人民法院。经审查认为欠缺相关材料或者内容的,高级人民法院联络人应当立即与台湾地区联络人联络并请求补充相关材料或者内容。

自高级人民法院联络人向台湾地区寄送有关司法文书之日起满四个月,如果未能收到送达证明材料或者说明文件,且根据各种情况不足以认定已经送达的,视为不能按照协议确定的海峡两岸司法互助方式送达。

第十三条 台湾地区请求人民法院协助送达台湾地区法院的司法文书并通过其联络人将请求书和相关司法文书寄送高级人民法院联络人的,高级人民法院应当在七个工作日内完成审查。经审查认为可以协助送达的,应当立即转送有关下级人民法院送达或者由本院送达;经审查认为欠缺相关材料、内容或者认为不宜协助送达的,高级人民法院联络人应当立即向台湾地区联络人说明情况并告知其补充相关材料、内容或者将材料送还。

具体办理送达文书司法互助案件的人民法院应当在收到高级人民法院转送的材料之日起五个工作日内,以"协助台湾地区送达民事(刑事、行政诉讼)司法文书"案由立案,指定专人办理,并应当自立案之日起十五日内完成协助送达,最迟不得超过两个月。

收到台湾地区送达文书请求时,司法文书中指定的开庭日期或者其他期限逾期的,人民法院亦应予以送达,同时高级人民法院联络人应当及时向台湾地区联络人说明情况。

第十四条 具体办理送达文书司法互助案件的人民法院成功送达的,应当由送达人在《〈海峡两岸共同打击犯罪及司法互助协议〉送达回证》上签名或者盖章,并在成功送达之日起七个工作日内将送达回证送交高级人民法院;未能成功送达的,应当由送达人在《〈海峡两岸共同打击犯罪及司法互助协议〉送达回证》上注明未能成功送达的原因并签名或者盖章,在确认不能送达之日起七个工作日内,将该送达回证和未能成功送达的司法文书送交高级人民法院。

高级人民法院应当在收到前款所述送达回证之日起七个工作日内完成审查,由高级人民法院联络人在前述送达回证上签名或者盖章，同时出具《〈海峡两岸共同打击犯罪及司法互助协议〉送达文书回复书》，连同该送达回证和未能成功送达的司法文书，立即寄送台湾地区联络人。

四、调查取证司法互助

第十五条 人民法院办理海峡两岸调查取证司法互助业务，限于与台湾地区法院相互协助调取与诉讼有关的证据，包括取得证言及陈述；提供书证、物证及视听资料；确定关系人所在地或者确认其身份、前科等情况；进行勘验、检查、扣押、鉴定和查询等。

第十六条 人民法院协助台湾地区法院调查取证，应当采用民事诉讼法、刑事诉讼法、行政诉讼法等法律和相关司法解释规定的方式。

在不违反法律和相关规定、不损害社会公共利益、不妨碍正在进行的诉讼程序的前提下，人民法院应当尽力协助调查取证，并尽可能依照台湾地区请求的内容和形式予以协助。

台湾地区调查取证请求书所述的犯罪事实，依照内地法律规定不认为涉嫌犯罪的，人民法院不予协助，但有重大社会危害并经双方业务主管部门同意予以个案协助的除外。台湾地区请求促使内地居民至台湾地区作证，但未作出非经内地主管部门同意不得追诉其进入台湾地区之前任何行为的书面声明的，人民法院可以不予协助。

第十七条 审理案件的人民法院需要台湾地区协助调查取证的，应当填写《〈海峡两岸共同打击犯罪及司法互助协议〉调查取证请求书》附录部分，连同相关材料，一式三份，及时送交高级人民法院。

高级人民法院应当在收到前款所述材料之日起七个工作日内完成初步审查，并将审查意见和《〈海峡两岸共同打击犯罪及司法互助协议〉调查取证请求书》附录部分和相关材料，一式二份，立即转送最高人民法院。

第十八条 最高人民法院收到高级人民法院转送的《〈海峡两岸共同打击犯罪及司法互助协议〉调查取证请求书》附录部分和相关材料以及高级人民法院审查意见后，应当在七个工作日内完成最终审查。经审查认为可以请求台湾地区协助调查取证的，最高人民法院联络人应当填写《〈海峡两岸共同打击犯罪及司法互助协议〉调查取证请求书》正文部分，连同附录部分和相关材料，立即寄送台湾地区联络人；经审查认为欠缺相关材料、内容或者认为不需要请求台湾地区协助调查取证的，应当立即通过高级人民法院告知提出请求的人民法院补充相关材料、内容或者在说明理由后将材料退回。

第十九条 台湾地区成功调查取证并将取得的证据材料寄送最高人民法院联络人，或者未能成功调查取证并将相关材料送还，同时出具理由说明给最高人民法院联络人的，最高人民法院应当在收到之日起七个工作日内完成审查并转送高级人民法院，高级人民法院应当在收到之日起七个工作日内转送提出请求的人民法院。经审查认为欠缺相关材料或者内容的，最高人民法院联络人应当立即与台湾地区联络人联络并请求补充相关材料或者内容。

第二十条 台湾地区请求人民法院协助台湾地区法院调查取证并通过其联络人将请求书和相关材料寄送最高人民法院联络人的，最高人民法院应当在收到之日起七个工作日内完成审查。经审查认为可以协助调查取证的，应当立即转送有关高级人民法院或者由本院办理，高级人民法院应当在收到之日起七个工作日内转送有关下级人民法院办理或者由本院办理；经审查认为欠缺相关材料、内容或者认为不宜协助调查取证的，最高人民法院联络人应当立即向台湾地区联络人说明情况并告知其补充相关材料、内容或者将材料送还。

具体办理调查取证司法互助案件的人民

法院应当在收到高级人民法院转送的材料之日起五个工作日内，以"协助台湾地区民事（刑事、行政诉讼）调查取证"案由立案，指定专人办理，并应当自立案之日起一个月内完成协助调查取证，最迟不得超过三个月。因故不能在期限届满前完成的，应当提前函告高级人民法院，并由高级人民法院转报最高人民法院。

第二十一条 具体办理调查取证司法互助案件的人民法院成功调查取证的，应当在完成调查取证之日起七个工作日内将取得的证据材料一式三份，连同台湾地区提供的材料，并在必要时附具情况说明，送交高级人民法院；未能成功调查取证的，应当出具说明函一式三份，连同台湾地区提供的材料，在确认不能成功调查取证之日起七个工作日内送交高级人民法院。

高级人民法院应当在收到前款所述材料之日起七个工作日内完成初步审查，并将审查意见和前述取得的证据材料或者说明函等，一式二份，连同台湾地区提供的材料，立即转送最高人民法院。

最高人民法院应当在收到之日起七个工作日内完成最终审查，由最高人民法院联络人出具《〈海峡两岸共同打击犯罪及司法互助协议〉调查取证回复书》，必要时连同相关材料，立即寄送台湾地区联络人。

证据材料不适宜复制或者难以取得备份的，可不按本条第一款和第二款的规定提供备份材料。

五、附则

第二十二条 人民法院对于台湾地区请求协助所提供的和执行请求所取得的相关资料应当予以保密。但依据请求目的使用的除外。

第二十三条 人民法院应当依据请求书载明的目的使用台湾地区协助提供的资料。但最高人民法院和台湾地区业务主管部门另有商定的除外。

第二十四条 对于依照协议和本规定从台湾地区获得的证据和司法文书等材料，不需要办理公证、认证等形式证明。

第二十五条 人民法院办理海峡两岸司法互助业务，应当使用统一、规范的文书样式。

第二十六条 对于执行台湾地区的请求所发生的费用，由有关人民法院负担。但下列费用应当由台湾地区业务主管部门负责支付：

（一）鉴定费用；
（二）翻译费用和誊写费用；
（三）为台湾地区提供协助的证人和鉴定人，因前往、停留、离开台湾地区所发生的费用；
（四）其他经最高人民法院和台湾地区业务主管部门商定的费用。

第二十七条 人民法院在办理海峡两岸司法互助案件中收到、取得、制作的各种文件和材料，应当以原件或者复制件形式，作为诉讼档案保存。

第二十八条 最高人民法院审理的案件需要请求台湾地区协助送达司法文书和调查取证的，参照本规定由本院自行办理。

专门人民法院办理海峡两岸送达文书和调查取证司法互助业务，参照本规定执行。

第二十九条 办理海峡两岸司法互助案件和执行本规定的情况，应当纳入对有关人民法院及相关工作人员的工作绩效考核和案件质量评查范围。

第三十条 此前发布的司法解释与本规定不一致的，以本规定为准。

最高人民法院
关于进一步规范人民法院涉港调查取证司法协助工作的通知

2013 年 2 月 4 日　　　　　　　　　　　法〔2013〕26 号

各省、自治区、直辖市高级人民法院，解放军军事法院，新疆维吾尔自治区高级人民法院生产建设兵团分院：

近日，国务院港澳事务办公室向我院通报了内地个别高级人民法院未经最高人民法院批准直接向香港特别行政区请求协助调查取证的有关情况。为进一步规范人民法院涉港调查取证司法协助工作，现就有关事项通知如下：

在内地与香港特别行政区就相互协助调查取证达成制度性安排之前，地方人民法院不得直接向香港方面提出协助调查取证请求，也不得擅自接受香港方面的协助调查取证请求。地方人民法院在具体案件审理中确需香港方面协助调查取证的，须层报最高人民法院批准并通过国务院港澳事务办公室与香港特别行政区政府联系和转递有关请求。如香港方面直接向地方人民法院提出协助调查取证请求，可告知香港方面通过香港特别行政区政府和国务院港澳事务办公室向最高人民法院转递有关请求。

请各高级人民法院接此通知后，及时将有关精神传达至辖区内各级人民法院。执行中遇有问题，请及时层报最高人民法院港澳台司法事务办公室。

最高人民法院
关于进一步规范人民法院涉港澳台调查取证工作的通知

2011 年 8 月 7 日　　　　　　　　　　　法〔2011〕243 号

各省、自治区、直辖市高级人民法院，解放军军事法院，新疆维吾尔自治区高级人民法院生产建设兵团分院：

近年来，内地与香港特别行政区、澳门特别行政区、台湾地区司法协（互）助的范围和领域不断扩展，方式和内容不断深化，案件数量不断增加。与此同时，人民法院在案件审判尤其是涉港澳台案件审判中需要港澳特区、台湾地区协助调查取证的情况日渐增多。根据《关于内地与澳门特别行政区法院就民商事案件相互委托送达司法文书和调取证据的安排》，内地与澳门特区法院之间可就民商事案件相互委托调查取证；根据《海峡两岸共同打击犯罪及司法互助协议》及《最高人民法院关于人民法院办理海峡两岸送达文书和调查取证司法互助案件的规定》，最高人民法院与台湾地区业务主管部门之间可就民商事、刑事、行政案件相互委托调查取证；内地法院与香港特区目前在调查取证方面尚未建立制度性的安排，但在实践中也存在以个案处理的方式相互协助调查取证的情况。为确保人民法院涉港澳台调查取证工作规范有序地开展，现就有关事项通知如下：

一、人民法院在案件审判中，需要从港澳特区或者台湾地区调取证据的，应当按照相关司法解释和规范性文件规定的权限和程序，委托港澳特区或者台湾地区业务主管部门协助调查取证。除有特殊情况层报最高人民法院并经中央有关部门批准外，人民法院不得派员赴港澳特区或者台湾地区调查取证。

二、人民法院不得派员随同公安机关、检察机关团组赴港澳特区或者台湾地区就特定案件进行调查取证。

三、各高级人民法院应切实担负起职责，指导辖区内各级人民法院做好涉港澳台调查取证工作。对有关法院提出的派员赴港澳特区或者台湾地区调查取证的申请，各高级人民法院要严格把关，凡不符合有关规定和本通知精神的，应当予以退回。

四、对于未经报请最高人民法院并经中央有关部门批准，擅自派员赴港澳特区或者台湾地区调查取证的，除严肃追究有关法院和人员的责任，并予通报批评外，还要视情暂停审批有关法院一定期限内的赴港澳台申请。

请各高级人民法院接此通知后，及时将有关精神传达至辖区内各级人民法院。执行中遇有问题，及时层报最高人民法院港澳台司法事务办公室。

特此通知。

最高人民法院
关于如何确定涉港澳台当事人公告送达期限和答辩、上诉期限的请示的复函

2001 年 8 月 7 日　　　　　　　　　〔2001〕民四他字第 29 号

上海市高级人民法院：

你院 2000 年 8 月 15 日沪高法〔2000〕485 号《关于如何确定涉港澳台当事人公告送达期限和答辩、上诉期限的请示》收悉。经研究认为：香港、澳门和台湾地区的当事人在内地法院起诉、应诉或者上诉时，需要履行一定的认证、公证或者转递手续，人民法院的司法文书目前尚无法采用与内地当事人完全相同的方式对港澳台当事人送达。因此，对港澳台当事人在内地诉讼时的公告送达期限和答辩、上诉的期限，应参照我国《民事诉讼法》涉外编的有关规定执行。

此复。

最高人民法院关于香港特别行政区企业在国内开办全资独资企业法律文书送达问题的请示的复函

2011年10月27日　　　〔2011〕民四他字第44号

湖南省高级人民法院民三庭：

你庭《关于香港特别行政区企业在国内开办全资独资企业法律文书送达问题的请示》收悉。经研究，答复如下：

一、在涉港商事案件的审理过程中，如果当事人提交了经合法公证认证的香港特别行政区受送达人（以下简称受送达人）的登记注册资料，首先，人民法院应当对该受送达人的主体资格予以确认；其次，人民法院可以通过《最高人民法院关于涉港澳民商事案件司法文书送达问题若干规定》中规定的途径向该受送达人登记注册资料中载明的地址进行送达。即使人民法院向受送达人登记注册资料中载明的地址无法成功送达的，亦不能必然得出受送达人登记注册资料不实的结论，人民法院亦不能主动对此予以纠正。

二、参照《最高人民法院关于涉港澳民商事案件司法文书送达问题若干规定》第五条第二款的相关规定，受送达人在内地设立的独资企业未经其明确授权的，人民法院不能直接向该独资企业送达司法文书，但有证据证明通过该独资企业送达的司法文书成功送达到了受送达人的除外。参照《最高人民法院关于涉港澳民商事案件司法文书送达问题若干规定》第三条的规定，受送达人的董事一般可以被认定为有权代表该受送达人接受司法文书的主体。如果有证据证明受送达人的现任董事在内地出现，人民法院可以将送达给受送达人的司法文书向其董事本人进行送达。

今后此类案件应以你院的名义而非你庭的名义报送请示。

此复。

三、判决的认可和执行

最高人民法院
关于内地与香港特别行政区法院
相互认可和执行民商事案件判决的安排

法释〔2024〕2号

(2019年1月14日最高人民法院审判委员会第1759次会议通过　2024年1月25日最高人民法院公告公布　自2024年1月29日起施行)

根据《中华人民共和国香港特别行政区基本法》第九十五条的规定，最高人民法院与香港特别行政区政府经协商，现就民商事案件判决的相互认可和执行问题作出如下安排。

第一条　内地与香港特别行政区法院民商事案件生效判决的相互认可和执行，适用本安排。

刑事案件中有关民事赔偿的生效判决的相互认可和执行，亦适用本安排。

第二条　本安排所称"民商事案件"是指依据内地和香港特别行政区法律均属于民商事性质的案件，不包括香港特别行政区法院审理的司法复核案件以及其他因行使行政权力直接引发的案件。

第三条　本安排暂不适用于就下列民商事案件作出的判决：

（一）内地人民法院审理的赡养、兄弟姐妹之间扶养、解除收养关系、成年人监护权、离婚后损害责任、同居关系析产案件，香港特别行政区法院审理的应否裁判分居的案件；

（二）继承案件、遗产管理或者分配的案件；

（三）内地人民法院审理的有关发明专利、实用新型专利侵权的案件，香港特别行政区法院审理的有关标准专利（包括原授专利）、短期专利侵权的案件，内地与香港特别行政区法院审理的有关确认标准必要专利许可费率的案件，以及有关本安排第五条未规定的知识产权案件；

（四）海洋环境污染、海事索赔责任限制、共同海损、紧急拖航和救助、船舶优先权、海上旅客运输案件；

（五）破产（清盘）案件；

（六）确定选民资格、宣告自然人失踪或者死亡、认定自然人限制或者无民事行为能力的案件；

（七）确认仲裁协议效力、撤销仲裁裁决案件；

（八）认可和执行其他国家和地区判决、仲裁裁决的案件。

第四条　本安排所称"判决"，在内地包括判决、裁定、调解书、支付令，不包括保全裁定；在香港特别行政区包括判决、命令、判令、讼费评定证明书，不包括禁诉令、临时济助命令。

本安排所称"生效判决"：

（一）在内地，是指第二审判决，依法不准上诉或者超过法定期限没有上诉的第一审判决，以及依照审判监督程序作出的上述判决；

（二）在香港特别行政区，是指终审法院、高等法院上诉法庭及原讼法庭、区域法院以及劳资审裁处、土地审裁处、小额钱债审裁处、竞争事务审裁处作出的已经发生法律效力的判决。

第五条 本安排所称"知识产权"是指《与贸易有关的知识产权协定》第一条第二款规定的知识产权，以及《中华人民共和国民法典》第一百二十三条第二款第七项、香港《植物品种保护条例》规定的权利人就植物新品种享有的知识产权。

第六条 本安排所称"住所地"，当事人为自然人的，是指户籍所在地或者永久性居民身份所在地、经常居住地；当事人为法人或者其他组织的，是指注册地或者登记地、主要办事机构所在地、主要营业地、主要管理地。

第七条 申请认可和执行本安排规定的判决：

（一）在内地，向申请人住所地或者被申请人住所地、财产所在地的中级人民法院提出；

（二）在香港特别行政区，向高等法院提出。

申请人应当向符合前款第一项规定的其中一个人民法院提出申请。向两个以上有管辖权的人民法院提出申请的，由最先立案的人民法院管辖。

第八条 申请认可和执行本安排规定的判决，应当提交下列材料：

（一）申请书；

（二）经作出生效判决的法院盖章的判决副本；

（三）作出生效判决的法院出具的证明书，证明该判决属于生效判决，判决有执行内容的，还应当证明在原审法院地可以执行；

（四）判决为缺席判决的，应当提交已经合法传唤当事人的证明文件，但判决已经对此予以明确说明或者缺席方提出认可和执行申请的除外；

（五）身份证明材料：

1. 申请人为自然人的，应当提交身份证件复印件；

2. 申请人为法人或者其他组织的，应当提交注册登记证书的复印件以及法定代表人或者主要负责人的身份证件复印件。

上述身份证明材料，在被请求方境外形成的，应当依据被请求方法律规定办理证明手续。

向内地人民法院提交的文件没有中文文本的，应当提交准确的中文译本。

第九条 申请书应当载明下列事项：

（一）当事人的基本情况：当事人为自然人的，包括姓名、住所、身份证件信息、通讯方式等；当事人为法人或者其他组织的，包括名称、住所及其法定代表人或者主要负责人的姓名、职务、住所、身份证件信息、通讯方式等；

（二）请求事项和理由；申请执行的，还需提供被申请人的财产状况和财产所在地；

（三）判决是否已在其他法院申请执行以及执行情况。

第十条 申请认可和执行判决的期间、程序和方式，应当依据被请求方法律的规定。

第十一条 符合下列情形之一，且依据被请求方法律有关诉讼不属于被请求方法院专属管辖的，被请求方法院应当认定原审法院具有管辖权：

（一）原审法院受理案件时，被告住所地在该方境内；

（二）原审法院受理案件时，被告在该方境内设有代表机构、分支机构、办事处、营业所等不属于独立法人的机构，且诉讼请求是基于该机构的活动；

（三）因合同纠纷提起的诉讼，合同履行地在该方境内；

（四）因侵权行为提起的诉讼，侵权行为实施地在该方境内的；

（五）合同纠纷或者其他财产权益纠纷的当事人以书面形式约定由原审法院地管辖，但各方当事人住所地均在被请求方境内的，原审法院地应系合同履行地、合同签订地、标的物所在地等与争议有实际联系地；

（六）当事人未对原审法院提出管辖权异议并应诉答辩，但各方当事人住所地均在被请求方境内的，原审法院地应系合同履行地、合同签订地、标的物所在地等与争议有实际联系地。

前款所称"书面形式"是指合同书、信件和数据电文（包括电报、电传、传真、电子数据交换和电子邮件）等可以有形地表现所载内容的形式。

知识产权侵权纠纷案件以及内地人民法院审理的《中华人民共和国反不正当竞争法》第六条规定的不正当竞争纠纷民事案件、香港特别行政区法院审理的假冒纠纷案件，侵权、不正当竞争、假冒行为实施地在原审法院地境内，且涉案知识产权权利、权益在该方境内依法应予保护的，才应当认定原审法院具有管辖权。

除第一款、第三款规定外，被请求方法院认为原审法院对于有关诉讼的管辖符合被请求方法律规定的，可以认定原审法院具有管辖权。

第十二条 申请认可和执行的判决，被申请人提供证据证明有下列情形之一的，被请求方法院审查核实后，应当不予认可和执行：

（一）原审法院对有关诉讼的管辖不符合本安排第十一条规定的；

（二）依据原审法院地法律，被申请人未经合法传唤，或者虽经合法传唤但未获得合理的陈述、辩论机会的；

（三）判决是以欺诈方法取得的；

（四）被请求方法院受理相关诉讼后，原审法院又受理就同一争议提起的诉讼并作出判决的；

（五）被请求方法院已经就同一争议作出判决，或者已经认可其他国家和地区就同一争议作出的判决的；

（六）被请求方已经就同一争议作出仲裁裁决，或者已经认可其他国家和地区就同一争议作出的仲裁裁决的。

内地人民法院认为认可和执行香港特别行政区法院判决明显违反内地法律的基本原则或者社会公共利益，香港特别行政区法院认为认可和执行内地人民法院判决明显违反香港特别行政区法律的基本原则或者公共政策的，应当不予认可和执行。

第十三条 申请认可和执行的判决，被申请人提供证据证明在原审法院进行的诉讼违反了当事人就同一争议订立的有效仲裁协议或者管辖协议的，被请求方法院审查核实后，可以不予认可和执行。

第十四条 被请求方法院不能仅因判决的先决问题不属于本安排适用范围，而拒绝认可和执行该判决。

第十五条 对于原审法院就知识产权有效性、是否成立或者存在作出的判项，不予认可和执行，但基于该判项作出的有关责任承担的判项符合本安排规定的，应当认可和执行。

第十六条 相互认可和执行的判决内容包括金钱判项、非金钱判项。

判决包括惩罚性赔偿的，不予认可和执行惩罚性赔偿部分，但本安排第十七条规定的除外。

第十七条 知识产权侵权纠纷案件以及内地人民法院审理的《中华人民共和国反不正当竞争法》第六条规定的不正当竞争纠纷民事案件、香港特别行政区法院审理的假冒纠纷案件，内地与香港特别行政区法院相互认可和执行判决的，限于根据原审法院地发生的侵权行为所确定的金钱判项，包括惩罚性赔偿部分。

有关商业秘密侵权纠纷案件判决的相互认可和执行，包括金钱判项（含惩罚性赔偿）、非金钱判项。

第十八条　内地与香港特别行政区法院相互认可和执行的财产给付范围，包括判决确定的给付财产和相应的利息、诉讼费、迟延履行金、迟延履行利息，不包括税收、罚款。

前款所称"诉讼费"，在香港特别行政区是指讼费评定证明书核定或者命令支付的费用。

第十九条　被请求方法院不能认可和执行判决全部判项的，可以认可和执行其中的部分判项。

第二十条　对于香港特别行政区法院作出的判决，一方当事人已经提出上诉，内地人民法院审查核实后，中止认可和执行程序。经上诉，维持全部或者部分原判决的，恢复认可和执行程序；完全改变原判决的，终止认可和执行程序。

内地人民法院就已经作出的判决裁定再审的，香港特别行政区法院审查核实后，中止认可和执行程序。经再审，维持全部或者部分原判决的，恢复认可和执行程序；完全改变原判决的，终止认可和执行程序。

第二十一条　被申请人在内地和香港特别行政区均有可供执行财产的，申请人可以分别向两地法院申请执行。

应对方法院要求，两地法院应当相互提供本方执行判决的情况。

两地法院执行财产的总额不得超过判决确定的数额。

第二十二条　在审理民商事案件期间，当事人申请认可和执行另一地法院就同一争议作出的判决的，应当受理。受理后，有关诉讼应当中止，待就认可和执行的申请作出裁定或者命令后，再视情终止或者恢复诉讼。

第二十三条　审查认可和执行判决申请期间，当事人就同一争议提起诉讼的，不予受理；已经受理的，驳回起诉。

判决全部获得认可和执行后，当事人又就同一争议提起诉讼的，不予受理。

判决未获得或者未全部获得认可和执行的，申请人不得再次申请认可和执行，但可以就同一争议向被请求方法院提起诉讼。

第二十四条　申请认可和执行判决的，被请求方法院在受理申请之前或者之后，可以依据被请求方法律规定采取保全或者强制措施。

第二十五条　法院应当尽快审查认可和执行的申请，并作出裁定或者命令。

第二十六条　被请求方法院就认可和执行的申请作出裁定或者命令后，当事人不服的，在内地可以于裁定送达之日起十日内向上一级人民法院申请复议，在香港特别行政区可以依据其法律规定提出上诉。

第二十七条　申请认可和执行判决的，应当依据被请求方有关诉讼收费的法律和规定交纳费用。

第二十八条　本安排签署后，最高人民法院和香港特别行政区政府经协商，可以就第三条所列案件判决的认可和执行以及第四条所涉保全、临时济助的协助问题签署补充文件。

本安排在执行过程中遇有问题或者需要修改的，由最高人民法院和香港特别行政区政府协商解决。

第二十九条　内地与香港特别行政区法院自本安排生效之日起作出的判决，适用本安排。

第三十条　本安排生效之日，《最高人民法院关于内地与香港特别行政区法院相互认可和执行当事人协议管辖的民商事案件判决的安排》同时废止。

本安排生效前，当事人已签署《最高人民法院关于内地与香港特别行政区法院相互认可和执行当事人协议管辖的民商事案件判决的安排》所称"书面管辖协议"的，仍适用该安排。

第三十一条　本安排生效后，《最高人民法院关于内地与香港特别行政区法院相互认可和执行婚姻家庭民事案件判决的安排》继续施行。

第三十二条　本安排自 2024 年 1 月 29 日起施行。

最高人民法院
关于内地与香港特别行政区法院相互认可和执行当事人协议管辖的民商事案件判决的安排

法释〔2008〕9号

（2006年6月12日最高人民法院审判委员会第1390次会议通过　2008年7月3日最高人民法院公告公布　自2008年8月1日起生效）

根据《中华人民共和国香港特别行政区基本法》第九十五条的规定，最高人民法院与香港特别行政区政府经协商，现就当事人协议管辖的民商事案件判决的认可和执行问题作出如下安排：

第一条　内地人民法院和香港特别行政区法院在具有书面管辖协议的民商事案件中作出的须支付款项的具有执行力的终审判决，当事人可以根据本安排向内地人民法院或者香港特别行政区法院申请认可和执行。

第二条　本安排所称"具有执行力的终审判决"：

（一）在内地是指：

1. 最高人民法院的判决；

2. 高级人民法院、中级人民法院以及经授权管辖第一审涉外、涉港澳台民商事案件的基层人民法院（名单附后）依法不准上诉或者已经超过法定期限没有上诉的第一审判决，第二审判决和依照审判监督程序由上一级人民法院提审后作出的生效判决。

（二）在香港特别行政区是指终审法院、高等法院上诉法庭及原讼法庭和区域法院作出的生效判决。

本安排所称判决，在内地包括判决书、裁定书、调解书、支付令；在香港特别行政区包括判决书、命令和诉讼费评定证明书。

当事人向香港特别行政区法院申请认可和执行判决后，内地人民法院对该案件依法再审的，由作出生效判决的上一级人民法院提审。

第三条　本安排所称"书面管辖协议"，是指当事人为解决与特定法律关系有关的已经发生或者可能发生的争议，自本安排生效之日起，以书面形式明确约定内地人民法院或者香港特别行政区法院具有唯一管辖权的协议。

本条所称"特定法律关系"，是指当事人之间的民商事合同，不包括雇佣合同以及自然人因个人消费、家庭事宜或者其他非商业目的而作为协议一方的合同。

本条所称"书面形式"是指合同书、信件和数据电文（包括电报、电传、传真、电子数据交换和电子邮件）等可以有形地表现所载内容、可以调取以备日后查用的形式。

书面管辖协议可以由一份或者多份书面形式组成。

除非合同另有规定，合同中的管辖协议条款独立存在，合同的变更、解除、终止或者无效，不影响管辖协议条款的效力。

第四条　申请认可和执行符合本安排规定的民商事判决，在内地向被申请人住所地、经常居住地或者财产所在地的中级人民法院提出，在香港特别行政区向香港特别行政区高等法院提出。

第五条　被申请人住所地、经常居住地或者财产所在地在内地不同的中级人民法院辖区的，申请人应当选择向其中一个人民法院提出认可和执行的申请，不得分别向两个或者两个以上人民法院提出申请。

被申请人的住所地、经常居住地或者财产所在地，既在内地又在香港特别行政区的，申请人可以同时分别向两地法院提出申请，两地法院分别执行判决的总额，不得超过判决确定的数额。已经部分或者全部执行判决的法院应当根据对方法院的要求提供已执行判决的情况。

第六条 申请人向有关法院申请认可和执行判决的，应当提交以下文件：

（一）请求认可和执行的申请书；

（二）经作出终审判决的法院盖章的判决书副本；

（三）作出终审判决的法院出具的证明书，证明该判决属于本安排第二条所指的终审判决，在判决作出地可以执行；

（四）身份证明材料：

1. 申请人为自然人的，应当提交身份证或者经公证的身份证复印件；

2. 申请人为法人或者其他组织的，应当提交经公证的法人或者其他组织注册登记证书的复印件；

3. 申请人是外国籍法人或者其他组织的，应当提交相应的公证和认证材料。

向内地人民法院提交的文件没有中文文本的，申请人应当提交证明无误的中文译本。

执行地法院对于本条所规定的法院出具的证明书，无需另行要求公证。

第七条 请求认可和执行申请书应当载明下列事项：

（一）当事人为自然人的，其姓名、住所；当事人为法人或者其他组织的，法人或者其他组织的名称、住所以及法定代表人或者主要负责人的姓名、职务和住所；

（二）申请执行的理由与请求的内容，被申请人的财产所在地以及财产状况；

（三）判决是否在原审法院地申请执行以及已执行的情况。

第八条 申请人申请认可和执行内地人民法院或者香港特别行政区法院判决的程序，依据执行地法律的规定。本安排另有规定的除外。

申请人申请认可和执行的期间为二年。

前款规定的期间，内地判决到香港特别行政区申请执行的，从判决规定履行期间的最后一日起计算，判决规定分期履行的，从规定的每次履行期间的最后一日起计算，判决未规定履行期间的，从判决生效之日起计算；香港特别行政区判决到内地申请执行的，从判决可强制执行之日起计算，该日为判决上注明的判决日期，判决对履行期间另有规定的，从规定的履行期间届满后开始计算。

第九条 对申请认可和执行的判决，原审判决中的债务人提供证据证明有下列情形之一的，受理申请的法院经审查核实，应当裁定不予认可和执行：

（一）根据当事人协议选择的原审法院地的法律，管辖协议属于无效。但选择法院已经判定该管辖协议为有效的除外；

（二）判决已获完全履行；

（三）根据执行地的法律，执行地法院对该案享有专属管辖权；

（四）根据原审法院地的法律，未曾出庭的败诉一方当事人未经合法传唤或者虽经合法传唤但未获依法律规定的答辩时间。但原审法院根据其法律或者有关规定公告送达的，不属于上述情形；

（五）判决是以欺诈方法取得的；

（六）执行地法院就相同诉讼请求作出判决，或者外国、境外地区法院就相同诉讼请求作出判决，或者有关仲裁机构作出仲裁裁决，已经为执行地法院所认可或者执行的。

内地人民法院认为在内地执行香港特别行政区法院判决违反内地社会公共利益，或者香港特别行政区法院认为在香港特别行政区执行内地人民法院判决违反香港特别行政区公共政策的，不予认可和执行。

第十条 对于香港特别行政区法院作出的判决，判决确定的债务人已经提出上诉，或者上诉程序尚未完结的，内地人民法院审查核实后，可以中止认可和执行程序。经上诉，维持全部或者部分原判决的，恢复认可和执行程序；完全改变原判决的，终止认可和执行程序。

内地地方人民法院就已经作出的判决按照审判监督程序作出提审裁定，或者最高人民法院作出提起再审裁定的，香港特别行政区法院审查核实后，可以中止认可和执行程序。再审判决维持全部或者部分原判决的，恢复认可和执行程序；再审判决完全改变原判决的，终止认可和执行程序。

第十一条 根据本安排而获认可的判决与执行地法院的判决效力相同。

第十二条 当事人对认可和执行与否的裁定不服的，在内地可以向上一级人民法院申请复议，在香港特别行政区可以根据其法律规定提出上诉。

第十三条 在法院受理当事人申请认可和执行判决期间，当事人依相同事实再行提起诉讼的，法院不予受理。

已获认可和执行的判决，当事人依相同事实再行提起诉讼的，法院不予受理。

对于根据本安排第九条不予认可和执行的判决，申请人不得再行提起认可和执行的申请，但是可以按照执行地的法律依相同案件事实向执行地法院提起诉讼。

第十四条 法院受理认可和执行判决的申请之前或者之后，可以按照执行地法律关于财产保全或者禁制资产转移的规定，根据申请人的申请，对被申请人的财产采取保全或强制措施。

第十五条 当事人向有关法院申请执行判决，应当根据执行地有关诉讼收费的法律和规定交纳执行费或者法院费用。

第十六条 内地与香港特别行政区法院相互认可和执行的标的范围，除判决确定的数额外，还包括根据该判决须支付的利息、经法院核定的律师费以及诉讼费，但不包括税收和罚款。

在香港特别行政区诉讼费是指经法官或者司法常务官在诉讼费评定证明书中核定或者命令支付的诉讼费用。

第十七条 内地与香港特别行政区法院自本安排生效之日（含本日）起作出的判决，适用本安排。

第十八条 本安排在执行过程中遇有问题或者需要修改，由最高人民法院和香港特别行政区政府协商解决。

最高人民法院
关于内地与香港特别行政区法院相互认可和执行婚姻家庭民事案件判决的安排

法释〔2022〕4号

(2017年5月22日最高人民法院审判委员会第1718次会议通过 2022年2月14日最高人民法院公告公布 自2022年2月15日起施行)

根据《中华人民共和国香港特别行政区基本法》第九十五条的规定，最高人民法院与香港特别行政区政府经协商，现就婚姻家庭民事案件判决的认可和执行问题作出如下安排。

第一条 当事人向香港特别行政区法院申请认可和执行内地人民法院就婚姻家庭民事案件作出的生效判决，或者向内地人民法院申请认可和执行香港特别行政区法院就婚姻家庭民事案件作出的生效判决的，适用本安排。

当事人向香港特别行政区法院申请认可内地民政部门所发的离婚证，或者向内地人民法院申请认可依据《婚姻制度改革条例》（香港法例第178章）第Ⅴ部、第ⅤA部规定解除婚姻的协议书、备忘录的，参照适用本安排。

第二条 本安排所称生效判决：

（一）在内地，是指第二审判决，依法不准上诉或者超过法定期限没有上诉的第一审判决，以及依照审判监督程序作出的上述判决；

（二）在香港特别行政区，是指终审法院、高等法院上诉法庭及原讼法庭和区域法院作出的已经发生法律效力的判决，包括依据香港法律可以在生效后作出更改的命令。

前款所称判决，在内地包括判决、裁定、调解书，在香港特别行政区包括判决、命令、判令、讼费评定证明书、定额讼费证明书，但不包括双方依据其法律承认的其他国家和地区法院作出的判决。

第三条 本安排所称婚姻家庭民事案件：

（一）在内地是指：

1. 婚内夫妻财产分割纠纷案件；
2. 离婚纠纷案件；
3. 离婚后财产纠纷案件；
4. 婚姻无效纠纷案件；
5. 撤销婚姻纠纷案件；
6. 夫妻财产约定纠纷案件；
7. 同居关系子女抚养纠纷案件；
8. 亲子关系确认纠纷案件；
9. 抚养纠纷案件；
10. 扶养纠纷案件（限于夫妻之间扶养纠纷）；
11. 确认收养关系纠纷案件；
12. 监护权纠纷案件（限于未成年子女监护权纠纷）；
13. 探望权纠纷案件；
14. 申请人身安全保护令案件。

（二）在香港特别行政区是指：

1. 依据香港法例第179章《婚姻诉讼条例》第Ⅲ部作出的离婚绝对判令；
2. 依据香港法例第179章《婚姻诉讼条例》第Ⅳ部作出的婚姻无效绝对判令；
3. 依据香港法例第192章《婚姻法律程序与财产条例》作出的在讼案待决期间提供赡养费令；
4. 依据香港法例第13章《未成年人监护条例》、第16章《分居令及赡养令条例》、第192章《婚姻法律程序与财产条例》第Ⅱ部、第ⅡA部作出的赡养令；
5. 依据香港法例第13章《未成年人监护条例》、第192章《婚姻法律程序与财产条例》第Ⅱ部、第ⅡA部作出的财产转让及出售财产令；
6. 依据香港法例第182章《已婚者地位条例》作出的有关财产的命令；
7. 依据香港法例第192章《婚姻法律程序与财产条例》在双方在生时作出的修改赡养协议的命令；
8. 依据香港法例第290章《领养条例》作出的领养令；
9. 依据香港法例第179章《婚姻诉讼条例》、第429章《父母与子女条例》作出的父母身份、婚生地位或者确立婚生地位的宣告；
10. 依据香港法例第13章《未成年人监护条例》、第16章《分居令及赡养令条例》、第192章《婚姻法律程序与财产条例》作出的管养令；
11. 就受香港法院监护的未成年子女作出的管养令；
12. 依据香港法例第189章《家庭及同居关系暴力条例》作出的禁制骚扰令、驱逐令、重返令或者更改、暂停执行就未成年子女的管养令、探视令。

第四条 申请认可和执行本安排规定的

判决：

（一）在内地向申请人住所地、经常居住地或者被申请人住所地、经常居住地、财产所在地的中级人民法院提出；

（二）在香港特别行政区向区域法院提出。

申请人应当向符合前款第一项规定的其中一个人民法院提出申请。向两个以上有管辖权的人民法院提出申请的，由最先立案的人民法院管辖。

第五条 申请认可和执行本安排第一条第一款规定的判决的，应当提交下列材料：

（一）申请书；

（二）经作出生效判决的法院盖章的判决副本；

（三）作出生效判决的法院出具的证明书，证明该判决属于本安排规定的婚姻家庭民事案件生效判决；

（四）判决为缺席判决的，应当提交法院已经合法传唤当事人的证明文件，但判决已经对此予以明确说明或者缺席方提出申请的除外；

（五）经公证的身份证件复印件。

申请认可本安排第一条第二款规定的离婚证或者协议书、备忘录的，应当提交下列材料：

（一）申请书；

（二）经公证的离婚证复印件，或者经公证的协议书、备忘录复印件；

（三）经公证的身份证件复印件。

向内地人民法院提交的文件没有中文文本的，应当提交准确的中文译本。

第六条 申请书应当载明下列事项：

（一）当事人的基本情况，包括姓名、住所、身份证件信息、通讯方式等；

（二）请求事项和理由，申请执行的，还需提供被申请人的财产状况和财产所在地；

（三）判决是否已在其他法院申请执行和执行情况。

第七条 申请认可和执行判决的期间、程序和方式，应当依据被请求方法律的规定。

第八条 法院应当尽快审查认可和执行的请求，并作出裁定或者命令。

第九条 申请认可和执行的判决，被申请人提供证据证明有下列情形之一的，法院审查核实后，不予认可和执行：

（一）根据原审法院地法律，被申请人未经合法传唤，或者虽经合法传唤但未获得合理的陈述、辩论机会的；

（二）判决是以欺诈方法取得的；

（三）被请求方法院受理相关诉讼后，请求方法院又受理就同一争议提起的诉讼并作出判决的；

（四）被请求方法院已经就同一争议作出判决，或者已经认可和执行其他国家和地区法院就同一争议所作出的判决的。

内地人民法院认为认可和执行香港特别行政区法院判决明显违反内地法律的基本原则或者社会公共利益，香港特别行政区法院认为认可和执行内地人民法院判决明显违反香港特别行政区法律的基本原则或公共政策的，不予认可和执行。

申请认可和执行的判决涉及未成年子女的，在根据前款规定审查决定是否认可和执行时，应当充分考虑未成年子女的最佳利益。

第十条 被请求方法院不能对判决的全部判项予以认可和执行时，可以认可和执行其中的部分判项。

第十一条 对于香港特别行政区法院作出的判决，一方当事人已经提出上诉，内地人民法院审查核实后，可以中止认可和执行程序。经上诉，维持全部或者部分原判决的，恢复认可和执行程序；完全改变原判决的，终止认可和执行程序。

内地人民法院就已经作出的判决裁定再审的，香港特别行政区法院审查核实后，可以中止认可和执行程序。经再审，维持全部或者部分原判决的，恢复认可和执行程序；完全改变原判决的，终止认可和执行程序。

第十二条 在本安排下，内地人民法院作出的有关财产归一方所有的判项，在香港特别行政区将被视为命令一方向另一方转让该财产。

第十三条 被申请人在内地和香港特别行政区均有可供执行财产的，申请人可以分别向两地法院申请执行。

两地法院执行财产的总额不得超过判决确定的数额。应对方法院要求，两地法院应当相互提供本院执行判决的情况。

第十四条 内地与香港特别行政区法院相互认可和执行的财产给付范围，包括判决确定的给付财产和相应的利息、迟延履行金、诉讼费，不包括税收、罚款。

前款所称诉讼费，在香港特别行政区是指讼费评定证明书、定额讼费证明书核定或者命令支付的费用。

第十五条 被请求方法院就认可和执行的申请作出裁定或者命令后，当事人不服的，在内地可以于裁定送达之日起十日内向上一级人民法院申请复议，在香港特别行政区可以依据其法律规定提出上诉。

第十六条 在审理婚姻家庭民事案件期间，当事人申请认可和执行另一地法院就同一争议作出的判决的，应当受理。受理后，有关诉讼应当中止，待就认可和执行的申请作出裁定或者命令后，再视情终止或者恢复诉讼。

第十七条 审查认可和执行判决申请期间，当事人就同一争议提起诉讼的，不予受理；已经受理的，驳回起诉。

判决获得认可和执行后，当事人又就同一争议提起诉讼的，不予受理。

判决未获认可和执行的，申请人不得再次申请认可和执行，但可以就同一争议向被请求方法院提起诉讼。

第十八条 被请求方法院在受理认可和执行判决的申请之前或者之后，可以依据其法律规定采取保全或者强制措施。

第十九条 申请认可和执行判决的，应当依据被请求方有关诉讼收费的法律和规定交纳费用。

第二十条 内地与香港特别行政区法院自本安排生效之日起作出的判决，适用本安排。

第二十一条 本安排在执行过程中遇有问题或者需要修改的，由最高人民法院和香港特别行政区政府协商解决。

第二十二条 本安排自 2022 年 2 月 15 日起施行。

最高人民法院
关于内地与澳门特别行政区关于相互认可和执行民商事判决的安排

法释〔2006〕2 号

(2006 年 2 月 13 日最高人民法院审判委员会第 1378 次会议通过　2006 年 3 月 21 日最高人民法院公告公布　自 2006 年 4 月 1 日起生效)

根据《中华人民共和国澳门特别行政区基本法》第九十三条的规定，最高人民法院与澳门特别行政区经协商，就内地与澳门特别行政区法院相互认可和执行民商事判决事宜，达成如下安排：

第一条 内地与澳门特别行政区民商事

案件（在内地包括劳动争议案件，在澳门特别行政区包括劳动民事案件）判决的相互认可和执行，适用本安排。

本安排亦适用于刑事案件中有关民事损害赔偿的判决、裁定。

本安排不适用于行政案件。

第二条 本安排所称"判决"，在内地包括：判决、裁定、决定、调解书、支付令；在澳门特别行政区包括：裁判、判决、确认和解的裁定、法官的决定或者批示。

本安排所称"被请求方"，指内地或者澳门特别行政区双方中，受理认可和执行判决申请的一方。

第三条 一方法院作出的具有给付内容的生效判决，当事人可以向对方有管辖权的法院申请认可和执行。

没有给付内容，或者不需要执行，但需要通过司法程序予以认可的判决，当事人可以向对方法院单独申请认可，也可以直接以该判决作为证据在对方法院的诉讼程序中使用。

第四条 内地有权受理认可和执行判决申请的法院为被申请人住所地、经常居住地或者财产所在地的中级人民法院。两个或者两个以上中级人民法院均有管辖权的，申请人应当选择向其中一个中级人民法院提出申请。

澳门特别行政区有权受理认可判决申请的法院为中级法院，有权执行的法院为初级法院。

第五条 被申请人在内地和澳门特别行政区均有可供执行财产的，申请人可以向一地法院提出执行申请。

申请人向一地法院提出执行申请的同时，可以向另一地法院申请查封、扣押或者冻结被执行人的财产。待一地法院执行完毕后，可以根据该地法院出具的执行情况证明，就不足部分向另一地法院申请采取处分财产的执行措施。

两地法院执行财产的总额，不得超过依据判决和法律规定所确定的数额。

第六条 请求认可和执行判决的申请书，应当载明下列事项：

（一）申请人或者被申请人为自然人的，应当载明其姓名及住所；为法人或者其他组织的，应当载明其名称及住所，以及其法定代表人或者主要负责人的姓名、职务和住所；

（二）请求认可和执行的判决的案号和判决日期；

（三）请求认可和执行判决的理由、标的，以及该判决在判决作出地法院的执行情况。

第七条 申请书应当附生效判决书副本，或者经作出生效判决的法院盖章的证明书，同时应当附作出生效判决的法院或者有权限机构出具的证明下列事项的相关文件：

（一）传唤属依法作出，但判决书已经证明的除外；

（二）无诉讼行为能力人依法得到代理，但判决书已经证明的除外；

（三）根据判决作出地的法律，判决已经送达当事人，并已生效；

（四）申请人为法人的，应当提供法人营业执照副本或者法人登记证明书；

（五）判决作出地法院发出的执行情况证明。

如被请求方法院认为已充分了解有关事项时，可以免除提交相关文件。

被请求方法院对当事人提供的判决书的真实性有疑问时，可以请求作出生效判决的法院予以确认。

第八条 申请书应当用中文制作。所附司法文书及其相关文件未用中文制作的，应当提供中文译本。其中法院判决书未用中文制作的，应当提供由法院出具的中文译本。

第九条 法院收到申请人请求认可和执行判决的申请后，应当将申请书送达被申请人。

被申请人有权提出答辩。

第十条 被请求方法院应当尽快审查认可和执行的请求，并作出裁定。

第十一条 被请求方法院经审查核实存在下列情形之一的，裁定不予认可：

（一）根据被请求方的法律，判决所确认的事项属被请求方法院专属管辖；

（二）在被请求方法院已存在相同诉讼，该诉讼先于待认可判决的诉讼提起，且被请求方法院具有管辖权；

（三）被请求方法院已认可或者执行被请求方法院以外的法院或仲裁机构就相同诉讼作出的判决或仲裁裁决；

（四）根据判决作出地的法律规定，败诉的当事人未得到合法传唤，或者无诉讼行为能力人未依法得到代理；

（五）根据判决作出地的法律规定，申请认可和执行的判决尚未发生法律效力，或者因再审被裁定中止执行；

（六）在内地认可和执行判决将违反内地法律的基本原则或者社会公共利益；在澳门特别行政区认可和执行判决将违反澳门特别行政区法律的基本原则或者公共秩序。

第十二条　法院就认可和执行判决的请求作出裁定后，应当及时送达。

当事人对认可与否的裁定不服的，在内地可以向上一级人民法院提请复议，在澳门特别行政区可以根据其法律规定提起上诉；对执行中作出的裁定不服的，可以根据被请求方法律的规定，向上级法院寻求救济。

第十三条　经裁定予以认可的判决，与被请求方法院的判决具有同等效力。判决有给付内容的，当事人可以向该方有管辖权的法院申请执行。

第十四条　被请求方法院不能对判决所确认的所有请求予以认可和执行时，可以认可和执行其中的部分请求。

第十五条　法院受理认可和执行判决的申请之前或者之后，可以按照被请求方法律关于财产保全的规定，根据申请人的申请，对被申请人的财产采取保全措施。

第十六条　在被请求方法院受理认可和执行判决的申请期间，或者判决已获认可和执行，当事人再行提起相同诉讼的，被请求方法院不予受理。

第十七条　对于根据本安排第十一条第（一）、（四）、（六）项不予认可的判决，申请人不得再行提起认可和执行的申请。但根据被请求方的法律，被请求方法院有管辖权的，当事人可以就相同案件事实向当地法院另行提起诉讼。

本安排第十一条第（五）项所指的判决，在不予认可的情形消除后，申请人可以再行提起认可和执行的申请。

第十八条　为适用本安排，由一方有权限公共机构（包括公证员）作成或者公证的文书正本、副本及译本，免除任何认证手续而可以在对方使用。

第十九条　申请人依据本安排申请认可和执行判决，应当根据被请求方法律规定，交纳诉讼费用、执行费用。

申请人在生效判决作出地获准缓交、减交、免交诉讼费用的，在被请求方法院申请认可和执行判决时，应当享有同等待遇。

第二十条　对民商事判决的认可和执行，除本安排有规定的以外，适用被请求方的法律规定。

第二十一条　本安排生效前提出的认可和执行请求，不适用本安排。

两地法院自1999年12月20日以后至本安排生效前作出的判决，当事人未向对方法院申请认可和执行，或者对方法院拒绝受理的，仍可以于本安排生效后提出申请。

澳门特别行政区法院在上述期间内作出的判决，当事人向内地人民法院申请认可和执行的期限，自本安排生效之日起重新计算。

第二十二条　本安排在执行过程中遇有问题或者需要修改，应当由最高人民法院与澳门特别行政区协商解决。

第二十三条　为执行本安排，最高人民法院和澳门特别行政区终审法院应当相互提供相关法律资料。

最高人民法院和澳门特别行政区终审法院每年相互通报执行本安排的情况。

第二十四条　本安排自2006年4月1日起生效。

最高人民法院
关于认可和执行台湾地区法院民事判决的规定

法释〔2015〕13号

(2015年6月2日最高人民法院审判委员会第1653次会议通过 2015年6月29日最高人民法院公告公布 自2015年7月1日起施行)

为保障海峡两岸当事人的合法权益,更好地适应海峡两岸关系和平发展的新形势,根据民事诉讼法等有关法律,总结人民法院涉台审判工作经验,就认可和执行台湾地区法院民事判决,制定本规定。

第一条 台湾地区法院民事判决的当事人可以根据本规定,作为申请人向人民法院申请认可和执行台湾地区有关法院民事判决。

第二条 本规定所称台湾地区法院民事判决,包括台湾地区法院作出的生效民事判决、裁定、和解笔录、调解笔录、支付命令等。

申请认可台湾地区法院在刑事案件中作出的有关民事损害赔偿的生效判决、裁定、和解笔录的,适用本规定。

申请认可由台湾地区乡镇市调解委员会等出具并经台湾地区法院核定,与台湾地区法院生效民事判决具有同等效力的调解文书的,参照适用本规定。

第三条 申请人同时提出认可和执行台湾地区法院民事判决申请的,人民法院先按照认可程序进行审查,裁定认可后,由人民法院执行机构执行。

申请人直接申请执行的,人民法院应当告知其一并提交认可申请;坚持不申请认可的,裁定驳回其申请。

第四条 申请认可台湾地区法院民事判决的案件,由申请人住所地、经常居住地或者被申请人住所地、经常居住地、财产所在地中级人民法院或者专门人民法院受理。

申请人向两个以上有管辖权的人民法院申请认可的,由最先立案的人民法院管辖。

申请人向被申请人财产所在地人民法院申请认可的,应当提供财产存在的相关证据。

第五条 对申请认可台湾地区法院民事判决的案件,人民法院应当组成合议庭进行审查。

第六条 申请人委托他人代理申请认可台湾地区法院民事判决的,应当向人民法院提交由委托人签名或者盖章的授权委托书。

台湾地区、香港特别行政区、澳门特别行政区或者外国当事人签名或者盖章的授权委托书应当履行相关的公证、认证或者其他证明手续,但授权委托书在人民法院法官的见证下签署或者经中国大陆公证机关公证证明是在中国大陆签署的除外。

第七条 申请人申请认可台湾地区法院民事判决,应当提交申请书,并附有台湾地区有关法院民事判决文书和民事判决确定证书的正本或者经证明无误的副本。台湾地区法院民事判决为缺席判决的,申请人应当同时提交台湾地区法院已经合法传唤当事人的证明文件,但判决已经对此予以明确说明的除外。

申请书应当记明以下事项:

(一)申请人和被申请人姓名、性别、

年龄、职业、身份证件号码、住址（申请人或者被申请人为法人或者其他组织的，应当记明法人或者其他组织的名称、地址、法定代表人或者主要负责人姓名、职务）和通讯方式；

（二）请求和理由；

（三）申请认可的判决的执行情况；

（四）其他需要说明的情况。

第八条 对于符合本规定第四条和第七条规定条件的申请，人民法院应当在收到申请后七日内立案，并通知申请人和被申请人，同时将申请书送达被申请人；不符合本规定第四条和第七条规定条件的，应当在七日内裁定不予受理，同时说明不予受理的理由；申请人对裁定不服的，可以提起上诉。

第九条 申请人申请认可台湾地区法院民事判决，应当提供相关证明文件，以证明该判决真实并且已经生效。

申请人可以申请人民法院通过海峡两岸调查取证司法互助途径查明台湾地区法院民事判决的真实性和是否生效以及当事人得到合法传唤的证明文件；人民法院认为必要时，也可以就有关事项依职权通过海峡两岸司法互助途径向台湾地区请求调查取证。

第十条 人民法院受理认可台湾地区法院民事判决的申请之前或者之后，可以按照民事诉讼法及相关司法解释的规定，根据申请人的申请，裁定采取保全措施。

第十一条 人民法院受理认可台湾地区法院民事判决的申请后，当事人就同一争议起诉的，不予受理。

一方当事人向人民法院起诉后，另一方当事人向人民法院申请认可的，对于认可的申请不予受理。

第十二条 案件虽经台湾地区有关法院判决，但当事人未申请认可，而是就同一争议向人民法院起诉的，应予受理。

第十三条 人民法院受理认可台湾地区法院民事判决的申请后，作出裁定前，申请人请求撤回申请的，可以裁定准许。

第十四条 人民法院受理认可台湾地区法院民事判决的申请后，应当在立案之日起六个月内审结。有特殊情况需要延长的，报请上一级人民法院批准。

通过海峡两岸司法互助途径送达文书和调查取证的期间，不计入审查期限。

第十五条 台湾地区法院民事判决具有下列情形之一的，裁定不予认可：

（一）申请认可的民事判决，是在被申请人缺席又未经合法传唤或者在被申请人无诉讼行为能力又未得到适当代理的情况下作出的；

（二）案件系人民法院专属管辖的；

（三）案件双方当事人订有有效仲裁协议，且无放弃仲裁管辖情形的；

（四）案件系人民法院已作出判决或者中国大陆的仲裁庭已作出仲裁裁决的；

（五）香港特别行政区、澳门特别行政区或者外国的法院已就同一争议作出判决且已为人民法院所认可或者承认的；

（六）台湾地区、香港特别行政区、澳门特别行政区或者外国的仲裁庭已就同一争议作出仲裁裁决且已为人民法院所认可或者承认的。

认可该民事判决将违反一个中国原则等国家法律的基本原则或者损害社会公共利益的，人民法院应当裁定不予认可。

第十六条 人民法院经审查能够确认台湾地区法院民事判决真实并且已经生效，而且不具有本规定第十五条所列情形的，裁定认可其效力；不能确认该民事判决的真实性或者已经生效的，裁定驳回申请人的申请。

裁定驳回申请的案件，申请人再次申请并符合受理条件的，人民法院应予受理。

第十七条 经人民法院裁定认可的台湾地区法院民事判决，与人民法院作出的生效判决具有同等效力。

第十八条 人民法院依据本规定第十五条和第十六条作出的裁定，一经送达即发生法律效力。

当事人对上述裁定不服的，可以自裁定送达之日起十日内向上一级人民法院申请复议。

第十九条 对人民法院裁定不予认可的台湾地区法院民事判决，申请人再次提出申请的，人民法院不予受理，但申请人可以就同一争议向人民法院起诉。

第二十条 申请人申请认可和执行台湾地区法院民事判决的期间，适用民事诉讼法第二百三十九条的规定，但申请认可台湾地区法院有关身份关系的判决除外。

申请人仅申请认可而未同时申请执行的，申请执行的期间自人民法院对认可申请作出的裁定生效之日起重新计算。

第二十一条 人民法院在办理申请认可和执行台湾地区法院民事判决案件中作出的法律文书，应当依法送达案件当事人。

第二十二条 申请认可和执行台湾地区法院民事判决，应当参照《诉讼费用交纳办法》的规定，交纳相关费用。

第二十三条 本规定自2015年7月1日起施行。最高人民法院《关于人民法院认可台湾地区有关法院民事判决的规定》（法释〔1998〕11号）、最高人民法院《关于当事人持台湾地区有关法院民事调解书或者有关机构出具或确认的调解协议书向人民法院申请认可人民法院应否受理的批复》（法释〔1999〕10号）、最高人民法院《关于当事人持台湾地区有关法院支付命令向人民法院申请认可人民法院应否受理的批复》（法释〔2001〕13号）和最高人民法院《关于人民法院认可台湾地区有关法院民事判决的补充规定》（法释〔2009〕4号）同时废止。

最高人民法院
关于当事人持台湾地区法院公证处认证的离婚协议书向人民法院申请认可人民法院应否受理的答复

2002年8月23日　　　　　　　　　　〔2002〕民一他字第12号

广东省高级人民法院：

你院粤高法民他（2002）5号《关于当事人持台湾地区法院公证处认证的离婚协议书向人民法院申请认可人民法院是否受理的请示》收悉。经研究，现函复如下：

关于人民法院应否受理当事人申请认可"台湾地区有关机构出具或确认的调解协议书"的问题，我院〔1999〕第10号《关于当事人持台湾地区有关法院民事调解书或者有关机构出具确认的调解协议书向人民法院申请认可人民法院应否受理的批复》已经作出了答复。该答复中的"台湾地区有关机构出具或确认的调解协议书"，是指台湾地区有关法院之外的其他机构（包括设在法院的公证机构及民间调解机构）出具的调解协议书。因为，这些调解协议书不是基于司法行为产生的，不需要人民法院认可。并且，你院请示的张建梅申请认可的离婚协议书上载明，当事人必须到户政机关登记后才发生离婚的法律效力，故该离婚调解协议书尚不具有法律效力。鉴于上述考虑，同意你院对张建梅认可申请不予受理的意见。

此复。

四、仲裁裁决的认可和执行

最高人民法院关于内地与香港特别行政区相互执行仲裁裁决的安排

法释〔2000〕3号

(1999年6月18日最高人民法院审判委员会第1069次会议通过 2000年1月24日最高人民法院公告公布 自2000年2月1日起施行)

根据《中华人民共和国香港特别行政区基本法》第九十五条的规定，经最高人民法院与香港特别行政区（以下简称香港特区）政府协商，香港特区法院同意执行内地仲裁机构（名单由国务院法制办公室经国务院港澳事务办公室提供）依据《中华人民共和国仲裁法》所作出的裁决，内地人民法院同意执行在香港特区按香港特区《仲裁条例》所作出的裁决。现就内地与香港特区相互执行仲裁裁决的有关事宜作出如下安排：

一、在内地或者香港特区作出的仲裁裁决，一方当事人不履行仲裁裁决的，另一方当事人可以向被申请人住所地或者财产所在地的有关法院申请执行。

二、上条所述的有关法院，在内地指被申请人住所地或者财产所在地的中级人民法院，在香港特区指香港特区高等法院。

被申请人住所地或者财产所在地在内地不同的中级人民法院辖区内的，申请人可以选择其中一个人民法院申请执行裁决，不得分别向两个或者两个以上人民法院提出申请。

被申请人的住所地或者财产所在地，既在内地又在香港特区的，申请人不得同时分别向两地有关法院提出申请。只有一地法院执行不足以偿还其债务时，才可就不足部分向另一地法院申请执行。两地法院先后执行仲裁裁决的总额，不得超过裁决数额。

三、申请人向有关法院申请执行在内地或者香港特区作出的仲裁裁决的，应当提交以下文书：

（一）执行申请书；

（二）仲裁裁决书；

（三）仲裁协议。

四、执行申请书的内容应当载明下列事项：

（一）申请人为自然人的情况下，该人的姓名、地址；申请人为法人或者其他组织的情况下，该法人或其他组织的名称、地址及法定代表人姓名；

（二）被申请人为自然人的情况下，该人的姓名、地址；被申请人为法人或者其他组织的情况下，该法人或其他组织的名称、地址及法定代表人姓名；

（三）申请人为法人或者其他组织的，应当提交企业注册登记的副本。申请人是外国籍法人或者其他组织的，应当提交相应的公证和认证材料；

（四）申请执行的理由与请求的内容，被申请人的财产所在地及财产状况。

执行申请书应当以中文文本提出，裁决书或者仲裁协议没有中文文本的，申请人应当提交正式证明的中文译本。

五、申请人向有关法院申请执行内地或者香港特区仲裁裁决的期限依据执行地法律有关时限的规定。

六、有关法院接到申请人申请后，应当按执行地法律程序处理及执行。

七、在内地或者香港特区申请执行的仲裁裁决，被申请人接到通知后，提出证据证明有下列情形之一的，经审查核实，有关法院可裁定不予执行：

（一）仲裁协议当事人依对其适用的法律属于某种无行为能力的情形；或者该项仲裁协议依约定的准据法无效；或者未指明以何种法律为准时，依仲裁裁决地的法律是无效的；

（二）被申请人未接到指派仲裁员的适当通知，或者因他故未能陈述意见的；

（三）裁决所处理的争议不是交付仲裁的标的或者不在仲裁协议条款之内，或者裁决载有关于交付仲裁范围以外事项的决定的；但交付仲裁事项的决定可与未交付仲裁的事项划分时，裁决中关于交付仲裁事项的决定部分应当予以执行；

（四）仲裁庭的组成或者仲裁庭程序与当事人之间的协议不符，或者在有关当事人没有这种协议时与仲裁地的法律不符的；

（五）裁决对当事人尚无约束力，或者业经仲裁地的法院或者按仲裁地的法律撤销或者停止执行的。

有关法院认定依执行地法律，争议事项不能以仲裁解决的，则可不予执行该裁决。

内地法院认定在内地执行该仲裁裁决违反内地社会公共利益，或者香港特区法院决定在香港特区执行该仲裁裁决违反香港特区的公共政策，则可不予执行该裁决。

八、申请人向有关法院申请执行在内地或者香港特区作出的仲裁裁决，应当根据执行地法院有关诉讼收费的办法交纳执行费用。

九、1997年7月1日以后申请执行在内地或者香港特区作出的仲裁裁决按本安排执行。

十、对1997年7月1日至本安排生效之日的裁决申请问题，双方同意：

1997年7月1日至本安排生效之日因故未能向内地或者香港特区法院申请执行，申请人为法人或者其他组织的，可以在本安排生效后6个月内提出；如申请人为自然人的，可以在本安排生效后1年内提出。

对于内地或香港特区法院在1997年7月1日至本安排生效之日拒绝受理或者拒绝执行仲裁裁决的案件，应允许当事人重新申请。

十一、本安排在执行过程中遇有问题和修改，应当通过最高人民法院和香港特区政府协商解决。

最高人民法院关于内地与香港特别行政区相互执行仲裁裁决的补充安排

法释〔2020〕13号

(2020年11月9日由最高人民法院审判委员会第1815次会议通过,于2020年11月26日公告:本司法解释第一条、第四条自2020年11月27日起施行;于2021年5月18日公告:香港特别行政区已完成有关程序,本司法解释第二条、第三条自2021年5月19日起施行)

依据《最高人民法院关于内地与香港特别行政区相互执行仲裁裁决的安排》(以下简称《安排》)第十一条的规定,最高人民法院与香港特别行政区政府经协商,作出如下补充安排:

一、《安排》所指执行内地或者香港特别行政区仲裁裁决的程序,应解释为包括认可和执行内地或者香港特别行政区仲裁裁决的程序。

二、将《安排》序言及第一条修改为:"根据《中华人民共和国香港特别行政区基本法》第九十五条的规定,经最高人民法院与香港特别行政区(以下简称香港特区)政府协商,现就仲裁裁决的相互执行问题作出如下安排:

"一、内地人民法院执行按香港特区《仲裁条例》作出的仲裁裁决,香港特区法院执行按《中华人民共和国仲裁法》作出的仲裁裁决,适用本安排。"

三、将《安排》第二条第三款修改为:"被申请人在内地和香港特区均有住所地或者可供执行财产的,申请人可以分别向两地法院申请执行。应对方法院要求,两地法院应当相互提供本方执行仲裁裁决的情况。两地法院执行财产的总额,不得超过裁决确定的数额。"

四、在《安排》第六条中增加一款作为第二款:"有关法院在受理执行仲裁裁决申请之前或者之后,可以依申请并按照执行地法律规定采取保全或者强制措施。"

五、本补充安排第一条、第四条自2020年11月27日起施行,第二条、第三条在香港特别行政区完成有关程序后,由最高人民法院公布施行日期。

最高人民法院
关于内地与澳门特别行政区相互认可和执行仲裁裁决的安排

法释〔2007〕17号

（2007年9月17日最高人民法院审判委员会第1437次会议通过　2007年12月12日最高人民法院公告公布　自2008年1月1日起实施）

根据《中华人民共和国澳门特别行政区基本法》第九十三条的规定，经最高人民法院与澳门特别行政区协商，现就内地与澳门特别行政区相互认可和执行仲裁裁决的有关事宜达成如下安排：

第一条　内地人民法院认可和执行澳门特别行政区仲裁机构及仲裁员按照澳门特别行政区仲裁法规在澳门作出的民商事仲裁裁决，澳门特别行政区法院认可和执行内地仲裁机构依据《中华人民共和国仲裁法》在内地作出的民商事仲裁裁决，适用本安排。

本安排没有规定的，适用认可和执行地的程序法律规定。

第二条　在内地或者澳门特别行政区作出的仲裁裁决，一方当事人不履行的，另一方当事人可以向被申请人住所地、经常居住地或者财产所在地的有关法院申请认可和执行。

内地有权受理认可和执行仲裁裁决申请的法院为中级人民法院。两个或者两个以上中级人民法院均有管辖权的，当事人应当选择向其中一个中级人民法院提出申请。

澳门特别行政区有权受理认可仲裁裁决申请的法院为中级法院，有权执行的法院为初级法院。

第三条　被申请人的住所地、经常居住地或者财产所在地分别在内地和澳门特别行政区的，申请人可以向一地法院提出认可和执行申请，也可以分别向两地法院提出申请。

当事人分别向两地法院提出申请的，两地法院都应当依法进行审查。予以认可的，采取查封、扣押或者冻结被执行人财产等执行措施。仲裁地法院应当先进行执行清偿；另一地法院在收到仲裁地法院关于经执行债权未获清偿情况的证明后，可以对申请人未获清偿的部分进行执行清偿。两地法院执行财产的总额，不得超过依据裁决和法律规定所确定的数额。

第四条　申请人向有关法院申请认可和执行仲裁裁决的，应当提交以下文件或者经公证的副本：

（一）申请书；

（二）申请人身份证明；

（三）仲裁协议；

（四）仲裁裁决书或者仲裁调解书。

上述文件没有中文文本的，申请人应当提交经正式证明的中文译本。

第五条　申请书应当包括下列内容：

（一）申请人或被申请人为自然人的，应当载明其姓名及住所；为法人或者其他组织的，应当载明其名称及住所，以及其法定代表人或者主要负责人的姓名、职务和住所；申请人是外国籍法人或者其他组织的，应当提交相应的公证和认证材料；

（二）请求认可和执行的仲裁裁决书或

者仲裁调解书的案号或识别资料和生效日期；

（三）申请认可和执行仲裁裁决的理由及具体请求，以及被申请人财产所在地、财产状况及该仲裁裁决的执行情况。

第六条 申请人向有关法院申请认可和执行内地或者澳门特别行政区仲裁裁决的期限，依据认可和执行地的法律确定。

第七条 对申请认可和执行的仲裁裁决，被申请人提出证据证明有下列情形之一的，经审查核实，有关法院可以裁定不予认可：

（一）仲裁协议一方当事人依对其适用的法律在订立仲裁协议时属于无行为能力的；或者依当事人约定的准据法，或当事人没有约定适用的准据法而依仲裁地法律，该仲裁协议无效的；

（二）被申请人未接到选任仲裁员或者进行仲裁程序的适当通知，或者因他故未能陈述意见的；

（三）裁决所处理的争议不是提交仲裁的争议，或者不在仲裁协议范围之内；或者裁决载有超出当事人提交仲裁范围的事项的决定，但裁决中超出提交仲裁范围的事项的决定与提交仲裁事项的决定可以分开的，裁决中关于提交仲裁事项的决定部分可以予以认可；

（四）仲裁庭的组成或者仲裁程序违反了当事人的约定，或者在当事人没有约定时与仲裁地的法律不符的；

（五）裁决对当事人尚无约束力，或者业经仲裁地的法院撤销或者拒绝执行的。有关法院认定，依执行地法律，争议事项不能以仲裁解决的，不予认可和执行该裁决。内地法院认定在内地认可和执行该仲裁裁决违反内地法律的基本原则或者社会公共利益，澳门特别行政区法院认定在澳门特别行政区认可和执行该仲裁裁决违反澳门特别行政区法律的基本原则或公共秩序，不予认可和执行该裁决。

第八条 申请人依据本安排申请认可和执行仲裁裁决的，应当根据执行地法律的规定，交纳诉讼费用。

第九条 一方当事人向一地法院申请执行仲裁裁决，另一方当事人向另一地法院申请撤销该仲裁裁决，被执行人申请中止执行且提供充分担保的，执行法院应当中止执行。

根据经认可的撤销仲裁裁决的判决、裁定，执行法院应当终结执行程序；撤销仲裁裁决申请被驳回的，执行法院应当恢复执行。

当事人申请中止执行的，应当向执行法院提供其他法院已经受理申请撤销仲裁裁决案件的法律文书。

第十条 受理申请的法院应当尽快审查认可和执行的请求，并作出裁定。

第十一条 法院在受理认可和执行仲裁裁决申请之前或者之后，可以依当事人的申请，按照法院地法律规定，对被申请人的财产采取保全措施。

第十二条 由一方有权限公共机构（包括公证员）作成的文书正本或者经公证的文书副本及译本，在适用本安排时，可以免除认证手续在对方使用。

第十三条 本安排实施前，当事人提出的认可和执行仲裁裁决的请求，不适用本安排。

自1999年12月20日至本安排实施前，澳门特别行政区仲裁机构及仲裁员作出的仲裁裁决，当事人向内地申请认可和执行的期限，自本安排实施之日起算。

第十四条 为执行本安排，最高人民法院和澳门特别行政区终审法院应当相互提供相关法律资料。

最高人民法院和澳门特别行政区终审法院每年相互通报执行本安排的情况。

第十五条 本安排在执行过程中遇有问题或者需要修改的，由最高人民法院和澳门特别行政区协商解决。

第十六条 本安排自2008年1月1日起实施。

最高人民法院
关于认可和执行台湾地区仲裁裁决的规定

法释〔2015〕14号

(2015年6月2日最高人民法院审判委员会第1653次会议通过 2015年6月29日最高人民法院公告公布 自2015年7月1日起施行)

为保障海峡两岸当事人的合法权益,更好地适应海峡两岸关系和平发展的新形势,根据民事诉讼法、仲裁法等有关法律,总结人民法院涉台审判工作经验,就认可和执行台湾地区仲裁裁决,制定本规定。

第一条 台湾地区仲裁裁决的当事人可以根据本规定,作为申请人向人民法院申请认可和执行台湾地区仲裁裁决。

第二条 本规定所称台湾地区仲裁裁决是指,有关常设仲裁机构及临时仲裁庭在台湾地区按照台湾地区仲裁规定就有关民商事争议作出的仲裁裁决,包括仲裁判断、仲裁和解和仲裁调解。

第三条 申请人同时提出认可和执行台湾地区仲裁裁决申请的,人民法院先按照认可程序进行审查,裁定认可后,由人民法院执行机构执行。

申请人直接申请执行的,人民法院应当告知其一并提交认可申请;坚持不申请认可的,裁定驳回其申请。

第四条 申请认可台湾地区仲裁裁决的案件,由申请人住所地、经常居住地或者被申请人住所地、经常居住地、财产所在地中级人民法院或者专门人民法院受理。

申请人向两个以上有管辖权的人民法院申请认可的,由最先立案的人民法院管辖。

申请人向被申请人财产所在地人民法院申请认可的,应当提供财产存在的相关证据。

第五条 对申请认可台湾地区仲裁裁决的案件,人民法院应当组成合议庭进行审查。

第六条 申请人委托他人代理申请认可台湾地区仲裁裁决的,应当向人民法院提交由委托人签名或者盖章的授权委托书。

台湾地区、香港特别行政区、澳门特别行政区或者外国当事人签名或者盖章的授权委托书应当履行相关的公证、认证或者其他证明手续,但授权委托书在人民法院法官的见证下签署或者经中国大陆公证机关公证证明是在中国大陆签署的除外。

第七条 申请人申请认可台湾地区仲裁裁决,应当提交以下文件或者经证明无误的副本:

(一)申请书;

(二)仲裁协议;

(三)仲裁判断书、仲裁和解书或者仲裁调解书。

申请书应当记明以下事项:

(一)申请人和被申请人姓名、性别、年龄、职业、身份证件号码、住址(申请人或者被申请人为法人或者其他组织的,应当记明法人或者其他组织的名称、地址、法定代表人或者主要负责人姓名、职务)和通讯方式;

(二)申请认可的仲裁判断书、仲裁和解书或者仲裁调解书的案号或者识别资料和生效日期;

（三）请求和理由；

（四）被申请人财产所在地、财产状况及申请认可的仲裁裁决的执行情况；

（五）其他需要说明的情况。

第八条 对于符合本规定第四条和第七条规定条件的申请，人民法院应当在收到申请后七日内立案，并通知申请人和被申请人，同时将申请书送达被申请人；不符合本规定第四条和第七条规定条件的，应当在七日内裁定不予受理，同时说明不予受理的理由；申请人对裁定不服的，可以提起上诉。

第九条 申请人申请认可台湾地区仲裁裁决，应当提供相关证明文件，以证明该仲裁裁决的真实性。

申请人可以申请人民法院通过海峡两岸调查取证司法互助途径查明台湾地区仲裁裁决的真实性；人民法院认为必要时，也可以就有关事项依职权通过海峡两岸司法互助途径向台湾地区请求调查取证。

第十条 人民法院受理认可台湾地区仲裁裁决的申请之前或者之后，可以按照民事诉讼法及相关司法解释的规定，根据申请人的申请，裁定采取保全措施。

第十一条 人民法院受理认可台湾地区仲裁裁决的申请后，当事人就同一争议起诉的，不予受理。

当事人未申请认可，而是就同一争议向人民法院起诉的，亦不予受理，但仲裁协议无效的除外。

第十二条 人民法院受理认可台湾地区仲裁裁决的申请后，作出裁定前，申请人请求撤回申请的，可以裁定准许。

第十三条 人民法院应当尽快审查认可台湾地区仲裁裁决的申请，决定予以认可的，应当在立案之日起两个月内作出裁定；决定不予认可或者驳回申请的，应当在作出决定前按有关规定自立案之日起两个月内上报最高人民法院。

通过海峡两岸司法互助途径送达文书和调查取证的期间，不计入审查期限。

第十四条 对申请认可和执行的仲裁裁决，被申请人提出证据证明有下列情形之一的，经审查核实，人民法院裁定不予认可：

（一）仲裁协议一方当事人依对其适用的法律在订立仲裁协议时属于无行为能力的；或者依当事人约定的准据法，或当事人没有约定适用的准据法而依台湾地区仲裁规定，该仲裁协议无效的；或者当事人之间没有达成书面仲裁协议的，但申请认可台湾地区仲裁调解的除外；

（二）被申请人未接到选任仲裁员或进行仲裁程序的适当通知，或者由于其他不可归责于被申请人的原因而未能陈述意见的；

（三）裁决所处理的争议不是提交仲裁的争议，或者不在仲裁协议范围之内；或者裁决载有超出当事人提交仲裁范围的事项的决定，但裁决中超出提交仲裁范围的事项的决定与提交仲裁事项的决定可以分开的，裁决中关于提交仲裁事项的决定部分可以予以认可；

（四）仲裁庭的组成或者仲裁程序违反当事人的约定，或者在当事人没有约定时与台湾地区仲裁规定不符的；

（五）裁决对当事人尚无约束力，或者业经台湾地区法院撤销或者驳回执行申请的。

依据国家法律，该争议事项不能以仲裁解决的，或者认可该仲裁裁决将违反一个中国原则等国家法律的基本原则或损害社会公共利益的，人民法院应当裁定不予认可。

第十五条 人民法院经审查能够确认台湾地区仲裁裁决真实，而且不具有本规定第十四条所列情形的，裁定认可其效力；不能确认该仲裁裁决真实性的，裁定驳回申请。

裁定驳回申请的案件，申请人再次申请并符合受理条件的，人民法院应予受理。

第十六条 人民法院依据本规定第十四条和第十五条作出的裁定，一经送达即发生法律效力。

第十七条 一方当事人向人民法院申请认可或者执行台湾地区仲裁裁决，另一方当事人向台湾地区法院起诉撤销该仲裁裁决，被申请人申请中止认可或者执行并且提供充分担保的，人民法院应当中止认可或者执行程序。

申请中止认可或者执行的，应当向人民法院提供台湾地区法院已经受理撤销仲裁裁决案件的法律文书。

台湾地区法院撤销该仲裁裁决的，人民法院应当裁定不予认可或者裁定终结执行；台湾地区法院驳回撤销仲裁裁决请求的，人民法院应当恢复认可或者执行程序。

第十八条 对人民法院裁定不予认可的台湾地区仲裁裁决，申请人再次提出申请的，人民法院不予受理。但当事人可以根据双方重新达成的仲裁协议申请仲裁，也可以就同一争议向人民法院起诉。

第十九条 申请人申请认可和执行台湾地区仲裁裁决的期间，适用民事诉讼法第二百三十九条的规定。

申请人仅申请认可而未同时申请执行的，申请执行的期间自人民法院对认可申请作出的裁定生效之日起重新计算。

第二十条 人民法院在办理申请认可和执行台湾地区仲裁裁决案件中所作出的法律文书，应当依法送达案件当事人。

第二十一条 申请认可和执行台湾地区仲裁裁决，应当参照《诉讼费用交纳办法》的规定，交纳相关费用。

第二十二条 本规定自2015年7月1日起施行。

本规定施行前，根据最高人民法院《关于人民法院认可台湾地区有关法院民事判决的规定》（法释〔1998〕11号），人民法院已经受理但尚未审结的申请认可和执行台湾地区仲裁裁决的案件，适用本规定。

五、仲裁协助保全

最高人民法院关于内地与香港特别行政区法院就仲裁程序相互协助保全的安排

法释〔2019〕14号

（2019年3月25日最高人民法院审判委员会第1763次会议通过　2019年9月26日最高人民法院公告公布　自2019年10月1日起生效）

根据《中华人民共和国香港特别行政区基本法》第九十五条的规定，最高人民法院与香港特别行政区政府经协商，现就内地与香港特别行政区法院关于仲裁程序相互协助保全作出如下安排：

第一条　本安排所称"保全"，在内地包括财产保全、证据保全、行为保全；在香港特别行政区包括强制令以及其他临时措施，以在争议得以裁决之前维持现状或者恢复原状、采取行动防止目前或者即将对仲裁程序发生的危害或者损害，或者不采取可能造成这种危害或者损害的行动、保全资产或者保全对解决争议可能具有相关性和重要性的证据。

第二条　本安排所称"香港仲裁程序"，应当以香港特别行政区为仲裁地，并且由以下机构或者常设办事处管理：

（一）在香港特别行政区设立或者总部设于香港特别行政区，并以香港特别行政区为主要管理地的仲裁机构；

（二）中华人民共和国加入的政府间国际组织在香港特别行政区设立的争议解决机构或者常设办事处；

（三）其他仲裁机构在香港特别行政区设立的争议解决机构或者常设办事处，且该争议解决机构或者常设办事处满足香港特别行政区政府订立的有关仲裁案件宗数以及标的金额等标准。

以上机构或者常设办事处的名单由香港特别行政区政府向最高人民法院提供，并经双方确认。

第三条　香港仲裁程序的当事人，在仲裁裁决作出前，可以参照《中华人民共和国民事诉讼法》《中华人民共和国仲裁法》以及相关司法解释的规定，向被申请人住所地、财产所在地或者证据所在地的内地中级人民法院申请保全。被申请人住所地、财产所在地或者证据所在地在不同人民法院辖区的，应当选择向其中一个人民法院提出申请，不得分别向两个或者两个以上人民法院提出申请。

当事人在有关机构或者常设办事处受理仲裁申请后提出保全申请的，应当由该机构或者常设办事处转递其申请。

在有关机构或者常设办事处受理仲裁申请前提出保全申请，内地人民法院采取保全措施后三十日内未收到有关机构或者常设办事处提交的已受理仲裁案件的证明函件的，内地人民法院应当解除保全。

第四条 向内地人民法院申请保全的，应当提交下列材料：

（一）保全申请书；

（二）仲裁协议；

（三）身份证明材料：申请人为自然人的，应当提交身份证件复印件；申请人为法人或者非法人组织的，应当提交注册登记证书的复印件以及法定代表人或者负责人的身份证件复印件；

（四）在有关机构或者常设办事处受理仲裁案件后申请保全的，应当提交包含主要仲裁请求和所根据的事实与理由的仲裁申请文件以及相关证据材料、该机构或者常设办事处出具的已受理有关仲裁案件的证明函件；

（五）内地人民法院要求的其他材料。

身份证明材料系在内地以外形成的，应当依据内地相关法律规定办理证明手续。

向内地人民法院提交的文件没有中文文本的，应当提交准确的中文译本。

第五条 保全申请书应当载明下列事项：

（一）当事人的基本情况：当事人为自然人的，包括姓名、住所、身份证件信息、通讯方式等；当事人为法人或者非法人组织的，包括法人或者非法人组织的名称、住所以及法定代表人或者主要负责人的姓名、职务、住所、身份证件信息、通讯方式等；

（二）请求事项，包括申请保全财产的数额、申请行为保全的内容和期限等；

（三）请求所依据的事实、理由和相关证据，包括关于情况紧急，如不立即保全将会使申请人合法权益受到难以弥补的损害或者将使仲裁裁决难以执行的说明等；

（四）申请保全的财产、证据的明确信息或者具体线索；

（五）用于提供担保的内地财产信息或者资信证明；

（六）是否已在其他法院、有关机构或者常设办事处提出本安排所规定的申请和申请情况；

（七）其他需要载明的事项。

第六条 内地仲裁机构管理的仲裁程序的当事人，在仲裁裁决作出前，可以依据香港特别行政区《仲裁条例》《高等法院条例》，向香港特别行政区高等法院申请保全。

第七条 向香港特别行政区法院申请保全的，应当依据香港特别行政区相关法律规定，提交申请、支持申请的誓章、附同的证物、论点纲要以及法庭命令的草拟本，并应当载明下列事项：

（一）当事人的基本情况：当事人为自然人的，包括姓名、地址；当事人为法人或者非法人组织的，包括法人或者非法人组织的名称、地址以及法定代表人或者主要负责人的姓名、职务、通讯方式等；

（二）申请的事项和理由；

（三）申请标的所在地以及情况；

（四）被申请人就申请作出或者可能作出的回应以及说法；

（五）可能会导致法庭不批准所寻求的保全，或者不在单方面申请的情况下批准该保全的事实；

（六）申请人向香港特别行政区法院作出的承诺；

（七）其他需要载明的事项。

第八条 被请求方法院应当尽快审查当事人的保全申请。内地人民法院可以要求申请人提供担保等，香港特别行政区法院可以要求申请人作出承诺、就费用提供保证等。

经审查，当事人的保全申请符合被请求方法律规定的，被请求方法院应当作出保全裁定或者命令等。

第九条 当事人对被请求方法院的裁定或者命令等不服的，按被请求方相关法律规定处理。

第十条 当事人申请保全的，应当依据被请求方有关诉讼收费的法律和规定交纳费用。

第十一条 本安排不减损内地和香港特别行政区的仲裁机构、仲裁庭、当事人依据对方法律享有的权利。

最高人民法院
关于内地与澳门特别行政区就仲裁程序相互协助保全的安排

法释〔2022〕7号

(2022年2月15日最高人民法院审判委员会第1864次会议通过 2022年2月24日最高人民法院公告公布 自2022年3月25日起实施)

根据《中华人民共和国澳门特别行政区基本法》第九十三条的规定，经最高人民法院与澳门特别行政区协商，现就内地与澳门特别行政区关于仲裁程序相互协助保全作出如下安排。

第一条 本安排所称"保全"，在内地包括财产保全、证据保全、行为保全；在澳门特别行政区包括为确保受威胁的权利得以实现而采取的保存或者预行措施。

第二条 按照澳门特别行政区仲裁法规向澳门特别行政区仲裁机构提起民商事仲裁程序的当事人，在仲裁裁决作出前，可以参照《中华人民共和国民事诉讼法》《中华人民共和国仲裁法》以及相关司法解释的规定，向被申请人住所地、财产所在地或者证据所在地的内地中级人民法院申请保全。被申请人住所地、财产所在地或者证据所在地在不同人民法院辖区的，应当选择向其中一个人民法院提出申请，不得分别向两个或者两个以上人民法院提出申请。

在仲裁机构受理仲裁案件前申请保全，内地人民法院采取保全措施后三十日内未收到仲裁机构已受理仲裁案件的证明函件的，内地人民法院应当解除保全。

第三条 向内地人民法院申请保全的，应当提交下列材料：

（一）保全申请书；

（二）仲裁协议；

（三）身份证明材料：申请人为自然人的，应当提交身份证件复印件；申请人为法人或者非法人组织的，应当提交注册登记证书的复印件以及法定代表人或者负责人的身份证件复印件；

（四）在仲裁机构受理仲裁案件后申请保全的，应当提交包含主要仲裁请求和所根据的事实与理由的仲裁申请文件以及相关证据材料、仲裁机构出具的已受理有关仲裁案件的证明函件；

（五）内地人民法院要求的其他材料。

身份证明材料系在内地以外形成的，应当依据内地相关法律规定办理证明手续。

向内地人民法院提交的文件没有中文文本的，应当提交中文译本。

第四条 向内地人民法院提交的保全申请书应当载明下列事项：

（一）当事人的基本情况：当事人为自然人的，包括姓名、住所、身份证件信息、通讯方式等；当事人为法人或者非法人组织的，包括法人或者非法人组织的名称、住所以及法定代表人或者主要负责人的姓名、职务、住所、身份证件信息、通讯方式等；

（二）请求事项，包括申请保全财产的数额、申请行为保全的内容和期限等；

（三）请求所依据的事实、理由和相关证据，包括关于情况紧急，如不立即保全将会使申请人合法权益受到难以弥补的损害或者将使仲裁裁决难以执行的说明等；

（四）申请保全的财产、证据的明确信息或者具体线索；

（五）用于提供担保的内地财产信息或者资信证明；

（六）是否已提出其他保全申请以及保全情况；

（七）其他需要载明的事项。

第五条 依据《中华人民共和国仲裁法》向内地仲裁机构提起民商事仲裁程序的当事人，在仲裁裁决作出前，可以根据澳门特别行政区法律规定，向澳门特别行政区初级法院申请保全。

在仲裁机构受理仲裁案件前申请保全的，申请人应当在澳门特别行政区法律规定的期间内，采取开展仲裁程序的必要措施，否则该保全措施失效。申请人应当将已作出必要措施及作出日期的证明送交澳门特别行政区法院。

第六条 向澳门特别行政区法院申请保全的，须附同下列资料：

（一）仲裁协议；

（二）申请人或者被申请人为自然人的，应当载明其姓名以及住所；为法人或者非法人组织的，应当载明其名称、住所以及法定代表人或者主要负责人的姓名、职务和住所；

（三）请求的详细资料，尤其包括请求所依据的事实和法律理由、申请标的的情况、财产的详细资料、须保全的金额、申请行为保全的详细内容和期限以及附同相关证据，证明权利受威胁以及解释恐防受侵害的理由；

（四）在仲裁机构受理仲裁案件后申请保全的，应当提交该仲裁机构出具的已受理有关仲裁案件的证明；

（五）是否已提出其他保全申请以及保全情况；

（六）法院要求的其他资料。

如向法院提交的文件并非使用澳门特别行政区的其中一种正式语文，则申请人应当提交其中一种正式语文的译本。

第七条 被请求方法院应当尽快审查当事人的保全申请，可以按照被请求方法律规定要求申请人提供担保。

经审查，当事人的保全申请符合被请求方法律规定的，被请求方法院应当作出保全裁定。

第八条 当事人对被请求方法院的裁定不服的，按被请求方相关法律规定处理。

第九条 当事人申请保全的，应当根据被请求方法律的规定交纳费用。

第十条 本安排不减损内地和澳门特别行政区的仲裁机构、仲裁庭、仲裁员、当事人依据对方法律享有的权利。

第十一条 本安排在执行过程中遇有问题或者需要修改的，由最高人民法院和澳门特别行政区协商解决。

第十二条 本安排自 2022 年 3 月 25 日起施行。

附录一 关于文书写作的相关规定

最高人民法院
关于裁判文书引用法律、法规等规范性法律文件的规定

法释〔2009〕14号

(2009年7月13日最高人民法院审判委员会第1470次会议通过 2009年10月26日最高人民法院公告公布 自2009年11月4日起施行)

为进一步规范裁判文书引用法律、法规等规范性法律文件的工作,提高裁判质量,确保司法统一,维护法律权威,根据《中华人民共和国立法法》等法律规定,制定本规定。

第一条 人民法院的裁判文书应当依法引用相关法律、法规等规范性法律文件作为裁判依据。引用时应当准确完整写明规范性法律文件的名称、条款序号,需要引用具体条文的,应当整条(款、项)引用。

第二条 并列引用多个规范性法律文件的,引用顺序如下:法律及法律解释、行政法规、地方性法规、自治条例或者单行条例、司法解释。同时引用两部以上法律的,应当先引用基本法律,后引用其他法律。引用包括实体法和程序法的,先引用实体法,后引用程序法。

第三条 刑事裁判文书应当引用法律、法律解释或者司法解释。刑事附带民事诉讼裁判文书引用规范性法律文件,同时适用本规定第四条规定。

第四条 民事裁判文书应当引用法律、法律解释或者司法解释。对于应当适用的行政法规、地方性法规或者自治条例和单行条例,可以直接引用。

第五条 行政裁判文书应当引用法律、法律解释、行政法规或者司法解释。对于应当适用的地方性法规、自治条例和单行条例、国务院或者国务院授权的部门公布的行政法规解释或者行政规章,可以直接引用。

第六条 对于本规定第三条、第四条、第五条规定之外的规范性文件,根据审理案件的需要,经审查认定为合法有效的,可以作为裁判说理的依据。

第七条 人民法院制作裁判文书确需引用的规范性法律文件之间存在冲突,根据立法法等有关法律规定无法选择适用的,应当依法提请有决定权的机关做出裁决,不得自行在裁判文书中认定相关规范性法律文件的效力。

第八条 本院以前发布的司法解释与本规定不一致的,以本规定为准。

最高人民法院关于印发《涉外商事海事裁判文书写作规范》的通知

2015年3月16日　　　　　　　　　　法〔2015〕67号

各省、自治区、直辖市高级人民法院，解放军军事法院，新疆维吾尔自治区高级人民法院生产建设兵团分院：

为进一步规范和统一涉外商事海事裁判文书写作标准，提高裁判文书质量，最高人民法院研究制定了《涉外商事海事裁判文书写作规范》，现予印发，请认真遵照执行。在适用本规范过程中有何问题，请及时报告最高人民法院。

附：

涉外商事海事裁判文书写作规范

裁判文书应当全面、准确地记载案件的审理过程和裁判的依据、理由与结果。撰写裁判文书应当做到要素齐全、结构完整、逻辑严谨、条理清晰、语句规范、繁简得当。为进一步规范和统一涉外商事海事裁判文书的写作标准，提高文书质量，现就涉外商事海事裁判文书的写作提出如下规范意见。

一、裁判文书的首部应当分别写明文书标题、案号、当事人及其法定代表人（或代表人）和委托代理人的基本情况以及案件由来、案由和审理过程等。

（一）裁判文书标题一般表述为"中华人民共和国××××人民法院民事判决书（调解书、裁定书）"。海事法院裁判文书标题中法院前不需冠以"人民"字样。

（二）案件当事人中如果没有外国人、无国籍人、外国企业或组织的，除最高人民法院制作的裁判文书外，其他各级人民法院制作的裁判文书标题中的法院名称无需冠以"中华人民共和国"字样。

（三）法院名称应当与院印文字一致。除海事法院外，基层人民法院、中级人民法院的裁判文书标题应当冠以省、自治区、直辖市的名称。

二、裁判文书应当准确列明当事人的诉讼地位、姓名或名称及其住所地。

（一）二审裁判文书在列明当事人二审诉讼地位的同时，亦应用括号注明其一审诉讼地位（例如一审原告、一审被告等）。既非上诉人、亦非被上诉人的二审当事人，直接列明其一审诉讼地位。

（二）申请再审或再审案件的裁判文书应当分别列明当事人在申请再审过程中或再审诉讼中的地位，同时用括号注明其一、二审诉讼地位。既非再审申请人、亦非被申请人的，直接列明其一、二审诉讼地位。抗诉案件应当列明抗诉机关。

（三）当事人是自然人的，写明其姓名、性别、民族、出生日期、职业、住所地，职业不明确的，可以不表述；对于其身份证件号码一般应予注明，提交中华人民共和国居民身份证的应注明其公民身份号码。

自然人的住所地以其提交的合法有效的身份证件载明的地址为准；住所地与经常居住地不一致，且根据案件审理的需要需明确当事人经常居住地的，写明经依法查明的经常居住地。

（四）自然人为证明其身份提交的护照、往来港澳通行证、台湾居民来往大陆通行证等证件，无需再办理公证认证等证明手续。

（五）外国自然人，应当写明其国籍，无国籍人亦应予以注明。

港澳台地区的居民亦应予以注明。

（六）法人或其他组织的名称、住所地等，以其注册登记文件记载的内容为准。

（七）境外企业、组织提交的证明其主体资格的注册登记文件，需依法办理公证认证等证明手续；证明文件是外文的，应当附有中文译本。

（八）对于外国当事人，在裁判文书首部应当写明其经过翻译的中文姓名或名称和住所地，并在中文姓名或名称和住所地后括号中注明其外文姓名或名称和住所地。

（九）当事人姓名或名称变更的，裁判文书首部应当列明变更后的姓名或名称，变更前姓名或名称无需在此处列明。对于姓名或名称变更的事实可根据需要在案件由来或者查明事实部分写明。

（十）当事人诉讼地位的称谓后面使用冒号。当事人为公司、企业、其他组织的，其名称后面使用句号，"住所地"后面使用冒号。当事人为自然人的，其姓名后均使用逗号，基本信息阐述完毕后使用句号。

（十一）当事人中有外国当事人或无国籍人的，表述住所地时应当分别写明中外当事人的国别名称或无国籍情况。当事人国别名称应当使用全称。

没有外国当事人或无国籍人的，表述国内当事人住所地时省略"中华人民共和国"字样。

（十二）表述港澳地区当事人住所地时，应当使用香港特别行政区、澳门特别行政区的全称。

表述台湾地区当事人住所地时，应当写明"台湾地区xx市……"，不应使用"台湾省"或"台湾"等表述。

（十三）当事人住所地、代理人情况相同的，应当各自列明，不应当使用"情况同上"进行表述。

三、法人或其他组织作为当事人的，应当写明其法定代表人或代表人及其身份信息。

（一）法定代表人后面使用冒号，写明法定代表人的姓名及其职务。

（二）当事人为不具备法人资格的其他组织的，应当写明其"代表人"，不应表述为"负责人"或"授权代表人"。

（三）外国或者港澳台地区的企业、组织作为当事人的，亦应使用"代表人"的表述。

四、裁判文书中应当写明代理人的姓名及其身份信息。

（一）当事人委托本单位工作人员担任代理人的应当列在第一位，其委托外单位的人员或者律师担任代理人的列在第二位。

（二）当事人委托本单位人员作为代理人的，其身份信息可表述为"该公司（或该机构如该委员会、该厂等）工作人员"。

（三）律师、基层法律服务工作者担任代理人的，其身份信息表述为"XX律师事务所律师"或"××法律服务所法律工作者"。

（四）当事人的近亲属或者其所在社区、单位以及有关社会团体推荐的公民担任代理人的，写明代理人的姓名、性别、出生日期、民族、职业、住所地。代理人是当事人近亲属的，还应当在住所地之后注明其与当事人的关系。

（五）代理人变更的，裁判文书首部只列写变更后的代理人。对于代理人变更的事实可根据需要在案件由来或者查明事实部分写明。

五、案由应当准确反映案件所涉及的民事法律关系的性质，并应当与最高人民法院

《民事案件案由规定》中所列案由相一致。

二审法院或再审法院经审理认为原审裁判文书所列案由不当的，二审或再审裁判文书中应当写明经审理后最终确定的案由，并在裁判理由部分予以说明。

六、裁判文书应当写明案件的由来以及开庭审理过程。

（一）根据一审、二审或再审程序的不同，在案件由来部分简要写明当事人起诉、上诉、发回重审或者申请再审、指令再审、提审等情况。一审裁判文书应当写明当事人起诉的时间。

（二）此部分叙述时可在当事人全称后面括号注明其简称。简称要清楚、得当，避免引起歧义，不应以当事人诉讼地位的称谓（如原告、上诉人、答辩人等）或甲方、乙方等作为其简称。

（三）合议庭组成成员的情况不必具体表述，但如果合议庭成员有回避、变更情况的，应当在此部分写明。

（四）经过多次开庭审理的，应当分别简述开庭情况，以充分体现开庭审理的经过。开庭审理前组织证据交换、召集庭前会议的，亦应将相关情况予以阐述。

（五）当事人未到庭应诉或者中途退庭的，写明"经本院传票传唤，无正当理由拒不到庭"或者"未经法庭许可中途退庭"的情况。

（六）存在中止诉讼后又恢复审理等情况的，应当在此部分写明过程。

七、裁判文书应当依次写明当事人的起诉（包括诉讼请求）、答辩、第三人陈述等情况，写明当事人的诉讼主张及其所依据的事实、理由。

（一）转述当事人起诉、答辩的事实、理由时，应当对较长的起诉状、答辩状进行提炼、归纳，对其病句、错字进行修正，同时注意准确全面，忠实原意，不得遗漏要点。

（二）原告庭审时变更诉讼请求、提出新的诉讼请求，被告未作书面答辩或第三人未提交书面意见，但在庭审中进行口头答辩或陈述以及对原书面答辩或陈述意见予以补充的，应当在此节中予以表述。

（三）被告提出反诉的，亦应在此部分概述其反诉请求、依据的事实、理由以及对方的答辩情况。

（四）二审当事人的上诉、答辩等情况，在转述一审判决结果后进行概述，并应当按照前述第（一）、（二）项的要求进行提炼、归纳和表述。

八、一审裁判文书应当写明当事人提交证据的名称、证明目的、各方当事人的质证意见，人民法院同时应当结合当事人举证、质证的意见，依照相关法律、司法解释的规定，对当事人提交证据的真实性、关联性、合法性进行分析，最终对证据是否应予采信及其证明力作出认定，明确阐明人民法院的认证意见。

九、根据质证认证情况，对业经查明认定的基本事实进行综合陈述。

（一）本部分以"本院查明"作为引言，其后用冒号，另起一行写明查明的事实。

（二）综述所查明的事实时，可以划分段落层次，亦可根据情况以"另查明"为引语表述其他相关事实，该另查明的事实可以多项；避免使用"还查明""再查明""又查明"等引语。

（三）在适用外国法的情况下，对于外国法查明的客观事实可在此部分予以表述。

十、二审裁判文书应当在"案件由来"部分之后，写明一审审理情况，包括原告的诉讼请求、一审法院认定的事实、裁判的理由和最终的裁判结果。

（一）简要概括一审原告起诉的事实、理由及其具体的诉讼请求、一审被告的答辩意见、第三人的陈述，以明确案件争议的焦点。一审被告提起反诉的，亦应写明。

（二）写明一审查明的事实，该部分以"一审法院查明"为引语开始，"一审法院查明"后面使用冒号。对一审查明的事实原则上予以照抄，有错字、漏字或者语法错误的，可适当修改。

（三）对于一审裁判文书中表述的当事人为支持自己主张提供的证据、当事人的质证意见及一审法院对证据的认证意见等内容，在二审裁判文书中可以省略，不再援引。当事人有争议的除外。

（四）写明一审裁判文书理由和结果，该部分以"一审法院认为"为引语开始，一审法院认为后面使用冒号。对一审认为部分原则上予以照抄，有错字、漏字或者语法错误的，可适当修改。

（五）一审裁判文书主文即裁判结果应当全文照抄，不得遗漏和更改，此前部分当事人名称使用简称的，此部分表述时仍使用简称，注意不得遗漏当事人负担的诉讼费及保全费、鉴定费等内容的表述。

十一、二审裁判文书应当根据上诉审的特点，结合相关证据材料，依据相关法律规定，针对当事人对一审认定事实提出的异议，重点予以分析、阐述。

（一）对于二审中当事人提交的新证据的名称、证明目的、各方当事人的质证意见等详细写明。

（二）结合当事人举证、质证的意见，依照相关法律、司法解释的规定，对有关证据的真实性、关联性、合法性进行分析，最终对证据是否应予采信及其证明力作出认定。

（三）根据不同情况，二审查明事实部分可分四种表述方式：

1. 当事人未提交新的证据，对一审查明的事实无异议，二审中也没有新查明的事实的，可写明："一审查明的事实，有相关证据予以佐证，各方当事人均未提出异议，亦未提交新的证据，本院对一审查明的事实予以确认。"

2. 当事人对一审查明的事实无异议，但提交新证据或者二审法院根据自行调查收集的证据，有新查明的事实的，可写明"一审查明的事实，有相关证据予以佐证，各方当事人均未提出异议，本院对一审查明的事实予以确认。本院另查明：……（在综合列举当事人提交的新证据或法院调查收集的证据、阐述各方当事人的质证意见及本院对证据的认证意见的基础上，对另查明的事实作出认定。）"

3. 当事人对部分事实提出异议，并提交新的证据，但经审查其异议不能成立的。

首先，对于当事人无异议部分的事实，可写明"一审查明的××部分的事实，有相关证据予以佐证，各方当事人均未提出异议，本院对一审判决查明的××部分的事实予以确认。"

其次，对于当事人提出异议部分的事实，可写明"上诉人××对一审查明的××部分的事实提出异议……（写明当事人对相关事实提出异议的具体意见及对方的反驳意见，并列举当事人为支持其主张提交的新证据，各方当事人对证据的质证意见以及本院对各证据的认证意见，在此基础上写明本院最终意见，最后可总结性写明"上诉人××虽然对一审查明的××部分的事实提出异议，但其未能提供充分的证据予以证明，其异议不能成立，本院不予支持，对于一审查明的××部分的事实，本院予以确认。"）"。

4. 当事人对部分事实提出异议，根据当事人提交的新证据或者本院调查收集的证据，经审理发现一审查明的事实确实存在部分错误的。

首先，对于当事人无异议的正确部分的事实，可写明"一审查明的××部分的事实，有相关证据予以佐证，各方当事人均未提出异议，本院对一审查明的××部分的事实予以确认。"

其次，对于一审认定错误的事实，可写明"上诉人××对一审查明的××部分的事实提出异议……（写明当事人对相关事实提出异议的具体意见及对方的反驳意见，并列举当事人为支持其主张提交的新证据或本院调查收集的证据，各方当事人对证据的质证意见以及本院对各证据的最终认证意见，在此基础上写明本院查明的事实，最后可总结性写明'一审对××部分的事实认定有误，应予纠正，上诉人××对此提出的异议成立，本院予以支持。')"。

上述部分具体措辞可由承办人视案件情况灵活掌握。

十二、再审裁判文书应当在"案件由来"部分之后，写明原一、二审审理情况以及申请再审及答辩情况。

上述两部分的具体书写分别参照适用二审裁判文书"一审审理情况"和一审裁判文书关于"当事人起诉及答辩情况"部分的要求。

十三、再审裁判文书应当根据再审案件特点，结合相关证据材料，依据相关法律规定，针对当事人提出的对原一、二审认定事实的异议，重点予以分析、阐述。

该部分的具体书写参照适用二审裁判文书关于"二审认定的事实"部分的要求。

十四、裁判理由是裁判文书的核心部分，要有针对性和说服力，二审及再审裁判文书要防止照抄原判理由或者公式化的套话。

（一）本部分以"本院认为"作为引言，其后用冒号，另起一行写明具体意见。

（二）应明确纠纷的性质、案由。原审确定案由错误，二审或者再审予以改正的，应在此部分首先进行叙述并阐明理由。

（三）涉外、涉港澳台民商事案件，应当依照《中华人民共和国涉外民事关系法律适用法》及《最高人民法院关于适用〈中华人民共和国涉外民事关系法律适用法〉若干问题的解释（一）》《最高人民法院关于审理涉台民商事案件法律适用问题的规定》等司法解释的规定，对解决纠纷应当适用的法律作出分析认定。涉外涉港澳台海事案件，应当依照《中华人民共和国海商法》的相关规定对法律适用问题作出分析认定，《中华人民共和国海商法》没有规定的，适用《中华人民共和国涉外民事关系法律适用法》及其司法解释的相关规定。

（四）涉外案件应当适用我国法律的，表述为"适用中华人民共和国法律"。

涉港澳案件，应当适用内地法律的，表述为"适用内地法律"，应适用港澳地区法律的，表述为"适用香港特别行政区（澳门特别行政区）法律"。

涉台案件，应当适用大陆法律的，表述为"适用大陆法律"（大陆后面不能加"地区"二字），应当适用台湾地区法律的，表述为"适用台湾地区法律"。

案件中既有港澳地区当事人，也有台湾地区当事人的，如果应当适用内地（大陆）法律，表述为"适用内地法律"即可。

（五）一审裁判文书应当围绕当事人争议的焦点问题及原告的最终诉讼请求能否成立进行论述。

（六）二审或再审裁判文书应当围绕当事人争议的焦点问题及上诉或再审请求能否成立进行论述。原审裁判正确，上诉或申请再审无理的，指出其理由的不当之处；原审裁判不当，上诉或申请再审理由成立的，应当阐明原判错之处、上诉或申请再审请求和理由成立的事实和法律依据、改判的理由等等。

（七）人民法院审理合同纠纷案件，对于合同是否成立、效力等问题应当主动予以审查，即使当事人未就此提出异议，亦应予以分析阐述。

（八）对于案件复杂，当事人争议问题较多的，可以根据庭审时归纳的当事人争议焦点，分别逐项予以阐述。

（九）在该部分引用法律法规、司法解释时，应当严格适用《最高人民法院关于裁判文书引用法律、法规等规范性法律文件的规定》。并列引用多个法律文件的，引用顺序如下：法律及法律解释、行政法规、地方性法规、自治条例或者单行条例、司法解释；同时引用两部以上法律的，应当先引用基本法律，后引用其他法律；引用包括实体法和程序法的，先引用实体法，后引用程序法。

引用最高人民法院的司法解释时，应当

按照公告公布的格式书写。

适用公约时，应当援引适用的公约具体条款。引用公约条款的顺序应置于法律、司法解释之前。

（十）二审或再审改判的，对于改判所依据的实体法应当予以援引。

（十一）如果案件因为涉及商业秘密或者隐私等问题不公开开庭审理，裁判文书中应当援引《中华人民共和国民事诉讼法》第一百三十四条的规定。如果是缺席判决的，应当根据具体情况援引《中华人民共和国民事诉讼法》第一百四十三条或者第一百四十四条的规定。

（十二）指导性案例及非司法解释性的规范性文件，如各种指导性意见、会议纪要、个案答复等不得作为法律依据予以援引，但其体现的原则和精神可在说理部分予以阐述。

（十三）案件经审判委员会讨论决定的，应予以写明。

（十四）案件管辖权问题在判决书理由部分不需要予以阐述。

十五、裁判主文即裁判结果，是对案件实体问题作出的处理决定，裁判结果要明确、具体、完整。裁判结果应对当事人争议的实体问题作出终审结论。二审或再审裁判文书要对原审裁判作出明确表态，写明维持原裁判或者撤销原裁判，或者维持哪几项、撤销哪几项；对改判或加判的内容，要区别确认之诉、变更之诉、给付之诉等不同情况，作出明确、具体的处理决定。

（一）裁判文书主文部分中当事人名称应当用全称，主文的各项之间统一用分号。

（二）裁判文书主文内容必须明确具体、便于执行。如原审判决中未明确履行期限的，二审或再审裁判文书应写明判项的履行日期。

（三）对于金钱给付的利息，当事人要求计算至判决执行之日止，而原审裁判计算出绝对数的，二审或再审应予以纠正，应当明确利息计算的起止点。

（四）根据最高人民法院法〔2007〕19号通知的要求，1. 一审判决中具有金钱给付义务的，应当在所有判项之后另起一行写明：如果未按本判决指定的期间履行给付金钱的义务，应当依照《中华人民共和国民事诉讼法》第二百五十三条的规定，加倍支付迟延履行期间的债务利息。2. 二审判决作出改判的案件，无论一审判决是否写入了上述告知内容，均应在所有判项之后另起一行写明第一条的告知内容。3. 如一审判决已经写明上述告知内容，二审维持原判的判决，可不再重复告知。

十六、裁判文书尾部应写明诉讼费用的负担，合议庭成员署名和判决日期等。

（一）诉讼费用是人民法院根据《诉讼费用交纳办法》的有关规定来决定的，不属于诉讼争议的问题，不应列为判决结果的一项内容，应在判决结果后另起一行写明。

根据《诉讼费用交纳办法》第五十五条的规定，诉讼费用应以人民币为计算单位。

（二）一、二审诉讼费用应当分别表述。按照《诉讼费用交纳办法》第十七条的规定："对财产案件提起上诉的，按照不服一审判决部分的上诉请求数额交纳案件受理费。"二审要根据当事人上诉请求的数额重新计算诉讼费，不能完全按照一审的标准收取。根据《诉讼费用交纳办法》第二十九条的规定，共同诉讼当事人败诉的，应明确当事人各自负担的诉讼费用数额。

如果一审诉讼费用不作调整，可表述为"一审案件受理费××元人民币，财产保全费（或其他费用）××元人民币，按一审判决承担。"

（三）裁判文书尾部由合议庭成员共同署名。助理审判员参加合议的，署代理审判员。院长、庭长参加合议庭审判的案件，院长、庭长担任审判长。

（四）"本件与原本核对无异"字样的印戳，应加盖在年月日与书记员署名之间空行的左边。

十七、其他注意问题。

（一）为避免引起混淆，裁判文书中当事人的名称应当统一，只使用其名称或简称，除以引号转引相关书证原文的情形外，若当事人之间的合同、协议中有"甲方""乙方"等表述时，应统一变换为当事人的名称。

二审、再审裁判文书使用当事人简称时，应当确保与所引用原审文书对应简称表述一致。

二审、再审裁判文书在表述原审法院名称时，可视情况使用"一审法院""二审法院"的表述，亦可使用法院简称。

（二）在援引一审裁判文书相关内容时，应当将其中的"本院"修改为"一审法院（或其简称）"。

（三）裁判文书中表述阿拉伯数字时，数字之间不使用逗号。

（四）涉台案件裁判文书的书写，适用《最高人民法院关于贯彻执行〈关于审理涉台民商事案件法律适用问题的规定〉的通知》（法〔2011〕180号）的要求。

附录二　双边民事司法协助条约

A

中华人民共和国和阿尔及利亚民主人民共和国关于民事和商事司法协助的条约

(2010年1月10日订于阿尔及尔 2012年6月16日对我国生效)

中华人民共和国和阿尔及利亚民主人民共和国（以下简称"双方"），

在相互尊重主权和平等互利的基础上，为加强两国在司法领域的合作，达成协议如下：

第一章 总 则

第一条 司法合作的义务

双方承诺应对方请求相互提供民事和商事司法协助。

第二条 司法保护

一、一方国民在另一方境内，在人身权利和财产权利方面应当享有与另一方国民同等的司法保护。

二、一方国民有权在与另一方国民同等的条件下，在另一方法院进行诉讼。

三、本条第一款和第二款的规定亦适用于在任何一方境内依该方法律成立的法人。

第三条 诉讼费用担保

一、一方对于另一方国民，不得因为该人系外国人或者在其境内没有住所或者居所而要求该人提供诉讼费用保证金和任何名义的担保存款。

二、本条第一款的规定亦适用于在任何一方境内并依该方法律成立的法人。

第四条 法律援助和诉讼费用

一、任何一方国民在另一方境内，在遵守另一方法律的条件下，有权享有与另一方国民同等的法律援助或者诉讼费用减免。

二、如果申请人在一方境内有住所或者居所，应当由该方主管机关出具申请人的经济困难证明；如果申请人在第三国有住所或者居所，应当由申请人所属国在第三国的外交或者领事代表机关出具该证明。

三、负责提供法律援助或者作出诉讼费用减免决定的主管机关可以要求提供补充材料。

第五条 联系途径

一、除本条约另有规定外，双方应当通过中央机关提出和答复司法协助请求。

中央机关在中华人民共和国方面为司法部，在阿尔及利亚民主人民共和国方面为司法部。

二、任何一方如果变更其对中央机关的指定，应当通过外交途径通知另一方。

第六条 司法协助适用的法律

双方应当根据各自本国法律执行司法协助请求，但是本条约另有规定的除外。

第七条 司法协助的范围

本条约规定的司法协助包括：

（一）送达司法文书；

（二）调查取证；

（三）承认与执行法院裁判文书以及仲裁裁决；

（四）交换法律资料；

（五）不违背被请求方法律的其他形式的协助。

第八条 司法协助的拒绝

一、被请求方如果认为提供司法协助将有损本国的主权、安全或者公共秩序，或者被请求的合作超出本国司法机关的职权范围，应当拒绝提供司法协助。

二、被请求方应当将拒绝的理由告知请求方。

第九条 司法协助请求的形式和内容

一、司法协助请求应当以书面形式提出，并包括下列内容：

（一）提出请求的司法机关；

（二）必要时，被请求的司法机关；

（三）诉讼涉及的人员的姓名、身份、国籍以及住所或者居所，法人的地址；

（四）必要时，当事人代理人的姓名和地址；

（五）请求的事项和所附文件；

（六）请求涉及的诉讼的性质和案情摘要；

（七）执行请求所需的其他材料。

二、在送达裁判文书的情况下，如果裁判文书未写明上诉期限和途径，应当在请求书中说明请求方法律规定的上诉期限和途径。

三、被请求方如果认为请求方提供的材料不足以使其根据本条约的规定执行请求，可以要求请求方提供补充材料。

第十条 书面联系的文字

司法协助请求书及其辅助文件，应当使用请求方的文字，并附英文译文。

第十一条 司法协助的费用

一、被请求方应当负担执行请求所产生的费用，但是请求方应当负担下列费用：

（一）有关人员按照本条约第十八条的规定，前往、停留于和离开请求方的费用和津贴，这些费用和津贴应当根据费用发生地的标准和规定支付；

（二）按照特殊方式执行请求的费用；

（三）鉴定的费用；

（四）翻译，包括笔译和口译的费用。

二、请求方应当根据要求，预付由其承担的费用。

三、如果执行请求明显地需要超常性质的费用，双方应当协商决定执行请求的条件。

第二章 送达司法文书和代为调查取证

第十二条 执行送达司法文书的请求

一、被请求方应当按照本国法律规定的方式送达司法文书。

二、在不违背本国法律的情况下，被请求方应当按照请求方明示要求的特殊方式送达司法文书。

三、被请求机关如果无权执行请求，应当将该项请求移送有权执行的主管机关，以便执行。

四、被请求方如果无法执行请求，应当将请求书及其辅助文件退回请求方，并说明妨碍送达的原因。

第十三条 通知送达司法文书的结果

被请求方应当将送达结果书面通知请求方，并附由受送达人签名并注明日期的送达回证，或者送达机关出具的说明送达行为、方式和日期的证明。如果受送达人拒绝签名或者拒收，应当在送达回证或者证明中说明。

第十四条 调查取证的范围

双方法院可以在民事和商事方面相互请求代为进行必要的调查，包括代为询问当事人、证人和鉴定人，代为调取证据，以及代为进行鉴定和司法勘验。

第十五条 调查取证的执行

一、代为调查取证应由被请求方司法机关按照本国法律规定的程序在其境内执行。

二、被请求机关应当根据请求机关的明确要求，采取如下措施：

（一）在不违反本国法律的情况下，按照特殊方式执行调查取证；

（二）及时通知请求方执行调查取证的日期和地点，以便有关当事人或者其代理人根据被请求方的法律到场。

三、被请求机关如果无权执行调查取证，应当将该项请求移交有权执行的机关。

四、在不能执行请求的情况下，被请求方应当将请求书及其辅助文件退还请求方，并告知无法执行的原因。

第十六条　送达司法文书或者调查取证时确认地址

一、如果司法协助请求涉及的人员的地址不完全或者不正确，被请求方中央机关仍应当接收该请求。在此情况下，被请求方可以要求请求方提供补充材料，以便确认该人地址。

二、如果仍然无法确定地址，被请求方中央机关应当通知请求方中央机关，并退回请求书及其辅助文件。

第十七条　拒绝作证

一、根据本条约被要求作证的人员，如果被请求方法律允许该人在被请求方提起的诉讼中的类似情形下不作证，可以拒绝作证。

二、如果根据本条约被要求作证的人员主张，根据请求方法律有拒绝作证的权利或者特权，不妨碍取证的进行，但应将该人的主张告知请求方中央机关。

第十八条　在请求方出庭作证

一、请求方可以请求被请求方协助，邀请有关人员作为证人或者鉴定人出庭，并应当告知该人可获得的费用和津贴。

二、被请求方应当将该人的答复迅速通知请求方。

三、请求方应当在不迟于预定的出庭日60天前将要求有关人员在请求方境内出庭作证的邀请向被请求方提出。在紧急情况下，被请求方可以同意缩短该期限。

第十九条　证人和鉴定人的保护

一、请求方对于到达其境内的证人或者鉴定人，不得因该人在入境前的任何作为或者不作为而予以起诉、羁押、处罚或者采取其他限制人身自由的措施，也不得要求该人在请求所未涉及的任何其他诉讼程序中作证，除非事先取得被请求方和该人同意。

二、如果上述人员在被正式通知无须继续停留后15天内未离开请求方，或者离开后又自愿返回，则本条第一款不再适用，但该期限不包括该人因本人无法控制的原因而未离开请求方的时间。

三、如果本条第一款中所述人员拒绝作证，不得对其施加任何处罚，或者采取任何限制其人身自由的强制措施。

第二十条　外交或者领事代表机关的职能

一方可以通过本国派驻另一方的外交或者领事代表机关向在另一方境内的本国国民送达司法文书和司法外文书，但应当遵守另一方的法律，并且不得采取任何强制措施。

第三章　裁判文书和仲裁裁决的承认和执行

第二十一条　承认和执行裁判文书的范围

一、一方应当根据本条约规定的条件，采取措施承认和执行另一方的下列裁判文书：

（一）法院在民事和商事案件中作出的裁判文书；

（二）审理刑事案件的法院就民事权利作出的裁判文书。

二、本条的规定不适用于下列案件中作出的裁判文书：

（一）遗嘱和继承；

（二）破产；

（三）除扶养案件外的临时保全措施。

第二十二条　承认和执行的拒绝

除本条约第八条的规定外，对于第二十一条第一款所述的裁判文书，在下列情况下也可以拒绝承认和执行：

（一）根据裁判文书作出方的法律，该裁判文书尚未生效或者不具有执行效力；

（二）根据被请求方的法律，作出裁判文书的法院无管辖权；

（三）根据裁判文书作出方的法律，缺

席的败诉方当事人未经合法传唤，或者无诉讼行为能力的当事人没有得到适当代理；

（四）被请求方法院正在审理相同当事人之间就同一事实和标的提起的案件，或者已经作出生效裁判文书，或者已经承认或者执行第三国法院作出的裁判文书。

第二十三条　承认和执行的程序

一、申请人应当直接向被请求方有管辖权的法院提出承认或者执行的申请。

二、承认和执行应当适用被请求方法律规定的程序。

三、有管辖权的法院应当仅限于审查被请求承认和执行的裁判文书是否符合本条约规定的条件。该法院应当依职权进行审查，并将审查结果写入裁判文书。

四、如有必要，法院在决定承认和执行时，应当采取必要措施，以与本国裁判文书相同的方式公布被承认和执行的裁判文书。

五、被请求方可以全部或者部分承认和执行裁判文书。

六、被承认和执行的裁判文书在被请求方境内应当与被请求方作出的裁判文书具有同等效力。

第二十四条　申请承认和执行应附的文件

一、申请承认或者执行裁判文书的申请人，应当递交下列文件：

（一）经证明无误的裁判文书的副本；

（二）证明裁判文书是终局的文件；

（三）证明已经向败诉方当事人送达裁判文书以及无诉讼行为能力的当事人已经得到适当代理的文件；

（四）如果是缺席裁判，且裁判文书未表明当事人得到合法传唤，证明已传唤缺席当事人出庭的文件。

二、申请书、裁判文书以及上述文件，均应当附有经证明无误的被请求方文字的译文。

第二十五条　仲裁裁决的承认与执行

双方应当根据一九五八年六月十日在纽约联合国大会通过的承认及执行外国仲裁裁决公约，相互承认和执行在对方境内作出的仲裁裁决。

第四章　其他规定

第二十六条　认证的免除

通过本条约第五条规定的途径转递的文件，免除任何形式的认证。文件应当由主管机关签署、盖章。

第二十七条　官方文件的证明效力

一、在一方境内制作的官方文件在另一方境内与另一方相同性质的文件享有同等证明效力。

二、如果有关官方文件的真实性受到质疑，可以请求制作该文件的机关予以核实。

第二十八条　交换资料和文献

双方承诺根据请求，相互交换本条约框架下的法律以及司法实践的资料和文献。

第二十九条　争议的解决

因解释或者实施本条约所产生的任何争议或者任何具体事项，双方应当通过协商解决。

第五章　最后条款

第三十条　批准

本条约须经双方根据各自国内法律程序予以批准。

第三十一条　生效

一、本条约自互换批准书之日起30天后生效。

二、本条约可以经双方书面协议随时予以修订。

三、任何一方可以随时通过外交途径，以书面形式通知另一方终止本条约。本条约自该通知发出之日起180天后终止。

下列签署人经各自政府适当授权，签署本条约，以昭信守。

本条约于二〇一〇年一月十日订于阿尔及尔，一式两份，每份均用中文和阿拉伯文写成，两种文本同等作准。

中华人民共和国和阿根廷共和国
关于民事和商事司法协助的条约

(2001年4月9日订于布宜诺艾利斯 2011年10月9日对我国生效)

中华人民共和国和阿根廷共和国（以下简称"双方"），

在相互尊重主权和平等互利的基础上，为加强两国在司法领域的合作，决定缔结本条约，并达成下列协议：

第一章 总 则

第一条 适用范围

一、双方同意在民事和商事方面相互给予广泛的司法协助与合作。

二、为本条约的目的，"民事"一词包括劳动方面的事项。

第二条 司法保护

一、一方国民在另一方境内，在人身和财产权利方面，应当有权享有与另一方国民同等的司法保护。

二、一方法院对于另一方国民，不得因为该人是外国人或者在其境内没有住所或者惯常居所，而要求该人提供诉讼费用担保。

三、本条第一款和第二款的规定亦适用于位于任何一方境内并依该方法律成立的法人。

第三条 诉讼费用减免和法律援助

一、一方国民在另一方境内，应当在与该另一方国民同等的条件下和范围内获得诉讼费用减免和法律援助。

二、申请获得第一款规定的诉讼费用减免和法律援助，应当由申请人住所或者惯常居所所在地的一方主管机关出具关于该人财产状况的证明。如果申请人在双方境内均无住所和惯常居所，可以由该人国籍所属一方的外交或者领事机关出具或者确认有关该事项的证明。

三、负责对诉讼费用减免和法律援助申请作出决定的司法机关或者其他主管机关可以要求提供补充材料。

第四条 司法协助的范围

本条约规定的司法协助包括下列内容：

（一）转递和送达司法文书；

（二）调查取证，包括调取物证，获取当事人陈述和证人证言，调取书证和相关资料，进行鉴定或者司法勘验，或者履行与调查取证有关的其他司法行为；

（三）承认与执行法院裁决；

（四）交换法律资料；

（五）不违背被请求方法律的其他形式的协助。

第五条 司法协助的联系途径

一、除本条约另有规定外，双方在相互请求和提供司法协助时，应当通过各自指定的中央机关直接进行联系。

二、第一款所指的中央机关，在中华人民共和国方面为司法部，在阿根廷共和国方面为外交、国际贸易和宗教事务部。

三、任何一方如果变更其对中央机关的指定，应当通过外交途径通知另一方。

第六条 司法协助适用的法律和程序

一、双方执行司法协助请求时，适用各自的本国法。

二、被请求方在不违背本国法律的范围内，可以按照请求方要求的特殊方式执行司法协助的请求。

三、被请求的司法机关如果无权执行请求，应当立即将该项请求移送有权执行的司法机关，以便执行。

第七条 司法协助的拒绝

被请求方如果认为提供司法协助将有损本国的主权、安全或者重大公共利益，或者违反本国法律的基本原则，或者请求的事项超出本国司法机关的主管范围，可以拒绝提供司法协助，并应当说明拒绝的理由。

第八条 司法协助请求的形式和内容

一、司法协助的请求应当以书面形式提出，由请求机关签署或者盖章，并包括下列内容：

（一）请求机关的名称和地址；

（二）可能时，被请求机关的名称；

（三）请求所涉及人员的姓名和地址；如果系法人，法人的名称和地址；

（四）必要时，当事人的代理人的姓名和地址；

（五）请求所涉及的诉讼性质和案情摘要；

（六）请求的事项；

（七）执行请求所需的其他材料。

二、被请求方如果认为请求方提供的材料不足以使其根据本条约的规定执行该请求，可以要求请求方提供补充材料。如果因为材料不足或者其他原因仍然无法执行请求，被请求方应当将请求书及所附文件退回请求方，并说明妨碍执行的原因。

第九条 文字

一、双方的中央机关进行书面联系时，应当使用本国文字，并附对方文字的译文或者英文译文。

二、司法协助请求书及其所附文件，应当使用请求方的文字，并附被请求方文字的译文或者英文译文。

第十条 费用

一、被请求方应当负担在本国境内执行司法协助请求所产生的费用。

二、请求方应当负担下列费用：

（一）按照本条约第六条第二款规定的特殊方式执行请求的费用；

（二）有关人员按照本条约第十三条的规定，前往、停留和离开请求方的所有费用。这些费用应当根据费用发生地的标准和规定支付；

（三）鉴定人的费用和报酬；

（四）笔译和口译的费用和报酬。

三、如果执行请求明显地需要超常性质的费用，双方应当协商决定可以执行请求的条件。

第二章 送达司法文书和调查取证

第十一条 调查取证的限制

本条约不适用于下列情况：

（一）调取不打算用于已经开始或者即将开始的司法程序的证据；

（二）调取未在请求书中予以列明，或者与案件没有直接、密切联系的文件。

第十二条 当事人和代理人到场

如果请求方明示要求，被请求方应当向请求方通知执行请求的时间和地点，以便有关当事人或者其代理人到场。上述当事人或者代理人在到场时应当遵守被请求方的法律。

第十三条 有关人员到请求方出庭

一、请求方在通知居住于被请求方境内的人员以证人或者鉴定人的身份到其司法机关出庭时，不得在通知中强迫上述人员出庭。

二、被请求方在按照请求送达上述通知时，不得因上述人员未出庭而对其采取威胁或者处罚措施。

三、对于前来请求方出庭的证人或者鉴定人，不论其国籍如何，不得因其入境前所犯的罪行或者因其证词而追究其刑事责任，或者予以羁押。

第十四条 通知执行结果

一、被请求方应当通过本条约第五条规定的联系途径，向请求方书面通知送达结果，并附送达机关出具的证明。该证明应当注明受送达人的姓名、身份、送达日期和地点以及送达方式。如果受送达人拒收，应当注明拒收的原因。

二、被请求方应当通过本条约第五条规定的联系途径，向请求方书面通知执行调查取证请求的结果，并转交所取得的证据材料。

第三章　法院裁决的承认与执行

第十五条　法院裁决的适用范围

一方法院在本条约生效后作出的下列裁决，应当根据本条约规定的条件在另一方境内得到承认与执行：

（一）法院在民事和商事案件中作出的裁决；

（二）法院在审理刑事案件时，就向被害人给予赔偿和返还财物作出的民事裁决；

（三）法院就民事和商事案件制作的调解书。

第十六条　申请的提出

承认与执行裁决的申请，可以由当事人直接向被请求方的主管法院提出，也可以由其向作出该裁决的法院提出，并由该法院按本条约第五条规定的途径转交给被请求方法院。

第十七条　申请应附的文件

一、承认与执行裁决的申请，应当附有下列文件：

（一）经证明无误的裁决副本；

（二）证明裁决是终局的文件，以及在申请执行时，证明裁决是可以执行的文件，除非裁决中对此已经予以明确说明；

（三）证明已经向败诉一方当事人送达裁决的文件；

（四）证明根据作出裁决一方的法律，败诉一方当事人已经得到合法传唤以及在法庭中得到适当代理的文件，除非裁决中已经对此予以明确说明。

二、申请书和上述裁决及文件，均应当附有被请求方文字的译文或者英文译文。

第十八条　承认与执行的拒绝

除根据本条约第七条的规定可以拒绝承认与执行法院裁决外，有下列情形之一的，也可以拒绝承认与执行：

（一）根据作出裁决一方的法律，该裁决不是终局的或者不具有执行效力；

（二）根据被请求方的法律，作出裁决的法院不具有管辖权；

（三）根据作出裁决一方的法律，败诉的当事人未经合法传唤，或者没有得到适当代理；

（四）被请求方法院对于相同当事人之间就同一标的的案件正在进行审理，或者已经作出了生效裁决，或者已经承认了第三国对案件作出的生效裁决；

（五）本条约第十七条中的规定没有得到满足。

第十九条　承认与执行的程序

一、裁决的承认与执行应当适用被请求方法律规定的程序。

二、被请求方法院应当仅限于审查裁决是否符合本条约规定的条件，不得对裁决作任何实质性审查。

三、如果裁决无法得到全部承认与执行，被请求方法院可以决定承认与执行裁决的部分内容。

第二十条　效力

被承认与执行的裁决在被请求方境内应当与被请求方法院作出的裁决具有同等效力。

第四章　其他规定

第二十一条　交换法律资料

一、为执行本条约，一方中央机关可请求另一方中央机关提供现行法律的资料。

二、一方法院可以通过中央机关，请求另一方法院就某一具体案件提供有关此案件的法律资料。

第二十二条　外交或者领事官员送达文书和调查取证

一方可以通过本国派驻另一方的外交

或者领事官员向在该另一方领域内的本国国民送达司法文书和调查取证，但应当遵守该另一方的法律，并且不得采取任何强制措施。

第二十三条　认证的免除

为适用本条约的目的，由双方法院或者其他主管机关制作或者证明，并且通过本条约第五条规定的联系途径转递的文件，免除任何形式的认证。

第二十四条　争议的解决

因解释或者实施本条约所产生的任何分歧，如果双方中央机关不能达成协议，应当通过外交途径协商解决。

第五章　最后条款

第二十五条　生效和终止

一、本条约须经批准，批准书在北京互换。本条约自互换批准书之日后第三十天生效。

二、任何一方可以随时通过外交途径，以书面形式通知另一方终止本条约。终止自该书面通知发出之日后第一百八十天生效。

下列签署人经各自政府适当授权，签署本条约，以昭信守。

本条约于二○○一年四月九日在布宜诺斯艾利斯签订，一式两份，每份均以中文和西班牙文制成，两种文本同等作准。

中华人民共和国和阿拉伯联合酋长国关于民事和商事司法协助的协定

（2004年4月21日订于北京　2005年4月12日对我国生效）

中华人民共和国和阿拉伯联合酋长国（以下简称"双方"），愿在相互尊重主权和互利的基础上加强两国友好关系，促进在司法和法律领域富有成效的合作；

认识到促进最广泛的民事和商事司法协助的需要；

达成协议如下：

第一条

一、一方国民在另一方境内，应当享有与该另一方国民同等的司法保护，有权在与该另一方国民同等的条件下，在该另一方法院进行诉讼。

二、本条前款规定亦适用于位于任何一方境内并依该方法律成立的法人。

第二条

一方国民在另一方境内，有权根据该另一方的法律和程序，在与该另一方国民同等的条件下和范围内获得诉讼费用减免。

第三条

双方可以相互交流与实施本协定有关的本国现行法律和司法实践的资料。

第四条

一、双方应当在本协定的范围内，根据本国法律相互提供最广泛的民事和商事司法协助。

二、本协定所指司法协助的范围包括：

（一）送达传票和其他司法文书；

（二）依请求代为调查取证；

（三）承认和执行法院裁决和调解书。

三、本协定不影响双方在其他条约或安排中的任何权利和义务。

第五条

一、司法协助请求应当通过双方的中央

机关提出。

二、在中华人民共和国方面，中央机关为司法部；在阿拉伯联合酋长国方面，中央机关为司法及伊斯兰事务和宗教基金部。

第六条

一、除另有规定外，与司法协助有关的所有官方文件均需由法院或其他主管机关盖章，司法协助请求应当经请求方的中央机关确认。

二、司法协助请求及所附文件均应当附有被请求方官方语言或英文的译文。

三、如果被请求方认为请求方提供的材料不足，以致无法根据本协定的规定处理有关请求，可以要求请求方提供补充材料。

第七条

一、传票和其他司法文书应当按照被请求方法律规定的程序送达。在不违反被请求方法律的前提下，也可以按照请求方希望采用的特殊方式送达。

二、根据本协定送达的传票和其他司法文书，应当被视为已经在请求方境内送达。

三、本协定第五条的规定不影响一方在不采取强制措施的情况下，通过其外交或领事代表向处于另一方境内的本国国民送达传票和其他司法文书的权利。送达目的地国无需为此种方式的送达承担责任。

第八条

送达传票和其他司法文书的请求应当说明受送达人的名称、职业、居住地或营业地等所有资料，以及拟送达的文件清单。如希望采用特殊方式送达，亦应当在请求中说明。

第九条

一、被请求方不得拒绝根据本协定提出的送达传票和其他司法文书的请求，除非其认为执行请求将损害其主权、安全或公共秩序。

二、被请求方不得因请求中未充分说明所涉案件的法律依据而拒绝送达。

三、如果送达请求未被执行，被请求方应当立即将原因通知请求方。

第十条

一、被请求方主管机关根据其相关法律和规定送达有关司法文书，不得向请求方收取费用。

二、按照请求方要求的特殊方式执行送达时，不得违反被请求方法律，而且请求方需支付此种送达的相关费用。

第十一条

一、被请求方主管机关的责任应当仅限于将司法文书和文件送交被送达人。

二、送达应当以受送达人签字和主管机关出具送达回证予以证明，送达回证应当说明受送达人的姓名、送达日期和送达方式，以及在未能送达时，不能送达的原因。

三、经受送达人签字的送达回证应当通过中央机关转交请求方。

第十二条

一、一方的司法机关可以按照本国法律规定，通过请求书请求另一方的主管司法机关就民事和商事案件调查取证。

二、为本协定之目的，调查取证的范围应当包括：

（一）获取证言；

（二）制作、鉴定或勘验有关的文件、记录或物品。

三、调查取证的请求书应当说明：

（一）提出请求的司法机关或其他主管机关的名称；

（二）调查取证所涉诉讼的性质和所有必要情况；

（三）诉讼当事方的名称和地址；

（四）需调取的证据；

（五）需被询问人员的姓名和地址。

四、如果有必要，请求书应当附有拟向证人或其他人员提出的问题清单，或对拟询问的事项的说明，以及与前述证据或证言有关的文件。

第十三条

根据本协定规定进行的调查取证的司法程序，应当与请求方主管机关调查取证具有同样的法律效果。

第十四条

一、被请求方主管机关应当根据本国法

律执行请求,并采用本国法律允许的方式和程序调查取证,包括采取适当的强制措施。

二、在不违反本国法律和实践的前提下,被请求方应当按照请求书中明确要求的特殊方式或程序调查取证。

三、调查取证的请求应当尽可能予以迅速执行。

四、请求方要求时,应当被告知进行调查取证的时间和地点,以便相关当事方或其代表可以到场。如果请求方要求,上述信息应当直接通知已知在被请求方境内的有关当事方或其代表。

五、如果请求已经被执行,应当将证明已经执行的必要文件和相关证据送交请求方。

六、如果请求全部或部分未予执行,被请求方应当立即通知请求方并说明原因。

第十五条

一、被请求方仅可以在下列情形下拒绝执行调查取证请求：

（一）执行请求不属于司法机关的职能；

（二）执行请求将损害其主权、安全或公共秩序。

二、被请求方不得仅以其国内法规定对诉讼事由具有专属管辖权或不承认对该事项提起诉讼的权利为由拒绝执行请求。

第十六条

一、被请求方不得因执行请求和调查取证而要求请求方支付任何名目的费用,但被请求方有权要求支付以下费用：

（一）支付给证人、鉴定人或译员的费用；

（二）旨在确保非自愿作证的证人到场作证的费用；

（三）因采用请求方要求的特殊程序而产生的费用。

二、如果执行请求明显地需要超常性质的费用,双方应当协商决定可以执行请求的条件。

第十七条

一、双方应当根据本国法律,承认和执行另一方法院作出的民事、商事和身份裁决,以及刑事附带民事裁决。

二、本协定所称裁决,不论其名称为何,系指双方的主管法院在司法程序中作出的任何决定。

三、本协定不适用于保全措施或临时措施,但与支付生活费有关的事项除外。

第十八条

不动产所在地法院有权确定与该不动产有关的权利。

第十九条

对于不动产以外的诉讼,一方的法院在下列情形下具有管辖权：

（一）提起诉讼时,被告在其境内有住所或居所；

（二）提起诉讼时,被告在其境内有工商业经营场所或分支机构,或从事赢利活动,且诉讼与上述活动有关；

（三）根据原告和被告间明示或默示的协议,引起诉讼的合同义务应当或已经在该方境内履行；

（四）在非合同责任中,侵权行为系在该方境内发生；

（五）被告已经明示或默示接受该方法院的管辖权；

（六）如果一方法院根据本协定对主要争议有管辖权,则其对采取临时措施的申请也具有管辖权。

第二十条

被请求承认和执行裁决的一方法院根据本协定审查另一方法院的管辖权时,应当受裁决中说明的据以确立管辖权的事实的约束,除非裁决系缺席作出。

第二十一条

如遇下列情形之一,裁决不应被承认和执行：

（一）裁决不是终局性的,或不具有执行力；

（二）裁决不是由有管辖权的法院作出；

（三）裁决所支持的诉讼请求违反被请求方现行法律,或与被请求方的宪法原则、主权、安全或公共秩序相悖；

（四）违反了被请求方关于无行为能力人代理权的法律规定；

（五）裁决系缺席作出，而缺席方未按其本国法律规定获正当传唤；

（六）被请求方法院正在审理相同当事方之间的同一标的诉讼，该诉讼在被请求方法院提起的时间先于其在作出裁决的法院提起的时间，且被请求方法院有权审理并做出决定；或被请求方法院已承认了第三国就相同当事人之间的同一标的的诉讼作出的终局裁决。

第二十二条

承认和执行裁决应当适用被请求方法律规定的程序。

第二十三条

一、被请求方承认和执行裁决的主管司法机关应当仅限于确认裁决符合本协定规定的条件，不得审查案件的实质问题。

二、如果本国法律有此项要求，被请求方主管司法机关在执行裁决时，应当采取必要措施，按照与在其本国境内作出的裁决相同的方式公告裁决。

三、如果裁决可予部分执行，可以就裁决的全部或部分内容作出执行的裁定。

第二十四条

承认和执行裁决的请求应当附有下列文件：

（一）裁决的正式副本；

（二）证明裁决属终局和具有执行力的文件，除非裁决本身已说明此点；

（三）如果属缺席裁决，能够证明败诉方被合法传唤的经证明无误的传票副本或其他文件；

（四）证明无诉讼行为能力的当事人已经得到适当代理的文件。

第二十五条

一、一方法院根据本国法律就当事人之间的有关争议制作的调解书，在其内容不违反另一方的现行法律、宪法原则、主权、安全或公共秩序的前提下，应当在另一方境内予以承认和执行。

二、请求承认和执行调解书的当事人应当提交调解书的正式副本，以及由法院出具的证明调解书的履行状况的文件。

第二十六条

承认和执行法院裁决和调解书的申请，可以由当事人直接向被请求方的主管法院提出。

第二十七条

被承认和执行的裁决在被请求方境内应当与被请求方法院作出的裁决具有相同效力。

第二十八条

因解释或实施本协定所产生的任何分歧，如果双方中央机关不能达成协议，应当通过外交途径协商解决。

第二十九条

一、本协定须经批准，批准书应当互换。协定自双方互换批准书之日后第三十日生效。

二、一方可以随时通过外交途径书面通知另一方终止本协定。协定自作出通知之日起六个月后终止，但协定终止前已经开始的程序不受影响。

下列签署人经各自政府适当授权，签署本协定，以昭信守。

本协定于二○○四年四月二十一日在北京签订，一式两份，每份均用中文、阿拉伯文和英文作成，三种文本同等作准。如遇解释分歧，以英文本为准。

中华人民共和国和阿拉伯埃及共和国关于民事、商事和刑事司法协助的协定

(1994年4月21订于北京 1995年5月31日对我国生效)

中华人民共和国和阿拉伯埃及共和国（以下简称"缔约双方"），为了进一步加强两国之间的友好和合作关系，愿意在相互尊重主权和平等互利的基础上，进行民事、商事和刑事领域的司法协助，

决定缔结本协定，并为此目的委派全权代表如下：

（1）中华人民共和国国务院副总理兼外交部长钱其琛

（2）阿拉伯埃及共和国外交部长阿姆鲁·穆萨

缔约双方全权代表相互校验全权证书，认为妥善后，议定以下各条：

第一章 总 则

第一条 司法保护

一、缔约一方公民在缔约另一方境内，在人身和财产方面享有与缔约另一方公民同等的司法保护。

二、缔约一方公民有权在与缔结另一方公民相同的条件下，诉诸缔约另一方法院或其他主管机关。

三、本条第一款和第二款的规定亦适用于依照缔约一方法律在该方境内成立的法人。

第二条 诉讼费用的减免和法律援助

一、缔约一方公民在缔约另一方境内应在与缔约另一方公民相同的条件和范围内，免除交纳费用并获得无偿法律援助。

二、如果申请减免诉讼费用或申请法律援助取决于申请人的财产状况，关于申请人财产状况的证明书应由申请人的住所或居所所在地的缔约一方主管机关出具。如果申请人在缔约双方境内均无住所或居所，可由其本国的外交或领事代表机构出具证明书。

三、缔约一方公民根据本条第一款申请减免诉讼费用或申请法律援助时，可以向其居所或住所所在地的主管机关提交申请。该机关应将申请连同根据本条第二款出具的证明书一起转交给缔约另一方的主管机关。

第三条 联系方式

一、除本协定另有规定外，缔约双方请求和提供司法协助，应通过各自的中央机关进行联系。

二、缔约双方的中央机关应为各自的司法部。

第四条 文字

一、司法协助请求书及所附文件应用提出请求的缔约一方的语言制作，并附有被请求的缔约一方的文字或英文的译文。

二、请求书所附的译文应由提出请求的缔约一方的中央机关授权的人员证明无误。

第五条 司法协助的费用

除第十二条另有规定外，缔约双方不得要求偿还因提供司法协助所支出的有关费用。

第六条 向本国公民送达文书

一、缔约双方可以通过其外交或领事代表机关向本国公民送达文书。

二、此种送达不得采用任何强制措施。

第七条 司法协助请求书

司法协助请求书应包括下列内容：

一、请求机关的名称；

二、如已知道，被请求机关的名称；

三、请求司法协助所涉及案件的情况说明；

四、有关人员的姓名、住址、国籍、职业及出生地点和时间，如系法人，该法人的名称和住址；

五、有关人员如有法定代理人，该法定代理人的姓名；

六、请求的性质以及执行请求所需其他材料；

七、就刑事事项而言，犯罪行为的法律特征和详细情况；

第八条 司法协助请求的执行

一、在执行司法协助请求时，被请求机关应适用其本国的法律；根据请求机关的请求，它也可以采用请求书所特别要求的方式，但以不违反上述法律为限。

二、如果被请求机关无权执行此项请求，应将该项请求立即送交主管机关，并将此告知请求机关。

三、如果司法协助请求书所提供的地址不确切，或者有关人员不在所提供的地址居住，被请求机关应努力确定正确的地址。被请求机关在必要时可以要求提出请求的缔约一方提供补充材料。

四、如果司法协助请求无法执行，被请求机关应将文件退回请求机关，并说明妨碍执行的理由。

第九条 司法协助的拒绝

如果被请求的缔约一方认为执行司法协助请求可能损害其主权、安全、公共秩序或基本利益，则可以拒绝提供此项协助。但是，应将拒绝的理由通知缔约另一方。

第十条 请求证人和鉴定人出庭

如果提出请求的缔约一方认为证人或鉴定人亲自到其司法机关是特别需要的，它应在送达传票的请求书中予以说明，被请求的缔约一方应请证人或鉴定人出庭，并将证人或鉴定人的答复通知提出请求的缔约一方。

第十一条 证人和鉴定人的保护和豁免

一、即使在请求送达的出庭传票中包括一项关于刑罚的通知，证人或鉴定人不得因其未答复该项传票而受到惩罚或限制，除非他随后自愿进入提出请求的缔约一方境内并再次经适当传唤。如果证人或鉴定人拒绝出庭，被请求的缔约一方应通知提出请求的缔约一方。

二、经传唤在提出请求的缔约一方司法机关出庭的证人或鉴定人，不论其国籍如何，不得因其在离开被请求的缔约一方领土前的犯罪行为或被判定有罪而在提出请求的缔约一方境内被起诉、拘留，或者采取其他限制其人身自由的措施。对此种人员亦不得因其证词或鉴定而予以起诉、拘留或惩罚。

三、如经传唤机关告知已不再需要其出庭之日起连续三十日，证人或鉴定人有机会离开却仍在提出请求的缔约一方境内停留，或离开后又返回提出请求的缔约一方领土，前款规定的豁免则应予终止。上述期间不应包括证人或鉴定人因其所不能控制的原因而未离开提出请求的缔约一方领土的时间。

第十二条 证人和鉴定人费用的补偿

一、提出请求的缔约一方向证人或鉴定人支付的补贴（包括生活费）和偿还的旅费应自其居住地起算，并应按照至少等同于提出请求的缔约一方的标准和规则的规定进行计算。

二、提出请求的缔约一方应根据请求，向证人或鉴定人全部或部分预付其旅费和生活费。

第十三条 在押人员作证

一、如果缔约一方法院或其他主管机关认为有必要对缔约另一方境内的在押人员作为证人加以询问，本协定第三条规定的中央机关可就该人被移送到提出请求的缔约一方境内达成协议，条件是该人继续处于在押状态并在询问后尽快返回。

二、有下列情况之一的，可以拒绝前款所述的移送：

（一）在押人员本人拒绝；

（二）因对该人提起刑事诉讼而要求该

人留在被请求的缔约一方；

（三）移送可能延长该人的羁押；

（四）存在不适合移送该人的特殊情况。

三、第一款所述的协议应包括对移送费用的详细规定。

四、不得因该人离开被请求的缔约一方领土前的犯罪行为、指控或判决而对该人提起诉讼。

第二章 民事和商事司法协助

第十四条 送达文书

缔约双方应根据一九六五年十一月十五日在海牙缔结的《关于向国外送达民事或商事司法文书或司法外文书的公约》，相互代为送达民事和商事司法文书和司法外文书。

第十五条 调查取证的范围

缔约双方应根据请求代为询问当事人、证人和鉴定人，进行鉴定和司法勘验并完成其他与调查取证有关的司法行为。

第十六条 调查取证请求书

一、调查取证请求书应具体说明：

（1）向被调查人所提的问题，或者关于调查的事由的陈述；

（2）被检查的文件或其他财产；

（3）关于作证是否应经宣誓，以及使用任何特殊形式作证的要求；

（4）适用第十八条所需的任何材料。

二、下列请求可予拒绝：

（1）调查所获证据并非准备用于已经开始或预期的司法程序；

（2）审判前对文件的调查。

第十七条 通知执行的时间和地点

被请求机关应根据请求将执行调查取证请求的时间和地点通知请求机关，以便有关当事人或其代理人可以依照被请求的缔约一方的法律，在被请求机关执行请求时在场。

第十八条 作证的拒绝

在执行请求时，有关人员遇下列有拒绝作证的特权或义务的任何一种情况时，可以拒绝作证：

一、根据被请求的缔约一方法律；

二、根据提出请求的缔约一方法律，并且此种特权或义务已在请求书中说明，或者应被请求机关的要求，请求机关已通过其他方式向被请求机关确认。

第十九条 通知执行情况

被请求机关应通过本协定第三条规定的途径，将执行请求的结果通知请求机关，并随附所获得的证据材料。

第三章 裁决的承认与执行

第二十条 范围

一、缔约一方应根据本协定规定的条件在其境内承认与执行缔约另一方作出的下列裁决：

（一）法院对民事案件作出的裁决；

（二）法院在刑事案件中所作出的有关损害赔偿的裁决；

（三）仲裁机构的裁决。

二、本协定所指的"裁决"亦包括法院制作的调解书。

第二十一条 承认与执行的拒绝

对于本协定第二十条列举的裁决，除可根据本协定第九条拒绝承认与执行外，有下列情形之一的，亦可拒绝承认与执行：

（一）根据作出裁决的缔约一方的法律，该裁决尚未生效或者不能执行；

（二）根据第二十二条的规定，裁决是由无管辖权的法院作出的；

（三）根据作出裁决的缔约一方的法律，在缺席判决的情况下败诉一方当事人未经合法传唤，或者在当事人无诉讼行为能力时未得到适当代理；

（四）被请求的缔约一方法院对于相同当事人之间关于同一标的的案件已经作出了生效裁决，或者已经承认了第三国对该案件作出的生效裁决；

（五）被请求的缔约一方认为该裁决有损于该方的主权、安全、公共秩序或基本利益。

第二十二条　管辖权

一、作出裁决的缔约一方法院遇有下列情况之一的，应被认为依照本协定对案件具有管辖权：

（一）在提起诉讼时，被告在该方境内有住所或居所；

（二）被告因其商业活动被提起诉讼时，在该方境内设有代表机构；

（三）被告已书面明示接受该方法院的管辖；

（四）被告就争议的实质进行了答辩，未就管辖权问题提出异议；

（五）在合同争议中，合同在该方境内签订，或者已经或应该在该方境内履行，或者诉讼标的物在该方境内；

（六）在合同外侵权案件中，侵权行为或结果发生在该方境内；

（七）在身份关系案件中，诉讼当事人在该方境内有住所或居所；

（八）在扶养义务案件中，债务人在该方境内有住所或居所；

（九）在继承案件中，被继承人死亡时其住所或者主要遗产在该方境内；

（十）诉讼标的是位于该方境内的不动产。

二、（一）第一款的规定不应影响缔约双方法律规定的专属管辖权。

（二）缔约双方应通过外交途径以书面形式相互通知各自法律中关于专属管辖权的规定。

第二十三条　请求的提出

承认与执行裁决的请求，可以由当事人直接向有权承认与执行该项裁决的法院提出，亦可由缔约一方法院通过本协定第三条规定的途径向缔约另一方有权承认与执行该项裁决的法院提出。

第二十四条　请求书应附的文件

承认与执行裁决请求书，应附下列文件：

（一）裁决的完整和真实的副本；

（二）证明裁决已经生效的文件，但在裁决中对此已予说明的除外；

（三）对于缺席判决，证明缺席判决的被告已经合法传唤的文件，但在裁决中对此已予说明的除外；

（四）证明无诉讼行为能力的当事人已得到适当代理的文件，但在裁决中对此已予以说明的除外；

（五）上述裁决和文件经证明无误的被请求缔约一方的文字或英文的译本。

第二十五条　承认与执行的请求

一、关于承认与执行裁决的程序，缔约双方适用各自本国的法律。

二、被请求的缔约一方法院应仅限于审查裁决是否符合本协定规定的条件，不应对裁决作实质性审查。

第二十六条　承认与执行的效力

缔约一方作出的裁决经缔约另一方法院承认或决定执行，即与缔约另一方法院作出的裁决具有同等效力。

第二十七条　仲裁裁决的承认与执行

缔约双方应根据一九五八年六月十日在纽约缔结的《关于承认和执行外国仲裁裁决的公约》，相互承认与执行仲裁裁决。

第四章　刑事司法协助

第二十八条　范围

缔约双方应根据请求，在刑事方面相互代为送达文书，询问证人、被害人、鉴定人，讯问被告人，进行鉴定、司法勘验以及完成其他与调查取证有关的司法行为，安排证人和鉴定人出庭，通报刑事判决。

第二十九条　刑事司法协助的拒绝

一、除可根据本协定第九条拒绝提供刑事司法协助外，有下列情况之一的，被请求的缔约一方亦可拒绝提供刑事司法协助：

（一）被请求的缔约一方认为请求所涉及的犯罪是一项政治犯罪；

（二）根据被请求的缔约一方法律，请

求所涉及的行为不构成犯罪；

（三）在提出请求时，该项请求所涉及的罪犯或嫌疑人具有被请求的缔约一方的国籍，并且不在提出请求的缔约一方境内。

二、被请求的缔约一方应将拒绝提供刑事司法协助的理由通知提出请求的缔约一方。

第三十条 送达的证明

一、送达文书应根据被请求的缔约一方的送达规则予以证明。

二、送达证明应注明送达的时间、地点和受送达人。

第三十一条 调查取证

本协定第十七条、第十八条和第十九条亦适用于刑事方面的调查取证。

第三十二条 赃款赃物的移交

一、缔约一方应根据缔约另一方的请求，将在被请求的缔约一方境内发现的、罪犯在提出请求的缔约一方境内所获得的赃款赃物移交给提出请求的缔约一方。但此项移交不得侵害被请求的缔约一方或第三者与上述财物有关的合法权利。

二、如果上述赃款赃物对于被请求的缔约一方境内其他未决刑事诉讼案件的审理是必不可少的，则被请求的缔约一方可以暂缓移交。

第三十三条 刑事判决的通报

一、缔约双方应相互提供对对方公民所作的刑事判决的副本。

二、在可行的情况下，缔约双方应根据请求相互提供本条第一款所指人员的指纹。

第五章 其他规定

第三十四条 交换情报

一、缔约双方应相互提供关于在各自境内有效的法律与实践的情报。

二、提供情报的请求应说明提出请求的机关，以及请求提供的情报所涉及的案件的性质。

第三十五条 认证的免除

在适用本协定时，缔约一方法院或其他主管机关制作或证明的文件和译文，如经正式盖章，则无须任何形式的认证。

第三十六条 争议的解决

因解释或实施本协定所产生的任何争议均应通过外交途径解决。

第六章 最后条款

第三十七条 批准和生效

本协定须经批准。批准书在开罗互换。本协定自互换批准书后的第三十日起生效。

第三十八条 协定的有效期

一、本协定自生效之日起五年内有效。

二、如果缔约任何一方未在五年有效期届满前六个月通过外交途径通知缔约另一方终止本协定，本协定在随后的五年内继续有效。

本协定于一九九四年四月二十一日在北京签订，一式两份，每份均用中文、阿拉伯文和英文写成，三种文本同等作准。如有分歧，以英文本为准。

缔约双方全权代表在本协定上签字，以昭信守。

中华人民共和国和埃塞俄比亚联邦民主共和国关于民事和商事司法协助的条约

（2014年5月4日订于亚的斯亚贝巴 2018年1月3日对我国生效）

中华人民共和国和埃塞俄比亚联邦民主共和国（以下共同提及时简称双方，单独提及时简称一方），

在相互尊重、主权平等和互利的基础上，为加强两国在民商事司法领域的合作，

希望进一步增进和巩固两国间已经建立的友好关系，

达成下列协议：

第一章 总 则

第一条 司法协助的范围

一、双方应根据其本国法律，尽可能相互提供本条约规定范围内的民商事司法协助。

二、本条约规定的司法协助包括：

（一）送达司法文书；

（二）调查取证；

（三）承认与执行法院裁决以及仲裁裁决；

（四）交换法律资料。

第二条 司法保护

一、一方国民在另一方境内，应当享有与另一方国民同等的司法保护，有权在与另一方国民同等的条件下，在另一方法院进行诉讼。

二、一方法院对于另一方国民，不得因为该人是外国人或者在其境内没有住所或者居所而要求该人提供诉讼费用担保。

三、本条第一款和第二款的规定亦适用于位于任何一方境内并依该方法律成立的法人。

第三条 诉讼费用减免和法律援助

一、一方国民在另一方境内，应当在与该另一方国民同等的条件下和范围内获得诉讼费用减免和法律援助。

二、申请获得第一款规定的诉讼费用减免和法律援助，应当由申请人住所或者居所所在地的一方主管机关出具关于该人财产状况的证明。如果申请人在双方境内均无住所和居所，可以由该人国籍所属的一方的外交或者领事机关出具或者确认有关该事项的证明。

三、负责对诉讼费用减免和法律援助申请作出决定的司法机关或者其他主管机关可以要求提供补充材料。

第四条 司法协助的联系途径

一、除本条约另有规定外，双方在相互请求和提供司法协助时，应当通过各自指定的中央机关直接进行联系。

二、第一款所指的中央机关，在中华人民共和国方面为司法部，在埃塞俄比亚联邦民主共和国方面为司法部。

三、任何一方如果变更其对中央机关的指定，应当通过外交途径通知另一方。

第五条 司法协助适用的法律

双方执行司法协助请求时，应适用各自的本国法，但是本条约另有规定的除外。

第六条 司法协助的拒绝

一、被请求方如果认为提供司法协助将有损本国的主权、安全或者重大公共利益，或者违反其法律的基本原则，或者请求的事项超出本国司法机关的主管范围，可以拒绝

提供司法协助，并应当告知请求方拒绝理由。

二、对于送达司法文书和调查取证的请求，被请求方不得仅因为本国法院对该项诉讼标的有专属管辖权，或者本国法律不允许进行该项请求所依据的诉讼，而拒绝提供协助。

第七条 司法协助请求的形式和内容

一、司法协助的请求应当以书面形式提出，由请求机关签署或者盖章，并包括下列内容：

（一）请求机关的名称和地址；

（二）可能时，被请求机关的名称；

（三）请求所涉及人员的姓名、国籍以及地址；如果系法人，法人的名称和地址；

（四）必要时，当事人代理人的姓名和地址；

（五）请求所涉及的诉讼的性质和案情摘要；

（六）对请求事项的描述；

（七）执行请求所需的其他材料。

二、被请求方如果认为请求方提供的材料不足以使其根据本条约的规定处理该请求，可以要求请求方提供补充材料。

第八条 文字

一、双方的中央机关进行书面联系时，应当使用本国官方文字，并附英文译文。

二、除非本条约另有规定，司法协助请求书及其所附文件，应当使用请求方的文字，并附被请求方文字的译文或者英文译文。

第二章 送达司法文书

第九条 适用范围

任何一方应当根据本条约的规定，执行另一方提出的向在其境内的人员送达司法文书的请求。

第十条 送达请求的执行

一、被请求方应当根据本国法律规定的方式及时执行送达请求，并在不违背本国法律的范围内，按照请求方明示要求的特殊方式执行送达。

二、被请求机关如果无权执行请求，应当将该项请求移送有权执行的主管机关，以便执行。

三、被请求方如果难以按照请求方指明的地址执行送达，应当采取必要措施确定地址，必要时可以要求请求方提供补充材料。如果仍然无法确定地址或者因为其他原因无法执行送达，被请求方应当将请求书以及所附文件退回请求方，并说明妨碍送达的原因。

第十一条 通知送达结果

一、被请求方应当通过其中央机关，向请求方书面通知送达结果，并附送达机关出具的证明。

二、该证明应当注明受送达人的姓名、身份、送达日期和地点以及送达方式。如果受送达人拒收，应当注明拒收的原因。

第十二条 送达的费用

被请求方应当负担在本国境内执行送达所产生的费用。但是，根据本条约第十条第一款明确要求的特殊方式执行送达所产生的费用，由请求方负担。

第三章 调查取证

第十三条 适用范围

一、一方应当根据本条约的规定，执行另一方提出的调查取证的请求，包括获取当事人陈述和证人证言，调取物证和书证，进行鉴定或者司法勘验，或者履行与调查取证有关的其他司法行为。

二、本条约不适用于下列情况：

（一）调取不打算用于已经开始或者即将开始的司法程序的证据；或者

（二）调取未在请求书中予以列明，或者与案件没有直接密切联系的文件。

第十四条 调查取证请求的执行

一、被请求方应当根据本国法律及时执行调查取证的请求。

二、在不违背本国法律的范围内，被请求方应按照请求方明确要求的特殊方式执行调查取证的请求。

三、被请求机关如果无权执行请求，应当将该项请求移送有权执行的主管机关，以便执行。

四、被请求方如果难以按照请求方指明的地址调取证据，应当采取必要措施确定地址，必要时可以要求请求方提供补充材料。如果仍然无法确定地址或者因为其他原因无法执行请求，被请求方应当将请求书及所附文件退回请求方，并说明妨碍执行的原因。

五、如果请求方明示要求，被请求方应向请求方通知执行请求的时间和地点，以便有关当事人或者其代理人到场。上述当事人或者代理人在到场时应遵守被请求方的法律。

第十五条　拒绝作证

一、如果根据本条约被要求作证的人员主张依请求方法律有拒绝作证的权利或者特权，被请求方应当要求请求方提供是否存在该项权利或者特权的证明。请求方的证明应当视为是否存在该项权利或者特权的充分证据，除非有明确的相反证据。

二、如果被请求方法律允许根据本条约被要求作证的人员在被请求方提起的诉讼中的类似情形下不作证，该人可以拒绝作证。

第十六条　通知执行结果

被请求方应当通过其中央机关，向请求方书面通知执行调查取证请求的结果，并转交所取得的证据材料。

第十七条　安排有关人员作证

一、被请求方应当根据请求方的请求，邀请有关人员前往请求方境内出庭作证。请求方应当说明需向该人支付的津贴、费用的范围和标准。被请求方应当将该人的答复迅速通知请求方。

二、邀请有关人员在请求方境内出庭作证的文书送达请求，应当在不迟于预定的出庭日六十天前递交给被请求方，除非在紧急情况下，被请求方可以同意在较短期限内转交。

第十八条　移交在押人员以便作证

一、经请求方请求，被请求方可以将在其境内的在押人员临时移交至请求方以便出庭作证，条件是该人同意，而且双方已经就移交条件事先达成书面协议。

二、如果依被请求方法律该被移交人应予羁押，请求方应当对该人予以羁押。

三、作证完毕后，请求方应当尽快将该人送回被请求方。

四、为了本条的目的，该被移交人在请求方被羁押的时间，应当折抵在被请求方判处的刑期。

第十九条　证人和鉴定人的保护

一、请求方对于到达其境内的证人或者鉴定人，不得因该人在入境前的任何作为或者不作为而予以起诉、羁押、处罚或者采取其他限制人身自由的措施，也不得要求该人在请求所未涉及的任何其他诉讼程序中作证，除非事先取得被请求方和该人同意。

二、如果上述人员在被正式通知无需继续停留后十五天内未离开请求方，或者离开后又自愿返回，则不再适用本条第一款。但该期限不包括该人因本人无法控制的原因而未离开请求方境内的期间。

三、对于拒绝接受根据第十七条或者第十八条提出的邀请的人员，不得因此种拒绝而施加任何处罚或者采取任何限制其人身自由的强制措施。

第二十条　调查取证的费用

一、被请求方应当负担在本国境内执行调查取证请求的费用，但请求方应当负担下列费用：

（一）按照本条约第十四条第二款规定的特殊方式执行请求的费用；

（二）有关人员按照本条约第十四条第五款的规定，前往、停留和离开被请求方的费用；

（三）有关人员按照本条约第十七条或者第十八条的规定，前往、停留和离开请求方的费用和津贴。这些费用应当根据费用发生地的标准和规定支付；

（四）鉴定人的费用和报酬；

（五）笔译和口译的费用和报酬。

二、如果执行请求明显地需要超常性质的费用，双方应当协商决定可以执行请求的条件。

第四章　法院裁决的承认和执行

第二十一条　法院裁决的范围

一、一方法院在本条约生效后作出的下列裁决，应当根据本条约规定的条件在另一方境内得到承认和执行：

（一）法院在民事和商事案件中作出的裁决；

（二）审理刑事案件的法院就向被害人给予赔偿和返还财物作出的民事裁决。

二、本条第一款所述"裁决"包括法院就民事和商事案件制作的调解书。

第二十二条　申请的提出

承认与执行裁决的申请，可以由当事人直接向被请求方的主管法院提出，也可以由其向作出该裁决的法院提出并由该法院通过中央机关转交给被请求方法院。

第二十三条　申请应附的文件

一、承认和执行裁决的申请，应当附有下列文件：

（一）经证明无误的裁决副本；

（二）证明裁决是终局的文件，以及在申请执行时，证明裁决是可以执行的文件，除非裁决中已有体现；

（三）证明已经向败诉一方当事人送达裁决和无诉讼行为能力的当事人已经得到适当代理的文件；

（四）如果是缺席裁决，证明已经合法传唤缺席的当事人出庭的文件。

二、申请书和上述裁决及文件，均应当附有经证明无误的被请求方文字的译文。

第二十四条　承认和执行的拒绝

对于本条约第二十一条第一款列举的裁决，除根据本条约第六条的规定可以拒绝承认与执行外，有下列情形之一的，也可以拒绝承认与执行：

（一）根据作出裁决一方的法律，该裁决不是终局的或者不具有执行效力；

（二）根据本条约第二十五条的规定，作出裁决的法院无管辖权；

（三）败诉的当事人未经合法传唤，或者无诉讼行为能力的当事人没有得到适当代理；

（四）被请求方法院已经受理相同当事人之间就同一标的提起的诉讼；

（五）该裁决与被请求方法院已经作出的裁决或者已经承认的第三国法院作出的裁决不符。

第二十五条　管辖权

一、为本条约的目的，符合下列情况之一的，作出裁决一方的法院即被视为有管辖权：

（一）在提起诉讼时，被告在该方境内有住所或者居所；

（二）因被告在该方境内设立的分支机构的商业活动产生诉讼；

（三）被告已经明示接受该方法院的管辖；

（四）被告就争议的实质问题进行了答辩，未对管辖权提出异议；

（五）在合同案件中，合同在该方境内签订，或者已经或者应当在该方境内履行，或者诉讼标的物在该方境内；

（六）在非合同性质的侵权案件中，侵权行为或者结果发生在该方境内；

（七）在扶养义务案件中，债权人在提起诉讼时在该方境内有住所或者居所；

（八）作为诉讼标的物的不动产位于该方境内；

（九）在继承案件中，被继承人死亡时的住所地或者居所地或者主要遗产所在地位于该方境内；

（十）在身份案件中，诉讼当事人在该方境内有住所或者居所。

二、本条第一款不应影响双方法律关于

专属管辖权的规定。为此目的，双方应当在本条约生效后，及时通过各自的中央机关，以书面形式相互通知本国法律关于专属管辖权的规定。

第二十六条 承认和执行的程序

一、裁决的承认和执行应当适用被请求方法律规定的程序。

二、被请求方法院应当仅限于审查裁决是否符合本条约规定的条件，不得对裁决作任何实质性审查。

三、如果法院裁决涉及多项内容并且无法得到整体承认或者执行，被请求方法院可以决定仅承认或者执行其部分内容。

第二十七条 承认和执行的效力

被承认和执行的裁决在被请求方境内应当与被请求方法院作出的裁决具有相同的效力。

第五章 仲裁裁决的承认和执行

第二十八条 承认和执行的条件

在不影响本条约其他规定的情况下，一方应承认与执行在另一方境内作出的满足下列条件的仲裁裁决：

（一）仲裁裁决是基于当事人关于将已经发生或者即将发生的依据被请求方法律属于契约性和非契约性商事法律关系所引起的争议提交仲裁的书面协议作出的，且是在仲裁协议中所规定的权限范围内作出的；

（二）按照被请求方的法律，该项仲裁裁决所涉及的事项属于可仲裁的事项。

第二十九条 申请的提出

承认和执行仲裁裁决的请求，应当由申请人直接向被请求方的主管法院提出。

第三十条 申请应附的文件

承认与执行仲裁裁决的请求，应当附有下列文件：

（一）经认证的仲裁裁决正本或者经证明无误的仲裁裁决副本；

（二）经认证的仲裁协议正本或者经证明无误的仲裁协议副本。

上述文件均应当附有经证明无误的被请求方官方文字的译文。

第三十一条 拒绝承认和执行

除可根据本条约第六条的规定拒绝承认与执行仲裁裁决外，被请求方只有在作为裁决执行对象的当事人提出有关下列情况之一的证明时，才可以拒绝承认与执行仲裁裁决：

（一）根据对其适用的法律，仲裁协议的当事人处于某种无行为能力的情形，或者仲裁协议根据当事人选择的法律属于无效，或者在当事人没有选择适用的法律时，仲裁协议根据作出仲裁裁决一方的法律属于无效；

（二）仲裁裁决针对的当事人未得到指定仲裁员或者进行仲裁程序的适当通知，或者由于其他原因不能抗辩；

（三）仲裁裁决超出交付仲裁事项的范围；

（四）仲裁庭的组成或者仲裁程序与当事人间的约定不符，或者当没有约定时，与仲裁进行一方的法律不符；

（五）仲裁裁决尚未对当事人发生效力，或者被作出仲裁裁决一方的主管机关撤销或者停止执行。

第六章 其他规定

第三十二条 交换法律资料

双方应当根据请求，相互交换与实施本条约有关的本国现行法律或者司法实践的资料。

第三十三条 外交或者领事代表机关送达文书和调查取证

一方可以通过本国派驻另一方的外交或者领事代表机关向在该另一方境内的本国国民送达司法文书和调查取证，但应当遵守该另一方法律，并且不得采取任何强制措施。

第三十四条 认证的免除

为适用本条约的目的，由双方法院或者其他主管机关制作或者证明，并且通过中央机关转递的文件，免除任何形式的认证。

第三十五条　与其它条约的关系

本条约不应减损双方根据其他条约、协定或者其他法律文件承担的义务，也不妨碍双方根据其他条约、协定或者其他法律文件相互提供或者继续提供司法协助。

第三十六条　争议的解决

因解释或者实施本条约所产生的任何分歧，如果双方中央机关不能达成协议，应当通过外交途径协商解决。

第七章　最后条款

第三十七条　生效和终止

一、本条约须经批准。本条约自收到关于双方相互通知条约生效的后一份外交照会之日后第30天生效。

二、任何一方可以随时通过外交途径，以书面形式通知另一方终止本条约。终止自该书面通知发出之日后第180天生效。

三、即使本条约终止，在本条约终止前收到的任何请求应当根据本条约的规定继续处理。

第三十八条　修正

本条约可根据双方达成一致的条件随时予以修正，任何据此作出的修正均为条约的组成部分。

下列签署人经各自政府适当授权，签署本条约，以昭信守。

本条约于二〇一四年五月四日在亚的斯亚贝巴签订，一式两份，每份均以中文、阿姆哈拉文和英文制成，三种文本同等作准，如遇任何分歧，以英文本为准。

B

中华人民共和国和巴西联邦共和国关于民事和商事司法协助的条约

(2009年5月19日订于北京　2014年8月16日对我国生效)

中华人民共和国和巴西联邦共和国（以下简称"双方"），

在相互尊重主权和平等互利的基础上，为加强两国在司法领域的合作，决定缔结本条约，并达成下列协议：

第一章　总　则

第一条　适用范围

一、双方同意在民事和商事方面相互提供广泛的司法协助和合作。

二、为本条约的目的，民事包括劳动法事项。

第二条　司法协助的范围

本条约规定的司法协助包括：

（一）送达司法文书或者司法外文书；

（二）调查取证；

（三）承认与执行法院裁判以及仲裁裁决；

（四）交换法律资料；

（五）不违反被请求方国内法的其他形式的司法协助。

第三条　司法保护

一、一方国民在另一方境内，应当享有与另一方国民同等的司法保护，有权在与另一方国民同等的条件下，在另一方法院进行诉讼。

二、一方法院对于另一方国民，不得因为该人是外国人或者在其境内没有住所或者居所而要求该人提供诉讼费用担保。

三、本条第一款和第二款的规定亦适用于位于任何一方境内并依该方法律成立的法人。

第四条　诉讼费用减免和法律援助

一、一方国民在另一方境内，应当在与该另一方国民同等的条件下和范围内获得诉讼费用减免和法律援助。

二、申请获得第一款规定的诉讼费用减免和法律援助，应当由申请人住所或者居所所在地的一方主管机关出具关于该人财产状况的证明。如果申请人在双方境内均无住所和居所，可以由该人国籍所属一方的外交或者领事机关出具或者确认有关该事项的证明。

三、负责对诉讼费用减免和法律援助申请作出决定的司法机关或者其他主管机关可以要求提供补充材料。

第五条　中央机关

一、为实现本条约的目标，双方指定的中央机关应相互合作，并促进两国主管机关之间的合作。

二、除本条约另有规定外，双方在相互请求和提供司法协助时，应当通过中央机关直接进行联系。

三、第一款和第二款所指的中央机关，在中华人民共和国方面为司法部，在巴西联邦共和国方面为司法部。

四、任何一方如果变更其对中央机关的指定，应当通过外交途径通知另一方。

第六条　司法协助适用的法律

双方执行司法协助请求时，适用各自的本国法，但是本条约另有规定的除外。

第七条　司法协助的拒绝

一、被请求方如果认为提供司法协助将有损本国的主权、安全或者重大公共利益，或者违反其法律的基本原则，可以拒绝提供司法协助，并应当向请求方说明拒绝理由。

二、对于送达司法文书或者司法外文书和调查取证的请求，被请求方不得仅因为本国法院对该项诉讼标的有专属管辖权，或者本国法律不允许进行该项请求所依据的诉讼，而拒绝提供协助。

第八条　司法协助请求的形式和内容

一、司法协助的请求应当以书面形式提出，由请求机关签署或者盖章，并包括下列内容：

（一）请求机关的名称和地址；

（二）可能时，被请求机关的名称；

（三）请求所涉及人员的姓名、国籍以及地址；如果系法人，法人的名称和地址；

（四）必要时，当事人代理人的姓名和地址；

（五）请求所涉及的诉讼的性质和案情摘要，以及适当时，起诉书的复印件；

（六）请求的事项；

（七）请求询问有关人员时，由被请求方询问的问题清单；

（八）执行请求所需的其他材料。

二、司法协助请求书、所附文件和相应的译文应一式两份。

三、被请求方如果认为请求方提供的材料不足以使其根据本条约的规定处理该请求，可以要求请求方提供补充材料。

第九条　文字

一、司法协助请求书及其所附文件，应当使用请求方的文字，并附被请求方文字的译文。

二、双方的中央机关进行书面联系时，可以使用本国文字，并附英文译文。

第十条　费用

一、被请求方应当负担在本国境内执行司法协助请求所产生的费用。

二、请求方应当负担根据本条约第十二条第二款执行送达所产生的费用。

三、请求方应当负担执行调查取证请求所产生的下列费用：

（一）按照本条约第十五条第二款规定的特殊方式执行请求的费用；

（二）有关人员按照本条约第十五条第五款的规定，前往、停留和离开被请求方的费用；

（三）有关人员按照本条约第十八条的规定，前往、停留和离开请求方的费用和津贴；

（四）鉴定人的费用和报酬；

（五）笔译和口译的费用和报酬。

四、如果执行请求明显地需要超常性质的费用，双方应当协商决定可以执行请求的条件。

第二章　送达司法文书和司法外文书

第十一条　适用范围

一方应当根据本条约的规定，执行另一方提出的向在其境内的人员送达司法文书和司法外文书的请求。

第十二条　送达请求的执行

一、被请求方应当根据本国法律规定的方式执行送达请求。

二、在不违背本国法律的范围内，被请求方应当按照请求方明示要求的特殊方式执行送达。

三、被请求机关如果无权执行请求，应当将该项请求移送有权执行的主管机关，以便执行。

四、被请求方如果难以按照请求方指明的地址执行送达，应当采取必要措施确定地址，必要时可以要求请求方提供补充材料。如果仍然无法确定地址或者因为其他原因无法执行送达，被请求方应当将请求书以及所附文件退回请求方，并说明妨碍送达的原因。

第十三条　通知送达结果

被请求方应当通过本条约第五条规定的联系途径，向请求方书面通知送达结果，并附送达机关出具的证明。该证明应当注明受送达人的姓名、身份、送达日期和地点以及送达方式。如果受送达人拒收，应当注明拒收的原因。

第三章　调查取证

第十四条　适用范围

一、一方应当根据本条约的规定，执行另一方提出的调查取证的请求，包括获取当事人陈述和证人证言，调取物证和书证，进行鉴定或者司法勘验，或者履行与调查取证有关的其他司法行为。

二、本条约不适用于下列情况：

（一）调取不打算用于已经开始或者即将开始的司法程序的证据；或者

（二）调取未在请求书中予以列明，或者与案件没有直接密切联系的文件。

第十五条　调查取证请求的执行

一、被请求方应当根据本国法律执行调查取证的请求。

二、在不违背本国法律的范围内，被请求方应当按照请求方明示要求的特殊方式执行调查取证的请求。

三、被请求机关如果无权执行请求，应当将该项请求移送有权执行的主管机关，以便执行。

四、被请求方如果难以按照请求方指明的地址调取证据，应当采取必要措施确定地址，必要时可以要求请求方提供补充材料。如果仍然无法确定地址或者因为其他原因无法执行请求，被请求方应当将请求书及所附文件退回请求方，并说明妨碍执行的原因。

五、如果请求方明示要求，被请求方应当向请求方通知执行请求的时间和地点，以便有关当事人或者其代理人到场。上述当事人或者代理人到场时应当遵守被请求方的法律。

第十六条　拒绝作证

一、如果根据本条约被要求作证的人员主张依请求方法律有拒绝作证的权利或者特权，被请求方应当要求请求方提供是否存在该项权利或者特权的证明。请求方的证明应当视为是否存在该项权利或者特权的充分证据，除非有明确的相反证据。

二、如果被请求方法律允许根据本条约被要求作证的人员在被请求方提起的诉讼中的类似情形下不作证，该人可以拒绝作证。

第十七条　通知执行结果

被请求方应当通过本条约第五条规定的联系途径，向请求方书面通知执行调查取证请求的结果，并转交所取得的证据材料。

第十八条　安排有关人员作证

一、被请求方应当根据请求方的请求，邀请有关人员前往请求方境内出庭作证。请求方应当说明需向该人支付的津贴、费用的范围和标准。被请求方应当将该人的答复迅速通知请求方。

二、邀请有关人员在请求方境内出庭作证的文书送达请求，应当在不迟于预定的出庭日一百二十天前递交给被请求方，除非在紧急情况下，被请求方同意在较短期限内转交。上述期限自被请求方中央机关收到请求之日起算。

第十九条　证人和鉴定人的保护

一、请求方对于到达其境内的证人或鉴定人，不得因该人在入境前的任何作为或者不作为而予以起诉、羁押、处罚或者采取其他限制人身自由的措施，也不得要求该人在请求所未涉及的任何其他诉讼程序中作证，除非事先取得被请求方和该人同意。

二、如果上述人员在被正式通知无需继续停留后十五天内未离开请求方，或者离开后又自愿返回，则不再适用本条第一款。但该期限不包括该人因本人无法控制的原因而未离开请求方境内的期间。

三、对于拒绝接受根据第十八条提出的邀请的人员，不得因此种拒绝而施加任何处罚或者采取任何限制其人身自由的强制措施。

第四章 法院裁判和仲裁裁决的承认和执行

第二十条 法院裁判的范围

一、一方法院在本条约生效后作出的下列裁判，应当根据本条约规定的条件在另一方境内得到承认和执行：

（一）法院在民事和商事案件中作出的裁判；

（二）法院在刑事诉讼程序中就向被害人给予赔偿和返还财物作出的民事裁判。

二、本条第一款所述"裁判"包括法院就民事和商事案件制作的调解书。

第二十一条 申请的提出

承认与执行裁判的申请，可以由当事人直接向被请求方的主管法院提出，也可以由其向作出该裁判的法院提出并由该法院按第五条规定的途径转交给被请求方法院。

第二十二条 申请应附的文件

一、承认和执行裁判的申请，应当附有下列文件：

（一）经证明无误的裁判文书副本；

（二）证明裁判是终局的文件，以及在申请执行时，证明裁判是可以执行的文件，除非裁判文书中对此已经予以明确说明；

（三）证明已经向败诉一方当事人送达裁判文书和无诉讼行为能力的当事人已经得到适当代理的文件；

（四）如果是缺席裁判，证明已经合法传唤缺席的当事人出庭的文件。

二、申请书和上述裁判文书及文件，均应当附有经证明无误的被请求方文字的译文及其相关复印件。

第二十三条 承认和执行的拒绝

对于本条约第二十条第一款列举的裁判，除根据本条约第七条的规定可以拒绝承认与执行外，有下列情形之一的，也可以拒绝承认与执行：

（一）根据作出裁判一方的法律，该裁判不是终局的或者不具有执行效力；

（二）根据被请求方国内法规定，作出裁判的法院无管辖权；

（三）败诉的当事人未经合法传唤，或者无诉讼行为能力的当事人没有得到适当代理；

（四）被请求方法院正在审理相同当事人之间就同一标的提起的诉讼，且该诉讼是先提起的；

（五）该裁判与被请求方法院已经作出的裁判或已经承认的第三国法院作出的裁判不符。

第二十四条 承认和执行的程序

一、裁判的承认和执行应当适用被请求方法律规定的程序。

二、被请求方法院应当仅限于审查裁判是否符合本条约规定的条件，不得对裁判作任何实质性审查。

三、如果裁判涉及多项内容并且无法得到全部承认和执行，被请求方法院可以决定仅承认和执行裁判的部分内容。

第二十五条 承认和执行的效力

被承认和执行的裁判在被请求方境内应当与被请求方法院作出的裁判具有相同的效力。

第二十六条 仲裁裁决的承认与执行

双方应当根据一九五八年六月十日在纽约签订的《承认及执行外国仲裁裁决公约》，相互承认和执行在对方境内作出的仲裁裁决。

第五章 其他规定

第二十七条 交换法律资料

双方应当根据请求，相互交换与实施本条约有关的本国现行法律或者司法实践的资料。

第二十八条 认证的免除

为适用本条约的目的，由双方法院或者其他主管机关制作或者证明，并且通过第五条规定的联系途径转递的文件，免除任何形式的认证。

第二十九条 争议的解决

因解释或者实施本条约所产生的任何分歧,如果双方中央机关不能达成协议,应当通过外交途径协商解决。

第六章 最后条款

第三十条 生效、修正和终止

一、本条约须经批准,批准书在巴西利亚互换。本条约自互换批准书之日后第三十天生效。

二、本条约可以经双方书面协议随时予以修正。双方在完成使该书面协议生效的各自国内法律程序后,应当通过外交途径通知对方。修正自后一份通知发出之日后第三十天生效。

三、任何一方可以随时通过外交途径,以书面形式通知另一方终止本条约。终止自该书面通知发出之日后第一百八十天生效。

下列签署人经各自政府适当授权,签署本条约,以昭信守。

本条约于二〇〇九年五月十九日在北京签订,一式两份,每份均以中文、葡萄牙文和英文写成,三种文本同等作准。如遇解释上的分歧,以英文本为准。

中华人民共和国和保加利亚共和国关于民事司法协助的协定

(1993年6月2日订于北京 1995年6月30日对我国生效)

中华人民共和国和保加利亚共和国(以下简称"缔约双方"),在相互尊重主权和平等互利的基础上,为加强两国在司法领域更加密切的合作,决定缔结关于民事司法协助的协定。

为此目的,缔约双方议定下列各条:

第一章 总 则

第一条 民事的定义

为适用本协定,"民事"一词包括由民法、商法、家庭法和劳动法调整的事项。

第二条 司法保护

缔约一方的国民在缔约另一方境内,在人身和财产权利方面享受与缔约另一方国民同等的司法保护,有权在与缔约另一方的国民同等的条件下,在缔约另一方司法机关提起诉讼或提出请求。

第三条 诉讼费用保证金的免除

缔约一方国民在缔约另一方境内提起诉讼或以第三人身份参加诉讼时,不得因其为外国人或在缔约另一方境内无住所或居所而令其交纳诉讼费用保证金。

第四条 司法救助和诉讼费用的免除

一、缔约一方国民在缔约另一方境内,在与缔约另一方国民同等的条件下和范围内享受诉讼费用(包括根据缔约另一方法律规定的其他费用)的免除。

二、本条第一款规定的优惠应适用于有关某一特定诉讼案件的全过程,包括判决的承认与执行。

三、申请本条第一款规定的优惠,应由申请人住所或惯常居所所在地的主管机关出具有关申请人财产状况的证明书;如果申请人在缔约双方境内均无住所或惯常居所,该项证明书应由申请人本国派驻在申请人有住所或惯常居所的国家的外交或领事机关依其本国法律出具。

第五条 法人

本协定中有关缔约各方国民的规定,除

本协定第四条外，也适用于根据缔约任何一方法律成立，且设在该缔约一方境内的法人。

第六条 司法协助的范围

缔约双方应根据本协定，相互提供下列司法协助：

（一）送达司法文书和司法外文书；

（二）代为调查取证；

（三）承认和执行法院裁决和仲裁裁决。

第七条 中央机关

一、除本协定另有规定外，请求和提供司法协助应通过缔约双方中央机关进行。

二、缔约双方的中央机关为各自的司法部。

三、提供司法协助应尽可能地快捷。

第八条 司法协助的拒绝

如果缔约一方认为提供司法协助有损其国家主权、安全或公共秩序，可以拒绝缔约另一方提出的司法协助请求，但应将拒绝的理由通知缔约另一方。

第二章 送达文书

第九条 请求的提出

一、送达文书请求书应由提出请求的缔约一方中央机关按本协定附件一的格式出具。

二、送达文书请求书及其附件应一式两份，并附有被请求的缔约一方官方文字或英文的译本。

第十条 请求的执行

一、被请求的缔约一方应按照本国法律的规定，执行送达的请求。

二、如受送达人的地址不详，被请求的缔约一方可以要求提出请求的缔约一方提供补充材料。

三、缔约一方可以通过本国派驻在缔约另一方的外交或领事代表机关向缔约另一方境内的本国国民送达司法文书或司法外文书，但不得违反缔约另一方的法律，且不得采取任何强制措施。

第十一条 通知执行结果

被请求的缔约一方应按本协定附件二的格式出具送达证明书，证明已执行请求。

第十二条 费用的免除

缔约双方相互代为送达文书不收取任何费用。

第三章 调查取证

第十三条 范围

缔约双方法院应根据请求相互代为调查取证，其中包括询问当事人、证人，进行鉴定和司法勘验以及被请求的缔约一方法律允许的其他取证活动。

第十四条 调查取证的请求书

一、调查取证的请求应以请求书的形式提出，请求书应包括以下内容：

（一）请求机关的名称和地址；

（二）案件的性质、内容和案情摘要；

（三）如果有的话，当事人及其代理人的姓名、地址以及其他一切有助于辨别其身份的情况；

（四）具体需履行的司法行为；

（五）有助于执行该请求的其他一切情况和文件。

二、上述请求书及其附件应由请求机关签署和/或盖章，并应附有被请求的缔约一方官方文字或英文的译本。

第十五条 请求的执行

一、被请求的缔约一方执行请求时，应适用其本国法；如果提出请求的缔约一方要求按照特殊方式执行请求，被请求的缔约一方在采取这种方式时以不违反其本国法律为限。

二、如果提出请求的缔约一方提供的材料不够充分，以至无法执行调查取证的请求，则被请求的缔约一方可以要求提出请求的缔约一方提供必要的补充材料。

三、被请求的缔约一方应根据请求将执行调查取证请求的时间和地点通知提出请求的缔约一方，以便有关当事人及其代理人到场。有关当事人及其代理人应遵守被请求的缔约一方的法律。

四、如果无法执行调查取证请求，被请求的缔约一方应及时将有关文书退回提出请求的缔约一方，并说明妨碍执行的理由。

五、缔约一方可以通过本国派驻缔约另一方的外交或领事代表机关，直接向缔约另一方境内的本国国民调查取证，但必须遵守缔约另一方的法律，且不得采取任何强制措施。

第十六条 通知执行结果

被请求的缔约一方应通过缔约双方的中央机关转递调查取证所取得的证明材料。

第十七条 费用

一、代为调查取证不收取任何费用。

二、但被请求的缔约一方有权要求提出请求的缔约一方偿还向鉴定人和译员支付的报酬和按照本协定第十五条第一款所规定的特殊方式进行调查时所产生的费用。

第四章 裁决的承认与执行

第十八条 适用范围

一、缔约一方法院在本协定生效后作出的民事裁决，缔约另一方应根据本章规定的条件在其境内予以承认与执行。

二、本条第一款的规定同样适用于刑事判决中有关损害赔偿的部分、法院制作的调解书和仲裁机关作出的仲裁裁决及仲裁调解书。

第十九条 请求的提出

承认与执行法院裁决的请求书应由申请人向作出该裁决的缔约一方法院提出，该法院应通过缔约双方中央机关将该请求书转递给缔约另一方法院。申请人亦可直接向该缔约另一方的法院提出申请。

第二十条 须提交的文件

请求承认与执行裁决时，应提交下列文件：

（一）经证明无误的与原本相符的裁决副本；

（二）证明裁决已经生效和可以执行的文件，除非裁决中对此已予以说明；

（三）证明在缺席判决的情况下，根据作出裁决的缔约一方的法律，败诉一方当事人已经传唤的文件，除非裁决中对此已予以说明；

（四）证明无诉讼行为能力的当事人已得到适当代理的文件，除非裁决中对此已予以说明；

（五）上述文件的经证明无误的被请求缔约一方官方文字或英文的译本；

（六）证明诉讼程序开始的日期的文件。

第二十一条 拒绝承认与执行

有下列情形之一的裁决，被请求法院不予承认与执行：

（一）根据被请求的缔约一方法律，作出该裁决的法院对该案无管辖权；

（二）根据作出裁决的缔约一方法律，该裁决尚未生效；

（三）根据作出裁决的缔约一方法律，未曾出庭的败诉一方当事人未经合法传唤，或在没有诉讼行为能力时没有得到适当代理；

（四）被请求的缔约一方法院对于相同当事人之间就同一标的和同一事实的案件已经作出了终审裁决，或已承认了第三国法院对该案作出的终审裁决；

（五）被请求的缔约一方法院对于相同当事人之间就同一标的和同一事实的案件正在进行审理，且这一审理是先于提出请求的缔约一方法院开始的。

第二十二条 承认与执行的程序

一、承认与执行裁决的程序，适用被请求的缔约一方的法律。

二、被请求的缔约一方的主管机关可以审查该裁决是否符合本协定的规定，但不得对裁决进行实质性审查。

三、如果裁决涉及多项内容而无法全部得到执行，被请求的缔约一方可以执行部分请求。

第二十三条 效力

缔约一方司法机关作出的裁决，一经缔约另一方法院承认或执行，即与该方法院作出的裁决具有同等的效力。

第二十四条 仲裁裁决的承认与执行

缔约一方应根据 1958 年 6 月 10 日在纽约签订的《关于承认与执行外国仲裁裁决的公约》，承认与执行在缔约另一方境内作出的有关商事争议的仲裁裁决。

第二十五条 有价物品的出口和资金的转移

本协定关于执行裁决的规定不得违反缔约双方关于有价物品出口和资金转移的法律和法规。

第五章 其他规定

第二十六条 认证的免除

在适用本协定时，由缔约双方法院或其他主管机关制作或证明的文件和译文，免除任何形式的认证。上述文件和译文须经签字或盖章。

第二十七条 官方文书的证明效力

在缔约一方境内出具的官方文书，在缔约另一方境内，具有与缔约另一方出具的官方文书同等的证明效力。

第二十八条 出生、死亡和婚姻状况的证明书

一、缔约双方应根据请求，相互免费提供有关提出请求的缔约一方国民的出生、死亡和婚姻状况的主管机关的证明书或法院裁决的副本。

二、第一款所指的文件应通过外交途径提交。

第二十九条 交换法律情报

缔约双方中央机关应根据请求相互通报各自国家的法律、法规及其在司法实践中适用的情况。

第三十条 争议的解决

有关解释和执行本协定所产生的争议，均应通过外交途径解决。

第六章 最后条款

第三十一条 批准和生效

本协定须经批准。批准书在索菲亚互换。本协定在互换批准书后第三十天开始生效。

第三十二条 终止

本协定自缔约任何一方通过外交途径向缔约另一方书面提出终止通知之日起六个月后失效。

本协定于 1993 年 6 月 2 日在北京签订，一式两份，每份均用中文、保加利亚文和英文写成，三种文本同一作准，遇有分歧时，以英文文本为准。

缔约双方全权代表在本协定上签字，以昭信守。

中华人民共和国和白俄罗斯共和国关于民事和刑事司法协助的条约

（1993 年 1 月 11 日订于北京 1993 年 11 月 29 日对我国生效）

中华人民共和国和白俄罗斯共和国（以下简称缔约双方）为了实现司法领域的合作，在尊重主权和互惠的基础上，决定互相提供民事和刑事方面的司法协助。为此目的，双方议定以下各条：

第一章 总 则

第一条 司法保护

一、缔约一方的国民在缔约另一方境

内，在人身和财产权利方面享有与缔约另一方国民同等的司法保护，有权在与缔约另一方国民同等的条件下，诉诸缔约另一方的法院和其他主管民事和刑事案件的机关，有权在这些机关提出请求或进行其他诉讼行为。

二、本条第一款的规定亦适用于在缔约任何一方境内根据该国法律成立的法人。

三、本条约所指的"民事案件"，亦包括商事、经济、婚姻家庭和劳动案件。

第二条　司法协助的联系途径

一、除本条约另有规定外，缔约双方的法院和其他主管机关相互请求和提供民事和刑事司法协助，应通过双方各自的中央机关进行联系。

二、第一款中的中央机关，在中华人民共和国方面系指中华人民共和国司法部；在白俄罗斯共和国方面系指白俄罗斯共和国司法部。

第三条　司法协助的范围

司法协助包括：

（1）代为执行送达文书、调查取证和本条约规定的其他民事与刑事诉讼行为；

（2）承认和执行法院民事裁决；

（3）本条约规定的其他协助。

第四条　司法协助请求书

一、请求司法协助应以请求书的形式提出，请求书中应写明：

1. 请求机关的名称；

2. 被请求机关的名称；

3. 请求司法协助案件的名称；

4. 请求书中所涉及的与诉讼有关的人员的姓名、国籍、职业和住所地或居所地；对于法人来说，则应提供其名称和所在地；

5. 他们的代理人的姓名和地址；

6. 请求书如涉及刑事案件，还需注明犯罪事实、罪名和所适用的法律规定。

二、上述请求书和其他文件应由缔约一方的请求机关正式盖章。

第五条　请求的执行

一、如果按照被请求的缔约一方法律，缔约另一方请求执行的事项不属于被请求的缔约一方法院和其他主管机关的职权范围，可以说明理由，予以退回。

二、如果缔约一方的被请求机关无权执行请求，应将该项请求移送有权执行的主管机关，并通知缔约另一方的请求机关。

三、被请求机关如果无法按照请求书中所示的地址执行请求，应采取适当措施以确定地址，或要求提出请求的缔约一方提供补充情况。

四、如因无法确定地址或其他原因不能执行请求，被请求的缔约一方应通知提出请求的缔约一方，说明妨碍执行的原因，并退回提出请求的缔约一方的全部文件。

第六条　通知执行结果

一、被请求的机关应将执行请求的结果按照本条约第二条规定的途径书面通知提出请求的机关，并附证明请求已执行的文件。

二、送达回证应有收件日期和收件人的签名，应由执行送达机关正式盖章和执行送达人签名。如收件人拒收，还应注明拒收的理由。

第七条　语文

缔约双方在进行司法协助时，所有的文件均应使用本国文字，并附有准确无误的对方的文字或英文或俄文译文。

第八条　外交或领事代表机关送达文书和调查取证

根据主管机关的请求，缔约一方派驻在缔约另一方的外交或领事代表机关可以向其本国国民送达司法文书和司法外文书，并进行询问，但不得使用强制措施，并不得违反驻在国的法律。

第九条　证人、被害人和鉴定人的保护

一、由提出请求的缔约一方法院或其他主管机关通过被请求的缔约一方通知前来的证人、被害人和鉴定人，不论其国籍如何，提出请求的缔约一方不得因其入境前的违法犯罪行为或者因其证言、鉴定或其他涉及诉讼内容的行为而给予行政处罚，或追究其刑事责任，或以任何形式剥夺其人身自由。

二、如果证人、被害人或鉴定人在接到

提出请求的缔约一方关于其不必继续停留的通知十五日后仍不出境，则丧失第一款给予的保护，但由于本人不能控制的原因而未能及时离境者除外。

三、第一款所述的通知应通过第二条规定的途径转递。通知中不得以采取强制措施相威胁。

第十条　司法协助的费用

一、缔约双方应相互免费提供司法协助，但鉴定人的鉴定费除外。

二、被通知到提出请求的缔约一方境内的证人、被害人或鉴定人的旅费和食宿费，由提出请求的缔约一方承担。上述被通知人有权取得的各项费用，应在通知中注明。应上述被通知人的要求，提出请求的缔约一方的主管机关应当预付上述费用。

第十一条　司法协助的拒绝

如果被请求的缔约一方认为提供某项司法协助有损于本国的主权、安全、公共秩序或违反本国法律的基本原则，可以拒绝提供该项司法协助，并将拒绝的理由通知提出请求的缔约一方。

第十二条　司法协助适用的法律

一、被请求机关提供司法协助，适用本国法律。

二、被请求机关提供司法协助，亦可应请求适用缔约另一方的诉讼程序规范，但以不违背被请求的缔约一方法律的基本原则为限。

第十三条　交换法律情报

缔约双方应根据请求，相互通报各自国家现行的或者过去实施的法律和司法实践的情报。

第二章　民事司法协助

第十四条　协助范围

缔约双方应根据请求相互送达司法文书和司法外文书，询问当事人、证人和鉴定人，进行鉴定和勘验，以及完成其他与调查取证有关的诉讼行为。

第十五条　诉讼费用的支付

一、缔约一方的国民在缔约另一方境内，应在与该缔约另一方国民同等的条件下和范围内支付诉讼费用。

二、本条第一款的规定亦适用于在缔约任何一方境内根据该国法律成立的法人。

第十六条　诉讼费用的减免

一、缔约一方的国民在缔约另一方境内，可在与缔约另一方国民同等的条件下和范围内减免诉讼费用。

二、缔约一方的国民申请减免诉讼费用，应由其住所或居所所在地的主管机关出具说明其身份、家庭及财产状况的证明书；如果该申请人在缔约双方境内均无住所或居所，亦可由其本国的外交或领事代表机关确认或出具上述证明书。

三、法庭根据请求做出减免诉讼费用决定时，可要求出具证明书的机关做补充说明。

第十七条　应予承认与执行的裁决

一、缔约双方应依本条约规定的条件，在各自境内承认与执行本条约生效后在缔约另一方境内作出的法院裁决。其中依裁决性质应予以执行者，则予以执行。

二、本条约所指的"法院裁决"在中华人民共和国方面系指法院作出的民事判决、裁定、决定和调解书及刑事案件中有关损害赔偿的裁决。在白俄罗斯共和国方面系指法院（法官）[包括经济法院（法官）]作出的已发生法律效力的民事判决、裁定、决定和调解书及刑事案件中有关损害赔偿的判决。

三、缔约一方也可以根据本国法律承认缔约另一方的其他主管机关所作出的依其性质不须执行的民事决定。

第十八条　承认与执行法院裁决的请求

一、承认与执行法院裁决的请求由申请人向作出该项裁决的缔约一方法院提出，该法院按照本条约第二条规定的途径转交给缔约另一方法院。申请承认与执行裁决的当事人亦可直接向该缔约另一方法院提出申请。

二、申请承认与执行法院裁决的请求书应附有下列文件：

（一）经法院证明无误的裁决副本；如果副本中没有明确指出裁决已经生效和可以执行，还应附有法院为此出具的文件；

（二）法院出具的有关在请求缔约一方境内执行裁决情况的文件；

（三）证明未出庭的当事一方已经合法传唤，或在当事一方没有诉讼行为能力时已得到适当代理的证明；

（四）本条所述请求书和所附文件的经证明无误的译本。

第十九条 承认与执行法院裁决的程序

一、法院裁决的承认与执行，由被请求的缔约一方法院依照本国法律规定的程序进行。

二、被请求法院只能审查该裁决是否符合本条约的规定。

三、被请求法院对于请求承认与执行的裁决，必要时可以要求作出裁决的法院提供补充材料。

第二十条 承认与执行的法律效力

缔约一方法院的裁决一经缔约另一方法院承认或执行，即与承认或执行该项裁决的缔约另一方法院作出的裁决具有同等效力。

第二十一条 拒绝承认与执行

有下列情形之一的法院裁决，不予承认与执行：

（一）根据作出裁决的缔约一方的法律，该裁决尚未生效或不具有执行力；

（二）根据被请求承认与执行裁决的缔约一方的法律，被请求的缔约一方法院对该案件有专属管辖权；

（三）根据作出裁决的缔约一方法律，未出庭的当事一方未经合法传唤，或在当事一方没有诉讼行为能力时未得到适当代理；

（四）被请求承认与执行裁决的缔约一方的法院对于相同当事人之间就同一标的的案件已经作出了生效裁决，或正在进行审理，或已承认了在第三国对该案件所作的生效裁决；

（五）承认与执行裁决有损于被请求的缔约一方的主权、安全或公共秩序。

第三章 刑事司法协助

第二十二条 协助的范围

缔约双方应根据请求，在刑事方面相互代为询问证人、被害人、鉴定人、嫌疑人和被指控犯罪的人，进行搜查、鉴定、勘验、检查以及其他与调查取证有关的诉讼行为；移交物证、书证以及赃款赃物；送达刑事诉讼文书，并通报刑事诉讼结果。

第二十三条 送达文书和调查取证

一、本条约第四条至第六条和第八条的规定亦适用于刑事方面送达文书和调查取证。

二、提出上述请求时，还应在请求书中写明犯罪事实、罪名和所适用的法律规定。

第二十四条 赃款赃物的移交

一、缔约一方应根据缔约另一方的请求，将在其境内发现的、罪犯在缔约另一方境内犯罪时获得的赃款赃物，移交给缔约另一方。但此项移交不得侵害缔约一方或与这些财物有关的第三者的权利。

二、如果上述赃款赃物对被请求的缔约一方境内其他未决刑事案件的审理是必不可少的，被请求的缔约一方可暂缓移交。

第二十五条 刑事司法协助的拒绝

除本条约第十一条规定的情况外，被请求的缔约一方还可根据下列理由之一拒绝提供司法协助：

（一）按照被请求的缔约一方法律，该项请求涉及的行为并不构成犯罪；

（二）该项请求涉及的嫌疑犯或被指控犯罪的人是被请求的缔约一方国民，且不在提出请求的缔约一方境内。

第二十六条 刑事诉讼结果的通知

缔约双方应相互递送各自法院对缔约另一方国民所作的生效裁决副本。

第二十七条 关于以往犯罪的情报

如在缔约一方境内曾被判刑的人在缔约

另一方境内被追究刑事责任，则该缔约一方应根据缔约另一方的请求免费提供该人以前被判刑的情况。

第四章 其他规定

第二十八条 文件的效力

缔约一方法院或其他主管机关制作或证明的文书，只要经过有关主管机关正式盖章即为有效，就可在缔约另一方法院或其他主管机关使用，无需认证。

第二十九条 户籍文件及其他文件的送交

为了实施本条约，缔约一方主管机关可根据缔约另一方通过外交途径提出的请求，将缔约另一方提起诉讼所需的涉及缔约另一方国民的户籍登记摘录、关于其文化程度、工龄的证明及其他有关个人权利的文件，免费提供给缔约另一方，并附英文或俄文译文。

第三十条 物品的出境和金钱的汇出

本条约的规定及其执行不得妨碍缔约双方各自执行其有关物品出境或金钱汇出的法律和规定。

第三十一条 争议的解决

有关解释和执行本条约所产生的争议，均应通过外交途径解决。

第五章 最后条款

第三十二条 批准和生效

本条约须经批准，批准书在明斯克互换。本条约自互换批准书之日起第三十日开始生效。

第三十三条 终止

本条约自缔约任何一方通过外交途径书面提出终止之日起六个月后失效。否则，本条约无限期有效。

本条约于1993年1月11日在北京签订，一式两份，每份均用中文和白俄罗斯文写成，并附俄文译文，两种文本同等作准。

中华人民共和国和波斯尼亚和黑塞哥维那关于民事和商事司法协助的条约

(2012年12月18日订于北京 2014年10月12日对我国生效)

中华人民共和国和波斯尼亚和黑塞哥维那（以下简称"双方"），

在相互尊重主权和平等互利的基础上，为加强两国在司法领域的合作，决定缔结本条约，并达成下列协议：

第一章 总则

第一条 司法保护

一、一方国民在另一方境内，应当享有与另一方国民同等的司法保护，有权在与另一方国民同等的条件下，在另一方法院进行诉讼。

二、一方法院对于另一方国民，不得因为该人是外国人或者在其境内没有住所或者居所而要求该人提供诉讼费用担保。

三、本条第一款和第二款的规定亦适用于位于任何一方境内并依该方法律成立的法人。

第二条 诉讼费用减免和法律援助

一、一方国民在另一方境内，应当在与该另一方国民同等的条件下和范围内获得诉讼费用减免和法律援助。

二、申请获得第一款规定的诉讼费用减免和法律援助，应当由申请人住所或者居所所在地的一方主管机关出具关于该人财产状况的证明。如果申请人在双方境内均无住所和居所，可以由该人国籍所属的一方的外交或者领事机关出具或者确认有关该事项的证明。

三、负责对诉讼费用减免和法律援助申请作出决定的司法机关或者其他主管机关可以要求提供补充材料。

第三条 司法协助的范围

本条约规定的司法协助包括：

（一）送达司法文书；

（二）调查取证；

（三）承认与执行法院裁决以及仲裁裁决；

（四）交换法律资料。

第四条 司法协助的联系途径

一、除本条约另有规定外，双方在相互请求和提供司法协助时，应当通过各自指定的中央机关直接进行联系。

二、第一款所指的中央机关，中华人民共和国方面为中华人民共和国司法部，波斯尼亚和黑塞哥维那方面为波斯尼亚和黑塞哥维那司法部。

三、任何一方如果变更其对中央机关的指定，应当通过外交途径通知另一方。

第五条 司法协助适用的法律

双方执行司法协助请求时应适用各自的本国法，但是本条约另有规定的除外。

第六条 司法协助的拒绝

一、被请求方如果认为提供司法协助将损害本国的主权、安全或者重大公共利益，或者违反本国法律的基本原则，或者请求的事项超出本国司法机关的主管范围，可以拒绝提供司法协助，并应当说明拒绝理由。

二、对于送达司法文书和调查取证的请求，被请求方不得仅因为本国法院对该项诉讼事项有专属管辖权，或者本国法律不允许进行该项请求所依据的诉讼，而拒绝提供协助。

第七条 司法协助请求的形式和内容

一、司法协助的请求应当以书面形式提出，由请求机关签署或者盖章，并包括下列内容：

（一）请求机关的名称和地址；

（二）可能时，被请求机关的名称；

（三）请求所涉及人员的姓名、国籍以及地址；如果涉及法人，法人的名称和地址；

（四）必要时，当事人代理人的姓名和地址；

（五）请求所涉及的诉讼的性质和案情摘要；

（六）请求协助的事项；

（七）执行请求所需的其他材料。

二、被请求方如果认为请求方提供的材料不足以使其根据本条约的规定处理该请求，可以要求请求方提供补充材料。

第八条 文字

一、双方的中央机关进行书面联系时，应当使用本国官方文字，并附对方文字的译文。

二、司法协助请求书及其所附文件，应当使用请求方的文字，并附被请求方文字的译文。

第二章 送达司法文书

第九条 适用范围

任何一方应当根据本条约的规定，执行另一方提出的向在其境内的人员送达司法文书的请求。

第十条 送达请求的执行

一、被请求方应当按照本国法律规定的方式执行送达请求。

二、在不违背本国法律的范围内，被请求方应当按照请求方明示要求的特定方式执行送达。

三、被请求机关如果无权执行请求，应当将该项请求移送有权执行的主管机关，以便执行。

四、被请求方如果难以按照请求方指明的地址执行送达，应当采取必要措施确定地址，必要时可以要求请求方提供补充材料。如果仍然无法确定地址或者因为其他原因无法执行送达，被请求方应当将请求书以及所附文件退回请求方，并说明妨碍送达的原因。

第十一条 通知送达结果

被请求方应当通过本条约第四条规定的联系途径，向请求方书面通知送达结果，并附送达机关出具的证明。该证明应当注明受送达人的姓名、身份、送达日期和地点以及送达方式。如果受送达人拒收，应当注明拒收的原因。

第十二条 送达的费用

被请求方应当负担在本国境内执行送达所产生的费用。但是，根据本条约第十条第二款执行送达所产生的费用，由请求方负担。

第三章 调查取证

第十三条 适用范围

一、一方应当根据本条约的规定，执行另一方提出的调查取证的请求，包括获取当事人陈述和证人证言，调取物证和书证，进行鉴定或者司法勘验，或者进行与调查取证有关的其他司法行为。

二、本条约不适用于下列情形：

（一）调取不打算用于已经开始或者即将开始的司法程序的证据；

（二）调取未在请求书中列明，或者与案件没有直接密切联系的文件。

第十四条 调查取证请求的执行

一、被请求方应当根据本国法律执行调查取证的请求。

二、在不违背本国法律的范围内，被请求方应当按照请求方明示要求的特定方式执行调查取证的请求。

三、被请求机关如果无权执行请求，应当将该项请求移送有权执行的主管机关，以便执行。

四、被请求方如果难以按照请求方指明的地址调取证据，应当采取必要措施确定地址，必要时可以要求请求方提供补充材料。如果仍然无法确定地址或者因为其他原因无法执行请求，被请求方应当将请求书及所附文件退回请求方，并说明妨碍执行的原因。

五、如果请求方明示提出要求，被请求方应当向请求方通知执行请求的时间和地点，以便有关当事人或者其代理人到场。上述当事人或者代理人在场时应当遵守被请求方的法律。

第十五条 拒绝作证

一、如果根据本条约被要求作证的人员主张依请求方法律有拒绝作证的权利或者特权，被请求方应当要求请求方提供存在该项权利或者特权的证明。除非有明确的相反证据，请求方的证明应当被视为对存在该项权利或者特权的充分证据。

二、如果被请求方法律允许根据本条约被要求作证的人员在被请求方提起的诉讼中的类似情形下不作证，该人可以拒绝作证。

第十六条 通知执行结果

被请求方应当通过本条约第四条规定的联系途径，向请求方书面通知执行调查取证请求的结果，并转交所取得的证据材料。

第十七条 安排有关人员作证

一、被请求方应当根据请求方的请求，邀请有关人员前往请求方境内出庭作证。请求方应当说明需向该人支付的津贴、费用的范围和标准。被请求方应当将该人的答复迅速通知请求方。

二、邀请有关人员在请求方境内出庭作证的文书送达请求，应当在不迟于预定的出庭日60天前递交给被请求方，除非在紧急情况下，被请求方可以同意在较短期限内转交。

第十八条 证人和鉴定人的保护

一、请求方对于到达其境内的证人或鉴定人，不得因该人在入境前的任何作为或者不作为而予以起诉、羁押、处罚或者采取其他限制人身自由的措施,也不得要求该人在请求未涉及的任何其他诉讼程序中作证,除非事先取得被请求方和该人同意。

二、如果上述人员在被正式通知无需继续停留后15天内未离开请求方,或者离开后又自愿返回,则不再适用本条第一款。但该期限不包括该人因本人无法控制的原因而未离开请求方的期间。

三、对于拒绝接受根据第十七条提出的邀请的人员,不得因此种拒绝而被施加任何处罚或者任何限制人身自由的强制措施。

第十九条 调查取证的费用

一、被请求方应当负担在本国境内执行调查取证请求的费用,但请求方应当负担下列费用:

(一)按照本条约第十四条第二款规定的特定方式执行请求的费用;

(二)有关人员按照本条约第十四条第五款的规定,前往、停留和离开被请求方的费用;

(三)有关人员按照本条约第十七条的规定,前往、停留和离开请求方的费用和津贴。这些费用应当根据费用发生地的标准和规定支付;

(四)鉴定人的费用和报酬。

二、如果执行请求明显地需要超常性质的费用,双方应当协商决定可以执行请求的条件。

第四章 法院裁决与仲裁裁决的承认和执行

第二十条 法院裁决的范围

一、一方法院在本条约生效后作出的下列裁决,应当根据本条约规定的条件在另一方境内得到承认和执行:

(一)法院在民事和商事案件中作出的裁决;

(二)审理刑事案件的法院就向被害人给予赔偿和返还财物作出的民事裁决。

二、本条第一款所述"裁决"包括法院就民事和商事案件制作的调解书。

第二十一条 申请的提出

承认与执行裁决的申请,可以由当事人直接向被请求方的主管法院提出,也可以由其向作出该裁决的法院提出并由该法院按第四条规定的途径转交给被请求方法院。

第二十二条 申请应附的文件

一、承认和执行裁决的申请,应当附有下列文件:

(一)经证明无误的裁决副本;

(二)证明裁决是终局的文件,以及在申请执行时,证明裁决是可以执行的文件,除非裁决中对此已经予以明确说明;

(三)证明败诉一方当事人已被适当送达裁决和无诉讼行为能力的当事人已经得到适当代理的文件;

(四)如果是缺席裁决,证明缺席的当事人已经过合法传唤的文件。

二、申请书和上述裁决及文件,均应当附有经证明无误的被请求方文字的译文。

第二十三条 承认和执行的拒绝

对于本条约第二十条第一款列举的裁决,除根据本条约第六条的规定可以拒绝承认与执行外,有下列情形之一的,也可以拒绝承认与执行:

(一)根据作出裁决一方的法律,该裁决不是终局的或者不具有执行效力;

(二)根据本条约第二十四条的规定,作出裁决的法院无管辖权;

(三)败诉的当事人未经合法传唤,或者无诉讼行为能力的当事人没有得到适当代理;

(四)被请求方法院已经受理相同当事人之间就同一标的提起的诉讼;

(五)该裁决与被请求方法院已经作出的裁决或已经承认的第三国法院作出的裁决不符。

第二十四条 管辖权

一、为本条约的目的,符合下列情况之一的,作出裁决一方的法院即被视为有管辖权：

（一）在提起诉讼时，被告在该方境内有住所或者居所；

（二）诉讼因被告在该方境内设立的分支机构的商业活动而产生；

（三）被告已经明示接受该方法院的管辖；

（四）被告就争议的实质问题进行了答辩，未对管辖权提出异议；

（五）在合同案件中，合同在该方境内签订，或者已经或者应当在该方境内履行，或者诉讼标的物在该方境内；

（六）在非合同性质的侵权案件中，侵权行为或者结果发生在该方境内；

（七）在扶养义务案件中，债权人在提起诉讼时在该方境内有住所或者居所；

（八）作为诉讼标的物的不动产位于该方境内；

（九）在继承案件中，被继承人死亡时的住所地或者居所地或者主要遗产所在地位于该方境内；

（十）在身份案件中，在提起诉讼时，诉讼当事人在该方境内有住所或者居所。

二、本条第一款不应影响双方法律关于专属管辖权的规定。为此目的，双方应当在本条约生效后，及时通过本条约第四条规定的途径，以书面形式相互通知本国法律关于专属管辖权的规定。

第二十五条　承认和执行的程序

一、裁决的承认和执行应当适用被请求方法律规定的程序。

二、被请求方法院应当仅限于审查裁决是否符合本条约规定的条件，不得对裁决作实质性审查。

三、如果裁决涉及多项内容并且无法得到全部承认和执行，被请求方法院可以决定仅承认和执行裁决的部分内容。

第二十六条　承认和执行的效力

被承认或执行的裁决在被请求方境内应当与被请求方法院作出的裁决具有相同的效力。

第二十七条　仲裁裁决的承认与执行

双方应当根据一九五八年六月十日在纽约签订的《承认及执行外国仲裁裁决公约》，相互承认和执行在对方境内作出的仲裁裁决。

第五章　其他规定

第二十八条　交换法律资料

双方应当根据请求，相互交换与本条约的实施相关的本国现行法律或者司法实践的资料。

第二十九条　外交或者领事代表送达文书和调查取证

一方可以通过本国派驻另一方的外交或者领事代表向在该另一方领域内的本国国民送达司法文书和调查取证，但应当遵守该另一方法律，并且不得采取任何强制措施。

第三十条　认证的免除

为适用本条约的目的，由双方法院或者其他主管机关制作或者证明并且通过第四条规定的联系途径转递的文件，免除任何形式的认证。

第三十一条　争议的解决

因解释或者实施本条约所产生的任何分歧，如果双方中央机关不能达成协议，应当通过外交途径协商解决。

第六章　最后条款

第三十二条　生效、修正和终止

一、双方在完成使条约生效的必要国内程序后，应当通过外交照会通知对方。本条约自收到后一份照会之日起第 30 天生效。

二、本条约可以经双方书面协议随时予以修正。

三、任何一方可以随时通过外交途径，以书面形式通知另一方终止本条约。终止自该书面通知发出之日后第 180 天生效。

下列签署人经各自政府适当授权，签署本条约，以昭信守。

本条约于二〇一二年十二月十八日在北

京签订，一式两份，每份均以中文、波斯尼亚文、克罗地亚文、塞尔维亚文和英文制成，五种文本同等作准。如遇解释分歧，以英文本为准。

中华人民共和国和波兰人民共和国关于民事和刑事司法协助的协定

(1987年6月5日订于华沙 1988年2月13日对我国生效)

中华人民共和国和波兰人民共和国，在尊重国家主权、独立、平等和互惠的基础上，为加强两国在司法领域的友好合作关系，决定缔结本协定。为此目的，特议定下列各条：

第一章 总 则

第一条 司法保护

缔约一方的国民在缔约另一方境内，享有与缔约另一方国民同等的司法保护，有权在与缔约另一方国民同等的条件下，在缔约另一方法院或其他机关进行诉讼或提出请求。

第二条 诉讼费用保证金的免除

缔约一方的法院和主管民事案件的其他机关，对于在缔约另一方境内有住所或居所的缔约另一方国民，不得令其提供民事诉讼费用保证金。

第三条 诉讼费用的预付

缔约一方的国民在缔约另一方境内，应在与缔约另一方国民同等的条件下和范围内预付民事诉讼费用。

第四条 法人

前三条规定亦适用于法人。

第五条 诉讼费用的减免

缔约一方的国民在缔约另一方境内，可在与缔约另一方国民同等的条件下和范围内申请减交或免交民事诉讼费用。缔约一方的国民申请减免民事诉讼费用，应由其住所或居所所在地的主管机关出具证明书；如果该申请人在缔约双方境内均无住所或居所，亦可由其本国的外交或领事机关出具证明书。

第六条 司法协助的途径

一、缔约双方的法院和其他机关相互提供司法协助，由缔约双方的中央机关直接通知。

二、前款所述的中央机关由缔约双方通过外交途径指明。

第七条 司法协助请求书

一、申请司法协助应用请求书。司法协助请求书的内容应包括下列各项：请求和被请求机关的名称，当事人的姓名、国籍、职业、住所或居所，代理人的姓名和地址，请求提供司法协助的具体案由。执行该请求所必需的其他文件和资料也须随请求书一并提供。

二、请求刑事司法协助，应附该项请求涉及的犯罪事实的说明以及有关的法律规定。

三、上述请求书和文件应由缔约一方的请求机关签署和盖章。

第八条 语文

司法协助范围内来往的信件和递送的文件应用本国的文字书写，并附有对方的文字或英文的译文。

第九条 司法协助的费用

一、缔约双方应相互免费提供司法协助。

二、被通知到提出请求的缔约一方境内出庭的证人或鉴定人的旅费和食宿费，由提出请求的缔约一方承担。应本人要求，提出请求的缔约一方的主管机关应预付上述费用。

第十条　司法协助的拒绝

如果被请求的缔约一方认为提供司法协助有损于本国的主权、安全或公共秩序，可以拒绝提供司法协助，但应将拒绝的理由通知提出请求的缔约一方。

第十一条　司法协助适用的法律

一、被请求机关提供司法协助，适用本国法律。

二、被请求机关提供民事司法协助，亦可应请求适用缔约另一方的法律，但以不违背被请求的缔约一方法律的基本原则为限。

第十二条　定义

本协定中所指"民事案件"，也包括商法、婚姻法和劳动法等范围内有关财产权益和人身权利的案件。

第二章　民事方面的送达文书和调查取证

第十三条　范围

缔约双方应根据请求相互代为送达司法文书和司法外文书，询问当事人、证人和鉴定人，进行鉴定和司法勘验，以及收集其他证据。

第十四条　请求的执行

一、如果被请求的缔约一方的机关认为自己无权执行请求，则应将该项请求转送有权执行请求的主管机关，并通知请求机关。

二、被请求的缔约一方的机关如果无法按照请求书中所示的地址执行请求，应采取适当措施以确定准确的地址，完成请求事项；必要时可要求提出请求的缔约一方提供补充情况。

三、如因无法确定地址或其他原因不能执行请求，被请求的缔约一方的机关应通知提出请求的缔约一方，说明具体原因，并退回提出请求的缔约一方所附的文件。

第十五条　通知执行情况

一、被请求的缔约一方的主管机关，应按照本协定第六条第一款规定的途径，将送达文书或调查取证的执行日期和地点通知提出请求的缔约一方的主管机关，并附送达回证或所取得的证据材料。

二、送达回证应注明收件人收件日期和签名，送达机关和送达人的盖章和签名。如收件人拒收文件，应注明拒收的事由。

第三章　民事裁决的承认与执行

第十六条　范围

一、缔约双方应根据本协定规定的条件，在其境内承认或执行本协定生效后的缔约另一方境内作出的下列裁决：

（一）法院对民事案件作出的裁决；

（二）法院对刑事案件中有关赔偿请求所作出的裁决；

（三）主管机关对继承案件作出的裁决；

（四）仲裁庭作出的裁决。

二、本协定中所指"裁决"也包括调解书。

第十七条　请求应附的文件

请求承认与执行裁决，应附下列文件：

（一）与原本相符的裁决副本。如果副本中没有明确指出裁决已经生效和可以执行，则应附由法院出具的证明其已生效和可以执行的文件；

（二）送达回证或证明裁决已经送达的其他文件；

（三）法院证明败诉一方已经合法传唤，以及在其缺乏诉讼行为能力时已得到应有代理的文件；

（四）请求书和前三项所指文件经证明无误的被请求的缔约一方文字或英文的译文。

第十八条　承认与执行的程序

一、承认或执行裁决的请求，可由缔约一方法院依照本协定第六条第一款规定的途径向缔约另一方法院提出，亦可由当事人直接向将承认或执行裁决的缔约另一方有管辖权的法院提出。

二、在承认与执行裁决的程序中，法院只审查该裁决是否符合本协定所规定的条件。

第十九条 承认与执行的效力

缔约一方的裁决一经缔约另一方法院承认或执行，即与承认或执行裁决一方的法院作出的裁决具有同等效力。

第二十条 拒绝承认与执行

对本协定第十六条列举的裁决，有下列情形之一的，不予承认或执行：

（一）按照将承认或执行裁决的缔约一方的法律，裁决是由无管辖权的法院作出的；

（二）根据作出裁决的缔约一方的法律，该裁决尚未生效或不能执行；

（三）根据作出裁决的缔约一方的法律，败诉一方当事人未经法院合法传唤；

（四）当事人被剥夺了答辩的可能性，或在缺乏诉讼行为能力时被剥夺了应有的代理；

（五）将承认或执行裁决的缔约一方境内的法院对于相同当事人之间就同一诉讼标的的案件已经作出了发生法律效力的裁决，或正在进行审理，或已承认了第三国法院对该案所作的发生法律效力的裁决；

（六）裁决的承认或执行有损于将承认或执行裁决的缔约一方法律的基本原则或公共秩序。

第二十一条 仲裁庭裁决的承认与执行

缔约双方应根据 1958 年 6 月 10 日在纽约签订的关于承认和执行外国仲裁裁决的公约，相互承认与执行在对方境内作出的仲裁裁决。

第四章　刑事方面的送达
文书和调查取证

第二十二条 范围

缔约双方应根据请求，在刑事方面相互代为送达司法文书和司法外文书，听取当事人、嫌疑犯的陈述，询问证人、被害人和鉴定人，进行鉴定、检查和司法勘验，以及收集其他证据。

第二十三条 请求的执行和通知执行情况

本协定第十四条、第十五条的规定亦适用于刑事方面的送达文书和调查取证。

第二十四条 刑事司法协助的拒绝

被请求的缔约一方可根据下列理由之一拒绝提供刑事司法协助：

（一）如果被请求的缔约一方认为该项请求涉及的犯罪具有政治性质或为军事犯罪；

（二）按照被请求的缔约一方的法律，该项请求涉及的行为并不构成犯罪；

（三）该项请求涉及的嫌疑犯或罪犯是被请求的缔约一方国民，且不在提出请求的缔约一方境内。

第二十五条 刑事诉讼结果的通知

缔约双方应相互递送各自法院对缔约另一方国民所作的生效裁决的副本或案情摘要。

第五章　其他规定

第二十六条 交流法律情报

缔约双方应根据请求，按照本协定第六条第一款规定的途径相互提供本国有关的法律和司法实践的情报，交换法学出版物。

第二十七条 认证的免除

由缔约一方法院或其他主管机关制作或证明的并加盖印章的文件，不必经过认证，即可在缔约另一方境内使用。

第二十八条 证人和鉴定人的保护

一、对通过被请求的缔约一方通知前来出庭的证人或鉴定人，无论其国籍如何，提出请求的缔约一方不得因其入境前所犯的罪行或者因其证词、鉴定或其他涉及诉讼内容的行为而追究其刑事责任和以任何形式剥夺其自由。

二、如果证人或鉴定人在接到无须继续留在提出请求的缔约一方境内的通知后次日起 15 日内,有出境的可能而仍不出境的,即丧失前款给予的保护。

第二十九条 协定的执行

本协定执行过程中所产生的任何困难均应通过外交途径解决。

第六章 最后条款

第三十条 批准和生效

本协定须经批准,批准书在北京互换。本协定自互换批准书之日起第 30 天开始生效。

第三十一条 终止

缔约任何一方可书面通知另一方要求终止本协定。本协定在发出终止通知之日起 12 个月后失效,否则本协定永远有效。

本协定于 1987 年 6 月 5 日在华沙签订,一式两份,每份用中文和波兰文写成,两种文本具有同等效力。

缔约双方全权代表分别在本协定上签字盖章,以昭信守。

中华人民共和国和比利时王国关于民事司法协助的协定

(1987 年 11 月 20 日订于布鲁塞尔)

中华人民共和国和比利时王国,在相互尊重国家主权和平等互利的基础上,为促进两国在司法领域的合作,决定缔结关于民事方面司法协助的协定。

为此目的,双方议定下列各条:

第一章 总 则

第一条 司法保护

一、在民事方面,缔约一方的国民在缔约另一方领域内,享有与另一方国民同等的司法保护,有权在与另一方国民同等的条件下,在另一方法院进行诉讼。

二、缔约一方的法院,对于另一方国民,不得因为他们是外国人而令其提供诉讼费用保证金。

三、上述两款亦适用于根据缔约任何一方的法律、规章成立,其主事务所设在该国领域内的法人。

四、缔约一方的国民在缔约另一方境内,可在与另一方国民同等的条件下和范围内享受司法救助。

申请司法救助,应由申请人住所或居所所在地的有关当局出具理由证明书。如果该申请人在双方境内均无住所或居所,亦可由其本国的外交或领事机关出具理由证明书。

五、本协定中的"民事"一词也包括婚姻、商事和劳动方面的内容。

第二条 司法协助的范围

缔约双方根据本协定相互提供的民事司法协助包括:

(一)代为送达文书和调查取证;

(二)承认和执行仲裁裁决;

(三)本协定规定的其它协助。

第三条 司法协助的途径

一、除本协定另有规定外,缔约双方主管机关请求和提供司法协助,应当通知双方的中央机关进行。

缔约双方中央机关为各自的司法部。

二、本协定中的"主管机关"一词,在中华人民共和国方面系指司法机关,在比利时王国方面系指司法机关和司法执达员。

第四条　司法协助请求书

申请司法协助应用请求书，请求书的格式应与本协定附录中的示范样本相符。

第五条　语言和译文

一、双方中央机关书信联系使用本国语言。

二、司法协助请求书和所附文件用请求一方的官方语言或其中一种官方语言缮书，并附有被请求一方的官方语言或其中一种官方语言的译本。

第六条　司法协助的费用

缔约双方应相互免费提供本协定规定的司法协助，但鉴定费用除外。

第七条　司法协助的拒绝

如果被请求的缔约一方认为司法协助的请求有损于本国的主权、安全或公共秩序，或者认为按照本国法律，该项请求不属本协定第三条第二款所指主管机关的职权范围，可以拒绝提出司法协助，但应将拒绝的理由通知另一方。

第八条　司法协助适用的法律

缔约双方提供司法协助时，适用本国法律，也可根据请求，适用缔约另一方的法律，但以不违背本国法律的基本原则为限。

第二章　送达文书和调查取证

第九条　范围

缔约双方应根据请求相互代为送达文书和调查取证：

（一）送达文书是指送达司法文书和司法外文书；

（二）调查取证主要包括询问当事人、证人和鉴定人，调取与民事诉讼有关的证据，进行鉴定和司法勘验。

第十条　请求的执行

一、如果被请求机关认为自己无权执行请求，应将该项请求转送给本协定第三条第二款规定的有管辖权的机关，并通知请求一方。

二、被请求一方的主管机关，如果无法按照请求书中所示的地址送达文书或调查取证，应采取适当措施以确定地址，完成请求事项；必要时可要求请求一方提供补充材料。

三、如因无法确定地址或其它原因不能执行请求，被请求一方主管机关应通知请求一方，说明具体原因，并退回请求一方所附的文书。

第十一条　外交或领事代表的职能

一、缔约任何一方可以通过本国派驻缔约另一方的外交或领事机关向在缔约另一方领域内的本国国民送达文书和调查取证，但不得违反缔约另一方的法律，并不得采取任何强制措施。

二、受送达人或被调查取证人的国籍如发生冲突，应依送达文书或调查取证执行地国家的法律确定。

第十二条　通知执行结果

一、被请求一方的主管机关，应通过双方的中央机关，将送达文书或调查取证的执行日期和地点通知请求一方的主管机关，并附送达回证或所取得的证据材料。

二、送达回证应有收件人的签名，送达机关和送达人的盖章或签名，以及送达的方式、日期和地点。如收件人拒收，应注明拒收的事由。

第三章　承认与执行仲裁裁决

第十三条　1958年6月10日纽约公约的适用

缔约双方应根据1958年6月10日纽约关于承认和执行外国仲裁裁决的公约相互承认与执行在对方境内作出的仲裁裁决，但缔约各方声明或保留的条款除外。

第四章　其它规定

第十四条　交换情报

一、缔约双方中央机关应当根据请求相互提供本国的法律情报，以及本国民事方面司法实践的情报和其它法律情报。

二、如缔约一方法院在审理民事诉讼案件中必须适用缔约另一方法律，可以通过双方中央机关请求该另一方提供必要的情报。

三、如请求的内容影响到被请求一方的利益，或者被请求一方认为如作出答复可能有损其主权或安全，可以拒绝答复。

四、缔约双方应相互尽速免费答复有关提供情报的请求，所答复的情报不得约束提出请求的机关。

第十五条　认证的免除

本协定所指的任何文书不需办理认证手续。

第十六条　困难的解决

因实施或解释本协定而产生的困难均应通过外交途径解决。

第五章　最后条款

第十七条　生效

本协定须经批准，批准书在北京交换。本协定在互换批准书之日后第三十日生效。

第十八条　终止

缔约任何一方可随时通过外交途径书面通知缔约另一方终止本协定。终止自通知之日起满一年后生效。

本协定共两份，每份均用中文、法人和荷兰文写成，三种文本具有同等效力。

缔约双方的全权代表互相校阅全权证书，认为妥善后，在本协定上签名、盖章，以昭信守。

C

中华人民共和国和朝鲜民主主义人民共和国关于民事和刑事司法协助的条约

(2003年11月19日订于北京 2006年1月21日对我国生效)

中华人民共和国和朝鲜民主主义人民共和国（以下简称"缔约双方"），在相互尊重主权和平等互利的基础上，为深入发展两国友好关系，加强司法领域的合作，达成协议如下：

第一章 总 则

第一条 司法保护

一、缔约一方公民在缔约另一方境内，在人身和财产权利方面与缔约另一方公民享有同等的司法保护。

二、缔约一方公民在缔约另一方境内，可在与缔约另一方公民同等的条件下，自由地诉诸缔约另一方法院，或者向有权处理民事及刑事案件的其他机关提出请求。

三、本条第一款、第二款的规定亦适用于位于缔约一方境内并依该方法律成立的法人。

第二条 司法协助的联系途径

一、除本条约另有规定外，缔约双方的法院及有权处理民事和刑事案件的其他机关应当通过缔约双方的中央机关相互进行司法协助。

二、第一款所指的中央机关，在中华人民共和国方面为最高人民法院、最高人民检察院和司法部。在朝鲜民主主义人民共和国方面为中央裁判所和中央检察所。

第三条 司法协助的范围

本条约规定的司法协助包括：

（一）在民事和刑事方面送达司法文书；

（二）在民事方面的询问和其他调查取证，以及在刑事方面的讯问和其他调查取证；

（三）承认与执行法院裁决；

（四）本条约规定的其他司法协助。

第四条 诉讼费用的减免和法律援助

一、缔约一方公民在缔约另一方境内，可以在与缔约另一方公民同等的条件下和范围内获得诉讼费用减免和法律援助。

二、申请获得第一款规定的诉讼费用减免和法律援助，应当由申请人住所或者居所所在地的缔约一方主管机关出具关于该人财产状况的证明。如果申请人在缔约双方境内均无住所和居所，可以由该人国籍所属缔约一方的外交或者领事机关出具或者确认有关该事项的证明。

三、负责对诉讼费用减免和法律援助申请作出决定的司法机关或者其他主管机关可以要求提供补充材料。

第五条 司法协助费用的负担

一、被请求的缔约一方承担在本国境内提供司法协助时所产生的一切费用。

二、请求的缔约一方应当负担下列费用：

（一）有关人员按照本条约第八条的规定，前往、停留和离开请求的缔约一方的费用和津贴；

（二）鉴定人的费用和报酬。

第六条 司法协助适用的法律

被请求提供司法协助的机关在提供司法协助时应当适用各自的本国法。在与本国法律不相抵触的情况下，被请求机关亦可按照请求机关请求的方式执行。

第七条 语言

一、缔约双方的中央机关进行书面联系时，应当使用本国官方文字，并附缔约对方文字的译文。

二、司法协助请求书及其所附文件，应当使用请求的缔约一方的文字，并附被请求的缔约一方文字的译文。

第八条 证人、鉴定人出庭及其保护

一、缔约一方应当根据缔约另一方的请求，邀请证人、鉴定人前往缔约另一方境内出庭作证。缔约另一方在请求书中应当说明需向该人支付的津贴、费用的范围和标准。缔约一方应当将该人的答复迅速通知缔约另一方。

二、根据本条第一款提出的请求，应当在不迟于预定的出庭日六十天前递交给被请求的缔约一方。

三、请求的缔约一方对于到达其境内的证人或者鉴定人，不得因该人在入境前的任何作为或者不作为而予以起诉、羁押、处罚或者采取其他限制人身自由的措施，也不得要求该人在请求所未涉及的任何其他诉讼程序中作证。

四、如果上述人员在被正式通知无需继续停留后十五天内未离开请求的缔约一方，或者离开后又自愿返回，则不再适用本条第三款。但该期限不包括该人因本人无法控制的原因而未离开请求的缔约一方领土的期限。

五、对于拒绝接受根据本条第一款提出的邀请的人员，不得因此种拒绝而施加任何刑罚或者采取任何限制其人身自由的强制措施。

第九条 司法协助的拒绝

被请求的缔约一方如果认为提供司法协助将有损本国的主权、安全或者重大公共利益，或者违反其法律的基本原则，或者请求的事项超出本国司法机关的主管范围，可以拒绝提供司法协助，并应当说明拒绝理由。

第十条 交换法律资料

缔约双方应当根据请求，相互交换本条约涉及领域的本国现行法律或者司法实践的资料。

第十一条 认证的免除

为适用本条约的目的，由缔约双方法院或者其他主管机关制作或者证明，并且通过第二条规定的联系途径转递的文件，免除任何形式的认证。

第二章　民事方面的文书送达和调查取证

第十二条 协助范围

缔约双方应当根据请求，在民事案件中相互代为送达司法文书，询问当事人、证人和鉴定人，进行鉴定和司法勘验，以及采取任何与调查取证有关的其他措施。如果取证并非为了已经开始或者预期开始的司法程序，则不属于本条约适用范围。

第十三条 请求的内容和格式

送达司法文书和调查取证的请求应当以请求书的形式提出。请求书应当由请求机关签署或者盖章，并包括下列内容：

（一）请求机关的名称和地址；

（二）可能时，被请求机关的名称；

（三）请求所涉及人员的姓名、国籍以及地址；如果系法人，法人的名称和地址；

（四）必要时，当事人代理人的姓名和地址；

（五）请求所涉及的诉讼的性质和案情摘要；

（六）请求的事项；

（七）执行请求所需的其他材料。

第十四条 请求的执行

一、被请求的缔约一方应当根据本国法律规定的方式执行送达司法文书和调查取证的请求。

二、被请求机关如果无权执行请求,应当将该项请求移送有权执行的主管机关,以便执行。

三、被请求的缔约一方如果认为请求的缔约一方提供的材料不足以使其根据本条约的规定处理该请求,可以要求请求的缔约一方在九十天内提供补充材料。如果在上述期限内未能提供补充材料或者因为其他原因无法执行请求,被请求的缔约一方应当将请求书以及所附文件退回请求的缔约一方,并说明妨碍执行的原因。

第十五条 通知执行结果

一、被请求的缔约一方应当根据请求,通过本条约第二条规定的联系途径,将执行请求的结果书面通知请求机关。

二、送达文书应当根据被请求的缔约一方的送达规则予以证明。送达证明应当注明受送达人的姓名、身份、送达日期和地点以及送达方式。如果受送达人拒收,应当注明拒收的原因。

第十六条 通过外交或者领事代表机关送达文书和调查取证

缔约一方可以通过本国派驻缔约另一方的外交或者领事代表机关向在该缔约另一方领域内的本国公民送达司法文书和调查取证,但应当遵守该缔约另一方法律,并且不得采取任何强制措施。

第三章 法院裁决的承认与执行

第十七条 法院裁决的承认与执行的范围

一、缔约一方应当根据本条约规定的条件,在其境内承认与执行本条约生效后缔约另一方的下列裁决:

(一) 法院在民事商事案件中作出的裁决;

(二) 法院在刑事案件中作出的有关损害赔偿的裁决。

二、本条约所指的"裁决"亦包括法院制作的调解书。

第十八条 请求的提出

承认与执行法院裁决的请求,可以由当事人直接向有权承认与执行该裁决的法院提出,亦可以由缔约一方法院通过本条约第二条规定的联系途径向缔约另一方有权承认与执行该裁决的法院提出。

第十九条 请求应当附的文件

承认与执行裁决的请求,应当附下列文件:

(一) 经证明无误的裁决书的副本;

(二) 证明裁决是最终的和可以执行的文件;

(三) 已向被缺席审判的当事人送达的经核实无误的传票的副本;

(四) 证明无诉讼行为能力的人已得到合法代理的文件;

(五) 上述法院裁决和文件的经证明无误的被请求的缔约一方文字的译文。

第二十条 裁决承认与执行的程序

一、缔约双方应当依照各自本国法律规定的程序承认与执行法院裁决。

二、被请求的缔约一方的法院可以审核请求承认与执行的法院裁决是否符合本条约的规定,但不得对该裁决作任何实质性审查。

第二十一条 裁决承认与执行的拒绝

法院裁决除可以根据本条约第九条的规定拒绝承认与执行外,有下列情形之一的,也可以拒绝承认与执行:

(一) 根据作出裁决的缔约一方的法律,该裁决不是最终的或者不具有执行效力;

(二) 根据被请求的缔约一方的法律,裁决是由无管辖权的法院作出的;

(三) 根据作出裁决的缔约一方的法律,在缺席判决的情况下,败诉一方当事人未经合法传唤;或者在当事人无诉讼行为能力时没有得到合法代理;

(四) 被请求的缔约一方法院对于相同当事人之间就同一标的的案件正在进行审理或者已经作出了最终裁决,或者已承认与执行了第三国对该案件作出的最终裁决。

第二十二条　承认与执行的效力

被承认与执行的裁决在被请求的缔约一方境内应当与被请求缔约一方法院作出的裁决具有相同的效力。

第四章　刑事司法协助

第二十三条　协助范围

一、缔约双方应当根据请求，在刑事方面相互代为送达诉讼文书，向证人、被害人和鉴定人调查取证，讯问犯罪嫌疑人和被告人，进行鉴定、司法勘验以及完成其他与调查取证有关的司法行为，安排证人或者鉴定人出庭，通报刑事诉讼结果。

二、缔约一方应当根据请求，依据本国法律，对涉嫌在缔约另一方境内犯罪的本国公民提起刑事诉讼。

第二十四条　刑事司法协助的拒绝

一、除可根据本条约第九条拒绝提供司法协助外，有下列情形之一的，被请求的缔约一方亦可拒绝提供刑事司法协助：

（一）请求涉及的行为根据被请求的缔约一方法律不构成犯罪；

（二）被请求的缔约一方正在对请求所涉及的同一犯罪嫌疑人或者被告人就同一犯罪进行刑事诉讼，或者已经终止刑事诉讼，或者已经作出最终判决。

二、被请求的缔约一方应当将拒绝的理由通知请求的缔约一方。

第二十五条　送达文书和调查取证

一、本条约第二章第十三条、第十四条和第十五条的规定亦适用于在刑事案件中送达文书和调查取证。

二、在刑事案件中送达文书和调查取证的请求书除须符合本条约第十三条的规定外，还应当包括犯罪行为的描述以及据以认定该行为构成犯罪的有关法律规定。

第二十六条　证据的查询、搜查、扣押和移交

一、被请求的缔约一方应当在本国法律允许的范围内，执行查询、搜查、扣押和冻结作为证据的财物的请求。

二、被请求的缔约一方应当向请求的缔约一方提供其所要求的有关执行上述请求的结果，包括查询或者搜查的结果，扣押或者冻结的地点和状况以及有关财物随后被监管的情况。

三、如果请求的缔约一方同意被请求的缔约一方就移交所提出的条件，被请求的缔约一方可以将被扣押财物移交给请求的缔约一方。

第二十七条　犯罪所得的没收和移交

一、请求的缔约一方应当在请求中说明犯罪所得可能位于被请求的缔约一方境内的理由，被请求的缔约一方应当据此努力确定犯罪所得是否位于其境内，并且应当将调查结果通知请求的缔约一方。

二、如果根据本条第一款，犯罪所得已被找到，被请求的缔约一方应当根据请求，按照本国法律采取措施予以冻结、扣押和没收。

三、在本国法律允许的范围内及缔约双方商定的条件下，缔约一方可以根据缔约另一方的请求，将上述的犯罪所得的全部或者部分或者将其出售后所得资金移交给缔约另一方。

四、在适用本条时，被请求的缔约一方和第三人对这些财物的合法权利应当依被请求的缔约一方法律受到尊重。

第二十八条　通报刑事诉讼结果

一、缔约一方应当根据请求，向缔约另一方通报依照本条约第二十三条第二款提起的刑事诉讼的结果。

二、缔约一方应当根据请求，向缔约另一方通报其对该缔约另一方公民提起的刑事诉讼的结果。

第五章　最后条款

第二十九条　争议的解决

因解释或者实施本条约所产生的任何分歧，如果缔约双方中央机关不能达成协议，应当通过外交途径协商解决。

第三十条 生效和修正

一、本条约须经批准，批准书在平壤互换。本条约自互换批准书之日后第三十天生效。

二、本条约经缔约双方书面协议，可以随时予以修正。

第三十一条 条约的有效期

一、本条约自生效之日起五年内有效。

二、如果缔约任何一方未在五年有效期届满前六个月通过外交途径通知缔约另一方终止本条约，本条约在随后的五年内继续有效。

三、缔约任何一方根据本条第二款终止本条约，应当以书面方式通知缔约另一方。终止自通知发出之日起第一百八十天生效。

本条约于二〇〇三年十一月十九日在北京签订，一式两份，每份均以中文和朝鲜文制成，两种文本同等作准。

D

中华人民共和国和大韩民国
关于民事和商事司法协助的条约

(2003年7月7日订于北京 2005年4月27日对我国生效)

中华人民共和国和大韩民国（以下简称"双方"），

在相互尊重主权和平等互利的基础上，为加强两国在民事和商事方面的司法合作，

达成协议如下：

第一章 总 则

第一条 司法保护

一、一方国民在另一方境内，应当享有与另一方国民同等的司法保护，有权在与另一方国民同等的条件下，在另一方法院进行诉讼。

二、一方无正当事由，不得延误涉及另一方国民的诉讼。

三、一方在成文法无相反规定时，该方法院对于另一方国民，不得仅仅因为该人是外国人或者在其境内没有住所或者居所而要求该人提供诉讼费用担保。

四、一方在成文法无相反规定时，不得仅以在其境内的另一方国民是该国法院审理案件的当事人而该案尚未审结为由，限制该人的出境。

五、除第二条外，本条约关于一方国民的规定亦适用于在该方境内依该方法律成立的法人。

第二条 法律援助

一、一方国民在另一方境内，应当有权根据该另一方的法律，获得法律援助。

二、申请获得第一款规定的法律援助，应当由申请人住所或者居所所在地的一方主管机关出具关于该人财产状况的证明。如果申请人在双方境内均无住所和居所，可以由该人国籍所属的一方的外交或者领事官员出具或者确认有关该事项的证明。

三、负责对法律援助申请作出决定的主管机关可以要求申请人提供补充材料。

第三条 司法协助的范围

本条约规定的民事和商事司法协助包括：

（一）送达司法文书；

（二）调查取证；

（三）承认与执行仲裁裁决；

（四）提供法律资料或司法记录。

第四条 司法协助的联系途径

一、除本条约另有规定外，双方在相互请求和提供司法协助时，应当通过各自指定的中央机关直接进行联系。

二、本条第一款所指的中央机关，在中华人民共和国方面为司法部，在大韩民国方面为法院行政处。

三、任何一方如果变更其对中央机关的指定，应当通过外交途径通知另一方。

第五条 司法协助适用的法律

双方执行司法协助请求时，适用各自的本国法，但是本条约另有规定的除外。

第六条 司法协助的拒绝

一、被请求方如果认为提供司法协助将有损本国的主权、安全、公共秩序或者其他

重大公共利益，或者请求的事项超出本国司法机关的主管范围，可以拒绝提供司法协助，并应当向请求方说明拒绝理由。

二、对于送达司法文书和调查取证的司法协助请求，被请求方不得仅因为本国法院对该项诉讼标的有专属管辖权，或者本国法律不允许进行该项请求所依据的诉讼，而拒绝提供协助。

第七条 联络

一、被请求方中央机关如果认为一项请求与本条约的规定不符，应当立即通知请求方中央机关并说明其异议。

二、被请求方如果认为请求方提供的材料不准确或者不足以使其根据本条约的规定处理该请求，可以就请求所提供材料的准确性进行查询或者要求请求方提供补充材料。

三、如果请求方中央机关按照本条第一款或第二款，采取了适当的措施或者提供了准确的或者补充的材料，足以消除任何执行请求的障碍，则被请求方中央机关应当安排执行该请求。

四、请求方中央机关可向被请求方中央机关询问有关请求的执行进度。

第八条 文字

一、司法协助请求书应当附有被请求方官方文字或英文的译文，所附文件也应当附有被请求方文字的译文。

二、一方中央机关发出的书面联系，应当交给另一方中央机关，并应当附有该另一方官方文字或英文的译文。

三、对请求的答复，包括送达司法文书的证明书，可以用被请求方的官方文字作成，不需要译为请求方官方文字或英文。

第九条 外交途径的权利

本条约不妨碍任何一方通过外交途径请求司法协助。

第二章 送达司法文书

第十条 适用范围

一方应当根据本条约的规定，执行另一方提出的向在其境内的人员送达司法文书的请求。

第十一条 请求书的形式和内容

一、送达司法文书的请求书应当根据本条约附件一规定的形式作成。

二、需要被送达的文书应当附于请求书后。

第十二条 送达请求的执行

一、根据本条约规定适当作出的请求应当得到迅速执行。

二、请求的执行应当根据被请求方法律规定的方式或者按照请求方明示要求的特殊方式送达，除非该方式与被请求方的法律相抵触。

三、请求书中含有被送达文书摘要的部分应当同文书一起送达。

四、如果被转交请求的机关无权执行请求，该请求应当立即被移送至有权执行的主管机关执行。

第十三条 通知送达结果

一、被请求方应当通过本条约第四条规定的联系途径，向请求方根据本条约附件二规定的形式出具证明书。

二、如果文书已被送达，该证明书应当注明受送达人的姓名、身份、送达日期和地点以及送达方式。

三、如果文书未被送达，该证明书应当说明妨碍送达的原因，该文书应当被退回请求方。

第十四条 送达的费用

被请求方应当负担在本国境内执行送达请求所产生的费用。但是，请求方根据本条约第十二条第二款明示要求采用特殊方式送达所产生的费用，由请求方负担。

第十五条 外交或领事官员送达

一、一方可以通过外交或领事官员向其在另一方境内本国国民送达司法文书，但不得违反该另一方法律，并不得采取任何强制措施。

二、根据本条第一款送达的文书不必附有另一方官方文字的译文，除非受送达人不熟悉其国籍国一方的官方文字。

第三章　调查取证

第十六条　适用范围

一、一方应当根据本条约的规定，执行另一方提出的在其境内调查取证的请求，包括获取当事人陈述和证人证言、调取物证和书证、进行鉴定或者司法勘验、委托公共机构查询某些事实或者履行与调查取证有关的其他司法行为。

二、本条约不适用于下列情况：

（一）获取不打算用于已经开始或者即将开始的司法程序的证据；

（二）获取未在请求书中予以列明，或者与有关诉讼程序没有直接密切联系的文件。

第十七条　请求书的形式和内容

一、调查取证的请求应当以书面形式提出。

二、请求应当包括下列内容：

（一）请求法院的名称和地址；

（二）诉讼当事人的姓名、国籍以及地址；如果是法人，法人的名称和地址；

（三）必要时，诉讼当事人代理人的姓名和地址；

（四）请求所涉及的诉讼的性质和案情摘要；

（五）需被调取证据的性质。

三、在适当情形下，请求还应当包括：

（一）需询问人员的姓名和地址；

（二）需向被询问人员提出的问题或对需询问的事项的说明；

（三）需检查的文件或其他财产的性质，无论动产或不动产；

（四）需委托公共机构查询的事项；

（五）根据第十八条第二款需采用的任何特殊方式或程序；

（六）其他对于执行请求必要的材料。

第十八条　调查取证请求的执行

一、根据本条约规定适当提出的请求应当得到迅速执行。

二、请求的执行应当根据被请求方法律规定的方式，或者按照请求方明示要求的特殊方式或程序，除非该方式或程序与被请求方的法律相抵触或者由于其国内惯例和程序或由于操作困难而无法执行。

三、如果被转交请求的被请求机关无权执行请求，该请求应当立即被移送至有权执行的主管机关执行。

第十九条　出席

一、下列人员在执行请求时可以在场：

（一）有关当事人及其代理人；

（二）经被请求方事先授权，请求方的法官或者法庭官员。

二、在执行请求时，被请求方中央机关经要求，应就即将执行调查取证的时间和地点给予请求方中央机关合理的通知。

三、当事人及其代理人、法官和法庭官员在执行请求时到场时应当遵守被请求方的法律。

第二十条　强制措施

在执行请求时，被请求方机关应在其国内法为执行本国机关的决定或本国诉讼中当事人的请求而规定的相同的情况和范围内，采取适当的强制措施。

第二十一条　拒绝作证

一、根据本条约被要求作证的人员可以拒绝作证，如果该人依请求方法律有拒绝作证的特权或义务，且此项特权或义务已在请求中列明，或者应被请求方中央机关的要求，此项特权或义务已经请求方中央机关另行确认。

二、如果被请求方法律允许根据本条约被要求作证的人员在被请求方提起的诉讼中的类似情形下不作证，该人可以拒绝作证。

第二十二条　通知执行结果

一、被请求方应当通过本条约第四条规定的联系途径，向请求方书面通知执行调查取证请求的结果，并转交所取得的证据材料。

二、如果被请求方因为任何原因无法执

行请求，则应当将请求书退回请求方，并说明妨碍执行的原因。

第二十三条　调查取证的费用

一、被请求方应当负担在本国境内执行调查取证请求的费用，但请求方应当负担下列费用：

（一）按照本条约第十八条第二款规定请求方明示提出的特殊方式或程序执行请求的费用；

（二）鉴定人的费用；

（三）口译的费用。

二、如果执行请求明显需要超常性质的费用，双方应当协商决定可以执行请求的条件。

三、如果被请求方要求，请求方应当事先支付应当由其承担的费用。

第二十四条　外交或领事官员调查取证

一方可以通过外交或者领事官员向在另一方领域内的本国国民调查取证，以协助其所代表方法院进行的诉讼，但不得违背该另一方法律，并且不得采取任何强制措施。

第四章　仲裁裁决的承认和执行

第二十五条　仲裁裁决的承认与执行

双方应当根据一九五八年六月十日在纽约签订的《承认及执行外国仲裁裁决公约》，相互承认和执行在对方境内作出的仲裁裁决。本条约与前述公约不符的规定，不应当适用于仲裁裁决的承认与执行。

第五章　其他规定

第二十六条　提供法律资料或司法记录

一、被请求方的中央机关应当根据请求，向请求方中央机关提供与请求方诉讼有关的法律、法规及司法实践资料。

二、被请求方的中央机关应当根据请求，向请求方中央机关提供其可公开获得的与请求方国民有关的诉讼的司法记录摘要。

第二十七条　认证的免除

为本条约的目的，由双方法院或者其他主管机关制作或者证明，并且通过第四条规定的联系途径转递的文件，应当免除任何形式的认证。

第二十八条　争议的解决

因解释或者实施本条约所产生的任何分歧，应当通过外交途径友好协商解决。

第二十九条　其他安排

本条约不影响缔约双方之间根据其他条约或安排等存在的义务，也不妨碍缔约双方根据其他条约或安排等相互提供或继续提供协助。

第六章　最后条款

第三十条　生效和终止

一、本条约须经批准，批准书在汉城互换。本条约自互换批准书之日后第三十天生效。

二、本条约也适用于就本条约生效前开始的诉讼提起的请求。

三、任何一方可以随时通过外交途径，以书面形式通知另一方终止本条约。终止自该书面通知发出之日后第一百八十天生效。

四、即使本条约终止，在本条约终止前收到的任何请求应当根据本条约的规定继续处理。

下列签署人经各自政府适当授权，签署本条约，以昭信守。

本条约于二〇〇三年七月七日在北京签订，一式两份，每份均以中文、韩文和英文制成，三种文本同等作准。如遇解释上的分歧，以英文本为准。

E

中华人民共和国和俄罗斯联邦
关于民事和刑事司法协助的条约

（1992年6月19日订于北京　1993年11月14日对我国生效）

中华人民共和国和俄罗斯联邦为了实现司法领域的合作，在尊重主权和互惠的基础上，决定互相提供民事和刑事方面的司法协助。为此目的，双方议定以下各条：

第一篇　总　　则

第一条　司法保护

一、缔约一方的国民在缔约另一方的境内，在人身和财产权利方面享有与缔约另一方国民同等的司法保护，有权在与另一方国民同等的条件下，诉诸于缔约另一方的法院和其他主管民事和刑事案件的机关，有权在这些机关提出请求或进行其他诉讼行为。

二、本条第一款的规定亦适用于在缔约任何一方境内根据其法律成立的法人。

三、本条约所指的"民事案件"，亦包括商事、婚姻家庭和劳动案件。

第二条　司法协助的联系途径

一、除本条另有规定外，缔约双方的法院和其他主管机关相互请求和提供民事和刑事司法协助，应通过各自的中央机关进行联系。

二、第一款中的中央机关，在中华人民共和国方面系指中华人民共和国司法部和中华人民共和国最高人民检察院，在俄罗斯联邦方面系指俄罗斯联邦司法部和俄罗斯联邦检察院。

第三条　语文

一、缔约双方中央机关进行书面联系时应使用本国官方文字，并附有对方的官方文字或英文的译文。

二、司法协助请求书及其附件应使用提出请求的缔约一方的官方文字书写，并附有经证明无误的被请求的缔约一方的官方文字或英文的译文。

三、缔约一方主管机关向缔约另一方提供司法协助时，使用本国官方文字。

第四条　证人和鉴定人的保护

一、由提出请求的缔约一方法院或其他主管机关通过被请求的缔约一方通知前来的证人和鉴定人，不论其国籍如何，提出请求的缔约一方不得因其入境前的犯罪行为或者因其证言、鉴定或其他涉及诉讼内容的行为而追究其刑事责任或以任何形式剥夺其人身自由。

二、如果证人或鉴定人在接到提出请求的缔约一方关于其不必继续停留的通知十五日后仍不出境，则丧失第一款给予的保护，但由于本人不能控制的原因而未能及时离境者除外。

三、第一款所述的通知应通过第二条规定的途径转递。通知中不得以采取强制措施相威胁。

第五条　司法协助的费用

一、缔约双方应相互免费提供司法协助。

二、被通知到提出请求的缔约一方境内的证人或鉴定人的旅费和食宿费，由提出请求的缔约一方承担。此外，鉴定人有权取得鉴定的报酬。上述被通知人有权取得的报酬的种类，应在通知中注明。应上述被通知人的要求，提出请求的缔约一方的主管机关应向其预付上述费用。

第六条 司法协助的拒绝

如果被请求的缔约一方认为提供某项司法协助有损于本国的主权、安全或公共秩序，可以拒绝提供该项司法协助，但应将拒绝的理由通知提出请求的缔约一方。

第七条 司法协助适用的法律

一、被请求机关提供司法协助，适用本国法律。

二、被请求机关提供民事司法协助，亦可应请求适用缔约另一方的诉讼程序规范，但以不违背被请求的缔约一方法律的基本原则为限。

第二篇 民事司法协助

第一章 诉讼费用

第八条 诉讼费用保证金的免除

一、缔约一方法院不得因缔约另一方国民是外国人或在缔约一方境内没有住所或居所而令其提供诉讼费用保证金。

二、本条第一款的规定亦适用于在缔约任何一方境内根据其法律成立的法人。

第九条 诉讼费用的支付

一、缔约一方的国民在缔约另一方境内，应在与该缔约另一方国民同等的条件下和范围内支付诉讼费用，包括预付的部分。

二、本条第一款的规定亦适用于在缔约任何一方境内根据其法律成立的法人。

第十条 诉讼费用的免除

一、缔约一方国民在缔约另一方境内，可在与缔约另一方国民同等的条件下和范围内免除诉讼费用。

二、缔约一方国民申请免除诉讼费用，应由其住所或居所所在地的主管机关出具说明其身份及财产状况的证明书；如果该申请人在缔约双方境内均无住所或居所，亦可由其本国的外交或领事代表机关出具上述证明书。

第二章 送达文书和调查取证

第十一条 协助的范围

缔约双方应相互根据请求送达司法文书和司法外文书，询问当事人、证人和鉴定人，进行鉴定和勘验，以及完成其他与调查取证有关的诉讼行为。

第十二条 请求的提出

一、送达文书和调查取证的请求应以请求书的形式提出。请求书应包括下列内容：请求和被请求机关的名称；当事人及请求书中所涉及的其他人员的姓名、国籍、职业、住所或居所；代理人的姓名和地址；请求提供协助的案件的名称，以及请求协助的内容；应送达文书的名称，以及其他有助于执行请求的情况。执行该请求所必需的其他文件和材料也须随请求书一并提供。

二、上述请求书和文件应由缔约一方的请求机关签署和盖章。

第十三条 请求的执行

一、如果按照被请求的缔约一方法律，缔约另一方请求执行的事项不属于法院和其他主管机关的职权范围，可以说明理由，予以退回。

二、如果被请求机关无权执行请求，应将该项请求移送有权执行的主管机关，并通知提出请求的缔约一方。

三、被请求机关如果无法按照请求书中所示的地址执行请求，应采取适当措施以确定地址，或要求提出请求的缔约一方提供补充情况。

四、如因无法确定地址或其他原因不能执行请求，被请求的缔约一方应通知提出请求的缔约一方，说明妨碍执行的原因，并退回提出请求的缔约一方所附的全部文件和材料。

第十四条　通知执行结果

一、被请求的机关应将执行请求的结果按照本条约第二条规定的途径书面通知提出请求的机关，并附证明请求已完成的文件。

二、送达回证应有收件日期和收件人的签名，应由执行送达机关盖章和执行送达人签名。如收件人拒收，还应注明拒收的理由。

第十五条　外交或领事代表机关送达文书和调查取证

派驻在缔约另一方的任何缔约一方的外交或领事代表机关可以向其本国国民送达司法文书和司法外文书，询问当事人或证人，但不得使用强制措施，并不得违反驻在国的法律。

第三章　裁决的承认与执行

第十六条　应予承认与执行的裁决

一、缔约双方应依本条约规定的条件，在各自境内承认与执行本条约生效后在缔约另一方境内作出的下列裁决，其中依裁决性质应执行者，则予以执行：

（一）法院的民事裁决；

（二）法院对刑事案件中有关损害赔偿作出的裁决；

（三）仲裁庭作出的裁决。

二、本条约所指的"法院裁决"，在中华人民共和国方面系指法院作出的判决、裁定、决定和调解书；在俄罗斯联邦方面系指法院作出的判决、裁定、决定和法院批准的和解书，以及法官就民事案件的实体所作的决定。

第十七条　承认与执行法院裁决的请求

一、承认与执行法院裁决的请求由申请人向作出该项裁决的缔约一方法院提出，该法院按照本条约第二条规定的途径转交给缔约另一方法院。如果申请承认与执行裁决的当事人在裁决执行地所在的缔约一方境内有住所或居所，亦可直接向该缔约一方的法院提出申请。

二、请求书的格式应按照被请求的缔约一方的规定办理，并附有下列文件：

（一）经法院证明无误的裁决副本；如果副本中没有明确指出裁决已经生效和可以执行，还应附有法院为此出具的证明书一份；

（二）证明未出庭的当事一方已经合法传唤，或在当事一方没有诉讼行为能力时已得到适当代理的证明书；

（三）本条所述请求书和有关文件的经证明无误的译本。

第十八条　承认与执行法院裁决的程序

一、法院裁决的承认与执行，由被请求的缔约一方依照本国法律规定的程序进行。

二、被请求主管机关可以审查该裁决是否符合本条约的规定，但不得对该裁决作任何实质性的审查。

第十九条　承认与执行的法律效力

缔约一方法院的裁决一经缔约另一方法院承认或执行，即与承认或执行裁决一方法院作出的裁决具有同等效力。

第二十条　拒绝承认与执行

有下列情形之一的法院裁决，不予承认与执行：

（一）根据作出裁决的缔约一方的法律，该裁决尚未生效或不具有执行力。

（二）根据被请求承认与执行裁决的缔约一方的法律，被请求的缔约一方法院对该案件有专属管辖权。

（三）根据作出裁决的缔约一方的法律，未出庭的当事一方未经合法传唤，或在当事一方没有诉讼行为能力时未得到适当代理；

（四）被请求承认与执行裁决的缔约一方的法院对于相同当事人之间就同一标的的案件已经作出了生效裁决，或正在进行审理，或已承认了在第三国对该案所作的生效裁决；

（五）承认与执行裁决有损于被请求一方的主权、安全或公共秩序。

第二十一条　仲裁裁决的承认与执行

缔约双方应根据一九五八年六月十日在

纽约签订的关于承认与执行外国仲裁裁决的公约，相互承认与执行在对方境内作出的仲裁裁决。

第三篇 刑事司法协助

第二十二条 协助的范围

缔约双方应根据请求，在刑事方面相互代为询问证人、被害人、鉴定人和讯问刑事被告人，进行搜查、鉴定、勘验、检查以及其他与调查取证有关的诉讼行为；移交物证、书证以及赃款赃物；送达刑事诉讼文书；并通报刑事诉讼结果。

第二十三条 送达文书和调查取证

一、本条约第十二条至第十五条的规定亦适用于刑事方面的送达文书和调查取证。

二、提出上述请求时，还应在请求书中写明罪名、犯罪事实和有关的法律规定。

第二十四条 赃款赃物的移交

一、缔约一方应根据缔约另一方的请求，将在其境内发现的、罪犯在缔约另一方境内犯罪时获得的赃款赃物，移交给缔约另一方。但此项移交不得侵害与这些财物有关的第三者的权利。

二、如果上述赃款赃物对被请求的缔约一方境内其他未决刑事案件的审理是必不可少的，被请求的缔约一方可暂缓移交。

第二十五条 刑事司法协助的拒绝

除本条约第六条规定的情况外，被请求的缔约一方还可根据下列理由之一拒绝提供司法协助：

（一）按照被请求的缔约一方的法律，该项请求涉及的行为并不构成犯罪；

（二）该项请求涉及的嫌疑犯或罪犯是被请求的缔约一方国民，且不在提出请求的缔约一方境内。

第二十六条 刑事诉讼结果的通知

缔约双方应相互递送各自法院对缔约另一方国民所作的生效裁决副本。

第二十七条 关于以往犯罪的情报

如在缔约一方境内曾被判刑的人在缔约另一方境内被追究刑事责任，则该缔约一方应根据缔约另一方的请求免费提供以前判刑的情况。

第四篇 其他规定

第二十八条 交换法律情报

缔约双方应根据请求，相互通报各自国家现行的或者过去实施的法律和司法实践的情报。

第二十九条 文件的效力

一、缔约一方法院或其他主管机关制作或证明的文书，只要经过签署和正式盖章即为有效，就可在缔约另一方法院或其他主管机关使用，无需认证。

二、在缔约一方境内制作的官方文件，在缔约另一方境内也有同类官方文件的证明效力。

第三十条 户籍文件及其他文件的送交

为了实施本条约，缔约一方主管机关可根据缔约另一方通过外交途径提出的请求，将缔约另一方提起诉讼所需的涉及缔约另一方国民的户籍登记的摘录、关于其文化程度、工龄的证明及其他有关个人权利的文件，免费提供给缔约另一方，不附译文。

第三十一条 物品的出境和金钱的汇出

本条约的规定及其执行不得妨碍缔约双方各自执行其有关物品出境或金钱汇出的法律和规定。

第三十二条 争议的解决

有关解释和执行本条约所产生的争议，均应通过外交途径解决。

第五篇 最后条款

第三十三条 批准和生效

本条约须经批准，批准书在莫斯科互换。本条约自互换批准书之日起第三十日开始生效。

第三十四条 终止

本条约自缔约任何一方通过外交途径书面提出终止之日起六个月后失效，否则，本条约无限期有效。

本条约于一九九二年六月十九日在北京签订，一式两份，每份均用中文和俄文写成，两种文本具有同等效力。

F

中华人民共和国和法兰西共和国关于民事、商事司法协助的协定

(1987年5月4日订于北京　1988年2月8日对我国生效)

中华人民共和国政府和法兰西共和国政府，在相互尊重国家主权和平等互利的基础上，为促进在司法领域的合作，决定缔结民事、商事方面司法协助的协定。

为此目的，双方议定下列各条：

第一章　总　则

第一条　司法保护

一、缔约一方的国民在缔约另一方领域内，享有与另一方国民同等的司法保护，有权在与另一方国民同等的条件下，在另一方法院进行民事、商事诉讼。

二、缔约一方的法院对于另一方国民，不得因为他们是外国人而令其提供诉讼费用保证金。

三、前两款规定亦适用于根据缔约任何一方的法律、法规组成的或者准许存在的法人。

第二条　司法协助的范围

本协定中的民事、商事方面的司法协助包括：

(一) 转递和送达司法文书和司法外文书；

(二) 代为调查取证；

(三) 承认和执行已经确定的民事、商事裁决以及仲裁裁决；

(四) 根据请求提供本国的民事、商事法律、法规文本以及本国在民事、商事诉讼程序方面司法实践的情报资料。

第三条　中央机关

一、提供司法协助，除本协定另有规定外，应当通过缔约双方各自指定或建立的中央机关进行。

二、缔约双方的中央机关负责相互转递本协定第二条第（一）、（二）、（四）项规定范围内的各项请求书以及执行请求的结果。

三、缔约双方应相互通知各自指定或建立的中央机关的名称和地址。

第四条　司法协助适用的法律

缔约双方在本国领域内实施司法协助的措施，各自适用其本国法，但本协定另有规定的除外。

第二章　司法文书和司法外文书的转递和送达

第五条　实施

请求送达司法文书和司法外文书，应由请求一方的中央机关用请求书提出。被请求一方的中央机关应使该项文书送达给居住在本国领域内的当事人。

第六条　格式和文字

送达请求书的格式应与本协定附录中的示范样本相符，空白部分用中、法两国文字填写。请求送达的司法文书和司法外文书应一式两份，并附有被请求一方文字的译本。

第七条　执行的方式

一、被请求一方的中央机关按照本国法

律的规定，决定采用最适当的方式送达司法文书和司法外文书。

二、缔约一方可以通过本国派驻缔约另一方的外交或领事代表机关向缔约另一方领域内的本国国民送达司法文书和司法外文书，但不得采取任何强制措施。

第八条　寻找地址

如收件人地址不完全或不确切，被请求一方的中央机关仍应努力满足向它提出的请求。为此，它可要求请求一方提供能使其查明和找到有关人员的补充材料。如果经过努力，仍无法确定地址，被请求一方的中央机关应当通知请求一方，并退还请求送达的司法文书和司法外文书。

第九条　送达回证

一、送达回证的格式应与本协定附录中的示范样本相符，空白部分用中、法两国文字填写。

二、收件人应在送达回证上记明收到的日期并签名。被请求一方的主管机关也应在送达回证上记明送达的方法、地点和日期。不能送达的，应注明妨碍送达的原因；收件人拒绝接收的，应注明拒收的事由。

第十条　费用的免除

送达司法文书和司法外文书不收取任何费用。

第十一条　请求的拒绝

如果被请求一方认为送达司法文书和司法外文书的请求有损于本国的主权或安全，可以拒绝送达，但应将拒绝的理由通知请求一方。

第三章　代为调查取证

第十二条　适用范围

在民事、商事方面，缔约双方法院可以相互请求代为进行其认为必要的调查取证，例如，代为询问当事人、证人、鉴定人，代为调取证据，以及代为进行鉴定和司法勘验。

第十三条　格式和文字

调查取证请求书的格式应与本协定附录中的示范样本相符，空白部分用中、法两国文字填写。调查取证请求书所附的文件必须附有被请求一方文字的译本。

第十四条　执行的方式

一、被请求一方的法院代为调查取证的方式，适用本国法律，必要时可以实施本国法律规定的适当的强制措施。

二、缔约一方可以通过本国的外交或领事代表机关，直接向另一方领域内的本国国民调查取证，但须遵守缔约另一方的法律，并不得采取任何强制措施。

第十五条　寻找地址

被请求一方的法院如果无法按照请求一方指明的地址代为调查取证，应当主动采取必要的措施以确定地址，完成委托事项，必要时可以要求请求一方提供补充材料。如果经过努力，仍无法确定地址，被请求一方的法院应当通过其中央机关通知请求一方，并退还所附的一切文件。

第十六条　通知执行的结果

被请求一方的法院，应通过双方的中央机关转送调查取证所取得的证据材料，必要时还应转送有关调查取证的执行情况。

第十七条　费用

代为调查取证不收取费用，但是有关鉴定人、译员的报酬，应由请求一方负担。

第十八条　请求的拒绝

如果被请求一方认为代为调查取证违反本国的主权、安全或公共秩序，或者认为按照本国法律，上述请求执行的事项不属于司法机关的职权范围，可以全部或部分予以拒绝，但应将拒绝的理由通知请求一方。

第四章　法院裁决与仲裁裁决的承认和执行

第十九条　适用范围

一、缔约一方法院在本协定生效后作出的已经确定的民事、商事裁决，除第二十二条规定的情况外，在缔约另一方领域内应予承认和执行。

二、前款规定同样适用于双方法院作出的民事、商事调解书以及就刑事案件中赔偿损失作出的裁决。

第二十条　请求的提出

承认和执行缔约一方法院裁决的请求，应由当事人直接向另一方法院提出。

缔约双方的中央机关应根据对方的请求，提供必要的情况，例如，确定有管辖权的法院名称以及提出请求的方式和其它一切有用的情况。

第二十一条　须提出的文件

依照本章规定请求承认或执行裁决的一方，须提出下列文件：

（一）裁决的副本。如果副本中没有明确指出裁决已经确定，则应附有由法院出具的证明其已经确定的正式文件。

（二）证明裁决已经送达的送达回证原本或者其它证明文件。如果是缺席判决的，应当提供证明已经合法传唤缺席一方当事人出庭应诉的传票副本。

（三）前两项所指文件经证明无误的译本。

第二十二条　拒绝承认和执行

对有下列情形之一的裁决，不予承认和执行：

（一）按照被请求一方法律有关管辖权的规则，裁决是由无管辖权的法院作出的；

（二）在自然人的身份或能力方面，请求一方法院没有适用按照被请求一方国际私法规则应适用的法律，但其所适用的法律可以得到相同结果的除外；

（三）根据作出裁决一方的法律，该裁决尚未确定或不具有执行力；

（四）败诉一方当事人未经合法传唤，因而没有出庭参加诉讼；

（五）裁决的强制执行有损于被请求一方的主权、安全或公共秩序；

（六）被请求一方法院对于相同的当事人之间就同一事实和要求的案件已经作出确定的裁决；

或者被请求一方法院已经承认了第三国法院对于相同的当事人之间就同一事实和要求的案件所作的确定裁决。

第二十三条　程序

一、裁决的承认和执行，由被请求一方法院依照本国法律规定的程序决定。

二、被请求一方法院应审核请求执行的裁决是否符合本章规定，但不得对该裁决作任何实质性审查。

第二十四条　效力

被承认和执行的裁决在被请求一方的领域内应与被请求一方法院作出的裁决具有相同的效力。

第二十五条　承认与执行仲裁裁决

缔约双方应根据一九五八年六月十日纽约关于承认与执行外国仲裁裁决的公约相互承认与执行在对方境内作出的仲裁裁决。

第五章　其他规定

第二十六条　认证的免除

本协定中所指的任何文书不需办理认证手续。

第二十七条　交换情报

一、缔约一方应当根据请求向另一方提供关于本国现行的或者过去施行的法律的情报，以及关于本国民事、商事方面司法实践的情报。

二、两国主管机关可以在民事和商事诉讼方面，通过双方中央机关相互要求提供情况，并可相互免费提供有关法院裁决的副本。

第二十八条　证明法律的方式

有关缔约一方的法律、法规、习惯法和司法实践的证明，可以由本国的外交或领事代表机关或者其它有资格的机关或个人以出具证明书的方式提交给缔约另一方法院。

第二十九条　困难的解决

因适用本协定而产生的任何困难均应通过外交途径解决。

第六章　最后条款

第三十条　生效

缔约双方依照各自国内法律完成使本协定生效的程序后,以外交照会相互通知。本协定自最后通知一方照会发出之日后第四十天生效。

第三十一条　终止

缔约任何一方可随时通过外交途径书面通知另一方终止本协定。上述终止自通知之日起满一年后生效。

为此,两国政府代表受权在本协定上签字盖章,以昭信守。

本协定于一九八七年五月四日在北京签订,共两份,每份都用中文和法文写成,两种文本具有同等效力。

G

中华人民共和国和古巴共和国关于民事和刑事司法协助的协定

(1992年11月23日订于北京 1994年2月25日对我国生效)

中华人民共和国和古巴共和国(以下简称"缔约双方")本着密切和加强两国人民之间友好关系的共同愿望,并认为两国在司法协助方面的合作十分重要,决定缔结本协定。

为此目的,缔约双方各委派全权代表如下:

中华人民共和国方面为外交部副部长刘华秋

古巴共和国方面为驻中华人民共和国特命全权大使何塞·阿·格拉

缔约双方全权代表互相校阅全权证书,认为妥善后议定下列各条:

第一章 总 则

第一条 司法保护

一、缔约一方国民在缔约另一方境内,在人身与财产权利方面享有与缔约另一方国民同等的司法保护。

二、缔约一方国民有权在与缔约另一方国民同等的条件下,诉诸缔约另一方法院和其他主管民事和刑事案件的机关,并在上述机关出庭、提出请求和进行其他诉讼行为。

三、前两款的规定亦适用于依其所在地的缔约一方的法律成立的法人。

第二条 司法协助的提供

缔约双方应根据请求,并按照本协定规定的条件,相互提供民事和刑事司法协助。

第三条 联系途径

除本协定另有规定外,缔约双方在履行本协定时,应通过各自的司法部进行联系。

第四条 司法协助的范围

缔约双方应根据本协定,相互提供下列司法协助:

(一)送达文书和调查取证;

(二)承认与执行法院民事裁决和仲裁裁决;

(三)本协定规定的其他协助。

第五条 司法协助的请求书

一、司法协助的请求应以书面提出。请求书应由提出请求的缔约一方的主管官员签署,并加盖请求机关的公章。

二、请求书应载明下列内容:

(一)请求机关的名称和地址;

(二)如可能,被请求机关的名称;

(三)请求提供司法协助的案件内容摘要、请求的事项以及为执行请求所必需的其他情况;

(四)诉讼当事人以及其他与执行请求有关的人员的姓名、国籍、住所或居所、职业或就业种类以及其他有关情况;

(五)如可能,当事人的代理人或其他与执行请求有关的人员的代理人的姓名、住所或居所以及其他有关情况;

(六)请求刑事司法协助,还应包括对犯罪行为及其类别的详细说明、据以认定该项犯罪的刑事法律条文、该项犯罪造成损害的程度以及其他有关情况。

第六条　司法协助适用的法律

被请求的缔约一方在执行司法协助请求时，应适用其本国法律。

第七条　文书的效力

缔约一方主管机关依其本国法律制作的文书或证书，在缔约另一方境内与缔约另一方主管机关制作的同类文书或证书具有同等的法律效力和证据效力，无需认证。

第八条　婚姻状况文书和其他文书的送交

为了实施本协定，缔约一方可根据缔约另一方的请求，通过本协定第三条规定的途径，免费送交涉及缔约另一方国民的婚姻状况文书以及其他有关个人权利和利益的文书。

第九条　交流法律情报

缔约双方司法部应根据请求相互提供各自国内现行的或已失效的法律及其实施情况的资料，以及其他与本协定的内容有关的资料。

第十条　证人和鉴定人的出庭

一、经提出请求的缔约一方的主管机关通知到其境内出庭作证或进行鉴定的证人或鉴定人，不论其国籍如何，均应对其在进入作证或鉴定地的缔约一方国境前所犯的罪行享受豁免，不得追究其刑事责任、予以逮捕或临时拘留，亦不得因其就要求其出庭的案件所作的证词或鉴定结论而追究其刑事责任、予以逮捕或临时拘留。

二、如果证人或鉴定人在接到提出请求的缔约一方关于其不必继续停留的通知之日起十五天内仍不出境，则丧失第一款给予的豁免，但此期间不包括非因其本身过错而无法离开提出请求的缔约一方境内的时间。

三、证人和鉴定人因其应提出请求的缔约一方通知出庭而支付的旅费、在国外的食宿费以及因此而无法获得的收入，有权得到补偿，并由提出请求的缔约一方支付。此外，鉴定人还有权收取鉴定费。

四、在要求缔约一方国民到缔约另一方境内作为证人或鉴定人出庭的通知中，应注明他们有权获得的补偿种类。应证人或鉴定人的要求，请求一方应向其预付费用。

五、在要求缔约一方国民到缔约另一方境内作为证人或鉴定人出庭的通知中，不得包含将对不出庭的证人或鉴定人采取强制措施的威胁性内容。

六、如果被要求作为证人或鉴定人出庭的人在被请求的缔约一方境内已被逮捕或正在服刑或以其他方式被剥夺人身自由，则被请求的缔约一方可根据请求将其移送到提出请求的缔约一方，条件是该人在提出请求的缔约一方境内应继续受到拘禁，且在不需要继续停留时被立即送还被请求的缔约一方。

第十一条　物品和金钱的转移

根据本协定将物品和金钱从缔约一方境内向缔约另一方境内转移时，应遵守缔约一方有关物品和金钱出境方面的法律。

第十二条　文字

一、缔约双方司法部进行书面联系时，应使用本国官方文字并附英文译文。

二、司法协助请求书及其附件应用提出请求的缔约一方的官方文字书写，并附有经证明无误的被请求的缔约一方的文字或英文的译文。

第十三条　司法协助的拒绝

如果被请求的缔约一方认为提出请求的缔约一方根据本协定提出的请求有损于本国的主权、安全、公共秩序或违背其法律的基本原则，可以拒绝提供司法协助，并向提出请求的缔约一方说明拒绝的理由。

第十四条　司法协助的费用

缔约双方应各自负担在本国境内根据本协定提供司法协助时支出的费用。

第十五条　诉讼费用保证金的免除

缔约一方法院对于缔约另一方国民和法人，不得因其是外国人或其在缔约一方境内没有住所或居所而令其交纳诉讼费用保证金。

第十六条　诉讼便利

一、缔约一方国民可在与缔约另一方国

民同等的条件下和范围内申请减交或免交在缔约另一方境内进行诉讼的费用，并享受其他便利。

二、缔约一方国民申请享受第一款所规定的便利，应由其住所或居所所在地的主管机关出具说明其身份、家庭情况及财产状况的证明。

三、如果申请上述便利的人在缔约双方境内均无住所或居所，则应由其本国的外交或领事代表机关出具上述证明书。

四、为对上述申请作出决定，必要时，受理该申请的主管机关可要求出具证明书的机关提供补充材料。

五、缔约一方国民要求享受第一款所规定的便利的申请，可向其本国的主管机关提出，由其本国的主管机关按照本条第二款规定通过本协定第三条规定的途径提交缔约另一方主管机关；亦可直接向缔约另一方主管机关提出。

第二章 民事司法协助

第十七条 送达文书和调查取证

缔约双方应根据请求相互提供下列协助：

（一）送达司法文书和司法外文书；

（二）调查取证，以取得当事人陈述、证人证言、书证、鉴定结论和进行司法勘验，以及其他与调查取证有关的诉讼行为。

第十八条 送达和取证请求的执行

一、如果被请求机关无权受理和执行请求，应将该项请求移送有权执行该请求的主管机关。

二、如因请求书中所提供的地址不完全或不确切而无法执行请求，被请求的缔约一方应采取必要的措施以确定地址，或要求提出请求的缔约一方提供补充情况。

三、如果无法执行请求，被请求的缔约一方应通知提出请求的缔约一方，说明妨碍执行的原因，并退回提出请求的缔约一方所附的全部文件。

第十九条 通知送达与取证的结果

一、被请求的缔约一方应将执行请求的结果书面通知提出请求的缔约一方，并附送达回证或所取得的证据材料。

二、送达回证应包括收件人的签名、送达人的签名和送达机关的盖章，以及送达的方式、地点和日期；如收件人拒收，亦应予以注明。

第二十条 向本国国民送达文书和调查取证

缔约一方可以通过本国派驻缔约另一方的外交或领事代表机关依照缔约另一方法律，向在缔约另一方境内居住或停留的本国国民送达司法文书和司法外文书，调查取证。

第二十一条 裁决的承认与执行

一、缔约双方应依本协定规定的条件，在各自境内承认与执行本协定生效后在缔约另一方境内作出的下列裁决：

（一）法院对民事案件作出的裁决；

（二）法院就犯罪行为造成损害赔偿的民事责任作出的裁决；

（三）法院对诉讼费用的裁决；

（四）仲裁庭作出的裁决。

二、在本协定中，"裁决"一词也包括法院或仲裁庭制作的调解书。

第二十二条 承认与执行法院裁决的申请

一、请求承认与执行法院裁决的请求书，应由请求承认与执行裁决的当事人向裁决执行地缔约一方法院提出，亦可由作出该项裁决的缔约一方法院按照本协定第三条规定的途径转交给缔约另一方法院。

二、请求书的格式应按照执行地国的法律规定办理，并须附有下列文件：

（一）经法院证明无误的裁决副本，如果副本中没有明确指出裁决已经生效和可以执行，还应附有法院为此出具的证明书；

（二）证明未出庭的当事人已经及时合法传唤的证明书；

（三）证明没有诉讼行为能力的当事人

已得到适当代理的证明书；

（四）本条所述请求书和所附文件的经证明无误的被请求的缔约一方官方文字或英文的译文。

第二十三条 承认与执行法院裁决的程序

一、法院裁决的承认与执行，依照被请求的缔约一方法律规定的程序办理。

二、被请求的缔约一方法院对提出请求的缔约一方法院作出的请求承认与执行的裁决的实质不进行审查。

第二十四条 承认与执行的效力

缔约一方的法院裁决一经缔约另一方法院承认与同意执行，即与缔约另一方法院作出的裁决具有同等效力。

第二十五条 拒绝承认与执行

一、除本协定第十三条的规定外，如有下列情况，缔约一方亦可拒绝承认与执行缔约另一方的法院裁决：

（一）根据提出请求的缔约一方的法律，该裁决尚未生效或不能执行；

（二）根据被请求的缔约一方的法律，提出请求的缔约一方法院对该案件无管辖权；

（三）根据提出请求的缔约一方的法律，未出庭的当事人未经合法传唤，或在没有诉讼行为能力时未得到适当代理；

（四）被请求的缔约一方法院对于同一案件已经作出了生效裁决，或该缔约一方法院对于同一案件正在进行审理，或被请求的缔约一方已承认了在第三国对该案所作的生效裁决。

二、在前款所述情况下，被请求的缔约一方应将所收到的全部文件退还提出请求的缔约一方，并说明拒绝的理由。

第二十六条 仲裁裁决的承认与执行

缔约双方应根据一九五八年六月十日在纽约签订的关于承认和执行外国仲裁裁决的公约，相互承认与执行在对方境内作出的仲裁裁决。

第三章 刑事司法协助

第二十七条 送达文书和调查取证

一、根据缔约一方请求，缔约另一方应在刑事方面代为送达文书和进行必要的调查取证，诸如听取被告或嫌疑犯的陈述，询问证人、被害人和鉴定人，进行鉴定、司法勘验以及其他与调查取证有关的诉讼行为。

二、本协定第十七条至第十九条的规定亦适用于前款规定的送达文书和调查取证。

第二十八条 刑事判决的通报

缔约双方应根据请求相互免费通报对缔约另一方国民所作的生效刑事判决结果，并应提供判决书副本。

第二十九条 刑事档案的提供

缔约双方应根据请求，相互免费提供关于正在提出请求的缔约一方境内被追究刑事责任的人员曾在各自法院受过审判的刑事档案及情况。

第三十条 赃款赃物的移交

一、缔约一方应根据缔约另一方的请求，将在其境内发现的、罪犯在缔约另一方境内犯罪时所获得的赃款赃物，移交给缔约另一方。但此项移交不得侵害被请求的缔约一方或者与这些财物有关的第三者的合法权利。

二、如果上述赃款赃物对被请求的缔约一方境内其他未决刑事诉讼案件的审理是必不可少的，被请求的缔约一方可暂缓移交。

第三十一条 刑事司法协助的拒绝

一、除本协定第十三条的规定外，被请求的缔约一方如按照其法律认为该项请求所涉及的行为不构成犯罪，也可拒绝提供刑事司法协助。

二、被请求的缔约一方应将拒绝提供刑事司法协助的理由通知缔约另一方。

第四章 最后条款

第三十二条 争议的解决

有关本协定的解释或执行方面的争议，

均通过外交途径解决。

第三十三条 批准和生效

本协定须经批准,批准书在哈瓦那互换。本协定自互换批准书之日起第三十天开始生效。

第三十四条 终止

本协定自缔约任何一方通过外交途径书面提出终止通知之日起一年后失效,否则,本协定永远有效。

本协定于一九九二年十一月二十三日在北京签订,一式两份,每份均用西班牙文和中文写成,两种文本同等作准。

缔约双方全权代表分别在本协定上签字,以昭信守。

H

中华人民共和国和哈萨克斯坦共和国关于民事和刑事司法协助的条约

(1993年1月14日订于北京　1995年7月11日对我国生效)

中华人民共和国和哈萨克斯坦共和国（以下简称缔约双方）为了实现司法领域的合作，在尊重主权和互惠的基础上，决定互相提供民事和刑事方面的司法协助。为此目的，双方议定以下各条：

第一章　总　则

第一条　司法保护

一、缔约一方的国民在缔约另一方境内，在人身和财产权利方面享有与缔约另一方国民同等的司法保护，有权在与缔约另一方国民同等的条件下，诉诸缔约另一方的法院、检察机关和其他主管民事和刑事案件的机关，有权在这些机关提出请求或进行其他诉讼行为。

二、本条第一款的规定亦适用于在缔约任何一方境内根据该国法律成立的法人。

三、本条约所指的"民事案件"，亦包括婚姻家庭和劳动案件。

四、本条约也适用于商事和经济案件，但第三章的规定除外。

第二条　司法协助的联系途径

一、除本条约另有规定外，缔约双方的法院和其他主管机关相互请求和提供民事和刑事司法协助，应通过双方各自的中央机关进行联系。

二、第一款中的中央机关，在中华人民共和国方面系指中华人民共和国司法部和最高人民检察院；在哈萨克斯坦共和国方面系指哈萨克斯坦共和国司法部和总检察院。

第三条　司法协助的范围

司法协助包括：

1. 代为执行送达文书、调查取证和本条约规定的其他民事与刑事诉讼行为；

2. 承认和执行法院民事裁决；

3. 本条约规定的其他协助。

第四条　司法协助请求书

一、请求司法协助应以请求书的形式提出，请求书中应写明：

1. 请求机关的名称；

2. 被请求机关的名称；

3. 请求司法协助案件的名称；

4. 请求书中所涉及的与诉讼有关的人员的姓名、性别、出生日期和地点、国籍、职业和住所地或居所地；对于法人来说，则应提供其名称和所在地；

5. 他们的代理人的姓名和地址；

6. 请求书如涉及刑事案件，还需注明犯罪事实、罪名和所适用的法律规定。

二、上述请求书和其他文件应由缔约一方的请求机关正式盖章。

第五条　请求的执行

一、如果按照被请求的缔约一方法律，缔约另一方请求执行的事项不属于被请求的缔约一方法院和其他主管机关的职权范围，可以说明理由，予以退回。

二、如果缔约一方的被请求机关无权执行请求，应将该项请求移送有权执行的主管机关，并通知缔约另一方的请求机关。

三、被请求机关如果无法按照请求书中所示的地址执行请求，应采取适当措施以确定地址，或要求提出请求的缔约一方提供补充情况。

四、如因无法确定地址或其他原因不能执行请求，被请求的缔约一方应通知提出请求的缔约一方，说明妨碍执行的原因，并退回提出请求的缔约一方的全部文件。

第六条 通知执行结果

一、被请求的机关应将执行请求的结果按照本条约第二条规定的途径书面通知提出请求的机关，并附证明请求已执行的文件。

二、送达回证应有收件日期和收件人的签名，并应由执行送达机关正式盖章和执行送达人签名。如收件人拒收，还应注明拒收的理由。

第七条 语文

缔约双方在进行司法协助时，所有的文件均应使用本国文字，并附有准确无误的对方的文字或英文或俄文译本。

第八条 外交或领事代表机关送达文书和调查取证

根据主管机关的请求，缔约一方派驻在缔约另一方的外交或领事代表机关可以向其本国国民送达司法文书和司法外文书，并进行询问，但不得使用强制措施，并不得违反驻在国的法律。

第九条 证人、被害人或鉴定人的保护

一、由提出请求的缔约一方法院或其他主管机关通过被请求的缔约一方通知前来的证人、被害人和鉴定人，不论其国籍如何，提出请求的缔约一方不得因其入境前的违法犯罪行为或者因其证言、鉴定或其他涉及诉讼内容的行为而给予行政处罚，或追究其刑事责任，或以任何形式剥夺其人身自由。

二、如果证人、被害人或鉴定人在接到提出请求的缔约一方关于其不必继续停留的通知十五日后仍不出境，则丧失第一款给予的保护，但由于本人不能控制的原因而未能及时离境者除外。

三、第一款所述的通知应通过第二条规定的途径转递。通知中不得以采取强制措施相威胁。

第十条 司法协助的费用

一、缔约双方应相互免费提供司法协助，但鉴定人的鉴定费除外。

二、被通知到提出请求的缔约一方境内的证人、被害人或鉴定人的旅费和食宿费，由提出请求的缔约一方承担。上述被通知人有权取得的各项费用，应在通知中注明。应上述被通知人的要求，提出请求的缔约一方的主管机关应当预付上述费用。

第十一条 司法协助的拒绝

如果被请求的缔约一方认为提供某项司法协助有损于本国的主权、安全、公共秩序或违反本国法律的基本原则，可以拒绝提供该项司法协助，并将拒绝的理由通知提出请求的缔约一方。

第十二条 司法协助适用的法律

一、被请求机关提供司法协助，适用本国法律。

二、被请求机关提供司法协助，亦可应请求适用缔约另一方的诉讼程序规范，但以不违背被请求的缔约一方法律的基本原则为限。

第十三条 交换法律情报

缔约双方应根据请求，相互通报各自国家现行的或者过去实施的法律和司法实践的情报。

第二章 民事司法协助

第十四条 协助范围

缔约双方应根据请求相互送达司法文书和司法外文书，询问当事人、证人和鉴定人，进行鉴定和勘验，承认与执行法院裁决，包括采取措施向义务承担人追索扶养费，以及完成其他有关的诉讼行为。

第十五条 诉讼费用的支付

一、缔约一方的国民在缔约另一方境内，应在与该缔约另一方国民同等的条件下和范围内支付诉讼费用。

二、本条第一款的规定亦适用于在缔约任何一方境内根据该国法律成立的法人。

第十六条 诉讼费用的减免

一、缔约一方的国民在缔约另一方境内，可在与缔约另一方国民同等的条件下和范围内减免诉讼费用。

二、缔约一方的国民申请减免诉讼费用，应由其住所或居所所在地的主管机关出具说明其身份、家庭及财产状况的证明书。如果该申请人在缔约双方境内均无住所或居所，亦可由其本国的外交或领事代表机关确认或出具上述证明书。

三、法庭根据请求做出减免诉讼费用决定时，可要求出具证明书的机关做补充说明。

第十七条 应予承认与执行的裁决

一、缔约双方应依本条约规定的条件，在各自境内承认与执行本条约生效后在缔约另一方境内作出的发生法律效力的法院裁决，其中包括只须承认不须执行的法院裁决。

二、本条约所指的"法院裁决"在中华人民共和国方面系指法院作出的民事判决、裁定、决定和调解书及刑事案件中有关损害赔偿的裁决。在哈萨克斯坦共和国方面系指法院（法官）和仲裁法院（法官）作出的民事判决、裁定、决定和调解书及刑事案件中有关损害赔偿的判决。

第十八条 承认与执行法院裁决的请求

一、承认与执行法院裁决的请求由申请人向作出该项裁决的缔约一方法院提出，该法院按照本条约第二条规定的途径转交给缔约另一方法院。申请承认与执行裁决的当事人亦可直接向该缔约另一方法院提出申请。

二、申请承认与执行法院裁决的请求书应附有下列文件：

（一）经法院证明无误的裁决副本；如果副本中没有明确指出裁决已经生效和可以执行，还应附有法院为此出具的文件；

（二）法院出具的有关在请求缔约一方境内执行裁决情况的文件；

（三）证明未出庭的当事一方已经合法传唤，或在当事一方没有诉讼行为能力时得到适当代理的证明；

（四）本条所述请求书和所附文件的经证明无误的译本。

第十九条 承认与执行法院裁决的程序

一、法院裁决的承认与执行，由被请求的缔约一方法院依照本国法律规定的程序进行。

二、被请求法院只能审查该裁决是否符合本条约的规定。

三、被请求法院对于请求承认与执行的裁决，必要时可以要求作出裁决的法院提供补充材料。

第二十条 承认与执行的法律效力

缔约一方法院的裁决一经缔约另一方法院承认或执行，即与承认或执行该项裁决的缔约另一方法院作出的裁决具有同等效力。

第二十一条 拒绝承认与执行

有下列情形之一的法院裁决，不予承认与执行：

（一）根据作出裁决的缔约一方的法律，该裁决尚未生效或不具有执行力；

（二）根据被请求承认与执行裁决的缔约一方的法律，被请求的缔约一方法院对该案件有专属管辖权；

（三）根据作出裁决的缔约一方法律，未出庭的当事一方未经合法传唤，或在当事一方没有诉讼行为能力时未得到适当代理；

（四）被请求承认与执行裁决的缔约一方的法院对于相同当事人之间就同一标的的案件已经作出了生效裁决，或正在进行审理，或已承认了在第三国对该案件所作的生效裁决；

（五）承认与执行裁决有损于被请求的缔约一方的主权、安全或公共秩序。

第三章 刑事司法协助

第二十二条 协助的范围

缔约双方应根据请求，在刑事方面相互代为询问证人、被害人、鉴定人、嫌疑人和被指控犯罪的人，进行搜查、鉴定、勘验、检查以及其他与调查取证有关的诉讼行为；

移交物证、书证以及赃款赃物；送达刑事诉讼文书，并通报刑事诉讼结果。

第二十三条 送达文书和调查取证

一、本条约第四条至第六条和第八条的规定亦适用于刑事方面送达文书和调查取证。

二、提出上述请求时，还应在请求书中写明犯罪事实、罪名和所适用的法律规定。

第二十四条 赃款赃物的移交

一、缔约一方应根据缔约另一方的请求，将在其境内发现的、罪犯在缔约另一方境内犯罪时获得的赃款赃物，移交给缔约另一方。但此项移交不得侵害缔约一方或与这些财物有关的第三者的权利。

二、如果上述赃款赃物对被请求的缔约一方境内其他未决刑事案件的审理是必不可少的，被请求的缔约一方可暂缓移交。

第二十五条 刑事司法协助的拒绝

除本条约第十一条规定的情况外，被请求的缔约一方还可根据下列理由之一拒绝提供司法协助：

（一）按照被请求的缔约一方法律，该项请求涉及的行为并不构成犯罪；

（二）该项请求涉及的嫌疑犯或被指控犯罪的人是被请求的缔约一方国民，且不在提出请求的缔约一方境内。

第二十六条 刑事诉讼情况的通知

缔约双方应相互提供对缔约另一方国民进行刑事诉讼的情况，必要时还应提供各自法院对缔约另一方国民所作的判决的情况。

第二十七条 关于以往犯罪的情报

如在缔约一方境内曾被判刑的人在缔约另一方境内被追究刑事责任，则该缔约一方应根据缔约另一方的请求免费提供该人以前被判刑的情况。

第四章 其他规定

第二十八条 文件的效力

缔约一方法院或其他主管机关制作或证明的文书，只要经过有关主管机关正式盖章即为有效，就可在缔约另一方法院或其他主管机关使用，无需认证。

第二十九条 户籍文件及其他文件的送交

为了实施本条约，缔约一方主管机关可根据缔约另一方通过外交途径提出的请求，将缔约另一方提起诉讼所需的涉及缔约另一方国民的户籍登记摘录、关于其文化程度、工龄的证明及其他有关个人权利和财产状况的文件，免费提供给缔约另一方，并附英文或俄文译文。

第三十条 物品的出境和金钱的汇出

本条约的规定及其执行不得妨碍缔约双方各自执行其有关物品出境或金钱汇出的法律和规定。

第三十一条 争议的解决

有关解释和执行本条约所产生的争议，均应通过外交途径解决。

第五章 最后条款

第三十二条 条约的生效

缔约双方应按照各自国家的法律程序履行使本条约生效的法律手续，并通过外交途径相互书面通知。本条约自最后一方通知之日起第三十日开始生效。

第三十三条 条约的修改或补充

缔约双方对本条约的修改或补充均应通过外交途径进行协商，并按照各自国家的法律规定履行法律手续。

第三十四条 条约的终止

本条约自缔约任何一方通过外交途径书面提出终止之日起六个月后失效。否则，本条约无限期有效。

本条约于一九九三年一月十四日在北京签订，一式两份，每份均用中文和哈萨克文写成，并附俄文译文，两种文本同等作准。

J

中华人民共和国和吉尔吉斯共和国关于民事和刑事司法协助的条约

(1996 年 7 月 4 日订于比什凯克　1997 年 9 月 26 日对我国生效)

中华人民共和国和吉尔吉斯共和国（以下简称"缔约双方"），为了实现司法领域的合作，在尊重主权和互惠的基础上，决定互相提供民事和刑事方面的司法协助。为此目的，双方议定下列各条：

第一编　总　则

第一条　司法保护

一、缔约一方的国民在缔约另一方的境内，在人身权利和财产权利方面享有与缔约另一方国民同等的司法保护，有权在与缔约另一方国民同等的条件下，诉诸缔约另一方法院和其他主管民事和刑事案件的机关，有权在这些机关提出请求或进行其他诉讼行为。

二、本条第一款的规定亦适用于在缔约任何一方境内根据其法律成立的法人。

三、本条约所指的"民事案件"，亦包括商事、婚姻家庭和劳动案件。

第二条　司法协助的联系途径

一、除本条约另有规定外，缔约双方的法院或其他主管机关相互请求和提供民事和刑事司法协助，应通过各自的中央机关进行联系。

二、本条第一款中所指的中央机关，在中华人民共和国方面系指中华人民共和国司法部和中华人民共和国最高人民检察院；在吉尔吉斯共和国方面系指吉尔吉斯共和国司法部和吉尔吉斯共和国总检察院。

第三条　语文

一、缔约双方中央机关进行书面联系时应使用本国官方文字，并附有缔约另一方的官方文字或英文的译文。

二、司法协助请求书及其附件应使用提出请求的缔约一方的官方文字书写，并附有经证明无误的被请求的缔约一方的官方文字或英文的译文。

三、缔约双方主管机关在执行司法协助请求时，使用本国官方文字。

第四条　证人和鉴定人的保护

一、对于由提出请求的缔约一方法院或其他主管机关通过被请求的缔约一方通知前来的证人和鉴定人，不论其国籍如何，提出请求的缔约一方不得因其入境前的犯罪行为或者因其证言、鉴定或其他涉及诉讼内容的行为而追究其刑事责任或以任何形式剥夺其人身自由。

二、如果证人或鉴定人在接到提出请求的缔约一方关于其不必继续停留的通知十五日后仍不出境，则丧失本条第一款给予的保护，但由于其本人不能控制的原因而未能及时离境者除外。

三、本条第一款所述的通知应通过本条约第二条规定的途径转递。在证人或鉴定人不到场的情况下，通知中不得以采取强制措施相威胁。

第五条　司法协助的费用

一、缔约双方应相互免费提供司法

协助。

二、被通知到提出请求的缔约一方境内的证人或鉴定人的旅费和食宿费，由提出请求的缔约一方承担。此外，鉴定人有权取得鉴定的报酬，上述被通知人有权取得的报酬的种类，应在通知中注明。应上述被通知人的要求，提出请求的缔约一方的主管机关应向其预付上述费用。

第六条　司法协助的拒绝

如果被请求的缔约一方认为提供某项司法协助有损于本国的主权、安全或公共秩序，可以拒绝提供该项司法协助，但应将拒绝的理由通知提出请求的缔约一方。

第七条　司法协助适用的法律

一、被请求机关在提供司法协助时，适用本国法律。

二、被请求机关提供民事司法协助时，在不违背本国法律基本原则的情况下，亦可应请求适用缔约另一方的诉讼程序规则。

第二编　民事司法协助

第一章　诉讼费用

第八条　诉讼费用保证金的免除

一、缔约一方法院不得因缔约另一方国民是外国人或在该缔约一方境内没有住所或居所而令其交纳诉讼费用保证金。

二、本条第一款的规定亦适用于在缔约任何一方境内根据其法律成立的法人。

第九条　诉讼费用的支付

一、缔约一方的国民在缔约另一方境内，应在与该缔约另一方国民同等的条件下和范围内支付诉讼费用，包括预付的部分。

二、本条第一款的规定亦适用于在缔约任何一方境内根据其法律成立的法人。

第十条　诉讼费用的免除

一、缔约一方国民在缔约另一方境内，可在与缔约另一方国民同等的条件下和范围内免除诉讼费用。

二、缔约一方国民申请免除诉讼费用，应由其住所或居所所在地的主管机关出具说明其身份及财产状况的证明书；如果该申请人在缔约双方境内均无住所或居所，亦可由其本国或该缔约一方委托的代表其利益的第三国的外交或领事代表机关出具上述证明书。

第二章　送达文书和调查取证

第十一条　协助的范围

缔约双方应根据请求，相互送达司法文书和司法外文书，询问当事人、证人和鉴定人，进行鉴定和实地勘验，以及完成其他与取证有关的诉讼行为。

第十二条　请求的提出

一、送达文书和调查取证的请求应以请求书的形式提出。请求书应包括下列内容：请求和被请求机关的名称；当事人及请求书中所涉及的其他人员的姓名、国籍、职业、住所或居所；代理人的姓名和地址；请求提供协助的案件的名称，以及请求协助的内容；应送达文书的名称，以及其他有助于执行请求的情况。执行该请求所必需的其他文件和材料也须随请求书一并提供。

二、上述请求书和文件应由缔约一方的请求机关签署和盖章。

第十三条　请求的执行

一、如果按照被请求的缔约一方法律，请求执行的事项不属于法院和其他主管机关的职权范围，可以说明理由，予以退回。

二、如果被请求机关无权执行请求，应将该项请求移送有权执行的主管机关，并通知提出请求的缔约一方。

三、被请求机关如果因请求书中所示的地址不详而无法执行请求，应采取适当措施以确定地址，或要求提出请求的缔约一方提供补充情况。

四、如因其他原因无法确定地址或执行请求，被请求的缔约一方应通知提出请求的缔约一方，说明妨碍执行的原因，并退回提出请求的缔约一方递交的全部文件和材料。

第十四条　通知执行结果

一、被请求机关应将执行请求的结果按照本条约第二条规定的途径书面通知提出请求的机关，并附证明请求已予执行的文件。

二、送达回证应有收件日期和收件人的签名，应由被请求的缔约一方的执行请求机关盖章和执行请求人签名。如收件人拒收，还应注明拒收的理由。

第十五条　通过外交或领事代表机关送达文书和调查取证

缔约任何一方派驻在缔约另一方的外交或领事代表机关可以向其本国国民送达司法文书和司法外文书，询问当事人或证人，但不得使用强制措施，并不得违反驻在国的法律。

第三章　裁决的承认与执行

第十六条　应予承认与执行的裁决

一、缔约双方应依本条约的规定，在各自境内承认本条约生效后在缔约另一方境内作出的下列裁决，其中依裁决性质应予执行者，则予以执行：

（一）法院的民事裁决；

（二）法院对刑事案件中有关损害赔偿作出的裁决；

（三）仲裁裁决。

二、本章所指的"法院裁决"，在中华人民共和国方面系指法院作出的判决、裁定、决定和调解书；在吉尔吉斯共和国方面系指法院作出的判决、裁定、决定和法院批准的和解书。

第十七条　承认与执行法院裁决的请求

一、承认与执行法院裁决的请求应由申请人向作出该项裁决的缔约一方法院提出，由该法院按照本条约第二条规定的途径转交给缔约另一方法院。如果申请承认与执行裁决的当事人在裁决执行地所在的缔约一方境内有住所或居所，亦可直接向该缔约一方的法院提出申请。

二、请求书的格式应按照被请求的缔约一方的规定办理，并附有下列文件：

（一）经法院证明无误的裁决副本；如果副本中没有明确指出裁决已经生效和可以执行，还应附有法院为此出具的证明书一份；

（二）证明未出庭的当事一方已经合法传唤，或在当事一方没有诉讼行为能力时已得到适当代理的证明书；

（三）本条所述请求书和有关文件的经证明无误的译本。

第十八条　承认与执行法院裁决的程序

一、法院裁决的承认与执行，由被请求的缔约一方依照本国法律规定的程序进行。

二、被请求的主管机关可以审查该裁决是否符合本条约的规定，但不得对该裁决作任何实质性的审查。

第十九条　承认与执行的法律效力

缔约一方法院的裁决一经缔约另一方法院承认与执行，即与承认与执行裁决的缔约一方法院作出的裁决具有同等效力。

第二十条　拒绝承认与执行

有下列情形之一的法院裁决，不予承认与执行：

（一）根据作出裁决的缔约一方的法律，该裁决尚未生效或不具有执行力；

（二）根据被请求承认与执行裁决的缔约一方的法律，被请求的缔约一方法院对该案件有专属管辖权；

（三）根据作出裁决的缔约一方的法律，未出庭的当事一方未经合法传唤，或在当事一方没有诉讼行为能力时未得到适当代理；

（四）被请求承认与执行裁决的缔约一方的法院对于相同当事人之间就同一案件已经作出了生效裁决，或正在进行审理，或已承认了在第三国对该案所作的生效裁决；

（五）承认与执行裁决有损于被请求的缔约一方的主权、安全或公共秩序。

第二十一条　仲裁裁决的承认与执行

缔约双方应根据一九五八年六月十日在纽约签订的关于承认与执行外国仲裁裁决的

公约，相互承认与执行在对方境内作出的仲裁裁决。

第三编 刑事司法协助

第二十二条 协助的范围

缔约双方应根据请求，在刑事方面相互代为询问证人、被害人、鉴定人、讯问犯罪嫌疑人和被告人；进行搜查、鉴定、勘验以及其他与调查取证有关的诉讼行为；移交物证、书证以及赃款赃物；送达刑事诉讼文书，并通报刑事诉讼结果。

第二十三条 送达文书和调查取证

一、本条约第十二条至第十五条的规定亦适用于刑事方面的送达文书和调查取证。

二、提出上述请求时，还应在请求书中写明罪名、犯罪事实和有关的法律规定。

第二十四条 赃款赃物的移交

一、缔约一方应根据缔约另一方的请求，将在其境内发现的、罪犯在缔约另一方境内犯罪时获得的赃款赃物，移交给缔约另一方。但此项移交不得侵害与这些财物有关的第三人的权利。

二、如果上述赃款赃物对被请求的缔约一方境内其他未决刑事案件的审理是必不可少的，被请求的缔约一方可暂缓移交。

第二十五条 刑事司法协助的拒绝

除本条约第六条规定的情形外，如果按照被请求的缔约一方的法律，该项请求涉及的行为不构成犯罪，被请求的缔约一方可以拒绝提供刑事司法协助。

第二十六条 刑事诉讼结果的通知

缔约双方应相互递送各自法院对缔约另一方国民所作的生效裁决副本。

第二十七条 关于以往犯罪的情报

如果在缔约一方境内曾被判刑的人在缔约另一方境内被追究刑事责任，则该缔约一方应根据缔约另一方的请求免费提供以前判刑的情况。

第四编 其他规定

第二十八条 交换法律情报

缔约双方应根据请求，相互通报各自国家现行的或者过去实施的法律和司法实践的情报。

第二十九条 文件的效力

一、缔约一方法院或其他主管机关制作或证明，并通过本条约第二条规定的途径转递的文书，经过签署和正式盖章即有效，就可在缔约另一方法院或其他主管机关使用，无需认证。

二、在缔约一方境内制作的官方文件，在缔约另一方境内也有同类官方文件的证明效力。

第三十条 户籍文件及其他文件的送交

为了实施本条约，缔约一方主管机关可根据缔约另一方通过本条约第二条规定的途径提出的请求，将办理案件所需的缔约另一方国民的户籍登记的摘录，关于其文化程度、工龄的证明及其他有关个人权利的文件，免费提供给缔约另一方，无需译文。

第三十一条 物品的出境和金钱的汇出

本条约的规定及其执行不妨碍缔约双方各自执行其有关物品出境或金钱汇出的法律和规定。

第三十二条 争议的解决

有关解释和执行本条约所产生的争议，均应通过外交途径解决。

第三十三条 补充和修改

本条约经缔约双方协商可进行补充和修改。

第五编 最后条款

第三十四条 批准和生效

本条约须经批准，批准书在北京互换。本条约自互换批准书之日起第三十日开始生效。

第三十五条　终止

本条约自缔约任何一方通过外交途径书面提出终止之日起六个月后失效，否则，本条约无限期有效。

本条约于一九九六年七月四日在比什凯克签订，一式两份，每份均用中文、吉文和俄文写成，三种文本同等作准。如对本条约的解释发生分歧，以俄文文本为准。

K

中华人民共和国和科威特国
关于民事和商事司法协助的协定

(2007年6月18日订于北京 2013年6月6日对我国生效)

中华人民共和国和科威特国（以下简称"双方"），

愿在相互尊重主权和平等互利的基础上加强两国友好关系，促进在司法和法律领域富有成效的合作；

认识到促进最广泛的民事和商事司法协助的需要；

达成协议如下：

第一条

一、一方国民在另一方境内，应当享有与该另一方国民同等的司法保护，有权在与该另一方国民同等的条件下，在该另一方法院进行诉讼。

二、本条前款规定亦适用于位于任何一方境内并依该方法律成立的法人。

第二条

一方国民在另一方境内，有权根据该另一方的法律和程序，在与该另一方国民同等的条件下和范围内获得诉讼费用减免。

第三条

双方可以相互交流与实施本协定有关的本国现行法律和司法实践的资料。

第四条

一、双方应当在本协定的范围内，根据本国法律相互提供最广泛的民事和商事司法协助。

二、本协定所指司法协助的范围包括：

（一）送达传票和其他司法文书；

（二）调查取证；

（三）承认和执行法院裁决和调解书；

（四）承认和执行仲裁裁决。

三、本协定不影响双方在其他条约或安排中的任何权利和义务。

第五条

一、司法协助请求应当通过双方的中央机关提出。

二、在中华人民共和国方面，中央机关为司法部；在科威特国方面，中央机关为司法部。

第六条

一、除另有规定外，与司法协助有关的所有官方文件均需由法院或其他主管机关盖章，司法协助请求应当由请求方的中央机关确认。

二、司法协助请求及所附文件均应当附有被请求方官方语言或英文的译文。

三、如果被请求方认为请求方提供的材料不足，以致无法根据本协定的规定处理有关请求，可以要求请求方提供补充材料。

第七条

一、传票和其他司法文书应当按照被请求方法律规定的程序送达。在不违反被请求方法律的前提下，也可以按照请求方希望采用的特殊方式送达。

二、根据本协定送达的传票和其他司法文书，应当被视为已经在请求方境内送达。

三、本协定第五条的规定不影响一方在不采取强制措施的情况下，通过其外交或领事代表向处于另一方境内的本国国民送达传票和其他司法文书的权利。送达目的地国无需为此种方式的送达承担责任。

第八条

送达传票和其他司法文书的请求应当说明关于受送达人的名称（全名）、居住地或营业地、诉讼的性质等方面的所有资料，以及拟送达的文件清单。如希望采用特殊方式送达，亦应当在请求中说明。

第九条

一、被请求方不得拒绝根据本协定提出的送达传票和其他司法文书的请求，除非其认为执行请求将损害其主权、安全或公共秩序。

二、被请求方不得因请求未充分说明案件实质问题的法律依据而拒绝送达。

三、如果送达请求未被执行，被请求方应当立即将原因通知请求方。

第十条

一、被请求方主管机关根据其相关法律和规定送达有关司法文书，不得向请求方收取费用。

二、按照请求方需要的特殊方式执行送达时，不得违反被请求方法律，并且请求方需支付此种送达的相关费用。

第十一条

一、被请求方主管机关的责任应当仅限于将司法文书和文件送交被送达人。

二、送达应当以被送达人签字和主管机关出具送达回证予以证明，送达回证应当说明被送达人的姓名、送达日期和送达方式，以及在未能送达时，不能送达的原因。

三、送达回证应当通过中央机关转交请求方。

第十二条

一、一方的司法机关可以按照本国法律规定，通过请求书请求另一方的主管司法机关就民事和商事案件调查取证。

二、为本协定之目的，调查取证的范围应当包括：

（一）获取证言；

（二）提供、鉴定或勘验有关的文件、记录或物品。

三、调查取证的请求书应当说明：

（一）提出请求的司法机关或其他主管机关的名称；

（二）调查取证所涉诉讼的性质和所有必要情况；

（三）诉讼当事方的名称和地址；

（四）需调取的证据；

（五）需被询问人员的姓名和地址。

四、如果有必要，请求书应当附有拟向证人或其他人员提出的问题清单，或对拟询问的事项的说明，以及与前述证据或证言有关的文件。

第十三条

根据本协定规定进行的调查取证的司法程序，应当与请求方主管机关调查取证具有同样的法律效力。

第十四条

一、被请求方主管机关应当根据本国法律执行请求，并采用本国法律允许的方式和程序调查取证，包括采取适当的强制措施。

二、在不违反本国法律和实践的前提下，被请求方应当按照请求书中明确要求的特殊方式或程序调查取证。

三、调查取证的请求应当尽可能予以迅速执行。

四、请求方要求时，应当告知进行调查取证的时间和地点，以便相关当事方或代理人可以到场。如果请求方要求，上述信息应当直接通知已知在被请求方境内的有关当事方或其代理人。

五、如果请求已经被执行，应当将证明已经执行的必要文件和相关证据送交请求方。

六、如果请求全部或部分未予执行，被请求方应当立即通知请求方并说明原因。

第十五条

一、被请求方仅可以在下列情形下拒绝执行调查取证请求：

（一）执行请求不属于司法机关的职能；

（二）执行请求将损害其主权、安全或公共秩序。

二、被请求方不得仅以其国内法规定对诉讼事由具有专属管辖权或不承认对该事项提起诉讼的权利为由拒绝执行请求。

第十六条

一、被请求方不得因执行请求和调查取证而要求请求方支付任何名目的费用，但被请求方有权要求支付以下费用：

（一）支付给证人、鉴定人或译员的费用；

（二）因采用请求方要求的特殊程序而产生的费用。

二、如果执行请求明显地需要超常性质的费用，双方应当协商决定可以执行请求的条件。

第十七条

一、双方应当根据本国法律，承认和执行另一方法院在本协定生效后作出的民事、商事和身份裁决，以及另一方法院在刑事案件中所作出的有关损害赔偿的裁决。

二、本协定所称裁决，不论其名称为何，系指双方的主管法院在司法程序中作出的任何决定。

三、本协定不适用于保全措施或临时措施，但与支付生活费有关的事项除外。

第十八条

不动产所在地法院有权确定与该不动产有关的权利。

第十九条

一、对于不动产以外的诉讼，一方的法院在下列情形下具有管辖权：

（一）提起诉讼时，被告在其境内有住所或居所；

（二）提起诉讼时，被告在其境内有工商业经营场所或分支机构，或从事赢利活动，且诉讼与上述活动有关；

（三）根据原告和被告间明示或默示的协议，引起诉讼的合同义务应当或已经在该方境内履行；

（四）在非合同责任中，侵权行为系在该方境内发生；

（五）被告已经明示或默示接受该方法院的管辖权；

（六）如果一方法院根据本协定对主要争议有管辖权，则其对采取临时措施的申请也具有管辖权。

二、前款规定不应影响缔约双方法律规定的专属管辖权。

第二十条

被请求承认和执行裁决的一方法院根据本协定审查另一方法院的管辖权时，应当受裁决中说明的据以确立管辖权的事实的约束，除非裁决系缺席作出。

第二十一条

如遇下列情形之一，裁决不应被承认和执行：

（一）根据作出裁决一方的法律，裁决不是终局性的，或不具有执行力；

（二）根据本协定第十八条和第十九条的规定，裁决不是由有管辖权的法院作出；

（三）裁决所支持的诉讼请求违反被请求方现行法律，或与被请求方的宪法原则、主权、安全或公共秩序相悖；

（四）裁决违反了被请求方关于无行为能力人代理权的法律规定；

（五）裁决系缺席作出，而缺席方未按其本国法律规定获正当传唤；

（六）被请求方法院正在审理相同当事人就同一标的进行的诉讼，该诉讼在被请求方法院提起的时间先于其在作出裁决的法院提起的时间，且被请求方法院有权审理并做出决定；或被请求方已经承认了第三国法院就相同当事人之间的同一标的的诉讼所作的裁决。

第二十二条

承认和执行裁决应当适用被请求方法律规定的程序。

第二十三条

一、被请求方承认和执行裁决的主管司法机关应当仅限于确认裁决符合本协定规定的条件，不得审查案件的实质问题。

二、如果本国法律有此项要求，被请求方主管司法机关在执行裁决时，应当采取必要措施，按照与在其本国境内作出的裁决相同的方式公告裁决。

三、如果裁决可予部分执行，可以就裁决的全部或部分内容作出执行的裁定。

第二十四条

承认和执行裁决的请求应当附有下列文件：

（一）裁决的正式副本；

（二）证明裁决属终局和具有执行力的文件，除非裁决本身已说明此点；

（三）如果属缺席裁决，能够证明败诉方被合法传唤的经证明无误的传票副本或其他文件；

（四）证明无诉讼行为能力的当事人已经得到适当代理的文件。

第二十五条

一、一方法院根据本国法律就当事人之间的有关争议作出或确认的调解书，在其内容不违反另一方的现行法律、宪法原则、主权、安全或公共秩序的前提下，应当在另一方境内予以承认和执行。

二、请求承认和执行调解书的当事人应当提交调解书的正式副本，以及由法院出具的证明调解书的履行状况的文件。

第二十六条

一、承认和执行法院裁决和调解书的申请，可以由当事人直接向被请求方的主管法院提出。

二、该申请及其他文件应当附有经证明的被请求方语言的译文。

第二十七条

被承认和执行的裁决在被请求方境内应当与被请求方法院作出的裁决具有同等效力。

第二十八条

双方应根据一九五八年六月十日在纽约缔结的《关于承认和执行外国仲裁裁决的公约》，相互承认与执行仲裁裁决。

第二十九条

因解释或实施本协定所产生的任何分歧，如果双方中央机关不能达成协议，应当通过外交途径协商解决。

第三十条

一、双方将努力采取所有适当的、包括立法的措施使本协定生效。

二、本协定须根据双方现行的宪法程序批准。任何一方应当通过外交途径通知另一方关于协定生效所需的所有必要法律程序已经完成，本协定自最后一份通知之日起第三十日生效。

三、本协定在根据本条第二款生效后应持续有效。任何一方可通过外交途径书面通知另一方终止本协定，本协定的终止自上述通知之日起一年后生效。

下列签署人经各自政府适当授权，签署本协定，以昭信守。

本协定于二〇〇七年六月十八日在北京签订，一式两份，每份均用中文、阿拉伯文和英文作成，三种文本同等作准。如遇解释分歧，以英文本为准。

L

中华人民共和国和老挝人民民主共和国关于民事和刑事司法协助的条约

(1999年1月25日订于北京 2001年12月15日对我国生效)

中华人民共和国和老挝人民民主共和国（以下简称"缔约双方"），在相互尊重主权和平等互利的基础上，为加强两国在司法协助领域的合作，决定缔结关于民事和刑事司法协助的条约。

为此目的，双方达成协议如下：

第一章 总 则

第一条 司法保护

一、缔约一方国民在缔约另一方境内，在人身和财产的司法保护方面享有与缔约另一方国民同等的权利。

二、缔约一方国民有权在与缔约另一方国民同等的条件下，在缔约另一方法院、检察院或其他主管民事和刑事案件的机关进行诉讼或提出请求。

三、本条第一款和第二款的规定亦适用于依照缔约任何一方法律在其境内成立的法人。

第二条 司法协助的范围

本条约规定的司法协助包括：

（一）在民事和刑事方面送达文书和调查取证；

（二）法院民事裁决、刑事案件中关于民事损害赔偿的裁决、关于诉讼费用的裁决和仲裁裁决的承认与执行；

（三）本条约规定的其他司法和法律协助。

第三条 诉讼费用的减免和法律援助

缔约一方国民在缔约另一方境内，可以在与缔约另一方国民相同的条件下和范围内，申请减免诉讼费用和获得法律援助。

第四条 出具财产状况证明

申请减免诉讼费用和法律援助，应出具申请人财产状况的证明。该证明应由申请人住所或居所所在地的缔约一方主管机关作出。如果申请人在缔约双方境内均无住所或居所，亦可由其本国的外交或领事代表机构作出证明。

第五条 诉讼费用的减免和法律援助的申请

根据第三条申请诉讼费用减免或法律援助的缔约一方国民，可向其住所或居所所在地的主管机关提出申请，该主管机关应将申请连同根据第四条出具的证明一起转交给缔约另一方的主管机关。

第六条 联系途径

一、除本条约另有规定外，缔约双方应通过各自的中央机关就请求和提供司法协助事宜进行联系。

二、本条第一款所指的中央机关为缔约双方各自的司法部。

第七条 文字

缔约双方中央机关进行书面联系时，应当使用本国文字，并附有对方文字或英文或法文的译文。

第八条 司法协助的拒绝

如果被请求方认为执行某项请求可能损害其主权或安全，可以拒绝提供协助，但应将拒绝的理由通知请求方。

第二章 民事案件送达文书与调查取证

第九条 协助的范围

缔约双方应当根据请求，在民事案件中代为送达司法文书和司法外文书，询问当事人、证人和鉴定人，进行鉴定和司法勘验，以及采取任何与调查取证有关的其他措施，但如取证并非为了已经开始或预期开始的司法程序，则不属于本条约适用范围。

第十条 请求书

一、送达文书和调查取证的请求应以请求书的形式提出。请求书应包括下列内容：

（一）请求机关的名称和地址；

（二）如已知道，被请求机关的名称和地址；

（三）请求所涉及的诉讼的性质和案情摘要；

（四）诉讼当事人及其他与执行请求有关的人员的姓名、性别、国籍、出生时间和地点、住所或居所、职业；如系法人，该法人的名称和地址；

（五）当事人如有法定代理人，法定代理人的姓名和住址；

（六）请求协助的内容；

（七）执行请求所需的其他文件和材料。

二、除符合前款的规定外，有关调查取证的请求书还应说明：

（一）向被调查人所提的问题，或者关于调查事由的陈述；

（二）被调查的文件或其他财产；

（三）关于证据是否应经宣誓，以及使用任何特殊形式作证的要求；

（四）适用第十四条所需的材料。

三、司法协助的请求书及所附文件应使用请求方的文字，并附有被请求方文字或英文或法文的译文。请求书所附的译文应经请求方中央机关证明无误。

第十一条 请求的执行

一、在执行送达文书或调查取证的请求时，被请求机关应适用其本国的法律；但在不违反上述法律的情况下，也可根据请求机关的请求采用请求书所要求的特殊方式。

二、如果被请求机关无权执行某项请求，应将该项请求立即送交有权执行的机关，并将此通知请求机关。

三、如果请求书所提供的地址不确切，或者当事人不在所提供的地址居住，被请求方应努力确定实际地址。如有必要，被请求方可要求请求方提供补充材料。

四、如果因无法确定地址等原因而不能执行请求，被请求方应将文件退回请求方，并说明阻碍执行的原因。

第十二条 通知执行请求的时间和地点

被请求方应根据请求将执行调查取证请求的时间和地点通知请求方，以便有关当事人或其代理人可在执行请求时在场。应请求方的请求，也可直接通知有关当事人或其代理人。

第十三条 强制措施的采取

在执行调查取证请求时，被请求方应在本国法对执行本国主管机关的决定所规定的情形下和范围内，采取适当的强制措施。

第十四条 作证的拒绝

在执行调查取证请求时，当事人如果在下列情况下有拒绝作证的特权或义务，可以拒绝作证：

（一）根据被请求方的法律；或者

（二）根据请求方的法律，并且此种特权或义务已在请求书中说明。

第十五条 通知执行结果

一、被请求方应根据请求，通过本条约第六条规定的途径，将执行请求的结果书面通知请求机关。

二、送达文书应根据被请求方的送达规则予以证明。送达证明应注明送达的时间、地点和受送达人。

三、通知调查取证的结果时，应随附所获取的证据。

第十六条 通过外交或领事代表机构送达文书和调查取证

一、缔约一方亦可通过其派驻缔约另一方的外交或领事代表机构，向在缔约另一方境内的本国国民送达文书和调查取证。

二、在通过此种方式送达文书和调查取证时，不得采取任何强制措施。

第十七条 证人或鉴定人的出庭

一、如果请求方认为被请求方境内的证人或鉴定人亲自到其司法机关是需要的，应在送达传票的请求书中予以说明。被请求方应将上述请求通知证人或鉴定人。

二、被请求方应将有关证人或鉴定人的答复通知请求方。

三、即使在请求送达的出庭传票中包括一项关于刑罚的通知，证人或鉴定人不得因其未答复该项传票或拒绝出庭而受惩罚。如果证人或鉴定人拒绝出庭，被请求方应将此通知请求方。

第十八条 证人和鉴定人的保护

一、对于根据第十七条的请求在缔约一方司法机关出庭的证人或鉴定人，不论其国籍如何，该缔约一方不得因其在离开缔约另一方领土前的犯罪行为或被判定的罪行而对其拘留、起诉或审判，或者采取任何其他限制人身自由的措施，也不得因其证词或鉴定而对其拘留、起诉或惩罚。

二、如经传唤机关告知已无需其出庭之日起连续三十日，证人或鉴定人有机会离开却仍在请求方境内停留，或离开后又自愿返回请求方领土，则不适用上述第一款规定的保护。上述期间不应包括证人或鉴定人由于其无法控制的原因未能离开请求方领土的时间。

第十九条 司法协助的费用

一、缔约双方应相互免费协助代为送达文书和调查取证，但根据第十一条使用特殊方式所产生的费用除外。

二、根据第十七条到请求方境内的证人或鉴定人，其旅费、食宿费及报酬由请求方支付。

三、请求方应根据证人或鉴定人的请求，向其预付全部或部分旅费和食宿费。

第三章 法院民事裁决和仲裁裁决的承认与执行

第二十条 范围

一、缔约一方应根据第二十一条规定的条件在其境内承认与执行在缔约另一方境内作出的下列裁决：

（一）法院对民事案件作出的裁决；

（二）法院在刑事案件中作出的关于民事损害赔偿或诉讼费的裁决；

（三）仲裁机构作出的裁决。

二、本条约所指的"裁决"包括法院作出的判决、裁定和调解书以及仲裁机构作出的裁决。

第二十一条 承认与执行法院裁决的条件

一、第二十条所指的裁决在下列条件下应予承认与执行：

（一）根据作出裁决的缔约方法律，该裁决是最终的和可执行的；

（二）据以作出裁决的案件不属于被请求方法院的专属管辖；

（三）在缺席判决的情况下，根据在其境内作出裁决的缔约一方的法律，未参加诉讼的当事人已被适当地通知应诉；

（四）被请求方法院此前未就相同当事人之间的同一诉讼标的作出最终裁决；

（五）在作出该裁决的诉讼程序开始前，相同当事人未就同一诉讼标的在被请求方法院提起诉讼；

（六）根据被请求方法律，裁决是可以执行的；

（七）被请求方认为裁决的承认与执行不损害其主权或安全；

（八）裁决的承认与执行不违反被请求方的公共秩序或基本利益；

（九）裁决或其结果均不与被请求方法律的任何基本原则相抵触；以及

（十）根据第二十二条的规定，裁决是由有管辖权法院作出的。

二、如无正当理由，被请求方的主管法院不应延迟就裁决的承认与执行作出决定。

第二十二条　法院的管辖权

一、就本条约而言，有下列情况之一的，作出裁决的缔约方法院应被认为对案件具有管辖权：

（一）在提起诉讼时，被告在该方境内有住所或居所；

（二）被告因其商业活动被提起诉讼时，在该方境内没有代表机构；

（三）被告已书面明示接受该方法院的管辖；

（四）被告就争议的实质事项进行了答辩，且未对法院的管辖权提出异议；

（五）在合同争议中，合同在该方境内签订，或者已经或应该在该方境内履行，或者诉讼标的物位于该方境内；

（六）合同外案件中的侵权行为或其结果发生在该方境内；

（七）在身份关系案件中，诉讼当事人在该方境内有住所或居所；

（八）在扶养义务案件中，被扶养人在该方境内有住所或居所；

（九）在继承案件中，被继承人死亡时其住所或者主要遗产在该方境内；

（十）作为诉讼标的物的不动产位于该方境内。

二、第一款的规定不应影响缔约双方法律关于专属管辖权的规定。

第二十三条　承认与执行的申请

一、请求承认与执行裁决的申请，可以由当事人直接向有权承认与执行裁决的被请求方法院提交，也可以由请求方法院通过第六条规定的途径转交给有权承认与执行裁决的被请求方法院。

二、请求承认与执行裁决的申请，应附下列文件：

（一）裁决或其证明无误的副本；

（二）证明裁决已经生效和可以执行的文件，除非裁决中对此已予说明；

（三）证明缺席判决的被告已经合法传唤的文件，除非裁决中对此已予说明；

（四）证明无诉讼行为能力的人已得到适当代理的文件，除非裁决中对此已予说明；

（五）上述裁决和文件的被请求方文字或英文或法文的经证明无误的译文。

第二十四条　承认与执行裁决的程序

一、关于承认与执行裁决的程序，缔约双方适用各自本国的法律。

二、法院在对请求承认与执行裁决的申请作出决定时，应仅审查是否符合第二十一条的规定。

第二十五条　承认与执行的效力

缔约一方法院作出的裁决一经缔约另一方法院承认或决定执行，即与缔约另一方法院作出的裁决具有同等效力。

第二十六条　仲裁裁决的承认与执行

缔约双方应根据一九五八年六月十日在纽约缔结的关于承认与执行外国仲裁裁决公约，相互承认与执行仲裁裁决。

第四章　刑事司法协助

第二十七条　范围

缔约双方应当根据请求，在刑事方面相互代为送达诉讼文书，向证人、被害人和鉴定人调查取证，讯问犯罪嫌疑人和被告人，进行鉴定、勘验以及完成其他与调查取证有关的司法行为，安排证人或鉴定人出庭，通报刑事判决，承认与执行刑事案件中关于民事损害赔偿和诉讼费的裁决。

第二十八条　刑事司法协助的拒绝

一、除可根据第八条拒绝提供刑事司法协助外，有下列情况之一的，被请求方亦可拒绝提供刑事司法协助：

（一）被请求方认为请求所涉及的犯罪具有政治性质或为军事犯罪；

（二）根据被请求方的法律，请求所涉及的行为不构成犯罪；

（三）提出请求时，请求所涉及的罪犯或犯罪嫌疑人为被请求方国民，并且不在请求方境内。

二、被请求方应将拒绝的理由通知请求方。

第二十九条　送达文书和调查取证

一、本条约第二章的规定亦适用于在刑事案件中送达文书和调查取证。

二、在刑事案件中送达文书和调查取证的请求书除须符合第十条的规定外，还应包括犯罪行为的描述以及据以认定该行为构成犯罪的有关法律规定。

第三十条　赃款赃物的移交

一、缔约一方应根据缔约另一方的请求，将在缔约一方境内发现的、罪犯在缔约另一方境内犯罪时所获得的赃款赃物移交给缔约另一方。但此项移交不得侵害被请求方或者与上述财物有关的任何第三人的合法权益。

二、如果上述赃款赃物对于被请求方境内的其他刑事诉讼程序是必不可少的，则可暂缓移交。

第三十一条　刑事判决的通报

缔约双方应相互提供对缔约另一方国民作出的已生效的刑事判决的副本。

第三十二条　承认与执行刑事案件中关于民事损害赔偿和诉讼费的裁决

缔约双方应相互承认与执行刑事案件中关于民事损害赔偿和诉讼费的裁决。上述法院裁决的承认与执行应根据本条约第二十一条进行。

第五章　其他规定

第三十三条　交换资料

缔约双方应根据请求，相互免费提供在各自境内有效的法律和司法实践的资料。

第三十四条　认证的免除

在适用本条约时，缔约一方法院或其他主管机关制作并经其盖章的文件和译文，只要经该方中央机关证明无误，则无须任何其他形式的认证。

第三十五条　争议的解决

因解释或实施本条约所产生的任何争议均应通过外交途径解决。

第六章　最后条款

第三十六条　批准和生效

本条约须经批准，批准书在万象互换。本条约自互换批准书之日起第三十日开始生效。

第三十七条　条约的终止

本条约自缔约任何一方通过外交途径向缔约另一方书面提出终止通知之日起六个月后失效。

本条约于一九九九年一月二十五日在北京签订，一式两份，每份均用中文和老挝文写成，两种文本同等作准。

缔约双方代表在本条约上签字，以昭信守。

中华人民共和国和立陶宛共和国关于民事和刑事司法协助的条约

(2000 年 3 月 20 日订于北京　2002 年 1 月 19 日对我国生效)

中华人民共和国和立陶宛共和国（以下简称"缔约双方"），在相互尊重主权和平等互利的基础上，为加强两国在司法协助领域的合作，愿意相互提供民事和刑事司法协

助,并达成协议如下:

第一章 总 则

第一条 范围

一、缔约双方应当根据本条约,在民事与刑事领域相互提供下列司法协助:

(一) 送达文书和调查取证;

(二) 承认与执行法院民事裁决和仲裁裁决;

(三) 本条约规定的其他协助。

二、本条约所指"民事",包括商事、婚姻、家庭和劳动事项。

三、本条约所指"主管机关",包括法院、检察院和其他主管民事和刑事案件的机关。

第二条 司法保护

一、缔约一方国民在缔约另一方境内,在人身和财产权利方面享有与缔约另一方国民同等的司法保护,有权在与缔约另一方国民相同的条件下,诉诸缔约另一方法院或其他主管机关。

二、本条第一款的规定亦适用于依照缔约任何一方法律在该方境内成立的法人。

第三条 诉讼费用的减免和法律援助

一、缔约一方国民在缔约另一方境内应有权在与另一方国民相同的条件下和范围内,减免交纳诉讼费用和获得免费法律援助。

二、如果对于减免诉讼费用或法律援助的申请应依申请人的财产状况作出决定,关于申请人财产状况的证明书应由申请人的住所或居所所在地的缔约一方主管机关出具。如果申请人在缔约双方境内均无住所或居所,可以由其本国的外交或领事代表机构出具证明书。

三、缔约一方国民根据本条第一款申请减免诉讼费用或申请法律援助,可以向其住所或居所所在地的缔约一方主管机关提交申请。该机关应当将申请连同根据本条第二款出具的证明书一起转交给缔约另一方的主管机关。该人亦可直接向缔约另一方主管机关提出申请。

第四条 联系途径

一、除本条约另有规定外,缔约双方请求和提供司法协助,应当通过各自的中央机关进行联系。

二、本条第一款所指的中央机关,在中华人民共和国方面为中华人民共和国司法部;在立陶宛共和国方面为立陶宛共和国司法部。

第五条 文字

根据本条约提出的请求书及其辅助文件,应当附有经证明无误的被请求方官方文字或英文译文。

第六条 司法协助的费用

一、缔约双方应当免费互相提供司法协助。

二、缔约一方的证人或鉴定人根据本条约第十三条或第二十三条到另一方境内出庭,其报酬、旅费和食宿费用由请求方负担。请求方应当根据请求,向证人或鉴定人预付全部或部分上述费用。

三、如果执行请求明显需要超常开支,缔约双方应协商决定提供该项协助的条件。

第七条 司法协助请求书

一、司法协助请求应当以书面形式提出,并应当包括下列内容:

(一) 请求机关的名称;

(二) 如有可能,被请求机关的名称、地址;

(三) 请求所涉案件和事项的情况说明,以及提供司法协助所需的其他必要资料;

(四) 有关人员的姓名、性别、地址、国籍以及其他有关该人身份的情况;如系法人,该法人的名称和地址;

(五) 有关人员如有代理人,该代理人的姓名和地址。

二、如果被请求方认为请求书中包括的资料尚不足以使其处理该请求,可以要求提供补充材料。

三、上述请求书及其辅助文件应当由请

求机关签署或盖章。

第八条　请求的执行

一、被请求方应当根据本国法律执行司法协助请求。

二、被请求方可以按照请求方指明的方式执行司法协助请求，但应以不违反其本国法律为限。

三、如果收到司法协助请求的机关无权执行该请求，应当将该请求转交给主管机关，并通知请求方。

第九条　司法协助的拒绝

如果被请求方认为执行司法协助请求可能损害其主权、安全、公共秩序或重大利益，可以拒绝提供此项协助。被请求方应将拒绝的理由通知请求方。

第十条　物品和金钱的转移

根据本条约将物品和金钱从缔约一方境内向缔约另一方境内转移时，应当遵守各缔约方关于物品和金钱出境方面的法律和法规。

第二章　民事司法协助

第十一条　送达文书

一、被请求方应当根据请求，送达文书。

二、被请求方在执行送达后，应当向请求方出具送达证明，送达证明应当包括送达日期、地点和送达方式的说明，并应当由送达文书的机关签署或盖章。如无法执行送达，则应当将理由通知请求方。

第十二条　调查取证

一、缔约双方应当根据请求，相互代为调查取证，包括获取当事人陈述、证人证言、书证和物证，进行鉴定和司法勘验，以及其他与调查取证有关的司法行为。

二、调查取证请求除应符合本条约第七条的规定之外，还应当包括：

（一）需向被调查人所提的问题，或者关于需调查的事项的陈述；

（二）关于需检查的物品、文件或者其他财产的说明。

三、被请求方应当将执行调查取证的结果通知请求方，并转交所获得的证据材料。

四、请求方应当根据请求，对被请求方提供的证据材料予以保密，并仅用于请求书中所指的目的。

第十三条　证人和鉴定人出庭

一、如果请求方认为证人或鉴定人到其司法机关出庭是必要的，则可以在其要求送达诉讼通知的请求中予以提及，该请求应当同时说明可为证人或鉴定人出庭支付的费用。

二、送达上述诉讼通知的请求应当在要求该人到请求方司法机关出庭之日前至少六十天送交被请求方。

三、被请求方应当向有关人员转达上述请求，并将其答复通知请求方。

第十四条　对证人和鉴定人的保护

一、对于拒绝按本条约第十三条规定前往作证或提供鉴定的证人或鉴定人，请求方不得因此对其施加任何处罚或其他强制措施，也不得在请求中以此相威胁。

二、请求方对根据本条约到其司法机关出庭的证人或鉴定人，不得因其在离开被请求方领土前的犯罪行为或被判定有罪而对其予以拘留、起诉或采取其他限制人身自由的措施，也不得因其证词或鉴定而予以拘留、起诉或惩罚。

三、如果在主管机关告知已不再需要其出庭之日后十五日内，证人或鉴定人未离开请求方领土，或离开后又自愿返回请求方领土，则对其不得再适用本条第二款规定的保护。上述期间不应包括证人或鉴定人因其所不能控制的原因而未能离开请求方领土的时间。

第十五条　民事司法协助的拒绝

一、除可根据本条约第九条的规定拒绝提供司法协助外，被请求方如有充分理由认为所需调取的证据并非意图用于已经开始或预期的司法程序，亦可拒绝提供民事司法协助。

二、被请求方应当将拒绝的理由通知请求方。

第三章　裁决的承认与执行

第十六条　范围

一、缔约一方应当根据本条约规定的条件在其境内承认与执行缔约另一方作出的下列裁决：

（一）法院对民事案件所作出的裁决；

（二）法院在刑事案件中所作的有关民事损害赔偿的裁决；

（三）仲裁机构的裁决。

二、本条约所指"裁决"亦包括法院制作的调解书。

第十七条　请求的提出

一、承认与执行裁决的请求，可以由当事人直接向有权承认与执行该项裁决的法院提出，亦可由缔约一方法院通过本条约第四条规定的途径向缔约另一方有权承认与执行该项裁决的法院提出。

二、承认与执行裁决请求除应符合本条约第七条的规定以外，还应当随附下列文件或说明：

（一）完整和经证明无误的裁决书副本，及证明裁决已经生效的文件；

（二）如系缺席裁决，证明缺席一方当事人已经合法传唤的文件或说明；

（三）证明无诉讼行为能力的当事人已得到合法代理的文件或说明。

第十八条　承认与执行的拒绝

对于本条约第十六条列举的裁决，除可根据本条约第九条拒绝承认与执行外，有下列情形之一的，亦可拒绝承认与执行：

（一）根据作出裁决的缔约一方的法律，该裁决尚未生效或不能执行；

（二）根据被请求方法律，裁决是由无管辖权的法院作出的；

（三）根据作出裁决的缔约一方的法律，在缺席裁决的情况下缺席的一方当事人未经合法传唤，或者无诉讼行为能力当事人未得到合法代理；

（四）被请求方的法院对于相同当事人之间关于同一标的的案件已经作出了有效裁决或正在进行法律程序，或者已经承认了第三国作出的裁决。

第十九条　承认与执行的程序

一、缔约一方承认与执行缔约另一方的法院裁决或仲裁裁决时，应当适用其本国法律。

二、被请求方法院应当仅审查是否符合本条约所规定的条件，而不应对法院裁决或仲裁裁决作实质性审查。

第二十条　承认与执行的效力

缔约一方作出的裁决经缔约另一方法院承认或执行，即应当与缔约另一方法院作出的裁决具有同等效力。

第二十一条　仲裁裁决的承认与执行

缔约双方应当根据一九五八年六月十日在纽约缔结的《承认及执行外国仲裁裁决公约》，相互承认与执行对方的仲裁裁决，但应当遵守缔约双方各自作出的声明或保留。

第四章　刑事司法协助

第二十二条　送达文书和调查取证

一、本条约第十一条和第十二条亦适用于刑事事项。

二、刑事调查取证请求还应当说明有关犯罪行为的详细情况，以及请求方刑法的有关条文。

第二十三条　证人和鉴定人出庭与保护

本条约第十三条及第十四条亦适用于刑事事项。

第二十四条　赃款赃物的移交

一、被请求方应当根据请求，在本国法律允许的范围内，将罪犯在请求方境内获得而在被请求方境内被发现的赃款赃物移交给请求方。但此项移交不得侵害被请求方或第三方与上述赃款赃物有关的合法权利。

二、如果上述赃款赃物对于被请求方境内其他未决刑事诉讼案件的审理是必不可少的，被请求方可以暂缓移交。

第二十五条　证据材料的移交

被请求方应当根据请求，在其法律允许的范围内，将刑事诉讼中作为证据的材料移交给请求方。请求方应当在刑事诉讼结束后将上述材料送还被请求方。

第二十六条　刑事判决的通报

缔约双方应当相互提供对对方公民所作的刑事判决书副本。

第二十七条　刑事司法协助的拒绝

一、除可根据本条约第九条的规定拒绝提供司法协助外，如果根据被请求方的法律，请求所涉及的行为不构成犯罪，被请求方亦可拒绝提供刑事司法协助。

二、被请求方应当将拒绝的理由通知请求方。

第五章　其他规定

第二十八条　交换法律资料

一、缔约双方应当根据请求相互提供在各自国内有效的法律与有关实践的资料。

二、请求提供资料应当说明提出该项请求的机关及请求目的。

第二十九条　免除认证

在适用本条约时，缔约任何一方法院或其他主管机关制作或证明的文件和译文，如经正式签署或盖章，即无需任何形式的认证。

第三十条　外交或领事官员送达文书和调查取证

缔约一方可以通过其派驻缔约另一方的外交或领事官员向在该缔约另一方境内的本国公民送达文书和调查取证，但应当遵守该缔约另一方的法律，并不得采取任何强制措施。

第六章　最后条款

第三十一条　争议的解决

因解释或适用本条约所产生的任何争议，均应通过外交途径解决。

第三十二条　与其他国际公约的关系

本条约不影响缔约双方根据任何其他有关民事和刑事司法协助的国际公约所享受的权利和承担的义务。

第三十三条　条约的修改或补充

缔约双方应当通过外交途径修改或补充本条约。修改和补充应自缔约双方各自完成其国内法律程序后生效。

第三十四条　生效和终止

一、本条约须经批准，批准书在维尔纽斯互换。本条约在互换批准书后第三十日起生效。

二、缔约任何一方可以随时通过外交途径，以书面形式通知缔约另一方终止本条约。终止自该缔约另一方收到该通知之日后六个月生效。

下列签署人经各自政府适当授权，签署本条约，以昭信守。

本条约于二〇〇〇年三月二十日在北京签订，一式两份，每份均用中文、立陶宛文和英文写成，三种文本同等作准。如对本条约的解释发生分歧，以英文文本为准。

中华人民共和国和罗马尼亚关于民事和刑事司法协助的条约

(1991年1月16日订于北京　1993年1月22日对我国生效)

中华人民共和国和罗马尼亚（以下简称"缔约双方"），为继续发展两国之间的友好关系，并完善和加深在司法协助方面的合作，决定缔结本条约。

为此目的，缔约双方各委派全权代表如下：

中华人民共和国方面外交部副部长田曾佩

罗马尼亚方面副国务秘书特奥多尔·梅列什干努

缔约双方全权代表互相校阅全权证书，认为妥善后，议定下列各条。

第一章 总 则

第一条 定义

一、在本条约中：

（一）"民事案件"系指：民事法、婚姻法、商法和劳动法方面的案件；

（二）"主管机关"系指法院、检察院和其他主管民事和刑事案件的机关。

二、本条约有关缔约双方国民的条款，除本国法律另有规定外，亦适用于其依所在地缔约方法律建立的法人。

第二条 司法保护

一、缔约一方国民在缔约另一方境内，享有与该缔约另一方国民依其法律享有的同等的司法保护。为此目的，他们可以在与该缔约另一方国民同等的条件下，在缔约另一方主管机关进行诉讼或提出请求。

二、应缔约一方国民的请求，缔约另一方主管机关应帮助其寻求保护其合法权益的代理人。

第三条 司法协助的提供

缔约双方应根据请求，并按照本条约规定的条件，相互提供民事和刑事司法协助。

第四条 保证金的免除

缔约一方法院对于缔约另一方国民，不得因其为外国人而令其交纳诉讼费用保证金。

第五条 诉讼费用的预付

缔约一方国民在缔约另一方境内，应在与该另一方国民同等的条件下预付诉讼费用。

第六条 诉讼费用及其预付款的减免

缔约一方国民在缔约另一方境内，得在与缔约另一方国民同等的条件下，申请减交或免交诉讼费用及其预付款。

第七条 减免诉讼费用的证明书

一、缔约一方国民提出第六条所指的申请时，应同时提交根据缔约双方各自法律规定出具的关于其收入和财产状况的证明书。

二、如果该申请人在缔约双方境内均无住所或居所，亦可由其本国外交或领事机关出具证明书。

第八条 联系途径

一、除本条约另有规定外，缔约双方主管机关的司法协助事务，应通过各自的中央机关相互通知。

二、前款所指"中央机关"，在中华人民共和国方面系指司法部和最高人民检察院，在罗马尼亚方面系指司法部和总检察院。

第九条　语文

一、缔约双方中央机关进行书面联系时，应使用本国语言并附英语译文。

二、司法协助请求书及其附件应使用请求一方的语言书写，并附有经证明无误的被请求一方语言或英文译本。

三、缔约双方可使用共同确定的中文、罗马尼亚文和英文制作的表格，用于司法协助请求书。

四、缔约一方主管机关向缔约另一方提供司法协助时，使用本国语言。

第十条　司法协助的费用

缔约双方提供司法协助时应相互免费。

第十一条　对证人和鉴定人的保护

一、对通过被请求一方法院或其他主管机关通知前来的证人或鉴定人，不论其国籍如何，请求一方不得因其入境前所犯的罪行或者因其证词、鉴定而追究其刑事责任、予以逮捕或以任何形式剥夺其自由。

二、如果证人或鉴定人在接到无需其继续停留的法院或其他主管机关通知之日起三十天后仍不离开请求一方境内，即丧失第一款给予的保护。但此期间不包括证人或鉴定人由于本人不能控制的原因而未能离开请求一方境内的时间。

三、不得强制被通知人前往作证或鉴定。

第十二条　证人与鉴定人费用的补偿

一、证人和鉴定人与前往作证和鉴定有关的旅费、生活费以及因此而无法获得的收入的补偿由请求一方承担。

二、鉴定人有权收取鉴定费，证人或鉴定人有权获得的补偿，应在通知中注明。应证人或鉴定人的要求，请求一方应向其部分或全部预付上述费用。

第十三条　在押人员的作证

如果缔约一方法院或其他主管机关有必要对缔约另一方境内的在押人员作为证人加以讯问，本条约第八条规定的中央机关可就该人被移送到请求一方境内达成协议，条件是继续处于在押状态并在讯问后尽快送还。

第十四条　司法协助的拒绝

如果被请求一方认为执行请求将有损于本国的主权、安全或公共秩序，可以拒绝提供司法协助。

第十五条　司法协助适用的法律

一、被请求主管机关执行司法协助请求时，应适用其本国法律。

二、被请求主管机关可根据要求，适用请求书中所示的程序，但以不与其法律相冲突为限。

第十六条　司法协助的请求书

一、请求司法协助应使用请求书。请求书应载明下列内容：

（一）提出请求的主管机关的名称和地址；

（二）如可能，被请求机关的名称；

（三）诉讼当事人的姓名、性别、国籍、出生年月、职业、住所或居所及其在诉讼中的身分，法人则为其名称和所在地；

（四）必要时，诉讼代理人和其他诉讼参与人的姓名和地址；

（五）请求所涉及的诉讼标的；

（六）请求的事项。

二、请求送达文书，还应在请求书中写明收件人地址及所送达文书的种类。

三、请求刑事司法协助，还应在请求书中写明罪名和犯罪事实。

四、执行该请求所必需的其他文件和资料须随请求书一并提供。

五、请求书应由请求机关加盖公章。

第二章　民事方面送达文书和调查取证

第十七条　范围

缔约双方根据请求送达司法文书和司法外文书，询问当事人、证人和鉴定人，进行鉴定、司法勘验，确认事实以及其他与调查取证有关的诉讼行为。

第十八条　请求的执行

一、如果被请求机关无权执行请求，应

将该项请求转送有权执行请求的机关，并通知请求一方。

二、被请求机关如果无法按照请求书中所示的地址找到请求书所述人员，应采取必要的措施以确定地址；必要时可要求请求一方提供补充情况。

三、被请求机关如果无法执行请求，应通知请求一方，说明妨碍执行的原因，并退回请求书及其附件。

第十九条 通知执行情况

一、被请求一方应将执行请求的情况通知请求一方，并附送达回证或所取得的证据材料。

二、送达回证应包括收件人的签名、送达人的签名和送达机关的盖章，以及送达的方式、地点和日期；如收件人拒收，应注明拒收的事由。

第二十条 外交或领事机关的职能

缔约一方可以通过本国的外交和领事机关对在缔约另一方境内的本国国民送达司法文书和司法外文书，提取证词，但不得采取任何强制措施。

第三章 民事裁决的承认与执行

第二十一条 承认与执行裁决的范围

一、缔约双方应依照本条约规定的条件，在其各自境内承认与执行本条约生效后在缔约另一方境内作出的下列裁决：

（一）法院和其他主管机关对关于财产要求和非财产要求的民事案件作出的裁决；

（二）法院就刑事案件中有关损害赔偿所作出的裁决；

（三）对诉讼费用的裁决；

（四）仲裁庭作出的裁决。

二、在本条约中，"裁决"一词也包括在法院制作的调解书。

第二十二条 拒绝承认与执行

一、对本条约第二十一条列举的裁决，除可按本条约第十四条的规定拒绝承认与执行外，有下列情况之一的，在被请求一方境内不予承认或执行：

（一）根据作出裁决一方法律，该裁决不具有法律效力和不能执行；

（二）根据被请求一方法律，作出裁决的一方法院或其他主管机关对该案件无管辖权；

（三）根据作出裁决一方法律，未参加诉讼的败诉一方当事人未经合法传唤，或在没有诉讼行为能力时未能得到适当代理；

（四）被请求一方法院或其他主管机关对于相同当事人之间就同一标的案件已经作出了生效裁决；或正在审理；或已先受理；或已承认了第三国对该案所作的生效裁决。

二、被请求一方应将拒绝承认与执行的理由通知请求一方。

第二十三条 承认与执行的程序

一、本条约第二十一条所规定的裁决的承认和执行，依照被请求一方法律规定的程序办理。

二、承认和执行裁决时，被请求法院仅限于审查本条约所规定的条件是否具备。

第二十四条 承认与执行的请求书

一、请求承认与执行裁决的请求书，应由当事人提交给作出裁决一方有管辖权的法院，该法院应按本条约第八条规定的途径将请求书转给被请求一方法院。该项请求书亦可由当事人直接提交给被请求一方有管辖权的法院。

二、请求书应附下列文件：

（一）裁决的副本或经证明无误的复印件。如果副本或复印件中没有明确指出裁决已经生效和可以执行，还应为此附有证明书一份；

（二）证明未出庭的败诉一方已经合法传唤，以及在其没有诉讼行为能力时可得到适当代理的证明书；

（三）请求书和第一、二项所指文件经证明无误的被请求一方文字或英文的译本。译本一式两份。

第二十五条 承认与执行的效力

裁决一经承认或决定执行，即与被请求

一方法院或其他主管机关作出的裁决具有同等效力。

第二十六条　承认与执行的费用

承认与执行的费用，由被请求一方法院依其本国法律确定并向请求人收取。

第二十七条　仲裁裁决的承认与执行

缔约双方应根据一九五八年六月十日在纽约签订的关于承认和执行外国仲裁裁决的公约，相互承认与执行在对方境内作出的仲裁裁决。

第四章　刑事方面司法协助

第二十八条　范围

缔约双方根据请求，相互代为送达司法文书和司法外文书，讯问人犯和被告，询问证人和鉴定人，进行鉴定、搜查、司法勘验以及其他与调查取证有关的诉讼行为。

第二十九条　请求的执行和通知执行结果

本条约第十八条、第十九条的规定同样适用于刑事方面。

第三十条　刑事判决的通报

当缔约一方法院作出对缔约另一方国民的刑事终审判决时，应向缔约另一方通报该判决的情况，并应要求向其提供该判决的副本。

第三十一条　赃款赃物的移交

一、缔约一方应根据缔约另一方的请求，将在其境内发现的罪犯在缔约另一方境内犯罪时所获的赃款赃物移交给缔约另一方。但此项移交不得侵害与这些财物有关的被请求缔约一方或第三者的合法权利。

二、如果上述赃款赃物对被请求的缔约一方境内其他未决刑事诉讼案件的审理是必不可少的，则被请求的缔约一方可暂缓移交。

第三十二条　刑事司法协助的拒绝

一、除本条约第十四条规定的理由外，如按照被请求的缔约一方法律，请求提及的行为不构成犯罪，被请求的缔约一方可拒绝提供刑事司法协助。

二、被请求一方应将拒绝司法协助请求的理由通知请求一方。

第五章　其他规定

第三十三条　交流法律情报

缔约双方应根据请求，相互通报各自国家现行的或者过去实施的法律及其在司法实践中的应用情况。

第三十四条　认证的免除

缔约一方法院或其他主管机关制作或证明的证书，只要加盖公章，即可在缔约另一方法院和其他主管机关使用，无需认证。

第三十五条　户籍文件的送交

为了实施本条约，缔约一方主管机关可根据缔约另一方的请求，通过本条约第八条规定的途径，免费送交有关的户籍文件副本。但此项移交不得违反该缔约一方的法律。

第三十六条　物品的出境和货币的汇出

实施本条约关于裁决的承认与执行的规定时，应遵守裁决的执行地缔约一方关于物品出境和货币汇出方面的法律规定。

第六章　最后条款

第三十七条　争议的解决

本条约执行过程中所产生的任何争议，均通过外交途径解决。

第三十八条　条约的批准和生效

本条约须经批准，并自互换批准书之日起第三十天开始生效。批准书在布加勒斯特互换。

第三十九条　条约的有效期

一、本条约无限期有效。

二、本条约自缔约任何一方通过外交途径书面提出终止通知之日起一年后失效。

缔约双方全权代表在本条约上签字，以昭信守。

本条约于一九九一年一月十六日在北京签订，一式两份，每份都用罗马尼亚文和中文写成，两种文本具有同等效力。

M

中华人民共和国和蒙古人民共和国关于民事和刑事司法协助的条约

(1989年8月31日订于乌兰巴托 1990年10月29日对我国生效)

中华人民共和国和蒙古人民共和国(以下简称"缔约双方"),在相互尊重国家主权和平等互利的基础上,为发展并加强两国在司法领域的友好合作,决定缔结本条约。

为此目的,缔约双方议定下列各条:

第一章 总 则

第一条 司法保护

一、缔约一方国民在缔约另一方境内,享有与缔约另一方国民同等的司法保护。

为此目的,缔约一方国民可以在与缔约另一方国民同等的条件下,在缔约另一方法院进行诉讼或向其他主管机关提出请求。

二、本条第一款的规定亦适用于缔约双方的法人。

第二条 司法协助的提供

一、缔约双方的主管机关应按照本条约的规定,相互提供民事和刑事司法协助。

二、在本条约中,"主管机关"系指法院、检察院和其他主管民事或刑事案件的机关。

第三条 联系途径

一、除本条约另有规定外,缔约双方的主管机关在相互请求或提供司法协助时,应通过各自的中央机关相互联系。

二、本条第一款所指的"中央机关"在中华人民共和国方面系指中华人民共和国司法部和中华人民共和国最高人民法院,在蒙古人民共和国方面系指蒙古人民共和国司法仲裁部和蒙古人民共和国最高法院。

第四条 请求书的内容和格式

一、请求司法协助应使用请求书。请求书应包括下列内容:

(一)请求机关和被请求机关的名称和地址;

(二)案件的名称;

(三)执行请求所需涉及的人的姓名、性别、国籍、出生地、出生日期、职业、住所或居所及其在诉讼中的身份,法人的名称和地址;

(四)必要时,当事人的代理人的姓名和地址;

(五)请求所涉及的案件的案情摘要;如请求刑事司法协助,还应写明该项请求所涉及的犯罪的罪名及犯罪事实;

(六)执行请求所需附具的其他材料;

(七)请求的内容。

二、请求书应由请求机关签署并加盖公章。

第五条 司法协助的费用

一、缔约双方提供司法协助时应相互免费。

二、被通知到提出请求的缔约一方境内出庭的证人或鉴定人的旅费和食宿费,由提出请求的缔约一方承担。此外,鉴定人还有权取得鉴定费。

被通知人有权取得的费用,应在出庭通知中注明。

发出通知的缔约一方的机关应根据被通知人的要求预付费用。

第六条 对证人和鉴定人的保护

一、对于按照缔约一方主管机关的通知前来出庭的证人或鉴定人，不论其国籍如何，不得因其入境前所犯的罪行或者因其证词、鉴定结论而追究其刑事责任、进行审讯、逮捕、关押或采取其他强制措施。

二、证人或鉴定人在提出请求的缔约一方声明其无需继续停留之日起十五天内如能离开而仍未离开提出请求的缔约一方境内，即丧失本条第一款所给予的保护。但证人和鉴定人由于本人不能控制的原因而未离开提出请求的缔约一方境内的期间不包括在内。

三、不得强迫或威胁证人或鉴定人出庭。

第七条 文书的效力

一、缔约一方主管机关根据本国法律制作或证明的文书，无需认证，即可在缔约另一方境内使用。

二、缔约一方主管机关制作的官方文书在缔约另一方境内具有与缔约另一方主管机关制作的类似文书同等的效力。

第八条 文字

一、司法协助请求书及其附件应用提出请求的缔约一方的文字书写，并附有缔约另一方文字的经证明无误的正式译本或英文译本。

二、缔约一方主管机关向缔约另一方提供司法协助时，使用本国文字。

三、缔约双方的中央机关使用英文进行联系。缔约双方亦可使用以中文、蒙文和英文制作的表格，并交换表格样本。

第九条 司法协助的拒绝

如果被请求的缔约一方认为提供司法协助有损于本国的主权、安全或公共秩序，可以拒绝提供。但应将拒绝的理由通知提出请求的缔约一方。

第十条 司法协助适用的法律

被请求机关应依其本国法律执行请求。在不违背本国法律的情况下，被请求机关亦可根据请求机关的请求，适用提出请求的缔约一方的诉讼程序规则。

第二章 民事方面司法协助

第十一条 定义

在本条约中，"民事司法协助"亦包括在经济、婚姻和劳动等方面的司法协助。

第十二条 诉讼费用的减免

关于在缔约一方境内参加诉讼活动的缔约另一方国民在与该缔约一方国民同等的条件下和范围内减免与案件审理有关的诉讼费用问题，应根据其申请，由受理该申请的缔约一方法院依其本国法规决定。

第十三条 送达文书和调查取证

缔约双方应根据请求相互代为送达司法文书和司法外文书，询问当事人、证人和鉴定人，进行鉴定、勘验以及其他与调查取证有关的诉讼行为。

第十四条 请求的执行

一、如果被请求机关无权执行请求，应将该项请求转送有权执行的主管机关，并通知请求机关。

二、被请求机关如果无法按照请求书所示的地址执行请求，应依其本国法律采取适当措施确定地址，必要时可要求请求机关提供补充情况。

三、如因无法确定地址或由于其他原因不能执行请求，被请求机关应通知请求机关，说明妨碍执行的原因，并退回请求书及其所附的全部文件。

第十五条 通知执行情况

一、被请求的缔约一方应将执行请求的情况通知提出请求的缔约一方，并附送达回证或所取得的证据材料。

二、送达回证应有送达机关的盖章、送达人和收件人的签名，以及送达的方式、日期和地点。如收件人拒收，应注明拒收的事由。

第十六条 外交或领事机关的职能

一、缔约一方可以通过本国派驻缔约另

一方的外交或领事机关向在另一方境内的本国国民送达文书或调查取证。

二、缔约一方的外交或领事机关根据本条第一款的规定送达文书或调查取证时，不得违反缔约另一方的法律，亦不得采取任何强制措施。

第十七条 承认与执行裁决的范围

缔约双方应依照本条约规定的条件，承认与执行本条约生效后在缔约另一方境内作出的下列裁决：

（一）法院或其他主管机关对财产性或非财产性民事案件作出的裁决；

（二）法院就刑事案件中有关损害赔偿部分作出的裁决；

（三）法院对诉讼费用的裁决；

（四）法院就民事案件作出的调解书。

第十八条 承认与执行的拒绝

对本条约第十七条列举的裁决，除可按本条约第九条的规定拒绝承认与执行外，有下列情形之一的，也可拒绝承认与执行：

（一）根据作出裁决的缔约一方的法律，该裁决尚未生效或不能执行；

（二）根据被请求的缔约一方的法律，作出裁决的缔约一方法院对该案件无管辖权；

（三）根据作出裁决的缔约一方法律，未参加诉讼的败诉一方当事人未经合法传唤，或在没有诉讼行为能力时未能得到适当的代理；

（四）被请求的缔约一方法院对于相同当事人之间就同一标的的争讼案件已经作出了生效裁决；或已先受理了上述案件；或已承认了在第三国对该案件所作的生效裁决。

第十九条 承认与执行的程序

一、缔约一方法院应根据其本国法律规定的程序承认与执行缔约另一方主管机关的裁决。

二、被请求法院仅限于审查本条约所规定的条件是否具备。

第二十条 承认与执行的请求的提出

请求承认与执行裁决的请求书，应提交给对该案作出第一审裁决的主管机关，由该主管机关转交给本条约第三条规定的被请求的缔约一方的中央机关。如果提出请求的当事人在被请求的缔约一方境内有住所或居所，亦可由该当事人直接向有权承认与执行裁决的法院提出请求。

第二十一条 请求书应附的文件

请求承认与执行裁决的请求书应附下列文件：

（一）裁决书或经证明无误的裁决书副本。如果裁决书本身没有明确指出裁决已经发生法律效力和可以执行，还应附有证明裁决已经发生法律效力和可以执行的正式文件；

（二）证明未出庭的败诉一方已经合法传唤，以及在其没有诉讼行为能力时可得到适当代理的证明书。

第二十二条 承认与执行的效力

缔约一方的裁决一经缔约另一方法院承认或决定执行，即与缔约另一方法院作出的裁决具有同等效力。

第三章 刑事方面司法协助

第二十三条 司法协助的范围

缔约双方应根据请求，相互代为送达刑事方面的文书，询问当事人、嫌疑犯、罪犯、证人、鉴定人和其他诉讼参与人，进行鉴定、检查、勘验以及其他与调查取证有关的诉讼行为。

第二十四条 请求的执行和通知执行情况

本条约第十四条、第十五条的规定同样适用于刑事方面。

第二十五条 刑事司法协助的拒绝

除本条约第九条规定的理由外，被请求的缔约一方还可根据下列理由拒绝提供刑事司法协助：

（一）按照被请求的缔约一方法律，该项请求提及的行为不构成犯罪；或

（二）该项请求所涉及的罪犯或嫌疑犯

具有被请求的缔约一方的国籍,且不在提出请求的缔约一方境内。

第二十六条 赃款赃物的移交

一、缔约一方应根据缔约另一方的请求,将在其境内发现的罪犯在缔约另一方境内犯罪时所获的赃款赃物移交给缔约另一方。但此项移交不得侵害与这些财物有关的第三者的合法权利。

二、如果上述赃款赃物对被请求的缔约一方境内未决刑事诉讼案件的审理是必不可少的,则被请求的缔约一方可暂缓移交。

第二十七条 判决及判刑情况的通报

一、缔约双方应每年相互通报各自法院对缔约另一方国民作出的已经发生法律效力的判决的情况。

二、如在缔约一方境内曾被判刑的人在缔约另一方境内被追究刑事责任,则该缔约一方应根据缔约另一方的请求提供以前判刑的情况。

第四章 其他规定

第二十八条 协商

一、缔约双方在执行本条约过程中的困难,应通过外交途径或通过本条约第三条所指的中央机关联系解决。

二、缔约双方可通过外交途径就扩大双方司法协助范围包括刑事犯的引渡和过境方面的合作,以及便利双方主管机关在司法协助方面的联系问题进行协商。

第二十九条 交换法律情报

缔约双方应根据请求,相互通报各自国家的法律及其实施情况,并交换有关资料。

第三十条 户籍文件及其他文件的送交

为了实施本条约,缔约一方主管机关可根据缔约另一方的请求,通过本条约第三条规定的途径,将诉讼中所需的缔约另一方国民的户籍文件及其他文件送交缔约另一方。

第三十一条 物品的出境和金钱的汇出

根据本条约从缔约一方境内向缔约另一方境内寄出物品或汇出金钱时,应遵守本国关于物品的出境和金钱的汇出方面的法律规定。

第五章 最后条款

第三十二条 条约的批准和生效

本条约须经批准。批准书在北京互换。本条约自互换批准书之日起第三十天开始生效。

第三十三条 条约的有效期

本条约自缔约任何一方书面通知缔约另一方终止之日起六个月后失效,否则,本条约永远有效。

本条约于一九八九年八月三十一日在乌兰巴托签订,一式两份,每份均用中文和蒙文写成,两种文本具有同等效力。

中华人民共和国和秘鲁共和国关于民事和商事司法协助的条约

(2008年3月19日订于北京 2012年5月25日对我国生效)

中华人民共和国和秘鲁共和国(以下简称"双方"),在相互尊重主权和平等互利的基础上,为加强两国司法合作,就缔结民事和商事司法协助条约达成如下协议:

第一章　总　　则

第一条　司法保护

一、一方国民在另一方境内，应当享有与另一方国民同等的司法保护，有权在与另一方国民同等的条件下，在另一方法院进行诉讼。

二、一方法院对于另一方国民，不得因为该人是外国人或者在其境内没有住所或者居所而要求该人提供诉讼费用担保。

三、本条第一款和第二款的规定亦适用于位于任何一方境内并依该方法律成立的法人。

第二条　诉讼费用减免和法律援助

一、一方国民在另一方境内，应当在与该另一方国民同等的条件下和范围内获得诉讼费用减免和法律援助。

二、申请获得第一款规定的诉讼费用减免和法律援助，应当由申请人住所或者居所所在地一方的主管机关出具关于该人财产状况的证明。如果申请人在双方境内均无住所或者居所，可以由该人国籍所属一方的外交或者领事代表机关出具或者确认有关该事项的证明。

三、负责对诉讼费用减免和法律援助申请作出决定的司法机关或者其他主管机关可以要求提供补充材料。

第三条　司法协助的范围

本条约规定的司法协助包括：

（一）送达司法文书；

（二）调查取证；

（三）承认与执行法院裁判文书以及仲裁裁决；

（四）交换法律和司法实践资料。

第四条　司法协助的联系途径

一、除本条约另有规定外，双方在相互请求和提供司法协助时，应当通过各自指定的中央机关直接进行联系。

二、第一款所指的中央机关，在中华人民共和国方面为中华人民共和国司法部，在秘鲁共和国方面为秘鲁共和国司法部。

三、同意或者拒绝司法协助请求，应当通过双方各自指定的中央机关通知。

四、任何一方如果变更其对中央机关的指定，应当通过外交途径通知另一方。

第五条　司法协助适用的法律

双方执行司法协助请求时，适用各自的本国法，但是本条约另有规定的除外。

第六条　司法协助的拒绝

被请求方如果认为提供司法协助将有损本国的主权、安全或者重大公共利益，或者违反其法律的基本原则，或者请求的事项超出本国司法机关的主管范围，可以拒绝提供司法协助，并应当说明拒绝理由。

第七条　司法协助请求的形式和内容

一、司法协助的请求应当以书面形式提出，由请求机关签署或者盖章，并包括下列内容：

（一）请求机关的名称和地址；

（二）可能时，被请求机关的名称；

（三）请求所涉及人员的姓名、国籍以及地址；如果系法人，法人的名称和地址；

（四）必要时，当事人代理人的姓名和地址；

（五）请求所涉及的诉讼的性质和案情摘要；

（六）请求的事项；

（七）执行请求所需的其他材料。

二、被请求方如果认为请求方提供的材料不足以使其根据本条约的规定执行该请求，可以要求请求方提供补充材料。

第八条　文字

一、双方的中央机关进行书面联系时，应当使用本国官方文字，并附对方文字的译文。

二、司法协助请求书及其所附文件，应当使用请求方的文字，并附被请求方文字的译文。

第二章　送达司法文书

第九条　适用范围

任何一方应当根据本条约的规定，执行

另一方提出的向在其境内的人员送达司法文书的请求。

第十条 送达请求的执行

一、被请求方应当根据本国法律规定执行送达请求。

二、在不违背本国法律的范围内，被请求方可以按照请求方明示要求的方式执行送达。

三、被请求机关如果无权执行请求，应当将该项请求移送有权执行的主管机关，以便执行。

四、被请求方如果难以按照请求方指明的地址执行送达，应当采取必要措施确定地址，必要时可以要求请求方提供补充材料。如果仍然无法确定地址或者因为其他原因无法执行送达，被请求方应当将请求书以及所附文件退回请求方，并说明妨碍送达的原因。

第十一条 通知送达结果

被请求方应当通过本条约第四条规定的联系途径，向请求方书面通知送达结果，并附送达机关出具的证明。该证明应当注明受送达人的姓名、身份、送达日期和地点以及送达方式。如果受送达人拒收，应当注明拒收的原因。

第十二条 送达的费用

被请求方应当负担在本国境内执行送达所产生的费用。但是，根据本条约第十条第二款执行送达所产生的费用，由请求方负担。

第三章 调查取证

第十三条 适用范围

一、一方应当根据本条约的规定，执行另一方提出的调查取证请求，包括获取当事人陈述和证人证言，调取物证和书证，进行鉴定或者司法勘验，或者履行与调查取证有关的其他司法行为。

二、本条约不适用于下列情况：

（一）调取不打算用于已经开始或者即将开始的司法程序的证据；或者

（二）调取未在请求书中予以列明的文件，或者调取与案件没有直接密切联系的文件。

第十四条 调查取证请求的执行

一、被请求方应当根据本国法律执行调查取证的请求。

二、在不违背本国法律的范围内，被请求方应当按照请求方明示要求的方式执行调查取证请求。

三、被请求机关如果无权执行请求，应当将该项请求移送有权执行的主管机关，以便执行。

四、被请求方如果难以调查取证，应当采取必要措施要求请求方提供补充材料。如果被请求方仍然无法执行请求，应当将请求书及所附文件退回请求方，并说明妨碍执行的原因。

五、如果请求方明示要求，被请求方应当向请求方通知执行请求的时间和地点，以便有关当事人或者其代理人到场。上述当事人或者代理人在到场时应当遵守被请求方的法律。

第十五条 拒绝作证

一、如果根据本条约被要求作证的人员主张依请求方法律有拒绝作证的权利或者特权，被请求方应当要求请求方提供是否存在该项权利或者特权的证明。请求方的证明应当视为是否存在该项权利或者特权的充分证据，除非有明确的相反证据。

二、如果被请求方法律允许根据本条约被要求作证的人员在被请求方提起的诉讼中的类似情形下不作证，该人可以拒绝作证。

第十六条 通知执行结果

被请求方应当通过本条约第四条规定的联系途径，向请求方书面通知执行调查取证请求的结果，并转交所取得的证据材料。

第十七条 安排有关人员作证

一、被请求方应当根据请求方的请求，邀请有关人员前往请求方境内出庭作证。请求方应当说明需向该人支付的津贴或者费用的总额和方式。被请求方应当将该人的答复迅速通知请求方。

二、邀请有关人员在请求方境内出庭作证的文书，应当在不迟于预定的出庭日六十天前递交给被请求方，除非在紧急情况下，被请求方同意在较短期限内递交。

第十八条　移交在押人员以便作证

一、经请求方请求，被请求方可以将在其境内的在押人员临时移交至请求方以便出庭作证，条件是该人同意，而且双方已经就移交条件事先达成书面协议。

二、如果依被请求方法律该被移交人应予羁押，请求方应当对该人予以羁押。

三、作证完毕后，请求方应当尽快将该人送回被请求方。

四、为了本条的目的，该被移交人在请求方被羁押的时间，应当折抵在被请求方判处的刑期。

第十九条　证人和鉴定人的保护

一、请求方对于到达其境内的证人或者鉴定人，不得因该人在入境前的任何作为或者不作为而予以起诉、羁押、处罚或者采取其他限制人身自由的措施，也不得要求该人在请求所未涉及的任何其他诉讼程序中作证，除非事先取得被请求方和该人同意。

二、如果上述人员在被正式通知无需继续停留后十五天内未离开请求方领土，或者离开后又自愿返回，则不再适用本条第一款。但该期限不包括该人因本人无法抗拒的原因而未离开请求方领土的期间。

三、对于拒绝接受根据第十七条或者第十八条提出的邀请的人员，不得因此种拒绝而施加任何处罚，或者采取任何限制其人身自由的强制措施。

第二十条　调查取证的费用

一、请求方应当按照其本国法律负担下列费用：

（一）按照本条约第十四条第二款规定的方式执行请求的费用；

（二）有关人员按照本条约第十四条第五款的规定，前往、停留和离开被请求方的费用；

（三）有关人员按照本条约第十七条或者第十八条的规定，前往、停留和离开请求方的费用和津贴。这些费用应当根据费用发生地的标准和规定支付；

（四）鉴定人的费用和报酬；

（五）笔译和口译的费用和报酬。

二、被请求方应当按照其本国法律负担在本国境内执行调查取证请求的费用。如果执行请求需要超常性质的费用，双方应当协商决定可以执行请求的条件。

第四章　法院裁判文书与仲裁裁决的承认和执行

第二十一条　法院裁判文书的范围

一、一方法院作出的下列裁判文书，应当根据本条约规定的条件在另一方境内得到承认和执行：

（一）法院在民事和商事案件中作出的裁判文书；或者

（二）法院作出的向被害人给予赔偿和返还财物的裁判文书。

二、本条第一款所述"法院裁判文书"包括法院就民事和商事案件作出的调解书。

三、本章不适用于针对下列事项作出的法院裁判文书：

（一）遗嘱或者继承；

（二）破产、清算或者类似程序；

（三）关于社会保障的裁判文书；

（四）保全措施或者临时措施，但涉及生活费的裁判文书除外；

（五）其他不涉及民事或商事的法院裁判文书。

第二十二条　申请的提出

承认和执行法院裁判文书的申请，可以由当事人直接向被请求方的主管法院提出。

第二十三条　提交文件

一、承认和执行法院裁判文书的申请，应当附有下列文件：

（一）经证明无误的生效裁判文书副本；

（二）证明已经向败诉一方当事人送达裁判文书和无诉讼行为能力的当事人已经得到适当代理的文件；

（三）如果是缺席裁判，证明已经合法传唤缺席的当事人出庭的文件。

二、申请书和上述裁判文书及文件，均应当附有经证明无误的被请求方文字的译文。

第二十四条 拒绝承认或者执行法院裁判文书

对于本条约第二十一条第一款列举的法院裁判文书，除可以根据本条约第六条的规定拒绝承认或者执行外，有下列情形之一的，也可以拒绝承认或者执行：

（一）根据作出裁判文书一方的法律，该裁判文书尚未生效或者不具有执行效力；

（二）根据本条约第二十五条的规定，作出裁判文书的法院无管辖权；

（三）败诉的当事人未经合法传唤，或者无诉讼行为能力的当事人没有得到适当代理；

（四）被请求方法院已经受理相同当事人就同一标的提起的诉讼；

（五）该裁判文书与被请求方法院此前对相同当事人就同一标的作出的裁判文书或已经承认的第三国法院作出的裁判文书不符。

第二十五条 管辖权

一、为本条约的目的，符合下列情况之一的，作出裁判文书一方的法院即被视为有管辖权：

（一）在提起诉讼时，被告在该方境内有住所或者居所；

（二）因被告在该方境内设立的分支机构的商业活动产生的诉讼；

（三）被告已经明示接受该方法院的管辖；

（四）被告就争议的实质问题进行了答辩，未对管辖权提出异议；

（五）在合同案件中，合同在该方境内签订，或者已经或者应当在该方境内履行，或者诉讼标的物在该方境内；

（六）非合同性质的侵权行为或者其结果发生在该方境内；

（七）在扶养义务案件中，债权人在提起诉讼时在该方境内有住所或者居所；

（八）作为诉讼标的物的不动产位于该方境内；

（九）在身份案件中，诉讼当事人在该方境内有住所。

二、本条第一款不应影响双方法律关于专属管辖权的规定。

第二十六条 承认和执行的程序

一、承认和执行适用被请求方法律规定的程序。

二、被请求方法院应当仅限于审查裁判文书是否符合本条约规定的条件，不得对其作任何实质性审查。

三、如果法院裁判文书涉及多项内容并且无法得到全部承认或者执行，被请求方法院可以决定仅承认或者执行其部分内容。

第二十七条 承认和执行的效力

被承认或者执行的法院裁判文书在被请求方境内应当与被请求方法院作出的裁判文书具有相同效力。

第二十八条 仲裁裁决的承认和执行

一方应当根据一九五八年六月十日在纽约签订的承认及执行外国仲裁裁决公约，承认和执行在另一方境内作出的仲裁裁决。

第五章 其他规定

第二十九条 交换法律资料

双方应当根据请求，相互交换本条约涉及领域的本国法律或者司法实践的资料。

第三十条 外交或者领事代表机关送达文书和调查取证

一方可以通过本国派驻另一方的外交或者领事代表机关向在该另一方境内的本国国民送达司法文书和调查取证，但是应当遵守该另一方法律，并且不得采取任何强制措施。

第三十一条　认证的免除

为适用本条约的目的，由双方法院或者其他主管机关制作或者证明的文件，通过本条约第四条规定的联系途径转递，免除任何形式的认证。

第三十二条　争议的解决

因解释或者实施本条约所产生的任何争议，如果双方中央机关不能达成协议，应当通过外交途径协商解决。

第六章　最后条款

第三十三条　生效、修正和终止

一、本条约须经批准，批准书在利马互换。本条约自互换批准书之日后第三十天生效。

二、经双方书面协议，本条约可以随时予以修正。

三、任何一方可以随时通过外交途径，以书面形式通知另一方终止本条约。终止自收到该通知之日起一年后生效，但是不影响正在执行的协助请求。

下列签署人经各自政府适当授权，签署本条约，以昭信守。

本条约于二○○八年三月十九日在北京签订，一式两份，每份均以中文和西班牙文制成，两种文本同等作准。

中华人民共和国和摩洛哥王国关于民事和商事司法协助的协定

(1996 年 4 月 16 日订于拉巴特　1999 年 11 月 26 日对我国生效)

中华人民共和国和摩洛哥王国（以下简称"缔约双方"），在互相尊重国家主权和平等互利的基础上，为促进两国在司法领域的合作，决定缔结关于民事和商事司法协助的协定，并达成协议如下：

第一章　总　则

第一条　司法保护

一、缔约一方的国民在缔约另一方境内，享有与缔约另一方国民同等的司法保护，有权在与缔约另一方国民同等的条件下，在缔约另一方法院进行诉讼或向其他主管机关提出请求。

二、缔约一方法院对于缔约另一方国民，不得因其是外国人或者在缔约一方境内没有住所或居所而令其提供诉讼费用保证金。

第二条　司法救助

一、缔约一方国民在缔约另一方境内，可以在与缔约另一方国民同等的条件下和范围内申请司法救助或减免诉讼费用。

二、为证实有必要给予司法救助所需的有关个人、家庭和财产的证明应由提出请求的公民的住所或居所所在的缔约一方的主管机关出具。

三、如果当事人不居住在缔约任何一方，该人为其国民的缔约一方的外交或领事机关可以出具证明，也可以证明接受该人的国家的主管机关出具的文书的真实性。

四、须对司法救助请求作出决定的司法机关可以要求出具证明的机关提供补充情况。

第三条　法人

本协定第一条的规定亦适用于设立在缔约任何一方并依其法律成立的法人。

第四条　司法协助的费用

缔约一方应向缔约另一方免费提供司法

协助，但向鉴定人支付的报酬和费用除外。

第五条 司法协助的联系途径

一、除本协定另有规定外，缔约双方根据本协定相互提供司法协助应通过中央机关进行联系。

二、第一款所指的中央机关为缔约双方各自的司法部。

第六条 文字

一、缔约双方中央机关进行书面联系时，应当使用本国文字，并附有对方文字或法文的译文。

二、司法协助请求书及其所附文件应当用提出请求的缔约一方的文字制作，并附有被请求的缔约一方文字或法文的译文。

第七条 司法协助适用的法律

缔约双方在本国境内实施司法协助，各自适用其本国法，但本协定另有规定的除外。

第八条 司法协助的拒绝

如果被请求的缔约一方认为提供司法协助将有损于本国的主权、安全或公共秩序，或者请求的事项不属于该国司法机关主管，可以拒绝提供司法协助，但应将拒绝的理由通知缔约另一方。

第九条 司法协助请求书

一、请求提供司法协助应当使用请求书。请求书应当载明下列内容：

（一）请求机关的名称和地址；

（二）可能时，被请求机关的名称；

（三）提出请求的人以及与执行请求有关的人员的姓名、性别、国籍、出生时间和地点、住所或居所、职业；如系法人，法人的名称和地址；

（四）必要时，代理人的姓名和住址；

（五）请求所涉及的诉讼的性质和案情摘要；

（六）请求协助的内容；

（七）执行请求所需的其他文件和材料。

二、请求书应当由请求机关签署并盖章。

第二章 送达司法文书和司法外文书及调查取证

第十条 适用范围

缔约一方应当根据请求代缔约另一方送达司法文书和司法外文书，询问当事人、证人和鉴定人，进行鉴定和司法勘验（现场调查笔录）以及完成其他与调查取证有关的司法行为。

第十一条 请求的执行

一、如果被请求机关无权执行请求，应当将该项请求移送有权执行的机关，并通知提出请求的缔约一方。

二、如果被请求机关无法按请求书所示地址执行请求，应当采取适当措施以确定地址；必要时可以要求提出请求的缔约一方提供补充材料。

三、如果被请求机关无法执行请求，应当通知提出请求的缔约一方，说明妨碍执行的原因，并退回请求书附件。

四、在缔约任何一方境内执行民事商事调查取证应通过司法机关进行，执行该调查取证应通过中央机关联系。

第十二条 特殊执行方式

应请求机关特殊要求，被请求机关应该：

（一）按特殊方式执行调查取证，如果此种方式不违反其本国法律；

（二）在有效期间内向请求机关通知执行调查取证的时间和地点，以便当事人在同意的情况下自己到场，或者按照被请求国有效法律委托代理人到场。

第十三条 调查取证程序的效力

按照前述规定执行调查取证的司法程序应具有与请求国主管当局执行此种调查取证时所产生的同样的法律效果。

第十四条 通知执行结果

一、被请求机关应通过本协定第五条规定的联系途径，将送达文书或调查取证的结果书面通知请求机关，并附送达回证或有关机关出具的笔录、或所取得的证据材料以及所有有用的情报。

二、送达回证应由送达机关盖章，送达人和受送达人签名，并载明送达的方式、地点和日期；如果受送达人拒收，应在送达回证或送达记录中载明拒收的理由。

第十五条 外交或领事代表机构的职能

一、缔约任何一方均有权直接通过其外交或领事代表机构向在缔约另一方的人员完成司法文书的送达，但不得采取任何强制措施。

二、缔约任何一方均可反对在其境内进行此种送达，除非前款所述文书是送达给发出文书的缔约国的国民。

第三章 法院裁决和仲裁裁决的承认与执行

第十六条 法院裁决的适用范围

一、缔约一方应当根据本协定规定的条件，在其境内承认与执行缔约另一方的下列裁决：

（一）法院在民事商事案件中作出的裁决；

（二）有关个人身份的法院裁决；

（三）法院在刑事案件中作出的有关损害赔偿的裁决。

二、本协定所指的"裁决"亦包括法院制作的调解书。

第十七条 请求的提出

承认与执行法院裁决的请求，可以由当事人直接向有权承认与执行该裁决的法院提出，亦可以由缔约一方法院通过本协定第五条规定的联系途径向缔约另一方有权承认与执行该裁决的法院提出。

第十八条 请求应附的文件

承认与执行裁决的请求，应附下列文件：

（一）经证明无误的裁决书的副本；

（二）告知裁决的文书的正本；

（三）证明法院裁决是终结的和可以执行的文件；

（四）已向被缺席审判的当事人送达的经核实无误的传票的副本；

（五）证明无诉讼行为能力的人已得到合法代理的文件，除非裁决中对此已予明确说明；

（六）上述法院裁决和文件的经证明无误的被请求的缔约一方文字或法文的译文。

第十九条 法院裁决的承认与执行

一、缔约双方应依照本国法律规定的程序承认与执行法院裁决。

二、被请求的缔约一方的法院可以审核请求承认与执行的法院裁决是否符合本协定的规定，但不得对该裁决作任何实质性审查。

第二十条 承认与执行的拒绝

对于本协定第十六条列举的裁决，除可以根据本协定第八条的规定拒绝承认与执行外，有下列情形之一的，也可以拒绝承认与执行：

（一）根据作出裁决的缔约一方的法律，该裁决不是终结的或不具有执行效力；

（二）根据被请求的缔约一方的法律，裁决是由无管辖权的法院作出的；

（三）根据作出裁决的缔约一方的法律，在缺席判决的情况下，败诉一方当事人未经合法传唤；或在当事人无诉讼行为能力时没有得到合法代理；

（四）被请求的缔约一方法院对于相同当事人之间就同一标的的案件正在进行审理或已经作出了终结裁决，或已承认了第三国对该案件作出的终结裁决。

第二十一条 承认与执行的效力

被承认与执行的裁决在被请求一方境内应与被请求一方法院作出的裁决具有相同的效力。

第二十二条 承认与执行仲裁裁决

缔约任何一方作出的有效仲裁裁决在缔约另一方应予以承认并具有可以执行的效力，如果该裁决满足了一九五八年六月十日纽约关于《承认与执行外国仲裁裁决公约》

所规定的条件。

第四章　其他规定

第二十三条　认证的免除

在适用本协定时，由缔约双方法院或其他主管机关制作或证明的文件和译文，免除任何形式的认证。

第二十四条　官方文书的效力

在适用本协定时，缔约任何一方主管机关制作的官方文书，在缔约另一方境内具有与缔约另一方主管机关制作的同类官方文书同等的效力。

第二十五条　情报交换

一、缔约一方应当根据请求向缔约另一方提供关于本国现行的或者过去施行的法律的情报，以及本国民事商事方面司法实践的情报。

二、两国主管机关可以在民事商事诉讼方面，通过双方中央机关相互要求提供情报，并可以相互免费提供有关法院裁决的副本。

第二十六条　争议的解决

因解释或实施本协定而产生的任何分歧，均应通过外交途径解决。

第五章　最后条款

第二十七条　批准和生效

缔约双方应在各自完成国内法律程序后通过外交途径通知对方。本协定自后一份通知书收到之日起第三十天生效。

第二十八条　终止

缔约任何一方可以随时通过外交途径书面通知另一方终止本协定。上述终止自通知之日起满一年后生效。

缔约双方经正式授权的全权代表签署了本协定，以昭信守。

本协定于一九九六年四月十六日在拉巴特签订，一式两份，每份均用中文、阿拉伯文和法文写成，三种文本同等作准。如对文本的解释有分歧，以法文本为准。

中华人民共和国和塞浦路斯共和国关于民事、商事和刑事司法协助的条约

(1995年4月25日订于尼科西亚 1996年1月11日对我国生效)

中华人民共和国和塞浦路斯共和国（以下简称"缔约双方"），为进一步加强两国在司法领域的合作，在相互尊重主权和平等互利的基础上，决定缔结关于民事、商事和刑事司法协助的条约。

为此目的，缔约双方委派全权代表如下：

（1）中华人民共和国司法部长肖扬

（2）塞浦路斯共和国司法及公共秩序部长阿莱科斯·伊凡杰罗

缔约双方全权代表相互校验全权证书，认为妥善后，议定下列各条：

第一章 总 则

第一条 司法保护

一、缔约一方公民在缔约另一方境内，在人身和财产的司法保护方面享有与缔约另一方公民同等的权利。

二、缔约一方公民有权在与缔约另一方公民相同的条件下在缔约另一方司法机关进行诉讼或提出请求。

三、本条第一款和第二款的规定亦适用于依照缔约一方法律在其境内成立或组成的法人。

第二条 司法协助的范围

本条约规定的司法协助包括：

（一）在民事、商事和刑事方面送达文书和调查取证；

（二）法院裁决和仲裁裁决的承认与执行；

（三）本条约规定的其他司法和法律协助。

第三条 诉讼费用的减免和法律救助

经请求，缔约一方公民在缔约另一方境内应在与缔约另一方公民相同的条件下和相同的范围内，享受诉讼费用的减免和获得法律救助。

第四条 出具财产状况证明书

诉讼费用的减免取决于申请人财产状况的证明。该证明应由申请人住所或居所所在地缔约一方的主管机关出具。如果申请人在缔约双方境内均无住所或居所，亦可由其本国的外交或领事代表机构出具证明。

第五条 诉讼费用减免和法律救助的申请

根据第三条申请减免或法律救助的缔约一方公民可向其住所或居所所在地的主管机关提出申请，该主管机关应将申请连同根据第四条出具的证明一起转交缔约另一方的主管机关。

第六条 联系途径

一、除本条约另有规定外，缔约双方应通过各自的中央机关就请求和提供司法协助事宜进行联系。

二、缔约双方的中央机关为各自的司法部。

第七条 文字

一、司法协助的请求书及所附文件应使

用提出请求的缔约一方的文字，并附有被请求的缔约一方的文字或英文的译文。

二、请求书所附的译文应经提出请求的缔约一方中央机关证明无误。

第八条　司法协助的费用

除第十一条第一款和第十五条规定外，缔约双方不得对提供司法协助所产生的费用要求对方予以补偿。

第九条　向本国公民送达文书

一、缔约一方可以通过其派驻缔约另一方的外交或领事代表向在该缔约另一方境内的本国公民送达文书。

二、此种送达不得采取任何强制措施。

第十条　司法协助请求书

请求提供司法协助应以请求书的形式提出。司法协助请求书应包括下列内容：

（一）请求机关的名称；

（二）如已知道，被请求机关的名称；

（三）司法协助请求所涉及案件的案情；

（四）当事人的姓名、住址、国籍、职业及出生时间和地点；如系法人，该法人的名称和住址；

（五）当事人如有法定代理人，法定代理人的姓名；

（六）请求的性质及执行请求所需的其他材料；

（七）就刑事事项而言，犯罪行为的法律特征和细节，以及据以认定行为构成犯罪的有关法律规定。

第十一条　司法协助请求的执行

一、在执行司法协助请求时，被请求机关应适用其本国的法律；但在不违反上述法律的情况下，也可根据请求机关的请求采用请求书所要求的特殊方式。被请求机关可要求对因使用特殊方式而产生的费用予以补偿。

二、如果被请求机关无权执行此项请求，应将该项请求立即送交主管机关，并将此通知请求机关。

三、如果司法协助请求书所提供的地址不确切，或者当事人不在所提供的地址居住，被请求机关应努力确定正确的地址。如有必要，被请求机关可要求请求机关提供补充材料。

四、如果司法协助请求无法执行，被请求机关应将文件退回请求机关，并说明妨碍执行的理由。

第十二条　司法协助的拒绝

如果被请求的缔约一方认为执行某项司法协助请求可能损害其主权、安全、公共秩序或基本利益，或违反其法律，则可以拒绝提供该项司法协助，但应将拒绝的理由通知提出请求的缔约一方。

第十三条　请求证人或鉴定人出庭

一、提出请求的缔约一方如果认为在被请求的缔约一方境内的证人和鉴定人亲自到其司法机关是特别需要的，应在送达传票的请求书中予以说明。被请求的缔约一方应请证人或鉴定人出庭。

二、被请求的缔约一方应将有关证人或鉴定人的答复通知提出请求的缔约一方。

第十四条　证人和鉴定人的保护

一、即使在请求送达的出庭传票中包括一项关于刑罚的通知，证人或鉴定人不得因其未答复该项传票而受惩罚或被拘禁，除非其随后自愿进入提出请求的缔约一方境内并再次经适当传唤。如果证人或鉴定人拒绝出庭，被请求的缔约一方应通知提出请求的缔约一方。

二、对于根据第十三条的请求在提出请求的缔约一方司法机关出庭的证人或鉴定人，不论其国籍如何，该缔约一方不得因其在离开被请求的缔约一方领土前的犯罪行为或被判定有罪而在该方境内对其起诉、拘留，或者采取任何其他限制人身自由的措施，也不得因其证词或鉴定而对其起诉、拘留或惩罚。

三、如经传唤机关告知已无需其出庭之日起连续三十日，证人或鉴定人有机会离开却仍在提出请求的缔约一方境内停留，或离开后又自愿返回提出请求的缔约一方领土，则不适用前款规定的保护。上述期间不应包括证人或鉴定人因非其所能控制的原因未能离开提出请求的缔约一方领土的时间。

第十五条 证人或鉴定人费用的补偿

一、根据第十三条提出请求的缔约一方，应向证人或鉴定人支付补贴（包括生活费）和偿还旅费。上述费用应自其居住地起算，且费率的计算至少等同于提出请求的缔约一方的标准和规则的规定。

二、提出请求的缔约一方应根据证人或鉴定人的请求，向其全部或部分预付上述旅费和生活费。

第二章 民事和商事司法协助

第十六条 送达文书

一、被请求机关应按照其国内法规定的方式，或在不违反其国内法的情况下按照请求书所要求的方式送达文书。

二、送达的文书应使用提出请求的缔约一方的文字并附被请求的缔约一方文字或英文的译文。

第十七条 送达的证明

一、送达文书应根据被请求的缔约一方的送达规则予以证明。

二、送达证明应注明送达的时间、地点和受送达人。

第十八条 调查取证

缔约双方应根据请求代为询问当事人、证人和鉴定人，进行鉴定以及采取任何与调查取证有关的其他措施。

第十九条 调查取证请求书

一、除符合第十条的规定外，有关调查取证的请求书还应说明：

（一）向被调查人所提的问题，或者关于调查的事由的陈述；

（二）被调查的文件或其他财产；

（三）关于证据是否应经宣誓，以及使用任何特殊形式作证的要求；

（四）适用第二十二条所需的材料。

二、下列请求可予拒绝：

（一）调查所获证据并非欲用于请求书中所提及的已经开始或者预期将开始的司法程序；

（二）审判前对文件的调查。

第二十条 通知执行请求的时间和地点

被请求机关应根据请求将执行请求的时间和地点通知请求机关，以便有关当事人或其任何代理人可在执行请求时在场。应请求机关请求，通知也可直接送达有关当事人或其代理人。

第二十一条 强制措施的适用

在执行请求时，被请求机关应在其本国法对执行本国主管机关的决定所规定的情形下和相同的范围内，采取适当的强制措施。

第二十二条 作证的拒绝

在执行请求时，当事人如果在下列情况下有拒绝作证的特权或义务，可以拒绝作证：

（一）根据被请求的缔约一方法律；或者

（二）根据提出请求的缔约一方法律，并且此种特权或义务已在请求书中说明，或者应被请求机关的要求，已由请求机关通过其他方式向被请求机关确认。

第二十三条 通知执行结果

被请求机关应根据请求，通过第六条规定的途径，将执行请求的地点和时间及时通知请求机关，并随附所获得的证据。

第三章 法院裁决和仲裁裁决的承认与执行

第二十四条 范围

一、缔约一方应根据第二十五条规定的条件在其境内承认与执行在缔约另一方境内作出的下列裁决：

（一）法院对民事案件作出的裁决；

（二）法院在刑事案件中所作出的有关损害赔偿或诉讼费的裁决。

二、本条约所指的"裁决"亦包括中国法院作出的调解书和塞浦路斯法院作出的协议判决。

第二十五条 承认与执行的条件

一、第二十四条所指的裁决在下列条件下应被承认与执行：

（一）根据作出裁决的缔约一方法律，该裁决是最终的和可执行的；

（二）据以作出裁决的案件不属于被请求的缔约一方法院的专属管辖；

（三）在缺席裁决的情况下，根据在其境内作出裁决的缔约一方的法律，未参加诉讼并被缺席裁决的一方当事人已被适当地通知应诉；

（四）被请求的缔约一方法院事先未就相同当事人之间的同一诉讼标的作出最终裁决；

（五）在作出该裁决的诉讼程序开始前，相同当事人未就同一诉讼标的在被请求的缔约一方法院提起诉讼；

（六）被请求的缔约一方认为裁决的承认或执行不损害其主权或安全；

（七）裁决的承认或执行不违反被请求的缔约一方的公共秩序或基本利益；

（八）根据被请求的缔约一方的法律，裁决不论基于何种理由，都不是不可执行的；

（九）裁决或其结果均不与被请求的缔约一方任何法律的基本原则相抵触；

（十）根据第二十六条的规定，裁决不是由无管辖权的法院作出的。

二、被请求的缔约一方的主管法院就裁决的承认或执行作出决定时，不应有任何不适当的迟延。

第二十六条 管辖权

一、就本条约而言，作出裁决的缔约一方法院在下列情况下应被认为对案件具有管辖权：

（一）在提起诉讼时，被告在该方境内有住所或居所；或者

（二）被告因其商业活动被提起诉讼时，在该方境内设有代表机构；或者

（三）被告已书面明示接受该方法院的管辖；或者

（四）被告就争议的实质进行了答辩，且未对法院的管辖权提出异议；或者

（五）在合同争议中，合同在该方境内签订，或者已经或应该在该方境内履行，或者诉讼标的物在该方境内；或者

（六）在合同外侵权案件中，侵权行为或其结果发生在该方境内；或者

（七）在身份关系案件中，诉讼当事人在该方境内有住所或居所；或者

（八）在抚养义务案件中，债权人在该方境内有住所或居所；或者

（九）在继承案件中，被继承人死亡时其住所或者主要遗产在该方境内；或者

（十）诉讼标的物是位于该方境内的不动产。

二、第一款的规定不应影响缔约双方法律中有关专属管辖权的规定。

第二十七条 承认与执行的申请

一、请求承认或执行裁决的申请，可以由一方当事人直接向被请求的缔约一方法院提交，也可以向作出一审裁决的缔约一方法院提交并由其按第六条规定的途径转交。

二、请求承认或执行的申请应附下列文件：

（一）裁决或其经证明无误的副本。除非裁决本身表明其是最终的，还应包括表明该裁决是最终的和可执行的文件；

（二）在缺席裁决的情况下，根据在其境内作出裁决的缔约一方的法律，未参加诉讼并被缺席裁决的一方已被适当地通知应诉，以及在其无行为能力的情况下已得到适当代理的证明文件。

三、前两款所指申请和文件也应附经证明无误的被请求的缔约一方的文字或英文的译文。

第二十八条 承认与执行裁决的程序

一、关于承认与执行裁决的程序，缔约双方适用各自本国的法律。

二、法院在对请求承认或执行裁决的申请作出决定时，应仅限于就是否符合第二十五条规定的条件进行审查。

第二十九条　承认与执行的效力

缔约一方法院作出的裁决经缔约另一方法院承认或同意执行，即与缔约另一方法院作出的裁决具有同等效力。

第三十条　仲裁裁决的承认与执行

一、缔约双方应根据一九五八年六月十日在纽约缔结的关于承认与执行外国仲裁裁决的公约，相互承认与执行仲裁裁决。

二、根据上述第一款所指公约第四条第二款提出的承认与执行的请求，就其所附文件的翻译而言，除经证明无误的仲裁裁决的译文外，只须提供原协议中的仲裁条款或仲裁协议的经证明无误的译文。

第四章　刑事司法协助

第三十一条　范围

缔约双方应根据请求，在刑事方面相互代为送达文书，向证人、被害人或鉴定人调查取证，讯问被告人，进行鉴定、勘验以及完成其他与调查取证有关的司法行为，安排证人或鉴定人出庭，通报刑事判决。

第三十二条　刑事司法协助的拒绝

除可根据第十二条拒绝提供刑事司法协助外，有下列情况之一的，被请求的缔约一方亦可拒绝提供刑事司法协助：

（一）被请求的缔约一方认为请求所涉及的犯罪具有政治性质；

（二）根据被请求的缔约一方法律，请求所涉及的行为不构成犯罪。

第三十三条　送达文书

第十六条和第十七条的规定亦适用于在刑事方面的送达文书。

第三十四条　调查取证

第十九条第一款、第二十条、第二十二条和第二十三条的规定亦适用于刑事方面的调查取证。

第三十五条　赃款赃物的移交

一、缔约一方应根据缔约另一方的请求，将在缔约一方境内发现的、罪犯在缔约另一方境内犯罪时所获得的赃款赃物移交给缔约另一方。但此项移交不得侵害被请求的缔约一方或者与上述财物有关的任何第三者的合法权益。

二、如果上述赃款赃物对于被请求的缔约一方境内的其他刑事诉讼程序是必不可少的，该方可暂缓移交。

第三十六条　刑事判决的通报

一、缔约双方应相互提供对缔约另一方公民所作出的已生效刑事判决及刑期的副本。

二、如有可能，缔约双方应根据请求相互提供本条第一款所指人员的指纹资料。

第五章　其他规定

第三十七条　交换情报

一、缔约双方应根据请求相互提供在各自境内有效的法律和司法实践的情报。

二、提供情报的请求应说明提出请求的机关，以及请求提供的情报所涉及的案件的性质。

第三十八条　认证的免除

在适用本条约时，缔约一方法院或其他主管机关制作并经其盖章的文件和译文，只要经该方中央机关证明无误，则无须任何其他形式的认证。

第三十九条　与其他国际条约的关系

本条约的规定不影响缔约双方根据本条约生效前参加的任何其他国际条约所享受的权利和承担的义务。

第四十条　争议的解决

因解释或实施本条约所产生的任何争议均应通过外交途径解决。

第六章　最后条款

第四十一条　批准和生效

本条约须经批准。批准书在北京互换。本条约自互换批准书之日起第三十日开始生效。

第四十二条　条约的终止

本条约自缔约任何一方通过外交途径向

缔约另一方书面提出终止通知之日起六个月后失效。

本条约于一九九五年四月二十五日在尼科西亚签订，一式两份，每份均用中文、希腊文和英文写成，三种文本同等作准。如有分歧，以英文本为准。

缔约双方全权代表在本条约上签字，以昭信守。

中华人民共和国和泰王国关于民商事司法协助和仲裁合作的协定

（1994年3月16日订于北京　1997年7月6日对我国生效）

中华人民共和国和泰王国（以下简称"缔约双方"）期望加强两国之间历史上友谊的纽带，

认识到在相互尊重两国的主权、平等和互利基础上促进司法和仲裁领域合作的益处，

特议定下列各条：

第一部分　司法协助

第一章　总　则

第一条　司法协助的范围

缔约双方同意在民商事的送达文书和调查取证方面相互合作。

第二条　司法保护

一、缔约一方的国民在缔约另一方境内，享有与缔约另一方国民同等的司法保护，并可在与缔约另一方国民同等的条件下，自由地诉诸法院并出庭。

二、本协定中适用于缔约一方国民的条款，除第三条外，也适用于住所在缔约一方境内并按照其法律成立的法人。

第三条　司法救助和诉讼费用的免除

一、缔约一方的国民在缔约另一方境内，在与缔约另一方国民同等条件下和范围内享受司法救助。

二、缔约一方的国民在缔约另一方境内，可在与缔约另一方国民同等的条件下和范围内减交或免交诉讼费用。

第四条　司法协助的途径

一、除本协定另有规定外，请求和提供司法协助，应当通过双方的中央机关进行。

二、中央机关在中华人民共和国方面系指司法部（司法协助局），在泰王国方面系指司法部（司法事务办公室）。

第五条　文字

一、送达请求书和调查取证请求书应用英文书写。有关附件应附有英文或被请求的缔约一方官方文字的译文，并连同送达请求书和调查取证请求书原件一并转递给被请求的缔约一方的中央机关。

二、本条第一款中所指的译文应依提出请求的缔约一方的法律和实践予以证明无误，不需要认证或其他类似手续。

第六条　司法协助的费用

缔约双方应相互免费执行送达请求书和调查取证请求书，但鉴定费用以及按照第十七条第二款请求提供译文的翻译费用除外。

第二章　送达司法文书

第七条　请求的提出

一、发出文书的缔约一方的中央机关向缔约另一方的中央机关递送送达请求书，不需要认证或其他类似手续。

二、送达请求书应附有请求送达的文书或其副本。

三、送达请求书和请求送达的文书均应一式二份。

第八条 送达请求书的内容

送达请求书应附有关文书并载明如下事项：

（一）提出送达请求书的法院的名称和地址；

（二）需要进行该项送达的诉讼的性质；

（三）诉讼当事人和他们可能有的代理人的姓名和地址；

（四）受送达人的姓名和地址；

（五）有必要指明的其他事项，如有关送达文书的性质，对送达的要求或者使用的特殊形式。

第九条 请求的执行

一、按照本协定的规定适当提出的送达请求书应当予以执行，但下列情况除外：

（一）由于受送达人不在其住所或居所地或无法找到此人或类似原因不能执行；

（二）被请求的缔约一方认为送达请求书的执行有悖其公共秩序或损害其主权或安全。

二、如果请求未予执行，被请求的缔约一方的中央机关应尽快将不予执行的原因通知提出请求的缔约一方的中央机关。

三、送达司法文书的请求书应当按照被请求的缔约一方法律规定的方式或提出请求的缔约一方特殊要求的方式迅速予以执行，但以该种特殊要求的方式不违背被请求的缔约一方的法律为限。

四、证明司法文书的送达，应提供表明文书已经送达并注明送达方式和日期的被请求的缔约一方中央机关出具的证明以及可能有的经收件人签名并注明日期的回执正本。

第十条 外交或领事代表机构送达文书

缔约一方有权通过本国派驻在缔约另一方的外交或领事代表机构向居住在缔约另一方领域内的本国国民送达司法文书，但不得违反缔约另一方的法律，也不得使用任何强制措施。

第三章 调查取证

第十一条 调查取证的范围

一、缔约一方的法院可以根据本国的法律规定以请求书的方式请求缔约另一方主管机关就民事或商事案件调查取证。

二、调查取证请求书不得用以调取不用于司法程序的证据。

第十二条 调查取证请求书的内容

调查取证请求书应附有关文书并载明下列事项：

（一）提出调查取证请求书的法院的名称和地址；

（二）需要进行该项调查取证的诉讼的性质；

（三）诉讼当事人和他们可能有的代理人的姓名和地址；

（四）证人或受送达人的姓名和地址；

（五）需予以验查的文书或财产；

（六）有必要指明的其他事项，如与调查取证有关的事实情况，需向被调查人询问的问题，需以宣誓、确认或者其他特殊方式提供证据的要求。

第十三条 通知及出席权利

一、在执行调查取证请求书时，被请求的缔约一方的法院或中央机关应根据请求将即将进行的调查取证的时间和地点适当地通知提出请求的法院为此目的指定的任何人以及提出请求的缔约一方的中央机关。

二、调查取证时，可允许提出请求的缔约一方的诉讼当事人或其代理人出席。当事人及其代理人在参加上述活动时应遵守被请求的缔约一方的法律。

第十四条 调查取证请求书的执行

调查取证请求书应按照被请求的缔约一方法律规定的方式或提出请求的缔约一方特殊要求的方式迅速予以执行，但以该特殊要求的方式不违背被请求的缔约一方的法律为限。

第十五条 证人的特权与豁免

在执行调查取证请求书时，根据以下法律享有特权、豁免或有义务拒绝作证的有关人员可拒绝作证：

（一）被请求的缔约一方法律，或

（二）提出请求的缔约一方法律，且该特权、豁免或义务已经在调查取证请求书中表明，或应被请求的缔约一方的中央机关的要求已经由提出请求的缔约一方的中央机关向其确认。

第十六条　请求的拒绝

一、按照本协定的规定提出的调查取证请求书应当予以执行，但下列情况除外：

（一）调查取证请求书的执行不符合被请求的缔约一方的司法权限。

（二）要对其调查取证的人不在其住所或居所地或无法找到此人或类似原因不能执行。

（三）被请求的缔约一方认为请求书的执行有悖其公共秩序或损害其主权或安全。

二、被请求的缔约一方不得仅因为其国内法对该项诉讼标的规定了专属管辖权，或其国内法不允许对该项诉讼标的有起诉权而拒绝执行。

第十七条　执行和译文的证明

一、被请求的缔约一方的中央机关应向提出请求的缔约一方的中央机关转递注明执行调查取证请求书的日期和方式的英文证明书，同时附上所取得的证据材料。

二、被请求的缔约一方的中央机关应根据请求将所取得的证词记录或文件译成英文或提出请求的缔约一方的官方文字。

三、该译文必须经过适当证明，不需要认证或其他类似手续。

第十八条　交换法律情报

缔约双方应根据请求并按照被请求的缔约一方的法律，相互提供涉及提出请求的缔约一方国民有关案件的司法记录和立法的摘要。

第二部分　仲裁合作

第十九条　合作的范围

一、缔约双方同意将仲裁作为解决商事和海事争端的一种方式加以促进。

二、为实现第一款的目的，缔约双方应当鼓励各自领域的仲裁机构，应缔约另一方的请求提供资料、仲裁员名单和为进行仲裁程序的方便及便利。

第二十条　仲裁裁决的承认与执行

缔约一方应根据一九五八年六月十日在纽约缔结的承认与执行外国仲裁裁决公约承认与执行在缔约另一方领土上作出的仲裁裁决。

第三部分　解释、生效和废止

第二十一条　争议的解决

因解释和实施本协定引起的任何争议应当通过外交途径协商或谈判解决。

第二十二条　批准和生效

本协定须经批准，批准书在曼谷互换。

本协定在交换批准书之日后第三十天开始生效。

第二十三条　终止

一、本协定自缔约任何一方通过外交途径向缔约另一方书面提出希望终止的通知之日起一年后失效。

二、本协定的终止不损害在终止之日前开始的任何司法程序。

下列签名者经正式授权签署本协定，以昭信守。

本协定于一九九四年三月十六日在北京签署，一式两份，每份都用中文、泰文和英文写成，三种文本同等作准，如有分歧，以英文文本为准。

中华人民共和国和突尼斯共和国关于民事和商事司法协助的条约

(1999年5月4日订于北京 2000年7月20日对我国生效)

中华人民共和国和突尼斯共和国（以下简称"缔约双方"），

在相互尊重主权和平等互利的基础上，本着保持和加强两国在司法领域业已存在的合作的愿望，

决定缔结本条约，并议定下列各条：

第一章 总 则

第一条 司法保护

一、缔约一方国民在缔约另一方境内，享有与缔约另一方国民同等的司法保护，有权在与缔约另一方国民同等的条件下，诉诸缔约另一方司法机关，进行诉讼并维护其权益。

二、缔约一方对于缔约另一方的国民，不得因该人是外国人或者在缔约一方境内没有住所或居所而要求其提供诉讼费用担保或保证金。

三、本条第一款和第二款的规定亦适用于在缔约任何一方境内并依其法律成立的法人。

第二条 法律援助

一、缔约一方国民在缔约另一方境内，有权按照该缔约另一方法律规定的同等条件，获得与该缔约另一方国民同等的法律援助。

二、如果申请法律援助的人员居住在缔约任何一方境内，关于该人财产不足的证明由该人经常居住地的主管机关出具。如果申请人居住在第三国，可由其本国的外交或领事机关出具或确认上述证明。

三、负责对法律援助申请作出决定的司法机关或其他主管机关可以要求提供补充材料。

第三条 司法协助的范围

本条约规定的司法协助包括：

（一）送达司法文书；

（二）代为调查取证；

（三）承认和执行法院民事和商事裁决以及仲裁裁决；

（四）交换法律情报。

第四条 司法协助的联系途径

一、司法协助的请求应由请求方中央机关向被请求方中央机关提出。

二、前款所指的中央机关为缔约双方各自的司法部。

第五条 司法协助适用的法律

缔约双方在本国境内执行司法协助的请求，各自适用其本国法，但本条约另有规定的除外。

第六条 司法协助的拒绝

一、如果被请求方认为提供司法协助将有损本国的主权、安全或公共秩序，或者请求的事项超出本国司法机关的主管范围，可以拒绝提供司法协助，但应说明拒绝理由。

二、对于送达司法文书和代为调查取证的请求，被请求方不得仅因为主张本国法院对该项诉讼标的有专属管辖权、或本国法不允许进行该项请求所依据的诉讼，而拒绝提供协助。

第七条 司法协助请求的形式

一、司法协助的请求应以书面形式提

出。请求书应由请求机关签署并盖章，并包括下列内容：

（一）请求机关的名称和地址；

（二）可能时，被请求机关的名称；

（三）请求所涉及人员的姓名、国籍以及地址；如系法人，法人的名称和地址；

（四）必要时，当事人代理人的姓名和地址；

（五）请求所涉及的诉讼的性质和案情摘要；

（六）请求的事项。

二、协助请求应附执行请求所需的材料。

第八条 文字

一、缔约双方的中央机关进行书面联系时，应使用本国官方文字，并附对方官方文字或法文的译文。

二、司法协助请求书及其所附文件，应使用请求方的官方文字，并附被请求方官方文字或法文的译文。

三、有关执行协助请求的答复文件，应使用被请求方官方文字，并附请求方官方文字或法文的译文。

第二章 送达司法文书

第九条 适用范围

根据通过本条约第四条规定的联系途径提出的请求，缔约双方应相互代为向在本国境内的有关人员送达司法文书。

第十条 执行方式

一、被请求方应根据本国法律规定的方式执行送达请求。

二、应请求方的明示要求，被请求方也可按照特殊方式执行送达，条件是该特殊方式不得与被请求方的法律相抵触。

第十一条 确定地址

如果受送达人地址不详或有误，被请求方可要求请求方提供补充材料；如果仍无法确定地址或因其他原因而不能执行送达，被请求方应当将有关文件退回请求方，并说明妨碍送达的原因。

第十二条 通知送达结果

被请求方应按照本条约第四条规定的联系途径，向请求方书面通知送达结果，并附载有收件日期和当事人签名的送达回证或主管机关出具的通知书，该通知书应注明有关受送达人的姓名、身份、送达日期和地点以及送达方式的情况；如受送达人拒收，应注明拒收的理由。

第十三条 送达费用

一、被请求方应负担在本国境内执行送达的费用。

二、但是，在本条约第十条第二款所指的情况下，如果涉及送达费用，则由请求方负担。

第三章 代为调查取证

第十四条 适用范围

缔约一方应根据缔约另一方请求，相互代为进行调查取证，包括获取当事人陈述和证人证词，进行鉴定以及代为调查取证所需的其他司法行为。

第十五条 执行方式

一、被请求方应根据本国法律代为调查取证。

二、应请求方的明示要求，被请求方应当：

（一）按照所要求的特殊方式代为调查取证，条件是该特殊方式不违反被请求方的法律；

（二）向请求方通知代为调查取证的时间和地点，以便有关当事人或其委托的代理人根据被请求方法律规定的条件到场。

第十六条 确定地址

被请求方如果难以按照请求方指明的地址代为调查取证，应当采取必要措施确定地址，必要时可以要求请求方提供补充材料。如果因无法确定地址或其他原因而不能执行，被请求方应当将请求书及所附文件退回请求方，并说明妨碍执行的原因。

第十七条　通知执行结果

被请求方应按照本条约第四条规定的联系途径，向请求方书面通知代为调查取证的情况，并转交所取得的证据材料。

第十八条　执行费用

被请求方应负担在本国境内代为调查取证的费用，但请求方应负担下列费用：

（一）鉴定费；

（二）按照本条约第十五条第二款第（一）项规定的特殊方式执行请求的费用；

（三）有关人员按照本条约第十五条第二款第（二）项前往、离开和停留于被请求方境内的费用。

第四章　法院裁决和仲裁裁决的承认和执行

第十九条　法院裁决的适用范围

一、缔约一方法院作出的下列裁决，应根据本条约规定的条件在缔约另一方境内得到承认和执行：

（一）法院在民事和商事案件中作出的裁决；

（二）审理刑事案件的法院就向受害人给予赔偿和返还财物作出的民事裁决。

二、本条第一款所述"裁决"包括法院就民事和商事案件制作的调解书。

三、本章不适用于针对以下事项作出的裁决：

（一）遗嘱和继承；

（二）破产、清算和其他类似程序；

（三）社会保障；

（四）保全措施和临时措施，但涉及生活费的裁决除外。

第二十条　申请的提出

一、当事人应直接向有管辖权的缔约一方法院申请在该缔约一方境内承认和执行缔约另一方法院作出的裁决。

二、缔约一方中央机关应根据缔约另一方中央机关的请求，提供一切便于提出上述申请的情况。

第二十一条　申请应附的文件

一、承认和执行裁决的申请，应附下列文件：

（一）经证明无误的裁决书的副本；

（二）由法院出具的证明裁决是终结的和可以执行的文件，除非裁决中对此已予明确说明；

（三）通知裁决的文书的原件；

（四）如果是缺席裁决，一份正式的传票副本，或证明已向当事人合法送达传票的任何其他文件。

二、上述裁决及文件，均应附经证明无误的被请求方官方文字的译文。

第二十二条　承认和执行的拒绝

对于本条约第十九条第一款列举的裁决，除根据本条约第六条的规定应当拒绝承认与执行外，有下列情形之一的，也应拒绝承认与执行：

（一）根据作出裁决的缔约一方的法律，该裁决不是终结的或不具有执行效力；

（二）根据本条约第二十三条的规定，作出裁决的法院无管辖权；

（三）根据作出裁决的缔约一方的法律，败诉的当事人未经合法传唤，或无诉讼能力的当事人没有得到合法代理；

（四）被请求方法院对于相同当事人之间就同一标的的案件正在进行审理或已经作出了终审裁决、或已承认了第三国法院对该案件作出的终审裁决。

第二十三条　管辖权

一、为适用本条约的目的，符合下列情况之一的，作出裁决的缔约一方的法院即被视为有管辖权：

（一）在提起诉讼时，被告在该缔约一方境内有住所或居所；

（二）被告如果是商业机构并在该缔约一方境内设有代表机构，因其商业活动引起的纠纷而被提起诉讼；

（三）被告已明示接受该缔约一方法院的管辖；

（四）被告就争议的实质问题进行了答

辩，未对管辖权提出异议；

（五）在合同案件中，合同在作出裁决的缔约一方境内签订，或者已经或应当在该缔约一方境内履行，或者诉讼标的物在该缔约一方境内；

（六）在非合同性质的侵权责任案件中，侵权行为或结果发生在该缔约一方境内；

（七）在扶养责任案件中，债权人在提起诉讼时在该缔约一方境内有住所或居所；

（八）作为诉讼标的物的不动产位于该缔约一方境内。

二、（一）本条第一款不应影响缔约双方法律关于专属管辖权的规定。

（二）缔约双方应在本条约生效后，迅速通过本条约第四条规定的途径，以书面形式相互通知各自本国法律关于专属管辖权的规定。

第二十四条　承认和执行的程序

一、裁决的承认和执行应适用被请求方法律规定的程序。

二、被请求方法院应仅限于审查裁决是否符合本条约规定的条件，但不得对该裁决作任何实质性审查。

三、如果裁决涉及多项内容且无法得到全部承认和执行，被请求方法院可决定仅承认和执行裁决的部分内容。

第二十五条　承认和执行的效力

被承认和执行的裁决在被请求方境内应与被请求方法院作出的裁决具有相同的效力。

第二十六条　仲裁裁决的承认与执行

缔约双方应根据一九五八年六月十日在纽约签订的《承认及执行外国仲裁裁决公约》，相互承认和执行在对方境内作出的仲裁裁决，但应遵守缔约双方各自作出的声明和保留。

第五章　其他规定

第二十七条　交换法律情报

缔约双方应根据请求，相互交换各自国家在本条约涉及的领域的现行法律或司法实践的情报。

第二十八条　外交或领事机关送达文书和调查取证

缔约一方可以通过本国派驻缔约另一方的外交或领事代表机关向该缔约另一方领域内的本国国民送达司法文书和调查取证，但需遵守该缔约另一方法律，且不得采取任何强制措施。

第二十九条　认证的免除

为适用本条约的目的，由缔约双方法院或其他主管机关制作、提供或证明，并通过第四条规定的联系途径转递的文件，免除任何形式的认证。

第三十条　争议的解决

因解释或实施本条约所产生的任何分歧，均应通过外交途径解决。

第六章　最后条款

第三十一条　批准和生效

本条约须经批准，批准书在突尼斯互换。本条约自互换批准书之日起第三十天生效。

第三十二条　终止

一、本条约无限期有效。

二、缔约任何一方可以随时通过外交途径书面通知缔约另一方终止本条约，终止决定自缔约另一方收到书面通知之日起六个月后生效。

下列签署人经各自政府适当授权，签署本条约，以昭信守。

本条约于一九九九年五月四日在北京签订，一式两份，每份均以中文和阿拉伯文写成，两种文本同等作准。

中华人民共和国和土耳其共和国关于民事、商事和刑事司法协助的协定

(1992年9月28日订于北京 1995年10月26日对我国生效)

中华人民共和国和土耳其共和国（以下简称"缔约双方"），在相互尊重主权和平等互利的基础上，愿意促进两国在司法领域的合作，决定缔结关于民事、商事和刑事司法协助的协定。

为此目的，缔约双方议定下列各条：

第一章 总 则

第一条 司法保护

缔约一方国民在缔约另一方境内，享有缔约另一方给予其国民的同等的司法保护，有权在与缔约另一方国民同等的条件下，在缔约另一方主管民事和商事案件的司法机关提起诉讼或提出请求。

第二条 司法协助的途径

缔约双方指定各自的司法部作为按照本协定相互提供司法协助的中央机关。但依本协定第十一条采取的措施除外。

第三条 文字

一、缔约双方中央机关书信联系使用各自本国文字，并附英文译文。

二、司法协助请求书及其附件应用提出请求的缔约一方的官方文字书写，并附有经证明的被请求的缔约一方的官方文字或英文的译文。上述文件均应一式两份。

第四条 司法协助的费用

缔约双方在本协定规定的范围内相互免费提供司法协助，但为鉴定人支付的费用除外。为鉴定人支付的费用应依被请求的缔约一方的规则和法规确定。

第五条 司法协助的拒绝

如果缔约一方认为提供司法协助有损其国家主权、安全或公共秩序，可以拒绝缔约另一方提出的司法协助请求，但应将拒绝的理由通知缔约另一方。

第六条 司法协助适用的法律

缔约双方提供司法协助适用各自的本国法律。缔约一方也可根据请求适用缔约另一方的程序规则，但不得违背其本国的基本法律原则。

第七条 交换法律和法规情报

缔约双方应根据请求，相互通报各自国家现行或曾经施行的法律和法规及其在司法实践中的适用情况。

第八条 认证的免除

缔约一方司法机关制作或证明的文书，只要经过签署和正式盖章，即可在缔约另一方司法机关使用，无须认证。

第九条 文书的证明效力

缔约一方官方机关签署的证书在缔约另一方境内具有同等的证明效力。

第十条 困难的解决

因实施或解释本协定所产生的任何困难均通过外交途径解决。

第十一条 外交或领事机构送达文书和调查取证

缔约一方可以通过派驻缔约另一方的外交或领事机构，在缔约另一方境内向其本国国民送达文书和调查取证，但不得违反缔约另一方法律，亦不得采取任何强制措施。

第二章　民事和商事司法协助

第一节

第十二条　司法协助的范围

缔约双方应根据本协定，相互提供下列司法协助：

（一）向在缔约另一方境内的有关人员转递和送达司法文书；

（二）通过请求书的方式调查取证；

（三）承认与执行法院和仲裁机构的裁决；

（四）本协定规定的其他协助。

第十三条　请求司法协助

一、司法协助的申请应以请求书的形式提出。请求书应包括：

（一）请求机关和被请求机关名称；

（二）诉讼的性质和案情简短摘要，以及需向被调查人提出的问题；

（三）当事人或其代理人的姓名、性别、年龄、国籍、职业、住所或居所、在诉讼中的身份，或法人的所在地；

（四）需履行的司法行为；

（五）被调查人的姓名和地址；

（六）需予检查的文件或其他财产；

（七）执行请求所需的其他文件。

二、上述请求书及其附件应由请求机关签署和盖章。

第十四条　免付诉讼费用担保

缔约一方国民在缔约另一方司法机关出庭时，不得仅因为其是外国国民或在该缔约一方境内没有住所或居所而要求其提供诉讼费用担保或保证金。上述规定同样适用于向司法机关提出申请时所需的任何付费。

第十五条　诉讼费用的预付

缔约一方国民在缔约另一方境内，应在与缔约另一方国民同等的条件下和范围内预付诉讼费用。

第十六条　法人

第一条、第十四和第十五条的规定同样适用于根据缔约一方法律和法规成立的法人。

第十七条　司法救助和诉讼费用的免除

缔约一方国民在缔约另一方境内，可以申请免除诉讼费用，或请求享受可适用于缔约另一方国民的司法救助。申请免除诉讼费用或请求司法救助，应由申请人住所或居所所在地的主管机关出具证明；如果申请人在缔约双方境内均无住所或居所，应由其本国的外交或领事机构出具证明。

第二节　送达文书和调查取证

第十八条　范围

缔约双方应根据请求相互送达文书和调查取证：

（一）送达文书系指送达司法文书和司法外文书；

（二）调查取证包括询问当事人、证人和鉴定人，获取与民事和商事诉讼有关的证据，进行鉴定和司法检查。

第十九条　请求的执行

一、如果被请求机关认为自己无权执行请求，应将该项请求转交有权执行该项请求的主管机关，并通知提出请求的缔约一方。

二、如果被请求的缔约一方的主管机关不能按照请求书中所示的地址执行请求，应采取适当措施以确定地址并执行请求，必要时可要求提出请求的缔约一方提供补充情况。

三、如果被请求的缔约一方因为不能确定地址或其他原因而不能执行请求，应将妨碍执行的理由通知提出请求的缔约一方，并应向其退还全部有关文书。

第二十条　通知执行结果

一、被请求的缔约一方的主管机关应通过第二条规定的途径，将执行请求的结果以书面形式通知提出请或的缔约一方。此类通知应附有送达回证或所需的证据材料。

二、送达回证应含有受送达人的签名和收件日期、送达机关和送达人的盖章和签名以及送达方式和地点。如果收件人拒收文书，还应注明拒收的理由。

第三节 裁决的承认与执行

第二十一条 适用范围

一、缔约一方应根据本协定规定的条件在其境内承认与执行缔约另一方的下列裁决：

（一）法院在民事案件中作出的裁决；

（二）法院在刑事案件中就损害赔偿作出的裁决；

（三）仲裁机构的裁决。

二、本协定中所指的"裁决"亦包括法院制作的调解书。

第二十二条 承认与执行的请求书

一、承认与执行裁决的请求书应由缔约一方法院通过第二条所规定的途径送交缔约另一方法院。

二、请求书应附有：

（一）与原本相符的裁决副本。如果裁决本身没有表明该裁决已经生效和可以执行，还应附有主管机关为此出具的证明书；

（二）说明未能出庭的败诉一方已经合法传唤，以及在其没有诉讼行为能力时已得到适当代理的证明书；

（三）请求承认与执行仲裁裁决，还应附有提交仲裁管辖的仲裁协议的副本。

第二十三条 拒绝承认与执行

在下列情况下，被请求法院对于第二十一条所列的裁决不予承认与执行：

（一）根据提出请求的缔约一方的法律，裁决尚未生效或者不能执行；

（二）根据被请求的缔约一方的法律，提出请求的缔约一方的司法机关对该案无管辖权；

（三）根据作出裁决的缔约一方的法律，未能参加诉讼的败诉一方未经适当传唤或被剥夺了答辩的权利或在其没有诉讼行为能力时被剥夺了得到适当代理的权利；

（四）被请求的缔约一方的法院或仲裁机构对于相同当事人之间就同一标的的案件已经作出了最终裁决，或正在进行审理，或已经承认了第三国对该案作出的最终裁决。

第二十四条 承认与执行的程序

一、裁决的承认与执行应由被请求的缔约一方的法院依其本国法律所规定的程序决定。

二、被请求法院仅限于审查本协定所规定的条件是否具备。

第二十五条 承认与执行的效力

缔约一方司法机关作出的裁决一经缔约另一方法院承认或执行，即与该缔约另一方法院作出的裁决具有同等效力。

第二十六条 仲裁机构裁决的承认与执行

除符合本章第三节的其他规定外，符合下列条件的仲裁裁决应予承认与执行：

（一）按照被请求的缔约一方的法律，该项仲裁裁决属于对契约性或非契约性商事争议作出的仲裁裁决；

（二）仲裁裁决是基于当事人关于将某一特定案件或今后由某一特定法律关系所产生的案件提交仲裁机构管辖的书面仲裁协议作出的，且该项仲裁裁决是上述仲裁机构在仲裁协议中所规定的权限范围内作出的。

（三）根据被请求的缔约一方的法律，提交仲裁机构管辖的协议是有效的。

第二十七条 有价物品的出境和资金的转移

本协定有关执行裁决的规定不得违反缔约双方有关资金转移和有价物品出境方面的法律和法规。

第三章 刑事案件中的相互协助

第二十八条 范围

一、缔约双方有义务依照本章的规定，在对提出协助请求时属于提出请求的缔约一方的司法机关有权处罚的犯罪进行诉讼时相互提供最广泛的互助措施。

二、刑事案件中的相互协助包括执行有关预审程序，获取被控告人、证人和鉴定人的陈述，搜查，扣押，移交文件和赃款赃物，送达文书和裁决书，以及其他协助。

第二十九条 拒绝刑事司法协助

除本协定第五条规定的理由外，在下列情况下亦可拒绝协助：

（一）被请求的缔约一方认为，该项请求所涉及的犯罪是一项政治犯罪或与之有关的犯罪，或是一项纯粹的军事犯罪。

（二）根据被请求的缔约一方的法律，该项请求中所提及的行为不构成犯罪。

第三十条 司法协助请求书

一、司法协助请求书应包括：

（一）提出请求的机关；

（二）请求的目的及理由；

（三）可能时，有关人员的身份与国籍；

（四）如果请求送达司法文书，受送达人的姓名和地址，或一切有助于确定其身份和地址的其他情况，包括有关需予送达的文书性质的情况。

二、此外，调查委托书应包括被指控的犯罪及其事实的概要。

第三十一条 请求的执行和请求结果的通知

本协定第十九条和第二十条的规定亦适用于刑事案件。

第三十二条 调查委托书

一、被请求的缔约一方应按照其本国法律规定的方式，执行任何有关属于第二十一条第二款范围内的刑事案件、且由提出请求的缔约一方司法机关提交的调查委托书。

二、被请求的缔约一方可以递交被要求提供的记录或文件的经证明的副本或影印件；但在提出请求的缔约一方明示要求递交原件的情况下，被请求的缔约一方应尽可能满足此项要求。

三、递交给提出请求的缔约一方的情报只能被用于司法机关的请求中所限的目的。

第三十三条 归还证据

一、如果在未决刑事诉讼中需要被要求提供的物品、记录或文件，则被请求的缔约一方可延迟移交。

二、提出请求的缔约一方应将执行调查委托书时移交的任何物品，以及记录或文件的原件，尽快归还给被请求的缔约一方，但被请求的缔约一方放弃归还要求时除外。

第三十四条 证人和鉴定人的出庭

一、如果提出请求的缔约一方认为证人或鉴定人到其司法机关亲自出庭是重要的，则应在其要求送达传票的请求中予以提及，被请求的缔约一方应邀请证人或鉴定人出庭。

二、要求送达传票的请求应在要求有关人员到司法机关出庭之日的至少两个月之前递交给被请求的缔约一方。

三、被请求的缔约一方应将证人或鉴定人的答复通知提出请求的缔约一方。在本条第一款所规定的情况下，请求书或传票中应指明可支付的大约津贴数以及可偿付的旅费与食宿费用。

第三十五条 证人和鉴定人的费用

提出请求的缔约一方需付给证人或鉴定人的津贴（包括食宿费）以及旅费，自其居所地起算，且其数额至少应等于审讯举行地国家现行付费标准和规章所规定的数额。

第三十六条 证人和鉴定人的保护

一、提出请求的缔约一方对于传唤到其司法机关出庭的证人或鉴定人，不论其国籍如何，不得因其入境前所犯的罪行或者因其证词或鉴定结论而调查其刑事责任、予以逮捕或以任何形式剥夺其自由。

二、如果证人或鉴定人在提出请求的缔约一方的司法机关通知其不必继续停留之日起十五天后仍不离开该缔约一方境内，则丧失第一款给予的保护。但此期限不包括证人或鉴定人由于自己不能控制的原因而未能离开提出请求的缔约一方境内的期间。

三、不得对被传唤出庭作证或鉴定的人采取任何强制措施。

第三十七条 在押人员作证

如果缔约一方司法机关认为有必要将在缔约另一方境内受到拘禁的人作为证人加以询问，本协定第二条所规定的缔约双方的中央机关可就将在押人员移交到提出请求的缔约一方境内一事达成协议,条件是该人应继续受到拘禁,且在询问完毕后尽快得以返回。

第三十八条 赃款赃物的移交

一、缔约一方应根据缔约另一方的请求,将在其境内发现的罪犯在缔约另一方境内犯罪时所获得的赃款赃物移交给缔约另一方。但此项移交不得损害被请求的缔约一方或与上述钱物有关的第三方的合法权利。

二、如果上述赃款赃物对于被请求的缔约一方境内其他未决刑事诉讼是必不可少的,被请求的缔约一方可延迟移交。

第三十九条 诉讼的转移

一、缔约一方有义务根据请求,按照其本国法律,对于在提出请求的缔约一方境内犯罪的本国国民提起刑事诉讼。

二、移交诉讼的请求应附有关于事实调查结果的现有文件。

三、被请求的缔约一方应将刑事诉讼的结果通知提出请求的缔约一方,并在已作出判决的情况下附送一份最终判决的副本。

第四十条 司法记录和刑事判决的通报

一、被请求的缔约一方应在能在类似案件中向其本国司法机关提供的同等范围内,向提出请求的缔约一方的司法机关提供所要求的刑事诉讼中需要的司法记录摘要或有关情况。

二、除本条第一款所规定的情况外,应按照被请求的缔约一方的法律或实践满足此项请求。

三、缔约双方应至少每年一次向缔约另一方通报有关缔约另一方国民的刑事定罪情况。

第四章 最后条款

第四十一条 批准和生效

本协定须经批准。批准书在安卡拉互换。本协定在互换批准书的三十天后生效。

第四十二条 终止

本协定自缔约任何一方通过外交途径书面提出终止通知之日后六个月期满后失效。否则,本协定永远有效。

本协定于一九九二年九月二十八日在北京签订,一式两份,每份均用中文、土耳其文和英文写成,三种文本同等作准。遇有分歧时,以英文文本为准。

缔约双方全权代表在本协定上签字,以昭信守。

中华人民共和国和塔吉克斯坦共和国关于民事和刑事司法协助的条约

(1996年9月16日订于北京 1998年9月2日对我国生效)

中华人民共和国和塔吉克斯坦共和国,以下简称"缔约双方",为了进一步加强两国友好关系,实现司法领域的合作,在尊重主权和互惠原则的基础上,愿意相互提供民事和刑事方面的司法协助,议定以下各条:

第一编 总 则

第一条 司法保护

一、缔约一方的国民在缔约另一方的境内,在人身权利和财产权利方面享有与缔约另一方国民同等的司法保护,有权在与缔约另一方国民同等的条件下，诉诸法院和其他主管民事和刑事案件的机关，有权在这些机关提出请求、提起诉讼和进行其他诉讼行为。

二、本条第一款的规定亦适用于在缔约任何一方境内根据其法律成立的法人。

三、本条约所指的"民事案件"，亦包括经济、婚姻家庭和劳动案件。

第二条　联系途径

一、除本条约另有规定外，缔约双方的法院或其他主管机关相互请求和提供民事和刑事司法协助，应通过各自的中央机关进行联系。

二、本条第一款中所指的中央机关系指缔约双方的司法部。

第三条　语文

一、缔约双方中央机关进行书面联系时应使用本国官方文字，并附有缔约另一方的官方文字或英文或俄文的译文。

二、司法协助请求书及其附件应使用提出请求的缔约一方的官方文字书写，并附有经证明无误的被请求的缔约一方的官方文字或英文或俄文的译文。

三、缔约双方主管机关在执行司法协助请求时，使用本国官方文字。

第四条　证人和鉴定人的保护

一、对于由提出请求的缔约一方法院或其他主管机关通过被请求的缔约一方通知前来的证人和鉴定人，不论其国籍如何，不得因其入境前的犯罪行为或者其证言、鉴定或其他涉及诉讼内容的行为而追究其刑事责任、逮捕或以任何形式剥夺其人身自由。

二、如果证人或鉴定人在接到提出请求的缔约一方关于其不必继续停留的通知十五日后仍不出境，则丧失本条第一款给予的保护，但由于其本人不能控制的原因而未能及时离境者除外。

三、本条第一款所述的通知应通过本条约第二条规定的途径转递。通知中不得采取强制措施相威胁。

第五条　司法协助的费用

一、缔约双方应相互免费提供司法协助。

二、被通知到提出请求的缔约一方境内的证人或鉴定人的旅费和食宿费，由提出请求的缔约一方承担。此外，鉴定人有权取得鉴定的报酬。上述被通知人有权取得的报酬的种类，应在通知中注明。应上述被通知人的要求，提出请求的缔约一方的主管机关应向其预付上述费用。

第六条　司法协助的拒绝

如果被请求的缔约一方认为提供某项司法协助有损于本国的主权、安全或公共秩序，可以拒绝提供该项司法协助，但应将拒绝的理由通知提出请求的缔约一方。

第七条　司法协助适用的法律

一、被请求机关在提供司法协助时，适用本国法律。

二、被请求机关提供民事司法协助时，在不违背本国法律基本原则的情况下，亦可应请求机关的请求采用缔约另一方的诉讼程序。

第二编　民事司法协助

第一章　诉讼费用

第八条　诉讼费用保证金的免除

一、缔约一方法院不得因缔约另一方国民是外国人或在该缔约一方境内没有住所或居所而令其交纳诉讼费用保证金。

二、本条第一款的规定亦适用于在缔约任何一方境内根据其法律成立的法人。

第九条　诉讼费用的支付

一、缔约一方的国民在缔约另一方境内，应在与该缔约另一方国民同等的条件下和范围内支付诉讼费用，包括预付的部分。

二、本条第一款的规定亦适用于在缔约任何一方境内根据其法律成立的法人。

第十条　诉讼费用的免除

一、缔约一方国民在缔约另一方境内，可在与该缔约另一方国民同等的条件下和范围内免除诉讼费用。

二、缔约一方国民申请免除诉讼费用，应由其住所或居所所在地的主管机关出具说明其身份及财产状况的证明书；如果该申请人在缔约双方境内均无住所或居所，亦可由其本国或该缔约一方委托的代表其利益的第三国的外交或领事代表机关出具上述证明书。

第二章 送达文书和调查取证

第十一条 协助的范围

缔约双方应根据对方请求，相互送达司法文书和司法外文书，询问当事人、证人和鉴定人，进行鉴定和实地勘验，以及完成其他与取证有关的诉讼行为。

第十二条 请求的提出

一、送达文书和调查取证的请求应以请求书的形式提出。请求书应包括下列内容：请求机关和被请求机关的名称；当事人及请求书中所涉及的其他人员的姓名、国籍、职业、住所或居所；代理人的姓名和地址；请求提供协助的案件的名称，以及请求协助的内容；应送达文书的名称，以及其他有助于执行请求的情况。执行该请求所必需的其他文件和材料也须随请求书一并提供。

二、上述请求书和文件应由缔约一方的请求机关签署和盖章。

第十三条 请求的执行

一、如果按照被请求的缔约一方法律，请求执行的事项不属于法院和其他主管机关的职权范围，可以说明理由，予以退回。

二、如果被请求机关无权执行请求，应将该项请求移送有权执行的主管机关，并通知提出请求的缔约一方。

三、被请求机关如果因请求书中所示的地址不详而无法执行请求，应采取适当措施以确定地址，或要求提出请求的缔约一方提供补充情况。

四、如因其他原因无法确定地址或执行请求，被请求机关应通知请求机关，说明妨碍执行的原因，并退回请求机关递交的全部文件和材料。

第十四条 通知执行结果

一、被请求机关应将执行请求的结果按照本条约第二条规定的途径书面通知请求机关，并附证明请求已予执行的文件。

二、送达回证应有收件日期和收件人的签名，应由被请求的执行请求机关盖章和执行请求人签名。如收件人拒收文书，还应注明拒收的理由。

第十五条 通过外交或领事代表机关送达文书和调查取证

缔约任何一方派驻在缔约另一方的外交或领事代表机关可以向其本国国民送达司法文书和司法外文书，询问当事人或证人，但不得使用强制措施，并不得违反驻在国的法律。

第三章 裁决的承认与执行

第十六条 应予承认与执行的裁决

一、缔约双方应依本条约的规定，在各自境内承认本条约生效后在缔约另一方境内作出的下列裁决，其中依裁决性质应予执行者，则予以执行：

（一）法院的民事裁决；

（二）法院对刑事案件中有关损害赔偿作出的裁决。

二、本章所指的"法院裁决"，在中华人民共和国方面系指法院作出的判决、裁定、决定和调解书；在塔吉克斯坦共和国方面系指法院（包括经济法院）作出的判决、裁定、决定和其批准的和解书。

第十七条 承认与执行法院裁决的请求

一、承认与执行法院裁决的请求应由申请人向作出该项裁决的缔约一方法院提出，由该法院按照本条约第二条规定的途径转交给缔约另一方法院。如果申请承认与执行裁决的当事人在裁决执行地所在的缔约一方境内有住所或居所，亦可直接向该缔约一方的法院提出申请。

二、请求书的格式应按照被请求的缔约一方的规定办理，并附有下列文件：

（一）经法院证明无误的裁决副本；如果副本中没有明确指出裁决已经生效和可以执行，还应附有法院为此出具的证明书一份；

（二）证明未出庭的当事一方已经合法传唤，以及在当事一方没有诉讼行为能力时已得到适当代理的证明书；

（三）本条所述请求书和有关文件的经证明无误的译本。

第十八条　承认与执行法院裁决的程序

一、法院裁决的承认与执行，由被请求的缔约一方依照本国法律规定的程序进行。

二、被请求的主管机关可以审查该裁决是否符合本条约的规定，但不得对该裁决作任何实质性的审查。

第十九条　承认与执行的法律效力

缔约一方法院承认或执行缔约另一方法院的裁决，具有与承认或执行本国法院裁决同等的效力。

第二十条　拒绝承认与执行

有下列情形之一的法院裁决，不予承认与执行：

（一）根据作出裁决的缔约一方的法律，该裁决尚未生效或不具有执行力；

（二）根据被请求承认与执行裁决的缔约一方的法律，被请求的缔约一方法院对案件有专属管辖权；

（三）根据作出裁决的缔约一方的法律，未出庭的当事一方未经合法传唤，或在当事一方没有诉讼行为能力时未得到适当代理；

（四）被请求承认与执行裁决的缔约一方的法院对于相同当事人之间就同一案件已经作出了生效裁决，或正在进行审理，或已承认了在第三国对该案件所作的生效裁决；

（五）承认与执行裁决有损于被请求的缔约一方的主权、安全或公共秩序。

第三编　刑事司法协助

第二十一条　协助的范围

缔约双方应根据请求，在刑事方面相互代为询问证人、被害人、鉴定人，讯问犯罪嫌疑人和被告人；进行搜查、鉴定、勘验以及其他与取证有关的诉讼行为；移交物证、书证以及赃款赃物；送达刑事诉讼文书；通报刑事诉讼结果。

第二十二条　送达文书和调查取证

一、本条约第十二条至第十五条的规定亦适用于刑事方面的送达文书和调查取证。

二、提出上述请求时，还应在请求书中写明罪名、犯罪事实和有关的法律规定。

第二十三条　赃款赃物的移交

一、缔约一方应根据缔约另一方的请求，将在其境内发现的、罪犯在缔约另一方境内犯罪时获得的赃款赃物，移交给缔约另一方。但此项移交不得侵害与这些财物有关的第三人的权利。

二、如果上述赃款赃物对被请求的缔约一方境内其他未决刑事案件的审理是必不可少的，被请求的缔约一方可暂缓移交。

第二十四条　刑事司法协助的拒绝

除本条约第六条规定的情况外，如果按照被请求的缔约一方的法律，该项请求涉及的行为不构成犯罪，被请求的缔约一方可以拒绝提供该项刑事司法协助。

第二十五条　刑事诉讼结果的通知

缔约双方应相互递送各自法院对缔约另一方国民所作的生效裁决副本。

第二十六条　关于以往犯罪的情报

缔约双方应根据请求，相互免费提供审理刑事案件所必需的、曾被法院判刑的人的前科情况。

第四编　其他规定

第二十七条　交换法律情报

缔约双方应根据请求，相互通报各自国

家现行的或者过去实施的法律和司法实践的情报。

第二十八条　文件的效力

一、缔约一方法院或其他主管机关制作或证明、并通过本条约第二条规定的途径转递的文书，经过签署和正式盖章即可由缔约另一方法院或其他主管机关接受，无需认证。

二、在缔约一方境内制作的官方文件，在缔约另一方境内也有同类官方文件的证明效力。

第二十九条　户籍文件及其他文件的送交

为了实施本条约，缔约一方主管机关可根据缔约另一方通过本条约第二条规定的途径提出的请求，将办理案件所需的缔约另一方国民的户籍登记的摘录、关于其文化程度、工龄的证明及其他有关个人权利的文件，免费提供给缔约另一方，无需译文。

第三十条　物品的出境和金钱的汇出

本条约的规定及其执行不妨碍缔约双方各自执行其有关物品出境和金钱汇出的法律和规定。

第三十一条　争议的解决

有关解释和执行本条约所产生的争议，均应通过外交途径解决。

第三十二条　补充和修改

经缔约双方协商，可对本条约进行补充和修改。

第五编　最后条款

第三十三条　批准和生效

本条约须经批准，批准书在杜尚别互换。本条约自互换批准书之日起第三十日开始生效。

第三十四条　终止

本条约自缔约任何一方通过外交途径书面提出终止之日起六个月后失效，否则，本条约无限期有效。

本条约于一九九六年九月十六日在北京签订，一式两份，每份均用中文、塔文和俄文写成，三种文本同等作准。如对本条约的解释发生分歧，以俄文文本为准。

中华人民共和国和乌兹别克斯坦共和国关于民事和刑事司法协助的条约

(1997年12月11日订于北京 1998年8月29日对我国生效)

中华人民共和国和乌兹别克斯坦共和国（以下简称"缔约双方"），根据相互尊重主权和平等互利的原则，为了加强在司法协助领域的合作，达成协议如下：

第一编 总则

第一条 司法保护

一、缔约一方的国民在缔约另一方的境内，在人身权利和财产权利方面享有与缔约另一方国民同等的司法保护，有权在与另一方国民同等的条件下，诉诸缔约另一方法院和其他主管民事和刑事案件的机关，有权在这些机关提出请求或进行其他诉讼行为。

二、本条第一款的规定亦适用于在缔约任何一方境内根据其法律成立的法人。

三、本条约所指的"民事案件"，亦包括经济、婚姻家庭和劳动案件。

第二条 司法协助的提供

缔约双方的法院和其他主管机关根据请求，并按本条约的规定，相互提供民事和刑事司法协助。

第三条 司法协助的联系途径

一、除本条约另有规定外，缔约双方相互请求和提供民事和刑事司法协助，应通过各自的中央机关进行联系。

二、本条第一款所指的中央机关，在中华人民共和国方面系指中华人民共和国司法部和中华人民共和国最高人民检察院；在乌兹别克斯坦共和国方面系指乌兹别克斯坦共和国司法部和乌兹别克斯坦共和国检察院。

第四条 语文

一、缔约双方中央机关进行书面联系时应使用本国官方文字，并附对方的官方文字或英文或俄文的译文。

二、司法协助请求书及其附件应使用请求方的官方文字书写，并附对方的官方文字或英文或俄文的译文。

第五条 证人、被害人和鉴定人的保护

一、对于由请求方法院或其他主管机关通过被请求方通知前来的证人、被害人和鉴定人，不论其国籍如何，请求方不得因其入境前的犯罪行为或者因其证言、鉴定或其他涉及诉讼内容的行为而追究其刑事责任或以任何形式剥夺其人身自由。

二、如果证人、被害人或鉴定人在接到请求方关于其不必继续停留的通知十五日后仍不出境，则丧失本条第一款给予的保护，但由于其本人不能控制的原因而未能及时离境者除外。

三、本条第一款中所述的通知应通过本条约第三条规定的途径转递。通知中不得以采取强制措施相威胁。

第六条 费用

一、缔约双方应相互免费提供司法协助。

二、被通知到请求方境内的证人、被害人或鉴定人的旅费和食宿费，由请求方承担。此外,鉴定人有权取得鉴定的报酬。上述被通知人有权取得的报酬的种类,应在通知中注明。应上述被通知人的要求,请求方的主管机关应向其预付上述费用。

第七条 司法协助的拒绝

如果被请求方认为提供某项司法协助有损于本国的主权、安全或违背本国法律的基本原则,可以拒绝提供该项司法协助,但应将拒绝的理由通知请求方。

第八条 司法协助适用的法律

一、被请求机关在提供司法协助时,应适用本国法律。

二、被请求机关可应请求机关的请求,在执行方法和形式方面适用请求方的诉讼程序规则,但以不违背被请求方法律的基本原则为前提。

第二编 民事司法协助

第一章 诉讼费用

第九条 诉讼费用保证金的免除

一、缔约一方法院不得仅因缔约另一方国民是外国人或在缔约一方境内没有住所或居所而令其交纳诉讼费用保证金。

二、本条第一款的规定亦适用于在缔约任何一方境内根据其法律成立的法人。

第十条 诉讼费用的支付

一、缔约一方的国民在缔约另一方境内,应在与该缔约另一方国民同等的条件下和范围内支付诉讼费用,包括预付的部分。

二、本条第一款的规定亦适用于在缔约任何一方境内根据其法律成立的法人。

第十一条 诉讼费用的免除

一、缔约一方国民在缔约另一方境内,可在与缔约另一方国民同等的条件下和范围内免除诉讼费用。

二、缔约一方国民申请免除费用,应由其住所或居所所在地的主管机关出具说明其身份及财产状况的证明书;如果该申请人在缔约双方境内均无住所或居所,亦可由其本国的外交或领事代表机关出具上述证明书。

第二章 送达文书和调查取证

第十二条 协助的范围

缔约双方应根据请求相互送达司法文书和司法外文书,询问当事人、证人和鉴定人,进行鉴定和勘验,以及完成其他与调查取证有关的诉讼行为。

第十三条 请求的提出

一、送达文书和调查取证的请求应以请求书的形式提出,请求书应载明下列内容:请求机关和被请求机关的名称;当事人及请求书中所涉及的其他人员的姓名、国籍、职业、住所或居所;代理人的姓名和地址;请求协助的案件的名称,以及请求协助的内容;应送达文书的名称,以及请求机关认为有助于执行请求的其他情况。执行该请求所必需的其他文件和材料也须随请求书一并提供。

二、上述请求书和文件应由缔约一方的请求机关签署和盖章。

第十四条 请求的执行

一、如果按照被请求方法律,缔约另一方请求执行的事项不属于法院和其他主管机关的职权范围,可以说明理由,予以退回。

二、如果被请求机关无权执行请求,应将该项请求移送有权执行的主管机关,并通知请求方。

三、被请求机关如果因请求书中所示的地址不确切而无法执行请求,应采取适当措施以确定地址,或要求请求方提供补充情况。

四、如因无法确定地址或其他原因无法执行请求,被请求方应通知请求方,说明妨碍执行的原因,并退回请求方递交的全部文件和材料。

五、根据请求机关的请求,被请求机关应及时将执行请求的时间和地点通知请求机关,以便请求机关在被请求方法律允许的情况下，在执行请求时到场。

第十五条　通知执行结果

一、被请求机关应按照本条约第三条规定的途径将执行请求的结果书面通知请求机关，并附证明请求已予执行的文件。

二、送达回证应有收件日期和收件人的签名，应由执行送达机关盖章和执行送达人签名。如收件人拒收，还应注明拒收的理由。

第十六条　通过外交或领事代表机关送达文书和调查取证

缔约任何一方派驻在缔约另一方的外交或领事代表机关可以向其本国国民送达司法文书和司法外文书，询问当事人或证人，但不得使用强制措施，并不得违反驻在国的法律。

第三章　裁决的承认与执行

第十七条　应予承认与执行的裁决

一、缔约双方应依本条约的规定，在各自境内承认本条约生效后在缔约另一方境内作出的下列裁决，其中依裁决性质应予执行者，则予以执行：

（一）法院的民事裁决；

（二）法院对刑事案件中有关损害赔偿作出的裁决；

（三）仲裁裁决。

二、本条约所指的法院裁决，在中华人民共和国方面系指法院作出的判决、裁定、决定和调解书；在乌兹别克斯坦共和国方面系指法院作出的民事判决、刑事判决、法院裁定、决定和法院核准的和解书，以及法官就民事案件的实质所作的决定。

第十八条　承认与执行法院裁决的请求

一、承认与执行法院裁决的请求应由申请人向作出该项裁决的缔约一方法院提出，由该法院按照本条约第三条规定的途径转给缔约另一方法院。如果申请承认与执行裁决的当事人在裁决执行地所在的缔约一方境内有住所或居所，亦可直接向该缔约一方的法院提出申请。

二、请求书应按照被请求方规定的格式写成，并附下列文件：

（一）经法院证明无误的裁决副本；如果副本中没有明确指出裁决已经生效和可以执行，还应附有法院为此出具的证明书一份；

（二）证明未出庭的当事一方已经合法传唤，或没有诉讼行为能力的当事一方已得到适当代理的证明书；

（三）本条所述请求书和有关文件的经证明无误的译本。

第十九条　承认与执行法院裁决的程序

一、法院裁决的承认与执行，由被请求方依照本国法律规定的程序进行。

二、被请求的主管机关可以审查该裁决是否符合本条约的规定，但不得对该裁决作任何实质性的审查。

第二十条　承认与执行裁决的法律效力

经缔约一方法院承认或执行的缔约另一方法院的裁决，与缔约一方法院作出的裁决具有同等效力。

第二十一条　拒绝承认与执行

有下列情形之一的法院裁决，不予承认与执行：

（一）根据作出裁决的缔约一方的法律，该裁决尚未生效或不具有执行力；

（二）根据被请求承认与执行一方的法律，被请求方法院对案件有专属管辖权；

（三）根据作出裁决的缔约一方的法律，未出庭的当事一方未经合法传唤，或没有诉讼行为能力的当事一方未得到适当代理；

（四）被请求方的法院对于相同当事人之间就同一标的案件已经作出生效裁决，或正在进行审理，或已承认在第三国对该案件所作的生效裁决；

（五）承认与执行裁决有损于被请求方的主权、安全或公共秩序。

第二十二条　仲裁裁决的承认与执行

缔约双方应根据一九五八年六月十日在纽约签订的关于承认和执行外国仲裁裁决的

公约，相互承认与执行在对方境内作出的仲裁裁决。

第三编 刑事司法协助

第二十三条 协助的范围

缔约双方应根据请求，在刑事方面相互代为询问证人、被害人、鉴定人、讯问犯罪嫌疑人和被告人；进行搜查、鉴定、勘验、检查以及其他与调查取证有关的诉讼行为；移交物证、书证以及赃款赃物；送达刑事诉讼文书；通报刑事诉讼结果。

第二十四条 送达文书和调查取证

一、本条约第十三条至第十六条的规定亦适用于刑事方面的送达文书和调查取证。

二、提出上述请求时，还应在请求书中写明罪名、犯罪事实和有关的法律规定。

第二十五条 赃款赃物的移交

一、缔约一方应根据缔约另一方的请求，将在其境内发现的、罪犯在缔约另一方境内犯罪时获得的赃款赃物，移交给缔约另一方。但此项移交不得侵害被请求方以及与这些财物有关的第三人的权利。

二、如果上述赃款赃物对被请求方境内其他未决刑事案件的审理是必不可少的，被请求方可暂缓移交。

第二十六条 刑事司法协助的拒绝

除本条约第七条规定的情况外，如果按照被请求方的法律，该项请求涉及的行为不构成犯罪，被请求方亦可拒绝提供刑事司法协助。

第二十七条 刑事诉讼结果的通知

缔约双方应相互递送各自法院对缔约另一方国民所作的生效裁决副本。

第二十八条 关于以往犯罪的情况

缔约双方应根据请求，相互免费提供审理刑事案件所必需的曾被缔约另一方法院判刑的人员的前科情况。

第四编 其他规定

第二十九条 交换法律情报

缔约双方应根据请求，相互通报各自国家现行的或者过去实施的法律和司法实践的情报。

第三十条 文件的效力

一、缔约一方法院或其他主管机关制作或证明，并通过缔约双方中央机关转递的文书，经过签署和正式盖章即可在缔约另一方法院或其他主管机关使用，无需认证。

二、在缔约一方境内制作的官方文件，在缔约另一方境内也具有同类官方文件的证明效力。

第三十一条 户籍文件及其他文件的送交

为了实施本条约，缔约一方主管机关可根据缔约另一方通过中央机关提出的请求，将缔约另一方办理案件所需的涉及缔约另一方国民的户籍登记的摘录、关于其文化程度、工龄的证明及其他有关个人权利的文件，免费提供给缔约另一方，无需译文。

第三十二条 争议的解决

有关解释和执行本条约所产生的争议，均应通过外交途径解决。

第五编 最后条款

第三十三条 批准和生效

本条约须经批准，批准书在塔什干互换。本条约自互换批准书之日起第三十日开始生效。

第三十四条 终止

本条约自缔约任何一方通过外交途径书面提出终止之日起六个月后失效，否则，本条约无限期有效。

本条约于一九九七年十二月十一日在北京签订，一式两份，每份均用中文、乌兹别克文和俄文写成，三种文本同等作准。如对本条约的解释发生分歧，以俄文文本为准。

中华人民共和国和乌克兰
关于民事和刑事司法协助的条约

(1992年10月31日订于北京 1994年1月19日对我国生效)

中华人民共和国和乌克兰（以下简称缔约双方）为了实现司法领域的合作，在尊重主权和互惠的基础上，决定互相提供民事和刑事方面的司法协助。为此目的，双方议定以下各条：

第一章 总 则

第一条 司法保护

一、缔约一方的国民在缔约另一方的境内，在人身和财产权利方面享有与缔约另一方国民同等的司法保护，有权在与缔约另一方国民同等的条件下，诉诸于缔约另一方的法院和其他主管民事和刑事案件的机关，有权在这些机关提出请求或进行其他诉讼行为。

二、本条第一款的规定亦适用于在缔约任何一方境内根据其法律成立的法人。

三、本条约所指的"民事案件"，亦包括商事、经济、婚姻家庭和劳动案件。

第二条 司法协助的联系途径

一、除本条另有规定外，缔约双方的法院和其他主管机关相互请求和提供民事和刑事司法协助，应通过各自的中央机关进行联系。

二、第一款中的中央机关，在中华人民共和国方面系指中华人民共和国司法部、中华人民共和国最高人民法院和中华人民共和国最高人民检察院；在乌克兰方面系指乌克兰司法部、乌克兰最高法院和乌克兰总检察院。

第三条 司法协助的范围

(1) 执行代为送达文书的请求和进行本条约规定的其他民事与刑事诉讼行为；

(2) 承认和执行法院裁决和仲裁机构的裁决；

(3) 本条约规定的其他协助。

第四条 提供司法协助请求书的形式

一、在提供司法协助请求书中应写明：

1. 请求机关的名称；
2. 被请求机关的名称；
3. 请求司法协助案件的名称；
4. 被告或被审查人、被害人的姓名、国籍、职业和永久居住地或居留地；对于法人来说，则应提供其名称和所在地；
5. 他们的代理人的姓名和地址；
6. 请求书如涉及是刑事案件的，需注明犯罪事实和犯罪的种类。

二、上述请求书和其他文件应由缔约一方的请求机关签署和盖章。

第五条 请求的执行

一、如果按照被请求的缔约一方法律，缔约另一方请求执行的事项不属于法院和其他主管机关的职权范围，可以说明理由，予以退回。

二、如果被请求机关无权执行请求，应将该项请求移送有权执行的主管机关，并通知提出请求的缔约一方。

三、被请求机关如果无法按照请求书中所示的地址执行请求，应采取适当措施以确定地址，或要求提出请求的缔约一方提供补充情况。

四、如因无法确定地址或其他原因不能执行请求，被请求的缔约一方应通知提出请求的缔约一方，说明妨碍执行的原因，并退回提出请求的缔约一方所附的全部文件。

第六条 通知执行结果

一、被请求的机关应将执行请求的结果按照本条约第二条规定的途径书面通知提出请求的机关，并附证明请求已执行的文件。

二、送达回证应有收件日期和收件人的签名，应由执行送达机关盖章和执行送达人签名。如收件人拒收，还应注明拒收的理由。

第七条 语文

缔约双方在进行司法协助时，所有的文件均应使用本国文字，并附有准确无误的对方的文字或英文译文。

第八条 外交或领事代表机关送达文书和调查取证

根据主管机关的请求，派驻在缔约另一方的任何缔约一方的外交或领事代表机关可以向其本国国民送达司法文书和司法外文书，并进行询问，但不得使用强制措施，并不得违反驻在国的法律。

第九条 证人、被害人和鉴定人的保护

一、由提出请求的缔约一方法院或其他主管机关通过被请求的缔约一方通知前来的证人、被害人和鉴定人，不论其国籍如何，提出请求的缔约一方不得因其入境前的犯罪行为或者因其证言、鉴定或其他涉及诉讼内容的行为而追究其刑事责任或以任何形式剥夺其人身自由。

二、如果证人、被害人或鉴定人在接到提出请求的缔约一方关于其不必继续停留的通知十五日后仍不出境，则丧失第一款给予的保护，但由于本人不能控制的原因而未能及时离境者除外。

三、第一款所述的通知应通过第二条规定的途径转递。通知中不得对不到庭者以采取强制措施相威胁。

第十条 司法协助的费用

一、缔约双方应相互免费提供司法协助。

二、被通知到提出请求的缔约一方境内的证人、被害人或鉴定人的旅费和食宿费，由提出请求的缔约一方承担。此外，鉴定人有权取得鉴定的报酬。上述被通知人有权取得的报酬的种类，应在通知中注明。

三、被请求的司法机关应通知请求机关有关费用的数额。如请求机关向有义务付费者索取费用，则所获金额应付给执行请求的司法机关。

第十一条 司法协助的拒绝

如果被请求的缔约一方认为提供某项司法协助有损于本国的主权、安全、公共秩序或违反其法律的基本原则，可以拒绝提供该项司法协助，但应将拒绝的理由通知提出请求的缔约一方。

第十二条 司法协助适用的法律

一、被请求机关提供司法协助，适用本国法律。

二、被请求机关提供民事司法协助，亦可应请求适用缔约另一方的诉讼程序规范，但以不违背被请求的缔约一方法律的基本原则为限。

第十三条 交换法律情报

缔约双方应根据请求，相互通报各自国家现行的或者过去实施的法律和司法实践的情报。

第二章 民事司法协助

第十四条 协助范围

缔约双方应相互根据请求送达司法文书和司法外文书，询问当事人、证人和鉴定人，进行鉴定和勘验，以及完成其他与调查取证有关的诉讼行为。

第十五条 诉讼费用的支付

一、缔约一方的国民在缔约另一方境内，应在与该缔约另一方国民同等的条件下和范围内支付诉讼费用。

二、本条第一款的规定亦适用于在缔约任何一方境内根据其法律成立的法人。

第十六条 诉讼费用的免除

一、缔约一方的国民在缔约另一方境

内，可在与缔约另一方国民同等的条件下和范围内免除诉讼费用。

二、缔约一方的国民申请免除诉讼费用，应由其住所或居所所在地的主管机关出具说明其身份及财产状况的证明书；如果该申请人在缔约双方境内均无住所或居所，亦可由其本国的外交或领事代表机关出具上述证明书。

三、法庭根据请求做出免除诉讼费决定时可要求出具证明书的机关做补充说明。

第十七条 应予承认与执行的裁决

一、缔约双方应依本条约规定的条件，在各自境内承认与执行本条约生效后在缔约另一方境内作出的法院裁决和仲裁机构的裁决，其中依裁决性质应执行者，则予以执行。

二、本条约所指的"法院裁决"在中华人民共和国方面系指法院就民事作出的判决、裁定、决定和调解书及就刑事案件中有关损害赔偿作出的裁决；在乌克兰方面系指法院（法官）作出的刑事案件中有关损害赔偿的判决，民事判决、裁定、决定和调解书，以及仲裁法院作出的判决和裁定。

第十八条 承认与执行法院裁决的请求

一、承认与执行法院裁决的请求由申请人向作出该项裁决的缔约一方法院提出，该法院按照本条约第二条规定的途径转交给缔约另一方法院。如果申请承认与执行裁决的当事人在裁决执行地所在的缔约一方境内有住所或居所，亦可直接向该缔约一方法院提出申请。

二、请求书的格式应按照被请求的缔约一方的规定办理，并附有下列文件：

（一）经法院证明无误的裁决副本；如果副本中没有明确指出裁决已经生效和可以执行，还应附有法院为此出具的证明书一份；

（二）法院出具的有关在请求缔约一方境内执行裁决情况的证明书；

（三）证明未出庭的当事一方已经合法传唤，或在当事一方没有诉讼行为能力时已得到适当代理的证明书；

（四）本条所述请求书和有关文件的经证明无误的译本。

第十九条 承认与执行法院裁决的程序

一、法院裁决的承认与执行，由被请求的缔约一方依照本国法律规定的程序进行。

二、被请求主管机关可以审查该裁决是否符合本条约的规定，但不得对该裁决作任何实质性的审查。

第二十条 承认与执行的法律效力

缔约一方法院的裁决一经缔约另一方法院承认或执行，即与承认或执行裁决一方法院作出的裁决具有同等效力。

第二十一条 拒绝承认与执行

有下列情形之一的法院裁决，不予承认与执行：

（一）根据作出裁决的缔约一方的法律，该裁决尚未生效或不具有执行力；

（二）根据被请求承认与执行裁决的缔约一方的法律，被请求的缔约一方法院对该案件有专属管辖权；

（三）根据作出裁决的缔约一方法律，未出庭的当事一方未经合法传唤，或在当事一方没有诉讼行为能力时未得到适当代理；

（四）被请求承认与执行裁决的缔约一方的法院对于相同当事人之间就同一标的案件已经作出了生效裁决，或正在进行审理，或已承认了在第三国对该案所作的生效裁决；

（五）承认与执行裁决有损于被请求一方的主权、安全或公共秩序。

第二十二条 仲裁裁决的承认与执行

缔约双方应根据一九五八年六月十日在纽约签订的关于承认与执行外国仲裁裁决的公约，相互承认与执行在对方境内作出的仲裁裁决。

第三章 刑事司法协助

第二十三条 协助的范围

一、缔约双方应根据请求，在刑事方面

相互代为询问证人、被害人、鉴定人和讯问刑事被告人，进行搜查、鉴定、勘验、检查以及其他与调查取证有关的诉讼行为；移交物证、书证以及赃款赃物；送达刑事诉讼文书，并通报刑事诉讼结果。

二、缔约一方应根据本国法律，对缔约另一方涉嫌在其境内犯罪，并在被起诉时位于其境内的国民，提起刑事诉讼。

第二十四条 送达文书和调查取证

一、本条约第四条至第六条和第八条的规定亦适用于刑事方面送达文书和调查取证。

二、提出上述请求时，还应在请求书中写明犯罪事实、罪名和有关的法律规定。

第二十五条 赃款赃物的移交

一、缔约一方应根据缔约另一方的请求，将在其境内发现的、罪犯在缔约另一方境内犯罪时获得的赃款赃物，移交给缔约另一方。但此项移交不得侵害与这些财物有关的第三者的权利。

二、如果上述赃款赃物对被请求的缔约一方境内其他未决刑事案件的审理是必不可少的，被请求的缔约一方可暂缓移交。

第二十六条 刑事司法协助的拒绝

除本条约第十一条规定的情况外，被请求的缔约一方还可根据下列理由之一拒绝提供司法协助：

（一）按照被请求的缔约一方法律，该项请求涉及的行为并不构成犯罪；

（二）该项请求涉及的嫌疑犯或罪犯是被请求的缔约一方国民，且不在提出请求的缔约一方境内。

第二十七条 刑事诉讼结果的通知

缔约双方应相互递送各自法院对缔约另一方国民所作的生效裁决副本。

第二十八条 关于以往犯罪的情报

如在缔约一方境内曾被判刑的人在缔约另一方境内被追究刑事责任，则该缔约一方应根据缔约另一方的请求免费提供以前判刑的情况。

第四章 其他规定

第二十九条 文件的效力

一、缔约一方法院或其他主管机关制作或证明的文书，只要经过签署和正式盖章即为有效，就可在缔约另一方法院或其他主管机关使用，无需认证。

二、在缔约一方境内制作的官方文件，在缔约另一方境内也有同类官方文件的证明效力。

第三十条 户籍文件及其他文件的送交

为了实施本条约，缔约一方主管机关可根据缔约另一方通过外交途径提出的请求，将缔约另一方提起诉讼所需的涉及缔约另一方国民的户籍登记摘录、关于其文化程度、工龄的证明及其他有关个人权利的文件，免费提供给缔约另一方，并附英文译文。

第三十一条 物品的出境和金钱的汇出

本条约的规定及其执行不得妨碍缔约双方各自执行其有关物品出境或金钱汇出的法律和规定。

第三十二条 争议的解决

有关解释和执行本条约所产生的争议，均应通过外交途径解决。

第五章 最后条款

第三十三条 批准和生效

本条约须经批准，批准书在基辅互换。本条约自互换批准书之日起第三十日开始生效。

第三十四条 终止

本条约自缔约任何一方通过外交途径书面提出终止之日起六个月后失效，否则，本条约无限期有效。

本条约于一九九二年十月三十一日在北京签订，一式两份，每份均用中文和乌克兰文写成，并附俄文译文，两种文本具有同等效力。

X

中华人民共和国和新加坡共和国关于民事和商事司法协助的条约

(1997年4月28日订于北京 1999年6月27日对我国生效)

中华人民共和国和新加坡共和国（以下称"缔约双方"）为了进一步加强两国的友好合作关系，愿意在相互尊重主权和平等互利的基础上，缔结关于民事和商事司法协助的条约。

为此目的，缔约双方议定以下各条：

第一章 总 则

第一条 司法保护

一、缔约一方公民在缔约另一方境内，在民事和商事方面享有与缔约另一方公民同等的司法保护并且有权在与缔约另一方公民相同的条件下诉诸缔约另一方法院。

二、除缔约一方法律有明文规定外，该方法院不得以非本国公民为由要求缔约另一方公民提供诉讼费用保证金。

三、本条第一款和第二款的规定同样适用于根据缔约任何一方法律和法规成立或被允许存在的任何法律实体或法人。

第二条 司法协助的范围

缔约双方根据本条约在民事和商事方面相互提供的司法协助包括：

（一）送达司法文书；

（二）调查取证；

（三）承认与执行仲裁裁决；和

（四）相互提供缔约双方有关民事和商事的法律及民事和商事诉讼方面司法实践的资料。

第三条 中央机关

一、除本条约另有规定外，司法协助应通过缔约双方各自指定或设立的中央机关进行。

二、缔约双方的中央机关负责通知根据本条约第二条第（一）、（二）和（四）项提出的各种请求和请求执行的结果。

三、中央机关在中华人民共和国方面系指司法部，在新加坡共和国方面系指最高法院。缔约一方如改变其中央机关，须通过外交途径书面通知缔约另一方。

第四条 司法协助适用的法律

除本条约另有规定外，缔约一方在其境内执行司法协助请求应适用其本国法。

第二章 司法文书的送达

第五条 执行

送达司法文书的请求应由请求方中央机关以送达请求书的方式提出。被请求方的中央机关如果不是被请求方司法机关，应将上述文书通过其司法机关送达给在被请求方境内的当事人。

第六条 格式和文字

请求书应按本条约附件一提供的格式用请求方的官方文字写成，并附有被请求方官方文字的译文。请求书所附司法文书及其译成被请求方官方文字的译文应一式两份。

第七条 执行方式

一、司法文书应以下列方式送达：

（一）被请求方国内法所规定的有关在国内诉讼中对本国境内的当事人送达文书的方式，或

（二）请求方所要求的特殊方式，除非这种方式违反被请求方的法律。

二、缔约各方可通过其外交或领事机构向居住在缔约另一方境内的本国公民送达司法文书，但此种送达不得违反缔约另一方的法律，亦不得采用任何强制措施。

第八条　地址不详或有误

如果司法文书收件人（"受送达人"）的地址不详或有误，被请求方中央机关可要求请求方提供补充材料以确定受送达人的地址。如果被请求方的中央机关根据补充材料仍不能找到受送达人，或因任何其他原因无法送达司法文书，应就此通知请求方，说明妨碍送达的原因并退回司法文书。

第九条　送达证明

被请求方的中央机关应根据请求方的请求，向请求方中央机关出具由司法机关已经或试图送达的送达或未送达证明书。证明书应包括以下内容：

（一）载明请求书和请求送达的司法文书；

（二）注明送达人员的姓名和职衔并说明送达的方式、日期和地点；

（三）如未能送达，注明未能送达的原因；以及

（四）送达或试图送达的费用证明。

第十条　送达费用

请求方的中央机关应向被请求方的中央机关支付其根据请求书送达或试图送达司法文书所产生的费用。

第十一条　请求的拒绝

一、被请求方如果认为执行送达司法文书的请求有损或将损害其主权、安全或国家利益，可拒绝执行请求，并应立即将拒绝的理由通知请求方。

二、被请求方不得仅以其国内法规定对诉讼事由拥有专属管辖权或其国内法不允许此类诉讼为由拒绝执行请求。

第三章　调查取证

第十二条　适用范围

一、缔约一方法院可请求缔约另一方在民事或商事案件中收集必要的证据，如询问当事人、证人、鉴定人和出具文件。

二、证据可向被请求方法院或请求书中指定的任何合适的人或被请求方法院认为合适的人收集。

第十三条　格式和文字

一、请求书应用请求方官方文字制作，并包括如下内容：

（一）提出请求的法院的名称和地址；

（二）需要证据的法院正在审理的案件的性质；

（三）诉讼当事人的姓名和地址；

（四）当事人、证人、鉴定人的姓名和地址；

（五）如果有的话，需出具的文书清单；

（六）需向当事人、证人和鉴定人询问的问题；

（七）可能需要的其他材料，如在何种情况下取证以及任何有关宣誓作证的要求。

二、请求书及其所附文书应译成被请求方官方文字的译文。

第十四条　执行方式

一、调查取证应适用被请求方的法律，如有必要，可采用该国法律规定的强制措施。

二、缔约一方可通过其外交或领事机构向居住在缔约另一方境内的本国公民调查取证，但此种取证不得违反缔约另一方的法律，亦不得采取任何强制措施。

第十五条　地址不详或有误

如果被请求方法院或其他人员不能按照请求书注明的地址调查取证，被请求方可要求请求方提供补充材料。如果根据补充材料，法院或其他人员仍无法找到被取证的人，被请求方应将此情况通过其中央机关通知请求方并退回所附全部材料。

第十六条　执行结果的通知

被请求方法院或其他人员应通过其中央机关将根据请求收集到的证据转交请求方，并通知调查取证的日期、地点、方式、执行请求的费用和结果。

第十七条 费用

请求方的中央机关应向被请求方的中央机关支付每一被询问的当事人、证人、鉴定人往返、停留在请求执行地的费用及执行取证请求所需的其他费用。

第十八条 请求的拒绝

一、如果被请求方认为调查取证有损或将损害其主权、安全和国家利益或者根据其国内法律，该请求的执行不属其司法机关的职权范围，则可全部或部分拒绝执行请求，并应及时将拒绝的理由通知请求方。

二、不得仅以其国内法规定被请求方对诉讼事由拥有专属管辖权或其国内法不承认对此具有诉讼权为由拒绝执行。

第十九条 作证的拒绝

一、在执行请求时，被询问的证人可以拒绝出庭作证，如果：

（一）根据被请求方的法律有权拒绝作证或不得作证。

（二）根据请求方法律有权拒绝作证，或不得作证，并且此种权利或禁止在请求书中已予说明；或者应被请求方要求，请求方中央机关已对此另予确认。

二、如果法院同意免除证人在有关案件中作证的请求，则不应再向索要该证据的法院移交所获得的证据。

第四章 仲裁裁决的承认与执行

第二十条 仲裁裁决的承认与执行

缔约双方应根据一九五八年六月十日在纽约签订的《承认与执行外国仲裁裁决的公约》，相互承认与执行在对方境内作出的仲裁裁决。

第五章 其他条款

第二十一条 认证的免除

在适用本条约时，缔约一方法院或其他主管机关制作或证明的文件和译文，如经正式盖章，则无须任何形式的认证。

第二十二条 交换资料

一、缔约双方应相互提供关于在各自境内有效的法律与实践的资料。

二、提供资料的请求应说明提出请求的机关，以及请求提供的资料所涉及的案件的性质。

第二十三条 争议的解决

本条约在解释和执行过程中所产生的任何争议应通过外交途径协商或谈判解决。

第六章 最后条款

第二十四条 生效

一、缔约双方依照各自国内法律完成使本条约生效的程序后，应通过外交途径相互通知。本条约自最后一方通知之日起第三十天生效。

二、本条约同样适用于对在本条约生效前已开始的诉讼所提出的请求。

第二十五条 终止

一、缔约任何一方可随时通过外交途径书面通知缔约另一方终止本条约。终止自书面通知之日起满一年后生效。

二、本条约终止前提出的任何请求，在本条约终止后应继续依照本条约规定执行。

为此，两国政府授权的代表在本条约上签字并盖章，以昭信守。

本条约于一九九七年四月二十八日在北京签订，一式两份，每份都用中文和英文写成，两种文本具有同等效力。

中华人民共和国和匈牙利共和国
关于民事和商事司法协助的条约

(1995年10月9日订于北京 1997年3月21日对我国生效)

中华人民共和国和匈牙利共和国（以下简称"缔约双方"）在相互尊重主权和平等互利的基础上，为加强两国在司法领域的合作，决定缔结关于民事和商事司法协助的条约，为此目的，各自委派全权代表如下：

中华人民共和国司法部长肖扬

匈牙利共和国司法部长沃什道格·帕尔

缔约双方全权代表互换全权证书，认为妥善后，议定下列各条：

第一章　总　则

第一条　司法保护

一、缔约一方国民在缔约另一方境内，享有与缔约另一方国民同等的司法保护。

二、缔约一方国民可以在与缔约另一方国民同等的条件下诉诸缔约另一方司法机关。

三、除第三条规定外，本条约关于缔约双方国民的规定亦适用于根据缔约任何一方法律成立的、且主事务所在该方境内的法人。

第二条　诉讼费用保证金的免除

对于在缔约一方境内的缔约另一方国民，不得因其是外国人或无住所或居所而令其提供诉讼费用保证金。

第三条　诉讼费用的减免

一、缔约一方国民在缔约另一方境内，应在与该缔约另一方国民同等的条件下和范围内享受诉讼费用的减免。

二、本条第一款规定的费用减免所需的有关申请人个人情况及其财产状况的证明，由申请人住所或居所所在地的缔约一方的主管机关出具。如果申请人在缔约双方境内均无住所或居所，则由其本国的外交或领事代表机关出具证明。

第四条　联系途径

在司法协助过程中，缔约双方的司法机关通过各自的司法部进行联系。

第五条　文字

除第八条第二款和第十九条第六项的规定外，司法协助的请求及其附件应用请求一方的文字写成，并附有被请求一方文字或英文的译文。

第二章　送达文书和调查取证

第六条　送达文书和调查取证的范围

就本章而言，送达文书是指送达司法文书和司法外文书；调查取证是指询问诉讼当事人、证人、鉴定人，进行鉴定和司法勘验以及完成其他与调查取证有关的司法行为。

第七条　送达文书和调查取证的请求书

一、请求书应包括以下内容：

（一）请求机关的名称；

（二）已知的被请求机关的名称；

（三）有关人员或其代理人的姓名、地址；如系法人，则该法人的名称和地址。

二、除前款所列各项外，调查取证的请求书还应包括以下内容：

（一）请求所涉及案件的情况说明；

（二）有关人员的国籍、职业、出生地和出生时间；

（三）请求的性质以及执行请求所需的

其他说明。

第八条　送达文书

一、在实施送达请求过程中，被请求机关适用本国的法律。

二、如果所送达的文件未附被请求的缔约一方文字的准确译文，则被请求机关只有在受送达人自愿接受时方予送达。

三、被请求机关应根据其有关的法律规定证明文件的送达，证明中应注明送达的地点和时间。

四、如果不能按请求书所示地址找到受送达人，被请求机关应采取必要措施确定其地址。

五、如果被请求机关无法执行请求，则应通知请求机关并说明妨碍执行的原因。

六、缔约双方也可在受送达人自愿接受的情况下通过其外交或领事代表机关向在缔约另一方境内的本国国民送达文件。

第九条　调查取证请求的执行

一、在执行请求过程中，被请求机关适用其本国法律；应请求机关的要求也可采取请求书所指定的方式，但以不违反本国法律为限。

二、如果被请求机关不是执行请求的主管机关，应立即将请求送交主管机关并告知请求机关。

三、如果请求书提供的地址不准确，或者有关人员不在所提供的地址居住，被请求机关应努力确定其准确地址，必要时要求请求机关提供补充说明。

四、被请求机关应将执行请求的结果通知请求机关，并随附所获得的证据。

五、如果请求无法执行，被请求机关应将文书退回请求机关并说明妨碍执行请求的原因。

第十条　通知调查取证的地点和时间

被请求机关应根据请求将调查取证的地点和时间及时通知请求机关，以便有关当事人或其代理人可依照被请求缔约一方的法律届时在场。

第十一条　证人和鉴定人的保护与豁免

一、经传唤在提出请求的缔约一方司法机关出庭的证人或鉴定人，不论其国籍如何，不得因其在离开被请求的缔约一方领土前的犯罪行为或被判定有罪而在提出请求的缔约一方境内对其起诉、拘留，或者采取其他限制人身自由的措施。对此种人员亦不得因其证词或鉴定而予以起诉、拘留或惩罚。

二、如经传唤机关告知已不再需要其出庭之日起连续三十日，证人或鉴定人有机会离开却仍在提出请求的缔约一方境内停留，或离开后又返回提出请求的缔约一方领土，前款规定的豁免则应予终止。上述期间不应包括证人或鉴定人因其所不能控制的原因而未离开提出请求的缔约一方领土的时间。

第十二条　证人和鉴定人费用的补偿

一、请求机关向证人或鉴定人支付的生活费和偿还的旅费应自其离开居住地起算，并应按照至少等同于请求机关本国现行的标准和规则的规定进行计算。

二、请求机关应根据请求向证人或鉴定人预付全部或部分旅费和生活费。

第十三条　拒绝作证

在执行请求时，有关当事人可以拒绝出庭作证，如果：

（一）根据被请求的缔约一方的法律有拒绝作证的特权或义务；或者

（二）根据提出请求的缔约一方的法律有拒绝作证的特权或义务，并且此种特权或义务已在请求书中说明。

第十四条　送达文书和调查取证的拒绝

如果被请求的缔约一方认为送达文书和调查取证可能有损于本国的主权、安全或公共秩序，可予拒绝，但应将拒绝的理由通知提出请求的缔约一方。

第十五条　送达文书和调查取证的有关费用

缔约双方司法机关互相免费代为送达文书和调查取证，但被请求机关为执行请求而向鉴定人、译员支付的费用和按照本条约第九条第一款规定的特殊方式执行请求时所产生的费用除外。

第三章　裁决的承认与执行

第十六条　承认与执行裁决的范围

一、根据本条约规定的条件，缔约一方应承认与执行缔约另一方作出的下列裁决：

（一）法院对民事案件作出的裁决；

（二）法院就刑事案件中有关损害赔偿所作出的裁决。

二、本条所指的"裁决"亦包括根据第二条规定被免除诉讼费用保证金或法院费用预付款的当事人应交纳诉讼费用的裁决，以及调解书。

三、符合本条约规定条件的"裁决"只有在本条约生效后才具有法律效力并可执行时，方可承认与执行。

第十七条　承认与执行的条件

本条约第十六条规定的裁决在下列条件下应予承认与执行：

（一）按照在其境内作出裁决的缔约一方的法律，该裁决是具有法律效力的和可执行的；

（二）按照被请求在其境内承认与执行裁决的缔约一方的法律，作出裁决的缔约一方的法院具有管辖权；

（三）按照在其境内作出裁决的缔约一方的法律，未出庭的败诉一方已经合法传唤，无诉讼行为能力的败诉一方已依法得到代理；

（四）被请求在其境内承认与执行裁决的缔约一方的法院事先未就相同当事人之间的同一案件作出具有法律效力的裁决，或当事人事先未就同一案件向上述缔约一方法院提出诉讼；

（五）裁决的承认与执行与被请求在其境内承认与执行裁决的缔约一方法律的基本原则不相抵触。

第十八条　请求的提出

关于承认与执行裁决的请求，可由双方当事人直接向承认与执行裁决的主管法院提出，也可由缔约一方法院按本条约第四条规定的途径向缔约另一方承认与执行裁决的主管法院提出。

第十九条　请求的附件

承认与执行裁决的申请应附以下文件：

（一）裁决的完整和准确的副本；

（二）向败诉一方送达裁决的证明，或其他任何替代送达证明的真实文件；

（三）裁决具有法律效力的证明，如果裁决本身不能表明它是最终的话；

（四）对于缺席判决，证明缺席判决的被告已经合法传唤的文件，除非裁决本身已对此予以说明；

（五）证明无行为能力的当事人已得到适当代理的文件，除非裁决本身已对此予以说明；

（六）上述裁决和文件的被请求的缔约一方文字的准确译文。

第二十条　承认与执行裁决的方式

一、缔约双方的法院根据本国的法律承认与执行裁决。

二、缔约双方的法院应仅限于审查裁决是否符合本条约规定的条件，不应对裁决作实质性审查。

第四章　其他规定

第二十一条　交换情报

一、缔约双方相互提供本国现行的法律及其司法实践的情报。

二、提供情报的请求应注明请求机关的名称及请求提供情报所涉及的案情。

第二十二条　认证的免除

在适用本条约时，缔约一方司法机关或其他主管机关在其权限范围内制作或证明的文件及其译文，如经签署并加盖公章，则在缔约另一方司法机关和其他主管机关使用时无需认证。

第二十三条　争议的解决

缔约双方因解释或实施本条约所产生的任何争议应通过外交途径解决。

第五章 最后条款

第二十四条 批准和生效

本条约须经批准，批准书在布达佩斯互换。本条约自互换批准书之日起第三十日开始生效。

第二十五条 终止

本条约自缔约任何一方通过外交途径书面提出终止通知之日起六个月后失效，否则，本条约无限期有效。

本条约于一九九五年十月九日在北京签订，一式两份，用中文和匈牙利文写成，两种文本同等作准。

缔约双方全权代表在本条约上签字，以昭信守。

中华人民共和国和希腊共和国关于民事和刑事司法协助的协定

（1994年10月17日订于雅典 1996年6月29日对我国生效）

中华人民共和国和希腊共和国（以下简称"缔约双方"），为了加强两国之间的友好关系，促进两国在司法领域的合作，决定在相互尊重主权和平等互利的基础上缔结关于民事和刑事司法协助的协定，为此目的，双方指派全权代表如下：

中华人民共和国方面为外交部副部长姜恩柱

希腊共和国方面为外交部部长帕普利亚斯

双方全权代表相互校验全权证书，认为妥善后，议定下列各条：

第一章 总 则

第一条 定义

一、在本协定中：

（一）"民事"一词包括由民法、商法、家庭法和劳动法调整的事项。

（二）"主管机关"一词包括法院、检察院和其他主管民事和刑事案件的机关。

二、本协定有关缔约双方国民的条款，除本协定第十二条的规定外，亦适用于根据缔约任何一方法律成立，且设在该缔约一方境内的法人。

第二条 司法保护

一、缔约一方国民在缔约另一方境内，在人身和财产权利方面享有与缔约另一方国民同等的司法保护。

二、缔约一方国民有权在与缔约另一方国民同等的条件下，在缔约另一方主管机关提起诉讼或提出请求。

第三条 联系方式

一、除本协定另有规定者外，请求和提供司法协助应通过缔约双方的中央机关进行。

二、缔约双方的中央机关为各自的司法部。

第四条 文字

司法协助请求书及其所附文件应用提出请求的缔约一方的文字制作，并附有被请求的缔约一方的文字或法文或英文的译文。

第五条 司法协助的拒绝

如果缔约一方认为执行缔约另一方提出的司法协助请求可能损害其国家的主权、安全或公共秩序，可以拒绝执行该项请求，但应尽快将拒绝的理由通知缔约另一方。

第六条　司法协助的费用

除本协定另有规定者外，缔约双方在本协定范围内相互免费提供司法协助。

第七条　认证的免除

为实施本协定的目的，由缔约一方主管机关制作或证明的任何文书，只要经过签署或盖章，即可在缔约另一方司法机关使用，无须认证。

第八条　文书的证明效力

缔约一方主管机关制作的官方文书，在缔约另一方境内，与该缔约另一方主管机关制作的同类官方文书具有同等的证明效力。

第九条　交换法律情报

缔约双方应根据请求，相互通报各自国家现行或曾经施行的法律和法规及其在实践中的适用情况。

第二章　民事司法协助

第一节　一般规定

第十条　民事司法协助的范围

缔约双方应根据本协定，相互提供下列司法协助：

（一）送达和转递司法文书和司法外文书，包括有关个人身份证明的文件；

（二）代为调查取证；

（三）承认和执行法院裁决和仲裁裁决。

第十一条　免予提供担保

缔约一方法院对于缔约另一方国民，不得仅因为其是外国国民或在该缔约一方境内没有住所或居所而要求其提供诉讼费用担保。

第十二条　诉讼费用的免除和司法救助提供

一、缔约一方国民在缔约另一方境内，可以在与缔约另一方国民同等的条件下和范围内，申请免除诉讼费用和享受免费司法救助。

二、本条第一款规定的优惠应适用于某一特定诉讼案件的全过程，包括裁决的承认与执行。

第十三条　免除诉讼费用和提供司法救助的申请

一、申请免除诉讼费用和提供免费司法救助，应由申请人住所或居所所在的缔约一方的主管机关出具有关其经济和家庭状况的证明书。

二、如果申请人在缔约双方境内均无住所或居所，该项证明应由其本国派驻在申请人有住所或居所的国家的外交或领事代表机构出具。

三、缔约一方法院可根据本协定第三条规定的途径，要求出具上述证明书的机关提供有关补充情况。

第二节　送达文书和调查取证

第十四条　送达文书

缔约双方应根据一九六五年十一月十五日订于海牙的《关于向国外送达民事或商事司法文书和司法外文书公约》，相互代为送达民事司法文书和司法外文书。

第十五条　转递个人身份证明书

缔约双方应根据请求，通过本协定第三条规定的途径，相互转递关于缔约另一方国民出生、死亡和婚姻状况的文书。

第十六条　调查取证的范围

缔约双方法院应根据请求相互代为询问当事人、证人、鉴定人，进行鉴定以及被请求的缔约一方法律允许的其他活动。

第十七条　调查取证的请求书

一、调查取证的请求书应包括下列内容：

（一）请求机关的名称；

（二）调查取证请求所涉及案件的案情；

（三）当事人的姓名和地址，如有代理人，代理人的姓名和地址；

（四）调查取证的内容及执行该请求所需的材料。

二、请求书及其附件应由请求机关签署或盖章。

第十八条　调查取证请求书的执行

一、被请求的缔约一方执行请求时，应适用其本国法；如果提出请求的缔约一方要求按照特殊方式执行请求，被请求的缔约一方在采用这种方式时以不违反其本国法为限。

二、如果提出请求的缔约一方提供的材料不够充分，以致无法执行请求，则被请求的缔约一方可以要求提出请求的缔约一方提供补充材料。

三、如果被请求的缔约一方因提出请求的缔约一方提供的材料不全而无法执行请求，应将妨碍执行的理由通知提出请求的缔约一方，并向其退还全部有关文书。

四、被请求的缔约一方应根据请求将其执行调查取证请求的时间和地点通知提出请求的缔约一方，以便有关当事人或其代理人到场，并遵守被请求的缔约一方的法律。

五、缔约一方可以通过本国派驻缔约另一方的外交或领事代表机构，直接向缔约另一方境内的本国国民调查取证，并遵守缔约另一方的法律，执行本规定时不得采取任何强制措施。

第十九条 通知执行结果

被请求的缔约一方的主管机关应通过本协定第三条规定的途径，将执行请求的结果以书面形式通知提出请求的缔约一方，并附执行所获得的证据材料。

第三节 裁决的承认与执行

第二十条 须承认与执行的裁决

在本协定生效后，缔约双方应根据本协定规定的条件在其境内予以承认与执行缔约另一方作出的：

（一）民事裁决；

（二）刑事判决中有关损害赔偿的部分；

（三）仲裁裁决、法院制作的调解书和仲裁调解书。

第二十一条 请求的提出

承认与执行裁决的请求书应由申请人向作出该裁决的缔约一方法院提出，该法院应通过本协定第三条所规定的途径将该请求转交给缔约另一方法院，申请人可直接向承认或/和执行该裁决的主管法院提出。

第二十二条 请求书所附的文件

一、承认与执行裁决的请求书应附下列文件：

（一）裁决书或经证明无误的裁决副本；

（二）证明裁决已经生效和可以执行的文件，除非裁决中对此已予以说明；

（三）证明在缺席判决的情况下，败诉一方当事人已经以适当方式得到合法传唤，无诉讼行为能力的当事人已得到合法代理的文件，除非裁决中对此已予以说明；

（四）证明诉讼程序开始的日期的文件。

二、上述文件应附被请求的缔约一方的官方文字或法文或英文的译文。

第二十三条 拒绝承认与执行

在下列情形下，被请求的缔约一方法院可以拒绝承认与执行裁法：

（一）如果根据被请求的缔约一方法律，该方法院对该案享有专属管辖权；

（二）如果根据提出请求的缔约一方法律，该裁决尚未生效或不能执行；

（三）如果根据提出请求的缔约一方法律，未曾出庭的败诉一方当事人未经合法传唤或被剥夺了答辩的权利，或在其没有诉讼行为能力时没有得到合法的代理；

（四）如果被请求的缔约一方的法院对于相同当事人之间就同一标的和同一事实的案件已经作出了终审裁决，或已经承认了第三国对该案作出的终审裁决；

（五）如果被请求的缔约一方的法院对于相同当事人之间就同一标的和同一事实的案件正在进行审理，且这一审理是先于提出请求的缔约一方法院开始的。

第二十四条 承认与执行的程序

一、裁决的承认与执行应适用被请求的缔约一方法律所规定的程序。

二、被请求的缔约一方法院可以审查该裁决是否符合本协定的规定，但不得对该裁决进行实质性审查。

三、如果裁决涉及多项内容且该裁决无

法得到全部承认或/和执行，被请求的缔约一方法院可仅承认或/和执行部分裁决。

第二十五条 承认与执行的效力

缔约一方法院作出的裁决，一经缔约另一方法院承认或执行，即与该另一方法院作出的裁决具有同等的效力。

第二十六条 仲裁裁决的承认与执行

缔约一方应根据一九五八年六月十日在纽约签订的《关于承认与执行外国仲裁裁决的公约》，承认与执行在缔约另一方境内作出的有关商事争议的仲裁裁决。

第二十七条 有价物品的出境和资金的转移

实施本协定有关承认与执行裁决的规定，不得违反缔约双方有关有价物品的出境和资金的转移方面的法律和法规。

第三章 刑事司法协助

第二十八条 刑事司法协助的范围

根据本协定的规定，缔约双方应相互提供以下各项刑事司法协助：

（一）送达文书；

（二）进行鉴定和司法勘验；

（三）向有关人员录取证词；

（四）搜查、扣押和移交文件、证物与赃款赃物；

（五）安排证人、鉴定人和在押人员出庭作证；

（六）刑事诉讼的转移；

（七）通报刑事判决。

第二十九条 刑事司法协助的拒绝

一、被请求的缔约一方可根据下列理由之一，拒绝提供司法协助：

（一）如果被请求的缔约一方认为请求所涉及的犯罪具有政治性质或为军事犯罪；

（二）请求所涉及的嫌疑犯或罪犯是被请求的缔约一方国民，且不在提出请求的缔约一方境内；

（三）根据被请求的缔约一方法律，请求所涉及的行为并不构成犯罪；

（四）被请求的缔约一方已对该请求所涉及的嫌疑犯或罪犯，就同一罪行作出了终审裁决。

二、如执行请求可能妨碍正在被请求的缔约一方境内审理的刑事诉讼，被请求的缔约一方可拒绝、推迟或在一定条件下执行请求。

三、被请求的缔约一方应及时将上述拒绝、推迟或在一定条件下执行请求的理由通知提出请求的缔约一方。

第三十条 司法协助请求书

一、司法协助的请求应以请求书的形式提出。请求书应包括以下内容：

（一）请求机关的名称；

（二）犯罪的性质与事实，以及所适用的请求一方的法律条文；

（三）请求中所涉及的人员的姓名、国籍、住所或居所及其他一切有关其身份的情况；

（四）请求的内容及需履行的司法行为；

（五）需予搜查、扣押和移交的文件与物品；

（六）请求方要求适用的特别程序及其理由；

（七）执行请求的时间限制；

（八）执行请求所需的其他材料。

二、上述请求书及其附件应由请求机关签署和/或盖章。

第三十一条 送达文书

一、提出请求的缔约一方要求送达的任何有关刑事诉讼的文件，被请求的缔约一方应根据其本国法予以送达。

二、被请求的缔约一方应以送达回证的方式证明已完成送达。送达回证应包含受送达人的签名和收件日期、送达机关的名称及其盖章和送达人的签名以及送达方式和地点。如果收件人拒收，还应说明拒收的理由。

第三十二条 调查取证请求的执行

提出请求的缔约一方可要求按特殊方式执行请求，被请求的缔约一方在采取这种特殊方式时以不违反其本国法律为限。

第三十三条 证据的提供

一、被请求的缔约一方应通过本协定第三条规定的途径移交调查取证所取得的证据材料。

二、被请求的缔约一方可以移交提出请求的缔约一方要求提供的文件的经证明无误的副本或影印件；但在提出请求的缔约一方明示要求移交原件的情况下，被请求的缔约一方应尽可能满足此项要求。

三、被请求的缔约一方应移交提出请求的缔约一方要求提供的作为证据的物品，但物品的移交不得侵犯被请求的缔约一方以及与这些物品有关的第三者的权利。

四、如果上述文件或物品对被请求的缔约一方境内其他未决刑事诉讼案件是不可缺少的，则被请求的缔约一方可暂缓提供。

五、根据本条约移交的任何文件或物品免征有关税费。

第三十四条 归还证据

提出请求的缔约一方应尽快归还被请求的缔约一方向其移交的任何物品或文件的原件。但被请求的缔约一方放弃归还要求时除外。

第三十五条 证据的使用限制

移交给提出请求的缔约一方的文件或物品等只能被用于该司法协助请求中所限定的目的。

第三十六条 证人的鉴定人的出庭

一、如果提出请求的缔约一方认为证人或鉴定人有必要就有关刑事案件来到其主管机关，则应在其要求送达出庭通知的请求中予以提及，被请求的缔约一方应向有关的证人或鉴定人转达上述请求。

二、送达出庭通知的请求应在要求证人或鉴定人就有关刑事案件来到请求的缔约一方的主管机关之日的至少两个月之前递交给被请求的缔约一方。

三、被请求的缔约一方应将证人或鉴定人的答复及时通知提出请求的缔约一方。

四、提出请求的缔约一方应在请求书或出庭通知中说明可支付的大约补偿数以及可偿付的旅费与食宿费。应证人或鉴定人的要求，提出请求的缔约一方应向其全部或部分预付上述费用。

第三十七条 证人和鉴定人费用的标准

提出请求的缔约一方需付给证人或鉴定人的补偿、食宿费及旅费，应自证人和鉴定人离开其居所地起算，且其数额至少应等于提出请求的缔约一方的现行规章所规定的数额。

第三十八条 证人和鉴定人的保护

一、提出请求的缔约一方不得对拒绝按照本协定第三十六条的规定前往其境内作证或鉴定的人予以处罚，或以采取强制措施相威胁，或采取任何强制措施。

二、提出请求的缔约一方对于传唤到某司法机关的证人或鉴定人，不论其国籍如何，不得因其入境前所犯的罪行或者因其证词或鉴定结论而追究其刑事责任、予以逮捕或以任何形式剥夺其自由。

三、如果证人或鉴定人在提出请求的缔约一方主管机关通知其不必继续停留之日起十五天后仍不离开该缔约一方境内，则丧失第一款给予的保护。但此期限不包括证人或鉴定人由于自己不能控制的原因而未能离开提出请求的缔约一方境内的期间。

第三十九条 在押人员作证

一、如果缔约一方主管机关认为有必要将在缔约另一方境内的在押人员作为证人加以询问，本协定第三条所规定的缔约双方的中央机关可就将在押人员移交到提出请求的缔约一方境内一事达成协议，条件是该人应继续受到拘禁，且在询问完毕后尽快得以返回。

二、如果缔约一方主管机关认为有必要将在第三国的在押人员作为证人加以询问，被请求的缔约一方必须允许上述人员在其境内过境。

三、有下列情况之一的，可拒绝本条第一款所述的移送：

（一）在押人员本人不同意；

（二）移送可能延长该人的羁押时间；
（三）存在不允许移送该人的必要理由。
四、本条第一款所述的协议应包括有关移送费用的规定。
五、本协定第三十八条的规定同样适用于本条第一款和第二款所规定的情况。

第四十条　赃款赃物的移交

一、缔约一方应根据缔约另一方的请求，将罪犯在缔约另一方境内犯罪时所获得的赃款赃物移交给该缔约另一方。但此项移交不得损害被请求的缔约一方或与上述钱物有关的第三方的合法权利。

二、如果上述赃款赃物对于被请求的缔约一方其他未决刑事诉讼是必不可少的，被请求的缔约一方可延迟移交。

第四十一条　刑事诉讼的转移

一、缔约一方有义务根据请求，按照其本国法，对于在提出请求的缔约一方境内犯罪的本国国民提起刑事诉讼。

二、移交刑事诉讼的请求书应附上有关调查结果、现有的所有证明材料文件，以及根据请求方现行法律适用该罪行的刑法条款。

三、被请求的缔约一方应将本条第一款所述的刑事诉讼的结果通知提出请求的缔约一方，并在已作出判决的情况下附送一份终审判决的副本。

第四十二条　刑事判决的通报

缔约一方应向缔约另一方通报有关对缔约另一方国民所作生效刑事判决的结果，并应提供判决书的副本。

第四章　最后条款

第四十三条　分歧的解决

因解释或实施本协定所产生的分歧均通过外交途径解决。

第四十四条　批准、生效和终止

一、本协定须经批准。批准书在北京互换。本协定在互换批准书后第三十天起生效。

二、本协定无限期有效。缔约双方均可通过外交途径书面提出终止本协定。在此种情况下，本协定自收到通知之日起六个月期满后失效。

本协定于一九九四年十月十七日在雅典签订，一式两份，每份均用中文和希腊文写成，两种文本同一作准。

双方全权代表在本协定上签字，以昭信守。

中华人民共和国和西班牙王国关于民事、商事司法协助的条约

（1992年5月2日订于北京　1994年1月1日对我国生效）

中华人民共和国和西班牙王国（以下简称"缔约双方"），在相互尊重国家主权和平等互利的基础上，为促进在法律和司法领域的合作，决定缔结关于民事、商事司法协助的条约。

为此目的，缔约双方各委派全权代表如下：

中华人民共和国方面为：蔡诚

西班牙王国方面为：托马斯·德拉夸德拉·萨尔塞多

缔约双方全权代表交换并校阅全权证书，认为妥善后，议定下列各条：

第一章 总 则

第一条 司法保护

一、缔约一方的国民在缔约另一方境内,享有与缔约另一方国民同等的司法保护,有权在与缔约另一方国民同等的条件下,在缔约另一方法院进行民事、商事诉讼。

二、缔约一方的法院对于缔约另一方国民,不得因其为外国人而令其提供诉讼费用保证金。

三、前两款规定亦适用于根据缔约任何一方的法律成立或者批准的法人。

第二条 司法协助的范围

本条约中的民事、商事方面的司法协助包括:

(一)转递和送达司法文书和司法外文书;

(二)代为调查取证;

(三)承认与执行法院裁决和仲裁机构的裁决;

(四)根据对方请求提供法律资料。

第三条 中央机关

一、除本条约另有规定外,提供司法协助应当通过缔约双方的中央机关进行。

二、缔约双方的中央机关负责相互转递本条约第二条第(一)、(二)和第(四)项规定范围内的各项请求书、文书以及执行请求的结果。

三、缔约双方的中央机关为各自的司法部。

第四条 适用法律

缔约双方在本国境内实施司法协助,各自适用其本国法,但本条约另有规定的除外。

第五条 司法协助的拒绝

如果被请求的缔约一方认为司法协助的实施有损于本国的主权、安全、公共秩序及社会公共利益,或不属于司法机关的职权范围,可以予以拒绝,但应当将拒绝的理由通知提出请求的缔约一方。

第二章 司法文书和司法外文书的转递和送达

第六条 请求的手续

一、请求送达司法文书和司法外文书,应当由提出请求的缔约一方中央机关用本条第二款规定的请求书格式提出。被请求的缔约一方中央机关应当使请求送达的文书得以送达给居住在本国境内的受送达人。

二、请求书的格式应当按照一九六五年十一月十五日在海牙签订的《关于向国外送达民事或商事司法文书和司法外文书公约》的格式填写。请求送达的司法文书和司法外文书应当一式两份,并附有被请求的缔约一方文字或英文或法文的译本。

第七条 执行的方式

一、被请求的缔约一方中央机关按照本国法律的规定,决定采取最恰当的方式送达司法文书和司法外文书。

二、缔约一方可以通过本国派驻缔约另一方的外交或领事代表机关向缔约另一方境内的本国国民送达司法文书和司法外文书,但不得采取任何强制措施。

三、如受送达人地址不详,可以要求提出请求的缔约一方提供补充材料,如仍无法确定地址,被请求的缔约一方应当将请求退回提出请求的缔约一方。

第八条 送达的证明

被请求的缔约一方中央机关应当按照本条约第六条所提及的公约规定的标准格式,并用被请求的缔约一方文字或英文或法文填写送达证明书,证明已执行请求。

第九条 费用的免除

转递和送达司法文书和司法外文书不收取任何费用。

第三章 代为调查取证

第十条 适用范围

缔约双方法院可以相互请求代为调查取

证，其中包括：代为询问当事人、证人、鉴定人，进行司法勘验以及被请求的缔约一方法律允许的其他取证活动。

第十一条　格式和文字

调查取证请求书的格式应当与本条约附录中的标准格式相符，空白部分用被请求一方文字或英文或法文填写。调查取证请求书所附文件必须附有被请求的缔约一方文字或英文或法文的译文。

第十二条　调查取证的方式

一、被请求的缔约一方法院代为调查取证的方式适用本国法律，必要时可以实施本国法律规定的适当的强制措施。如果提出请求的缔约一方要求按照特殊方式执行请求，被请求的缔约一方在采用这种方式时以不得违反其本国法律为限。

二、缔约一方可以通过本国派驻缔约另一方的外交或领事代表机关，宜接向缔约另一方境内的本国国民调查取证，但须遵守缔约另一方的法律，并不得采取任何强制措施。

第十三条　寻找地址

被请求的缔约一方法院如果无法按照提出请求的缔约一方提供的地址代为调查取证，应当主动采取必要的措施确定地址，完成请求事项，必要时可以要求提出请求的缔约一方提供补充材料。如果经过努力，仍无法确定地址，被请求的缔约一方法院应当通过其中央机关通知提出请求的缔约一方，并退还所附的一切文件。

第十四条　通知执行的结果

被请求的缔约一方法院，应当通过双方的中央机关转递调查取证所取得的证明材料，必要时还应当转递有关调查取证的执行情况。

第十五条　费用

代为调查取证不收取费用，但是有关鉴定人、译员的报酬除外；证人、鉴定人赴提出请求的缔约一方境内作证所需旅费、食宿费和其他补偿，应当由提出请求的缔约一方按照本国法律规定的标准支付。

第十六条　对证人和鉴定人的保护

对于前来请求一方出庭的证人或鉴定人，不论其国籍如何，不得因其入境前所犯的罪行或因其证词而追究其刑事责任，或者予以逮捕。

第四章　法院裁决和仲裁机构裁决的承认与执行

第十七条　适用范围

一、缔约一方法院在本条约生效后作出的已经确定的民事、商事裁决，除因有关破产和倒闭程序问题造成的损失及因核能造成的损失之外，在缔约另一方境内应当予以承认与执行。

二、本条约适用于刑事附带民事诉讼中有关赔偿损失的裁决和司法调解书。

三、本条约亦适用于在该条约生效后作出的法院裁决、司法调解书和仲裁裁决，尽管其程序始于该条约生效之前。

第十八条　主管法院

承认与执行裁决的请求，在中华人民共和国，应当按照《中华人民共和国民事诉讼法》的规定向中级人民法院提交。在西班牙王国，应当向初审法院提交。

第十九条　请求的提交

一、承认与执行缔约一方法院裁决的请求，应当由当事人直接向缔约另一方有管辖权的法院提交。

二、缔约双方的中央机关应当根据请求提供有关法院的情况、请求的手续及其他情况。

第二十条　须提交的文书

申请承认与执行裁决的当事人应当提交下列文件：

（一）经证明无误的裁决副本，以及证明裁决已生效和可以执行的文件，除非裁决中对此已予以说明；

（二）证明裁决已经送达的送达回证原本或副本，以及证明在缺席判决的情况下，被告已经合法传唤的文件的原本或副本，除非裁决中对此已予以说明；

（三）享受部分或全部司法救助须出具相应的证明，除非裁决中对此已予以说明；

（四）证明无诉讼行为能力的人已得到适当代理的文件，除非裁决中对此已予以说明；

（五）本条所列文件的经证明无误的被请求一方文字或英文或法文译本。

第二十一条 管辖

一、为实施本条约，符合下列情况之一的，作出裁决的法院即被视为对案件有管辖权；

（一）在提起诉讼时，被告在该缔约一方境内有住所或居所；

（二）被告因其商业性活动引起的纠纷而被提起诉讼时，在该缔约一方境内设有代表机构；

（三）被告已书面明示接受该缔约一方法院的管辖；

（四）被告就争议的实质进行了答辩，未就管辖权问题提出异议；

（五）在合同案件中，合同在作出裁决的缔约一方境内签订，或者已经或应当在该缔约一方境内履行，或诉讼的直接标的物在该缔约一方境内；

（六）在合同外侵权责任案件中，侵权行为或结果发生在该缔约一方境内；

（七）在身份关系诉讼中，在提起诉讼时，身份关系人在作出裁决的缔约一方境内有住所或居所，可不适用本款第（一）项的规定；

（八）在抚养责任案件中，债权人在提起诉讼时在该缔约一方境内有住所或居所，可不适用本款第（一）项的规定；

（九）在继承案件中，被继承人死亡时住所地或主要遗产所在地在作出裁决的缔约一方境内；

（十）诉讼的对象是位于作出裁决的缔约一方境内的不动产的物权。

二、（一）尽管有第一款的规定，缔约双方法律中关于专属管辖权的规定仍然适用。

（二）缔约双方应当通过外交途径以书面方式将各自法律中关于专属管辖权的规定通知对方。

第二十二条 拒绝承认与执行

对有下列情形之一的裁决，不予承认与执行：

（一）根据本条约第二十一条的规定，作出裁决的法院无管辖权；

（二）关于自然人的身份或能力方面，提出请求的缔约一方法院适用的法律不同于按照被请求的缔约一方的国际私法规则应适用的法律，除非所适用的法律导致裁决结果相同；

（三）根据作出裁决的缔约一方法律，该裁决尚未生效或不具有执行效力；

（四）根据作出裁决的缔约一方法律，在缺席判决的情况下，败诉一方当事人未经合法传唤；

（五）无诉讼行为能力人未经合法代理；

（六）被请求的缔约一方法院对于相同当事人之间就同一标的的案件正在进行审理或已经作出了生效裁决，或已承认了第三国对该案件作出的生效裁决。

第二十三条 承认与执行的程序

一、裁决的承认与执行，由被请求的缔约一方法院依照本国法律规定的程序决定。

二、被请求的缔约一方法院应当审核请求承认与执行的裁决是否符合本条约的规定，但不得对该裁决作任何实质性审查。

第二十四条 司法调解书和仲裁裁决

一、本条约的相应规定适用于司法调解书。

二、缔约一方将根据一九五八年六月十日在纽约签订的《关于承认与执行外国仲裁裁决公约》的规定，承认与执行在缔约另一方境内作出的仲裁裁决。

第二十五条 效力

被承认与执行的裁决在被请求的缔约一

方境内应与该方法院作出的裁决具有同等的效力。

第五章 其他规定

第二十六条 认证的免除

本条约中所指的任何文件不需办理认证手续。

第二十七条 法律资料的提供

一、为执行本条约，缔约双方中央机关可要求缔约另一方提供其法律规定的一般资料。

二、缔约双方法院可就某一具体案件，通过中央机关请求缔约另一方提供有关此案件的法律资料。

第二十八条 分歧的解决

如对本条约的执行或解释存有分歧，应当通过外交途径解决。

第六章 最后条款

第二十九条 生效

缔约双方依照各自国内法律完成使本条约生效的程序后，以外交照会相互通知。本条约自最后一方通过外交照会通知已完成法律手续之日起第三十日生效。

第三十条 终止

缔约任何一方可随时通过外交照会通知缔约另一方终止本条约。本条约自通知之日起一年后失效。

双方代表受权在本条约上签字，以昭信守。

本条约于一九九二年五月二日在北京签署，共两份，每份都用中文和西班牙文写成，两种文本同等作准。

Y

中华人民共和国和伊朗伊斯兰共和国关于民事和商事司法协助的条约

（2016年1月23日订于德黑兰 2021年7月13日对我国生效）

中华人民共和国和伊朗伊斯兰共和国（以下单称"一方"，合称"双方"），

在相互尊重主权和平等互利的基础上，为加强两国在民事和商事领域的司法合作，

决定缔结本条约，并达成下列协议：

第一条 司法协助的范围

本条约规定的司法协助包括：

（一）送达司法文书；

（二）调查取证；

（三）承认与执行法院裁决以及仲裁裁决；

（四）交换法律资料；

（五）任何其他形式的民事或商事司法协助，包括但不限于不违背双方法律的与人身权利相关的协助。

第二条 诉讼费用减免和法律援助

一、一方国民在另一方境内，应当有权在与该另一方国民同等的条件下和范围内获得诉讼费用减免和法律援助。

二、申请获得第一款规定的诉讼费用减免或法律援助，应当由申请人住所或者居所所在地的一方主管机关出具关于该人财产状况的证明。如果申请人在双方境内均无住所和居所，可以由该人国籍所属的一方的外交或者领事代表出具或者确认有关该事项的证明。

三、负责对诉讼费用减免或法律援助申请作出决定的司法机关或者其他主管机关可以要求提供补充材料。

第三条 司法保护

一、一方国民在另一方境内，应当享有与另一方国民同等的司法保护，有权在与另一方国民同等的条件下，在另一方法院进行诉讼。

二、一方法院对于另一方国民，不得仅因为该人是外国人或者在其境内没有住所或者居所而要求该人提供诉讼费用担保。

三、本条第一款和第二款的规定亦适用于位于任何一方境内并依该方法律成立的法人。

第四条 司法协助的联系途径

一、为了本条约的目的，双方指定的中央机关应当通过外交途径就本条约范围内的事项进行联系。

二、本条第一款所指的中央机关，在中华人民共和国方面为司法部，在伊朗伊斯兰共和国方面为司法部。

三、任何一方如果变更其对中央机关的指定，应当通过外交途径通知另一方。

第五条 司法协助适用的法律

双方执行司法协助请求时，适用各自的法律，但是本条约另有规定的除外。

第六条 司法协助的拒绝

一、被请求方如果认为提供司法协助将有损本国的主权、安全或者重大公共利益，或者违反本国法律的基本原则，或者请求的事项超出本国司法机关的主管范围，可以拒绝提供司法协助，并应当向请求方说明拒绝

理由。

二、对于送达司法文书和调查取证的协助请求，被请求方不得仅因为本国法院对该项诉讼标的有专属管辖权而拒绝提供协助。

第七条 司法协助请求的形式和内容

一、司法协助的请求应当以书面形式提出，由请求机关签署或者盖章，并包括下列内容：

（一）请求机关的名称；

（二）可能时，被请求机关的名称；

（三）请求所涉及人员的全名、国籍以及地址；如果系法人，法人的名称和地址；

（四）必要时，所涉及案件当事人的代理人的姓名和地址；

（五）请求所涉及的诉讼性质的说明、案情摘要和相关法律；

（六）请求协助的事项；

（七）请求方要求采取特殊方式的原因及其说明；

（八）希望请求得以执行的时限；

（九）执行请求所需要的其他材料。

二、被请求方如果认为请求方提供的材料不足以使其根据本条约处理该请求，可以要求请求方提供补充材料。

第八条 文字

一、双方的中央机关进行书面联系时，应当使用本国官方文字并附对方文字或者英文的译文。

二、司法协助请求书及其所附文件，应当使用请求方的文字并附被请求方文字或者英文的译文。

第九条 送达司法文书

一、一方应当根据本条约的规定，执行另一方提出的向在其境内的人员送达司法文书的请求。

二、被请求方应当根据其法律规定的方式执行送达请求。

三、被请求方应当在不违背其法律的范围内，按照请求方明示要求的特殊方式执行送达。

四、被请求机关如果无权执行请求，应当将该项请求移送有权执行的主管机关，以便执行。

五、被请求方如果难以按照请求方指明的地址执行送达，应当采取必要措施确定地址，必要时可以要求请求方提供补充材料。如果仍然无法确定地址或者因为其他原因无法执行请求，被请求方应当将请求书以及所附文件退回请求方，并说明妨碍送达的原因。

第十条 通知送达结果

被请求方应当通过本条约第四条规定的联系途径，向请求方书面通知送达结果，并附送达机关出具的证明。该证明应当注明受送达人全名等身份信息、送达日期、地点以及送达方式。如果受送达人拒收，应当注明拒收的原因。

第十一条 调查取证

一、一方应当根据本条约的规定，执行另一方提出的调查取证的请求，包括获取案件当事人陈述和证人证言、调取物证和书证、进行鉴定或者与调查取证有关的司法行为。

二、本条约不适用于下列情况：

（一）调取不打算用于已经开始或者即将开始的司法程序的证据；

（二）调取未在请求书中列明或者与案件没有直接密切联系的文件。

第十二条 调查取证请求的执行

一、被请求方应当根据本国法律执行调查取证的请求。

二、被请求方应当在不违背其法律的范围内，按照请求方要求的特殊方式执行调查取证的请求。

三、被请求方收到请求的机关如果无权执行请求，应当将该项请求移送有权执行的主管机关，以便执行。

四、被请求方如果由于请求方所提供的信息不足而难以调查取证，可以要求请求方提供补充材料。如果因为其他原因仍然无法执行请求，被请求方应当将请求书及所附文件退回请求方，并说明妨碍执行的原因。

五、如果请求方明示要求，被请求方应当通知请求方执行请求的时间和地点，以便案件当事人或者其代理人到场。上述当事人或者代理人在到场时应当遵守被请求方的法律。

第十三条 通知调查取证的执行结果

被请求方应当通过本条约第四条规定的联系途径，书面通知请求方执行调查取证请求的结果，并转交所取得的证据材料。

第十四条 安排有关人员作证

一、被请求方应当根据请求方的请求，邀请有关人员前往请求方境内出庭作证。请求方应当说明需向该人支付的津贴和（或）费用的范围和标准。被请求方应当将该人的答复迅速通知请求方。如果有关人员愿意前往请求方境内出庭作证，请求方应当在该人出发前向其支付津贴和（或）费用。

二、邀请有关人员在请求方境内出庭作证的文书送达请求，应当在不迟于预定的出庭日六十天前递交给被请求方，除非在紧急情况下，被请求方同意在较短期限内转交。

第十五条 拒绝作证的权利或特权

一、如果根据本条约被要求作证的人员主张依请求方法律有拒绝作证的权利或者特权，被请求方应当要求请求方提供是否存在该项权利或者特权的证明。请求方的证明应当视为是否存在该项权利或者特权的充分证据，除非有明确的相反证据。

二、如果被请求方法律允许根据本条约被要求作证的人员在被请求方提起的诉讼中的类似情形下拒绝作证，该人可以拒绝作证。

第十六条 移交在押人员以便作证

一、经请求方请求，被请求方可以将在其境内的在押人员临时移交至请求方以便出庭作证，条件是该人同意，而且双方已经就移交条件事先达成书面协议。

二、如果依被请求方法律该被移交人应予羁押，请求方应当对该人予以羁押。

三、作证完毕后，请求方应当立即将该人送回被请求方。

四、为本条的目的，该被移交人在请求方被羁押的时间，应当折抵在被请求方判处的刑期。

第十七条 证人和鉴定人的保护

一、请求方对于到达其境内的证人或鉴定人，不得因该人在入境前的任何作为或者不作为而予以起诉、羁押、处罚或者采取任何其他限制人身自由的措施，也不得强迫该人在请求所未涉及的任何其他诉讼程序中作证，除非事先取得被请求方和该人同意。

二、如果上述人员在被正式通知无需继续停留后 15 天内未离开请求方，或者离开后又自愿返回，则不再适用本条第一款。但该期限不包括该人因本人无法控制的原因而未离开请求方的期间。

三、对于拒绝接受根据第十四条或者第十六条提出的作证邀请的人员，不得因此种拒绝而施加任何处罚或者采取任何限制其人身自由的强制措施。

第十八条 承认和执行法院裁决

一、一方法院在本条约生效后作出的下列裁决，应当根据本条约规定的条件在另一方境内得到承认和执行：

（一）法院在民事和商事案件中作出的裁决；

（二）法院在刑事案件中作出的向被害人给予赔偿和返还财物的民事裁决。

二、本条第一款所述"裁决"包括法院就民事和商事案件制作的调解书。

第十九条 承认和执行法院裁决申请的提出

一、承认与执行裁决的申请，可以向作出该裁决的法院提出并按本条约第四条规定的途径转交。

二、申请及其所附文件也可以由案件当事人在完成被请求方法律规定的认证程序后，直接向被请求方的主管法院提出。

第二十条 承认和执行法院裁决申请应附的文件

一、承认和执行裁决的申请，应当附有下列文件：

（一）经证明无误的裁决副本，如果部分裁决已经执行，则应附有裁决已获执行部分的证明文件；

（二）证明裁决是终局的文件，以及在申请执行时，证明裁决是可以执行的文件，除非裁决中对此已经予以明确说明；

（三）证明已经向败诉的案件当事人适当送达裁决和无诉讼行为能力的当事人已经得到适当代理的文件；

（四）如果是缺席裁决，证明已经合法传唤缺席的案件当事人出庭的文件。

二、申请书和上述裁决及文件，均应当附有经证明无误的被请求方文字或者英文的译文。

第二十一条 承认和执行法院裁决的拒绝

对于本条约第十八条第一款列举的裁决，除可以根据本条约第六条的规定拒绝承认与执行外，有下列情形之一的，也可以拒绝承认与执行：

（一）根据作出裁决一方的法律，该裁决不是终局的或者不具有执行效力；

（二）根据本条约第二十二条的规定，作出裁决的法院无管辖权；

（三）败诉的案件当事人未经合法传唤，或者无诉讼行为能力的当事人没有得到适当代理；

（四）被请求方法院正在审理相同当事人之间就同一标的提起的诉讼。

（五）该裁决与被请求方法院已经作出的裁决或已经承认的第三国法院作出的裁决不符；

（六）被请求方法院对案件标的具有专属管辖权。

第二十二条 法院裁决得以承认和执行的管辖权

为承认和执行法院裁决的目的，符合下列情况之一的，作出裁决一方的法院即被视为有管辖权：

（一）在提起诉讼时，案件被告在该方境内有住所或者居所；

（二）因案件被告在该方境内设立的分支机构的商业活动产生诉讼；

（三）案件被告已经明示接受该方法院的管辖；

（四）案件被告未对管辖权提出异议，并就争议的实质问题进行了答辩；

（五）在合同案件中，合同在该方境内签订，或者已经或者应当在该方境内履行，或者诉讼标的物在该方境内；

（六）在非合同性质的侵权案件中，侵权行为或者结果发生在该方境内；

（七）在扶养义务案件中，债权人在提起诉讼时在该方境内有住所或者居所；

（八）作为诉讼标的物的不动产位于该方境内；

（九）在继承案件中，被继承人死亡时在该方境内有住所或者居所，或者主要遗产位于该方境内；

（十）在人身权利案件中，诉讼当事人在该方境内有住所或者居所。

第二十三条 承认和执行法院裁决的程序

一、裁决的承认和执行应当适用被请求方法律规定的程序。

二、被请求方法院应当仅限于审查裁决是否符合本条约规定的条件，不得对裁决作任何实质性审查。

三、如果裁决涉及多项可分开的内容，且无法得到全部承认和执行，被请求方法院可以决定仅承认和执行裁决的部分内容。

第二十四条 承认和执行法院裁决的效力

被承认和执行的法院裁决在被请求方境内应当与被请求方法院作出的裁决具有相同的效力。

第二十五条 仲裁裁决的承认与执行

双方应当根据一九五八年六月十日在纽约签订的《承认及执行外国仲裁裁决公约》，相互承认和执行在对方境内作出的仲裁裁决。

第二十六条 交换法律资料

双方应当根据请求，相互交换与本条约

的实施相关的本国现行法律或者司法实践的资料。

第二十七条 外交或者领事代表送达文书和调查取证

一方可以通过本国派驻另一方的外交或者领事代表向在该另一方境内的本国国民送达司法文书和调查取证，但应当遵守该另一方法律，并且不得采取任何强制措施。

第二十八条 认证的免除

为适用本条约的目的，由双方法院或者其他主管机关制作或者证明，并且通过第四条规定的联系途径转递的文件，免除任何形式的认证。

第二十九条 费用

一、被请求方应当负担执行请求的费用，但请求方应当负担下列费用：

（一）有关人员按照本条约第十二条第五款的规定，前往、停留和离开被请求方的费用；

（二）第十四条第一款规定的津贴和（或）费用；

（三）鉴定人鉴定的费用；

（四）口译的费用；

（五）按照请求方要求的特殊方式执行请求发生的费用。

二、请求方应当根据请求预付其应负担的费用。

三、如果执行请求明显地需要超常性质的费用，双方应当协商决定可以执行请求的条件。

第三十条 其他合作基础

本条约不妨碍双方根据其他可适用的国际条约相互提供协助。双方也可以根据任何其他商定的安排提供协助。

第三十一条 与其他条约的关系

本条约不影响现有或将来双方缔结的双边或多边条约。

第三十二条 争议的解决

因解释或者实施本条约所产生的任何分歧，双方应当通过外交途径以协商和谈判的方式解决。

第三十三条 生效、修正和终止

一、双方根据本国法律完成本条约生效所需的一切必要程序后，应当通过外交照会通知对方。本条约自后一份照会发出之日起第30天生效。

二、本条约可以经双方书面协议随时予以修正。此类修订应当按照本条第一款规定的相同程序生效，并构成本条约的一部分。

三、任何一方可以随时通过外交途径，以书面形式通知另一方终止本条约。终止自该通知发出之日后第180天生效。本条约的终止不影响终止前提出的请求。

四、本条约适用于其生效后提出的请求，即使有关作为或者不作为发生于本条约生效前。

下列签署人经各自政府适当授权，签署本条约，以昭信守。

本条约于二〇一六年一月二十三日在德黑兰签订，一式两份，每份均以中文、波斯文和英文制成，三种文本同等作准。如遇解释上的分歧，以英文本为准。

中华人民共和国和越南社会主义共和国
关于民事和刑事司法协助的条约

(1998年10月19日订于北京　1999年12月25日对我国生效)

中华人民共和国和越南社会主义共和国（以下简称"缔约双方"），在相互尊重主权和平等互利的基础上，为加强两国在司法协助领域的合作，愿意相互提供民事和刑事司法协助。

为此目的，缔约双方议定以下各条：

第一章　总　　则

第一条　范围

一、缔约双方应根据本条约，在民事与刑事领域相互提供下列司法协助：

（一）送达文书；

（二）调查取证；

（三）承认与执行法院民事裁决和仲裁裁决；

（四）本条约规定的其他协助。

二、本条约所指的"民事"一词，应理解为亦包括商事、婚姻、家庭和劳动事项。

三、本条约所指的"主管机关"，应理解为包括法院、检察院和主管民事或刑事事项的其他机关。

第二条　司法保护

一、缔约一方公民在缔约另一方境内，在人身权利和财产权利方面享有与缔约另一方公民同等的司法保护，有权在与缔约另一方公民相同的条件下，诉诸缔约另一方法院或其他主管机关，并在这些机关进行其他诉讼行为。

二、本条第一款的规定亦适用于依照缔约一方法律在该方境内成立的法人和能够作为诉讼当事人的其他组织。

第三条　诉讼费用的减免和法律援助

一、缔约一方公民在缔约另一方境内应在与缔约另一方公民相同的条件下和范围内，免除交纳诉讼费用并获得法律援助。

二、如果申请减免诉讼费用或申请法律援助取决于申请人的财产状况，关于申请人财产状况的证明书应由申请人的住所或居所所在地的缔约一方主管机关出具。如果申请人在缔约双方境内均无住所或居所，可由其本国的外交或领事代表机构出具上述证明书。

三、缔约一方公民根据本条第一款申请减免诉讼费用或申请法律援助时，可以向其居所或住所所在地的缔约一方主管机关提交申请。该机关应将申请连同根据本条第二款出具的证明书一起转交给缔约另一方的主管机关；缔约一方公民亦可直接向缔约另一方主管机关提出申请。

第四条　联系途径

一、除本条约另有规定外，缔约双方请求和提供司法协助，应通过各自的中央机关进行联系。

二、本条第一款所指的中央机关，在中华人民共和国方面系指中华人民共和国司法部和最高人民检察院；在越南社会主义共和国方面系指越南社会主义共和国司法部和最高人民检察院。

第五条　文字

根据本条约提出的司法协助请求书及其辅助文件，应附有经证明无误的被请求方官方文字或英文的译文。

第六条 司法协助的费用

一、缔约双方应相互免费提供司法协助。

二、根据本条约第十三条及第二十四条被通知到请求方境内的证人或鉴定人的旅费、食宿费和其他合理费用由请求方负担。请求方应根据请求，向证人或鉴定人全部或部分预付上述费用。

三、如果提供司法协助明显需要一项超常开支，缔约双方应协商决定提供该项协助的条件。

第七条 司法协助请求书

一、司法协助请求应以书面形式提出。请求书应包括下列内容：

（一）请求机关的名称和地址；

（二）如有可能，被请求机关的名称和地址；

（三）请求司法协助所涉及的案件和请求协助的事项的说明，以及执行请求所必需的其他说明；

（四）有关人员的姓名、性别、住址、国籍、职业及出生的地点和时间；如系法人，该法人的名称和地址；

（五）有关人员如有代理人，该代理人的姓名、住所等情况。

二、如果被请求方认为请求书中包括的资料尚不足以使其处理该请求，可要求请求方提供补充材料。

三、请求书及其所附文件应由请求机关签署并盖章。

第八条 司法协助请求的执行

一、被请求方应根据其本国法律执行司法协助请求。

二、被请求方可以按照请求方要求的方式执行司法协助请求，但以不违反其本国法律为限。

第九条 司法协助的拒绝

如果被请求方认为执行司法协助请求可能损害其主权、安全、公共秩序、基本利益或法律的基本原则，可以拒绝提供此项协助，并应将拒绝的理由通知请求方。

第十条 物品和金钱的转移

根据本条约将物品和金钱从缔约一方境内向缔约另一方境内转移时，应遵守该缔约一方关于物品和金钱出境方面的法规。

第二章 民事司法协助

第十一条 送达文书

一、被请求方应根据请求，送达司法文书和司法外文书。

二、被请求方在执行送达后，应向请求方出具送达证明。送达证明应包括送达日期、地点和执行方法的说明，并应由执行送达的机关签署并盖章。如不能执行送达，则应通知请求方，并说明理由。

第十二条 调查取证

一、缔约双方应根据请求，相互代为调查取证，以及进行与调查取证有关的必要诉讼行为。

二、调查取证请求书除应符合本条约第七条的规定之外，还应说明：

（一）为取得证言需向被调查人提出的问题，或者关于需询问的事项的说明；

（二）需检查的文件或者财产。

三、被请求方应将调查取证请求的执行结果书面通知请求方，并附所获得的证据材料。

第十三条 安排证人和鉴定人出庭

一、如果请求方认为证人或鉴定人到其司法机关出庭是必要的，则应在其要求送达诉讼通知的请求书中予以提及，该请求书中应同时说明可向该人支付的费用及支付的条件、期限情况。

二、送达诉讼通知的请求书应在要求该人出庭之日前至少六十天送交被请求方。

三、被请求方应向证人或鉴定人转达上述请求，并将其答复通知请求方。

第十四条 对证人和鉴定人的保护

一、对于拒绝按照本条约第十三条规定前往作证或提供鉴定的人员，请求方不得因此对其施加任何刑罚或强制措施，亦不得在诉讼通知中以刑罚或强制措施相威胁。

二、在请求方司法机关出庭的证人或鉴定人，不得因其在离开被请求方领土前的犯罪行为或被判定有罪而在请求方境内被追诉、拘留或采取限制其人身自由的其他措施；亦不得因其证词或鉴定结论而被追诉、拘留或惩罚。

三、如经主管机关告知已不再需要其出庭之日起十五日内，证人或鉴定人有机会离开却仍在请求方境内停留，或离开后又返回请求方领土，则对其不再给予第二款规定的保护。上述期间不应包括证人或鉴定人因其所不能控制的原因而未离开请求方领土的时间。

第三章 裁决的承认与执行

第十五条 范围

一、缔约一方应根据本条约规定的条件在其境内承认与执行在缔约另一方境内作出的下列裁决：

（一）法院对民事案件所作出的裁决；

（二）法院在刑事案件中所作出的有关民事损害赔偿的裁决；

（三）仲裁裁决。

二、本条约所指的"法院裁决"，在中华人民共和国方面系指法院的判决、裁定和调解书；在越南社会主义共和国方面系指法院的判决、决定和调解书。

第十六条 请求的提出

一、承认与执行法院裁决的请求，可以由当事人直接向有权承认与执行该项裁决的法院提出，亦可由作出裁决的缔约一方法院通过本条约第四条规定的途径向缔约另一方有权承认与执行该项裁决的法院提出。

二、承认与执行法院裁决的请求书除应符合本条约第七条的规定以外，还应附有：

（一）完整和经证明无误的裁决书副本，以及证明裁决已经生效的文件；

（二）如系缺席判决，证明缺席的败诉一方当事人已经合法传唤的文件或说明；

（三）如当事人系无诉讼行为能力人，证明其已得到适当代理的文件或说明。

第十七条 承认与执行的拒绝

对于本条约第十五条列举的法院裁决，除可根据本条约第九条拒绝承认与执行外，有下列情形之一的，亦可拒绝承认与执行：

（一）根据作出裁决的缔约一方的法律，该裁决尚未生效或不能执行；

（二）根据第十八条的规定，裁决是由无管辖权的法院作出的；

（三）根据作出裁决的缔约一方的法律，在缺席判决的情况下，缺席的败诉一方当事人未经合法传唤；或者无诉讼行为能力的当事人未得到适当代理；

（四）被请求方的法院对于相同当事人之间关于同一标的的案件已经作出了生效裁决或正在进行审理，或者已经承认了第三国对该案件作出的生效裁决。

第十八条 管辖权

一、为本条约的目的，有下列情况之一的，作出裁决的缔约一方法院应被认为依照本条约对案件具有管辖权：

（一）在提起诉讼时，被告在该方境内有住所或居所；

（二）在提起诉讼时，被告在该方境内设有代表机构；

（三）被告已书面明示接受该方法院的管辖；

（四）被告就争议的实质进行了答辩，并未就管辖权问题提出异议；

（五）在合同争议中，合同在该方境内签订，或者已经或应该在该方境内履行，或者诉讼标的物在该方境内；

（六）在合同外侵权案件中，侵权行为或结果发生在该方境内；

（七）在身份关系案件中，诉讼当事人在该方境内有住所或居所；

（八）在抚养义务案件中，债务人在该方境内有住所或居所；

（九）在继承案件中，被继承人死亡时其住所或者主要遗产在该方境内；

（十）诉讼标的物是位于该方境内的不动产。

二、本条第一款的规定不应影响双方法律规定的专属管辖权。缔约双方应通过外交途径以书面形式相互通知各自法律中关于专属管辖权的规定。

第十九条　承认与执行的程序

一、缔约一方承认与执行缔约另一方的法院裁决时，应适用其本国法律。

二、被请求方法院应仅限于审查裁决是否符合本条约所规定的条件，而不应对裁决作实质性审查。

第二十条　承认与执行的效力

缔约一方法院的裁决一经缔约另一方法院承认或决定执行，即应与缔约另一方法院的裁决具有同等效力。

第二十一条　仲裁裁决的承认与执行

缔约一方应根据一九五八年六月十日订于纽约的关于承认与执行外国仲裁裁决的公约，承认与执行在缔约另一方境内作出的仲裁裁决。

第四章　刑事司法协助

第二十二条　送达文书

一、被请求方应根据请求方的请求代为送达文书，但要求某人作为被指控犯罪的人出庭的文书例外。

二、本条约第十一条第二款的规定亦适用于送达刑事文书。

第二十三条　调查取证

一、缔约双方应根据请求相互代为调查取证，包括询问证人、被害人，讯问犯罪嫌疑人，进行鉴定、司法勘验以及进行与调查取证有关的其他诉讼行为。

二、刑事调查取证请求书除应符合本条约第七条的规定以外，还应包括有关犯罪行为的说明，以及据以认定犯罪的请求方刑法条文。

三、被请求方应将调查取证请求的执行结果书面通知请求方，并附所获得的证据材料。

四、除非双方另有协议，请求方对于被请求方提供的证据材料应予保密，且仅用于请求书中所表明的目的。

第二十四条　证人和鉴定人的出庭与保护

一、本条约第十三条及第十四条的规定亦适用于刑事事项。

二、如果缔约一方法院或其他主管机关认为有必要对缔约另一方境内的在押人员作为证人进行询问，本条约第四条规定的中央机关可就将该人移送到请求方境内作证达成协议，条件是使该人继续处于在押状态并在被询问后尽快送回。上述协议应包括对移送费用的详细规定。

三、如存在不适合移送本条第二款所述人员的特殊情况。被请求方可以拒绝移送。

第二十五条　赃款赃物的移交

一、缔约一方应根据缔约另一方的请求，在本国法律允许的范围内，将在被请求方境内发现的、罪犯在请求方境内所获得的赃款赃物移交给请求方。但此项移交不得侵害被请求方或第三人与上述赃款赃物有关的合法权利。

二、如果上述赃款赃物对于被请求方境内其他未决刑事诉讼案件的审理是必不可少的，被请求方可以暂缓移交。

第二十六条　刑事判决的通报

缔约双方应相互提供对对方公民所作的刑事判决书的副本。

第二十七条　刑事司法协助的拒绝

一、除可根据本条约第九条的规定拒绝提供刑事司法协助外，如果请求所针对的行为依被请求方法律不构成犯罪，被请求方亦可拒绝提供刑事司法协助。

二、被请求方应将拒绝提供刑事司法协助的理由书面通知请求方。

第五章　其他规定

第二十八条　交换法律情报

一、缔约双方应根据请求相互提供在各自境内有效的法律以及有关实践的情报。

二、请求提供情报应说明提出该项请求的机关及请求目的。

第二十九条　免除认证

在适用本条约时，缔约双方法院或其他

主管机关制作或证明的文件和译文，如经正式签署并盖章，即无需任何形式的认证。

第三十条 向本国公民送达文书和调查取证

缔约一方可以通过其派驻缔约另一方的外交或领事官员向在该缔约另一方境内的本国公民送达文书和调查取证，但应遵守该缔约另一方的法律，并不得采取任何强制措施。

第三十一条 争议的解决

因解释或实施本条约所产生的任何争议均应通过外交途径解决。

第六章 最后条款

第三十二条 批准和生效

本条约须经批准，批准书在河内互换。本条约自互换批准书后第三十日起生效。

第三十三条 修改和补充

缔约双方对本条约的修改或补充均应通过外交途径进行协商，并按照各自的法律规定履行法律手续。

第三十四条 条约的有效期

本条约自缔约任何一方通过外交途径书面提出终止之日起六个月后失效，否则，本条约无限期有效。

本条约于一九九八年十月十九日在北京签订，一式两份，每份均用中文和越文写成，两种文本同等作准。

下列签字人经适当授权，在本条约上签字，以昭信守。

中华人民共和国和意大利共和国关于民事司法协助的条约

（1991年5月20日订于北京 1995年1月1日对我国生效）

中华人民共和国和意大利共和国，在相互尊重国家主权和平等互利的基础上，为加强两国在司法领域的合作，决定缔结关于民事司法协助的条约。

为此目的，缔约双方议定下列各条：

第一章 总 则

第一条 民事的定义

为适用本条约，"民事"一词也包括由商法、婚姻法和劳动法调整的事项。

第二条 司法保护

缔约一方的国民在缔约另一方境内，在其人身和财产方面享有与缔约另一方国民同等的权利，有权在与缔约另一方国民同等的条件下，诉诸缔约另一方法院。

第三条 诉讼费用保证金的免除

对于在缔约一方境内有住所或居所的缔约一方国民，当其在缔约另一方法院提起诉讼或以第三人身份参加诉讼时，不得因其外国人身份或因其在缔约另一方境内无住所或居所而令其交纳诉讼费用保证金。

第四条 司法救助和税费及诉讼费用的免除

一、缔约一方的国民在缔约另一方境内，在与缔约另一方国民同等的条件下和范围内享受司法救助。

二、缔约一方的国民在缔约另一方境内，在与缔约另一方国民同等的条件下和范围内，免除税费和诉讼费用，并享受法律规定的任何其他优惠。

三、上述各款的规定适用于诉讼的全过

程，包括判决的执行。

四、如果给予上述各款规定的优惠取决于申请人的人身或财产状况，应由申请人居所或住所所在的缔约一方的主管机关出具证明书；如果该申请人在缔约双方境内均无居所或住所，该项证明书由其国籍所属缔约一方的有关外交或领事机关依其本国法律出具。

第五条 法人

本条约中有关缔约各方公民的规定，除第四条以外，也适用于设在缔约任何一方境内、且根据缔约任何一方法律成立的法人。

第六条 司法协助的范围

在本条约中，司法协助包括：

（一）根据请求送达文书和调查取证；

（二）根据请求交换法律情报，转递诉讼所需的户籍文书；

（三）根据当事人申请承认和执行法院裁决和仲裁裁决。

第七条 认证的免除

在适用本条约时，由缔约各方法院或其他主管机关制作或证明的文件和译文，免除任何形式的认证。

第八条 中央机关

缔约双方指定各自的司法部为依本条约第二章的规定进行司法协助联系和转递文件的中央机关。

第二章 送达文书、调查取证、交换法律情报和送交户籍文书

第九条 调查取证的范围

调查取证尤其包括听取当事人的陈述和证人证言，调取证据，进行鉴定和司法勘验。

第十条 调查取证请求书

一、调查取证请求书应包括下列内容：

（一）请求法院和可能时被请求法院的名称；

（二）据以提出请求的诉讼；

（三）当事人及可能时代理人的姓名、地址以及其他一切有助于辨别其身份的情况；

（四）协助的事项，具体说明须进行的行为；

（五）有助于执行该请求的其他一切情况。

二、必要时，调查取证请求书还应包括被调查人的姓名、地址和其他一切有助于辨别其身份的情况，以及需向其提出的问题。

第十一条 调查取证请求的执行

一、执行调查取证请求时应适用被请求的缔约一方的法律；如果提出请求的缔约一方要求按照特殊方式执行请求，被请求的缔约一方在采用这种方式时以不违反其本国法律为限。

二、如果提出请求的缔约一方提供的材料不够充分，以至无法执行调查取证请求，则被请求的缔约一方在不能直接获取的情况下，可以要求提出请求的缔约一方提供必要的补充材料。

三、被请求的缔约一方应根据请求将执行调查取证请求的时间和地点通知提出请求的缔约一方，以便有关当事人及其诉讼代理人参加执行活动。上述当事人及其诉讼代理人参加执行活动时，必须遵守被请求的缔约一方的法律。

四、如果无法执行调查取证请求，被请求的缔约一方应及时将有关文书退回提出请求的缔约一方，并说明妨碍执行的理由。

第十二条 送达文书

一、缔约双方应根据请求，相互代为送达司法文书和司法外文书。

二、送达请求书应由中央机关按照本条约附表一的格式出具。

三、本条约第十一条第一、二、四款的规定亦适用于送达文书。

四、送达证明书应由被请求的缔约一方的中央机关按照本条约附表二的格式出具。证明送达完成还应附有载有收件日期和受送达人签名的送达回证或由送达机关出具的证明，该证明中应注明接收文书的人的姓名、

身份、送达的日期、地点以及交付的方式。

第十三条　外交或领事机关送达文书和调查取证

缔约一方可以通过本国派驻缔约另一方的外交或领事代表机关以不违反该缔约另一方法律规定的方式，在不采取任何强制措施的情况下，向在该缔约另一方境内的本国国民送达文书和调查取证。

第十四条　对证人和鉴定人的保护

一、如果缔约一方请求传唤居住在缔约另一方境内的人以证人或鉴定人的身份到其境内出庭，被请求的缔约一方不得采取强制措施强迫该人出庭，也不得对不出庭的人予以处罚。

二、对于按照缔约一方主管机关的通知前来出庭的证人或鉴定人，不论其国籍如何，不得因其入境前所犯的罪行而追究其刑事责任，予以逮捕或采取其他强制措施。

三、如果提出请求的缔约一方通知证人或鉴定人无需继续停留，自通知之日起十五天期满后，本条前款的规定不再适用。但证人和鉴定人由于本人意愿以外的原因而未离开提出请求的缔约一方境内的期间不包括在上述期限以内。本款上述规定不适用于离开提出请求的缔约一方境内后又自愿返回的证人或鉴定人。

四、对于证人和鉴定人，应由提出请求的缔约一方按照本国法律规定的标准，支付旅费、食宿费和补偿。

第十五条　交换法律情报

缔约双方应相互提供诉讼所需的有关立法和判例方面的情报。

第十六条　户籍文件的送交

缔约一方应根据请求，向缔约另一方送交诉讼中所需的户籍文件的副本和摘要。此项送交应遵守被请求的缔约一方法律所规定的限制条件。

第十七条　文字

一、协助请求书及其所附文件应用提出请求的缔约一方的文字制作，并附有被请求的缔约一方的文字或法文或英文的正式译本。

二、有关执行协助情况的文件应用被请求的缔约一方的文字转递给提出请求的缔约一方。

三、有关提供立法和判例情报的请求书应用被请求的缔约一方的文字或者用法文或英文制作，答复应用被请求的缔约一方的文字转递。

第十八条　费用

执行本章所规定的协助，不得要求偿还费用。但被请求的缔约一方有权要求偿还为鉴定人和译员所支付的费用以及按照本条约第十一条第一款所规定的特殊方式进行调查取证或送达文书所产生的费用。

第十九条　协助的拒绝

一、如果被请求的行为有损于被请求的缔约一方的主权、安全或违反其法律制度的基本原则，则拒绝提供协助。

二、在此情况下，被请求的缔约一方应将拒绝的理由通知提出请求的缔约一方。

第三章　裁决的承认与执行

第二十条　适用范围

一、缔约一方法院在本条约生效后作出的民事裁决，应根据本章规定的条件在缔约另一方境内予以承认与执行。

二、前款规定同样适用于刑事判决中有关赔偿损失和返还财产的内容、司法调解书和仲裁裁决。

第二十一条　拒绝承认与执行

除下列情形外，裁决应予承认并被宣告可予执行：

（一）根据本条约第二十二条的规定，作出裁决的法院无管辖权；

（二）根据作出裁决的缔约一方的法律，该裁决尚未生效；

（三）根据作出裁决的缔约一方的法律，在缺席判决的情况下，败诉一方当事人未经合法传唤，或在没有诉讼行为能力时没有得到合法代理；

（四）被请求的缔约一方法院对于相同当事人之间就同一标的的案件已经作出了生效裁决，或已承认了在第三国对该案作出的生效裁决；

（五）被请求的缔约一方法院对于相同当事人之间就同一标的的案件正在进行审理，且这一审理是在向已作出需承认的裁决的法院提起诉讼之前开始的；

（六）裁决中包括有损于被请求的缔约一方的主权、安全或公共秩序的内容。

第二十二条　管辖

一、为实施本条约，符合下列情况之一的，作出裁决的法院即被视为对案件有管辖权：

（一）在提起诉讼时，被告在该缔约一方境内有住所或居所；

（二）被告因其商业性活动引起的纠纷而被提起诉讼时，在该缔约一方境内设有代表机构；

（三）被告已明示接受该缔约一方法院的管辖；

（四）被告就争议的实质问题进行了答辩，未就管辖权问题提出异议；

（五）在合同案件中，合同在作出裁决的缔约一方境内签订，或者已经或应当在该缔约一方境内履行，或者诉讼的直接标的物在该缔约一方境内；

（六）在合同外侵权责任案件中，侵权行为或结果发生在该缔约一方境内；

（七）在身份关系诉讼中，在提起诉讼时，身份关系人在作出裁决的缔约一方境内有住所或居所；

（八）在扶养责任案件中，债权人在提起诉讼时在该缔约一方境内有住所或居所；

（九）在继承案件中，被继承人死亡时住所地或主要遗产所在地在作出裁决的缔约一方境内；

（十）争议的对象是位于作出裁决的缔约一方境内的不动产的物权。

二、被请求的缔约一方法律中有关专属管辖权的规定仍然适用。

第二十三条　申请的提出

一、申请应由当事人直接向有权承认与执行的法院提出。

二、为便于提出上述申请，缔约双方的中央机关可以根据请求提供一切有用的情况。

第二十四条　申请承认与执行须提出的文件

申请承认与执行裁决的当事人应当提交下列文件：

（一）裁决的真实和完整的副本；

（二）证明裁决已经生效的文件，除非裁决中对此已予说明；

（三）证明在缺席判决的情况下被告已经合法传唤的文件，除非裁决中对此已予说明；

（四）证明无诉讼行为能力的人已得到适当代理的文件，除非裁决中对此已予说明；

（五）上述裁决和文件的被请求承认与执行的缔约一方文字的正式译本。

第二十五条　承认与执行的程序

一、关于承认与执行裁决和司法调解书的程序，缔约各方适用本国的法律。

二、决定承认事宜的法院仅限于审查本条约所规定的条件是否具备。

第二十六条　承认与执行的效力

裁决一经承认并被宣告可予执行，即在被请求承认的缔约一方境内与该缔约一方法院作出的裁决具有同等效力。

第二十七条　司法调解书

一、法院在诉讼中制作的，并在缔约一方境内有执行效力的调解书，应在缔约另一方境内得到承认并被宣告可予执行，但该调解书中包含有损于被请求承认的缔约一方的公共秩序的内容时除外。

二、申请承认调解书的当事人应当提交调解书的真实副本和一份证明其可以执行的文件，并附有被请求承认的缔约一方文字的正式译本。

第二十八条　仲裁裁决

在缔约一方境内作出的仲裁裁决，应根

据一九五八年六月十日订于纽约的关于承认和执行外国仲裁裁决的公约，在缔约另一方境内得到承认并被宣告可予执行。

第四章 最后条款

第二十九条 争议的解决

因解释或实施本条约而产生的争议均通过外交途径解决。

第三十条 批准和生效

一、本条约须经批准，批准书在罗马交换。

二、本条约自互换批准书后第二个月的第一天生效。

第三十一条 终止

本条约无限期有效。缔约任何一方均可于任何时候宣布终止本条约，此项终止于缔约另一方收到有关通知后第六个月的第一天生效。

本条约于一九九一年五月二十日在北京签订，一式两份，每份均用中文和意大利文写成，两种文本同等作准。

下列签署人在本条约上签字，以昭信守。